Rolf A. Schütze
Das internationale Zivilprozessrecht in der ZPO

de Gruyter Kommentar

Schütze

Das internationale Zivilprozessrecht in der ZPO

Kommentar

2., neu bearbeitete und erweiterte Auflage

von
Professor Dr. Dr. h.c. Rolf A. Schütze
Rechtsanwalt in Stuttgart

De Gruyter

Zitiervorschlag: *Schütze*, IZPR in der ZPO, 2. Aufl., § 261 Rdn. 30

ISBN 978-3-11-025083-1
e-ISBN 978-3-11-025084-8

Bibliografische Information der Deutschen Nationalbibliothek

Die Deutsche Nationalbibliothek verzeichnet diese Publikation in der Deutschen
Nationalbibliografie; detaillierte bibliografische Daten sind im Internet
über http://dnb.d-nb.de abrufbar.

Druck: Hubert & Co. GmbH & Co. KG, Göttingen

⊛ Gedruckt auf säurefreiem Papier

Printed in Germany

für B. A.

Vorwort

Das internationalen Zivilprozessrecht ist in Deutschland nicht zusammengefasst geregelt. Der Gesetzgeber hat die Chance, eine umfassende Regelung von IPR und IZPR – wie sie in der Schweiz durch das IPRG erfolgt ist – zu schaffen verpasst. Die Normen des deutschen internationalen Zivilprozessrechts – soweit eine Kodifizierung überhaupt erfolgt ist – finden sich verstreut in der ZPO, teilweise auch in anderen Gesetzen.

Die für die internationale Rechtsverfolgung wesentlichen Bestimmungen der §§ 110–113 (cautio iudicatum solvi), 293 (Nachweis und Feststellung ausländischen Rechts), 328 (Anerkennung ausländischer Zivilurteile), 722 f. (Vollstreckbarerklärung ausländischer Zivilurteile), 1061 (Anerkennung und Vollstreckbarerklärung ausländischer Schiedssprüche) und 1067 ff. (Justizielle Zusammenarbeit in der EU), sowie die in der ZPO nicht geregelte internationale Rechtshängigkeit sind in diesem Kommentar erläutert.

Zwei Jahre nach dem Erscheinen der 1. Auflage ist nunmehr eine Neuauflage notwendig geworden. In den letzten 24 Monaten hat das deutsche internationale Zivilprozessrecht erhebliche Änderungen erfahren. Durch das FamFG ist das internationale Zivilprozessrecht auf dem Gebiet des Ehe- und Familienverfahrens und der freiwilligen Gerichtsbarkeit grundlegend neu und eigenständig geregelt worden. Das 11. Buch der ZPO ist teilweise geändert und um die Abschnitte 5 (Europäisches Mahnverfahren, §§ 1087–1096) und 6 (Europäisches Verfahren für geringfügige Forderungen, §§ 1097–1109) erweitert worden. Das LugÜ II hat das LugÜ I abgelöst.

Die Rechtsprechung auf dem Gebiet des IZPR hat jüngst viel Neues gebracht. So ist der BGH zwischenzeitlich von der bisher für zulässig gehalten Doppelexequierung ausländischer Schiedssprüche abgerückt. Das Schrifttum wächst weiter in abundante Fülle. Wesentliche Lehr- und Handbücher sind in Neuauflagen erschienen (Geimer, Schack, Reithmann/Martiny pp.). Das alles ist der Neuauflage berücksichtigt.

Stuttgart/München, November 2010　　　　　　　　　　　　　　　Rolf A. Schütze

Inhaltsübersicht

Vorwort VII
Abkürzungsverzeichnis XI
Abgekürzt zitierte Literatur XXIII

Einleitung 1
  I. Die Prozesskostensicherheit im internationalen Zivilprozess
     (§§ 110–113 ZPO) 17
  II. Die Berücksichtigung ausländischer Rechtshängigkeit im deutschen Zivil-
     prozess (internationale Rechtshängigkeit) (§ 261 ZPO) 45
  III. Der Nachweis und die Feststellung ausländischen Rechts im deutschen Zi-
     vilprozess (§ 293 ZPO) 59
  IV. Die Anerkennung ausländischer Zivilurteile (§ 328 ZPO) 81
  V. Die Vollstreckbarerklärung ausländischer Zivilurteile (§§ 722, 723 ZPO) 205
  VI. Die Anerkennung und Vollstreckbarerklärung ausländischer Schiedssprüche
     (§ 1061 ZPO) 255
  VII. Justizielle Zusammenarbeit in der Europäischen Union (11. Buch der ZPO,
     §§ 1067–1109 ZPO) 301
  VIII. Texte zum 11. Buch der ZPO 443
    1. Verordnung (EG) Nr. 1393/2007 über die Zustellung gerichtlicher und
       außergerichtlicher Schriftstücke in Zivil- oder Handelssachen und zur
       Aufhebung der Verordnung (EG) Nr. 1348/2000 443
    2. Verordnung (EG) Nr. 1206/2001 über die Zusammenarbeit zwischen den
       Gerichten der Mitgliedstaaten auf dem Gebiet der Beweisaufnahme in
       Zivil- oder Handelssachen 454
    3. Richtlinie 2003/8/EG zur Verbesserung des Zugangs zum Recht bei
       Streitsachen mit grenzüberschreitendem Bezug durch Festlegung ge-
       meinsamer Mindestvorschriften für die Prozesskostenhilfe in derartigen
       Streitsachen (Prozesskostenhilferichtlinie) 464
    4. Verordnung (EG) Nr. 805/2004 zur Einführung eines europäischen Voll-
       streckungstitels für unbestrittene Forderungen 474
    5. Verordnung (EG) Nr. 1896/2006 zur Einführung eines Europäischen
       Mahnverfahrens 486
    6. Verordnung (EG) Nr. 861/2007 zur Einführung eines europäischen Ver-
       fahrens für geringfügige Forderungen 500

Stichwortverzeichnis 513

Abkürzungsverzeichnis

aA	anderer Ansicht
aaO	am angegebenen Ort
abgedr.	abgedruckt
Abk.	Abkommen
Abl.	Amtsblatt
abl.	ablehnend (e/er)
Abs.	Absatz
abw.	abweichend
A. C.	The Law Reports, Appeal Cases
AcP	Archiv für die civilistische Praxis [Band (Jahr) Seite]
aE	am Ende
aF	alter Fassung
AG	Aktiengesellschaft, auch Amtsgericht, auch Ausführungsgesetz, auch Die Aktiengesellschaft, Zeitschrift für das gesamte Aktienwesen (Jahr, Seite)
AGB	Allgemeine Geschäftsbedingungen
AGS	Anwaltsgebühren spezial
AHK	Alliierte Hohe Kommission
AktG	Aktiengesetz
All E. R.	All England Law Reports
allg.	allgemein (e/er/es)
allg. M	allgemeine Meinung
Alt.	Alternative
aM	anderer Meinung
AMBl BY	Amtsblatt des Bayerischen Staatsministeriums für Arbeit und soziale Fürsorge
AMG	Arzneimittelgesetz
Am. J. Comp. L.	American Journal of Comparative Law
Am. J. Int. L.	American Journal for International Law
amtl.	amtlich
ÄndVO	Änderungsverordnung
AnfG	Anfechtungsgesetz
Anh.	Anhang
Anl.	Anlage
Anm.	Anmerkung
AnwBl	Anwaltsblatt
AO	Abgabenordnung
AöR	Archiv des öffentlichen Rechts
AP	Arbeitsrechtliche Praxis, Nachschlagewerk des Bundesarbeitsgerichts
App.	Corte di appello (Italien); Cour d'appeal (Belgien, Frankreich)
ArbG	Arbeitsgericht
ArbGG	Arbeitsgerichtsgesetz
Arb. Int.	Arbitration International
ArbuR	Arbeit und Recht
Art.	Artikel
art.	article
AUG	Auslandsunterhaltsgesetz
Aufl.	Auflage
AuR	Arbeit und Recht
AusfG	Ausführungsgesetz

AusfVO	Ausführungsverordnung
Ausg.	Ausgabe
ausl.	ausländisch
AuslInvestmG	Gesetz über den Vertrieb ausländischer Investmentanteile und über die Besteuerung der Erträge aus ausländischen Investmentanteilen
AVAG	Anerkennungs- und Vollstreckungsausführungsgesetz
AWD	Außenwirtschaftsdienst des Betriebsberaters
AWG	Außenwirtschaftsgesetz
BAföG	Bundesausbildungsförderungsgesetz
BAG	Bundesarbeitsgericht
BAGE	Entscheidungen des Bundesarbeitsgerichts, Amtliche Sammlung
BAnz.	Bundesanzeiger
BauR	Baurecht
bay.	bayerisch
BayObLG	Bayerisches Oberstes Landesgericht
BayObLGZ	Entscheidungen des Bayerischen Obersten Landesgerichts in Zivilsachen, Amtliche Sammlung
BayVBl.	Bayerische Verwaltungsblätter (Jahr, Seite)
BB	Der Betriebsberater (Jahr, Seite)
BBergG	Bundesberggesetz
BBl.	Bundesblatt der Schweizerischen Eidgenossenschaft
Bd.	Band
Bearb.	Bearbeitung
BEG	Bundesentschädigungsgesetz
begr.	begründet
Beil.	Beilage
Bek.	Bekanntmachung
belg.	belgisch
Bem.	Bemerkung (en)
Ber.	Bericht
BerDGVR	Berichte der Deutschen Gesellschaft für Volkerrecht
ber.	berichtigt
bes.	besonders
Beschl.	Beschluß
bestr.	bestritten
betr.	betreffend
BeurkG	Beurkundungsgesetz
BezG	Bezirksgericht
BfA	Bundesanstalt für Arbeit
BFH	Bundesfinanzhof
BFHE	Sammlung der Entscheidungen und Gutachten des Bundesfinanzhofs
BFH/NV	Sammlung der Entscheidungen des Bundesfinanzhofs
BFH-PR	Entscheidungen des Bundesfinanzhofs für die Praxis der Steuerberatung
BG	Bundesgericht (Schweiz)
BGB	Bürgerliches Gesetzbuch
BGBl	Bundesgesetzblatt
BGE	Entscheidungen des schweizerischen Bundesgerichts, Amtliche Sammlung
BGH	Bundesgerichtshof
BGHR	Systematische Sammlung der Entscheidungen des BGH
BGHZ	Entscheidungen des Bundesgerichtshofs in Zivilsachen; amtliche Sammlung der Rechtsprechung des Bundesgerichtshofs
BinSchG	Binnenschifffahrtsgesetz
BinSchVerfG	Gesetz über das gerichtliche Verfahren in Binnenschiffahrtssachen
Bl.	Blatt
BNotO	Bundesnotarordnung

BörsG	Börsengesetz
BPatG	Bundespatentgericht
BR	Bundesrat
BRAGO	Bundesgebührenordnung für Rechtsanwälte
BRAO	Bundesrechtsanwaltsordnung
BRDrucks	Bundesratsdrucksache
BRAK-Mitt.	Bundesrechtsanwaltskammer Mitteilungen
Breith.	Sammlung von Entscheidungen aus dem Sozialrecht. Begr. v. Breithaupt
brit.	britisch
BSG	Bundessozialgericht
BSGE	Entscheidungen des Bundessozialgerichts, Amtliche Sammlung
BSHG	Bundessozialhilfegesetz
BStBl.	Bundessteuerblatt (Teile I, II und III; Jahr, Seite)
BT(-Drucks.)	Bundestag(-sdrucksache)
Buchst.	Buchstabe
BVerfG	Bundesverfassungsgericht
BVerfGE	Entscheidungen des Bundesverfassungsgerichts, Amtliche Sammlung
BVerfGG	Gesetz über das Bundesverfassungsgericht
BVerwG	Bundesverwaltungsgericht
BVerwGE	Entscheidungen des Bundesverwaltungsgerichts, Amtliche Sammlung
BWNotZ	Mitteilungen aus der Praxis, Zeitschrift für das Notariat in Baden-Württemberg
bzw.	beziehungsweise
BYIL	The British Yaerbook of International Law
C.A.	Court of Appeal (England)
Cahiers dr. europ.	Cahiers de droit européen
Cass. Civ. (com., soc.)	Cour de Cassation (Frankreich/Belgien), Chambre civile (commerciale, sociale)
Cass. (Italien) S.U.	Corte di cassazione, Sezioni Unite
Cc (cc)	Code civil (Frankreich/Belgien/Luxemburg); Codice civile (Italien)
ch.	chapter
Ch. D.	Chancery Divison
CIM	Convention internationale concernant le transport des marchandises par chemins des fer (Internationales Übereinkommen über den Eisenbahn-frachtverkehr)
CISG	Convention on the International Sale of Goods (Wiener Übereinkommen über Verträge über den internationalen Warenkauf)
CIV	Einheitliche Rechtsvorschriften für den Vertrag über die internationale Eisenbahnbeförderung von Personen und Gepäck (Anlage A zum COTIF)
Civ. J. Q.	Civil Justice Quarterly
Clunet	Journal du droit international (Frankreich)
C.M.L.R.	Common Market Law Reports
CML Rev.	Common Market Law Review
CMR	Übereinkommen über den Beförderungsvertrag im internationalen Straßenverkehr
COTIF	Übereinkommen über den internationalen Eisenbahnverkehr
Cour sup.	Cour supèrieure de justice (Luxemburg)
CPC, cpc	Codice di procedura civile (Italien). Code de procédure civile (Frankreich/Belgien/Luxemburg)
CPO	Civilprozeßordnung
CR	Computer und Recht
DAR	Deutsches Autorecht
das.	daselbst
DAVorm	Der Amtsvormund
DB	Der Betrieb (Jahr, Seite)

Dem. Rep.	Demokratische Republik
ders.	derselbe
DGVZ	Deutsche Gerichtsvollzieherzeitung
DGWR	Deutsches Gemein- und Wirtschaftsrecht (Jahr, Seite)
d. h.	das heißt
dies.	dieselben
d. i. P.	Droit international privé
Dir. Comm. Int.	Diritto del commercio internazionale
Dir. Com. Scambi int.	Diritto comunitario negli scambi internazionali
DiskE	Diskussionsentwurf
Diss.	Dissertation
DJ	Deutsche Justiz, Zeitschrift für Rechtspflege und Rechtspolitik
DJT	Deutscher Juristentag
DJZ	Deutsche Juristenzeitung
DNotV	Zeitschrift des Deutschen Notarvereins
DNotZ	Deutsche Notarzeitschrift (früher: Zeitschrift des Deutschen Notarvereins, DNotV)
doc.	Document
DöV	Die öffentliche Verwaltung
DR	Deutsches Recht
DRiZ	Deutsche Richterzeitung
DRpfl	Der Deutsche Rechtspfleger
DRZ	Deutsche Richterzeitung
Drucks.	Drucksache
D. S.	Recuil Dalloz Sirey
DStR	Deutsches Steuerrecht
DStZ	Deutsche Steuerzeitung
dt	deutsch (e/er/es)
DtZ	Deutsch-Deutsche Rechtszeitschrift
DuR	Demokratie und Recht
DVBl.	Deutsches Verwaltungsblatt
DVO	Durchführungsverordnung
DZWIR	Deutsche Zeitschrift für Wirtschafts- und Insolvenzrecht
E	Entwurf
€	Euro
E. C. C.	European Commercial Cases
EFG	Entscheidungen der Finanzgerichte
EFTA	European Free Trade Association
EG	Einführungsgesetz; Europäische Gemeinschaft
EGBGB	Einführungsgesetz zum Bürgerlichen Gesetzbuch
EGGVG	Einführungsgesetz zum Gerichtsverfassungsgesetz
EGMR	Europäischer Gerichtshof für Menschenrechte
EGStGB	Einführungsgesetz zum Strafgesetzbuch
EheG	Ehegesetz
Einf.	Einführung
EinfG	Einführungsgesetz
EingV	Einigungsvertrag
Einl.	Einleitung
EMRK	(Europäische) Konvention zum Schutze der Menschenrechte und Grundfreiheiten
ENA	Europäisches Niederlassungsabkommen
entspr.	entsprechend
Entw.	Entwurf
ErbbauVO	Verordnung über das Erbbaurecht
Erg.	Ergebnis

Erl.	Erläuterungen
EÜ	(Genfer) Europäisches Übereinkommen über die internationale Handelsschiedsgerichtsbarkeit
EuBagatellVO	Verordnung zur Einführung eines europäischen Verfahrens für geringfügige Forderungen
EuBVO	Europäische Beweisaufnahmeverordnung
EuGH	Europäischer Gerichtshof
EuGHE	Entscheidungen des Gerichtshofs der Europäischen Gemeinschaft, Amtliche Sammlung
EuGVVO	Europäische Verordnung über die gerichtliche Zuständigkeit und die Anerkennung und Vollstreckung von Entscheidungen in Zivil- und Handelssachen
EuGVÜ	Brüsseler EWG-Übereinkommen über die gerichtliche Zuständigkeit und die Vollstreckung gerichtlicher Entscheidungen in Zivil- und Handelssachen
EuInsVO	Europäische Insolvenzverordnung
EuMahnVO	Verordnung zur Einführung eines Europäischen Mahnverfahrens
EuR	Europarecht
Europ. L. Rev.	European Law Review
EuVTVO	Europäische Vollstreckungstitelverordnung
EuZVO	Europäische Zustellungsverordnung
EuZVR	Europäisches Zivilverfahrensrecht
EuZW	Europäische Zeitschrift für Witschaftsrecht
evtl.	eventuell
EVÜ	Europäisches Schuldvertragsübereinkommen
EWG	Europäische Wirtschaftsgemeinschaft
EWGV	Vertrag zur Gründung der Europäische Wirtschaftsgemeinschaft
EWiR	Entscheidungen zum Wirtschaftsrecht
EWIV	Europäische wirtschaftliche Interessenvereinigung
EWR	Europäischer Wirtschaftsraum
EWS	Europäisches Wirtschafts- und Steuerrecht
EzA	Entscheidungssammlung zum Arbeitsrecht
EzFamR aktuell	Entscheidungssammlung zum Familienrecht aktuell
f.	folgend(e)
FamFG	Gesetz über das Verfahren in Familiensachen und in den Angelegenheiten der freiwilligen Gerichtsbarkeit
FamG	Familiengericht
FamGKG	Gesetz über Gerichtskosten in Familiensachen
FamR	Familienrecht
FamRÄndG	Familienrechtsänderungsgesetz
FamRZ	Zeitschrift für das gesamte Familienrecht
FamS	Familiensenat
ff.	fortfolgende
FG	Finanzgericht; Festgabe; Freiwillige Gerichtsbarkeit
FGG	Gesetz über die Angelegenheiten der freiwilligen Gerichtsbarkeit
FGPrax	Praxis der Freiwilligen Gerichtsbarkeit
FGO	Finanzgerichtsordnung
Fn.	Fußnote
Foro it.	Foro italiano
franz.	französich
FS	Festschrift
Fundst.	Fundstelle(n)
FuR	Familie und Recht
G.	Gesetz
Gaz. Pal.	La Gazette du Palais (Frankreich)

GBBerG	Grundbuchbereinigungsgesetz
GBl	Gesetzblatt
GBO	Grundbuchordnung
g. E.	gegen Ende
geänd.	geändert
GebrMG	Gebrauchsmustergesetz
gem.	gemäß
GenG	Genossenschaftsgesetz
GeschMG	Geschmacksmustergesetz
GG	Grundgesetz
ggf.	gegebenenfalls
Giur it.	Giurisprudenza italiana
GK	Großkommentar
GKG	Gerichtskostengesetz
GmbH	Gesellschaft mit beschränkter Haftung
GmbHG	Gesetz betreffend die Gesellschaften mit beschränkter Haftung
GmbHR	GmbH-Rundschau
GPR	Zeitschrift für Gemeinschaftsprivatrecht
Gruchot	Beiträge zur Erläuterung des Deutschen Rechts, begründet von Gruchot
GRUR	Gewerblicher Rechtsschutz und Urheberrecht
GRURInt	Gewerblicher Rechtsschutz und Urheberrecht – internationaler Teil
GrS	Großer Senat
GS	Gedächtnisschrift
GSZ	Großer Senat in Zivilsachen
GVBl.	Gesetz- und Verordnungsblatt
GVBl. RhPf.	Gesetz- und Verordnungsblatt Rheinland-Pfalz
GVG	Gerichtsverfassungsgesetz
GWB	Gesetz gegen Wettbewerbsbeschränkungen
H	Heft
HaftpflG	Haftpflichtgesetz
HmbGVBl.	Hamburger Gesetz- und Verordnungsblatt
HausTWG	Haustürwiderrufsgesetz
HBÜ	Haager Übereinkommen über die Beweisaufnahme im Ausland in Zivil- und Handelssachen
H. C.	High Court
Hdb.	Handbuch
HessVGRspr	Rechtsprechung der Hessischen Verwaltungsgerichte
HGB	Handelsgesetzbuch
HinterlO	Hinterlegungsordnung
HKO	Haager Landkriegsordnung
hL	herrschende Lehre
H. L.	House of Lords
hM	herrschende Meinung
H. R.	Hoge Raad (Niederlande)
HRR	Höchstrichterliche Rechtsprechung
Hrsg., hrsg.	Herausgeber, herausgegeben
Hs	Halbsatz
HZPÜ	Haager Übereinkommen über den Zivilprozeß
HZÜ	Haager Übereinkommen über die Zustellung gerichtlicher und außergerichtlicher Schriftstücke im Ausland in Zivil- und Handelssachen
ICC	International Chamber of Commerce (Internationale Handelskammer)
ICLQ	The International and Comparative Law Quarterly
idF	in der Fassung
idR	in der Regel

XVI

IGH	Internationaler Gerichtshof
ieS	im engeren Sinne
ILM	International Legal Materials
ILR	International Law Reports
insb.	insbesondere
InsO	Insolvenzordnung
IPRax	Praxis des Internationalen Privat- und Verfahrensrechts
iSd.	im Sinne des
iSv.	im Sinne von
i. ü.	im übrigen
i. V. m.	in Verbindung mit
IWB	Internationale Wirtschaftsbriefe
IWF	Internationaler Währungsfond
iwS	im weiteren Sinne
IZPR	internationales Zivilprozeßrecht
IZVR	internationales Zivilverfahrensrecht
i. Zw.	im Zweifel
JA	Juristische Arbeitsblätter
JbIntR	Jahrbuch für internationales Recht
JBl.	Justizblatt; Juristische Blätter (Österreich)
J. Bus. L.	The Journal of Business Law (England)
JbRR	Jahrbuch für Rechtssoziologie und Rechtstheorie
JFG	Jahrbuch für Entscheidungen in Angelegenheiten der freiwilligen Gerichtsbarkeit und des Grundbuchrechtes
J. Int. Arb.	Journal of International Arbitration
JMBl.	Justizministerialblatt
JMBlNRW	Justizministerialblatt von Nordrhein-Westfalen
JN	Jurisdiktionsnorm (Österreich)
JPS	Jahrbuch für die Praxis der Schiedsgerichtsbarkeit
JR	Juristische Rundschau
Judicium	Vierteljahresschrift für die gesamte Zivilrechtspflege
JURA	Juristische Ausbildung
JurBüro	Das juristische Büro
JuS	Juristische Schulung
Justiz	Die Justiz, Amtsblatt des Justizministeriums Baden Württemberg
JVBl	Justizverwaltungsblatt
JVEG	Justizvergütungs- und Entschädigungsgesetz
JW	Juristische Wochenschrift
JZ	Juristenzeitung
KAGG	Gesetz über Kapitalanlagegesellschaften
Kap	Kapitel
KG	Kammergericht, Kommanditgesellschaft
KGBl.	Blätter für Rechtspflege im Bezirk des Kammergerichts in Sachen der freiwilligen Gerichtsbarkeit, in Kosten-, Stempel- und Strafsachen
KO	Konkursordnung
KonsulG	Konsulargesetz
KostO	Kostenordnung
KrG	Kreisgericht
krit.	kritisch
KTS	Zeitschrift für Konkurs-, Treuhand- und Schiedsgerichtswesen (Jahr, Seite)
KV	Kostenverzeichnis
KWG	Gesetz über das Kreditwesen
LAG	Gesetz über den Lastenausgleich; auch Landesarbeitsgericht

Lb	Lehrbuch
LG	Landgericht
lit.	Buchstabe
LJ	The Law Journal (England)
LJV	Landesjustizverwaltung
LM	Nachschlagewerk des Bundesgerichtshofs, hrsg. von Lindenmaier und Möhring
LS	Leitsatz
LSG	Landessozialgericht
LuftfzRG	Gesetz über Rechte an Luftfahrzeugen
LuftVG	Luftverkehrsgesetz
LUG	Gesetz betr. das Urheberrecht an Werken der Literatur und der Tonkust (LiteratururheberG)
LugÜ	Luganer Übereinkommen über die gerichtliche Zuständigkeit und die Vollstreckung gerichtlicher Entscheidungen in Zivil- und Handelssachen
lux.	luxemburgisch
LZ	Leipziger Zeitschrift für Deutsches Recht
m. ausf. N.	mit ausführlichen Nachweisen
maW	mit anderen Worten
MDR	Monatsschrift für Deutsches Recht
MittBayNot.	Mitteilungen des Bayerischen Notarvereins
MittRhNotK	Mitteilungen der Rheinischen Notarkammer
MittRuhrKn	Mitteilungen der Ruhrknappschaft Bochum
Mot.	Motive
MSA	Haager Minderjährigenschutzabkommen
MuW	Markenschutz und Wettbewerb (Jahr, Seite)
mwN	mit weiteren Nachweisen
Nachw.	Nachweis(e/n)
N. C. p. c.	Noveau Code de procédure civile
Nds.Rpfl	Niedersächsische Rechtspflege
NdsVBl	Niedersächsische Verwaltungsblätter
NEhelG	Gesetz über die rechtliche Stellung der nichtehelichen Kinder
nF	neue Fassung; neue Folge
NJW	Neue Juristische Wochenschrift
NJWE WettR	NJW-Entscheidungsdienst Wettbewerbsrecht
NJW-RR	Neue Juristische Wochenschrift – Rechtsprechungsreport Zivilrecht
Novelle 1898	Ges. betr. Änderungen der Cicilprozeßordnung
NTS	NATO-Truppenstatut
NotBZ	Zeitschrift für die notarielle Beratungs- und Beurkundungspraxis
Nov.	Novelle
Nr.	Nummer
NRW, NW	Nordrhein-Westfalen
NVwZ	Neue Zeitschrift für Verwaltungsrecht
NZA	Neue Zeitschrift für Arbeitsrecht
NZA-RR	Neue Zeitschrift für Arbeitsrecht, Rechtsprechungs-Report
NZG	Neue Zeitschrift für Gesellschaftsrecht
NZI	Neue Zeitschrift für das Recht der Insolvenz und Sanierung
NZM	Neue Zeitschrift für Mietrecht
öffentl.	öffentlich
öGZ	(österr.) Gerichts-Zeitung
öJBl	Österreichische Juristische Blätter
ÖJZ	Österreichische Juristen-Zeitung
Österr.	Österreichisch (en, es)

ÖRiZ	Österreichische Richterzeitung
OFD	Oberfinanzdirektion
OGH	Oberster Gerichtshof (für die britische Zone, Österreich)
OGHZ	Entscheidungen des Obersten Gerichtshofs für die britische Zone in Zivilsachen
OHG	Offene Handelsgesellschaft
OLG	Oberlandesgericht
OLG-NL	OLG-Rechtsprechung Neue Länder
OLGR	OLG-Report: Zivilrechtsprechung der Oberlandesgerichte
OLGRspr	Die Rechtsprechung der Oberlandesgerichte auf dem Gebiete des Zivilrechts
OLGZ	Entscheidungen der Oberlandesgerichte in Zivilsachen
OVG	Oberverwaltungsgericht
PA	Patentamt
PatAnwO	Patentanwaltsordnung
PatG	Patentgesetz
PKH	Prozesskostenhilfe
PKHRL	Prozesskostenhilfe-Richtlinie
ProdHG	Produkthaftungsgesetz
Prot.	Protokoll
ProzRB	Der Prozess-Rechts-Berater
PStG	Personenstandsgesetz
PStV	Personenstandsverordnung
RabelsZ	Zeitschrift für ausländisches und internationales Privatrecht
RAG	Reichsarbeitsgericht
Rb.	Rechtsbank (Niederlande)
Rbeistand	Der Rechtsbeistand
RBerG	Rechtsberatungsgesetz
RdA	Recht der Arbeit
RdL	Recht der Landwirtschaft (Jahr, Seite)
Rdn.	Randnummer
Recht	Das Recht, Rundschau für den Deutschen Juristenstand
RefE	Referentenentwurf
RegBl	Regierungsblatt
RegE	Regierungsentwurf
RFH	Reichsfinanzhof; amtliche Sammlung der Entscheidungen des RFH
RG	Reichsgericht
RGBl	Reichsgesetzblatt
RGes.	Reichsgesetz
RGSt	Entscheidungen des Reichsgerichts in Strafsachen; amtliche Sammlung
RGZ	Entscheidungen des Reichsgerichts in Zivilsachen; amtliche Sammlung der Reichsgerichtsentscheidungen in Zivilsachen
Rh.-Pf	Rheinland-Pfalz
RIDC	Revue internationale de droit comparé
RIW	Recht der Internationalen Wirtschaft
RL	Richtlinie
ROW	Recht in Ost und West
Rpfl.	Der Deutsche Rechtspfleger
RpflG	Rechtspflegegesetz
Rs	Rechtssache
Rspr.	Rechtsprechung
RuStAG	Reichs- und Staatsangehörigkeitsgesetz
RzW	Rechtsprechung zum Wiedergutmachungsrecht
RuS	Recht und Schaden
RVG	Rechtsanwaltsvergütungsgesetz

s.	siehe
S.	Seite
s. a.	siehe auch
SaBremR	Sammlung des bremischen Rechts
Sachg	Sachgebiet
SachenRBerG	Sachenrechtsbereinigungsgesetz
SAE	Sammlung arbeitsrechtlicher Entscheidungen der Vereinigung der Arbeitgeberverbände
SächsVBl	Sächsische Verwaltungsblätter
S. C.	Supreme Court
ScheckG	Scheckgesetz
SchlHA	Schleswig-Holsteinische Anzeigen
SchRegO	Schiffsregisterordnung
SchRG	Schiffsregistergesetz
Sch-Ztg	Schiedsmannszeitung
SchuldR	Schuldrecht
schweizJZ	Schweizerische Juristenzeilen (auch: SJZ)
SchwJbIntR	Schweizer Jahrbuch für Internationales Recht
Sec.	Section
Sess.	Session
SeuffArch	Seufferts Archiv für Entscheidungen der obersten Gerichte in den deutschen Staaten
SeuffBl	Seufferts Blätter für Rechtsanwendung in Bayern
SGB	Sozialgesetzbuch
SGG	Sozialgerichtsgesetz
SJZ	Süddeutsche Juristenzeitung (auch: Schweizerische Juristenzeitung)
s. o.	siehe oben
sog.	sogenannte
SozG	Sozialgericht
Sp.	Spalte
StAZ	Zeitschrift für Standesamtswesen
StGB	Strafgesetzbuch
StIGH	Ständiger Internationaler Gerichtshof
StPO	Strafprozessordnung
StB	Der Steuerberater
str.	strittig
StRK	Steuerrechtsprechung in Karteiform. Höchstgerichtliche Entscheidungen in Steuersachen
stRspr.	Ständige Rechtsprechung
StuB	Steuern und Bilanzen
StuW	Steuer und Wirtschaft (Jahr, Spalte bzw. Nummer)
StVG	Straßenverkehrsgesetz
Suppl.	Supplement
StVZO	Straßenverkehrs-Zulassungs- Ordnung
s. u.	siehe unten
SZIER	Schweizer Zeitschrift für internationales und europäisches Recht
teilw.	teilweise
ThürBl	Blätter für Rechtspflege in Thüringen und Anhalt
Tit.	Titel
TRG	Gesetz zur Neuregelung des Fracht-, Speditions- und Lagerrechts
T. P. R.	Tijdschrift voor Privaatrecht (Niederlande)
TranspR	Transportrecht
Trib.	Tribunal; Tribunale
Trib. com.	Tribunal de commerce (Belgien/Frankreich)

u. a.	und andere(m)
u.ä.	und ähnliche(s)
Übers.	Übersicht
Übk.	Übereinkommen
UFITA	Archiv für Urheber-, Film-, Funk- und Theaterrecht
UmweltHG	Umwelthaftungsgesetz
UN	United Nations
unstr.	unstrittig
usw.	und so weiter
u. U.	unter Umständen
UWG	Gesetz gegen den unlauteren Wettbewerb
v.	versus
VA	Versicherungsaufsicht
VAG	Gesetz über die Beaufsichtigung der privaten Versicherungsunternehmen und Bausparkassen (Versicherungsaufsichtsgesetz)
Var.	Variante
VerbrKrG	Verbraucherkreditgesetz
Verf.	Verfassung
VerfGH	Verfassungsgerichtshof
VerglO	Vergleichsordnung
Verh.	Verhandlungen
VerlG	Gesetz über das Verlagsrecht
VerlR	Verlagsrecht
VermA	Vermittlungsausschuss
VersR	Versicherungsrecht, Juristische Rundschau für die Individualversicherung
VerschG	Verschollenheitsgesetz
VerwAO	Verwaltungsanordnung
Vfg	Verfügung
VG	Verwaltungsgericht
VGH	Verwaltungsgerichtshof
vgl.	vergleiche
VIZ	Zeitschrift für Vermögens- und Immobilienrecht
VO	Verordnung
VOBl	Verordnungsblatt
Voraufl.	Vorauflage
Vorb.	Vorbemerkung
VR	Verwaltungsrundschau
VVG	Gesetz über den Versicherungsvertrag (Versicherungsvertragsgesetz)
VwGO	Verwaltungsgerichtsordnung
VwVG	(Bundes-) Verwaltungsvollstreckungsgesetz
VwVfG	Verwaltungsverfahrensgesetz
VZS	Vereinigte Zivilsenate
WahrnG	Gesetz über die Wahrnahme von Urheberrechten
Warn.	Rechtsprechung des Bundesgerichtshofs in Zivilsachen, als Fortsetzung der von Otto Warneyer hrsg Rechtsprechung des Reichsgerichts
WarnRspr	Warneyer, Rechtsprechung des Reichsgerichts, soweit sie nicht in der amtlichen Sammlung der Entscheidungen des RG abgedruckt ist, herausgegeben von Warneyer
WBÜ	WashingtonerWeltbankübereinkommen für Investitionsstreitigkeiten
WEG	Gesetz über das Wohnungseigentum und das Dauerwohnrecht (Wohnungseigentumsgesetz)
WertpBG	Wertpapierbereinigungsgesetz
WG	Wechselgesetz
WiGBl	Gesetzblatt der Verwaltung des Vereinigten Wirtschaftsgebiets

W. L. R.	Weekly Law Reports
WM	Wertpapier-Mitteilungen
w.N.	weitere Nachweise
WRP	Wettbewerb in Recht und Praxis
WuB	Entscheidungssammlung zum Wirtschafts- und Bankrecht
WÜD	Wiener Übereinkommen über diplomatische Beziehungen
WÜK	Wiener Übereinkommen über konsularische Beziehungen
WuM	Wohnungswirtschaft und Mietrecht
WuW	Wirtschaft und Wettbewerb
WVRK	Wiener Übereinkommen über das Recht der Verträge
WZG	Warenzeichengesetz
Yb. Eurp. L.	Yearbook of European Law
ZAkDR	Zeitschrift der Akademie für Deutsches Recht
ZAP	Zeitschrift für die Anwaltspraxis
z. B.	zum Beispiel
ZBB	Zeitschrift für Bankrecht und Bankwirtschaft
ZBinnSch	Zeitschrift für Binnenschifffahrt
ZBlFG	Zentralblatt für die freiwillige Gerichtsbarkeit und Notariat
ZBlJugR	Zentralblatt für Jugendrecht und Jugendwohlfahrt
ZBR	Zeitschrift für Beamtenrecht
ZEuP	Zeitschrift für Europäisches Privatrecht (Jahr, Seite)
ZfA	Zeitschrift für Arbeitsrecht
ZfB	Zeitschrift für Betriebswirtschaft
ZfG	Zeitschrift für Gesetzgebung
ZfRV	Zeitschrift für Rechtsvergleichung (Österreich)
ZfS	Zeitschrift für Schadensrecht (Jahr, Seite)
ZfSH	Zeitschrift für Sozialhilfe
ZGB	Zivilgesetzbuch (DDR/Schweiz)
ZGR	Zeitschrift für Unternehmens- und Gesellschaftsrecht
ZHR	Zeitschrift für das gesamte Handelsrecht und Wirtschaftsrecht
Ziff.	Ziffer
ZInsO	Zeitschrift für das gesamte Insolvenzrecht
ZIP	Zeitschrift für Wirtschaftsrecht und Insolvenzpraxis
ZIR	Niemeyers Zeitschrift für internationales Recht
ZLR	Zeitschrift für Luftrecht und Weltraumrechtsfragen
ZMR	Zeitschrift für Miet- und Raumrecht
ZöffR	Zeitschrift für öffentliches Recht
ZPO	Zivilprozessordnung
ZRHO	Rechtshilfeordnung in Zivilsachen
ZPR	Zivilprozessrecht
ZRP	Zeitschrift für Rechtspolitik
ZS	Zivilsenat
ZSEG	Gesetz über die Entschädigung von Zeugen und Sachverständigen
ZSR	Zeitschrift für Schweizer Recht
z. T.	zum Teil
zust.	Zustimmend
ZustDG	EG-Zustellungsdurchführungsgesetz
ZustErgG	Zuständigkeitsergänzungsgesetz
ZVersWiss	Zeitschrift für die gesamte Versicherungswissenschaft
ZVG	Gesetz über die Zwangsversteigerung und die Zwangsverwaltung (Zwangs-versteigerungsgesetz)
ZVglRWiss	Zeitschrift für vergleichende Rechtswissenschaft
ZZP	Zeitschrift für Zivilprozess
ZZPInt	Zeitschrift für Zivilprozess International

Abgekürzt zitierte Literatur

AK/*Bearbeiter*	Alternativkommentar zur ZPO, 1987
Baumbach/Lauterbach/	*Baumbach/Lauterbach/Albers/Hartmann*
Albers/Hartmann	Kommentar zur Zivilprozessordnung, 69. Aufl, 2010
Gebauer/Wiedmann	*Gebauer/Wiedmann* (Herausg.), Zivilrecht unter europäischem Einfluss, 2. Aufl., 2010
Geimer Anerkennung	*Geimer* Anerkennung ausländischer Entscheidungen in Deutschland, 1995
Geimer, IZPR	*Geimer,* Internationales Zivilprozessrecht, 6. Aufl., 2009
Geimer/Schütze (Bearbeiter)	*Geimer/Schütze,* Internationaler Rechtsverkehr IRV in Zivil- und Handelssachen, Loseblattsammlung
Geimer/Schütze EuZVR	*Geimer/Schütze* Europäisches Zivilverfahrensrecht, 3. Aufl., 2010
Gloy/Loschelder/Erdmann	Handbuch des Wettbewerbsrechts, 4. Aufl., 2010
Haas, in Weigand	*Haas,* Convention on the Recognition and Enforcement of Foreign Arbitral Awards, New York, June 10, 1958, in: Weigand (Herausg.), Practitioner's Handbook on International Arbitration, 2002, S. 399 ff.
Kallmann	*Kallmann* Anerkennung und Vollstreckung ausländischer Zivilurteile und Vergleiche, 1946
Kegel/Schurig, IPR	*Kegel/Schurig* Internationales Privatrecht, 9. Aufl., 2004
Kropholler EuZPR	*Kropholler* Europäisches Zivilprozessrecht, 8. Aufl., 2005
Lachmann	*Lachmann,* Handbuch für die Schiedsgerichtspraxis, 3. Aufl., 2008
Linke/Hau, IZPR	*Linke/Hau* Internationale Zivilprozessrecht, 5. Aufl., 2011
Maier	*Maier* Handbuch der Schiedsgerichtsbarkeit, 1979
Martiny Handbuch	*Martiny* Anerkennung ausländischer Entscheidungen nach autonomem Recht, in: Handbuch des Internationalen Zivilverfahrensrechts, Bd. III/1, 1984
MünchKomm/*Bearbeiter*	Münchener Kommentar zur ZPO, 3. Aufl., 2007/2008
Musielak/Bearbeiter	*Musielak* ZPO, 7. Aufl., 2009
Nagel/Gottwald, IZPR	*Nagel/Gottwald,* Internationales Zivilprozessrecht, 6. Aufl., 2007
Rauscher/Bearbeiter EuZPR	*Rauscher* Europäisches Zivilprozess- und Kollisionsrecht, Bearbeitung 2011, Brüssel I-VO; LugÜ 2007, 2011
Rauscher/Bearbeiter	*Rauscher* Europäisches Zivilprozess- und Kollisionsrecht, Bearbeitung 2010 (EG-VollstrTitelVO; EG-MahnVO; EG-BagatellVO; EG-ZustVO 2007; EG-BewVO; EG-InsVO)
Reithmann/Martiny/Bearbeiter	*Reithmann/Martiny* Internationales Vertragsrecht, 7. Aufl., 2010
Riezler, IZPR	*Riezler* Internationales Zivilprozessrecht und prozessuales Fremdenrecht, 1949
Saenger/Bearbeiter	*Saenger* Zivilprozessordnung, 3. Aufl., 2009
Schack, IZVR	*Schack,* Internationales Zivilverfahrensrecht, 5. Aufl., 2010
Schlosser Schiedsgerichtsbarkeit	*Schlosser* Das Recht der privaten internationalen Schiedsgerichtsbarkeit, 2. Aufl., 2002
Schlosser, EuZPR	*Schlosser* EU Zivilprozessrecht, 3. Aufl., 2009
Schütze, DIPZR	*Schütze,* Deutsches Internationales Zivilprozessrecht unter Einschluss des Europäischen Zivilprozessrechts, 2. Aufl., 2005
Schütze, RV	*Schütze,* Rechtsverfolgung im Ausland, 4. Aufl., 2009
Schütze Schiedsgericht und Schiedsverfahren	*Schütze* Schiedsgericht und Schiedsverfahren, 4. Aufl., 2007
Schütze/Tscherning/Wais	*Schütze/Tscherning/Wais* Handbuch des Schiedsverfahrens, 2. Aufl., 1990

Schwab/Walter, Schiedsgerichts-barkeit   *Schwab/Walter,* Schiedsgerichtsbarkeit, 7. Aufl., 2005

Stein/Jonas/Bearbeiter   *Stein/Jonas,* Großkommentar zur Zivilprozessordnung, 22. Aufl., 2002 ff.

Thomas/Putzo/Bearbeiter   *Thomas/Putzo* ZPO, 31. Aufl., 2010

Wieczorek/Schütze   *Wieczorek/Schütze* Großkommentar zur ZPO, 3. Aufl., 1994 ff.

Zöller/Bearbeiter   *Zöller,* ZPO, 28. Aufl., 2010

Entscheidungen der DIS-Datenbank werden nach Gericht, Datum der Entscheidung und Aktenzeichen ohne besondere Erwähnung der DIS-Datenbank zitiert

Einleitung

Begriff, Rechtsquellen und Grundsätze des internationalen Zivilprozessrechts

Übersicht

	Rdn.			Rdn.
I. Begriff des internationalen Zivilprozessrechts	1		4. Staatsverträge	17
1. Internationales Zivilprozessrecht und internationales Privatrecht	4		a) Rechtshilfe	17
			b) Internationale Zuständigkeit und gegenseitige Anerkennung und Vollstreckbarerklärung von Zivilurteilen und Schiedssprüchen	19
2. Internationales Zivilprozessrecht und internationales Strafprozessrecht	7		c) Internationale Schiedsgerichtsbarkeit	21
3. Internationales Zivilprozessrecht und Rechtsvergleichung	9		5. Rechtsprechung	23
4. Internationales Zivilprozessrecht und Völkerrecht	10a		**III. Literatur zum europäischen und internationalen Zivilprozessrecht**	27
II. Rechtsquellen des europäischen und internationalen Zivilprozessrechts	11		1. Deutsches internationales Zivilprozessrecht	27
1. Völkerrecht	11		2. Europäisches Zivilprozessrecht	28
2. Europarecht	14		3. Ausländisches internationales Zivilprozessrecht	29
a) Gemeinschaftsrecht	14		**IV. Tabellen zum internationalen Zivilprozessrecht**	30
b) Staatsvertragliche Regelungen	15			
3. Autonomes Recht	16			

I. Begriff des internationalen Zivilprozessrechts

Literatur: *Bertele* Souveränität und Verfahrensrecht, 1998; *Geimer* IZPR, Rdn. 1 ff.; *ders.* Verfassung, Völkerrecht und internationales Zivilverfahrensrecht, ZfRV 1992, 321 ff.; *Linke/Hau* IZPR, Rdn. 1 ff.; *Nagel* Die Begrenzung des internationalen Zivilprozessrechts durch das Völkerrecht, ZZP 75 (1962), 408 ff.; *ders.* Chancen des internationalen Zivilprozessrechts beim Ausgleich von Schwierigkeiten aus Rechtsordnungen unterschiedlicher Weltanschauung, ZZP 82 (1969), 306 ff.; *Nagel/Gottwald* IZPR, § 1, Rdn. 1 ff.; *Riezler* IZPR, S. 1 ff.; *Schack* IZVR, Rdn. 1 ff.

Das internationale Zivilprozessrecht umfasst die Gesamtheit der zivilverfahrensrechtlichen **1** Normen, soweit sie Auslandsbezug haben. Das internationale Zivilprozessrecht gehört damit zum Zivilprozessrecht, ist ein Teil von ihm. Es ist – bruchstückhaft – in der ZPO normiert. Zum internationalen Zivilprozessrecht gehört auch das prozessuale Fremdenrecht[1], das die Stellung von Ausländern vor heimischen Gerichten regelt.

---

1 Vgl. dazu rechtsvergleichend *Gottwald* Die Stellung des Ausländers im Prozess, in: Gottwald u. a., Grundfragen des Zivilprozessrechts 1990, S. 1 ff.; *Klamaris* Der Ausländer im Prozess, eben-da, S. 101 ff.; *Stalev* Der Fremde im Zivilprozess, in: Zeitgenössische Fragen des internationalen Zivilverfahrensrechts, 1972, S. 31 ff.

2 Der Terminus „internationales Zivilprozessrecht" hat sich im deutschen und ausländischen Sprachgebrauch durchgesetzt[2]. Die Bezeichnung ist nicht glücklich. Das IZPR ist ebenso wie das IPR kein internationales, sondern nationales Recht, wenn man von einigen völkerrechtlichen Normen im Bereich der Gerichtsbarkeit absieht.

3 Das internationale Zivilprozessrecht ist von verwandten Rechtsgebieten abzugrenzen:

1. Internationales Zivilprozessrecht und internationales Privatrecht

Literatur: *Neuhaus* Internationales Zivilprozessrecht und internationals Privatrecht, RabelsZ 20 (1955), 201 ff.; *Svetlanov* The International Civil Process and Conflict of Laws, FS Boguslvskij, 2004, S. 199 ff.

4 Das IZPR wird häufig als Teilgebiet des IPR gesehen. In der deutschen und ausländischen Literatur zum IPR wird das IZPR regelmäßig mit behandelt. Für das frühere sowjetische Recht vertrat *Lunz*[3] gar die Ansicht, das IZPR habe keine eigenständige Bedeutung. Das IZPR ist vom IPR jedoch grundsätzlich abzugrenzen[4]. Jenes – das IZPR – gehört zum Verfahrensrecht, dieses – das IPR – gehört zum materiellen Recht. Die Normen des IPR beantworten die Frage, welches Recht Anwendung findet, die Normen des IZPR, welches Gericht in welchem Verfahren entscheiden und dieses kollisionsrechtlich zur Anwendung berufene Recht anwenden soll. Dabei sind IPR und IZPR miteinander verwoben. Die Zuständigkeitsfrage des IZPR steht regelmäßig vor der kollisionsrechtlichen der Rechtsanwendung. Deshalb hat ein deutsches Gericht bei der Scheidung von Ausländern zunächst zu entscheiden, ob die internationale Zuständigkeit nach § 98 FamFG gegeben ist – eine Frage des IZPR – bevor es nach Art. 17 EGBGB prüfen darf, welches Recht auf die Scheidung anzuwenden ist – eine Frage des IPR.

5 Als wesentlicher Unterschied zum IPR wird diskutiert, ob das IZPR Kollisionsnormen verfahrensrechtlicher Natur enthält.

6 Schließlich ist die Bedeutung des Gegenseitigkeitsprinzips[5] im IPR und IZPR unterschiedlich. Während das IZPR das Gegenseitigkeitserfordernis noch im Bereich der internationalen Urteilsanerkennung (§ 328 Abs. 1 Nr. 5) kennt, ist die Anwendung ausländischen Rechts nicht von der Gegenseitigkeit abhängig, nachdem auch die Rudimente des Gegenseitigkeitsprinzips in Art. 31 EGBGB der IPR-Reform 1986 zum Opfer gefallen sind.

2. Internationales Zivilprozessrecht und internationales Strafprozessrecht

7 Das internationale Strafprozessrecht umfasst alle strafprozessualen Normen bei Fällen mit Auslandsbezug: Zuständigkeit deutscher Gerichte zur Verfolgung von Straftaten im Ausland oder zur Strafverfolgung von Ausländern im Inland, Immunität von Staatsoberhäuptern, Diplomaten und Konsuln in deutschen Strafverfahren, Wirkungen ausländischer Strafurteile im Inland, Auslieferungs- und Asylrecht sowie Rechtshilfe in Strafsachen.

2 Vgl. zur Entwicklung *Nagel* Geschichtlicher Überblick über die Entwicklung des internationalen Zivilverfahrensrechts, in: Zeitgenössische Fragen des internationalen Zivilverfahrensrechts, 1972, S. 13 ff.

3 Vgl. *Lunz* Internationaler Zivilprozess, 1968, S. 9 ff.

4 Vgl. *Geimer* IZPR, Rdn. 19 ff.; *Linke/Hau* IZPR, Rdn. 34; *Schack* IZVR, Rdn. 23 ff.

5 Vgl. dazu *Hepting* Die Gegenseitigkeit im internationalen Privatrecht und internationalen Zivilprozessrecht, Diss. München 1973; *Schwantag* Gegenseitigkeit und „loi uniforme" in Abkommen zum internationalen Privat- und Prozessrecht, Diss. Freiburg/Brsg. 1976.

Das internationale Strafprozessrecht ist ebenso wenig internationales Recht wie das IZPR. **8** IZPR und internationales Strafprozessrecht überschneiden sich teilweise, z. B. bei Adhäsionsverfahren.

3. Internationales Zivilprozessrecht und Rechtsvergleichung

Literatur: *Schütze* Internationales Zivilprozessrecht und Rechtsvergleichung, FS Waseda, 1988, S. 323 ff.

Während das IZPR objektives Recht ist, hat die Rechtsvergleichung Rechtsanwendungs- **9** und Rechtsforschungsfunktion. In beiden beeinflusst sie das IZPR und dient ihr.

Für das IPR hat *Rabel*[6] die rechtsvergleichende Methode hoffähig gemacht. Für das IZPR ist **10** diese Funktion der Rechtsvergleichung heute anerkannt. Sie wird vom EuGH zur Auslegung von EuGVVO und EuGVÜ im Rahmen der vertragsautonomen und verordnungsautonomen Qualifikation angewandt[7]. Der BGH hat sich ihrer bei der Gegenseitigkeitsfeststellung im Rahmen der Anerkennung ausländischer Zivilurteile bedient[8] und für die Bestimmung eines Ersatzrechtes bei Nichtfeststellbarkeit des Inhalts eines kollisionsrechtlich zur Anwendung berufenen ausländischen Rechtssatzes ist sie unerlässlich (vgl. § 293, Rdn. 38).

4. Internationales Zivilprozessrecht und Völkerrecht

Literatur: *Bertele* Souveränität und Verfahrensrecht – Eine Untersuchung der aus dem Völkerrecht ableitbaren Grenzen staatlicher extraterritorialer Jurisdiktion im Verfahrensrecht, 1988; *Cottier* Die Anwendbarkeit von völkerrechtlichen Normen im innerstaatlichen Bereich als Ausprägung der Konstitutionalisierung des Völkerrechts, SZIER 9 (1999), 403 ff.; *Geimer* IZPR, Rdn. 119 ff.; *Mráz* Völkerrecht im Zivilprozess, 2004

Das Völkerrecht bestimmt die Grenzen der Jurisdiktionsgewalt eines Staates und die **10a** Regelungsbefugnis des Inhalts des internationalen Verfahrensrechts. So werden die Grenzen der Gerichtsbarkeit eines Staates durch unmittelbar wirkende Normen des Völkerrechts gezogen. Auch wird die Regelung der internationalen Zuständigkeit – die ein Staat grundsätzlich nach Gutdünken vornehmen kann[9] – in ihrer Aussenwirkung am Völkerrecht gemessen. Dieses erfordert eine Nähebeziehung der internationale Zuständigkeit begründenden Gerichtsstände zum Urteilsstaat (genuine link)[10]. Andernfalls liegt eine völkerrechtswidrige Usurpierung internationaler Zuständigkeit vor, wie es im Alien Tort Claims Act der Fall ist[11].

Das internationale Zivilprozessrecht ist nationales Recht, das Völkerrecht enthält allgemein verbindliche Normen.

---

6 Vgl. *Rabel* Das Problem der Qualifikation, RabelsZ 5 (1931), 241 ff.
7 Vgl. im einzelnen *Schütze* DIZPR, Rdn. 7 f.
8 Vgl. z. B. BGHZ 49, 50.
9 Vgl. *Geimer* IZPR, Rdn. 848; *Nagel/Gottwald* IZPR, § 3, Rdn. 351; *Schack* IZVR, Rdn. 215; *Schütze* DIZPR, Rdn. 103.
10 Vgl. u. a. *Bertele* S. 221 ff.; *Geimer* IZPR, Rdn. 127; *Gottwald* Grenzen zivilgerichtlicher Maßnahmen mit Auslandswirkung, FS Hab-

scheid, 1989, S. 119 ff. (130); *Mann* The Doctrine of Jurisdiction in International Law, RC 111 (1964-I), 1 ff. (77 ff.); a. A. *Schack* IZPR, Rdn. 215.
11 Vgl. *Schütze* Die Verweigerung der Klagezustellung bei völkerrechtwidriger Usurpierung internationaler Zuständigkeit, RIW 2009, 497 ff.

II. Rechtsquellen des Europäischen und Internationalen Zivilprozessrechts[12]

1. Völkerrecht

11 Die Regelung der Gerichtshoheit eines Staates und ihre Begrenzung durch die Immunität ausländischer Staaten und Amtsträger ergeben sich unmittelbar aus dem Völkerrecht.

12 Die allgemeinen Regelungen des Völkerrechts im Hinblick auf Diplomaten und Konsuln sind in

– dem Wiener Übereinkommen über diplomatische Beziehungen vom 18.4.1961[13] und
– dem Wiener Übereinkommen über konsularische Beziehungen vom 24.4.1963[14]

und durch §§ 18–20 GVG konkretisiert in das deutsche autonome Recht übernommen worden. Die Bestimmungen im GVG gehen nicht über die Immunitäten in den Wiener Übereinkommen hinaus, erweitern jedoch den Anwendungsbereich auch auf Angehörige von Nichtvertragsstaaten.

13 Die Staatenimmunität ist Gegenstand des

– Europäischen Übereinkommens über die Staatenimmunität vom 16.5.1972[15].

2. Europarecht

a) Gemeinschaftsrecht

14 – VO (EG) Nr. 44/2001 über die gerichtliche Zuständigkeit und die Anerkennung und Vollstreckung von Entscheidungen in Zivil- und Handelssachen (Brüssel I) vom 22.12.2000[16],
– VO (EG) Nr. 1347/2000 über die Zuständigkeit und die Anerkennung und Vollstreckung von Entscheidungen in Ehesachen und in Verfahren betreffend die elterliche Verantwortung für die gemeinsamen Kinder der Ehegatten (Brüssel II) vom 29.5.2000[17],
– VO (EG) Nr. 2201/2003 über die Zuständigkeit und die Anerkennung und Vollstreckung von Entscheidungen in Ehesachen und in Verfahren betreffend die elterliche Verantwortung und zur Aufhebung der Verordnung (EG) Nr. 1347/2000 (Brüssel IIa) vom 27.11.2003[18],
– VO (EG) Nr. 805/2004 zur Einführung eines Europäischen Vollstreckungstitels für unbestrittene Forderungen vom 21.4.2004 (EuVTVO)[19];
– VO (EG) Nr. 1346/2000 über Insolvenzverfahren vom 29.5.2000[20];
– VO (EG) Nr. 1348/2000 über die Zustellung gerichtlicher und außergerichtlicher Schriftstücke in Zivil- und Handelssachen vom 29.5.2000[21] – VO (EG) Nr. 1393/2007 vom 13.11.2007 über die Zustellung gerichtlicher und außergerichtlicher Schriftstücke in Zivil- oder Handelssachen in den Mitgliedstaaten und zur Aufhebung der Verordnung (EG) Nr. 1348/2000[22];

---

12 Die Normen sind abgedruckt in Bd. VI und bei *Geimer/Schütze* Internationaler Rechtsverkehr; dort auch Angaben zu Geltungsbereich und Inhalt.
13 BGBl. 1964 II 957, 1006, 1008.
14 BGBl. 1969 II 1585, 1674, 1688.
15 BGBl. 1990 II 34.
16 ABl 2001 Nr. L 12, S. 1.

17 ABl. 2000 Nr. L 160, S. 19; die VO ist seit dem 1.3.2005 ersetzt worden durch die VO (EG) Nr. 2201/2003.
18 ABl. 2003 Nr. L 338, S. 1.
19 ABl. 2004 Nr. L 143, S. 15.
20 ABl. 2000 Nr. L 160, S. 1.
21 ABl. 2000 Nr. L 160, S. 37.
22 ABl. 2000 Nr. L 324, S. 79.

– VO (EG) Nr. 1206/2001 über die Zusammenarbeit zwischen den Gerichten der Mitgliedstaaten auf dem Gebiet der Beweisaufnahme in Zivil- und Handelssachen vom 28.5.2001[23]
– VO (EG) Nr. 1896/2006 vom 12.12.2006 zur Einführung eines Europäischen Mahnverfahrens[24];
– VO (EG) Nr. 861/2007 vom 11.7.2007 zur Einführung eines europäischen Verfahrens für
geringfügige Forderungen[25];
– VO (EG) Nr. 4/2009 vom 18.12.2008 über die Zuständigkeit, das anwendbare Recht, die
Anerkennung und Vollstreckung von Entscheidungen und die Zusammenarbeit in Unterhaltssachen[26] (noch nicht in Kraft, Inkrafttreten voraussichtlich Juni 2011);

b)   Staatsvertragliche Regelungen

Die europarechtliche Regelung der internationalen Zuständigkeit und der Anerkennung   **15**
und Vollstreckbarerklärung ausländischer Entscheidungen im EuGVÜ hat ihre Bedeutung
durch die EuGVVO verloren, nachdem Dänemark – für das die EuGVVO nicht als Gemeinschaftsrecht gilt – die Verordnung aufgrund Staatsvertrages anwendet[27].

3.   Autonomes Recht

Wesentliche Normen des IZPR finden sich in der ZPO, dem FamFG, aber auch in anderen   **16**
Gesetzen:

§ 38 Abs. 2 ZPO, internationale Gerichtsstandsvereinbarung;
§§ 110–113 ZPO, cautio iudicatum solvi;
§ 183 ZPO, Zustellung im Ausland;
§ 293 ZPO, Nachweis und Feststellung des Inhalts ausländischen Rechts;
§ 328 ZPO, Anerkennung ausländischer Zivilurteile;
§§ 363 f. ZPO, Beweisaufnahme im Ausland;
§§ 722 f. ZPO, Vollstreckbarerklärung ausländischer Zivilurteile;
§ 1061 ZPO, Anerkennung und Vollstreckbarerklärung ausländischer Schiedssprüche
§§ 1067 ff. ZPO, justizielle Zusammenarbeit in der EU;
§ 98 FamFG, internationale Zuständigkeit in Ehesachen, Verbund von Scheidungs- und
Folgesachen
§ 99 FamFG, internationale Zuständigkeit in Kindschaftssachen
§ 100 FamFG, internationale Zuständigkeit in Abstammungssachen
§ 101 FamFG, internationale Zuständigkeit in Adoptionssachen
§ 102 FamFG, internationale Zuständigkeit in Versorgungsausgleichssachen
§ 103 FamFG, internationale Zuständigkeit in Lebenspartnerschaftssachen
§ 104 FamFG, internationale Zuständigkeit in Betreuungs- und Unterbringungssachen,
Pflegschaft für Erwachsene
§ 105 FamFG, Doppelfunktionalität der Normen für die örtliche Zuständigkeit
§ 106 FamFG, Nichtausschließlichkeit der Normen über die internationale Zuständigkeit
§§ 107 ff. FamFG, Anerkennung und Vollstreckbarerklärung von Entscheidungen in Ehesachen und anderer ausländischer Entscheidungen

---

23 ABl. 2001 Nr. L 174, S. 1.
24 ABl. 2006 Nr. L 399, S. 1.
25 ABl. 2007 Nr. L 199, S. 1.
26 ABl. EU Nr. L 7 v. 10.1.2009, S. 1.
27 Vgl. Abkommen zwischen der EG und Dänemark vom 19.10.2005, ABl. Nr. L 299; S. 62; vgl.

dazu *Jayme/Kohler* Europäisches Kollisionsrecht
2005: Hegemonialgesten auf dem Weg zu einer
Gesamtvereinheitlichen, IPRax 2005, 481 ff.
(485 f.); *Nielsen* Brussels I and Denmark, IPRax
2007, 506 ff.

§§ 18–20 GVG, Gerichtsbarkeit, Immunität;

§ 738a Abs. 1 HGB, Anerkennung der Wirkungen ausländischer Rechtshängigkeit
Rechtshilfeordnung in Zivilsachen (ZRHO);

Ausführungsgesetze zu Staatsverträgen international-zivilprozessualen Inhalts, insbesondere

– Gesetz vom 20.2.2001 zur Ausführung zwischenstaatlicher Anerkennungs- und Vollstreckungsverträge in Zivil- und Handelssachen (AVAG)[28] und
– Gesetz vom 26.1.2005 zur Aus- und Durchführung bestimmter Rechtsinstrumente auf dem Gebiet des internationalen Familierechts (IntFamRVG)[29].

4. Staatsverträge

a) Rechtshilfe

17 – Haager Zivilprozessabkommen vom 17.7.1905[30];
– Haager Übereinkommen über die Zustellung gerichtlicher und außergerichtlicher Schriftstücke im Ausland in Zivil- oder Handelssachen vom 15.11.1965[31],
– Haager Übereinkommen über die Beweisaufnahme im Ausland in Zivil- oder Handelssachen vom 18.3.1970[32];
– Europäisches Übereinkommen betreffend Auskünfte über ausländisches Recht vom 7.6.1968[33].

Zu den Haager Zivilprozessübereinkommen sind zahlreiche bilaterale Zusatzvereinbarungen ergangen[34].

18 Von den bilateralen Rechtshilfeverträgen sind noch von Bedeutung:

– Deutsch-amerikanischer Freundschafts-, Handels- und Schifffahrtsvertrag vom 29.10. 1954[35];
– Deutsch-britisches Abkommen über den Rechtsverkehr v. 20.3.1928[36];
– Deutsch-griechischen Abkommen über die gegenseitige Rechtshilfe in Angelegenheiten des bürgerlichen und des Handelsrechts vom 11.5.1938[37];
– Deutsch-liechtensteinische Vereinbarung vom 17.2./29.5.1958 über den unmittelbaren Geschäftsverkehr in Zivil- und Strafsachen zwischen den Justizbehörden der Bundesrepublik Deutschland und des Fürstentums Liechtenstein[38];
– Deutsch-marokkanischer Vertrag vom 29.10.1985 über die Rechtshilfe und Rechtsauskunft in Zivil- und Handelssachen[39];
– Deutsch-türkisches Abkommen vom 28.5.1929 über den Rechtsverkehr in Zivil- und Handelssachen[40];
– Deutsch-tunesischer Vertrag vom 19.7.1966 über Rechtsschutz und Rechtshilfe, die Anerkennung und Vollstreckung gerichtlicher Entscheidungen in Zivil- und Handelssachen sowie über die Handelsschiedsgerichtsbarkeit[41].

---

28 BGBl. 2001 I 288, 436.
29 BGBl. 2005 I 162.
30 RGBl. 1909 409.
31 BGBl. 1977 II 1453.
32 BGBl. 1977 II 1453.
33 BGBl. 1974 II 937.
34 Vgl. dazu *Geimer/Schütze* Internationaler Rechtsverkehr, 102–180.

35 BGBl. 1956 II 487.
36 RGBl. 1928 II 623.
37 RGBl. 1939 II 848.
38 BAnz Nr. 73/1959.
39 BGBl. 1988 II 1954.
40 RGBl. 1930 II 6.
41 BGBl. 1969 II 889.

b) Internationale Zuständigkeit und gegenseitige Anerkennung und Vollstreckbarerklärung von Zivilurteilen und Schiedssprüchen

– Lugano-Übereinkommen über die gerichtliche Zuständigkeit und die Vollstreckung **19** gerichtlicher Entscheidungen in Zivil- und Handelssachen vom 30.10.2007[42];
– Deutsch-tunesischer Vertrag vom 19.7.1966 über Rechtsschutz und Rechtshilfe, die Anerkennung und Vollstreckung ausländischer gerichtlicher Entscheidungen in Zivil- und Handelssachen sowie über die Handelsschiedsgerichtsbarkeit[43];
– Deutsch-israelischer Vertrag vom 20.7.1977 über die gegenseitige Anerkennung und Vollstreckung gerichtlicher Entscheidungen in Zivil- und Handelssachen[44].

Die bilateralen Anerkennungs- und Vollstreckungsverträge mit der Schweiz, Italien, Bel- **20** gien, Österreich, dem Vereinigten Königreich, Griechenland, den Niederlanden, Norwegen und der Schweiz haben durch die Regelungen in der EuGVVO, dem EuGVÜ und dem LugÜ ihre Bedeutung im Wesentlichen verloren. Vgl. dazu § 328, Rdn. 134 ff. Vgl. dort auch die Darstellung der multilateralen Staatsverträge über die Wirkungserstreckung von Entscheidungen in Spezialmaterien.

c) Internationale Schiedsgerichtsbarkeit

– Genfer Protokoll über die Schiedsklauseln vom 24.9.1923[45]; **21**
– Genfer Abkommen zur Vollstreckung ausländischer Schiedssprüche vom 26.9.1927[46];
– UN-Übereinkommen über die Anerkennung und Vollstreckung ausländischer Schiedssprüche vom 10.6.1958[47];
– Europäisches Übereinkommen über die internationale Handelsschiedsgerichtsbarkeit vom 21.4.1961[48];

Zahlreiche bilaterale Anerkennungs- und Vollstreckungs-, Rechtshilfe- und Freundschafts- **22** verträge regeln auch Fragen der internationalen Schiedsgerichtsbarkeit. Darüber hinaus bestehen zahlreiche internationale Übereinkommen über Spezialmaterien.

5. Rechtsprechung

Literatur: *Schütze* Die Bedeutung der Rechtsprechung als Rechtsquelle im deutschen internationalen Zivilprozeßrecht, ZVglRWiss 92 (1993), 29 ff.

Das deutsche Recht kennt keine bindende Wirkung von Gerichtsentscheidungen über den **23** entschiedenen Fall hinaus. Es besteht keine *„binding force of precedent"* wie sie das common law kennt, wenn man von der Ausnahme des Art. 100 Abs. 2 GG für Entscheidungen des Bundesverfassungsgerichts absieht.

Es ist aber nicht zu verkennen, dass die Rechtsprechung, insbesondere die der oberen **24** Gerichte, trotz der mangelnden formellen Bindungswirkung faktische Konsequenzen hat, die einer Bindungswirkung sehr nahe kommen. Das gilt insbesondere in Bereichen des Rechts, die der Gesetzgeber nicht ausgefüllt hat und in denen lückenhafte gesetzliche Regelungen bestehen.

---

42 ABl. EU 2007 Nr. L 339, S. 3; Das Übereinkommen ersetzt im Rahmen seines Geltungsbereichs das am 16.9.1988 geschlossene Abkommen (LugÜ I). Es ist seit dem 1.1.2010 für die EU in Kraft.
43 BGBl. 1969 II 889.
44 BGBl. 1980 II 925, 1531.
45 RGBl. 1925 II 47.
46 RGBl. 1930 II 1068.
47 BGBl. 1961 II 122.
48 BGBl. 1964 II 426.

25 Gegenstand richterlicher Rechtsschöpfung[49] auf dem Gebiet des internationalen Zivilprozessrechts sind u. a. die Bestimmung des Inhalts und der Grenzen der Immunität durch das Bundesverfassungsgericht[50], der internationalen Zuständigkeit durch den Bundesgerichtshof[51] und der internationalen Rechtshängigkeit durch die Zivilgerichte[52].

26 Im Bereich des europäischen Zivilprozessrechts hat der Europäische Gerichtshof durch seine Auslegungskompetenz die Rechtsfortbildung entscheidend beeinflusst[53].

III. Literatur zum europäischen und internationalen Zivilprozessrecht

1. Deutsches internationales Zivilprozessrecht

27 *von Craushaar* Die internationale Anwendbarkeit deutscher Prozessnormen, 1961; *Geimer* Internationales Zivilprozessrecht, 6. Aufl., 2009; *ders.* Einige Bemerkungen zum internationalen und europäischen Zivilverfahrensrecht, FS Bucher, 2009, S. 181 ff.; *Kohler* Zum internationalen Zivilprozessrecht, ZZP 10 (1887), 449 ff.; *Lindacher* Internationales Wettbewerbsverfahrensrecht, 2009; *Linke/Hau* Internationales Zivilprozessrecht, 5. Aufl., 2011; *Max Planck Institut für ausländisches und internationales Privatrecht* (Herausg.), Handbuch des Internationalen Zivilverfahrensrechts, Bd. I, *1982*; Bd. III/1, 1984; Bd. III/2, 1984; *Nagel/Gottwald* Internationales Zivilprozessrecht, 6. Aufl., 2007; *Neuhaus* Internationales Zivilprozessrecht und internationales Privatrecht, RabelsZ 20 (1955), 201 ff.; *Niederländer* Materielles Recht und Verfahrensrecht im internationalen Privatrecht, RabelsZ 20 (1955), 1 ff.; *von Normann* Das internationale Zivilprozessrecht, 1923; *Rauscher* Internationales und Europäisches Zivilprozessrecht, 1999; *Reinmüller* Internationale Rechtsverfolgung, 2009; *Riezler* Internationales Zivilprozessrecht, 1949; *Schack* Internationales Zivilverfahrensrecht, 5. Aufl., 2010; *Schütze* Deutsches Internationales Zivilprozessrecht unter Einschluss des Europäischen Zivilprozessrechts, 2. Aufl., 2005; *ders.* Internationale Rechtsverfolgung, 4. Aufl., 2009.

2. Europäisches Zivilprozessrecht

28 *Almeida Cruz/Desantes Real/Jenard* Bericht zum EuGVÜ 1989, ABl. (EG) 1990, Nr. C 189, 35 ff.; *Alsina Naudi* Die Umsetzung des europäischen Zivilprozessrechts in Spanien, Diss. Tübingen 2005; *Anton/Beaumont* Civil Jurisdiction in Scotland, 2. Aufl., 1995; *Bajons/Mayr/Zeller* (Herausg.), Die Übereinkommen von Brüssel und Lugano, 1997; *Bogdan* (Herausg.), The Brussels Jurisdiction and Enforcement Convention, 1996; *Brenn* Europäischer Zivilprozess, 2005; *Byrne* The European Union and Lugano Convention on Jurisdiction and Enforcement of Judgments, 2. Aufl., 1994; *Calvo Caravaca* (Herausg.), Commentario al Convenio des Bruselas relativo a la Competencia judicial y a la Ejecución de resoluciones judiciales en materia civil y comercial, 1994; *ders.* Brussels I Regulation, 2007; *Carpenter* The Lugano and San Sebastian Conventions, 1990; *Collins* The Civil Jurisdictions and Judgments Act, 1982, 1983; *Czernich/Tiefenthale/Kodek* Europäisches Gerichtsstands- und Vollstreckungsrecht, 2. Aufl., 2003; *Dashwood/Hacon/White* A Guide to the Civil Jurisdiction and Judgments Convention, 1987; *Desantes Real* La Competencia judicial en la Comunidad Europea, 1986; *Donzallas* La Convention de Lugano, Bd. I–III, 1996–1998; *Droz* Compétence judiciaire et effets des jugements dans le Marché Commun, 1972; *ders.* La Pratique de la Convention de Bruxelles du 27. septembre 1968, 1973; *Fisknes* Luganokonvensjonen og dens betydning i sjorettslige tvister, 1991; *Foscaneanu* Compéwtence judiciaire, reconnaissance et exécution des decisions civiles et commerciales dans la Communauté économique européenne, 1982; *Gaudemet-Tallon* Compétence et exécution des jugements en Europe. Règlement no. 44/2001, Conventions de Bruxelles et Lugano, 3. Aufl., 2002; *Gebauer* Europäische Gerichtsstands- und Vollstreckungsverordnung in Zivil- und Handelssachen (EuGVVO), in: *Gebauer/Wiedmann* (Herausg.), Zivilrecht unter europäischem Einfluss, 2. Aufl., 2010, S. 1367 ff.; *Geimer/Schütze* Internationale Urteilsanerkennung, Bd. I/1, 1983; *dies.* Europäisches Zivilverfahrensrecht, 3. Aufl., 2010; *dies.* Internationaler Rechtsverkehr, 600. 1 ff. (Kommentierung des

---

49 Vgl. zur Rolle der richterlichen Rechtsschöpfung bei der Auslegung, Ergänzung und korrektiven Fortbildung des Rechts insbes. *Böhmer* Grundlagen der bürgerlichen Rechtsordnung, Bd. 2, 2. Abt., 1952.

50 Vgl. z. B. BVerfGE 15, 25; 16, 27.
51 Vgl. BGHZ 44, 46.
52 Vgl. dazu unten sub II.
53 Vgl. dazu die Übersicht bei *Geimer/Schütze* EuZVR, S. XXXVII ff.

EuGVÜ und LugÜ von *Auer, Safferling* und *Wolf)* 540. 35 ff. (Kommentierung der EuGVVO von *Auer, Försterling, Pörnbacher, Thiel, Tschauner* und *Zerr*); *Gothot/Holleaux* La convention de Bruxelles du 17. septembre 1968, 1985; *Gottwald* (Herausg.), Revision des EuGVÜ – Neues Schiedsverfahrensrecht, 2000; *ders.* Aktuelle Entwicklungen des europäischen und internationalen Zivilprozessrechts, 2002; *Hartley* Civil Jurisdiction and Judgments, 1984; *Heinig* Die Konkurrenz der EuGVVO mit dem übrigen Gemeinschaftsrecht, GPR 2010, 36 ff.; *Hess* Europäisches Zivilprozessrecht, 2010; *Hess/Pfeiffer/Schlosser* The Brussels I-Reguation (EC) Nr. 44/2001: The Heidelberg Report on the Application of Reguation Brussels I in 25 Member States, 2009; *van Hove* De Europese Executieverdragen, 1994; *Iglesias Buigues* Competencia judicial, reconocimiento y elecución de decisiones judiciales en CEE en derecho español, 1977; *Jenard* Bericht zum EuGVÜ, BTDrucks. VI Nr. 1973; *Jenard/Möller* Bericht zum Lugano-Übereinkommen, ABl. EG 1990, Nr. C 189, 57; *Kaye* Civil Jurisdiction and Enforcement of Foreign Judgments, 1987; *ders.* European Case Law on the Judgments Convention, 1998; *Kerameus/Evrigenis* Bericht zum EuGVÜ 1982, ABl. EG 1986, Nr. C 298, 1 ff.; *Klauser* Europäisches zivilprozessrecht, 2002; *Klinke* Brüsseler Übereinkommen und Übereinkommen von Lugano, 2. Aufl., 1993; *König/Mayr* (Herausg.), Europäisches Zivilverfahrensrecht in Österreich – Bilanz nach 10 Jahren, 2007; *Kropholler* Europäisches Zivilprozessrecht, 8. Aufl., 2005; *Lechner/Mayr* Das Übereinkommen von Lugano, 1996; *Mari* Il diritto processuale civile della Convenzione di Bruxelles, Bd. I, 1999; *Mayr* EuGVÜ und LugÜ, 2001; *Mayr/Czernich* Das neue europäische Zivilprozessrecht, 2002; *dies.* Europäisches Zivilprozessrecht, 2006; *Mercier/Dutoit* L'Europe judiciaire: Les Conventions de Bruxelles et der Lugano, 1992; *O'Malley/Layton* European Civil Practice, 1989; *Moloney/Robinson* (Herausg.), The Brussels Convention on Jurisdiction and the Enforcement of Foreign Judgments, 1989; *Pålsson* EG-Rätt, 1976; *ders.* Luganokonventionen, 1992; *ders.* Bryssel- och Luganokonventionera, 1993; *ders.* Brysselkonventionen, Luganokonventionene och Bryssel I-Förordningen, 2002; *Pontier/Burg* EU priciples on jurisdiction and recognition and enforcement of judgments in civil and commercial matters, 2004; *Pocar* La convenzione di Bruxelles sulla giuridizione e l'esecuzione delle sentenze, 2. Aufl. 1989; *Rauscher* Europäisches Zivilprozess- und Kollisionsrecht, EuZPR/EuIPR, Bd. I; Bearbeitung 2011; *ders.* Europäisches Zivilprozess- und Kollisionsrecht, EuZPR/EuIPR, Bd. II, IV, Bearbeitung 2010; *Roglien* Lugano-Konvenjonen, 1993; *Salerno* La Convenzione di Bruxelles del 1968 e la sua revisione, 2000; *Schlosser* EU-Zivilprozessrecht, 2. Aufl., 2002; *ders.* Bericht zum EuGVÜ 1978, BTDrucks. 10/61, S. 31 ff.; *Schmidt* Europäisches Zivilprozessrecht, 2004; *Schwander* (Herausg.), Das Lugano-Übereinkommen, 1990; *Stone* Civil Jurisdiction and Judgments in Europe, 1998; *Teixeira de Sousa/Moura Vicente* Comentário à Convenção de Bruxelas, 1994; *Weser* Convention communautaire sur la compétence judiciaire et l'exécution des décisions, 1975.

3. Ausländisches internationales Zivilprozessrecht

Albanien: *Halili* Das albanische internationale Zivilverfahrensrecht, in Jayme (Herausg.), **29** Ein internationales Zivilverfahrensrecht für Gesamteuropa, 1992, S. 35 ff.

Andorra: *Rau* Internationales Privat- und Prozessrecht in Andorra, RabelsZ 53 (1989), 207 ff.

Belarus: *Linke/Shevtov* Das neue internationale Zivilprozessrecht der Republik Belarus, IPRax 2002, 311 f.

Belgien: *Barnich* Présentation du Noveau Code belge de Droit International Privé, Revue du Notariat belge 2004, 6 ff.; *Born/Fallon* Droit judiciaire international, JT. 1983, 181 ff.; 197 ff.; 229 ff.; JT 1987, 457 ff.; 473 ff.; 493 ff., JT 1992, 401 ff.; 425 ff.; *Boularbah* Le Nouveau Droit International Privé, Journal des Tribunaux 2005, 173 ff.; *Francq* Das belgische IPR-Gesetzbuch, RabelsZ 70 (2006), 235 ff.; *van Houtte/Wautelet* Länderbericht Belgien, in: Colman (Herausg.), Encyclopedia of International Commercial Litigation, Belgium-1 ff.

Bulgarien: *Mussewa* Das neue internationale Zivilverfahrensrecht Bulgarien in Zivil- und Handelssachen, IPRax 2007, 256 ff.; *Zidarova/Stanceva-Minceva* Gesetzbuch über das internationale Privatrecht der Republik Bulgarien, RabelsZ 71 (2007), 398 ff.

China (Volksrepublik): *Münzel* Das IPR und IZPR der Volksrepublik China, IPRax 1988, 46 ff.; *von Senger* Internationales Privat- und Zivilprozessrecht des Volksrepublik China, 2 Bd. 1994

Dänemark: *Nielsen* International privat- og procesret, 1997; *Philip* Dansk international privat og procesret, 3. Aufl., 1976;

England: *Fellas* Transatlantic Litigation and Arbitration, 2004; *Ingenhoven;* Grenzüberschreitender Rechtsschutz durch englische Gerichte, 2001; *Jacob* (Herausg.) Private International Litigation, 1988; *James* Litigation with a Foreign Aspect, 2009; *Jonathan/Hill* The Law Relating to International Commercial Disputes, 1994

Griechenland: *Arvanitakis* Die Europäisierung des Zivilprozessrechts aus vergleichender griechischer Sicht, FS Beys, 2003, Bd. 1, S. 55 ff.

Irak: *Krüger/Küppers* Das internationale Privat- und Zivilverfahrensrecht des Irak, IPRax 1988, 180 ff.

Italien: *Campeis/de Pauli* La procedura civile internazionale, 2. Aufl., 1996; *Morelli* Diritto processuale civile internazionale, 2. Aufl., 1954; *ders.* Studi di diritto processuale civile internazionale, 1961; *Walter* Reform des internationalen Zivilprozessrechts in Italien, ZZP 109 (1996), 3 ff.

Japan: *Petersen* Das internationale Zivilprozessrecht in Japan, 2003; *Takamatsu* International Litigation and Enforcement of Judgments in Japan, Droit et pratique du commerce international 10 (1984), 159 ff.

Jemen: *Krüger* Internationales Zivilverfahrensrecht in der Republik Jemen, RIW 1993, 470 ff.; *Krüger/Küppers* Das internationale Privat- und Zivilverfahrensrecht der Arabischen Republik Jemen, IPRax 1987, 470 ff.

Jordanien: *Behrens* Das Kollisionsrecht Jordaniens, 1970; *Krüger* Das internationale Zivilprozessrecht Jordaniens, IPRax 2000, 435 ff.

Jugoslawien (ehem.): *Lipowschek* Das neue jugoslawischen internationale Privat- und Prozessrecht im Bereich des Vermögensrechts, RabelsZ 49 (1985), 426 ff.; *Sajko* Zum neuen jugoslawischen internationalen Privat- und Prozessrecht, JOR 1983, 71 ff.

Korea: *Stiller* Das internationale Zivilprozessrecht der Republik Korea, 1987

Kuwait: *Krüger* Internationales Recht in Kuwait nach den Gesetzesreformen 1980–1981, RIW 1983, 801 ff.

Liechtenstein: *Mähr* Das internationale Zivilprozessrecht Liechtensteins, 2002

Luxemburg: *Bernecker* Internationales Privat- und Prozessrecht im Großherzogtum Luxemburg, RabelsZ 27 (1962), 262 ff.; *Schockweiler/Wiwinius* Les conflits de lois et les conflits de juridictions en droit international privé luxembourgois, 1996

Mauretanien: *Krüger* Das internationale Privat- und Zivilverfahrensrecht Mauretaniens, RIW 1990, 988 ff.

Mexiko: *Frisch Philipp/González Quintanilla/González Elizondo* Derecho Interncional Privado y Derecho Procesal Internacional, 2. Aufl. 1998

Mongolei: *Nelle* Neues internationales Privat-, Zivilverfahrens- und Vollstreckungsrecht in der Mongolei, IPRax 2003, 378 ff.

Niederlande: *Polak* Grenzelos procederen: Aspecten van Nederlands internationaal burgerlijk procesrecht, 1993

10

Österreich: *Burgstaller* (Herausg.), Internationales Zivilverfahrensrecht, 2000; *Schwimann* internationales Zivilverfahrensrecht, 1979; *Walker* Streitfragen aus dem internationalen Civiprozessrecht, 1897

Polen: *Erecinski/Weitz* Das neue autonome internationale Zivilverfahrensrecht in Polen, ZZPInt 13 (2008), 57 ff.; *Sawczuk* Internationales Zivilprozessrecht in Polen, FS Geimer, 2002, S. 921 ff.

Russland: *Boguslavskij* Internationales Zivilprozessrecht in den GUS-Staaten, in: Boguslavskij/Trunk (Herausg.), Reform des Zivil- und Wirtschaftsprozessrechts in den Mitgliedstaaten der GUS, 2004, S. 19 ff.; *Lunz* Internationaler Zivilprozess, 1968 (ehem. Sowjetunion)

Saudi-Arabien: *Krüger* Vermögensrechtliches Privatrecht und Rechtsverfolgung in Saudi-Arabien, FS Geimer, 2002, S. 485 ff.

Schweden: *Bogdan* Svensk inernationell privat- och processrätt, 1992

Schweiz: *Meili* Das internationale Zivilprozessrecht aufgrund der Theorie, Gesetzgebung und Praxis, 1906; *Meili/Mamelok* Das internationale Privat- und Zivilprozessrecht auf Grund der Haager Konventionen, 1911; *Guldener* Das internationale und interkantonale Zivilprozessrecht der Schweiz, 1951 mit Supplementbänden 1959 und 1964; *Koberg* Zivilprozessuale Besonderheiten bei Sachverhalten mit Auslandsberührung, 1992; *Schnyder/Liatowitsch* Internationales Privat- und Zivilverfahrensrecht, 2. Aufl., 2006; *Spühler/Meyer* Einführung in das internationale Zivilprozessrecht, 2001; *Vogel/Spühler* Grundriss des Zivilprozessrechts und des internationalen Zivilprozessrechts der Schweiz, 2001; *Walter* Internationales Zivilprozessrecht der Schweiz, 4. Aufl., 2007; *ders.* Das neue internationale Zivilprozessrecht der Schweiz, ZZP 105 (1992), 46 ff.

Slowenien: *Gec-Korošec* Die Reform des slowenischen Internationalen Privat- und Verfahrensrechts und seine Anpassung an das Recht der Europäischen Union, RabelsZ 66 (2002) 710 ff. (737 ff.)

Spanien: *Adam Muñoz* El Proceso Civil con elemento extranjero y la cooperción judicial internacional, 1995; *Alsina Naudi* Die Umsetzung des europäischen Zivilprozessrechts in Spanien, Diss. Tübengen 2003; *Calvo Cravaca/Carrascosa Gonzáles* Práctica Procesal Civil Internacional, 2001; *Corts Dominguez* Derecho Procesal Civil Internacional (Ordaminiento Español) 1981; *Espinar Vicente* Derecho Procesal Civil Internacional, 1988; *Gonzáles Campos/Recondo Porrúa* Lecciones de Derecho procesal civil internacional, 1979; *Ramos Mendez* Código Procesal Civil Internacional, 1985; *ders.* Jurisprudencia Procesal Civil Internacional, 2001; *Virgos Soriano/Garcimartin Alferez* Derecho Procesal Civil Interncional (Litigación internacional), 2000

Türkei: *Krüger* Das türkische IPR-Gesetz von 1982, IPRax 1982, 252 ff.; *ders.* Das türkische Gesetz Nr. 2675 vom 20.5.1982 über das internationale Privat- und Zivilverfahrensrecht, 1982; *Krüger/Nomer-Ertan* Das türkische Gesetz Nr. 5718 vom 27.11.2007 über das internationale Privat- und Zivilverfahrensrecht, IPRax 2008, 283 ff.; *Tekinalp* Das türkische Gesetz über internationales Privatrecht und Zivilverfahrensrecht von 1982, RabelsZ 47 (1983), 74 ff.; *Yeşilirmak* Turkish International Procedural Law in the New Millenium, GS Konuralp, 2009, B. 1, S. 1265 ff.

Ungarn: *Kengyel* Die neue Regelung des ungarischen internationalen Zivilprozessrechts, FS Geimer, 2002, S. 397 ff.; *ders.* Das ungarische internationale Zivilverfahrensrecht und die Perspektiven für einen Beitritt zum EuGVÜ oder zum Lugano Übereinkommen, in: Jayme (Herausg.), Ein internationales Zivilverfahrensrecht für Gesamteuropa, 1992, S. 121 ff.; *ders.*

Das ungarische internationale Zivilprozessrecht und der EU-Beitritt, FS Schlosser, 2005, S. 341 ff.; *Szászy* International Civil Procedure, 1967; *Vékás* Die Reform des internationalen Zivilverfahrensrechts in Ungarn, IPRax 2002, 142 ff.

USA: *American Institute* Restatement (Second) Conflict of Laws und Restatement (Third) of the Foreign Relations Law of the United States; *Berman* Transnational Litigation, 2003; *Born/Rutledge* International Civil Litigation in the United States Courts, 4. Aufl., 2007; *Fellas* Transatlantic Commercial Litigation and Arbitration, 2004; *Kreindler* Transnational Litigation, 1998; *Lowenfeld* International Litigation and the Quest for Reasonableness, 1994; *ders.* International Litigation and Arbitration, 3. Aufl., 2006; *Treitz* Transnational Litigation, 1996; *Weintraub* International Litigation and Arbitration, 1994

Venezuela: *Para Aranguren* Die venzolanische Zivilprozessordnung von 1987 – Internationales Zivilprozessrecht, IPRax 1989, 326 ff.

Vereinigte Arabische Emirate: *Krüger* Grundzüge des internationalen Zivilverfahrensrechts der Vereinigten Arabischen Emirate, RIW 1993, 384 ff.

Rechtsvergleichend und Darstellung mehrerer Rechtsordnungen: *Clark* Herausg.), The Dispute Resolution Review, 2009; *Geimer/Schütze* Internationaler Rechtsverkehr in Zivil- und Handelssachen, Loseblatt (mit Länderberichten zu mehr als 80 Rechtsordnungen); *Geimer/Schütze* Europäisches Zivilverfahrensrecht, 3. Aufl., 2010, Teil 2, S. 1699 ff.; *Grubbs* International Civil Procedure, 2003; *Kos-Rabcewicz-Zubkowski* Cooperación Interamericana en los Procedimientos Civiles y Mercantiles, 1982; *Leatheley* International Dispute Resolution in Latin America, 2007; *Ong* Cross Border Litigation within ASEAN, 1997; *Pryles* Dispute Resolution in Asia, 1997.

IV. Tabellen zum Internationalen Zivilprozessrecht

30 Die Tabellen erfassen die Staaten im Verhältnis zu denen die wesentlichen Staatsverträge auf dem Gebiet des internationalen Zivilprozessrechts (vgl. sub 2) gelten, nämlich:

Europäisches Übereinkommen über die

Staatenimmunität	ESA
Wiener Übereinkommen 1961 Diplomaten)	WieDÜ
Wiener Übereinkommen 1963 (Konsuln)	WieKÜ
Haager Zivilprozessabkommen 1905	HZPA
Haager Zivilprozessübereinkommen 1954	HZPÜ
Haager Zustellungsübereinkommen 1965	HZÜ
Haager Beweisübereinkommen 1970	HBÜ
Europäisches Auskunftsübereinkommen 1968	EuAÜ
Genfer Protokoll über die Schiedsklauseln 1923	GenfP
Genfer Abkommen zu Vollstreckung ausländischer Schiedssprüche 1927	GenfA
UN-Übereinkommen 1958	UNÜ
Europäisches Übereinkommen über die Handelsschiedsgerichtsbarkeit 1961	EuÜHS

31 Für die Übereinkommen zur Anerkennung und Vollstreckbarerklärung ausländischer Zivilurteile vgl. § 328 Rdn. 176 ff., für die Übereinkommen, die im Bereich der cautio iudicatum solvi bedeutsam sind vgl. § 110, Rdn. 65

Afghanistan (WieDÜ, UNÜ)

Ägypten (WieDÜ, WieKÜ, HZPÜ, HZÜ, UNÜ)
Albanien (WieDÜ, WieKÜ, EuAÜ, GenfP, UNÜ, EuÜHS)
Algerien (WieDÜ, WieKÜ, HZÜ, UNÜ)
Andorra (Wie DÜ, WieKÜ)
Angola (WieDÜ, WieKÜ)
Antigua und Barbuda (WieKÜ, HZÜ, UNÜ)
Äquatorialguinea (WieDÜ, WieKÜ)
Argentinien (WieKÜ, WieKÜ, HZPÜ, HZÜ, HBÜ, UNÜ)
Armenien (WieDÜ, WieKÜ, HZPÜ, UNÜ)
Aserbaidschan (WieDÜ, WieKÜ, UNÜ, EuÜHS)
Äthiopien (WieDÜ)
Australien (WieDÜ, WieKÜ, HBÜ, UNÜ)
Bahamas (WieDÜ, WieKÜ, HZÜ, GenfP, GenfA, UNÜ)
Bahrain (WieDÜ, WieKÜ, UNÜ)
Bangladesh (WieDÜ, WieKÜ, UNÜ)
Barbados (WieDÜ, WieKÜ, HZÜ, HBÜ, UNÜ)
Belarus (WieDÜ, WieKÜ, HZPÜ, HZÜ, HBÜ, EuAÜ, UNÜ, EuÜHS)
Belgien (ESA, WieDÜ; WieKÜ, HZPÜ, HZÜ, EuAÜ, UNÜ)
Belize (WieKÜ)
Benin (WieDÜ, WieKÜ, UNÜ)
Bhutan (WieDÜ, WieKÜ)
Bolivien (WieDÜ, WieKÜ, UNÜ)
Bosnien und Herzegowina (WieDÜ, WieKÜ, HZPÜ, HZÜ, UNÜ, EuÜHS)
Botsuana (WieDÜ, WieKÜHZÜ, UNÜ)
Brasilien (WieDÜ, WieKÜ, GenfP, UNÜ)
Brunei Darussalam (UNÜ)
Bulgarien (WieDÜ, WieKÜ, HZÜ, HBÜ, EuAÜ, UNÜ, EuÜHS)
Burkina Faso (WieDÜ, WieKÜ, UNÜ)
Burundi (WieDÜ)
Chile (WieDÜ, WieKÜ, UNÜ)
China (Taiwan) (WieDÜ)
China (VR) (WieDÜ, WieKÜ, HZPÜ, HZÜ, HBÜ, UNÜ)
Costa Rica (WieDÜ, WieKÜ, EuAÜ, UNÜ)
Côte d'Ivoire (WieDÜ, UNÜ)
Dänemark (WieDÜ, WieKÜ, HZPÜ, HZÜ, HBÜ, EuAÜ, UNÜ, EuÜHS)
Dominica (WieDÜ, WieKÜ, UNÜ)
Dominikanische Republik (WieDÜ, WieKÜ, UNÜ)
Dschibuti (WieDÜ, WieKÜ, UNÜ)
Ecuador (WieDÜ, WieKÜ, UNÜ)
El Salvador (WieDÜ, WieKÜ, UNÜ)
Eritrea (WieDÜ, WieKÜ)
Estland (WieDÜ, WieKÜ, HZPA, HZÜ, HBÜ, EuAÜ, UNÜ)
Fidschi (WieDÜ, WieKÜ)
Finnland (WieDÜ, WieKÜ, HZPÜ, HZÜ, HBÜ, EuAÜ, UNÜ)
Frankreich (WieDÜ, WieKÜ, HZPÜ, HZÜ, HBÜ, EuAÜ, UNÜ, EuÜHS)
Gabun (WieDÜ, WieKÜ, UNÜ)
Georgien (WieDÜ, WieKÜ, EuAÜ, UNÜ)
Ghana (WieDÜ, WieKÜ, UNÜ)
Grenada (WieDÜ, WieKÜ)

Griechenland (WieDÜ, WieKÜ, HZÜ, HBÜ, EuAÜ, UNÜ)
Guatemala (WieDÜ, WieKÜ, UNÜ)
Guinea (WieDÜ, WieKÜ, UNÜ)
Guinea-Bissau (WieDÜ)
Guyana (WieDÜ, WieKÜ)
Haiti (WieDÜ, WieKÜ, UNÜ)
Heiliger Stuhl (WieDÜ, WieKÜ, HZPÜ, UNÜ)
Honduras (WieDÜ, WieKÜ, UNÜ)
Indien (WieDÜ, WieKÜ, HZÜ, HBÜ, UNÜ)
Indonesien (WieDÜ, WieKÜ, UNÜ)
Irak (WieDÜ, WieKü, GenfP)
Iran (WieDÜ, WieKÜ, UNÜ)
Irland (WieDÜ, WieKÜ, HZÜ, UNÜ)
Island (WieDÜ, WieKÜ, HZPA, EuAÜ, UNÜ)
Israel (WieDÜ, HZPÜ, HZÜ, HBÜ, UNÜ)
Italien (WieDÜ, WieKÜ, HZPÜ, HZÜ, HBÜ, EuAÜ, UNÜ, EuÜHS)
Jamaica (WieDÜ, WieKÜ, UNÜ)
Japan (WieDÜ, WieKÜ, HZPÜ, HZÜ, UNÜ)
Jemen (WieDÜ, WieKÜ)
Jordanien (WieDÜ, WieKÜ, UNÜ)
Jugoslawien (ehemaliges) (WieDÜ, WieKÜ, HZPÜ, UNÜ, EuÜHS)
Kambodscha (WieDÜ, WieKÜ, UNÜ)
Kamerun (WieDÜ, WieKÜ, UNÜ)
Kanada (WieDÜ, WieKÜ, HZÜ, UNÜ)
Kap Verde (WieDÜ, WieKÜ)
Kasachstan (WieDÜ, WieKÜ, UNÜ, EuÜHS)
Katar (WieDÜ, WieKÜ, UNÜ)
Kenia (WieDÜ, WieKÜ, UNÜ)
Kirgistan (WieDÜ, WieKÜ, HZPÜ, UNÜ)
Kiribati (WieDÜ, WieKÜ)
Kolumbien (WieDÜ, WieKÜ, UNÜ)
Komoren (WieDÜ)
Kongo (Dem.Rep.) (WieDÜ, WieKÜ)
Kongo (WieDÜ)
Korea (Republik) (WieDÜ, WieKü, HZÜ, UNÜ)
Korea (Volksrep.) (WieDÜ, WieKÜ)
Kroatien (WieDÜ, WieKÜ, HZPÜ, HZÜ, UNÜ, EuÜHS)
Kuba (WieDÜ, WieKÜ, UNÜ, EuÜHS)
Kuwait (WieDÜ, WieKÜ, HZÜ, UNÜ)
Laos (WieDÜ, WieKÜ, UNÜ)
Lesotho (WieDÜ, WieKÜ, UNÜ)
Lettland (WieDÜ, WieKÜ, HZPÜ, HZÜ, HBÜ, EuAÜ, UNÜ, EuÜHS)
Libanon (WieDÜ, WieKÜ, HZPÜ, UNÜ)
Liberia (WieDÜ, WieKÜ, UNÜ)
Libyen (WieDÜ, WieKü)
Liechtenstein (WieDÜ, WieKÜ, EuAÜ)
Litauen (WieDÜ, WieKÜ, HZPÜ, HZÜ, HBÜ, EuAÜ, UNÜ)
Luxemburg (ESA, WieDÜ, WieKÜ, HZPÜ, HZÜ, HBÜ, EuAÜ, UNÜ, EuÜHS)
Madagaskar (WieDÜ, WieKÜ, UNÜ)

Malawi (WieDÜ, WieKÜ, HZÜ)
Malaysia (WieDÜ, WieKÜ, UNÜ)
Malediven (WieKÜ)
Mali (WieDÜ, WieKÜ, UNÜ)
Malta (WieDÜ, WieKÜ, EuAÜ, GenfP, GenfA, UNÜ)
Marokko (WieDÜ, WieKÜ, HZPÜ, UNÜ)
Marschallinseln (WieDÜ, WieKÜ, UNÜ)
Mauretanien (WieDÜ, WieKÜ, UNÜ)
Mauritius (WieDÜ, WieKÜ, UNÜ)
Mazedonien (ehem. jugsosl. Rep. (WieDÜ, WieKÜ, HZPÜ, HZÜ, EuAÜ, UNÜ, EuÜHS)
Mexiko (WieDÜ, WieKÜ, HZÜ, HBÜ, EuAÜ, UNÜ)
Mikronesien (WieDÜ, WieKÜ)
Moldau (Rep.) (WieDÜ, WieKÜ, HZPÜ, EuAÜ, UNÜ, EuÜHS)
Monaco (WieDÜ, WieKÜ, HZÜ, HBÜ, UNÜ)
Mongolei (WieDÜ, WieKÜ, UNÜ)
Montenegro (WieKÜ, HZPÜ, EuAÜ, UNÜ, EuÜHS)
Mosambik (WieDÜ, WieKÜ, UNÜ)
Myanmar (WieDÜ, WieKÜ, GenfP, GenfA)
Namibia (WieDÜ, WieKÜ)
Nauru (WieDÜ)
Nepal (WieDÜ, WieKÜ, UNÜ)
Neuseeland (WieDÜ, WieKÜ, UNÜ)
Nicaragua (WieDÜ, WieKÜ, UNÜ)
Niederlande (ESA, WieDÜ, WieKÜ, HZPÜ, HZÜ, HBÜ, EuAÜ, UNÜ)
Niger (WieDÜ, WieKÜ, UNÜ)
Nigeria (WieDÜ, WieKÜ, UNÜ)
Norwegen (WieDÜ, WieKÜ, HZPÜ, HZÜ, HBÜ, EuAÜ, UNÜ)
Obervolta (EuÜHS)
Oman (WieDÜ, WieKÜ, UNÜ)
Österreich (ESA, WieDÜ, WieKÜ, HZPÜ, EuAÜ, UNÜ, EuÜHS)
Pakistan (WieDÜ, WieKÜ, HZÜ, GenfP, GenfA, UNÜ)
Panama (WieDÜ, WieKÜ, UNÜ)
Papua-Neuguinea (WieDÜ, WieKÜ)
Paraguay (WieDÜ, WieKÜ, UNÜ)
Peru (WieDÜ, WieKÜ, UNÜ)
Philippinen (WieDÜ, WieKÜ, UNÜ)
Polen (WieDÜ, WieKÜ, HZPÜ, HZÜ, HBÜ, EuAÜ, UNÜ, EuÜHS)
Portugal (WieDÜ, WieKÜ, HZPÜ, HZÜ, HBÜ, EuAÜ, UNÜ)
Ruanda (WieDÜ, WieKÜ)
Rumänien (WieDÜ, WieKÜ, HZPÜ, HZÜ, HBÜ, EuAÜ, UNÜ, EuÜHS)
Russische Föderation (WieDÜ, WieKÜ, HZPÜ, HZÜ, EuAÜ, UNÜ, EuÜHS)
Sambia (WieDÜ, UNÜ)
Samoa (WieDÜ, WieKÜ)
San Marino (WieDÜ, HZÜ, UNÜ)
São Tomé und Principe (WieDÜ, WieKÜ)
Saudi-Arabien (WieDÜ, WieKÜ, UNÜ)
Schweden (WieDÜ, WieKÜ, HZPÜ, HZÜ, HBÜ, EuAÜ, UNÜ)
Schweiz (ESA, WieDÜ, WieKÜ, HZPÜ, HZÜ, HBÜ, EuAÜ, UNÜ)
Senegal (WieDÜ; WieKÜ, UNÜ)

Serbien (WieKÜ, HZPÜ, EuAÜ, UNÜ, EuÜHS)
Serbien und Montenegro (WieDÜ)
Seychellen (WieDÜ, WieKÜ, HZÜ, HBÜ)
Sierra Leone (WieDÜ)
Simbabwe (WieDÜ, WieKÜ, UNÜ)
Singapur (WieDÜ, WieKÜ, HBÜ, UNÜ)
Slowakei (WieDÜ, WieKÜ, HZPÜ, HZÜ, HBÜ, EuAÜ, UNÜ, EuÜHS)
Slowenien (WieDÜ, WieKÜ, HZPÜ, HZÜ, HBÜ, EuAÜ, UNÜ, EuÜHS)
Somalia (WieDÜ, WieKÜ)
Sowjetunion (ehem.) (WieDÜ, WieKÜ, HZPÜ, EuAÜ, UNÜ, EuÜHS)
Spanien (WieDÜ, WieKÜ, HZPÜ, HZÜ, HBÜ, EuAÜ, UNÜ, EuÜHS)
Sri Lanka (WieDÜ, WieKÜ, HZÜ, HBÜ, UNÜ)
St. Lucia (WieDÜ, WieKÜ)
St. Vincent und die Grenadinen (WieDÜ, WieKÜ, HZÜ, UNÜ)
Südafrika (WieDÜ, WieKÜ, HBÜ, UNÜ)
Sudan (WieDÜ, WieKÜ)
Surinam (WieDÜ, WieKÜ, HZPÜ)
Swasiland (WieDÜ)
Syrien (WieDÜ, WieKÜ, UNÜ)
Tadschikistan (WieDÜ, WieKÜ)
Tansania (WieDÜ, WieKÜ, UNÜ)
Thailand (WieDÜ, WieKÜ, UNÜ)
Timor-Leste (WieDÜ, WieKÜ)
Togo (WieDÜ, WieKÜ)
Tonga (WieDÜ, WieKÜ)
Trinidad und Tobago (WieDÜ, WieKÜ, UNÜ)
Tschad (WieDÜ)
Tschechische Republik (WieKÜ, HZPÜ, HZÜ, HBÜ, EuAÜ, UNÜ, EuÜHS)
Tschechoslowakei (ehem.) (WieDÜ, WieK, HZPÜ, HZÜ, HBÜ, UNÜ, EuÜHS)
Tunesien (WieDÜ, WieKÜ, UNÜ)
Türkei (WieDÜ, WieKÜ, HZPÜ, HZÜ, HBÜ, EuAÜ, UNÜ, EuÜHS)
Turkmenistan (WieDÜ, WieKÜ)
Tuvalu (WieDÜ, WieKÜ)
Uganda (WieDÜ, UNÜ)
Ukraine (WieDÜ, WieKÜ, HZPÜ, HZÜ, HBÜ, EuAÜ, UNÜ EuÜHS)
Ungarn (WieDÜ, WieKÜ, HZPÜ, HZÜ, HBÜ, EuAÜ, UNÜ, EuÜHS)
Uruguay (WieDÜ, WieKÜ, UNÜ)
Usbekistan (WieDÜ, WieKÜ, HZPÜ, UNÜ)
Vanatu (WieKÜ)
Venezuela (WieDÜ, WieKÜ, HZÜ, HBÜ, UNÜ)
Vereinigte Arabische Emirate (WieDÜ, WieKÜ, UNÜ)
Vereinigtes Königreich (ESA, WieDÜ, WieKÜ, HZÜ, HBÜ, EuAÜ, GEnfA, UNÜ)
Vereinigte Staaten (WieDÜ, WieKÜ, HZÜ, HBÜ), UNÜ
Vietnam (WieDÜ, WieKÜ, UNÜ)
Zentralafrikanische Republik (WieDÜ, UNÜ)
Zypern (ESA, WieDÜ, WieKÜ, HZPÜ, HZÜ, HBÜ, EuAÜ, UNÜ)

I. Die Prozesskostensicherheit im internationalen Zivilprozess (§§ 110–113 ZPO)

§ 110

Prozesskostensicherheit

(1) Kläger, die ihren gewöhnlichen Aufenthalt nicht in einem Mitgliedstaat der Europäischen Union oder einem Vertragsstaat des Abkommens über den Europäischen Wirtschaftsraum haben, leisten auf Verlangen des Beklagten wegen der Prozesskosten Sicherheit.

(2) Diese Verpflichtung tritt nicht ein:

1. wenn auf Grund völkerrechtlicher Verträge keine Sicherheit verlangt werden kann;

2. wenn die Entscheidung über die Erstattung der Prozesskosten an den Beklagten auf Grund völkerrechtlicher Verträge vollstreckt würde;

3. wenn der Kläger im Inland ein zur Deckung der Prozesskosten hinreichendes Grundvermögen oder dinglich gesicherte Forderungen besitzt,

4. bei Widerklagen;

5. bei Klagen, die auf Grund einer öffentlichen Aufforderung erhoben werden.

Schrifttum

Ahrens Ausländersicherheit im einstweiligen Verfügungsverfahren, FS Nagel, 1987, S. 1 ff.; *Bajons* Aktorische Kaution und gemeinschaftsrechtliches Diskriminierungsverbot, öJZ 2002, 581 ff.; *Bork/Schmidt-Parzefall* Zur Reformbedürftigkeit des § 110 ZPO, JZ 1994, 18 ff.; *Bungert* Sicherheitsleistung durch Ausländer und europäische Dienstleistungsfreiheit, iStR 1993, 481 ff.; *ders.* Prozeßkostensicherheitsleistung ausländischer Kapitalgesellschafter und die Diskriminierungsverbote des EWG-Vertrages, EWS 1993, 315; *Danelzik* Sicherheitsleistung für die Prozeßkosten, Diss. Bonn 1976, *Haase* Das Erfordernis der Prozesskostensicherheit i. S. von § 110 ZPO im schiedsgerichtlichen Verfahren, BB 1995, 1252 ff.; *Henn* Ausländersicherheitsleistung für Prozeßkosten, NJW 1969, 1374 ff.; *Demharter* Ist ein die Leistung von Ausländersicherheit anordnendes Zwischenurteil selbständig anfechtbar?, MDR 1986, 186 ff.; *Henn* Ausländer-Sicherheitsleistung für Prozeßkosten, NJW 1969, 1374 ff.; *Kampf* Sicherheitsleistung durch britische Staatsangehörige – Ein Beitrag zur Anwendbarkeit des § 110 ZPO, NJW 1990, 3054 ff.; *Kaum* Ausländersicherheit für Briten – Inlandsbezug ausländischer Vorbehaltserklärungen, IPRax 1992, 18 ff.; *Leible* Ausländersicherheit und einstweiliger Rechtsschutz, NJW 1995, 2817 ff.; *Lutterloh* Sind lettländische Staatsangehörige zur Sicherheitsleistung wegen der Prozesskosten verpflichtet?, JW 1929, 417 ff.; *Negro* Die Zweckmäßigkeit der Annahme des italienischen Instituts der Sicherheitsleistung für die Prozesskosten seitens verschiedener Staaten, ZZP 67 (1954), 237 ff.; *Reimann* Der Verzicht auf die Prozesskostensicherheit US-amerikanischer Kläger nach § 110 II, IPRax 1998, 250 ff.; *Rützel* Ausländersicherheit und Nebenintervention, NJW 1998, 2086 ff.; *Schack* Prozesskostensicherheit im Verhältnis Deutschland – USA, FS Schütze, 1999, S. 145 ff.; *Schmieder* Zur Höhe der Ausländersicherheit im Patentnichtigkeitsverfahren, GRUR 1982, 112 ff.; *Schneider* Die Sicherheitsleistung ausländischer Kläger für die Prozesskosten des Beklagen, JurBüro 1966, 447 ff.; *Schütze* Zur Verbürgung der Gegenseitigkeit bei der

Ausländersicherheit (§ 110 Abs. 2 Nr. 1 ZPO), JZ 1983, 83 ff.; *ders.* Die verkannte Funktion der Ausländersicherheit, IPRax 1990, 87 f.; *ders.* Zur Ausländersicherheit im einstweiligen Verfügungsverfahren, IPRax 1986, 350 f.; *ders.* Die deutsche Rechtsprechung zur Verbürgung der Gegenseitigkeit der Ausländersicherheit (§ 110 Abs. 2 Nr. 1 ZPO), RIW 1992, 1026 ff.; *ders.* Zur Prozesskostensicherheit (§ 110 ZPO) von Angehörigen der ehemaligen Ostblockstaaten, NJW 1995, 496 ff.; *ders.* Zur Neuregelung der cautio iudicatum solvi in Deutschland, RIW 1999, 10 ff.; *ders.* Die Ausländersicherheit im internationalen Zivilprozessrecht, in: Institute of Comparative Law in Japan (Herausg.), Towards Comparative Law in the 21rst Century (FS Chuo Univesity), 1998, S. 737 ff.; *ders.* Die Rechtsprechung des EuGH zur Ausländerkaution – Luxemburg locuta causa finita, RIW 1998, 285 ff.; *ders.* Die Verpflichtung einer nicht partei- und prozessfähigen Partei zur Stellung einer Ausländersicherheit, IPRax 2001, 193 ff.; *ders.*Zur Befreiung ausländischer Kläger von der Prozesskostensicherheitspflicht nach § 110 Abs. 2 Nr. 2 ZPO, RIW 2002, 299 ff.; *Schweisfurth/Blöcker* zur Fortgeltung des Haager Übereinkommens über den Zivilprozess im Verhältnis zur Bundesrepublik Jugoslawien (Serbien/Montenegro), IPRax 1996, 9 ff. *Söffing* Umfang der Ausländersicherheit i. S. d. § 112 Abs. 2 ZPO, MDR 1989, 599 ff.; *Streinz/Leible* Prozesskostensicherheit und gemeinschaftsrechtliches Diskriminierungsverbot, IPRax 1998, 162 ff.; *Wilske/Kordts* Sicherheitsleistung durch deutschen Kläger mit gewöhnlichem Aufenthalt außerhalb der EU oder des EWR, IPRax 2005, 116 ff.; *Wolf* Rechtswidrigkeit der Ausländersicherheit nach EG- und Verfassungsrecht, RIW 1993, 797 ff.; *Zimmermann* Die Ausländersicherheit des § 110 ZPO auf dem Prüfstand des Europäischen Gemeinschaftsrechts, RIW 1992, 707 ff.

Zum ausländischen Recht:

Cohn Sicherheitsleistung für Prozeßkosten im deutsch-englischen Rechtsverkehr, ZZP 78 (1965), 161 ff.; *Dilger* Die Sicherheitsleistung für die Prozeßkosten in den arabischen Staaten, ZZP 85 (1972), 408 ff.; *Graupner/Lipps* Prozesskostensicherheit in Schiedsgerichtsverfahren in Großbritannien, AWD 1963, 314 ff.; *Kretschmar und Schütze* Zur Verbürgung der Gegenseitigkeit bei der Ausländersicherheit im Verhältnis zum Iran, RIW 1993, 941 ff.; *Müller-Ibold* Befreiung von Ausländern von der Verpflichtung zur Leistung einer Prozeßkostensicherheit in Panama, IPRax 1991, 172 f.; *Rau* Zur Sicherheitsleistung für die Prozesskosten im venezolanischen Recht, RIW 1977, 339 ff.; *Prinz von Sachsen-Gessaphe* Zur Ausländersicherheit für Mexikaner (§ 110 Abs. 1 Nr. 2 ZPO), IPRax 1990, 88 ff.; *Sargin* A limitation to the right of effective access to justice before Turkish civil courts: „Cautio Judicatum Solvi", ZZPInt 10 (2005), 391 ff.; *Schütze* Zur Ausländersicherheit in Panama, RIW 1990, 674 f.; *ders.* zur Prozesskostensicherheit (§ 110 ZPO) von Angehörigen der ehemaligen Ostblockstaaten, NJW 1995, 496 ff.

Übersicht

	Rdn.		Rdn.
I. Gesetzeszweck	1	n) Widerklage	18
		o) Vollstreckbarerklärung aus-	
II. Verfahrensarten	3	ländischer Schiedssprüche	19
1. Grundsatz	3	p) Vollstreckbarerklärung in-	
2. Besondere Verfahrensarten	4	ländischer Schiedssprüche	20
a) Arrest	5	q) Vollstreckbarerklärung aus-	
b) Aufgebotsverfahren	6	ländischer Urteile	21
c) Beweissicherungsverfahren	7	r) Wechselprozess	22
d) Ehescheidungsverfahren	8	s) Wiedergutmachungsverfahren	23
e) Einstweilige Verfügung	9		
f) Klagen aus eingetragenen		**III. Parteistellung**	24
Rechten	10	1. Kläger	24
g) Freiwillige Gerichtsbarkeit	11	a) Klägermehrheit	25
h) Klagen aufgrund öffentlicher		b) Streithelfer	26
Aufforderung	12	c) Partei kraft Amtes	27
i) Mahnverfahren	13	d) Treuhänder	28
j) Scheckprozess	14	2. Beklagter	31
k) Schiedsverfahren	15		
l) Unterhaltsprozess	16	**IV. Persönliche Voraussetzungen**	
m) Urkundenprozess	17	der Parteien	34

	Rdn.			Rdn.
1. Gewöhnlicher Aufenthalt des Klägers außerhalb des EU- oder EWR Raums	35		i) Art. 14 des deutsch-marokkanischen Rechtshilfeabkommens 1985	51
a) Bestimmung des gewöhnlichen Aufenthalts	35		j) Art. 2 des deutsch-türkischen Rechtshilfeabkommens 1929	52
b) EU und EWR Gebiet	39		k) Art. 3 des deutsch-tunesischen Rechtshilfe- Anerkennungs- und Vollstreckungsvertrages 1966	53
c) Mehrfacher gewöhnlicher Aufenthalt	40			
2. Bedeutungslosigkeit der Staatsangehörigkeit und des gewöhnlichen Aufenthalts des Beklagten	41		l) Art. VI Abs. 6 des deutsch-amerikanischen Freundschafts-, Handels- und Schifffahrtsvertrages 1954	54
V. Befreiungen	42		2. Die Befreiung wegen staatsvertraglich gesicherter Geltendmachung deutscher Kostentitel (Abs. 2 Nr. 2)	55
1. Staatsverträge	42			
a) Art. 17 des Haager Zivilprozessabkommens 1905	43			
b) Art. 17 des Haager Zivilprozessübereinkommens 1954	44		3 Die Befreiung für besondere Verfahrensarten (Abs. 2 Nr. 4, 5, 3)	58
c) Art. 9 des Haager Unterhaltsvollstreckungsübereinkommens 1958	45		a) Befreiung für Widerklagen (Abs. 2 Nr. 4)	59
d) Art. 16 des Haager Unterhaltsvollstreckungsübereinkommens 1973	46		b) Befreiung für Klagen, die aufgrund öffentlicher Aufforderung angebracht werden (Abs. 2 Nr. 5)	60
e) Art. 9 Abs. 2 des UN-Übereinkommens über die Geltendmachung von Unterhaltsansprüchen im Ausland (UN-Unterhaltsübereinkommen)	47		c) Befreiung wegen hinreichenden Grundvermögens oder dinglich gesicherter Forderungen (Abs. 3 Nr. 3)	61
f) Art. 9 Abs. 1 des Europäischen Niederlassungsübereinkommens	48		4. Verzicht	62
			5. Prozesskostenhilfe	63
g) Art. 14 des deutsch-britischen Rechtshilfeabkommens 1928	49		VI. Geltendmachung	64
h) Art. 15 des deutsch-griechischen Rechtshilfeabkommens 1938	50		VII. Länderübersicht	65

I. Gesetzeszweck

Die Prozessführung gegen einen im Inland nicht domizilierten oder wenigstens residenten **1** Kläger, der im Inland auch kein Vermögen eignet, ist für den Beklagten mit erhöhten Risiken verbunden. Obsiegt er, dann muss er seinen Kostenerstattungsanspruch im Ausland durchsetzen, was wegen der Ausgestaltung der verschiedenen ausländischen Regelungen der Anerkennung und Vollstreckbarerklärung ausländischer Kostentitel teils rechtlich schwierig oder unmöglich, teils wirtschaftlich sinnlos ist[1]. Gegen dieses Risiko

---

1 So ist es regelmäßig wirtschaftlich sinnlos, in den USA einen Kostenfestsetzungsbeschluss durchsetzen zu wollen. Da es – auch im Exequaturverfahren – keine Erstattungsverpflichtung für die Anwaltskosten gibt und die american rule of costs auch insoweit Anwendung findet, sind die von Gläubiger aufzuwendenden Kosten meist höher als der beizutreibende Betrag. Vgl. zu den misslichen Situation in den USA schon *Weinschenk* Die Eintreibung kleiner Forderungen in den USA, AWD 1973, 131 ff.

versuchen viele Prozessordnungen den inländischen Beklagten zu schützen, indem sie dem ausländischen[2], den im Inland nicht domizilierten oder residenten[3] oder den im Inland vermögenslosen[4] Kläger die Verpflichtung zur Stellung einer Prozesskostensicherheit zu Gunsten des Beklagten im Falle von dessen Obsiegen auferlegen. Die Regelungen sind vielfältig und berücksichtigen die Interessenlage der Parteien in unterschiedlicher Weise[5].

2   Durch das Dritte Gesetz zur Änderung des Rechtspflegergesetzes und anderer Gesetze vom 6.8.1998[6] ist die cautio iudicatum solvi in Deutschland grundlegend neu geregelt worden[7]. Das deutsche Recht ist vom Staatsangehörigkeits- zum Aufenthaltsprinzip übergegangen. Damit ist eine rechtspolitische Fehlentscheidung berichtigt worden. Die wesentliche Funktion der Prozesskostensicherheit, die Durchsetzung des Kostenerstattungsanspruchs des obsiegenden Beklagten gegen den Kläger zu sichern, ist durch das Aufenthaltsprinzip besser gewährleistet als durch das Staatsangehörigkeitsprinzip, das auch deutsche Kläger aus dem sicheren Ausland fröhlich und risikolos prozessieren liess. Das Staatsangehörigkeitsprinzip war in der EU im übrigen auch nicht mehr zu halten[8] nachdem der EuGH in einigen Entscheidungen das Abstellen auf die Staatsangehörigkeit für unwirksam bei Klägern aus anderen EU-Staaten ansah[9]. Mit der Reform 1998 ist das Ärgernis der chauvinistischen Bevorzugung deutscher Kläger[10] endlich beseitigt worden.

II.   Verfahrensarten

1.   Grundsatz

3   Die Regelung des § 110 gilt nur für Verfahren nach der ZPO. Dabei ist es gleichgültig, ob es sich um Leistungs-, Feststellungs- oder Gestaltungsklagen handelt[11]. Für Verfahren außerhalb der ZPO ist § 110 unanwendbar, selbst wenn eine Verpflichtung zur Stellung einer Prozesskostensicherheit besteht, wie im Patentnichtigkeitsverfahren[12]. Kraft Verweisung in § 46 ArbGG gilt § 110 jedoch auch im arbeitsgerichtlichen Verfahren. Wegen der begrenzten Kostenerstattungsverpflichtung hat die Prozesskostensicherheit in diesem Verfahren aber nur eine untergeordnete Bedeutung. Auch im Schiedsverfahren ist § 110 anwendbar, da es sich hier um ein Verfahren nach der ZPO handelt, wenngleich die Parteien in der Gestaltung des Schiedsverfahrens weitgehend frei sind[13].

2 Auf die Staatsangehörigkeit stellte § 110 a. F. bis zur Reform 1998 ab.
3 Das ist nunmehr die Regelung im deutschen Zivilprozess, die auf den gewöhnlichen Aufenthalt in Deutschland, den anderen EU- und EWR-Staaten abstellt.
4 Das war die Regelung im italienischen Recht (Art. 98 cpc), die später für verfassungswidrig erklärt wurde.
5 Vgl. *Danelzik* Sicherheitsleistung für die Prozesskosten, Diss. Bonn 1976; *Schütze* Die Ausländersicherheit im internationalen Zivilprozessrecht, FS Chuo University, 1998, S. 373 ff.; ein kurzer Überblick über die ausländischen Regelungen findet sich bei *Schütze* Rechtsverfolgung im Ausland, 4. Aufl., 2009, Rdn. 232 ff.
6 BGBl. 1998 I 2030.
7 Vgl. dazu *Schütze* RIW 1999, 10 ff.
8 Vgl. für die gesetzgeberischen Motive BT-Drs. 13/10871, S. 13 ff.
9 Vgl. dazu *Schütze* RIW 1998, 285 ff. m. w. N. für die EuGH Rechtsprechung.

10 Vgl. dazu schon *von Bar* Theorie und Praxis der internationalen Privatrechts, Bd. II, 1889, S. 394; in neuerer Zeit *Gottwald* Der Ausländer im Prozess, in Habscheid/Beys (Herausg.), Grundfragen des Zivilprozessrechts, 1991, S. 3 ff. (43 ff.).
11 Vgl. MünchKomm/*Giebel* § 110, Rdn. 3.
12 Vgl. *Stein/Jonas/Bork* § 110, Rdn. 17 (§ 110 wird durch § 81 Abs. 1 PatG verdrängt); zur Regelung im Patentnichtigkeitsverfahren *Schmieder* Zur Höhe der Ausländersicherheit im Patentnichtigkeitsverfahren, GRUR 1982, S. 12 ff.
13 Vgl. *Haase* Das Erfordernis der Prozesskostensicherheit i. S. von § 110 ZPO im schiedsrichterlichen Verfahren, BB 1995, 1252 ff.; *Maier* Handbuch der Schiedsgerichtsbarkeit, 1979 Rdn. 223; *Schütze* Schiedsgericht und Schiedsverfahren, Rdn. 247; *Schütze/Tscherning/Wais* Rdn. 352; *Schwab/Walter* Kap. 16, Rdn. 23; aA *Riezler* IZPR S. 429.

2. Besondere Verfahrensarten

Die Verpflichtung zur Stellung einer Ausländersicherheit besteht nicht für alle Verfahrens- **4** arten. Teilweise ist der Kläger nach Abs. 2 befreit, teilweise ist § 110 aus der Natur des Verfahrens unanwendbar:

a) Arrest. Da die Sicherheitsleistung nur auf Antrag des Beklagten angeordnet wird, ist bei **5** Erlaß eines Arrestes ohne mündliche Verhandlung regelmäßig keine Sicherheitsleistung erforderlich[14]. Etwas anderes gilt, wenn der Antragsgegner eine Schutzschrift eingereicht hat und darin Sicherheit verlangt. Wird mündliche Verhandlung angeordnet oder kommt es auf Widerspruch zur mündlichen Verhandlung, so muß der Arrestkläger Sicherheit leisten[15].

b) Aufgebotsverfahren. Die Verpflichtung zur Sicherheitsleistung entfällt nach Abs. 2 **6** Nr. 5.

c) Beweissicherungsverfahren. Eine Verpflichtung zur Stellung einer Ausländersicher- **7** heit besteht im Grundsatz nicht, da im Beweissicherungsverfahren keine Kostenentscheidung ergeht und deshalb ein zu sichernder Kostenerstattungsanspruch des Beklagten (Antragsgegners) fehlt[16]. Da aber § 494a Abs. 2 einen Kostenerstattungsanspruch des Beklagten für den Fall vorsieht, dass nicht rechtzeitig Hauptklage erhoben wird und nicht abzusehen ist, ob dies der Fall ist, besteht nunmehr auch im Beweissicherungsverfahren Prozesskostensicherheitspflicht.

d) Ehescheidungsverfahren. Das Ehescheidungsverfahren ist trotz seiner Einleitung **8** aufgrund eines Antrags ein echtes Parteiverfahren. § 110 ist anwendbar[17]. Das FamFG hat daran nichts geändert, da § 113 S. 2 FamFG auf die allgemeinen Vorschriften der ZPO verweist[18]. Lediglich die Bezeichnung hat sich nach § 113 Abs. 5 Nr. 1 FamFG geändert. Im Verfahren nach dem FamFG muss es Verfahrenssicherheitsleistung heißen.

e) Einstweilige Verfügung. Es gilt dasselbe wie für den Arrest. Eine Befreiung von der **9** Verpflichtung zur Stellung einer Ausländersicherheit besteht nicht[19]. Nur dann und insoweit ohne mündliche Verhandlung entschieden wird und der Antragsgegner nicht das Verlangen der Sicherheitsleistung in einer Schutzschrift bereits gestellt hat, kommt eine Sicherheitsleistung nicht in Betracht, weil es an einem Antrag des Antragstellers fehlt.

f) Klagen aus eingetragenen Rechten. Kläger aus eingetragenen Rechten im Grundbuch **10** sind nicht mehr befreit, was nach früherem Recht der Fall war.

g) Freiwillige Gerichtsbarkeit § 110 findet auch auf echte Streitverfahren der Freiwil- **11** ligen Gerichtsbarkeit Anwendung[20]. Das gilt z. B. für Verfahren nach dem WEG. Nicht dagegen gilt § 110 in FG-Familiensachen[21].

---

14 Vgl. *Schütze* WM 1980, 1438 ff. (1439); *Zöller/ Herget* § 110, Rdn. 3.
15 Vgl. MünchKomm/*Giebel* § 110, Rdn. 35; *Zöller/Herget* § 110, Rdn. 3; a. A. *Stein/Jonas/Bork* § 110, Rdn. 14.
16 Vgl. MünchKomm/*Giebel* § 110, Rdn. 35.
17 Vgl. MünchKomm/*Giebel* § 110 Rdn. 36; *Stein/Jonas/Bork* §. 110 Rdn. 14; zur Rechtslage nach dem (aufgehobenen) § 606b ZPO vgl. eingehend *Danelzik* S. 41 ff.
18 Vgl. *Zöller/Herget* § 110, Rdn. 3.
19 Vgl. OLG Köln IPRax 1986, 368; *Ahrens* FS

Nagel, 1987, S. 1 ff. (unter Hinweis auf eine unveröffentlichte Entscheidung des LG Göttingen); MünchKomm/*Giebel* § 110, Rdn. 35; *Schütze* IPRax 1986, S. 350 f.; *ders.* WM 1980, S. 1438 ff. (1439); *Zöller/Herget* § 110 Rdn. 3 mit zust. Anm. *Weimar*; *Stein/Jonas/ Bork* § 110 Rdn. 14 sowie *Wieczorek/Schütze* ZPO, 2. Aufl., § 110 Anm. B III a.
20 Vgl. MünchKomm/*Giebel* § 110 Rdn. 36.
21 Vgl. OLG Frankfurt/Main, OLGR 2005, 320, *Zöller/Herget* § 110, Rdn. 3.

12   **h) Klagen aufgrund öffentlicher Aufforderung.** Die Verpflichtung zur Sicherheitsleistung entfällt nach Abs. 2 Nr. 5. Es handelt sich im wesentlichen um Aufgebotsverfahren nach §§ 946 ff.[22].

13   **i) Mahnverfahren.** Mangels eines Antrags des Schuldners ist zunächst keine Sicherheitsleistung des Gläubigers erforderlich. Nach Übergang in das Streitverfahren ist jedoch Sicherheit zu leisten[23].

14   **j) Scheckprozess.** Die früher bestehende Befreiung von der Verpflichtung zur Leistung einer Prozesskostensicherheit besteht nicht mehr. Der Kläger ist auch im Scheckprozess prozesskostensicherheitspflichtig.

15   **k) Schiedsverfahren.** Das Schiedsverfahren ist in der ZPO geregelt. Die Verpflichtung zur Stellung der Ausländersicherheit trifft deshalb auch den Schiedskläger zumindest entsprechend[24].

16   **l) Unterhaltsprozess.** Keine Prozesskostensicherheitsverpflichtung besteht, wenn der Prozesskostensicherheit verlangende Beklagte nach § 127a für dessen Leistung prozesskostenvorschusspflichtig wäre, da er sonst seine Sicherung selbst finanzieren müsste und diese ad absurdum geführt würde[25].

17   **m) Urkundenprozess.** Die früher bestehende Befreiung von der Verpflichtung zu Stellung einer Prozesskostensicherheit besteht nicht mehr. Es gelten die allgemeinen Regeln des Abs. 1.

18   **n) Widerklage.** Bei Widerklagen hat sich der Kläger das Forum nicht gewählt. Er ist deshalb von der Verpflichtung zur Sicherheitsleistung befreit, selbst wenn das ausländische Recht eine Ausländersicherheit vom Widerkläger fordert[26]. Die Befreiung gilt nur für die Widerklage. Erhebt der Beklagte eine selbständige Klage, obwohl er Widerklage erheben könnte, so kommt ihm der Befreiungsgrund der Nr. 4 nicht zugute[27]. Dasselbe gilt nach Trennung von Klage und Widerklage[28]. Die Befreiung gilt auch für den Rechtsmittelkläger[29].

19   **o) Vollstreckbarerklärung ausländischer Schiedssprüche.** Der BGH verneint eine Verpflichtung zur Sicherheitsleistung, wenn im Beschlußverfahren entschieden wird. Die Sicherheitsleistung soll auch dann nicht gefordert werden können, wenn bei mündlicher Verhandlung über Aufhebungsgründe entschieden wird[30]. Jedoch rechtfertigt weder das Beschleunigungsbedürfnis im ersteren Fall noch die faktische Angreiferstellung des Antragsgegners im zweiten Fall eine Befreiung von der Ausländersicherheit. Die Situation ist nicht anders als bei Arresten und einstweiligen Verfügungen. Der Gläubiger kann Vorsorge

---

22 Vgl. *Danelzik* S. 40; MünchKomm/*Giebel* § 110 Rdn. 36.
23 Vgl. MünchKomm/*Giebel* § 110, Rdn. 35; *Schütze* WM 1980, S. 1438 ff. (1439); *Stein/Jonas/Bork* § 110 Rdn. 14; *Zöller/Herget* § 110 Rdn. 3.
24 Vgl. *Maier* Handbuch der Schiedsgerichtsbarkeit, 1979, Rdn. 223; *Schütze* Schiedsgericht und Schiedsverfahren, 4. Aufl., 2007, Rdn. 247; *Schütze/Tscherning/Wais* Handbuch des Schiedsverfahrens, 2. Aufl., 1990, Rdn. 352; *Schwab/Walter* Schiedsgerichtsbarkeit, Kap. 16, Rdn. 23; a. A. *Riezler* IZPR S. 439.

25 Vgl. OLG Düsseldorf OLGR 97, 278; zustimmend *Zöller/Herget* § 110, Rdn. 6.
26 A. A. RGZ 127, 194.
27 Vgl. MünchKomm/*Gibel* § 110 Rdn. 30.
28 Vgl. MünchKomm/*Giebel* § 110, Rdn. 30; a. A. *Stein/Jonas/Bork* § 110, Rdn. 15.
29 Vgl. RGZ 31, 285.
30 Vgl. BGHZ 52, 321; ebenso *Danelzik* S. 33; *Stein/Jonas/Bork* § 110 Rdn. 14; *Zöller/Herget* § 110 Rdn. 3.

treffen, daß er die Sicherheit unverzüglich leistet, wenn diese angeordnet wird. § 110 ist uneingeschränkt anwendbar.

p) Vollstreckbarerklärung inländischer Schiedssprüche. § 110 ist im Verfahren nach **20** §§ 1060 ff. uneingeschränkt anwendbar[31]. Es gilt dasselbe wie für das Verfahren nach § 1061.

q) Vollstreckbarerklärung ausländischer Urteile. Die Verpflichtung zur Sicherheits- **21** leistung besteht nicht nur für das Verfahren nach §§ 722 f., sondern auch für das fakultative oder obligatorische Beschlußverfahren[32] nach den Ausführungsgesetzen zu den Staatsverträgen über die internationale Urteilsanerkennung. § 110 differenziert nicht hinsichtlich des Urteils- oder Beschlußverfahrens[33]. Die Stellung und Interessenlage des Urteilsschuldners hinsichtlich seines Kostenerstattungsanspruchs unterscheidet sich nicht nach der Verfahrensart und darf nicht von dessen Zufälligkeit abhängen. Eine ausdrückliche Befreiung bringen für die Klauselerteilung Art. 45 EuGVÜ/LugÜ I, Art. 51 LugII sowie Art. 51 EuGVVO.

r) Wechselprozess. Die früher bestehende Befreiung von der Verpflichtung zur Stellung **22** einer Prozesskostensicherheit besteht nicht mehr. § 110 Abs. 1 findet uneingeschränkt Anwendung auf Wechselklagen.

s) Wiedergutmachungsverfahren. Ebenso wie in Rückerstattungsverfahren wird § 110 **23** angewendet[34].

III. Parteistellung

1. Kläger

Prozesskostensicherheitspflichtig ist der Kläger. Die Parteirolle richtet sich nach seiner **24** Stellung im Prozeß 1. Instanz[35]. Sie wird nicht dadurch geändert, dass der Kläger Rechtsmittelbeklagter wird[36]. Der Wiederaufnahmekläger ist tatsächlich Rechtsmittelkläger. Er ist nur sicherheitspflichtig, wenn er zugleich Kläger, nicht aber Beklagter ist. Die Erhebung einer Widerklage genügt nicht zur Begründung der Verpflichtung aus § 110[37]. Erhebt der Beklagte jedoch eine selbständige Klage, obwohl er Widerklage erheben könnte, so kommt ihm der Befreiungsgrund des Abs. 2 Nr. 4 nicht zugute[38].

a) Klägermehrheit. Bei mehreren Klägern besteht die Sicherheitsverpflichtung für jeden, **25** bei dem die Voraussetzungen vorliegen. Da für den Erstattungsanspruch des Beklagten gegen die unterlegenen Kläger diese nach Kopfteilen haften (§ 100 Abs. 1), besteht auch die Verpflichtung zur Sicherheitsleistung dem Betrag nach nur quotenmäßig. Haben die Kläger teils ihren gewöhnlichen Aufenthalt im Gebiet der EU und des EWR, teils außerhalb dieses Gebiets, so sind letztere für die auf sie entfallende Quote des eventuellen Erstattungsanspruchs des Beklagten sicherheitspflichtig.

31 AA *Stein/Jonas/Bork* § 110 Rdn. 13; *Zöller/Herget* § 110 Rdn. 3; *Danelzik* S. 33.
32 AA *Danelzik* S. 34.
33 So jedoch *Stein/Jonas/Bork* § 110 Rdn. 13 f.
34 Vgl. OLG Freiburg RzW 1950, 135; OLG Koblenz RzW 1951, 88; BVerwG MDR 1966, 82; *Baumbach/Lauterbach/Albers/Hartmann* § 110 Rdn. 2.
35 Vgl. RGZ 31, 385; MünchKomm/*Giebel* § 110,

Rdn. 8; *Stein/Jonas/Bork* § 110, Rdn. 11.; *Zöller/Herget* § 110, Rdn. 3.
36 Vgl. BGHZ 37, 264; BGH WM 1981, 1278; RGZ 154, 225 (227); OLG Stuttgart MDR 1957, 552; *Stein/Jonas/Bork* § 110 Rdn. 11; *Riezler* IZPR S. 431; *Danelzik* S. 31.
37 § 110 Abs. 2 Nr. 4.
38 AA *Danelzik* S. 31.

26 **b) Streithelfer.** Wie der Kläger ist auch ein selbständiger Streithelfer zu behandeln[39]. Die Prozesskostensicherheitsverpflichtung besteht auch hier in Höhe des eventuellen Erstattungsanspruchs gegen den Streithelfer. Hat der Kläger seinen gewöhnlichen Aufenthalt im EU- oder EWR-Gebiet, der Streithelfer jedoch außerhalb dieses Gebietes, so ist letzterer für seine Quote sicherheitspflichtig, im umgekehrten Fall nur der Kläger. Der unselbständige Streithelfer des Klägers hat dagegen solange keine selbständige Kostenlast der Gegenpartei zu tragen, wie sich die Hauptpartei beteiligt. Nur soweit dies nicht der Fall ist und ihn bei Unterliegen eine Kostenerstattungspflicht trifft (wie bei der Einlegung und Durchführung von Rechtsmitteln), steht er dem Kläger gleich.

27 **c) Partei kraft Amtes.** Bei der Partei kraft Amtes ist hinsichtlich der Voraussetzungen der Prozesskostensicherheitsverpflichtung auf das verwaltete Vermögen bzw. die vertretene Person abzustellen[40], nicht die Partei kraft Amtes. Denn der Erstattungsanspruch für die Prozesskosten des siegreichen Beklagten richtet sich nicht gegen den Amtsträger persönlich, sondern gegen die Vermögensmasse oder Person, die er vertritt[41]. Deshalb ist der gewöhnliche Aufenthalt des Amtsträgers unerheblich, entscheidend ist der gewöhnliche Aufenthalt dessen, für den er handelt. Ein Insolvenzverwalter mit gewöhnlichem Aufenthalt im nicht EU- oder EWR-Ausland eines deutschen Gemeinschuldners ist deshalb nicht prozesskostensicherheitspflichtig.

28 **d) Treuhänder.** Macht der Treuhänder einen Anspruch im eigenen Namen geltend, so ist auf seinen gewöhnlichen Aufenthalt abzustellen[42]. Denn der Treuhandzessionar haftet selbst für die Kosten. Macht also ein Treuhänder mit gewöhnlichem Aufenthalt im Inland eine Forderung eines ausländischen Treugebers klageweise geltend, so besteht keine Prozesskostensicherheitsverpflichtung. Dagegen ist der Kläger ohne gewöhnlichen Aufenthalt im EU- oder EWR-Raum, der treuhänderisch einen Anspruch geltend macht, immer sicherheitspflichtig, selbst wenn der Treugeber seinen gewöhnlichen Aufenthalt in einem EU- oder EWR-Staat hat[43].

29 Eine Ausnahme besteht dann, wenn die fiduziarische Übertragung des Anspruchs allein zur Abwendung der Prozesskostensicherheitsverpflichtung erfolgt[44]. In diesen Fällen ist der Kläger unter Anwendung des in § 157 Abs. 1 S. 2 zum Ausdruck kommenden Grundsatzes der Unbeachtlichkeit der Umgehung zur Sicherheitsleistung verpflichtet[45].

30 Der BGH ist sehr zurückhaltend in der Annahme eines Umgehungstatbestandes. Die Vermögenslosigkeit des Treuhänders oder eines anderen Zessionars genügt allein nicht[46]. Insoweit besteht kein Unterschied für den Beklagten, ob der Zedent gewöhnlichen Aufenthalt in- oder außerhalb des EU- oder EWR-Raums hat.

---

39 Vgl. *Stein/Jonas/Bork* § 110, Rdn. 11.
40 Vgl. MünchKomm/*Giebel* § 110, Rdn. 11; *Musielak/Foerste* § 110, Rdn. 4.
41 Vgl. OLG München JW 1922, 1594 für den Testamentsvollstrecker; *Riezler* IZPR S. 431; *Stein/Jonas/Bork* § 110 Rdn. 9.
42 Vgl. BGH VersR 1985, 42 = IPRspr. 1984 Nr. 123; *Stein/Jonas/Bork* § 110 Rdn. 10; **aA** OLG Naumburg JW 1925, 1306; OLG Stuttgart JW 1929, 3509.(jeweils zur Rechtslage nach § 110 a. F.).
43 Vgl. BGH v. 17.3.1954 (I ZR 113/53).
44 Vgl. *Riezler* IZPR S. 432; *Stein/Jonas/Bork* § 110

Rdn. 11; *Danelzik* S. 29 f. jedenfalls für den Fall, dass die Vermögenslage des fiduziarischen Klägers keine hinreichende Gewähr für eine Durchsetzung des Prozesskostenerstattungsanspruchs des Beklagten bietet; dagegen *Einmahl* Rezension, RabelsZ 34 (1970), S. 756 ff. (763) und *Kann* Ausländer als Prozeßparteien, FS Heinitz, 1926, S. 313 ff. (338); **aA** wohl BGH VersR 1985, 42.
45 Vgl. OLG Naumburg JW 1925, 1306; *Stein/Jonas/Bork* § 110 Rdn. 10; die Anwendung von § 138 BGB auf die Abtretung erwägt BGH IPRax 1985, 221.
46 Vgl. BGH IPRax 1985, 221.

2. Beklagter

Der Beklagte kann die Sicherheitsleistung fordern, auch seine selbständigen und unselb- **31** ständigen Streithelfer, aber nur im eigenen Namen und ohne Rücksicht auf einen etwaigen Widerspruch des Beklagten, weil ihr Kostenerstattungsanspruch selbständiger Art ist. Das OLG Hamburg hat für den Nebenintervenienten auf der Beklagtenseite die Berechtigung, Sicherheitsleistung zu fordern, jedenfalls für den Fall verneint, in dem es sich nicht um einen streitgenössischen Streithelfer iS von § 69 handelt[47]. Die Verpflichtung zur Sicherheitsleistung soll in diesen Fällen entfallen, weil der gewöhnliche Streithelfer ohne Zutun des Klägers in den Prozeß eintritt und die Streitverkündung nur deshalb erfolge, weil der Beklagte für den Fall seines Unterliegens seine Rechtsposition verbessern wolle. Darauf kommt es aber nicht an. Entscheidend ist, ob ein zu sichernder Kostenerstattungsanspruch besteht, dessen Vollstreckung im Ausland erschwert ist. Das ist aber auch bei der gewöhnlichen Nebenintervention der Fall.

Die zu leistende Sicherheit ist nach den außergerichtlichen Kosten des Streithelfers zu **32** bemessen, ohne daß die von ihm möglicherweise zu begleichenden Rechtsmittelkosten zu berücksichtigen sind.

Der Streitgenosse wie die Streithelfer des Klägers hat dagegen keinen Anspruch auf Sicher- **33** heitsleistung gegen diesen. Denn diese können keine Prozesskostenerstattungsansprüche gegeneinander (von Vergleichen abgesehen) erlangen, vielmehr allenfalls außerprozessuale, die nicht geeignet sind, eine Verpflichtung zur Sicherheitsleistung auszulösen.

IV. Persönliche Voraussetzungen der Parteien

Die Verpflichtung zur Stellung der Ausländersicherheit ist allein an den gewöhnlichen **34** Aufenthalt des Klägers geknüpft. Die Staatsangehörigkeit ist unerheblich.

1. Gewöhnlicher Aufenthalt des Klägers außerhalb des EU- oder EWR-Raums

a) Bestimmung des gewöhnlichen Aufenthalts. Der Begriff des gewöhnlichen Aufent- **35** halts ist ein anderer als der des Wohnsitzes. Der gewöhnliche Aufenthalt in § 110 ist derselbe wie in §§ 98 Abs. 1 Nr. 2, 99 Abs. 2 Nr. 2 FamFG und in anderen Gesetzen. Gewöhnlicher Aufenthalt einer Person ist dort, wo diese sich ständig oder für längere Zeit aufhält[48], nicht nur vorübergehend (z. B. auf einer Reise oder bei einem Besuch) wohnt oder nächtigt[49]. Der gewöhnlich Aufenthaltsort muss legal sein. Kläger, die sich illegal in einem EU- oder EWR-Staat aufhalten, können die Befreiung von der Verpflichtung zur Stellung einer Prozesskostensicherheit nicht in Anspruch nehmen. Denn sie dürfen letztlich nicht für längere Zeit oder ständig an dem Ort ihres Aufenthalts wohnen. Dasselbe gilt für Asylsuchende, weil ja während des Verfahrens nicht absehbar ist, ob sie sich längere Zeit an einem bestimmten Ort aufhalten dürfen[50]. Die zu § 606a entwickelte Rechtsprechung, wonach selbst eine Ausreiseanordnung des gewöhnlichen Aufenthalt nicht entfallen lässt[51] ist jedenfalls im Rahmen von § 110 nicht anzuwenden.

---

47 OLG Hamburg NJW 1990, 650.
48 Vgl. BGH NJW 1983, 2771; MünchKomm/ *Giebel* § 110, Rdn. 9.
49 Vgl. BayObLG NJW 1990, 3099.
50 Vgl. *Musielak/Foerste* § 110, Rdn. 3.
51 Vgl. OLG Nürnberg FamRZ 2002, 1343.

36   Der Begriff des gewöhnlichen Aufenthalts ist dem deutschen Recht zu entnehmen, die Legalität des Aufenthalts wird von dem Recht des Ortes bestimmt, an dem sich der Kläger faktisch aufhält. Der gewöhnliche Aufenthalt ist nicht mehr gegeben, wenn der Kläger dorthin für längere Zeit nicht mehr zurückkehren kann, weil er dort mit einem internationalen Haftbefehl gesucht wird und nach seiner Rückkehr mit einer Inhaftierung rechnen muss[52].

37   Bei juristischen Personen ist auf den Sitz abzustellen[53]. Unter der Geltung des Staatsangehörigkeitsprinzips hat das OLG Frankfurt/Main[54] angenommen, dass die inländische Zweigniederlassung eines ausländischen Kreditinstituts als Angehörige eines fremden Staats zu behandeln und damit prozesskostensicherheitspflichtig sei[55]. Das ist nach der Reform des § 110 nicht mehr zu halten. Jedenfalls dann, wenn die streitgegenständliche Forderung aus dem Geschäftsbetrieb der Zweigniederlassung herrührt, ist diese nicht prozesskostensicherheitspflichtig, wenn sie in einem EU- oder EWR-Staat ihre Geschäftsräume hat und ihren Geschäftsbetrieb ausübt[56].

38   Bei Parteifähigen, die aus Teilparteien bestehen wie die OHG, KG, Reederei stellte die Rechtsprechung vor der Reform darauf ab, ob die Teilparteien sämtlich Deutsche waren[57]. Entsprechend müsste man darauf abstellen, ob die Teilparteien ihren gewöhnlichen Aufenthalt im EU-oder EWR-Raum haben. Das führt zu unpraktikablen Ergebnissen. Man muss auch hier – wie bei juristischen Personen – auf den Sitz abstellen[58].

39   **b) EU- und EWR-Gebiet.** Der EU- und EWR-Raum umfasst:

Belgien	EU und EWR
Bulgarien	EU und EWR
Dänemark	EU und EWR
Deutschland	EU und EWR
Estland	EU und EWR
Finnland	EU und EWR
Frankreich	EU und EWR
Griechenland	EU und EWR
Irland	EU und EWR
Island	EWR
Italien	EU und EWR
Lettland	EU und EWR
Liechtenstein	EWR
Litauen	EU und EWR
Luxemburg	EU und EWR
Malta	EU und EWR
Niederlande	EU und EWR
Norwegen	EWR
Österreich	EU und EWR
Polen	EU und EWR

---

52 Vgl. LG Karlsruhe IPRax 2005, 145 mit Besprechungsaufsatz *Wilske/Kordts* ebenda, 116 ff.
53 Vgl. BGH NJW-RR 2005, 148; MünchKomm/*Giebel* § 110, Rdn. 10; *Musielak/Foerste* § 110, Rdn. 4; *Stein/Jonas/Bork* § 110, Rdn. 9;*Thomas/Putze/Hüßstege* § 100, Rdn. 3; *Zöller/Herget* § 110, Rdn. 2.

54 Vgl. OLG Frankfurt/Main MDR 1973, 232.
55 Ebenso *Stein/Jonas/Bork* § 110, Rdn. 9.
56 A. A. MünchKomm/*Giebel* § 110, Rdn. 10.
57 Vgl. RGZ 36, 393; OLG Dresden SächsA 5, 707.
58 Vgl. MünchKomm/*Giebel* § 110, Rdn. 10.

Portugal	EU und EWR
Rumänien	EU und EWR
Schweden	EU und EWR
Slowakei	EU und EWR
Slowenien	EU und EWR
Spanien	EU und EWR
Tschechien	EU und EWR
Ungarn	EU und EWR
Vereinigtes Königreich	EU und EWR

c) Mehrfacher gewöhnlicher Aufenthalt. Bei mehrfachem gewöhnlichen Aufenthalt des **40** Klägers[59] ist auf den gewöhnlichen Aufenthalt in dem Staat abzustellen, mit dem der Kläger am engsten verbunden ist, insbesondere durch den Verlauf seines Lebens[60].

2. Bedeutungslosigkeit der Staatsangehörigkeit und des gewöhnlichen Aufenthalts des Beklagten

Der Beklagte kann unabhängig von seiner Staatsangehörigkeit oder seinem gewöhnlichen **41** Aufenthalt Sicherheitsleistung verlangen[61], und zwar selbst dann, wenn er denselben gewöhnlichen Aufenthalt wie der Kläger besitzt. deutschen Klägern eine Ausländersicherheit auferlegt wird.

V. Befreiungen

1. Staatsverträge

Zahlreiche Staatsverträge sehen eine partielle Befreiung von der Verpflichtung zur Stellung **42** einer Ausländersicherheit vor.(§ 110 Abs. 2 Nr. 1). Eine Befreiung sehen u. a. vor:

a) Art. 17 des Haager Zivilprozeßabkommens 1905. **43**
– *„Keine Sicherheitsleistung oder Hinterlegung, unter welcher Benennung es auch sei, darf den Angehörigen eines der Vertragsstaaten, die in einem dieser Staaten ihren Wohnsitz haben und vor den Gerichten eines anderen dieser Staaten als Kläger oder Intervenienten auftreten, wegen ihre Eigenschaft als Ausländer oder wegen Mangels eines inländischen Wohnsitzes oder Aufenthalts auferlegt werden.*
– *Die gleiche Regel findet Anwendung auf die Vorauszahlung, die von den Klägern oder Intervenienten zur Deckung der Gerichtskosten einzufordern wäre.*
– *Die Abkommen, wodurch etwa Vertragsstaaten für ihre Angehörigen ohne Rücksicht auf den Wohnsitz Befreiung von der Sicherheitsleistung für die Prozesskosten oder von der Vorauszahlung der Gerichtskosten vereinbart haben, finden auch weiterhin Anwendung.“*

b) Art. 17 des Haager Zivilprozeßübereinkommens 1954[62] **44**
– *„Den Angehörigen eines der Vertragsstaaten, die in einem dieser Staaten ihren Wohnsitz haben und vor den Gerichten eines anderen dieser Staaten als Kläger oder Intervenienten auftreten, darf*

---

59 Vgl. zur Zulässigkeit eines mehrfachen gewöhnlichen Aufenthaltsortes BayObLG 80, 52; KG FamRZ 1987, 603; LG Karlsruhe IPRax 2005, 143; MünchKomm/*Giebel* § 110, Rdn. 9.
60 A. A. MünchKomm/*Giebel* § 110, Rdn. 9. Danach soll es genügen, dass ein gewöhnlicher Wohnsitz im EU- oder EWR-Raum liegt.

61 Vgl. RGZ 146, 9; MünchKomm/*Giebel* § 110, Rdn. 14; *Stein/Jonas/Bork* § 110 Rdn. 7.
62 Vgl. dazu auch LG Karlsruhe IPRax 2005, 146 mit Besprechungsaufsatz *Wilske/Kordts* Sicherheitsleistung auch durch deutschen Kläger mit gewöhnlichem Aufenthalt außerhalb der EU oder des EWR, IPRax 2005, 116 ff.

wegen ihrer Eigenschaft als Ausländer oder wegen Fehlens eines inländischen Wohnsitzes oder Aufenthalts eine Sicherheitsleistung oder Hinterlegung, unter welcher Bezeichnung es auch sei, nicht auferlegt werden.

– *Das gleiche gilt für Vorschüsse, die zur Deckung der Gerichtskosten von den Klägern oder Intervenienten einzufordern wären.*

– *Die Abkommen, durch die Vertragsstaaten für ihre Angehörigen ohne Rücksicht auf den Wohnsitz Befreiung von der Sicherheitsleistung für die Prozesskosten oder von der Zahlung von Vorschüssen zur Deckung der Gerichtskosten vereinbart haben, sind weiter anzuwenden".*

45   c) Art. 9 Abs. 2 des Haager Unterhaltsvollstreckungsübereinkommens 1958

– *„Ist einer Partei in dem Staat, in dem die Entscheidung ergangen ist, das Armenrecht gewährt worden, so geniesst sie es auch in dem Verfahren, durch das die Vollstreckung der Entscheidung erwirkt werden soll.*

– *In den in diesem Übereinkommen vorgesehenen Verfahren braucht für die Prozesskosten keine Sicherheit geleistet werden ..."*

46   d) Art. 16 des Haager Unterhaltsvollstreckungsübereinkommens 1973[63]

– *„In den durch das Übereinkommen erfassten Verfahren braucht für die Zahlung der Verfahrenskosten keine Sicherheit oder Hinterlegung, unter welcher Bezeichnung auch immer, geleistet zu werden.*

47   e) Art. 9 Abs. 2 des UN-Übereinkommens über die Geltendmachung von Unterhaltsansprüchen im Ausland (UN-Unterhaltsübereinkommen)[64]

– *„Die Berechtigten sind nicht verpflichtet, wegen ihrer Eigenschaft als Ausländer oder wegen Fehlens eines inländischen Aufenthalts als Sicherheit für die Prozesskosten oder andere Zwecke eine Garantieerklärung beizubringen oder Zahlungen oder Hinterlegungen vorzunehmen."*

48   f) Art. 9 Abs. 1 des Europäischen Niederlassungsübereinkommens[65]

– *„Staatsangehörigen eines Vertragsstaates, die ihren Wohnsitz oder gewöhnlichen Aufenthalt im Gebiet eines anderen Vertragsstaates haben und vor den Gerichten eines der Vertragsstaaten als Kläger oder sonstige Verfahrensbeteiligte auftreten, darf keine Sicherheitsleistung oder Hinterlegung, wie auch immer sie bezeichnet sein mag, deshalb auferlegt werden, weil sie Ausländer sind oder keinen Wohnsitz oder Aufenthalt im Inland haben."*

49   g) Art. 14 des deutsch-britischen Rechtshilfeabkommens 1928[66]

– *„ Die Angehörigen des einen vertragsschließenden Teiles sollen in dem Gebiete des anderen Teiles, auf das das Abkommen Anwendung findet, völlig gleiche Behandlung hinsichtlich des Armenrechts und der Schuldhaft geniessen und sollen, sofern sie in dem genannten Gebiet ihren Wohnsitz haben, nicht verpflichtet sein, Sicherheit für Kosten irgendwelcher Art in denjenigen Fällen zu leisten, wo ein Angehöriger des anderen vertragsschließenden Teiles davon befreit ist."*

Das Abkommen galt zunächst im Verhältnis zu England und Wales und wurde später auf eine Vielzahl von Staaten und Gebieten ausgedehnt. Da die Befreiung von der Verpflichtung zur Stellung eines Prozesskostensicherheit Wohnsitz in Deutschland voraussetzt[67], geht die

---

63   Vgl. dazu *Geimer/Schütze/Baumann* internationaler Rechtsverkehr, 795. 83 ff.
64   Vgl. dazu *Geimer/Schütze/Mecke* Internationaler Rechtsverkehr, 794. 1 ff.
65   Vgl. dazu OLG Koblenz RIW 1990, 753.
66   Vgl. zum Geltungsbereich für Gebiete, deren

internationale Beziehungen das Vereinigte Königreich wahrnimmt, sowie zu den Staaten, für die eine Geltung ungeklärt ist *Geimer/Schütze* Internationaler Rechtsverkehr, 750. 2 ff.
67   Vgl. dazu am Beispiel Anguilla BGH NJW-RR 2005, 148.

Befreiung ins Leere, da Kläger mit Wohnsitz in Deutschland ohnehin nach der Neufassung von § 110 Abs. 1 nicht prozesskostensicherheitspflichtig sind.

h) Art. 15 des deutsch-griechischen Rechtshilfeabkommens 1938 **50**
– *„1. Den Angehörigen des einen Staates, die vor den Gerichten des anderen Staates als Kläger oder Intervenienten auftreten, darf wegen ihrer Eigenschaft als Ausländer oder wegen Mangels eines inländischen Wohnsitzes oder Aufenthalts keine Sicherheitsleistung oder Hinterlegung, unter welcher Benennung es auch sei, auferlegt werden.*
– *2. Das gleiche gilt für die Vorauszahlung, die von den Klägern oder Intervenienten zur Deckung der Gerichtskosten anzufordern wäre."*

i) Art. 14 des deutsch-marokkanischen Rechtshilfeabkommens 1985 **51**
– *„Die Staatsangehörigen eines der beiden Staaten, die vor den Gerichten in Zivil- oder Handelssachen des anderen Staates als Kläger oder Intervenienten auftreten, sind von der Sicherheitsleistung für die Prozesskosten auch dann befreit, wenn sie ihren Wohnsitz oder gewöhnlichen Aufenthalt nicht in einem der beiden Staaten haben."*

j) Art. 2 des deutsch-türkischen Rechtshilfeabkommens 1929[68] **52**
– *„1. Keine Sicherheitsleistung oder Hinterlegung, unter welcher Benennung es auch sei, darf den in einem der beiden Länder ansässigen Angehörigen des einen Staates, die vor den Gerichten des anderen Staates als Kläger oder Intervenienten auftreten, wegen ihrer Eigenschaft als Ausländer oder mangels eines inländischen Wohnsitzes oder Aufenthalts auferlegt werden.*
– *2. Das gleiche gilt für die Vorauszahlung, die von den Klägern oder Intervenienten zur Deckung der Gerichtskosten einzufordern wäre."*

k) Art. 3 des deutsch-tunesischen Rechtshilfe- und Vollstreckungsvertrages 1966 **53**
– *„1. In Zivil- und Handelssachen darf den Angehörigen des einen Staates, die vor den Gerichten des anderen Staates als Kläger oder Intervenienten auftreten, wegen ihrer Eigenschaft als Ausländer oder mangels eines inländischen Wohnsitzes oder Aufenthalts eine Sicherheitsleistung oder Hinterlegung, unter welcher Bezeichnung es auch sei, nicht auferlegt werden. Diese Befreiung wird nur solchen Angehörigen eines Staates gewährt, die in einem der beiden Staaten ihren Wohnsitz oder gewöhnlichen Aufenthalt haben.*
– *2. Das gleiche gilt für Vorschüsse, die von den Klägern oder Intervenienten zur Deckung der Gerichtskosten einzufordern wären."*

l) Art. VI Abs. 6 des deutsch-amerikanischen Freundschafts-, Handels- und Schiff- 54 fahrtsvertrages 1954
– *„ Mit Bezug auf Artikel VI Abs. 1 darf Staatsangehörigen und Gesellschaften des einen Vertragsteils in der Eigenschaft als Kläger oder Intervenienten vor den Gerichten des anderen Vertragsteils eine Sicherheitsleistung für die Prozesskosten in denjenigen Fällen nicht auferlegt werden, in denen ein Staatsangehöriger oder eine Gesellschaft des anderen Vertragsteils davon befreit ist, die Befreiung tritt jedoch nur ein*
– *a) wenn der Staatsangehörige oder die Gesellschaft den ständigen Aufenthalt bzw. die Niederlassung (Haupt- oder Zweigniederlassung) im Bezirk des Gerichts hat, vor dem das Verfahren anhängig ist, oder*
– *b) wenn der Staatsangehörige oder die Gesellschaft in diesem Bezirk ausreichendes Immobiliarvermögen zur Deckung der Kosten besitzt"*

---

68 Vgl. dazu OLG Düsseldorf NJW 1973, 2165; die Geltung ist allerdings deshalb zweifelhaft, weil die türkischen Gerichte trotz der RHA von deutschen Klägern offenbar Sicherheitsleistung verlangen.

Die Befreiung geht nicht über § 110 Abs. 1 hinaus. Es gilt dasselbe wie zum deutsch-britischen Rechtshilfeabkommen 1928.

2. Die Befreiung wegen staatsvertraglich gesicherter Geltendmachung deutscher Kostentitel (Abs. 2 Nr. 2)

55 Wenn man von der Ratio des § 110 seit der Reform 1998 ausgeht, wonach nur der Kostenerstattungsanspruch des siegreichen Beklagten in seiner Durchsetzung gegen den im Ausland domizilierten oder residenten Kläger zu sichern, dann ist nur folgerichtig, die Möglichkeit der Anerkennung und Vollstreckbarerklärung eines deutschen Kostentitels als Befreiungstatbestand aufzunehmen. Zwar ist die Durchsetzung eines Titels im Ausland immer schwieriger als im Inland. Die Durchsetzbarkeit im Inland ist aber auch nicht immer gesichert. Der vermögenslose Kläger ist stets eine Gefahr[69].

56 Die Möglichkeit der Wirkungserstreckung deutscher Kostentitel gegen den Kläger wirkt nur dann befreiend, wenn sie auf einer staatsvertraglichen Vereinbarung beruht und eine auch wirtschaftliche, nicht nur rechtliche Durchsetzbarkeit gegeben ist[70]. Denn die rein rechtliche Möglichkeit, den Kostentitel durchzusetzen bringt dem Beklagten noch nichts. Ist die Anerkennung und Vollstreckbarerklärung des Kostentitels gegen den unterlegenen Kläger mit nicht erstattbaren Kosten verbunden, die eine Vollstreckbarerklärung wirtschaftlich sinnlos machen, dann greift der Befreiungstatbestand des Abs. 2 Nr. 2 nicht ein. Prüfstein für die Anwendung des Befreiungstatbestandes muss deshalb sein, ob der Staat des gewöhnlichen Aufenthalts des Klägers für die Vollstreckbarerklärung deutscher Kostentitel eine § 91 ZPO entsprechende Kostenregelung kennt. Muss der Gläubiger die Kosten der Vollstreckbarerklärung teilweise oder voll selbst tragen, so kommt Abs. 2 Nr. 2 nicht zur Anwendung. Dasselbe gilt für den Fall, dass die Kostenzuscheidung im Ermessen des Gerichts liegt[71]. Denn in diesem Fall besteht für den Gläubiger des Kostentitels die Gefahr, ein unter Umständen kostspieliges und wirtschaftlich sinnloses Exequaturverfahren anstrengen zu müssen und letztlich auf seinen Kosten „sitzen zu bleiben"[72].

57 Problematisch mag sein, wo eigentlich die Geltendmachung deutscher Kostentitel gesichert sein muss. Der Gesetzeswortlaut schweigt. In Betracht kommen der Staat, in dem der Kläger Vermögen besitzt, der Staat, dem er angehört und der Staat, in dem er seinen gewöhnlichen Aufenthalt hat. Der dritten Lösung ist der Vorzug zu geben. Der Aufenthaltsort ist konzeptionell der, in dem regelmäßig Vermögen belegen ist, in dem der Schuldner seiner Tätigkeit nachgeht und wo er seine Einkünfte erzielt[73]. Da Kläger im Geltungsbereich von EuGVVO, EuGVÜ und LugÜ auch ihren gewöhnlichen Aufenthalt im EU- und EWR Raum haben, sind nur zwei Staatsverträge bedeutsam, nämlich der deutsch-tunesische Rechtshilfe-, Anerkennungs- und Vollstreckungsvertrag (Art. 27 Abs. 3) und der deutsch-israelischen Anerkennungs- und Vollstreckungsvertrag (Art. 2), die beide Kostentitel als anerkennungsfähig statuieren.

3. Die Befreiung für besondere Verfahrensarten (Abs. 2 Nr. 4, 5, 3)

58 § 110 Abs. 2 sieht eine Befreiung von der Verpflichtung zur Stellung einer Ausländersicherheit für einige Verfahrensarten vor, in denen kein Sicherungsbedürfnis des Beklagten besteht (Nr. 3) oder in denen sich der Kläger das Forum nicht ausgesucht hat (Nr. 4, 5).

---

69 Vgl. *Schütze* Cave Pauperos, JZ 1995, 238.
70 Vgl. *Schütze* Zur Befreiung ausländischer Kläger von der Prozesskostensicherheitspflicht nach § 110 Abs. 2 Nr. 2 ZPO, RIW 2002, 299 ff.

71 Das ist der Fall in Israel, das die Kostenentscheidung in das Ermessen des Gerichts stellt.
72 Vgl. *Schütze* RIW 2002, 299 ff. (301).
73 Vgl. *Schütze* RIW 1999, 10 ff. (14).

a) Befreiung für Widerklagen (Abs. 2 Nr. 4). Der Widerkläger ist nicht prozesskostensi- **59** cherheitspflichtig. Dieser Befreiungstatbestand rechtfertigt sich daraus, dass sich der Widerkläger das Forum nicht ausgesucht hat. Die Befreiung gilt deshalb auch nur für die Widerklage. Erhebt der Kläger eine selbständige Klage, obwohl er Widerklage erheben könnte, so kommt ihm der Befreiungsgrund des Abs. 2 Nr. 4 nicht zugute. Die Befreiung des Widerklägers ist im Lichte des Art. 6 Abs. 1 EMRK bei insolventen Widerklägern bzw. deren Verwaltern nicht anzuwenden bzw. restriktiv zu interpretieren, sofern für die Kostenerstattung nach §§ 91 ff. ggf. nicht die Masse ausreichend zur Verfügung steht.

b) Befreiung für Klagen, die aufgrund öffentlicher Aufforderung angebracht werden 60 (Abs. 2 Nr. 5). Bei Klagen, die aufgrund öffentlicher Aufforderung angebracht werden, hat sich der Kläger das Forum nicht ausgesucht. Deshalb ist er von der Prozesskostensicherheitsverpflichtung ausgenommen. Es handelt sich im Wesentlichen um Aufgebotsverfahren.

c) Befreiung wegen hinreichenden Grundvermögens oder dinglich gesicherter For- 61 derungen (Abs. 2 Nr. 3). Immobilien lassen sich nicht außer Landes schaffen. Auch das Versilbern braucht Zeit. Grundvermögen zeigt eine gewisse Bindung an den Belegenheitsstaat. Deshalb lassen zahlreiche Rechtsordnungen Grundvermögen, dessen Wert den etwaigen Kostenerstattungsanspruch deckt, als Befreiungstatbestand genügen[74]. Dem folgt das deutsche Recht seit der Reform 1998. Darlegungs- und beweispflichtig für Immobiliarvermögen und/oder dinglich gesicherte Forderungen und ihre Werthaltigkeit ist der Kläger[75]. Er muss – notfalls durch Sachverständigengutachten – den Wert dartun und beweisen. Dieser muss der Höhe nach der an sich anzuordnenden Sicherheitsleistung entsprechen. Das Gericht muss über die Werthaltigkeit im Bestreitensfall Beweis erheben.

4. Verzicht

Das Verlangen nach Sicherheitsleistung begründet eine prozesshindernde Einrede[76]. Auf **62** die Erhebung der Einrede kann verzichtet werden[77], was ausdrücklich, unmittelbar oder mittelbar, etwa dadurch, daß die erst erhobene Einrede fallengelassen wird[78], aber auch stillschweigend geschehen kann[79]. Der Beklagte kann sich schon vor Verfahrenseinleitung – etwa im Rahmen des Abschlusses einer Gerichtsstandsvereinbarung – dazu verpflichten, die Einrede des § 110 nicht geltend zu machen.

5. Prozesskostenhilfe

Nach § 122 Abs. 1 Nr. 2 befreit die Bewilligung von Prozesskostenhilfe von der Verpflich- **63** tung zur Stellung einer Prozesskostensicherheit. Das soll nach OLG Brandenburg[80] auch dann gelten, wenn eine vor Bewilligung der PKH durch Zwischenurteil gesetzte Frist bereits abgelaufen ist (bedenklich). Die Regelung ist verfassungsrechtlich bedenklich. Sie stellt den Beklagten einer armen Partei ohne gewöhnlichen Aufenthalt im EU- oder EWR-Raum schlechter als den Beklagten in einem sonstigen Prozeß, obwohl § 123 anordnet, daß der Kostenerstattungsanspruch unberührt bleibt. Die Gewährung von Armenrecht im Ausland löst die Rechtsfolge des § 122 Abs. 1 Nr. 2 nicht aus, soweit nicht Staatsverträge etwas anderes anordnen.

74 Vgl. *Schütze* Die Ausländersicherheit im internationalen Zivilprozessrecht, FS Chuo University, 1998, S. 737 ff.
75 Vgl. LG Karlsruhe, IPRax 2005, 146.
76 Vgl. MünchKomm/*Giebel* § 110, Rdn. 2.

77 Vgl. BGH NJW-RR 1998, 378; *Stein/Jonas/ Bork* § 110, Rdn. 5.
78 Vgl. RGZ 155, 239.
79 Vgl. MünchKomm/*Giebel* § 110 Rdn. 20.
80 Vgl. OLG Brandenburg MDR 2003, 288.

VI. Geltendmachung

64 Vgl. dazu §§ 111–113

VII. Länderübersicht

65 Kläger mit Wohnsitz oder gewöhnlichem Aufenthalt in oder Staatsangehörigkeit von folgenden Staaten[81] sind nach § 110 Abs. 1 Nr. 1 und 2 von der Stellung einer cautio iudicatum solvi ganz oder partiell befreit[82]:

Ägypten (HZPÜ)
Algerien (UNUVÜ)
Argentinien (HZPÜ, UNUVÜ)
Armenien (HZPÜ)
Australien (HVÜ 73, UNUVÜ)
Barbados (UNUVÜ)
Belarus (HZPÜ, UNUVÜ)
Belgien (EU, EWR, HZPÜ, UNUVÜ, HUVÜ 58, EUNÜ)
Bosnien-Herzegowina (HZPÜ, UNUVÜ)
Brasilien (UNUVÜ)
Bulgarien (EU)
Burkina Faso (UNUVÜ)
Chile (UNUVÜ)
China (Taiwan) (UNUVÜ)
China (Volksrepublik) (HZPÜ nur für Sonderverwaltungsregion Macao)
Dänemark (EU, EWR, HZPÜ, UNUVÜ, EUNÜ, HUVÜ 73, HUVÜ 58)
Ecuador (UNUVÜ)
Estland (EU, HZPA 1905, UNUVÜ)
Finnland (EU, EWR, HZPÜ, UNUVÜ, HUVÜ 58, HUVÜ 73)
Frankreich (EU, EWR, HZPÜ, UNUVÜ, HUVÜ 58, HUVÜ 73)
Georgien (HZPÜ)
Griechenland (EU, EWR, Art. 15 deutsch-griechisches Rechtshilfeabkommen, HVÜ 73, EUNÜ, UNUVÜ)
Guatemala (UNUVÜ)
Haiti (UNUVÜ)
Irland (EU, EWR, UNUVÜ, EUNÜ)
Island (EWR, HZPA 1905)
Israel (HZPÜ, UNUVÜ, deutsch-israelischer Anerkennungs- und Vollstreckungsvertrag)

---

81 Nicht aufgeführt werden die Staaten und Gebiete, auf die das deutsch-britische Abkommen über den Rechtsverkehr vom 20.3.1928 ausgedehnt worden ist, da die Befreiung nach Art. 14 des Abkommens nicht über das deutsche Recht hinausgeht, vgl. Rdn. 49.
82 Es werden in der Länderübersicht abgekürzt:
HZPA 1905 Haager Zivilprozessübereinkommen v. 17.7.1905
HZPÜ Haager Zivilprozessübereinkommen v. 1.3.1954

HUVÜ 58 Haager Unterhaltsvollstreckungsübereinkommen v. 15.4.1958
HUVÜ 73 Haager Unterhaltsvollstreckungsübereinkommen v. 2.10.1973
UNUVÜ UN-Übereinkommen über die Geltendmachung von Unterhaltsansprüchen im Ausland
EUNÜ Europäisches Niederlassungsübereinkommen v. 13.12.1955.

Italien (EU, EWR, HZPÜ, UNUVÜ, HUVÜ 58, HUVÜ 73, EUNÜ)
Japan (HZPÜ)
Jugoslawien (ehemaliges) (HZPÜ, UNUVÜ)
Kap Verde (UNUVÜ*)
Kasachstan (HZPÜ, UNUVÜ)
Kirgisistan (HZPÜ, UNUVÜ)
Kolumbien (UNUVÜ)
Kroatien (HZPÜ, UNUVÜ)
Lettland (EU, HZPÜ)
Libanon (HZPÜ)
Liberia (UNUVÜ)
Liechtenstein (EWR, HUVÜ 58)
Litauen (EU, HZPÜ, HUVÜ 73)
Luxemburg (EU, EWR, HZPÜ, UNUVÜ, HUVÜ 73, EUNÜ)
Malta (EU)
Marokko (HZPÜ, UNUVÜ, deutsch-marokkanischer Rechtshilfevertrag)
Mazedonien (ehemalige jugoslawische Republik) (HZPÜ, UNUVÜ)
Mexiko (UNUVÜ)
Moldau (HZPÜ, UNUVÜ)
Monaco (UNUVÜ)
Montenegro (HZPÜ, UNUVÜ)
Neuseeland (UNUVÜ)
Niederlande (EU, EWR HZPÜ, UNUVÜ, HUVÜ 58, HUVÜ 73, EUNÜ)
Niger (UNUVÜ)
Norwegen (EWR, HZPÜ, UNUVÜ, HUVÜ 58, HUVÜ 73, EUNÜ)
Österreich (EU, EWR, HZPÜ, UNUVÜ, HUVÜ 58)
Pakistan (UNUVÜ)
Philippinen (UNUVÜ)
Polen (EU, HZPÜ, UNUVÜ, HUVÜ 73)
Portugal (EU, EWR, HZPÜ, UNUVÜ, HUVÜ 58, HUVÜ 73)
Rumänien (EU, HZPÜ, UNUVÜ)
Russland (HZPÜ)
Schweden (EU, EWR, HZPÜ, UNUVÜ, HUVÜ 58, HUVÜ 73, EUNÜ)
Schweiz (LugÜ, HZPÜ, UNUVÜ, HUVÜ 58, HUVÜ 73)
Serbien (HZPÜ, UNUVÜ)
Seychellen (UNUVÜ)
Slowakei (EU, HZPÜ, UNUVÜ, HUVÜ 58, HUVÜ 73)
Slowenien (EU, HZPÜ, UNUVÜ)
Sowjetunion (ehemalige) (HZPÜ)
Spanien (EU, EWR, HZPÜ, UNUVÜ, HUVÜ 58, HUVÜ 73)
Sri Lanka (UNUVÜ)
Surinam (HZPÜ, UNUVÜ, HUVÜ 58)
Tschechien (EU, HZPÜ, UNUVÜ, HUVÜ 58, HUVÜ 73)
Tschechoslowakei (ehemalige) (HZPÜ, UNUVÜ, HUVÜ 58, HUVÜ 73)
Türkei (HZPÜ, EUNÜ, UNUVÜ, HUVÜ 58, HUVÜ 73), deutsch-türkischer Rechtshilfe-vertrag)
Tunesien (UNUVÜ, deutsch-tunesischer Rechtshilfe-, Anerkennungs- und Vollstreckungs-vertrag)
Ukraine (HZPÜ, UNUVÜ, HUVÜ 73)

Ungarn (EU, HZPÜ, UNUVÜ, HUVÜ 58)
Uruguay (UNUVÜ)
Usbekistan (HZPÜ)
Vatikan (HZPÜ, UNUVÜ)
Vereinigtes Königreich (EU, EWR, UNUVÜ, HUVÜ 73, EUNÜ)
Zentralafrikanische Republik (UNUVÜ)
Zypern (EU, HZPÜ, UNUVÜ)

§ 111
Nachträgliche Prozesskostensicherheit

Der Beklagte kann auch dann Sicherheit verlangen, wenn die Voraussetzungen für die Verpflichtung zur Sicherheitsleistung erst im Laufe des Rechtsstreits eintreten und nicht ein zur Deckung ausreichender Teil des erhobenen Anspruchs unbestritten ist.

Übersicht

	Rdn.			Rdn.
I. Frist für die Geltendmachung			2. Wertänderung der Sicherheit	7
der Einrede des § 110	1		3. Klageerweiterung	8
1. Landgerichtliches Verfahren	1		**III. Bestrittene Ansprüche**	9
2. Amtsgerichtliches Verfahren	2		**IV. Wegfall der Verpflichtung des § 110**	10
3. Verzicht	3		**V. Verfahren**	11
II. Ausnahmen	4			
1. Eintritt der Verpflichtung im				
Verlauf des Rechtsstreits	5			

I.   Frist für die Geltendmachung der Einrede des § 110

1.   Landgerichtliches Verfahren

1 Das Verlangen nach Kostensicherheit ist im landgerichtlichen Verfahren der ersten Instanz vor Verhandlung zur Hauptsache zu stellen (§ 282 Abs. 3 S. 1)[1]. Nur wenn der Beklagte glaubhaft macht (§ 294), daß er die Einrede ohne sein Verschulden nicht früher erheben konnte (§ 296 Abs. 3), bleibt sie erhalten[2], und zwar auch noch in der Berufungs[3] – und der Revisionsinstanz[4]. Ist eine Frist für die Klageerwiderung gesetzt (§ 275 Abs. 1 S. 1), so ist die Einrede bis zum Ablauf dieser Frist zu erheben (§ 282 Abs. 3 S. 2).

2.   Amtsgerichtliches Verfahren

2 Im Verfahren vor den Amtsgerichten ist die Einrede ebenfalls bis zur Verhandlung zur Hauptsache vorzubringen (§§ 495 Abs. 1, 282 Abs. 3 S. 1).

---

1 Vgl. MünchKomm/*Giebel* § 111, Rdn. 3.
2 Vgl. BGH NJW 1981, 2646.
3 Vgl. RGZ 40, 416.
4 Vgl. BGH NJW 1953, 864.

3. Verzicht

Auf die Einrede kann verzichtet werden. Dieser Verzicht wirkt für das gesamte Verfahren, **3** soweit er nicht beschränkt wird, was zulässig ist[5]. Der Widerruf des Verzichts ist entsprechend § 290 zulässig[6]. Wenn auf die Einrede verzichtet worden ist, dann muß sie – später erhoben – zurückgewiesen werden[7]. Der Verzicht auf die Einrede schließt ihre Erhebung gegenüber einem erweiterten Klagantrag nicht aus[8].

II. Ausnahmen

Kann der Beklagte die Einrede nicht bis zur Verhandlung zur Hauptsache erheben, weil die **4** Voraussetzungen erst im Laufe des Rechtsstreits eintreten, so läßt § 111 die Erhebung der Einrede bis zur mündlichen Verhandlung nach Eintritt des Ereignisses bzw. Kenntnis des Beklagten hiervon zu, wobei § 296 Abs. 3 zu beachten ist[9].

1. Eintritt der Verpflichtung im Verlauf des Rechtsstreits

Die Verpflichtung zur Sicherheitsleistung kann im Verlauf des Rechtsstreits neu eintreten, **5** wenn sich der gewöhnliche Aufenthalt des Klägers ändert und ein in der EU oder dem EWR gewöhnlich Residenter seinen gewöhnlichen Aufnethalt in einen Staat außerhalb des EU- oder EWR-Raums verlegt.

Auch der Wegfall der Befreiung für einen Kläger, etwa durch Ablauf eines Staatsvertrages **6** oder sonstigen Wechsel der Gesetzgebung oder der Praxis im Staat des gewöhnlichen Aufenthalts des Klägers[10] führt zu dem gleichen Ergebnis. Wird die Bewilligung der Prozesskostenhilfe aufgehoben und fällt die Befreiung (§ 122 Abs. 1 Nr. 2) damit fort, so kann die Einrede nach § 111 erhoben werden. Schließlich kann die Vergünstigung wegfallen durch Parteiwechsel, durch Rechtsnachfolge, Partei- bzw. Klageänderung, selbst wenn der Beklagte hierin einwilligt, sofern in der Person der eintretenden Partei die Voraussetzungen der Sicherheitsverpflichtung eintreten[11].

2. Wertänderung der Sicherheit

Tritt eine Wertänderung der Sicherheit, z. B. durch Abwertung, Währungsumstellung oder **7** sonstige Entwertung ein, so kann nach § 112 im Laufe des Rechtsstreits ein weiteres Sicherheitsleistungsverlangen gestellt werden. Es ist aber nur bis zur auf die Wertänderung folgenden mündlichen Verhandlung zulässig. Das kann zu Problemen bei Fremdwährungsklagen führen, bei denen durch Paritätsänderungen faktisch eine Wertänderung eintritt, obwohl der Wert der EURO-Sicherheit gleich bleibt. Diese Fälle sind so zu behandeln wie die der Streitwerterhöhung im Laufe des Verfahrens[12].

---

5 AA MünchKomm/*Giebel* § 111 Rdn. 7; *Stein/Jonas/Bork* § 111 Rdn. 5 die einen auf die Instanz beschränkten Verzicht für unzulässig halten.
6 Auf die Zustimmung des Gegners kommt es nicht an; **aA** BGH BB 1953, 516.
7 Vgl. RGZ 155, 239; *Zöller/Herget* § 111 Rdn. 1.
8 Vgl. LG Schweinfurt NJW 1971, 330; MünchKomm/*Giebel* § 111 Rdn. 8; *Stein/Jonas/Bork* § 111 Rdn. 5.; *Zöller/Herget* § 110, Rdn. 4.

9 Vgl. RG HRR 1933, 1890; BGH NJW 1981, 2646.
10 Vgl. RGZ 146, 8; MünchKomm/*Giebel* § 111 Rdn. 5.
11 Vgl. RGZ 40, 416.
12 Vgl. dazu § 112 Rdn. 11 und OLG Stuttgart AWD 1971, 85 mit Anm. *Bauer*.

3. Klageerweiterung

8 Der Einredeverlust bezieht sich nur auf die Klage in der erhobenen Form. Wird die Klage später erweitert, so darf die Einrede bezüglich der Mehrkosten geltend gemacht werden[13]. Das gilt auch dann, wenn der Schadensersatzanspruch zunächst unbeziffert geltend gemacht und später beziffert wird, jedoch wiederum nur für die Mehrkosten, die durch die Streitwerterhöhung eintreten. Wird die Klageerweiterung nicht zugelassen – was trotz § 264 Nr. 2 in der Revisionsinstanz der Fall ist – so besteht die Einrede nicht.

III. Bestrittene Ansprüche

9 § 111 beschränkt die Einrede auf bestrittene Ansprüche. Zu den unbestrittenen Ansprüchen gehören nicht nur Ansprüche, die der Beklagte nach § 307 anerkennt, sondern auch solche, hinsichtlich derer ein Antrag in der Hauptsache nicht gestellt werden soll und solche, die aufgrund des unstreitigen Sachverhalts begründet sind.

IV. Wegfall der Verpflichtung des § 110

10 Fallen die Voraussetzungen für die Stellung der Prozesskostensicherheit nachträglich weg, so kann der Kläger die Aufhebung der ihm auferlegten Prozesskostensicherheit in entsprechender Anwendung von § 111 verlangen[14]. Das ist beispielsweise der Fall, wenn der Kläger gewöhnlichen Aufenthalt in einem EU- oder EWR Staat nimmt[15], ihm Prozesskostenhilfe bewilligt wird[16] oder ein sonstiger Befreiungsgrund eintritt.

V. Verfahren

11 Das Verfahren bestimmt sich nach § 113. Für Einzelheiten vgl. dort. Der erfolglose Antrag des Beklagten löst die Kostenfolge der §§ 96, 97 aus[17].

§ 112
Höhe der Prozesskostensicherheit

(1) Die Höhe der zu leistenden Sicherheit wird von dem Gericht nach freiem Ermessen festgesetzt.

(2) Bei der Festsetzung ist derjenige Betrag der Prozesskosten zugrunde zu legen, den der Beklagte wahrscheinlich aufzuwenden haben wird. Die dem Beklagten durch eine Widerklage erwachsenden Kosten sind hierbei nicht zu berücksichtigen.

---

13 Vgl. LG Schweinfurt NJW 1971, 330; Münch-Komm/*Giebel* § 111 Rdn. 8; **aA** KG LZ 1925, 381.
14 Vgl. MünchKomm/*Giebel* § 111, Rdn. 12; *Stein/Jonas/Bork* § 111 Rdn. 11.

15 Vgl. BGH NJW-RR 2006, 710.
16 § 122 Abs. 1 Nr. 2.
17 Vgl. BGH NJW 1980, 839; MünchKomm/*Giebel* § 111 Rdn. 10.

(3) Ergibt sich im Laufe des Rechtsstreits, daß die geleistete Sicherheit nicht hinreicht, so kann der Beklagte die Leistung einer weiteren Sicherheit verlangen, sofern nicht ein zur Deckung ausreichender Teil des erhobenen Anspruchs unbestritten ist.

Schrifttum

Schmieder Zur Höhe der Ausländersicherheit im Patentnichtigkeitsverfahren, GRUR 1982, S. 12 ff.; *Söffing* Umfang der Ausländersicherheit iSd 112 Abs. 2 ZPO, MDR 1989, S. 599 f.

Übersicht

	Rdn.		Rdn.
I. Ermessen des Gerichts	1	2. Keine Kosten des Klägers	9
		3. Keine Kosten der Widerklage	10
II. Höhe der Sicherheitsleistung	3	4. Streitgenossen	11
1. Kosten des Beklagten	3		
a) Erstattungsfähigkeit der Kosten	4	III. Nachträgliche Erhöhung	12
b) Zu berücksichtigende Instanzen	7		

I. Ermessen des Gerichts

Die Bestimmung der Höhe der Sicherheitsleistung liegt im Ermessen des Gerichts (Abs. 1). **1** Eine inhaltlich gleiche Regelung trifft § 81 Abs. 6 PatG für das Patentnichtigkeitsverfahren[1]. Das Ermessen des Gerichts ist in doppelter Hinsicht beschränkt. Die Sicherheit muß festgesetzt werden, wenn kein Befreiungsgrund nach § 110 Abs. 2 gegeben ist, selbst wenn das Gericht die Anordnung angesichts der Vermögenslage des Klägers für überflüssig hält. Darüber hinaus ist das Gericht an die Grundsätze des Abs. 2 gebunden. Das Ermessen besteht nur hinsichtlich der Zulässigkeit der Schätzung von im voraus nicht genau feststehenden Kosten (z. B. Aufwendungen für Zeugen und Sachverständige) und Gebühren[2] (z. B. Anfallen einer Beweisgebühr). Auf- und Abrundungen sind zulässig.

Zur Höhe der entstehenden Kosten ist eine Äußerung des Beklagten nicht erforderlich. Das **2** Gericht muß die Schätzung von sich aus vornehmen. Dem Beklagten ist aber im Rahmen des rechtlichen Gehörs Gelegenheit zur Äußerung zu geben.

II. Höhe der Sicherheitsleistung

1. Kosten des Beklagten

Die Sicherheitsleistung dient in erster Linie dem Beklagtenschutz. Ihm soll das Risiko **3** abgenommen werden, seinen Kostenerstattungsanspruch gegen den erfolglosen ausländischen Kläger nicht realisieren zu können[3]. Davon ausgehend stellt Abs. 2 S. 1 auf die vom Beklagten wahrscheinlich aufzuwendenden Kosten ab.

---

1 Vgl. dazu *Schmieder* GRUR 1982, S. 12 ff.
2 Vgl. BGH DB 1982, 802; *Baumbach/Lauterbach/ Albers/Hartmann* § 112 Rdn. 4.

3 Vgl. § 110 Rdn. 1.

4 **a) Erstattungsfähigkeit der Kosten.** Es sind nur solche Kosten in die Berechnung der Höhe der Sicherheitsleistung einzubeziehen, die erstattungsfähig sind. Ist eine Maßnahme zur zweckentsprechenden Rechtsverfolgung nicht notwendig, dann sind die hierfür entstandenen oder zu erwartenden Aufwendungen nicht von der Verpflichtung zur Sicherheitsleistung umfaßt. Das Gericht muß im Rahmen der Ermessensausübung deshalb z. B. bereits über die voraussichtliche Erstattungsfähigkeit von Korrespondenzanwaltskosten entscheiden. Diese Entscheidung ist für das spätere Kostenfestsetzungsverfahren nicht bindend. Hat das Prozessgericht die Gebühren eines Verkehrsanwalts bei der Festsetzung der Sicherheitsleistung nicht berücksichtigt, so kann die Erstattbarkeit im Kostenfestsetzungsverfahren dennoch angeordnet werden. Dasselbe gilt für den umgekehrten Fall.

5 Zu den erstattungsfähigen Kosten gehören die Gebühren des Rechtsanwalts (einschl. der erstattbaren Auslagen und Mehrwertsteuer) sowie die Gerichtskosten. Gerichtskosten erster Instanz bleiben außer Betracht, da der im Ausland residente Kläger allein Kostenschuldner ist. Dagegen sind Gerichtskosten höherer Instanzen – soweit Sicherheitsleistung für weitere Instanzen gefordert werden kann – erstattbar, da der Beklagte hierfür als Zweitschuldner haftet, wenn er in der Vorinstanz unterliegt und ein Rechtsmittel einlegt.

6 Kosten für Beweismittel sind grundsätzlich zu berücksichtigen. Jedoch wird ihre Entstehung im Zeitpunkt der Festsetzung der Sicherheitsleistung nur schwer voraussehbar sein. Sie bleiben deshalb regelmäßig unberücksichtigt.

7 **b) Zu berücksichtigende Instanzen.** Nach der Rechtsprechung des Reichsgerichts[4], der sich der BGH angeschlossen hat[5], sind die Kosten aller Rechtszüge von vornherein zu berücksichtigen[6], ohne daß es auf die vorhersehbare prozessrechtliche Stellung der Parteien in den späteren Instanzen ankommen soll. Dies entspricht jedoch nicht dem Zweck der Prozesskostensicherheit. Auszugehen ist davon, daß die Verpflichtung zur Sicherheitsleistung den außerhalb der EU oder des EWR gewöhnlich residenten Kläger nicht durch prohibitive Höhe von der Prozessführung abhalten soll – was in der Praxis leider zuweilen beabsichtigt zu sein scheint[7] – sondern zur Sicherung des Kostenerstattungsanspruchs des Beklagten dient. Da nicht feststeht, ob ein Rechtsmittel durch alle Instanzen geführt wird und Erhöhung der Sicherheit in höheren Instanzen verlangt werden kann (Abs. 3), genügt es, die Sicherheit für die laufende und die nächsthöhere Instanz festzusetzen[8], wobei für die nächsthöhere Instanz nur die bis zur Entscheidung über die Erhöhung anfallenden Kosten zu berücksichtigen sind.

8 Hat der Beklagte die Einrede aus § 110 in erster Instanz uneingeschränkt und rechtzeitig für alle Rechtszüge erhoben, setzt das Gericht sie aber nicht für alle Instanzen fest, darf der Beklagte abwarten, bis die angeordnete Sicherheit die Kosten nicht mehr deckt, und kann

4 RGZ 154, 227.
5 BGH BGHZ 37, 267; BGH NJW 1981, 2646; BGH NJW-RR 2005, 148 (incidenter).
6 Ebenso OLG Stuttgart AWD 1971, 85 mit Anm. *Bauer*; LG Düsseldorf MDR 1989, 267, LG Nürnberg-Fürth RIW 1989, 568 (in der Veröffentlichung nicht mit abgedruckt); *Baumbach/Lauterbach/Hartmann* § 112, Rdn. 6; MünchKomm/*Giebel* § 112, Rdn. 4; *Thomas/Putzo/Hüßtege* § 112, Rdn. 1; *Zöller/Herget* § 112 Rdn. 2.
7 So hat das LG Nürnberg-Fürth in der in Fn. 6 zit. Entscheidung nicht nur alle denkbaren Gebühren und Auslagen dreier Instanzen, sondern

auch eine Beweisgebühr für das Revisionsverfahren (!) in die Berechnung der Höhe der Sicherheitsleistung einbezogen.
8 So OLG Frankfurt/Main NJW 1952, 1418 = JZ 1954, 53 mit Anm. *Bernhardt*; OLG Karlsruhe, NJW-RR 2008, 944; *Danelzik* Sicherheitsleistung für die Prozeßkosten, Diss. Bonn 1976, S. 73; *Musielak/Foerste* § 112, Rdn. 1 *Schneider* Die Sicherheitsleistung ausländischer Kläger für die Prozeßkosten des Beklagten, JurBüro 1966, 447 ff.; *Thomas/Putzo* § 112 Rdn. 1; *Stein/Jonas/Bork* § 112 Rdn. 6.

dann – gegebenenfalls wiederholt – gemäß Abs. 3 die Leistung weiterer Sicherheit für alle Rechtszüge verlangen[9].

2. Keine Kosten des Klägers

Eine Berücksichtigung der außergerichtlichen Kosten des Klägers bei der Bemessung der **9** Höhe der Sicherheitsleistung kommt nicht in Betracht[10]. Die Prozesskostensicherheit soll nur den **Kostenerstattungsanspruch** des Beklagten, nicht einen etwaigen **Schadensersatzanspruch** aus § 717 ZPO sichern[11].

3. Keine Kosten der Widerklage

Die dem Beklagten durch eine Widerklage erwachsenen Kosten sind nicht zu berück- **10** sichtigen (Abs. 2 S. 2). Dasselbe gilt für eine Erhöhung der Kosten durch Streitwerterhöhung bei Hilfsaufrechnung. Denn der Ratio von Abs. 2 S. 2 entsprechend soll die Sicherheitsleistung nur die vom Kläger direkt verursachten Kosten umfassen.

4. Streitgenossen

Bei Streitgenossen ist § 100 ZPO zu beachten[12]. **11**

III. Nachträgliche Erhöhung

Stellt sich heraus, daß die Sicherheit zu niedrig bemessen ist oder verändert sie ihren Wert, **12** so kann der Beklagte die Erhöhung nachträglich fordern (Abs. 3), muß dies aber rechtzeitig tun (§ 111 Rdn. 7), wenn auch möglicherweise noch in der Revisionsinstanz[13]. Die Erhöhung muss erfolgen, wenn der Betrag von vornherein zu niedrig bemessen war oder für eine neue Instanz nicht ausreicht[14], z. B. wenn der Kläger die Klage durch Neuberechnung einer Schadensersatzforderung erweitert[15]. Allerdings werden unverhältnismäßige Abweichungen in der Regel nicht beachtet[16]. Als unverhältnismäßig sind Abweichungen anzusehen, die 20% der festgelegten Sicherheit nicht übersteigen. Die Verpflichtung zur Erhöhung der Sicherheit entfällt, wenn ein zur Deckung ausreichender Teil des Anspruchs unstreitig ist.

Die Grundsätze für die Erhöhung gelten entsprechend für eine Ermäßigung der Sicher- **13** heitsleistung, wenn sich herausstellt, daß die angeordnete Sicherheit zu hoch war.

§ 113
Fristen für Prozesskostensicherheit

Das Gericht hat dem Kläger bei Anordnung der Sicherheitsleistung eine Frist zu bestimmen, binnen der die Sicherheit zu leisten ist. Nach Ablauf der Frist ist auf

---

9 Vgl. BGH NJW-RR 2005, 148.
10 Vgl. *Söffing* MDR 1989, 599 f.; **aA** LG Düsseldorf MDR 1989, 267.
11 So jedoch LG Düsseldorf MDR 1989, 267.
12 Vgl. *Stein/Jonas/Bork* § 112 Rdn. 8.
13 Vgl. BGH NJW 1962, 345.

14 Vgl. dazu OLG Frankfurt/Main NJW 1980, 2032 (Privatklageverfahren).
15 Vgl. OLG Stuttgart AWD 1971, 85 mit Anm. *Bauer*.
16 RG Seuff. 51, 219.

Antrag des Beklagten, wenn die Sicherheit bis zur Entscheidung nicht geleistet ist, die Klage für zurückgenommen zu erklären oder, wenn über ein Rechtsmittel des Klägers zu verhandeln ist, dieses zu verwerfen.

Schrifttum

Demharter Ist ein die Leistung von Ausländersicherheit anordnendes Zwischenurteil selbständig anfechtbar?, MDR 1986, S. 186 ff.

Übersicht

	Rdn.			Rdn.
I. Entscheidung über die Einrede ...	1		b) Rechtsmittel gegen das End-	
1. Stattgabe	1		urteil	9
a) Entscheidung durch Zwi-			4. Streitwert...................	10
schenurteil	1		**II. Leistung der Sicherheit**	11
b) Inhalt der Entscheidung	2			
2. Zurückweisung	4		**III. Nichtleistung der Sicherheit**	12
3. Rechtsmittel	5		1. Erste Instanz	13
a) Anfechtbarkeit des Zwi-			2. Zweite Instanz	17
schenurteils	5			

I.   Entscheidung über die Einrede

1.   Stattgabe

1   **a) Entscheidung durch Zwischenurteil.** Über die Einrede wird nach mündlicher Verhandlung oder im ihr gleichgestellten mündlichen Verfahren[1] durch Zwischenurteil entschieden (§ 303)[2]. Besteht über die Verpflichtung zur Sicherheitsleistung und die Höhe kein Streit zwischen den Parteien, so soll nach der Rechtsprechung auch durch Beschluss entschieden werden können[3], jedenfalls ist die Fristsetzung durch Beschluss unschädlich[4]. Das OLG Köln hat die Beschwerde zur Herstellung einer formgerechten Entscheidung zugelassen, die Verlängerung einer abgelaufenen Frist aber für unzulässig erklärt[5].

2   **b) Inhalt der Entscheidung.** Die Entscheidung muß die Anordnung der Sicherheitsleistung, deren Höhe und eine Frist bestimmen, innerhalb derer Sicherheit zu leisten ist. Bei der Bemessung der Frist ist das Gericht frei. Die Frist muß so bemessen sein, daß der Kläger auch unter Berücksichtigung der Devisenvorschriften seines Landes die Mittel für die Ausländersicherheit bereitstellen kann. Allerdings ist zu beachten, daß der Kläger die notwendigen Vorbereitungen schon vor Klageerhebung treffen kann und muss[6]. Auf die eventuelle Anordnung der Sicherheitsleistung hat der Anwalt ihn vor Klageerhebung hinzuweisen.

---

1   RG JW 1928, 1489; MünchKomm/*Giebel* § 113 Rdn. 5.
2   RGZ 104, 189; BGH NJW 1965, 761; BGHZ 102, 232 mit Anm. *Demharter* EWiR 1988, 309; OLG Frankfurt/Main, OLGR 2005, 415; OLG Jena, OLGR 2008, 480; *Zöller/Herget* § 112, Rdn. 1.
3   RG JW 1926, 373; ebenso MünchKomm/*Giebel* § 113 Rdn. 4.

4   BGH v. 22.8.1954 (II ZR 113/53); aA RG JW 1926, 373 (Fristsetzung unwirksam).
5   OLG Köln JMBl. NRW 1971, 234.
6   Vgl. *Schütze* Zur Ausländersicherheit im einstweiligen Verfügungsverfahren, IPRax 1986, S. 350 f.

Bei der Frist nach S.1 handelt es sich um eine richterliche Frist, die verlängert oder **3** abgekürzt werden kann ($\S$ 224 Abs. 2). Sie ist auch durch Parteivereinbarung abkürzbar ($\S$ 224 Abs. 1). Auf die Fristsetzung kann verzichtet werden, wenn der Kläger erklärt, die Sicherheit in keinem Falle leisten zu wollen.

2. Zurückweisung

Die Zurückweisung der Einrede der mangelnden Sicherheitsleistung erfolgt ebenfalls **4** durch Zwischenurteil. Sie kann auch Gegenstand des Endurteils sein.

3. Rechtsmittel

a) Anfechtbarkeit des Zwischenurteils. Das Zwischenurteil, das die Einrede zurück- **5** weist, ist selbständig anfechtbar[7]. Denn es stellt die Zulässigkeit der Klage fest.

Dagegen ist das Zwischenurteil, das der Einrede stattgibt, nicht selbständig, sondern nur **6** mit der Endentscheidung angreifbar[8]. Das Kammergericht will auch die Anfechtung eines unrichtigerweise ergehenden Beschlusses nicht zulassen[9].

Ergeht die Entscheidung durch Beschluss, so ist die Beschwerde der richtige Weg, um die **7** Aufhebung des Beschlusses zu erreichen und den Weg für eine Entscheidung in richtigerweise freizumachen[10].

Nicht selbständig anfechtbar ist ein Zwischenurteil, das der Einrede stattgibt, die Höhe der **8** Sicherheitsleistung aber zu gering bemißt[11]. Der Beklagte kann in diesem Fall die Einrede aufrechterhalten und das Gericht zu einem weiteren, die Einrede verwerfenden Zwischenurteil veranlassen, das selbständig anfechtbar ist. Er hat darüber hinaus die Möglichkeit, die Erhöhung der Sicherheitsleistung nach $\S$ 112 Abs. 3 zu betreiben. Das OLG Frankfurt/Main (Kassel) will dem Beklagten das Recht geben, auf einer besonderen, seiner Einrede entsprechenden Entscheidung zu bestehen[12].

b) Rechtsmittel gegen das Endurteil. Gegen das Endurteil sind die allgemeinen Rechts- **9** mittel (Berufung) gegeben[13]. Es gelten insoweit keine Besonderheiten.

4. Streitwert

Streitwert des Zwischenurteils über die Einrede ist nicht nur der Betrag der Sicherheits- **10** leistung[14], sondern der volle Streitwert der Klage[15].

7 Vgl. BGHZ 102, 232 mwN.
8 Vgl. BGHZ 102, 232; vor Inkrafttreten der Vereinfachungsnovelle 1976 schon BGH NJW 1974, 238; 1965, 761 mwN; aA OLG Hamburg VersR 1979, 847; OLG Bremen NJW 1982, 2737; OLG Karlsruhe MDR 1986, 593.
9 Vgl. KG JW 1931, 1108.
10 Vgl. *Zöller/Herget* $\S$ 113 Rdn. 3.; a. A. Münch-Komm/*Giebel* $\S$ 113, Rdn. 10.

11 Vgl. BGH NJW RR 1990, 378; *Thomas/Putzo* $\S$ 113 Rdn. 3.
12 Vgl. OLG Frankfurt/Main JZ 1954, 43; dagegen BGH NJW 1974, 238.
13 Vgl. BGH LM $\S$ 547 I 1 Nr. 7; OLG Karlsruhe MDR 1986, 593; *Zöller/Herget* $\S$ 113 Rdn. 3.
14 So jedoch OLG Karlsruhe MDR 1986, 593.
15 Vgl. BGH NJW 1962, 345; OLG Hamburg MDR 1974, 53.

II. Leistung der Sicherheit

11 Hat der Kläger die Sicherheitsleistung nachgewiesen, so ist das Verfahren noch vor Ablauf der Frist fortzusetzen. Das Gericht hat – wenn nicht schon vorher terminiert war – einen Termin von Amts wegen zu bestimmen[16]. Der Kläger kann die Sicherheit auch nach Fristablauf noch bis zum Schluss der mündlichen Verhandlung erbringen[17].

III. Nichtleistung der Sicherheit

12 Wird die Sicherheit nicht bis zum Schluss der mündlichen Verhandlung geleistet oder erklärt der Kläger, sie nicht leisten zu wollen (oder zu können), so gilt folgendes:

1. Erste Instanz

13 Auf Antrag des Beklagten ist die Klage durch Endurteil für zurückgenommen zu erklären[18]. Dieses ist kein Versäumnisurteil[19], auch wenn der Kläger nicht erscheint, weil in diesem Zeitpunkt feststeht, daß der Kläger die Sicherheitsleistung nicht nachgewiesen hat.

14 Erscheint oder verhandelt der Kläger nicht, so kann der Beklagte auch ein klagabweisendes Versäumnisurteil (§ 330) erwirken[20], u. U. eine Entscheidung nach Aktenlage (§ 331a). Darin liegt dann aber ein Verzicht auf die Einrede. Erscheint der Kläger, so kann der Beklagte das prozessabweisende Urteil fordern, ohne daß der Antrag des Klägers geprüft werden darf[21]. Jedoch müssen zur Zeit der Entscheidung noch die Voraussetzungen für die Sicherheitsleistung vorliegen, was auch in den Rechtsmittelinstanzen (auch noch in der Revisionsinstanz auf dahingehende Rüge) zu prüfen ist. In dem Fall, in dem gegen ein erstinstanzliches Versäumnisurteil Einspruch eingelegt worden ist, sodann eine Entscheidung nach § 113 ergeht, ist bei Nichtsicherheitsleistung die Klage ebenfalls für zurückgenommen zu erklären[22].

15 Das Urteil löst die Wirkungen des § 269 aus. Im Folgeverfahren darf die Einrede nach § 269 Abs. 6 geltend gemacht werden[23], selbst wenn das Vorurteil zu Unrecht erging.

16 Das Entsprechende gilt für den in der Berufungsinstanz vom Kläger neu eingeführten Anspruch, sei es, daß er seinen Rechtsmittelantrag erweitert, sei es, daß er einen erweiterten Anspruch durch Anschlußberufung verfolgt. Im ersten Fall ist die erweiterte Klage als zurückgenommen zu erklären, im zweiten die Anschlussberufung als unzulässig zu verwerfen.

2. Zweite Instanz

17 Ist der Kläger Rechtsmittelkläger, so wird sein Rechtsmittel unter den Voraussetzungen des § 113 S. 2 als unzulässig verworfen. Dies gilt auch dann, wenn der Kläger ein Anschlussrechtsmittel eingelegt hat, durch das er einen in der Vorinstanz gestellten, aber abge-

---

16 Vgl. *Stein/Jonas/Bork* § 113 Rdn. 2.
17 Vgl. BGH WM 1982, 880.
18 Vgl. RGZ 118, 168.
19 Vgl. OLG Bremen NJW 1962, 1828; aA RGZ 50, 384.
20 Vgl. RGZ 24, 429; *Baumbach/Lauterbach/Albers/Hartmann* § 113 Rdn. 4.
21 Vgl. RG JW 1937, 813.
22 Vgl. OLG Bremen NJW 1962, 1822.
23 Vgl. RGZ 58, 259.

wiesenen Anspruch durchsetzen will. Wird das Hauptrechtsmittel verworfen, so wird damit aber auch das unselbständige Anschlussrechtsmittel des Beklagten unzulässig.

Ist der Kläger Rechtsmittelbeklagter, so wird seine Klage unter Aufhebung des angefoch- **18** tenen Urteils für zurückgenommen erklärt (§ 269 Abs. 3), soweit das Urteil vom Beklagten angegriffen ist, es sei denn, daß der Sachverhalt unstreitig ist, so daß die Sicherheit nach § 111 nicht gefordert werden darf.

Mischentscheidungen ergeben sich, wenn der Kläger teils obsiegt hat, teils unterlegen ist. **19** Bei teilbaren Ansprüchen wird dann getrennt verfahren. Ist der mit dem Hauptantrag abgewiesene Kläger mit dem Hilfsantrag durchgedrungen und hat er das Rechtsmittel wegen der Abweisung des Hauptantrags eingelegt, der Beklagte wegen Stattgabe des Hilfsantrags, so ist – wenn die Einrede des Beklagten durchdringt – das Urteil abzuändern bzw. aufzuheben und bezüglich des Hauptantrags das Rechtsmittel des Klägers zu verwerfen, bezüglich des Hilfsantrags aber die Klage für zurückgenommen zu erklären.

II. Die Berücksichtigung ausländischer Rechtshängigkeit im deutschen Zivilprozess (internationale Rechtshängigkeit) (§ 261 ZPO)

Schrifttum: *Bäumer* Die ausländische Rechtshängigkeit und ihre Auswirkungen auf das internationale Zivilverfahrensrecht, 1999, *Buschmann* Rechtshängigkeit im Ausland als Verfahrenshindernis, 1996; *Dohm* Die Einrede ausländischer Rechtshängigkeit im deutschen internationalen Zivilprozessrecht, 1996; *Geimer* Beachtung ausländischer Rechtshängigkeit und Justizgewährungsanspruch, NJW 1984, 527 ff.; *Habscheid* Zur Berücksichtigung der Rechtshängigkeit eines ausländischen Verfahrens, RabelsZ 31 (1967), 254 ff.; *ders.* Non licet bei ausländischer Rechtshängigkeit, FS Lange, 1970, S. 429 ff.; *Hau* Positive Kompetenzkonflikte im internationalen Zivilprozessrecht, 1996; *Heiderhoff* Die Berücksichtigung ausländischer Rechtshängigkeit in Ehescheidungsverfahren, 1998; *Kaiser/Prager* Rechtshängigkeit im Ausland nach ausländischem Prozessrecht?, RIW 1983, 667 ff.; *Leipold* Internationale Rechtshängigkeit, Streitgegenstand und Rechtsschutzinteresse, GS Arens, 1993, S. 227 ff.; *Linke* Die Berücksichtigung ausländischer Rechtshängigkeit eines Scheidungsverfahrens vor deutschen Gerichten, IPRax 1982, 229 ff.; *Luther* Die Beachtung einer ausländischen Rechtshängigkeit im Eheprozess, MDR 1970, 724 ff.; *Mansel* Inländische Rechtshängigkeitssperre durch ausländische Streitverkündungen, IPRax 1990, 214 ff.; *Meyer* Zur Berücksichtigung eines ausländischen Verfahrens nach §§ 263 II Nr. 1, 274 I, II Nr. 4 ZPO, MDR 1972, 110 ff.; *Mittenzwei* Die Verhinderung von Verfahrenskollisionen nach deutschem und europäischem Zivilprozessrecht, 2006; *Otto* Die subjektiven Grenzen der Rechtshängigkeitssperre im deutsch und europäischen Zivilprozessrecht, 2007; *Schlosser* Europäisch allumfassender Begriff des Rechtshängigkeitszeitpunktes?, FS Sawczuk, 2010, S. 479 ff.; *Schneider* Wann ist die Rechtshängigkeit ausländischer Verfahren zu beachten?, NJW 1959, 88; *Schütze* Die Berücksichtigung der Rechtshängigkeit eines ausländischen Verfahrens, RabelsZ 31 (1967), 233 ff.; *ders.* Die Berücksichtigung der Rechtshängigkeit eines ausländischen Verfahrens, NJW 1963, 1486 f.; *ders.* Die Berücksichtigung der Rechtshängigkeit eines ausländischen Verfahrens, NJW 1964, 337 f.; *ders.* Die Berücksichtigung der Rechtshängigkeit eines ausländischen Verfahrens, MDR 1973, 905 f.; *ders.* Die Wirkungen ausländischer Rechtshängigkeit in inländischen Verfahren, ZZP 104 (1991), 136 ff.; *ders.* Internationale Rechtshängigkeit und Verbürgung der Gegenseitigkeit im Verhältnis zu British Columbia, IPRax 2001, 441 ff.; *ders.* Zur internationalen Rechtshängigkeit im deutschen Recht, FS Beys, 2003, 1501 ff.; *Schumann* Internationale Rechtshängigkeit (Streitanhängigkeit), FS Kralik, 1986, S. 301 ff.; *ders.* Der Einwand internationaler Rechtshängigkeit am Beispiel paralleler deutsch-türkischer Ehescheidungsverfahren, IPRax 1986, 14 f.; *Schweickert* Die Berücksichtigung der Rechtshängigkeit eines ausländischen Verfahrens, NJW 1964, 336 f.; *Wittibschlager* Rechtshängigkeit in internationalen Verhältnissen, 1994

Belgien: *Yseux* La litispendance dans les relations internationales, Journal Clunet 19 (1892), 862 ff.

England: *McClean* Jurisdiction and Judicial Discretion, IQLQ 18 (1969), 931 ff.

Frankreich: *Gaudemet-Tallon* La litispendance internationale dans la jurisprudence française, Mélanges Holleaux, 1990, S. 121 ff.

Japan: *Dogauchi* Parallele Verfahren in Japan und in den USA, in: Heldrich/Kono (Herausg.), Herausforderungen des internationalen Zivilverfahrensrechts, 1994, S. 163 ff.; *Sawaki* Battle of Lawsuits: Lis Pendens in International Relations, Japanese Annual of International Law 23 (1979/80), S. 17 ff.

Österreich: *Hoyer* Zur Streitanhängigkeit im österreichischen internationalen Zivilprozessrecht, ZfRV 10 (1969), 241 ff.; *Köhler* Bewirkt gleichzeitiges Vorliegen eines Verfahrens in Ehesachen vor einem ausländischen Gericht Streitanhängigkeit im Sinne von § 232 ZPO?, öJZ 1951, 559 ff.; *Schuman* Internationale Rechtshängigkeit (Streitanhängigkeit), FS Kralik, 1986, S. 301 ff.

Schweiz: *Schauwecker* Die Einrede der Litispendenz im eidgenössischen und zürcherischem internationalen Zivilprozessrecht, 1943; *Schwander* Ausländische Rechtshängigkeit nach IPRG und LugÜ, FS Oscar Vogel, 1991, S. 395 ff.; *Wittibschlager* Rechtshängigkeit in internationalen Verhältnissen, 1994

Spanien: *Málaga* La litispendencia, 1999

Türkei: *Atali* Beachtung ausländischer Rechtshängigkeit im türkischen Recht, ZZPInt 10 (2005), 417 ff.

USA: *Habscheid* Bemerkungen zur Rechtshängigkeitsproblematik im Verhältnis der Bundesrepublik Deutschland und der Schweiz einerseits und den USA andererseits, FS Zweigert, 1981, S. 109 ff.; *Schulte* Die anderweitige (ausländische) Rechtshängigkeit im US-amerikanischen Zivilprozessrecht, 2001

Länderübergreifend und rechtsvergleichend: *Kerameus* Rechtsvergleichende Bemerkungen zur internationalen Rechtshängigkeit, FS Schwab, 1990, S. 257 ff.; *Pålsson* Institutet Litispendens i den Internationella Civilprocessrätten, Tidsskrift for Rettsvitenskap 80 (1967), 537 ff.; *ders.* The institute of lis pendens in international civil procedure, Scandinavian Studies of Law 1970, 61 ff.; *Schütze* Die Wirkungen ausländischer Rechtshängigkeit in inländischen Verfahren, ZZP 104 (1991) 136 ff.; *ders.* Internationale Rechtshängigkeit, FS Aeropag, 2007, S. 213 ff. (Stand 1987); *ders.* Probleme der internationalen Rechtshängigkeit, FS Sawczuk, 2010, S. 489 ff.; *Szászy* Recognition of the Legal Effects of Foreign Procedure, FS Guldener, 1973, S. 309 ff.

Übersicht

	Rdn.		Rdn.
I. Die Regelung in § 738a HGB	1	1. EuGVÜ	14
		2. VO (EG) Nr. 44/2001 (EuGVVO)	19
II. Keine Regelung in der ZPO	2		
1. Keine Analogie zu § 261 Abs. 3		**IV. Staatsvertragliche Regelungen**	24
Nr. 1 ZPO	4		
2. Analoge Anwendung von § 328 ZPO	5	**V. Internationale Insolvenzrechts-**	
a) Anerkennungsfähigkeit der		**hängigkeit**	27
zu erwartenden Entscheidung	6	**VI. Exkurs: Internationale Konnexität**	29
b) Verbürgung der Gegenseitigkeit	7	1. Erfordernisse der Berücksichti-	
3. Eintritt der Rechtshängigkeit	8	gung der Konnexität	31
4. Identität des Streitgegenstandes	9	2. Verfahren der Berücksichtigung	
5. Wirkungen ausländischer		der Konnexität	33
Rechtshängigkeit	11	a) EuGVÜ/LugÜ	33
6. Überlange Prozessdauer im		b) EuGVVO	34
Ausland	12	3. Kein Gerichtsstand des Sach-	
III. Europäisches Recht	14	zusammenhangs	35

I.   Die Regelung in § 738a HGB

1 Die einzige positiv-gesetzliche Regelung internationaler Rechtshängigkeit im deutschen Recht findet sich in § 738a HGB, einer Bestimmung, die aus Art. 1 Abs. 3 des Brüsseler Übereinkommens v. 10.5.1952 in das deutsche Recht übernommen worden ist[1]. Danach ist die ausländische Rechtshängigkeit in einem deutschen Prozess zu beachten, wenn es sich um eine seerechtliche Schadensersatzklage handelt, die Erfordernisse des § 261 ZPO im übrigen erfüllt sind, die Zuständigkeit des ausländischen Gerichts auf einer dem § 738a HGB entsprechenden Regelung beruht und die Gegenseitigkeit hinsichtlich der Beachtung der Rechtshängigkeit verbürgt ist, also das ausländische Gericht die deutsche Rechtshän-

---

1 Vgl. *Herber* Seehandelsrecht, 1999, S. 439.

gigkeit im gleichgelagerten Fall beachten würde[2]. Es ist also verbürgte Gegenseitigkeit auch im Hinblick auf die Beachtung deutscher Rechtshängigkeit im Erststaat erforderlich. Damit scheidet die Berücksichtigung von Rechtshängigkeit vor Gerichten aus Staaten, die keine dem deutschen Recht vergleichbare Sperrwirkung der Rechtshängigkeit kennen, wie z. B. die USA[3], und Staaten, die ausländische Rechtshängigkeit generell nicht berücksichtigen, wie z. B. Japan[4] und Brasilien[5], aus. Schack[6] polemisiert dagegen, „dass die Spezialisten des Seerechts längst überholten Gegenseitigkeitsvorstellungen zum Opfer gefallen" seien. Es waren aber nicht die „Spezialisten des Seerechts", sondern der deutsche Gesetzgeber, der §738a in das HGB eingefügt hat, und zwar – so kann man unterstellen – in Kenntnis der damals – und heute – h. L. zur Berücksichtigung ausländischer Rechtshängigkeit. Der Gesetzgeber hat sich also gegen eine Berücksichtigung ausländischer Rechtshängigkeit ohne verbürgte Gegenseitigkeit entschieden. Rechtsprechung und Schrifttum hat das nicht beeindruckt. Sie negieren die gesetzgeberische Entscheidung.

II. Keine Regelung in der ZPO

Die ZPO kennt keine Regelung der internationalen Rechtshängigkeit. Die Praxis der **2** Berücksichtigung ausländischer Rechtshängigkeit im inländischen Prozess ist im Wesentlichen Richterrecht, wobei die Rechtsgrundlagen dunkel bleiben. Der BGH bezeichnet die Berücksichtigung ausländischer Rechtshängigkeit als einen für das internationale Recht gültigen Rechtsgrundsatz[7], obwohl eine Vielzahl von Staaten auch heute noch keine Bedeutung für den inländischen Prozess beimessen[8]. Wieczorek[9] sieht die Basis in der noch von ihm bearbeiteten 2. Aufl. in „logischen Gründen". Im Übrigen wird die Führung eines inländischen Prozesses bei früher eingeleitetem ausländischen Verfahren als ein „mit dem Gebot ehrlicher Prozessführung unvereinbares schikanöses Verhalten" gebrandmarkt[10]. Stimmen in der Literatur, die ausländischer Rechtshängigkeit keine Bedeutung beimessen wollen, sind vereinzelt geblieben[11]. Sie gehen – zu Recht – davon aus, dass eine Anerkennungsprognose hellseherische Fähigkeiten voraussetzt und der Gesetzgeber bewusst nur die Wirkungserstreckung ausländischer Rechtskraft (§328 ZPO) neben der inländischen Rechtskraft (§322 ZPO), nicht jedoch die ausländischer Rechtshängigkeit neben der inländischen Rechtshängigkeit (§261 ZPO) geregelt hat. Diese Entscheidung

---

2 Vgl. dazu *Basedow* Der internationale Schadensprozess nach Schiffskollisionen – zu den §§738 ff. HGB, VersR 1987, 495 ff.

3 Vgl. dazu *Habscheid* Bemerkungen zur Rechtshängigkeitsproblematik im Verhältnis Bundesrepublik Deutschland und der Schweiz einerseits und den USA andererseits, FS Zweigert, 1981, S. 109 ff. (117 ff.); *Krause-Ablass/Bastuck* Deutsche Klagen zur Abwehr ausländischer Prozesse, FS Stiefel, 1987, S. 445 ff. (455 ff.); *Schulte* Die anderweitige (ausländische) Rechtshängigkeit im US-amerikanischen Zivilprozess, 2001, S. 150 ff.

4 Vgl. für Nachweise *Dogauchi* Parallele Verfahren in Japan und den USA, in: Heldrich/Kono (Herausg.), Herausforderungen des Internationalen Zivilverfahrensrechts, 1994, S. 163 ff. (177, Fn. 30).

5 Vgl. *Geimer/Schütze (Samtleben)* Internationaler Rechtsverkehr, Länderbericht Brasilien, 1023.17 m. w. N. in Fn. 154.

6 Vgl. *Schack* IZVR, Rdn. 835.

7 Vgl. BGH NJW 1958, 104.

8 Vgl. für Beispiele *Schütze* IZPR, Rdn. 394 und RV Rdn. 438 ff. sowie FS Sawczuk, 2010, S. 489 ff. (494 ff.). So ist die ausländische Rechtshängigkeit außerhalb von Staatsverträgen im inländischen Prozess unbeachtlich in den Rechten Chinas, Dänemarks, Finnlnads, islands, Japans, Lettlands, Litauens, Luxemburgs, der Niederlande, Norwegens, Österreichs, Polens, Portugals, Rumäniens, Schwedens, der Slowakei, Tschechiens, Spaniens und der USA. Angesichts dieser Situation von einem „allgemein gültigen Rechtsgrundsatz" zu sprechen ist schon ein starkes Stück.

9 Vgl. 2. Aufl., §328 Anm. A, V.

10 Vgl. *Riezler* IZPR, S. 452 f.

11 Vgl. *Hellwig* Lehrbuch des Deutschen Civilprozessrechts, Bd. I, 1903, S. 178; *Schütze* NJW 1963, 1486 ff.; ders., RabelsZ 31 (1967), 233 ff.

ist bestätigt worden durch die Einfügung von § 738a in das HGB. Wäre die ausländische Rechtshängigkeit unter den von der h. L. angewandten Erfordernissen zu berücksichtigen, so wäre die Einfügung der Rechtshängigkeitsregelung in das HGB völlig sinnlos. Ein solches sinnloses Verhalten kann man dem Gesetzgeber nicht unterstellen.

3 Wenn man mit der h. L. in Rechtsprechung und Schrifttum nach einer Rechtsgrundlage suchen will, so bietet sich eine analoge Anwendung von § 261 Abs. 3 Nr. 1 oder § 328 ZPO an.

1.   Keine Analogie zu § 261 Abs. 3 Nr. 1 ZPO

4 Eine direkte Anwendung von § 261 Abs. 3 Nr. 1 ZPO verbietet sich, da diese Norm nur die parallele Rechtshängigkeit vor inländischen Gerichten betrifft. Nur hier ist es wegen konzeptioneller Gleichwertigkeit gleichgültig, welches Gericht entscheidet. Deshalb verbietet sich auch die analoge Anwendung dieser Norm, die von Teilen der Lehre favorisiert wird[12]. Denn die Gleichwertigkeit in- und ausländischer Gerichte ist nicht gegeben. Man kann einen Prozess vor dem District Court in Seattle mit Jury Trial, u. U. ausforschender pre trial discovery und mangelnder Erstattung hoher Kosten auch bei Obsiegen nach der american rule of costs nicht mit einem Prozess vor dem Landgericht Stuttgart vergleichen.

2.   Analoge Anwendung von § 328 ZPO

5 Die h. L. scheint eine Analogie zu § 328 ZPO zu favorisieren wenn sie die Berücksichtigung ausländischer Rechtshängigkeit damit begründet, dass diese „eine Vorstufe" der Rechtskraft und deshalb wie diese zu behandeln sei[13]. Dem entspricht auch das von der h. L. geforderte Erfordernis der Anerkennungsfähigkeit der ausländischen Entscheidung.

6 **a) Anerkennungsfähigkeit der zu erwartenden Entscheidung.** Die h. L. fordert als einzige Voraussetzung für die Berücksichtigung ausländischer Rechtshängigkeit die Anerkennungsfähigkeit der in dem ausländischen Prozess zu erwartenden Entscheidung[14]. Es ist also eine positive Anerkennungsprognose erforderlich. Im Rahmen dieser Anerkennungsprognose wird geprüft, ob die Erfordernisse des § 328 Abs. 1 ZPO für die zu erwartende Entscheidung voraussichtlich erfüllt sein werden. Diese Beurteilung ist für das Erfordernis der Vereinbarkeit mit dem deutschen ordre public praktisch unmöglich.

---

12 Vgl. *Bäumer* Die ausländische Rechtshängigkeit und ihre Auswirkungen auf das internationale Zivilverfahrensrecht, 1999, S. 68 m. w. N.; *Schack* IZVR, Rdn. 833; vgl. im übrigen *Málaga* La litispendencia, 1999, S. 390 f. m. w. N.
13 Vgl für Nachweise *Habscheid* RabelsZ 31 (1967), 254 ff. (255).
14 Vgl. RGZ 49, 344; BGH NJW 1958, 103 (obiter dictum); BGH NJW 1983, 1269 = IPRax 1984, 152 = Dir.Fam. mit abl. Anm. *Tortorici*; BGH NJW 1986, 2195; BGH IPRax 2001, 457; OLG Hamburg LZ 1926, 551; OLG München NJW 1972, 110; OLG Frankfurt/Main RIW/AWD 1980, 874;

OLG Saarbrücken RIW 1999, 64; *Geimer* NJW 1984, 527 ff.; *ders.* IZPR, Rdn. 2685 ff.; *Habscheid* RabelsZ 31 (1967), 254 ff.; *ders* Non licet bei ausländischer Rechtshängigkeit, FS Lange, 1970, S. 429 ff.; *Hausmann* IPRax 1982, 51 ff.; *Kaiser/Prager* RIW 1983, 667 ff.; *Linke* IZPR, Rdn. 201; *Mitzgus* Internationale Zuständigkeit im Vormundschafts-, Pflegschafts- und Sorgerecht, 1982, S. 376; *Nagel/Gottwald* IZPR, § 5 Rdn. 214; *Riezler* IZPR, S. 451 f.; *Schack* IZVR, Rdn. 754; *Schneider* NJW 1969, 88; *Schumann* Internationale Rechtshängigkeit (Streitanhängigkeit), FS Kralik, 1986, S. 301 ff.; *Zöller/Greger* ZPO, § 261, Rdn. 3.

b) Verbürgung der Gegenseitigkeit. §738a HGB erfordert für die Berücksichtigung **7** ausländischer Rechtshängigkeit die Verbürgung der Gegenseitigkeit auch hinsichtlich des Litispendenzeinwandes. Damit hat der Gesetzgeber eine grundsätzliche Entscheidung getroffen. Es ist in der Tat schwer einzusehen, dass deutsche Gerichte die Rechtshängigkeit vor einem Gericht in New York berücksichtigen sollen, während die New Yorker Gerichte der deutschen Rechtshängigkeit allenfalls Bedeutung im Rahmen einer forum non conveniens Entscheidung beimessen. Die h. L. sieht das anders. Der BGH hat in der British Columbia Entscheidung[15] die Problematik nicht einmal diskutiert, vielleicht auch nicht gesehen. Die h. L. bleibt auf halbem Wege stehen, wenn sie die Gegenseitigkeit nur im Rahmen der Anerkennungsprognose fordert[16]. Mit einer älteren Entscheidung des schweizerischen Bundesgerichts[17] ist Gegenseitigkeit auch im Hinblick auf die Berücksichtigung ausländsicher Rechtshängigkeit zu fordern[18].

3. Eintritt der Rechtshängigkeit

Der BGH stellt auf den Eintritt der Rechtshängigkeit nach der lex fori ab[19]. Das entspricht **8** der Rechtsprechung des EuGH zu Art. 21 EuGVÜ[20], die zu höchst unerwünschten Ergebnissen führt, da sie ein Windhundrennen zwischen den Parteien erlaubt, wenn eine Rechtsordnung Rechtshängigkeit bereits mit Klageinreichung, die andere – wie die deutsche – erst mit Klagzustellung eintreten lässt. Die EuGVVO hat diesen Misstand beseitigt. Dem muss man auch im deutschen autonomen Recht Rechnung tragen. Es erscheint angemessen und zweckmäßig, die ausländische Rechtshängigkeit erst von dem Zeitpunkt zu berücksichtigen, in dem die ausländische Klage zugestellt worden ist[21]. Das entspricht der Ansicht der Oberlandesgerichte Hamm[22] und Karlsruhe[23], die für den Prioritätstest darauf abstellen, ob beide Verfahren den gleichen Entwicklungsstand erreicht haben[24]. Zu diesem Ergebnis kommt auch die Lehre von der Doppelqualifikation[25], die hier Anwendung finden kann.

4. Identität des Streitgegenstandes

Für die notwendige Identität des Streitgegenstandes gilt nichts anderes als im inländischen **9** Verfahren[26]. Die Identität des Streitgegenstandes wird nach der lex fori beurteilt[27]. Die Kernpunkttheorie des EuGH (vgl. dazu Rdn. 18) findet im autonomen deutschen Recht keine Anwendung.

Die zum Verhältnis von Leistungsklage zu negativer Feststellungsklage im deutschen **10** Zivilprozess entwickelten Grundsätze können im internationalen Bereich keine Anwendung finden[28]. Die Rechtsprechung, die der Leistungsklage Vorrang vor der negativen

15 Vgl. BGH IPRax 2001, 457; dazu *Schütze* IPRax 2001, 441 ff.
16 Darauf weist *Kerameus* FS Schwab, 1990, S. 257 ff. (267 f.) hin.
17 Vgl. BGE 56 II 335.
18 Vgl. *Schütze* FS Beys, 2003, S. 1501 ff.
19 Vgl. BGH NJW 1987, 3083; BGH NJW-RR 1992, 642; zustimmend *Thomas/Putzo/Reichold* ZPO §261, Rdn. 2; *Zöller/Greger* ZPO, §261, Rdn. 3.
20 Vgl. EuGH Rs. 1129/83 – Zelger v. Salinitri – EuGHE 1984, 2397 = NJW 1984, 2759 = RIW 1984, 737 mit Anm. *Linke.*

21 So *Geimer* IZPR, Rdn. 2701; *Linke/Hau* IZPR, Rdn. 260; *Schack* IZPR, Rdn. 844.
22 Vgl. OLG Hamm, NJW 1988, 3103.
23 Vgl. OLG Karlsruhe, IPRax 1992, 171.
24 Vgl. auch *Geimer* IZPR, Rdn. 2702 m. w. N.; *Heiderhoff* Die Berücksichtigung ausländischer Rechtshängigkeit in Ehescheidungsverfahren, 1998, S. 195; *dies.* IPRax 1999, 393 ff.; *Linke/Hau* IZPR, Rdn. 260.
25 Vgl. dazu *Schütze* DIZPR, Rdn. 60 ff.
26 Vgl. *Geimer* IZPR, Rdn. 2693 ff.
27 Vgl. *Schack* IZVR, Rdn. 838.
28 Vgl. im einzelnen *Schütze* DIZPR, Rdn. 401 ff.

Feststellungsklage gibt und von einem Wegfall des Feststellungsinteresses bei später erhobenen Leistungsklage ausgeht[29], basiert auf einer Gleichwertigkeit der deutschen Gerichte und des Prozesses hinsichtlich Verfahrensdauer, Ausgestaltung des Verfahrens und Kosten. Diese Gleichwertigkeit fehlt bei Prozessen in verschiedenen Jurisdiktionen. Das gilt insbesondere hinsichtlich der Verfahrensdauer. Das ausländische Verfahren führt wegen der Notwendigkeit der Wirkungserstreckung des ausländischen Urteils nach §§ 328, 722 f. ZPO konzeptionell immer zu einer langsameren Entscheidung und Beendigung der Ungewissheit der Rechtslage[30]. Überdies ist der Aspekt des Justizgewährungsanspruchs zu berücksichtigen[31]. Würde man bei gegensätzlichen Klagen das Feststellungsinteresse für die Fortführung der inländischen negativen Feststellungsklage verneinen[32], so hätte es der Beklagte in der Hand, bei erwartetem ungünstigen Ausgang des Verfahrens im Inland dieses durch die Erhebung seiner eigenen Leistungsklage im Ausland – bei konkurrierenden Zuständigkeiten – in einem ihm angenehmen Forum – unzulässig zu machen und so das Wahlrecht des Klägers zu unterlaufen[33]. Das wird im deutsch-amerikanischen Verhältnis offenbar. Wollte man das Feststellungsinteresse einer deutschen negativen Feststellungsklage entfallen lassen, so müsste sich der Feststellungskläger bei Erhebung der Leistungsklage in den USA auf einen sehr langwierigen Prozess mit den Unwägbarkeiten eines Jury-trial, u. U. ausforschender pre-trial-discovery und der Nichterstattbarkeit der sehr hohen Kosten auch im Obsiegensfalle einlassen. Trotz Identität des Streitgegenstandes nach der Kernpunkttheorie des EuGH bei Leistungsklage und negativer Feststellungsklage wirkt die ausländische Rechtshängigkeit im deutschen Prozess in diesem Fall nicht[34].

5.   Wirkungen ausländischer Rechtshängigkeit

11   Ebenso wie bei der Anerkennung ausländischer Urteile nach § 328 ZPO können nur Rechtshängigkeitswirkungen im deutschen Verfahren beachtet werden, die das ausländische Recht kennt[35]. Bei der Berücksichtigung ausländischer Rechtshängigkeit handelt es sich um eine Form der Anerkennung. Bei der Anerkennung aber werden nach § 328 ZPO nur solche Rechtskraftwirkungen erstreckt, die nach erststaatlichem Recht bestehen[36]. Das bedeutet für die Berücksichtigung der Rechtshängigkeit eines US-amerikanischen Prozesses, dass diese nicht als Klagsperre wirken kann, da das US-amerikanische Recht ihr nur die Wirkungen eines Beurteilungskriteriums im Rahmen einer forum non conveniens Prüfung beimisst. Da das deutsche Recht die forum non conveniens Lehre jedenfalls im Zivilprozess nicht kennt, bleibt nur eine Adaptation in der Weise, dass die amerikanische Rechtshängigkeit als Element der Prüfung des Rechtsschutzinteresses Berücksichtigung findet. Dasselbe gilt für die Rechtshängigkeit in den meisten common law Rechtsordnungen. Das hat der BGH in der British Columbia Entscheidung[37] verkannt und der Rechtshängigkeit vor einem Gericht in British Columbia mehr Wirkung beigemessen, als sie das erststaatliche

---

29 Vgl. BGHZ 18, 22; BGH NJW 1973, 1500.
30 Vgl. *Schütze* DIZPR, Rdn. 401.
31 Vgl. *Geimer/Schütze* Internationale Urteilsanerkennung, Bd. I/2, 1984, S. 1679.
32 So jedoch LG Hamburg IPRspr. 1980 Nr. 2 und Schweizerisches Bundesgericht BGE 105 II 200.
33 Vgl. dazu *Geimer* NJW 1984, 527 ff. (530).
34 Vgl. BGH NJW 1989, 2064; OLG Hamm, MDR 1991, 546; *Schlosser* Die perpetuatio litis als rechtsstaatlicher Leitgedanke des nationalen und internationalen Zivilprozessrechts, FS Nagel,

1987, S. 352 ff. (371); differenzierend *Schack* IZVR, Rdn. 839.
35 Vgl. *Schütze* FS Beys, 2003, S. 1501 ff. (1511 ff.); *ders.* DIZPR, Rdn. 400.
36 Vgl. dazu für viele *Geimer* IZPR, Rdn. 2776 ff.; *Müller* Zum Begriff der „Anerkennung" von Urteilen in § 328 ZPO, ZZP 79 (1976), 199 ff. (203 ff.); *Riezler* IZPR, S. 520 f.; *Schütze* DIZPR, Rdn. 399.
37 Vgl. BGH IPRax 2001, 457.

Recht kennt[38]. Der BGH will offenbar bei der Rechtshängigkeit die im Bereich der Anerkennung überholte Nostrifizierungslehre zum Leben wiedererwecken.

6. Überlange Prozessdauer im Ausland

Die Rechtsprechung durchbricht ihre selbst aufgestellten Grundsätze für die Berücksichtigung ausländischer Rechtshängigkeit für den Fall überlanger Prozessdauer im ausländischen Verfahren, die den Rechtsschutz in unzumutbarer Weise beeinträchtigt[39]. Das hat der BGH sogar in einem Fall angenommen, in dem die Klägerin die unzumutbare Dauer englischen Verfahrens durch Nichtbefolgung einer Anordnung des englischen Gerichts selbst herbeigeführt hatte[40]. Insgesamt stellt sich die Rechtsprechung des BGH wohl in erster Linie als ehefrauenfreundlich in Scheidungsprozessen dar. **12**

Die Lehre von der überlangen Prozessdauer als Hinderungsgrund für die Berücksichtigung ausländischer Rechtshängigkeit soll lediglich grobe Schwächen der h. L. beseitigen. Wenn man aber von der Anerkennungsfähigkeit als Kriterium für die Berücksichtigung ausländischer Rechtshängigkeit ausgeht, dann muss man konsequent sein. Denn durch das Unzumutbarkeitskriterium bringt man ein weiteres Unsicherheitsmoment. Schumann ist deshalb zu Recht kritisch gegenüber der Rechtsprechung[41]. **13**

III. Europäisches Recht

1. EuGVÜ

Schrifttum: EuGVÜ (zugleich LugÜ) *Albrecht* Artikel 21 EuGVÜ und die Entwicklung des einstweiligen Rechtsschutzes in England seit 1988, IPRax 1992, 184 ff.; *Bernheim* Rechtshängigkeit und in Zusammenhang stehende Verfahren nach dem LugÜ, schweizJZ 1994, 133 ff.; *Berti* Gedanken zur Klageerhebung vor schweizerischen Gerichten nach Artikel 21–23 des Lugano-Übereinkommens, FS Walder, 1994, S. 307 ff.; *Blackburn* Lis alibi pendens and forum non conveniens in collision actions after the Civil Jurisdiction and Judgments Act 1982, Lloyd's Maritime and Commercial Law Quarterly 1988, 91 ff.; *Gaedke* Konkurrenz inländischer und ausländischer Verfahren – Tatbestand und Rechtsfolgen der internationalen Streitanhängigkeit nach dem LGVÜ, öJZ 1997, 286 ff.; *Geimer* Beachtung ausländischer Verfahren und Justizgewährungsanspruch, NJW 1984, 527 ff.; *Isenburg-Epple* Die Berücksichtigung ausländischer Rechtshängigkeit nach dem Europäischen Gerichtsstands- und Vollstreckungsübereinkommen vom 27.9.1968, Diss. Heidelberg, 1991; *Leipold* Internationale Rechtshängigkeit, Streitgegenstand und Rechtsschutzinteresse – Europäisches und Deutsches Zivilprozessrecht im Vergleich, GS Arens, 1993, S. 227 ff.; *Otte* Zur Einrede der Rechtshängigkeit bei negativer Feststellungsklage (Art. 31 CIM, Art. 21 EuGVÜ bzw. Art. 27 EuGVVO), zugleich Anm. zu zwei Entscheidungen des BGH vom 20.11.2004 (I ZR 294/02, TranspR 2004, 77 und I ZR 102/02, TranspR 2004, 79), TranspR 2004, 347 ff.; *Pålsson* Lis pendens under the Brussels and Lugano Convention, FS Strömholm, 1997, S. 709 ff.; *Prütting* Die Rechtshängigkeit im internationalen Zivilprozessrecht und der Begriff des Streitgegenstandes nach Art. 21 EuGVÜ, GS Lüderitz, 2000, S. 623 ff.; *Rauscher* Rechtshängigkeit nach dem EuGVÜ, IPRax 1985, 317 ff.; *Rauscher/Gutknecht* Teleologische Grenzen des Art. 21 EuGVÜ, IPRax 1993, 21 ff.; *Schütze* Die Berücksichtigung der Rechtshängigkeit eines ausländischen Verfahrens nach dem EWG-Übereinkommen über die gerichtliche Zuständigkeit und die Vollstreckung gerichtlicher Entscheidungen, RIW/

---

38 Vgl. *Schütze* IPRax 2001, 441 ff.
39 Vgl. BGH NJW 1961, 124 (englische Rechtshängigkeit im Scheidungsprozess nicht beachtet); BGH NJW 1983, 1269 (italienische Rechtshängigkeit im Scheidungsverfahren nicht berücksichtigt); BGH NJW 1986 (unzumutbare Dauer türkischen Verfahrens verneint); OLG Düsseldorf, IPRax

1986 (unzumutbare Verzögerung verneint); zustimmend *MünchKomm-ZPO/Lüke* 2. Aufl., § 261, Rdn. 79; *Zöller/Greger* § 261, Rdn. 3.
40 BGH NJW 1961, 124.
41 Vgl. *Schumann* IPRax 1986, 14 f.; *ders.* FS Kralik, 1986, 3101 ff. (310).

AWD 1975, 78 ff.; *Schwander* Ausländischee Rechtshängigkeit nach IPR-Gesetz und Lugano-Übereinkommen, FS Vogel, 1991, S. 395 ff.; *Stafyla* Die Rechtshängigkeit des EuGVÜ nach der Rechtsprechung des EuGH und der englischen, französischen und deutschen Gerichte, 1998; *Tiefenthaler* Die Streitanhängigkeit nach Art. 21 Lugano-Übereinkommen, ZfRV 1997, 67 ff.; *Walter* Ausländische Rechtshängigkeit und Konnexität nach altem und neuen Lugano-Übereinkommen, in: Spühler (Herausg.), Internationales Zivilprozess- und Verfahrensrecht II, 2003, S. 127 ff.; *Wittibschlager* Rechtshängigkeit in internationalen Verhältnissen, 1994; *Wolf* Rechtshängigkeit und Verfahrenskonnexität nach EuGVÜ, EuZW 1995, 365 ff.; *Zeuner* Zum Verhältnis zwischen internationaler Rechtshängigkeit nach Art. 21 EuGVÜ und Rechtshängigkeit nach den Regeln der ZPO, FS Lüke, 1997, S. 1003 ff.; vgl. für weitere Literaturnachweise *Geimer/Schütze* EuZVR, A.1, vor Art. 27 EuGVVO

14 Das EuGVÜ hat zwar nur noch für kurze Zeit für Altfälle einige Bedeutung. Die inhaltsgleiche Regelung internationaler Rechtshängigkeit im LugÜ I belässt dem EuGVÜ aber auch weiterhin seine praktische Wichtigkeit. Überdies können Rechtsprechung und Schrifttum zu Art. 21 EuGVÜ/LugÜ I zur Auslegung von Art. 27 EuGVVO dienen.

15 Nach Art. 21 EuGVÜ[42] hat sich bei gleichzeitiger Rechtshängigkeit vor Gerichten der Mitgliedstaaten das später angerufene Gericht für unzuständig zu erklären, zumindest aber die Entscheidung in der Sache auszusetzen.

16 Der für die Bestimmung der Priorität maßgebliche Zeitpunkt des Eintritts der Rechtshängigkeit bestimmt sich – dieses ist der Schwachpunkt der Regelung – nach dem nationalen Recht des jeweils angerufenen Gerichts[43]. Die Verpflichtung zur Berücksichtigung ausländischer Rechtshängigkeit entfällt – mangels Priorität eines Verfahrens – bei gleichzeitig eintretender Rechtshängigkeit vor Gerichten der Mitgliedstaaten[44].

17 Eine positive Anerkennungsprognose ist – anders als nach autonomem deutschen Recht – weder notwendig noch zulässig[45].

18 Bei der Bestimmung der Identität des Streitgegenstandes legt der EuGH einen weiten Verfahrensgegenstandsbegriff zu Grunde[46]. Nach der „Kernpunkttheorie" des EuGH kommt es nicht auf den Klagantrag an, sondern darauf, ob der „Kernpunkt" beider Verfahren der Gleiche ist. In der Tatry-Entscheidung[47] hat der EuGH den Streitgegenstand der Leistungsklage und der negativen Feststellungsklage (wegen Nichtbestehens eben dieser Leistungsverpflichtung) als identisch angesehen, ohne das Feststellungsinteresse für die negative Feststellungsklage bei konkurrierender Leistungsklage zu verneinen.

---

42 Vgl. für den Text *Wieczorek/Schütze* Bd. VI sub 3 c aa, S. 759.

43 Vgl EuGH Rs. 129/83 – Zelger v. Salinitri II – EuGHE 1984, 2397 = RIW 1984, 737 mit Anm. *Linke* = IPRax 1984, 336 mit Besprechungsaufsatz *Rauscher* Rechtshängigkeit nach dem EuGVÜ, ebenda 317 ff.

44 Vgl. *Geimer/Schütze* EuZVR, A 1, Art. 27, Rdn. 25; *Otte* Umfassende Streitentscheidung durch Beachtung von Sachzusanmmenhängen – Gerrechtigkeit durch Verfahrensabstimmung?, 1998, S. 377.

45 Vgl. EuGH Rs. C-351/89 – Overseas Union Insurance Ltd. v. New Hamshire Isurance Co. – EuGHE 1991, 3317 = NJW 1992, 3221 = IPRax 1993, 34 mit Besprechungsaufsatz *Rauscher/Gutknecht* ebenda, 21 ff. = EuZW 1992, 734; BGH NJW 1995, 1758 = EuZW 1995, 375 mit Anm. *Geimer* = IPRax 1996, 192 mit Besprechungsauf-

satz *Hau* ebenda, 177 ff.; OLG Frankfurt/Main, IPRax 2002, 515; *Geimer/Schütze* EuZVR, A1. Art. 27, Rdn. 16.

46 Vgl. EuGH Rs. 144/86 – Gubisch v. Palumbo – EuGHE 1987, 4861 = NJW 1989, 665 = RIW 1988, 818; Rs. C-406/92 – The owner of the cargo lately laden on board the ship Maciej rataj v. The owners of the ship Maciej rataj – EuGHE 1994 I, 5439 =EuZW 1995, 309 mit Anm. *Wolf* ebenda 365 ff. = JZ 1995, 616 mit Anm. *Huber* ebenda 603 ff. = EWS 1995, 413 mit Anm. *Lenenbach* ebenda 361 ff.; weiter BGH NJW 1995, 1758 = RIW 1995, 413; weitere Nachweise bei *Geimer/Schütze* EuZVR, Art. 27, Rdn. 30, Fn. 48.

47 Vgl. EuGH Rs C-406/92 – The owner of the cargo lately laden on board the ship Tatry v. The owners of the ship Maciej rataj – EuGHE 1994 I, 5439.

2. VO (EG) Nr. 44/2001(EuGVVO)

Schrifttum: *Freitag* Vertrauen ist gut, Kontrolle ist besser – Positive Kompetenzkonflikte im Europäischen Zuständigkeits- und Anerkennungsrecht de lege lata und de lege frenda, Jahrbuch Junger Zivilrechtswissenschaftler 2004, S. 215 ff.; *Hess* Lis Pendens and Related Actions, European Journal of Law Reform, 4 ((2002), 57 ff.; *Geimer* Lis pendens in der Europäischen Union, FS Sonnenberger, 2004, S. 357 ff.; *ders.* „Windhunde" und „Torpedos" unterwegs in Europa – Art. 27 EuGVO bzw Art. 21 EuGVÜ/LugÜ anwendbar trotz Parteienverschiedenheit?, IPRax 2004, 521 ff.; *Goebel* Europäische Rechtshängigkeit und zivilprozessuales Rechtsmittelrecht nach der ZPO-Reform 2002, ZZPInt 7 (2002), 39 ff.; *Jegher* Abwehrmaßnahmen gegen ausländische Prozesse, Diss. Basel 2003; *Lupoi* The New Lis Pendens Provisions in the Brussels I and II Regulations, ZZPInt 7 (2002), 149 ff.; *Makridou* The institutions of Lis Pendens and Related Actions according to Regulation 44/2001 (Brussels I), FS Beys 2003, S. 941 ff.; *Mittenzwei* Die Verhinderung von Verfahrenskollisionen im deutschen und europäischen Zivilprozessrecht, Diss. Bonn 2006; *Nieroba* Die europäische Rechtshängigkeit nach der EuGVVO an der Schnittstelle zum nationalen Zivilprozessrecht, 2006; *Schilling* Internationale Rechtshängigkeit vs. Entscheidung binnen angemessener Frist – Zum Zusammenhang von Art. 6 I EMRK, Art. 307 EGV und Art. 27 EuGVV, IPRax 2004, 294 ff.; *Schütze* Lis Pendens and Related Actions, European Journal of Law Reform 4 (2002), 57 ff.; *Walter* Lis Alibi Pendens and Forum non Conveniens: From Confrontation via Coordination to Collaboration, European Journal of Law Reform 4 (2002), 69 ff.; *Zeuner* Rechtskraft und ihr Verhältnis zur Rechtshängigkeit im Rahmen des europäischen Zivilprozessrechts, FS Kerameus, 2009, S. 1587 ff.

Nach Art. 27 EuGVVO[48] hat das später angerufene Gericht das Verfahren auszusetzen, bis **19** die Zuständigkeit oder Unzuständigkeit des zuerst angerufenen Gerichts feststeht. Bejaht das zuerst angerufene Gericht seine Zuständigkeit, dann erklärt sich das später angerufene Gericht für unzuständig. Eine positive Anerkennungsprognose ist weder erforderlich noch zulässig. Die Rechtslage entspricht insoweit der nach Art. 21 EuGVÜ/LugÜ I.

Den Fehler der Qualifizierung des Eintritts der Rechtshängigkeit nach den jeweiligen na- **20** tionalen Rechten, der zu einem Windhundrennen führte, hat das EuGVVO nicht übernommen. Es wird nicht mehr auf die Rechtshängigkeit im eigentlichen Sinne, sondern die Anhängigkeit abgestellt. Um Interpretationsschwierigkeiten auszuschließen, definiert Art. 30 EuGVVO den Begriff der Anhängigkeit. Danach tritt Anhängigkeit ein durch Einreichung des verfahrenseinleitenden Schriftstücks oder eines gleichwertigen Schriftstücks bei Gericht. Die Wirkung der Anhängigkeit endet jedoch, wenn der Kläger ihm obliegende Maßnahmen nicht rechtzeitig trifft, um die Zustellung des Schriftstücks an den Beklagten zu bewirken. Nach deutschem Recht muss der Kläger binnen zwei Wochen den Gerichtskostenvorschuss einzahlen[49], da die Zustellung davon abhängig ist, § 12 GKG. Der Kläger kann jedoch die Aufforderung des Gerichts abwarten[50]. Die zweite Alternative des Art. 30 EuGVVO betrifft die Klageerhebung nach französischem Recht und dem anderer romanischer Rechtsordnungen. Hier erfolgt – zumindest für einige Formen der Klageerhebung – die Zustellung (assignation) vor Einreichung des verfahrenseinleitenden Schriftstücks bei Gericht[51]. In diesen Fällen muss der Kläger unmittelbar nach Zustellung die Klageeinreichung bewirken.

Auch im Bereich der EuGVVO ist die „Kernpunkttheorie" des EuGH[52] anwendbar[53]. **21**

---

48 Vgl. für den Text, *Wieczorek/Schütze* Bd. VI, sub 2, a, aa, S. 138 ff.
49 Vgl. BGH NJW 1986, 1347; KG VersR 1994, 922.
50 Vgl. auch BGH NJW 1986, 1347; 1993, 2811.
51 Vgl. hierzu *Buschmann* Rechtshängigkeit im Ausland als Verfahrenshindernis unter besonderer Berücksichtigung der Klageerhebung im französischen Zivilprozess, 1996, S. 111 ff.

52 Vgl. dazu auch *Wernecke* Die Einheitlichkeit des europäischen und des nationalen Begriffs vom Streitgegenstand, 2003.
53 Vgl. *Geimer/Schütze* EuZVR, A 1, Art. 27, Rdn. 30 ff.; *Kropholler* EuZPR., 2005, Art. 27 Rdn. 6 ff.; *Rauscher/Leible* EuZPR Art. 27 Brüssel I-VO, Rdn. 8 ff.

22 Die überlange Verfahrensdauer bei dem zuerst angerufenen Gericht rechtfertigt – jedenfalls nach der Ansicht des EuGH[54] – nicht eine Nichtberücksichtigung ausländischer Rechtshängigkeit[55].

23 Ungeregelt ist der Fall der gleichzeitig eintretenden Rechtshängigkeit (Anhängigkeit). In diesem Fall besteht keine Verpflichtung, das eigene Verfahren auszusetzen[56]. Die französische Cour de Cassation hat jedoch bei Einreichung einer Scheidungsklage nach Art. 3 Abs. 1 lit. a und b VO Brüssel IIa am gleichen Tage entschieden, dass in dem Fall des Nachweises der Uhrzeit der Klageeinreichung durch eine Partei die andere Partei nun ihrerseits eine zeitlich frühere Einreichung der Klageschrift beweisen muss, um die anderweitige Rechtshängigkeit geltend machen zu können[57].

IV. Staatsvertragliche Regelungen

24 Die Anerkennungs- und Vollstreckungsverträge Deutschlands sehen die Berücksichtigung ausländischer Rechtshängigkeit regelmäßig bei positiver Anerkennungsprognose vor.

25 **LugÜ II[58]:** Die Regelung in Art. 27 ist mit der in Art. 27 EuGVVO dem Inhalt nach identisch (vgl. Rdn. 19 ff.)

26 **Bilaterale Anerkennungs- und Vollstreckungsverträge:** Nach Art. 11 deutsch-italienisches Anerkennungs- und Vollstreckungsabkommen (durch EuGVÜ und EuGVVO weitgehend obsolet)[59], Art. 17 deutsch-österreichischer Anerkennungs- und Vollstreckungsvertrag (durch LugÜ, EuGVÜ und EuGVVO weitgehend obsolet)[60], Art. 15 deutsch-belgisches Vollstreckungsabkommen (durch EuGVÜ und EuGVVO weitgehend obsolet)[61], Art. 18 deutsch-griechischer Anerkennungs- und Vollstreckungsvertrag (durch EuGVÜ und EuGVVO weitgehend obsolet)[62], Art. 18 deutsch-niederländischer Anerkennungs- und Vollstreckungsvertrag (durch EuGVÜ und EuGVVO weitgehend obsolet)[63], Art. 44 deutsch-tunesischer Rechtshilfe-, Anerkennungs und Vollstreckungsvertrag[64], Art. 21 deutsch-norwegischer Anerkennungs- und Vollstreckungsvertrag (durch LugÜ weitgehend obsolet)[65], Art. 22 deutsch-israelischer Anerkennungs- und Vollstreckungsvertrag[66] und Art. 21

---

54 Vgl. EuGH Rs. C-116/03 – Gasser v. MISAT, RIW 2004, 289 = IPRax 2004, 243.
55 Vgl. dazu *Schilling* IPRax 2004, 294 ff.
56 Vgl. *Geimer/Schütze* EuZVR, A 1, Art. 27, Rdn. 25; *Otte* Umfassende Streitentscheidung durch Beachtung von Sachzusammenhängen – Gerechtigkeit durch Verfahrensabstimmung?, 1998, S. 388.
57 Vgl Cour de Cassation v. 11.6.2008, IPRax 2009, Heft 4, S. XVIII.
58 Vgl. für den Text *Geimer/Schütze* IRV, 607.1 ff. mit dem erläuternden Bericht *Pocar* ebenda 607. 45 ff.
59 Vgl. dazu *Geimer/Schütze* Internationale Urteilsanerkennung, Bd. I,2, 1984, S. 1658 ff.
60 Vgl. Deutsche Denkschrift zu dem Vertrag, BTDrucks. III Nr. 1419, S. 15; *Geimer/Schütze* Internationale Urteilsanerkennung, Bd. II, 1971, S. 171 f.
61 Vgl. dazu *Geimer/Schütze* Internationale Urteilsanerkennung, Bd. II, 1971, S. 321.
62 Vgl. dazu *Pouliades* Die Bedeutung des

deutsch-griechischen Vertrages vom 4.11.1961 für die Anerkennung und Vollstreckung deutscher Entscheidungen in der griechischen Praxis, IPRax 1985, 356 ff.
63 Vgl. dazu *Ganske* Der deutsch-niederländische Anerkennungs- und Vollstreckungsvertrag in Zivil- und Handelssachen vom 30.8.1962, AWD 1964, 248 ff.
64 Vgl. *Wieczorek/Schütze* Bd. VI sub 3, d, aa, S. 1335; dazu *Ganske* Der deutsch-tunesische Rechtshilfe- und Vollstreckungsvertrag in Zivil- und Handelssachen vom 19.7.1966, AWD 1970, 145 ff. (154).
65 Vgl. dazu *Pirrung* Zu den Anerkennungs- und Vollstreckungsverträgen der Bundesrepublik Deutschland mit Israel und Norwegen, IPRax 1982, 130 ff.
66 Vgl. *Wieczorek/Schütze* Bd. VI sub 3, d, bb, s. S. 1392; dazu *Pirrung* Zu den Anerkennungs- und Vollstreckungsverträgen der Bundesrepublik Deutschland mit Israel und Norwegen, IPRax 1982, 130 ff.

deutsch-spanischer Anerkennungs- und Vollstreckungsvertrag (durch EuGVÜ und EuGVVO weitgehend obsolet)[67] ist die ausländische Rechtshängigkeit bei positiver Anerkennungsprognose zu berücksichtigen. Im übrigen gelten hinsichtlich der Erfordernisse und Wirkungen ausländischer Rechtshängigkeit dieselben Grundsätze wie im autonomen deutschen Recht.

V. Internationale Insolvenzrechtshängigkeit

Auch im europäischen internationalen Insolvenzrecht kommt es zu positiven Kompetenz- **27** konflikten, wenn die Gerichte mehrerer Staaten eine internationale Zuständigkeit für die Eröffnung des Hauptverfahrens annehmen, weil sie den Mittelpunkt der hauptsächlichen Interessen des Schuldners i. S. von Art. 3 EuInsVO in ihrem Sprengel als belegen ansehen[68].

Im Gegensatz zu EuGVÜ, LugÜ I (Art. 21) und EuGVVO/LugÜ II (Art. 27) enthält die **28** EuInsVO keine Regelung derartige positiver Kompetenzkonflikte über eine Bestimmung der Anerkennung ausländischer Insolvenzhängigkeit[69]. Das deutsche Recht hat sich auch hier für den Prioritätsgrundsatz entschieden. Nach Art. 102 § 3 S. 2 und § 4 EGInsO ist bei konkurrierenden Hauptverfahren das später eröffnete inländische Verfahren von Amts wegen einzustellen[70].

VI. Exkurs: Internationale Konnexität

Schrifttum: *Banniza von Bazan* Der Gerichtsstand des Sachzusammenhangs im EuGVÜ, dem LugÜ und dem deutschen Recht, 1995; *di Blase* Connessione e litispendenza nella Convenzione di Bruxelles, 1993; *Geimer* Fora connexitatis. Der Sachzusammenhang als Grundlage der internationalen Zuständigkeit, WM 1979, 350 ff.; *ders.* Entscheidungsharmonie in Europa per Entscheidungsstopp, IPRax 2001, 191 ff.; *Hackspiel* Berichtigende Auslegung von Art. 22 EuGVÜ durch die französische Cour de Cassation – ein nachahmenswertes Beispiel?, IPRax 1996, 214 ff.; *Hau* Zum Verhältnis von Art. 21 zu Art. 22 EuGVÜ, IPRax 1996, 177 ff.; *Lüpfert* Konnexität im EuGVÜ, 1997; *Otte* Umfassende Streitentscheidung durch Beachtung von Sachzusammenhängen – Gerechtigkeit durch Verfahrensabstimmung?, 1998; *Roth* Schranken der Aussetzung nach § 148 ZPO und Art. 28 EuGVO, FS Gerhardt, 2004, S. 747 ff.; *Schütze* Die Berücksichtigung der Konnexität nach dem EWG-Übereinkommen über die gerichtliche Zuständigkeit und die Vollstreckung gerichtlicher Entscheidungen, RIW/AWD 1975, 543 ff.; *ders.* Lis Pendens and Related Actions, European Journal of Law Reform 4 (2002), 57 ff.; *Schütze/Kratzsch* Aussetzung des Verfahrens wegen konnexer Verfahren nach Art. 22 EuGVÜ, RIW 2000, 939 ff.; *Walter* Lis Alibi Pendens und forum non conveniens: Von der Konfrontation über die Koordination zur Kooperation, FS Schumann, 2001, S. 559 ff.; *Wolf* Rechtshängigkeit und Verfahrenskonnexität nach EuGVÜ, EuZW 1995, 365 ff.

Konnexe Verfahren sind nach der Legaldefinition des Art. 28 Abs. 3 EuGVVO Verfahren, die **29** in eine Weise im Zusammenhang stehen, dass „zwischen ihnen eine so enge Beziehung gegeben ist, dass eine gemeinsame Verhandlung und Entscheidung geboten erscheint, um

---

67 Vgl. dazu *Geimer/Schütze (Karl)* IRV, 663.20.
68 Vgl. für Nachweise *Haubold* Europäische Insolvenzverordnung (EuInsVO), in: Gebauer/Wiedmann, Zivilrecht unter europäischem Einfluss, 2. Aufl., 2010, Art. 3 EuInsVO, Rdn. 46, Fn. 137.

69 Vgl. jedoch Nr. 22 der Erwägungen zur EuInsVO, abgedruckt bei *Wieczorek/Schütze* Bd. VI, S. 322 f.
70 Vgl. im einzelnen *Haubold* aaO. Art. 3 EuInsVO, Rdn. 76.

zu vermeiden, dass in getrennten Verfahren widersprechende Entscheidungen ergehen können."

30 Das Rechtsschutzziel der Berücksichtigung von Litispendenz und Konnexität ist da gleiche: Es sollen widersprechende Entscheidungen verhindert werden. Das deutsche autonome Recht kennt die Möglichkeit der Verbindung oder Aussetzung von im Zusammenhang stehenden Verfahren – anders als die romanischen Rechtsordnungen – nicht. Jedoch ist die Konnexität im Rahmen von EuGVÜ, LugÜ I, II und EuGVVO zu berücksichtigen.

1. Erfordernisse der Berücksichtigung der Konnexität

31 Erfordernis der Berücksichtigung ausländischer Konnexität nach Art. 22 EuGVÜ/LugÜ I und Art. 28 EuGVVO/LugÜ II sind[71]:

- Beide Verfahren müssen in den sachlichen Geltungsbereich der EuGVVO oder des jeweiligen Übereinkommens fallen. Ein Verfahren nach der EuInsVO begründet deshalb keine nach diesen Regelungen zu beachtende Konnexität[72].
- Die tatsächliche Grundlage beider Verfahren muss dieselbe sein. Ausreichend ist die Übereinstimmung beider Klageziele oder die Abhängigkeit beider Prozesse von derselben tatsächlichen Frage. Notwendig ist Identität des Lebenssachverhalts[73].

32 Kein Erfordernis der Berücksichtigung der Konnexität ist es, dass

- der Wohnsitz des Beklagten im Anwendungsbreich der Konvention liegt[74].
- die Entscheidung des zuerst angerufenen Gerichts im Staat des später angerufenen Gerichts anerkennungsfähig sein wird[75]. Eine Anerkennungsprognose ist ebenso wie bei der Berücksichtigung der Rechtshängigkeit nach europäischem Recht – weder erforderlich noch zulässig. Auch kann sie bei der Ermessensentscheidung nicht berücksichtigt werden[76].
- das zuerst angerufene Gericht zuständig ist. Eine Zuständigkeitsprüfung ist hier – wie auch bei der Rechtshängigkeit und Anerkennung – nicht zulässig. Das gilt auch für sonst allenthalben im europäischen Recht für Verbraucher und andere angeblich schwächere Parteien enthaltene Privilegien bei der Zuständigkeitsprüfung. Im Rahmen der Konnexität haben Verbraucherprivilegien nicht zu suchen.

2. Verfahren der Berücksichtigung der Konnexität

33 a) EuGVÜ/LugÜ I. Art. 22 EuGVÜ/LugÜ I lässt bei konnexen Verfahren die Aussetzung bei dem später angerufenen Gericht zu. Dabei ist es nach dem Wortlaut der Bestimmung notwendig, dass beide Klagen im ersten Rechtszug anhängig sind. Diese Beschränkung

---

71 Vgl. im einzelnen *Geimer/Schütze* EuZVR, A 1, Art. 28, Rdn. 5 ff.

72 Vgl. OLG München, RIW 2002, 66.

73 Vgl. EuGH Rs. C-406/92 – The owner of the cargo lately laden on board of the ship Tatry v. The owners of the ship Maciej rataj – EuGHE 1994 I 5439 = EWS 1995, 90: "... alle Fälle ... in denen die Gefahr einander widersprechender Entscheidungenh besteht, selbst wenn die Entscheidungen getrennt vollstreckt werden können und sich ihre Rechtsfolgen nicht gegenseitig aus-

schließen.". Vgl. auch *Schack* IZVR, Rdn. 766; *Schütze/Kratzsch* RIW 2000, 939 ff. (940) m. w. N. in Fn. 4.

74 Vgl. *Geimer/Schütze* EuZVR, A 1, Art. 28, Rdn. 5.

75 Vgl., *Schack* IZVR, Rdn. 766; *Schütze/Kratzsch* RIW 2000, 939 ff. (941 f.).

76 Vgl. *Schütze* DIZPR, Rdn. 409; a. A. OLG Frankfurt/Main, IPRax 2001, 227; *Geimer/Schütze* EuZVR, A 1, Art. 28, Rdn. 16; *Lüpfert* Konnexität im EUGVÜ, 1997, S. 142; *Schack* IZVR, Rdn. 856.

beruht auf einem Redaktionsversehen[77]. Da Ansprüche auch in zweiter Instanz geltend gemacht werden können, wäre bei einer Beschränkung des sachlichen Anwendungsbereichs von Art. 22 EuGVÜ/LugÜ I Missbräuchen Tür und Tor geöffnet. Die Parteien könnten, um Art. 22 EuGVÜ/LugÜ I zu umgehen, Ansprüche klagend oder widerklagend erst in zweiter Instanz geltend machen. Nachdem die französische Rechtsprechung[78] und Literatur[79] schon früh eine berichtigende Auslegung favorisiert hatten, hat sich dem dann schließlich auch das OLG Stuttgart[80] in einer mutigen Entscheidung angeschlossen[81].

b) EuGVVO/LugÜ II. Art. 28 EuGVVO/LugÜ II hat das Redaktionsversehen der Konnexi- **34** tätsregelung in EuGVÜ und LugÜ I beseitigt und fordert keine Anhängigkeit im ersten Rechtszug mehr[82]. Hinsichtlich des Verfahrens ist zu differenzieren:

– Sind die konnexen Verfahren in erster Instanz anhängig, so kann sich das später angerufene Gericht für unzuständig erklären, wenn das zuerst angerufene Gericht für alle Klagen zuständig und eine Klagenverbindung nach der lex fori dieses Gerichts zulässig ist. Eine derartige Verbindungsmöglichkeit kennen u. a. das französische, belgische und luxemburgische Recht[83], nicht jedoch das deutsche Recht. Deshalb kann der deutsche Richter sich zwar bei Schweben konnexer Verfahren vor einem französischen, belgischen oder luxemburgischen Gericht für unzuständig erklären, nicht jedoch umgekehrt.

– In allen anderen Fällen kann das später angerufene Gericht das Verfahren aussetzen oder fortführen. Welche der Möglichkeiten es wählt, steht in seinem pflichtgemäßen Ermessen[84]. Die Ermessenausübung ist vom Beschwerdegericht nachprüfbar[85].

3. Kein Gerichtsstand des Sachzusammenhangs

Die Berücksichtigung der Konnexität, die Artt. 22 EuGVÜ/LugÜ I und Art. 28 EuGVVO/ **35** LugÜ II vorschreiben, begründet keinen Gerichtsstand des Sachzusammenhangs[86]. Die internationale Zuständigkeit muss für jede der konnexen Klagen gegeben sein, um zu einer Beachtung der Konnexität zu kommen. Hier kommt allerdings häufig Art. 6 Nr. 1 EuGVVO zur Anwendung.

---

77 Vgl. *Schütze/Kratzsch* RIW 2000, 939 ff.
78 Vgl. Cour de Cassation, Bulletin des arrêts de la Cour de Cassation – Chambres civiles – 1992 I no. 263; dazu *Hackspiel* IPRax 1996, 214.
79 Vgl. *Gothot/Holleaux* La convention de Bruxelles du 27 septembre 1968, 1985, Rdn. 225; *Gaudemet-Tallon* Les Conventions de Bruxelles et de Lugano, 1993, Rdn. 300; *Huet* Chronique de jurisprudence française, Journal Clunet 1994, 167 ff. (171 f.).
80 Vgl. OLG Stuttgart, RIW 2000, 954; dazu *Schütze/Kratzsch* RIW 2000, 939 ff.
81 Gegen eine berichtigende Auslegung OLG Hamburg RIW 1998, 889.
82 Vgl. dazu *Schütze* Lis Pendens and Related Actions, European Journal of law Reform 4 (2002), 57 ff.

83 Vgl. dazu *Lüpfert* Konnexität im EuGVÜ, 1997, S. 160.
84 Vgl. *Geimer/Schütze* EuZVR, A1, Art. 28, Rdn. 18; *Lenenbach* EWS 1995, 361 ff. (367); *Schütze* RIW/AWD 1975, 543 ff. (545).
85 Vgl. *Geimer* IPRax 2001, 191 ff. (192).
86 Vgl. EuGH Rs. 158/80 – Elefanten Schuh v. Jaqmain – EuGHE 1981, 1671 = RIW 1981, 709; EuGH Rs. C-106/95 – Réunion européenne v. Spliethoff's Bevrachtingskantoor – EuGHE 1998 I 6511 = EuZW 199, 59; EuGH Rs. Rs. C- 420/97 – Leathertex Divisione Sintetici SpA. v. Bodetex BVBA – EuGHE 1999 I 6747 = RIW 1999, 953; *Geimer/Schütze* EuZVR, A 1, Art. 28 Rdn. 4 m. w. N. in Fn. 7; *Schack* IZVR, Rdn. 858.

III. Der Nachweis und die Feststellung ausländischen Rechts im deutschen Zivilprozess (§ 293 ZPO)

§ 293

Fremdes Recht, Gewohnheitsrecht und Statuten

Das in einem anderen Staat geltende Recht, die Gewohnheitsrechte und Statuten bedürfen des Beweises nur insofern, als sie dem Gericht unbekannt sind. Bei Ermittlung dieser Rechtsnormen ist das Gericht auf die von den Parteien beigebrachten Nachweise nicht beschränkt; es ist befugt, auch andere Erkenntnisquellen zu benutzen und zum Zwecke einer solchen Benutzung das Erforderliche anzuordnen.

Schrifttum: *Arens* Prozessuale Probleme bei der Anwendung ausländischen Rechts im deutschen Zivilprozess, FS Zajtay, 1982, S. 7 ff.; *Artz* Kollisionsrecht und ausländisches Recht in spanischen und deutschen Zivilverfahren, 2004; *Brauksiepe* Die Anwendung ausländischen Rechts im Zivilprozess, Diss. Bonn 1965; *Broggini* Die Maxime „iura novit curia" und das ausländische Recht, AcP 155 (1956), 469 ff.; *Caduff* Die Feststellung des anwendbaren Rechts im Prozess (Art. 16 IPRG): Ein Leitfaden für die Abwicklung von Verfahren mit internationalen Sachverhalten, 2000; *Dethloff* Ausländisches Wettbewerbsrecht im einstweiligen Rechtsschutz, RabelsZ 62 (1998), 286 ff.; *Dölle* Über die Anwendung ausländischen Rechts, GRUR 1957, 56 ff.; *ders.* Bemerkungen zu § 293 ZPO, FS Nikisch, 1958, S. 185 ff.; *ders.* De l'application du droit étranger par le juge interne, Rev. crit. 1955, 233 ff.; *Drobnig* The use of foreign law by German Courts, in: Jayme (Herausg.), German National Reports in Civil Law Matters for the XIVth Congress of Comparative Law, 1994, S. 5 ff.; *Fastrich* Revisibilität der Ermittlung ausländischen Rechts, ZZP 97 (1984), 423 ff.; *Ferid* Überlegungen, wie der Misere bei der Behandlung von Auslandsrechtsfällen in der deutschen Rechtspraxis abgeholfen werden kann, FS O. Möhring, 1973, S. 1 ff.; *Feurer* Statuta novit curia? Zur Auslegung der „Statuten" in § 293 ZPO, ZZP 123 (2010), 427 ff.; *Flessner* Diskriminierung von grenzübergreifenden Rechtsverhältnissen im europäischen Zivilprozess, ZeuP 14 (2006), 737 ff.; *ders.* Das ausländische Recht im Zivilprozess – die europäischen Anforderungen, in: Reichelt (Herausg.), 30 Jahre IPR-Gesetz, 2009, S. 35 ff.; *Fuchs* Die Ermittlung ausländischen Rechts durch Sachverständige, RIW 1995, 807 ff.; *Geisler* Zur Ermittlung ausländischen Rechts durch „Beweis" im Prozess, ZZP 91 (1978), 176 ff.; *Gruber* Die Anwendung ausländischen Rechts durch deutsche Gerichte, ZRP 1992, 6 ff.; *Hau* Gerichtssachverständige in Fällen mit Auslandsbezug, RIW 2003, 822 ff.; *Heldrich* Probleme bei der Ermittlung ausländischen Rechts in der gerichtlichen Praxis, FS Nakamura, 1996, S. 243 ff.; *Heldrich* Heimwärtsstreben auf neuen Wegen, Zur Anwendung der lex fori bei Schwierigkeiten der Ermittlung ausländischen Rechts, FS Ferid, 1978, S. 209 ff.; *Hetger* Die Ermittlung ausländischen Rechts, FamRZ 1995, 654 f.; *Hök* Zur Mitwirkungspflicht der Prozessparteien bei der Ermittlung ausländischen Rechts, JurBüro 1987, 1760 ff.; *Huzel* Zur Zulässigkeit eines „Auflagenbeschlusses" im Rahmen des § 293 ZPO; IPRax 1990, 77 ff.; *Jansen/Michaels* Die Auslegung und Fortbildung ausländischen Rechts, ZZP 116 (2003), 3 ff.; *Jastrow* Zur Ermittlung ausländischen Rechts: Was leistet das Londoner Auskunftsübereinkommen in der Praxis?, IPRax 2004, 402 ff.; *Jayme* Die Expertise über fremdes Recht, in: Nicklisch (Herausg.), Der Experte im Verfahren, 2005, S. 109 ff.; *Jessurun d'Oliveira* Foreign Law in summary proceedings, FS Voskuil, 1992, S. 119 ff.; *Kegel* Die Ermittlung ausländischen Rechts, in: Müller (Herausg.), Die Anwendung ausländischen Rechts im internationalen Privatrecht, 1968, S. 157 ff.; *Kegel* Zur Organisation der Ermittlung ausländischen Rechts, FS Nipperdey, 1965, Bd. I, S. 453 ff.; *Kindl* Ausländisches Recht vor deutschen Gerichten, ZZP 111 (1998), 177 ff.; *Koehler* Die Feststellung ausländischen Rechts im Prozess, JR 1951, 549 ff.; *Kötz* Allgemeine Rechtsgrundsätze als Ersatzrecht, RabelsZ 34 (1970), 663 ff.; *Kralik* Iura novit curia und das ausländische Recht, ZfRV 3 (1962), 75 ff.; *Krause* Ausländisches Recht und deutscher Zivilprozess, Diss. Konstanz 1990; *Kreutzer* Einheitsrecht als Ersatzrecht, NJW 1983, 1943 ff.; *Krüger* Zur Ermittlung ausländischen Rechts in Deutschland: Ein Bericht aus der Praxis, FS Nomer, 2003, S. 357 ff.; *Küppers* Zum Nachweis ausländischen Rechts im Versäumnisverfahren, NJW 1976, 489 ff.; *Küster* Die Ermittlung ausländischen Rechts im deutschen Zivilprozess und ihre Kostenfolgen, Diss. Hannover 1995; *Küster* Zur richterlichen Ermessensausübung bei er Ermittlung ausländischen Rechts, RIW 1998, 275 ff.; *Langenbeck* Beiträge zur Lehre vom Beweise fremder Rechte vor inländischen Gerichten, AcP 41 (1858), 160 ff.; *Lindacher* Zur Mitwirkung der Parteien bei der Ermittlung ausländischen Rechts, FS Schumann, 2001, S. 283 ff.; *ders.* Zur Anwendung ausländischen Rechts, FS Beys, 2003, S. 909 ff.; *Luther* Kollisions- und Fremdrechtsanwendung in der Gerichtspraxis, RabelsZ 37 (1973), 660 ff.; *Mankowski* Privatgutachten über ausländisches Recht – Erstattungsfähigkeit der Kosten, MDR 2001, 194 ff.; *Mankowski/Kerfack* Arrest, einstweilige Verfügung und die Anwwendung ausländischen Rechts, IPRax 1990, S. 372 ff.; *Matsumoto* Folgen der Nichtfeststellbarkeit ausländischen Rechts im japanischen Zivilprozess, GS Arens, 1993, S. 207 ff.; *Meier* Iura novit curia, Diss. Zürich 1975; *Mittermaier* Über den Beweis ausländischer Gesetze in Rechtsstreitigkeiten, AcP 18 (1835), 67 ff.; *Müller* Zur Nichtfeststellbarkeit des kollisionsrechtlich berufenen ausländischen Rechts, NJW 1981, 481 ff.; *Otto* Die gerichtliche Praxis und ihre Erfahrungen mit dem Europäischen Übereinkommen vom 7.6.1968 betr. Auskünfte über ausländisches Recht, FS Firsching, 1985, S. 209 ff.; *Otto* Das Europäische Übereinkommen vom 7.6.1968 betreffend die Auskünfte über ausländischen Recht in der deutsch-italienischen Rechtspraxis, Jahrbücher für Italienisches Recht, Bd. 4 (1991), S. 139 ff.; *Otto* Das Europäische Übereinkommen vom 7.6.1968 betreffend Auskünfte über ausländisches Recht – im Abseits?, Jahrbücher für Italienisches Recht, Bd. 7 (1994), S. 231 ff.; *Otto* Die Schwierigkeiten der Anwendung ausländischen Rechts – Besonderheiten des italienischen und französischen Kindschaftsrechts, StAZ 1994, 178 ff.; *Otto* Der verunglückte § 293 ZPO und die Ermittlung ausländischen Rechts durch „Beweiserhebung", IPRax 1995, 299 ff.; *Otto* Missstände in der deutsch-italienischen Praxis des Europäischen Übereinkommens vom 7.6.1968 betreffend Auskünfte über ausländisches Recht, Jahrbücher für Italienisches Recht Bd. 8 (1995), S. 229 f.; *Pfeiffer* Methoden der Ermittlung ausländischen Rechts, FS Leipold, 2009, S. 283 ff.; *Picone* Die „Anwendung" einer ausländischen „Rechtsordnung" im Forumstaat: ... *perseverare est diabolicum!* FS Siehr, 2000, S. 569 ff.; *Remien* Iura novit curia und die Ermittlung fremden Rechts im europäischen Rechtsraum der Artt. 61 ff. EGV – für ein neues Vorabentscheidungsverfahren bei mitgliedstaatlichen Gerichten, FS 75 Jahre Max Planck Institut für Privatrecht, 2001, S. 617 ff.; *Reu* Anwendung fremden Rechts, 1938; *Rodger/van Doorn* Proof of Foreign Law: The Impact of the London Convention, ILCQ 46 (1997), 151 ff.; *Rogoz* Ausländisches Recht im deutschen und englischen Zivilprozess, 2008; *Sangiovanni* La conoscenza, l'interpretazione e l'applicazione della legge straniera da parte del giudice civile tedesco, Riv. 35 (1999), 913 ff.; *Schack* Subrogation und Prozessstandschaft, Ermittlung ausländischen Rechts im einstweiligen Verfügungsverfahren, IPRax 1995, 158 ff.; *Schall* Deutsches Case Law? – zur Anwendung englischen Rechts unter § 293 ZPO, ZZP 122 (2009), 293 ff.; *Schellak* Selbstermittlung oder ausländische Auskunft unter dem europäischen Rechtsauskunftsübereinkommen, 1998; *Schilken* Zur Rechtsnatur der Ermittlung ausländischen Rechts nach § 293 ZPO, FS Schumann, 2001, S. 373 ff.; *Schnyder* Die Anwendung des zuständigen fremden Sachrechts im internationalen Privatrecht, Diss. Zürich, 1981; *Schütze* Ausländisches Recht als beweisbedürftige Tatsache, NJW 1965, 1652 f.; *ders.* EG-Recht im deutschen Zivilprozess, EWS 1990, 49 ff.; *ders.* Feststellung und Revisibilität europäischen Rechts im deutschen Zivilprozess, GS Baur, 1992, S. 93 ff.; *Schwartze* Die Ermittlung und Anwendung des Vertragsrechtes anderer EU-Staaten im deutschen Zivilprozess nach § 293 ZPO – ein besonderer Fall, FS Fenge, 1997, S. 127 ff.; *Schwung* Das Ersatzrecht bei einem Verstoß des ausländischen Rechts gegen den ordre public, RabelsZ 49 (1985), 407 ff.; *Sommerlad* Grundsätze für die Ermittlung ausländischen Rechts im Zivilprozess, RIW 1991, 856 ff.; *Sommerlad/Schrey* Die Ermittlung ausländischen Rechts im Zivilprozess und die Folgen der Nichtermittlung, NJW 1991, 1377 ff.; *Spickhoff* Fremdes Recht vor inländischen Gerichten: Rechts- oder Tatfrage, ZZP 112 (1999), 265 ff.; *ders.* Die neue Sachverständigenhaftung und die Ermittlung ausländischen Rechts, FS Heldrich, 2005, S. 419 ff.; *Sturm* Erforschung und Beweis fremden Rechts: Die höchstrichterliche deutsche Rechtsprechung vor Inkrafttreten der ZPO, FS Pannier, 2010, S. 197 ff.; *Theiss* Die Behandlung fremden Rechts im deutschen und italienischen Zivilprozess, 1990; *Trautmann* Ausländisches Recht vor deutschen und englischen Gerichten, ZeuP 14 (2006), 283 ff.; *Troller* Prozessrechtliche Überlegungen zu Anwendung fremden Rechts, FS

Wengler, 1973, S. 839 ff.; *Vrellis* Überlegungen betreffend die Auslegung frem der Rechtsnormen, FS Siehr, 2000, S. 829 ff.; *Wagner* Fakultatives Kollisionsrecht und prozessuale Parteiautonomie, ZEuP 1999, 6 ff.; *Wengler* Der deutsche Richter vor unaufklärbarem und unbestimmten ausländischen Recht, JR 1983, 221 ff.; *Wolf* Das europäische Übereinkommen betreffend Auskünfte über ausländisches Recht, NJW 1975, 1583 ff.; *Wollny* Auskünfte über ausländisches Recht, StAZ 1984, 479 f.; *Zajtay* Grundfragen der Anwendung ausländischen Rechts im Zivilprozess, ZfRV 1971, 271 ff.

Belgien: *Krings* L'interprétation de la loi étrangère par le juge du for et le contrôle de cette interprétation par la Cour de cassation – Quelques brèves considérations, FS Baumgärtel 1990, S. 267 ff.

Brasilien: *Barbosa Moreira* Le juge brésilien et le droit étranger, FS Nagel, 1987, S. 14 ff.

England: *Cohn* Neue Regeln zum Beweis ausländischen Rechts im englischen Zivilprozess, RabelsZ 38 (1974), 155 ff.; *Fentiman* Foreign Law in English Courts, Law Quarterly Review 108 (1992), 142 ff.; *Geeroms* Foreign Law in Civil Litigation, 2004; Schmitthoff, Länderbericht England, in: Müller u. a., Die Anwendung ausländischen Rechts im internationalen Privatrecht, 1968, S. 88 ff.; *Rogoz* Ausländisches Recht im deutschen und englischen Zivilprozess, 2008; *Trautmann* Ausländisches Recht vor deutschen und englischen Gerichten, ZeuP 2006, 283 ff.; *Webb/Auburn* La „présomption" d'identité de la loi étrangère et de la loi du for en l'absence de preuve, Journal Clunet 105 (1978), 272 ff.

Frankreich: *Bureau* L'application d'office de la loi étrangère, Journal Clunet 117 (1990), 317 ff.; *Ferrand* Die Behandlung ausländischen Rechts durch die französische Cour de Cassation, ZeuP 1994, 126 ff.; *Gaudemet-Tallon* E Point sur l'Evolution de la Condition du Droit étranger en Droit international privé français, FS Kerameus, 2009, S. 359 ff.; *Louis-Lucas* Existe-t-il une compétence générale du droit français pour le règlement des conflits de lois ?, Rev. crit. 1959, 405 ff.; *Mégnin* Zu einer systematischeren Anwendung fremden Rechts durch den französischen Richter, IPRax 2005, 459 ff.; Ponsard, L'office du juge et l'application du droit étrangère, Rev. crit. 1990, 607 ff.; *Zajtay* Länderbericht Frankreich in: Müller u. a., Die Anwendung ausländischen Rechts im internationalen Privatrecht, 1968, S. 15 ff.

Italien: *Cappelleti* " Iura novit curia „ e impossibiltà di conoscere il diritto straniero richiamato dalle normendi diritto internazionale provato, Giur.It. 1966 I, 1403 ff.; *ders.* Mandatory Ex-Officio Application of Foreign Law: The Comparative Method as an Answer in Cases where the Foreign Law cannot be ascertained, CILSA 3 (1970), 49 ff.; *ders.* Länderbericht Italien, in: Müller u. a., Die Anwendung ausländischen Rechts im internationalen Privatrecht, 1968, S. 28 ff.; *Franchi* Alla ricerca del diritto ignoto, Giur.It. 1979 I 1, 333 ff.; *Picone* La prova del diritto straniero nella legge italiana di riforma del diritto internazionale privato, FS Jayme 2004, S. 691 ff.; *Pocar* Sulle conseguenze della mancata conoscenza del diritto straniero richiamatodalla norma di conflitto, FS Broggini, 1997, S. 413 ff.; *Sangiovanni* Die neue italienische Rechtsprechung zur Ermittlung des ausländischen Rechts, IPRax 2006, 513 ff.; *Theiss* Die Behandlung fremden Rechts im deutschen und italienischen Zivilprozess, 1990

Japan: *Matsumoto* Folgen der Nichtfeststellbarkeit ausländischen Rechts im japanischen Zivilprozess, GS Arens 1993, S. 297 ff.; *ders.* Einige prozessuale Probleme bei der Anwendung ausländischen Rechts im japanischen Zivilprozess, Recht in Japan, 1993/3, 27 ff.; *Petersen* Das internationale Zivilprozessrecht Japans, 2003, S. 425 ff.; *Prütting* Ermittlung und Anwendung von ausländischem Recht in Japan und Deutschland, FS Ishikawa, 2001, S. 397 ff.

Kanada: *Kadletz* Fremdes Recht im kanadischen Zivilprozess, IPRax 1999, 183 ff.

Korea: *Stiller* Das internationale Zivilprozessrecht der Republik Korea, 1989, S. 124 ff.

Niederlande: *Mostermans* De processuele behandeling van het conflictenrecht, 1996

Österreich: *Flessner* Das ausländische Recht im Zivilprozess – die europäischen Anforderungen, in: Reichelt (Herausg.), 30 Jahre österreichisches IPR-Gesetz – europäische Perspektiven – 2009, S. 35 ff.; *Kralik* Das fremde Recht vor dem Obersten Gerichtshof, FS Fasching, 1988, S. 297 ff.; Schwimann, Länderbericht Österreich, in: Müller u. a., Die Anwendung ausländischen Rechts im internationalen Privatrecht, 1968, S. 81 ff.

Portugal: *Samtleben* Länderbericht Spanien, Portugal und Lateinamerika, in: Müller u. a., Die Anwendung ausländischen Rechts im internationalen Privatrecht, 1968, S. 49 ff.

Russland: *Radjuk* Grenzen der Anwendung ausländischen Rechts in Russland, IPRax 2010, 370 ff.; *Timochow* Die Pflicht zur Ermittlung ausländischen Rechts im Prozess, FS Boguslavskij, 2004, S. 259 ff.

Schweden: *Jänterä-Jareborg* Svensk domstol och utländsk rätt, 1997; *ders.* Bristande utredning om utländsk rätt, FS Strömholm, 1997, I, S. 455 ff.

Schweiz: *Schnyder* Die Anwendung des zuständigen fremden Sachrechts im IPR, 1981

Spanien: *Artz* Kollisionsrecht und ausländisches Recht im deutschen und spanischen Zivilverfahren, 2004; *Calvo Caravaca/Carrascosa González* The proof of foreign law in the new Spanish Civil Code 1/2000, IPRax 2005, 170 ff.; *Garau Sobrino* Der Beweis ausländischen Rechts in der neuen spanischen Zivilprozessordnung vom 7. Januar 2000; 75 Jahre MPI für Privatrecht, 2001, S. 685 ff.; *Ramos Mendez* La Prueba del Derecho extranjero, 1980; *Samtleben* Länderbericht Spanien, Portugal und Lateinamerika, in: Müller u. a., Die Anwendung ausländischen Rechts im internationalen Privatrecht, 1968, S. 49 ff.

USA: *Fine* American Courts and Foreign Law: The New Debate, DAJV-Newsletter 2006, 107 ff.; *Hay* Länderbericht Vereinigte Staaten von Amerika, in: Müller u. a., Die Anwendung ausländischen Rechts im internationalen Privatrecht, 1968, S. 102 ff.; *Hay/Hampe* Nichtermittelbarkeit ausländischen Rechts und Forum Non Conveniens, RIW 1998, 760 ff.; *Henley* Note: The Effect of a Failure to Prove The Law of a Foreign Country: A Presumption of Fundamental Principles Recognized by All Civilized Nations, Cal.L.Rev. 51 (1963), 632 ff.; *Merryman* Foreign Law as a problem, StanfordJIntL 19 (1983), 151 ff.; *Miner* The Reception of Foreign Law in the U.S. Federal Courts, AmJCompL 1995, 581 ff.; *Sass* Foreign Law in Federal Courts, AmJCompL 29 (1981), 97 ff.; *Schlesinger* A Recurrent Problem in Transnational Litigation: The Effect of Failure to Invoke or Prove the Applicable Foreign Law, Cornell L.Rev. 59 (1973), 1 ff.; *ders.* Die Behandlung des Fremdrechts im amerikanischen Zivilprozess, RabelsZ 27 (1963), 54 ff.; *Sprankling/Lanyi* Pleading and Proof of Foreign Law in American Courts, StanfordJIntL 19 (1983), 3 ff.

Mehrere Rechtsordnungen: *Geimer/Schütze* Internationaler Rechtsverkehr in Zivil- und Handelssachen, O (über 80 Länderberichte); *Hartley* Pleading and Proof of Foreign Law, ICLQ 45 (1996), 271 ff.; *Lando* Länderbericht Skandinavien, in: Müller u. a., Die Anwendung ausländischen Rechts im internationalen Privatrecht, 1968, S. 128 ff.; *Mayer* Le juge et la loi étrangère, Schweizerische Zeitschrift für internationales und europäisches Recht,1991, 481 ff.; *Samtleben* Länderbericht Spanien, Portugal und Lateinamerika, ebenda, S. 49 ff.; *Sass* Foreign Law in Civil Litigation: A Comparative Survey, AmJCompL 16 (1968), 332 ff.; *Varady* Foreign Law before Domestic Authorities, FSA Zajtay, 1982, S. 489 ff.; *Zajtay* The application of foreign law, in: Internationale Encyclopedia Comparative Law, vol II, ch. 14, 1972.

Übersicht

	Rdn.		Rdn.
I. Anwendung ausländischen Rechts als Recht oder Tatsache ...	1	3. Ermittlung von Amts wegen	17
1. Grundregel des § 293	3	**II. Feststellung ausländischen Rechts**	18
2. Ausländisches Recht	4	1. Mitwirkung der Parteien	19
a) Kollisionsnormen	5	a) Mitwirkungsrecht der Parteien	20
b) Europäisches Recht	6	b) Mitwirkungspflicht der Parteien	21
c) Rezipiertes Recht	8	2. Rechtsauskünfte	23
d) „entlegenes Recht"	8	a) Europäisches Rechtsauskunftsübereinkommen	23
e) lex mercatoria	9	b) Bilaterale Staatsverträge	28
f) Völkerrecht	12	3. Sachverständigengutachten	30
g) Besonderheiten bei materiellrechtlicher Verweisung....	13	4. Weitere Erkenntnisquellen	33
h) Einstweiliger Rechtsschutz	14	5. Der „Beweis" ausländischen Rechts	35
i) Versäumnisverfahren	15		
j) Urkundsverfahren	16		

Rdn.

III. Anwendung und Auslegung
ausländischen Rechts 38
1. Maßgeblichkeit ausländischer
Rechtspraxis 38
2. Ordre public-Vorbehalt 40
IV. Fehlerhafte Anwendung ausländischen Rechts 41
1. Revisiblität der Verletzung des
§ 293 ZPO 41
2. Die Grenzen der Überprüfung . . . 43
a) Der unfähige Gutachter 44
b) Das missbilligte Ergebnis 45
V. Nichtfeststellbarkeit des Inhalts
eines ausländischen Rechtssatzes . 46
1. Keine Klagabweisung 47
2. Ersatzrecht 48
a) Hilfsanknüpfung 49
b) lex fori als Ersatzrecht 50

Rdn.

c) Verwandtes Recht als Ersatz-
recht 51
d) Allgemeine Rechtsgrundsät-
ze als Ersatzrecht 54
e) Einheitsrecht als Ersatzrecht . . 56
f) Sonderregelung für ungeklärte Staatsangehörigkeit 57
VI. Ersatzrecht bei ordre public
Widrigkeit des ausländischen
Rechts 58
VII. Analoge Anwendung im
Schiedsverfahren 60
VIII. Gewohnheitsrecht 61
1. Begriff 61
2. Nichtermittelbarkeit 63
IX. Statuten 64

I. Anwendung ausländischen Rechts als Recht oder Tatsache

§ 293 regelt die Feststellung ausländischen Rechts im inländischen Prozess, wenn und **1** soweit dieses aufgrund kollisionsrechtlicher Verweisung anwendbar ist. Dabei ist es praktisch nicht bedeutsam, ob die Anwendung einer „ausländischen Rechtsordnung" möglich ist, was Picone leugnet[1], da „unter einer Rechtsordnung ein gesamtes und einheitliches normatives System zu verstehen ist, welches sich nicht an der Grenze der internen Gesetzgebung erschöpft, sondern auch alle aus ausländischen Gesetzen (oder aus dem Völkerrecht) abzuleitenden Regelungen oder konkreten normativen Beurteilungen enthält, auf die sie verweist und die sie in ihrem Bereich konkret geltend macht." Jedenfalls geht es Prozess regelmäßig um die Anwendung eines konkreten Rechtssatzes, dessen Inhalt festgestellt und der angewendet werden muss.

Dem ausländischen Recht kommt nach allgemeiner Ansicht Rechtsqualität zu[2]; es hat **2** keinen Tatsachencharakter. Das hat nicht nur Folgen für den Beweis seines Inhalts – der übereinstimmende Tatvortrag der Parteien zum Inhalt eines Rechtssatzes bindet das Gericht nicht[3] – auch die Geständnisfunktion des § 331 Abs. 1 ZPO tritt hinsichtlich des Inhalts ausländischen Rechts nicht ein[4].

---

1 Vgl. *Picone* FS Siehr, S. 569 ff.
2 Vgl. *Geimer* IZPR Rdn. 2577; *Grosch* Rechtswandel und Rechtskraft bei Unterlassungsurteilen, 2002, S. 286 f.; MünchKomm-ZPO/*Prütting* § 293 Rdn. 1, 4; *Zöller/Geimer* § 293 Rdn. 14.

3 Vgl. *Geimer* IZPR, Rdn. 2586.
4 Vgl. BGHZ 36, 348; *Geimer* IZPR, Rdn. 2592; *Stein/Jonas/Leipold* ZPO, § 293, Rdn. 54.

1. Grundregel des § 293

3 Der Grundsatz *iura novit curia* gilt trotz der missverständlichen Fassung des § 293 auch für die Anwendung ausländischen Rechts im deutschen Prozess[5]. Das deutsche Gericht muss ausländisches Recht, soweit dies kollisionsrechtlich zur Anwendung kommt, anwenden, ohne dass sich die Parteien hierauf berufen müssen. Das deutsche Kollisionsrecht ist insoweit zwingend[6].

2. Ausländisches Recht

4 Zum ausländischen Recht ist jede Rechtsnorm zu rechnen, die nicht im Inland gilt, mag sie auch – wie im Wechsel- und Kaufrecht (aufgrund des UN Kaufrechts) mit inländischem Recht übereinstimmen[7].

5 a) **Kollisionsnormen.** Kollisionsnormen sind kein ausländisches Recht. Das EGBGB ist die Zusammenfassung deutscher Rechtsnormen[8]. Deshalb ist jede Beweiserhebung über den Inhalt einer Norm des deutschen internationalen Privatrechts unzulässig[9]. Der deutsche Richter muss deutsches Kollisionsrecht kennen und – wenn er die IPR Vorlesung geschwänzt hat – sich die erforderliche Kenntnis im Eigenstudium verschaffen. Deutsches Kollisionsrecht ist von Amts wegen anzuwenden[10]. Die Lehre vom fakultativen Kollisionsrecht[11] hat sich in Deutschland – zu Recht – nicht durchsetzen können.

6 b) **Europäisches Recht.** Europäisches Recht ist kein ausländisches Recht. § 293 ZPO ist deshalb nicht anwendbar[12]. Deshalb fällt das Auffinden der anwendbaren Norm nicht unter die Regelung für ausländisches Recht. Gemeinschaftsrecht ist wie inländisches Recht zu behandeln, da europäisches Recht nicht kraft kollisionsrechtlicher Verweisung, sondern unmittelbar in Deutschland gilt. Dabei kommt es nicht darauf an, ob ein Transformationsakt erforderlich und erfolgt ist[13].

7 Bei der Auslegung seines Inhalts ist der besondere Charakter des EG-Rechts zu berücksichtigen. Der inländische Richter kann und muss in gewissen Fällen die Auslegung dem EuGH überlassen.

8 c) **Rezipiertes Recht.** Ein ausländischer Rechtssatz wird mit seiner Rezeption zum inländischen. Rezipiertes Recht ist kein ausländisches Recht. Das gilt zunächst für Rechtssätze aus anderen Rechtsordnungen, die vom deutschen Gesetzgeber übernommen worden sind, z. B. Teile des Kartellrechts, die ursprünglich auf US-amerikanischem Recht

---

5 Vgl. *Schütze* DIZPR, Rdn. 252.
6 Vgl. BGH RIW 1995, 1027; MünchKomm BGB/*Sonnenberger* Einl. IPR, Rdn. 630; *Nagel/Gottwald* § 10, Rdn. 14.
7 Vgl. BGH LM Nr. 1 zu Art. 92 WG; BGH RIW/AWD 1978, 618 (zur Nichtrevisibilität ausländischen Wechselrechts, das mit dem deutschen inhaltlich übereinstimmt).
8 Vgl. *Schütze* DIZPR Rdn. 293.
9 Vgl. *Schack* IZVR, Rdn. 698.
10 Vgl. BGH NJW 1993, 2305; 1996, 54; *Schack* IZVR, Rdn. 699; *Zöller/Geimer* ZPO, § 293, Rdn. 10.

11 Vgl. dazu *de Boer* Facultative Choice of Law, RdC 257 (1997), S. 223 ff.
12 Vgl. *Artz* Kollisionrecht und ausländisches Recht, S. 40; MünchKomm-ZPO/*Prütting* § 293, Rdn. 9; *Musielak/Huber* § 293, Rdn. 2; *Schack* IZVR, Rdn. 698; *Schütze* EG-Recht im deutschen Zivilprozess, EWS 1990, 49 ff.; *ders.* Feststellung und Revisibilität europäischen Rechts im deutschen Zivilprozess, GS Baur, 1992, S. 93 ff.; *Sommerlad/Schrey* NJW 1991, 1377 ff.; *Stein/Jonas/Leipold* § 293, Rdn. 7.
13 AA OLG München, EuR 1988, 409.

basieren. Das gilt aber auch für Mustergesetze und internationale Übereinkommen. Beispiel für die Übernahme eines Mustergesetzes ist die Novellierung des deutschen Schiedsverfahrensrechts 1998 aufgrund des UNCITRAL-Model Law; Beispiel für ein internationales Übereinkommen ist das UN Kaufrecht, das in Deutschland als nationales Recht gilt. §293 ZPO findet auf übernommenes Recht jeglicher Schattierung keine Anwendung.

d) „Entlegenes" Recht. Zuweilen muss der deutsche Richter Rechtssätze anwenden, **9** mit denen er nicht vertraut ist, für die die Gerichtsbibliothek keine Literatur bereit hat und wo wegen mangelnder praktischer Erfahrung in dem „entlegenen" Rechtsgebiet die Fehlerwahrscheinlichkeit bei der Entscheidungsfindung grösser als üblich ist. Das ist etwa der Fall, wenn eine Zivilkammer in Stuttgart deutsches Seerecht anwenden muss. Auch das Steuerrecht ist für den Zivilrichter regelmäßig ein „entlegenes" Rechtsgebiet. Aber auch in diesen Fällen darf das Gericht kein Gutachten einholen. Der Grundsatz *iura novit curia* gilt für deutsches Recht uneingeschränkt[14]. Sonst würden alle Grenzen fallen. Welchem Richter sollte man die Einholung eines Gutachtens gestatten? Bei individualisierender Betrachtungsweise müsste man auf die Rechtskenntnis des einzelnen Richters abstellen. Der BGH sieht das für das Steuerrecht offenbar anders. Er hat Mitleid mit den Instanzrichtern, denen er wohl die Zuziehung eines Steuersachverständigen zubilligt[15].

e) Lex mercatoria. Teilweise – insbesondere in internationalen Schiedsverfahren – wird **10** die Anwendung der lex mercatoria[16], vom nationalen Recht losgelöster allgemeiner Grundsätze des internationalen Handels favorisiert[17]. Man mag zweifeln, ob es sich bei der lex mercatoria wirklich um eine Rechtsquelle handelt, die Anwendung dieses schwammigen Gebildes den Richter oder Schiedsrichter nicht vielmehr zu einem amiable compositeur macht[18]. Wegen der mangelnden Rechtsqualität findet §293 ZPO keine Anwendung. Wenn man der lex mercatoria in einzelnen Bereichen – z. B. bei Dokumentenakkreditiven[19] – rechtliche Bedeutung zumessen will, dann als Gewohnheitsrecht, was zur Anwendung der Norm führt.

---

14 Vgl. *Artz* aaO., S. 41; MünchKomm-ZPO/*Prütting* §293, Rdn. 7 ff., Fn. 2; *Schack* IZVR, Rdn. 698.
15 Vgl. BGH NJW 1999, 638; ablehnend *Artz* aaO., S. 41; *Spickhoff* Anmerkung JZ 1999, 302 ff.; schon früher *Tipke* Ist Steuerrecht für die Zivilgerichte ausländisches Recht?, NJW 1976, 2199 f.
16 Zu der von *Schmitthoff* entwickelten Theorie eines Welthandelsrechts vgl. insbes. das von ihm herausgegebene Sammelwerk „The Sources of the Law of International Trade", 1964; Vgl. aus der deutschen Literatur *Grundmann* Lex mercatoria und Rechtsquellenlehre, Jahrbuch junger Zivilrechtswissenschaftler, 1991, S. 43 ff.; *Langen* Transnationales Recht, 1981; *Lorenz* Die lex mercatoria eine internationale Rechtsquelle, FS Neumayer, 1985, S. 407 ff.
17 Vgl. zur Anwendung der lex mercatoria im Schiedsverfahren – befürwortend und ablehnend – Berger Internationale Wirtschaftsschiedsgerichtsbarkeit, 1992, S. 361 ff. m. w. N.; *Dasser*

Internationale Schiedsgerichtsbarkeit und lex mercatoria, 1989; *von Hoffmann* Grundsätzliches zur Anwendung der „lex mercatoria" durch internationale Schiedsgerichts, FS Kegel II, 1987, S. 215 ff.; *Triebel/Petzold* Grenzen der lex mercatoria in der internationalen Schiedsgerichtsbarkeit, RIW 1988, 245 ff.; *Weise* Lex mercatoria. Materielles Recht vor internationalen Schiedsgerichten, 1990.
18 Vgl. *Schütze* Schiedsgericht und Schiedsverfahren, 4. Aufl., 2007, Rdn. 202; *Triebel/Petzold* RIW 1988, 245 ff. (247).
19 Von einem Teil des Schrifttums werden die Einheitlichen Richtlinien und Gebräuche für Dokumentenakkreditive ganz oder teilweise als Gewohnheitsrecht qualifiziert, so von *Herold/Lippisch* Bank- und Börsenrecht, 2. Aufl., 1962, S. 51; a. A. *Schütze* Das Dokumentenakkreditiv im Internationalen Handelsverkehr, 6. Aufl., 2008, Rdn. 12 m. w. N.

11 Im Übrigen stellt sich die Frage der Anwendung der lex mercatoria im Schiedsverfahren für den staatlichen Richter allenfalls aus der Sicht der §§ 1059 ff. ZPO[20]. Da der Schiedsspruch aber nicht auf seine inhaltliche Richtigkeit überprüft werden kann, ist wegen des Verbots der révision au fond eine Anwendung des § 293 ZPO im Aufhebungs- oder Vollstreckbarerklärungsverfahren praktisch ausgeschlossen.

12 **f) Völkerrecht.** Für das Völkerrecht gilt § 293 ZPO nicht, da es – gemäß Art. 25 GG oder durch Transformationsgesetz nach Art. 59 Abs. 2 GG – Bundesrecht ist[21]. Soweit Zweifel bestehen, ob eine Norm des Völkerrechts Bestandteil des deutschen Rechts ist, muss das Gericht dem Bundesverfassungsgericht vorlegen (Art. 100 Abs. 2 GG)[22].

13 **g) Besonderheiten bei materiellrechtlicher Verweisung.** Ein ausländischer Rechtssatz verliert den Charakter einer Rechtsnorm dann, wenn er nicht aufgrund kollisionsrechtlicher, sondern materiellrechtlicher Verweisung angewendet wird[23]. Die Verweisung ist in diesem Falle von derselben Qualität wie jede andere Parteivereinbarung auch. Der ausländische Rechtssatz hat Tatsachencharakter und unterliegt den Beweisregeln der ZPO. Derjenige, der sich auf den Inhalt einer aufgrund materiellrechtlicher Verweisung anwendbaren ausländischen Norm beruft, trägt die volle Beweislast.

14 **h) Einstweiliger Rechtsschutz.** Die Feststellung des Inhalts ausländischen Rechts kann im Rahmen von Verfahren des einstweiligen Rechtsschutzes gelegentlich zu zeitaufwendig sein. In solchen Fällen muss der Antragsteller – zugegebenerweise systemwidrig – den Inhalt des ausländischen Rechts glaubhaft machen, um einen effektiven Rechtsschutz nicht zu gefährden[24]. Gelingt dies nicht, so ist der Antrag nicht zurückzuweisen, sondern ein Ersatzrecht anzuwenden[25]. Die Zurückweisung des Antrags könnte man allenfalls aus der vom BGH postulierten Mitwirkungspflicht der Parteien bei der Feststellung des kollisionsrechtlich zur Anwendung berufenen ausländischen Rechts[26]hergeleitet werden, gibt den Parteien aber Steine statt Brot[27]. Prütting[28] differenziert. Er will im Einzelfall eine Abwägung der Interessen der Parteien an einer schnellen Entscheidung und einer richtigen Entscheidung vornehmen.

15 **i) Versäumnisverfahren.** Die Geständnisfiktion des § 331 Abs. 1 ZPO wirkt nur für das tatsächliche Vorbringen. Da ausländisches Recht im Prozess als Recht – nicht als Tatsache – behandelt wird, findet § 331 Abs. 1 ZPO insoweit keine Anwendung[29]. Das Gericht muss

---

20 Vgl. *Zöller/Geimer* § 293, Rdn. 4 a.
21 Vgl. MünchKomm-ZPO/*Prütting* § 293 Rdn. 10; *Musielak/Huber* § 293, Rdn. 2; *Stein/Jonas/ Leipold* § 293, Rdn. 6; *Zöller/Geimer* § 293, Rdn. 5.
22 Vgl. MünchKomm-ZPO/*Prütting* § 293, Rdn. 10.
23 Vgl. *Schütze* Ausländisches Recht als beweisbedürftige Tatsache, NJW 1975, 1652 f.
24 Vgl. OLG Frankfurt/Main NJW 1969, 991 mit kritischer Urteilsanmerkung Franz NJW 1969, 1569 f.; *Schack* Subrogation und Prozessstandschaft, Ermittlung ausländischen Rechts im einstweiligen Verfügungsverfahren, IPRax 1995, 158 ff.; *Schütze* DIZPR, Rdn. 429. *Schack* IZVR, Rdn. 704 will in Verfahren des einstweiligen Rechtsschutzes zeitraubende Ermittlungen ausländischen Rechts in gewissem Umfang einschränken ohne aber die grundsätzliche

Ermittlungspflicht des Gerichts in Frage zu stellen.
25 Vgl. OLG Karlsruhe IPRax 1985, 106; OLG Köln GRUR 1994, 646; Geimer IZPR, Rdn. 2593; Lindacher, FS Schumann, S. 283 ff.; *Mankowski/ Kerfack* Arrest, einstweilige Verfügung und die Anwendung ausländischen Rechts, IPRax 1990, 372 ff.; Nagel/Gottwald IZPR, § 10, Rdn. 40; *Zöller/ Geimer* ZPO, § 293, Rdn. 19.
26 Vgl. BGH NJW 1976, 1581; auch OLG Frankfurt, OLGR 1994, 120.
27 Ablehnend auch Artz, S. 188 ff.
28 Vgl. MünchKomm-ZPO/*Prütting* § 293, Rdn. 56.
29 Vgl. MünchKomm-ZPO/*Prütting* § 293, Rdn. 55; *Nagel/Gottwald* IZPR, § 10, Rdn. 36; *Stein/ Jonas/Leipold* § 293, Rdn. 54; *Zöller/Geimer* § 293, Rdn. 18; a. A. OLG München NJW 1976, 489.

den Inhalt des behaupteten ausländischen Rechtssatzes ermitteln, notfalls ein Ersatzrecht anwenden. Ist das Gericht von den Darlegungen des Klägers zum ausländischen Recht überzeugt, dann braucht es keine weiteren Ermittlungen anzustellen. Der Kläger tut deshalb gut daran, schon im Vorfeld ein Gutachten einzuholen und dieses[30], sowie Gesetzeskopien und Urteilsabschriften vorzulegen.

j) Urkundsverfahren. Die Notwendigkeit des Beweises durch Urkunden nach § 592 ZPO   **16** bezieht sich nur auf das tatsächliche Vorbringen. Angesichts der Qualität ausländischen Rechts als Recht ist das Gericht verpflichtet, auch im Urkundsprozess den Inhalt des kollisionsrechtlich zur Anwendung berufenen Rechts von Amts wegen zu ermitteln. Es kann deshalb auch ein Sachverständigengutachten einholen[31].

3. Ermittlung von Amts wegen

Gericht hat den Inhalt des kollisionsrechtlich zur Anwendung berufenen Rechts von Amts   **17** wegen zu ermitteln[32]. Das folgt daraus, dass ausländisches Recht als Recht, nicht als Tatsache angewendet wird und der Grundsatz iura novit curia auch im Anwendungsbereich des § 293 ZPO gilt. Geständnis und Nichtbetreiten der Parteien binden das Gericht nicht und entheben es nicht von der Verpflichtung zur Ermittlung des Inhalts eines ausländischen Rechtssatzes[33]. Gehören die Parteien aber beide dem Staat an, dessen Recht anzuwenden ist, so mag das Gericht – wenn es von dem Vortrag überzeugt ist – den zugestandenen Vortrag zugrunde legen, für dessen Richtigkeit dann eine Vermutung spricht[34].

II. Feststellung ausländischen Rechts

Das Gericht kann die Erkenntnisquellen nach seinem Ermessen wählen und nutzen[35].   **18**

1. Mitwirkung der Parteien

Die Partei, die sich auf einen ausländischen Rechtssatz beruft, wird sich in der Regel über   **19** seinen Inhalt informiert haben. Sie hat ein Interesse daran, dass diese Norm ausländischen Rechts in einer – nach ihrem Verständnis und ihrer Auslegung – richtigen Art angewendet wird. § 293 ZPO gibt den Parteien das Recht, nach der Rechtsprechung des BGH auch die Pflicht, an der Feststellung ausländischen Rechts mitzuwirken.

---

30   So die Empfehlung von *Nagel/Gottwald* IZPR, § 10, Rdn. 36.
31   Vgl. BGH RIW 1997, 687; *Zöller/Geimer* § 293, Rdn. 18.
32   Vgl. BGH NJW-RR 2005, 1071; BGH MDR 1985, 1001; BGH MDR 1997, 680; BGH IPRax 2002, 302; BGH RIW 2006, 389; OLG Saarbrücken NJW 2002, 1209; *Jayme* Die Expertise über fremdes Recht, S. 109 ff. (110); *Zöller/Geimer* § 293, Rdn. 14.

33   Vgl. *Zöller/Geimer* § 293, Rdn. 17.
34   Vgl. BAG RIW/AWD 1975, 521; *Zöller/Geimer* § 293, Rdn. 17.
35   Unstr. vgl. BGHZ 118, 151; BGH RIW 2006, 389; *Huzel* Zur Zulässigkeit eines „Auflagenbeschlusses" im Rahmen des § 293 ZPO, IPRax 1990, 77 ff.; *Schack* IZVR, Rdn. 706; *Zöller/Geimer* § 293, Rdn. 15.

20 **a) Mitwirkungsrecht der Parteien.** Die Parteien haben ein Mitwirkungsrecht bei der Ermittlung ausländischen Rechts. Sie können Belege über den Inhalt der von ihnen behaupteten ausländischen Rechtsnorm durch Privatgutachten[36], Gesetzestexte, Entscheidungsabschriften pp. vorlegen. Das Gericht kann diese Mithilfe fordern[37], ohne dass dadurch eine (prozessuale) Beweisführungslast entstünde. Für die Entscheidungsfindung sind diese Nachweise allerdings von allen Erkenntnismöglichkeiten am ungeeignetsten. Sie sind von der Subjektivität und den Interessen der interessierten Partei belastet. Was kann man von einer Partei an Nachweisen erwarten, die sich auf einen ausländischen Rechtssatz stützt, dessen Auslegung in Rechtsprechung und Schrifttum umstritten ist? Sie wird kaum in objektiver Weise den Streitstand darstellen, vielmehr lediglich die Belegstellen für die ihr günstige Interpretation vorlegen.

21 **b) Mitwirkungspflicht der Parteien.** Im Grundsatz gilt, dass den Parteien keine (prozessuale) Beweisführungelast obliegt[38]. Sie haben keine Verpflichtung, sich zu Fragen des Inhalts ausländischen Rechts zu äußern oder Beweismittel vorzulegen[39]. Etwas anderes ist auch nicht aus BGH NJW 1976, 1581 herzuleiten. Hier hatte das Berufungsgericht den Inhalt türkischen Rechts durch Sachverständigengutachten ermittelt. Der BGH hat im Revisionsverfahren lediglich darauf hingewiesen, dass von einer Partei, die die Unrichtigkeit des Gutachtens unter Berufung auf ausländische Rechtsprechung geltend macht, erwartet werden kann, dass sie Urteile, auf die sie sich beruft in Abschrift vorgelegt oder in anderer Weise über deren Inhalt informiert.

22 Etwas anderes mag in Eilverfahren gelten, wo der Antragsteller den Inhalt eines ausländischen Rechtssatzes glaubhaft machen muss[40]. Vgl. dazu Rdn. 14.

2.   Rechtsauskünfte

a)   Europäisches Rechtsauskunftsübereinkommen

23 **Schrifttum:** Vgl. dazu *Bartoli* Considerazioni sulle posizione del giudice rispetto al problema della conoscenza del diritto straniero a seguito della Convenzione di Londra del 7 giugno 1968, Rivista di Diritto Internzionale Privato e Processuale 19 (1983), 333 ff.; *Brulliard* La convention européenne du 7 juin 1968 relative à l'information sur le droit étranger, J.C.P. 1973.I.2580; *ders.* Convention européenne relative à l'information sur les droits étrangers, Revue internationale de droit comparéXXV (1973), 389 ff.; *Erauw* De eerste belgische ervaringen met het Europees verdrag inzake inlichtingen over buitenlands recht, Rechtskundig Weekblad1981/1982, 1503 ff.; *Geimer/Schütze (Pirrung)* Internationaler Rechtsverkehr, 380.1 ff.; *Heldrich* Probleme bei der Ermittlung ausländischen Rechts in der Praxis, FS Nakamura, 1996, S. 243 ff.; *Jastrow* Zur Ermittlung ausländischen Rechts: Was leistet das Londoner Auskunftsübereinkommen in der Praxis?, IPRax 2004, 402 ff.; *Jessurun d'Oliveira* De europese overeenkonst in de praktijk, in: *Jessurun d'Oliveira* De Europese overeenkonst opens het verstrekkenvan inlichtingen over buitenlands recht en het art. 48 Rv., Nederlands Juristenblad 54 (1979), 637 ff.; *Kegel* Zur Organisation der Ermittlung ausländischen Privatrechts, FS Nipperdey, Bd. I, 1965, S. 453 ff.; *Otto* Die gerichtliche Praxis und ihre Erfahrungen mit dem Europäischen Übereinkommen vom 7.6.1968 betreffend Auskünfte über ausländisches Recht, FS Firsching, 1985, S. 209 ff.; *ders.* Der verunglückte § 293 ZPO und die Ermittlung ausländischen Rechts durch „Beweiserhebung", IPRax 1995, 299 ff. (mit statistischem Material zur praktischen Umsetzung des Übereinkommens); *ders.* Das Übereinkommen vom 7.6.1968 betr. Auskünfte

---

36 Vgl. dazu OLG Frankfurt/Main MDR 1983, 410.
37 Vgl. *Schütze* DIZPR, Rdn. 258.
38 Vgl. BGHZ 120, 334 (342); BGH NJW-RR 2005, 1071; *Schack* IZVR, Rdn. 703.

39 Vgl.   MünchKomm-ZPO/*Prütting*   § 293 Rdn. 6.
40 Vgl. OLG Frankfurt/Main NJW 1969, 991 mit kritischer Anm. *Franz* ebenda 1569 f.

über ausländisches Recht – im Abseits?, Jb.Ital.Recht 7 (1994), S. 233 ff.; *Rodger/van Doorn* Proof of Foreign Law: The Impact of the London convention, ILCQ 46 (1997), 151 ff.; *Schellak* Selbstermittlung oder Auskunft unter dem europäischen Rechtsauskunftsübereinkommen, 1998; *Wolf* Das Europäische Übereinkommen v. 7.6.1968 betreffend Auskünfte über ausländisches Recht, NJW 1975, 1583 ff.; *Wollny* Auskünfte über ausländisches Recht, DRiZ 1984, 479 f.

Das europäische Übereinkommen betreffend Rechtsauskünfte über ausländisches Recht **24** vom 7.6.1968[41] ermöglicht die Einholung von Rechtsauskünften über eine zentrale Stelle nach dem Vorbild der französischen *certificats de coutûmes*. Das Übereinkommen ist zur Zeit in Kraft im Verhältnis zu: Albanien, Aserbaidschan, Belarus, Belgien, Bulgarien, Costa Rica, Dänemark, Estland, Finnland, Frankreich, Georgien, Griechenland, Island, Italien, Lettland, Liechtenstein, Litauen, Luxemburg, Malta, Mazedonien (ehemalige jugoslawische Republik), Mexiko, Moldau (Republik), Niederlande, Norwegen, Österreich, Polen, Portugal, Rumänien, Russische Föderation, Schweden, Schweiz, Serbien, Slowakei, Slowenien, Sowjetunion (ehemalige), Spanien, Tschechische Republik, Türkei, Ukraine, Ungarn, Vereinigtes Königreich, Zypern. Durch den großen Kreis der Vertragsstaaten ist auch die Möglichkeit der Auskünfte über sonst – schon aus sprachlichen Gründen – schwer zugängliche Rechte zu erhalten.

Der BGH hat in einer Entscheidung v. 13.4.1983[42] die Nichtanwendung des Europäischen **25** Rechtsauskunftsübereinkommens durch das Instanzgericht gerügt.

Der Wert der Auskünfte leidet darunter[43], dass sie sich regelmäßig auf abstrakte Rechts- **26** fragen beziehen, die für die Entscheidungsfindung häufig nicht ausreichend sind.

Zu dem Übereinkommen ist ein deutsches Ausführungsgesetz ergangen[44]. Der Rechts- **27** hilfeverkehr nach dem Übereinkommen wird über staatliche Verbindungsstellen (Empfangsstellen und Übermittlungsstellen) abgewickelt. Empfangsstelle für eingehende Ersuchen ist der Bundesminister der Justiz (§ 9 Abs. 1 AusfG), Übermittlungsstelle für ausgehende Ersuchen des Bundesverfassungsgerichts und oberer Bundesgerichte ist der Bundesminister der Justiz (§ 9 Abs. 2 AusfG), im übrigen die von den Landesregierungen bestimmten Stellen (§ 9 Abs. 2 AusfG)[45].

b) Bilaterale Staatsverträge. Eine eigenständige Regelung der Auskünfte über Rechts- **28** vorschriften bringen Artt. 18 ff. des deutsch-marokkanischen Rechtshilfevertrages 1985[46]. Nach Art. 18 erteilen sich das deutsche und das marokkanische Justizministerium Auskünfte über Gesetze Gerichtsentscheidungen in einer bestimmten Frage sowie jegliche sonstigen Rechtsauskünfte in Zivil- und Handelssachen.

Diese allgemeine Rechtsauskunftsverpflichtung auf Justizministeriumsebene wird ergänzt **29** durch die Möglichkeit für Gerichte im Rahmen eines Gerichtsverfahrens von den Behörden des anderen Vertragsstaaten Auskünfte über dessen Zivil- und Handelsrecht, das Verfahrensrecht auf diesen Gebieten und die Gerichtsverfassung einzuholen. Das Gesuch muss

---

41 BGBl. 1974 II 938, abgedruckt auch in *Wieczorek/Schütze* Bd. VI, sub 3, a, ee, S. 663 ff.
42 Vgl. BGH IPRax 1985, 154; dazu *Prütting* Probleme des europäischen Vollstreckungsrechts, IPRax 1975, 137 ff. (139).
43 Vgl. zur Kritik auch *Kegel/Schurig* Internationales Privatrecht, 9. Aufl., 2004, S. 508; *Schack* IZVR, Rdn. 709; *Schütze* DIZPR, Rdn. 260.

44 BGBl. I, 1974, 1453; abgedruckt auch in *Wieczorek/Schütze* Bd. VI, sub 3, a, cc, β, S. 680 ff.
45 Vgl. für die Verordnungen, Anordnungen und Beschlüsse *Geimer/Schütze (Pirrung)* Internationaler Rechtsverkehr, 382. 3, Fn. 7.
46 Vgl. für den Text *Wieczorek/Schütze* Bd. VI, sub 3,b,cc,α, S. 712 ff. (720 f.).

von einem Gericht ausgehen und muss von einer Sachverhaltsdarstellung begleitet sein. Das Ersuchen wird über die Justizministerien Deutschlands und Marokkos übermittelt. Die Auskunft bindet die Gerichte nicht.

3.   Sachverständigengutachten

30 Die in der Praxis der Gerichte gängige Methode zur Ermittlung des Inhalts ausländischen Rechts ist die Einholung von Sachverständigengutachten[47]. In Betracht kommen in erster Linie wissenschaftliche Institute, z. B. die Universitätsinstitute in Freiburg/Brsg., Göttingen, Heidelberg, Köln, München und die Max Planck Institute, insbesondere das für ausländischen und internationales Privatrecht in Hamburg[48]. Aber auch ausgewiesene Fachleute – z. B. Universitätsprofessoren – können als Gutachter bestellt werden[49].

31 Die bedeutenden Institute – allen voran das Max Planck Institut in Hamburg – sind durch die steigende Zahl der Auslandsrechtsfälle, die zur Begutachtung anstehen, überlastet und lehnen zuweilen Gutachtenaufträge ab oder können sie nur in überlanger Zeit erledigen.

32 Gutachten haben den Vorteil gegenüber bloßen Rechtsauskünften, fallbezogen zu sein, bergen aber die Gefahr in sich, die richterliche Tätigkeit auf den Sachverständigen zu verlagern[50]. Das ist aber das kleinere Übel gegenüber der Gefahr einer falschen Entscheidung wegen unzulänglicher Ermittlung des anwendbaren ausländischen Rechts. Das Ergebnis der Gutachtenpraxis ist sicherlich besser, als es ein Autor[51] – schnoddrig – glauben machen will (mit welchem Material eigentlich?), 50% aller Fälle, die kollisionsrechtliche Fragen zum Gegenstand haben, würden falsch entschieden.

4.   Weitere Erkenntnisquellen

33 Das Gericht darf auch Behörden befragen[52] und Aussagen aus anderen Prozessen verwerten[53], kurz, es ist nicht an eine Erkenntnisquelle gebunden. Eine Erkenntnisquelle ist allerdings ungeeignet: Die Befragung deutscher Rechtsanwälte in dem Staat, dessen Rechtspraxis festgestellt werden soll, die Neelmeier empfiehlt[54]. Die Qualifikation der so Befragten ist völlig ungesichert. Überdies stellt sich die Frage der Honorierung. Kein honoriger Anwalt wird eine Rechtsauskunft pro bono erteilen.

---

47 Vgl. dazu *Fuchs* Die Ermittlung ausländischen Rechts durch Sachverständige, RIW 1995, 807 ff.; *Jayme* Die Expertise über fremdes Recht, in: Nicklisch (Herausg.), Der Experte im Verfahren, 2005, S. 109 ff. (111 ff.).
48 Vgl. *Jayme* Die Expertise über fremdes Recht, S. 111; *Krüger* Zur Ermittlung ausländisches Rechts in Deutschland: Ein Bericht aus der Praxis, FS Nomer, 2003, S. 357 ff. (375 ff.).
49 Vgl. dazu die Zusammenstellung von *Hetger* Sachverständige für ausländisches und internationales Privatrecht, DNotZ 1994, 88 ff., bei der die Sachkenntnis der dort aufgeführten Gutachter allerdings weitgehend auf Selbsteinschätzung beruht. Kritisch dazu auch *Schack* IZVR, Rdn. 710.
50 Vgl. dazu *Müller* Länderbericht Deutschland,

in: Müller u. a., Die Anwendung ausländischen Rechts im internationalen Privatrecht, 1968, S. 70 ff.
51 Vgl. *Bendref* Gerichtliche Beweisbeschlüsse zum ausländischen und internationalen Privatrecht, MDR 1983, 892 ff.
52 Vgl. RG N § 293, 4.
53 Vgl. RG JW 1910, 152.
54 Vgl. *Neelmeier* Verbürgung der Gegenseitigkeit zwischen Deutschland und China, SchiedsVZ 2007, 102 ff.; dagegen *Schütze* Zur Verbürgung der Gegenseitigkeit im deutsch-chinesischen Verhältnis, ZChinR 2008, 244 ff., *ders.* Zur Verbürgung der Gegenseitigkeit bei der Urteilsanerkennung im deutsch-chinesischen Verhältnis, RIW 2008, 1 ff. (weitgehend inhaltsgleich).

Als wenig geeignet haben sich auch Rechtsauskünfte deutscher Auslandsvertretungen **34** erwiesen. Diese sind mit dem Recht des jeweiligen Staates nur oberflächlich vertraut. Die Auskünfte sich deshalb regelmäßig nicht ausführlich, gelegentlich falsch[55].

5. Der „Beweis" ausländischen Rechts

Angesichts der Geltung des Grundsatzes iura novit curia auch hinsichtlich der Anwen- **35** dung kollisionsrechtlich zur Anwendung berufenen ausländisches Rechts dürfte es an sich keine Beweiserhebung geben. In der Praxis erfolgt jedoch die Ermittlung ausländischen Rechts regelmäßig in einem Beweisverfahren[56] aufgrund eines Beweisbeschlusses[57]. Dieser darf sich nur auf die Mitwirkung der Parteien, die Erstattung eines Gutachtens oder die Einholung einer Rechtsauskunft zum Inhalt ausländischen Rechts beziehen. Die Erstreckung auf Fragen des deutschen Kollisionsrechts – wenngleich of praktiziert – ist unzulässig[58]. Denn das IPR ist deutsches Recht, auf das § 293 ZPO keine Anwendung findet. Anders ist es mit ausländischem Kollisionsrecht, das im Rahmen einer etwaigen Rück- oder Weiterverweisung relevant werden kann. Dieses kann Gegenstand des „Beweises" sein.

Zu den durch Mithilfe der Parteien, Gutachten oder Rechtsauskünften erlangten Erkennt- **36** nissen zum Inhalt ausländischen Rechts ist den Parteien Gelegenheit zur Stellungnahme zu geben[59]. Wenn sich das Gericht bei Einholung eines Sachverständigengutachtens für den Weg über §§ 402 ff. ZPO wählt, dann muss es auch auf Antrag einer Partei den Sachverständigen in die Sitzung laden, damit er sein Gutachten erläutern und auf Fragen der Parteien antworten kann[60].

Da keine der Parteien für den Inhalt ausländischen Rechts beweispflichtig ist, können **37** Vorschüsse für Sachverständigengutachten und Rechtsauskünfte nicht verlangt werden. Die Praxis der Gerichte sieht das anders. Jedenfalls dürfen einer Partei durch die Nichtzahlung von Vorschüssen keine Rechtsnachteile entstehen, soweit man nicht einen Verstoß gegen die vom BGH postulierte Mitwirkungspflicht der Parteien[61] annehmen will.

---

55 So war die Antwort der deutschen Botschaft in Tripolis auf eine Anfrage des LG Nürnberg-Fürth nach der Prozesskostensicherheit für Ausländer in Libyen insoweit falsch als sie mit dem Prozesskostenvorschuss, der nichts mit der cautio iudicatum solvi zu tun hat, vermengt worden ist. Das führte dann auch zu einer unrichtigen Entscheidung des Gerichts, IPRax 1990, 109; vgl. *Schütze* Die verkannte Funktion der Ausländersicherheit, IPRax 1990, 87 f.

56 *Fuchs* Die Ermittlung ausländischen Rechts durch Sachverständige, RIW 1995, 807 ff. (807) bezeichnet den Begriff „Beweis" als wenig glücklich.

57 Vgl. dazu *Bendref* MDR 1983, 892 ff.

58 So jedoch unrichtig *Bendref* IPR und Anwalt-

schaft, AnwBl 1982, 468 f.; *ders.* Gerichtliche Beweisbeschlüsse zum ausländischen und internationalen Privatrecht, MDR 1983, 892 ff.; Kosten für Gutachten zum deutschen Kollisionsrecht beruhen auf unrichtiger Sachbehandlung durch das Gericht und dürfen nach „ 21 Abs. 1 S. 1 GKG von den Parteien nicht erhoben werden, vgl. Schack, IZVR, Rdn. 698.

59 Vgl. *Fuchs* RIW 1995, 807 ff. (809).

60 Vgl. BGH RIW 1994, 878; NJW 175, 2142; *Nagel/Gottwald* IZPR, § 10 Rdn. 32.

61 Problematisch BGH NJW 1976, 1581, der die mangelnde Nichtwirkung der Parteien bei Feststellung des Inhalts des anwendbaren ausländischen Rechts mit dessen Nichtberücksichtigung ahnden will.

III.   Anwendung und Auslegung ausländischen Rechts

1.   Maßgeblichkeit ausländischer Rechtspraxis

38   Der Richter ist an die Rechtspraxis im ausländischen Staat bei der Anwendung eines Rechtssatzes dieses Staates gebunden. Der deutsche Richter muss so entscheiden, wie es der ausländische täte[62]. Der deutsche Richter darf den ausländischen Rechtssatz nicht selbständig interpretieren. Der ausländische Rechtssatz ist so zu übernehmen, wie er seine Ausprägung in der ausländischen Rechtsprechung und Lehre erhalten hat. Die Auslegungsmöglichkeiten des Richters sind damit bei ausländischem Recht gegenüber deutschem Recht begrenzt.

39   Fehlt eine ausländische Rechtspraxis, so ist der deutsche Richter gehalten, eine ausländischen Rechtssatz nach den Auslegungsmethoden zu interpretieren und anzuwenden, den das anwendbare Recht vorschreibt[63]. Das deutsche Gericht muss deshalb in common law Ländern im Rahmen der Verbindlichkeit von Präjudizien das stare decisis Prinzip anwenden, muss auf der anderen Seite Auslegungsberücksichtigungsverbote respektieren, so die Untersagung bestimmte Quellen heranzuziehen[64].

2.   Ordre public-Vorbehalt

40   Die Anwendung ausländischen Rechts findet ihre Grenze am deutschen ordre public (Art. 6 EGBGB). Das deutsche Kollisionsrecht verbietet die Anwendung eines ausländischen Rechtssatzes, wenn dieser mit den tragenden Grundsätzen der deutschen Rechtsordnung unvereinbar ist. Dieses Ergebnis kann nicht dadurch umgangen werden, dass dem an sich kollisionsrechtlich zur Anwendung berufenen ausländischen Rechtssatz durch eine anwendungsfreundliche Interpretation ein mit dem ordre public vereinbarer Inhalt gegeben wird. Führt die ausländische Rechtspraxis zur ordre public Widrigkeit, dann ist der ausländische Rechtssatz nicht anzuwenden.

IV.   Fehlerhafte Anwendung ausländischen Rechts

1.   Revisibilität der Verletzung des § 293 ZPO

41   Die nach § 549 a. F. ZPO bestehenden Beschränkungen der Revisibiltät ausländischen Rechts sind durch die Neufassung von § 545 Abs. 1 durch das FGG-Reformgesetz fortgefallen[65]. Ausländisches Recht ist deshalb auch im Rahmen von § 293 ZPO voll revisibel. Aber selbst wenn man mit einer starken Meinung in der Literatur von einer Nicht-

---

62   Vgl. BGH RIW 1990, 581; *Dölle* Über die Anwendung fremden Rechts, GRUR 1957, 56 ff. (60); *Neuhaus* Der Grundbegriff des internationalen Privatrechts, 2. Aufl., 1976, S. 334; *Jansen/Michaelis* ZZP 116 (2003), 19 ff.; *Kegel/Schurig* IPR, § 15 III; *Schack* IZVR, Rdn. 705; *Siehr* Internationales Privatrecht, 2001, S. 468.
63   Zu den unterschiedlichen Auslegungsregeln vgl. beispielsweise *Vogenauer* Die Auslegung von Gesetzen in England und auf dem Kontinent, 2001.
64   Vgl. *Brauksiepe* Die Anwendung ausländischen Rechts im deutschen Zivilprozess, Diss.

Bonn 1965, S. 91; *Kegel/Schurig* IPR, § 15 III; *Jansen/Michaels* ZZP 116 (2003), 3 ff. (27 f.), differenzierend.
65   Vgl. *Aden* Revisibilität des kollisionsrechtlich berufenen Rechts, RIW 2009, 475 ff.; *Eichel* Die Revisibilität ausländischen Rechts nach der Neufassung von § 545 Abs. 1 ZPO, IPRax 2009, 389 ff.; *Geimer* IZPR Rdn. 2601; *Hess/Hübner* Die Revisibilität ausländischen Rechts nach der Neufassung von § 545 ZPO, NJW 2009, 3132 ff.; aA *Schack* IZVR, Rdn. 724; *Thomas/Putzo/Reichold* ZPO, 30. Aufl., 2009, § 545, Rdn. 8/9; *Zöller/Hessler* ZPO, 28. Aufl., 2010, § 545, Rdn. 8.

revisibilität ausländischen Rechts ausginge und die Änderung des § 545 ZPO auf eine Schludigkeit des Gesetzgebers (Redaktionsversehen) zurückführte[66], würde das nichts ändern.

Die Verletzung des § 293 ZPO war auch nach bisheriger Rechtsprechung und Lehre revisibel[67]. Der BGH nimmt das Recht zur Überprüfung der Feststellungen der Tatsacheninstanz dann für sich in Anspruch, wenn diese unter Verletzung der Grundsätze des § 293 ZPO schlampig ermittelt hat[68]. Der fehlerhafte Gebrauch tatrichterlichen Ermessens bei der Ermittlung des Inhalts eines ausländischen Rechtssatzes ist revisibel[69], und zwar auch dann, wenn die Überprüfung ausländischen Rechts erforderlich ist[70]. Dabei verwirren die grundsätzlichen Ausführungen des BGH in der Entscheidung vom 30.4.1992[71] mehr als sie helfen:

„Im Allgemeinen werden die Grenzen der Ermessenausübung des Tatrichters durch die jeweiligen Umstände gezogen. An die Ermittlungspflicht werden umso höhere Anforderungen zu stellen sein, je komplexer oder fremder im Vergleich zum eigenen das fremde Recht ist".

Der BGH benutzt in vielen Fällen den Weg über § 293 ZPO, um ausländisches Recht – das nach § 545 Abs. 1 ZPO nicht revisibel war und nach bestrittener Ansicht noch ist – nachzuprüfen und stellt – wenn ihm das Ergebnis nicht gefällt – Fehler bei der Ermittlung des Inhalts ausländischen Rechts fest. **42**

2. Die Grenzen der Überprüfung

In der Rechtsprechung des BGH zur Überprüfung der Feststellung ausländischen Rechts im Rahmen des § 293 ZPO sind zwei Fallgruppen zu unterscheiden: **43**

a) Der unfähige Gutachter. Hat die Tatsacheninstanz im Rahmen der Ermittlung des Inhalts eines ausländischen Rechtssatzes einen unfähigen Gutachter bestellt, so lag schon nach bisherigem Recht eine revisible Verletzung des § 293 ZPO vor. Das war der Fall, der der Entscheidung vom 21.1.1991[72] zugrunde lag. Es ging um „prendas navales" venezolanischen Rechts. Das Instanzgericht hatte ein Gutachten des remmoierten Max Planck Instituts für ausländisches und internationales Privatrecht in Hamburg eingeholt. Ein Ermessensfehler bei der Gutachterauswahl lag also wohl kaum vor. Mit der Qualifizierung des Gutachters als „unfähig" wollte der BGH in Wahrheit ein ihm falsch erscheinendes Ergebnis korrigieren **44**

b) Das missbilligte Ergebnis. Gefallen hat dem BGH auch das Ergebnis in einer Entscheidung vom 13.5.1997[73] nicht. Auch hier hat er eine Korrektur über eine Verletzung des § 293 ZPO vorgenommen. Es ging um die Wirksamkeit einer Garantie auf erstes Anfordern **45**

---

66 Vgl. die in der vorigen Fn. Zitierten.
67 Vgl. *Zöller/Geimer* § 293, Rdn. 6; im übrigen *Wieczorek/Schütze/Prütting* § 545, Rdn. 24 ff. m. w. N.
68 Vgl. BGHZ 118, 151 = RIW 1992, 761.
69 Vgl. BGH IPRax 1992, 324; *Geimer* IZPR, Rdn. 2616, der diese Kontrolle als „Gratwanderung" bezeichnet; *Schack* IZVR, Rdn. 727.
70 Vgl. BGH, NJW 2002, 3335; *Pfeiffer* Die revisionsrechtliche Kontrolle der Anwendung ausländischen Rechts, NJW 2002, 3306 ff.; *Wieczorek/Schütze/Prütting* § 545, Rdn. 25.

71 BGHZ 118, 151.
72 Vgl. RIW 1991, 514 = EWS 1991, 396 = NJW-RR 1991, 1211; dazu *Samtleben* Der unfähige Gutachter und die ausländische Rechtspraxis, NJW 1992, 3057 ff.; *Schütze* Der Abschied von der Nichtrevisibilität ausländischen Rechts?, EWS 1991, 372 f.; *Sommerlad* Grundsätze für die Ermittlung ausländischen Rechts im Zivilprozess, RIW 1991, 856.
73 Vgl. BGH RIW 1997, 687 = DZWiR 1997, 329 mit Anm. *Schütze.*

nach luxemburgischem Recht. Das Instanzgericht hatte auch hier das Gutachten eines renommierten Kenners des internationalen und ausländischen Rechts der Garantie, Welter, eingeholt. Dem BGH erschien es ungerecht, dass ein Student aus einer – nach dem anwendbaren luxemburgischen Recht – wirksamen Garantie verpflichtet sein sollte. Er schrieb dem Tatrichter ins Stammbuch, dass er in dem Fall, dass auch weitere Ermittlungen zum luxemburgischen Recht kein anderes Ergebnis brächten, ein Verstoß gegen den deutschen ordre public zu prüfen sei. Das also war des Pudels Kern.

V. Nichtfeststellbarkeit des Inhalts eines ausländischen Rechtssatzes

46 Fälle der Nichtermittelbarkeit des Inhalts eines ausländischen Rechtssatzes kommen heute kaum noch vor. Immerhin mag das bei „exotischen" Rechten der Fall sein[74]. Lösungen werden vielfach angeboten.

1. Keine Klagabweisung

47 Da das ausländische Recht nicht als Tatsache angewendet wird, finden die Beweislastregelungen keine Anwendung. Keine Partei kann beweisfällig werden. Eine Klagabweisung oder Klagzusprechung wegen Nichterweislichkeit eines ausländischen Rechtssatzes ist unzulässig. Die in der älteren Literatur vereinzelt vertretene Klagabweisungstheorie[75] findet heute keine Anhänger mehr.

2. Ersatzrecht

48 Einigkeit besteht insoweit, dass ein Ersatzrecht angewendet werden muss. Es wird ein bunter Strauß von Lösungsmöglichkeiten angeboten[76]:

49 **a) Hilfsanknüpfung.** Teilweise wird die Anwendung von Ersatzkollisionsnormen als Ersatzrecht favorisiert[77]. Müller argumentiert, dass es keinen Unterschied machen könne, ob die Erbfolge deshalb nicht nach dem durch Art. 25 EGBGB bestimmten Recht beurteilt werden kann, weil der Erblasser staatenlos ist oder die Beurteilung nach seinem Heimatrecht unmöglich ist, weil dessen Inhalt nicht feststellbar ist[78]. Die Hilfsanknüpfung ist sicherlich die schonendste Lösungsmöglichkeit, sie führt aber nicht in allen Fällen zum Ziel. Auch Vertreter dieser Lehre müssen letztlich bei ihrem Scheitern ein Ersatzrecht anwenden, das durch keine analoge Anwendung kollisionsrechtlicher Normen bestimmt

---

74 Besondere Schwierigkeiten bereitet dabei offenbar das afghanische Recht, vgl. BGH NJW 1961, 410 zum afghanischen Wechselrecht, KG FamRZ 2002, 166 zum afghanischen Scheidungsrecht und AG Salzgitter, IPRspr. 1968/69 zum afghanischen Legitimationsrecht. Vgl. auch BGHZ 69, 387 zum tunesischen Recht.
75 Vgl. *Hellwig* System des deutschen Civilprozessrechts, Bd. I, 1012, S. 677; *Zitelmann* Internationales Privatrecht, 1914, S. 289.
76 Vgl. u. a. zur Diskussion *Kreuzer* Einheitsrecht als Ersatzrecht – Zur Frage der Nichtermittelbarkeit fremden Rechts, NJW 1983, 1943 ff.; *Müller* Zur Nichtfeststellbarkeit des kollisions-

rechtlich berufenen ausländischen Rechts, NJW 1981, 481 ff.; *Wengler* Der deutsche Richter vor unaufklärbarem und unbestimmten ausländischen Recht, JR 1983, 221 ff.; zur gleichen Diskussion im spanischen Recht vgl. *Calvo Caravaca/Carrascosa González* The Proof of Foreign Law in the new Spanish Civil Procedure Code 1/2000, IPRax 2005, 170 ff. (173 f.).
77 Vgl. dazu *Kreuzer* Einheitsrecht als Ersatzrecht – Zur Frage der Nichtfeststellbarkeit fremden Rechts, NJW 1983, 1943 ff.; *Müller* Zur Nichtfeststellbarkeit des kollisionsrechtlich zur Anwendung berufenen Rechts, NJW 1981, 481 ff.
78 NJW 1981, 481 ff. (485).

wird, selbst wenn man mit Müller noch eine Ersatzanknüpfung „unter Berücksichtigung des deutschen international-privatrechtlichen Anknüpfungssystems" dazwischenschaltet.

b) Lex fori als Ersatzrecht. Die Anwendung der lex fori als Ersatzrecht wird von der **50** Rechtsprechung[79] und der älteren Literatur[80] favorisiert. Dabei wird unterstellt, dass bei Nichtfeststellbarkeit eines kollisionsrechtlich zur Anwendung berufenen ausländischen Rechtssatzes dieser inhaltlich mit dem deutschen Recht übereinstimmt. Diese Lösung ist die am wenigsten sachgerechte. Bei den seltenen Fällen der Nichtfeststellbarkeit des Inhalts eines ausländischen Rechtssatzes wird es sich regelmäßig um ein „exotisches" Recht handeln, das dem deutschen Recht nicht nur nicht verwandt, sondern gerade weit entfernt ist[81]. Umso unwahrscheinlicher ist es, dass die Anwendung deutschen anstelle des ausländischen Rechts zum richtigen Ergebnis führt. Die Anwendung der lex fori als Ersatzrecht kann deshalb nur die ultima ratio sein[82], wenn alle anderen Lösungsmöglichkeiten versagen, quasi der Rollstuhl, wenn die Krücken nicht mehr tragen.

c) Verwandtes Recht als Ersatzrecht. Sachgerechter als die Anwendung der lex fori ist **51** die Zugrundelegung des verwandten Rechts[83], insbesondere bei rezipierten Rechtsordnungen. Hier führt die Anwendung des Mutterrechts zu praktikableren Ergebnissen als die lex fori. Das gilt vor allem für Rechtsordnungen, bei denen die Anbindung an das Mutterrecht auch nach der Erlangung der Unabhängigkeit nicht unterbrochen worden ist. So sah sect. 5 Civil Law Act in Singapur bis 1993 eine permanente Rezeption des englischen Rechts auf gewissen Gebieten des Handels- und Wirtschaftsrechts bis 1993 vor[84]. Auch danach werden singapurische Entscheidungen noch weitgehend auf englische Präzedenzfälle gestützt[85]. Es ist deshalb sachgerechter bei (wenig wahrscheinlicher) Nichtfeststellbarkeit eines singapurischen Rechtssatzes auf englisches als auf deutsches Recht zurückzugreifen.

Der BGH hat in der Syrienentscheidung[86] wegen der Nichtfeststellbarkeit syrischer Rechts- **52** praxis zur Gegenseitigkeitsfrage ägyptisches und französisches Recht angewandt und hat ausgeführt: *„Da Syrien zumindest im Hinblick auf sein Verfahrensrecht dem französischen Rechts-*

---

79 Vgl. z. B. BGHZ 69, 387; BGH StAZ 1978, 124; BGH NJW 1992, 1215; BGH RIW 1982, 199; BGH NJW-RR 1986, 484; OLG Stuttgart StAZ 1984, 423; OLG Frankfurt/Main FamRZ 2000, 37; KG FamRZ 2002, 840.
80 So von *Riezler* IZPR, S. 497 mwN.
81 So ging es in BGH NJW 1961, 410 um die Gültigkeit eines 1937 von der afghanischen Regierung ausgestellten Wechsels. Auch in der Entscheidung KG FamRZ 2002, 166 ging es um die Nichtermittelbarkeit afghanischen Rechts.
82 In diesem Sinne z. B. *Baumbach/Lauterbach/Albers/Hartmann* § 293 Rdn. 9; *Geimer* IZPR, Rdn. 2600; *Kegel* Die Ermittlung ausländischen Rechts, in: Müller u. a. (Herausg.), Die Anwendung ausländischen Rechts im internationalen Privatrecht, 1968, S. 157; *Kegel/Schurig* IPR, § 15 III; Schack, IZVR, Rdn. 722; *Schütze* DIZPR, Rdn. 265.

83 Vgl. *Geimer* IZPR, Rdn. 2600; *Heldrich* Heimwärtsstreben auf neuen Wegen. Zur Anwendung der lex fori bei Schwierigkeiten bei der Ermittlung ausländischen Rechts, FS Ferid, 1978, S. 209 ff. (216); *Kegel/Schurig* IPR, § 15 III; *Linke/Hau* IZZPR, Rdn. 333; *Nagel/Gottwald* IZPR, § 10, Rdn. 44; *Schack* IZVR., Rdn. 722; *Schütze* DIZPR, Rdn. 266.
84 Vgl. dazu *Schütze* Handels-, und Wirtschaftsrecht von Singapur und Malaysia, 1987, S. 20 ff.
85 Vgl. eingehend *Woon* The Applicability of English Law in Singapore, in: Tan (Herausg.), The Singapore Legal System, 2. Aufl., 1999 (Reprint 2003), S. 230 ff. (238 ff.).
86 Vgl. BGHZ 49, 50 = AWD 1968, 266 mit Anm. *Schütze*.

kreis zuzurechnen ist, bestehen keine Bedenken, das gleiche für die syrische Rechtspraxis anzunehmen". Die Rechtsvergleichung ist hier wichtiges Hilfsmittel[87].

53 Vorsicht ist jedoch geboten. Das „verwandte" Recht ist nur mit Zurückhaltung anzuwenden[88]. Nur bei rezipierten Rechtsordnungen oder solchen, die zur gleichen Rechtsfamilie gehören, vermag die Lösung zu angemessenen Ergebnissen zu führen. In den meisten Fällen der Nichtfeststellbarkeit eines ausländischen Rechtssatzes wird es sich aber um ein Recht handeln, bei dem keine derartige Verwandtschaft zu einer bekannten Rechtsordnung festzustellen ist, wie etwa beim afghanischen Recht[89]. Denn sonst kommt es regelmäßig nicht zu einem non liquet.

54 **d) Allgemeine Rechtsgrundsätze als Ersatzrecht.** Im Schrifttum wird als Ersatzrecht teilweise die Anwendung allgemeiner Rechtsgrundsätze vorgeschlagen[90]. Die Vertreter dieser Ansicht finden das Ersatzrecht auf rechtsvergleichender Grundlage, wobei sie wie die Verfechter der Anwendbarkeit des „verwandten" Rechts die Rechtsfamilie berücksichtigen müssen, zu der das unbekannte Recht gehört. In der Praxis sind deshalb keine großen Unterschiede vorhanden.

55 Allgemeine Rechtsgrundsätze mögen vorhanden sein, wie das Prinzip „pacta sunt servanda". Aber auch hier ist Vorsicht geboten, da gerade die Rechtsfolgen des Grundsatzes unterschiedlich sein mögen[91].

56 **e) Einheitsrecht als Ersatzrecht.** Kreuzer[92] favorisiert für den Fall des Scheiterns einer Hilfsanknüpfung die Anwendung internationalen Einheitsrechts. Hierunter begreift er *„alle Sachnormen für nationale und transnationale Sachverhalte des Privatrechts (Schuldrechts), deren Geltung auf internationalem Konsens, d. h. insbesondere auf multilateralen Konventionen und supranationalen Rechtssetzungsakten beruht".* Dabei stellt er klar, dass er weder regional faktisch übereinstimmendes Recht noch die lex mercatoria als Ersatzrecht sieht.

57 **f) Sonderregelung für ungeklärte Staatsangehörigkeit.** Ist die Staatsangehörigkeit einer Person nicht feststellbar, so ist nach Art. 5 Abs. 2 EGBGB anstelle an die Staatsangehörigkeit an den gewöhnlichen Aufenthalt oder in Ermangelung eines solchen an den schlichten Aufenthalt anzuknüpfen[93]. Das wurde schon vor der gesetzlichen Regelung in Rechtsprechung und Literatur vertreten[94].

---

87 Vgl. dazu auch *Schütze* Internationales Zivilprozessrecht und Rechtsvergleichung, Recht in Ost und West, FS Waseda, 1988, S. 323 ff.
88 Vgl. *Schütze* DIZPR, Rdn. 266.
89 Vgl. dazu KG FamRZ 2002, 166.
90 Vgl. *Broggini* Die Maxime „iura novit curia" und das ausländische Recht, AcP 155 (1956), 469 ff.; *Kötz* Allgemeine Rechtsgrundsätze als Ersatzrecht, RabelsZ 34 (1970), 663 ff.; *Neuhaus* Die Grundbegriffe des internationalen Privatrechts, 2. Aufl., 1976, S. 391 f.

91 Vgl. *Kegel/Schurig* IPR, § 15 V.
92 Vgl. *Kreuzer* Einheitsrecht als Ersatzrecht. Zur Frage der Nichtermittelbarkeit femden Rechts, NJW 1983, 1943 ff.
93 Vgl. dazu *Kegel/Schurig* IPR, § 15 V, 1b.
94 Vgl. dazu *Mühl-Jäckel* Rechtsfragen einer ungeklärten Staatsangehörigkeit, FS Berge, 1989, S. 43 ff.

VI. Ersatzrecht bei ordre public-Widrigkeit des ausländischen Rechts

58 Verstößt der kollisionsrechtlich zur Anwendung berufene ausländische Rechtssatz gegen den deutschen ordre public, so darf er im deutschen Prozess nicht angewendet werden (Art. 6 EGBGB)[95]. Es ist – ebenso wie bei der Nichtfeststellbarkeit des Inhalts eines Rechtssatzes – ein Ersatzrecht anzuwenden[96]. Jedoch ist § 293 ZPO nicht anwendbar. Es handelt sich nicht um ein international-zivilprozessuales, sondern ein international-privatrechtliches Problem.

59 Es liegt nahe, die durch das Verbot des Art. 6 EGBGB zur Anwendung des ausländischen Rechtssatzes entstehende Lücke durch die lex fori auszufüllen. Das ist in der Tat die Praxis romanischer Rechtsordnungen[97]. Diese Betrachtungsweise ist jedoch zu undifferenziert. Man wird unterscheiden müssen, ob es sich um einen Wegfall von „Alternativnormen" oder „Nichtalternativnomen" handelt[98]. Im ersteren Fall ist die Anwendung der lex fori – also deutsches Recht – geboten, im zweiten Fall, in dem Rechtsfolge der ausgeschalteten ausländischen Vorschrift nicht „ja" oder „nein" lautet, ist primär der kollisionsrechtlichen Verweisen – soweit möglich – Rechnung zu tragen.

VII. Analoge Anwendung im Schiedsverfahren

60 Teilweise wird die Meinung vertreten, das Schiedsverfahren unterscheide nicht zwischen eigenem und fremdem Recht[99]. Diese Ansicht geht von der Prämisse aus, dass das Schiedsgericht keine lex fori kenne. Aber auch das Schiedsverfahren muss in einer Rechtsordnung wurzeln, die mangels abweichender Regelung das Schiedsverfahrensrecht und die Nationalität von Schiedsverfahren und Schiedsspruch bestimmt[100]. Das Recht, das nicht mit dem Rechts am Schiedsort übereinstimmt, ist für das Schiedsverfahren ausländisches Recht[101]. Aber selbst wenn man dem nicht folgt, so bleibt die Tatsache, dass es auch im Schiedsverfahren Rechtsnormen gibt, die einzelnen oder allen Schiedsrichtern unbekannt sind. In diesen Fällen ist die analoge Anwendung des § 293 angezeigt[102].

VIII. Gewohnheitsrecht

1. Begriff

61 Gewohnheitsrecht ist nicht gesatztes Recht, das sich in einer allgemeinen Übung manifestiert, die von den beteiligten Rechtsgenossen als Recht anerkannt wird. „*Rechtsbildend ist*

---

95 Vgl. dazu *Lorenz* Renvoi und ausländischer ordre public, FS Geimer, 2002, S. 555 ff.; *Schwung* Die Rechtsfolgen aus der Anwendung der ordre public-Klausel im IPR, Diss. Mainz 1983.
96 Vgl. dazu eingehend *Schwung* Das Ersatzrecht bei einem Verstoß des ausländischen Rechts gegen den ordre public, RabelsZ 49 (1985), 407 ff.
97 Vgl. für Nachweise *Schwung* Die Rechtsfolgen aus der Anwendung der ordre public-Klausel im IPR, S. 139.
98 Vgl. dazu *Schwung* RabelsZ 49 (1985), 407 ff. (422 ff.).

99 Vgl. *Schlosser* Das Recht der privaten internationalen Schiedsgerichtsbarkeit, 2. Aufl., 1989, Rdn. 747.
100 Vgl. *Schütze* Die Bestimmung des anwendbaren Rechts im Schiedsverfahren und die Feststellung seines Inhalts, FS Böckstiegel, 2001, S. 715 ff. (722).
101 Vgl. *Schütze* FS Böckstiegel, S. 715 ff. (722); *ders.* Schiedsgericht und Schiedsverfahren, 4. Aufl., 2007, Rdn. 201.
102 Vgl. *Schütze* Schiedsgericht und Schiedsverfahren, 4. Aufl., 2007, Rdn. 201.

eine Gewohnheit nur, wenn sie sich durch lange dauernde Übung äußerlich betätigt und wenn sie auf der ernstlichen, gemeinsamen Überzeugung beruht, dass hier Recht geübt werde[103]. Das Bundesverfassungsgericht definiert in einem Beschluss vom 28.7.1967[104]: Gewohnheitsrecht ist „*Recht, das nicht durch förmliche Setzung, sondern durch längere tatsächliche Übung entstanden ist, die eine dauernde und ständige, gleichmäßige und allgemeine sein muss und von den beteiligten Rechtsgenossen als verbindliche Rechtsnorm anerkannt wird (vgl. BVerfG 9, 109 (117); 15, 226 (232 ff.))*". Gewohnheitsrecht hat man angenommen bei Streupflichten gegen Glatteis[105], bei einer Kirchenbaulast gegen die politische an Stelle der kirchlichen Gemeinde[106], bei einem auf alter Verleihung beruhenden Wassernutzungsrecht[107], bei der Frage der Verteilung des Bergelohns[108].

62 Gewohnheitsrecht muss der Richter nicht kennen. Ihm stehen alle Methoden der Ermittlung nach § 293 wie bei ausländischem Recht zur Verfügung.

2. Nichtermittelbarkeit

63 Zur Nichtermittelbarkeit des Inhalts von Gewohnheitsrecht und der Anwendung eines Ersatzrechts kann es nur bei ausländischem Gewohnheitsrecht kommen, nie bei inländischem. Wenn der Inhalt einer ständigen Übung und der Rechtsüberzeugung der Rechtsgenossen nicht feststellbar ist, liegt kein Gewohnheitsrecht vor.

IX. Statuten

64 Statuten sind Rechtsnormen, die durch autonome Rechtssetzung „engerer Kreise" entstehen[109]. Damit scheiden privatrechtliche Formularverträge, Allgemeine Geschäftsbedingungen und Vereinssatzungen aus dem Anwendungsbereich des § 293 aus[110]. Es bleiben Satzungen öffentlich-rechtlicher Körperschaften im Rahmen derer Selbstverwaltung (Satzungen, Anstaltsordnungen)[111]. Hierin gehören auch Ortsvorschriften, z. B. über die Streupflicht[112]. Auch Tarifverträge (§ 1 Abs. 1 TVG) sind Statuten i. S. von § 293 ZPO[113]. Das RAG[114] dagegen wollte sie wie inländische Gesetze behandelt wissen, liess aber offen, ob das Revisionsgericht verpflichtet sein sollte, Material über sie hinzuzuziehen. Später verlangte das RAG[115] dann, dass sich der Richter die Kenntnis (auch aus der Vorgeschichte) von Tarifverträgen selbst beschaffen muss.

65 Nach der historischen Auffassung von Leipold[116] dagegen hat der Begriff der Statuten in § 293 ZPO seine Bedeutung weitgehend verloren. Man müsse davon ausgehen, dass der Begriff „*auf Grund des Wandels der staatsrechtlichen Verhältnisse und der Rechtsquellenlehre als*

---

103 Vgl. RGZ 75, 40 (41).
104 Vgl. BVerfGE 22, 114 (121).
105 Vgl. RGZ, 93, 124; RG Gruch 55, 77.
106 Vgl. RGZ 102, 9 (12 f.).
107 Vgl. RGZ 161, 243 (248).
108 Vgl. RGZ 165, 166 (185).
109 Vgl. *Stein/Jonas/Leipold* § 293, Rdn. 3; vgl. umfassend *Feurer* Statuta novit curia?, ZZP 123 (2010), 427 ff.
110 Vgl. MünchKomm-ZPO/*Prütting* § 293, Rdn. 19; *Spickhoff* Fremdes Recht vor inländischen Gerichten: Rechts- oder Tatfrage?, ZZP 112 (1999), 265 ff. (267); *Zöller/Geimer* § 293, Rdn. 4.

111 Vgl. RG Gruch 50, 1070 (1072); Münch-Komm-ZPO/*Prütting* § 293, Rdn. 19; *Zöller/Geimer* § 293, Rdn. 4.
112 Vgl. *Zöller/Geimer* § 293, Rdn. 4.
113 Vgl. BAG 4, 37 (39); 39, 322 (328); *Spickhoff* ZZP 112 (1999), 265 ff. (267 f.); *Zöller/Geimer* § 293, Rdn. 4.
114 Vgl. RAGE 18, 72 (78).
115 Vgl. RAGE 20, 171 (173).
116 Vgl. *Stein/Jonas/Leipold* § 293, Rdn. 30.

weitgehend gegenstandslos" zu betrachten sei mit der Folge, dass der Grundsatz iura novit curia uneingeschränkt gilt und dem Richter die Erkundungsquellen des § 293 ZPO nicht zur Verfügung stehen. Aber auch nach dieser historischen Auffassung unterfallen ausländische Statuten als „Recht" dem Anwendungsbereich der Norm.

IV. Die Anerkennung ausländischer Zivilurteile (§ 328 ZPO)

§ 328

Anerkennung ausländischer Urteile

(1) Die Anerkennung des Urteils eines ausländischen Gerichts ist ausgeschlossen:

1. wenn die Gerichte des Staates, dem das ausländische Gericht angehört, nach den deutschen Gesetzen nicht zuständig sind;

2. wenn dem Beklagten, der sich auf das Verfahren nicht eingelassen hat und sich hierauf beruft, das verfahrenseinleitende Dokument nicht ordnungsmäßig oder nicht so rechtzeitig zugestellt worden ist, dass er sich verteidigen konnte;

3. wenn das Urteil mit einem hier erlassenen oder einem anzuerkennenden früheren ausländischen Urteil oder wenn das ihm zugrunde liegende Verfahren mit einem früher hier rechtshängig gewordenen Verfahren unvereinbar ist;

4. wenn die Anerkennung des Urteils zu einem Ergebnis führt, das mit wesentlichen Grundsätzen des deutschen Rechts offensichtlich unvereinbar ist, insbesondere wenn die Anerkennung mit der Grundrechten unvereinbar ist;

5. wenn die Gegenseitigkeit nicht verbürgt ist.

(2) Die Vorschrift der Nummer 5 steht der Anerkennung des Urteils nicht entgegen, wenn das Urteil einen nicht vermögensrechtlichen Anspruch betrifft und nach den deutschen Gesetzen ein Gerichtsstand im Inland nicht begründet war.

Schrifttum: *Alexander* Die internationale Vollstreckung von Zivilurteilen, insbesondere im Verhältnis zu Nachbarstaaten, ZbJV 1931, 1 ff.; *Basedow* Die Anerkennung von Auslandsscheidungen. Rechtsgeschichte-Rechtsvergleichung- Rechtspolitik, 1980; *Baumann* Die Anerkennung und Vollstreckung ausländischer Entscheidungen in Unterhaltssachen, 1989; *Becker* Zwingendes Eingriffsrecht in der Urteilsanerkennung, RabelsZ 60 (1996), 691 ff.; *Bernstein* Prozessuale Risiken im Handel mit den USA (Ausgewählte Fragen zu § 328 ZPO), FS Ferid, 1978, S. 75 ff.; *Bungert* Rechtskrafterstreckung eines österreichischen Einantwortungsbeschlusses, IPRax 1992, 225 ff.; *Chroziel/Westin* Die Vollstreckbarkeit ausländischer Urteile und Schiedssprüche, ZVglRWiss 87 (1988), 145 ff.; *Decker* Die Anerkennung ausländischer Entscheidungen im Zivilprozess, Diss. Regensburg, 1984; *Dolinar* Vollstreckung aus einem ausländischen, einen Schiedsspruch bestätigenden Exequatururteile. Gedanken zur Merger-Theorie, FS Schütze, 1999, S. 187 ff.; *Doppfel* Vollstreckbarerklärung indexierter Unterhaltstitel, IPRax 1966, 277 ff.; *Doser* Gegenseitigkeit und Anerkennung ausländischer Entscheidungen (§ 328 Abs. 1 Nr. 5 ZPO), 1999; *Fricke* Anerkennungszuständigkeit zwischen Spiegelbildgrundsatz und Generalklausel, 1990; *Geimer* Zur Prüfung der Gerichtsbarkeit und der internationalen Zuständigkeit bei der Anerkennung ausländischer Urteile, 1966; *ders.* Grundfragen der Anerkennung und Vollstreckung ausländischer Urteile, JuS 1965, 475 ff.; *ders.* Anerkennung ausländischer Entscheidungen in Deutschland, 1995; *ders.* Anerkennung ausländischer Entscheidungen auf dem Gebiet der freiwilligen Gerichtsbarkeit, FS Ferid, 1988, S. 89 ff.; *ders.* Recognition and Enforcement of Foreign Judgments Outside the Scope of Application of the Brussels and Lugano Conventions: Germany, in: Walter/

Baumgartner (Herausg.), Anerkennung und Vollstreckung ausländischer Entscheidungen außerhalb der Übereinkommen von Brüssel und Lugano, 2000, S. 219 ff.; *ders.* Verfassung, Völkerrecht und internationales Verfahrensrecht, ZfRV 5 (1992), 5 ff.; *ders.* „Internationalpädagogik" oder wirksamer Beklagtenschutz, FS Nakamura, 1996, S. 169 ff.; *Geimer/Schütze* Internationale Urteilsanerkennung, Bd. I/1, 1983; Bd. I/2, 1984; Bd. II, 1971; *Gerhard* L'exécution forcée transfrontière des injonctions extraterritoriales non pécunières en droit privé, 2000; *Gottwald* Grundfragen der Anerkennung und Vollstreckung ausländischer Entscheidungen in Zivilsachen, ZZP 103 (1990), 257 ff.; *Goetze* Vouching In und Third-Party-Practice: Formen unfreiwilliger Drittbeteiligung im amerikanischen Zivilprozess und ihre Anerkennung in Deutschland, 1993; *Graupner* Zur Entstehungsgeschichte des § 328 ZPO, FS Ferid, 1978, S. 183 ff.; *Haas* Zur Anerkennung US-amerikanischer Urteile in Deutschland, IPRax 2001, 195 ff.; *Habscheid* Zur materiellen Rechtskraft des Urteils gegen den siegreichen Kläger im internationalen Prozessrecht, ZZP 75 (1962), 164 ff.; *Haecker* Anerkennung ausländischer Entscheidungen in Ehesachen, 1989; *Hausmann* Die kollisionsrechtlichen Schranken der Gestaltungskraft von Scheidungsurteilen, 1980; *Hay* The Recognition and Enforcement of American Money-Judgments in Germany, AmJCompL 40 (1992), 1001 ff.; *Heidecker* Über die materielle Rechtskraft ausländischer Urteile, insbesondere ausländischer Ehescheidungsurteile in Deutschland, ZZP 18 (1893), 453 ff.; *Helms* Die Anerkennung ausländischer Entscheidungen im Europäischen Eheverfahrensrecht, FamRZ 2001, 257 ff.; *Herrmann* Anerkennung US-amerikanischer Urteile in Deutschland unter Berücksichtigung des ordre public, 2000; *Hess* Die Anerkennung eines Class Action Settlement in Deutschland, JZ 2000, 373 ff.; 257 ff.; *Ho* Policies Underlying the Enforcement of Foreign Commercial Judgments, ICLQ 46 (1997), 442 ff.; *Kleinrahm/Partikel* Die Anerkennung ausländischer Entscheidungen in Ehesachen, 2. Aufl., 1970; *Koch* Anerkennung und Vollstreckung ausländischer Urteile und ausländischer Schiedssprüche in der Bundesrepublik Deutschland, in: Gilles (Herausg.), Effiziente Rechtsverfolgung, 1987, S. 161 ff.; *Koshiyama* Rechtskraftwirkungen und Urteilsanerkennung nach amerikanischem, deutschem und japanischem Recht, 1996; *Lauk* Die Rechtskraft ausländischer Zivilurteile im englischen und deutschen Recht, 1989; *Linke* Die Versäumnisentscheidungen im deutschen, österreichischen, belgischen und englischen Recht, ihre Anerkennung und Vollstreckbarerklärung, 1971; *Lorenz* Die internationale Zuständigkeit als Voraussetzung für die Anerkennung ausländischer Eheurteile in Deutschland, FamRZ 1966, 465 ff.; *Mansel* Streitverkündung (vouching in) und Drittklage (third party complaint) im US-Zivilprozessrecht und die Urteilsanerkennung in Deutschland, in: Heldrich/Kono, Herausforderungen des internationalen Zivilverfahrensrechts, 1994, S. 63 ff.; *Max Planck Institut* (Herausg.), Handbuch des Internationalen Zivilverfahrensrechte, Bd. III/1, 1984 (*Martiny* Anerkennung ausländischer Entscheidungen nach autonomem Recht); Bd. III/2, 1984 (*Martiny* Anerkennung ausländischer Entscheidungen nach multilateralen Staatsverträgen; *Waehler* Anerkennung ausländischer Entscheidungen aufgrund bilateraler Staatsverträge; *Wolff* Vollstreckbarerklärung); *Martiny* Recognition and Enforcement of Foreign Money Judgments in the Federal Republic of Germany, AmJCompL 35 (1987), 721 ff.; *Matscher* Vollstreckung im Auslandsverkehr von vorläufig vollstreckbaren Entscheidungen und von Maßnahmen des provisorischen Rechtsschutzes, ZZP 95 (1982), 170 ff.; *Mittermaier* Von der Vollstreckung eines von einem ausländischen Gerichte gefällten Urtheils, AcP 14 (1831), 84 ff.; *Müller* Zum Begriff der „Anerkennung" von Urteilen in § 328 ZPO, ZZP 79 (1966), 199 ff.; *Nelle* Anspruch, Titel und Vollstreckung im internationalen Rechtsverkehr, 1999; Neufang, Kostenverteilung im US-amerikanischen Zivilprozess und Urteilsanerkennung in Deutschland, 2002; *Nummer-Krautgasser* Die Anerkennung ausländischer Entscheidungen – eine Untersuchung unter besonderer Berücksichtigung der Rechtsbeziehungen zwischen Österreich und der Türkei, GS Konuralp, 2009, S. 705 ff.; *Reinl* Die Anerkennung ausländischer Eheauflösungen, Diss. Würzburg 1966; *Reiser* Anerkennung und Vollstreckung zwischen Liberalität und Rigorismus, FS Walder, 1994, S. 357 ff.; *Rintelen* Zwei Streitfragen betreffend die Zwangsvollstreckung aus Urtheilen ausländischer Gerichte, ZZP 9 (1886), 191 ff.; *Roth* der Vorbehalt des Ordre Public gegenüber fremden gerichtlichen Entscheidungen, 1967; *Rüter* Zur Frage der Anerkennung und Vollstreckung ausländischer kartellprivatrechtlicher Entscheidungen, in den USA und in Deutschland, 1970; *Schütze* Die Anerkennung und Vollstreckung ausländischer Zivilurteile in der Bundesrepublik Deutschland als verfahrensrechtliches Problem, Diss. Bonn 1960; *ders.* Zur Anerkennung ausländischer Zivilurteile, JZ 1982, 636 ff.; *ders.* Die Anerkennung und Vollstreckbarerklärung US-amerikanischer Schadensersatzurteile in Produkthaftungssachen in der Bundesrepublik Deutschland, FS Nagel, 1987, S. 392 ff.; *ders.* Die Anerkennung und Vollstreckbarerklärung US-amerikanischer Zivilurteile, die nach einer pre-trial-discovery ergangen sind, in der Bundesrepublik Deutschland, FS Stiefel, 1987, S. 697 ff.; *Sonnenberger*

Anerkennung und Vollstreckung ausländischer Gerichtsentscheidungen, Vergleiche und sonstiger Titel, in: Zeitgenössische Fragen des Internationalen Zivilverfahrensrechts, 1972, S. 209 ff.; *Spiecker* genannt Döhmann, Die Anerkennung von Rechtskraftwirkungen ausländischer Urteile, 2002; *Spickhoff* Möglichkeiten und Grenzen neuer Tatsachenfeststellungen bei der Anerkennung ausländischer Entscheidungen, ZZP 108 (1995), 475 ff.; *Süss* Die Anerkennung ausländischer Urteile, FS Rosenberg, 1949, S. 229 ff.; *Wagner* Anerkennung und Wirksamkeit ausländischer familienrechtlicher Rechtsakte nach autonomem deutschen Recht, FamRZ 2006, 744 ff.; *Wurmnest* Recognition and Enforcement of U.S. Money Judgments in Germany, Berkeley Journal of International Law 23 (2005) 175 ff.

Vgl. im übrigen das Schrifttum zu §§ 722 f.; Für die Literatur zur Anerkennung ausländischer Zivilurteile in den einzelnen Staaten vgl. die jeweils 1. Fussnote der in der Gegenseitigkeitsübersicht aufgeführten Literaturstellen.

Sammelwerke zum ausländischen Recht und zur Rechtsvergleichung: *Börner* Die Anerkennung ausländischer Titel in den arabischen Staaten, 1996 (vornehmlich Syrien); *Campbell* (Herausg.), International Execution against Judgment Debtors, Loseblattsammlung; *Chroeziel/Westin* Die Vollstreckbarkeit ausländischer Urteile und Schiedssprüche, ZVglRWiss 87 (1988), 145 ff. (Deutschland, USA, Vereinigtes Königreich); *Fadlalla* Die Problematik der Anerkennung ausländischer Gerichtsurteile, 2004 (arabische Staaten); *Geimer/Schütze* (Herausg.), Rechtsverfolgung im Ausland, Loseblattsammlung; *Gonzales* La reconnaissance et l'exécution du jugements civils en Amerique latine, Diss. Fribourg 1979; *Kerameus* Rechtsvergleichende Bemerkungen zur autonomen Urteilsvollstreckung im Ausland, FS Lüke, 1997, S. 337 ff.; *Kos-Rabcewicz-Zubkowski* (Herausg.), Cooperación internamericana en los procedimientos civiles y mercantiles, 1982; *Krüger* Zur Anerkennung ausländischer Urteile in den Golfstaaten, GS Konuralp, 2009, S. 631 ff.; *Martiny* Handbuch des Internationalen Zivilverfahrensrechts, Bd. III/1, 1984; *Möllring* Anerkennung und Vollstreckung ausländischer Urteile in Südamerika, 1985; *Platto* (Herausg.), Enforcement of Foreign Judgments Worldwide, 1989; *Schütze* Vollstreckung deutscher Urteile in Afrika, 1966; *ders.* Anerkennung und Vollstreckung deutscher Urteile im Ausland, 1973; *ders.* Die Geltendmachung deutscher Urteile im Ausland – Verbürgung der Gegenseitigkeit, 1977; *Stürner* Rechtskraft in Europa, FS Schütze, 1999, S. 913 ff.; *Walter/Baumgartner* (Herausg.), Anerkennung und Vollstreckung ausländischer Entscheidungen außerhalb der Übereinkommen von Brüssel und Lugano, 2000; *Weems* (Herausg.), Enforcement of Money Judgments Abroad, Loseblattsammlung.

Übersicht

	Rdn.			Rdn.
I. Rechtnatur der Anerkennung	1		a) Spiegelbildgrundsatz	30
1. Anerkennung als Wirkungs-			b) Durchbrechung des Spiegel-	
erstreckung	1		bildgrundsatzes	36
a) Rechtskraft	5		c) Mehrrechtsstaaten	37
b) Gestaltungswirkung	6		d) Ausschluss internationaler	
c) Streitverkündungs- und In-			Zuständigkeit durch Ge-	
terventionswirkung	8		richtsstands- oder Schieds-	
d) Tatbestandswirkung	10		vereinbarung	38
e) Ausländische Urteile und			e) Forum non conveniens	39
§ 917 Abs. 1 ZPO	11		f) Rüge mangelnder interna-	
2. Verhältnis von Anerkennung			tionaler Zuständigkeit im	
und Vollstreckbarerklärung	12		Erstprozess	41
			8. Ordnungsmäßige und recht-	
II. Erfordernisse der Anerkennung ..	14		zeitige Ladung	42
1. Sachentscheidung	14		9. Keine Urteilskollision	51
2. Gerichtsbarkeit des Erststaates ...	16		10. Kein Übergehen inländischer	
3. Urteil eines staatlichen Gerichts ..	18		Rechtshängigkeit	53
4. Ausländisches Urteil	21		11. ordre public-Klausel	56
5. Zivil- oder Handelssache als			a) Arten des ordre public-Ver-	
Streitgegenstand	24		stoßes	59
6. Rechtskraft	28		b) Kumulierung von ordre pu-	
7. Internationale Zuständigkeit	30		blic-Verstößen	63

Rdn.

c) Rüge von ordre public-Verstößen im erststaatlichen
Verfahren? 64
d) Einzelfälle 67
12. Verbürgung der Gegenseitigkeit . 68
a) Schutzzweck 68
b) Vergleich erst- und zweitstaatlicher Regelung 69
c) Tatsächliche Verbürgung 72
d) Nichtfeststellbarkeit ausländischer Rechtspraxis 73
e) Grundlagen der Gegenseitigkeitsfeststellung 74
f) Internationale Zuständigkeit und Gegenseitigkeit 78
g) Umfang der Gegenseitigkeitsverbürgung 80
h) Nachprüfungsbefugnis des
BGH 83

III. Verfahren der Anerkennung 84
1. Keine gesetzliche Vermutung
für Anerkennung oder Nichtanerkennung 84
2. Grundsatz der Formlosigkeit
der Anerkennung 85
3. Keine actio iudicati 86
4. Keine Anerkennung kraft Vereinbarung 87
5. Klage auf Feststellung der Anerkennung 88
6. Leistungsklage trotz Anerkennung 89
7. Nachprüfung und Beweiserhebung 90
8. Zeitpunkt der Anerkennung 95
9. Anfechtung, Widerruf und
Rücknahme der Anerkennung ... 100
10. Das Verfahren in Ehesachen 101

IV. Entscheidungen in besonderen
Materien oder in besonderer
Form 107
1. Entscheidungen des einstweiligen Rechtsschutzes 107
2. Entscheidungen der freiwilligen Gerichtsbarkeit 111
3. Insolvenzrechtliche Entscheidungen 117
4. Seerechtliche Entscheidungen ... 124
5. Scheidungsurteile und sonstige
Entscheidungen in Ehesachen ... 129
6. Entscheidungen in Kind-
schafts- und Lebenspartnerschaftssachen 132

Rdn.

7. Unterhaltsentscheidungen 133
8. Akte der Zwangsvollstreckung .. 136
9. Schiedssprüche 137
10. Exequaturvrteile 138
11. Garantieurteile 139
12. Abänderungsurteile 140
13. Gerichtliche Vergleiche 141
14. Notarielle Urkunden 143
a) Erfordernisse der Anerkennung 144
b) Verfahren der Anerkennung .. 145
15. Anwaltsvergleiche 146
16. Judgment by consent 147
Anhang I Verbürgung der Gegenseitigkeit – Länderübersicht 149
Anhang II Anerkennung nach
europäischem Recht 150
1. VO (EG) Nr. 44/2001 (EuGVVO) .. 151
a) Erfordernise der Anerkennung 152
b) Verfahren der Anerkennung .. 160
2. VO (EG) Nr. 2201/2003 (VO
Brüssel IIa) 162
a) Erfordernisse der Anerkennung in Ehesachen (Art. 22) .. 163
b) Erfordernisse der Anerkennung in Sachen der elterlichen Verantwortung (Art. 23) . 164
c) Verfahren der Anerkennung .. 165
3. VO (EG) Nr. 805/2004 (EuVTVO) . 166
a) Erfordernisse der Anerkennung 167
b) Verfahren der Anerkennung .. 168
4. VO (EG) Nr. 1896/2006 (Europäische Mahnverordnung) 168a
5. VO (EG) Nr. 861/2007 (Europäisches Verfahren für geringfügige Forderungen) 168b
Anhang III Anerkennung auf
staatsvertraglicher Grundlage ... 169
1. LugÜ II 173
a) Erfordernisse der Anerkennung 174
b) Verfahren der Anerkennung .. 175
2. Multilaterale Staatsverträge
über Spezialmaterien 176
a) Haager Zivilprozessübereinkommen v. 1.3.1954 176
b) Revidierte Rheinschiffahrtsakte vom 17.10.1868 177
c) Moselschiffahrtsabkommen
vom 27.10.1956 180
d) COTIF 183
e) Übereinkommen über den
Beförderungsvertrag im in-

Rdn.

ternationalen Straßengüterverkehr vom 19.5.1956 185
f) Haager Übereinkommen
über die Anerkennung und
Vollstreckung von Entscheidungen auf dem Gebiet der
Unterhaltspflicht gegenüber
Kindern vom 15.4.1958 188
g) Haager Übereinkommen
über die Anerkennung und
Vollstreckung von Unter-
haltsentscheidungen vom
2.10.1973 192
h) Übereinkommen über die
Haftung gegenüber Dritten
auf dem Gebiet der Kern-
energie vom 29.7.1960 195
i) Internationales Übereinkommen über die zivilrechtliche
Haftung für Ölverschmut-
zungsschäden vom
29.11.1969 196
3. Bilaterale Staatsverträge 198
a) Deutsch-schweizerisches
Anerkennungs- und Voll-
streckungsabkommen vom
2.11.1929 199
b) Deutsch-italienisches Aner-
kennungs- und Vollstre-
ckungsabkommen vom
9.3.1936 202

Rdn.

c) Deutsch-belgisches Aner-
kennungs- und Vollstre-
ckungsabkommen vom
30.6.1958 205
d) Deutsch-österreichischer
Anerkennungs- und Voll-
streckungsvertrag vom
6.6.1959 208
e) Deutsch-britisches Anerken-
nungs- und Vollstreckungsabkommen vom 14.7.1960 ... 211
f) Deutsch-griechischer Aner-
kennungs- und Vollstre-
ckungsvertrag vom 4.11.1961 214
g) Deutsch-niederländischer
Anerkennungs- und Voll-
streckungsvertrag vom
30.8.1962 217
h) Deutsch-tunesischer Rechts-
hilfe-, Anerkennungs- und
Vollstreckungsvertrag vom
19.7.1966 220
i) Deutsch-norwegischer An-
erkennungs- und Vollstre-
ckungsvertrag vom 17.6.1977 226
j) Deutsch-israelischer Aner-
kennungs- und Vollstre-
ckungsvertrag vom 20.7.1977 229
k) Deutsch-spanischer Aner-
kennungs- und Vollstre-
ckungsvertrag vom 4.11.1983 235

I. Rechtnatur der Anerkennung

1. Die Anerkennung als Wirkungserstreckung

Durch die Anerkennung werden die Wirkungen einer ausländischen Entscheidung auf das **1** Inland erstreckt[1]. Anerkennung bedeutet Wirkungserstreckung[2]. Daraus folgt, dass die Urteilswirkungen der anerkannten Entscheidung im Zweitstaat nie weitergehender als im Erststaat sein können[3]. Gehen die Wirkungen einer ausländischen Entscheidung nach erststaatlichem Recht dagegen weiter als im deutschen Recht, so wirkt die Anerkennung gleichsam als Filter. Es werden nur solche Wirkungen erstreckt, die dem deutschen Recht bekannt sind[4]. Erstreckt sich die Rechtskraft nach erststaatlichem Recht auch auf Vorfra-

---

1 Vgl. zu den Anerkennungstheorien *Geimer* Anerkennung ausländischer Entscheidungen in Deutschland, 1995, S. 86; *ders.* IZPR, Rdn. 2776 ff.; *Geimer/Schütze* Internationale Urteilsanerkennung, Bd. I/1, 1983, S. 1149.
2 Vgl. *Geimer* IZPR, Rdn. 2776; *Musielak/Stadler* § 328, Rdn. 2; *Nagel/Gottwald* § 11, Rdn. 111; *Schack* IZVR, Rdn. 881 f.; *Schütze* DIZPR, Rdn. 319.
3 Vgl. *Geimer* IZPR, Rdn. 2776 ff.; *ders.* Zur Prüfung der Gerichtsbarkeit und der internationalen

Zuständigkeit bei der Anerkennung ausländischer Urteile, 1966, S. 27; *Gottwald* Grundfragen der Anerkennung und Vollstreckung ausländischer Entscheidungen in Zivilsachen, ZZP 103 (1990), 257 ff. (261), *Müller* Zum Begriff der „Anerkennung" von Urteilen in § 328 ZPO, ZZP 79 (1966), 199 ff. (203 ff.); *Riezler* IZPR, S. 520 f.; *Schütze* Zur Anerkennung ausländischer Zivilurteile, JZ 1982, 636 ff.
4 Vgl. *Schack* IZVR, Rdn. 885.

gen, dann wird diese weitergehende Wirkung durch die Anerkennung herausgefiltert und nicht erstreckt. Das ausländische Urteil wirkt Rechtskraft im Zweitstaat nur hinsichtlich des Streitgegenstandes[5]; denn ein deutsches Urteil erfasst in der Rechtskraftwirkung Vorfragen nicht.

2   Die Filterwirkung des § 328 ZPO tritt jedoch nur insoweit bei nicht deckungsgleichen Urteilswirkungen nach deutschem und erststaatlichem Recht ein, als die abweichenden Wirkungen dem deutschen Recht wesensfremd sind[6]. Nicht wesensfremde Wirkungen sind durch die Anerkennung erstreckbar[7].

3   Gegenüber der Lehre von der Wirkungserstreckung – mit den auch hier vertretenen Einschränkungen auch Kumulationstheorie genannt[8] – hat sich die Gleichstellungstheorie (Nostrifizierungslehre), die insbesondere vom Matscher vertreten wird[9], in Deutschland nicht durchsetzen können. Nach der Nostrifizierungslehre sind die prozessrechtlichen Wirkungen einer anzuerkennenden Entscheidung nach erststaatlichem Prozessrecht zu beurteilen.

4   Durch die Anerkennung werden folgende Urteilswirkungen erstreckt:

5   a) **Rechtskraft.** Durch die Anerkennung wird zunächst die materielle Rechtskraft erstreckt[10]. Das anerkannte ausländische Urteil bewirkt im inländischen Prozess über denselben Streitgegenstand – wie eine inländische Entscheidung – eine absolute Klagsperre[11], soweit man annimmt, dass die Rechtskraft einen neuen Prozess generell ausschließt[12] oder macht jedenfalls eine abweichende Entscheidung unzulässig, was wegen des in diesem Fall regelmäßig fehlenden Rechtsschutzinteresses für eine neue Klage zum gleichen Ergebnis führt[13]. Vgl. zur Leistungsklage trotz Anerkennung Rdn. 89.

6   b) **Gestaltungswirkung.** Die territorial begrenzte Gestaltungswirkung von Urteilen wird durch die Anerkennung erstreckt[14]. Ein Teil der Lehre[15] will Gestaltungsurteile aus dem

---

5   Vgl. *Geimer* IZPR, Rdn. 2781; *Martiny* Handbuch des Internationalen Zivilverfahrensrechts, Rdn. 382 mit einer Darstellung der juristischen Diskussion; *Stein/Jonas/Roth* § 328, Rdn. 9; *Zöller/ Geimer* § 328, Rdn. 23.
6   Vgl. *Nagel/Gottwald* IZPR, § 11, Rdn. 114.
7   Vgl.   *Baumbach/Lauterbach/Albers/Hartmann* § 328, Rdn. 4; *Bernstein* Prozessuale Risiken im Handel mit den USA (Ausgewählte Fragen zu § 328 ZPO), FS Ferid, 1978, S. 75 ff.
8   Vgl. *Schack* IZVR, Rdn. 886; *Stein/Jonas/Roth* § 328, Rdn. 8.
9   Vgl. *Matscher* Zur Theorie der Anerkennung ausländischer Entscheidungen nach österreichischem Recht, FS Schima, 1969, S. 277 ff.; *ders.* Grundfragen der Anerkennung und Vollstreckung ausländischer Entscheidungen in Zivilsachen (aus österreichischer Sicht), ZZP 103 (1990), 294 ff.
10   Unstr., vgl. für viele *Stein/Jonas/Roth* § 328, Rdn. 14.
11   Vgl. *Nagel/Gottwald* IZPR, § 11, Rdn. 116.
12   Für die Prozessabweisungstheorie vgl. BGHZ 34, 337; 36, 365; 93, 289; 123, 139; 157, 50; BGH NJW 1995, 1757; *Habscheid* Rechtsvergleichende Bemerkungen zum Problem der materiellen Wirkung des Zivilurteils, FS Fragistas, Bd. I, 1966, S. 529 ff.; vgl. im übrige *Wieczorek/ Schütze/Büscher* § 322, Rdn. 11 f.
13   Vgl. *Schütze* Zur Vollstreckung ausländischer

Zivilurteile bei Zweifeln an der Verbürgung der Gegenseitigkeit, DB 1977, 2129 ff.
14   Vgl. *Geimer* Anerkennung ausländischer Entscheidungen in Deutschland, 1995, S. 97; *ders.* IZPR, Rdn. 2913; *Nagel/Gottwald* IZPR, § 11, Rdn. 126; *Schack* IZVR, Rdn. 869; *Schütze* Die Anerkennung ausländischer Gestaltungsurteile über die Auflösung von Gesellschaften mit beschränkter Haftung, GmbHRdSch 1967, 6 ff.; *Stein/Jonas/ Roth* § 328, Rdn. 17; *Zöller/Geimer* § 328, Rdn. 52.
15   Vgl. insbesondere *Süss* Die Anerkennung ausländischer Urteile, FS Rosenberg, 1949, S. 229 ff. (252); weitere Nachweise bei *Geimer* Zur Prüfung der Gerichtsbarkeit und der internationalen Zuständigkeit bei der Anerkennung ausländischer Urteile, 1966, S. 32 f. und *Müller* Zum Begriff der „Anerkennung" von Urteilen in § 328 ZPO, ZZP 79 (1966), 216 ff. (Fn. 81). *Niederländer* Materielles Recht und Verfahrensrecht im internationalen Privatrecht, RabelsZ 20 (1955), 1 ff. (49) nimmt zwar an, dass das Sachstatut über die materiellen Wirkungen des ausländischen Urteils entscheidet, schränkt dies jedoch dahin ein, dass die Wirkungserstreckung über die Grenze der Anerkennung bedarf. Vgl. auch *Matscher* Der neue österreichisch-deutsche Vertrag über die Anerkennung und Vollstreckung von gerichtlichen Entscheidungen im Lichte der allgemeinen Lehren des internationalen Zivilprozessrechts, JBl 1960, 265 ff. (270, Fn. 32).

Geltungsbereich des § 328 ZPO ausnehmen und die Gestaltungswirkung nach IPR-Grundsätzen dem auf das Rechtsverhältnis anwendbaren Recht unterstellen. Die Anwendbarkeit des § 328 ZPO ergab sich bei Eheurteilen früher bereits direkt aus der – inzwischen durch § 107 FamFG ersetzten – Bestimmung des Art. 7 § 1 FamRÄndG. Diese Bestimmung nahm zwar nicht mehr – wie die Vorgängernorm § 24 der 4. DVO EheG – direkt Bezug auf § 328 ZPO. Es war aber anerkannt, dass durch die Neuregelung insoweit keine Änderung eingetreten ist[16]. Woraus sollte man sonst die „Voraussetzungen der Anerkennung" entnehmen. Ein weiteres Indiz für die gesetzgeberische Intention, Gestaltungsurteile nicht dem Geltungsbereich des § 328 ZPO zu entziehen, ergibt sich aus dem zwischenzeitlich aufgehobenen § 328 Abs. 1 Nr. 3 ZPO[17]. Diese Bestimmung bezog sich in erster Linie auf Gestaltungsurteile. Die Norm wäre weitgehend sinnlos gewesen, wenn Gestaltungurteile nicht unter § 328 ZPO fielen. § 107 FamFG hat insoweit keine Änderung der Rechtslage gebracht.

Die Anwendung des § 328 ZPO nicht nur auf den Bereich der Anerkennung von Eheurteilen **7** beschränkt, auch die Anerkennung von Gestaltungsurteilen in jeglichem anderen Bereich, z. B. die Auflösung von Gesellschaften bedarf der Anerkennung[18].

c) Streitverkündungs- und Interventionswirkung. Auch die Wirkungen der Streitver- **8** kündung[19] und Intervention[20] sind anerkennungsfähig[21], soweit das erststaatliche Recht ein äquivalentes Rechtsinstitut kennt und die Wirkungen im wesentlichen denen in §§ 66 ff. ZPO entsprechen. Dabei müssen die Erfordernisse der Anerkennung gegeben sein[22].

Für Garantieurteile vgl. Rdn. 139 **9**

d) Tatbestandswirkung. Die Tatbestandswirkungen eines ausländischen Urteils im In- **10** land beurteilen sich nicht nach der lex causae[23], bedürfen vielmehr zu ihrer Erstreckung auf das Inland der Anerkennung nach § 328 ZPO. Diese Frage wird insbesondere im Hinblick auf die verjährungshemmende Wirkung des rechtskräftigen Urteils nach § 201 BGB diskutiert[24].

---

16 Vgl. für diese Argumentation *Geimer* Zur Prüfung der Gerichtsbarkeit und der internationalen Zuständigkeit bei der Anerkennung ausländicher Urteile, 1966, S. 32 f.; *Kleinrahm/Partikel* Die Anerkennung ausländischer Entscheidungen in Ehesachen, 2. Aufl., 1970, S. 29 f.
17 Vgl. dazu *Müller* ZZP 79 (1966), 199 ff. (216 ff.).
18 Vgl. *Schack* IZVR, Rdn. 869; *Schütze* GmbHRdSch 1967, 6 ff.
19 Vgl. zur Streitverkündung im US-Prozess *Mansel* Streitverkündung (vouching in) und Drittklage (third party complaint) im US-Zivilprozessrecht und die Urteilsanerkennung in Deutschland, in: Heldrick/Kono, Herausforderungen des internationalen Zivilverfahrensrechts, 1994, S. 63 ff.
20 Vgl. zur Interventionswirkung BGHZ 16, 217.
21 Vgl. *Diedrich* Die Intervnentionswirkung:

Ausprägung eines einheitlichen Konzepts zivilprozessualer Bindungswirkung, Diss. Saarbrücken 2001; *Geimer* IZPR, Rdn. 2820; *Schack* IZVR, Rdn. 875; *Stein/Jonas/Roth* § 328, Rdn. 19; *Zöller/Geimer* § 328, Rdn. 59 ff.
22 Vgl. *Milleker* Inlandswirkung der Steitverkündung im ausländischen Verfahren, ZZP 80 (1967), 288 ff.; a. A. *Geimer* IZVR, Rdn. 2820 oder *Zöller/Geimer* § 328, Rdn. 59, der das Vorliegen der internationalen Zuständigkeit des Erstgerichts und die Vereinbarkeit mit dem zweitstaatlichen ordre public genügen lassen will.
23 So jedoch *Schack* IZVR, Rdn. 870; *Zöller/Geimer* § 328, Rdn. 62 m. w. N.; *Stein/Jonas/Roth* § 328, Rdn. 25; differenzierend dagegen *Geimer* IZPR, Rdn. 2827 ff.
24 Vgl. *Stein/Jonas/Roth* § 328, Rdn. 26, davon zu unterscheiden ist das Problem der Verjährungshemmung durch ausländische Klageerhebung, vgl. dazu *Schütze* DIZPR, Rdn. 412 ff.

e) Ausländische Urteile und § 917 Abs. 1 ZPO

Schriftum: *Kropholler/Hartmann* Die Europäisierung des Arrestgrundes der Auslandsvollstreckung, FS Drobnig, 1998, S. 337 ff.; *Wolf* Sind ausländische Urteile Urteile im Sinne von § 917 Abs. 1 ZPO?, FS Schütze, 1999, S. 983 ff.

11   Auch ausländische Urteile können Grundlage für einen Arrest nach § 917 Abs. 1 ZPO sein[25]. Erforderlich ist deren Anerkennung bzw. Anerkennungsfähigkeit in Deutschland[26]. Denn der Sinn des § 917 ZPO liegt darin, den Gläubiger bei Auseinanderfallen von Urteils- und Vollstreckungsstaat gegen daraus resultierende Nachteile zu schützen. Das setzt aber voraus, dass das Urteil im Staat, in dem ein Vollstreckungszugriff möglich ist, auch geltend gemacht werden kann. Unerheblich ist, ob der Gläubiger auch im Inland zulässigerweise hätte klagen können[27]. § 917 Abs. 1 ZPO gibt für eine solche Einschränkung keinen Raum. Der Urteilsgläubiger mag gute Gründe gehabt haben, im konkurrierend gegebenen ausländischen Forum zu klagen, etwa weil er im Zeitpunkt der Klageerhebung vollstreckungsfähiges Vermögen des Urteilsschuldners im Erststaat vermutete.

2. Verhältnis von Anerkennung und Vollstreckbarerklärung

12   Anerkennung und Vollstreckbarerklärung sind keine Gegensätze. Durch die Anerkennung werden alle Urteilswirkungen – soweit erstreckbar – auf das Inland erstreckt mit Ausnahme der Vollstreckbarkeit. Diese bedarf eines formellen Erstreckungsaktes in Form der Vollstreckbarerklärung nach §§ 722 f. ZPO. Die Vollstreckbarerklärung setzt die Anerkennung voraus, vgl. § 723, Rdn. 5 f. Es gibt keine Vollstreckbarerklärung ohne Anerkennung.

13   Dagegen können Entscheidungen, die der Vollstreckung nicht fähig sind, anerkannt, aber nicht für vollstreckbar erklärt werden. Vgl. zum Problem möglicherweise unterschiedlicher Gegenseitigkeitsverbürgung Rdn. 82

II. Erfordernisse der Anerkennung

1. Sachentscheidung

14   Die Anerkennung einer ausländischen Entscheidung erfordert, dass in der Sache entschieden worden ist[28]. Reine Prozessentscheidungen sind nicht anerkennungsfähig. Solche nicht anerkennungsfähigen Prozessentscheidungen sind:

– *Prozessabweisungen*[29]. Das gilt auch dann, wenn diese nach erststaatlichem Recht in Rechtskraft erwachsen.
– *Zwischenurteile über prozessuale Fragen* z. B. über die Zuständigkeit des Erstgerichts. Unerheblich ist, ob die Entscheidung nach erststaatlichem Recht in Rechtskraft erwächst[30].

---

25   Vgl. *Schack* IZVR, Rdn. 482; *Schütze* DIZPR, Rdn. 426; *Wolf* FS Schütze, S. 983 ff.
26   Vgl. *Wieczorek/Schütze/Thümmel* § 917, Rdn. 8; *Schack* IZVR, Rdn. 482;.
27   A. A. *Eilers* Maßnahmen des einstweiligen Rechtsschutzes im europäischen Zivilrechtsverkehr, 1991, S. 58 ff.; *Schack* IZVR, Rdn. 482.
28   Vgl. *Geimer* IZPR, Rdn. 2788 m. w. N.; *Linke/Hau* IZPR, Rdn. 438; *Musielak/Stadler* § 328,

Rdn. 5; *Stein/Jonas/Roth* § 328, Rdn. 54; *Zöller/Geimer* § 328, Rdn. 39.
29   Vgl. *Geimer* IZPR, Rdn. 2788; *ders.* Anerkennung ausländischer Entscheidungen in Deutschland, 1995, S. 89; *Stein/Jonas/Roth* § 328, Rdn. 55; *Zöller/Geimer* § 328, Rdn. 39.
30   Vgl. *Schack* IZVR, Rdn. 901; *Stein/Jonas/Roth* § 328, Rdn. 55; *Zöller/Geimer* § 328, Rdn. 39.

- *Beweisbeschlüsse und Beweissicherungsmaßnahmen*[31], z. B. ordonnance de référé expertise[32]
- *Ladungen*[33]
- *anti suit injunctions*[34]. Bei der anti-suit injunction mag man zweifeln, ob es sich nicht um die Titulierung eines Unterlassungsanspruchs handelt, vor allen Dingen bei den obligation-based injunctions, bei der das Klageverbot auf eine Vereinbarung der Parteien (Gerichtsstandsvereinbarung, Schiedsvereinbarung) gestützt wird. Aber auch diese Form der Unterlassungsentscheidung ist nichts weiter als eine Zuständigkeitsentscheidung. Das gilt erst recht für die convenience based injunction, bei es sich letzlich um eine forum non conveniens-Entscheidung handelt
- *Rechtmittelentscheidungen:* Rechtsmittelentscheidungen sind nicht selbständig anerkennungsfähig, auch wenn sie aus deutscher Sicht relevante Punkte betreffen[35].

Nicht anerkennungsfähig sind auch *nichtige Urteile*[36]. Nicht- und nichtige Urteile ausländischer Gerichte, die im Erststaat keine Wirkungen entfalten, sind der Anerkennung nicht fähig[37]. Denn die Anerkennung als Wirkungserstreckung setzt voraus, dass erstreckbare Wirkungen vorhanden sind.   **15**

2. Gerichtsbarkeit des Erststaates

Schrifttum: *Dörr* Staatenimmunität als Anerkennungs- und Vollstreckungshindernis, in: Leible/Ruffert, Völkerrecht und IPR, 2006, S. 175 ff.

Das erststaatliche Gericht muss Gerichtsbarkeit besessen haben[38]. Dabei ist nicht nur die   **16** Verletzung zweitstaatlicher (also deutscher) Immunitäten anerkennungsschädlich, sondern auch die von Drittstaaten. Ein solches Urteil ist völkerrechtswidrig. Kein Staat ist verpflichtet und berechtigt, völkerrechtswidrigen Urteilen Wirksamkeit auf seinem Territorium zu verleihen.

Abzustellen ist auf den Immunitätsbegriff in Deutschland als der lex fori der Anerkennung. So kann ein US-amerikanisches Urteil, das den österreichischen Staat für einen Anspruch aus einem actum iure imperii verurteilt in Deutschland nicht anerkannt werden, mag das amerikanische Gericht auch nach dem Foreign Sovereign Immunities Act Gerichtsbarkeit besessen haben.

Ein ausländisches Urteil, durch das die Bundesrepublik Deutschland zu Schadensersatz für   **17** Handlungen der deutschen Wehrmacht im zweiten Weltkrieg verurteilt worden ist, kann

---

31 Vgl. *Schack* IZVR, Rdn. 901; *Stein/Jonas/Roth* § 328, Rdn. 55.
32 Vgl. *Geimer* IZPR, Rdn. 3109.
33 Vgl. *Geimer* IZPR, Rdn. 3109; *Stein/Jonas/Roth* § 328, Rdn. 55.
34 Vgl. *Geimer* IZPR, Rdn. 1014; *ders.* Anerkennung ausländischer Entscheidungen in Deutschland, 1995, S. 90; *Martiny* Handbuch des Internationalen Zivilverfahrensrechts, S. 211; *Schack* IZVR, Rdn. 902; *Schütze* Zulässigkeit, Zustellung und Wirkungserstreckung von anti-suit injunctions in Deutschland, FS Yessiou-Faltsi, 2007, S. 625 ff. (628); *Stein/Jonas/Roth* § 328, Rdn. 55; *Zöller/Geimer* ZPO, § 328, Rdn. 42.
35 Vgl. *Geimer* Anerkennung ausländischer Entscheidungen in Deutschland, 1995, S. 90; *Zöller/Geimer* § 328, Rdn. 40.

36 Vgl. dazu *Schütze* Die Anerkennung nichtiger Urteile, IPRax 1994, 266 ff.
37 Vgl. BGHZ 118, 312, OLG Hamm, IPRax 1994, 289 (im entschiedenen Fall allerdings entgegen übereinstimmendem Parteivortrag an der Nichtigkeit eines österreichischen Versäumnisurteils zweifelnd), *Schütze* IPRax 1994, 266 ff. (267).
38 Vgl. grundlegend *Geimer* Zur Prüfung der Gerichtsbarkeit und der internationalen Zuständigkeit bei der Anerkennung ausländischer Urteile, 1966, S. 75 ff.; weiter *Musielak/Stadler* § 328, Rdn. 8; *Nagel/Gottwald* IZPR, § 11, Rdn. 151; *Schack* IZVR, Rdn. 919; *Zöller/Geimer* § 328, Rdn. 98.

nicht anerkannt werden[39]. Denn das deutsche Recht erkennt die grundsätzliche Einschränkung der Immunität für völkerrechtswidrige Akte, die insbesondere im Zusammenhang mit dem Distomo Fall diskutiert wird, nicht an[40].

3.   Urteil eines staatlichen Gerichts

18 Nur Urteile staatlicher Gerichte sind anerkennungsfähig[41]. Urteile von „Gerichten" privater Institutionen, insbesondere Vereinen[42], unterfallen nicht § 328[43]. Das schließt nicht aus, dass Privatscheidungen (Verstoßung u. ä.) anerkannt werden (dazu Rdn. 130), vorausgesetzt, dass diese im Ausland erfolgt sind[44]. Unerheblich ist es ob der ausländische Staat völkerrechtlich anerkannt ist. Auch Urteile von völkerrechtlich nicht anerkannten Staaten sind anerkennungsfähig[45]. Kriterium für die Staatlichkeit eines Gerichts ist die nicht nur vorübergehende Ausübung von Gerichtsgewalt in einem Territorium[46]. Revolutionstribunale sind in diesem solange keine staatlichen Gerichte, solange die revolutionäre Bewegung nicht die Gerichtsbarkeit des Staates übernommen, d. h. die Regierungsgewalt übernommen hat.

19 Staatliche Gerichte sind auch solche, die durch Laien entscheiden, wie das französische Handelsgericht[47] oder eine amerikanische Jury. Erforderlich ist allein, dass das Gericht seine Jurisdiktionsgewalt aus staatlicher Autorität herleitet. Eine Grenze besteht dort, wo das Laiengericht nicht in der Lage oder willens ist, in einem rechtsstaatlich geordneten Verfahren zu entscheiden.

20 Bei der Einordnung eines Gerichts als staatlich oder privat ist eine Doppelqualifikation erforderlich[48]. § 328 ZPO lässt zunächst nur die Anerkennung von Sprüchen zu, die nach deutschem Recht Urteile sind. Aus der Rechsnatur der Anerkennung als Wirkungserstreckung folgt darüber hinaus aber, dass nur Wirkungen erstreckt werden können, die auch im Erststaat als solche eines staatlichen Spruchkörpers anzusehen sind.

4.   Ausländisches Urteil

21 Die Entscheidung muss eine ausländische sein. Bei der Beurteilung, ob ein Urteil eines ausländischen Gerichts – gegebenenfalls welchem Staat zugehörig – vorliegt, ist auf die

39 Vgl. BGHZ 155, 279 = NJW 2003, 3488; *Nagel/Gottwald* IZPR, § 11, Rdn. 151.
40 Vgl. im einzelnen *Schütze* DIZPR, Rdn. 98.
41 Vgl. BGHZ 20, 323; 22, 24; *Geimer* Anerkennung ausländischer Entscheidungen in Deutschland, 1995, S. 100; *Schack* IZVR, Rdn. 903; *Schütze* JZ 1982, 636 ff. (636); *Stein/Jonas/Roth* § 328, Rdn. 61.
42 Diese Gerichte sind u. U. als Schiedsgerichte zu qualifizieren, deren Sprüche als Schiedssprüche anerkennungsfähig sein können, vgl. *Schütze* JZ 1982, 636 ff.
43 Der tribunal de la Seine hat der Entscheidung eines „russischen Konsulargerichts", das von Emigranten in Instanbul gegründet worden war, die Anerkennung wegen der mangelnden Staatlichkeit des „Gerichts" die Anerkennung versagt, Journal Clunet 1935, 106. Die Entscheidung wäre nach § 328 in Deutschland nicht anders ausgefallen.

44 Vgl. BGHZ 82, 34 = IPRax 1983, 37 mit Besprechungsaufsatz *Kegel* Scheidung von Ausländern im Inland durch Rechtsgeschäft, ebenda, 22 ff.
45 Vgl. *Schütze* JZ 1982, 636 ff.
46 Vgl. BGHZ 20, 323 (329: „*Den Erfordernisses des § 328 aaO. ist in dieser Beziehung Genüge getan, wenn es sich um eine mit staatlicher Autorität bekleidete Stelle handelt, die nach den in Frage kommenden ausländischen Gesetzen auf Grund eines prozessualen Verfahrens zu Entscheidung von privatrechtlichen Streitigkeiten berufen ist.*".
47 Vgl. OLG Saarbrücken NJW 1988, 3100; *Schack* IZVR, Rdn. 903; *Stein/Jonas/Roth* § 328, Rdn. 62.
48 Vgl. *Schütze* JZ 1982, 636 ff.; *ders.* DIZPR, Rdn. 325; a. A. *Martiny* Handbuch des Internationalen Zivilverfahrensrechts, Bd. III/1, 1984, S. 216 m. w. N. für die noch h. L., die nach erststaatlichem Recht qualifizieren will.

Gerichtsgewalt abzustellen, die das Erstgericht ausgeübt hat. Eine etwa abweichende staats- oder völkerrechtliche Einordnung ist unerheblich.

Internationale Gerichte sind auch Gerichte i. S. von § 328 ZPO[49], soweit es sich nicht um **22** Privatgerichte handelt. Problematisch mag sein, welchem Staat sie zuzuordnen sind, um die Gegenseitigkeitsverbürgung festzustellen. Man wird hier auf den Sitz des Gerichts abstellen müssen[50].

Das Problem der Qualifikation eines Gerichts als in- oder ausländisch hat in der jüngeren **23** deutschen Rechtsgeschichte insbesondere bei Urteilen von DDR-Gerichten eine Rolle gespielt[51]. Die Frage ist heute erfreulicherweise bedeutungslos geworden.

5. Zivil- oder Handelssache als Streitgegenstand

Das ausländische Urteil muss eine Zivil- oder Handelssache[52] zum Gegenstand haben. Die **24** Bestimmung, ob eine Zivil- oder Handelssache vorliegt, muss nach erst- und zweitstaatlichen Recht erfolgen[53]. Es ist also auch hier eine Doppelqualifikation erforderlich[54].

Die Natur des Streitgegenstandes entscheidet allein darüber, ob eine Zivil- oder Handels- **25** sache vorliegt, nicht der Gerichtszweig, dem das Erstgericht angehört[55].

Zu den Zivil- und Handelssachen i. S. des § 328 gehören: **26**

- *Adhäsionsurteile*[56],
- *Entscheidungen in Kartellsachen, soweit sie Ansprüche unter Privatpersonen betreffen*[57],
- *arbeitsrechtliche Entscheidungen*[58].

Nicht zu den Zivil- und Handelssachen gehören: **27**

- Entscheidungen, *die zu Steuern, Gebühren, öffentlichen Beiträgen und Strafen* verurteilen[59]
- Entscheidungen in *Zollsachen*[60]
- *Zivilprozesssachen kraft Zuweisung* (vgl. § 40 Abs. 2 VwGO: vermögensrechtliche Ansprüche

49 Vgl. *Zöller/Geimer* § 328, Rdn. 90.
50 A. A. *Zöller/Geimer* § 328, Rdn. 90, der die Staatsangehörigkeit des Urteilsgläubigers entscheiden lassen will. Das aber widerspricht dem Grundsatz, dass die Staatsangehörigkeit im Rahmen des § 328 ZPO irrelevant ist.
51 Vgl. dazu *Schütze* Deutsches Internationales Zivilprozessrecht, 1. Aufl., 1985, S. 137.
52 Vgl. zum Begriff der Handelssache *Luther* Zur Anerkennung und Vollstreckung von Urteilen und Schiedssprüchen in Handelssachen im deutsch-italienischen Rechtsverkehr, ZHR 127 (1964), 145 ff.
53 Vgl. *Riezler* IZPR, S. 118 f.; *Schütze* DIZPR, Rdn. 327.
54 A. A. *Geimer* IZPR, Rdn. 2867, *Nagel/Gottwald* IZPR, § 11, Rdn. 143; *Stein/Jonas/Roth* § 328, Rdn. 60; *Zöller/Geimer* § 328, Rdn. 80 (Qualifikation allein nach der lex fori); *Schack* IZVR, Rdn. 909 („im Regelfall" genügt Vorliegen einer Zivilsache nach der lex fori).
55 Vgl. *Geimer* IZPR, Rdn. 2867; *Schack* IZVR, Rdn. 908.

56 Vgl. *Geimer* IZPR, Rdn. 2871; *Geimer/Schütze* Internationale Urteilsanerkennung, Bd. II, 1971, S. 46, 258; *Kleinfeller* Die Vollstreckung ausländischer Urteile, ILA-Report, 1923, S. 375 ff. (379 f.); *Kohlrausch* Kann ein in Abwesenheit des Angeklagten ergangenes Adhäsionsurteil des Zürcherischen Schwurgerichts in Deutschland für vollstreckbar erklärt werden?, RheinZ, Bd. 12, 129 ff.; *Nagel/Gottwald* IZPR, § 11, Rdn. 144; *Riezler* IZPR, S. 530; *Schack* IZVR, Rdn. 909; *Stein/Jonas/Roth* § 328, Rdn. 60; a. A. die ältere Lehre, z. B. *Pagenstecher* Kann ein in Abwesenheit des Angeklagten ergangenes Adhäsionsurteil des Zürcherischen Schwurgerichtshofes in Deutschland für vollstreckbar erklärt werden?, RheinZ Bd. 12., S. 139 ff.
57 Vgl. *Geimer* IZPR, Rdn. 2868.
58 Vgl. *Schack* IZVR, Rdn. 908.
59 Vgl. *Geimer/Schütze* Internationale Urteilsanerkennung, Bd. II, 1971, S. 259.
60 Vgl. *Schack* IZVR, Rdn. 906.

aus Aufopferung, aus öffentlichrechtlicher Verwahrung, Schadensersatzansprüche aus Verletzung öffentlich-rechtlicher Pflichten)[61]
- *Ordnungsstrafen* wegen „contempt of court"[62]
- *amende civile*[63]
- Verurteilungen zu *punitive damages*[64]
- Verurteilungen zu *treble damages* nach dem RICO Act[65].

6. Rechtskraft

28 Rechtsprechung und Schrifttum beschränken den sachlichen Geltungsbereich des § 328 ZPO auf rechtskräftige Urteile, obwohl das Erfordernis der Rechtskraft nur für die Vollstreckbarerklärung genannt ist[66]. Dabei ist eine Inkonsequenz der h. L. nicht zu verkennen, wenn sie den Litispendenzeinwand aus einem ausländischen nicht rechtskräftigen Urteil zulässt, also zumindest einen Fall der Erstreckungen der Wirkungen eines nicht rechtskräftigen Urteils anerkennt[67]. Umstritten ist, ob formelle oder materielle Rechtskraft zu fordern ist[68]. Zu Recht fordert Geimer keine formelle Rechtskraft[69], lässt es vielmehr genügen, dass nach dem Recht des Erststaates die Urteilswirkungen eingetreten sind[70].

61 Vgl. *Geimer* IZPR, Rdn. 2867; *Geimer/Schütze* Internationale Urteilsanerkennung, Bd. II, 1971, S. 58 ff., 259; *Schack* IZVR, Rdn. 908; a. A. *Martiny* Handbuch des Internationalen Zivilverfahrensrechts, S. 234.

62 Vgl. *Schack* IZVR, Rdn. 906; *Stein/Jonas/Roth* § 328, Rdn. 60.

63 Vgl. *Schack* IZVR, Rdn. 906; *Stein/Jonas/Roth* § 328, Rdn. 60.

64 Vgl. *Hoechst* Zur Versicherbarkeit von punitive damages, VersR 1983, 53 ff.; *von Hülsen* Produkthaftpflicht USA 1981, RIW 1982, 1 ff. (9), teilweise unter dem Gesichtspunkt des ordre public; *Schütze* Die Anerkennung und Vollstreckbarerklärung US-amerikanischer Schadensersatzurteile in Produkthaftunssachen in der Bundesrepublik Deutschland, FS Nagel, 1987, S. 329 ff.; *ders.* The Recognition and Enforcement of American Civil Judgments Containing Punitive Damages in the Federal Republic of Germany, 11 U.Pa.J.Int'l.Bus.L 581 (1990); a. A. BGHZ 118, 312 = RIW 1993, 132 mit Anm. *Schütze* = JZ 1993, 261 mit Anm. *Deutsch* = ZIP 1992, 1256 mit Anm. *Bungert* = EWiR 1992, 827 mit Anm. *Geimer*. Die h. L. hat sich zwischenzeitlich dem BGH angeschlossen; vgl. *Baumbach/Henkel* Anerkennung und Vollstreckung von punitive damages Entscheidungen amerikanischer Gerichte vor dem Hintergrund des Verfahrens BMW v. Gore, RIW 1997, 727 ff.; *Nagel/Gottwald* § 11, Rdn. 143; *Schack* IZVR, Rdn. 907 (allerdings mit einer Ausnahme für den Fall, dass ein Teil der punitive damages in die Staatskasse fliesst, dazu *Bungert* Vollstreckbarkeit US-amerikanischer Schadensersatzurteile in exorbitanter Höhe in der Bundes-

republik, ZIP, 1992, 1707 ff. (1709)); *Zöller/Geimer* § 328 Rdn. 80; für weitere Nachweise vgl. *Herrmann* Die Anerkennung US-amerikanischer Urteile in Deutschland unter Berücksichtigung des ordre public, 2000, S. 261 ff.

65 A. A. *Geimer* IZPR, Rdn. 2868, *Stiefel/Bungert* US-amerikanische RICO-Urteile im Licht der neuesten Entscheidungen des Bundesgerichtshofs und des Bundesverfassungsgerichts, FS Trinkner, 1995, S. 749 ff. (757 ff.); *Stein/Jonas/Roth* § 328, Rdn. 108 (nur der Verdreifachungsbetrag als ordre-public-widrig nicht anerkennungsfähig); *Zöller/Geimer* § 328, Rdn. 81.

66 Vgl. RGZ 36, 384; BayObLG FamRZ 1990, 898; *Reu* Anwendung fremden Rechts, 1938, S. 85; *Riezler* IZPR, S. 531; *Schack* IZVR, Rdn, 910.

67 Vgl. *Schütze* Die Anerkennung und Vollstreckung ausländischer Zivilurteile in der Bundesrepublik Deutschland als verfahrensrechtliches Problem, Diss. Bonn 1960, S. 20 ff.

68 Vgl. dazu eingehend *Kallmann* Anerkennung und Vollstreckung ausländischer Zivilurteile und gerichtlicher Vergleiche, 1946, S. 15 ff.

69 Vgl. *Geimer* IZPR, Rdn. 2889; *Zöller/Geimer* § 328, Rdn. 69.

70 Ebenso *Thomas/Putzo/Hüsstege* § 328, Rdn. 1.

Ein besonderes Problem stellen Maßnahmen des einstweiligen Rechtsschutzes dar[71]. Hier **29** ist darauf abzustellen, ob diese geeignet sind, nach erststaatlichem Recht die Streitsache endgültig zu erledigen[72] vgl. im Übrigen Rdn. 107 ff.

7. Internationale Zuständigkeit

Schrifttum: *Basedow* Variationen über die spiegelbildliche Anwendung deutschen Zuständigkeitsrechts, IPRax 1994, 183 ff.; *Coester-Waltjen* Das Spiegelbildprinzip bei der Anerkennungszuständigkeit, FS Buxbaum, 2000, 101 ff.; *Fricke* Anerkennungszuständigkeit zwischen Spiegelbildgrundsatz und Generalklausel, 1990; *ders.* Die autonome Anerkennungszuständigkeitsregel im deutschen Recht des 19. Jahrhunderts, 1993; *Geimer* Zur Prüfung der Gerichtsbarkeit und der internationalen Zuständigkeit bei der Anerkennung ausländischer Urteile, 1966; *ders.* Anerkennung ausländischer Entscheidungen in Deutschland, 1995; *ders.* „Internationalpädagogik" oder wirksamer Beklagtenschutz?, FS Nakamura, 1996, S. 169 ff.; *von Hoffmann/Hau* Zur internationalen Anerkennungszuständigkeit US-amerikanischer Zivilgerichte, RIW 1998, 344 ff.; *Holleaux* Compétence du juge étranger et reconnaissance du jugement, 1970; *Kern* Anerkennungsrechtliches Spiegelbildprinzip und europäische Zuständigkeit, ZZP 120 (2007), 31 ff.; *Schärtl* Das Spiegelbildprinzip im Rechtsverkehr mit ausländischen Staatenverbindungen, 2005; *Schindler* Durchbrechungen des Spiegelbildprinzips bei der Anerkennung ausländischer Entscheidungen, 2004; *Schönau* Die Anerkennung von Urteilen aus Mehrrechtsstaaten nach § 328 Abs. 1 ZPO am Beispiel der USA und Kanadas, 2008; *Schreiner* Die internationale Zuständigkeit als Anerkennungsvoraussetzung nach § 328 I Nr. 1 ZPO, Diss. Regensburg 1996; *Schütze* Forum non conveniens und Verbürgung der Gegenseitigkeit im deutsch-amerikanischen Verhältnis, FS Kropholler, 2008, S. 905 ff.; *Sieg* Internationale Anerkennungszuständigkeit bei US-amerikanischen Urteilen, IPRax 1996, 77 ff.; *Stürner/Bormann* Internationale Anerkennungszuständigkeit US-amerikanischer Bundesgerichte und Zustellungsfragen im deutsch-amerikanischen Verhältnis, JZ 2000, 81 ff.; *Watzlawik* Persönliche Zuständigkeit im US-amerikanischen Prozessrecht und ihre Bedeutung im deutschen Exequaturverfahren, RIW 2002, 691 ff.

a) Spiegelbildgrundsatz. § 328 Abs. 1 Nr. 1 geht bei der Regelung der Anerkennungs- **30** zuständigkeit vom Spiegelbildgrundsatz aus[73]. Die internationale Zuständigkeit des Erstgerichts wird unter hypothetischer Anwendung deutscher Zuständigkeitsnormen geprüft. Bestand nach deutschem Recht eine Zuständigkeit des Erstgerichts, dann ist die internationale Zuständigkeit des Erstgerichts gegeben, selbst wenn das Erstgericht seine Zuständigkeit aufgrund eines vom deutschen Recht gemissbilligten oder diesem unbekannten Gerichtsstandes angenommen hat, z.B. dem der Klagezustellung (transient jurisdiction) im common law oder der Geschäftstätigkeit (doing business) im amerikanischen Recht.

Zur Begründung der Anerkennungszuständigkeit sind alle Gerichtsstände des deutschen **31** Rechts geeignet. Dabei heischen vier Gerichtsstände besondere Beachtung:

---

[71] Vgl. dazu *Matscher* Vollstreckung im Auslandsverkehr von vorläufig vollstreckbaren Entscheidungen und Maßnahmen des provisorischen Rechtsschutzes, ZZP 95 (1982), 170 ff.; *Schütze* Anerkennung und Vollstreckbarerklärung ausländischer Entscheidungen in Wettbewerbssachen, in: Loschelder/Erdmann (Herausg.), Handbuch des Wettbewerbsrechts, 4. Aufl., 2010, § 11 Rdn. 12 ff.

[72] Vgl. *Geimer* IZPR, Rdn. 2857; *Zöller/Geimer* § 328, Rdn. 70.

[73] Vgl. dazu *Fricke* Anerkennungszuständigkeit zwischen Spiegelbildgrundsatz und Generalklausel, 1990; *Geimer* Zur Prüfung der Gerichtsbarkeit und der internationalen Zuständigkeit bei der Anerkennung ausländischer Urteile, 1966; *Martiny* Handbuch des Internationalen Zivilverfahrensrechts, Rdn. 596 ff.; *Schröder* Internationale Zuständigkeit, 1971, S. 749 ff.

32 *Gerichtsstand des Vermögens:* Die Zulassung des § 23 ZPO führt zu einer erheblichen Ausdehnung der Anerkennungszuständigkeit, insbesondere wenn man die neuere Rechtsprechung zu Mehrrechtsstaaten berücksichtigt, vgl. dazu Rdn. 37. Gegen die Anwendung dieses Gerichtsstandes werden deshalb in der Literatur teilweise Bedenken geltend gemacht[74]. Es wäre jedoch inkonsequent, diesen Gerichtsstand als Entscheidungszuständigkeit begründend, nicht aber Anerkennungszuständigkeit begründend zuzulassen. Die Anerkennungszuständigkeit begründende Wirkung des § 23 ZPO wird deshalb überwiegend angenommen[75]. Der BGH hat ausdrücklich offengelassen, ob der für die Entscheidungszuständigkeit geforderte Inlandsbezug[76] auch für die Anerkennungszuständigkeit erforderlich ist[77]. Das sollte aber selbstverständlich sein. Die hypothetische Anwendung des § 23 ZPO auf den Erstprozess erfolgt in der Weise, dass die Vermögenszuständigkeit so definiert wird, wie es im deutschen Recht der Fall ist[78].

33 *Gerichtsstand des Erfüllungsortes:* Bei der Anerkennungszuständigkeit auf Grund des Erfüllungsortes[79] wird diskutiert, wie der Erfüllungsort zu bestimmen ist[80]. In Betracht kommt eine Bestimmung nach deutschem materiellen Recht als lex fori des Zweitstaates[81], eine Bestimmung nach dem nach deutschem Kollisionsrecht zur Anwendung berufenen Recht (lex causae des Zweitstaates)[82] oder nach der lex causae des Erststaates[83]. Der ersteren Meinung ist der Vorzug zu geben. Das Erfordernis der spiegelbildlichen Zuständigkeit nach § 328 Abs. 1 Nr. 1 ZPO dient dem Beklagtenschutz. Ein Beklagter soll da gerichtspflichtig sein[84], wo ihm auch nach deutschem Recht zuzumuten ist, sich gegen die Klage zu verteidigen[85]. Ein effektiver Beklagtenschutz kann aber in diesem Sinne nur erreicht werden, wenn der Zweitrichter sich in die Rolle des Erstrichters versetzt und dabei deutsches Recht anwendet.

34 *Gerichtsstand der Prorogation:* Die Anerkennungszuständigkeit begründende Wirkung der Prorogation setzt nur voraus, dass aus deutscher Sicht eine wirksame Prorogation zugunsten des Erststaates vorliegt[86]. Ob die Vereinbarung des Erstgerichts wirksam war, ist unerheblich. Darüber hinaus muss eine etwa erfolgte Derogation deutscher internationaler Zuständigkeit wirksam sein.

---

[74] Vgl. z. B. *Milleker* Der negative internationale Kompetenzkonflikt, 1975, S. 154; *Schröder* Internationale Zuständigkeit, 1971, S. 397 ff. (402).
[75] Vgl. aus der Rechtsprechung BGH RIW 1999, 698, aus dem Schrifttum *Geimer* Zur Prüfung der Gerichtsbarkeit und der internationalen Zuständigkeit bei der Anerkennung ausländischer Urteile, 1966, S. 116; *ders.* Anerkennung ausländischer Entscheidungen in Deutschland, 1995, S. 115; *Nagel/Gottwald* IZPR, Kap. 11, Rdn. 154; *Pagenstecher* Gerichtsbarkeit und internationale Zuständigkeit als selbständige Prozessvoraussetzungen. Zugleich ein Beitrag zur internationalen Prorogation, RabelsZ 11 (1937), 337 ff.; *Schack* IZVR, Rdn. 927; *Zöller/Geimer* § 328, Rdn. 103.
[76] Vgl. BGHZ 115, 90.
[77] Vgl. BGH RIW 1999, 698.
[78] Kritisch *Basedow* IPRax 1994, 183 ff. (186); *Zöller/Geimer* § 328 Rdn. 103.
[79] Vgl. für die Anerkennungszuständigkeit begründende Wirkung des Erfüllungsortes BGH NJW 1993, 1073; OLG Koblenz, RIW 2004, 302.
[80] Offengelassen in OLG Koblenz, RIW 2004, 302.
[81] Vgl. dazu *Schack* Der Erfüllungsort im deutschen, ausländischen und internationalen Privat- und Zivilprozessrecht, 1985, Rdn. 230.
[82] Vgl. dazu *Martiny* Handbuch des Internationalen Zivilverfahrensrechts, S. 311.
[83] Vgl. dazu BGH NJW 1993, 1073; *Geimer* IZPR, Rdn. 1496 m. w. N.; *Zöller/Geimer* § 328, Rdn. 117.
[84] Der terminus stammt von *Geimer* Zur Prüfung der Gerichtsbarkeit und der internationalen Zuständigkeit bei der Anerkennung ausländischer Urteile, 1966 und hat – ohne Quellenangabe – zwischenzeitlich Eingang in das internationale zivilprozessuale Schrifttum gefunden.
[85] Vgl. BayObLG NJW 1988, 2179.
[86] Vgl. *Geimer* Anerkennung ausländischer Entscheidungen in Deutschland, 1995, S. 116 f.

Gerichtsstand der rügelosen Einlassung: Die vorbehaltlose Einlassung ist eine Erscheinungs- **35**
form der (stillschweigenden) Prorogation und als solche zur Begründung von Anerkennungszuständigkeit geeignet[87]. Erforderlich ist jedoch, dass die Erfordernisse einer Gerichtsstandsvereinbarung vorliegen[88]. Die Beurteilung, ob das Verhalten des Beklagten im
erststaatlichen Verfahren als rügelose Einlassung zu werten ist, erfolgt allein nach zweitstaatlichem Recht. Der Beklagtenschutz erfordert, dass er nur insoweit gerichtspflichtig
wird als er es auch im deutschen Prozess wäre. Der BGH[89] hat deshalb die auf § 39 ZPO
gegründet Anerkennungszuständigkeit auf Fälle beschränkt, in denen eine Zuständigkeit
nach erststaatlichem Prozessrecht nicht bestand[90]: Der 1. Leitsatz ist unzweideutig: „*Rü-
geloses Verhandeln vor einem ausländischen Gericht begründet dann nicht selbständig die internationale (Anerkennungs-) Zuständigkeit, wenn der fremde Staat nach seinem eigenen Recht unabhängig davon international zuständig ist*“.

b) Durchbrechung des Spiegelbildgrundsatzes. Eine Einschränkung des Spiegelbild- **36**
grundsatzes besteht in den Fällen, in denen der Erststaat den Gerichtsstand, der bei hypothetischer Anwendung der deutschen Zuständigkeitsnormen an sich zur internationalen
Zuständigkeit des Erstgerichts führen würde, nicht als Anerkennungszuständigkeit begründend anerkennt. Das hat der BGH in der zweiten Südafrikaentscheidung[91] entwickelt,
in der zweiten Frankreichentscheidung[92] fortgeführt und in den Fällen Brasilienentscheidung[93] bestätigt. In der zweiten Südafrikaentscheidung und in der Brasilienentscheidung
ging es um die Vermögenszuständigkeit und den Gerichtsstand des Erfüllungsortes. Der
BGH siedelt diese Inkongruenzen anerkennungsrechtlicher Zuständigkeit allerdings nicht
bei § 328 Abs. 1 Nr. 1, sondern bei der Gegenseitigkeit an[94]. Sie sollen zur partiellen Nichtverbürgung der Gegenseitigkeit führen, was für das praktische Ergebnis unerheblich ist[95].
In der zweiten Frankreichentscheidung hat der BGH die Gegenseitigkeit partiell verneint,
weil das französische Gericht seine Zuständigkeit auf das Jurisdiktionsprivileg der Artt. 14,
15 CC gestützt hatte.

c) Mehrrechtsstaaten. Eine weitere Durchbrechung des Spiegelbildgrundsatzes im Sinne **37**
einer Ausdehnung bringt die BGH Rechtsprechung zu Mehrrechtsstaaten. Obwohl die
Wirkungserstreckung ausländischer Zivilurteile in die Kompetenz der Einzelstaaten der
USA fällt und diese jeweils eigene gesetzliche Regelungen getroffen haben[96] und die
Verbürgung der Gegenseitigkeit für jeden Einzelstaat gesondert geprüft werden muss,

---

87 Vgl. BGH WM 1993, 524 (mit erschöpfender
Darstellung des Streitstandes bis 1992); *Geimer*
Anerkennung ausländischer Entscheidungen in
Deutschland, 1995, S. 199; *ders.* Anmerkung zu
BGH Urteil vom 30.3.1976, NJW 1976, 1581 Nr. 5
und BGH Urteil vom 19.3.1976, NJW 1976, 1583,
Nr. 6, WM 1977, 66 ff.; *Martiny* Handbuch des
Internationalen Zivilverfahrensrechts, S. 325 ff.;
Sandrock Die Prorogation der internationalen Zuständigkeit eines Gerichts durch Sacheinlassung
des Beklagten, ZVglRWiss 78 (1979), 177 ff.; *Schütze* Zur internationalen Zuständigkeit auf Grund
rügelsoer Einlassung, ZZP 90 (1977), 67 ff.; *ders.*
Zur Bedeutung der rügelosen Einlassung im internationalen Zivilprozessrecht, RIW/AWD 1979,
590 ff.
88 Vgl. *Schütze* RIW/AWD 1979, 590 ff. (591).
89 Vgl. BGH WM 1993, 524.

90 Vgl. dazu *Grothe* „Exorbitante" Gerichts-
zuständigkeiten im Rechtsverkehr zwischen
Deutschland und den USA, RabelsZ 58 (1994),
686 ff. (719 f.).
91 Vgl. BGHZ 52, 251; dazu *Schütze* Internationale Zuständigkeit und Verbürgung der Gegenseitigkeit bei der Anerkennung ausländischer Entscheidungen, AWD 1970, 495 ff.
92 Vgl. BGHZ 53, 332.
93 Vgl. BGHZ 120, 334.
94 Vgl. dazu *Schütze* AWD 1970, 495 ff.
95 Vgl. dazu *Schütze* Forum non conveniens und
Verbürgung der Gegenseitigkeit im deutsch-amerikanischen Verhältnis, FS Kropholler, 2008,
S. 905 ff. (905 f.).
96 Vgl. dazu *Schütze* Deutsch-amerikanische Urteilsanerkennung, 1992.

geht der BGH[97] – inkonsequenterweise – davon aus, dass der Zuständigkeitsbezug zum gesamten Hoheitsgebiet zu prüfen ist und es deshalb für die Anerkennungszuständigkeit genügt, wenn eine hypothetische Zuständigkeit in einem Teil des Mehrrechtsstaates besteht, nicht notwendigerweise in dem, von dessen Gericht das anzuerkennende Urteil erlassen worden ist[98]. Vermögen in Oregon genügt nach dieser Ansicht zur Begründung von Anerkennungszuständigkeit für ein Urteil aus Alaska. Die BGH Rechtsprechung begegnet Bedenken[99]. Wenn man den Einzelstaat mit eigenem Gerichtsaufbau und gesonderter Regelung der Wirkungserstreckung ausländischer Zivilurteile für die Beurteilung der Gegenseitigkeitsfrage als eigenständig ansieht[100], dann muss dasselbe für die Anerkennungszuständigkeit gelten[101].

38 **d) Ausschluss internationaler Zuständigkeit durch Gerichtsstands- oder Schiedsvereinbarung.** So wie die internationale Gerichtsstandsvereinbarung zugunsten des Erstgerichts Anerkennungszuständigkeit unter hypothetischer Anwendung von § 38 ZPO bewirkt, führt auch die Derogation zu einem Fehlen der internationalen Zuständigkeit des Erstgerichts. Die Wirksamkeit der Derogation wird allein nach deutschem Recht geprüft. Unerheblich ist, ob das erststaatliche Recht die derogierende Gerichtsstandsvereinbarung zulässt oder Anforderungen an diese stellt, die das Erstgericht verneint hat. Hält ein US-amerikanisches Gericht eine ausschließliche Gerichtsstandsvereinbarung zugunsten eines deutschen Gerichts für unwirksam[102], weil diese nach Ansicht des Gerichts *unfair, unjust, unreasonable oder unconcionable* ist, so ist das für den deutschen Anerkennungsrichter bedeutungslos. Nimmt das prorogierte Gericht die Prorogation nicht an und schlägt die Gerichtsstandsvereinbarung deshalb fehl, so sind die Rechtsfolgen dem deutschen Recht zu entnehmen, also nach den Grundsätzen über das Fehlen oder den Wegfall der Geschäftsgrundlage zu entscheiden[103].

---

97 Vgl. BGHZ 141, 286 = NJW 1999, 3198 = RIW 1999, 698.
98 Ebenso *Geimer* IZPR, Rdn. 2900; *ders.* Anerkennung ausländischer Entscheidungen in Deutschland, 1995, S. 117; *Nagel/Gottwald* IZPR, § 11, Rdn. 155; *Schärtl* Das Spiegelbildprinzip im Rechtsverkehr mit ausländischen Staatenverbindungen, 2005; *Schönau* Die Anerkennung von Urteilen aus Mehrrechtsstaaten nach § 328 Abs. 1 ZPO am Beispiel der USA und Kanadas, 2008; *Zöller/Geimer* § 328, Rdn. 107.
99 Vgl. BayObLG NJW 1990, 3099; OLG Hamm, RIW 1997, 961; *Coester-Waltjen* FS Buxbaum, S. 101 ff. (112); *Roth* Urteilsanmerkung, ZZP 112 (1999), 484 ff.; *Schack* IZVR, Rdn. 1001; *Schütze* Urteilsanmerkung, RIW 1997, 1041; *Stein/Jonas/Roth* § 328 Rdn. 77 m. w. N.; *Stürner/Bormann* JZ 2000, 81 ff. (85); *Thomas/Putzo/Hüsstege* ZPO, § 328, Rdn. 8a.
100 So erstaunlicherweise selbst BGH NJW 1999, 698: „… *Insoweit ist im vorliegenden Zusammenhang … von der Rechtslage im Teilstaat W. aus-*

zugehen. Es gibt kein einheitliches Recht zur Anerkennung ausländischer Urteile für die USA insgesamt; die Anerkennungsvoraussetzungen richten sich vielmehr nach dem Recht der Teilstaaten …". Wie sich das mit der im gleichen Urteil postulierten Einheitlichkeit der Zuständigkeitsordnung in Mehrrechtsstaaten für die Beurteilung der Anerkennungszuständigkeit vereinbaren lässt, verstehe wer will.
101 Vgl. für den notwendigen Gleichlauf *Schack* IZVR, Rdn. 1001.
102 Vgl. z. B. Copperweld Steel Company v. DE-MAG Mannesmann-Bohlen, 578 F.2d 953 3rd Cir. (1978); dazu auch *Heidenberger* Sind Gerichtsstandsvereinbarungen im deutsch-amerikanischen Rechtsverkehr ratsam?, RIW/AWD 1981, 371 ff. (372).
103 Vgl. dazu *Schütze* Die Bedeutung der Durchsetzbarkeit eines Anspruchs im forum prorogatum für die Wirksamkeit einer internationalen Gerichtsstandsvereinbarung, RIW 1982, 773 ff.

e) Forum non conveniens. Eine Begrenzung des forum shopping wird insbeson- **39** dere in der Rechtsprechung US-amerikanischer Gerichte durch die Lehre vom forum non conveniens[104] versucht. Die forum-non-conveniens-Lehre wird im internationalen Bereich zwar vielfach zu Gunsten der amerikanischen Parteiinteressen angewandt[105], das ist aber für die Anerkennungszuständigkeit bedeutungslos. Ausweitungen und Beschränkungen US-amerikanischer Zuständigkeit werden durch das Spiegelbildprinzip korrigiert.

Da das deutsche Zuständigkeitsrecht die forum non conveniens-Lehre – trotz mancher- **40** lei Befürworter in der Lehre[106] – nicht generell kennt, kann sie nicht zur Ausweitung oder Beschränkung der Anerkennungszuständigkeit dienen. Eine Ausnahme gilt für den Vermögensgerichtsstand. Dieser wird von der Rechtsprechung unter Verwendung von forum-non-conveniens-Gedanken einschränkend interpretiert[107]. Diese Einschränkungen müssen auch im Rahmen des § 328 Abs. 1 Nr. 1 ZPO Anwendung finden, vgl. auch Rdn. 32. Wird die Anerkennungszuständigkeit auf Vermögen im Erststaat gestützt, so muss der erststaatliche Prozess einen Inlandsbezug zum Erststaat aufgewiesen haben.

f) Rüge der mangelnden internationalen Zuständigkeit im Erstprozess. Der Beklag- **41** te ist nicht verpflichtet, gegen die Verurteilung im Erststaat ein Rechtsmittel einzulegen[108], wenn er trotz mangelnder Sacheinlassung verurteilt worden ist. Es tritt kein Rügeverlust ein. Legt der Beklagte jedoch ein Rechtsmittel im Erststaat ein, so muss er die Rüge der mangelnden internationalen Zuständigkeit weiterverfolgen – mag diese auch nach erststaatlichem Recht nicht begründet sein. Sonst tritt eine Zuständigkeitsbegründung durch rügelose Sacheinlassung in der Rechtsmittelinstanz ein.

8. Ordnungsmäßige und rechtzeitige Ladung

Schrifttum: *Geimer* Zur Nichtanerkennung ausländischer Urteile wegen nicht ordnungsgemäßen erststaatlichen Verfahrens, JZ 1969, 12 ff.; *ders.* Zur Nichtanerkennung ausländischer Urteile wegen nichtgehöriger Ladung zum Erstprozess, NJW 1973, 2138 ff.; *Linke* Die Versäumnisentscheidungen im deutschen, österreichischen, belgischen und englischen Recht, 1972; *Schütze* Zur Bedeutung der rügelosen Einlassung im internationalen Zivilprozessrecht, RIW/AWD 1979, 590 ff.; *Steinhauser* Versäumnisurteile in Europa, 1996; *Stürner* Förmlichkeit und Billigkeit bei der Klagzustellung im Europäischen Zivilprozess, JZ 1992, 325 ff.

104 Vgl. dazu *Berger* Zuständigkeit und forum non conveniens im amerikanischen Zivilprozess, RabelsZ 41 (1977), 39 ff.; *Blum* Forum non conveniens, 1979; *Dorsel* Forum non conveniens, Richterliche Beschränkung der Wahl des Gerichtsstandes im deutschen und amerikanischen Recht, 1996; *Wahl* Die verfehlte internationale Zuständigkeit, 1974.
105 Vgl. *Juenger* Forum non conveniens – who needs it?, FS Schütze, 1999, S. 317 ff.; *Schütze* Forum non conveniens und Rechtschauvinismus, FS Jayme, 2004, S. 849 m. w. N.
106 Vgl. z. B. *Jayme* Zur Übernahme der Lehre vom „forum-non-conveniens" in das deutsche internationale Verfahrensrecht, StAZ 1975, 91 ff.; *ders.* Forum non conveniens und anwendbares

Recht, IPRax 1984, 303 f.; *Wahl* Die verfehlte internationale Zuständigkeit, 1974, S. 119 ff.
107 Vgl. BGHZ 115, 90 mit Bespr. *Geimer* NJW 1992, 3072 und Besprechungsaufsatz *Schütze* Zum Vermögensgerichtsstand des § 23 ZPO, DZWir 1991, 239 ff.; OLG Stuttgart RIW 1990, 829 mit Besprechungsaufsatz *Fischer* Zur internationalen Zuständigkeit deutscher Gerichte nach § 23 ZPO, RIW 1990, 794 ff.; im einzelnen zu der Problematik *Schütze* Das Vermögen als Anknüpfungspunkt für die internationale Zuständigkeit, FS Ishikawa 2001, 493 ff. m. w. N.
108 Vgl. BGH AWD 1969, 452 = NJW 1970, 387 mit Anm. *Geimer*; *Schütze* RIW/AWD 1979, 590 ff. (593); *Zöller/Geimer* § 328, Rdn. 114.

42 Die fehlerhafte Zustellung des verfahrenseinleitenden Schriftstücks kann zur Versagung der Anerkennung nach § 328 Abs. 1 Nr. 2 führen. Verfahrenseinleitendes Schriftstück ist jedes Dokument, das den Beklagten nach erststaatlichem Recht von der Einleitung des Verfahrens in Kenntnis setzen soll[109]. Es ist nicht erforderlich, dass es sich um eine Klageschrift im Sinne der deutschen ZPO handelt[110]. Es muss aber erkennbar sein, dass ein Verfahren eingeleitet worden, was der Gegenstand dieses Verfahrens und was das Klagbegehren ist. Die vom EuGH aufgestellten Grundsätze in der Entscheidung Sonntag v. Waidmann[111] gelten auch für das autonome Recht in Nr. 2. Nach der ratio dieser Entscheidung erfordert es der Beklagtenschutz, dass er er mit dem Dokument über die wesentlichen Elemente des Rechtsstreits in Kenntnis gesetzt wird. Als verfahrenseinleitendes Schriftstück kann die Klageschrift (complaint) im US-amerikanischen Prozess angesehen werden, obwohl sie die Klageansprüche kaum substantiiert. Nicht erforderlich ist die Verbindung mit einer Terminsladung[112].

43 Die Ordnungsmäßigkeit der Zustellung beurteilt sich nach erststaatlichem Recht und den geltenden Staatsverträgen, z. B. dem Haager Zustellungsübereinkommen. Setzt sich das Erstgericht über Staatsverträge hinweg und stellt nach autonmem Recht zu, so ist die Zustellung nicht ordnungsgemäß. Das gilt insbesondere für Zustellungen im deutsch-amerikanischen Rechtsverkehr. Während Deutschland von einer Ausschließlichkeit des Haager Zustellungsübereinkommens ausgeht[113], betrachten die USA diese Konvention im Anschluss an die Entscheidung des US-Supreme Court in der Sache Volkswagen Aktiengesellschaft v. Schlunk[114] als nicht ausschließlich. Eine US-amerikanische Zustellung außerhalb des Haager Zustellungsübereinkommens wäre nicht ordnungsgemäß. Auch dem deutschen Recht unbekannte Zustellungsformen werden – soweit keine internationalen Staatsverträge verletzt werden – im Rahmen der Nr. 2 anerkannt, so die remise au parquet[115] und der englische service by alternative method nach Order 11 rule 5 New R.S.C. (früher substituted service nach Order 65 rule 4)[116].

44 Die Nachprüfung der tatsächlichen und rechtlichen Feststellungen des Erstgerichts hinsichtlich der Ordnungsmäßigkeit der Zustellung unterliegt der vollen Nachprüfung durch das Zweitgericht[117].

45 Das Erfordernis der ordnungsmäßigen und rechtzeitigen Ladung setzt voraus, dass der Beklagte sich im erststaatlichen Prozess nicht eingelassen hat. Es trifft in erster Linie auf Versäumnisurteile[118] zu, ist aber nicht darauf beschränkt. Durch das Erfordernis der Ordnungsmäßigkeit und Rechtzeitigkeit der Zustellung soll die Gewährung rechtlichen

---

109 Vgl. *Geimer* IZPR, Rdn. 2927; *Zöller/Geimer* § 328, Rdn. 168.
110 Vgl. *Nagel/Gottwald* IZPR, § 11, Rdn. 162 (Mitteilung eines genauen Klageantrags nicht erforderlich).
111 Vgl. EuGH Rs. 172/91 – Sonntag v. Waidmann – EuGHE 1993 I, 1963 = NJW 1993, 2091 = IPRax 1994, 37 mit Besprechungsaufsatz *Hess* Amtshaftung als „Zivilsache" im Sinne von Art. 1 Abs. 1 EuGVÜ, ebenda 10 ff.
112 Vgl. BGH NJW 1999, 3198; *Zöller/Geimer* § 328, Rdn. 171.
113 Vgl. Schreiben des BJM v. 27.7.1981, BRAK-Mitt. 1981, 25.
114 56 U.S.L.W. 4595.
115 Vgl. OLG Saarbrücken, RIW 1998, 631; *Zöl-*

ler/*Geimer* § 328, Rdn. 166; a. A. OLG Karlsruhe RIW 1999, 538, allerdings für den Geltungsbereich des EuGVÜ, im Übrigen wegen Verstoßes gegen das Diskriminierungsverbot des EGV; vgl. auch *Roth* Remise au parquet und Auslandszustellung nach dem Haager Zustellungsübereinkommen von 1965, IPRax, 2000, 497 ff.
116 Vgl. dazu *Geimer* English Substituted Serevice (Service by an Alternative Method) and the Race to the Courthauses, FS Schütze, 1999, S. 205 ff.
117 Vgl. *Geimer* NJW 1973, 2138 ff.; *Zöller/Geimer* § 328, Rdn. 159.
118 Vgl. zu den Versäumnisurteilen im internationalen Zivilprozessrecht *Linke* Die Versäumnisentscheidungen im deutschen, österreichischen, belgischen und englischen Recht, 1972.

Gehörs sichergestellt werden. Das deutsche Recht geht dabei nicht so weit wie andere Rechtsordnungen, die Versäumnisurteilen grundsätzlich die Anerkennung verweigern, es stellt lediglich die Verteidigungsmöglichkeit des Beklagten sicher. Deshalb ist die rechtswahrende Einlassung in § 328 Abs. 1 Nr. 2[119] in ihrer Bedeutung und in ihren Voraussetzungen von der zuständigkeitsbegründenden der Nr. 1 zu unterscheiden.

Der Normzweck des § 328 Abs. 1 Nr. 2 ZPO erfordert eine andere Art der Einlassung als sie **46** für die Zuständigkeitsbegründung erforderlich ist. Es genügt jede im weiteren Sinne anerkennende oder abwehrende Prozesshandlung[120], z. B. die Rüge der Unzuständigkeit des Erstgerichts (international, örtlich oder sachlich), Die Richterablehnung, ein Vertagungsantrag. Nicht genügt jedoch die Anzeige des Beklagten bei Gericht, er könne wegen der kurzfristigen Kenntnis nicht vor Gericht erscheinen, da hierin gerade die Nichtrechtzeitigkeit der Zustellung gerügt wird.

Die Einlassung muss in rechtlich beachtlicher Weise erfolgen[121]. Dazu gehört zunächst, **47** dass der Beklagte oder ein von ihm bestellter Vertreter die Erklärung abgibt. Es genügt nicht die Eerklärung eines ohne Wissen des Beklagten bestellten Vertreters oder Prokurators[122]. Dasselbe gilt für Erklärungen eines falsus procurators[123]. Die Einlassung muss vor Erlass der erststaatlichen Entscheidung erfolgen[124].

Der Beklagte ist nicht gehalten, im Erststaat Rechtsmittel einzulegen, um die Rüge der **48** nicht ordnungsmäßigen Zustellung oder Ladung zu erhalten[125]. Es ist dem Beklagten nicht zuzumuten, ein nach erststaatlichem Recht u. U. erfolgloses und teures Verfahren zu führen, zumal wenn er nach der american rule of costs auf seinen Kosten „sitzen" bleibt.

Die Ordnungsmäßigkeit der Zustellung der prozesseinleitenden Ladung oder Verfügung **49** genügt nicht, wenn sie nicht rechtzeitig erfolgt ist Die Rechtzeitigkeit setzt voraus, dass der Beklagte sich angemessen verteidigen konnte. Das wird insbesondere bei der remise au parquêt und der öffentlichen Zustellung in Frage gestellt. Der Beklagte muss genügend Zeit haben, einen Anwalt zu konsultieren, der auf ausländische Prozessführung spezialisiert ist. Dieser wiederrum muss in der Lage sein, in der bestimmten Frist zu einem erststaatlichen Anwalt Kontakt aufzunehmen. Jedenfalls wird man als Mindestfrist die nach nationalem Recht des Beklagten fordern müssen[126] die Frist kann aber im Einzelfall erheblich länger sein, etwa bei exotischen fora, so wenn die Klage in der Mongolei, Kasachstan pp. erhoben wird. Dabei wird man jedoch immer das Interesse des Klägers berücksichtigen müssen. Flüchtet sich der Beklagte an einen unbekannten Aufenthaltsort, um der Zustellung zu entgehen, dann ist auch eine fiktive Zustellung rechtzeitig[127].

119 Vgl. dazu *Bernstein* Prozessuale Risiken im Handel mit den USA, FS Ferid, 1978, S. 75 ff.; *Schütze* RIW/AWD 1979, 590 ff. (592 ff.).
120 Vgl. *Geimer* IZPR, Rdn. 2932; *Schütze* RIW/AWD 1979, 590 ff. (593); *Zöller/Geimer* § 328, Rdn. 176; vgl. auch OLG Hamm, RIW/AWD 1978, 689, wonach jede „Meldung" des Beklagten bei Gericht genügt, einschränkend *Bernstein* Prozessuale Risiken im Handel mit den USA, FS Ferid, 1978, S. 75 ff. (79 f.).
121 Vgl. *Matscher* Einige Probleme der internationalen Urteilsanerkennung und -vollstreckung, ZZP 86 (1973), 404 ff. (415 m. w. N.).
122 Vgl. *Geimer* IZPR, Rdn. 3934 m. w. N. in Fn. 335.
123 Vgl. *Geimer* IZPR, Rdn. 3934a.

124 Vgl. *Schütze* RIW/AWD 1979, 590 ff. (593).
125 Vgl. BGHZ 120, 305 = NJW 1993, 598 = ZZP 106 (1993), 391 mit Anm. *Schütze* = LM § 328 ZPO Nr. 42 mit Anm. *Geimer*; BGH NJW 1999, 3198; BGH BGH-Report 2005, 938; OLG Stuttgart, NJW 1979, 130; *Musielak/Stadler* § 328, Rdn. 16; *Nagel/Gottwald* IZPR, § 11, Rdn. 170; *Schütze* RIW/AWD 1979, 590 ff.; *Stein/Jonas/Roth* § 328 Rdn. 88; a. A. *Geimer* JZ 1969, 12 ff.; *ders.* IZPR, Rdn. 2922, *Zöller/Geimer* § 328, Rdn. 155.
126 Vgl. dazu OLG Köln NJW-RR 1995, 446; *Musielak/Stadler* § 328, Rdn. 18; *Stein/Jonas/Roth* § 328, Rdn. 93.
127 Vgl. BGH IPRax 1993, 324; *Stein/Jonas/Roth* § 328, Rdn. 93.

50 Geimer will § 328 Abs. 1 Nr. 2 ZPO teleologisch reduzieren[128] und – wie es nunmehr in der EuGVVO vorgesehen ist – die Rechtzeitigkeit der Zustellung genügen lassen, wenn dadurch die Gewährung rechtlichen Gehörs sichergestellt ist[129]. Man dürfe nicht „in Förmelei erstarren". Aber das widerspricht dem klaren Wortlaut der Norm.

9.   Keine Urteilskollision

Literatur: *Heller* Die Anerkennung einander widersprechender ausländischer Entscheidungen, ZfRV 1982, 162 ff.; *Lenenbach* Die Behandlung von Unvereinbarkeiten zwischen rechtskräftigen Zivilurteilen nach deutschem und europäischem Zivilprozessrecht, 1997; *Schack* Anerkennung eines ausländischen trotz widersprechenden deutschen Unterhaltsurteils, IPRax 1986, 218 ff.; *ders.* Widersprechende Urteile: Vorbeugen ist besser als Heilen, IPRax 1989, 139 ff.

51 Es darf keine Urteilskollision mit einem deutschen oder anzuerkennenden früheren ausländischen Urteil vorliegen (Nr. 3). Es handelt sich um ein eigenständiges Anerkennungserfordernis, nicht einen bloßen Unterfall des ordre public Vorbehalts[130].

52 Es sind drei Fallkonstellationen zu unterscheiden:

– *Das ausländische Urteil ist nach der deutschen Entscheidung in Rechtskraft erwachsen*: Die Anerkennung ist in diesem Fall schon deshalb ausgeschlossen, weil die Rechtskraft der ausländischen Entscheidung nur relativ, die des inländischen Urteils dagegen absolut wirkt[131]. Die Anerkennung wird durch eine „gewissermaßen verlängerte exceptio rei iudicatae"[132] ausgeschlossen. Zu einer Kollision der Rechtskraftwirkung zweier Urteile kommt es nicht, da die Rechtskraft des deutschen Urteils bereits die Rechtskrafterstreckung der fremden Entscheidung ausschließt. Für diese Fall bedarf es des § 328 Abs. 1 Nr. 3 ZPO zur Versagung der Anerkennung nicht.

– *Das ausländische Urteil ist vor der deutschen Entscheidung in Rechtskraft erwachsen*: Soweit die Rechtskraft der ausländischen Entscheidung zeitlich früher als die des deutschen Urteils eingetreten ist, tritt die Anerkennungssperre nach § 328 Abs. 1 Nr. 3 ZPO ein. Dieses Erfordernis hat nur Bedeutung bei zeitlicher Priorität des ausländischen Urteils[133].

– *Kollision zweier ausländischer Urteile*. Bei Kollision zweier ausländischer Urteile, die zur Anerkennung anstehen und die die Anerkennungserfordernisse erfüllen, kommt es auf den Anerkennungszeitpunkt (Erfüllung der Anerkennungserfordernisse und Inlandsbeziehung, vgl. Rdn. 69 f.) an[134].

---

128 Vgl. *Zöller/Geimer* § 328 Rdn. 156 ff.
129 Auf die Sicherstellung rechtlichen Gehörs im Rahmen des EuGVÜ stellt auch *Linke* Die Kontrolle ausländischer Versäumnisverfahren im Rahmen des EG-Gerichtsstands- und Vollstreckungsübereinkommens – Des Guten zuviel?, RIW 1986, 409 ff. ab.
130 Vgl. *Geimer* Anerkennung ausländischer Entscheidungen in Deutschland, 1995, S. 112; *Schütze* DIZPR, Rdn. 335.
131 Vgl. *Kallmann* Anerkennung und Vollstreckung ausländischer Zivilurteile und Vergleiche, 1946, S. 220, Fn. 17; *Riezler* IZPR, S. 521.
132 Vgl. *Kallmann* S. 223.

133 Vgl. *Lenenbach* S. 201 ff.; *MünchKomm-ZPO/ Gottwald* § 328, Rdn. 81. *Zöller/Geimer* § 328 Rdn. 146 betrachtet die Bevorzugung deutscher Titel als nicht gerechtfertigt.
134 Vgl. *Schütze* DIZPR, Rdn. 335.

10. Kein Übergehen inländischer Rechtshängigkeit

Hat das Erstgericht die inländische Rechtshängigkeit nicht berücksichtigt, dann kann das **53** ausländische Urteil nicht anerkannt werden (Nr. 3)[135]. Die inländische Rechtshängigkeit muss vor der Rechtshängigkeit des ausländischen Verfahrens eingetreten sein. Der Eintritt der Rechtshängigkeit beurteilt sich im Grundsatz nach der lex fori. Es gilt dasselbe wie bei der Berücksichtigung ausländischer Rechtshängigkeit[136]. Um jedoch ein „Windhundrennen" zu vermeiden, erscheint es angemessen, die ausländische Rechtshängigkeit auch im Rahmen von § 328 Abs. 1 Nr. 3 erst von dem Zeitpunkt an zu berücksichtigen, in dem die ausländische Klage zugestellt worden ist[137]. Die beste Lösung erscheint die Anwendung der Lehre von der Doppelqualifikation, wonach Rechtshängigkeit nach erst- und zweitstaatlichem Recht eingetreten sein muss[138].

Unerheblich ist es, ob der ausländische Richter die deutsche Rechtshängigkeit beachten **54** durfte und musste. Auch in den Fällen, in denen der Erstrichter gehindert war, deutsche Rechtshängigkeit zu beachten oder nur im Rahmen eines forum non conveniens Tests berücksichtigen durfte[139] kann das Urteil nicht anerkannt werden.

Die Nichtbeachtung deutscher Rechtshängigkeit im erststaatlichen Verfahren steht der **55** Anerkennung nur solange entgegen, wie kein deutsches Urteil ergangen ist. Von diesem Zeitpunkt an greift die 1. Alternative des § 328 Abs. 1 Nr. 3 ein. Die praktische Bedeutung dieses Erfordernisses ist deshalb begrenzt.

11. Ordre public-Klausel

Schrifttum: *Becker* Zwingendes Eingriffsrecht in der Urteilsanerkennung, RabelsZ 60 (1996), 691 ff.; *Brüning* Die Beachtlichkeit des fremden ordre public, 1997; *Bruns* Der anerkennungsrechtliche ordre public in Europa und den USA, JZ 1999, 278 ff.; *Geimer* Der anerkennungsrechtliche Ordre Public, FS Areopag, Bd. V, 2007, S. 107 ff. (Stand 1987); *Hay* On Comity, Reciprocity, and Public Policy in U.S. and German Recognition Practice, FS Siehr, 2000, S. 237 ff.; *Herrmann* Die Anerkennung US-amerikanischer Urteile in Deutschland unter Berücksichtigung des ordre public, 2000; *Hess* Urteilsfreizügigkeit und ordre public-Vorbehalt bei Verstößen gegen Verfahrensgrundrechte und Marktfreiheiten, IPRax 2001, 301 ff.; *Hohloch* Zur Bedeutung des Ordre public-Arguments im Vollstreckbarerklärungsverfahren, FS Kropholler, 2008, S. 809 ff.; *Leipold* Neuere Erkenntnisse des EuGH und BGH zum anerkennungsrechtlichen ordre public, FS Stoll, 2001, S. 625 ff.; *Prinzing* Fehlanwendung des Rechts des Anerkennungsstaates als Anerkennungshindernis im intenationalen Vefahrensrecht?, Diss. Konstanz 1990; *Regen* Prozessbetrug als Anerkennungshindernis – Ein Beitrag zur Konkretisierung des ordre public-Vorbehaltes, Diss. Passau 2008; *Roth* Der Vorbehalt des Ordre Public gegenüber fremden gerichtlichen Entscheidungen, 1967; *Sandrock* „Scharfer" ordre public interne und „laxer" ordre public international?, FS Sonnenberger, 2004, S. 615 ff.; *Schemmer* Der ordre public-Vorbehalt unter der Geltung des

---

135 Vgl. BayObLG FamRZ 1983, 501; OLG München NJW 1964, 979; OLG Hamm FamRZ 1993, 190; *Geimer/Schütze* Internationale Urteilsanerkennung, Bd. I/2, 1984, S. 1664 ff.; *Habscheid* Zur Berücksichtigung der Rechtshängigkeit eines ausländischen Verfahrens, RabelsZ 31 (1967), 254 ff. (258 f.); *ders.* Non-licet bei ausländischer Rechtshängigkeit, FS Lange, 1970, S. 429 ff.
136 Vgl. BGH NJW 1987, 3083; BGH NJW-RR 1992, 642; zustimmend *Thomas/Putzo/Hüsstege* § 261, Rdn. 2; *Zöller/Greger* § 261, Rdn. 3.
137 So im Rahmen des § 261 *Geimer* IZPR, Rdn. 2701; *Linke* IZPR, Rdn. 204; *Schack* IZVR, Rdn. 844.

138 Vgl. dazu oben sub II, § 261, Rdn. 8.
139 So in den USA, vgl. *Habscheid* Bemerkungen zur Rechtshängigkeitsproblematik im Verhältnis Bundesrepublik Deutschland und der Schweiz einerseits und den USA andererseits, FS Zweigert, 1981, S. 109 ff. (117 f.); *Krause-Ablass/Bastuck* Deutsche Klagen zur Abwehr amerikanischer Prozesse?, FS Stiefel, 1987, S. 445 ff. (455 ff.); *Schack* Einführung in das US-amerikanische Zivilprozessrecht, 3. Aufl., 2003, S. 42; *Schulte* Die anderweitige (ausländische) Rechtshängigkeit im US-amerikanischen Zivilprozessrecht, 2001, S. 150 ff.

Grundgesetzes, 1995; *Schütze* Überlegungen zur Anerkennung und Vollstreckbarerklärung US-amerikanischer Zivilurteile in Deutschland – Zur Kumulierung von Ordre-public-Verstößen, FS Geimer, 2002, S. 1025 ff.; *Stürner* Anerkennungsrechtlicher und europäischer ordre Public als Schranke der Vollstreckbarerklärung, FS 50 Jahre BGH, 2000, S. 677 ff.; *Völker* Zur Dogmatik des ordre public, 1998; zum Problem im Rahmen staatsvertraglicher Regelungen vgl. *Niedermann* Die ordre public Klauseln in den Vollstreckungsverträgen des Bundes und in den kantonalen Zivilprozessgesetzen, 1976.

56   Die Anerkennung der ausländischen Entscheidung darf nicht gegen den deutschen ordre public verstoßen (Nr. 4). Insoweit wird der Grundsatz der Nichtüberprüfbarkeit des Inhalts und Zustandekommens des ausländischen Urteils durchbrochen.

57   Die Umschreibung des Begriffs des ordre public ist fliessend. Sie folgt dem Zeitgeist. Was heute noch hinnehmbar ist, wird morgen ordre-public-widrig. Was gestern mit den Grundprinzipien des deutschen Rechts unvereinbar erschien ist heute hinnehmbar[140]. Über eines besteht aber besteht Einigkeit. Der ordre public-Vorbehalt ist restriktiv anzuwenden. Allerdings wird dieser bisher bestehende Konsens von der Verbraucherlobby zunehmend in Frage gestellt, der alles, was der Privilegierung von Konsumenten entgegensteht, für mit den Grundsätzen deutscher Rechtsordnung unvereinbar erscheint.

58   Bei der Auslegung von § 328 Abs. 1 Nr. 4 ZPO ist davon auszugehen, dass dem Begriff der Anerkennung im deutschen System des Verbots der révision au fond immanent ist dass auch materiell falsche oder unter Verstoß gegen Verfahrensnormen zustande gekommene Urteile hinzunehmen sind[141]. Nur dann, wenn das Ergebnis der Anerkennung für die deutsche Rechtsordnung unerträglich wäre ist der anerkennungsrechtliche ordre public verletzt.

59   a) **Arten des ordre public-Verstoßes.** § 328 Abs. 1 Nr. 4 verbietet die Anerkennung von ausländischen Entscheidungen, die hinsichtlich ihres Zustandekommens (prozessualer ordre public)[142] oder hinsichtlich ihres Inhalts (materiellrechtlicher ordre public) mit den Grundvorstellungen deutschen Rechts unvereinbar sind[143]. Prozessualer und materiellrechtlicher ordre public sind hinsichtlich ihrer Wirkung gleich.

60   Eine andere Differenzierung wird hinsichtlich der Offensichtlichkeit des ordre public-Verstoßes gemacht. So soll nach Art. 34 Nr. 1 VO (EG) Nr. 44/2001 nur ein „offensichtlicher" Verstoß gegen den ordre public die Anerkennung hindern. Eine Bedeutung hat diese Einschränkung nicht. Entweder verstößt eine ausländische Entscheidung gegen die fundamentalen zweitstaatlichen Rechtsprinzipien oder nicht. Es kann doch nicht sein, dass eine ordre-public-widrige Entscheidung anerkannt wird, nur weil der Verstoß nicht of-

---

140   So hielt der BGH den Kranzgeldanspruch in BGHZ 28, 375 noch als zum deutschen ordre public gehörig. In den Zeiten freier Sexualität und einer auch im deutschen öffentlichen Leben praktizierten fröhlichen Promiskuität ist das sicherlich nicht mehr der Fall. Der BGH ist von seinem Verdikt in BGHZ 62 282 – allerdings als obiter dictum – dann auch abgerückt.

141   Geimer definiert treffend: *„Fehlerhafte ausländische Urteile sind genauso hinzunehmen wie fehlerhafte inländische. Es kann nämlich nicht erwartet werden, dass die ausländischen Gerichte weniger fehlerhafte Urteile erlassen als die inländischen, vgl. Zöller/Geimer § 328, Rdn. 208.*

142   Vgl. dazu *Baur* Einige Bemerkungen zum verfahrensrechtlichen ordre public, FS Guldener,

1973, S. 1 ff.; *Geimer* Nichtanerkennung ausländischer Urteile wegen nicht gehöriger Ladung im Erstprozess, NJW 1973, 2138 ff.; *ders.* Zur Nichtanerkennung ausländischer Urteile wegen nicht ordnungsgemäßen erststaatlichen Verfahrens, JZ 1969, 12 ff.

143   Vgl. dazu *Herrmann* Die Anerkennung US-amerikanischer Urteile in Deutschland unter Berücksichtigung des ordre public, 2000; *Roth* Der Vorbehalt des Ordre Public gegenüber fremden gerichtlichen Entscheidungen, 1967; *Völker* Zur Dogmatik des Ordre Public, 1998.

fensichtlich ist[144]. Die Beschränkung auf offensichtliche Verstöße kann nicht mehr sein als das Postulat restriktiver Auslegung des ordre public-Vorbehalts, wie sie in Deutschland immer schon praktiziert wird[145].

Überhaupt erscheint der ordre public in der deutschen Rechtsprechung und Lehre als **61** Chamäleon mit ständig sich wechselnder Form. Der ordre public soll als ordre public transnational, ordre public international, ordre public interne[146], kollisionsrechtlicher und anerkennungsrechtlicher ordre public[147], odre public atténué[148] wechselnde Intensität haben[149]. Was der kollisionsrechtliche ordre public verbietet, soll der anerkennungsrechtliche (effet atténué de l'ordre public) noch erlauben[150]. Diese Differenzierung ist höchst problematisch. Entweder halten wir einen Rechtssatz oder eine Rechtsanwendung als für mit den wesentlichen Grundsätzen des deutschen Rechts unvereinbar oder nicht. Es kann doch keine Rolle spielen, ob das sich in einem deutschen Urteil oder einer ausländischen Entscheidung manifestiert.

Der anerkennungsrechtliche ordre public ist wie jede andere Ausformung des ordre public **62** gekennzeichnet durch eine Doppelgesichtigkeit[151]: die Macht- und die Gerechtigkeitsfunktion. Bei der Machtfunktion sollen Normen zur Durchsetzung gebracht werden, an deren Beachtung der Staat ein vitales Interesse hat. Die Gerechtigkeitsfunktion soll einen Mindeststandard an Gerechtigkeit für die Parteien durchsetzen. Da sich der ordre public einer allgemein gültigen, praktisch anwendbaren Formulierung entzieht, läuft schließlich alles auf das Auffinden von Fallgruppen hinaus.

b) Kumulierung von ordre public-Verstößen. Einigkeit herrscht in Rechtsprechung **63** und Literatur, dass nicht jede Abweichung vom zweitstaatlichen Recht zu einem ordre public Verstoß führt. Jedoch kann eine Kumulierung von Abweichungen von deutschen Rechtsvorstellungen, die für sich allein genommen jeweils kein Anerkennungshindernis i. S. der Nr. 4 darstellen zu einem ordre public Verstoß führen[152]. Das ausländische Urteil ist seinem Zustandekommen und Inhalt nach ein Ganzes. Die ordre public-Prüfung muss dieses Ganze erfassen, nicht nur einzelne Teile. Es ist wie bei einer Suppe, die versalzen vielleicht noch geniessbar ist, bei der auch etwas zuviel Pfeffer, Majoran oder Thymian für sich allein noch erträglich sein mag, bei der aber alles zusammen das Gericht ungeniessbar macht. Das kann im Einzelfall bei US-amerikanischen Urteilen zur ordre public-Widrigkeit führen[153].

---

144 Vgl. *Schütze* Full Faith and Credit in der EU, IHR 2001, 135 ff. (139); ebenso wohl auch *Kropholler* EuZPR, Art. 34, Rdn. 4.
145 In diesem Sinne *Geimer/Schütze* EuZVR, Art. 34, Rdn. 14 („krasse Fälle").
146 Vgl. dazu *Kornblum* „Ordre public transnational", „ordrre public international" und „ordre public interne" in der privaten Schiedsgerichtsbarkeit, FS Nagel, 1987, S. 140 ff.
147 Vgl. dazu *Geimer* FS Areopag, 2007, S. 107 ff.
148 Vgl. dazu *Geimer/Schütze* Internationale Urteilsanerkennung, Bd. I/2, S. 1588, Fn. 36; *Martiny* Handbuch des Internationalen Zivilverfahrensrechts, S. 458 f.
149 Vgl. dazu auch *Sandrock* FS Sonnenberger, S. 615 ff.
150 Der BGH formuliert: *„Abzustellen ist dabei*

nicht auf den nationalen ordre public, den die deutschen Gerichte bei eigener Anwendung ausländischen Rechts zu beachten haben, sondern auf den großzügigeren ordre public international (BGHZ 98, 70, 73) BGHZ 138, 331 = RIW 1998, 626 (627).
151 Vgl. dazu *Geimer* FS Areopag, 2007, S. 107 ff. (119 ff.).
152 Vgl. LG Berlin RIW 1989, 988; *Schütze* Überlegungen zur Anerkennung und Vollstreckbarerklärung US-amerikanischer Zivilurteile in Deutschland – Zur Kumulierung von Ordre-public-Verstößen, FS Geimer, 2002, S. 1025 ff.; a. A. *Herrmann* Die Anerkennung US-amerikanischer Urteile, S. 274 ff.; *Stein/Jonas/Roth* § 328, Rdn. 100.
153 Vgl. *Schütze* FS Geimer, 2002, S. 1025 ff.

64 c) **Rüge von ordre public-Verstößen im erststaatlichen Verfahren?** Der Urteilsschuldner ist nicht gehalten, im Erststaat im Wege eines Rechtsmittelverfahrens einen ordre public-Verstoß zu rügen, um den Einwand des § 328 Abs. 1 Nr. 4 geltend machen zu können.

65 Das ist zunächst für Verstöße gegen den materiellrechtlichen ordre public offensichtlich. Hier geht es darum, dass der Staat ein Interesse daran hat, dass ein von den grundlegenden Prinzipien seiner Rechtsordnung gemissbilligtes Rechtsverhältnis nicht zur Durchsetzung gebracht werden darf. Dies steht nicht zur Disposition der Parteien. Wie immer diese ihre Prozessführung im Ausland gestalten, das Urteil kann nicht anerkannt werden.

66 Beim Verstoß gegen den verfahrensrechtlichen ordre public wird teilweise die Ansicht vertreten, dass Präklusion des Versagungsgrundes eintritt, wenn die Partei, die durch den Verstoß beschwert ist, den Verfahrensverstoß nicht vergeblich im erststaatlichen Prozess vorgebracht und notfalls durch die Instanzen gerügt hat[154]. Geimer formuliert[155]: *Die ordre public-Prüfung dient nicht dazu, eine nachlässige oder unzweckmäßige Prozessführung im Ausland zu korrigieren"*. Aber darum geht es ja nicht. Wenn ein Urteil in verfahrensmäßig so anstößiger Weise ergeht, dass es gegen die Grundprinzipien der deutschen Rechtsordnung verstößt und unerträglich erscheint, dann darf der Betroffene das Vertrauen in die erststaatliche Justiz verlieren und sich auf auf die mangelnde Anerkennungsfähigkeit der ausländischen Entscheidung zurückziehen. Dabei ist zu berücksichtigen, dass die Verstöße gegen den verfahrensrechtlichen ordre public häufig in der erststaatlichen Rechtsordnung wurzeln und mit einem Rechtsmittel nicht beseitigt werden können. Soll man der Partei aufbürden, das zu untersuchen und möglicherweise hohe Kosten für ein nutzloses Rechtsmittel aufzuwenden, zumal wenn diese wie nach der american rule of costs nicht erstattbar sind? Die betroffene Partei kann sich deshalb auch auf einen Verstoß gegen den verfahrensrechtlichen ordre public berufen, wenn sie die Beseitigung im Erststaat nicht versucht hat[156]. Sie ist insbesondere nicht zur Einlegung eines Rechtsmittel verpflichtet, um den Einwand der ordre public-Widrigkeit der Entscheidung zu erhalten.

d) **Einzelfälle**

67 – *Verfahrensunterschiede* von erst- und zweitstaatlichem Recht sind hinzunehmen, soweit ein rechtstaatlichen und faires Verfahren noch gewährleistet ist. Messlatte kann Art. 6 Abs. 1 EMRK sein. Das ist der Fall bei der Ausgestaltung der Beweisaufnahme (examination in chief, crossexamination, reexamination, written witness statements pp.), auch wenn diese dem deutschen Recht fremd ist[157]. Die Grenze ist das Ausforschungsverbot, das auch bei der pre-trial-discovery verletzt sein kann. Nicht ordre-public-widrig ist auch

---

154 Vgl. OLG Köln, IPRax 2000, 528; OLG Koblenz, RIW 2004, 302; *Geimer* Zur Nichtanerkennung ausländischer Urteile wewgen nicht ordnungsgemäßen erststaatlichen Verfahrens, JZ 1969, 12 ff.; *ders.* Anerkennung ausländischer Entscheidung in Deutschland, 1995, S. 137; *ders.* IZPR, Rdn. 2955; *Nagel/Gottwald* IZPR, § 11, Rdn. 177; *Wagner* Prozessverträge, 1998, S. 95; *Zöller/Geimer* § 328, Rdn. 227.
155 Vgl. *Geimer* Anerkennung ausländischer Entscheidungen in Deutschland, 1995, S. 143.
156 Vgl. LG Hamburg, IPRspr. 1981, Nr. 866;

Schack, IZVR, Rdn. 957; *Stürner* Förmlichkeit und Billigkeit bei der Klagezustellung im Europäischen Zivilprozess, JZ 1992, 325 ff. (für Zustellungsmängel).
157 Vgl. zum Vaterschaftsurteil allein aufgrund der Aussgage der Mutter ohne Abstammungsgutachten BGH IPRax 1987, 247; *Nagel/Gottwald* IZPR § 11, Rdn. 180; *Stein/Jonas/Roth* § 328, Rdn. 112; dieses procedere wird – zu Recht – als ordre-public-widrig angesehen von *Geimer* Anerkennung ausländischer Entscheidungen in Deutschland, 1995, S. 136 f.

die mangelnde Mündlichkeit des Verfahrens[158]. Auch die mangelnde Begründung einer Entscheidung ist unter dem Gesichtspunkt des ordre public unschädlich[159], wenngleich die Nachprüfbarkeit insbesondere auf einen ordre public-Verstoß hierdurch erschwert wird. Hier hilft eine Umkehr der Beweislast[160].

- *Ausschluss vom Verfahren wegen contempt of court:* Wird eine Partei wegen contempt of court vom weiteren Verfahren ausgeschlossen, so soll das nach Ansicht des BGH keinen ordre public-Verstoß begründen[161].

- *Ausschluss eines Vertreters vom Verfahren:*Dagegen hat der EuGH den Ausschluss eines Vertreters im französischen Adhäsionsverfahren als Verstoß gegen Art. 6 EMRK und damit ordre-public-widrig gewertet[162].

- *Erfolgshonorar*[163]: Wegen der von der deutschen Rechtsordnung missbilligten Verquickung von Anwalts- und Parteiinteressen[164] führt die quota litis im ausländischen Prozess zu einem ordre public-Verstoß[165]. Das kann aber nach einer neueren Entscheidung des BVerfG nicht uneingeschränkt gelten. Das BVerfG hat das generelle Verbot des Erfolgshonorars für verfassungswidrig gehalten[166] und den Gesetzgeber zu einer Neuregelung aufgefordert. Diese ist durch das Gesetz zur Neuregelung des Verbots der Vereinbarung von Erfolgshonoraren mit Wirkung vom 1.7.2008 erfolgt[167].

- *Jury trial*: Trotz mancherlei Bedenken im Hinblick auf einen effektiven Rechtsschutz und prozessuale Gerechtigkeit[168] führt diese prozessuale Abweichung allein nicht zu einem Verstoß gegen den ordre public[169].

- *Discovery und Ausforschung:* Die pre-trial-discovery des US-amerikanischen Zivilprozesses[170] verstößt gegen den prozessualen ordre public, wenn und insoweit sie der im deutschen Recht verbotenen Ausforschung dient und die Parteien nicht freiwillig an ihr mitgewirkt haben[171].

- *Verweigerung rechtlichen Gehörs:* Die Verweigerung oder Verkürzung rechtlichen Gehörs verstößt gegen das Verbot eines fairen Verfahrens, das auch in Art. 6 Abs. EMRK manifestiert ist, und ist ordre-public-widrig[172]. Unter diesen ordre public-Verstoß sind auch die Fälle zu fassen, in denen eine mittellose Partei am Verfahren wegen unzureichender

---

158 Vgl. *Geimer* Anerkennung ausländischer Entscheidungen in Deutschland, 1995, S. 135 f.
159 Vgl. *Stein/Jonas/Roth* § 328, Rdn. 113.
160 Vgl. *Geimer* Anerkennung ausländischer Entscheidungen in Deutschland, 1995, S. 144.
161 Vgl. BGH NJW 1968, 354.
162 Vgl. EuGH Rs. C-7/98 – Krombach v. Bamberski, EuGHE 2000 I, 1935 = ZIP 2000, 859 mit Anm. Geimer = JZ 2000, 723 mit Anm. von Bar = IPRax 2000, 406 mit Besprechungsaufsatz *Piepenbrock* Kann der Ausschluss des ordre public in Art. 28 Abs. 3 EuGVÜ ausnahmslos gelten?, ebenda 364 ff. = ZZPInt 5 (2000), 219 mit Anm. *Prinz von Sachsen Gessaphe*; Schlussentscheidung BGHZ 144, 390.
163 Vgl. zur BGH Rechtsprechung *Staudinger* Erfolgshonorare und quota litis-Vereinbarungen im Internationalen Privatrecht, IPRax 2005, 129 ff.
164 Vgl. RGZ 142, 70; BGHZ 39, 140.
165 Vgl. *Schütze* FS Németh, S. 795 ff. (803 f.); a. A. BGHZ 118, 312; *Herrmann* Die Anerkennung US-amerikanischer Urteile in Deutschland unter Berücksichtigung des ordre public, 2000, S. 222; *Zöller/Geimer* § 328 Rdn. 251.

166 Vgl. BVerfGE 117, 163.
167 Als unbedenklich sahen schon vor der Entscheidung des BVerfG das Erfolgshonorar an OLG Koblenz RIW 2004, 302; *Nagel/Gottwald* IZPR, § 11, Rdn. 181.
168 Vgl. *Schütze* FS Geimer, S. 1025 ff. (1031).
169 Vgl. *Stein/Jonas/Roth* § 328, Rdn. 112.
170 Vgl. dazu *Junker* Discovery im deutsch-amerikanischen Rechtsverkehr, 1987; *Schack* Einführung in das US-amerikanische Zivilprozessrecht, 3. Aufl., 2003, S. 44 ff. m. w. N. in Fn. 341.
171 Vgl. *Hök* Discovery-proceedings als Anerkennungshindernis, Diss. Göttingen 1993; *Schütze* Anerkennung und Vollstreckbarerklärung US-amerikanischer Zivilurteile, die nach einer pre-trial-discovery ergangen sind, in der Bundesrepublik Deutschland, FS Stiefel, 1987, S. 697 ff.; *ders.* Überlegungen zur Anerkennung und Vollstreckbarerklärung US-amerikanischer Zivilurteile in der Bundesrepublik Deutschland – Zur Kumulierung von Ordre-public-Verstößen, FS Geimer, 2002, S. 1025 ff. (1032 f.).
172 Vgl. KG FamRZ 2004, 275; *Thomas/Putzo/ Hüsstege* § 328, Rdn. 18.

Armenrechtsgewährung nicht teilnehmen kann[173]. Der BGH hat die Nichterhebung eines Beweises durch Vaterschaftsgutachten bei einem polnischen Urteil als gegen den ordre public verstoßend nach EuGVVO und HUVÜ angesehen[174]. Es handelte sich wohl um einen Fall derVerweigerung rechtlichen Gehörs.

- *Schlafender Richter:* Schläft der Erstrichter über längere Zeit (nicht bloßes Einnicken nach gutem Mittagessen) oder ist in sonstiger Weise nicht in der Lage, das Verfahren ordnungsgemäß zu führen, so ist das Urteil nicht in rechtstaatlicher Weise zustandegekommen und ordre-public-widrig. Dasselbe gilt bei schlafenden Jurymitgliedern. In dem vom OLG Koblenz[175] entschiedenen Fall hatte ein Mitglied der Jury des Erstgerichts über längere Zeit geschlafen und war wegen offensichtlichen Drogenmissbrauchs nicht in der Lage, der Verhandlung zu folgen. Das OLG Koblenz hat wohl eine unrichtige Besetzung des Gerichts angenommen, meinte aber, die der Urteilsschuldner habe eine Besetigung des Verfahrensmangels im erststaatlichen Verfahren versuchen müssen.
- *Kostentragung:* Der BGH hat die Kostentragung durch die Parteien unabhängig von Obsiegen und Unterliegen – z. B. nach der american rule of costs[176] – als mit dem ordre public vereinbar angesehen[177]. In gleicher Weise hat das BVerfG entschieden[178]. Selbst wenn trotz mancherlei Zweifeln[179] – davon ausgeht, dann verstößt jedenfalls das „packing", bei dem der obsiegende Kläger seine Kosten über punitive damages zugesprochen erhält, der Beklagte aber immer seine Kosten selbst tragen muss wegen der ungleichen Behandlung der Parteien zu einem ordre public-Verstoß[180].
- *Nichtbeachtung früherer deutscher Rechtshängigkeit:* Dieser ordre public-Verstoß[181] ist nunmehr positivgesetzlich in § 328 Abs. 1 Nr. 3 geregelt, vgl. dazu Rdn. 53.
- *Prozessbetrug:* Der Missbrauch des ausländischen Verfahrens zur Erschleichung der Entscheidung stellt einen Prozessbetrug (§ 826 BGB) dar[182] und verstößt gegen den verfahrensrechtlichen ordre public[183].

---

173 Vgl. dazu *Schütze* Die Verkürzung rechtlichen Gehörs durch die american rule of costs und der Schutz der armen Partei, GS Gaspardy, 2007, S. 337 ff.; *ders.* Armenrecht, Kostenerstattung und faires Verfahren, FS *Machacek* und *Matscher* 2008, S. 919 ff.; *Stein/Jonas/Roth* § 328, Rdn. 113. BGH NJW 1978, 1114 hält die Armenrechtsgewährung wohl für relevant, verneint einen ordre public Verstoß im konkreten Fall jedoch, weil es nicht erforderlich sei, dass die ausländische Armenrechtsgewährung der großzügigen deutschen entspricht.
174 Vgl. BGH NJW 2009, 3306.
175 VGl. OLG Koblenz RIW 2004, 302.
176 Vgl. dazu *Hommelsheim* Kostentragung und -ausgleichung im amerikanischen Zivilprozess, Diss. Bonn 1990; *Jestaedt* Erstattung von Anwaltskosten im US-Prozess?, RIW 1986, 95 ff.
177 Vgl. BGHZ 118, 312 = NJW 1992, 3096 mit Anm. *Koch* ebenda 3073 = RIW 1993, 132 mit Anm. *Schütze* = JZ 1993, 261 mit Anm. *Deutsch* = ZIP 1992, 1256 mit Anm. *Bungert* ebenda 1707 = EwiR 1992, 827 mit Anm. *Geimer* = ZZP 106 (1993), 79 mit Anm. *Schack* = IPRax 1993, 310 mit Besprechungsaufsatz *Koch/Zekoll* ebenda 288; ebenso *Nagel/Gottwald* IZPR, § 11, Rdn. 181; *Stein/Jonas/Roth* § 328, Rdn. 113; *Zöller/Geimer* § 328

Rdn. 157c; a. A. *Schütze* Probleme der Anerkennung US-amerikanischer Urteile in der Bundesrepublik Deutschland, WM 1979, 1174 ff. (1176); *ders.* RIW 1993, 139 ff. (140).
178 Vgl. BVerfG, WM 2007, 375.
179 Vgl. *Schütze* Kostenerstattung und ordre public. Überlegungen zur deutsch-amerikanischen Urteilsanerkennung, FS *Németh*, 2003, S. 795 ff.
180 Vgl. *Herrmann* Anerkennung US-amerikanischer Urteile in Deutschland unter Berücksichtigung des ordre public, 2000, S. 221 f.; *Schütze* FS *Németh*, S. 795 ff.
181 Vgl. BGH NJW 1983, 514; BayObLG FamRZ 1983, 501.
182 Vgl. dazu auch *Schütze* Die Geltendmachung von § 826 BGB gegenüber ausländischen Zivilurteilen, JR 1979, 184 ff.
183 Vgl. BGH IPRax 1987, 236 mit Besprechungsaufsatz *Grunsky* ebenda, 219 ff.; BGH WM 1993, 223; BayObLG, NJW-RR 2000, 885; *Geimer* Anerkennung ausländischer Entscheidungen in Deutschland, 1995, S. 144 f.; *Nagel/Gottwald* IZPR, § 11, Rdn. 173; *Schack* IZVR, Rdn. 956; vgl. auch *Regen* Prozessbetrug als Anerkennungshindernis – Ein Beitrag zur Konkretisierung des Ordre public-Vorbehaltes, Diss. Passau, 2008.

- *institutioneller Rechtsmissbrauch:* Der institutionelle Rechtsmissbrauch verfahrensrechtlicher Institute zur bewussten Schlechterstellung des ausländischen Beklagten und der Bevorzugung bestimmter Volksgruppen, Rassen oder Nationalitäten führt zur ordre public-Widrigkeit des erststaatlichen Verfahrens[184]. Ein derartiger Missbrauch war bei den Holocaust- und Zwangsarbeiterverfahren vor US-amerikanischen Gerichten die Regel.
- *Punitive damages-Verurteilungen:* Punitive damages-Verurteilungen in nicht unerheblicher Höhe sind wegen Verstoßes gegen den ordre public nicht anerkennungsfähig[185]. Der BGH sieht den Strafschadensersatz, soweit dieser Sühne und Präventivcharakter hat und bei dem der Einzelne anstelle des Staates als „privater Staatsanwalt" auftritt, als mit der deutschen Auffassung vom Bestrafungsmonopol des Staates unvereinbar an. Dabei ist auch zu berücksichtigen, dass nach deutschem Recht der Geschädigte zwar vollen Ausgleich für einen Schaden erhalten (§ 249 BGB), aber kein „Geschäft" daraus machen soll. Soweit der Strafschadensersatz als „packing" dem Kläger einen Ersatz der Prozesskosten (Erfolgshonorar seines Anwalts) gewähren soll, verstößt dies gegen die Waffengleichheit der Parteien[186].
- *Antitrust-Treble-Damages-Verurteilungen:* Für Antitrust-Treble-Damages-Urteile gilt dasselbe wie für punitive damages-Verurteilungen[187].
- *RICO-Urteile:* Es gilt dasselbe wie für punitive damages-Verurteilungen[188].

184 Vgl. *Stein/Jonas/Roth* § 328, Rdn. 111.

185 Vgl. BGHZ 118, 312 = RIW 1993, 132 = EuZW 1992, 705 = IPRax 1993, 310 = NJW 1992, 3096 = WM 1992, 1451 = ZZP 106 (1993), 79, zustimmend *Nagel/Gottwald* IZPR, § 11, Rdn. 174; vgl. dazu aus der zwischenzeitlich abundanten Literatur insbes. *Brockmeier* Punitive damages, multiple damages und deutscher ordre public, 1999; *Bungert* Vereinbarkeit US-amerikanischer Schadensersatzurteile in exorbitanter Höhe, ZIP 1992, 1707 ff.; *ders.* Enforcing US Excessive and Punitive Damages Awards in Germany, Intern. Lawyer, 27 (1993), 1075 ff.; *Coester-Waltjen* Deutsches internationales Zivilverfahrensrecht und die punitive damages, in: Heldrich/Kono, Herausforderungen des Internationalen Zivilverfahrensrechts, 1994, S. 15 ff.; *Drolshammer/Schärrer* Die Verletzung des materiellen ordre public als Verweigerungsgrund bei der Vollstreckung eines US-amerikanischen „punitive-damages"-Urteils, SchweizJZ 1986, 309 ff.; *Lenz* Amerikanische Punitve Damages vor dem Schweizer Richter, 1992; *Mörsdorf-Schulte* Funktion und Dogmatik US-amerikanischer punitive damages, 1999; *Müller* Punitive Damages und deutsches Schadensersatzrecht, 2000; *Rosengarten* Punitive Damages und ihre Anerkennung und Vollstreckung in der Bundesrepublik Deutschland, 1994; *Schütze* Die Anerkennung und Vollstreckbarerklärung US-amerikanischer Schadensersatzurteile in Produkthaftungssachen in der Bundesrepublik Deutschland, FS Nagel, 1987, S. 392 ff.; *ders.* The Recognition and Enforcement of American Civil Judgments containing Punitive Damages in the Federal Republic of Germany, 11 U.Pa.Int'l Bus.L. 581 ff. (1990); *Siehr* Zur Anerkennung und Vollstreckung ausländischer Verurteilungen zu „punitive damages", RIW 1991, 705 ff.; *Stiefel/Stürner* Die Vollstreckbarkeit US-amerikanischer Schadensersatzurteile in exzessiver Höhe, VersR 1987, 829 ff.; zum Diskussionsstand und für weitere Nachweise vgl. *Herrmann* Die Anerkennung US-amerikanischer Urteile unter Berücksichtigung des ordre public, 2000, S. 229 ff.; nach richtiger Ansicht handelt es sich allerdings nicht um eine ordre public-Problematik. Vielmehr fällt die punitive damages-Verurteilung nicht unter den Begriff der Zivilsache, vgl. dazu *Schütze* Die Anerkennung und Vollstreckbarerklärung US-amerikanischer Schadensersatzurteile in Produkthaftungssachen in der Bundesrepublik Deutschland, FS Nagel, 1987, S. 329 ff.; vgl. aus japanischer Sicht *Ishikawa/Haga* Anerkennung ausländischer punitive damages Urteile in Japan, FS Kerameus, 2009, S. 513 ff.

186 Vgl. *Schütze* FS Németh, S. 795 ff.

187 Vgl. dazu *Nagel/Gottwald* IZPR, Rdn. 175; *Zekoll/Rahlf* US-amerikanische Antritrust-Treble-Damages-Urteile und deutscher ordre public, JZ 1999, 384 ff.

188 Vgl. dazu *Nagel/Gottwald* IZPR, § 11, Rdn. 175; *Stiefel/Bungert* Anerkennungsfähigkeit und Vollstreckbarkeit US-amerikanischer RICO-Urteile in der Bundesrepublik Deutschland, ZIP 1994, 1905 ff.; *Witte* Der US-amerikanische RICO-Act und deutsche Unternehmen, 1998, S. 178 ff.

- *Richterwahl:* Wegen der konzeptionellen Befangenheit gewählter (und gesponsorter) Richter an US-amerikanischen Staatsgerichten liegt ein Verstoß gegen den ordre public vor[189].

- *Mangelhafte Anwendung deutschen Rechts:* Die Anwendung deutschen Rechts ist wegen des Verbots der révision au fond nicht nachprüfbar. Auch eine falsche Rechtsanwendung ist hinzunehmen. In Extremfällen kann aber die ordre public-Klausel eingreifen[190]. Das gilt auch für das Kollisionsrecht. Das in § 328 Abs. 1 ZPO abgeschaffte Erfordernis der Anwendung der loi competente in gewissen Rechtsmaterien kann nicht über das Hintertürchen der ordre public-Klausel wieder eingeführt werden[191].

- *Börsentermingeschäfte:* Der Termin- und Differenzeinwand gehört nicht zum deutschen ordre public[192].

- *Kartellverstöße:* Als ordre-public-widrig wurde die Nichtbeachtung von §§ 20, 21 GWB[193] und Art. 81 EGV[194] angesehen.

- *Spiel und Wette:* Die Verurteilung zu Spiel- oder Wettschulden ist ordre-public-widrig.

- *Verbraucherprivilegien:* Die durch die Verbraucherschutzgesetzgebung dem Verbraucher eingeräumten Privilegien gehören nicht zum ordre public[195].

- *von der Haftung freigestellte Bürgen:* Es mag zweifelhaft sein, ob die problematische Rechtsprechung des BVerfG und ihm folgend des BGH zur Freistellung von unbemittelten Bürgen auch im Rahmen von § 328 Abs. 1 Nr. 4 angewendet werden kann. Der BGH bejaht das nur in krassen Fällen, *„in denen der Schuldner wegen besonders krassen struktureller Unterlegenheit durch die Vollstreckbarkeit zweifellos zum wehrlosen Opfer der Fremdbestimmung gemacht und hierdurch auf unabsehbare Zeit auf das wirtschaftliche Existenzminimum der Pfändungfreigrenze verwiesen würde"*[196].

- *Class action-Urteile*[197]: Die Problematik bei class actions liegt in der Anonymität der Kläger, die es dem Beklagten unmöglich macht, Einwendungen gegen das einzelne Mitglied der Gruppe vorzubringen[198]. Damit ist dem Beklagten – zumindest teilweise – das rechtliche Gehör abgeschnitten. Es liegt ein konzeptioneller Verstoß gegen den prozessualen ordre public vor.

- *Persönliche Verurteilung wegen im Ausland begangener Amtspflichtverletzung:* Ein solches Urteil verstößt nicht gegen den ordre public[199].

---

189 Vgl. *Schütze* Richterwahlsponsoring: Überlegungen zur ordre public-Widrigkeit von Urteilen US-amerikanischer Staatsgerichte, ZVglRWiss 100 (2001), 464 ff.; a. A. *Stein/Jonas/Roth* § 328, Rdn. 112. Zum teilweise skandalösen Richterwahlsponsoring vgl. auch *Sandrock* Eine US-Prozesspartei sponsort die Wahl eines US-Richters, RIW 2009, 577 ff.

190 Vgl. dazu *Prinzing* Fehlanwendung des Rechts des Anerkennungsstaates als Anerkennungshindernis im internationalen Verfahrensrecht?, Diss. Konstnz 1990.

191 Vgl. *Zöller/Geimer* § 328, Rdn. 239; auch LG München I IPRax 1990, 117.

192 Vgl. BGH IPRax 1999, 466; *Nagel/Gottwald* IZPR, Rdn. 173; *Schwark* Ordre public und Wandel grundlegender Wertvorstellungen am Beispiel ausländischer Börsentermingeschäfte, FS

Sandrock, 2000, S. 881 ff. *Stein/Jonas/Roth* § 328, Rdn. 109.

193 Vgl. BGHZ 46, 365.

194 Vgl. BGH NJW 1969, 978.

195 A. A. *Zöller/Geimer* § 328, Rdn. 253.

196 Vgl. BGH IPRax 1999, 371 mit Besprechungsaufsatz *Schulze* Anerkennung einer ausländischen Entscheidung bei Einwand struktureller ungleicher Verhandlungsstärke und nicht wirksamer Vertretung im Erstverfahren (Art. 27 Nr. 1 und Nr. 2 EuGVÜ), ebenda, 342 ff.; zustimmend *Musielak/Stadler* § 328, Rdn. 25.

197 Vgl. dazu *Schneider* Class Action – Rechtspolitische Fragen in den USA und Anerkennung in Deutschland, 1999.

198 Vgl. dazu *Röhm/Schütze* Die Bilanzierung von Class Action-Risiken, RIW 2007, 241 ff. (244).

199 Vgl. BGHZ 123, 268.

12. Verbürgung der Gegenseitigkeit

Literatur: Vgl. dazu *Bohnet* Das Gegenseitigkeitsprinzip bei der Anerkennung von Gerichtsurteilen im deutsch-chinesischen Rechtsverkehr, RIW Beil.6/1996, 17 ff.; *Doser* Gegenseitigkeit und Anerkennung ausländischer Entscheidungen (§ 328 Abs. 1 Nr. 5 ZPO), 1999; *Eberlein* Zu welchem Zeitpunkt müssen die Voraussetzungen für die Anerkennung ausländischer Entscheidungen in Deutschland nach § 328 Abs. 1 Ziff. 1, 4 und 5 ZPO und nach den entsprechenden Staatsverträgen verbürgt sein?, Diss. Erlangen 1952; *Einmahl* Zur Verbürgung der Gegenseitigkeit bei der Anerkennung ausländischer Entscheidungen, NJW 1971, 1487 ff.; *Fischer* Die Anerkennung ausländischer Urteile in Deutschland, ZAkDR 1935, 230 ff.; *Fragistas* Der Begriff der Gegenseitigkeit bei der Anerkennung der ausländischen Urteile, FS Schätzel, 1960, S. 149 ff.; *Hepting* Die Gegenseitigkeit im internationalen Privatrecht und internationalen Zivilprozessrecht, Diss. München 1973; *Klein* Das Erfordernis der verbürgten Gegenseitigkeit bei der Vollstreckung ausländischer Urteile in Deutschland, BöhmsZ 9 (1899), 206 ff.; 6 (1896), 97 ff.; *ders.* Ist es für den Begriff der verbürgten Gegenseitigkeit im Sinne des § 661 Abs. 2 Nr. 5 der Deutschen C.Pr.O. erforderlich, dass der ausländische Staat mit der Urteilsvollstreckung vorangehe?, BöhmsZ 7 (1897), 17 ff.; *ders.* Ist das Revisionsgericht zur Prüfung und Nachprüfung der Frage berechtigt, ob die Gegenseitigkeit im Sinne des § 661 Abs. 2 Nr. 5 der deutschen Civilprozessordnung verbürgt ist?, BöhmsZ 5 (1895), 40 ff.; *Kleinfeller* Gegenseitigkeit, JW 1924, 1326 ff. Lagarde, La réciprocité en droit international privé, Rec. des Cours 154 (1977-I), 103 ff.; *Milleker* Die Teilanerkennung fremder Urteile nach Urteilswirkungen in vermögensrechtlichen Streitigkeiten, NJW 1974, 303 ff.; *Nagel* Veränderte Grundlagen für die Anwendung der Gegenseitigkeit im internationalen Zivilrecht, Jahrbuch für internationales Recht 11 (1962), S. 338 ff.; *Pfeiffer* Kooperative Reziprozität, RabelsZ 55 (1991), 734 ff.; *Puttfarken* Zur Anerkennung und Vollstreckung ausländischer Urteile deutscher Kläger – verfassungswidrige Gegenseitigkeit, RIW/AWD 1976, 149 ff.; *Satter* Die Verbürgung der Gegenseitigkeit bezüglich ausländischer Urteile in Ehesachen, ZZP 55 (1930), 459 ff.; *Schütze* Die Rechtsprechung des BGH zur Verbürgung der Gegenseitigkeit (§ 328 Abs. 1 Nr. 5 ZPO), NJW 1969, 293 ff.; *ders.* Zur partiellen Verbürgung der Gegenseitigkeit bei der Anerkennung ausländischer Zivilprozessrecht, Jahrbuch für internationales Recht 11 (1962), Judicium 5 (1933), 77 ff. NJW 1973, 2143 ff.; *ders.* Zur Verbürgung der Gegenseitigkeit, insbesondere im Verhältnis zu Israel, AWD 1972, 281 ff.; *ders.* Zur Verbürgung der Gegenseitigkeit bei der deutsch-amerikanischen Urteilsanerkennung, ZVglRWiss. 98 (1999), 131 ff.; *ders.* Forum non conveniens und Verbürgung der Gegenseitigkeit im deutsch-amerikanischen Verhältnis, FS kropholler, 2008, S. 905 ff.; *Schwantag* Gegenseitigkeit und „loi uniforme" in Abkommen zum internationalen Privat- und Prozessrecht, Diss. Freiburg 1976; *Süss* Die Anerkennung ausländischer Urteile, FS Rosenberg, 1949, S. 229 ff.; *von Wedel* Zur Auslegung des § 328 Nr. 5 ZPO, Judicium 5 (1933), 77 ff.

a) Schutzzweck. Das Gegenseitigkeitserfordernis soll die Durchsetzung deutscher Titel **68** im Ausland sichern, indem es die Anerkennung von Urteilen aus Staaten verhindert, die dies nicht oder nur unter Bedingungen zulassen, die der deutschen Vorstellung von der Behandlung ausländischer Titel nicht entsprechen. Dabei stellt das deutsche Recht nicht auf die Belange der deutschen Prozesspartei ab[200], der die Regelung in § 328 Abs. Nr. 5 ZPO zuweilen nachteilig sein kann. Die Berechtigung des Gegenseitigkeitserfordernisses ist umstritten[201].

b) Vergleich erst- und zweitstaatlicher Regelung. Die Gegenseitigkeit ist nur verbürgt, **69** wenn die Wirkungserstreckung nach erststaatlichem Recht der deutschen Regelung äquivalent ist, d. h. keine wesentlichen Erschwerungen nach Erfordernissen und Verfahren aufweist. Erschwerungen können bis zu einem gewissen Grade durch Erleichterungen ausgeglichen werden. Deckungsgleichheit ist nicht zu fordern. Sie besteht allenfalls bei rezipierten Rechten im Zeitpunkt der Rezeption.

---

200 Vgl. dazu *Puttfarken* RIW/AWD 1976, 149 ff.

201 Vgl. zur Kritik insbes. *Süss* FS Rosenberg, S. 238 ff. und *Puttfarken* RIW/AWD 1976, 149 ff.

70 Gegenseitigkeitsschädlich sind:

- *Révision au fond*: Die sachliche Nachprüfung deutscher Entscheidungen im Erststaat schließt die Gegenseitigkeit in jedem Fall aus[202]. Wegen der Möglichkeit sachlicher Nachprüfung hat die Rechtsprechung früher die Gegenseitigkeit im Verhältnis zu Kalifornien[203] und Frankreich[204] verneint. Gegenseitigkeitsschädlich ist nicht nur die Möglichkeit der Überprüfung des gesamten Prozessstoffes durch den Exequaturrichter, auch eine weitergehende Nachprüfungsbefugnis als im deutschen Recht schließt die Gegenseitigkeit aus. Problematisch ist hier die ordre public Klausel, die auch das deutsche Recht in § 328 Abs. 1 Nr. 4 kennt. Legen die Gerichte die ordre public in extensiver Weise aus, sodass eine Überprüfung auf die Vereinbarung mit dem zweitstaatlichen Recht möglich ist, dann ist die gegenseitigkeitsschädlich.
- *Nachprüfung interner Zuständigkeit*: § 328 Abs. 1 Nr. 1 erlaubt nur die Nachprüfung der internationalen Zuständigkeit. Macht das ausländische Recht die interne (örtliche und/oder sachliche) Zuständigkeit des Erstgerichts zum Anerkennungserfordernis, dann liegt darin eine gegenseitigkeitsschädliche Erschwerung[205]. Allerdings hat der BGH in der ersten Frankreichentscheidung[206] die damalige Nachprüfungsbefugnis des französischen Exequaturrichters hinsichtlich der sachlichen und örtlichen Zuständigkeitsüberprüfung wegen der geringen Bedeutung in der Praxis nicht als gegenseitigkeitsschädlich angesehen[207]. Die Nachprüfungsbefugnis ist dann unschädlich, wenn sie so restriktiv gehandhabt wird, das sie zu einer bloßen Formalie wird.
- *Kosten des Exequaturverfahrens*: Kennt das ausländische Recht keine §§ 91 ff. ZPO entsprechende Kostenerstattungspflicht des Urteilsschuldners, dann bekommt der Urteilsgläubiger den Urteilbetrag nur geschmälert um die Kosten des Exequaturverfahrens. Das ist nach der american rule of costs der Fall. Wird die Wirkungserstreckung dadurch wirtschaftlich unmöglich, weil er Urteilsbetrag geringer als die aufzuwendenden Kosten ist, dann führt das zur Verneinung der Gegenseitigkeit, andernfalls zu einer um den geschätzten Kostenkostenbetrag partiell nicht verbürgten Gegenseitigkeit[208].
- *Loi competente*: Fordert das erststaatliche Recht, dass die Entscheidung nicht vom erststaatlichen Recht abweichen darf, wenn dieses nach erststaatlichem IPR anwendbar gewesen wäre[209], so ist dies prinzipiell gegenseitigkeitsschädlich nachdem das deutsche Recht eine derartige – auf einzelne Gebiete beschränkte – Regelung in § 328 Abs. 1 Nr. 3 a. F. abgeschafft hat. Wegen der geringen Bedeutung dieses Erfordernisses wird man die Verneinung der Gegenseitigkeit hierauf allein aber nicht stützen können.

---

202 Seit RGZ 7, 406 (409), 70, 434 (437) unbestritten.

203 Vgl. RGZ 70, 434 (nach Änderung der Rechtslage in Kalifornien überholt).

204 Vgl. RGZ 8, 388, 36, 385; RG JW 1893, 350 (nach Änderung der Rechtsprechung französischer Gerichte in den Sachen Charr und Munzer überholt); dazu *Arnold* Ist die Gegenseitigkeit bei der Anerkennung und Vollstreckung von Urteilen gegenüber Frankreich verbürgt?, AWD 1967, 131 ff.; *Schütze* Die Verbürgung der Gegenseitigkeit im Verhältnis zu Frankreich nach § 328 Abs. 1 Nr. 5 ZPO, JR 1967, 212 f.; jetzt obsolet durch die VO (EG) Nr. 44/2001.

205 Vgl. RGZ 70, 434 zur kalifornischen Regelung unter Geltung des alten § 1915 kal. ZPO.

206 BGHZ 50, 100.

207 Ebenso *Arnold* AWD 1967, 131 ff.; *Einmahl* Die Vollstreckung ausländischer Zahlungsurteile in Frankreich und die Verbürgung der Gegenseitigkeit, RabelsZ 33 (1969), 114 ff.

208 Vgl. *Schütze* Zur Verbürgung der Gegenseitigkeit bei der deutsch-amerikanischen Urteilsanerkennung, ZVglRWiss 98 (1999), 131 f.

209 Das ist die Regelung im autonomen französischen Recht; vgl. *Mayer/Heuzé* Droit international privé, 7. Aufl., 2001, Rdn. 385 f.

- *Verfahrensdauer*: Eine übermäßig lange Verfahrensdauer des Exequaturverfahrens kann gegenseitigkeitsschädlich sein. Jedoch muss es um Extremfälle handeln. Bloße Abweichenden von der durchschnittlichen Verfahrensdauer in Deutschland reichen nicht aus.
- *Stillstand der Rechtspflege*: Stillstand der Rechtspflege – soweit nicht nur von kurzer Dauer – führt zu temporärer Nichtverbürgung der Gegenseitigkeit.
- *Cautio iudicatum solvi*: Muss der Gläubiger eines deutschen Urteils im Erststaat Prozesskostensicherheit leisten, umgekehrt im deutschen Vollstreckbarerklärungsverfahren nicht – was auch nach der Novellierung des § 110 ZPO denkbar ist – so liegt eine gegenseitigkeitsschädlicher Erschwerung vor.

Nicht gegenseitigkeitsschädlich sind: **71**

- *Abweichende Exequaturzuständigkeit*: Kennt der Erststaat keinen Instanzenzug für das Exequaturverfahren – wie dies im spanischen und in südamerikanischen Rechten beispielsweise der Fall ist[210] – so ist dies nicht gegenseitigkeitsschädlich. Davon ist auch das Reichsgericht bei der Bejahung der Gegenseitigkeit im Verhältnis zu Spanien ausgegangen[211].
- *Beteiligung der Staatsanwaltschaft am Verfahren*: Bedeutungslos ist, ob im erststaatlichen Exequaturverfahren die Staatsanwaltschaft beteiligt ist, um involvierte Staatsinteressen wahrzunehmen, wie dies in zahlreichen südamerikanischen Rechten der Fall ist[212]. Denn auch im deutschen Recht müssen einige Voraussetzungen wegen der staatlichen Interessen von Amts wegen geprüft werden.
- *Abweichende Form der Anerkennung*: Eine abweichende Form der Anerkennung durch formellen Anerkennungsakt stellt keine wesentliche Erschwerung gegenüber der deutschen Regelung dar[213], zumal auch das deutsche Recht für einzelne Titel eine formelle Anerkennung fordert, z. B. in Ehesachen.

c) Tatsächliche Verbürgung. Die Gegenseitigkeit muss tatsächlich verbürgt sein. Die **72** reine gesetz- oder lehrmäßige Verbürgung genügt nicht. Es ist auf die ausländische Rechtspraxis abzustellen[214]. So hat das ehemalige Reichsgericht – zu Recht oder zu Unrecht – die Gegenseitigkeit im Verhältnis zu Kalifornien verneint[215], obwohl die Gegenseitigkeit nach dem damaligen – im Hinblick auf die Wirkungserstreckung kalifornischer Urteile in Deutschland geänderten – Gesetsestextes als verbürgt angesehen werden konnte. In der französischen Rechtslehre wurde schon vor den Entscheidungen *Charr*[216] und *Munzer*[217] von bedeutenden Autoren die Ansicht vertreten, eine révision au fond sei unzulässig, was eine Verbürgung der Gegenseitigkeit bedeutet hätte. Dennoch ging die deutsche Recht-

210 Vgl. dazu *Möllring* Anerkennung und Vollstreckung ausländischer Urteile in Südamerika, 1985, S. 130 f.
211 Vgl. RGZ 82, 29.
212 Vgl. dazu *Möllring* Anerkennung und Vollstreckung ausländischer Urteile in Südamerika, 1985, S. 131 f.
213 Zweifelnd wohl *Luther* Zur Anerkennung und Vollstreckung von Urteilen und Schiedssprüchen in Handelssachen im deutsch-italienischen Rechtsverkehr, ZHR 127 (1964), 145 ff. (152 f.).
214 Vgl. RG Gruch. 51, 406 (410); RG JW 1905, 87.

215 Vgl. RGZ 70, 343; dazu *Kisskalt* Die Vollstreckbarkeit kalifornischer Urteile in Deutschland, LZ 1907, 689 ff.; *Wittmaack* Kann ein Vollstreckungsurteil nach §§ 722 und 723 ZPO auf Grund eines nordamerikanischen, insbesondere kalifornischen Urteils erlassen werden?, NiemeyersZ 22 (1912), 1 ff.
216 Rev. crit. 44 (1955), 769 mit Anm. *Batiffol* = RabelsZ 22 (1957) mit Anm. *Mezger*.
217 Rev. crit. 53 (1964), 302 mit Anm. *Batiffol* = FamRZ 1965, 46 mit Anm. *Sonnenberger*.

sprechung – zu Recht – bis zum Wechsel der französischen Rechtsprechung von der Nichtverbürgung aus.

73 **d) Nichtfeststellbarkeit ausländischer Rechtspraxis.** Fehlt es an feststellbarer Rechtspraxis, so genügt positive Anerkennungsbereitschaft[218]. In einem solchen Fall muss nicht abgewartet werden, dass der ausländische Staat in der Anerkennung deutscher Titel vorangeht[219]. Würde man das verlangen, so könnte es in den Fällen, in denen beide Staaten das Gegenseitigkeitserfordernis kennen, nie zu einer wechselseitigen Wirkungserstreckung kommen, da jeder Staat erst einmal abwarten würde, was die Gerichte des anderen tun[220]. Bei Kulturstaaten[221] kann davon ausgegangen werden, dass sie ihre Gesetze auch anwenden[222].

74 **e) Grundlagen der Gegenseitigkeitsfeststellung.** Die ausländische Rechtspraxis ergibt sich in erster Linie aus der Rechtsprechung. Soweit keine Rechtsprechung im Hinblick auf deutsche Urteile feststellbar ist, kann auch die Anerkennungspraxis aus der Judikatur zu drittstaatlichen Entscheidungen herangezogen werden.

75 Daneben kann das Schrifttum – insbesondere bei schwer zugänglichen erstaatlichen Rechtsquellen und Entscheidungssammlungen – herangezogen werden. So finden sich in der Literatur teilweise Wiedergaben von wichtigen ausländischen Entscheidungen[223]. Für Staaten, in denen eine gesicherte Rechtsprechung fehlt, kann die Literatur als wichtige Auslegungshilfe dienen.

76 Die sicherste Basis für die Gegenseitigkeitsfeststellung sind wechselseitige Gegenseitigkeitserklärungen[224] wie sie beispielsweise vor Beitritt zur EU und Geltung der EuGVVO mit Ungarn ausgetauscht worden sind[225].

77 Das Gericht kann sich aller nach § 293 ZPO ihm zur Verfügung stehenden Mittel und Erkenntnisquellen zur Feststellung der ausländischen Rechtspraxis bedienen, insbesondere auch offizieller Auskünfte nach den Europäischen Rechtsauskunftsübereinkommen und Sachverständigengutachten.

---

218 Vgl. BGHZ 22, 24 (Dänemark); 49, 50 (Syrien).

219 Vgl. dazu schon früh die grundlegenden Arbeiten von *Klein* Ist für den Begriff der verbürgten Gegenseitigkeit im Sinne von § 661 Abs. 2 Nr. 5 der deutschen C.Pr.O. erforderlich, dass der ausländische Staat mit der Urteilsvollstreckung vorangehe?, BöhmsZ 7 (1897), 17 ff.; *ders.* Das Erfordernis der verbürgten Gegenseitigkeit bei der Vollstreckung ausländischer Urteile in Deutschland, BöhmsZ 9 (1899), 206 ff.; *ders.* Das Erfordernis der verbürgten Gegenseitigkeit bei Vollstreckung ausländischer Urteile in Deutschland, BöhmZ 6 (1896), 97 ff.

220 Vgl. *Schütze* Urteilsanmerkung, AWD 1968, 267.

221 Politisch heikel ist die Klassifizierung eines Staates als „Kulturstaat". Aus aussenpolitishen Interessen wird kein Gericht es wagen, einem Staat die Kulturstaatseigenschaft abzusprechen.

222 Vgl. *Klein* BöhmsZ 7 (1897), 17 ff.; 9 (1899), 206 ff.

223 Vgl. für Japan, z. B. die Wiedergabe des Urteils des Landgerichts Nagoya im Fall Lacrex Brevetti SA v. Kitagawa Industries K.K. vom 6.2.1987 bei *Kono/Trunk* Lizenzvergabe und internationales Zivilprozessrecht, GRURInt 1988, 860 ff.

224 Deutsche Gegenseitigkeitsfeststellungen sind für die Gerichte allerdings nicht bindend, vgl. *Geimer/Schütze* EuZVR, E.1, Rdn. 88 m. w. N.; *Schütze* Internationales Zivilprozessrecht und Politik, FS Georgiades, 2005, S. 577 ff.

225 Deutschland und Ungarn haben korrespondierende Gegenseitigkeitserklärungen am 30.4. 1992 und 29.7.1992 abgegeben, Bek. 29.7.1992, BGBl. 1992 II 598.

f) Internationale Zuständigkeit und Gegenseitigkeit. Inkongruenzen der Systeme der **78** internationalen Zuständigkeit im Erst- und Zweitstaat können auch zur (partiellen) Verneinung der an sich gegebenen Gegenseitigkeit nach Abs. 1 Nr. 5 führen[226]. Der BGH hat dies im Verhältnis zu Südafrika und Brasilien im Hinblick auf die Vermögenszuständigkeit angenommen, weil Südafrika und Brasilien ein deutsches – im Gerichtsstand des § 23 ZPO ergangenes – Urteil nicht anerkennungsfähig ist[227]. Im Verhältnis zu Frankreich (vor EuGVÜ und VO 44/2001) hat der BGH eine partielle Nichtverbürgung der Gegenseitigkeit angenommen im Hinblick auf deutsche Urteile, die wegen des Jurisdiktionsprivilegs der Artt. 14, 15 CC in Frankreich nicht anerkannt wurden[228].

Ratio decidendi dieser Entscheidungen ist, dass die Gegenseitigkeit dann nicht verbürgt ist, **79** wenn der Erststaat eine deutsche Entscheidung – wäre sie in der für die internationale Zuständigkeit nach § 328 Abs. 1 Nr. 1 ZPO herangezogenen Zuständigkeitsnorm des deutschen Rechts (Spiegelbildgrundsatz) ergangen – nicht anerkennen würde[229].

g) Umfang der Gegenseitigkeitsverbürgung

Schrifttum: *Fragistas* Der Begriff der Gegenseitigkeit bei der Anerkennung der ausländischen Urteile, FS Schätzel, 1960, S. 149 ff.; *Schütze* Zur partiellen Verbürgung der Gegenseitigkeit bei der Anerkennung ausländischer Zivilurteile, NJW 1973, 2143 ff.

Partielle Verbürgung der Gegenseitigkeit ist ausreichend[230]. Dies gilt zunächst für einzel- **80** nen Urteilsgattungen. So kann die Gegenseitigkeit generell verbürgt sein, für Versäumnisurteile jedoch partiell nicht[231]. Die Gegenseitigkeit kann auch für streitige Urteile verbürgt sein, für Prozessvergleiche jedoch nicht[232]. Eine partielle Verbürgung der Gegenseitigkeit ist darüber hinaus aber auch möglich, wenn im Einzelfall Äquivalenz der Erfordernisse der Wirkungserstreckung besteht[233]. Nach der Rechtsprechung des BGH kann eine partielle Gegenseitigkeitsverbürgung für den deckungsgleichen erst- und zweitstaatlichen Teil der Zuständigkeitsordnung bei Abweichungen im Bereich der internationalen Zuständigkeit vorliegen[234], vgl. Rdn. 78 f. Probleme bereitet das Erfordernis der Vereinbarkeit der erststaatlichen Entscheidung mit dem ordre public. Dieses Erfordernis kennen zwar alle Anerkennungsordnungen gleichermaßen, wenden es aber in unterschiedlicher Weise an. Hier ist auf die Interpretation im Erst- und Zweitstaat abzustellen. Versagt die marokkanische Rechtsprechung beispielsweise einem deutschen Unterhaltsurteil gegen den unehelichen Vater das Exequatur wegen Verstoßes gegen den islamischen ordre public[235], so ist

---

226 Vgl. dazu *Schütze* Internationale Zuständigkeit und Verbürgung der Gegenseitigkeit bei der Anerkennung ausländischer Entscheidungen, AWD 1970, 495 ff. (kritisch).
227 Vgl. BGHZ 52, 251, 258 (2. Südafrikaentscheidung); BGHZ 120, 334 (Brasilienentscheidung).
228 Vgl. BGHZ 53, 332.
229 Vgl. dazu *Schütze* Forum non conveniens und Verbürgung der Gegenseitigkeit im deutsch-amerikanischen Verhältnis, FS Kropholler, 2008, S. 905 ff. (905 f.).
230 Vgl. *Geimer/Schütze* EuZVR, E 1, Rdn. 94 ff.; *Fragistas* FS Schätzel, S. 149 ff.; *Riezler* IZPR, S. 554; *Schütze* NJW 1973, 2143 ff.; *Stein/Jonas/Roth* § 328, Rdn. 121.

231 Vgl. AG Garmisch-Partenkirchen, AWD 1972, 137 = NJW 1971, 2135 zum früheren deutsch-italienischen Verhältnis.
232 Vgl. zu dieser Problematik im deutsch-südafrikanischen Verhältnis *Schütze* Zur Verbürgung der Gegenseitigkeit im Verhältnis zu Südafrika, IPRax 2010, 428 ff.
233 Vgl. *Geimer/Schütze* EuZVR, E.1, Rdn. 95 f.
234 Vgl. BGHZ 52, 251; 53, 332; 120, 334; dazu *Schütze* Internationale Zuständigkeit und Verbürgung der Gegenseitigkeit bei der Anerkennung ausländischer Entscheidungen, AWD 1970, 495 f.
235 Vgl. dazu *Schütze* Die Vollstreckung deutscher Unterhaltsurteile in Marokko, JR 1965, 416.

diese marokkanische ordre public Praxis allein für die Anerkennung von Unterhaltsurteilen gegen uneheliche Väter partiell gegenseitigkeitsschädlich, kann jedoch nicht zur Verneinung der Gegenseitigkeit generell führen.

81 Eine partielle Verbürgung der Gegenseitigkeit kann auch bei unterschiedlicher Kostenregelung im Exequaturverfahren bestehen. Da nach der american rule of costs die häufig erheblichen Anwaltskosten des Exequaturverfahrens nicht erstattbar sind, im deutschen Verfahren nach §§ 722 f. ZPO jedoch die Regelung der §§ 91 ff. ZPO zur Anwendung kommt, ist der Gläubiger eines deutschen Titels in den USA benachteiligt gegenüber dem Gläubiger eines US-amerikanischen Titels in Deutschland. Wenn man den Betrag der aufzuwendenden Anwaltskosten in den USA pauschaliert mit US$ 100.000 ansetzt, so ist die Gegenseitigkeit in Höhe dieses Betrages partiell nicht verbürgt[236].

82 Dagegen ist eine partielle Verbürgung für einzelne Urteilswirkungen, z. B. die Rechtskraft[237], nicht möglich[238].

83 **h) Nachprüfungsbefugnis des BGH.** Im Rahmen der Gegenseitigkeitsfeststellung nahm der Bundesgerichtshof schon vor der Novellierung des § 545 ZPO durch das FGG-Reformgesetz unter der Lehre von der Nichtrevisibilität ausländischen Rechts im Anschluss an die ständige Rechtsprechung des Reichsgerichts eine volle Nachprüfungsbefugnis hinsichtlich des Inhalts des ausländischen Rechts in Anspruch[239]. Der Ausschluss der Revisibilität ausländischen Rechts sollte sich nicht auf die Vorfrage beziehen, ob und in welcher Weise der ausländische Staat deutsche Urteile anerkennt und für vollstreckbar erklärt[240]. Nach der Neufassung des § 545 Abs. 1 ZPO ist diese problematik gegenstandslos geworden, da nunmehr auch ausländisches Recht revisibel ist[241].

236 Vgl. *Schütze* Zur Verbürgung der Gegenseitigkeit bei der deutsch-amerikanischen Urteilsanerkennung, ZVglRWiss 98 (1999), 131 ff.; zustimmend *Neufang* Kostenverteilung im US-amerikanischen Zivilprozess und Urteilsanerkennung in Deutschland, 2002, S. 150 ff. (keine Pauschalierung, sondern im Einzelfall angepasster Betrag); *Schack* Einführung in das US-amerikanische Zivilprozessrecht, 3. Aufl., 2003, S. 79 äußert Sympathie für die Ansicht, ohne sich zu entscheiden, weil er eine Verschärfung des deutsch-amerikanischen Justizkonfliks fürchtet; ablehnend *Stein/Jonas/Roth* § 328, Rdn. 121.

237 So jedoch *Milleker* Teilanerkennung fremder Urteile nach Urteilswirkungen in vermögensrechtlichen Streitigkeiten, NJW 1971, 303 ff.; zustimmend *Sonnenberger* Anerkennung und Vollstreckung ausländischer Gerichtsentscheidungen, Schiedssrpüche, Vergleiche und sonstiger Titel, in: Zeitenössicher Fragen des internationalen Zivilverfahrensrechts, 1972, S. 207 ff. (220).

238 Vgl. *Geimer/Schütze* EuZVR, E.1, Rdn. 98; *Schütze* NJW 1973, 2143 ff.

239 Vgl. RGZ 115, 103; 145, 74; 150, 374; BGHZ 42, 194.

240 Vgl. dazu *Geimer/Schütze* EuZVR, E.1, Rdn. 101 ff.; *Martiny* Handbuch des Internationalen Zivilverfahrensrechts, S. 571 f.; *Schütze* NJW 1969, 293 ff. (294); aus der älteren Literatur *Klein* BöhmsZ 5 (1895) 40 ff.

241 Das wird zwar noch vereinzelt geleugnet, z. B. *von Schack*, IZVR, Rdn. 724 und *Zöller/Hessler* ZPO § 545, Rdn. 8, jedoch unter Zitierung von Belegen für die alte Rechtslage. Vgl. zur neuen Rechtslage richtig Geimer, IZPR, Rdn. 2601; *Aden* Revisibilität des kollisionsrechtlich berufenen Rechts, RIW 2009, 475 ff.; *Eichel* Die Revisibilität ausländischen Rechts nach der Neufassung von § 545 Abs. 1 ZPO, IPRax 2009, 389 ff.; *Hess/Hübner* Die Revisibilität ausländischen Rechts nach der Neufassung von § 545 ZPO, NJW 2009, 3132 ff.

III. Verfahren der Anerkennung

1. Keine gesetzliche Vermutung für Anerkennung oder Nichtanerkennung

In der Literatur wird diskutiert, ob das deutsche Recht von einem Grundsatz der Anerken- **84** nung ausgeht[242] oder ob § 328 ZPO die Regel der grundsätzlichen Nichtanerkennung statuiert[243] und die dort normierten Erfordernisse negativ umschriebene Voraussetzungen darstellen. Es ist jedoch im Hinblick auf die prozessualen Folgen bedenklich, aus dem Gesetzeswortlaut einen Grundsatz herleiten zu wollen oder gar eine Vermutung der Anerkennung aufzustellen. Das Wesen von Tatsachen- oder Rechtsvermutungen ist es, dass das Vermutete nicht mehr geprüft oder bewiesen werden muss. Das ist aber bei der Anerkennung der Fall – unabhängig von der Frage, dass es eine Beweislastverteilung für den Fall eines non liquet geben muss, vgl. dazu Rdn. 94. Erst wenn die teils positiv, teils negativ umschriebenen Erfordernisse vorliegen und keine Versagungsgründe entgegenstehen, erfolgt die Erstreckung der Wirkungen der ausländischen Entscheidung. Eine Vermutung für oder gegen die Anerkennung besteht nicht. Es existiert auch kein Grundsatz der Anerkennungs oder Nichtanerkennung[244].

2. Grundsatz der Formlosigkeit der Anerkennung

Die Anerkennung erfolgt formlos[245] jedes Gericht und jede befasste Amtsstelle entscheidet **85** über sie incidenter, wenn die Wirkungen der ausländischen Entscheidung im Inland relevant werden, etwa als Vorfrage in einem Zivilrechtsstreit oder einem Verwaltungsverfahren bedeutsam sind. Beruft sich der Beklagte in einem Rechtsstreit vor einem deutschen Gericht auf die Rechtskraft eines ausländischen Urteils in derselben Sache, so hat das deutsche Gericht bei der Prüfung des Einwandes der rechtskräftig entschiedenen Sache incidenter über die Anerkennung des ausländischen Entscheidung zu befinden. Diese Incidentfeststellung ist aber für andere Verfahren nicht bindend[246]. Dadurch entsteht die Gefahr widersprechender Entscheidungen[247]. Wollen die Parteien Klarheit über Anerkennung oder Nichtanerkennung haben, dann können sie entsprechende Feststellungsklage erheben. Vgl. dazu Rdn. 88.

---

242 Vgl. *Habscheid* Zur Anerkennung klagabweisender ausländischer Eheurteile, FamRZ 1973, 431 f.; *Kohlrausch* Kann ein in Abwesenheit des Angeklagten ergangenes Adhäsionsurteil des Zürcherischen Schwurgerichtshofes in Deutschland für vollstreckbar erklärt werden?, RheinZ 12, 129 ff.; *Seuffert/Walsmann* ZPO, 12. Aufl., § 328, Anm. 2a; *Wolff* Das internationale Privatrecht Deutschlands, 3. Aufl., S. 133.
243 Vgl. *Fischer* Die Anerkennung ausländischer Urteile in Deutschland, ZAkDR 1935, 230 ff. (233); *Förster/Kann* ZPO, 3. Aufl., § 328, Anm. 1; *Goldschmidt* Zivilprozessrecht, 2. Aufl., S. 74; *Hellwig* Lehrbuch des Deutschen Civilprozessrechts, Bd. I, 1903, S. 102; *Reu* Anwendung fremden Rechts, 1938, S. 84; *Riezler* IZPR, S. 524 f.

244 Vgl. *Schütze* Die Anerkennung und Vollstreckung ausländischer Zivilurteile in der Bundesrepublik Deutschland als verfahrensrechtliches Problem, Diss. Bonn 1960, S. 25 ff.; *Zöller/Geimer* § 328 Rdn, 273.
245 Vgl. dazu *Schütze* Die Anerkennung und Vollstreckung ausländischer Zivilurteile in der Bundesrepublik Deutschland als verfahrensrechtliches Problem, Diss. Bonn, 1960, S. 3 ff. mit Nachweise für die ältere Literatur, im übrigen *Geimer* IZPR, Rdn. 2797; *Nagel/Gottwald* § 11, Rdn. 106 ff.; *Schack* IZVR, Rdn. 971.
246 Vgl. BGH NJW 1986, 2193; *Zöller/Geimer* § 328, Rdn. 277.
247 Vgl. *Geimer* IZPR, Rdn. 2994.

3. Keine actio iudicati

86 Die actio iudicati ist dem deutschen Recht fremd. Sie steht nicht zur Geltendmachung einer ausländischen Entscheidung zur Verfügung[248]. Die actio iudicati brächte auch keine Vorteile für die Parteien. Ihr Erfolg hinge von der Anerkennungsfähigkeit der ausländischen Entscheidung ab. Ein solchens Ergebnis kann auch durch die Feststellungsklage, dazu Rdn. 88 oder die Klage auf Vollstreckbarerklärung nach §§ 722 f. ZPO erreicht werden.

4. Keine Anerkennung kraft Vereinbarung

87 Eine Anerkennung kann nicht durch Vereinbarung herbeigeführt werden[249]. Es ist für die Anerkennung bedeutungslos, wie die Parteien sich verhalten. Die Anerkennung unterliegt nicht der Parteidisposition, da sie allein in die Kompetenz des Hoheitsträgers fällt. Die privatrechtliche Vereinbarung ist jedoch nicht bedeutungslos. Sie kann eine causa für die Leistung aufgrund des so „anerkannten" Urteils bilden.

5. Klage auf Feststellung der Anerkennung

88 Die Formlosigkeit der Anerkennung bringt Rechtsunsicherheit. Es besteht ein Bedürfnis nach rechtskräftiger Klärung des Vorliegens der Anerkennungserfordernisse und des Zeitpunkts der Anerkennung. Diese Klärung kann durch Feststellungsklage nach § 256 ZPO herbeigeführt werden[250]. Die von der ausländischen Entscheidung begünstigte Partei kann positive, die unterlegene negative (auf Feststellung der Nichtanerkennung gerichtete) Feststellungsklage erheben[251]. Für das Feststellungsinteresse reicht die abstrakte Gefahr einander widersprechender Entscheidungen aus[252]. Es ist nicht notwendig, dass ein zweites Verfahren in concreto droht, insbesondere trifft den Feststellungskläger insoweit keine Darlegungslast. Zur Zulässigkeit der Feststellungsklage neben der Klage auf Vollstreckbarerklärung der ausländischen Entscheidung vgl. § 722, Rdn. 6.

6. Leistungsklage trotz Anerkennung?

89 Der Gläubiger kann ein Interesse daran haben, anstelle der Anerkennung und Vollstreckbarerklärung des ausländischen Urteils den zugrunde liegenden Anspruch erneut geltend zu machen. Das gilt insbesondere dann, wenn das neue Verfahren schneller und billiger zum Ziel führt, z. B. bei Wechsel- und Schecktiteln. Da der ausländische Titel bei Vorliegen der Anerkennungserfordernisse und einer Inlandsbeziehung Rechtskraftwirkung in Inland

---

248 Vgl. RGZ 16, 427; 36, 381; *Spiecker* genannt Döhmann, Die Anerkennung von Rechtskraftwirkungen ausländischer Urteile, 2002, S. 118 f. m. w. N.; *Martiny* Handbuch des Internationalen Zivil verfahrensrechts, S. 694 unterstellt dem BGH – nicht zu Unrecht – dieser wolle mit der Zulassung einer erneuten Klage eine verkappte actio iudicati einführen.

249 Vgl. *Schütze* Die Anerkennung und Vollstreckung ausländischer Zivilurteile in der Bundesrepublik Deutschland als verfahrensrechtliches Problem, Diss. Bonn, 1960, S. 6 f.; *Zöller/Geimer* § 328 Rdn. 347.

250 Vgl. *Geimer* Das Anerkennungsverfahren gemäß Art. 26 Abs. 2 des EWG-Übereinkommens

vom 27. September 1968, JZ 1977, 145 ff. (146); *Linke/Hau* IZPR, Rdn. 455; *Martiny* Handbuch des Internationalen Zivilverfahrensrechts, S. 690; *Nagel/Gottwald* § 11, Rdn. 109; *Riezler* IZPR, S. 515; *Zöller/Geimer* § 328, Rdn. 278; vgl. für ein Muster *Schütze* Internationales Zivilprozessrecht, in: Mes, Beck'sches Prozessformularbuch, 11. Aufl., 2010, I.T.6, S. 468 ff.

251 Vgl. *Geimer* JZ 1977, 145 ff. (146).

252 Vgl. *Schütze* Die Anerkennung und Vollstreckung ausländischer Zivilurteile in der Bundesrepublik Deutschland als verfahrensrechtliches Problem, Diss. Bonn 1960, S. 35; *Zöller/Geimer* § 328, Rdn. 278.

entfaltet ist – entgegen einer weitverbreiteten Meinung eine erneute Klage unzulässig[253], vgl. im einzelnen § 722 Rdn. 3. Jedoch können Vollstreckungs- und Leistungsklage verbunden werden, vgl. § 722, Rdn. 5 f.

7. Nachprüfung und Beweiserhebung

Das ausländische Urteil darf sachlich nicht nachgeprüft werden (Verbot der révision au **90** fond)[254]. Durch ein historisch begründetes[255] Redaktionsversehen ist das Verbot der révision au fond lediglich in § 723 ZPO aufgeführt, gilt aber für den gesamten Bereich der Wirkungserstreckung ausländischer Urteile. Das Verbot der Nachprüfung betrifft das erststaatliche Verfahren, die Tatsachenfeststellungen und die materielle Rechtsanwendung.

Das Verbot der révision au fond verbietet nicht die Nachprüfung der Erfordernisse der **91** Anerkennung[256]. Insoweit ist die volle Nachprüfung der Tatsachenfeststellung und Rechtsanwendung des Erstgerichts zulässig und notwendig[257]. Denn nur das Filter der Anerkennung erlaubt es letztlich, dass auf eine weitere Nachprüfung verzichtet wird. So erfordert § 328 Abs. 1 ZPO in der Nr. 2 eine Nachprüfung des ausländischen Verfahrens, Nr. 4 u. U. eine solche des materiellen Rechts einschließlich des Kollisionsrechts[258].

Nach einer – früher – verbreiteten Ansicht gilt für das Anerkennungsverfahren der Unter- **92** suchungsgrundsatz. Die Prüfung sämtlicher Anerkennungserfordernisse soll von Amts wegen erfolgen[259]. Im Anschluss an die Rechtsprechung des ehemaligen Reichsgerichts[260] wird jedoch angenommen, dass sich der Untersuchungsgrundsatz nicht auf die tatsächlichen Grundlagen der Anerkennungserfordernisse erstreckt. Für deren Vorliegen soll der die Anerkennung Begehrende darlegungs- und beweisbelastet sein[261]. Eine Ausnahme von dem Untersuchungsgrundsatz wird für das Erfordernis des § 328 Abs. 1 Nr. 2 ZPO gemacht. Dieser Versagungsgrund soll nur auf Rüge des Anerkennungsgegners zu beachten sein[262].

Die h. L. differenziert nicht hinreichend nach der Interessenlage (Erfordernisse im staatli- **93** chen und im privaten Interesse) und der unterschiedlichen Rechtsnatur der einzelnen Erfordernisse als Voraussetzungen und Versagungsgründe[263]. Man muss unterscheiden[264]:

253 Vgl. *Nagel/Gottwald* IZPR, § 11, Rdn. 116; *Spiecker* genant Döhmann, Die Anerkennung von Rechtskraftwirkungen ausländischer Urteile, 2002, S. 119 ff.
254 Unstr., vgl. für viele *Geimer* Anerkennung ausländischer Entscheidungen in Deutschland, 1995, S. 57 ff.
255 Vgl. *Schütze* Die Anerkennung und Vollstreckung ausländischer Zivilurteile in der Bundesrepublik Deutschland als verfahrensrechtliches Problem, Diss. Bonn 1960, S. 27.
256 Vgl. *Geimer* Anerkennung ausländischer Entscheidungen in Deutschland, 1995, S. 58 ff.; *Riezler* IZPR, S. 525.
257 Vgl. dazu *Spickhoff* Möglichkeiten und Grenzen neuer Tatsachenfeststellungen bei der Anerkennung ausländischer Entscheidungen, ZZP 108 (1995), 475 ff.
258 Vgl. *Geimer/Schütze* Internationale Urteilsanerkennung, Bd. I/2, S. 1465 ff.
259 Vgl. RGZ 36, 365; 75, 148; *Baumbach/Lauterbach/Albers/Hartmann* § 328, Rdn. 14; *Falkmann/Hubernagel* Die Zwangsvollstreckung in das bewegliche Vermögen, 3. Aufl., § 722, Anm. 9;

Fischer Die Anerkennung ausländischer Urteile in Deutschland, ZAkDR 1935, 230 ff. (233); *Sydow/Busch* ZPO, 22. Aufl., § 328, Anm. 3.
260 Vgl. RG BöhmsZ 3, 633; RGZ 75, 148.
261 Vgl. BGH NJW 1980, 529; BGH ZIP 1998, 1024; für weitere Nachweise *Geimer* Anerkennung ausländischer Entscheidungen in Deutschland, 1995, S. 142.
262 Vgl. *Baumbach/Lauterbach/Albers/Hartmann* § 328, Rdn. 22; *Linke/Hau* IZPR, Rdn. 476; *Zöller/Geimer* § 328 Rdn. 188.
263 Vgl. *Geimer/Schütze* Internationale Urteilsanerkennung, Bd. I/2, S. 1463 ff. *Martiny* Handbuch des Internationalen Zivilverfahrensrechts, S. 145 ff.; *Schütze* Die Anerkennung und Vollstreckung ausländischer Zivilurteile in der Bundesrepublik Deutschland als verfahrensrechtliches Problem, Diss. Bonn 1960, S. 27 ff.; *Zöller/Geimer* § 328, Rdn. 95.
264 Vgl. *Schütze* Die Anerkennung und Vollstreckung ausländischer Zivilurteile in der Bundesrepublik Deutschland als verfahrensrechtliches Problem, Diss. Bonn 1960, S. 27 ff.

- *Ausländisches Urteil:*Das Erfordernis ist von Amts wegen zu prüfen, da der Staat nur bereit ist, Entscheidungen von mit staatlicher Jurisdiktionsgewalt bekleideten Spruchkörpern Wirkung im Inland zu verleihen;
- *Zivil- oder Handelssache:* Das Erfordernis ist von Amts wegen zu prüfen, da ein staatliches Interesse besteht, keinen öffentlichrechtlichen Entscheidungen, insbesondere nicht solchen, die zu Steuern und Strafen verurteilen, Wirkung im Inland zu verleihen;
- *Gerichtsbarkeit:* Das Erfordernis wurzelt im Völkerrecht und heischt deshalb Beachtung von Amts wegen;
- *Rechtskraft:* Der Anerkennungsgegner hat es in der Hand, im Erststaat Rechtskraft eintreten zu lassen. Der Staat hat kein Interesse daran, nicht rechtskräftigen Entscheidungen die Anerkennung zu verweigern, ist das Rechtskrafterfordernis doch im Interesse des Anerkennungsgegners wegen der Schwierigkeiten, Ersatz bei Aufhebung des Urteils im Erststaat zu erlangen, aufgestellt. Das Erfordernis ist nur auf Rüge zu beachten.
- *Internationale Zuständigkeit:* Das Erfordernis ist nur auf Rüge zu beachten[265]. Die Parteien haben es in der Hand, die Zuständigkeit des Erstgerichts zu prorogieren oder sich rügelos im erststaatlichen Prozess einzulassen. Der Staat hat – soweit nicht ausschließliche Zuständigkeiten betroffen sind – kein Interesse daran, dass die Gerichte eines bestimmten Staates entscheiden. Die vom BGH[266] in den Vordergrund gestellte „Internationalpädagogik" überzeugt nicht[267].
- *Ordnungmäßige und rechtzeitige Ladung:* Dieses Erfordernis ist im Parteiinteresse aufgestellt und nur auf Rüge zu beachten[268].
- *Urteilskollision:* Der Versagungsgrund ist wie die ordre public Klausel zu behandeln, wurde die Urteilskollision doch vor Schaffung des § 328 Abs. 1 Nr. 3 jetziger Fassung als Unterfall des ordre public gesehen[269];
- *Ordre public:* Verstöße gegen den materiellrechtlichen ordre public sind von Amts wegen zu beachten, hat der Staat doch ein Interesse daran, nicht seinen Arm zu leihen für die Durchsetzung von Titeln, die den tragenden Grundsätzen seiner Rechtsordnung widersprechen. Verstöße gegen den prozessualen ordre public sind dagegen nur auf Rüge zu beachten. Auf verfahrensrechtliche Schutzvorschriften kann eine Partei verzichten;
- *Gegenseitigkeit:* Dieses Erfordernis ist im staatlichen Interesse aufgestellt. Es dient dazu, ausländische Staaten anzuhalten, deutschen Entscheidungen Wirkungen zu verleihen (tit for tat). Die mangelnde Verbürgung der Gegenseitigkeit ist von Amts wegen zu beachten[270].

94 Die Beweislastverteilung folgt allgemeinen Regeln. Die Beweislast für das Vorliegen der Anerkennungsvoraussetzungen trifft den die Anerkennung Begehrenden. Sie ist unabhängig davon, ob ein Erfordernis im staatlichen oder privaten Interesse aufgestellt oder von Amts wegen oder auf Rüge zu beachten ist.

---

265 Vgl. *Geimer* Zur Prüfung der Gerichtsbarkeit und der internationalen Zuständigkeit bei der Anerkennung ausländischer Urteile, 1966, S. 95 ff.; *ders.* IZPR, Rdn. 2903; *Geimer/Schütze* Internationale Urteilsanerkennung, Bd. I/2, S. 1551 ff.; *Zöller/Geimer* § 328, Rdn. 138 f.; a. A. BGHZ 59, 116; *Nagel/Gottwald* IZPR, § 11, Rdn. 158; *Stein/Jonas/Roth* § 328, Rdn. 31.
266 Vgl. BGH NJW 1999, 3198.
267 Vgl. *Geimer* „Internationalpädagogik" oder wirksamer Beklagtenschutz? Einige Bemerkun-

gen zur internationalen Anerkennungszuständigkeit, FS Nakamura, 1996, S. 169 ff.
268 Vgl. *Stein/Jonas/Roth* § 328, Rdn. 30 f.
269 Vgl. *Roth* Der Vorbehalt des Ordre Public gegenüber fremden gerichtlichen Entscheidungen, 1967, S. 197 ff.
270 Vgl. *Stein/Jonas/Roth* § 328, Rdn. 30; a. A. offenbar *Pfeiffer* Kooperative Reziprozität. § 328 Abs. 1 Nr. 5 ZPO neu besichtigt, RabelsZ 55 (1991), 734 ff.

8. Zeitpunkt der Anerkennung

Schrifttum: *Eberlein* Zu welchem Zeitpunkt müssen die Voraussetzungen für die Anerkennung ausländischer Urteile in Deutschland nach § 328 Ziff. 1, 4 und 5 ZPO und der entsprechenden Bestimmungen in den Staatsverträgen gegeben sein?, Diss. Erlangen, 1952; *Schütze* Der Zeitpunkt der Anerkennung ausländischer Zivilurteile, NJW 1966, 1598 f.

Das Fehlen eines förmlichen Anerkennungsaktes bringt Schwierigkeiten bei der Bestimmung des Zeitpunktes der Anerkennung. Dieser ist aber von entscheidender Bedeutung für die Bestimmung, wann die Erfordernisse der Anerkennung vorliegen müssen. Dies wird in Rechtsprechung und Schrifttum weitgehend verkannt, wenn das Vorliegen der Anerkennungserfordernisse im Zeitpunkt der Anerkennung gefordert wird[271] oder bei Eintritt der Rechtskraft der ausländischen Entscheidung[272]. Beide Kriterien sind ungeeignet, mögen sie auch in der Praxis regelmäßig zu annehmbaren Ergebnissen führen. **95**

Aus der Natur der Anerkennung als Wirkungserstreckung folgt, dass alle Erfordernisse der Anerkennung in dem Zeitpunkt vorliegen müssen, in dem das ausländische Urteil über die territorialen Grenzen des Erststaates hinaus Wirkung in Deutschland entfaltet. Eine Wirkung kann aber nicht aus sich selbst bestehen. *„Wirken heisst, sich als Komponente eines Geschehens zu bestätigen"*[273]. Das Wesen der Wirkung ist, dass sie in der Kausalkette wieder Ursache für eine neue Wirkung ist. Eine Wirkung kann deshalb immer nur im Hinblick auf ihre Bedeutung für bestimmte Tatbestände gesehen werden. So kann die Rechtskraft eines Urteils nur Bedeutung im Hinblick auf einen neuen Prozess über denselben Streitgegenstand haben. Man kann deshalb von vornherein ausschließen, dass alle ausländischen Entscheidungen, die die Erfordernisse des § 328 erfüllen schon im Zeitpunkt ihres Erlasses oder des Eintritts der Rechtskraft Wirkung in Deutschland entfalten. Ohne eine irgendwie geartete Inlandsbeziehung kann das ausländische Urteil nicht Wirkung für inländische Rechtswirkungen sein. Die Anerkennung setzt eine Inlandsbeziehung voraus, die es möglich macht, dass die ausländische Entscheidung überhaupt Bedeutung im Inland erlagen kann. **96**

Der Zeitpunkt der Anerkennung ist der, in dem[274] **97**

– die Erfordernisse der Anerkennung vorliegen und
– eine Inlandsbeziehung besteht[275].

Fällt eine Erfordernis später weg – etwa weil die Gegenseitigkeit nicht mehr verbürgt ist[276] – so berührt das die einmal erfolgte Anerkennung nicht. Auf der anderen Seite genügt es nicht, wenn zu einem Zeitpunkt vor Herstellung der Inlandsbeziehung alle Anerkennungserfordernisse gegeben waren, bei Herstellung der Inlandsbeziehung aber teilweise weggefallen sind. **98**

Die einmal erfolgte Anerkennung wirkt auch für die Vollstreckbarerklärung weiter. Es ist deshalb nicht auf den Zeitpunkt der Vollstreckbarerklärung abzustellen[277]. Denn es wäre **99**

---

271 Vgl. RGZ 41, 424 (Vollstreckbarerklärung); RG JW 1928, 3044 (m. w. N.) mit zustimmender Anm. *Wieruszowski*; differenzierend *Stein/Jonas/Roth* § 328, Rdn. 32 ff.
272 So *Riezler* IZPR, S. 554 für die Gegenseitigkeit.
273 Vgl. *Schmidt* Philosophisches Wörterbuch, 4. Aufl., S. 308.
274 Vgl. *Schütze* NJW 1966, 1598 f.
275 A. A. *Martiny* Handbuch des Internationalen Zivilverfahrensrechts, S. 140, der allein auf

den Zeitpunkt abstellt, in dem die Erfordernisse der Anerkennung erfüllt sind, sowie *Schack* IZVR, Rdn. 880.
276 So war die Gegenseitigkeit im Verhältnis zu Südafrika nach BGHZ 42, 194 noch verbürgt, ist es jedoch gegenwärtig – jedenfalls partiell – nicht mehr.
277 So jedoch RGZ 41, 424; 167, 376; *Baumbach/Lauterbach/Albers/Hartmann* § 723, Rdn. 5; *Riezler* IZPR, S. 554.

unsinnig anzunehmen, dass eine ausländische Entscheidung im Inland Rechtskraft wirkte, nicht aber für vollstreckbar erklärt werden könnte. Der Urteilsgläubiger könnte dann aus der ausländischen Entscheidung nicht vollstrecken, einer neuen Klage stünde aber die Rechtskraft des ausländischen Urteils entgegen.

9. Anfechtung, Widerruf und Rücknahme der Anerkennung

100 Anfechtung, Widerruf oder Rücknahme der Anerkennung sind nicht möglich, da die Anerkennung formlos erfolgt[278]. Widerrufen werden kann nur ein Willensakt. Soweit ein Feststellungsurteil über die Anerkennung ergangen ist (vgl. Rdn. 88), kann dieses mit den Rechtsmitteln, die die ZPO zur Verfügung stellt angefochten werden. Nach Rechtskraft ist eine Aufhebung oder Abänderung im Grundsatz unmöglich. Hat eine Behörde bei Erlass eines Verwaltungsaktes über die Anerkennung als Vorfrage entschieden, so kann dieser Verwaltungsakt nach verwaltungsrechtlichen Grundsätzen zurückgenommen oder abgeändert werden[279].

10. Das Verfahren in Ehesachen

Schrifttum: *Althammer* Verfahren mit Auslandsbezug nach dem neuen FamFG, IPRax 2009, 381 ff. (386 ff.); *Haeckes* Die Anerkennung ausländischer Entscheidungen in Ehesachen, 3. Aufl., 2009; *Hau* Zum Anwendungsbereich des obligatorischen Anerkennungsverfahrens für ausländische Ehestatusentscheidungen, FS Spellenberg, 2010, S. 435 ff.; *Heiderhoff* Die Anerkennung ausländischer Entscheidungen in Ehesachen, StAZ 2009, 328 ff.; *Klinck* Das neue Verfahren zur Anerkennung ausländischer Entscheidungen nach § 108 II S. 1 FamFG, FamRZ 2009, 741 ff.; *Lippke* Der Status im EuZVR – Scheidung und Scheidungsfolgen im Anerkennungsrecht, 2008; *Schack* Das Anerkennungsverfahren in Ehesachen nach § 107 FamFG – Vorbild für Europa?, FS Spellenberg, 2010, S. 497 ff.; Kommentare zum FamFG.

Schrifttum zum im wesentlichen gleichen Recht vor dem 1.9.2009: *Basedow* Die Anerkennung von Auslandsscheidungen, 1980; *Beitzke* Zur Anerkennung ausländischer Ehescheidungsurteile, DRZ 1946, 172 ff.; *ders.* Anerkennung inländischer Privatscheidungen von Ausländern?, IPRax 1981, 202 ff.; *Beule* Zur Anerkennung ausländischer Entscheidungen in Ehesachen, insbesondere bei Privatscheidungen, StAZ 1979, 29 ff.; *Gärtner* Die Privatscheidung im deutschen und gemeinschaftsrechtlichen internationalen Privat- und Verfahrensrecht, 2008; *Geimer* Das Anerkennungsverfahren für ausländische Entscheidungen in Ehesachen, NJW 1967, 1398 ff.; *ders.* Anerkennung drittstaatlicher Ehescheidungen, NJW 1974, 1026 ff.; *Habscheid* Zur Anerkennung klagabweisender ausländischer Eheurteile, FamRZ 1973, 431 ff.; *Hausmann* Kollisionsrechtliche Schranken von Scheidungsurteilen, 1980; *Jayme* Grundrecht der Eheschließungsfreiheit und Wiederheirat geschiedener Ausländer, RabelsZ 36 (1972), 19 ff.; *Jonas* Die Anerkennung ausländischer Eheurteile, DR 1942, 55 ff.; *Kleinrahm/Partikel* Die Anerkennung ausländischer Entscheidungen in Ehesachen, 2. Aufl., 1970; *Krzywon* Die Anerkennung ausländischer Entscheidungen in Ehesachen, StAZ 1989, 93 ff.; *Leible* Probleme der Anerkennung ausländischer Ehescheidungen im vereinten Deutschland, FamRZ 1991, 1245 ff.; *Martiny* Handbuch des Internationalen Zivilverfahrensrechts, S. 704 ff.; *Massfeller* Die vierte Durchführungsverordnung zum Ehegesetz, DR 1941, 2531 ff.; *Raape* Die Anerkennung eines ausländischen Ehenichtigkeitsurteils mit besonderer Berücksichtigung des § 24 der 4. DVO EheG, MDR 1949, 586 ff.; *Reinl* Die Anerkennung ausländischer Eheauflösungen, Diss. Würzburg 1966; *Rexroth* Zur vierten Durchführungsverordnung zum Ehegesetz, DR 1941, 1043 ff.; *Rosenberger* Anerkennung ausländischer Ehescheidungsurteile, Diss. Heidelberg 1934; *Satter* Die Anerkennung ausländischer Entscheidungen in Ehesachen, ZAkDR 1942,

---

278 Vgl. *Riezler* IZPR, S. 515; *Schütze* Die Anerkennung und Vollstreckung ausländischer Zivilurteile in der Bundesrepublik Deutschland als verfahrensrechtliches Problem, Diss. Bonn 1960, S. 35 f.

279 Vgl. *Riezler* IZPR, S. 515 f.; *Schütze* Die Anerkennung und Vollstreckung ausländischer Zivilurteile in der Bundesrepublik Deutschland als verfahrensrechtliches Problem, Diss. Bonn 1960, S. 36.

132 ff.; *Sieh* Privatscheidungen und Anerkennungsverfahren nach Art. 7 § 1 FamRÄndG, FamRZ 1969, 184 ff.; *Tsai* Das Scheidungsrecht in Taiwan und die Anerkennung eines taiwanesischen Ehescheidung in Deutschland, Diss. Regensburg 2001

Eine Ausnahme von der Formlosigkeit der Anerkennung besteht nach § 107 Abs. 1 FamFG **101** für ausländische Entscheidungen in Ehesachen. Hier bedarf die Anerkennung eines förmlichen Anerkennungsaktes. Die Einführung des verfassungsrechtlich zwar bedenklichen Anerkennungsverfahrens[280], in dem für Gerichte und Behörden verbindlich entschieden wird, war angezeigt[281], da die Nachteile voneinander abweichender Inzidententscheidungen für die Betroffenen und die Allgemeinheit gerade in Ehesachen offensichtlich sind und sich in unerträglicher Ungewissheit über den Status der Ehegatten auswirken. Die Regelung des § 107 FamFG findet nur auf Entscheidungen aus Nicht-EU-Staaten – und temporär dänische Entscheidungen – Anwendung. Für Entscheidungen aus EU-Staaten gilt die VO (EG) Nr. 2201/2003.

Die Rechtsnatur des Anerkennungsaktes war im Rahmen von Art. 7 § 1 FamRÄndG, dem **102** § 107 FamFG nachgebildet ist, ist umstritten. Überwiegend wurde der Feststellung deklaratorische Bedeutung beigemessen[282] und auf den Gesetzestext hingewiesen. Überdies wurde argumentiert, dass die Ausnahme von Art. 7 Abs. 1 S. 3 FamRÄndG, wonach die Anerkennung einer Entscheidung in Ehesachen von einem Gericht des gemeinsamen Heimatstaates der Parteien keines formellen Anerkennungsaktes bedarf, nur mit einer deklaratorischen Natur des Feststellung vereinbar sei. Jedoch ist die Regelung in § 107 FamFG – ebenso wie nach Art. 7 § 1 FamRÄndG und ihrer Vorgängerin in 24 4. DVO EheG – in sich widerspruchsvoll konstitutiv ausgestaltet. Schon der Wortlaut spricht – abgesehen von der Bezeichnung als Feststellung – für die konstitutive Bedeutung der Entscheidung der Landesjustizverwaltung[283]. Wenn es dort heisst, dass ausländische Urteile nur anerkannt werden, wenn die Landesjustizverwaltung festgestellt hat, dass die Voraussetzungen der Anerkennung vorliegen, so spricht das dafür, dass die Entscheidung der Landesjustizverwaltung dem ausländischen Urteil erst Wirksamkeit im Inland verleiht, also konstitutiv ist.

Einer Feststellung nach § 107 FamFG bedürfen alle „Entscheidungen, durch die im Aus- **103** land eine Ehe für nichtig erklärt, aufgehoben, dem Bande nach oder unter Aufrechterhaltung des Ehebandes geschieden oder die das Bestehen oder Nichtbestehen einer Ehe zwischen den Parteien festgestellt ist"[284]. Inhaltlich muss es sich immer um eine Entscheidung nach § 328 ZPO handeln. Jedoch ist die verbürgte Gegenseitigkeit nicht Erfordernis der Anerkennung. Ausgenommen von der förmlichen Feststellung sind klagabweisende Urteile[285] und Entscheidungen des gemeinsamen Heimatstaates der Parteien. Wegen

---

280 Vgl. *Geimer* Anerkennung ausländischer Entscheidungen in Deutschland, 1995, S. 159; *Geimer/Schütze* Internationale Urteilsanerkennung, Bd. I/2, S. 1729; dagegen halten BGHZ 82, 34 und *Martiny* Handbuch des Internationalen Zivilverfahrensrechts, Rdn. 1682 die Übertragung des Anerkennungsverfahrens auf die Justizverwaltung für verfassungsrechtlich unbedenklich.
281 Vgl. insbes. *Jonas* JW 1942, 55 ff.; (55); *Massfeller* DR 1941, 2531 ff. (2540 f.); *Rexroth* DJ 1941, 1043 ff. (1048); vgl. auch den Regierungsentwurf zum Familienrechtsänderungsgesetz, BTDrucks. I/3802, S. 86.
282 Vgl. *Beitzke* Zur Anerkennung ausländischer Ehescheidungsurteile, DRZ 1946, 172 ff.; *Hausmann* Kollisionsrechtliche Schranken von

Scheidungsurteilen, 1980, S. 157; *Martiny* Handbuch des Internationalen Zivilverfahrensrechts, S. 720; *Reinl* Die Anerkennung ausländischer Eheauflösungen, Diss. Würzburg 1966, S. 82 f.; *Riezler* IZPR, S. 515.
283 Vgl. *Jonas* DR 1942, 55 ff. (59); *Kleinrahm/Partikel* S. 38; *Schütze* Die Anerkennung und Vollstreckung ausländischer Zivilurteile in der Bundesrepublik Deutschland als verfahrensrechtliches Problem, Diss. Bonn 1960, S. 37 ff.
284 Für Privatscheidungen, die auch anerkennungsfähig sind, vgl. Rdn. 130.
285 Vgl. *Geimer* IZPR, Rdn. 3022; *Zöller/Geimer* § 328, Rdn. 322; a. A. *Nagel/Gottwald* IZPR, § 11, Rdn. 234.

des Scheidungmonopols der deutschen Gerichte werden Scheidungen von oder vor Behörden des gemeinsamen Heimatstaats der Parteien im Inland gemäß der Regelung in § 107 FamFG nicht anerkannt[286], vgl. auch Rdn. 130. Das trifft besonders für jüdische Rabbinatsscheidungen und talaq-Scheidungen[287] zu.

104 Zuständig für die Anerkennung ist die Landesjustizverwaltung des Landes, in dem ein Ehegatte seinen gewöhnlichen Aufenthalt hat. Hat keiner der Ehegatten seinen gewöhnlichen Aufenthalt im Inland, so ist zuständig die Landesjustizverwaltung des Landes, in dem die neue Ehe geschlossen oder eine Lebenspartnerschaft begründet werden soll (§ 107 Abs. 2 FamFG). Die Landesjustizverwaltungen können ihre Zuständigkeit durch Rechtsverordnung auf einen oder mehrere OLG Präsidenten übertragen (§ 107 Abs. 3 FamFG). Der OLG Präsident handelt in einem solchen Falle als Verwaltungsbehörde. Von der Delegationsbefugnis haben Gebrauch gemacht: Baden-Württemberg, Bayern, Berlin, Brandenburg, Bremen, Hamburg, Hessen, Mecklenburg-Vorpommer, Niedersachsen, Nordrhein-Westphalen, Rheinland-Pfalz, Saarland, Sachsen, Sachsen-Anhalt, Schleswig-Holstein und Thüringen.

105 Antragsberechtigt ist jeder, der ein rechtliches Interesse glaubhaft macht (§ 107 Abs. 4 S. 2 FamFG)[288]. Der Antrag unterliegt nicht dem Anwaltszwang. Er geht auf Feststellung, dass die Erfordernisse der Anerkennung vorliegen[289]. Er ist formlos. Bei den Landesjustizverwaltungen ist die Unsitte eingerissen, Fragebögen zur Grundlage ihrer Entscheidung zu machen. Für diese Praxis der Landesjustizverwaltungen fehlt eine Rechtsgrundlage. Der Antragstellen ist nicht verpflichtet, derartige Fragebögen zu beachten und auszufüllen. Die Landesjustizverwaltung hat den Sachverhalt von Amts wegen aufzuklären[290], also auch unstreitiges Vorbringen der Parteien nachzuprüfen. Geständnis und Anerkenntnis sind ohne rechtliche Wirkung.

106 Gegen die ablehnende Entscheidung kann der Antragsteller, gegen die stattgebende Entscheidung der Antragsgegner die gerichtliche Entscheidung beantragen (§ 107 Abs. 5 und 6 FamFG)[291]. In beiden Fällen ist der Antrag nicht fristgebunden. Die Entscheidung der Landesjustizverwaltung kann also noch nach Jahren angefochten werden. Das ist rechtspolitisch unerfreulich. Denn die ratio legis für die Einführung eines formellen Anerkennungsverfahrens – Rechtssicherheit zu schaffen – wird durch die unbefristete Möglichkeit zu Aufhebung der Entscheidung unterlaufen. Zuständig zur Entscheidung ist das Oberlandesgericht, in Berlin das Kammergericht, in dessen Bezirk die Landesjustizverwaltung ihren Sitz hat. Es besteht kein Anwaltszwang. Gegen die Entscheidung des OLG ist die Rechtsbeschwerde zum BGH nach §§ 70 ff. FamFG gegeben. Sie ist Zulassungsbeschwerde. Die Möglichkeit der Divergenzvorlage nach altem Recht besteht nicht mehr.

---

286 Vgl. BGHZ 82, 34 = IPRax 1983, 38 mit Besprechungsaufsatz *Kegel* Scheidung von Ausländern im Inland durch Rechtsgeschäft, ebenda 22 ff.; die Vorinstanz, das vorlegende OLG Stuttgart, hatte bis dahin jüdische Rabbinatsscheidungen auf deutschem Boden in ständiger Rechtsprechung anerkannt, benutzte dann aber eine Thaischeidung zur Vorlage an den BGH.; weiter BayObLG IPRax 1986, 180.
287 Vgl. dazu *Lüderitz* „Talaq" vor deutschen Gerichten, FS Baumgärtel, 1990, S. 333 ff.

288 Vgl. *Geimer* NJW 1967, 1398 ff. (1402); *Nagel/Gottwald* IZPR, § 11, Rdn. 226; *Schack* IZVR, Rdn. 898.
289 Vgl. für ein Muster, *Schütze* Internationales Zivilprozeßrecht, in Mes, Beck'sches Prozessformularbuch, 11. Aufl., 2010, sub I.T. 14, S. 485 ff.
290 Vgl. im Einzelnen *Geimer* NJW 1967, 1398 ff.
291 Vgl. für ein Muster *Schütze* Internationales Zivilprozeßrecht, in: Mes, Beck'sches Prozessformularbuch, 11. Aufl., 2010, sub I.T.15, S. 487 f.

IV. Entscheidungen in besonderen Materien oder in besonderer Form

1. Entscheidungen des einstweiligen Rechtsschutzes

Schrifttum: *Bernet* Englische Freezing (Mareva) Orders: Praktische Fragen der Anerkennung und Vollstreckung in der Schweiz, in: Spühler (Herausg.), Internationales Zivilprozess- und Verfahrensrecht, 2001, S. 51 ff.; *Van den Casteele* La reconnaissance et l'exécution des mesures provisoires dans la Convention sur la compétence judicaire et l'exécution des décisions en matière civile et commerciale du 27 septembre 1968, J.trib. 1980, 737 ff.; *Dalhuisen* Creditor's Remedies in the Conflicts of Law in the European Community, FS Riesenfeld, 1983, S. 1 ff.; *Eilers* Maßnahmen einstweiligen Rechtsschutzes im europäischen Zivilrechtsverkehr, 1991; *Frank* L'exécution forcée transfrontière des injonctions extraterritoriales non pécuniaires en droit privé, Diss. Zürich, 2000; *Grundmann* Anerkennung und Vollstreckung ausländischer vorsorglicher Maßnahmen nach IPRG und Lugano-Übereinkommen, 1996; *Matscher* Vollstreckung im Auslandsverkehr von vorläufig vollstreckbaren Entscheidungen und von Maßnahmen des provisorischen Rechtsschutzes, ZZP 95 (1982), 170 ff.; *Walder-Bohner/Meier* Vorsorgliche Maßnahmen ausländischer Gerichte unter dem neuen IPRG, schweizJZ 1987, 238 ff.

Maßnahmen des einstweiligen Rechtsschutzes sind – da nur von unsicherem Bestand – nur in eingeschränktem Maße anerkennungsfähig. **107**

Nach europäischem Recht (EuGVVO)[292] und LugÜ I und II[293] ist die Wirkungserstreckung **108**
von Entscheidungen des einstweiligen Rechtsschutze möglich, jedoch können solche Entscheidungen nur anerkannt und für vollstreckbar erklärt werden, wenn sie nach Anhörung des Antragsgegners ergangen sind[294]. Ex-parte-Entscheidungen sind nicht anerkennungsfähig. Der EuGH hat die Möglichkeit der Anerkennung in zwei Entscheidungen weiter eingeschränkt[295].

Die Staatsverträge über die internationale Urteilsanerkennung und -vollstreckung stehen **109**
Entscheidungen des einstweiligen Rechtsschutzes denn auch skeptisch gegenüber[296]. Derartige Entscheidungen werden entweder überhaupt nicht[297] oder nur in sehr eingeschränktem Maße[298] zu Anerkennung und Vollstreckbarerklärung zugelassen[299].

---

292 Vgl. *Geimer/Schütze* EuZVR, A.1, Art. 32, Rdn. 34; *Kropholler* EuZPR, Art. 32, Rdn. 20 f.
293 Vgl. *Geimer/Schütze* EuZVR, A.1, Art. 32, Rdn. 34; *dies.* Internationale Urteilsanerkennung, Bd. I/1, S. 984; *Kropholler* EuZPR, Art. 32, Rdn. 20 f.
294 Vgl. EuGH Rs. 125/79 – Denilauler v. Couchet Frères – EuGHE 1980, 1553 = RIW/AWD 1980, 510 = IPRax 1981, 95 mit Besprechungsaufsatz *Hausmann* ebenda 79 ff.
295 Vgl. EuGH Rs. C-99/96 – Mietz v. Intership Yachting Sneek BV – EuGHE 1999 I 2277 = IPRax 2000, 411 mit Besprechungsaufsatz *Hess* ebenda 370 ff. = JZ 1999, 1105 = EuZW 1999, 727 mit Anm. *Wolf* EuZW 2000, 11 ff.; EuGH Rs. C-391/95 – van Uuden Maritime BV v. Ceco-Line KG et al. – EuGHE 1998 I, 7091 = IPRax 1999, 20 mit Besprechungsaufsatz *Hess/Vollkommer* ebenda 220 ff. = RIW 1999, 776 mit Anm. *Pörnbacher* dazu *Stadler* Erlass und Freizügigkeit einstweiliger Maßnahmen im Anwendungsbereich des EuGVÜ, JZ 1999, 1089 ff.
296 Vgl. im einzelnen *Geimer/Schütze* Internationale Urteilsanerkennung, Bd. I/2, S. 1440 ff.

297 Das ist die Situation nach dem deutsch-schweizerischen Vollstreckungsabkommen.
298 So sieht Art. 14 Abs. 2 des deutsch-österreichischen Anerkennungs- und Vollstreckungsvertrags vor, dass Leistungsverfügungen auf Geldzwahlung, nicht aber Unterlassungsverfügungen anerkannt und für vollstreckbar erklärt werden können, vgl. *Geimer/Schütze* Internationale Urteilsanerkennung, Bd. II, S. 170 ff.
299 Vgl. auch *Schütze* Einstweilige Verfügungen und Arreste im internatiuonalen Rechtsverkehr, insbesondere im Zusammenhang mit der Inanspruchnahme von Bankgarantien, WM 1980, 1438 ff. (1441 f.).

110 Nach autonomem deutsche Recht sind Leistungsverfügungen, die den Rechtsstreit end-gültig erledigen – im Gegensatz zu Sicherungsverfügungen – anerkennungsfähig und unterfallen § 328 ZPO[300]. Das ist von der Rechtsprechung entschieden worden für einen österreichischen Beschluss über Unterhaltszahlung im Eheprozess[301] und Beschlüsse über den Kindesunterhalt während des Eheprozesses[302].

2. Entscheidungen der freiwilligen Gerichtsbarkeit

Schrifttum zum Recht vor dem 1.9.2009: *Geimer* Anerkennung ausländischer Entscheidungen auf dem Gebiet der freiwilligen Gerichtsbarkeit, FS Ferid, 1988, S. 89 ff.; *ders.* Internationale Freiwillige Gerichtsbarkeit, FS Jayme, 2004, S. 241 ff. (252 ff.); *Krefft* Vollstreckung und Abänderung ausländischer Entscheidungen der freiwilligen Gerichtsbarkeit, 1993; *Richardi* Die Anerkennung und Vollstreckung ausländischer Akte der freiwilligen Gerichtsbarkeit unter besonderer Berücksichtigung des autonomen Rechts, 1991; *Roth* Zwangsvollstreckung aus ausländischen Entscheidungen der Freiwilligen Gerichtsbarkeit, IPRax 1988, 75 ff.; *Wagner* Anerkennung und Wirksamkeit ausländischer familienrechtlicher Rechtsakte nach autonomem deutschen Recht, FamRZ 2006, 744 ff.

111 Der Regelung des § 16a FGG war kein langes Leben beschert. Durch das IPRG 1986 in das FGG eingeführt, ist die Anerkennung von Entscheidungen auf dem Gebiet der Freiwilligen Gerichtsbarkeit nunmehr durch das FamFG geregelt. Anwendbar sind jetzt die Bestim-mungen der §§ 108 ff. FamFG.

112 Die Erfordernisse der Anerkennung sind – negativ umschrieben – die nach § 109 FGG:

– Das erststaatliche Gericht muss international zuständig gewesen sein. Die internationale Zuständigkeit wird nach dem Spiegelbildgrundsatz bestimmt. § 109 Abs. 1 Nr. 1 FamFG entspricht § 328 Abs. 1 Nr. 1 ZPO.

113 – Dem Beteiligten, der sich zur Hauptsache nicht geäußert hat und sich hierauf beruft, muss das verfahrenseinleitende Dokument ordnungsgemäß oder so rechtzeitig mit-geteilt worden sein, dass er seine Rechte wahrnehmen konnte. § 109 Abs. 1 Nr. 2 FamFG entspricht § 328 Abs. 1 Nr. 2 ZPO.

114 – Die anzuerkennende ausländische Entscheidung darf nicht mit einer deutschen oder einer anzuerkennenden früheren ausländischen Entscheidung unvereinbar sein. Das-selbe gilt, wenn das erststaatliche Verfahren mit früherer deutscher Rechtshängigkeit kollidiert. § 109 Abs. 1 Nr. 3 FamFG entspricht § 328 Abs. 1 Nr. 3 ZPO.

115 – Die Anerkennung darf nicht gegen den deutschen ordre public verstoßen. § 109 Abs. 1 Nr. 4 FamFG entspricht § 328 Abs. 1 Nr. 4 ZPO.

– Die Verbürgung der Gegenseitigkeit ist nur in den in § 109 Abs. 4 Nr. 1–5 FamFG bestimmten Fällen Erfordernis der Anerkennung.

116 Die Anerkennung erfolgt formlos (§ 108 Abs. 1 FamFG). Jedes Gericht und jede befasste Amtsstelle entscheidet incidenter, allerdings nicht mit Bindungswirkung für andere als den konkreten Fall. Beteiligte, die ein rechtliches Interesse an einer förmlichen Feststellung haben können in nichtvermögensrechtlichen Streitigkeiten eine gerichtliche Feststellung beantragen (§ 108 Abs. 2 S. 1 FamFG).

---

300 Vgl. *Eilers* S. 224; *Geimer* IZPR, Rdn. 3107; *ders.* Einige Zweifelsfragen zur Abgrenzung nach dem EWG-Übereinkommen vom 27.9.1968, RIW/AWD 1975, 81 ff. (86 f.); *Matscher* ZZP 95 (1982), 170 ff. (180); *Schack* IZVR, Rdn. 823; *Stein/ Jonas/Roth* § 328, Rdn. 56; *Zöller/Geimer* § 328, Rdn. 70, die darauf abstellen, ob sie nach erst-

staatlichem Recht ausnahmsweise geeignet sind, die Streitsache (de facto) endgültig zu erledigen.
301 Vgl. OLG Hamburg OLGRspr. 18, 392 .
302 Vgl. OLG München IPRax 1992, 174; OLG Hamm FamRZ 1993, 213; vgl. dazu *Grundmann* aaO.

3. Insolvenzrechtliche Entscheidungen

Schrifttum: *Aderhold* Auslandskonkurs im Inland, 1992, *Deipenbrock* Das neue europäische internationale Insolvenzrecht – von der „quatité négligeable" zu einer „quatité indispensable", EWS 2001, 113 ff.; *Ambach* Reichweite und Bedeutung von Art. 25 EuInsVO, 2009; *Duursma-Kepplinger/Duursma/ Chalupsky* Europäische Insolvenzverordnung, 2002; *Garasic* Anerkennung ausländischer Insolvenzverfahren: Ein Vergleich des kroatischen, des deutschen und des schweizerischen Rechts sowie der Europäischen Verordnung über Insolvenzverfahren, des Istanbuler Übereinkommens und des UNCITRAL-Modellgesetzes, Diss Hamburg 2004; *Geimer/Schütze* Internationaler Rechtsverkehr, 550,27 ff. (Kommentierung der EuInVO von Huber, Hass/Herweg, Gruber und Heiderhoff); *Gottwald* Grenzüberschreitende Insolvenzen, 1997; *Ebenroth* Die Inlandswirkung der ausländischen lex fori concursus bei Insolvenz einer Gesellschaft, ZZP 101 (1988), 121 ff.; *Graf* Die Anerkennung ausländischer Insolvenzentscheidungen, 2003; *Habscheid* Grenzüberschreitendes (internationale) Insolvenzrecht der Vereinigten Staaten von Amerika und der Bundesrepublik Deutschland, 1998; *Haubold* Europäische Insolvenzverordnung (EuInsVO), in: Gebauer/Wiedmann (Herausg.), Zivilrecht unter europäischem Einfluss, 2. Aufl., 2010, S. 1845 ff.; *Ludwig* Neuregelungen des deutschen internationalen Insolvenzrechts, 2004; *Lüke* Das europäische internationale Insolvenzrecht, ZZP 111 (1998), 275 ff.; *Reinhart* Zur Anerkennung ausländischer Insolvenzverfahren, ZIP 1997, 1734 ff.; *Schütze* Die Anerkennung und Vollstreckbarerklärung ausländischer, insbesondere US-amerikanischer, insolvenzrechtlicher Entscheidungen in Deutschland, DZWir 2001, 412 ff.; *Summ* Anerkennung ausländischer Konkurse, 1992; *Thieme* Inlandsvollstreckung und Auslandskonkurs, RabelsZ 37 (1973), 685 ff.; *Trunk* Dogmatische Grundfragen der Anerkennung von Auslandskonkursen, KTS 1987, 415 ff.; *Witte* Die Anerkennung schwedischer Insolvenzverfahren in Deutschland, 1996

Unter der Geltung von Art. 102 EGInsO war die Anerkennung von insolvenzrechtlichen **117** Entscheidungen nicht insolvenzrechtlich geregelt. Deren Wirkungserstreckung bestimmte sich nach §§ 328, 722 f. ZPO[303]. Diese Regelung ist nunmehr unanwendbar geworden. Sie war auch unzweckmäßig, da sie dazu führte, dass die ausländische Insolvenz in Deutschland wirkte, die Anerkennung einer eben in diesem Insolvenzverfahren getroffenen Entscheidung aber mangels verbürgter Gegenseitigkeit nicht anerkannt werden konnte.

Es ist zu differenzieren: **118**

– *EuInsVO:* Art. 25 EuInsVO bestimmt einen Gleichlauf der Anerkennung der Eröffnung eines ausländischen Insolvenz und im Zusammenhang damit ergehender insolvenzrechtlicher Entscheidungen. Für die Abgrenzung von insolvenzrechtlichen und sonstigen Entscheidungen ist die ratio decidendi in der Sache Gourdain v. Nadler[304] bestimmend[305].

Erfordernisse der Anerkennung einer insolvenzrechtlichen Entscheidung sind: **119**

– Die Eröffnung der ausländischen Insolvenz muss anerkannt sein.
– Die Anerkennung darf nicht gegen den deutschen ordre public verstoßen[306].

Die Anerkennung erfolgt formlos. Jedes Gericht und jede befasste Amtsstelle entscheidet **120** incidenter.

– *InsO:* Nach § 343 Abs. 2 InsO sind auf Sicherungsmaßnahmen, die nach Eröffnung des **121** Insolvenzverfahrens getroffen werden sowie auf Entscheidungen, die zur Durchführung

---

303 Vgl. *Schütze* DZWir 2001, 412 ff. m. w. N. in Fn. 4.
304 Vgl. EuGH Rs. 133/78 – Gourdain v. Nadler – EuGHE 1979, 733 = RIW/AWD 1979, 273 = KTS 1979, 268.
305 Vgl. dazu auch *Schütze* Anerkennungsfähigkeit französischer Urteile über die Haftung von Gesellschaftsorganen im Konkurs, RIW/AWD 1978, 765 ff.
306 Vgl. im einzelnen *Haubold* S. 1922 ff. (Rdn. 207 ff.).

oder Beendigung eines anerkannten Insolvenzverfahrens ergangen sind, die Vorschriften des Abs. 1 dieser Norm zur Erstreckung der Wirkungen des Insolvenzverfahrens anzuwenden. Insoweit sind §§ 328 ZPO, 109 FamFG verdrängt[307]. Die Qualifikation mag zuweilen Schwierigkeiten bereiten[308]. Aber auch in diesem Bereich können die vom EuGH in Gourdain v. Nadler entwickelten Grundsätze Anwendung finden.

122 Erfordernisse der Anerkennung einer insolvenzrechtlichen Entscheidung sind:

- Die Eröffnung der ausländischen Insolvenz muss anerkannt sein[309].
- Die Entschdiung muss in Rechtskraft erwachsen sein[310].
- Die Anerkennung darf nicht gegen den deutschen ordre public verstoßen.

123 Die Anerkennung erfolgt formlos. Jedes Gericht und jede befasste Amtsstelle entsscheidet incidenter.

4. Seerechtliche Entscheidungen

124 Eine Sonderregelung für seerechtliche Schadensersatzurteile bringt § 738a Abs. 2 HGB. Diese Bestimmung verdrängt als lex specialis § 328[311].

125 § 738 Abs. 2 HGB lautet:

„Hat ein Kläger vor einem ausländischen Gericht eine Klage gemäß Absatz 1 durchgeführt, so kann er wegen desselben Anspruchs gegen denselben Beklagten bei einem anderen als dem nach § 738 Abs. 1 zuständigen Gericht nicht erneut Klage erheben. Dies gilt nicht, soweit das Verfahren vor dem ausländischen Gericht zu seinen Gunsten durchgeführt worden ist und er auf seine Rechte aus diesem Verfahren verzichtet. Satz 1 ist nur anzuwenden, wenn die Gegenseitigkeit verbürgt ist".

126 Die Bestimmung, deren Redaktion verunglückt ist, ist aus dem Brüsseler Übereinkommen vom 10.5.1952 in das deutsche Recht übernommen worden[312].

127 Erfordernisse der Anerkennung sind:

- Es muss sich um ein Urteil auf Schadensersatz handeln.
- Das Erstgericht muss nach § 738 HGB zuständig gewesen sein.
- Die ausländische Entscheidung darf nicht gegen den deutsch ordre public verstoßen.
- Die Gegenseitigkeit muss verbürgt sein.
- Der Schiffszusammenstoß darf sich nicht auf dem Rhein oder der Mosel ereignet haben (§ 738b HGB)[313].

128 Die Anerkennung erfolgt formlos. Die durch die Anerkennung erstreckt Rechtskraft macht eine erneute Klage vor einem deutschen Gericht unzulässig. Der vor dem ausländischen Gericht erfolgreiche Kläger kann jedoch auf die Rechte aus dem Urteil verzichten und damit den Weg für eine neue Klage eröffnen. Vor Eintritt der Rechtskraft greift die Rechtshängigkeitsklausel des § 738a Abs. 1 HGB.

307 Vgl. *Geimer* IZPR, Rdn. 3522.
308 Vgl. zur Qualifikation *Ludwig* Neuregelungen des deutschen internationalen Insolvenzrechts, 2004, S. 89 ff.
309 Vgl. *Ludwig* Neuregelungen des deutschen internationalen Insolvenzrechts, 2004, S. 93 ff.
310 Str. vgl. zur Diskussion *Ludwig* S. 93 ff.
311 Vgl. *Zöller/Geimer* § 328, Rdn. 352; zum Verhältnis zur europäischen Zuständigkeitsordnung vgl. *Geimer/Schütze* Internationale Urteilsanerkennung, Bd. I/1, S. 642 ff.
312 Vgl. *Abraham* Die Reform des deutschen Seehandelsrechts durch das Seerechtsänderungsgesetz vom 21.6.1972, 1973; *Herber* Seehandelsrecht; 1999, S. 439.
313 In diesen Fällen findet die revidierte Rheinschiffahrtsakte (vgl. Rdn. 177 ff.) oder das Moselschiffahrtsabkommen (vgl. Rdn. 180 ff.) Anwendung.

5. Scheidungsurteile und sonstige Entscheidungen in Ehesachen

Die Anerkennung bestimmt sich nach §§ 107 ff. FamFG. Es ist ein förmliches Anerken- **129** nungsverfahren notwendig, vgl. Rdn. 101 ff.

Bei Privatscheidungen[314] kommt § 328 ZPO nicht zur Anwendung. Deren Anerkennung **130** bestimmt sich nach der von Artt. 17, 14 EGBGB zur Anwendung berufenen lex causae[315]. Ist auf eine Scheidung nach deutschem Kollisionrecht deutsches Recht anwendbar, so kann die Privatscheidung nicht anerkannt werden, wenn sie im Ausland vorgenommen worden ist. Denn dem deutschen Recht ist eine Privatscheidung (noch) fremd[316]. Ist auf die Privatscheidung zwar ausländisches Recht anwendbar, wird diese aber in Deutschland vorgenommen, so ist sie – weil gegen das deutsche Scheidungsmonopol verstoßend – unwirksam[317].

Für das europäische Recht gilt die VO Brüssel IIa. Vgl. dazu Rdn. 162 ff. **131**

6. Entscheidungen in Kindschafts- und Lebenspartnerschaftssachen

Entscheidungen in Kindschafts- und Lebenspartnerschaftssachen fallen nicht unter § 328 **132** ZPO. Sie werden als Familiensachen (§ 111 FamFG) nach § 103 FamFG angesehen. Die Anerkennung erfolgt formlos (§ 108 Abs. 1 FamFG). Jedoch kann eine Feststellung auf Antrag eines Beteiligten, der ein rechtliches Interesse hat, erfolgen. Die Erfordernisse der Anerkennung bestimmen sich nach § 109 FamFG. Die Gegenseitigkeit ist Erfordernis der Anerkennung. Der Begriff ist derselbe wie in § 328 Abs. 1 Nr. 5 ZPO.

Ob eine Entscheidung in einer Kindschafts- oder Lebenspartnerschaftssache vorliegt, beurteilt sich danach, in welchen Verfahren in Deutschland entschieden worden wäre[318].

7. Unterhaltsentscheidungen

Schrifttum: *Baumann* Die Anerkennung und Vollstreckung ausländischer Entscheidungen in Unterhaltssachen, 1989, *Böhmer* Das Auslandsunterhaltsgesetz (AUG) vom 19. Dezember 1986, IPRax 1987, 139 ff.; *Matsumoto* Die Abänderung ausländischer Unterhaltsentscheidungen, Diss. Regensburg 1986; *Rauch* Kollidierende Voraussetzungen für die Vollstreckung ausländischer Unterhaltsentscheidungen, IPRax 1981, 199 ff. *Sich* Die zwischenstaatliche Durchsetzung von Unterhaltsansprüchen im deutsch-US-amerikanischen Verhältnis nach den Normen des Auslandsunterhaltsgesetzes und des Uniform Interstate Family Support Act, 2004; *Uhlig/Berard* Die Geltendmachung von Unterhaltsansprüchen im In- und Ausland nach dem Auslandsunterhaltsgesetz (AUG), NJW 1987, 1521 ff.;

Unterhaltsentscheidungen unterfallen § 328 ZPO. Daneben ist eine Anerkennung nach **133** dem Auslandsunterhaltsgesetz möglich. Der Urteilsgläubiger hat die Wahl ob er die

---

314 Vgl. dazu auch *Henrich* Privatscheidungen im Ausland, IPRax 1982, 94 ff.

315 Vgl. BGHZ 110, 267; OLG Frankfurt/Main NJW 1990, 646; OLG Stuttgart IPRax 2000, 427; BayObLG FamRZ 2003, 381; *Schack* IZVR, Rdn. 992; *Stein/Jonas/Roth* § 328, Rdn. 162; *Zöller/Geimer* § 328, Rdn. 306.

316 Vgl. BGHZ 110, 267; BGH FamRZ 1990, 609; BGH FamRZ 1994, 434; BayObLG FamRZ 2003, 381; OLG Braunschweig, 2001, 561; *Stein/Jonas/Roth* § 328 Rdn. 162; *Zöller/Geimer* § 328, Rdn. 307.

317 Vgl. BGHZ 82, 34; BayOBLG FamRZ 1985,

75; 1985, 1258; OLG Stuttgart IPRax 1981, 213; 1988, 172. Das OLG Stuttgart hat das in seiner ständigen Rechtsprechung zu jüdischen Rabbinatsscheidungen in Deutschland zunächst anders gesehen, dann aber bei einer thailändischen Privatscheidung dem BGH vorgelegt, der dann in BGHZ 82, 34 zur Unwirksamkeit von auf deutschem Boden vollzogenen Privatscheidungen unter Qualifizierung von § 1564 BGB als Verfahrensnorm kam. Kritisch *Geimer* IZPR, Rdn. 2641a; *Schack* IZVR, Rdn. 897 und *Zöller/Geimer* § 328, Rdn. 308.

318 Vgl. BGH NJW 1977, 150.

Anerkennung auf § 328 ZPO oder das AUG stützt. Das AUG heischt keine ausschließliche Anwendung[319]. Vgl. im einzelnen § 722, Rdn. 44 ff.

134 Vgl. zu den Staatsverträgen Rdn. 188 ff.

135 Die als Nebenentscheidung im Zusammenhang mit einem Scheidungsurteil ergangene Unterhaltsentscheidung setzt die Anerkennung des Scheidungsurteils im Verfahren nach § 107 FamFG voraus[320].

8. Akte der Zwangsvollstreckung

Schrifttum: *Lange* Internationale Rechts- und Forderungspfändung, 2004; *Marquordt* Das Recht der internationalen Forderungspfändung, Diss. Köln 1975; *Rheinstein* Die inländische Bedeutung einer ausländischen Zwangsvollstreckung in Geldforderungen (Internationale Zuständigkeit des Auslands zur Zwangsvollstreckung in Geldforderungen), RabelsZ 8 (1934), 277 ff.; *Schack* Internationale Zwangsvollstreckung in Geldforderungen, RPfleger 1980, 175 ff.; *Schmidt* Pfändung ausländischer Forderungen und die Zustellung von Pfändungsbeschlüssen, wenn der Drittschuldner im Ausland wohnt, MDR 1956, 204 ff.

136 Jegliche Akte der Zwangsvollstreckung, insbesondere Pfändungsbeschlüsse[321], bedürfen zu ihrer Wirksamkeit im Inland der Anerkennung. § 328 ZPO ist nicht anwendbar, da diese Bestimmung nur Entscheidungen in streitigen Zivilsachen ergreift[322]. Man wird § 328 ZPO aber analog ohne die Erfordernisse der Nr. 2 und 5 des Abs. 1 anwenden können[323].

9. Schiedssprüche

Schrifttum: *Borges* Das Doppelexequatur von Schiedssprüchen, 1997; *Dolinar* Vollstreckung aus einem ausländischen, einen Schiedsspruch bestätigenden Exequatururteil. Gedanken zur Merger-Theorie, FS Schütze, 1999, S. 187 ff.; *Geimer* Zurück zum Reichsgericht: Irrelevanz der merger-theorien – Kein Wahlrecht mehr bei der Vollstreckbarerklärung ausländischer Schiedssprüche, IPRax 2010, 346 f.; *Plassmeier* Ende des „Doppelexequatur" bei ausländischen Schiedssprüchen, SchiedsVZ 2010, 82 ff.; *Schlosser* Doppelexequatur zu Schiedssprüchen und ausländischen Gerichtsentscheiden?, IPRax 1985, 141 ff.; *Schütze* Die Bedeutung eines ausländischen Urteils über die Wirksamkeit eines Schiedsspruchs und dessen Exequierung im Inland, Jahrbuch für die Praxis der Schiedsgerichtsbarkeit 3 (1989), S. 118 ff.; *ders.* Der Abschied vom Doppeöexequatur ausländischer Schiedssprüche, RIW 2009, 817 ff.

137 Die Anerkennung von Schiedssprüchen folgt eigenen Regeln (§ 1061 Abs. 1 ZPO). Sie unterfallen nicht dem sachlichen Geltungsbereich des § 328 ZPO. Ist der Schiedsspruch im Erststaat durch ein staatliches Gericht für vollstreckbar erklärt und bestätigt worden und nimmt diese Entscheidung nach der *doctrine of merger*[324] den Inhalt des Schiedsspruchs in sich auf, so sollte der Gläubiger des Spruchs nach zwei Entscheidungen des BGH aus dem

---

319 A. A. *Baumann* S. 109; vgl. dazu § 722 Rdn. 46, Fn. 126.
320 Vgl. BGHZ 64, 19 = NJW 1975, 1972 mit Anm. *Geimer* ebenda 2141; BGH FamRZ 1982, 1203; OLG Celle NJW 1991, 1428; *Basedow* IPRax 1983, 279; *Geimer* IZPR, Rdn. 3018; *Schack* IZVR, Rdn. 1127; *Stein/Jonas/Roth* § 328 Rdn. 157.
321 Vgl. *Rheinstein* RabelsZ 8 (1934), 277 ff. (282); *Schack* RPfleger 1980, 175 ff. (177); *Schmidt* MDR 1956, 204 ff.
322 Vgl. *Geimer* IZPR, Rdn. 2794; *Schack* RPfleger 1980, 175 ff.; *Zöller/Geimer* § 328, Rdn. 84.

323 Vgl. *Geimer* IZPR, Rdn. 2793 ff.; *Schütze* DIZPR, Rdn. 451; *Zöller/Geimer* § 328, Rdn. 84.
324 Vgl. zur doctrine of merger im US-amerikanischen Recht *Borges* S. 275 ff.; *Borris* Die internationale Handelsschiedsgerichtsbarkeit in den USA, 1987, S. 91 f.; *Dolinar* FS Schütze, 1999, S. 187 ff. (193 ff.); zum englischen Recht *Kilgus* Zur Anerkennung und Vollstreckung englischer Schiedssprüche in Deutschland, 1995, S. 122 ff.

Jahre 1984 ein Wahlrecht haben, ob er die Vollstreckbarerklärung des ausländischen Bestätigungsurteils nach §§ 722 f. oder die des ausländischen Schiedsspruchs nach § 1061 oder der entsprechenden staatsvertraglichen Normen betreiben will[325]. Das OLG Frankfurt/Main[326] hat in Verfolg der BGH Rechtsprechung einer englischen Exequaturentscheidung des High Court für einen Schiedsspruch die Klauselerteilung bewilligt (bzw. die Beschwerde hiergegen zurückgewiesen).

Die Rechtsprechung war einigermaßen verblüffend. Nachdem von der h. L. der Grundsatz **137a** *„L'exequatur sur exequatur ne vaut"* favorisiert wird (vgl. § 328 Rdn. 94), sollte er im Bereich der internationalen Schiedsgerichtsbarkeit nicht gelten. Das Problem der BGH-Rechtsprechung liegt in der Titelvermehrung. Der Gläubiger sollte aus Schiedsspruch und Exequatururteil vollstrecken dürfen, obwohl das Exequatururteil nach der Ansicht des BGH den Inhalt des Schiedsspruchs gerade „in sich aufgenommen" hat[327].

Der BGH hat nun unter Berücksichtigung der harschen Kritik des Schrifttums[328] eine **137b** Kehrtwendung vollzogen und hält an der bisherigen Rechtsprechung nicht mehr fest. In einem Urteil vom 2.7.2009 hat der BGH entschieden, dass ein Doppelexequatur von Schiedssprüchen auch dann unzulässig ist, wenn das Recht des Exequatururteils (im entschiedenen Fall das Recht Kaliforniens) der doctrine of merger folgt[329].

10. Exequatururteile

Schrifttum: *Glenn* Exequatur sur exequatur (Doppelexequatur) in Europe and North America, in: Basedow u. a. (Herausg.), Aufbruch nach Europa, 75 Jahre Max-Planck-Institut für Privatrecht, 2001, S. 705 ff.; *Hay* Recognition of a Recognition Judgment Within the European Union: *„Double Exequatur"* and the Public Policy Barrier, FS Várady, 2009, S. 143 ff.; *ders.* Recognition of a Recognition Judgments within the European Union, EuLegForum 2009, 61 ff.; *Kegel* Exequatur sur exequatur ne vaut, FS Müller-Freienfels, 1986, S. 377 ff.; *Molloy* Registering a Registered Foreign Judgment, Australian Law Journal 81 (2007), S. 760 f.; *Schütze* Die Doppelexequierung ausländischer Zivilurteile, ZZP 77 (1964), 287 ff.; *ders.* Die Doppelexequierung ausländischer Zivilurteils, FS Spellenberg, 2010, S. 511 ff.; *Smart* Conflict of Laws: Enforcing a judgment on a judgment?, Australian Law Journal 81 (2007), 349 ff.

Die durch die erststaatliches Exequatururteil auf den Erststaat erstreckten Urteilwirkungen **138** eines drittstaatlichen Urteils können durch die Anerkennung auf den Zweitstaat (weiter)erstreckt werden[330], soweit die erststaatliche Entscheidung nicht anerkennungsfähig ist und die zweitstaatliche Entscheidung die Erfordernisse des § 328 ZPO erfüllt, wobei der Mangel

---

325 Vgl. BGH RIW 1984, 557 mit Anm. *Dielmann* und *Schütze* RIW 1984, 734 ff.; BGH RIW 1984, 644 mit Anm. *Mezger*; ebenso OLG Hamburg RIW 1992, 939; a. A. noch RGZ 5, 397; RGZ 30, 368. Das LG Hamburg RabelsZ 53 (1989), 165 mit Anm. *Anderegg* ebenda mit Anm. *Schlosser* EWiR § 1044 ZPO 1/87, 1249 hat ein Rechtsschutzbedürfnis für die Vollstreckbarerklärung der Exequaturentscheidung verneint. Vgl. auch *Borges* S. 23 ff.; *Schlosser* IPRax 1985, 141 ff.
326 Vgl. OLG Frankfurt/Main, IHR 2006, 212; dazu *Borges* Doppelexequatur von Schiedssprüchen in der EuGVVO, IHR 2006, 206 ff.
327 In der französischen Rechtsprechung wurde deshalb zuweilen die Ansicht vertreten, dass der Schiedsspruch mit der gerichtlichen Bestätigung seine Existenz verloren habe, vgl. Cour d'appel de Nancy, Rev.crit. 1958, 148; für weitere

Nachweise *Haas* Die Anerkennung und Vollstreckung ausländischer und internationaler Schiedssprüche1991, S. 139, Fn. 50; ebenso wohl Tendenzen in Italien, vgl. *Ghiardina* Court decisions in Italy interpreting and implementing the New York Convention, Journal of International Arbitration 7 (1990), 77 ff.
328 Vgl. *Dolinar* FS Schütze, 1999, S. 187 ff. (204); *Geimer* Internationales Zivilprozessrecht, IZPR, Rdn. 3107; *Schwab/Walter* Schiedsgerichtsbarkeit, 7. Aufl., 2005, Kap. 30, Rdn. 15; *Schütze* Urteilsanmerkung, RIW 1984, 734 ff.; *Zöller/Geimer* ZPO, § 1061, Rdn. 8 f.
329 Vgl. BGH NJW 2009, 2826; dazu *Geimer* IPRax 2010, 346 f.; *Plassmeier* SchiedsVZ 2010, 82 ff.; *Schütze* RIW 2009, 817 ff.
330 Vgl. *Baumbach/Lauterbach/Albers/Hartmann* § 328, Rdn. 11; *Schütze* ZZP 77 (1964), 287 ff.

der internationalen Zuständigkeit des Erstgerichts und ein Verstoß gegen den ordre public der erststaatlichen Entscheidung über § 328 Abs. 1 Nr. 1 und 4 ZPO im deutschen Exequaturverfahren zu berücksichtigen sind[331]. Obwohl der BGH eben diese Ansicht für den Bereich der Schiedsgerichtsbarkeit in zwei Entscheidungen vertreten hat[332], indem er dem Gläubiger eines im Erststaat für vollstreckbar erklärten Schiedsspruch bei Geltung der merger-Lehre die Möglichkeit eingeräumt hat, das Exequatururteil anstelle des Schiedsspruchs für vollstreckbar erklären zu lassen, hält die h. L. unbeirrt an dem Grundsatz „l'exequatur sur l'exequatur ne vaut" fest. Nach h. L. sind ausländische Exequatururteile nicht anerkennungsfähig[333].

11. Garantieurteile

Schrifttum: *Geimer* Anerkennung und Vollstreckbarerklärung französischer Garantieurteile in der Bundesrepublik Deutschland, ZZP 85 (1972), 196 ff.; *Milleker* Formen der Intervention im französischen Zivilprozess und ihre Anerkennung in Deutschland, ZZP 84 (1971), 91 ff.

139 Auch Urteile auf Grund einer Garantieklage (Gewährleistungklage), die in zahlreichen Rechten die Funktion der Streitverkündung erfüllt, indem sie dem Beklagten die Einbeziehung eines Regressverpflichteten in das Verfahren ermöglicht, sind anerkennungsfähig[334]. Problematisch ist in diesen Fällen jedoch, ob der Gerichtsstand der Garantieklage internationale Anerkennungszuständigkeit i. S. von § 328 Abs. 1 Nr. 1 ZPO eröffnet[335]. Art. 6 Nr. 2 EuGVÜ/LugÜ und Art. 6 Nr. 2 EuGVVO nehmen den Gerichtsstand der Gewährleistungs- und Interventionsklage in den Zuständigkeitskatalog auf. Diese Zuständigkeiten können in Deutschland zwar nicht im Erkenntnisverfahren geltend gemacht werden (Art. 65 EuGVVO), begründen aber Anerkennungszuständigkeit.

12. Abänderungsurteile

140 Ausländische Urteile, die einen deutschen Titel abändern, sind nach § 328 ZPO anerkennungsfähig[336].

141 Zur Abänderungsklage auf Erhöhung oder Ermäßigung eines in ausländischem Urteil festgesetzten Unterhaltsbetrages vgl. § 722, Rdn. 47 f.[337].

---

331 Vgl. *Schütze* FS Spellenberg, S. 511 ff.
332 Vgl. BGH RIW 1984, 557 mit Anm. *Dielmann* und Anm. *Schütze* ebenda, 734 ff.; BGH RIW 1984, 644 mit Anm. *Mezger*; dazu insbesondere *Dolinar* Vollstreckung aus einem ausländischen, einen Schiedsspruch bestätigenden Exequatururteil, Gedanken zu Merger-Theorie, FS Schütze, 1999, S. 187 ff. Der BGH hat die Möglichkeit eines Doppelexequatur für Schiedssprüche nunmehr wieder verneint, vgl. Rdn. 1376.
333 Vgl. *Geimer* Anerkennung ausländischer Entscheidungen in Deutschland, 1995, S. 87 m. w. N. in Fn. 10; *ders.* Zur Prüfung der Gerichtsbarkeit und der internationalen Zuständigkeit bei der Anerkennung ausländischer Urteile, 1966, S. 26, *Kegel* FS Müller-Freienfels, S. 377 ff.; *Linke/Hau* IZPR, Rdn. 441; *Martiny* Handbuch des Internationalen Zivilverfahrensrechts, S. 172; *Nagel/Gottwald* IZPR, § 11, Rdn. 137; *Schack* IZVR, Rdn. 1029; *Stein/Jonas/Roth* § 328, Rdn. 54; *Zöller/Geimer* § 328 Rdn. 64.
334 Vgl. *Geimer* ZZP 85 (1972), 196 ff.; *ders.* IZPR, Rdn. 2820; *Milleker* ZZP 84 (1971), 91 ff.; *Zöller/Geimer* § 328, Rdn. 60 m. w. N.
335 Vgl. dazu BGH AWD 1969, 452 = NJW 1970, 387 mit Anm. *Geimer* OLG Karlsruhe RIW/AWD 1979, 47.
336 Vgl. AG Landstuhl, IPRax 1984, 102, *Geimer* IZPR, Rdn. 2859; *Zöller/Geimer* § 328, Rdn. 74.
337 Vgl. im Übrigen auch *Henrich* Die Abänderungsklage gegen ausländische Unterhaltsurteile, IPRax 1982, 140 ff.; *Zöller/Geimer* § 722, Rdn. 107 f.

13. Gerichtliche Vergleiche

Schrifttum: *Mankowski* Prozessvergleiche im europäischen Rechtsverkehr, EWS 1994, 379 ff.

Ausländische Prozessvergleiche[338] unterfallen § 328 und werden wie ausländische Urteile **142** anerkannt[339]. Die rein formale Abgrenzung, die der EuGH im Rahmen des EuGVÜ getroffen hat[340] gilt nicht für das autonome deutsche Recht.

14. Notarielle Urkunden

Schrifttum: *Bärmann* Die Freizügigkeit der notariellen Urkunde, AcP 159 (1960/61), 5 ff.; *Baugniet* L'exécution des actes notariés dans les pays de la Communauté Economique Européenne Revue pratique du Notariat Belge, 1964, 309 ff.; ders., L'exécution des actes authentiques dans les pays de la Communauté Economique Européenne, FS Ganshof van der Meersch, 1972, Bd. II, S. 71 ff.; *Geimer* Vollstreckbare Urkunden ausländischer Notare, DNotZ 1975, 461 ff.; *ders.* Internationale Durchsetzung vollstreckbarer Urkunden, in: Rechberger (Herausg.), Die vollstreckbare Urkunde, 2002, S. 69 ff.; *Püls* Die Vollstreckung aus notariellen Urkunden in Europa, FS Spellenberg, 2010, S. 481 ff.; *Schütze* Internationales Notarverfahrensrecht, DNotZ 1992, 69 ff.

Ausländische notarielle Urkunden sind nach § 328 ZPO anerkennungsfähig[341]. Das euro- **143** päische Recht und die Staatsverträge sehen regelmäßig auch die Anerkennungsfähigkeit derartiger Titel vor.

a) Erfordernisse der Anerkennung

– *Vollstreckbare Urkunde:* Es muss eine vollstreckbare Urkunde eines ausländischen Notars **144** vorliegen. Privatschriftliche Urkunden, durch die sich ein Beteiligter der sofortigen Zwangsvollstreckung unterwirft, genügen nicht. Die Urkunde muss den Erfordernissen des § 794 Abs. 1 Nr. 5 ZPO entsprechen. Auch bei notariellen Urkunden ist eine Doppelqualifikation vorzunehmen.

– *Ausländischer Notar:* Die Urkunde muss vor einem ausländischen Notar errichtet sein. Diese Zuordnung hat nicht nach staats- oder völkerrechtlichen Gesichtspunkten zu erfolgen, sondern ausschließlich danach, die Urkundsgewalt welchen Staates der Notar ausübt.

– *Zivil- oder Handelssache:* Die ausländische Urkunde muss eine Zivil- oder Handelssache zum Gegenstand haben. Der Begriff ist derselbe wie in § 328 ZPO.

– *Internationale Zuständigkeit:* Der Notar muss internationale Zuständigkeit[342] besessen haben (§ 328 Abs. 1 Nr. 1 analog).

---

338 Vgl. dazu *Koch* Anerkennungsfähigkeit ausländischer Prozessvergleiche, FS Schumann, 2001, S. 267 ff.

339 Vgl. *Geimer* IZPR, Rdn. 3107; *Riezler* IZPR, S. 530; a. A. *Stein/Jonas/Roth* § 328, Rdn. 58 (soweit sich das Gericht auf eine rein beurkundende Tätigkeit beschränkt hat), ebenso *Schack* IZVR, Rdn. 912.

340 Vgl. EuGH Rs. C-414/92 – Solo Kleinmotoren GmbH v. Emilio Boch – EuGHE 1994 I, 2237 = RIW 1995, 1030 = JZ 1994, 1007 mit Anm. *Schlosser* = IPRax 1995, 241 mit Besprechungsaufsatz von *Hoffmann/Hau* ebenda, 217 ff.; *Mankowski* EWS 1994, 379 ff.

341 Vgl. *Geimer* IZPR, Rdn. 3107; *ders.* DNotZ 1975, 464, *ders.* Die internationale Durchsetzung vollstreckbarer Urkunden, S. 69 ff. (75); *Schütze* DNotZ 1992, 66 ff. (81 ff.); a. A. LG Hamburg DAVorm 1982, 392; *von Falck* Implementierung offener ausländischer Vollstreckungstitel – Vollstreckbarerklärung ausländischer Titel und inländischer Bestimmtheitsgrundsatz, 1998, S. 45; *Nelle* Anspruch, Titel und Vollstreckung im internationalen Rechtsverkehr, 2000, S. 357; *Schack* IZVR, Rdn. 912; *Stein/Jonas/Roth* § 328, Rdn. 59.

342 Vgl. dazu *Schütze* DNotZ 1992, 66 ff. (68 ff.).

– *ordre public Vorbehalt:* Die Anerkennung der notariellen Urkunde darf nicht gegen den deutschen ordre public verstoßen.
– *Verbürgung der Gegenseitigkeit:* Die Gegenseitigkeit muss verbürgt sein. Der Gegenseitigkeit bezieht sich nicht nur auf die Wirkungserstreckung deutscher Urteile, sondern deutscher notarieller Urkunden.

145   **b) Verfahren der Anerkennung.** Die Anerkennung erfolgt formlos. Jedes Gericht und jede befasste Amtsstelle entscheidet incidenter.

15.   Anwaltsvergleiche

146   Anwaltsvergleiche i. S. von § 796a ZPO sind – soweit sie im Ausland bekannt sind – wie notarielle Urkunden zu behandeln[343] (vgl. Rdn. 143 ff.).

16.   Judgment by consent

147   Vergleiche, die in die Form eines Urteils gekleidet sind (judgment by consent), entsprechen in ihrer Funktion dem deutschen Prozessvergleich. Sie sind wie diese zu behandeln, vgl. Rdn. 142. Der EuGH hat das im Rahmen des EuGVÜ anders gesehen und eine reine formale Abgrenzung vorgenommen. In Solo Kleinmotoren GmbH v. Dr. Emilio Boch[344] hat er den deutschen Prozessvergleich nicht als Entscheidung i. S. von Art. 27 Abs. 3 gesehen – im Gegensatz zum judgment by consent[345]. Die h. L. sieht das ähnlich und behandelt judgments by consent als Urteile[346].

148   Der h. L. mag für class action settlements[347] zugestimmt werden, da der class action-Vergleich nicht unbedingt dem deutschen gerichtlichen Vergleich entspricht. Der Vergleich wird vom Gericht daraufhin geprüft, on er „fair, adaequate and reasonable" ist und bedarf einer speziellen Zulassung. Die Genehmigung erfolgt regelmäßig in einem consent judgment[348].

---

343   Vgl. im einzelnen *Wieczorek/Schütze (Schütze)* § 796b, Rdn. 11.
344   Rs. C-414/92, EuGHE 1994I, 2237 = RIW 1995, 1030 = JZ 1994, 1007 mit Anm. *Schlosser* = IPRax 1995, 241 mit Besprechungsaufsatz *von Hoffmann/Hau* ebenda 217 ff.
345   Vgl. dazu auch *Mankowski* Prozessvergleiche im europäischen Rechtsverkehr, EWS 1994, 379 ff.
346   Vgl. *Stein/Jonas/Roth* § 328, Rdn. 58; *Zöller/Geimer* § 328, Rdn. 77.

347   Vgl. dazu *Hess* Die Anerkennung eines Class Action Settlement in Deutschland, JZ 2000, 373 ff.
348   Für die anerkennungsrechtliche Behandlung von class action settlements auch *Röhm/Schütze* Die Bilanzierung von Class Action-Risiken, RIW 2007, 241 ff. (244 f.); *Schack* IZVR, Rdn. 912, Fn. 1; *Stein/Jonas/Roth* § 328 Rdn. 58; *Zöller/Geimer* § 328, Rdn. 77.

Anhang I

Verbürgung der Gegenseitigkeit[349]

149

Länderübersicht

Abu Dhabi: Es gilt die einheitliche ZPO der Vereinigten Arabischen Emirate[350]. Die Gegenseitigkeit ist nicht verbürgt.

Ägypten[351]: Nach Artt. 296 ff. der Zivil- und Handelsprozessordnung gilt das Prinzip der elastischen Gegenseitigkeit. Darüber hinaus sind Erfordernisse der Wirkungserstreckung:

- Das Urteil muss eine Zivil- oder Handelssache zum Gegenstand haben.
- Die Entscheidung muss rechtskräftig sein.
- Das ausländische Gericht muss international zuständig gewesen sein.
- Das ausländische Gericht muss nach erststaatlichem Recht Zuständigkeit besessen haben.
- Die Parteien müssen im erststaatlichen Verfahren ordnungsgemäß geladen worden und vertreten gewesen sein.
- Die Wirkungserstreckung darf nicht gegen den ägyptischen ordre public verstoßen.

Es ist ein Exequaturverfahren notwendig, in dem keine révision au fond vorgenommen wird[352]. Die Gegenseitigkeit ist verbürgt[353].

Äthiopien[354]: Nach Artt. 456 ff. der äthiopischen Zivilprozessordnung sind Erfordernisse der Wirkungserstreckung:

- Das Urteil muss eine Zivil- oder Handelssache zum Gegenstand haben.
- Die Entscheidung muss endgültig sein.
- Es muss Vollstreckbarkeit im Erststaat gegeben sein.
- Das Erstgericht muss international zuständig gewesen sein.
- Die grundlegenden verfahrensmäßigen Rechte der Parteien müssen im erststaatlichen Verfahren gewahrt worden sein.

---

349 Die Darstellung folgt *Geimer/Schütze* Europäisches Zivilverfahrensrecht, 3. Aufl., 2010, E.1, Rdn. 125 ff. Dort sind auch die jeweiligen Gesetzestexte abgedruckt, teilweise mit deutschen Übersetzungen. Dieses Werk wird nicht gesondert zitiert, soweit es zur Gegenseitigkeitsfrage übereinstimmt.

Abgekürzt zitiert werden im Übrigen folgende Sammelwerke zur internationalen Urteilsanerkennung:

Geimer/Schütze Internationaler Rechtsverkehr in Zivil- und Handelssachen – Verfasser des jeweiligen Länderberichts, in: Geimer/Schütze, Internationaler Rechtsverkehr

Campbell (Herausg.), International Execution against Judgment Debtors – Verfasser des Länderberichts in: Campbell

Geimer/Schütze Internationale Urteilsanerkennung, Bd. I/2, 1984 – Geimer/Schütze, Internationale Urteilsanerkennung

Geimer/Schütze Europäisches Zivilverfahrensrecht, 3. Aufl., 2010 – Geimer/Schütze, EuZVR

Kos-Rabcewicz-Zubkowski Cooperación interamericana de los procedimientos civiles y mercantiles, 1982 – Verfasser des Länderberichts, in: Kos-Rabcewicz-Zubkowski

Martiny Anerkennung ausländischer Entscheidungen nach autonomem Recht, in: Max Planck Institut, Handbuch des Internationalen Zivilverfahrensrechts, Bd. III/1, 1984 – Martiny, Handbuch des Internationalen Zivilverfahrensrechts

Weems (Herausg.), Enforcement of Money Judgments Abroad – Verfasser des Länderrichts in: Weems

Für die Verbürgung der Gegenseitigkeit werden Kommentare und die vorgenannten Sammelwerke regelmäßig nicht zitiert, soweit nicht eine abweichende Meinung mit Begründung vertreten wird.

350 Vgl. *Krüger* Grundzüge des internationalen Zivilverfahrensrechts der Vereinigten Arabischen Emirate, RIW 1993, 384 ff.

351 Vgl. *Schütze* Vollstreckung ausländischer Urteile in der Vereinigten Arabischen Republik – Verbürgung der Gegenseitigkeit, AWD 1969, 437 ff.; *ders.* Rechtsverfolgung bei deutsch-arabischen Handelsgeschäften, RIW/AWD 1977, 761 ff.

352 Vgl. *Azmi* in: Campbell EGY 1 ff.; *Martiny* Handbuch des Internationalen Zivilverfahrensrechts, Rdn. 1310; *Schütze* AWD 1969, 437 ff.; *ders.* RIW/AWD 1977, 761 ff.

353 Vgl. IPG 1970 Nr. 34 (Heidelberg).

354 Vgl. dazu *Arnold* Die Vollstreckung ausländischer Urteile und Schiedssprüche in Äthiopien, AWD 1968, 309 ff.

– Die Wirkungserstreckung darf nicht gegen den äthiopischen ordre public verstoßen.

Die Gegenseitigkeit muss verbürgt sein.

Es ist ein Exequaturverfahren vorgesehen. Angesichts der gegenwärtigen politischen Lage und der Zweifel an einer geordneten Rechtspflege ist die Gegenseitigkeit nicht als verbürgt anzusehen[355].

Afghanistan: Die Gegenseitigkeit ist wegen des gegenwärtigen Stillstands der Rechtspflege nicht verbürgt.

Ajman: Es gilt die ZPO der Vereinigten Arabischen Emirate[356]. Die Gegenseitigkeit ist nicht verbürgt.

Albanien[357]: Eine Wirkungserstreckung ausländischer Zivilurteile ist nur auf staatsvertraglicher Grundlage möglich[358]. Eine Ausnahme ist nur für den Fall gegeben, dass das Erstgericht aufgrund einer vom zuständigen albanischen Ministerium genehmigten Gerichtsstandsvereinbarung seine Zuständigkeit bejaht hat.

Die Gegenseitigkeit ist nicht verbürgt[358a].

Algerien[359]: Die Anerkennung und Vollstreckbarerklärung ausländischer Zivilurteile sind in Artt. 605–608 Code de procédure civile et administrative 2008 geregelt[360], die Art. 325 Code de procédure civile, der der alten französischen Regelung in Art. 546 Code de procédure civile entsprach, abgelöst.

Erfordernisse der Wirkungserstreckung sind:

– Gegenstand der Entscheidung muss eine Zivil- oder Handelssache sein.
– Die Entscheidung muss nach erststaatlichem Recht in Rechtskraft erwachsen sein.
– Das Erstgericht muss international zuständig gewesen sein.
– Die ausländische Entscheidung darf nicht mit mit einem algerischen Erkenntnis in derselben Sache kollidieren
– Die Wirkungserstreckund darf nicht gegen den algerischen ordre public verstoßen.

Es ist ungeklärt, ob im Exequaturverfahren – wie nach alter Regelung[361] – eine révision au fond erfolgt[362]. Hiervon muss man zunächst ausgehen.

---

355 Vgl. *Arnold* Die Vollstreckung ausländischer Urteile und Schiedssprüche in Äthiopien, AWD 1968, 309 ff.
356 Vgl. *Krüger* Grundzüge des internationalen Zivilverfahrensrechts der Vereinigten Arabischen Emirate, RIW 1993, 384 ff.
357 Vgl. dazu *Uka/Wietzorek* Anerkennung einer deutschen Ehescheidung durch das Appellationsgericht Tirana, IPRax 2011, 99 ff.; *Wietzorek* Anerkennung und Vollstreckung von Entscheidungen in Albanien, eastlex 2009, 164 f.
358 Vgl. *Halili* Das albanische internationale Zivilverfahrensrecht, in: Jayme (Herausg.), Ein internationales Zivilverfahrensrecht für Gesamteuropa, 1992, S. 35 ff. (38); *Wietzorek* eastlex 2009, 164 f. (164).
358a Zweifelnd *Uka/Wietzorek* IPRax 2011, 99 ff. (101).
359 Vgl. dazu *Issad* Le jugement étranger devant le juge de l'exéquatur, 1970; *ders.* L'exécution des

décisions judiciaire en droit algérien, Penant 84 (1974), 1 ff.; *Klaiber* Neues internationales Zivilprozess- und Schiedsrecht in Algerien, IPRax 2010, 87 ff. (88 f.); *Rauscher* Länderbericht Algerien, in: Geimer/Schütze, Internationaler Rechtsverkehr 1004. 4 ff.
360 Die Bestimmungen sind abgedruckt auch bei *Geimer/Schütze* Europäisches Zivilverfahrensrecht, 3. Aufl., 2010, E1, Rdn. 133.
361 Vgl. *Krüger* Probleme des algerischen internationalen Vertrags- und Schiedsrechts, in: Böckstiegel (Herausg.), Vertragspraxis und Streiterledigung im Wirtschaftsverkehr mit arabischen Staaten, 1981, S. 17 ff. (50); *Rauscher* Länderbericht Algerien, in: Geimer/Schütze, Internationaler Rechtsverkehr, 1004.5.
362 Zweifelnd *Rauscher* Länderbericht Algerien, in: Geimer/Schütze, Internationaler Rechtsverkehr, 1004.6; unklar *Klaiber* IPRax 2010, 87 ff. (89).

Die Gegenseitigkeit ist damit nicht verbürgt[363].

Andorra[364]: Seit der Unabhängigkeit Andorras ist das EuGVÜ nicht mehr anwendbar[365]. Ohne positivgesetzliche Grundlage lässt die Rechtsprechung die Wirkungserstreckung ausländischer Urteile unter nachstehenden Erfordernisse zu[366]:

- Gegenstand der ausländischen Entscheidung muss eine Zivil- oder Handelssache sein.
- Das Erstgericht muss international zuständig gewesen sein.
- Das erststaatliche Verfahren darf nicht an schwerwiegenden Mängeln kranken.
- Das Ergebnis des Urteils muss mit andorranischem Recht übereinstimmen, wenn dieses nach andorranischem IPR anwendbar gewesen wäre.
- Es darf keine fraus legis vorliegen.
- Die Wirkungserstreckung darf nicht gegen den ordre public verstoßen.
- Die Gegenseitigkeit muss verbürgt sein.

Zwar ist im Exequaturverfahren keine révision au fond vorgesehen. Die Erfordernisse der Wirkungserstreckung gehen aber weit über die nach deutschem Recht hinaus, insbesondere die Nachprüfung im Hinblick auf eine fraus legis. Die Gegenseitigkeit ist deshalb nicht verbürgt[367].

Antigua und Barbuda: Eine Wirkungserstreckung deutscher Titel auf statutarischer Grundlage ist mangels Gegenseitigkeitserklärung nicht möglich. Jedoch können deutsche Urteile nach common-law-Grundsätzen anerkannt und für vollstreckbar erklärt werden[368]. Für diese hat der BGH die Gegenseitigkeit im Hinblick auf das frühere südafrikanische Recht bejaht[369]. Die Gegenseitigkeit ist verbürgt[370].

Argentinien[371]: Bei unterschiedlicher Staatsangehörigkeit der Parteien (argentinisch/ausländisch) kommt die Zivilprozessordnung der Bundesgerichte zur Anwendung, im übrigen bestimmt sich die Wirkungserstreckung ausländischer Titel nach dem Zivilprozessrecht der jeweiligen Provinz[372]. Erfordernisse der Wirkungserstreckung sind nach Artt. 517 ff. CPCC:

---

363 Vgl. *Rauscher* Länderbericht Algerien, in: Geimer/Schütze, Internationaler Rechtsverkehr, 1004.6; a. A. *Klaiber* IPRax 2010, 87 ff. (89).
364 Schrifttum: *Rau* Länderbericht Andorra in: Geimer/Schütze, Internationaler Rechtsverkehr, 1005.5 f.; *Schütze* Anerkennung und Vollstreckung deutscher Zivilurteile in Andorra, RIW/AWD 1977, 399 f.
365 Vgl. zur früheren Rechtslage *Geimer/Schütze* S. 1784 f.; *Schütze* Anerkennung und Vollstreckung deutscher Zivilurteile in Andorra, RIW/AWD 1977, 399 f. gegen *Martiny* Rdn. 1313 und *Maus* Die Einbeziehung Andorras in internationale Verträge, RIW/AWD 1981, 151 ff.
366 Vgl. *Rau* Länderbericht Andorra, in: Geimer/Schütze, Internationaler Rechtsverkehr, 1005.5 f.
367 *Martiny* Handbuch des Internationalen Zivilverfahrensrechts, Rdn. 1313 geht von einer partiellen Verbürgung aus.
368 Vgl. *Schütze* Länderbericht Antigua und Barbuda, in: Geimer/Schütze, Internationaler Rechtsverkehr 1007.7; *Martiny* Handbuch des Internationalen Zivilverfahrensrechts, Rdn. 1315.
369 Vgl. BGHZ 42, 194.

370 Vgl. *Schütze* Länderbericht Antigua und Barbuda, in: Geimer/Schütze, Internationaler Rechtsverkehr, 1007.9; *Martiny* Handbuch des Internationalen Zivilverfahrensrechts, Rdn. 1315.
371 Schrifttum: *Garcia Olano/Bidegain/Schinelli* Länderbericht Argentinien, in: Kos-Rabcewicz-Zubkowski, S. 23 ff.; *Grigera Naón* Reconocimiento y ejecución en la Argentina de sentencias y laudos extranjeras con condena al pago de una suma de dinero, in: Primer Encuentro Jurídico Argentino-Germano, 1988, S. 240 ff.; *Möllring* Anerkennung und Vollstreckung ausländischer Urteile in Südamerika, 1985, S. 19 ff., 35 ff.; *Nicholson/Fraguas* in: Campbell, ARG, 1 ff.; *Piltz* Länderbericht Argentinien, in: Geimer/Schütze, Internationaler Rechtsverkehr, 1009.9; *Schütze* Vollstreckung ausländischer Urteile in Argentinien – Verbürgung der Gegenseitigkeit, AWD 1970, 262 ff. (zur alten Rechtslage); *Sentis Melendo* La sentencia extranjera, 1958; *Waldeyer* und *Schütze* Vollstreckung ausländischer Urteile in Argentinien, AWD 1970, 565 ff.
372 Vgl. *Piltz* Länderbericht Argentinien, in: Geimer/Schütze, Internationaler Rechtsverkehr, 1009.9.

- Gegenstand der Entscheidung muss eine Zivil- oder Handelssache sein.
- Das Erstgericht muss international zuständig gewesen sein.
- Das Urteil muss rechtskräftig sein.
- Die Entscheidung muss aufgrund einer persönlichen Klage ergangen sein. Urteile aufgrund dinglicher Klagen sind anerkennungsfähig, wenn der streitbefangene Gegenstand erst während oder nach Baschluss des Verfahrens nach Argentinien verbracht worden ist.
- Der Urteilsschuldner muss persönlich geladen worden sein und hinreichend Gelegenheit zur Verteidigung gehabt haben.
- Das ausländische Urteil darf nicht in Widerspruch zu einer früher oder gleichzeitig ergangenen argentinischen Entscheidung in derselben Sache stehen.
- Die Wirkungserstreckung darf nicht gegen den ordre public verstoßen.

Die Anerkennung erfolgt formlos, die Vollstreckbarerklärung durch Homologierung ohne révision au fond. Die Gegenseitigkeit ist verbürgt[373].

Armenien: Nach Art. 247 der armenischen Zivilprozessordnung werden ausländische Urteile nur auf staatsvertraglicher Basis anerkannt und für vollstreckbar erklärt.

Die Gegenseitigkeit ist nicht verbürgt[374].

Aserbaidschan: Aserbaidschan praktiziert das Prinzip der Gegenseitigkeit. Nach Art. 458.1 der Zivilprozessordnung werden ausländische Entscheidungen unter denselben Erfordernissen anerkannt und für vollstreckbar erklärt, denen der Erststaat aserbaidschanische Urteile unterwirft. Darüber hinaus müssen folgende Mindeserfordernisse gegeben sein:

- Die Entscheidung muss eine Zivil- oder Handelssache zum Gegenstand haben.
- Das Erstgericht muss in dem Sinne international zuständig gewesen sein, dass keine aserbaidschanische ausschließliche Zuständigkeit vorlag.
- Die Parteien müssen ordnungsgemäß und so rechtzeitig geladen worden sein, dass sie ihre prozessualen Rechte angemessen in dem Verfahren geltend machen konnten.
- Es darf keine Kollision mit einer entgegenstehenden aserbaidschanischen Entscheidung gegeben sein.
- Es darf keine kollidierende frühere Rechtshängigkeit durch Klage bei einem Gericht in Aserbaidschan vorliegen.
- Die ausländische Entscheidung muss nach erststaatlichem Recht in Rechtskraft erwachsen sein.
- Die Wirkungserstreckung darf nicht gegen den aserbaidschanischen ordre public verstoßen.
- Die Gegenseitigkeit muss verbürgt sein.

Die Wirkungserstreckung erfolgt in einem gerichtlichen Verfahren durch das oberste Gericht. Die Gegenseitigkeit ist – trotz mancherlei Zweifeln – verbürgt[375].

---

373 Vgl. *Piltz* Länderbericht Argentinien, in: Geimer/Schütze, Internationaler Rechtsverkehr, 1009.11; *Martiny* Handbuch des Internationalen Zivilverfahrensrechts, Rdn. 1319; die in *Geimer/Schütze* Internationale Urteilsanerkennung, S. 1789 vertretene gegenteilige Meinung ist nach Änderung der Rechtslage überholt.

374 Vgl. *Mindach* Länderbericht Armenien, in: Geimer/Schütze, Internationaler Rechtverkehr, 1011.10.
375 Vgl. *Mindach* Länderbericht Aserbaidschan, in: Geimer/Schütze, Internationaler Rechtsverkehr, 1012.12.

Australien[376]: Deutsche Urteile können aufgrund des Foreign Judgments Act, 1991 anerkannt und für vollstreckbar erklärt werden. Das Gesetz ist dem englischen Foreign Judgments (Reciprocal Enforcement) Act, 1933 nachgebildet. Die Erfordernisse der Wirkungserstreckung entsprechen denen nach common law, jedoch müssen folgende besondere Voraussetzungen vorliegen:

– Die Entscheidung muss von einem oberen Gericht erlassen sein. Für Deutschland sind das nach Appendix I der BGH, die Oberlandesgerichte, das frühere Bayerische Oberste Landesgericht und die Landgerichte.
– Die Gegenseitigkeit muss verbürgt sein. Für Deutschland ist eine Gegenseitigkeitserklärung ergangen, die am 25.6.1993 wirksam geworden ist.

Die Wirkungserstreckung von Geldurteilen erfolgt durch Registrierung ohne révision au fond. Der Antrag muss 6 Jahre nach Urteilserlass gestellt werden.

Die Gegenseitigkeit ist innerhalb der zeitlichen Grenzen von 6 Jahren verbürgt.

Bahamas: Die Rechtslage entspricht der in Antigua und Barbuda[377]. Die Gegenseitigkeit ist verbürgt.

Bangladesh[378]: Es gilt das pakistanische Recht fort, das aus kolonialer Zeit stammt. Eine Wirkungserstreckung deutscher Titel nach sect. 44-A CPC ist mangels Gegenseitigkeitserklärung nicht möglich. Deutsche Titel können jedoch nach sect. 13 f. CPC anerkannt und für vollstreckbar erklärt werden, die dem indischen Recht entsprechen (vgl. dort).

Die Gegenseitigkeit ist aus denselben Gründen wie für Indien nicht verbürgt[379].

Barbados[380]: Die Rechtslage entspricht der in Antigua und Barbuda. Die Gegenseitigkeit ist verbürgt[381].

Belarus[382]: Die Wirkungserstreckung deutscher Titel ist mangels Verbürgung der Gegenseitigkeit weder nach Art. 314 i. V. m. Anh. 2 zur Wirtschaftsprozessordnung noch nach Art. 561 ZPO 1999 möglich[383].

Die Gegenseitigkeit ist nicht verbürgt.

Belgien[384]: Im deutsch-belgischen Verhältnis gilt die VO (EG) Nr. 44/2001.

---

376 **Schrifttum:** *Einstein/Phipps* Trends in International Commercial Litigation in Australia, Part I – The Present State of Foreign Judgment Enforcement Law, IPRax 2005, 273 ff.; *dies.* Trends in International Commercial Litigation, Part II – The Future of Foreign Judgment Enforcement Law, IPRax 2005, 365 ff.; *von Hopffgarten* Länderbericht Australien, in: Geimer/Schütze, Internationaler Rechtsverkehr, 1013.7 ff.; *Nicols/Robinson* in: Campbell, AUS, 1 ff.; *Schütze* Anerkennung und Vollstreckung ausländischer Zivilurteile in Australien, RIW/AWD 1979, 526 ff. (zum früheren Recht).

377 Vgl. zur Anwendung von common law Grundsätzen *Dunkley* in: Campbell BAH, 2 ff.

378 **Schrifttum:** *Otto* Länderbericht Bangladesh, in: Geimer/Schütze, Internationaler Rechtsverkehr, 1018.6 ff.

379 A. A. *Otto* in: Geimer/Schütze, Internationaler Rechtsverkehr, 1018.8 und *Martiny* in: Handbuch des Internationalen Zivilverfahrensrechts, Bd. III/1, 1984, Rdn. 1333, die jeweils eine partielle Verbürgung annehmen.

380 Vgl. dazu *Carmichael* in: Campbell, BAR, 1 ff.

381 Vgl. *Martiny* Handbuch des Internationalen Zivilverfahrensrechts, Rdn. 1334.

382 **Schrifttum:** *Linke/Shevtsov* Das neue internationale Zivilprozessrecht der Republik Belarus, IPRax 2002, 311 f., ebenda findet sich auch eine Übersetzung der relevanten Bestimmungen der Zivilprozessordnung von Shevtsov.

383 Vgl. dazu *Linke/Shevtsov* IPRax 2002, 211 f.

384 **Schrifttum:** *Baugniet/Weser* L'exequatur des jugements, des sentences et des actes authentiques, in: Rapports belges au VIIIe Congrès international de droit comparé, 1970, S. 195 ff.; *Fevery* La reconnaissance et l'exécution des décisions judicaires étrangères en Belgique en dehors du champ d'application des Conventions de Bruxelles et de Lugano, in: Walter/Baumgartner (Herausg.), Anerkennung und Vollstreckung ausländischer Entscheidungen außerhalb der Übereinkommen von Brüssel und Lugano, 2000, S. 75 ff.; *Foriers* Quels effets un jugement étranger peut-il produire en Belgique et à quelles conditions ces effets se produisent-ils?, JT 1956, 494 ff.; *van Houtte* in: Campbell, BEL 1 f.; *Humblet* De

Bermuda: Die Rechtslage entspricht der in Antigua und Barbuda[385]. Die Gegenseitigkeit ist verbürgt.

Bhutan: Bhutan lässt die Wirkungserstreckung ausländischer Urteile nicht zu[386]. Die Gegenseitigkeit ist nicht verbürgt[387].

Bolivien: Bolivien praktiziert das System der abgestuften Gegenseitigkeit. Bei ungeklärter Gegenseitigkeit sind Erfordernisse der Wirkungserstreckung nach Artt. 552 ff. Código de Procedimientos Civil[388]:

– Die Entscheidung muss eine Zivil- oder Handelssache zum Gegenstand haben.

– Das Urteil muss aufgrund einer persönlichen Klage ergangen sein. Urteile aufgrund dinglicher Klagen sind anerkennungsfähig, wenn die streitbefangene Sache während oder nach Abschluss des Erstprozesses nach Bolivien verbracht worden ist.

– Der in Bolivien domizilierte Schuldner muss ordnungsbgemäß geladen worden sein.

– Die Urteilsverpflichtung muss nach bolivianischem Recht gültig sein.

– Die Wirkungserstreckung darf nicht gegen den ordre public verstoßen.

– Das Urteil muss im Erststaat vollstreckbar sein.

– Das Urteil darf nicht im Widerspruch zu einem bolivianischen Erkenntnis in derselben Sache stehen.

– Die Entscheidung muss den Authentizitätserfordernissen nach erst- und zweitstaatlichem Recht entsprechen.

Die Wirkungserstreckung erfolgt durch Homologierung. Obwohl eine révision au fond nicht vorgesehen ist, erlaubt die Überprüfung der Gültigkeit der Urteilsverpflichtung nach bolivianischem Recht eine weitergehende Nachprüfung als § 328 ZPO. Die Gegenseitigkeit ist nicht verbürgt.

Bosnien-Herzegowina: In Bosnien-Herzegowina gilt das jugoslawische Recht fort[389]. Die Gegenseitigkeit ist – ebenso wie für Jugoslawien – verbürgt[390].

Brasilien: Die Wirkungserstreckung ausländischer Zivilurteile bestimmt sich nach Artt. 483 f. der bras. ZPO und Artt. 15, 17 Einführungegesetz zum brasilanischen Zivilge-

---

l'exécution des jugements étrangers en Belgique, Journal Clunet 4 (1877), 339 ff.; *Jacobi* Die Vollstreckung ausländischer vermögensrechtlicher Urteile in Frankreich, Belgien und den Niederlanden, NiemeyersZ 44 (1931), 140 ff.; *Philolenko* Contribution à la théorie générale d'exécution des jugements étrangers en droit français et belge, Journal Clunet 64 (1937), 429 ff.; *Rigaux* L'efficacité des jugements étrangers en Belgique, JT 1960, 285 ff., 302 ff.; *Vroonen* De la force extraterritoriale des jugements étrangers et des conditions extrinssèques de la validité des actes étrangers en Belgique, 1919.

385 Vgl. *Kessaram* in: Campbell BER 6 ff.; *Schütze* Länderbericht Bermuda, in: Geimer/Schütze, Internationaler Rechtsverkehr, 1020.6 ff.

386 Vgl. *Schütze* Anerkennung und Vollstreckbarerklärung ausländischer Zivilurteile und Schiedssprüche in Bhutan, JR 1981, 498 f.; *ders.* Modernes Recht für Bhutan, Indoasia 23 (1981), 70 ff.

387 Vgl. *Martiny* Handbuch des Internationalen Zivilverfahrensrechts, Rdn. 1338.

388 Vgl. dazu *Möllring* Anerkennung und Vollstreckung ausländischer Urteile in Südamerika, 1985; *Rojas* in: Platto, S. 232 ff.

389 Vgl. *Saula* Anerkennung ausländischer Gerichtsentscheidungen in Bosnien und Herzegowina, insbesondere in der Republik Srpska, IPRax 2004, 361 ff.

390 LG Darmstadt, IPRax 2007, 49; *Pürner* Zur Gegenseitigkeit gem. § 328 Abs. 1 Nr. 5 ZPO im Verhältnis zu Bosnien und Herzegowina: Weitere Klarheit in einer eigentlich überflüssigen Frage, IPRax 2007, 34 f.; *Schütze* Die Verbürgung der Gegenseitigkeit im Verhältnis zu Bosnien-Herzegowina, IPRax 1996, 255 ff.; a. A. OLG Köln IPRax 1996, 268 im Hinblick auf die Kriegswirren 1994. Die politische Situation hat sich aber beruhigt, die Rechtspflege ist heute als geordnet nanzusehen.

setzbuch i. V. m. der Geschäftsordnung des Obersten Bundesgerichts. Erfordernisse der Wirkungserstreckung sind[391]:

- Das Urteil muss eine Zivil- oder Handelssache zum Gegenstand haben.
- Das Erstgericht muss international zuständig gewesen sein.
- Der Beklagte muss ordnungsgemäß geladen oder ein Fall der Säumnis vorgelegen haben.
- Die Entscheidung muss rechtskräftig und vollstreckbar sein.
- Die Wirkungserstreckung darf nicht gegen den brasilianischen ordre public verstoßen.

Die Wirkungserstreckung erfolgt durch Homologierung ohne révision au fond. Die Gegenseitigkeit ist verbürgt[392].

British Virgin Islands: Die Rechtslage entspricht der in Antigua und Barbuda[393]. Die Gegenseitigkeit ist verbürgt.

Brunei: Die Rechtslage entspricht der in Antigua und Barbuda[394]. Die Gegenseitigkeit ist verbürgt.

Bulgarien[395]: Im deutsch-bulgarischen Verhältnis gilt die VO (EG) Nr. 44/2001.

Burkina Faso: Erfordernisse der Wirkungserstreckung sind nach Artt. 993 ff. Code des Personnes et de la Famille:

- Die Entscheidung muss eine Zivil- oder Handelssache zum Gegenstand haben.
- Das Urteil muss nach erststaatlichem Recht rechtskräftig und vollstreckbar sein.
- Das Erstgericht muss international zuständig gewesen sein.
- Die Parteien müssen im erststaatlichen Prozess ordnungsgemäß geladen und vertreten gewesen sein.
- Die ausländische Entscheidung darf nicht in Widerspruch zu einer burkinischen oder ausländischen anzuerkennenden Entscheidung stehen.
- Die ausländische Entscheidung darf nicht unter Missachtung burkinischer Rechtshängigkeit ergangen sein.
- Die Wirkungsersgtreckung darf nicht gegen den ordre public verstoßen.
- Soweit die Geschäftsfähigkeit oder der Status einer Person betroffen ist darf die Entscheidung nicht im Ergebnis vom burkinischen Recht abweichen, wenn dieses nach burkinischen IPR zur Anwendung berufen gewesen wäre.

Die Gegenseitigkeit ist verbürgt, soweit nicht die Geschäftsfähigkeit oder der Status einer deutschen Partei in dem Urteil betroffen sind.

---

391 Vgl. *Samtleben* Länderbericht Brasien, in: Geimer/Schütze, Internationaler Rechtsverkehr, 1023.14 ff.; *Borba Casella* in: Campbell, BRA 1. ff.; *Möllring* Anerkennung und Vollstreckung ausländischer Urteile in Südamerika, 1985; *Valladao* Force exécutoire des jugements étrangers au Brésil, Journal Clunet 58 (1931), 590 ff.
392 Vgl. *Samtleben* Länderbericht Brasilien, in: Geimer/Schütze, Internationaler Rechtsverkehr,1023.22; *Martiny* Handbuch des Internationalen Zivilverfahrensrechts, Rdn. 1342.
393 Vgl. *Carrington* in: Campbell, BVI, 6 ff.
394 Vgl. *Marasinghe* Principles of International Trade Law, 1998, S. 106 f.

395 Schrifttum: *Jessel-Holst* Länderbericht Bulgarien, in: Geimer/Schütze, Internationaler Rechtsverkehr, 1025. 10 ff.; *dies.* Anerkennung und Vollstreckung ausländischer Entscheidungen sowie Rechtshilfe nach bulgarischem Recht, WGO 1982, 255 ff.; *Musseva* Das neue internationale Zivilverfahrensrecht Bulgariens in Zivil- und Handelssachen, IPRax 2007, 256 ff. (260 f.); *Spasova* in: Campbell, BUL, 1 ff.; *Tschipev* Die internationale Zuständigkeit bulgarischer Gerichte und die Anerkennung und Vollstreckung ausländischer Gerichtsurteile in Bulgarien, in: Jayme (Herausg.), Ein internationales Zivilverfahrensrecht für Gesamteuropa, 1992, S. 45 ff.

Cayman Islands: Die Rechtslage entspricht der in Antigua und Barbuda[396]. Die Gegenseitigkeit ist verbürgt.

Chile: Chile praktiziert das System der abgestuften Gegenseitigkeit. Darüber hinaus sind Erfordernisse Wirkungserstreckung nach Art. 245 CPC[397]:

– Das Urteil muss eine Zivil- oder Handelssache zum Gegenstand haben.
– Das Erstgericht muss international zuständig gewesen sein.
– Die grundlegenden verfahrensmäßigen Rechte der Parteien müssen im erststaatlichen Verfahren gewahrt worden sein.
– Die Wirkungserstreckung darf nicht gegen den ordre public verstoßen.
– Die Entscheidung muss nach erststaatlichem Recht vollstreckbar sein.

Die Wirkungserstreckung erfolgt durch Homologierung ohne révision au fond. Die Gegenseitigkeit ist verbürgt[398].

China (Volksrepublik)[399]: Erfordernisse der Wirkungserstreckung sind nach Artt. 267 f. chin ZPO i. V. m. Art. 318 der Stellungnahme des Obersten Gerichtshofes zur Anwendung des Zivilprozessrechts[400]:

– Die Entscheidung muss eine Zivil- oder Handelssache zum Gegenstand haben.
– Das Urteil muss nach erststaatlichem Recht rechtskräftig sein.
– Das Erstgericht muss international zuständig gewesen sein.
– Die Wirkungserstreckung darf nicht gegen den ordre public verstoßen.
– Das ausländische Urteil darf nicht in Widerspruch zu einem chinesischen oder anzuerkennenden anderen ausländischen Urteil stehen.
– Die Gegenseitigkeit muss – faktisch – verbürgt sein.

Im Verfahren der Wirkungserstreckung erfolgt keine révision au fond. Die Gegenseitigkeit ist verbürgt[401].

---

396 Vgl. *Shields/Dobbyn/Akiwumi/Banks* in: Campbell CAY. 6 ff.
397 Vgl. IPG 1975 Nr. 42 (Hamburg); *Echeverría Faz/Errázuriz Gratica* in: Campbell CGI. 1 ff.; *Möllring* Anerkennung und Vollstreckung ausländischer Urteile in Südamerika, 1985; *Samtleben* Zur Auslandsscheidung von Chilenen – Der Fall Pablo Neruda, RabelsZ 33 (1969), 253 ff.
398 Vgl. IPG 1975 Nr. 42 (Hamburg); einschränkend *Martiny* Handbuch des Internationalen Zivilverfahrensrechts, Rdn. 1345; verneinend noch RGZ 49, 345.
399 Schrifttum: *Barth/Johnston* Ist im Verhältnis zur Volksrepublik china die Gegenseitigkeit verbürgt?, IHR 2007, 133 ff.; *Bohnet* Das Gegenseitigkeitsprinzip bei der Anerkennung von Gerichtsurteilen im deutsch-chinesischen Rechtsverkehr, RIW Beil. 6/1996, 17 ff.; *Czernich* Vollstreckung fremder Urteile und Schiedssprüche in der VR China, RIW 1995, 650 f.; *Daentzer* Voraussetzungen der Vollstreckung von vermögensrechtlichen Urteilen im deutsch-chinesischen Rechtsverkehr, ZZPInt 2 (1997), 367 ff.; *Hu* Chinese Perspectives on International Jurisdiction and the Enforcement of Judgments in Contractual Matters, 1999; *Jingzhou Tao* in: Campbell, CHI, 1 ff.; *Neelmeier* Verbürgung der Gegenseitigkeit zwischen

Deutschland und China?, SchiedsVZ 2007, 102 ff.; *Schütze* Die Anerkennung und Vollstreckbarerklärung von Zivilurteilen und Schiedssprüchen im deutsch-chinesischen Rechtsverkehr, RIW 1986, 269 ff.; *Schütze/Wu* Länderbericht China, in: Geimer/Schütze, Internationaler Rechtsverkehr, 1027.7 ff.
400 Vgl. dazu *Bohnet* Das Gegenseitigkeitserfordernis bei der Anerkennung von Gerichtsurteilen im deutsch-chinesischem Rechtsverkehr, RIW 1996, 17 ff.; *Daentzer* Voraussetzungen der Vollstreckung von vermögensrechtlichen Urteilen im deutsch-chinesischen Rechtsverkehr, ZZPInt 2 (1997), 367 ff.
401 Vgl. KG IHR 2007, 167 = SchiedsVZ 2007, 100; OLG Düsseldorf, OLG-Report Hamm/Düsseldorf/Köln 2007, 569; *Daentzer* ZZPInt 2 (1997), 367 ff. (375); *Czernich* RIW 1995, 650 f. (651); *Nagel/Gottwald* IZPR, § 11, Rdn. 196; *Schütze* RIW 2008, 1 ff. (3 f.); *Schütze/Wu* Länderbericht China (Volksrepublik), in: Geimer/Schütze, Internationaler Rechtsverkehr, 1027. 10 f.; a. A. *Barth/Johnston* IHR 2007, 133 ff.; *Neelmeier* SchiedsVZ 2007, 102 ff. unter Berufung auf eine Entscheidung des Pekinger Volksgerichts mittlerer Stufe v. 17.5.2002 (S. 103).

Costa Rica: Nach Artt. 705 ff. CPC sind Erfordernisse der Wirkungserstreckung[402]:

– Die Entscheidung muss eine Zivil- oder Handelssache zum Gegenstand haben.
– Das Erstgericht muss international zuständig gewesen sein.
– Die Urteilsausfertigung muss authentisch sein.
– Die grundlegenden verfahrensmäßigen Rechte der Parteien im Hinblick auf Ladungen, Vertretung und Zustellungen müssen gewahrt worden sein.
– Die Entscheidung darf nicht in Widerspruch zu einem rechtskräftigen Urteil in derselben Sache stehen. Auch die anderweitige Rechtshängigkeit vor einem costaricanischen Gericht ist Versagungsgrund der Anerkennung.
– Das Urteil muss im Erststaat vollstreckbar sein.
– Die Wirkungserstreckung darf nicht gegen den ordre public verstoßen.

Im Verfahren der Wirkungserstreckung erfolgt keine révision au fond. Die Gegenseitigkeit ist verbürgt[403].

Dänemark[404]: Im deutsch-dänischen Verhältnis gilt die VO (EG) Nr. 44/2001[404a].

Dubai: Es gilt die Zivilprozessordnung der Vereinigten Arabischen Emirate[405]. Die Gegenseitigkeit ist nicht verbürgt[406].

Ecuador: Nach Art. 424 Código de Procedimientos Civil sind Erfordernisse der Wirkungserstreckung[407]:

– Das Urteil muss eine Zivil- oder Handelssache zum Gegenstand haben.
– Das Urteil muss in einer persönlichen Klage (acción personal) ergangen sein.
– Das Erstgericht muss international zuständig gewesen sein.
– Die grundlegenden verfahrensmäßigen Rechte der Parteien müssen gewahrt worden sein, insbesondere im Hinblick auf Ladungen, Zustellungen und Gewährung rechtlichen Gehörs.
– Die Wirkungserstreckung darf nicht gegen den ordre public verstoßen.
– Die Entscheidung muss in Rechtskraft erwachsen sein.
– Das Urteil darf nicht gegen die Grundsätze ecuadoranischen öffentlichen Rechts verstoßen und muss mit den Grundsätzen ecuadoranischen Rechts vereinbar sein.
– Die Entscheidung muss authentisch sein.

Die Wirkungserstreckung findet in einem Verfahren ohne révision au fond statt. Allerdings scheint die Überprüfung auf die Vereinbarkeit der Entscheidung mit den Grundsätzen

402 Vgl. dazu *Pacheco/Fachler* in: Campbell, COS, 1 ff.; *Rissel* Das internationale Privatrecht von Costa Rica, 2001, S. 161 ff.; *ders.* Länderbericht Costa Rica, in: Geimer/Schütze, Internationaler Rechtsverkehr, 1028, 4 ff.
403 So schon nach früherem Recht *Martiny* Handbuch des Internationalen Zivilverfahrensrechts, Rdn. 1348.
404 Schrifttum: *Budtz* in: Campbell, DEN, 1 ff.; *Hambro* Recognition and Enforcement of Foreign Judgments in the Nordic Countries, Journal Clunet 84 (1957), 908 ff.; *Harms* Die dänische Anordnung über die Anerkennung von deutschen Urteilen vom 13. April 1938, JW 1938, 1942 ff.; *Jaspers* Länderbericht Dänemark, in: Geimer/Schütze, Internationaler Rechtsverkehr, 1131. 16 ff.
404a Die EuGVVO gilt nicht unmittelbar als Verordnungsrecht in Dänemark, sondern auf

Grund des Abkommens zwischen der EG und Dänemark v. 19.10.2005, ABl. EG Nr. L 299, S. 62; vgl. dazu *Jayme/Kohler* Europäisches Kollisionsrecht 2005: Hegemonialgesten auf dem Weg zu einer Gesamtvereinheitlichung, IPRax 2005, 481 ff. (485 f.); *Nielsen* Brussels I and Denmark, IPRax 2005, 506 ff.
405 Vgl. *Krüger* Grundzüge des internationalen Zivilverfahrensrechts der Vereinigten Arabischen Emirate, RIW 1993, 384 ff.; *ders.* Anerkennung ausländischer Titel in den VAE, IPRax 2005, 472.
406 Vgl. *Krüger* IPRax 2005, 472.
407 Vgl. *Carmigniani* in: Campbell, ECU 1 ff.; *Kadner* Das internationale Privatrecht von Ecuador, 1999, S. 176 ff.; *Möllring* Anerkennung und Vollstreckung ausländischer Urteile in Südamerika, 1985.

ecuadoranischen Rechts eine weitergehende Prüfung als im deutschn Recht zulässig zu erlauben. Teilweise wird darin jedoch nur eine Ausformung des ordre public Vorbehalts gesehen[408]. Wenn man davon ausgeht, dann ist die Gegenseitigkeit partiell für Urteile aufgrund persönlicher Klagen verbürgt[409].

Estland[410]: Im deutsch-estnischen Verhältnis gilt die VO (EG) Nr. 44/2001.

Fiji: Die Rechtslage entspricht der in Antigua und Barbuda[411]. Die Gegenseitigkeit ist in gleichem Maße verbürgt.

Finnland[412]: Im deutsch-finnischen Verhältnis gilt die VO (EG) Nr. 44/2001.

Frankreich[413]: Im deutsch-französischen Verhältnis gilt die VO (EG) Nr. 44/2001.

Fujairah: Es gilt die Zivilprozessordnung der Vereinigten Arabischen Emirate[414]. Die Gegenseitigkeit ist nicht verbürgt.

Georgien: Nach Art. 58 IPR-Gesetz sind Erfordernisse der Wirkungserstreckung[415]:

– Die Entscheidung muss eine Zivil- oder Handelssache zum Gegenstand haben.
– Das Urteil muss rechtskräftig sein.
– Das Erstgericht muss international zuständig gewesen sein.
– Der unterlegenen Partei muss rechtliches Gehör gewährt worden sein.

---

408 So *Martiny* Handbuch des Internationalen Zivilverfahrensrechts, Rdn. 1353; *Möllring* aaO., S. 83 f.; a. A. *Kadner* aaO., S. 179 f.
409 So *Martiny* Handbuch des Internationalen Zivilverfahrensrechts, Rdn. 1353; a. A. *Kadner* aaO., S. 178.
410 Schrifttum: *Aavakivi* in: Campbell, EST, 1 ff.; *Trunk/Göttig/Kove* Länderbericht Estland, in: Geimer/Schütze, Internationaler Rechtsverkehr, 1034. 14 ff.
411 Vgl. dazu *Schütze* Länderbericht Fji, in: Geimer/Schütze, Internationaler Rechtsverkehr, 1038. 5 ff.
412 Schrifttum: *Hambro* Recognition and Execution of Foreign Judgments in the Nordic Countries, Journal Clunet 84 (1957), 908 ff.; *Kiuru* in: Campbell, FIN, 1 ff.; *Lappaleinen* Recognition and Enforcement of Foreign Judgments Outside the Scope of Application of the Brussels and Lugano Convention, in: Walter/Baumgartner (Herausg.), Anerkennung und Vollstreckung von Entscheidungen außerhalb der Übereinkommen von Brüssel und Lugano, 2000, S. 169 ff.; *Uusitalo/Kocher* Länderbericht Finnland, in: Geimer/Schütze, Internationaler Rechtsverkehr, 1038a, 7 f.
413 Schrifttum: *Alexandre* Le pouvoirs du juge de l'exequatur, 1970; *Ancel* La loi appliquée et effets en France des décisions étrangers, Trav.Com.Fr.dr.int.pr. 1986–1988, S. 25 ff.; *ders.* Les règles de droit international privé et la reconnaissance des décision étrangers, Riv.Dir.Int.Priv. eProc. 1992, 201 ff.; *Einmahl* Die Vollstreckung ausländischer Zahlungsurteile in Frankreich und die Verbürgung der Gegenseitigkeit, RabelsZ

33 (1969), 114 ff.; *Francescakis* Compétence étrangère et jugement étranger, Rev. crit. 1953, 1 ff.; *Holleaux* Compétence du juge étranger et reconnaissance du jugements, 1970, *Issaf* Le jugement étranger devant le juge d'exequatur, 1970; *Kössinger* Rechtskraftprobleme in deutsch-französischen Rechtsverkehr, 1993; *Lécuyer-Tieffry* in: Campbell, FRA, 1 ff.; *Perroud* Les jugements étrangers, 1929; *Kessedjian* La reconnaissance et l'exécution des jugements étrangers en France – jors les Conventions de Bruxelles et de Lugano, in: Walter/Baumgartner (Herausg.), Anerkennung und Vollstreckung ausländischer Entscheidungen außerhalb der Übereinkommen von Brüssel und Lugano, 2000, S. 185 ff.; *Matscher* Anerkennung und Vollstreckung österreichsicher Urteile in Frankreich, JBl. 1956, 459 ff.; *Mezger* Über die Anerkennung deutscher Ehescheidungsurteile in Frankreich, FS Firsching, 1985, S. 175 ff.; *Muir-Watt* Remarques sur less effets en France des jugements étrangers indépendamment de l'exequatur, FS Holleaux, 1990, S. 301 ff.; *Schlachter* Neue Aspekte der Vollstreckbarerklärung ausländischer Urteile in Frankreich, AcP 156 (1957), 507 ff.; *Schütze* Länderbericht Frankreich, in: Geimer/Schütze, Internationaler Rechtsverkehr, 1039. 9 ff.
414 Vgl. *Krüger* Grundzüge des internationalen Zivilverfahrensrechts der Vereinigten Arabischen Emirate, RIW 1993, 384 ff.
415 Vgl. *Knieper* Länderbericht Georgien, in: Geimer/Schütze, Internationaler Rechtsverkehr, 1041.5.

- Es darf keine kollidierende Entscheidung eines georgischen Gerichts oder eine widersprechende anerkannte Entscheidung eines ausländischen Gerichts vorliegen.
- Die Entscheidung muss mit den grundlegenden Prinzipien des georgischen Rechts vereinbar sein (ordre public-Vorbehalt).
- Die Gegenseitigkeit muss verbürgt sein.

Erfahrungen über die Behandlung von Titeln im deutsch-georgischen Verhältnis liegen zwar nicht vor. Da Erfordernisse und Verfahren der Wirkungserstreckung aber äquivalent sind, ist von der Verbürgung der Gegenseitigkeit auszugehen[416].

Ghana: Eine Wirkungserstreckung auf statutarischer Grundlage ist nicht möglich, da es an einer Gegenseitigkeitserklärung fehlt. Die Möglichkeit der Anerkennung und Vollstreckbarerklärung auf Grund von common law ist streitig[417], wird aber von ghanaischer Seite verneint[418]. Die Gegenseitigkeit ist nicht verbürgt.

Gibraltar[419]: Es gilt die VO (EG) 44/2001. Gibraltar wird nach Art. 299 Abs. 4 EG-Vertrag als Teil der Gemeinschaft angesehen[420].

Griechenland[421]: Im deutsch-griechischen Verhältnis gilt die VO (EG) Nr. 44/2001.

Guayana: Eine Wirkungserstreckung auf statutarischer Grundlage ist nicht möglich, da es an einer Gegenseitigkeitserklärung fehlt. Die Möglichkeit einer Anerkennung und Vollstreckbarerklärung auf Grund von common law ist völlig ungeklärt. Die Gegenseitigkeit ist nicht verbürgt[422].

---

416 Vgl. *Knieper* Länderbericht Georgien, in: Geimer/Schütze, Internationaler Rechtsverkehr, 1041.5.
417 Bejahend *Martiny* Handbuch des Internationalen Zivilverfahrensrechts, Rdn. 1363.
418 Vgl. *Hesse* in: Campbell, GHA. 1 ff.
419 Schrifttum: *Dumas* in: Campbell, GIB, 1 ff.
420 Vgl. *Sack* Europas Zwerge, EuZW 1997, 45 ff. (50).
421 Schrittum: *Economou* in: Campbell, GRE, 1 ff.; *Efrigenis* Probleme der Vollstreckung und Anerkennung ausländischer Entscheidungen, GS Simonetos, 1958, S. 354 ff.; *Filios/Henrich* Zur Anerkennung deutscher Scheidungsurteile in Griechenland, IPRax 1985, 150 f.; *Kerameus* Länderbericht Griechenland, in: Geimer/Schütze, Internationaler Rechtsverkehr, 1043. 10 ff.; *ders.* Sanctions Against Non-compliance With Enforceability, FS Schütze, 1999, S. 359 ff.; *ders.* Das Brüsseler Vollstreckungsübereinkommen und das griechische Recht der Anerkennung und Vollstreckung von ausländischen Entscheidungen, FS Henckel, 1995, S. 423 ff.; *Klamaris* Enforcement of Court Orders and Judgments, in: Walter/Baumgartner (Herausg.), Anerkennung und Vollstreckung ausländischer Entscheidungen außerhalb der Übereinkommen von Brüssel und Lugano, 2000, S. 275 ff.; *Kozyris* International Jurisdiction and Recognition and Enforcement of Judgments and Awards, in: Kerameus/Kozyris (Herausg.), Introduction to Greek Law, 2. Aufl., 1993, S. 265 ff.; *Maridakis* Die Vollstreckbarkeit ausländischer Urteile in Griechenland, RabelsZ 4 (1930), 506 ff.; *Milionis* Praxis der Vollstreckung deutscher Titel in Griechenland nach dem EuGVÜ, RIW 1991, 100 ff.; *Pouliadis* Zur Vollstreckung eines deutschen Kostenfestsetzungsbeschlusses in Griechenland, IPRax 1982, 164 f.; *ders.* Die Bedeutung des deutsch-griechischen Vertrages vom 4.11.1961 für die Anerkennung und Vollstreckung deutscher Entscheidungen in der griechischen Praxis, 1985; *Sinanides* Die Anerkennung deutscher Scheidungsurteile in Griechenland, Diss. Bielefeld, 1980; *Vrellis* Anerkennung und Vollstreckung ausländischer Gerichtsentscheidungen und Schiedssprüche (geltendes System und dessen Verbesserungschancen), Griechischer Landesbericht zu 8. Weltkonferenz für Zivilprozeßrecht, Utrecht, 1987, S. 399 ff.; *Yessiou-Faltsi* Die Anerkennung und Vollstreckung deutscher Gerichtsurteile in Griechenland aus der Sicht eines griechischen Juristen, ZZP 96 (1983), 67 ff.; *dies.* Anerkennung ausländischer Personenstandsentscheidungen nach autonomem griechischen Recht, FS Rechberger, 2005, S. 733 ff.
422 Vgl. IPG 1973 Nr. 40 (Hamburg); a. A. *Martiny* Handbuch des Internationalen Zivilverfahrensrechts, Rdn. 1375.

Hong Kong: Deutsche Urteile können aufgrund des Foreign Judgments (Reciprocal Enforcement) Ordinance möglich. Eine formelle Gegenseitigkeitserklärung ist für Deutschland vor dem Souveränitätswechsel 1997 ergangen und später bestätigt worden[423]. Daneben ist eine Wirkungserstreckung deutscher Titel auch aufgrund von common law zulässig. Die Erfordernisse und das Verfahren der Wirkungserstreckung entsprechen denen in Antigua und Barbuda[424].

Die Gegenseitigkeit ist für Urteile auf Geldzahlung verbürgt.

Indien: Das vereinfachte Verfahren der Wirkungserstreckung nach sect. 44-A CPC steht für deutsche Titel mangels formeller Gegenseitigkeitserklärung nicht zur Verfügung. Eine Wirkungserstreckung kann jedoch nach sect. 13 f. CPC erfolgen.

Erfordernisse der Wirkungserstreckung sind[425]:

- Das Urteil muss eine Zivil- oder Handelssache zum Gegenstand haben.
- Die Entscheidung muss endgültig (final and conclusive) sein.
- Das Erstgericht muss internationale Zuständigkeit besessen haben.
- Es darf sich nicht um ein Versäumnis- oder Prozessurteil handeln.
- Das Urteil darf nicht gegen allgemein anerkannte Grundsätze des internationalen Rechts verstoßen.
- Die Wirkungserstreckung darf nicht gegen den ordre public verstoßen.
- Der Urteilsspruch darf nicht gegen ein indisches Gesetz verstoßen.

Die Wirkungserstreckung erfolgt im Wege der action upon the foreign judgment. Zuständig ist der District Court. Eine révision au fond ist zwar grundsätzlich unzulässig, jedoch erfolgt über die Vereinbarkeit mit indischem Recht zumindest eine weitergehende sachliche Nachprüfung als diese im deutschen Recht zulässig ist.

Die Gegenseitigkeit ist nicht verbürgt[426].

Indonesien[427]: Das indonesische Recht lässt – mit Ausnahme des Falles eines Entscheidung über Ansprüche aus großer Havarie[428] – die Wirkungserstreckung ausländischer Urteile nicht zu. Das ausländische Urteil kann lediglich als Beweismittel in einem neuen Prozess über denselben Streitgegenstand dienen.

Die Gegenseitigkeit ist nicht verbürgt[429].

Irak: Das Gesetz Nr. 30/1928, das Grundlage für die Wirkungserstreckung ausländischer Zivilurteile ist[430], lässt die Anerkennung und Vollstreckbarerklärung ausländischer Titel nur bei staatsvertraglicher oder administrativer Verbürgung der Gegenseitigkeit zu. Keine von beiden Alternativen ist im deutsch-irakischen Verhältnis gegeben.

423 Vgl. *Brock/James* in: Campbell HK. 2 ff.

424 Vgl. auch *Luthra* Hong Kong: Von der britischen Kronkolonie zur Sonderverwaltungszone in der Volksrepublik China – Offene Rechtsfragen am Beispiel der Anerkennung und Vollstreckung eines Urteils Hong Konger Gerichte in der Bundesrepublik Deutschland, RIW 1997, 625 ff.

425 Vgl. *Chirawawala* in: Campbell, IND. 7 ff.; *Diwan* Indian and English Private International Laws, 1977, S. 599 ff.; *Otto* Länderbericht Indien, in: Geimer/Schütze, Internationaler Rechtsverkehr, 1046. 7 ff.

426 A. A. *Otto* Länderbereicht Indien, in: Geimer/Schütze, Internationaler Rechtsverkehr, 1046. 10 (partielle Verbürgung); *Martiny* Hand-

buch des Internationalen Zivilverfahrensrechts, Rdn. 1384.

427 Schrifttum: *Hornick* The Recognition and Enforcement of Foreign Judgments in Indonesia, Harv.Int.L.J.18 (1977), 97 ff.; *Ong* Reciprocal Enforcement of Judgments in Indonesia, in: Ong, Cross-Border Litigation within ASEAN, 1997, S. 164 ff.

428 Vgl. *Hornick* Harv.Int.L.J. 18 (1977), 97 ff.

429 Vgl. *Martiny* Handbuch des Internationalen Zivilverfahrensrechts, Rdn. 1385.

430 Vgl. dazu *Krüger/Küppers* Das internationale Privat- und Zivilverfahrensrecht des Irak, IPRax 1988, 180 ff.

Die Gegenseitigkeit ist nicht verbürgt[431].

Iran[432]: Nach Art. 972 Zivilgesetzbuch i. V. m. Artt. 169–179 des Gesetzes über die Vollstreckung zivilgerichtlicher Entscheidungen 1977 werden ausländische Urteile bei Vorliegen folgender Voraussetzungen anerkannt und für vollstreckbar erklärt[433]:

- Die Entscheidung muss eine Zivil- oder Handelssache zum Gegenstand haben.
- Das Urteil muss wirksam und endgültig sein.
- Das Erstgericht muss internationale Zuständigkeit in dem Sinne besessen haben, dass keine iranische Zuständigkeit entgegenstand.
- Die Wirkungserstreckung darf nicht gegen den iranischen ordre public verstoßen.
- Die Wirkungserstreckung darf nicht internationalen Verträgen oder besonderen iranischen Gesetzen widersprechen.
- Die Gegenseitigkeit muss verbürgt sein[434].

Das Exequaturverfahren ermöglicht eine zumindest teilweise révision au fond im Hinblick auf die Vereinbarkeit mit besonderen iranischen Gesetzen[435]. Überdies ist wahrscheinlich, dass die iranische Rechtsprechung die Gegenseitigkeit im Verhältnis zu Deutschland verneint, da die deutsche Literatur dies umgekehrt seit langem tut.

Die Gegenseitigkeit ist nicht verbürgt[436].

Irland[437]: Im deutsch-irischen Verhältnis gilt die VO (EG) Nr. 44/2001.

Island[438]: Im deutsch-isländischen Verhältnis gilt das LugÜ II.

Isle of Man: Die VO (EG) Nr. 44/2001 gilt nicht für das Isle of Man. Eine Wirkungserstreckung deutscher Titel auf statutarischer Grundlage ist nicht möglich, da die imn Judgment (Reciprocal Enforcement) (Isle of Man) Act, 1968 vorgesehene formelle Gegenseitigkeitserklärung fehlt. Jedoch können Anerkennung und Vollstreckbarerklärung nach common law-Grundsätzen erfolgen[439]. Die Erfordernisse und das Verfahren entsprechen denen in Antigua und Barbuda.

Die Gegenseitigkeit ist für Urteile auf Geldzahlung verbürgt.

Israel: Im deutsch-israelischen Verhältnis gilt der deutsch-israelische Anerkennungs- und Vollstreckungsvertrag v. 20.7.1977[440]. Für Entscheidungen, die nicht dem Vertrag unter-

---

431 Vgl. *Krüger/Küppers* IPRax 1988, 180 ff. (182); *Martiny* Rdn. 1386.
432 Schrifttum: *Wurmnest/Yassari* Die Anerkennung und Vollstreckung ausländischer Urteile im Iran – Folgerungen für die Verbürgung der Gegenseitigkeit gemäß § 328 I Nr. 5 ZPO, IPRax 2006, 217 ff.
433 Vgl. *Liemen* Schiedsgerichtsbarkeit und Vollstreckung von Schiedssprüchen im Iran, RIW/AWD 1978, 780 ff.
434 Vgl. *Wurmnest/Yassari* IPRax 2006, 217 ff. (219 Fn. 18).
435 A. A. *Wurmnest/Yassari* IPRax 2006, 217 ff. (221).
436 A. A. *Wurmnest/Yassari* IPRax 2006, 217 ff. (221).
437 Schrifttum: *Binchy* Irish Conflicts of Law, 1988, S. 585 ff.; *Clarke* in: Campbell, IRE, 1 ff.; Exshaw, Enforcement of Foreign Judgments in

Personam, Irish Jur. 30 (1964), 1 ff.; *Schütze* Länderbericht Irland, in: Geimer/Schütze, Internationaler Rechtsverkehr, 1051. 9 ff., weiter IPG 1974 Nr. 23 (Hamburg).
438 Schrifttum: *Hambro* Recognition and Enforcement of Foreign Judgments in the Nordic Countrie, Journal Clunet 84 (1957), 908 ff.; *Oskarsson* The Lugano Convention and Iceland, in: Jayme (Heruag.), Ein internationales Zivilverfahrensrecht für Gesamteuropa, 1992, S. 249 ff.; *Stefánsson* Länderbericht Island, in: Geimer/Schütze, Internationaler Rechtsverkehr, 1053. 9 ff.
439 Vgl. *Wright* in: Campbell, IMA. 6 ff.
440 BGBl. 1980 II 925, 1531; dazu *Pirrung* Zu den Anerkennungs- und Vollstreckungsverträgen der Bundesrepublik Deutschland mit Israel und Nowegen, IPRax 1982, 130 f.; *Schütze* Der deutsch-israelische Anerkennungs- und Vollstreckungsvertrag, IWB F 6, Gr. 3, 13 ff.

fallen, ist eine Wirkungserstreckung nach dem Gesetz Nr. 5718/1958 möglich[441]. Danach sind Erfordernisse der Wirkungserstreckung:

- Die Entscheidung muss eine Zivil- oder Handelssache zum Gegenstand haben.
- Das Erstgericht muss international zuständig gewesen sein.
- Das Urteil muss rechtskräftig sein.
- Die Wirkungserstreckung darf nicht gegen den israelische ordre public verstoßen.
- Das Urteil darf nicht durch Betrug (fraud) erschlichen sein.
- Die grundlegenden verfahrensmäßigen Rechte der Partien, insbesondere im Hinblick auf Zustellung der prozesseinleitenden Landung oder Verfügung und die Gewährung rechtlichen Gehörs müssen im erststaatlichen Verfahren gewahrt sein.
- Das Urteil darf nicht in Widerspruch zu einer israelischen Entscheidung in derselben Sache stehen oder unter Nichtbeachtung israelischer Rechtshängigkeit ergengen sein.
- Die Gegenseitigkeit muss tatsächlich verbürgt sein. Es ist davon auszugehen, dass die Gegenseitigkeit im Verhältnis zu Deutschland als verbürgt angesehen wird, nachdem in einem Akt von polical correctness eine deutsche – nicht bindende – Gegenseitigkeitserklärung ergangen ist[442].

Die Wirkungserstreckung erfolgt durch den District Court Jerusalem ohne révision au fond. Jedoch muss der Antrag binnen fünf Jahren nach Urteilserlass gesetelt werden.

Die Gegenseitigkeit ist innerhalb der Fünfjahresfrist partiell verbürgt[443].

Italien[444]: Im deutsch-italienischen Verhältnis gilt die VO (EG) Nr. 44/2001.

Jamaica: Eine Wirkungserstreckung deutscher Titel auf statutarischer Grundlage ist mangels formeller Gegenseitigkeitserklärung, die der Judgments (Foreign Reciprocal Enforce-

441 Vgl. *Shaki* Deux problèmes de droit international privé en Israel. Exequatur des jugements étrangers et compétence international des ttribunaux israeliens a la suite de la guerre de six jours, Journal Clunet 98 (1971), 344 ff.; *Sharon* in: Campbell, ISR. 1 ff.; *Schütze* Die Anerkennung und Vollstreckung ausländischer Urteile in Israel, DAR 1965, 43 f.; *ders.* Zur Verbürgung der Gegenseitigkeit, insbesondere im Verhältnis zu Israel, AWD 1972, 281 ff.
442 Vgl. AusfVO JM NRW v. 5.12.1958, JMBl. NRW 1959, 6.
443 Vgl. LG Berlin AWD 1971, 348 = NJW 1971, 331 mit Anm. Joel NJW 1971, 1529 f.
444 Schrifttum: *Acocella* Internationale Zuständigkeit sowie Anerkennung und Vollstreckung ausländischer Entscheidungen in Zivilsachen im schweizerisch-italienischen Rechtsverkehr, Diss. St. Gallen, 1989; *Attardi* La nuova disciplina in tema di giurisdizione italiana e di riconoscimento delle sentenz straniere, Riv.dir.civ. 1995 I, 727 ff.; *Biamonti* in: Campbell, ITA, 1 ff.; *Bonomi* Le nouveau système de la reconnaissance et de l'exécution des jugements étrangers en Italie, Rev.crit. 1997, 372 ff.; *Carlavaris* L'accertamento giudiziale dei requisiti per il reconoscimento delle sentenze straniere, Riv. dir. int. priv. proc. 2001, 71 ff.; *Carpi* L'efficacia delle sentenze ed atti stranieri, in: La riforma del diritto internazionale privato processuale, 1996, 145 ff.; *Condorelli* La funzione del ri-

conoscimento di sentenze straniere, 1967; *Coscia* Condizione di reciprocità e diritto internazionale privato, Riv. dir. int priv. proc. 2001, 557 ff.; *Lupoi* Recognition and Enforcement of Foreign Judgments Outside the Scope of Application of the Brussels and Lugano Conventions: Italy, in: Walter/Baumgartner (Herausg.), Anerkennung und Vollstreckung ausländischer Entscheidungen außerhalb der Übereinkommen von Brüssel und Lugano, 2000, S. 437 ff. (dort auch Nachweise für Schrifttum vor Inkrafttreten des IPRG); *Maresca* Prime note sui poteri di controllo della sentenza straniera del giudice del riconoscimento nella riforma del diritto internazionale privato, Riv. comm.int. 1995, 829 ff.; *Migliazza* Le sentenze straniere nel diritto italiano, 1968; *Pfeifer* Länderbericht Italien, in: Geimer/Schütze, Internationaler Rechtsverkehr, 1056. 10 ff.; *Saggio* Efficacia di sentenze ed atti sttranieri, Coo.giur. 1995, 1259 ff.; *Tondo* Appunti sulla efficacia di sentenze ed atti stranieri, foro it. 1996, 192 ff.; *Vigoriti* Recenti sviluppi in tema di riconoscimento ed esecuzione di sentenze e lodi arbitrali stranieri in Italia, FS Areopag, Bd. VI, 2007, S. 435 ff. (Stand 1987); *Vogler* Zur Anerkennung ausländischer Ehetrennungsurteile in Italien, Jahrbuch für italienisches Recht 5 (1992), S. 155 ff.; *Wastl* Die Vollstreckung deutscher Titel auf der Grundlage des EuGVÜ in Italien, 1991.

ment) Act, 1936 vorsieht, nicht möglich. Jedoch können Anerkennung und Vollstreckbarerklärung nach common law-Grundsätzen erfolgen[445]. Erfordernisse und Verfahren entsprechen denen in Antigua und Barbuda.

Die Gegenseitigkeit ist für Urteile auf Geldzahlung verbürgt[446].

Japan[447]: Die Wirkungserstreckung ausländischer Zivilurteile bestimmt sich nach $\S\S$ 188 ZPG sowie 22, 24 ZVG[448]. Danach sind Erfordernisse der Wirkungserstreckung:

– Das ausländische Urteil muss eine Zivil- oder Handelssache zum Gegenstand haben.
– Das Erstgericht muss international zuständig gewesen sein, wobei die Gerichtsstandsvereinbarung Anerkennungszuständigkeit begründend wirkt[449].
– Die prozesseinleitende Ladung oder Verfügung muss dem Beklaten ordnungsgemäß zugestellt worden sein. Öffentliche Zustellung genügt nicht. Einlassung heilt Zustellungsmängel.
– Die Wirkungserstreckung darf nicht gegen den japanischen ordre public verstoßen.
– Die Gegenseitigkeit muss tatsächlich verbürgt sein. Das LG Nagoya hat die Gegenseitigkeitsverbürgung im Verhältnis zu Deutschland bejaht.

Die Anerkennung erfolgt formlos, die Vollstreckbarerklärung in einem gerichtlichen Verfahren. Eine révision au fond ist unzulässig.

Die Gegenseitigkeit ist verbürgt.

Jemen[450]: Rechtsgrundlage der Wirkungserstrekung sind Artt. 282 ff. der jemenitischen

---

445 Vgl. *Martiny* Handbuch des Internationalen Zivilverfahrensrechts, Rdn. 1392; *Morrison* in: Campbell, JAM. 1 ff.
446 Vgl. *Martiny* Handbuch des Internationalen Zivilverfahrensrechts, Rdn. 1392.
447 Schrifttum: *Doi* in: Campbell (Herausg.) International Execution against Judgment Debtors, JPN 1 ff.; *Einsel* Vollstreckung ausländischer Schiedssprüche und ausländischer Gerichtsurteile in Japan, AWD 1963, 134 f.; *Kono* Die Anerkennung von US-amerikanischen Urteilen über punitve damages in, in: Kono/Heldrich (Herausg.), Herausforderungen des internationalen Zivilprozessrechts, 1994, S. 35 ff.; *ders.* zur Anerkennung eines amerikanischen Urteils über punitve damages in Japan, ZJapanR 4 (1997), 129 ff.; *Kono/Trunk* Anerkennung und Vollstreckung ausländischer Urteile in Japan, ZZP 102 (1989), 319 ff.; *Matsumoto* Probleme der Rechtskraft im internationalen Zivilprozess, in: Kroeschell/Cordes (Herausg.), Vom nationalen zum transnationalen Recht, 1995, S. 77 ff.; *Koshiyama* Rechtskraftwirkungen und Urteilsanerkennung nach amerikanischem, deutschem und japanischem Recht, 1996; *Menkhaus* Anerkennung und Vollstreckbarkeitserklärung deutscher zivilgerichtlicher Entscheidungen in Japan, RIW 1988, 189 ff.; *Nagata* Anerkennung und Vollstreckbarkeit deutscher Urteile in vermögensrechtlichen Streitigkeiten in Japan, RIW/AWD 1976, 208 ff.; *Nagel* Die Anerkennung und Vollstreckung ausländischer

Urteile nach der geltenden deutschen Zivilprozessordnung im besonderen Verhältnis zu Japan, FS Waseda, 1988, S. 757 ff.; *Narabashi* Exécution des jugements étrangers au Japon, 1937; *Ni-shitani* Anerkennung und Vollstreckung US-amerikanischer punitive damages-Urteile in Japan, IPRax 2001, 365 ff.; *Petersen* Das internationale Zivilprozessrecht in Japan, 2003, S. 447 ff.; *dies.* Länderbericht Japan, in: Geimer/Schütze, Internationaler Rechtsverkehr, 1058. 9 ff.; *Takata* Probleme der Urteilsanerkennung im japanischen Zivilprozessrecht, in: Heldrich/Kono (Herausg.), Herausforderungen des internationalen Zivilverfahrensrechts, 1994, S. 49 f.; *Takeshita* Neuere Tendenzen zur Anerkennung und Vollstreckung ausländischer Entscheidungen in Japan, ZZPInt 1 (1996), 305 ff.
448 Deutsche Übersetzungen der Normen bringen *Heath/Petersen* Das japanische Zivilprozessrecht: Zivilprozessgesetz und Zivilprozessverordnung nach der Reform von 1996, 2002, S. 65 ff.
449 Vgl. *Menkhaus* RIW 1988, 189 ff. mit der Darstellung eines Urteils des Bezirksgerichts Nagoya.
450 Schrifttum: *Krüger* Internationales Zivilverfahrensrecht der Republik Jemen, RIW 1993, 470 ff.

ZPO[451], die vom Prinzip der elastischen Gegenseitigkeit ausgehen. Darüber hinaus sind Erfordernisse der Anerkennung und Vollstreckbarerklärung[452]:

- Die Entscheidung muss eine Zivil- oder Handelssache zum Gegenstand haben.
- Das Erstgericht muss international zuständig gewesen sein.
- Die Entscheidung muss nach erststaatlichem Recht rechtskräftig sein.
- Die Parteien müssen im erststaatlichen Verfahren ordnungsgemäß geladen und vertreten gewesen sein.
- Das Urteil darf nicht in Widerspruch zu einer früheren jemenitischen Entscheidung in derselben Sache stehen.
- Die Wirkungserstreckung darf nicht gegen den jemenitischen ordre public verstoßen.
- Die Gegenseitigkeit muss verbürgt sein.

Die Wirkungserstreckung erfolgt in einem gerichtlichen Verfahren, in dem die révision au fond im Prinzip ausgeschlossen ist. Die ordre public Klausel wird aber so extensiv interpretiert, dass die Gegenseitigkeit nicht verbürgt ist[453].

Jersey: Eine Geltendmachung deutscher Titel auf statutarischer Grundlage ist mangels formeller Gegenseitigkeitserklärung nicht möglich. Jedoch können Anerkennung und Vollstreckbarerklärung nach common law-Grundsätzen erfolgen[454].

Die Gegenseitigkeit ist in gleichem Maße wie zu Antigua und Barbuda verbürgt.

Jordanien: Rechtsgrundlage für die Anerkennung und Vollstreckbarerklärung ausländischer Zivilurteile ist das Gesetz 8/1952. Danach sind Erfordernisse der Wirkungserstreckung[455]:

- Die Antscheidung muss eine Zivil- oder Handelssache zum Gegenstand haben und auf Geldzahlung, Herausgabe einer Sache oder Erstellung einer Abrechnung gehen.
- Das Erstgericht muss internationale Zuständigkeit besessen haben, wobei auf die Gerichtsstandsvereinbarung Anerkennungeszuständigkeit begründet.
- Die grundlegenden prozessualen Rechte des Beklagten im Hinblick auf Ladungen und Zustellungen müssen gewahrt worden sein.
- Die Entscheidung muss endgültig sein.
- Die Wirkungserstreckung darf nicht gegen den jordanischen ordre public verstoßen oder auf betrügerische Weise erschlichen sein. Das islamische Zinsverbot gehört nicht zum ordre public, solange der gesetzliche Zinssatz von 9% nicht überschritten wird[456].
- Die ausländische Entscheidung darf nicht in Widerspruch zu einem jordanischen Erkenntnis in derselben Sache stehen.
- Die Gegenseitigkeit muss tatsächlich verbürgt sein, wobei die Rechtsprechung dieses Erfordernis anerkennungsfreundlich auslegt.

---

451 Vgl. für eine Übersetzung *Krüger* RIW 1993, 470 ff. (472); die Bestimmungen sind durch die IPR-Reform 2002 nicht berührt worden, vgl. *Krüger* Neues Internationales Privatrecht in der Republik Jemen, IPRax 2004, 370 f.
452 Vgl. Krüger, Internationales Zivilverfahrensrecht in der Republik Jemen, RIW 1993, 470 ff.; *ders.* Allgemeiner Rechtszustand und internationales Privatrecht in der Republik Jemen, RIW 1993, 28 ff.

453 Vgl. *Krüger* RIW 1993, 470 ff. (471).
454 Vgl. *Begg* in: Campbell, JER 10 ff.
455 Vgl. dazu *Behrens* Das Kollisionsrecht Jordaniens, 1970, S. 31 ff.; *Faouri* in: Campbell, JOR 1 ff.; *Krüger* Das internationale Zivilprozessrecht Jordaniens, IPRax 2000, 435 ff. (437 ff.).
456 Vgl. *Krüger* IPRax 2000, 435 ff. (438 Fn. 28).

Die Wirkungserstreckung erfolgt in einem gerichtlichen Verfahren. Eine révision au fond ist unzulässig.

Die Gegenseitigkeit ist verbürgt.

Jugoslawien (ehemaliges): Nach Artt. 86 ff., 101 IPRG 1982[457] sind Erfordernisse der Wirkungserstreckung[458]:

- Die Entscheidung muss eine Zivil- oder Handelssache zum Gegenstand haben. Prozessvergleiche gelten als Entscheidungen.
- Das Erstgericht muss international insoweit zuständig gewesen sein, dass keine ausschließliche jugoslawische Zuständigkeit bestanden hat.
- Das ausländische Urteil muss rechtskräftig und – soweit die Vollstreckbarerklärung begehrt wird – im Erststaat vollstreckbar sein.
- Die grundlegenden verfahrensmäßigen Rechte der Parteien im erststaatlichen Verfahren müssen gewahrt worden sein, insbesondere im Hinblick auf die Zustellung der prozesseinleitenden Ladung oder Verfügung.
- Es darf keine entgegenstehende rechtskräftige Entscheidung eines jugoslawischen Gerichts oder anerkennungsfähige ausländische Entscheidung in derselben Sache vorliegen.
- Die Wirkungserstreckung darf nicht gegen den ordre public verstoßen.
- Die Gegenseitigkeit muss – soweit es sich nicht um eine ehe- oder familienrechtliche Entscheidung handelt – tatsächlich verbürgt sein. Hierfür spricht eine Vermutung.
- Die Entscheidung darf nicht von den wesentlichen Prinzipien des jugoslawischen Rechts abweichen, wenn über den Status von Jugoslawen entschieden worden ist und nach jugoslawischem Kollisionsrecht jugoslawisches Recht anzuwenden gewesen wäre.

Die Anerkennung erfolgt formlos, die Vollstreckbarerklärung bedarf einer gerichtlichen Entscheidung. Eine révision au fond ist unzulässig.

Die Gegenseitigkeit wurde bis zur Dismembration allgemein als verbürgt angesehen. Nach der Stabilisierung der Lage in Serbien und Montenegro und Beendigung des Stillstands der Rechtspflege kann wieder von einer Gegenseitigkeitsverbürgung ausgegangen werden.

Kamerun[459]: Ausländische Zivilurteile werden nach dem Gesetz Nr. 2007/001[460] anerkannt und für vollstreckbar erklärt. Erfordernisse der Wirkungserstreckung sind:

- Es muss sich um eine Entscheidung in einer Zivil-, Handels- oder Sozialsache handeln.
- Das Erstgericht muss international zuständig gewesen sein.
- Die Parteien müssen ordnungsgemäß geladen und vertreten gewesen sein.
- Die Entscheidung muss rechtskräftig und vollstreckbar sein.
- Die Wirkungserstreckung darf nicht gegen den kamerunischen ordre public verstoßen.

457 Eine Übersetzung der Bestimmungen findet sich bei *Pak/Relac* IPRax 1983, 6 ff.
458 Vgl. dazu *Beitzke* Rechtsvergleichende Anmerkungen zur Anerkennung und Vollstreckung ausländischer zivilgerichtlicher Entscheidungen in Jugoslawien, RabelsZ 30 (1966), 642 ff.; *Cigoj* Anerkennung und Vollstreckung ausländischer Urteile in Jugoslawien, Osteuroparecht 1958, 315 ff.; *Kalodjera* Anerkennung und Vollstreckung ausländischer Gerichtsentscheidungen in Jugoslawien, RabelsZ 30 (1966), 668 ff.; *Lipowschek* Jugoslawien – Internationales Privat- und Prozessrecht, StAZ 1983, 38 ff. .
459 Vgl. dazu *Krüger* Zur Anerkennung und Vollstreckung ausländischer Titel in Kamerun, IPRax 2008, 147 f.
460 Die einschlägigen Bestimmungen sind abgedruckt bei *Geimer/Schütze* EuZVR, E.1, Rdn. 184a, Fn. 425.

– Es darf keine entgegenstehende Entscheidung eines kamerunischen Gerichts vorliegen.
– Die Gegenseitigkeit ist **nicht** Erfordernis der Anerkennung und Vollstreckbarerklärung.

Die Wirkungserstreckung erfolgt durch Exequatur. Zuständig ist der Präsident des Gerichtshofs 1. Instanz. Eine révision au fond ist unzulässig.

Die Gegenseitigkeit ist verbürgt[461].

Kanada[462]: Die Materie ist einzelstaatlich geregelt. Mit Ausnahme von Quebec, das zum französischen Rechtskreis gehört, gilt in den Provinzen anglo-kanadisches common law. Der Supreme Court of Canada ist in der Entscheidung Beals v. Saldanha[463]jedoch über die bisherige – schon anerkennungsfreundliche – Praxis hinausgegangen und hat die Anerkennung eines Florida Urteils zugelassen, wenn eine hinrreichende Beziehung zum erststaatlichen Forum besteht.

Alberta: Die Wirkungserstreckung deutscher Titel auf statutarischer Grundlage ist mangels formeller Gegenseitigkeitserklärung nicht möglich. Jedoch können Anerkennung und Vollstreckbarerklärung nach common law-Grundsätzen bei Vorliegen folgender Erfordernisse erfolgen:

– Die ausländische Entscheidung muss eine Zivil- oder Handelssache zum Gegenstand haben und auf Geldzahlung lauten.
– Das Urteil muss endgültig (final and conclusive) sein.
– Das Erstgericht muss international zuständig gewesen sein. Bei actions in personam wird die internationale Zuständigkeit im wesentlichen durch domicile, presence, rügelose Einlassung oder Gerichtsstandsvereinbarung begründet.
– Die Wirkungserstreckung darf nicht gegen den ordre public verstoßen und die erststaatliche Entscheidung nicht durch Betrug (fraud) erschlichen sein.
– Das Urteil darf nicht in einem Prozess, der unter schweren Verfahrensverstößen litt, ergangen sein (Verstoß gegen die natural justice).

Die Wirkungserstreckung erfolgt in einem gerichtlichen Verfahren. Eine révision au fond ist unzulässig.

Die Gegenseitigkeit ist verbürgt.

British Columbia: Deutsche Urteile können aufgrund des Court Order Enfocement Act anerkannt und für vollstreckbar erklärt werden. Erfordernisse der Wirkungserstreckung sind[464]:

461 Vgl. *Krüger* IPRax 2008, 147 f. (148).
462 Vgl. dazu *Bachmann* Länderbericht Kanada, in: Geimer/Schütze, Internationaler Rechtsverkehr,1065. 11 ff.; *Blom* The Enforcement of Foreign Judgments in Canada, Oregon Law Review 57 (1978), 399 ff.; *Castel* Recognition and Enforcement of Foreign Judgments in Personam and in Rem in the common law Provinces of Canada, McGill Law Journal 17 (1971), 11 ff.; *Fabre/Surveyer* La conception du droit international privé d'après la doctrine et la patique au Canada, RDC 53 (1953), 181 ff.; *Holland/Jakibchuk/Erdle/Rompré* in: Campbell, CAN, 1 ff.; *Kennedy* Recognition of Judgments in Personam, The Meaning of Reciprocity, CanBarRev. 35 (1957), 123 ff.; *Nadelman* Enforcement of Foreign Judgments in Canada, CanBarRev. 38 (1960), 68 ff.; *Read* Recognition and Enforcement of Foreign Judgments in the common law Units of the British Commonwealth, 1938; *Steinbrück* Die Anerkennung und Vollstreckung ausländischer Urteile nach kanadischem Recht, IPRax 2007, 245 ff.; *Tepper* Die Anerkennung deutscher Zahlungsurteile in Kanada, FS Sandrock, 1995, S. 89 ff.; *Tetley* Recent Developments: The On-Going Saga of Canada's Conflict of Law Revolution – Theory and Practice – Part II, IPRax 2004, 551 ff.
463 (2004) 234 D.L.R. (4th) 1.
464 Vgl. dazu *Schütze* Internationale Rechtshängigkeit und Verbürgung der Gegenseitigkeit im Verhältnis zu British Columbia, IPRax 2001, 441 ff. (443).

- Die Entscheidung muss eine Zivil- oder Handelssache zum Gegenstand haben und auf Geldzahlung lauten.
- Das Erstgericht muss international zuständig gewesen sein.
- Die grundlegenden verfahrensmäßigen Rechte der Parteien müssen im erststaatlichen Prozess gewahrt worden sein.
- Die Entscheidung muss endgültig (final and conclusive) sein.
- Die Wirkungserstreckung darf nicht gegen den ordre public verstoßen.
- Die Verbürgung der Gegenseitigkeit muss formell festgestellt sein. Dies ist durch Order in Council 2755/64 geschehen[465].

Die Wirkungserstreckung erfolgt durch Registrierung. Eine révision au fond ist unzulässig.

Die Gegenseitigkeit ist für Urteile auf Geldzahlung verbürgt[466].

Manitoba: Die Rechtslage entspricht der in Alberta. Jedoch ist eine révision au fond möglich. Die Gegenseitigkeit ist nicht verbürgt.

New Brunswick: Die Rechtslage entspricht der in Alberta. Die Gegenseitigkeit ist in gleichem Maße verbürgt.

Newfoundland: Die Rechtslage entspricht der in Alberta. Die Gegenseitigkeit ist in gleichem Maße verbürgt.

North West Territory: Die Rechtslage entspricht der in Alberta. Die Gegenseitigkeit ist in gleichem Maße verbürgt.

Nova Scotia: Die Rechtslage entspricht der in Alberta. Jedoch ist eine sachliche Nachprüfung von Versäumnisurteilen zulässig. Die Gegenseitigkeit ist in gleichem Maße wie zu Alberta – mit Ausnahme von Versäumnisurteilen – verbürgt.

Ontario: Die Rechtslage entspricht der in Alberta. Die Gegenseitigkeit ist in gleichem Maße verbürgt[467].

Prince Edward Island: Die Rechtslage entspricht der in Nova Scotia. Die Gegenseitigkeit ist in gleichem Maße verbürgt.

Quebec: Ausländische Entscheidungen können nach Artt. 3155 CC 1991[468] bei Vorliegen folgender Erfordernisse anerkannt und für vollstreckbar erklärt werden:

- Die Entscheidung muss eine Zivil- oder Handelssache zum Gegenstand haben.
- Das Erstgericht muss internationale Zuständigkeit besessen haben. Es gilt der Spiegelbildgrundsatz.
- Das Urteil darf im Erststaat nicht mehr mit ordnetlichen Rechtsmitteln anfechtbar sein.
- Das Urteil muss im Erststaat vollstreckbar sein.
- Die prozesseinleitende Ladung oder Verfügung muss dem säumigen Beklagten ordnungsgemäß und so rechtzeitig zugestellt worden sein, dass er sich angemessen verteidigen konnte.

465 Vgl. *Arnold* Anerkennung und Vollstreckung von Urteilen im Verhältnis zur kanadischen Provinz Britisch-Columbien, AWD 1966, 130 ff.
466 Vgl. BGH IPRax 2001, 457; *Arnold* AWD 1966, 130 ff.; *Bachmann* Länderbericht Kanada, in: Geimer/Schütze, Internationaler Rechtverkehr, 1065. 16.

467 Vgl. Rdschr. des BM in der Justiz v. 13.7.1962, BayJMBl. 1962, 123.
468 Vgl. dazu *Glenn* Codification of Private International Law in Quebec, RabelsZ 60 (1996), 231 ff.

- Die Entscheidung darf nicht unter Verletzung wesentlicher Verfahrensgrundsätze ergangen sein.
- Die Entscheidung darf nicht in Widerspruch zu einem quebecoisischen oder anerkennungsfähigen Urteil eines Drittstaates ergangen sein.
- Die ausländische Entscheidung darf nicht unter Missachtung der Rechtshängigkeit eines quebocoisischen Verfahrens in derselben Sache ergangen sein.
- Die Wirkungserstreckung darf nicht gegen den ordre public verstoßen.

Die Wirkungserstreckung erfolgt in einem gerichtlichen Verfahren. Eine révision au fond ist unzulässig. Die Gegenseitigkeit ist verbürgt.

Saskatchewan: Die Rechtslage entspricht der in Alberta. Die Gegenseitigkeit ist in gleicher Weise verbürgt.

Yukon Territory: Die Rechtslage entspricht der in Alberta. Die Gegenseitigkeit ist in gleicher Weise verbürgt.

Kap Verde: Kap Verde hat portugiesisches Recht rezipiert. Erfordernisse der Wirkungserstreckung ausländischer Urteile sind[469]:

- Das ausländische Urteil muss eine Zivil- oder Handelssache zum Gegenstand haben.
- Es muss in Rechtskraft erwachsen sein.
- Das Erstgericht muss nach dem Spiegelbildgrundsatz international zuständig gewesen sein.
- Das Urteil darf nicht im Widerspruch zu einem kapverdischen Urteil in derselben Sache oder unter Missachtung kapverdischer Rechtshängigkeit ergangen sein.
- Die Ladung des Beklagten muss ordnungsgemäß erfolgt sein.
- Die Wirkungserstreckung darf nicht gegen den kapverdischen ordre public verstoßen.
- Die Urteilsausfertigung muss authentisch sein.
- Ist der Urteilsschuldner kapverdischer Staatsangehöriger, so muss das Urteil mus den Grundsätzen kapverdischen Zivilrechts übereinstimmen, wenn dieses nach kapverdischem IPR anwendbar gewesen wäre.

Das Erfordernis der loi compétente hat der BGH zu Frankreich als nicht gegenseitigkeitsschädlich erklärt[470]. Im Übrigen erfolgt die Wirkungserstreckung in einem gerichtlichen Verfahren ohne weitergehende révision au fond.

Die Gegenseitigkeit ist partiell verbürgt.

Kasachstan: Die Wirkungserstreckung ausländischer Zivilurteile ist nur aufgrund eines Staatsvertrages möglich[471].

Die Gegenseitigkeit ist nicht verbürgt.

Kenia[472]: Die Wirkungserstreckung deutscher Titel auf statutarischer Grundlage ist mangels formeller Gegenseitigkeitsfeststellung nicht möglich. Es erscheint zweifelhaft, ob die

---

469 Vgl. *Schütze* Die Anerkennung und Vollstreckbarerklärung ausländischer Zivilurteile in Kap Verde, JR 1989, 324 f.
470 Vgl. BGHZ 50, 100.
471 Vgl. *Bassin* Die Anerkennung und Vollstreckbarerklärung ausländischer gerichtlicher und zivilgerichtlicher Entscheidungen in Kasachstan, in: Seiffert (Red.), Anerkennung und

Vollstreckung ausländischer Entscheidungen in Osteuropa, 1994, S. 51 ff.; *Mindach* Länderbericht Kasachstan, in: Geimer/Schütze, Internationaler Rechtsverkehr, 1068. 8 ff.
472 Schrifttum: *Musau* in: Campell, KEN, 1 ff.; *Schütze* Die Anerkennung und Vollstreckbarerklärung ausländischer Zivilurteile und Schiedssprüche in Kenia, JR 1985, 52 ff.

Anerkennung und Vollstreckung ausländischer Zivilurteile nach common law möglich ist nachdem der kenianische Author Musau[473] eine solche Möglichkeit nicht erwähnt.

Die Gegenseitigkeit ist nicht verbürgt.

Kirgistan[474]: Die Wirkungserstreckung ausländischer Titel soll auf der Grundlage des Gesetzes über das Verfahren zur Entscheidung von Wirtschaftsstreitigkeiten durch Schiedsgerichte möglich sein[475]. Die Rechtslage ist aber völlig ungeklärt.

Die Gegenseitigkeit ist nicht verbürgt.

Kolumbien: Kolumbien praktiziert das Prinzip der elastischen Gegenseitigkeit. Dabei müssen folgende Mindesterfordernisse nach Artt. 693 ff. Código de Procedimiento Civil gegeben sein[476]:

- Die Entscheidung muss in einer Zivil- oder Handelssache ergangen sein,
- Das Erstgericht muss international in dem Sinne zuständig gewesen sein, dass keine ausschließliche kolumbianische Zuständigkeit bestanden und es sich nicht um eine dingliche Klage mit Belegenheit des Streitgegenstandes in Kolumbien gehandelt hat.
- Die grundlegenden Rechte der Parteien im Erstprozess müssen gewahrt worden sein.
- Die Wirkungserstreckung darf nicht gegen den kolumbianischen ordre public verstoßen.
- Die Entscheidung muss – soweit sie einen vollstreckbaren Inhalt hat – im Erststaat vollstreckbar sein.
- Die Entscheidung darf nicht in Widerspruch zu einer kolumbianischen Entscheidung in derselben Sache stehen oder unter Missachtung kolumbianischer Rechtshängigkeit ergangen sein.
- Die Gegenseitigkeit muss verbürgt sein.

Es ist ein Exequaturverfahren erforderlich, in dem keine révision au fond erfolgt. Da die deutsche Literatur die Gegenseitigkeit im Verhältnis zu Kolumbien bejaht, ist davon auszugehen, dass dies auch umgekehrt geschieht.

Die Gegenseitigkeit ist verbürgt.

Korea (Süd): Erfordernisse der Wirkungserstreckung sind nach Artt. 217 Zivilprozessordnung, 26 f. Zivilvollstreckungsgesetz[477]:

- Die Entscheidung muss eine Zivil- oder Handelssache zum Gegenstand haben.
- Das Urteil muss rechtskräftig sein.
- Das Erstgericht muss nach dem Spiegelbildgrundsatz internationale Zuständigkeit besessen haben.

---

473 Vgl. *Musau* in: Campbell, KEN. 1 ff.
474 Schrifttum: *Levitin* Die Anerkennung und Vollstreckung ausländischer gerichtlicher und schiedsgerichtlicher Entscheidungen sowie vorbeugende Maßnahmen zur Klagesicherung in der Republik Kirgistan, in: Seiffert (Herausg.), Anerkennung und Vollstreckung ausländischer Entscheidungen in Osteuropa, 1994, S. 59 ff.
475 Vgl. *Levitin* S. 59 ff.
476 Vgl. dazu IPG 1977 Nr. 22 (Hamburg); *von Bila* Länderbericht Kolumbien, in: Geimer/Schütze, Internationaler Rechtsverkehr, 1070. 10 ff.;

Caicedo in: Campbell, COL, 1 ff.; *Möllring* Anerkennung und Vollstreckung ausländischer Urteile in Südamerika, 1985.
477 Vgl. *Doo-Sik Kim* in: Campbell, KOR, 6 ff.; *Stiller/Schleicher* Länderbericht Korea, in: Geimer/Schütze, Internationaler Rechtsverkehr, 1073.1 ff.; IPG 1976 Nr. 48 (Köln) zum früheren im wesentlichen gleichen Rechtszustand; dazu auch *Doo-Sik Kim* in: Campbell, KOR. 3 ff.; *Stiller* Das internationale Zivilprozessrecht der Republik Korea, 1989, S. 156 ff.

– Die grundlegenden verfahrenmäßigen Rechte der Parteien müssen gewahrt worden sein.
– Die Wirkungserstreckung darf nicht gegen den koreanischen ordre public verstoßen.
– Die Gegenseitigkeit muss tatsächlich verbürgt sein, was von der koreanischen Rechtsprechung für Deutschland bejaht wird[478].
– Soweit die Vollstreckbarerklärung begehrt wird muss die Entscheidung vollstreckbar sein.

Die Anerkennung erfolgt formlos, die Vollstreckbarerklärung bedarf eines gerichtlichen Verfahrens. Eine révision au fond ist unzulässig.

Die Gegenseitigkeit ist verbürgt[479].

Kroatien[480]: Nach der Dismembration Jugoslawiens hat Kroatien die bisherige Regelung der Wirkungserstreckung ausländischer Zivilurteile mit geringen Änderungen fortgeführt.

Die Gegenseitigkeit ist im gleichen Umfang wie für Jugoslawien verbürgt.

Kuwait[481]: Grundlage sind Artt. 199 ff. der kuwaitischen Zivilprozessordnung. Danach gilt das Prinzip der elastischen Gegenseitigkeit. Ausländische Urteile werden denselben Erfordernissen unterworfen, die für die Wirkungserstreckung kuwaitscher Entscheidungen im Erststaat gelten. Darüber hinaus müssen nachstehende Mindesterfordernisse für die Anerkennung und Vollstreckbarerklärung gegeben sein:

– Die Entscheidung muss eine Zivil- oder Handelssache zum Gegenstand haben.
– Das Erstgericht muss international zuständig gewesen sein. Die internationale Zuständigkeit ist nicht gegeben für Rechtsstreitigkeiten unter Kuwaitis. Diese werden als innerkuwaitisch und in die ausschließliche Zuständigkeit kurwaitischer Gerichte fallend qualifiziert[482].
– Das Urteil muss nach erststaatlichem Recht in Rechtskraft erwachsen sein.
– Die Wirkungsrestreckung darf nicht gegen den kuwaitischen ordre public verstoßen.
– Die Entscheidung darf nicht in Widerspruch zu einem früheren kuwaitischen Urteil stehen.

Die Wirkungserstreckung erfolgt in einem gerichtlichen Verfahren. Dieses ist langwierig und teuer.

Die Gegenseitigkeit ist partiell verbürgt, da Erfordernisse und Verfahren der Wirkungserstreckung denen im deutschen Recht äquivalent sind, soweit nicht Urteilsschuldner mit zweitstaatlicher Nationalität betroffen sind. Jedoch bestehen wegen der praktischen Durchführung erhebliche Zweifel.

Lettland[483]: Im deutsch-lettischen Verhältnis gilt die VO (EG) Nr. 44/2001.

---

478 Vgl. OLG Seoul v. 20.8.1985, zitiert nach *Stiller/Schleicher* aaO.
479 Vgl. *Stiller/Schleicher* Länderbericht Korea, in: Geimer/Schütze, Internationaler Rechtsverkehr, 1073. 17.
480 Schrifttum: *Macesic* in: Campbell, CRO, 1 ff.; *Sikiric* Die Anerkennung und Vollstreckung ausländischer Gerichtsurteile in Kroation, Jahrbuch für Ostrecht, 2004, 63 ff.
481 Schrifttum: *Geimer/Schütze* Internationale

Urteilsanerkennung, Bd. I/2, 1984, S. 1865; *Krüger* Internationales Recht in Kuwait nach den Gesetzesreformen 1980–1981, RIW 1983, 801 ff. (809 f.).
482 Vgl. *Krüger* Kuwait: Anerkennung ausländischer Entscheidungen, IPRax 2007, Heft 5, S. II.
483 Schrifttum: *Trunk/Balodis* Länderbericht Lettland, in: Geimer/Schütze, Internationaler Rechtsverkehr, 1078. 8 ff.

Libanon: Nach Artt. 1009 ff. der libanesischen ZPO 1983 sind Erfordernisse der Wirkungserstreckung[484]:

- Die Entscheidung muss eine Zivil- oder Handelssache zum Gegenstand haben.
- Das Erstgericht muss international zuständig gewesen sein.
- Die Entscheidung muss endgültig und vollstreckbar sein, wobei Rechtskraft nicht gefordert wird.
- Es darf kein widersprechendes Urteil in derselben Sache vorliegen.
- Die grundlegenden verfahrensmäßigen Rechte der Partein im erststaatlichen Verfahren müssen gewahrt worden sein, insbesondere im Hinblick auf die prozesseinleitende Ladung.
- Die Wirkungserstreckung darf nicht gegen den libanesischen ordre public verstoßen.
- Die Gegenseitigkeit muss im Hinblick auf die révision au fond verbürgt sein.

Es ist ein Exequaturverfahren notwendig, in dem die ausländische Entscheidung einer révision au fond nur insoweit unterzogen wird als dies auch im Erststaat bei libanesischen Urteilen geschieht.

Die Gegenseitigkeit ist verbürgt.

Libyen: Libyen hat die ägyptische Regelung der Wirkungserstreckung rezipiert[485]. Libyen praktiziert die elastische Gegenseitigkeit. Angesichts der mit hoher Wahrscheinlichkeit von libyscher Seite verneinten Gegenseitigkeit und der politischen Situation ist die Gegenseitigkeit nicht verbürgt.

Liechtenstein[486]: Liechtenstein hat in Artt. 52 ff. das österreiche System der administrativ verbürgten Gegenseitigkeit übernommen. Da eine Gegenseitigkeitserklärung fehlt, können deutsche Titel in Liechtenstein nicht anerkannt und für vollstreckbar erklärt werden.

Die Gegenseitigkeit ist nicht verbürgt.

Litauen[487]: Im deutsch-litauischen Verhältnis gilt die VO (EG) Nr. 44/2001.

Luxemburg[488]: Im deutsch-luxemburgischen Verhältnis gilt die VO (EG) Nr. 44/2001.

---

484 Vgl. zum früheren im wesentlichen gleichen Rechtszustand *Algrin* Le pouvoir de révision du tribunal en matière d'exquatur, 1948; *Alem/Alem* in: Garb/Lew, Lebanon, 3 ff.; *Schütze* Rechtsverfolgung bei deutsch-arabischen Handelsgeschäften RIW/AWD 1977, 761 ff.; *Tabet* L'éxecution du jugements étrangers en Syrie et au Liban, 1923.

485 Vgl. *Schütze* Die Vollstreckung ausländischer Zivilurteile in afrikanischen Staaten, AWD 1964, 10 ff.; *ders.* Rechtsverfolgung bei deutsch-arabischen Handelsgeschäften, RIW/AWD 1977, 761 ff.

486 Schrifttum: *Frick* Die Anerkennung und Vollstreckung ausländischer Entscheidungen in Zivilsachen im Fürstentum Liechtenstein, 1992; *Mähr* Das internationale Zivilprozessrecht Liechtensteins, 2002, S. 265 ff.; *ders.* Länderbericht Liechtenstein, in: Geimer/Schütze, Internationaler Rechtsverkehr, 1079.8 ff.; *Rechberger* Das Anerkennungs- und Vollstreckungsabkommen zwischen Österreich und dem Fürstentum Liechtenstein, ZfRV 1975, 122 ff.; *Schütze* Anerkennung und Vollstreckung ausländischer Zivilurteile in Liechtenstein, RIW/AWD 1976, 564 ff.; *Wanger* in: Campbell, LIE, 1 ff.

487 Schrifttum: *Trunk/Nekrosius* Länderbericht Litauen, in: Geimer/Schütze, Internationaler Rechtsverkehr, 1080. 8 ff.; *Zile/Aljens* in: Campbell, LAT, 1 ff.

488 Schrifttum: *Harles/Kohler* Länderbericht Luxemburg, in: Geimer/Schütze, Internationaler Rechtsverkehr, 1083, 8 ff.; *Hosceit* Reconnaissance et exécution du jugements étrangers au Luxembourg en dehors du champ d'application des conventions de Bruxelles et de Lugano, in: Walter/Baumgartner (Herausg.), Anerkennung und Vollstreckung ausländischer Entscheidungen außerhalb der Übereinkommen von Brüssel und Lugano, 2000, S. 375 ff.; *Huss* Chronique de jusrisprudence luxembourgoise (1960–1970), Journal Clunet 98 81971), 140 ff.; *Lorang* in: Campbell, LUX, 1 ff.

Malaysia: Eine Vollstreckbarerklärung deutscher Titel auf statutarischer Grundlage ist mangels formeller Gegenseitigkeitsfeststellung nicht möglich. Jedoch sind Anerkennung und Vollstreckbarerklärung nach common law möglich[489].

Erfordernisse und Verfahren entsprechen denen in Singapur.

Die Gegenseitigkeit ist verbürgt.

Malediven: Ausländische Entscheidungen können nicht anerkannt und für vollstreckbar erklärt werden.

Die Gegenseitigkeit ist nicht verbürgt.

Malta[490]: Im deutsch-maltesischen Verhältnis gilt die VO (EG) Nr. 44/2001.

Marokko: Ausländische Urteile werden nach Artt. 430 f. Code de procédure civile anerkannt und für vollstreckbar erklärt. Erfordernisse der Wirkungserstreckung sind[491]:

- Das Urteil muss eine Zivil- oder Handelssache zum Gegenstand haben.
- Das Erstgericht muss international zuständig gewesen sein.
- Die grundlegenden verfahrensmäßigen Rechte der Parteien müssen im Erstprozess gewahrt worden sein.
- Die Wirkungserstreckung darf nicht gegen den ordre public verstoßen[492].

Die Wirkungserstreckung erfolgt in einem gerichtlichen Verfahren. Eine révision au fond ist unzulässig.

Die Gegenseitigkeit ist verbürgt[493].

Mauretanien: Die Wirkungserstreckung ausländischer Zivilurteile ist in Artt. 312 f. der mauretanischen ZPO geregelt[494]. Erfordernisse der Wirkungserstreckung sind:

- Die Entscheidung muss eine Zivil- oder Handelssache zum Gegenstand haben.
- Das Erstgericht muss internationale Zuständigkeit besessen haben.
- Die grundlegenden verfahrensmäßigen Rechte der Parteien müssen im erststaatlichen Verfahren gewahrt worden sein.
- Die Entscheidung darf nicht in Widerspruch zu einem älteren mauretanischen Urteil in derselben Sache stehen.
- Die Wirkungserstreckung darf nicht gegen den mauretanischen ordre public verstoßen.

Die Gegenseitigkeit ist zweifelhaft[495], kann aber wohl noch bejaht werden.

---

489 Vgl. *Huang* in: Campbell, MAY, 1 ff.; *Martiny* Handbuch des Internationalen Zivilverfahrensrechts, Rdn. 1434; *Mohamed* Reciprocal Enforcement of Judgments and Service of Process in Malaysia, (1981) M.L.J. cxi; *Schütze* Länderbericht Malaysia, in: Geimer/Schütze, Internationaler Rechtsverkehr, 1086. 4 f.; *Schütze* Die Anerkennung und Vollstreckung ausländischer Zivilurteile in Malaysia – Verbürgung der Gegenseitigkeit, JR 1984, 272 ff.

490 Schrifttum: *Cassar* in: Campbell, MAL, 1 ff.; *Pietsch* Länderbericht Malta, in: Geimer/Schütze, Internationaler Rechtsverkehr, 1087, 8 ff.; *Schütze* Vollstreckung ausländischer Zivilurteile in Malta, AWD 1965, 84.

491 Vgl. dazu *Rauscher* Länderbericht Marokko, in Geimer/Schütze, Internationaler Rechtsverkehr, 1088. 5 ff.
492 Vgl. dazu *Schütze* Vollstreckung deutscher Unterhaltsurteile in Marokko, JR 1965, 416.
493 Vgl. *Rauscher* Länderbericht Marokko, in: Geimer/Schütze, Internationaler Rechtsverkehr, 1088. 11 f.
494 Eine Übersetzung findet sich bei *Krüger* Das internationale Privat- und Zivilverfahrensrecht Mauretaniens, RIW 1990, 988 ff. (990).
495 Vgl. *Krüger* RIW 1990, 988 ff. (990).

Mauritius: Eine Wirkungserstreckung auf statutarischer Grundlage ist mangels formeller Gegenseitigkeitserklärung nicht möglich. Jedoch lässt die Rechtsprechung die Anerkennung und Vollstreckbarerklärung ausländischer Zivilurteile aufgrund der rezipierten französischen Regelung zu[496]. Erfordernisse der Wirkungserstreckung sind:

- Die Entscheidung muss in einer Zivil- oder Handelssache ergangen sein.
- Das Erstgericht muss international zuständig gewesen sein.
- Die Entscheidung muss im Erststaat wirksam und vollstreckbar sein.
- Die grundlegenden verfahrensmäßigen Rechte der Parteien im erststaatlichen Verfahren müssen gewahrt worden sein.
- Die Entscheidung darf nicht durch Betrug erschlichen sein.

Die Wirkungserstreckung darf nicht gegen den mauritianischen ordre public verstoßen.

Die Wirkungserstreckung erfolgt durch gerichtliches Exequatur ohne révision au fond. Die Gegenseitigkeit ist verbürgt[497].

Mazedonien[498]: Erfordernisse der Wirkungserstreckung sind nach Artt. 99 ff. des Gesetzbuches über das internationale Privatrecht (IPRG) v. 4.7.2007:

- Die Entscheidung muss eine Zivil- oder Handelssache zum Gegenstand haben.
- Die Entscheidung muss nach erststaatlichem Recht rechtskräftig sein.
- Soweit die Vollstreckbarerklärung begehrt wird muss Vollstreckbarkeit im Erststaat gegeben sein.
- Die prozessleitende Ladung oder Verfügung muss nach erststaatlichem Recht ordnungsgemäß zugestellt worden sein.
- Die Parteien dürfen nicht durch Unregelmäßigkeit im Verfahren in ihrem Vorbringen beeinträchtigt worden sein.
- Das Erstgericht muss nach erststaatlichem Recht international zuständig gewesen sein, wobei die internationale Zuständigkeit ausgeschlossen ist bei ausschließlicher mazedonischer Zuständigkeit, Nichtbeachtung einer Prorogation zugunsten mazedonischer Gerichte oder Zuständigkeitsbegründung allein aufgrund der Staatsangehörigkeit.
- Die Wirkungsserstreckung darf nicht gegen den mazedonischen ordre public verstoßen
- Bei Entscheidungen über den Personenstand mazdonischer Staatsangehöriger, bei denen nach mazedonischem IPR mazedonisches Recht anwendbar gewesen wäre, darf die Entscheidung nicht wesentlich von dem bei Zugrundelegung mazedonischen Rechts abweichen.
- Die Verbürgung der Gegenseitigkeit ist **nicht** Erfordernis der Wirkungserstreckung.

Die Anerkennung erfolgt formlos. Die Vollstreckbarerklärung erfolgt in einem gerichtlichen Verfahren. Zuständig ist der Einzelrichter des Amtsgerichts.

Die Gegenseitigkeit ist verbürgt[499].

---

496 Vgl. dazu *Otto* Länderbericht Mauritius, in Geimer/Schütze, Internationaler Rechtsverkehr, 1089. 4 ff.

497 Vgl. *Otto* Länderbericht Mauritius, in: Geimer/Schütze, Internationaler Rechtsverkehr, 1089. 7; *Martiny* Handbuch des Internationalen Zivilverfahrensrechts, Rdn. 1440.

498 Vgl. *Jessel-Holst* Zum Gesetzbuch über internationales Privatrecht der Republik Mazedonien,

IPRax 2008, 158 ff. mit einer Übersetzung auch der für die Wirkungserstreckung ausländischer Zivilurteile relevanten Bestimmungen der Art. 99 ff. leg.cit.; weiter *Jessel-Holst* Länderbericht Mazedonien, in: Geimer/Schütze, Internationaler Rechtsverkehr, 1089a.10 f.

499 Vgl. *Jessel-Holst* Länderbericht Mazedonien, in: Geimer/Schütze, Internationaler Rechtsverkehr, 1089a. 11.

Mexiko: Die Wirkungserstreckung ausländischer Zivilurteile ist in Artt. 569 ff. der Bundeszivilprozessordnung und in den Zivilprozessordnungen der Einzelstaaten weitgehend gleich geregelt[500]. Erfordernisse der Wirkungserstreckung nach der Zivilprozessordnung für die Bundesgerichte sind:

- Das Urteil muss eine Zivil- oder Handelssache zum Gegenstand haben.
- Die Entscheidung darf nicht aufgrund einer dinglichen Klage (acción real) ergangen sein.
- Das Erstgericht muss international zuständig gewesen sein, was – cum grano salis – nach dem Spiegelbildgrundsatz beurteilt wird.
- Die grundlegenden verfahrensmäßigen Rechte der Parteien müssen im Erstprozess gewahrt worden sein, insbesondere im Hinblick auf Zustellungen und Ladungen und die Gewährung rechtlichen Gehörs.
- Die Enscheidung muss rechtskräftig sein.
- Das Urteil darf nicht unter Nichtbeachtung anderweitiger mexikanischer Rechtshängigkeit ergangen sein.
- Die Wirkungserstreckung darf nicht gegen den mexikanischen ordre public verstoßen.
- Das Urteil muss authentisch sein.
- Die Gegenseitigkeit muss verbürgt sein.

Die Wirkungserstreckung erfolgt in einem gerichtlichen Verfahren ohne révision au fond. Die Gegenseitigkeit ist verbürgt[501].

Moldau: Die Republik Moldau anerkennt und erklärt ausländische Urteile nach dem Prinzip der Gegenseitigkeit für vollstreckbar[502]. Darüber hinaus sind Erfordernisse der Wirkungserstreckung:

- Die Entscheidung muss rechtskräftig und – soweit die Vollstreckbarerklärung begehrt wird – vollstreckbar sein.
- Im Erstprozess muss hinreichend rechtliches Gehör gewährt worden sein.
- Es darf keine ausschließliche zweitstaatliche Zuständigkeit gegeben gesene sein.
- Es darf keine Kollision mit einem – auch nicht rechtskräftigen – moldauischen Urteil vorliegen.
- Die Wirkungserstreckung darf nicht gegen den moldauischen ordre public verstoßen.
- Das Urteil darf nicht durch Prozessbetrug erschlichen worden sein.

Die Wirkungserstreckung kann nur binnen drei Jahren verlangt werden.

Da nicht verlangt werden kann, dass bei beiderseitigem Gegenseitigkeitserfordernis ein Staat mit der Anerkennung vorangeht, ist trotz Mangel an Erfahrungen die Gegenseitigkeit – innerhalb der Dreijahresfrist – verbürgt[503].

Mongolei: Die Mongolei anerkennt ausländische Entscheidungen nur bei Vorliegen eines Staatsvertrages[504].

Die Gegenseitigkeit ist nicht verbürgt.

---

500 Vgl. dazu IPG 1977 Nr. 40 (Hamburg); *Armas/Graham/Vargas Christlieb* in: Campbell, MEX, 1 ff.; *Prinz von Sachsen Gessaphe* Länderbericht Mexiko, in: Geimer/Schütze, Internationaler Rechtsverkehr, 1090. 12 ff.; *Schrameyer* Die Anerkennung ausländischer Entscheidungen in Mexiko, AWD 1966, 253 ff.
501 Vgl. IPG 1977 Nr. 40 (Hamburg); a. A. LG Leipzig StAZ 1939, 275.

502 Vgl. *Aden* Länderbericht Moldau, in: Geimer/Schütze, Internationaler Rechtsverkehr, 1091. 6 ff.
503 Vgl. *Aden* Länderbericht Moldau, in: Geimer/Schütze, Internationaler Rechtsverkehr, 1091. 8.
504 Vgl. *Nelle* Länderbericht Mongolei, in: Geimer/Schütze, Internationaler Rechtsverkehr, 1092, 6 ff.

Montenegro: Siehe ehemaliges Jugoslawien.

Myanmar (Burma): Aufgrund der anglo-indischen Regelung von sect. 13 f. der Zivilprozessordnung 1908 werden ausländische Urteile bei Vorliegen folgender Erfordernisse anerkannt und für vollstreckbar erklärt:

- Die Entscheidung muss eine Zivil- oder Handelssache zum Gegenstand haben.
- Das Erstgericht muss international zuständig gewesen sein.
- Es darf sich nicht um ein Prozessurteil handeln.
- Das Urteil darf nicht auf einer Verkennung völkerrechtlicher Grundsätze beruhen oder unter Zugrundelegung eines anderen als des burmesischen – soweit dies anwendbar war war – Rechts ergangen sein.
- Die Wirkungserstreckung darf nicht gegen den burmesischen ordre public verstoßen.
- Der Urteilsspruch darf nicht gegen ein burmesischen Recht verstoßen

In dem Verfahren der action upon the foreign judgment ist eine weitergehende Nachprüfung in sachlicher Hinsicht möglich als diese im deutschen Recht zulässig ist.

Die Gegenseitigkeit ist nicht verbürgt[505].

Neuseeland: Eine Wirkungserstreckung deutscher Titel auf statutarischer Grundlage ist mangels formeller Gegenseitigkeitsfeststellung nicht möglich. Jedoch können Anerkennung und Vollstreckbarerklärung nach common law-Grundsätzen erfolgen[506]. Die Erfordernisse entsprechen cum grano salis denen in Singapur.

Die Gegenseitigkeit für Urteile auf Geldzahlung ist verbürgt[507].

Nicaragua: Nicaragua praktiziert das System der elastischen Gegenseitigkeit. Darüber hinaus müssen nach Artt. 542 ff. Código de Prodeiniento Civil folgende Erfordernisse vorliegen[508]:

- Das Urteil muss eine Zivil- oder Handelssache zum Gegenstand haben.
- Die Entscheidung muss aufgrund einer persönlichen Klage (acción personal) ergangen sein.
- Der säumige Beklagte muss ordnungsgemäß geladen worden sein.
- Das Erstgericht muss internationale Zuständigkeit besessen haben.
- Die Geltendmachung der Urteilsforderung muss in Nicaragua zulässig sein.
- Die Wirkungserstreckung darf nicht gegen den nicaraguensischen ordre public verstoßen.
- Die Entscheidung muss im Erststaat vollstreckbar sein.
- Die Urteilsausfertigung muss authentisch sein.

Das Erfordernis der Zulässigkeit der Urteilsforderung nach nicaraguensischem Recht führt zu einer über die im deutschen Recht zulässige Nachprüfung hinaus.

Die Gegenseitigkeit ist nicht verbürgt[509].

---

505 AA wohl *Martiny* Handbuch des Internationalen Zivilverfahrensrechts, Rdn. 1339, der eine partielle Verbürgung innerhalb der Urteilsverjährungsfrist annimmt.
506 Vgl. *Caffrey* Recognition and Enforcement of Foreign Civil Judgments in New Zealand, Australian and English Law, Comp.L.Yb. 1 (1977), 265 ff.; *Gray* in: Weems, NZ 1 ff.; *Schütze* Länderbericht Neuseeland, in: Geimer/Schütze, Interna-

tionaler Rechtsverkehr, 1094. 7 ff.; *Turner/Pidgeon* in: Campbell, NZ, 25 ff.
507 Vgl. *Schütze* Länderbericht Neuseeland, in: Geimer/Schütze, Internationaler Rechtsverkehr, 1094.9 m. w. N.
508 Vgl. *Ortiz Urbina* in: Kos-Rabcewicz-Zubkowski, S. 497 ff. (504 ff.).
509 A. A. *Martiny* Handbuch des Internationalen Zivilverfahrensrechts, Rdn. 1449.

Niederlande[510]: Im deutsch-niederländischen Verhältnis gilt die VO (EG) Nr. 44/2001.

Niederländische Antillen: Im Verhältnis zu den niederländischen Antillen findet der deutsch-niederländische Anerkennungs- und Vollstreckungsvertrag vom 30.8.1962 Anwendung, der mit Wirkung vom 1.2.1971 auf die niederländischen Antillen erstreckt worden ist[511].

Nigeria: Eine Wirkungserstreckung deutscher Urteile auf statutarischer Grundlage ist mangels Gegenseitigkeitserklärung nicht möglich. Jedoch können deutsche Urteile nach common law anerkannt und für vollstreckbar erklärt werden[512].

Trotz mancherlei Zweifeln wird man die Gegenseitigkeit als verbürgt ansehen können.

Norwegen[513]: Im deutsch-norwegischen Verhältnis gilt das LugÜ II.

Österreich[514]: Im deutsch-österreichischen Verhältnis gilt die VO (EG) Nr. 44/2001.

Oman: Oman praktiziert das System der elastischen Gegenseitigkeit. Im Übrigen sind nach Art. 352 ZHPO[515] Erfordernisse der Wirkungserstreckung[516]:

- Die Entscheidung muss eine Zivil- oder Handelssache zum Gegenstand haben.
- Das Erstgericht muss nach erststaatlichem Recht international zuständig gewesen sein und es darf keine omanische Zuständigkeit nach omanischem Recht bestanden haben.
- Das Urteil muss rechtskräftig sein.

510 Schrifttum: *Freudenthal* Länderbericht Niederlande, in: Geimer/Schütze, Internationaler Rechtsverkehr, 1100. 8 ff.; *van Hooijdonk* in: Campbell, NET, 1 ff.; *Kokkini-Iatridou/Verheul* Les effets des jugements et sentences étranges aux Pays Bas, 1969; *Thomas* Die Anerkennungs ausländischer, insbesondere deutscher Scheidungsurteile in den Niederlanden, RabelsZ 33 (1969), 734 ff.; *Verschuur* Recognition and Enforcement of Forreign Judgments in the Netherlands, in: Walter/Baumgartner (Herausg.), Anerkennung und Vollstreckung ausländischer Entscheidungen außerhalb der Übereinkommen von Brüssel und Lugano, 2000, S. 403 ff.
511 BGBl. 1971 II 11.
512 Vgl. *Awodein* in: Campbell, NIG, 21 ff.
513 Schrifttum: *Bull* Recognition and Enforcement in Norway of Foreign Judgments Outside the Scope of Application of the Brussels and Lugano Conventions, in: Walter/Baumgartner (Herausg.), Anerkennung und Vollstreckung ausländischer Entscheidungen außerhalb der Übereinkommen von Brüssel und Lugano, 2000, S. 425 ff.; *Hambro* Recognition and Enforcement of Foreign Judgments in the Nordic Countries, Journal Clunet 84 (1957), 908 f.; *Sæter/Öyehaug/Fjeld* in: Campell, NOR, 1 ff.
514 Schrifttum: *Bajons* Länderbericht Österreich, in: Geimer/Schütze, Internationaler Rechtsverkehr, 1108.8 ff.; *Brandstätter* in: Campbell, AUT, 1 ff.; *Hoyer* Die Anerkennung ausländischer Entscheidungen und ihre Vollstreckung im Inland, JBl. 1982, 634 ff.; *ders.* Die Anerkennung ausländischer Eheentscheidungen in Österreich,

1972; *Matscher* Zur Theorie der Anerkennung ausländischer Entscheidungen nach österreichischem Recht, FS Schima, 1969, S. 277 ff.; *ders.* Grundfragen der Anerkennung und Vollstreckung ausländischer Entscheidungen in Zivilsachen (aus österreichischer Sicht), ZZP 103 (1990, 294 ff.; *Pfeiler* Die Anerkennung ausländischer Titel in Österreich, JAP 1995/96, 275 ff.; *ders.* Die Vollstreckung aufgrund ausländischer Titel, ebenda, 63 ff.; *Rechberger/Frauenberger-Pfeiler* Anerkennung und Vollstreckung ausländischer Titel außerhalb des Anwendungsbereichs des Brüsseler und Luganer Übereinkommens: Österreich, in: Walter/Baumgartner (Herausg.), Anerkennung und Vollstreckung ausländischer Entscheidungen außerhalb der Überreinkommen von Brüssel und Lugano, 2000, S. 47 ff.
515 Eine Übersetzung der Bestimmung findet sich bei *Krüger* Zur Anerkennung deutscher Urteile im Sultanat Oman, IPRax 2007, 544 ff. (547); wiedergegeben auch bei *Geimer/Schütze* Europäisches Zivilverfahrensrecht, 3. Aufl., 2010, E.1, Rdn. 214, Fn. 544.
516 Vgl. *Krüger* Zur Anerkennung und Vollstreckungs deutscher Urteile im Sultanat Oman, IPRax 2007, 544 ff.; *ders.* Zur Anerkennung ausländischer Urteile in den arabischen Golfstaaten, GS Konuralp, 2009, S. 631 ff., 636 ff.); Zur Rechtslage vor Inkrafttreten des Gesetzes Nr. 29/2002 vgl. *Krüger* Zur Vollstreckung ausländischer Entscheidungen in Oman, IPRax 1998, 127 ff.; *Schütze* Länderbericht Oman, in: Geimer/Schütze, Internationaler Rechtsverkehr, 1106. 5 ff.

- Die Wirkungserstreckung darf nicht gegen den omanischen ordre public verstoßen.
- Das ausländische Urteil darf nicht gegen ein omanisches Gesetz verstoßen, wobei unklar ist, ob nur ein Verstoß gegen zwingendes omanisches Recht anerkennungsschädlich ist[517].
- Das Urteil darf nicht durch Prozessbetrug erschlichen sein.
- Der Urteilsschuldner muss im erststaatlichen Verfahren ordnungsgemäß geladen und vertreten gewesen sein.
- Die Entscheidung darf nicht in Widerspruch zu einer früher ergangenen omanischen Entscheidung in derselben Sache stehen.
- Die Gegenseitigkeit muss faktisch verbürgt sein.

Die Möglichkeit der Überprüfung der ausländischen Entscheidung auf die Vereinbarkeit mit dem omanischen Recht im Exequaturverfahren geht weit über die Zulässigkeit der Nachprüfung im deutschen Recht hinaus. Überdies hat der omanische Kassationshof einer deutschen Entscheidung die Anerkennung wegen nicht nachgewiesener Gegenseitigkeit verweigert[518].

Die Gegenseitigkeit ist nicht verbürgt[519].

Pakistan: Der CPC Britisch Indiens gilt in Pakistan hinsichtlich der Anerkennung und Vollstreckbarerklärung ausländischer Urteile fort. Die Rechtslage entsprich damit der in Bangladesh und Indien[520].

Die Gegenseitigkeit ist nicht verbürgt[521].

Panama: Ausländische Urteile werden nach Art. 1409 der panamesischen Zivilprozessordnung bei Vorliegen folgender Erforderniss anerkannt und für vollstreckbar erklärt[522]:

- Die Entscheidung muss eine Zivil- oder Handelssache zum Gegenstand haben und aufgrund einer persönlichen Klage (acción personal) ergangen sein.
- Das Erstgericht muss international zuständig gewesen sein.
- Die prozesseinleitende Ladung oder Verfügung muss dem Beklagten persönlich zugestellt worden sein.
- Die Wirkungserstreckung darf nicht gegen den panamesischen ordre public verstoßen.
- Die Urteilsausfertigung muss authentisch sein.
- Die Gegenseitigkeit muss tatsächlich verbürgt sein.

Die Wirkungserstreckung erfolgt in einem Homologierungsverfahren ohne révision au fond.

Die Gegenseitigkeit ist verbürgt[523].

Papua Neuguinea: Eine Wirkungserstreckung deutscher Titel auf statutarischer Grundlage ist mangels formeller Gegenseitigkeitsfeststellung nicht möglich. Jedoch können An-

---

517 So *Krüger* zur Vollstreckung ausländischer Entscheidungen in Oman, IPRax 1998, 127 ff. (129) zu insoweit gleichen Rechtslage vor 2002.
518 Vgl. *Krüger* GS Konuralp, 2009, S. 631 ff. (636 ff.) mit einer Darstellung des Falles.
519 Vgl. *Geimer/Schütze* Europäisches Zivilverfahrensrecht, 3. Aufl., 2010, E.1, Rdn. 214; *Krüger* IPRax 2007, 544 ff. (546).
520 Vgl. dazu *Ibrahim/Rana* in: Campbell, PAK. 1 ff.; *Otto* Länderbericht Pakistan, in: Geimer/

Schütze, Internationaler Rechtsverkehr, 1109. 6 ff.
521 A. A. *Martiny* Handbuch des Internationalen Zivilverfahrensrechts, Rdn. 1456 (partielle Verbürgung innerhalb der Grenzen der Urteilsverjährung).
522 Vgl. *Herrera* in: Campbell, PAN, 1 ff.
523 Vgl. *Martiny* Handbuch des Internationalen Zivilverfahrensrechts, Rdn. 1457.

erkennung und Vollstreckbarerklärung ausländischer Titel nach common law Grundsätzen erfolgen. Die Rechtslage entspricht der in Antigua und Barbuda.

Die Gegenseitigkeit ist verbürgt[524].

Paraguay: Nach Artt. 532 ff. ZPO 1989 sind Erfordernisse der Wirkungserstreckung[525]:

- Das Urteil muss eine Zivil- oder Handelssache zum Gegenstand haben und aufgrund einer persönlichen Klage (acción personal) ergangen sein, soweit nicht der Gegenstand einer dinglichen Klage erst nach Einleitung des erststaatlichen Verfahrens nach Paraguay verbracht worden ist.
- Das Urteil muss nach erststaatlichem Recht rechtskräftig sein.
- Das Erstgericht muss international zuständig gewesen sein.
- Die grundlegenden verfahrensmäßigen Rechte des Beklagten im Hinblick auf Ladung und Vertretung müssen im erststaatlichen Verfahren gewahrt worden sein.
- Das ausländische Urteil darf nicht unter Missachtung anderweitiger paraguayischer Rechtshängigkeit ergangen sein.
- Die ausländische Entscheidung darf nicht in Widerspruch zu einer paraguayischen Erkenntnis in derselben Sache stehen.
- Die Urteilsverpflichtung muss nach dem Rechts Paraguays wirksam sein.
- Die Wirkungserstreckung darf nicht gegen den paraguayischen ordre public verstoßen.
- Die Urteilsausfertigung muss authentisch sein.

Da die Überprüfung des ausländischen Urteils auf seine Vereinbarkeit mit paraguayischem Recht weit über die nach deutschem Recht zulässige Nachprüfung hinausgeht, ist die Gegenseitigkeit nicht verbürgt.

Peru: Peru praktiziert das System der elastischen Gegenseitigkeit. Im übrigen sind nach Artt. 2102 f. Código Civil 1984 Erfordernisse der Wirkungserstreckung[526]:

- Das Urteil muss eine Zivil- oder Handelssache zum Gegenstand haben.
- Das Erstgericht muss international zuständig gewesen sein.
- Die Entscheidung muss in Rechtskraft erwachsen sein.
- Die grundlegenden verfahrenmäßigen Rechte der Parteien, insbesondere im Hinblick auf die ordnungsgemäße und rechtzeitige Ladung und ein faires Verfahren müssen gewahrt worden sein.
- Das Urteil darf nicht trotz früherer peruanischer Rechtshängigkeit ergangen sein oder in Widerspruch zu einem peruanischen oder anzuerkennenden ausländischen Urteil in derselben Sache stehen.
- Die Wirkungserstreckung darf nicht gegen den peruanischen ordre public verstoßen.
- Die Gegenseitigkeit muss verbürgt sein.

Die Anerkennung erfolgt formlos, die Wirkungserstreckung bedarf im Übrigen eines gerichtlichen Verfahrens. Eine révision au fond ist unzulässig. Da deutscherseits die Gegenseitigkeit bejaht wird, ist auch die Bejahung durch die peruanischen Gerichte anzunehmen.

Die Gegenseitigkeit ist verbürgt[527].

---

524   Vgl. *Martiny* Rdn. 1458.
525   Vgl. dazu *Tellechea Solis* in: Campbell, PAR.
8 ff.
526   Vgl. *Solari Barboza* in: Campbell, PER, 1 ff.
527   Vgl. IPG 1973 Nr. 44 (Hamburg).

Philippinen[528]: Nach sect. 50, rule 39 der Rules of Court sind Erfordernisse der Wirkungserstreckung[529]:

- Das Urteil muss eine Zivil- oder Handelssache zum Gegenstand haben und – soweit es sich um ein Zahlungsurteil handelt – auf Zahlung einer bestimmten Summe Geldes gehen.
- Das Erstgericht muss international zuständig gewesen sein.
- Das Erstgericht muss unabhängig gewesen sein.
- Das Urteil muss nach erststaatlichem Recht wirksam und in Rechtskraft erwachsen sein.
- Die Wirkungserstreckung darf nicht gegen den philippinischen ordre public verstoßen.
- Die Entscheidung darf nicht durch Betrug (fraud) erschlichen oder gegen die natürliche Gerechtigkeit (natural justice) verstoßen.
- Die Entscheidung darf nicht auf einem offensichtlichen Rechts- oder Tatsachenirrtum beruhen (clear mistake of law or fact).

Die Nachprüfung der Entscheidung auf einen Rechts- oder Tatsachenirrtum ermöglicht eine modifizierte révision au fond. Die Gegenseitigkeit ist nicht verbürgt.

Polen[530]: Im deutsch-polnischen Verhältnis gilt die VO (EG) Nr. 44/2001

Portugal[531]: Im deutsch-portugiesischen Verhältnis gilt die VO (EG) Nr. 44/2001

Qatar[532]: Qatar praktiziert das Prinzip der elastischen Gegenseitigkeit[533]. Im übrigen müssen nach Art. 380 ZHPG folgende Erfordernisse der Wirkungserstreckung erfüllt sein:

- Das Urteil muss eine Zivil- oder Handelssache zum Gegenstand haben.

---

528 Schrifttum: *Ong* Enforcement of Foreign Judgments in the Philippines, in: Ong, Cross-Border Litigation within ASEAN, 1997, S. 184 ff.; *Romulo* in: Campbell, PHI, 1 ff.
529 Vgl. dazu *Lazatin* The Philippines, in Pryles (Herausg.), Dispute Resolution in Asia, 1997, S. 175 ff. (188 ff.); *Romulo* in Campbell, PHI. 1 ff.
530 Schrifttum: *Adamkowski/Rudkowski/Hyla* in: Campbell, POL, 1 ff.; *Badkowski* Die Anerkennung ausländischer Entscheidungen in Polen nach zivilprozessrechtlichen Vorschriften und nach internationalen Verträgen, OER 1970/1, 1 ff.; *Gralla* Länderbericht Polen, in: Geimer/Schütze, Internationaler Rechtsverkehr, 1113. 8 ff.; *ders.* Das polnische internationale Zivilverfahren, Jahrbuch für Ostrecht X/1, S. 167 ff.; *Jodlowski* La reconnaissance et l'exécution des décision étrangers au Pologne, Journal Clunet 93 (1966), 538 ff.; *Kalus* Anerkennung und Vollstreckung ausländischer Urteile und Schiedssprüche in Polen, in: Seiffert (Herausg.), Anerkennung und Vollstreckung ausländischer Entscheidungen in Osteuropa, 1994, S. 63 ff.; *Maczynski* Die Anerkennung und Vollstreckung ausländischer Entscheidungen in Polen, in: Jayme (Herausg.), Ein einheitliches Zivilverfahrensrecht für Gesamteuropa, 1992, S. 103 ff.; *Sawczuk* Bilaterale Verträge und das Problem des polnischen Beitrits zum Lugano-Übereinkommen, FS Schütze, 1999, S. 733 ff.; *ders.* Recognition and Enforcement of Foreign Judgments Outside the Scope of Application of the Brussels and Lugano Conventions: Poland, in: Walter/Baumgartner (Herausg.), Anerkennung und Vollstreckung ausländischer Entscheidungen außerhalb der Übereinkommen von Brüssel und Lugano, 2000, S. 449 ff.; *Weyde* Anerkennung und Vollstreckung deutscher Entscheidungen in Polen, Diss. Bielefeld, 1996; .
531 Schrifttum: *Andrade de Matos* in: Campbell, POR, 1 ff.; *Arnold* Anerkennung und Vollstreckung von Urteilen im Verhältnis zu Portugal, AWD 1970, 550 ff.; *Ferreira da Silva* De la reconnaissance et de l'exécution de jugements étrangers au Portugal (hors du cadre de l'application des conventions de Bruxelles et de Lugano, in: Walter/Baumgartner (Herausg.), Anerkennung und Vollstreckung ausländischer Entscheidungen außerhalb der Übereinkommen von Brüssel und Lugano, 2000, S. 465 ff. (mit umfangreichen Nachweisen für das neuere portugiesische Schrifttum); *Nordmeier* Länderbericht Portugal, in: Geimer/Schütze, Internationaler Rechtsverkehr, 1115.10 ff.; *Schütze* Zur Verbürgung der Gegenseitigkeit im Verhältnis zu Portugal, AWD 1971, 583 ff.; IPG 1972 Nr. 37 (Hamburg).
532 Schrifttum: *Krüger* Zur Vollstreckung ausländischer Entscheidungen in Qatar, RIW 1991, 1007 ff.
533 Vgl. dazu *Krüger* RIW 1991, 1007 ff.

- Das Erstgericht muss international zuständig gewesen sein, wobei ausschließliche qatarische Zuständigkeit Anerkennungszuständigkeit ausschließt.
- Die Entscheidung muss rechtskräftig sein.
- Die grundlegenden verfahrensmäßigen Rechte der Parteien, in sbesondere im Hinblick auf Zustellungen, Ladungen und Vertretung müssen gewahrt sein.
- Die Entscheidung darf nicht mit einer früheren qatarischen Entscheidung in derselben Sache kollidieren.
- Die Wirkungserstreckung darf nicht gegen den qatarischen ordre public verstoßen.

Es ist ein Exequaturverfahren notwendig. Eine révision au fond findet nicht statt.

Die Gegenseitigkeit ist verbürgt[534].

Rumänien[535]: Im deutsch-rumänischen Verhältnis gilt die VO (EG) Nr. 44/2001.

Russische Föderation[536]: Ausserhalb von Staatsverträgen können ausländische Urteile – trotz mancherlei Zweifel[537] – nicht anerkannt und für vollstreckbar erklärt werden[538].

Die Gegenseitigkeit ist (noch) nicht verbürgt. Es scheint aber, dass die Rechtsprechung zur Anerkennung ausländischer Urteile außerhalb von Staatsverträgen tendiert. Wenn sich diese Tendenz fortsetzt, dann müsste eine Verbürgung der Gegenseitigkeit angenommen werden[539].

---

534 Vgl. *Krüger* RIW 1991, 1007 ff. (1009), der allerdings auf das Fehlen von Erfahrungen hinweist.
535 Vgl. dazu *Danila* in: Campbell, ROM 1 ff.; *Leonhardt* Länderbericht Rumänien, in: Geimer/Schütze, Internationaler Rechtsverkehr, 1116. 6 ff.; zum früheren Rechtszustand *Zilberstein* Die Zwangsvollstreckung von ausländischen gerichtlichen und schiedsgerichtlichen Entscheidungen in Rumänien, RabelsZ 40 (1976), 56 ff.; *Zilberstein/Capatîna* Die Anerkennung und Vollstreckung ausländischer Gerichtsentscheidungen und Schiedssprüche in der sozialistischen Republik Rumänien, in: Zeitgenössische Fragen des internationalen Zivilverfahrensrechts, 1972, 235 ff.
536 Schrifttum: *Boguslavskij* Die Anerkennung und Vollstreckung von Entscheidungen ausländischer staatlicher Gerichte und Schiedsgerichte in der Russischen Föderation, in: Seiffert (Herausg.), Anerkennung und Vollstreckung ausländischer Entscheidungen in Osteuropa, 1994, S. 15 ff.; *ders.* Die Anerkennung und Vollstreckung ausländischer gerichtlicher Entscheidungen in der ehemaligen UdSSR, in: Jayme (Herausg.), Ein internationales Zivilverfahren für Gesamteuropa, 1992, S. 115 ff.; *Lapine* in: Campbell, RUS, 1 ff.; *Laptew/Kopylov* Zum Erfordernis der Gegenseitigkeit bei der Vollstreckung ausländischer Urteile zwischen der Russischen Föderation und der Bundesrepublik Deutschland, IPRax 2008, 143 ff.; *Pligin* Die Vollstreckung von Entscheidungen ausländischer Gerichte in der Russischen Föderation,

ebenda, S. 35 ff.; *Steinbach* Anerkennung und Vollstreckung ausländischer Urteile und Schiedssprüche in der Russischen Föderation, 2003; *Trunk/Jarkow* Länderbericht Russland, in: Geimer/Schütze, Inernationaler Rechtsverkehr, 1118. 9 ff.; *Vorobeva* Reciprocity in Recognition and Enforcement of Foreign Judgments in Russia and the United States, FS Boguslavskij, 2004, S. 245 ff.
537 Vgl. *Breig/Schröder* Wende in der russischen Rechtsprechung zur Anerkennung und Vollstreckung ausländischer Gerichtsentscheidungen?, IPRax 2003, 359 ff.
538 Vgl. dazu *Boguslawskij* Die Anerkennung und Vollstreckung von Entscheidungen ausländischer Gerichte und Schiedsgerichte in der Russischen Föderation, in: Seiffert (Red.), Anerkennung und Vollstreckung ausländischer Entscheidungen in Osteuropa, 1994, 15 ff.; *ders.* Die Anerkennung und Vollstgreckung ausländischer gerichtlicher Entscheidungen in der ehemaligen UdSSR, in: Jayme (Herausg.), Ein internationales Zivilverfahren für Gesamteuropa, 1992, 115 ff.
539 In diesem Sinne wohl *Laptew/Kopylov* IPRax 2008, 143 ff.

Saudi-Arabien[540]: Nach Art. 6 der Verfahrensordnung für den Board of Grievances 2007 können ausländische Urteile bei Vorliegen folgender Erfordernisse anerkannt und für vollstreckbar erklärt werden[541]:

- Die ausländische Entscheidung[542] darf nicht gegen die Grundsätze der Shari'a verstoßen.
- Die Gegenseitigkeit muss verbürgt sein, wobei zweifelhaft ist, ob staatsvertragliche Verbürgung notwendig ist oder faktische genügt. Nach Krüger kann nur bei Vorliegen eines Staatsvertrages mit der Bejahung der Verbürgung der Gegenseitigkeit gerechnet werden[543].

Angesichts der weitgehenden Nachprüfungsbefugnis auf die Vereinbarkeit der ausländischen Entscheidung mit islamischem Recht, die eine teilweise révision au fond bedeutet und die Zweifel an der Bejahung der Gegenseitigkeit aus saudi-arabischer Sicht, ist die Gegenseitigkeit nicht verbürgt[544].

Schweden[545]: Im deutsch-schwedischen Verhältnis gilt die VO (EG) Nr. 44/2001.

Schweiz[546]: Im deutsch-schweizerischen Verhältnis gilt das LugÜ II.

---

540 Vgl. dazu *Kritzalis* in: Campbell, SAU, 1 ff.; *Habersack/Bälz* Länderbericht Saudi-Arabien, in: Geimer/Schütze, Internationaler Rechtsverkehr, 1119.4 ff.; *Krüger* Internationalrechtliche Probleme in Saudi-Arabien, IPRax 2005, 386 ff.; *ders.* Zur Anerkennung ausländischer Urteile in arabischen Golfstaaten, GS Konuralp, 2009, S. 631 ff. (639 ff.).
541 Vgl. *Krüger* Vollstreckung ausländischer Urteile in Saudi-Arabien jetzt möglich?, RIW 1990, 113 ff.
542 Es ist zweifelhaft, ob der Begriff der Entscheidung sich nicht nur auf solche aus arabischen Staaten bezieht. Darauf deuten die Motive hin. Vgl. *Krüger* GS Konuralp, 2009, S. 631 ff. (641).
543 Vgl. *Krüger* GS Konuralp, 2009, S. 631 ff. (642).
544 Vgl. *Habersack/Bälz* Länderbericht Saudi-Arabien, in: Geimer/Schütze, Internationaler Rechtsverkehr, 1119.6 mwN.
545 Schrifttum: *Berglund* Recognition and Enforcement in Sweden, in: Walter/Baumgartner (Herausg.), Anerkennung und Vollstreckung ausländischer Entscheidungen außerhalb der Übereinkommen von Brüssel und Lugano, 2000, S. 529 ff.; *Hambro* Recognition and Enforcement of Foreign Judgments in the Nordic Countries, Journal Clunet 84 (1975), 908 ff.; *Nilsson/Westerberg* in: Campbell, SWE, 1 ff.; *Pålsson* Länderbericht Schweden, in: Geimer/Schütze, Internationaler Rechtsverkehr, 1120. 9 ff.; *Schütze* Erkännande och verställighet av utländska civildomar in Sverige och Förbundsrepubliken Tyskland, SJT 1985, 47 ff.; *ders.* Anerkennung und Vollstreckbarerklärung ausländischer Zivilurteile in Schweden, RIW 1983, 417 ff.
546 Schrifttum: *Acocella* Internationale Zuständigkeit sowie Anerkennung und Vollstreckung ausländischer Entscheidungen in Zivilsachen im

schweizerisch-italienischen Rechtsverkehr, Diss. St. Gallen, 1989; *Bernet/Voser* Praktische Fragen im Zusammenhang mit Anerkennung und Vollstreckung ausländischer Urteile nach IPRG, SZIER 2000, 437 ff.; *Braconi* La reconnaissance et l'exécution des jugements étrangers dans la jurisprudence récente du Tribunal fédéral, Revue Fribourgeoisede jurisprudence 1993, 215 ff.; *Dörig* The Finality of U.S. Judgments in Civil Matters as a Prerequisite for Recognition and Enforcement in Switzerland, 32 Texas International Law Journal 1997, 271 ff.; *Egli* Die Anerkennung und Vollstreckung deutscher, österreichischer und liechtensteinischer Gerichtsentscheidungen in Zivil- und Handelssachen in der Schweiz, RIW 1991, 977 ff.; *Hauser* Zur Vollstreckbarerklärung ausländischer Leistungsurteile in der Schweiz, FS Keller, 1989, S. 589 ff.; *Hochstrasser/Vogt* Commercial Litigation and Foreign Judgments in Switzerland, 1995; *Hochstrasser/de Vito Bieri* in: Campbell, SWI, 1 ff.; *Jametti Greiner* Der Begriff der Entscheidung im schweizerischen internationalen Zivilverfahrensrecht, 1998; *Kren* Anerkennbare und vollstreckbare Titel nach IPRG und LugÜ, FS Vogel, 1991, S. 419 ff.; *Müller* Anerkennung und Vollstreckung ausländischer Entscheidungen im Bereich des Schuldrechts, Diss. St. Gallen, 1994; *Piantino* Recognition and Enforcement of Money Judgments Between the United States and Switzerland, 17 New York Law School Journal of International and Comparative Law 1997, p. 91 ff.; *ders.* Switzerland's Treatment of U.S. Money Judgments, 46 American Journal of Comparative Law 1998, p. 181 ff.; *Schnyder* Länderbericht Schweiz, in: Geimer/Schütze, Internationaler Rechtsverkehr, 1121. 7 ff.; *Schwander* Probleme der grenzüberschreitenden Vollstreckung von Entscheidungen: Begriff der Zivil- und Handelssachen, Vollstreckung aus öffentlichen Urkunden und Nicht-

Serbien: Für die Erfordernisse der Wirkungserstreckung vgl. ehemaliges Jugoslawien.

Es besteht eine Vermutung für die faktische Verbürgung der Gegenseitigkeit[547].

Die Gegenseitigkeit ist verbürgt.

Sharjah: In Sharjah gilt die Zivilprozessordnung der Vereinigten Arabischen Emirate[548].

Die Gegenseitigkeit ist nicht verbürgt.

Sierra Leone: Die Geltendmachung deutscher Titel auf statutarischer Grundlage ist mangels förmlicher Gegenseitigkeitserklärung nicht möglich. Ob und inwieweit die Wirkungserstreckung aufgrund rezipierten common laws möglich ist, erscheint zweifelhaft. Jedenfalls kann aufgrund der gegenwärtigen politischen Verhältnisse nicht von einer gerodneten Rechtspflege ausgegangen werden.

Die Gegenseitigkeit ist nicht verbürgt.

Singapur[549]: Die Geltendmachung deutscher Titel auf statutarischer Grundlage ist nicht möglich, da eine förmliche Gegenseitigkeitsfeststellung fehlt. Jedoch können Anerkennung und Vollstreckbarerklärung nach common law erfolgen[550]. Erfordernisse der Wirkungserstreckung sind:

– Die Entscheidung muss eine Zivil- oder Handelssache zum Gegenstand haben.
– Das Erstgericht muss international zuständig gewesen sein.
– Das Urteil muss endgültig (final and conclusive) – d. h. die Instanz abschließend – sein.
– Die Entscheidung muss – soweit in personam ergangen – auf Zahlung eines bestimmten Geldbetrages lauten.
– Das Urteil darf nicht durch Arglist (fraud) erschlichen, mit der natürlichen Gerechtigkeit (natural or substantial justice) unvereinbar sein oder gegen den ordre public verstoßen.

Die Wirkungserstreckung erfolgt durch action upon the foreign judgment.

Die Gegenseitigkeit ist verbürgt.

Slowakei[551]: Im deutsch-slowakischen Verhältnis gilt die VO (EG) Nr. 44/2001.

Geldurteilen sowie Aspekte der Vertragsgestaltung, in: Spühler (Herausg.), Internationales Zivilprozess- und Verfahrensrecht, 2003, S. 93 ff.; *Stojan* Die Anerkennung und Vollstreckung ausländischer Zivilurteile in Handelssachen, 1986; *Walder* Grundfragen der Anerkennung und Vollstreckung ausländischer Urteile unter besonderer Berücksichtigung schweizerischer Sicht, ZZP 103 (1990), 322 ff.; *Walther* Die Anerkennung und Vollstreckung der gerichtlichen Entscheidungen außerhalb des Geltungsbereichs des Brüsseler und Luganer Übereinkommens in der Schweiz, in: Walter/Baumgartner (Herausg.), Anerkennung und Vollstreckung ausländischer Entscheidungen außerhalb der Übereinkommen von Brüssel und Lugano, 2000, S. 541 ff.
547 Vgl. Kreisgericht Belgrad, eastlex 2009, 120 m. Anm. Wietzorek.
548 Vgl. *Krüger* Grundsätze des internationalen Zivilverfahrensrechts der Vereinigten Arabischen Emirate, RIW 1993, 384 ff.
549 Schrifttum: *Choon Chiaw Loo* in: Campbell,

SIN, 1 ff.; *Martin* Reciprocal Enforcement of Judgments and Service of Process in Singapore (1981) M.L.J., xliii; *Ong* Enforcement of Foreign Judgments in Singapore, in: Ong, Cross-Border Litigation within ASEAN, 1997, S. 200 ff.; *Schütze* Anerkennung und Vollstreckbarerklärung ausländischer Zivilurteile in Singapur und Hongkong, RIW/AWD 1982, 722 ff.; *ders.* Länderbericht Singapur, in: Geimer/Schütze, Internationaler Rechtsverkehr, 1127. 4 ff.
550 Leading case ist jetzt die Entscheidung des Court of Appeal in Hong Pian Tee v. Les Placements Gemain Gauthier Inc. (2002) 2 SLR 81; weiter *Martin* Reciprocal Enforcement of Jugsments and Service of Process in Singapore (1981) M.L.J. xliii; *Schütze* Anerkennung und Vollstreckbarerklärung ausländischer Zivilurteile in Singapur und Hongkong, RIW 1982, 722 ff.
551 Vgl. dazu *Simorová/Pagáčová* in Campbell, SLO, 1 ff.; *Stessl* Länderbericht Slowakische Republik, in: Geimer/Schütze, Internationaler Rechtsverkehr, 1128.7 f.

Slowenien[552]: Im deutsch-slowenischen Verhältnis gilt die VO (EG) Nr. 44/2001

Somalia: Erfordernisse der Wirkungserstreckung sind[553]:

- Die Entscheidung muss eine Zivil- oder Handelssache zum Gegenstand haben.
- Das Erstgericht muss international zuständig gewesen sein.
- Die Parteien müssen im erststaatlichen Verfahren ordnungsgemäß geladen worden sein.
- Die Wirkungserstreckung darf nicht gegen den somalischen ordre public verstoßen.
- Das Urteil darf nicht in Widerspruch zu einem somalischen oder anerkannten drittstaatlichen Urteil in derselben Sache stehen.

Die Wirkungserstreckung erfolgt durch Delibation. Angesichts der politischen Situation in Somalia erscheint die Wirkungserstreckung ausländicher Urteile im Augenblick nicht gesichert.

Die Gegenseitigkeit ist nicht verbürgt.

Spanien[554]: Im deutsch-spanischen Verhältnis gilt die VO (EG) Nr. 44/2001.

Sri Lanka: Eine Wirkungserstreckung deutscher Titel auf statutarischer Grundlage ist nicht möglich, da es an einer formellen Gegenseitigkeitserklärung fehlt. Jedoch können Anerkennung und Vollstreckbarerklärung nach common law erfolgen[555]. Erforderniss der Wirkungserstreckung sind:

- Die Entscheidung muss eine Zivil- oder Handelssache zum Gegenstand haben.
- Das Erstgericht muss internationale Zuständigkeit besessen haben
- Die ausländische Entscheidung muss endgültig (final and conclusive), also die Instanz abschließend, sein.
- Das ausländische Urteil muss – soweit in personam ergangen – zur Zahlung einer bestimmten Geldsumme verurteilen.
- Das verfahrenseinleitende Schriftstück muss dem Beklagten ordnungsgemäß zugestellt worden sein, und er muss Gelegenheit gehabt haben, sich angemessen zu verteidigen.

552 Vgl. dazu *Gĕc-Korošec* Die Reform des slowenischen internationalen Privat- und Verfahrensrechts und seine Anpassung an das Recht der Europäischen Union, RabelsZ 66 (2002), 710 ff. (745 f.).

553 Schrifttum: *Schütze* Vollstreckung ausländischer Urteile in Afrika, 1966, S. 44 f.; *ders.* Die Vollstreckung ausländischer Zivilurteile in afrikanischen Staaten, AWD 1964, 10 ff.

554 Schrifttum: *Alvarez* La sentenza extranjera ante al cambio de circunstancias (con especial referencia a la condena de prestación periódica de alimentos), Rev. esp. der. int, 2003, 641 ff.; *Calvo Caravaca* La sentencia extranjera en España y la competencia del juez de origen, 1986; *Garau Sobrino* Los efectos de las resoluciones extranjeras en España, 1992; *Karl* Die Anerkennung von Entscheidungen in Spanien. Autonomes Recht und Staatsverträge, 1993; *de Miguel y Alonso* El reconocimiento de sentencias extranjeras en el derecho procesal Español, FS Fragistas, 1966; Bd. III, S. 165 ff.; *ders.* Eficacia de las resoluciones extranjeras de jurisdicción voluntaria, 1997; *Iñigo Quintana* in Campbell, SPA, 1 ff.; *Pérez Beviá* Recon-

naissance et exécution des décisions étrangères en marge de l'application des conventions de Bruxelles et Lugano, Rapport sur le Droit Espagnol, in: Walter/Baumgartner (Herausg.), Anerkennung und Vollstreckung ausländischer Entscheidungen außerhalb der Übereinkommen von Brüssel und Lugano, 2000, S. 499 ff.; *Ramos Mendez* Vollstreckung ausländischer Titel in Spanien, RIW/AWD 1984, 99 ff.; *ders.* Ejecución en España de una sentencia inglesa dictada en rebeldia contra un demandado español, FS Geimer, 2002, S. 873 ff.; *Remiro Brotons* Ejecución de sentencias extranjeras en España, 1974; *Schütze/Karl* Länderbericht Spanien, in: Geimer/Schütze, Internationaler Rechtsverkehr, 1130. 2 ff.; *Virgos Soriano* Reconocimiento y ejecución de decisiones judiciales extranjeras, in: Pérez Vera, Derecho internacional privado, 6. Aufl., 1996, S. 355 ff.; *Werth* Vollstreckung deutscher Urteile in Spanien, RIW/AWD 1975, 328 ff.

555 Vgl. *Otto* Länderbericht Sri Lanka, in: Geimer/Schütze, Internationaler Rechtsverkehr, 1131. 4 ff.; *Wilson* in: Campbell, SRI. 1 ff.

– Die Entscheidung darf nicht durch Betrug (fraud) erschlichen oder gegen die natürliche Gerechtigkeit (natural justice) oder den ordre public verstoßen.

Die Wirkungserstreckung erfolgt durch action upon the foreign judgment ohne révision au fond.

Die Gegenseitigkeit ist verbürgt[556].

Südafrika[557]: Die Wirkungserstreckung deutscher Titel auf statutarischer Grundlage ist nicht möglich, da es an einer formellen Gegenseitigkeitserklärung fehlt. Jedoch können Anerkennung und Vollstreckbarerklärung nach common law-Grundsätzen erfolgen[558]. Erfordernisse der Wirkungserstreckung sind:

– Die Entscheidung muss eine Zivil- oder Handelssache zum Gegenstand haben und – soweit in personam ergangen – zu bestimmter Geldzahlung verurteilen.
– Das Erstgericht muss internationale Zuständigkeit besessen haben.
– Das ausländische Urteil muss endgültig (final and conclusive) sein, d. h. die Instanz abschließen.
– Das Urteil darf nicht durch Betrug (fraud) erschlichen, mit der natürlichen Gerechtigkeit (natural or substantial justice) unvereinbar sein oder gegen den ordre public (public olicy) verstoßen.
– Es muss eine Genehmigung für die Wirkungserstreckung nach dem Protection of Business Act vorliegen, wenn der Urteilsgegenstand im Zusammenhang mit „mining, production, importation, exportation, refinement, possession, use or sale of, or owner- ship of any matter or material, of whatever nature, whether within, outside, or moving into or from South Africa" steht.

Die Wirkungserstreckung erfolgt in einem gerichtlichen Verfahren, in dem eine révison au fond nicht stattfindet. Die Notwendigkeit ministerieller Genehmigung nach dem Protecti- on of Business Act macht die Erfordernisse der Wirkungserstreckung für Entscheidungen, die diesem Act unterfallen, teilweise nicht mehr äquivalent. Im Übrigen kommt eine partielle Verbürgung in Betracht.

Die Gegenseitigkeit ist teilweise nicht verbürgt, soweit Entscheidungen dem Protection of Business Act unterfallen[559].

Sudan: Ausländische Urteile können nach sect. 306 f. Civil Procedure Act bei Vorliegen folgender Erfordernisse anerkannt und für vollstreckbar erklärt werden[560]:

– Die ausländische Entscheidung muss eine Zivil- oder Handelssache zum Gegenstand haben.

556 Vgl. *Otto* Länderbericht Sri Lanka, in: Geimer/Schütze, Internationaler Rechtsverkehr, 1131. 7.
557 Vgl. dazu *Doser* Gegenseitigkeit und Aner- kennung ausländischer Entscheidungen, 1999; *ders.* Länderbericht Südafrika, in: Geimer/Schütze, Internationaler Rechtsverkehr, 1133. 7 ff.; *Leon* Roma locuta est – The Recognition and Execution of Foreign Judgments in South Africa, CILSA 16 (1983), 325 ff.; *Schütze* Zur Verbürgung der Gegen- seitigkeit im Verhältnis zu Südafrika, IPRax 2010, 428 ff.; *Silberberg* The Recognition and Enforce- ment of Foreign Judgments in South Africa, 1977; *Spiro* Die Zwangsvollstreckung aus deutschen Geldurteilen in der südafrikanischen Republik, Afrika Recht & Wirtschaft 1980, 15 ff.; *van Wyk/ Morley* in: Campbell, SAF, 1 ff.

558 Vgl. *Doser* Gegenseitigkeit und Anerken- nung ausländischer Entscheidungen, 1999, S. 228 ff.; *Leon* Roma non locuta est – The Reco- gnition and Enforcement of Foreign Judgments in South Africa, CILSA 16 (1983), 325 ff.; *van Wyk/ Morley* in: Campbell, SAF. 1 ff.
559 Vgl. LG Hamburg, IPRax 2010, 444. In BGHZ 42, 194 ist die Gegenseitigkeit für Zah- lungsurteile allgemein als verbürgt angesehen worden. Die Entscheidung ist aber vor Inkraft- treten des Protection of Business Act ergangen.
560 Vgl. dazu *Bälz* Länderbericht Sudan, in: Geimer/Schütze, Internationaler Rechtsverkehr, 1132, 4 ff.; *Schütze* Die Anerkennung und Voll- streckbarerklärung ausländischer Zivilurteile im Sudan, RIW 1991, 818 ff.

- Der Erststaat muss Gerichtsbarkeit und internationale Zuständigkeit besessen haben.
- Die ausländische Entscheidung muss endgültig sein, d. h. die Instanz abschließen.
- Die Parteien müssen im erststaatlichen Verfahren ordnungsgemäß geladen und vertreten gewesen sein.
- Die Wirkungserstreckung darf nicht gegen den sudanesischen ordre public verstoßen.
- Das ausländische Urteil darf nicht in Widerspruch zu einer früheren sudanesischen Entscheidung in derselben Sache stehen.

Die Anerkennung erfolgt formlos. Die Vollstreckbarerklärung bedarf eines gerichtlichen Verfahrens, in dem eine teilweise révision au fond stattfindet. Die politische Situation im Sudan ist zur Zeit aber derart, dass die Wirkungserstreckung eines ausländischen Urteils nicht gesichert erscheint.

Die Gegenseitigkeit ist nicht verbürgt[561].

Syrien[562]: Syrien praktiziert das System der elastischen Gegenseitigkeit. Darüber hinaus sind nach Artt. 306 ff. syr. ZPO Erfordernisse der Wirkungserstreckung[563]:

- Das ausländische Urteil muss eine Zivil- oder Handelssache zum Gegenstand haben.
- Das Erstgericht muss international zuständig gewesen sein.
- Die Entscheidung muss rechtskräftig sein.
- Die grundöegenden verfahrensmäßigen Rechte der Parteien, insbesondere im Hinblick auf Zustellungen, Landungen und Vertretung müssen gewhrt sein.
- Die Entscheidung darf nicht mit einem früheren syrischen Urteil in derselben Sache kollidieren.
- Die Wirkungserstreckung darf nicht gegen den syrischen ordre public verstoßen.

Die Wirkungserstreckung erfolgt in einem gerichtlichen Verfahren. Eine révision au fond ist unzulässig.

Die Gegenseitigkeit ist verbürgt[564].

Taiwan: Erfordernisse der Wirkungserstreckung nach Art. 402 taiwan. ZPG sind[565]:

- Das ausländische Urteil muss eine Zivil- oder Handelssache zum Gegenstand haben.
- Die Entscheidung muss rechtskräftig sein.
- Das Erstgericht muss international zuständig gewesen sein.
- Die prozesseinleitende Ladung oder Verfügung muss dem Beklagten ordnungsgemäß persönlich oder im Wege der Rechtshilfe zugestellt worden sein.
- Die Wirkungserstreckung darf nicht gegen den taiwanesischen ordre public verstoßen.
- Die Gegenseitigkeit muss verbürgt sein. Es besteht Anerkennungsbereitschaft[566].

Die Wirkungserstreckung erfolgt in einem gerichtlichen Verfahren. Eine révision au fond findet nicht statt.

561 Vgl. *Bälz* Länderbericht Sudan, in: Geimer/Schütze, Internationaler Rechtsverkehr, 1132. 5.
562 Schrifttum: *Börner* Die Anerkennung ausländischer Titel in den arabischen Staaten, 1996; *ders.* Länderbericht Syrien, in: Geimer/Schütze, Internationaler Rechtsverkehr, 1135. 8 ff.; *Tabet* L'exécution des jugements étrangers en Syrie et au Liban, 1923.
563 *Börner* Die Anerkennung ausländischer Titel in den arabischen Staaten, 1996; *Börner* Länderbericht Syrien, in: Geimer/Schütze, Internationaler Rechtsverkehr, 1135. 8 ff.
564 Vgl. BGHZ 49, 50 = AWD 1968, 266 mit Anm. *Schütze* = LM Nr. 19 zu § 328 ZPO mit Anm.

Schneider; *Börner* Länderbericht Syrien, in: Geimer/Schütze, Internationaler Rechtsverkehr, 1135.12; *Kaiser* Anerkennung und Vollstreckung von Urteilen im deutsch-syrischen Rechtsverkehr, RIW 1985, 206 ff. (207); nicht entschieden in OLG Hamm RIW 1987, 467; bejahend nunmehr OLG Hamm v. 22.2.2008 (25 U 2/08, eingehend begründeter Vergleichsvorschlag).
565 Vgl. dazu *Etgen/Sheng-Lin* Länderbericht China (Taiwan), in: Geimer/Schütze, Internationaler Rechtsverkehr, 1028. 5 ff.; *Etgen* Die Anerkennung und Vollstreckung deutscher Zivilurteile in der Republik China auf Taiwan, RIW 1995, 205 ff.
566 Vgl. *Etgen* RIW 1995, 205 ff. (206).

Die Gegenseitigkeit ist verbürgt[567].

Tansania: Die Geltendmachung deutscher Titel auf statutarischer Grundlage ist mangels förmlicher Gegenseitigkeitsfeststellung nicht möglich. Ob und inwieweit die Anerkennung und Vollstreckbarerklärung nach common law erfolgen können ist ungeklärt, jedenfalls erwähnt der tansanische Author Kabakama eine solche Möglichkeit nicht[568].

Die Gegenseitigkeit ist nicht verbürgt.

Thailand[569]: Ausserhalb von Staatsverträgen ist eine Wirkungserstreckung ausländischer Titel nicht möglich[570].

Die Gegenseitigkeit ist nicht verbürgt[571].

Timor-Leste (Osttimore)[572]: Timor-Leste hat portugiesisches Zivilprozessrecht rezipiert. Grundlage der Wirkungserstreckung ausländischer Zivilurteile sind Artt. 672, 838 ff. Código de processo Civil[573]. Die Erfordernisse der Anerkennung und Vollstreckbarerklärung entsprechen denen in Art. 1096 der portugiesischen Zivilprozessordnung:

- Es muss eine Entscheidung in einer Zivil- oder Handelssache vorliegen.
- Das ausländische Urteil muss authentisch sein.
- Die ausländische Entscheidung muss in Rechtskraft erwachsen sein.
- Das Erstgericht muss international zuständig gewesen sein. Die Prüfung der internationalen Zuständigkeit erfolgt nur dahin, ob diese nicht erschlichen ist oder eine ausschließliche zweitstaatliche Zuständigkeit vorliegt.
- Das ausländische Urteil darf nicht in Widerspruch zu einem Urteil in derselben Sache von einem Gericht Osttimors stehe oder unter Verletzung osttimorischer Rechtshängigkeit ergangen sein.
- Die grundlegenden verfahrensmäßigen Rechte der Parteien müssen gewahrt sein.
- Die Wirkungserstreckung darf nicht gegen den ordre public von Timor-Leste verstoßen.
- Es darf kein Dokument vorliegen, das zu einer vorteilhafteren Stellung der unterlegenen Partei führt.
- Ist der Urteilsschuldner Staatsangehöriger von Timor-Leste, so muss das ausländische Urteil im Ergebnis mit den Grundsätzen des zweitstaatlichen Rechts übereinstimmen, wenn dieses nach dem Kollisionsrecht Timor-Lestes anwendbar gewesen wäre.

Die Wirkungserstreckung erfolgt durch gerichtliches Exequatur. Zuständig ist der Supremo Tribunal de Justiça[574]. Für die Vollstreckung ist das Distriksgericht in Dili zuständig. In dem Verfahren erfolgt keine révision au fond, soweit nicht die Überprüfung auf eine Übereinstimmung mit dem Recht Timor-Lestes erfolgt, soweit dies bei osttimorischem

---

567 Vgl. *Etgen* Länderbericht China (Taiwan), in: Geimer/Schütze, Internationaler Rechtsverkehr, 1128. 8; *Etgen* RIW 1995, 205 ff. (207).
568 Vgl. *Kabakama* in Campbell, TAN. 1 ff.
569 Schrifttum: *Falder* Länderbericht Thailand, in: Geimer/Schütze, Internationaler Rechtsverkehr, 1140.6; *Ong* Enforcement of Judgments in Thailand, in: Ong, Cross-Border Litigation in ASEAN, 1997, S. 210 ff.
570 Vgl. dazu *Falder* Länderbericht Thailand, in: Geimer/Schütze, Internationaler Rechtsverkehr, 1140. 6; *Sethsathira* in: Campbell, THA, 1 ff.; *Suwan* International Commercial Arbitration and Enforcement of Foreign Judgments, L.J.Marut Bunnag 8 (1981), Nr. 2, 7 ff.

571 Vgl. BGH NJW 1971, 985; BGH AWD 1974, 221; OLG Hamburg IPRspr. 1973 Nr. 123a; B/B/G/S (Falder), 1140. 6.
572 Schrifttum: *Nordmeier* Timor-Leste (Osttimor): Neues Internationales Zivilprozessrecht, IPRax 2009, 540 f.; *ders.* Länderbericht Timor-Leste, in: Geimer/Schütze, Internationaler Rechtsverkehr, 1142.14 ff.
573 Decreto Lei 1/2006 v. 21.12.2006.
574 Solange dieses Gericht noch nicht errichtet ist ist der Tribunal de Recurso in Dili zuständig, vgl. *Nordmeier* IPRax 2009, 540 f. (541).

Urteilsschuldner nach dem zweitstaatlichen Kollisionsrecht anwendbar gewesen wäre. Da es sich hier um eine in Praxis unbedeutende Ausnahme handelt, kann von einer Äquivalenz der Erfordernisse und des Verfahrens der Wirkungserstreckung ausgegangen werden. Die Gegenseitigkeit ist verbürgt[575].

Tschechische Republik[576]: Im deutsch-tschechischen Verhältnis gilt die VO (EG) Nr. 44/2001.

Türkei: Ausländische Urteile können nach Artt. 50 ff. IPRG 2007[577] bei Vorliegen folgender Erfordernisse anerkannt und für vollstreckbar erklärt werden[578]:

- Das Urteil muss eine Zivil- oder Handelssache zum Gegenstand haben.
- Das Erstgericht muss international zuständig gewesen sein.
- Der Beklagte muss im erststaatlichen Verfahren ordnungsgemäß geladen worden sein.
- Die Wirkungserstreckung darf nicht gegen den türkischen ordre public verstoßen.
- In einem das Personalstatut von Türken betreffenden Urteil muss das nach türkischem IPR anwendbare Recht dem Urteil zugrunde gelegt worden sein.
- Die Gegenseitigkeit muss tatsächlich verbürgt sein.

Die Wirkungserstreckung erfolgt in einem gerichtlichen Verfahren ohne révision au fond. Es besteht Anerkennungsbereitschaft für deutsche Titel.

Die Gegenseitigkeit ist verbürgt[579].

Tunesien[580]: Im deutsch-tunesischen Verhältnis findet der deutsch-tunesische Rechtshilfe-, Anerkennungs- und Vollstreckungsvertrag v. 19. Juli 1966 Anwendung[581], vgl. dazu Rdn. 220 ff.

---

575 Vgl. *Nordmeier* IPRax 2009, 540 f. (541); ebenso schon zum rezipierten protugiesischen Mutterrecht *Schütze* Zur Verbürgung der Gegenseitigkeit im Verhältnis zu Portugal, AWD 1971, 583 f. (584).

576 Schrifttum: *Becker* Anerkennung deutscher Urteile in der tschechischen Republik, FS Hay, 2005, S. 13 ff.; *Brenka* in: Campbell, CZE, 1 ff.; *Kalenský* Recognition and Enforcement of Foreign Decisions in the Czech Republic, in: Seiffert (Herausg.), Anerkennung und Vollstreckung ausländischer Entscheidungen in Osteuropa, 1994, S. 89 ff.; *Kucera* Tschechische und Slowakische Föderative Republik – Internationale Zuständigkeit und die Anerkennung und Vollstreckung ausländischer Gerichtsurteile, in: Jayme (Herausg.), Ein internationales Zivilverfahrensrecht für Gesamteuropa, 1992, S. 53 ff.; *Skrdlik* Anerkennung und Vollstreckung deutscher Entscheidungen in Tschechien, 2000; *Steiner* Recognition and Enforcement of foreign court judgments in civil matters in Czechoslowakia, FS Areopag, Bd. VI, 2007, S. 425 ff. (Stand 1987); *Wünsch* Länderbericht Tschechische Republik, in: Geimer/Schütze, Internationaler Rechtsverkehr, 1145. 5 ff.

577 Eine deutsche Übersetzung der relevanten Bestimmungen findet sich bei *Krüger/Nomer-Ertan* Neues internationales Privatrecht in der Türkei, IPRax 2008, 281 ff.

578 Vgl. dazu *Krüger/Nomer-Ertan* IPRax 2008, 281 ff.; zum bisherigen Recht, das inhaltlich gleich ist, vgl. *Krüger* Das türkische IPR-Gesetz von 1982, IPRax 1982, 252 ff.; *ders.* Neues internationales Privatrecht in der Türkei, öZfRV 1982, 169 ff.; *ders.* Das türkische Gesetz Nr. 2675 vom 20.5.1982 über das internationale Privat- und Zivilverfahrensrecht, 1982; *Özbakan* La reconnaissance et l'exécution du jugements étrangers en Turquie, SchweizJZ 1983, 353 ff.; *Özel* in: Campbell, TUR, 1 ff.; *Tekinalp* Das türkische Gesetz über das internationale Privatrecht und Zivilverfahrensrecht von 1982, RabelsZ 47 (1983), 74 ff.; für ausländische Statusurteile vgl. *Krüger* Zur Anerkennung ausländischer Statusurteile in der Türkei, IPRax 2004, 550 f.

579 Vgl. *Krüger* Vollstrekung deutscher Gerichtsentscheidungen in der Türkei, RIW 1986, 639 ff. (641); *Krüger/Nomer-Ertan* IPRax 2008, 281 ff. (283).

580 Vgl. dazu *Rauscher* Länderbericht Tunesien, in: Geimer/Schütze, Internationaler Rechtsverkehr, 1147.11 ff.

581 Vgl. dazu *Arnold* Die Problematik von Rechtshilfeabkommen – Der Deutsch-Tunesische Rechtshilfe- und Vollstreckungsvertrag v. 19.7.1966, NJW 1970, 1478 ff.; *Ganske* Der deutsch-tunesische Rechtshilfe- und Vollstreckungsvertrag in Zivil- und Handelssachen vom 19.7.1966, AWD 1970, 145 ff.; *Schütze* Rechtsverfolgung bei deutsch-arabischen Handelsgeschäften, RIW/AWD 1977, 761 ff.; für das autonome Recht vgl. *Geimer/Schütze* EuZVR, 3. Aufl., 2010 E.1 Rdn. 245.

Turkmenistan[582]: Ausländische Urteile werden nach Art. 443 der turkmenischen Zivilprozessordnung nur bei Vorliegen eines Staatsvertrags anerkannt und für vollstreckbar erklärt.

Die Gegenseitigkeit ist nicht verbürgt[583].

Uganda: Eine Geltendmachung deutscher Titel auf statutarischer Grundlage ist mangels förmlicher Gegenseitigkeitsfeststellung nicht möglich. Jedoch können Anerkennung und Vollstreckbarerklärung nach common law Grundsätzen erfolgen[584]. Erfordernisse der Wirkungserstreckung sind:

- Das ausländische Urteil muss eine Zivil- oder Handessache zum Gegenstand haben und – soweit in personem ergangen – zu bestimmter Geldzahlung verurteilen.
- Das Erstgericht muss international zuständig gewesen sein.
- Die Entscheidung muss endgültig (final and conclusive) sein, d. h. die Instanz abschließen.
- Das Urteil darf nicht durch Betrug (fraud) erschlichen, mit der natürlichen Gerechtigkeit (natural or substantial justice) unvereinbar sein oder gegen den ordre public (public policy) verstoßen.

Die Wirkungserstreckung efolgt durch action upon the foreign judgment. Eine révision au fond ist unzulässig. An sich könnte damit die Verbürgung der Gegenseitigkeit angenommen werden. Die politische Lage ist gegenwärtig aber so problematisch, dass eine Anwendung der common law-Regeln über die Wirkungserstreckung nicht gesichert erscheint.

Die Gegenseitigkeit ist nicht verbürgt.

Ukraine[585]: Ausserhalb von Staatsverträgen ist eine Wirkungserstreckung ausländischer Titel – mit Ausnahmen für familienrechtliche und insolvenzrechtliche Entscheidungen – nicht möglich[586].

Die Gegenseitigkeit ist nicht verbürgt.

Umm al-Quwain: In Umm al-Quwain gilt die einheitliche Zivilprozessordnung der Vereinigten arabischen Emirate[587].

Die Gegenseitigkeit ist nicht verbürgt.

---

582 Vgl. dazu *Mindach* Länderbericht Turkmenistan, in: Geimer/Schütze, Internationaler Rechtsverkehr, 1149.10 ff.

583 Vgl. *Mindach* Länderbericht Turkmenistan, in: Geimer/Schütze, Internationaler Rechtsverkehr, 1149.10.

584 Vgl. *Knieper* Länderbericht Uganda, in Geimer/Schütze, Internationaler Rechtsverkehr, 1150.4.

585 Schrifttum: *Porbitschenko* Anerkennung und Vollstreckung gerichtlicher und schiedsgerichtlicher Entscheidungen in der Ukraine. Die Rolle des internationalen Schiedsgerichts, in: Seiffert (Herausg.), Anerkennung und Voll-

streckung ausländischer Entscheidungen in Osteuropa, 1994, S. 45 ff.; *Seletski/Tkachenko* in: Campbell, UKR, 1 ff.; *Solotych* Länderbericht Ukraine, in: Geimer/Schütze, Internationaler Rechtsverkehr 1152. 10 ff.

586 Vgl *Solotych* Länderbericht Ukraine, in: Geimer/Schütze, Itnernationaler Rechtsverkehr, 1152.11 f.; *Pobirtschenko* Anerkennung und Vollstreckung ausländischer gerichtlicher und schiedsgerichtlicher Entscheidungen in der Ukraine, in: Seiffert (Red.), Anerkennung und Vollstreckung ausländischer Entscheidungen in Osteuropa, 1994, S. 45 ff.

587 Vgl. *Krüger* RIW 1993, 284 ff.

Ungarn[588]: Im deutsch-ungarischen Verhältnis gilt die VO (EG) Nr. 44/2001.

Usbekistan[589]: Nach Art. 39 der usbekischen Zivilprozessordnung werden ausländische Urteile nur im Rahmen staatsvertraglicher Vereinbarungen anerkannt und für vollstreckbar erklärt.

Die Gegenseitigkeit ist nicht verbürgt[590].

USA[591]: Die Wirkungserstreckung ausländischer Zivilurteile fällt in die Kompetenz[592] der Einzelstaaten[593], die teilweise den Uniform Foreign Money-Judgments Recognition

---

588 Schrifttum: *Kengyel* Ungarn vor dem Tor des Lugano-Übereinkommens, FS Schütze, 1999, S. 347 ff.; *ders.* Die Anerkennung und Vollstreckbarerklärung der gerichtlichen Entscheidungen außerhalb des Geltungsbereichs des Brüsseler und Lugano-Übereinkommens, in: Walter/Baumgartner (Herausg.), Anerkennung und Vollstreckung ausländischer Entscheidungen außerhalb der Übereinkommen von Brüssel und Lugano, 2000, S. 323 ff.; *Kengyel/Harsági* Länderbericht Ungarn, in: Geimer/Schütze, Internationaler Rechtsverkehr, 1151.18 ff.; *Krusche* Anerkennung und Vollstreckung deutscher Urteile in Polen, Tschechien und Ungarn, WIRO 1999, 173 ff.; *Nógrádi/Török/Ágoston* in: Campbell, HUN, 1 ff.; *Szecsenyi* Zur Anerkennung und Vollstreckung österreichischer Urteile in Ungarn, ZfRV 2000, 105 ff.; *Schütze* Die Anerkennung und Vollstreckbarerklärung deutscher Zivilurteile in Ungarn, RIW 1993, 416 ff.; *ders.*
589 Vgl. dazu *Mindach* Länderbericht Usbekistan, in: Geimer/Schütze, Internationaler Rechtsverkehr, 1153.9 f.
590 Vgl. *Mindach* Länderbericht Usbekistan, in: Geimer/Schütze, Internationaler Rechtsverkehr, 1153.10.
591 Schrifttum: *Brenscheidt* Anerkennung und Vollstreckung ausländischer Geldurteile in den USA, RIW/AWD, 1976, 54 ff.; *Bishop/Burnette* United States Practice Concerning the Recognition of Foreign Judgments, 16 Int'l Law 425 (1982), *Deutsch* Die Anerkennung ausländischer Urteile in den Staaten der USA, ZZP 71 (1958), 321 ff.; *Ginsburg* Recognition and Enforcement of Foreign Judgments. A Summary View of the Situation in the United States, 4 Int'l Law 720 (1970); *Harder* Vollstreckung deutscher Urteile in den USA, insbesondere in New York, AWD 1963, 36 ff.; *Hay* On Comity, Reciprocity, and Public Policy in U.S. And German Recognition Practice, FS Siehr, 2000, S. 237 ff.; *ders.* On Merger and Preclusion (Res Judicata) in U.S. Foreign Judgements Recognition – Unsolved Doctrinal Problems, FS Geimer, 2002, S. 325 ff.; *Heidenberger* Vollstreckung deutscher Urteile in den Vereinigten Staaten, NJW 1958, 1117 ff.; *Kessedjian* La reconnaissance et l'exécution des jugements en droit international privé aux Etats-Unis, 1987; *Koshiyama* Rechtskraftwirkungen und Urteilsanerkennung nach amerikanischem, deutschem und japanischem Recht, 1996; *Kulzer* Some Aspects of Enforceability of Foreign Judgments: A Comparative Summary, 16 BuffLRev 84 (1966); *Lehnhoff* Die Anerkennung und Vollstreckung ausländischer Urteile in den USA – Ein allgemeiner Teil, RabelsZ 19 (1954), 201 ff.; *Mueller* Die Anerkennung von Urteilen, Beschlüssen und Anordnungen ausländischer Gerichte und von ausländischen Schiedssprüchen im Recht der Vereinigten Staaten von Amerika, RabelsZ 5 (1931), 905 ff.; *Perret* La reconnaissance et l'exécution des jugements étrangers aux Etats Unis, 1951; *Peterson* Die Anerkennung ausländischer Urteile im amerikanischen Recht – Entwicklungstendenzen in Gesetzgebung und Rechtsprechung, 1964; *ders.* Die Anerkennung und Vollstreckung ausländischer Urteile in den Vereinigten Staaten, RabelsZ 33 (1969), 543 ff.; *Ritvo/Dushman* in Campbell, US, 1 ff.; *Schütze* Deutsch-amerikanische Urteilsanerkennung, 1992; *ders.* Die Anerkennung und Vollstreckbarerklärung ausländischer, insbesondere deutscher, Zivilurteile in den USA, JR 1986, 177 ff.; *ders.* Länderbericht USA, in: Geimer/Schütze, Internationaler Rechtsverkehr, 1157. 12 ff.; *Weinschenk* Die Anerkennung und Vollstreckung bundesdeutscher Urteile in den Vereinigten Staaten unter den „Foreign Country Money Judgments Recognition Acts", 1988; *Wurfel* Recognition of Foreign Judgments, 50 NCLRev 21 (1971; *Yntema* The Enforcement of Foreign Judgments in Anglo-American Law, 33 MichLRev 1129 (1935).
592 Vgl. *Martiny* Rdn. 1513; *Schütze* Deutsch-amerikanische Urteilsanerkennung, 1992, S. 34 ff.
593 Vgl. allgem. *Schütze* Deutsch-amerikanische Urteilsanerkennung, 1992 mit einer Literaturzusammenstellung bis 1992. Für Literatur nach 1992 vgl. *Baumbach/Henkel* Anerkennung und Vollstreckung amerikanischer punitive-damages-Entscheidungen vor dem Hintergrund des Verfahrens Gore v. BMW, RIW 1997, 727 ff.; *Bungert* Vollstreckbarkeit US-amerikanischer Schadensersatzurteile in exorbitanter Höhe, ZIP 1993, 815 ff.; *Herrmann* Die Anerkennung US-amerikanischer Urteile in Deutschland unter Berücksichtigung des ordre public, 2000; *Lenz* Amerikanische Punitive Damages vor dem Schweizer Richter, 1992; *Mann* Die Anerkennungsfähigkeit von US-amerikanischen „class action" Urteilen, NJW 1994, 1887 ff.; *Rosengarten*

Act[594] übernommen haben, was zu eine gewissen Rechtsvereinheitlichung geführt hat[595]. In den übrigen Staaten bestimmen sich Anerkennung und Vollstreckbarerklärung nach Richterrecht, dessen Grundsätze im Restatement 2nd Conflict of Laws und im Restatement 3rd Foreign Relations manifestiert sind[596]. Danach sind Erfordernisse der Wirkungserstreckung:

– Die Entscheidung muss eine Zivil- oder Handelssache zum Gegenstand haben.
– Die Entscheidung muss endgültig (final and conclusive) sein, also in der Instanz nicht mehr abgeändert oder aufgehoben werden können. Rechtskraft ist nicht erforderlich.
– Das erststaatliche Verfahren muss rechtsstaatlichen Grundsätzen entsprochen haben (due process).
– Das Erstgericht muss international zuständig gewesen sein.
– Die prozesseinleitende Ladung oder Verfügung muss dem Beklagten ordnungsgemäß und so rechtzeitig zugestellt worden sein, dass er sich angemessen verteidigen konnte.
– Die Wirkungserstreckung darf nicht gegen den zweitstaatlichen ordre public verstoßen.
– Die Entscheidung darf nicht in Widerspruch zu einem anderen anzuerkennenden Urteil in derselben Sache stehen. Unklar ist, welches von zwei sich widersprechenden Urteilen anzuerkennen ist. Die Gerichte scheinen dem späteren Urteil den Vorzug zu geben.

Das Verfahren bestimmt sich nach dem Recht des jeweiligen Einzelstaates. Eine révision au fond ist unzulässig. Amerikanische Anwälte neigen aber – teils aus Unkenntnis der Materie, teils aus gesundem Erwerbstrieb – dazu, den gesamten Prozessstoff wieder aufzurollen. Das macht das Verfahren teuer, selbst wenn es zu einem summary judgment kommt. Da es nach der american rule of costs zu keiner Kostenerstattungspflicht der unterliegenden Partei kommt, ist die Vollstreckbarerklärung eines deutschen Urteils bis zu einem Streitgegenstand von $ 100.000.– regelmäßig wenig sinnvoll. Deshalb ist die Gegenseitigkeit bis zu dieser Grenze jedenfalls partiell nicht verbürgt[597].

Für die Gegenseitigkeitsverbürgung im Verhältnis zu den Einzelstaaten gilt folgendes[598]:

Punitive damages und ihre Anerkennung und Vollstreckung in Deutschland, 1994; *Schütze* Zur Verbürgung der Gegenseitigkeit bei der deutsch-amerikanischen Urteilsanerkennung, ZVglRWiss 98 (1999), 131 ff.; *Siehr* Zur Anerkennung und Vollstreckung ausländischer Verurteilungen zu „punitive damages", RIW 1991, 705 ff.; *Stiefel/Bungert* Anerkennungsfähigkeit und Vollstreckbarkeit US-amerikanischer RICO-Urteile in der Bundesrepublik Deutschland, ZIP 1994, 1905 ff.; *dies.* US-amerikanische RICO-Urteile im Licht der neuesten Entscheidungen des Bundesgerichtshofs und des Bundesverfassungsgerichts, FS Trinkner, 1995, 749 ff.
594 13 U.L.A. 417 (1980); vgl. dazu *Bishop/Burnette* United States Practice Concerning the Recognition of Foreign Judgments, 16 Int'l Law 415 (1982); *Honigberg* The Uniform Foreign Money-Judgments Recognition Act – A Survey of the Case Law, 14 VandJTransnatL 171 (1981); *Weinschenk* Die Anerkennung und Vollstreckung bundesdeutscher Urteile in den Vereinigten Staaten unter den „Foreign Country Money Judgment Recognition Acts", 1988 m. w. N.
595 Vgl. für Fundstellen der Gesetzgebung die Zusammenstellung bei *Ritvo/Dushman* in: Campbell, US. 37 ff.

596 Vgl. dazu *Deutsch* Die Anerkennung ausländischer Urteile in den Staaten der USA, ZZP 71 (1958), 321 ff.; *Kessedjian* La reconnaissance et l'exécution des jugements en droit international privé aux Etats-Unis, 1987; *Lehnhoff* Die Anerkennung und Vollstreckung ausländischer Urteile in den USA – Ein allgemeiner Teil, RabelsZ 19 (1954), 201 ff.; *Mueller* Die Anerkennung von Urteilen, Beschlüssen und Anordnungen ausländischer Gerichte und von ausländischen Schiedssprüchen im Recht der Vereinigten Staaten von Amerika, RabelZ 5 (1931), 905 ff.; *Perret* La reconnaissance et l'exécution du jugements étrangers aux Etats Unis, 1951; *Peterson* Die Anerkennung ausländischer Urteile im amerikanischen Recht – Entwicklungstendenzen in Gesetzgebund und Rechtsprechung, 1964; *Schütze* Deutsch-amerikanische Urteilsanerkennung, 1992 m. w. N.
597 Vgl. *Schütze* Zur Verbürgung der Gegenseitigkeit bei der deutsch-amerikanischen Urteilsanerkennung, ZVglRWiss 98 (1999), 131 ff.
598 Vgl. *Geimer/Schütze* Europäisches Zivilverfahrensrecht, 3. Aufl., 2010, E. 1, Rdn. 253 ff., dem die Darstellung hier folgt.

Alabama: Es gelten die in den Restatements manifestierten Grundsätze. Die Gegenseitigkeit ist über einen Sockelbetrag von $ 100.000.– hinaus partiell verbürgt[599].

Alaska: Alaska hat das Mustergesetz in das innerstaatliche Recht übernommen. Es steht ein erleichtertes Registrierungsverfahren zur Verfügung[600]. Die Gegenseitigkeit ist über einen Sockelbetrag von $ 100.000.– hinaus partiell verbürgt.

Arizona: Es gelten die in den Restatements manifestierten Grundsätze[601]. Da LG München I hat die Vollstreckbarerklärung eines Arizona Urteils verweigert[602], jedoch nicht wegen mangelnder Verbürgung der Gegenseitigkeit. Da die Exequaturklage binnen 4 Jahren erhoben werden muss, ist die Gegenseitigkeit insoweit zeitlich beschränkt. Die Gegenseitigkeit ist in den zeitlichen und wertmäßigen Grenzen verbürgt.

Arkansas: Es gilt das zu Alabama Ausgeführte. Die Gegenseitigkeit ist in gleicher Weise partiell verbürgt.

California: Es gilt das zu Alaska Ausgeführte[603]. Die die Gegenseitigkeit verneinende Rechtsprechung des RG[604] ist durch die Übernahme des Mustergesetzes überholt. Der BGH hat die Vollstreckbarerklärung für ein kalifornisches Urteil teilweise versagt, jedoch nicht aus Gründen mangelnder Verbürgung der Gegenseitigkeit[605]. Die Gegenseitigkeit ist in gleicher Weise wie für Alaska teilweise verbürgt[606].

Colorado: Colorado hat das Mustergesetz mit der Einschränkung übernommen, dass die Gegenseitigkeit formell verbürgt sein muss. Mangels einer solchen Gegenseitigkeitserklärung können deutsche Urteile auf statutarischer Grundlage nicht in Colorado geltend gemacht werden. Jedoch ist eine Wirkungserstreckung nach allgemeinem Recht möglich[607]. Die Rechtslage entspricht insoweit der in Arizona. Die Gegenseitigkeit ist in gleicher Weise partiell verbürgt.

Connecticut: Die Rechtslage entspricht der in Alaska. Die Gegenseitigkeit ist in gleicher Weise partiell verbürgt[608].

Delaware: Die Rechtslage entspricht der in Alaska[609]. Die Gegenseitigkeit ist in gleicher Weise partiell verbürgt.

District of Columbia: Die Rechtslage entspricht der in Alaska. Die Gegenseitigkeit ist in gleicher Weise partiell verbürgt.

---

599 Vgl. IPG 1969 Nr. 43 (Hamburg)(ohne Sockelbetrag).
600 Vgl. *Brenscheidt* Anerkennung und Vollstreckung ausländischer Geldurteile in den USA, RIW/AWD 1976, 554 ff. (557).
601 Vgl. *Feuchter v. Bazurto* 528 P. 2d 178 (Ariz. App. 1974); *Brenscheidt* RIW/AWD 1976, 554 ff. (558).
602 RIW 1988, 738.
603 Vgl. *Scoles/Aarnas* Recognition and Enforcement of Foreign Nations Judgments: California, Oregon and Washington, 57 OreLRev 377 (1978).
604 Vgl. RGZ 70, 434; dazu *Kisskalt* Die Vollstreckbarkeit kalifornischer Urteile in Deutschland, LZ 1907, 689 ff.; *Wittmaack* Kann ein Vollstreckungsurteil nach §§ 722 und 723 ZPO auf Grund eines nordamerikanischen, insbesondere kalifornischen Urteils erlassen werden?, NiemeyersZ 22 (1912), 1 ff.

605 Vgl. BGHZ 118, 312 = BGH RIW 1993, 132 mit Anm. *Schütze* Vorentscheidung OLG Düsseldorf RIW 1991, 594.
606 Vgl. BGHZ 118, 312; IPG 1976 Nr. 46 (Hamburg)(jeweils ohne Wertgrenze).
607 Vgl. dazu *Caldwell* Enforcing Foreign Country Judgments in Colorado, 13 Colo.Law 381 (1984); vgl. Aus der Rechtsprechung auch *Gull v. Constam* 105 F. Supp. 107 (D.C. Colo 1952).
608 Vgl. *Brenscheidt* The Recognition and Enforcement of Foreign Money-Judgments in the Federal Republic of Germany, 11 Int'lLaw 261 (1977).
609 Vgl. aus der Rechtsprechung *Bata v. Bata* 163 A. 2d 493 (Del. 1960), cert. denied 366 U.S. 964 (1961); *Iowa-Wisconsin Bridge Co. v. Phoenix Finance Co.*, 5 Terry 527, 41 Del. 527, 25 A. 2d 383.

Florida: Die Rechtslage entspricht der in Alaska[610]. Die Gegenseitigkeit ist in gleicher Weise partiell verbürgt[611].

Georgia: Die Rechtslage entspricht der in Alaska. Die Gegenseitigkeit ist in gleicher Weise partiell verbürgt.

Hawaii: Die Rechtslage entspricht der in Alaska: Die Gegenseitigkeit ist in gleicher Weise partiell verbürgt.

Idaho: Die Rechtslage entspricht der in Alaska. Die Gegenseitigkeit ist in gleicher Weise partiell verbürgt.

Illinois: Die Rechtslage entspricht der in Alaska. Die Gegenseitigkeit ist in gleicher Weise partiell verbürgt[612].

Indiana: Die Rechtslage entspricht der in Arizona. Der District Court Fort Wayne hat ein deutsches negatives Feststellungsurteil anerkannt[613]. Die Gegenseitigkeit ist in gleicher Weise partiell verbürgt[614].

Iowa: Die Rechtslage entspricht der in Alaska. Die Gegenseitigkeit ist in gleicher Weise partiell verbürgt.

Kansas: Die Rechtslage entspricht der in Arizona. Die Gegenseitigkeit ist in gleicher Weise partiell verbürgt.

Kentucky: Die Rechtslage entspricht der in Alaska. Die Gegenseitigkeit ist in gleicher Weise partiell verbürgt.

Louisiana: Die Rechtslage entspricht der in Arizona[615]. Die Gegenseitigkeit ist in gleicher Weise partiell verbürgt.

Maine: Die Rechtslage entspricht der in Alaska[616]. Die Gegenseitigkeit ist in gleicher Weise partiell verbürgt.

Maryland: Die Rechtslage entspricht der in Alaska. Die Gegenseitigkeit ist in gleicher Weise partiell verbürgt.

Massachusetts: Die Rechtslage entspricht der in Alaska[617]. Das LG Berlin hat einem Urteil aus Massachusetts die Vollstreckbarerklärung verweigert, allerdings nicht aus Gründen mangelnder Verbürgung der Gegenseitigkeit[618]. Die Gegenseitigkeit ist in gleicher Weise partiell verbürgt.

Michigan: Die Rechtslage entspricht der in Alaska. Die Gegenseitigkeit ist in gleicher Weise partiell verbürgt.

---

610 Vgl. zur Situation vor Übernahme des Mustergesetzes *Martinez Llanes* Foreign Nations Judgments: Recognition and Enforcement of Foreign Judgments in Florida and the Status of Florida Judgments Abroad, XXXI UflaLRev. 588 (1979).
611 Vgl. LG Hamburg IPRspr. 1976, Nr. 160 (ohne Wertbegrenzung).
612 Vgl. IPG 1967/68 N. 79 (Hamburg); IPG 1970 Nr. 33 (Heidelberg) für Unterhaltsurteile (jeweisl ohne Wertbegrenzung); obsolet KG JW 1935, 2750 für Ehescheidungsurteile, da hier die Gegenseitigkeit nicht mehr gefordert wird.
613 Vgl. Powell v. Hand N.D. Fort Wayne Div. 1965 Civ. No. 1527; der Leitsatz ist in deutscher Übersetzung wiedergegeben in VersR 1966, 840.

614 Vgl. auch *Brenscheidt* 11 Int'lLaw 261, 271 (1977).
615 Vgl. aus der Rechtsprechung Zorgias v. The S.S. Hellnic Star and Hellenic Lines, Ltd. 370 F. Supp. 591 (D.C. La. 1972).
616 Tourigny v. Houle, 88 Me. 406 (1896), wo eine volle Nachprüfungsbefugnis angenommen wurde ist nach Übernahme des Mustergesetzes obsolet.
617 Damit ist Svenska Handelsbanken v. Carlson, 258 F. Supp. (D.Mass. 1966) obsolet geworden, wonach ausländische Urteile nur als Beweis dienen können.
618 Vgl. LG Berlin RIW 1989, 988.

Minnesota: Die Rechtslage entspricht der in Alaska[619]. Die Gegenseitigkeit ist in gleicher Weise partiell verbürgt.

Mississippi: Nach ausdrücklicher gesetzlicher Regelung stellten ausländische Urteile nur ein Beweismittel dar. Die Regelung ist aber zwischenzeitlich aufgehoben worden[619a]. Nach der Rechtsprechung des Supreme Court of Mississippi ist davon auszugehen, dass die Regelungen der beiden Restatements angewendet werden[619b]. Die Gegenseitigkeit ist in gleicher Weise wie für Alabama partiell verbürgt.

Missouri: Die Rechtslage entspricht der in Alaska. Die Gegenseitigkeit ist in gleicher Weise partiell verbürgt.

Montana: Die Rechtslage entspricht der in Alaska. Die Gegenseitigkeit ist in gleicher Weise partiell verbürgt[620].

Nebraska: Die Rechtslage entspricht der in Arizona. Die Gegenseitigkeit ist in gleicher Weise partiell verbürgt.

Nevada: Die Rechtslage entspricht der in Alaska. Die Gegenseitigkeit ist in gleicher Weise partiell verbürgt.

New Hampshire: Die Rechtslage entspricht der in Alaska. Die Gegenseitigkeit ist in gleicher Weise partiell verbürgt[621].

New Jersey: Die Rechtslage entspricht der in Alaska[622]. Die Gegenseitigkeit ist in gleicher Weise partiell verbürgt[623].

New Mexico: Die Rechtlage entspricht der in Alaska. Die Gegenseitigkeit ist in gleicher Weise partiell verbürgt.

New York: Die Rechtslage entspricht der in Alaska[624]. Die Gegenseitigkeit ist in gleicher Weise partiell verbürgt[625].

619 Schon früher war die Rechtsprechung anerkennungsfreundlich; vgl. zur Anerkennung eines deutschen Vaterschaftsurteils Nicol v. Tanner 256 N.W. 2d 796 (Minn. 1976).
619a Vgl. *Wurmnest* Recognition and Enforcement of U.S. Money Judgments in Germany, Berkeley Journal of International Law 23 (2005), 175 ff. (188).
619b Vgl. Lakosky v. Lakosky, 504 So. 2d, 729 (Miss. 1987), dazu *Hoffheimer* Mississippi Conflict of Laws, 67 Miss. L.J. 175, 190 ff. (1997).
620 Anders die Situation vor Übernahme des Mustergesetzes, von der noch *Martiny* Handbuch des Internationalen Zivilverfahrensrechts, Rdn. 1545 ausgeht.
621 Vgl. *Brenscheidt* IntLawyer 11 (1977), 261 ff.
622 Vgl. zur Übernahme des Mustergesetzes *Ernster* Recognition and Enforcement of Foreign Money-Judgments – A Clear Position for New Jersey, 22 RutgersLRev 327 (1968).
623 Vgl. schon zum alten Recht IPG 1967/68 Nr. 40 (Heidelberg).
624 Vgl. zur Übernahme des Mustergesetzes *Kulzer* The Uniform Foreign Money-Judgments Act, Report of the Administrative Board of the Judicial Conference of the State of New York, Leg.Doc. No. 90, S. 164 ff. (1968); vgl. Im übrigen

zur Rechtslage in New York IPG 1967/68 Nr. 80 (Hamburg); IPG 1973 Nr. 41 (Köln); *Bollmann* Gegenrecht und Anerkennung schweizerischer Urteile in den USA, vor allem in New York, schweizJZ 1974, 236 ff.; *Harder* Die Anerkennung und Vollstreckung deutscher Urteile, insbesondere deutscher Ehescheidungsurteile und Schiedssprüche, im Staate New York, Diss. Frankfurt/Main 1967; *ders.* Vollstreckung deutscher Urteile in den USA, insbesondere New York, AWD 1963, 36 f.; *Homburger* Recognition and Enforcement of Foreign Judgments: A New Yorker reflects on the Uniform Acts, 18 AmJCompL 367 (1967); *Kulzer* Recognition of Foreign Country Judgments in New York: The Uniform Foreign Money-Judgments Recognition Act, 18 BuffLR 1 (1968); *Weinschenk* Die Anerkennung und Vollstreckung bundesdeutscher Urteile in den Vereinigten Staaten unter den „Foreign Country Money Recognition Acts", 1968.
625 Vgl. RIW 1984, 557 (für Exequaturteil für Schiedsspruch) mit Anm. *Schütze* ebenda 734 ff.; BGH RIW 1984, 644 (incidenter); LG Hamburg IPRspr. 1968/69 Nr. 223 (für fällige Unterhaltsraten); IPG 1967/68 Nr. 80 (Hamburg) (für fällige Unterhaltsraten); IPG 1973 Nr. 41 (Köln), jeweils ohne Begrenzung der Höhe nach.

North Carolina: Die Rechtslage entspricht der in Alaska[626]. Die Gegenseitigkeit ist in gleicher Weise partiell verbürgt.

North Dakota: Die Rechtslage entspricht der in Arizona. Die Gegenseitigkeit ist in gleicher Weise partiell verbürgt.

Ohio: Die Rechtslage entspricht der in Alaska[627]. Die Gegenseitigkeit ist in gleicher Weise partiell verbürgt.

Oklahoma: Die Rechtslage entspricht der in Alaska. Die Gegenseitigkeit ist in gleicher Weise partiell verbürgt.

Oregon: Die Rechtslage entspricht der in Alaska[628]. Die Gegenseitigkeit ist in gleicher Weise partiell verbürgt.

Pennsylvania: Die Rechtslage entspricht der in Alaska. Die Gegenseitigkeit ist in gleicher Weise partiell verbürgt[629].

Rhode Island: Die Rechtslage entspricht der in Arizona. Die Gegenseitigkeit ist in gleicher Weise partiell verbürgt.

South Carolina: Die Rechtslage entspricht der in Arizona. Die Gegenseitigkeit ist gleicher Weise partiell verbürgt. Der BGH hat einem Urteil aus South Carolina die Anerkennung verweigert, jedoch nicht wegen mangelnder Verbürgung der Gegenseitigkeit[630].

South Dakota: Die Rechtslage entspricht der in Arizona, jedoch tritt nach 10 Jahren Urteilsverjährung ein. Die Gegenseitigkeit ist in gleicher Weise partiell verbürgt in den zeitlichen Grenzen der Urteilsverjährung.

Tennessee: Die Rechtslage entspricht der in Arizona. Die Gegenseitigkeit ist in gleicher Weise partiell verbürgt.

Texas: Die Rechtslage entspricht der in Alaska. Die Gegenseitigkeit ist in gleicher Weise partiell verbürgt[631].

Utah: Die Rechtslage entspricht der in Arizona. Die Gegenseitigkeit ist in gleicher Weise partiell verbürgt.

Vermont: Die Rechtslage entspricht der in Arizona. Die Gegenseitigkeit ist in gleicher Weise partiell verbürgt.

Virginia: Die Rechtslage entspricht der in Alaska, jeodch tritt nach 10 Jahren Urteilsverjährung ein. Die Gegenseitigkeit ist in gleicher Weise partiell verbürgt in den zeitlichen Grenzen der Urteilsverjährung.

Virgin Islands: Die Rechtslage entspricht der in Alaska. Die Gegenseitigkeit ist in gleicher Weise partiell verbürgt.

---

626 Vgl. zur Rechtlage vor Inkrafttreten des Mustergesetzes *Thümmel* Zur Anerkennung und Vollstreckung deutscher Urteile in North Carolina, IPRax 1986, 256 ff.
627 Die Übernahme des Mustersetzes ist mit leichten Änderungen erfolgt; vgl. auch *Hoffheimer* Ohio's New Weapon for Doing Business Abroad: Recognition and Enforcement of Foreign Country Money-Judgments, 58 Ohio Bar 12 (1988); *Schütze* Neuregelung der Anerkennung und Vollstreck-barerklärung ausländischer Zahlungsurteile in Ohio, JR 1988, 406.
628 Vgl. dazu *Scoles/Aarnas* The Recognition and Enforcement of Foreign Nation Judgments: California, Oregon and Washington, 57 OreLRev 377 (1978).
629 Vgl. *Brenscheidt* 11 Int'lLaw 261 (1977).
630 Vgl. BGH RIW 1993, 232.
631 Vgl. *Brenscheidt* 11 Int'lLaw 261 (1977).

Washington: Die Rechtslage entspricht der in Alaska[632]. Die Gegenseitigkeit ist in gleicher Weise partiell verbürgt. Der BGH hat einem Urteil aus Washington die Anerkennung verweigert, jedoch nicht wegen mangelnder Verbürgung der Gegenseitigkeit[633].

West Virginia: Die Rechtslage entspricht der in Arizona. Die Gegenseitigkeit ist in gleicher Weise partiell verbürgt.

Wisconsin: Die Rechtslage entspricht der in Arizona. Die Gegenseitigkeit ist in gleicher Weise partiell verbürgt. Das OLG Hamm hat einem Urteil aus Wisconsin die Anerkennung verweigert, jedoch nicht wegen mangelnder Verbürgung der Gegenseitigkeit[634].

Wyoming: Die Rechtslage entspricht der in Arizona. Die Gegenseitigkeit ist in gleicher Weise partiell verbürgt.

Vanatu: Die Geltendmachung deutscher Titel auf statutarischer Grundlage ist nicht möglich. Jedoch können Anerkennung und Vollstreckbarerklärung nach common law-Grundsätzen erfolgen. Die Gegenseitigkeit ist in gleicher Weise wie für Antigua und Barbuda verbürgt.

Venezuela: Rechtsgrundlage für die Wirkungserstreckung ausländischer Zivilurteile sind Artt. 53–55 IPRG[635]. Danach sind Erfordernisse der Wirkungserstreckung:

– Die Entscheidung muss eine Zivil- oder Handelssache zum Gegenstand haben.
– Die Entscheidung muss nach erststaatlichem Recht in Rechtskraft erwachsen sein.
– Das Erstgericht muss international zuständig gewesen sein. Es gilt der Spiegelbildgrundsatz.
– Die grundlegenden verfahrensmäßigen Rechte des Beklagten müssen im Erstprozess gewahrt worden sein, insbesondere im Hinblick auf die ordnungsgemäße und rechtzeitige Ladung und die Gewährung rechtlichen Gehörs.
– Die ausländische Entscheidung darf nicht in Widerspruch zu einem früheren rechtskräftigen Urteil in derselben Sache stehen.
– Das ausländische Urteil darf nicht unter Nichtberücksichtigung venezolanischer Rechtshängigkeit ergangen sein.
– Die Wirkungserstreckung darf nicht gegen den venezolanischen ordre public verstoßen.
– Gegenseitigkeit wird nicht mehr gefordert.

Die Wirkungserstreckung erfolgt in einem gerichtlichen Verfahren. Eine révision au fond ist unzulässig.

Die Gegenseitigkeit ist verbürgt.

Vereinigte Arabische Emirate[636]: Rechtsgrundlage für die Wirkungserstreckung ausländischer Zivilurteile sind rechtseinheitlich Artt. 235 ff. ZPO 1992[637]. Die VAE praktizieren

---

632 Vgl. dazu *Scoles/Aarnas* 57 OreLRev 377 (1978).
633 Vgl. BGH RIW 1994, 331 mit Anm. *Jacob*.
634 Vgl. OLG Hamm RIW 1997, 960, 1039 mit Anm. *Schütze*.
635 Eine deutsche Übersetzung der Bestimmungen von *Samtleben* findet sich bei *Hernández-Bretón* Neues venezolanisches Gesetz über das internationale Privatrecht, IPRax 1999, 194 ff. (199 f.).
636 Schrifttum: *Bälz* Länderbericht VAE, in: Geimer/Schütze, Internationaler Rechtsverkehr, 1155.6 ff.; *Krüger* Grundzüge des internationalen Zivilverfahrensrechts der Vereinigten Arabischen Emirate, RIW 1993, 384 ff.; *ders.* Keine Verbür-

gung der Gegenseitigkeit im Verhältnis Deutschland – VAE, IPRax 2001, 376 f.; *ders.* Anerkennung ausländischer Titel in den VAE, IPRax 2005, 472; *ders.* Zur Anerkennung ausländischer Urteile in den arabischen Golfstaaten, GS Konuralp, 2009, S. 631 ff. (633 ff.); *Meyer-Reumann* Vollstreckbarkeit ausländischer Urteile, Schiedssprüche, Urkunden und Vergleiche in den Vereinigten Arabischen Emiraten, RIW 1994, 780 f.
637 In deutscher Übersetzung von *Krüger* Grundzüge der internationalen Zivilverfahrensrechts der Vereinigten arabischen Emirate, RIW 1993, 384 ff. (386) abgedruckt ebenda.

das System der elastischen Gegenseitigkeit. Darüber hinaus sind Erfordernisse der Wirkungserstreckung[638]:

- Die Entscheidung muss eine Zivil- oder Handelssache zum Gegenstand haben.
- Das Erstgericht muss international zuständig gewesen sein.dabei wird eine Doppelprüfung vorgenommen. Es darf keine Zuständigkeit eines Gerichts der VAE bestanden haben und die internationale Zuständigkeit des Erstgerichts nach erststaatlichem Recht muss gegeben gewesen sein.
- Das ausländische Urteil muss in Rechtskraft erwachsen sein.
- Der Beklagte muss im Erstprozess ordnungsgemäß geladen und vertreten gewesen sein.
- Die Wirkungserstreckung darf nicht gegen den ordre public der VAE verstoßen.
- Die ausländische Entscheidung darf nicht in Widerspruch zu einem früher ergangenen Urteil eines Gerichts der VAE stehen.

Die Wirkungserstreckung erfolgt in einem gerichtlichen Verfahren. Eine révision au fond ist unzulässig. Da die VAE praktisch unbegrenzte Zuständigkeit für ihre Staatsangehörigen in Anspruch nimmt, können deutsche Urteile gegen Staatsangehörige der VAE nicht in den VAE anerkannt und für vollstreckbar erklärt werden. Überdies wird die Gegenseitigkeit nur bei Vorliegen eines Staatsvertrages angenommen[639], der im Verhältnis Deutschland-VAE nicht abgeschlossen ist.

Die Gegenseitigkeit ist nicht verbürgt[640].

Vereinigtes Königreich[641]: Im Verhältnis zum Vereinigten Königreich gilt die VO (EG) Nr. 44/2001.

Vietnam: Nach der VO über die Anerkennung und Vollstreckbarerklärung ausländischer Zivilurteile setzt die Wirkungserstreckung einen Staatsvertrag voraus[642]. Ein solcher Staatsvertrag ist im deutsch-vietnamesischen Verhältnis nicht abgeschlossen.

---

638 Vgl. im einzelnen *Krüger* RIW 1993, 384 ff.; *ders.* GS Konuralp, 2009, S. 631 ff. (633 ff.).

639 Vgl. Kassationshof Dubai v. 10.3.2001, zitiert nach *Krüger* IPRax 2005, 472.

640 Vgl. *Krüger* RIW 1993, 384 ff.; *ders.* IPRax 2001, 376 f.

641 Schrifttum: *Alexandre* L'exécution des jugements étrangers en Angleterre, Journal Clunet 5 (1878), 22 ff.; 6 (1879), 516 ff.; *Arndt* Englische Gesetzgebung 1933, RabelsZ 9 (1935), 428 ff.; *Barnett* Res Judiacata, Estoppel and Foreign Judgments, 2001; *Borm-Reid* The recognition and enforcement of foreign judgments in England, Int.Comp.L.Q.3 (1954), 49 ff.; *Brintzinger* Zur Anerkennung von Scheidungen englischer Ehen durch deutsche Gerichte in England, JZ 1960, 346 ff.; *Collier* Recognition and Enforcement of Foreign Judgments: England, in: Walter/Baumgartner (Herausg.), Anerkennung und Vollstreckung ausländischer Urteile außerhalb der Übereinkommen von Brüssel und Lugano, 2000, S. 131 ff.; *Dubach* Die Vollstreckung ausländischer Urteile in Großbritannien, SJZ 1933/34, 356 ff. = NiemeyersZ 51 (1935), 299 ff.; *Graupner* Some recent aspects of recognition and enforcement of foreign judgments in Western Europe, Int.Comp.L.Q. 12 (1963), 367 ff.; *Gwynne* in: Campbell, ENG, 1 ff.; *Jacob* Private International Litigation, 1988, S. 65 ff.; *Lachs* Die Vollstreckung ausländischer Urteile in England und die Grenzen der Jurisdiktion der englischen Gerichte, JW 1929, 3452 ff.; *Magnus* Fragen der Anerkennung und Vollstreckung ausländischer Urteile in England, RIW/AWD 1975, 465 ff.; *McClean* Recognition of Family Judgments in the Commonwealth, 1983; *Patchett* Recognition of Commercial Judgments and Awards in the Commonwealth, 1984; *Read* Recognition and Enforcement of Foreign Judgments, 1938; *Schütze* Länderbericht Vereinigtes Königreich, in: Geimer/Schütze, Internationaler Rechtsverkehr, 1156.13 ff.; *Sikora* Die Anerkennung und Vollstreckung US-amerikanischer Urteile in England, 1998; *Wortley* The Enforcement of claims in personam in the Conflict of Laws, FS Gutzwiller, 1959, S. 347 ff.

642 Vgl. *Loan Nguyen/Wieczorek/Le Net* Länderbericht Vietnam, in: Geimer/Schütze, Internationaler Rechtsverkehr, 1160. 5 ff.; *Ngo Ngoc Thu* in Campbell, VIE.1 ff.; *Polkington/Ngoc Bich Nguyen* in: Pryles (Herausg.), Dispute Resolution in Asia, 1997, S. 293 ff. (304 f.).

Die Gegenseitigkeit ist nicht verbürgt[643].

Zentralafrikanische Republik: Nach Art. 471 ZPO sind Erfordernisse der Wirkungserstreckung[644]:

- Die Entscheidung muss eine Zivil- oder Handelssache zum Gegenstand haben.
- Das ausländische Urteil muss endgültig sein.
- Das Erstgericht muss international und örtlich zuständig gewesen sein.
- Das Urteil darf nicht unter schweren Verfahrensverstößen (procédure irrégulière) zustande gekommen sein. Insbesondere muss rechtliches Gehör gewährt worden sein.
- Die Wirkungserstreckung darf nicht gegen den zentralafrikanischen ordre public verstoßen.

Die Wirkungserstreckung erfolgt in einem gerichtlichen Verfahren. Eine révision au fond ist unzulässig.

Die Gegenseitigkeit ist verbürgt[645].

Zypern[646]: Im deutsch-zypriotischen Verhältnis gilt die VO (EG) Nr. 44/2001.

Anhang II

Anerkennung nach europäischem Recht

Die EU ist dem Ziel einer Freizügigkeit von Urteilen innerhalb der Gemeinschaft durch **150** mehrere Regelwerke näher gekommen. Leider scheinen die Hürden, die die Lobby derer aufbauen, die auch im Bereich des internationalen Zivilprozessrechts Privilegien – euphemistisch als Verbraucherschutz umschrieben – für Verbraucher und angeblich andere schwächere Parteien erstreiten wollen, immer höher zu werden[647].

1.   VO (EG) Nr. 44/2001 (EuGVVO)

Schrifttum: *Czernich/Tiefenthaler/Kodek* Europäisches Gerichtsstands- und Vollstreckungsrecht, 3. Aufl., 2009; *Gaudemet-Tallon* Compétence et exécution des jugements en Europe: Règlement no. 44/2001, Conventions de Bruxelles et de Lugano, 3. Aufl., 2002; *Geimer* Gegenseitige Urteilsanernung im System der Brüssel I-Verordnung, FS Beys, 2003, S. 391 ff.; *ders.* Das Brüssel I-System und seine Fortentwicklung im Lichte der Beschlüsse von Tampere, FS Németh, 2003, S. 229 ff.; *Geimer/Schütze* Europäisches Zivilverfahrensrecht, 3. Aufl., 2010; *Geimer/Schütze* Internationaler Rechtsverkehr (Auer, Försterling, Pörnbacher, Thiel, Tschauner, Zerr); *Hess* Europäisches Zivilverfahrensrecht, 2007; *Hess/ Pfeiffer/Schlosser* The Brussels I Regulation (EC) No. 44/2001 – The Heidelberg Report on the Application of Regulation Brussels I in 25 Member States, 2008; *Klauser* Europäisches Zivilprozessrecht, 2002; *Kohler* Vom EuGVÜ zur EuGVVO: Grenzen und Konsequenzen der Vergemeinschaftung, FS Geimer, 2002, S. 461 ff.; *Kropholler* Europäisches Zivilprozessrecht, 8. Aufl., 2005; *Mayr/Czernich* Das neue europäische

643 Vgl. *Schütze* Investitions- und Wirtschaftsrecht in Vietnam, 1994, S. 44.
644 Vgl. *Knieper* Länderbericht Zentralafrikanische Republik, in: Geimer/Schütze Internationaler Rechtsverkehr, 1180.5.
645 Vgl. *Knieper* Länderbericht Zentralafrikanische Republik, in: Geimer/Schütze, Internationaler Rechtsverkehr, 1180.5.
646 Schrifttum: *Neocleous/Christoforou* in: Campbell, CYP, 1 ff.; *Schütze* Die Anerkennung und

Vollstreckung ausländischer Zivilurteile in Zypern, AWD 1965, 311; *ders.* Länderbericht Zypern, in: Geimer/Schütze, Internationaler Rechtsverkehr, 1181.6 ff.
647 Vgl. dazu *Schütze* Internationales Zivilprozessrecht und Politik, FS Georgiades, 2005, S. 577 ff.; *ders.* der Verbraucher im europäischen Justizraum, oder: Die Zweiklassenjustiz im europäischen Zivilprozessrecht, FS Graf von Westphalen, 2010, S. 621 ff.

Zivilprozessrecht, 2002; *Micklitz/Rott* Vergemeinschaftung des EuGVÜ in der Verordnung (EG) Nr. 44/2001, EuZW 2001, 325 ff.; 2002, 15 ff.; *Rauscher* Europäisches Zivilprozessrecht, 2. Aufl., 2006 (Leible, Mankowski, Staudinger); *Schütze* Full Faith and Credit in der EU, IHR 2001, 135 ff.; *Schlosser* EU-Zivilprozessrecht, 3. Aufl., 2009.

151   Die Verordnung[648] löst das EuGVÜ ab, deren wesentlichen Grundsätze sie übernimmt. Die Anerkennung ist in Artt. 33–37 geregelt.

a)   Erfordernisse der Anerkennung

152   – *Zivil- oder Handelssache als Streitgegenstand*: Die Entscheidung muss eine Zivil- oder Handelssache[649] zum Gegenstand haben. Entscheidend ist nicht der Gerichtszweig, dem das Erstgericht angehört, sondern der Streitgegenstand. Auch Adhäsionsurteile fallen in den Anwendungsbereich der EuGVVO. Das ergibt sich aus Art. 5 Nr. 4 EuGVVO[650]. Der Begriff der Zivil- oder Handelssache ist autonom zu qualifizieren[651].

– *Internationale Zuständigkeit*: Das Erstgericht muss international zuständig gewesen sein. Die internationale Zuständigkeit bestimmt sich allein nach der europäischen Zuständigkeitsordnung, die in einem Katalog von Befolgungsnormen in der EuGVVO normiert ist. Angesichts der Vereinheitlichung des europäischen Zuständigkeitsrechts ist eine Nachprüfung der internationalen Zuständigkeit grundsätzlich ausgeschlossen (Art. 35 Abs. 3 EuGVVO), was teilweise zu der Annahme verleitet hat, dass die internationalen Zuständigkeit nicht Erfordernis der Anerkennung nach der EuGVVO sei[652]. Gerade aus dem Verbot der Nachprüfung der Zuständigkeit ergibt sich aber, dass diese Erfordernis der Anerkennung ist.

153   Das Verbot der Nachprüfung wird mit dem Vertrauen in die Rechtsprechung der EU-Staaten begründet, die europäische Zuständigkeitsordnung korrekt anzuwenden. Verblüffend, erstaunlich und befremdlich erscheint es deshalb, dass das strenge Nachprüfungsverbot nach Art. 35 Abs. 1 EuGVVO nicht für Verbrauchersachen, sowie Versicherungsangelegenheiten und ausschließliche Zuständigkeiten gilt. Diese Regelung privilegiert Verbraucher in unerträglicher Weise. Es ist schon eine Unverschämtheit, mit welcher Chuzpe die Verbraucherlobby das Vertrauen in die europäische Justiz konterkariert hat. Beim milliardenschweren Unternehmenskauf vertrauen wir dem ausländischen Richter, die Zuständigkeitsnormen der EuGVVO richtig anzuwenden, beim Teilzahlungskauf eines Staubsaugers für 100 Euro nicht.

154   – *Rechtzeitige Zustellung*: Die prozesseinleitende Ladung oder Verfügung muss dem Beklagten, der sich auf das Verfahren nicht eingelassen hat, so rechtzeitig zugestellt worden sein, dass er sich angemessen verteidigen konnte (Art. 34 Abs. 2 EuGVVO). Ordnungsmäßigkeit der Zustellung wird – im Gegensatz zum EuGVÜ – nicht mehr gefordert. Unter Berücksichtigung von mancherlei Einwendungen in der Literatur[653] hat die EuGVVO auf die zum EuGVÜ vom EuGH geforderte Kumulierung von Ord-

---

648   Abgedruckt in Wieczorek/Schütze, Bd. VI, S. 138 ff.
649   Zum Begriff der Handelssache vgl. *Luther* Zur Anerkennung und Vollstreckung von Urteilen und Schiedssprüchen in Handelssachen im deutsch-italienischen Rechtsverkehr, ZHR 127 (1964), 145 ff.
650   Vgl. zur gleichen Rechtslage nach dem EuGVÜ *Kohler* Adhäsionsverfahren und Brüsseler Übereinkommen 1968, in: Will (Herausg.), Schadensersatz im Strafverfahren, 1990, S. 74 ff.

651   Vgl. EuGH Rs. 29/76 – LTU v. Eurocontrol – EuGHE 1976, 1541 = NJW 1977, 489 mit Anm. *Geimer* = RIW/AWD 1977, 40 mit Anm. *Linke* = Rev. crit. 1977, 772 mit Anm. *Droz*.
652   So *Geimer/Schütze* EuZVR, A.1, Art. 34, Rdn. 8.
653   Vgl. *Geimer/Schütze* EuZVR, A 1, Art. 34, Rdn. 71 ff.

nungsmäßigkeit und Rechtzeitigkeit[654] aufgegeben. Das ist sachgerecht, da die Zustellung nur die Gewährung rechtlichen Gehörs durch die Kenntnis von dem Verfahren sicherstellen soll. Der Beklagte ist mit der Berufung auf die nicht rechtzeitige Zustellung präkludiert, wenn er im Erstprozess kein Rechtsmittel eingelegt hat. Die Rechtsmittelentscheidung im Erststaat ist dann aber für die Anerkennung nicht bindend. Ist der Beklagte im Erststaat unterlegen, weil das erststaatliche Rechtsmittelgericht die Frist als angemessen ansah, so kann er im Zweitstaat weiterhin geltend machen, die Zustellung sei nicht rechtzeitig erfolgt[655].

Die Frage der Rechtzeitigkeit ist nicht generell, sondern unter Berücksichtigung der konkreten Umstände zu entscheiden[656], da es kaum möglich ist, europaeinheitliche Kriterien und Maßstäbe zu entwickeln. **155**

In Minalmet v. Brandeis[657] hatte der EuGH unter der Geltung des EuGVÜ noch entschieden, dass der Beklagte sich auf den Mangel der Zustellung auch dann berufen kann, wenn er von der Entscheidung Kenntnis erlangt und kein Rechtsmittel im Erststaat eingelegt hat[658]. Nach Art. 34 Nr. 2 EuGVVO ist der Beklagte nunmehr verpflichtet, im Erststaat ein Rechtsmittel einzulegen, will er sich auf den Versagungsgrund berufen. **156**

– *Ordre public-Vorbehalt:* Nachdem zunächst Pläne bestanden, auf eine ordre public-Klausel in der EuGVVO zu verzichten[659] weil der Sutherland-Bericht[660] eine angeblich zu hohe Zahl der Verweigerung der Wirkungserstreckung gestützt auf den ordre public-Vorbehalt behauptete, ist der Verstoß gegen den zweitstaatlichen ordre public dann doch in Art. 34 Nr. 1 EuGVVO als Versagungsgrund der Anerkennung aufgenommen worden. Eine andere Regelung wäre für Deutschland schon aus verfassungsrechtlichen Gründen nicht annehmbar gewesen. Auch hätte die Verbraucherlobby in ihrem grenzenlosen Misstrauen gegen ausländische Gerichte wohl mindestens eine Sonderregelung für Verbraucher gefordert. Die Väter der EuGVVO haben einen Kompromiss zwischen Wunsch und Möglichkeit dahin versucht, dass nur ein offensichtlicher Verstoß gegen den ordre public zur Versagung der Anerkennung führen soll. Sachlich bedeutet das jedoch keine Änderung gegenüber der Regelung in EuGVÜ/LugÜ I[661]. Es ist allenfalls eine Ermahnung zur restriktiven Anwendung der ordre public-Klausel. Denn entweder verstößt die Anerkennung gegen tragende Grundsätze des zweitstaatlichen Rechts oder nicht. Ob der Verstoß offensichtlich ist, ist dabei unerheblich. Der **157**

654 Vgl. EuGH Rs. 305/88 – Lancray v. Peters – EuGHE 1990, 2725 = RIW 1990, 927; EuGH Rs. C-123/91 – Minalmet v. Brandeis – EuGHE 1992, 5661 = RIW 1993, 65; Abschlussentscheidung BGH RIW 1993, 673; eingehend dazu Kondring, Die Heilung von Zustellungsfehlern im internationalen Zivilrechtsverkehr, 1995.
655 Vgl. EuGH Rs. 166/80 – Klomps v. Michel, EuGHE 1981, 1593 = RIW 1981, 781 zum gleichgelagerten Fall der Nachprüfung der Ordnungsmäßigkeit der Zustellung nach EuGVÜ; *Geimer/Schütze* EuZVR, A 1, Art. 34, Rdn. 155.
656 Vgl. im einzelnen *Geimer/Schütze* EuZVR, A 1, Art. 34, Rdn. 139 ff.
657 Vgl. EuGH Rs. C-123/91 – Minalmet v. Brandeins – EuGHE 1992, 5661 = RIW 1993, 65; Abschlussentscheidung BGH RIW 1993, 673; eingehend dazu *Kondring* Die Heilung von Zustellungsfehlers im internationalen Zivilrechtsverkehr, 1995.

658 Vgl. dazu *Stürner* Urteilsanmerkung, JZ 1993, 358.
659 Vgl. *Gottwald* Auf dem Weg zu einer weiteren Vereinfachung der Anerkennung und Vollstreckung von Entscheidungen in Europa, Ritsumeikan Law Review, 2000, 49 ff. (50 f.); *Stadler* Die Revision des Brüsseler und des Lugano-Übereinkommens über die gerichtliche Zuständigkeit und die Vollstreckung gerichtlicher Entscheidungen in Zivil- und Handelssachen – Vollstreckbarerklärung und internationale Vollstreckung –, in: Gottwald (Herausg.), Revision des EuGVÜ, 2000, 37 ff. (41 ff.).
660 Vgl. Kommissionsdokument III/21/1992 „Der Binnenmarkt nach 1992 – Die Herausforderung".
661 Vgl. *Schütze* IHR 2001, 135 ff. (139); wohl auch *Kropholler* EuZPR, Art. 34, Rdn. 4.

ordre public-Begriff ist zweitstaatlich zu qualifizieren. Er ist derselbe wie in § 328 Abs. 1 Nr. 4 ZPO.

158 – *Kein Widerspruch zu zweitstaatlicher Entscheidung*: Die ausländische Entscheidung darf nicht in Widerspruch zu einer deutschen Entscheidung zwischen denselben Parteien in derselben Sache stehen (Art. 34 Nr. 3 EuGVVO). Auf die Priorität der Entscheidungen kommt es nicht an. Die inländische Entschedidung geht immer vor. Der deutsche Prozessvergleich ist vom EuGH – zu Unrecht – nicht als Entscheidung i. S. von Art. 27 Nr. 3 EuGVÜ – der korrespondierenden Norm – angesehen worden[662].

159 – *Kein Widerspruch zu drittstaatlicher Entscheidung*: Art. 34 Nr. 4 EuGVVO erweitert den Versagungsgrund der Urteilskollision auf drittstaatliche Entscheidungen. Unter mehreren kollidierenden drittstaatlichen Entscheidungen, bei denen die Erfordernisse der Anerkennung vorliegen, gilt das Prioritätsprinzip[663]. Abzustellen ist dabei nicht auf den Erlass der Entscheidungen, sondern den Zeitpunkt der Anerkennung (Vorliegen der Anerkennungserfordernisse und Inlandsbeziehung), Vgl. Rdn. 95 ff.

160 **b) Verfahren der Anerkennung.** Die Anerkennung erfolgt formlos. Jedes Gericht und jede befasste Amtsstelle entscheidet inzident ohne vorherige formelle Prüfung (Art. 33 Abs. 1 EuGVVO).

161 Daneben ist ein Verfahren auf Feststellung der Anerkennung zulässig, das sich nach den Regeln des Vollstreckbarerklärungsverfahrens nach Artt. 38 ff. EuGVVO richtet. Ungeklärt ist weiterhin die zu Art. 26 EuGVÜ diskutierte Streitfrage[664], ob mit dem Verfahren auch die Nichtanerkennung einer ausländischen Entscheidung begehrt werden kann. Trotz des Wortlauts der Bestimmung wird man eine negative Feststellung für zulässig halten müssen[665]. Nach dem Telos des Art. 33 EuGVVO soll eine Ungewissheit über das Vorliegen der Anerkennungserfordernisse beseitigt werden können, die durch die Inzidententscheidung entstehen kann, zumal die Inzidententscheidung nicht bindend für andere Gerichte oder Amtsstellen ist. Beide Parteien haben aber gleichermaßen ein Interesse, diese Ungewissheit zu beseitigen, der Urteilsgläubiger die Anerkennung feststellen zu lassen, der Urteilsschuldner die bindende Feststellung über die Nichtanerkennung zu erhalten.

2.   VO (EG) Nr. 2201/2003 (VO Brüssel IIa)

Schrifttum: *Busch* Schutzmaßnahmen für Kinder und der Begriff der „elterlichen Verantwortung" im internationalen und europäischen Recht – Anmerkungen zur Ausweitung der Brüssel II-Verordnung, IPRax 2003, 218 ff.; *Coester-Waltjen* Aktuelle Entwicklungen im europäischen internationalen Familienverfahrensrecht, JURA 2004, 839 ff.; *Frank* Europäische Gerichtsstands- und Vollstreckungsverordnung in Ehesachen und Verfahren betreffend die elterliche Verantwortung, in: Gebauer/Wiedmann (Herausg.) Zivilrecht unter europäischem Einfluss, 2. Aufl., 2010, S. 1591 ff.; *Geimer/Schütze* Internationaler Rechtsverkehr, 545. 41 ff. (Kommentierung der Brüssel IIa VO mit umfassender Schrifttumsübersicht von *Bischoff, Dilger und Paraschas*); *Gruber* Das HKÜ, die Brüssel IIa-VO und das internationale Familienrechtsverfahrensgesetz, FÜR 2008, 214 ff.; *ders.* Die Brüssel IIa-VO und öffentlich-rechtliche Schutzmaßnahmen, IPRax 2008, 490 ff.; *Hau* Internationales Eheverfahrensrecht in der Europäischen Union, FamRZ 1999, 484 ff.; *Helms* Die Anerkennung ausländischer Entscheidungen im Europäischen Eheverfahrensrecht, FamRZ 2001, 257 ff.; *Schulz* Die Verordnung (EG)

---

662 Vgl. EuGH Rs. C-414/92 – Solo Kleinmotoren GmbH v. Dr. Emilio Boch – EuGHE 1994 I, 2237 = RIW 1995, 1030 = JZ 1994, 1007 mit Anm. *Schlosser* = IPRax 1995, 241 mit Besprechungsaufsatz von *Hoffmann/Hau* ebenda, 217 ff.

663 Vgl. im einzelnen *Geimer/Schütze* EuZVR, A 1, Art. 34 Rdn. 179 ff.

664 Vgl. zum Streitstand *Geimer/Schütze* EuZVR, A 1, Art. 33 Rdn. 85 f.

665 Vgl. *Geimer/Schütze* EuZVR, A 1, Art. 33, Rdn. 85.

Nr. 2201/2003 (Brüssel IIa) – eine Einführung, NJW Beil. zu Heft 18/2004; *Solomon* „Brüssel IIa" – Die neuen europäischen Regeln zum internationalen Verfahrensrecht in Fragen der ehelichen Verantwortung, FamRZ 2004, 1409 ff.

Die Brüssel IIa Verordnung[666] ist mit Wirkung vom 1.3.2005 an die Stelle der VO (EG) Nr. 1347/2000, die nur noch Bedeutung für am 1.3.2005 laufende Verfahren hat und damit obsolet geworden ist. Bei der Anerkennung sind Titel in Ehesachen und solche über die elterliche Verantwortung zu unterscheiden: **162**

a)   Erfordernisse der Anerkennung für Entscheidungen in Ehesachen (Art. 22)   **163**

– *Ehesache:* Die Entscheidung muss eine Ehesache zum Gegenstand haben. Das sind nach der Legaldefinition in Art. 1 Abs. 1 Entscheidungen über die Ehescheidung, die Trennung ohne Auflösung des Ehebandes und die Ungültigerklärung einer Ehe. Lebenspartnerschaften sind der Ehe nicht gleichgestellt. Für sie gilt die VO Brüssel IIa nicht[667].
– *Ordre public-Klausel:* Der offensichtliche Verstoß gegen den zweitstaatlichen ordre public ist Versagungsgrund der Anerkennung (Art. 22 lit. a Brüssel IIa Verordnung). Die Offensichtlichkeit ist auch hier – wie in der EuGVVO eine Leerformel, die allenfalls auf den restriktiven Gebrauch hinweisen soll.
– *Wahrung der Verfahrensrechte des Beklagten:* Dem Antragsgegner, der sich auf das Verfahren nicht eingelassen hat, muss das verfahrenseinleitende Schriftstück so rechtzeitig und in einer Weise zugestellt worden sein, dass er sich angemessen verteidigen konnte (Art. 22 lit. b). Dieses Erfordernis entspricht Art. 34 Nr. 2 EuGVVO und ist in gleicher Weise auszulegen. An die Stelle der Notwendigkeit der Einlegung eines Rechtsbehelfs nach Art. 34 Nr. 2 EuGVVO tritt nach Brüssel IIa die Voraussetzung, dass der Antragsgegner mit der Entscheidung eindeutig nicht einverstanden ist.
– *Keine Entscheidungskollision mit zweitstaatlicher (deutscher) Entscheidung:* Es darf keine Entscheidungskollision mit einer zweitstaatlichen Erkenntnis in derselben Sache gegeben sein (Art. 22 lit. c). Auf die Priorität kommt es nicht an. Das Erfordernis entspricht Art. 34 Nr. 3 EuGVVO und ist entsprechend auszulegen.
– *Keine Entscheidungskollision mit früherer drittstaatlicher Entscheidung:* Es darf keine Kollision mit einem drittstaatlichen anzuerkennenden Erkenntnis vorliegen, wobei es auf die Priorität ankommt (Art. 22 lit. d). Das Erfordernis entspricht Art. 34 Nr. 4 EuGVVO und ist entsprechend auszulegen.

b)   Erfordernisse der Anerkennung in Sachen der elterlichen Verantwortung   **164**
(Art. 23)

– *Elterliche Verantwortung:* Die Entscheidung muss betreffen: die Zuweisung, die Ausübung, die Übertragung sowie die vollständige oder teilweise Entziehung der elterlichen Verantwortung, insbesondere das Sorgerecht, das Umgangsrecht, die Vormundschaft, die Pflegschaft oder entsprechende Rechtsinstitute, die Bestimmung und den Aufgabenbereich einer Person oder Stelle, die für die Person oder das Vermögen eines Kindes verantwortlich ist, es vertritt oder ihm beisteht, die Unterbringung des Kindes in

---

666 Abgedruckt in *Wieczorek/Schütze* Bd. VI, sub 2, a, cc, S. 251 ff. vgl. zum Verfahren in Deutschland Gesetz zur Aus- und Durchführung bestimmter Rechtsinstrumente auf dem Gebiet des internationalen Familienrechts (IntFamRVG), BGBl. 2005 I 162, abgedruckt auch bei *Geimer/Schütze* Internationaler Rechtsverkehr, 708a. 1 ff.

667 *Frank* in Gebauer/Wiedmann aaO., S. 1591 ff., Art. 1, Rdn. 13; *Kohler* Internationales Verfahrensrecht für Ehesachen in der Europäischen Union: Die Verordnung „Brüssel II", NJW 2001, 10 ff.; *Niklas* Die europäische Zuständigkeitsordnung in Ehe- und Kindschaftssachen, 2003, S. 34 ff.

einer Pflegefamilie oder einem Heim, sowie Maßnahmen zum Schutz des Kindes im Zusammenhang mit der Verwaltung und Erhaltung seines Vermögen oder die Verfügung hierüber. Ausgeschlossen sind nach Art. 1 Abs. 3 der Verordnung Entscheidungen über: die Feststellung und die Anfechtung des Eltern-Kind-Verhältnisses, Adoptionsentscheidungen und Maßnahmen zur Vorbereitung einer Adoption sowie die Ungültigkeitserklärung und den Widerruf der Adoption, Namen und Vornamen des Kindes, die Volljährigkeitserklärung, Unterhaltspflichten, Trusts und Erbschaften sowie Maßnahmen infolge von Straftaten, die von Kindern begangen wurden.

– *Fehlen von Versagungsgründen:* Es darf kein Versagungsgrund nach Art. 23 Brüssel IIa VO vorliegen. Die Versagungsgründe entsprechen denen in Ehesachen.

165 c) **Verfahren der Anerkennung.** Die Anerkennung erfolgt formlos, sobald die Erfordernisse der Anerkennung vorliegen und eine Inlandsbeziehung besteht (Art. 21 Abs. 1). Jedes Gericht und jede befasste Amtsstelle entscheidet inzident über die Anerkennung. Eines förmlichen Verfahrens bedarf es nicht. Die Parteien können jedoch die Anerkennung oder Nichtanerkennung in einem gerichtlichen Verfahren feststellen lassen, wobei das Feststellungsinteresse weit auszulegen ist. Zuständig für die Feststellungsklage ist das Familiengericht am Sitz des örtlich zuständigen Oberlandesgerichts. Für den Bezirk des Kammergerichts ist das Familiengericht Pankow/Weissensee zuständig. Eine sachliche Nachprüfung der ausländischen Entscheidung ist ausgeschlossen (Verbot der révision au fond). Auch kann die internationale Zuständigkeit des Erstgerichts nicht nachgeprüft werden (Art. 24).

3.   VO (EG) Nr. 805/2004 (EuVTVO)

Schrifttum: *Bittmann* Verordnung über den Europäischen Vollstreckungstitel (EUTVO), in: Gebauer/ Wiedmann, Zivilrecht unter europäischem Einfluss, 2. Aufl., 2010, S. 1497 ff.; *Coester-Waltjen* Einige Überlegungen zu einem künftigen europäischen Vollstreckungstitel, FS Beys, 2003, S. 183 ff.; *dies.* Der Europäische Vollstreckungstitel – Bestandsaufnahme und kritische Bewertung, FS Ansay, 2006, S. 47 ff.; *Hess* Die Integrationsfunktion des Europäischen Zivilverfahrensrechts, IPRax 2001, 389 ff.; *Hüsstege* Braucht die Verordnung über den europäischen Vollstreckungstitel eine ordre-public-Klausel?, FS Jayme, 2004, S. 371 ff.; *ders.* Der europäische Vollstreckungstitel, in: Gottwald (Herausg.), Perspektiven der justiziellen Zusammenarbeit in Zivilsachen in der Europäischen Union, 2004, S. 113 ff.; *Leible/Lehmann* Die Verordnung über den Europäischen Vollstreckungstitel für unbestrittene Forderungen und ihre Auswirkungen auf die notarielle Praxis, NotBZ 2004, 453 ff.; *Rauscher* Der europäische Vollstreckungstitel für unbestrittene Forderungen, 2004; *Stadler* Kritische Anmerkungen zum Europäischen Vollstreckungstitel, RIW 2004, 801 ff.; *Stein* Der Europäische Vollstreckungstitel für unbestrittene Forderungen tritt in Kraft – Aufruf zu einer nüchternen Bettrachtung, IPRax 2004, 181 ff.; *ders.* Der europäische Vollstreckungstitel für unbestrittene Forderungen – Einstieg in den Ausstieg aus dem Exequaturverfahren bei Auslandsvollstreckung, EuZW 2004, 181 ff.; *Wagner* Vom Brüsseler Übereinkommen über die Brüssel-I-Verordnung zum Europäischen Vollstreckungstitel, IPRax 2002, 75 ff.; *ders.* Die neue Verordnung zum Europäischen Vollstreckungstitel, IPRax 2005, 189 ff.; *Yessiou-Faltsi* Die Folgen des Europäischen Vollstreckungstitels für das Vollstreckungsrecht in Europa, in: Gottwald (Herausg.), Perspektiven der justiziellen Zusammenarbeit in Zivilsachen in der Europäischen Union, 2004, S. 213 ff.; für weiteres Schrifttum vgl. *Wieczorek/Schütze* Bd. VI, S. 293 f. sowie unten vor § 1079.

166 Die EuVTVO[668] – mit großen Vorschusslorbeeren als Meilenstein der Freizügigkeit von Titeln in der EU bedacht – ist eine Mogelpackung ohne große praktische Bedeutung. Das hoch gesteckte Ziel ist in letzter Minute an der Verbraucherlobby gescheitert, die in ihrem

---

668 Abgedruckt in *Wieczorek/Schütze*, Bd. VI sub 2a dd, S. 293 ff.

Misstrauen in ausländische Rechtsprechung eine Einschränkung des Geltungsbereich für Schuldner mit Verbraucherstatus auf solche mit Wohnsitz im Erststaat durchgesetzt hat. Damit ist die EuVTVO zu einem Papiertiger geworden, da die überwältigende Zahl von Titeln für unbestrittene Forderungen solche mit kleinen Beträgen für Verbraucher sind.

a) Erfordernisse der Anerkennung. Erfordernis der Anerkennung ist die Bestätigung als **167** europäischer Vollstreckungstitel[669] (vgl. dazu §§ 1079 ff. ZPO). Diese setzt voraus:

- *Unbestrittene Forderung:* Gegenstand des europäischen Vollstreckungstitels muss eine unbestrittene Forderung sein. Art. 3 gibt eine Legaldefinition:
- *Vollstreckbarkeit im Erststaat:* Die Entscheidung muss im Erststaat vollstreckbar sein. Im Bereich der EuVTVO setzt die Anerkennungsfähigkeit ausnahmsweise die Vollstreckbarkeit voraus.
- *Internationale Zuständigkeit:* Das Erstgericht darf seine Zuständigkeit nicht in Widerspruch zu den Regelungen für Versicherungssachen, Verbrauchersachen, Arbeitsrechtssachen und ausschließlicher Zuständigkeiten in Artt. 8–22 EuGVVO gestützt haben.
- *Einhaltung von Verfahrensvorschriften:* Die Verfahrensvorschriften der EuVTVO müssen eingehalten worden sein.
- *Wohnsitz des Schuldners im Erststaat:* Der Schuldner muss seinen Wohnsitz im Erststaat gehabt haben, wenn er Verbraucher ist und/oder es sich um einen Titel nach Art. 3 Abs. 1 lit. b oder c (Vollstreckungsbescheid, Versäumnisurteil) handelt.
- *Keine ordre public-Prüfung:* Einwendungen gegen den Titel selbst können nur im Erststaat geltend gemacht werden. Auch eine ordre public-Prüfung ist unzulässig[670].

b) Verfahren der Anerkennung. Der bestätigte europäische Vollstreckungstitel wirkt **168** automatisch in allen Mitgliedstaaten – mit Ausnahme Dänemarks –, ohne dass es einer – auch nur inzidenten – Anerkennung bedürfte. Berichtigung und Widerruf der Bestätigung können nur im Erststaat betrieben werden. In Deutschland gilt § 1081 ZPO.

4. VO (EG) Nr. 1896/2006 (Europäische Mahnverordnung)

Schrifttum: *Graf von Bernstorff* Mahnverfahren, Forderungsdurchsetzung und Kontenpfändung in der EU, RIW 2007, 88 ff.; *Correa Delcaso* La proposition de règlement instituant une procédure européenne d'injonction de payer, Rev.int.dr.comp., 57 (2005), 143 ff.; *Diamatopoulos* Moderne Tendenzen im Recht des Mahnverfahrens unter dem Einfluss der Rechtsprechung des EuGH-Luxemburg und des Entwurfs einer gemeinsamen europäischen Zivilprozessordnung, FS Beys, 2003, S. 267 ff.; *Einhaus* Europäisches Mahnverfahren: Grenzüberschreitende Verweisung bei Unzuständigkeit?. EuZW 2005, 165 ff.; *Freitag* Rechtsschutz des Schuldners gegen den Europäischen Zahlungsbefehl, IPRax 2007, 509 ff.; *Freitag/Leible* Erleichterungen der grenzüberschreitenden Forderungsbeitreibung in Europa: Das Europäische Mahnverfahren, BB 2008, 2750 ff.; *Gruber* EG-MahnVO, in: Rauscher (Herausg.), Europäisches Zivilprozess- und Kollisionsrecht, Bd. 2, Bearbeitung 2010, 2010, S. 267 ff.; *Gundlach* Europäische Prozessrechtsangleichung – dargestellt am Beispiel des Mahnverfahrens, 2005; *Hess* Strukturfragen der europäischen Prozessrechtsangleichung – dargestellt am Beispiel des Europäischen Mahn- und Inkassoverfahrens, FS Geimer, 2002, S. 339 ff.; *Kodek* Auf dem Weg zu einem Europäischen Mahnverfahren?, FS Rechberger, 2005, S. 283 ff.; *ders.* Kommentierung der VO (EG) Nr. 1896/2006, in:

---

669 Vgl. für ein Muster *Schütze* Internationales Zivilprozessrecht, in: Locher/Mes (Herausg.), Beck'sches Prozessformularbuch, 10. Aufl., 2006, S. 446 ff.

670 Kritisch *Coester-Waltjen* FS Beys, S. 183 ff.; *dies.* FS Ansay, S. 47 ff.; *Stadler* IPRax 2004, 2 ff.; *dies.* RIW 2004, 801 ff.

Geimer/Schütze, Internationaler Rechtsverkehr, 570.39 ff.; *Kormann* Das neue Europäische Mahnverfahren im Vergleich zu den Mahnverfahren in Deutschland und Österreich, 2007; *Kreße* Das europäische Mahnverfahren, EWS 2008, 508 ff.; *Mayr* Das europäische Mahnverfahren und Österreich, JBl.
2008, 503 ff.; *Meyer-Berger* Mahnverfahren und Vollstreckung – Probleme und Entwicklungen aus
nationaler und europäischer Sicht, 2007; *Perez-Ragone* Europäisches Mahnverfahren, 2004; *Rechberger*
Das Europäische Mahnverfahren aus österreichischer Sicht, in: *König/Mayr* (Herausg.), Europäisches
Zivilverfahrensrecht in Österreich II, 2009, S. 25 ff.; *Rechberger/Kodek* Orders for Payment in the
European Union, 2001; *Sujecki* Europäisches Mahnverfahren nach dem Verordnungsvorschlag der
Europäischen Kommission, EuZW 2005, 45 ff.; *ders.* Europäisches Mahnverfahren – Geänderter Verordnungsvorschlag, ZEuP 2006, 124 ff.; *Röthel/Sparmann* Das Europäische Mahnverfahren, WM 2007,
1101 ff.; *Schollmeyer* Europäisches Mahnverfahren, IPRax 2002, 478 ff.; *Sujecki* Das neue europäische
Mahnverfahren im Vergleich zu den Mahnverfahren in Deutschland und Österreich, Diss. Passau,
2007; *ders.* Das elektronische Mahnverfahren – eine rechtsvergleichende und europarechtliche Untersuchung, 2008; *ders.* Das europäische Mahnverfahren nach dem gemeinsamen Stadpunkt, EuZW 2006,
609 ff.; *Tschütscher/Weber* Die Verordnung zur Einführung eines Europäischen Mahnverfahrens, öJZ
2007, 303 ff.; *Vollkommer (G.)/Huber (St.)* Neues Europäisches Zivilverfahrensrecht in Deutschland – Das
Gesetz zur grenzüberschreitenden Forderungsdurchsetzung und Zustellung, NJW 2009, 1105 ff.;
Walker Das Europäische Mahnverfahren, GS Konuralp, 2009, Bd. 2, S. 655 ff.

168a Das europäische Mahnverfahren führt bei umstrittenen Forderungen zu einem vollstreckbaren Titel. Erhebt der Schuldner Einspruch gegen den europäischen Zahlungsbefehl, so
wird das Verfahren vor den zuständigen Gerichten des Ursprungsstaats nach den Regeln
des ordentlichen Zivilprozesses fortgeführt (Art. 17 Abs. 1 EuMahnVO).

Der Europäische Zahlungsbefehl bedarf nicht der Anerkennung und Vollstreckbarerklärung. Art. 19 EuMahnVO statuiert die Abschaffung des Exequaturverfahrens.

5. VO (EG) Nr. 861/2007 (Europäisches Verfahren für geringfügige Forderungen)

Schrifttum: *Brokamp* Europäische Verfahren für geringfügige Forderungen, 2008; *Engels* Europäisches Bagatellverfahren ab 2009, AnwBl 2008, 51 f.; *Freitag/Leible* Erleichterung der grenzüberschreitenden Forderungsbeitreibung in Europa: Das europäische Verfahren für geringfügige Forderungen,
BB 2009, 2 ff.; *Haibach* Zur Einführung des ersten europäischen Zivilprozessverfahrens: Verordnung
(EG) Nr. 861/2007, EuZW 2008, 137 ff.; *Jahn* Das Europäische Verfahren für geringfügige Forderungen, NJW 2007, 2890 ff.; *Jelinek* Das Europäische Bagatellverfahren aus österreichischer Sicht, in:
König/Mayr (Herausg.), Europäisches Zivilverfahrensrecht in Österreich II, 2009, S. 47 ff.; *Mayer/Linde-
mann/Haibach* Small Claims Verordnung, 2009; *Scheuer* Die Verordnung zur Einführung eines europäischen Verfahrens für geringfügige Forderungen, ZaK 2007, 402, 226; *Sujecki* Vereinheitlichung des
Erkenntnisverfahrens in Europa: Das Europäische Verfahren für geringfügige Forderungen, EWS
2008, 323 ff.; *Vargel* EG-Bagatell VO, in: Rauscher (Herausg.), Europäisches Zivilprozess- und Kollisionsrecht, Bd. 2, Bearbeitung 2010, 2010, S. 409 ff.; *Vollkommer/Huber* Neues Europäisches Zivil-
fahrensrecht in Deutschland – Das Gesetz zur Verbesserung der grenzüberschreitenden Forderungsdurchsetzung und Zustellung, NJW 2009, 1105 ff.

168b Nach der EuBagatellVO ist es möglich, einen Titel auch für bestrittene Forderungen zu
erhalten, der ohne Exequatur europaweit vollstreckbar ist. Das ist ein Fortschritt und eine
Fortentwicklung des mit der EuMahnVO eingeschlagenen Weges. Es gilt insoweit dasselbe
wie für EuMahnVO.

Anhang III

Anerkennung auf staatsvertraglicher Grundlage

Die internationale Urteilsanerkennung ist weitgehend staatsvertraglich geregelt. Das europäische Recht und die Regelwerke von EuGVÜ und LugÜ I und II haben viele der einstmals wichtigen bilateralen Verträge obsolet werden lassen. Von den bilateralen Anerkennungs- und Vollstreckungsverträgen sind heute nur noch die mit Tunesien und Israel von wesentlicher Bedeutung. **169**

Der Staat ist frei, ob er eine Anerkennung einer ausländischen Entscheidung nach autonomem Recht zulässt, obwohl die Erfordernisse der Anerkennung nach einem anwendbaren Anerkennungs- und Vollstreckungsvertrag nicht gegeben sind[671]. Es besteht keine Verpflichtung zur Nichtanerkennung auf Grund staatsvertraglicher Regelung. **170**

Die staatsvertragliche Regelung hat nur Vorrang vor der des autonomen deutschen Rechts soweit sie anerkennungsfreundlicher ist[672]. Als Faustregel gilt der favor recognitionis[673]. Die staatsvertraglichen Bestimmungen verdrängen nicht das anerkennungsfreundlichere autonome Recht[674]. Eine Kombination der jeweils anerkennungsfreundlichen Teile von staatsvertraglicher Regelung und autonomem Recht ist jedoch unzulässig. Es darf keine „Rosinenpickerei" geben. Der Urteilsgläubiger hat kein Wahlrecht hinsichtlich der Regelung, auf die er die Anerkennung stützen will. Nach dem Grundsatz iura novit curia bestimmt das Gericht oder die Behörde, die – auch inzident – über die Anerkennung entscheidet, auf welche Rechtsgrundlage es die Entscheidung gründet. **171**

Zum Verhältnis mehrerer Staatsverträge untereinander gilt[675] ebenfalls das Günstigkeitsprinzip mit dem Ausschluss der „Rosinenpickerei". Einige Regelungen beanspruchen jedoch ausschließliche Geltung. Das sind z.B. EuGVÜ und LugÜ I nach ihren Artt. 55. Jedoch gilt auch hier nach Art. 57 EuGVÜ/LugÜ I für besondere Rechtsgebiete das Günstigkeitsprinzip[676]. **172**

1. LugÜ II

Schrifttum: *Dasser/Oberhammer* (Herausg.), Kommenter zum Lugano-Übereinkommen, 2008; *Geimer/Schütze* Europäisches Zivilverfahrensrecht, 3. Aufl., 2010; *Jametti Greiner* Neues Lugano-Übereinkommen: Stand der Arbeiten, Internationales Zivilverfahrensrecht 2, 2003; *Markus* Revidierte Übereinkommen von Brüssel und Lugano: Zu den Hauptpunkten, SZW 1999, 205 ff.; *ders.* Neue Entwicklungen im internationalen Zuständigkeitsrecht (insbes. LugÜ). Zum Gerichtsstand in Zivilsachen, 2002, S. 129 ff.

671 Vgl. *Geimer* IZPR, Rdn. 2766; *ders.* Anerkennung ausländischer Entscheidungen in Deutschland, 1995, S. 82; *Schack* IZVR, Rdn. 897.
672 Vgl. *Geimer* IZPR, Rdn. 2766.
673 Vgl. BGH IPRax 1989, 104; BayObLG, NJW-RR 1990, 842; OLG München IPRax 2004, 120; *Schack* IZVR, Rdn. 897; *Siehr* Günstigkeits- und Garantieprinzip, FS Walder, 1994, S. 409 ff.
674 Vgl. *Geimer* IZPR, Rdn. 2766; *Geimer/Schütze* Internationale Urteilsanerkennung, Bd. I/2, 1984, S. 1381; *Herrmann* Die Anerkennung US-amerikanischer Urteile in Deutschland unter Be-

rücksichtigung des ordrre public, 2000, S. 30; *Zöller/Geimer* § 328, Rdn. 5.
675 Vgl. dazu *Mankowski* Im Dschungel der für die Vollstreckbarerklärung ausländischer Unterhaltsentscheidungen einschlägigen Abkommen und ihrer Ausführungsgesetze, IPRax 2000, 188 ff.
676 Vgl. hierzu *Mankowski* IPRax 200, 188 ff. (193).

Schrifttum zum EuGVÜ und (alten) LugÜ): *Alexandre* Convention de Bruxelles, Répertoire Dalloz, o.J. (Loseblatt); *Almeida Cruz/Desantes Real/Jenard* Bericht zum EuGVÜ 1989, ABl. (EG) 1990, Nr. C 189, 35 ff.[677]; *Anton/Beaumont* Civil Jurisdiction in Scotland, 2. Aufl., 1995; *Bajons/Mayr/Zeller* (Herausg.), Die Übereinkommen von Brüssel und Lugano, 1997; *Bogdan* (Herausg.), The Brussels Jurisdiction and Enforcement Convention, 1996; *Byrne* The European Union and Lugano Convention on Jurisdiction and the Enforcement of Judgments, 2. Aufl., 1994; *Calvo Caravaca* (Herausg.), Comentario al Convenio des Bruselas relativo a la Competencia judicial y a la Ejecución de resoluciones judiciales en materia civil y comercial, 1994; *Carpenter* The Lugano and San Sebastian Conventions, 1990; *Collins* The Civil Jurisdiction and Judgments Act, 1982, 1983; *Czernich/Tiefenthaler/Kodek* Europäisches Gerichtsstands- und Vollstreckungsrecht, 2. Aufl., 2003; *Donzallas* La Convention de Lugano, Bd. I, 1996, Bd. II, 1997; Bd. III, 1998; *Gaudemet-Tallon* Compétence et exécution des jugements en Europe, 3. Aufl., 2002; *Geimer/Schütze* Internationale Urteilsanerkennung, Bd. I/1, 1983; *dies.* Europäisches Zivilverfahrens- recht, 3. Aufl., 2010; *dies.* Internationaler Rechtsverkehr in Zivil- und Handelssachen (Kommentierung von EuGVÜ und LugÜ von Auer, Safferling und Wolf); *Kropholler* Europäisches Zivilprozeßrecht, 8. Aufl., 2005; Mayr, EuGVÜ und LugÜ, 2001; *Lechner/Mayr* Das Übereinkommen von Lugano, 1996; *Mayr/Czernich* Das neue europäische Zivilprozeßrecht, 2002; *Pålsson* Bryssel- och Luganokonventtio- nerna, 1993; *Schwander* (Herausg.), Das Lugano-Übereinkommen, 1990; *Teixera* de Sousa/*Moura Vincente* Comentario à Convenção de Bruxelas, 1994; vgl. für weiteres Schrifttum *Wieczorek/Schütze* ZPO, 3. Aufl., Bd. VI, S. 759 f., 1049.

173   EuGVÜ[678] und LugÜ I[679] sind weitgehend regelungsgleich. Sie enthalten in Artt. 26–30 (EuGVÜ) (LugÜ II 32–37) eine Regelung der Anerkennung von Entscheidungen von Ge- richten von Mitgliedstaaten. Das EuGVÜ und LugÜ I haben nur noch temporäre Bedeutung für Altfälle. Das EuGVÜ ist im übrigen durch die EuGVVO ersetzt worden. Das LugÜ II gilt im Verhältnis zu Island, Norwegen und der Schweiz.

174   a)   **Erfordernisse der Anerkennung**

– *Zivil- oder Handelssache:* Die Entscheidung muss eine Zivil- oder Handelssache zum Gegenstand haben. Der Begriff ist vertragsautonom zu qualifizieren[680]. Im übrigen gilt dasselbe wie für die entsprechende Regelung in der EuGVVO, vgl. Rdn. 152.

– *Internationale Zuständigkeit:* Das Erstgericht muss international zuständig gewesen sein. Das Erstgericht muss international zuständig gewesen sein. Die Zuständigkeit bestimmt sich allein nach der europäischen Zuständigkeitsordnung, die in einem Zuständigkeits- katalog in den Übereinkommen manifestiert ist. Nach Art. 35 LuGÜ II darf die Zustän- digkeit jedoch nur in Versicherungs- und Verbrauchersachen und bei ausschließlichen Zuständigkeiten nachgeprüft weden, vgl. zur gleichen Rechtslage nach der EuGVVO Rdn. 153.

– *Ordnungsmäßigkeit und Rechtzeitigkeit der Zustellung:* Das verfahrenseinleitende Schrift- stück muss dem Beklagten, der sich auf den Rechtsstreit nicht eingelassen hat, ord- nungsgemäß und so rechtzeitig zugestellt worden sein, dass er sich angemessen ver- teidigen konnte. Ordnungsmäßigkeit und Rechtzeitigkeit sind nach EuGVÜ/LugÜ I – anders als nach der EuGVVO – kumulativ erforderlich[681]. Der Beklagte kann sich nach Minalmet v. Brandeis auch dann auf den Mangel der Zustellung berufen, wenn er von

---

677   Abgedruckt bei *Geimer/Schütze* EuZVR, C1, S. 1624 ff.

678   Abgedruckt   *Wieczorek/Schütze*   Bd. VI, S. 759 ff.

679   Abgedruckt bei *Geimer/Schütze* EuZVR, C1, S. 1624 ff.

680   Vgl. EuGH Rs. 29/76 – LTU v. Eurocontrol – EuGHE 1976, 1541 = NJW 1977, 489 mit Anm.

Geimer = RIW/AWD 1977, 40 mit Anm. *Linke* = Rev. crit. 1977, 772 mit Anm. *Droz.*

681   Vgl. EuGH Rs. 305/88 – Lancray v. Peters – EuGHE 1990, 2725 = RIW 1990, 927; EuGH Rs. C-123/91 – Minalmet v. Brandeis – EuGHE 1992, 5661 = RIW 1993, 65; Abschlussentscheidung BGH RIW 1993, 673.

der Entscheidung Kenntnis erlangt und kein Rechtsmittel eingelegt hat. Art. 34 Nr. 2 LugÜ II hat nunmehr die Regelung in der EuGVVO übernommen.

– *Ordre public-Vorbehalt:* Die ausländische Entscheidung darf nicht gegen den zweitstaatlichen ordre public verstoßen. Der Inhalt der ordre public-Klausel ist derselbe wie in § 328 Abs. 1 Nr. 4 ZPO.

– *Kein Widerspruch zu zweitstaatlicher Entscheidung:* Die ausländische Entscheidung darf nicht in Widerspruch zu einer deutschen (zweitstaatlichen) Entscheidung zwischen denselben Parteien in derselben Sache stehen. Der deutsche Prozessvergleich ist vom EuGH zu Unrecht nicht als eine derartige Entscheidung angesehen worden[682].

– *Kein Widerspruch zu drittstaatlicher Entscheidung:* Nach Art. 34 Nr. 4 LugÜ II darf die Entscheidung nicht in Widerspruch zu einer drittstaatlichen Entscheidung in derselben Sache zwischen denselben Parteien stehen. Es kommt auf die Priorität an. Es gilt dasselbe wie zu Art. 34 Nr. 4 EuGVVO, vgl. Rdn. 159.

b) Verfahren der Anerkennung. Die Anerkennung erfolgt formlos. Jedes Gericht und **175** jede befasste Amtsstelle entscheidet incidenter ohne vorherige formelle Prüfung (Art. 33 Abs. 1 LugÜ II). Jedoch sind Verfahren auf Feststellung der Anerkennung oder Nichtanerkennung zulässig. Die Rechtslage entspricht der nach der EuGVVO, vgl. Rdn. 161.

2. Multilaterale Staatsverträge über Spezialmaterien

a) Haager Zivilprozessübereinkommen v. 1.3.1954

Schrifttum: *Bülow* Das neue Haager Übereinkommen über den Zivilprozess vom 1. März 1954, RPfleger 1959, 141 ff.; *Geimer/Schütze* Internationaler Rechtsverkehr in Zivil- und Handelssachen, 100. 1 ff.; *Hoyer* Das Haager Prozeßübereinkommen von 1954, öJZ 1958, 371 ff.; *Wolff* Handbuch des Internationalen Zivilverfahrensrechts, Bd. III/2, 1984, S. 460 ff. (für weiteres Schrifttum vgl. Bd. VI, sub 3.a.bb, S. 563).

Das Haager Zivilprozessübereinkommen 1954 regelt in Artt. 18 f.[683] die Wirkungserstre- **176** ckung von Kostenentscheidungen gegen den Kläger, der von der Vorauszahlung, Sicherheitsleistung oder Hinterlegung befreit ist zugunsten des Beklagten oder des Fiskus. Es braucht sich nicht immer um klageabweisende Urteile zu handeln. Auch der Klage zusprechende Urteile, die eine Kostenentscheidung zu Lasten des Klägers enthalten, fallen unter den sachlichen Geltungsbereich der Regelung[684]. Zu den Vertragsstaaten vgl. *Wieczorek/Schütze* Bd. VI, S. 563; für eine Kommentierung unten § 722, Rdn. 100 ff.

b) Revidierte Rheinschiffahrtsakte vom 17.10.1868

Schrifttum: *Schütze* Die Klauselerteilung für Entscheidungen ausländischer Rheinschiffahrtsgerichte, ZBinnSch 1964, 339; *Wassermeyer* Der Kollisionsprozess in der Binnenschiffahrt, 4. Aufl., 1971; *Wolff* Handbuch des Internationalen Zivilverfahrensrechts, Bd. III/2, 1984, S. 515 ff.

Art. 40 der revidierten Rheinschiffahrtsakte[685] regelt die Wirkungserstreckung von Rhein- **177** schiffahrtsgerichten der Vertragsstaaten. Erfordernisse der Anerkennung sind:

682 Vgl. EuGH Rs. C 414/92 – Solo Kleinmotoren GmbH v. Dr. Emilio Boch – EuGHE 1994 I, 2237 = RIW 1995, 1030 = JZ 1994, 1007 mit Anm. *Schlosser* = IPRax 1995, 241 mit Besprechungsaufsatz von *Hoffmann/Hau* ebenda, 217 ff.

683 Abgedruckt bei *Wieczorek/Schütze* Bd. VI, S. 568 f.

684 Vgl. *Schütze* Die Anerkennung und Vollstreckung ausländischer Zivilurteile in der Bundesrepublik Deutschland als verfahrensrechtliches Problem, Diss. Bonn 1960, Fn. 360.

685 Abgedruckt bei *Wieczorek/Schütze* Bd. VI, S. 1159.

– Der Titel muss dem sachlichen Geltungsbereich der Konvention unterfallen und
– die Wirkungserstreckung darf nicht gegen den ordre public des Zweitstaates verstoßen.

178 Eine révision au fond ist unzulässig.

179 Zu den Vertragsstaaten vgl. *Wieczorek/Schütze* Bd. VI, S. 1159, für die Kommentierung unten § 722, Rdn. 105 f.

c)   Moselschiffahrtsabkommen vom 27.10.1956

Schrifttum: *Schütze* Die Anerkennung und Vollstreckung ausländischer Zivilurteile in der Bundesrepublik Deutschland als verfahrensrechtliches Problem, Diss. Bonn 1960, S. 88 f.; *Wolff* Handbuch des Internationalen Zivilverfahrensrechts, Bd. III/2, 1984, S. 515 ff.

180 Art. 34 des Moselschiffahrtsabkommens[686] regelt die Wirkungserstreckung von Urteilen der Moselschiffahrtsgerichte der Vertragsstaaten. Diese sind zuständig zur Entscheidung über die Zahlung und Höhe von Schifffahrtsabgaben, Kran-, Hafen- und Kaigebühren, sowie wegen der Beschädigungen, welche die Schiffer während der Fahrt oder beim Anlanden verursachen. Erfordernisse der Anerkennung sind:

– Der Titel muss dem sachlichen Geltungsbereich der Konvention unterfallen und
– die Wirkungserstreckung darf nicht gegen den ordre public des Zweitstaates verstoßen.

181 Eine révision au fond ist unzulässig.

182 Zu den Vertragsstaaten vgl. *Wieczorek/Schütze* Bd. VI, S. 1161.

d)   COTIF

Schrifttum: *Schütze* Die Anerkennung und Vollstreckung ausländischer Zivilurteile in der Bundesrepublik Deutschland als verfahrensrechtliches Problem, Diss. Bonn 1960, im Übrigen *Wieczorek/Schütze* Bd. VI, sub 3.c.ee, S. 1163.

183 Art. 18 des Übereinkommens über den internationalen Eisenbahnverkehr vom 9.5.1980[687] bestimmt in § 1 die Wirkungserstreckung von Urteilen – auch Versäumnisurteilen – in den Vertragsstaaten. Art. 12 COTIF in der Fassung des Änderungsprotokolls v. 3. Juni 1999[688] entspricht der Regelung in Art. 18. Erfordernisse der Anerkennung sind:

– Die Entscheidung muss dem sachlichen Geltungsbereich der Konvention unterfallen;
– Sie darf nicht auf Zahlung einer Entschädigung des unterlegenen Klägers neben den Kosten wegen des Unterliegens im Rechtsstreit gehen;
– Die Entscheidung muss rechtskräftig sein;
– Das Erstgericht muss nach der Konvention Zuständigkeit besessen haben;
– Die Anerkennung darf nicht gegen den zweitstaatlichen ordre public verstoßen.

Gerichtliche Vergleiche sind Urteilen gleichgestellt. Eine révision au fond ist unzulässig.

184 Zu den Vertragsstaaten vgl. *Wieczorek/Schütze* Bd. VI, S. 1163.

---

[686] Abgedruckt bei *Wieczorek/Schütze* Bd. VI, S. 1161 f.
[687] Abgedruckt bei *Wieczorek/Schütze* Bd. VI, S. 1166 f.

[688] Abgedruckt bei *Wieczorek/Schütze* Bd. VI, S. 1168 f.

e) Übereinkommen über den Beförderungsvertrag im internationalen Straßengüterverkehr vom 19.5.1956

Schrifttum: *Martiny* Handbuch des Internationalen Zivilverfahrensrechts, Bd. III/2, 1984, S. 191 ff., im übrigen *Wieczorek/Schütze* Bd. VI sub 3.c.ff, S. 1172.

Art. 31 der Konvention[689] regelt die Wirkungserstreckung von Urteilen – auch Versäumnis- **185** urteilen in den Vertragsstaaten. Erfordernisse der Anerkennung sind:

- Die Entscheidung muss dem sachlichen Geltungsbereich der Konvention unterfallen;
- Sie darf nicht auf Zahlung einer Entschädigung oder Zinsen gegen den unterlegenen Kläger neben der Kosten wegen des Unterliegens im Rechtsstreit gehen;
- Die Entscheidung muss rechtskräftig sein;
- Das Erstgericht muss nach den Bestimmungen der Konvention Zuständigkeit besessen haben;
- Die Anerkennung darf nicht gegen den zweitstaatlichen ordre public verstoßen.

Gerichtliche Vergleiche sind Urteilen gleichgestellt. Eine révision au fond ist unzulässig. **186**

Zu den Vertragsstaaten vgl. *Wieczorek/Schütze* Bd. VI, S. 1172. **187**

f) Haager Übereinkommen über die Anerkennung und Vollstreckung von Entscheidungen auf dem Gebiet der Unterhaltspflicht gegenüber Kindern vom 15.4.1958

Schrifttum: *Lansky* Dass Haager Übereinkommen vom 15. April 1958 über die Anerkennung und Vollstreckung von Entscheidungen auf dem Gebiet der Unterhaltspflicht gegenüber Kindern, Diss. Bonn, 1960; *Martiny* Handbuch des Internationalen Zivilverfahrensrechts, Bd. III/2, 1984, S. 125 ff.; im übrigen *Wieczorek/Schütze* Bd. VI, sub 3.c.gg, S. 1174.

Das Übereinkommen[690] sichert die Wirkungserstreckung von Entscheidungen über Unter- **188** haltsansprüche eines ehelichen, unehelichen oder an Kindes Statt angenommenen Kindes, jedoch nur, soweit das Kind unverheiratet ist und das 21. Lebensjahr noch nicht vollendet hat. Es ergänzt das Haager Übereinkommen über das auf Unterhaltsverpflichtungen gegenüber Kindern anzuwendende Recht vom 24.10.1956.

Die Erfordernisse der Anerkennung sind in Art. 2 enumeriert: **189**

- Die Entscheidung muss dem sachlichen Geltungsbereich der Konvention unterfallen;
- Es muss eine Zuständigkeit nach dem Zuständigkeitskatalog in Art. 3 der Konvention bestanden haben;
- Die beklagte Partei muss nach erststaatlichem Recht ordnungsgemäß geladen und vertreten gewesen sein und es darf – bei Versäumnisentscheidungen – keine unverschuldete Säumnis vorgelegen haben;
- Die Entscheidung muss in Rechtskraft erwachsen sein, wobei ein Vorbehalt dahin besteht, dass nach zweitstaatlichem Recht Rechtskraft nicht erforderlich ist;
- Die Anerkennung darf nicht gegen den zweitstaatlichen ordre public verstoßen;
- Es darf keine Kollision mit einer zweitstaatlichen Entscheidung zwischen denselben Parteien und über denselben Anspruch vorliegen, wobei es auf die Priorität nicht ankommt. Die zweitstaatliche Entscheidung geht immer vor;

---

[689] Abgedruckt bei *Wieczorek/Schütze* Bd. VI, S. 1172 f.

[690] Abgedruckt bei *Wieczorek/Schütze* Bd. VI, S. 1174 ff.

– Es darf keine zweitstaatliche Rechtshängigkeit vor Erlass der erststaatlichen Entscheidung eingetreten sein.

190 Eine révision au fond ist unzulässig.

191 Zu den Vertragsstaaten vgl. *Wieczorek/Schütze* Bd. VI, S. 1174.

g) **Haager Übereinkommen über die Anerkennung und Vollstreckung von Unterhaltsentscheidungen vom 2.10.1973**

Schrifttum: *Baumann* Die Anerkennung und Vollstreckung ausländischer Entscheidungen in Unterhaltssachen, 1968; *Geimer/Schütze* Internationaler Rechtsverkehr in Zivil- und Handelssachen, (Kommentar zu dem Übereinkommen von Baumann), 795.83 ff.; *Martiny* Handbuch des Internationalen Zivilverfahrensrechts, Bd. III/2, 1984, S. 153 ff.; *Verwilghen* Bericht zu dem Übereinkommen (BTDrucks. 10/258)[691] im übrigen *Wieczorek/Schütze* Bd. VI, sub 3.c.hh, S. 1188.

192 Das Übereinkommen[692] erleichtert die Durchsetzung von Unterhaltstiteln über die Grenze. Es umfasst Unterhaltsansprüche jeglicher Art sowie Erstattungsansprüche der öffentlichen Hand, soweit diese einem Unterhaltsberechtigten Leistungen erbracht hat. Die Geltendmachung ausländischer Unterhaltstitel bestimmt sich in Deutschland nach dem AVAG (§ 1 Abs. 1 Nr. 1 lit. c)[693]. Erfordernisse der Anerkennung sind nach Artt. 4–6 des Übereinkommens:

– Die Entscheidung muss dem sachlichen Geltungsbereich der Konvention unterfallen;
– Es muss eine Zuständigkeit nach dem Zuständigkeitskatalog der Artt. 7 f. des Übereinkommens gegeben gewesen sein;
– Die Entscheidung muss rechtskräftig in dem Sinne sein, dass kein ordentliches Rechtsmittel mehr zulässig ist (Endgültigkeit der Entscheidung), wobei ein Vorbehalt dahin besteht, dass nach zweitstaatlichem Recht Endgültigkeit nicht erforderlich ist;
– Bei Versäumnisentscheidungen muss das das Verfahren einleitende Schriftstück nach erststaatlichem Recht ordnungsgemäß und so rechtzeitig zugestellt worden sein, dass die säumige Partei hätte angemessen verteidigen können;
– Die Anerkennung darf nicht gegen den zweitstaatlichen ordre public verstoßen oder durch betrügerische Machenschaften erlangt sein;
– Es darf keine Kollision mit einer anderen zweitstaatlichen oder drittstaatlichen anzuerkennenden Entscheidung in derselben Sache und zwischen denselben Parteien bestehen. In der ersteren Alternative kommt es auf die Priorität nicht an, in der zweiten entscheidet die Priorität.
– Es darf keine zweitstaatliche Rechtshängigkeit vor erststaatlicher Rechtshängigkeit eingetreten sein.

193 Eine révision au fond ist unzulässig.

194 Zu den Vertragsstaaten vgl. Bd. VI, S. 1188.

---

691 Abgedruckt bei *Wieczorek/Schütze* Bd. VI, S. 1198 ff.
692 Abgedruckt bei *Wieczorek/Schütze* Bd. VI, S. 1188 ff.
693 Abgedruckt bei *Wieczorek/Schütze* Bd. VI, S. 1295 ff.

h) Übereinkommen über die Haftung gegenüber Dritten auf dem Gebiet der Kernenergie vom 29.7.1960

Das Übereinkommen[694] ist am 30.9.1975 in Kraft getreten[695]. Es ist später mehrfach **195** geändert worden und regelt in Art. 13d die Wirkungserstreckung ausländischer Zivilurteile im Rahmen des Geltungsbereichs der Konvention.

i) Internationales Übereinkommen über die zivilrechtliche Haftung für Ölverschmutzungsschäden vom 29.11.1969

Das Übereinkommen[696] ist für Deutschland seit dem 18.8.1975 in Kraft[697]. Es ist später **196** mehrfach geändert worden. Das Übereinkommen regelt in Art. X die Anerkennung ausländischer Entscheidungen, die im Rahmen des sachlichen Geltungsbereichs der Konvention ergangen sind.

Die Zahl der Vertragsstaaten ist zwischenzeitlich auf über 80 angewachsen. **197**

3. Bilaterale Staatsverträge

Schrifttum: *Beck* Anerkennung und Vollstreckung ausländischer gerichtlicher Entscheidungen nach den Staatsverträgen mit Belgien, Österreich, Großbritannien und Griechenland, Diss. Saarbrücken, 1969; *Cramer-Frank* Auslegung und Qualifikation bilateraler Anerkennungs- und Vollstreckungsverträge mit Nicht-EG Staaten, 1987; *Geimer* Die Vollstreckbarerklärung ausländischer Urteile auf Grund der Ausführungsbestimmungen zu den bilateralen Staatsverträgen über die gegenseitige Anerkennung und Vollstreckung von gerichtlichen Entscheidungen, NJW 1965, 1413 ff.; *Geimer/Schütze* Internationaler Rechtsverkehr in Zivil- und Handelssachen, 610 ff.; *dies.* Internationale Urteilsanerkennung, Bd. I/2, 1984; Bd. II, 1971; *Jellinek* Die zweiseitigen Staatsverträge über Anerkennung ausländischer Zivilurteile, 1953; *Martiny* Anerkennung nach multilateralen Staatsverträgen, in: Handbuch des Internationalen Zivilverfahrensrechts, Bd. III/2, 1984, S. 11 ff.; *Schütze* Zur Auslegung internationaler Übereinkommen, FS *von* Maydell, 2002, S. 649 ff.; *Verbeek* Die Staatsverträge über die Vollstreckung ausländischer Zivilurteile, NiemeyersZ 45 (1931/32), 1 ff.; *Waehler* Anerkennung ausländischer Entscheidungen aufgrund bilateraler Staatsverträge, in: Handbuch des Internationalen Zivilverfahrensrechts, Bd. III/2, 1984, S. 213 ff.

Deutschland hat versucht, die Materie in großem Maße durch Anerkennungs- und Voll- **198** streckungsverträge bilateral zu regeln. Die meisten dieser Staatsverträge sind durch europäisches Recht, EuGVÜ und LugÜ I und II heute obsolet geworden und haben nur noch begrenzte Bedeutung für Altfälle und begrenzte, im europäischen Verordnungsrecht und den beiden großen europäischen Konventionen nicht geregelte Materien.

a) Deutsch-schweizerisches Anerkennungs- und Vollstreckungsabkommen vom 2.11.1929

Schrifttum: *Baumgart* Das deutsch-schweizerische Vollstreckungsabkommen, LZ 1931, Sp. 74 ff.; *David/Maier* Die Vollstreckung von gerichtlichen Entscheidungen und Schiedssprüchen im Verhältnis zwischen der Bundesrepublik Deutschland und der Schweiz, 1970; *Geimer/Schütze* Internationaler Rechtsverkehr in Zivil- und Handelssachen (Kommentar zu dem Abkommen von Müller), 660. 1 ff.; *Jonas/Meier-Wild* Das deutsch-schweizerische Vollstreckungsabkommen vom 2. November 1929, JW 1930, 3284 ff.; *Kallmann* Anerkennung und Vollstreckung ausländischer Zivilurteile und gerichtlicher Vergleiche, 1946 (grundlegender Kommentar); *Kaufmann* Das deutsch-schweizerische Vollstreckungsabkommen vom 2. November 1929, BlIntPr 1931, 57 ff.; *Petetipierre* Les conventions conclues par la Suisse avec l'Allemagne, l'Autriche et la Tchécoslowaquie concernant la reconnaissance et l'exécution

---

694 BGBl. 1975 II 957.
695 BGBl. 1976 II 308.

696 BGBl. 1975 II 301, 305.
697 BGBl. 1975 II 1106.

des jugements civils, 1931; *Probst* Die Vollstreckung ausländischer Zivilurteile in der Schweiz nach den geltenden Staatsverträgen, 1936; *Stauffer* Die neuen Verträge der Schweiz über die Vollstreckung von Zivilurteilen, 1931; *Vortisch* Die Vollstreckung von zur Geldzahlung verpflichtenden deutschen Rechtsakten in der Schweiz, AWD 1963, 75 ff., 105 ff.

199 Das Abkommen[698] ist am 1.12.1930 in Kraft getreten[699]. Sein Bestand ist durch den Krieg nicht berührt worden.

200 Das Abkommen regelt die Anerkennung in Artt. 1–5. Sein sachlicher Geltungsbereich ist auf „Entscheidungen bürgerlicher Gerichte" beschränkt. Es findet also eine Abgrenzung nach dem Gerichtszweig, dem das Erstgericht angehört, nicht nach der Materie (Zivilsache) statt.

201 Das Abkommen ist nach Art. 55 LugÜ I und Art. 65 LugÜ II durch dieses ersetzt worden, behält aber im Rahmen von Art. 66 LugÜ II weiterhin – beschränkte – Bedeutung.

b)   Deutsch-italienisches Anerkennungs- und Vollstreckungsabkommen vom 9.3.1936

Schrifttum: *Albrecht* Vollstreckbarkeit von Urteilen im deutsch-italienischen Rechtsverkehr, 1937; *Bassano* Convenzioni per il riconoscimento e l'esecuzione delle sentenze straniere, Riv. dir. comm. 1937 I, 356 ff.; *Christofolini* Recenti convenzioni internazionali relative al riconoscimento delle sentenze civile, Riv. dir. proc. civ. 1936 I, 133 ff.; *Jonas* Das deutsch-italienische Vollstreckungsabkommen vom 9. März 1936, DJ 1937, 888 ff.; *Luther* Zur Anerkennung und Vollstreckung von Urteilen und Schiedssprüchen in Handelssachen im deutsch-italienischen Rechtsverkehr, ZHR 127 (1964), 145 ff.; *ders.* Das deutsch-italienische Vollstreckungsabkommen und seine zukünftige Gestaltung, Heft 1 der Hefte der Vereinigung für den Gedankenaustausch zwischen deutschen und italienischen Juristen e.V.

202 Das Abkommen[700] ist am 19.6.1937 in Kraft getreten[701]. Es war durch den Krieg suspendiert und ist mit Wirkung vom 1.10.152 wieder in Kraft gesetzt worden[702].

203 Das Abkommen regelt die Anerkennung in Artt. 1–5. Ebenso wie das deutsch-schweizerische Abkommen beschränkt das deutsch-italienische Abkommen den sachlichen Geltungsbereich auf Entscheidungen bürgerlicher Gerichte. Diese müsse aber Zivil- oder Handelssachen zum Gegenstand haben, so dass Zivilprozesssachen kraft Zuweisung nicht anerkennungsfähig sind.

204 Das Abkommen ist nach Art. 55 EuGVÜ zunächst durch dieses ersetzt worden, behielt aber im Rahmen des Art. 56 EuGVÜ seine – beschränkte – Bedeutung. Das Abkommen ist dann nach Art. 69 EuGVVO durch diese ersetzt worden, behält aber weiterhin im Rahmen von Art. 70 EuGVVO seine – beschränkte – Bedeutung.

c)   Deutsch-belgisches Anerkennungs- und Vollstreckungsabkommen vom 30.6.1958

Schrifttum: *Beck* Die Anerkennung und Vollstreckung ausländischer gerichtlicher Entscheidungen nach den Staatsverträgen mit Belgien, Österreich, Großbritannien und Griechenland, Diss. Saarbrücken 1969; *Geimer/Schütze* Internationale Urteilsanerkennung, Bd. II, 1971, S. 251 ff.; *Harries* Das deutschbelgische Anerkennungs- und Vollstreckungsabkommen, RabelsZ 26 (1961), 629 ff.; *Matscher* Einige Probleme der internationalen Urteilsanerkennung und -vollstreckung. Erläutert am Beispiel der Verträge der Bunderepublik Deutschland mit Österreich, mit Belgien und mit Großbritannien, ZZP 86

698 RGBl. 1930 II 1066); abgedruckt bei *Wieczorek/Schütze* Bd. IV/1, Anh. 4. 2 zu § 722.
699 Vgl. RGBl. 1930 II 1065.
700 RGBl. 1937 II 145; abgedruckt bei *Geimer/Schütze* Internationaler Rechtsverkehr, 630. 1 ff.
701 RGBl. 1937 II 145.

702 BGBl. 1952 II 986; vgl. dazu *Marazzi* Sulla rimessa in vigore dei trattati con la Gemania prebellica, Riv. it. dir. e proc. pen. 1959, 338 ff.; *Neumayer* Über die Fortgeltung deutsch-italienischer Staatsverträge privatrechtlichen Inhalts, JZ 1952, 682 f.

(1973), 404 ff.; *Rigaux* Les dernières conventions sur l'efficacité internationale des jugements et des actes publics conclues par la Begique, JT 1961, 197 ff.

Das Abkommen[703] ist am 27.1.1961 in Kraft getreten[704]. **205**

Die Anerkennung ist in Artt. 1–5 geregelt. Der Geltungsbereich ist nicht nur auf Urteile von **206** Zivilgerichten beschränkt, stellt vielmehr auf die Rechtsnatur des Urteilsgegenstandes als zivil- oder handelsrechtlich ab.

Das Abkommen ist nach Art. 55 EuGVÜ zunächst durch dieses ersetzt worden, behielt aber **207** im Rahmen von Art. 56 EuGVÜ seine – begrenzte – Bedeutung. Das Abkommen ist dann nach Art. 69 EuGVVO durch diese Verordnung ersetzt worden, behält aber weiterhin im Rahmen von Art. 70 EuGVVO seine – begrenzte – Bedeutung.

d) Deutsch-österreichischer Anerkennungs- und Vollstreckungsvertrag vom 6.6.1959

Schrifttum: *Bauer* Die Zwangsvollstreckung aus österreichischen Exekutionstiteln in der BRD, öJZ 1968, 421 ff.; *Beck* Die Anerkennung und Vollstreckung ausländischer gerichtlicher Entscheidungen nach den Staatsverträgen mit Belgien, Österreich, Großbritannien und Griechenland, Diss. Saarbrücken 1969; *Geimer/Schütze* Internationale Urteilsanerkennung, Bd. II, 1971, S. 1 ff.; *Matscher* Einige Probleme der internationalen Urteilsanerkennung und -vollstreckung. Erläutert am Beispiel der Verträge der Bundesrepublik Deutschland mit Österreich, mit Belgien und mit Großbritannien, ZZP86 (1973), 404 ff.; *ders.* Der neue österreichisch-deutsche Vertrag über die Anerkennung und Vollstreckung von gerichtliche n Entscheidungen im Lichte der allgemeinen Lehren des internationalen Zivilprozessrechts, JBl. 1960, 265 ff.; *Schönherr* Der deutsch-österreichische Vollstreckungsvertrag in der österreichischen Rechtsprechung, AWD 1964, 80 ff.; *Sedlacek* Die Neuregelung der Zwangsvollstreckung zwischen der Republik Österreich und der Bundesrepublik Deutschland, ZfRvgl. 1 (1960), 58 ff.; *Thoma* Die Zwangsvollstreckung in Österreich, NJW 1966, 1057 ff.

Der Vertrag[705] ist am 29.5.1960 in Kraft getreten[706]. **208**

Der Vertrag regelt die Anerkennung in Artt. 1–4. Er erfasst in seinem Geltungsbereich **209** Entscheidungen in Zivil- oder Handelssachen, unabhängig von dem Gerichtszweig, dem das erststaatliche Gericht angehört und unabhängig von der Benennung der Entscheidung (Urteil, Beschluss, Zahlungsbefehl, Zahlungsauftrag, Vollstreckungsbefehl pp.).

Der Vertrag ist zunächst nach Art. 55 LugÜ I durch dieses ersetzt worden, hat jedoch seine – **210** beschränkte – Bedeutung im Rahmen des Art. 56 LugÜ I behalten. Durch den Beitritt Österreichs zum EuGVÜ blieb die Rechtslage nach Artt. 55, 56 EuGVÜ unverändert. Der Vertrag ist dann nach Art. 69 EuGVVO durch diese Verordnung ersetzt worden, behält aber nach Art. 70 EuGVVO weiterhin seine – begrenzte – Bedeutung.

e) Deutsch-britisches Anerkennungs- und Vollstreckungsabkommen vom 14.7.1960

Schrifttum: *Arnold* Die Erstreckung des deutsch-britischen Vollstreckungsabkommens auf Hongkong, AWD 1974, 135 ff.; *Beck* Die Anerkennung und Vollstreckung ausländischer gerichtlicher Entscheidungen in Zivilsachen nach den Staatsverträgen mit Belgien, Österreich, Großbritannien und Griechenland, Diss. Saarbrücken 1969; *Cohn* Reciprocal Enforcement with Western Germany, Law Times, Bd. 230, 375 ff.; *Ganske* Das deutsch-britische Vollstreckungsabkommen vom 14.7.1960, AWD 1961, 172 ff.; *Geimer/Schütze* Internationale Urteilsanerkennung, Bd. II, 1971, S. 353 ff.; *dies.* Annotierte Aus-

---

703 BGBl. 1959 II 766; abgedruckt bei *Geimer/* *Schütze* Internationaler Rechtsverkehr, 610. 2 ff.
704 BGBl. 1960 II 2408.

705 BGBl. 1960 II 1246; abgedruckt bei *Geimer/* *Schütze* Internationaler Rechtsverkehr, 650. 1 ff.
706 BGBl. 1960 II 1523.

gabe, Internationaler Rechtsverkehr, 701. 1 ff.; *Kratzer* Einrede des Schiedsvertrags als rügelose Einlassung nach deutsch-britischem Vollstreckungsabkommen?, RIW/AWD 1977, 720; *Schütze* Das deutsch-britische Vollstreckungabkommen, IWB F 5 (Großbritannien), Gr. 3, S. 29 ff.; *ders.* Zur Anwendung des deutsch-britischen Anerkennungs- und Vollstreckungsabkommens, RIW/AWD 1980, 170 f.; *Sonderkötter* Zur Anerkennung deutscher Urteile in Großbritannien, RIW/AWD 1975, 370 ff.; *Watts* The Enforcement of Judgments: A Convention with Germany, The British Yearbook of International Law 36 (1960), 359 ff.; *Wengler* Zur Anerkennung und Vollstreckbarerklärung einer englischen Unterhaltsentscheidung. Rechtliches Gehör und ordre public, JZ 1968, 596 ff.

211   Das Abkommen[707] ist am 15.7.1961 in Kraft getreten[708].

212   Die Anerkennung ist in den Artt. II–IV geregelt. Der sachliche Geltungsbereich ist auf Entscheidungen in Zivil- und Handelssachen beschränkt. Entscheidungen in Insolvenzverfahren sind ausdrücklich ausgenommen. Eine Einschränkung findet sich hinsichtlich der Art des Erstgerichts. Dieses muss ein ordentliches Gericht sein, so dass Gerichte in Arbeitssachen beispielsweise keine anerkennungsfähigen Entscheidungen erlassen können. Auch können Entscheidungen unterer Gerichte nach dem Abkommen nicht anerkannt werden. Damit scheiden amtsgerichtliche Urteile aus dem Kreis der anerkennungsfähigen Entscheidungen aus. Das Abkommen hat erhebliche Anwendungsprobleme gebracht, insbesondere bei der Bestimmung der Zuständigkeit auf Grund rügeloser Einlassung und der Anerkennungsfähigkeit klagabweisender Urteile[709].

213   Das Abkommen ist nach Art. 55 EuGVÜ zunächst durch dieses ersetzt worden, behielt aber nach Art. 56 EuGVÜ seine – begrenzte – Bedeutung. Das Abkommen ist dann nach Art. 69 EuGVVO durch diese Verordnung ersetzt worden, behält aber im Rahmen von Art. 70 EuGVVO weiterhin seine – begrenzte – Bedeutung.

f)   Deutsch-griechischer Anerkennungs- und Vollstreckungsvertrag vom 4.11.1961

Schrifttum: *Beck* Die Anerkennung und Vollstreckung ausländischer gerichtlicher Entscheidungen in Zivilsachen nach den Staatsverträgen mit Belgien, Österreich, Großbritannien und Griechenland, Diss. Saarbrücken 1969; *Ganske* Der deutsch-griechische Vollstreckungsvertrag vom 4.11.1961, AWD 1962, 194 ff.; Nagel, Bemerkungen zur internationalen Rechtshilfe und der Anerkennung und Vollstreckung gerichtlicher Entscheidungen im Verhältnis zwischen der Bundesrepublik Deutschland und Griechenland, FS Areopag, Bd. VI, 2007, S. 291 ff. (Stand 1987); *Pouliades* Zur Vollstreckung eines deutschen Leistungsurteils über die Rückzahlung eines Darlehens in Griechenland, IPRax 1984, 334 f.; *Schlösser* Vollstreckbarkeit deutscher Gerichtsentscheidungen in Griechenland, NJW 1964, 485 ff.; *Sinanides* Die Anerkennung deutscher Scheidungsurteile in Griechenland, Diss. Bielefeld 1980.

214   Der Vertrag[710] ist am 30.8.1963 in Kraft getreten[711].

215   Der Vertrag regelt die Anerkennung in Artt. 1–5. Er umfasst in seinem sachlichen Geltungsbereich Entscheidungen in Zivil- und Handelssachen ohne Beschränkung auf einen bestimmten Gerichtszweig. Er ist auch auf Entscheidungen in Ehe- und Familiensachen anzuwenden, soweit die Parteien Angehörige der Vertragsstaaten sind und ihren gewöhnlichen Aufenthalt im Erststaat haben.

216   Der Vertrag ist nach Art. 55 EuGVÜ zunächst durch dieses ersetzt worden, behielt aber im Rahmen von Art. 56 EuGVÜ seine – begrenzte (z. B. Ehe- und Familiensachen) – Bedeutung.

---

707   BGBl. 1961 II 301; abgedruckt bei *Geimer/Schütze* Internationaler Rechtsverkehr, 702. 1 ff.
708   BGBl. 1960 II 1025.
709   Vgl. dazu *Schütze* RIW/AWD 1980, 170 f.

710   BGBl. 1963 II 110; abgedruckt bei *Geimer/Schütze* Internationaler Rechtsverkehr, 620. 1 ff.
711   BGBl. 1963 II 12.

Der Vertrag ist dann nach Art. 69 EuGVVO durch diese Verordnung ersetzt worden, behält aber im Rahmen von Art. 70 EuGVVO weiterhin seine begrenzte Bedeutung.

g) Deutsch-niederländischer Anerkennungs- und Vollstreckungsvertrag vom 30.8.1962

Schrifttum: *Funke* De exequatur-procedure inzake het Nederlands-Duitse excutie-verdrag van 30 augustus 1962, NB 1964, 661 ff.; *Ganske* Der deutsch-niederländische Vollstreckungsvertrag in Zivil- und Handelssachen vom 30.8.1962, AWD 1964, 348 ff.; *Gotzen* Die Anerkennung und Vollstreckung deutscher Schuldtitel in den Niederlanden, AWD 1967, 136 ff.; *ders.* Deutsch-niederländischer Voll- streckungsvertrag: Ablehnung der Vollstreckungsklausel mangels internationaler Zuständigkeit des erkennenden Gerichts, AWD 1968, 20 ff.; *ders.* Der deutsch-niederländische Vollstreckungsvertrag in der niederländischen Gerichtspraxis, AWD 1969, 54 ff.

Der Vertrag[712] ist am 15.9.1965 in Kraft getreten[713]. **217**

Der Vertrag regelt die Anerkennung in Artt. 1–5. Er ist anwendbar auf Entscheidungen in **218** Zivil- und Handelssachen der streitigen und der freiwilligen Gerichtsbarkeit, klammert jedoch aus seinem Geltungsbereich aus: Adhäsionsurteile, Entscheidungen in Ehe- und Familienstandssachen und insolvenzrechtliche Entscheidungen.

Der Vertrag ist nach Art. 55 EuGVÜ zunächst durch dieses ersetzt worden, behielt aber im **219** Rahmen des Art. 56 EuGVÜ seine – begrenzte – Bedeutung. Der Vertrag ist dann nach Art. 69 EuGVVO durch diese Verordnung ersetzt worden, behält aber weiterhin im Rahmen von Art. 70 EuGVVO eine beschränkte Bedeutung.

h) Deutsch-tunesischer Rechtshilfe-, Anerkennungs- und Vollstreckungsvertrag vom 19.7.1966

Schrifttum: *Arnold* Die Problematik von Rechtshilfeabkommen – Der Deutsch-Tunesische Rechtshilfe- und Vollstreckungsvertrag v. 19.7.1966, NJW 1970, 1478 ff.; Deutsche Denkschrift zu dem Vertrag, BTDrucks. V Nr. 3167 (abgedruckt in: *Wieczorek/Schütze* Bd. VI, S. 1350 ff.); *Ganske* Der deutsch-tunesi- sche Rechtshilfe- und Vollstreckungsvertrag in Zivil- und Handelssachen vom 19.7.1966, AWD 1970, 145 ff.; *Schütze* Der deutsch-tunesische Rechtsschutz-, Rechtshilfe- und Vollstreckungsvertrag, IWB F 7 (Tunesien), Gr. 3, S. 11 ff.

Der Vertrag[714] ist am 13.3.1970 in Kraft getreten[715]. Zu dem Vertrag ist ein deutsches **220** Ausführungsgesetz ergangen[716]. Das AVAG findet keine Anwendung.

Die Anerkennung ist in Artt. 27–33 geregelt. **221**

aa) Sachlicher Geltungsbereich. Der sachliche Geltungsbereich erfasst gerichtliche Ent- **222** scheidungen – ohne Rücksicht auf ihre Bezeichnung (Urteil, Beschluss pp.), die in einer Zivil- oder Handelssache ergangen sind. Dabei kommt es allein auf den Streitgegenstand an, nicht die Zugehörigkeit des Erstgerichts zur Zivilgerichtsbarkeit. Auch Entscheidungen der Arbeits-, Verwaltungs- und Strafgerichte fallen unter den Geltungsbereich des Ver- trages, soweit sie eine Zivilsache zum Gegenstand haben.

Ausgeschlossen von der Anerkennung sind Entscheidungen, die den Ehe- oder Familien- **223** stand, die Rechts- oder Handlungsfähigkeit oder die gesetzliche Vertretung einer Person

---

712 BGBl. 1965 II 26; abgedruckt bei *Geimer/ Schütze* Internationaler Rechtsverkehr, 640. 1 ff.
713 BGBl. 1965 II 1155.
714 BGBl. 1966 II 890, auszugsweise hinsicht- lich der für die Wirkungserstreckung wichtigen

Bestimmungen abgedruckt in: *Wieczorek/Schütze* Bd. VI, S. 1335 ff.
715 BGBl. 1970 II 125.
716 Abgedruckt in: *Wieczorek/Schütze* Bd. VI, S. 1344.

betreffen, soweit es sich nicht um Ehe- oder Unterhaltssachen handelt. Nicht dem Geltungsbereich des Vertrages unterfallen insolvenzrechtliche Entscheidungen sowie Urteile in Angelegenheiten der sozialen Sicherheit. Gerichtliche Vergleiche und öffentliche Urkunden sind gerichtlichen Entscheidungen weitgehend gleichgestellt.

224 **bb) Erfordernisse der Anerkennung.** Erfordernisse der Anerkennung sind:

— *Rechtskraft der erststaatlichen Entscheidung*: Die anzuerkennende Entscheidung muss formell rechtskräftig, d. h. nicht mehr mit einem ordentlichen Rechtsmittel anfechtbar sein. Im tunesischen Recht ist zwar nur die Berufung ein ordentliches Rechtsmittel, aber auch die Möglichkeit der nicht mit Suspensiveffekt ausgestatteten Kassationsbeschwerde steht der Anerkennung entgegen. Die Frist für die Einlegung der Kassationsbeschwerde beträgt 30 Tage nach Zustellung.

— *Gerichtsbarkeit*: Die erststaatlichen Gerichte müssen Gerichtsbarkeit besessen haben.

— *Internationale Zuständigkeit*: Die erststaatlichen Gerichte müssen zur Entscheidung international zuständig gewesen sein. Die internationale Zuständigkeit begründenden Gerichtsstände sind in einem als Beurteilungsnormen ausgestalteten Zuständigkeitskatalog enumeriert. Zuständigkeitsbegründend sind: Wohnsitz, gewöhnlicher Aufenthalt, Sitz oder Hauptniederlassung des Beklagten, geschäftliche Niederlassung oder Zweigniederlassung des Beklagten, Arbeitsort, Wohnsitz oder gewöhnlicher Aufenthalt des Unterhaltsberechtigten in Unterhaltssachen, Ort der unerlaubten Handlung, Ort der belegenen Sache, letzter Wohnsitz des Erblassers, Widerklage, ungerechtfertigte Vollstreckung. Für Ehesachen enthält Art. 32 besondere Zuständigkeitsnormen.

— *Vereinbarkeit mit dem ordre public*: Die Anerkennung darf nicht gegen den ordre public des Zweitstaates verstoßen. Der Vertrag kennt keine allgemeine Umschreibung des ordre public. Für die Anerkennung tunesischer Entscheidungen gelten die zu § 328 Abs. 1 Nr. 4 entwickelten Grundsätze (Rdn. 56 ff.).
   Die Anerkennung ist auch zu versagen, wenn im Zweitstaat ein Verfahren über denselben Streitgegenstand anhängig ist, das zeitlich vor dem erststaatlichen Prozess eingeleitet wurde, so dass das Urteil unter Missachtung ausländischer (zweitstaatlicher) Rechtshängigkeit erlassen worden ist. Versagungsgrund ist weiterhin eine deutsch-tunesische Urteilskollision, wobei es nicht auf die Priorität ankommt. Es mag zweifelhaft sein, ob die letzteren beiden Versagungsgründe wirklich Unterfälle der ordre public-Klausel sind, als die sie im Vertrag behandelt werden.

— *Wahrung der prozessualen Rechte des Beklagten*: Hat sich der Beklagte auf den Rechtsstreit nicht eingelassen, so müssen ihm Klage, prozesseinleitende Ladung oder Verfügung nach den Bestimmungen des Vertrages zugestellt worden sein. Hat er trotz ordnungsgemäßer Zustellung ohne Verschulden von diesen Schriftstücken nicht rechtzeitig Kenntnis erlangt, stellt auch dies einen Versagungsgrund dar.

— *Keine Berücksichtigung des IPR*: Die Anerkennung darf im Grundsatz nicht deshalb versagt werden, weil das Erstgericht nach erststaatlichem internationalen Privatrecht eine andere Rechtsordnung bei der Entscheidung zu Grunde gelegt hat, als die, die nach zweitstaatlichem Kollisionsrecht anwendbar gewesen wäre.

— *Ausnahmeregelung für Kostenentscheidungen*: Alleiniges Erfordernis der Anerkennung von Kostenentscheidungen gegen den unterlegenen Kläger ist der Nichtverstoß gegen den zweitstaatlichen ordre public.

225 **cc) Verfahren der Anerkennung.** Die Anerkennung erfolgt in Deutschland formlos. Es gelten dieselben Grundsätze wie nach deutschem autonomen Recht. In Tunesien dagegen erfordert auch die Anerkennung ein förmliches Exequatur.

i) Deutsch-norwegischer Anerkennungs- und Vollstreckungsvertrag vom 17.6.1977

Schrifttum: *Pirrung* Zu den Anerkennungs- und Vollstreckungsverträgen der Bundesrepublik Deutschland mit Israel und Norwegen, IPRax 1982, 130 ff.; *Schütze* Der deutsch-norwegische Anerkennungs- und Vollstreckungsvertrag, IWB F 5 (Norwegen) Gr. 3, S. 15 ff.; *Waehler* Handbuch des Internationalen Zivilverfahrensrechts, Bd. III/2, 1984, S. 219 ff.

Der Vertrag[717] ist am 3.10.1981 in Kraft getreten[718].   **226**

Der Vertrag regelt in Artt. 5–9 die Anerkennung von Urteilen in Zivil- oder Handelssachen, **227** die durch ein Zivilgericht erlassen worden sind. Der sachliche Geltungsbereich des Vertrages in Arbeitssachen ist beschränkt. Ausgenommen aus dem sachliche Geltungsbereich sind Entscheidungen in Ehe- und anderen Familienstandssachen und solche, die die Rechts- oder Handlungsfähigkeit oder die gesetzliche Vertretung einer natürlichen oder juristischen Person oder einer Gesellschaft unmittelbar zum Gegenstand haben, Entscheidungen, welche die Haftung für Atomschäden unmittelbar zum Gegenstand haben sowie insolvenzrechtliche Entscheidungen und Arreste und einstweilige Verfügungen.

Der Vertrag ist durch Art. 55 LugÜ durch dieses ersetzt worden, hat jedoch seine – be- **228** schränkte – Bedeutung im Rahmen des Art. 66 LugÜ behalten.

j) Deutsch-israelischer Anerkennungs- und Vollstreckungsvertrag vom 20.7.1977

Schrifttum: Deutsche Denkschrift zu dem Vertrag, BTDrucks. 8, 3866, S. 11 ff.; *Pirrung* Zu den Anerkennungs- Vollstreckungsverträgen der Bundesrepublik Deutschland mit Israel und Norwegen, IPRax 1982, 130 ff.; *Scheftelowitz* Israelische Rechtshilfe in Zivilsachen, RIW 1982, 172 ff. (174 ff.); *Schütze* Der deutsch-israelische Anerkennungs- und Vollstreckungsvertrag, IWB F. 6 (Israel), Gr. 3, S. 13 ff.; *Siehr* Die Anerkennung und Vollstreckung israelischer Zivilentscheidungen in der Bundesrepublik Deutschland, RabelsZ 50 (1986), 586 ff.; *Waehler* Handbuch des Internationalen Zivilverfahrensrechts, Bd. III/2, 1984, S. 219 ff.

Der Vertrag[719] ist am 1.1.1981 in Kraft getreten[720]. Das deutsche Ausführungsgesetz vom **229** 13.8.1980[721] ist am 8.6.1988 außer Kraft getreten und durch das AVAG ersetzt worden. Der Vertrag ist höchst politisch. Er hat eine problematische Einmischung der Exekutive in die richterliche Gewalt beendet. Obwohl die Gegenseitigkeitsfeststellung nach § 328 Abs. 1 Nr. 1 ZPO allein den Gerichten obliegt, hat die Justizverwaltung aus politischen Gründen durch Ausführungsverordnung die Gegenseitigkeit im Verhältnis zu Israel für verbürgt erklärt[722]. Das war ein justizpolitischer Skandal[723], der durch den Abschluss des Vertrages ein Ende gefunden hat.

Die Anerkennung ist in Artt. 3–9 geregelt.   **230**

aa) Sachlicher Geltungsbereich. Der sachliche Geltungsbereich des Vertrages umfasst **231** Entscheidungen in Zivil- und Handelssachen. Entscheidend ist die Rechtsnatur des Streitgegenstandes, nicht das Verfahren, in dem das Urteil ergangen ist. Auf die Benennung (Urteil, Beschluss, Vollstreckungsbescheid pp.) kommt es nicht an.

---

717 BGBl. 1981 II341, abgedruckt bei *Geimer/Schütze* Internationaler Rechtsverkehr, 645.6 ff.
718 BGBl. 1981 II 901.
719 BGBl. 1980 II 936; abgedruckt Bd. VI, S. 1392 ff.
720 BGBl. 1980 II 1531.

721 BGBl. 1980 I 1301).
722 Vgl. AusfVO JM NRW v. 5.12.1958, JMBl. NRW 1959, 6.
723 Vgl. *Schütze* Internationales Zivilprozessrecht und Politik, FS Georgiades 2005, S. 577 ff.

232 Ausgenommen aus dem Geltungsbereich des Vertrages sind Entscheidungen in Ehe- und Familienstandssachen, Entscheidungen, die den Personenstand oder die Handlungsfähigkeit von Personen zum Gegenstand haben, Entscheidungen, die das eheliche Güterrecht betreffen, erbrechtliche Entscheidungen, Entscheidungen in einem Adhäsionsverfahren, insolvenzrechtliche Entscheidungen, Entscheidungen auf dem Gebiet der sozialen Sicherung, in Atomhaftungssachen und einstweilige Verfügungen und Arreste.

233 **bb) Erfordernisse der Anerkennung.** Erfordernisse der Anerkennung sind:

- *Rechtskraft der erststaatlichen Entscheidung:* Das Urteil darf mit einem ordentlichen Rechtsmittel nicht mehr anfechtbar sein.
- *Gerichtsbarkeit:* Die erststaatlichen Gerichte müssen Gerichtsbarkeit besessen haben.
- *Internationale Zuständigkeit:* Die erststaatlichen Gerichte müssen zur Entscheidung international zuständig gewesen sein. Die internationale Zuständigkeit begründenden Gerichtsstände sind in einem als Beurteilungsnormen ausgestalteten Zuständigkeitskatalog enumeriert. Zuständigkeitsbegründend sind die Gerichtsstände des Wohnsitzes oder Sitzes einer juristischen Person, der geschäftlichen Niederlassung oder Zweigniederlassung für Ansprüche, die aus deren Betrieb entstanden sind, der Vereinbarung, soweit die Prorogation nach dem Recht des Zweitstaates nicht unzulässig ist und die Gerichtsstandsvereinbarung schriftlich oder halbschriftlich abgeschlossen worden ist, des Wohnsitzes des Unterhaltsberechtigten für Unterhaltsklagen, der unerlaubten Handlung, der Schutzrechtsverletzung, der belegenen Sache, des Vermögens für den Fall, dass der Beklagte zur Zeit der Einleitung des Verfahrens weder Wohnsitz noch gewöhnlichen Aufenthalt in einem der beiden Vertragsstaaten hatte, der Widerklage, der ungerechtfertigten Vollstreckung und der rügelosen Einlassung.
  Ausschließliche zweitstaatliche Zuständigkeiten schließen die Anerkennungszuständigkeit aus.
- *Wahrung der prozessualen Rechte des Beklagten:* Hat der Beklagte sich auf das Verfahren nicht eingelassen, regelmäßig, aber nicht nur bei Versäumnisurteilen, so muss die prozesseinleitende Ladung oder Verfügung entweder nach erststaatlichem Recht oder zwischenstaatlichen Übereinkommen ordnungsgemäß und so rechtzeitig zugestellt worden sein, dass er sich angemessen verteidigen konnte. Der Beklagte kann auch einwenden, dass er ohne Verschulden die prozesseinleitende Ladung oder Verfügung nicht oder nicht rechtzeitig zur Kenntnis erhalten hat und sich deshalb nicht habe verteidigen können.
- *Vereinbarkeit mit dem ordre public:* Die Entscheidung darf nicht gegen den zweitstaatlichen ordre public verstoßen. Der Vertrag führt einige ordre public-Verstöße beispielhaft auf. Als ordre-public-widrig ist nach Art. 5 Abs. 1 Nr. 3 anzusehen, wenn die Entscheidung auf betrügerischen Machenschaften während des Verfahrens beruht und nach Nr. 4 derselben Bestimmung, wenn die Anerkennung der Entscheidung geeignet wäre, die Hoheitsrechte oder die Sicherheit des Zweitstaates zu beeinträchtigen.
- *Keine Rechtshängigkeit:* Die Anerkennung ist ausgeschlossen, wenn ein Verfahren über denselben Streitgegenstand zwischen denselben Parteien vor einem zweitstaatlichen Gericht anhängig ist und wenn dieses Gericht zeitlich vor dem erststaatlichen Gericht angerufen wurde.
- *Keine Urteilskollision:* Es darf keine Kollision mit einer rechtskräftigen zweitstaatlichen Entscheidung vorliegen, ohne dass es in diesem Fall auf die Priorität ankommt.
- *Keine Berücksichtigung des IPR:* Die Anerkennung darf im Grundsatz nicht deshalb versagt werden, weil das Erstgericht nach erststaatlichem internationalen Privatrecht eine an-

dere Rechtsordnung bei der Entscheidung zu Grunde gelegt hat, als die, die nach zweitstaatlichen Kollisionsnormen anwendbar gewesen wäre. Eine Ausnahme gilt für gewisse Gebiete des Personen-, Familien- und Erbrechts.

cc) Verfahren der Anerkennung. Die Anerkennung erfolgt formlos (Art. 9 Abs. 1). Jedoch **234**
ist eine Klage auf Feststellung der Anerkennung nach Art. 9 Abs. 2 zulässig.

k) **Deutsch-spanischer Anerkennungs- und Vollstreckungsvertrag vom 14.11.1983**

Schrifttum: *Böhmer* Der deutsch-spanische Vollstreckungsvertrag vom 14. November 1983 und das Allgemeine Ausführungsgesetz vom 30. Mai 1988, IPRax 1988, 334 ff.; *Cremades* Abkommen über die Anerkennung und Vollstreckung gerichtlicher Entscheidungen und anderer Schuldtitel in Zivil- und Handelssachen in der Bundesrepublik Deutschland und Spanien, Informaciones 1985, 49 ff.; Deutsche Denkschrift zu dem Vertrag, BTDrucks. 10/5415; *Geimer/Schütze* Internationaler Rechtsverkehr in Zivil- und Handelssachen (Kommentar von Karl), 663.45 ff.; *Löber* Abkommen Deutschland/Spanien über Urteilsvollstreckung, Niederlassung, Doppelbesteuerung und technologische Zusammenarbeit, 1988; *ders.* Deutsch-spanisches Abkommen über die Anerkennung und Vollstreckung von Titeln (gerichtliche Entscheidungen und öffentliche Urkunden), RIW 1987, 429 ff.; *Meyer* Vollstreckung spanischer Gerichtsentscheidungen in der Bundesrepublik vor dem Hintergrund des deutsch-spanischen Vollstreckungsvertrages, IPRax 1991, 292 f.; *Schütze* Der deutsch-spanische Anerkennungs- und Vollstreckungsvertrag, IWB F 5 (Spanien) Gr. 3, S. 135 ff.

Der Vertrag[724] ist am 18.4.1988 in Kraft getreten[725].   **235**

Der Vertrag regelt in Artt. 4–10 die Anerkennung von Urteilen in Zivil- und Handelssachen.   **236**
Der Begriff ist derselbe wie im deutschen autonomen Anerkennungsrecht. Ausgeschlossen aus dem sachlichen Anwendungsbereich des Vertrages sind Entscheidungen in den Materien: Insolvenzverfahren, soziale Sicherheit, Atomhaftungssachen und Schiedsgerichtsbarkeit.

Der Vertrag ist nach Art. 55 EuGVÜ zunächst durch dieses ersetzt worden, behielt aber im   **237**
Rahmen des Art. 56 EuGVÜ seine – begrenzte – Bedeutung. Der Vertrag ist dann nach Art. 69 EuGVVO durch diese Verordnung ersetzt worden, behält aber weiterhin im Rahmen von Art. 70 EuGVVO eine beschränkte Bedeutung.

---

724 BGBl. 1987 II 35; abgedruckt bei *Geimer/* **725** BGBl. 1988 II 207, 375.
Schütze Internationaler Rechtsverkehr, 663. 6 ff.

V. Die Vollstreckbarerklärung ausländischer Zivilurteile (§§ 722, 723 ZPO)

§ 722

Vollstreckbarkeit ausländischer Urteile

(1) Aus dem Urteil eines ausländischen Gerichts findet die Zwangsvollstreckung nur statt, wenn ihre Zulässigkeit durch ein Vollstreckungsurteil ausgesprochen ist.

(2) Für die Klage auf Erlaß des Urteils ist das Amtsgericht oder Landgericht, bei dem der Schuldner seinen allgemeinen Gerichtsstand hat, und sonst das Amtsgericht oder Landgericht zuständig, bei dem nach § 23 gegen den Schuldner Klage erhoben werden kann.

Schrifttum

Bach Grenzüberschreitende Vollstreckung in Europa, 2008; *Baumann* Die Anerkennung und Vollstreckung ausländischer gerichtlicher Entscheidungen in Unterhaltssachen, 1989; *Chroziel/Westin* Die Vollstreckbarkeit ausländischer Urteile und Schiedssprüche, ZVglRWiss 87 (1988), 145 ff.; *Dopffel* Vollstreckbarerklärung ausländischer Unterhaltstitel mit gesetzlicher Indexierung, DAVorm 1984, 217 ff.; *Fadlalla* Die Problematik der Anerkennung ausländischer Gerichtsurteile, 2004; *von Falck* Implementierung offener ausländischer Vollstreckungstitel – Vollstreckbarerklärung ausländischer Titel und inländischer Bestimmtheitsgrundsatz, 1998; *Fischer* Einwendungen, die den Anspruch selbst betreffen und Widerklagen im Verfahren auf Gewährung der Vollstreckbarkeit, ZZP 43 (1913) 87 ff.; *Francke* Die Entscheidungen ausländischer Gerichte über bürgerliche Rechtsstreitigkeiten in ihrer Wirksamkeit nach Deutschem Reichsrecht, ZZP 8 (1885) 1 ff.; *Gärtner* Probleme der Auslandsvollstreckung von Nichtgeldleistungsentscheidungen im Bereich der Europäischen Gemeinschaft, 1991; *Geimer* Zur Prüfung der Gerichtsbarkeit und der internationalen Zuständigkeit bei der Anerkennung ausländischer Urteile, 1966; *ders.* Die Vollstreckbarerklärung ausländischer Urteile auf Grund der Ausführungsbestimmungen zu den bilateralen Staatsverträgen über die gegenseitige Anerkennung und Vollstreckung von gerichtlichen Entscheidungen, NJW 1965, 1413 ff.; *ders.* Anerkennung ausländischer Entscheidungen in Deutschland, 1995; *ders.* Exequaturverfahren, FS Georgiades, 2005, S. 489 ff.; *ders.* Über die Vollstreckungsgewalt der Staaten, FS Kerameus Bd. 1, 2009, S. 379 ff.; *Geimer/Schütze* Internationale Urteilsanerkennung, Bd. I/2, 1984, 1732 ff.; *Gottwald* Grundfragen der Anerkennung und Vollstreckung ausländischer Entscheidungen in Zivilsachen, ZZP 103 (1990), 257 ff.; *Linke* Zum Wert oder Unwert der Vollstreckungsklage (§§ 722, 723 ZPO), FS Schütze, 1999, S. 427 ff.; *Nelle* Anspruch, Titel und Vollstreckung im internationalen Rechtsverkehr, 2000; *Richardi* Die Anerkennung und Vollstreckung ausländischer Akte der freiwilligen Gerichtsbarkeit, Diss. Konstanz 1991; *Rintelen* Zwei Streitfragen betreffend die Zwangsvollstreckung aus Urteilen ausländischer Gerichte, ZZP 9 (1886) 191 ff.; *Schütze* Die Anerkennung und Vollstreckung ausländischer Zivilurteile in der Bundesrepublik Deutschland als verfahrensrechtliches Problem, Diss. Bonn 1960; *ders.* Zur Vollstreckung ausländischer Zivilurteile bei Zweifeln an der Verbürgung der Gegenseitigkeit, DB 1977, 2129 f.; *ders.* Die Geltendmachung von § 826 BGB gegenüber ausländischen Zivilurteilen, JR 1979, 184 ff.; *ders.* Zur Zuständigkeit im Vollstreckbarerklärungsverfahren nach §§ 722 ff., ZPO, NJW 1983, 154 f.; *Stürner* Inländischer Rechtsschutz gegen ausländische Urteile, RabelsZ 71 (2007) 597 ff.; *Stürner/Münch* Die Vollstreckung indexierter ausländischer Vollstreckungstitel, JZ 1987, 178 ff.; *Wazlawik* Persönliche Zuständigkeit im US-amerikanischen Prozeßrecht und ihre Bedeutung im deutschen Exequaturverfahren, RIW 2002, 691 ff.; *Wolff* Vollstreckbarerklärung, in: Handbuch des Internationalen Zivilverfahrensrechts, Bd. III/2, 1984, 307 ff.

Vgl. im übrigen die Literaturübersicht vor § 328.

Für Sammelwerke zum ausländischen Recht und zur Rechtsvergleichung vgl. die Übersicht vor § 328

Rechtsvergleichend *Kerameus* Rechtsvergleichende Bemerkungen zur autonomen Urteilsvollstreckung im Ausland, FS Lüke, 1997, S. 337 ff.; *ders.* Enforcement in the International Context, RdC264 (1997), 179 ff.

Ägypten: *Schütze* Vollstreckung ausländischer Urteile in der Vereinigten Arabischen Republik – Verbürgung der Gegenseitigkeit, AWD 1969, 437 ff.

Albanien: *Uka/Wietzorek* Anerkennung einer deutschen Ehescheidung durch das Appellationsgericht Tirana, IPRax 2011, 99 ff.; *Wietzorek* Anerkennung und Vollstreckung von Entscheidungen in Albanien, eastlex 2009, 164 f.

Algerien: *Issad* Le jugement étranger devant le juge d'exequatur, 1970; *ders.* L'exécution des décisions en droit algérien, Penant 84 (1974), 1 ff.

Andorra: *Maus* Zur Einbeziehung Andorras in internationale Verträge, RIW/AWD 1981, 151 ff.; *Rau* Internationales Privat- und Prozeßrecht in Andorra, RabelsZ 53 (1989) 207 ff.; *Schütze* Anerkennung und Vollstreckung deutscher Zivilurteile in Andorra, RIW/AWD 1977, 399 f.

Argentinien: *Grigera Naón* Reconocimiento y ejecución en la Argentina de sentencias y laudos extranjeras con condena al pago de una suma de dinero: in, Primer encuentro Jurídico Argentino-Germano, 1988, S. 240 ff.; *Möllring* Anerkennung und Vollstreckung ausländischer Urteile in Südamerika, 1985, S. 19 ff.; *Schütze* Vollstreckung ausländischer Urteile in Argentinien – Verbürgung der Gegenseitigkeit, AWD 1969, 262 ff.; *Sentís Melendo* La sentencia extranjera (Exequatur), 1958; *Waldeyer* Vollstreckung ausländischer Urteile in Argentinien, AWD 1970, 565 ff.

Äthiopien: *Arnold* Die Vollstreckung ausländischer Urteile und Schiedssprüche in Äthiopien, AWD 1968, 309 ff.; *Schütze* Die Vollstreckung ausländischer Zivilurteile und Schiedssprüche in Äthiopien, IWB F 7 (Äthiopien) Gr. 3, 9 f.

Australien: *Caffrey* Recognition and Enforcement of Foreign Civil Judgments in New Zealand, Australian and English Law, Comp. L. Yb. 1 (1977) 265 ff.; *Einstein/Phipps* Trends in International Commercial Litigation in Australia, Part I – The Present State of Foreign Judgments Enforcement Law, IPRax 2005, 273 ff.; *dies.* Trends in International Commercial Litigation, Part II – The Future of Foreign Judgment Enforcement Law, IPRax 2005, 365 ff.; *Schütze* Anerkennung und Vollstreckung ausländischer Zivilurteile in Australien, RIW/AWD 1979, 526 ff. (zum früheren Recht)

Belarus: *Linke/Shevtsov* Das neue internationale Zivilprozeßrecht der Republik Belarus, IPRax 2002, 311 f.

Belgien: *Baugniet/Weser* L'exequatur des jugements, des sentences et des actes authentiques, in: Rapports belges au VIII ème Congrès internationale des droit comparé, 1970, S. 195 ff.; *Fevery* La reconnaissance et l'exécution des décisions judiciaires étrangères en Belgique en dehors du champ d'application des Conventions de Bruxelles et de Lugano: Walter/Baumgartner (Herausg.), Anerkennung und Vollstreckung ausländischer Entscheidungen außerhalb der Übereinkommen von Brüssel und Lugano, 2000, S. 75 ff.; *Foriers* Quels effets un jugement étranger peut-il produire en Belgique et à quelles conditions ces effets se produissent-ils?, JT 1956, 494 ff.; *Humblet* De l'exécution des jugements étrangers en Belgique, Journal Clunet 4 (1877), 339 ff.; *Jacobi* Die Vollstreckung ausländischer vermögensrechtlicher Urteile in Frankreich, Belgien und den Niederlanden, NiemeyersZ 44 (1931), 140 ff.; *Rigaux* L'efficacité des jugements étrangers en Belgique, JT 1960, 285 ff.

Bhutan: *Schütze* Die Anerkennung und Vollstreckbarerklärung ausländischer Zivilurteile und Schiedssprüche in Bhutan, JR 1981, 498 f.

Bosnien-Herzegowina: *Pürner* Zur Gegenseitigkeit gem. § 328 Abs. 1 Nr. 5 ZPO im Verhältnis zu Bosnien und Herzegowina: Weitere Klärung einer eigentlich überflüssigen Frage, IPRax 2007, 34 f.; *Saula* Anerkennung ausländischer Gerichtsentscheidungen in Bosnien und Herzegowina, insbesondere in der Republik Srpska, IPRax 2004, 361 ff.

Botswana: *Schütze* Die Vollstreckung ausländischer Urteile in Botsuana, JR 1978, 54 f.

Brasilien: *Valladao* Force exécutoire des jugements étrangers au Brésil, Journal Clunet 58 (1931), 590 ff.

Bulgarien: *Ivanowa* Die Vollstreckung von Gerichtsurteilen in Bulgarien: Unter besonderer Berücksichtigung der Vollstreckung ausländischer Urteile, 2005; *Jessel-Holst* Anerkennung und Vollstreckung ausländischer Entscheidungen sowie Rechtshilfe in Zivilsachen nach bulgarischem Recht, WGO 1982, 255 ff.; *Musseva* Das neue internationale Zivilverfahrensrecht Bulgariens in Zivil- und Handelssachen, IPRax 2007, 256 ff. (260 f.); *Tschipev* Die internationale Zuständigkeit bulgarischer Gerichte und die Anerkennung und Vollstreckung ausländischer Gerichtsurteile in Bulgarien, in: Jayme (Hrsg.) Ein internationales Zivilverfahrensrecht für Gesamteuropa, 1992, 45 ff.

China (Volksrepublik): *Barth/Johnston* Ist im Verhältnis zur Volksrepublik China die Gegenseitigkeit verbürgt?, IHR 2007, 133 ff.; *Bohnet* Das Gegenseitigkeitsprinzip bei der Anerkennung von Gerichtsurteilen im deutsch-chinesischen Rechtsverkehr, RIW Beil. 6/1996, 17 ff.; *Czernich* Die Vollstreckung fremder Urteile und Schiedssprüche in der VR China, RIW 1995, 650 f.; *Daetzer* Voraussetzunger der Vollstreckung von vermögensrechtlichen Urteilen im deutsch-chinesischen Rechtsverkehr, ZZPInt 2 (1997), 367 ff.; *Hu* Chinese Perspectives on International Jurisdiction and the Enforcement of Judgments in Contractual Matters, 1999; *Neelmeier* Verbürgung der Gegenseitigkeit zwischen Deutschland und China?, SchiedsVZ 2007, 102 ff.; *Schütze* Die Anerkennung und Vollstreckbarerklärung von Zivilurteilen und Schiedssprüchen im deutsch-chinesischen Rechtsverkehr, RIW 1986, 269 ff.; *ders.* Zur Verbürgung der Gegenseitigkeit bei der Urteilsanerkennung im deutsch-chinesischen Verhältnis, RIW 2008, 1 ff.; *ders.* Zur Verbürgung der Gegenseitigkeit im deutsch-chinesischen Verhältnis, ZChinR 2008, 244 ff. (im wesentlichen inhaltsgleich)

China (Taiwan): *Etgen* Die Anerkennung und Vollstreckung deutscher Zivilurteile in der Republik China auf Taiwan, RIW 1995, 205 ff.

Costa Rica: *Rissel* Das internationale Privatrecht von Costa Rica, 2001, S. 161 ff.

Dänemark: *Hambro* Recognition and Enforcement of Foreign Judgments in the Nordic Countries, Journal Clunet 84 (1957), 908 ff.; *Harms* Die dänische Anordnung über die Anerkennung von deutschen Urteilen v. 13. April 1938, JW 1938, 1942 ff.

Ecuador: *Kadner* Das internationale Privatrecht von Ecuador, 1999, S. 176 ff.

Elfenbeinküste: *Schütze* Die Anerkennung und Vollstreckung ausländischer Zivilurteile an der Elfenbeinküste, AWD 1974, 498 f.

Finnland: *Hambro* Recognition and Execution of Foreign Judgments in the Nordic Countries, Journal Clunet 84 (1957), 908 ff.; *Lappaleinen* Recognition and Enforcement of Foreign Judgments Outside the Scope of Application of the Brussels and Lugano Convention, in: Walter/Baumgartner (Herausg.), Anerkennung und Vollstreckung von Entscheidungen außerhalb der Übereinkommen von Brüssel und Lugano, 2000, S. 169 ff.

Frankreich: *Alexandre* Les pouvoirs du juge de l'exequatur, 1970; *Einmahl* Die Vollstreckung ausländischer Zahlungsurteile in Frankreich und die Verbürgung der Gegenseitigkeit, RabelsZ 33 (1969) 114 ff.; *Francescakis* Compétence étrangère et jugement étranger, Rev. crit. 1953, 1 ff.;*Huet* Les procédures de reconnaissance et d'exécution des jugements étrangers et des sentences arbitrales en droit international privé, Journal Clunet 1988, 5 ff.; *Issad* Le jugement étranger devant le juge d'exequatur, 1970; *Matscher* Anerkennung und Vollstreckung österreichischer Urteile in Frankreich, JBl. 1956, 459 ff.; *Mezger* Anerkennung deutscher Vaterschafts- und Unterhaltsurteile in Frankreich, IPRax 1981, 103 ff.; *Perroud* Les jugements étrangers, 1929; *Schlachter* Neue Aspekte der Vollstreckbarerklärung ausländischer Urteile in Frankreich, AcP 156 (1957) 507 ff.

Gabun: *Schütze* Vollstreckung deutscher Urteile in den Republiken Elfenbeinküste, Gabun und Mali, AWD 1963, 79 f.

Ghana: *Schütze* Die Anerkennung und Vollstreckung ausländischer Zivilurteile in Ghana, schweizJZ 1964, 65 ff.

Griechenland: *Efrigenis* Probleme der Vollstreckung und Anerkennung ausländischer Entscheidungen, FS Simonetos, 1958, S. 354 ff.; *Filios/Henrich* Zur Anerkennung deutscher Scheidungsurteile in

Griechenland, IPRax 1985, 150 f.; *Kerameus.* Rechtsmittelfestigkeit und Vollstreckung von ausländischen Entscheidungen, FS Wengler II, 1973, 383 ff.; *Klamaris* Enforcement of Court Orders and Judgments, in: Walter/Baumgartner (Herausg.), Anerkennung und Vollstreckung ausländischer Entscheidungen außerhalb der Übereinkommen von Brüssel und Lugano, 2000, S. 275 ff.; *Kozyris* International Jurisdiction and Recognition of Judgments and Awards, in: Kreameus/Kozyris (Herausg.), Introduction to Greek Law, 2. Aufl., 1993, S. 265 ff.; *Maridakis* Die Vollstreckbarkeit ausländischer Urteile in Griechenland, RabelsZ 4 (1930), 506 ff.; *Milionis* Praxis der Vollstreckung deutscher Titel in Griechenland nach dem EuGVÜ, RIW 1991, 100 ff.; *Pouliadis* Die Bedeutung des deutsch-griechischen Vertrages vom 4.11.1961 für die Anerkennung und Vollstreckung deutscher Entscheidungen in der griechischen Praxis, IPRax 1985, 357 ff.; *Sinanides* Die Anerkennung deutsscher Scheidungsurteile in Griechenland, Diss. Bielefeld, 1980; *Vrellis* Anerkennung und Vollstreckung ausländischer Gerichtsentscheidungen und Schiedssprüche (geltendes System und dessen Vgschancen), Griechischer Landesbericht zur 8. Weltkonferenz für Zivilprozessrecht Utrecht 1987, S. 399 ff.; *Yessiou-Faltsi* Die Anerkennung und Vollstreckung deutscher Gerichtsurteile in Griechenland aus der Sicht eines griechischen Juristen, ZZP 96 (1983) 67 ff.; *dies.* Anerkennung ausländischer Personenstandsentscheidungen nach autonomem griechischen Recht, FS Rechberger, 2005, S. 733 ff.

Hongkong: *Luthra* Hongkong: Von der britischen Kronkolonie zur Sonderverwaltungszone in der Volksrepublik China – Offene Rechtsfragen am Beispiel der Anerkennung und Vollstreckung eines Urteils Hongkonger Gerichte in der Bundesrepublik Deutschland, RIW 1997, 625 ff.

Indien: *Phadnis/Otto* Anerkennung und Vollstreckung ausländischer Urteile und Schiedsentscheidungen in Indien, RIW 1994, 471 ff.

Irak: *Krüger/Küppers* Das internationale Privat- und Zivilverfahrensrecht des Irak, IPRax 1988, 180 ff.

Iran: *Wurmnest/Yassari* Die Anerkennung und Vollstreckung ausländischer Urteile im Iran – Folgerungen für die Verbürgung der Gegenseitigkeit gemäß § 328 I Nr. 5 ZPO, IPRax 2006, 217 ff.

Israel: *Schütze* Die Anerkennung und Vollstreckung ausländischer Zivilurteile in Israel, DAR 1965, 43 f.; *ders.* Zur Verbürgung der Gegenseitigkeit, insbes. im Verhältnis zu Israel, AWD 1972, 281 ff.; *Shaki* Deux problèmes de droit international privé en Israel. Exequatur des jugements étrangers et compétence international des tribunaux israeliens a la suite de la guerre de six jours, Journal Clunet 98 (1971) 344 ff.

Italien: *Acocella* Internationale Zuständigkeit sowie Anerkennung und Vollstreckung ausländischer Entscheidungen in Zivilsachen im schweizerisch-italienischen Rechtsverkehr, Diss. St. Gallen 1989; *Attardi* La nuova disciplina in tema di giurisdizione italiana e di riconoscimento delle sentenze straniere, Riv.dir.civ. 1995 I 727 ff.; *Bonomi* Le nouveau système de la reconnaissance et de l'exécution des jugements étrangers en Italie, Rev.crit. 1997, 372 ff.; *Carpi* L'efficacia delle sentenze ed atti stranieri, in: La riforma del diritto internzionale privato processuale, 1996, S. 145 ff.; *Condorelli* La funzione del riconoscimento di sentenze straniere, 1967; *Lupoi* Recognition and Enforcement of Foreign Judgments Outside the Scope of Application of the Brussels and Lugano Conventions: Italy, in: Walter/Baumgartner (Herausg.), Anerkennung und Vollstreckung ausländischer Entscheidungen außerhalb der Übereinkommen von Brüssel und Lugano, 2000, S. 437 ff.; *Migliazza* Le sentenze straniere nel diritto italiano, 1968; *Monaco* L'efficacia delle sentenze straniere secondo il nuovo codice di procedure civile, Riv. 1941, 307 ff.; *Vigoriti* Recenti sviluppi in tema diricinoscimento ed esecuzione di sentenze e lodi arbitrali stranieri in Italia, FS Areopag, Bd. IV, 2007, S. 435 ff. (Stand 1987); *Vogler* Zur Anerkennung ausländischer Ehetrennungsurteile in Italien, Jahrbuch für italienisches Recht 5 (1992), S. 155 ff.; *Wastl* Die Vollstreckung deutscher Titel auf der Grundlage des EuGVÜ in Italien, 1991

Japan: *Einsel* Vollstreckung ausländischer Schiedssprüche und ausländischer Gerichtsurteile in Japan, AWD 1963, 134 f.; *Kono* Die Anerkennung von US-amerikanischen Urteilen über punitive damages in Japan, in: Kono/Heldrich (Herausg.), Herausforderungen des internationalen Zivilprozessrechts, 1994, S. 35 ff.; *ders.* Zur Anerkennung eines amerikanischen Urteils über punitive damages in Japan, ZJapanR 4 (1997), 129 ff.; *Kono/Trunk* Lizenzvertragsrecht und internationales Zivilprozeßrecht, GRUR Int. 1988, 860 ff.; *dies.* Anerkennung und Vollstreckung ausländischer Urteile in Japan, ZZP 102 (1989) 319 ff.; *Koshima* Rechtskraftwirkung und Urteilsanerkennung nach amerikanischem, deutschem und japanischem Recht, 1996; *Menkhaus* Anerkennung und Vollstreckbarerklärung deutscher zivilgerichtlicher Entscheidungen in Japan, RIW 1988, 189 ff.; *Nagata* Anerkennung und Vollstreckbarkeit deutscher Urteile in vermögensrechtlichen Streitigkeiten in Japan, RIW/AWD 1976, 208 ff.; *Nagel* Die Anerkennung und Vollstreckung ausländischer Urteile nach der geltenden deutschen Zivilprozeßordnung im besonderen Verhältnis zu Japan, FS Institut für Rechtsvergleichung der Waseda Universität, 1988, 757 ff.; *Narabashi* Exécution des jugements étrangers au Japon, 1937; *Ni-shitani* Anerkennung und Vollstreckung US-amerikanischer punitive damages Urteile in Japan, IPRax 2001, 365 ff.; *Petersen* Das internationale Zivilprozessrecht in Japan, 2003, S. 447 ff.; *Takata* Probleme der Urteilsanerkennung im Japanischen Recht, in: Heldrich/Kono (Hrsg.) Herausforderungen des internationalen Zivilverfahrensrechts, 1994, 49 ff.; *Takeshita* Neuere Tendenzen der Anerkennung und Vollstreckung ausländischer Entscheidungen in Japan, ZZPInt 1 (1996) 305 ff.

Jemen: *Krüger* Internationales Zivilverfahrensrecht der Republik Jemen, RIW 1993, 470 ff.; zur früheren Rechtslage im Nordjemen vgl. *Krüger/Küppers* Das internationale Privat- und Zivilverfahrensrecht in der Arabischen Republik Jemen, IPRax 1987, 30 ff.

Jordanien: *Börner* Anerkennung und Vollstreckung ausländischer zivilrechtlicher Titel in Syrien mit Hinweisen auf das Recht anderer arabischer Staaten, 1996; *Krüger* Das internationale Zivilprozessrecht Jordaniens, IPRax 2000, 435 ff.

Jugoslawien (ehem.): *Beitzke* Rechtsvergleichende Bemerkungen zur Anerkennung und Vollstreckung ausländischer zivilrechtlicher Entscheidungen in Jugoslawien, RabelsZ 30 (1966) 642 ff.; *Cigoj* Anerkennung und Vollstreckung ausländischer Urteile in Jugoslawien, Osteuroparecht 1958, 315 ff.; *Kalodjera* Anerkennung und Vollstreckung ausländischer Gerichtsentscheidungen in Jugoslawien, RabelsZ 30 (1966) 668 ff. (auch nach der Dismembration Jugoslawiens noch für die Nachfolgestaaten bedeutsam).

Kamerun: *Krüger* Zur Anerkennung und Vollstreckung ausländischer Titel in Kamerun, IPRax 2008, 147 f.

Kanada: *Arnold* Anerkennung und Vollstreckung von Urteilen im Verhältnis zur kanadischen Provinz British-Columbien, AWD 1966, 130 ff.; *Castel* Recognition and Enforcement of Foreign Judgments in personam and in rem in the common law Provinces of Canada, McGill L. J. 17 (1971) 11 ff.; *Nadelman* Enforcement of Foreign Judgments in Canada, CanBarRev 38 (1960), 68 ff.; *Steinbrück* Die Anerkennung und Vollstreckung ausländischer Urteile nach kanadischem Recht, IPRax 2007, 245 ff.; *Tepper* Die Anerkennung deutscher Zahlungsurteile in Kanada, FS Sandrock 1995, S. 89 ff.

Kap Verde: *Schütze* Die Anerkennung und Vollstreckbarerklärung ausländischer Zivilurteile in Kap Verde, JR 1989, 324 f.

Kasachstan: *Bassin* Die Anerkennung und Vollstreckung ausländischer gerichtlicher und schiedsgerichtlicher Entscheidungen in Kasachstan, in: Seiffert (Hrsg.) Anerkennung und Vollstreckung ausländischer Entscheidungen in Osteuropa, 1994, 51 ff.

Kenia: *Schütze* Die Anerkennung und Vollstreckbarerklärung ausländischer Zivilurteile und Schiedssprüche in Kenia, JR 1985, 52 ff.

Kirgistan: *Levitin* Die Anerkennung und Vollstreckung ausländischer gerichtlicher und schiedsgerichtlicher Entscheidungen sowie vorbeugende Maßnahmen zur Klagesicherung in der Republik Kirgistan, in: Seiffert (Hrsg.) Anerkennung und Vollstreckung ausländischer Entscheidungen in Osteuropa, 1994, 59 ff.

Korea: *Stiller* Das internationale Zivilprozeßrecht der Republik Korea, 1989

Kuwait: *Krüger* Internationales Recht in Kuwait nach den Gesetzesreformen 1980-1981, RIW 1983, 801 ff.

Liberia: *Schütze* Die Anerkennung und Vollstreckbarerklärung ausländischer Zivilurteile und Schiedssprüche in Liberia, RIW 1987, 598 ff.

Liechtenstein: *Frick* Die Anerkennung und Vollstreckung ausländischer Entscheidungen im Fürstentum Liechtenstein – unter besonderer Berücksichtigung des schweizerischen, österreichischen und deutschen

Rechts, 1992; *Mähr* Das internationale Zivilprozessrecht Liechtensteins, 2002, S. 265 ff.; *Schütze* Anerkennung und Vollstreckung ausländischer Zivilurteile in Liechtenstein, RIW/AWD 1976, 564 ff.

Litauen: *Krasnickas* Recognition and Enforcement of Foreign Judicial Decisions in the Republic of Lithuania, Yb PrivIntl 2008, 493 ff.

Luxemburg: *Bernecker* Internationales Privat- und Prozeßrecht im Großherzogtum Luxemburg, RabelsZ 27 (1962) 262 ff.

Malaysia: *Mohamed* Reciprocal Enforcement of Judgments and Service of Process in Malaysia (1981) M.L.J. cxi; *Schütze* Die Anerkennung und Vollstreckung ausländischer Urteile in Malaysia – Verbürgung der Gegenseitigkeit, JR 1984, 272 ff.

Malta: *Schütze* Vollstreckung ausländischer Zivilurteile in Malta, AWD 1965, 84.

Mexiko: *Frisch Philipp/Flores Garduno* Neuerungen bei Anerkennung und Vollstreckbarerklärung deutscher Gerichtsurteile in Mexiko, RIW 1994, 836 ff.

Neuseeland: *Caffrey* Recognition and Enforcement of Foreign Civil Judgments in New Zealand, Australian and English Law, Comp. L. Yb. 1 (1977) 265 ff.

Niederlande: *Kokkini-Iatridou/Verheul* Les effets des jugements et sentences étrangers aux Pays bas, 1969; *Thomas* Die Anerkennung ausländischer, insbesondere deutscher, Scheidungsurteile in den Niederlanden, RabelsZ 33 (1969), 734 ff.; *Verschuur* Recognition and Enforcement of Foreign Judgments in the Netherlands, in: Walter/Baumgartner (Herausg.), Anerkennung und Vollstreckung ausländischer Entscheidungen außerhalb der Übereinkommen von Brüssel und Lugano, 2000, S. 403 ff.

Nigeria: *Schütze* Die Anerkennung und Vollstreckung ausländischer Zivilurteile in Nigeria, JBl. 1963, 563 ff.

Norwegen: *Bull* Recognition and Enforcement in Norway of Foreign Judgments Outside The Scope of Application of the Brussels and Lugano Conventions, in: Walter/Baumgartner (Herausg.), Anerkennung und Vollstreckung ausländischer Entscheidungen außerhalb der Übereinkommen von Brüssel und Lugano, 2000, S. 425 ff.; *Hambro* Recognition and Enforcement of Foreign Judgments in the Nordic Countries, Journal Clunet 84 (1957), 908 ff.

Österreich: *Andrae* Die Anerkennung und Vollstreckung gerichtlicher Entscheidungen, die vor der Vereinigung Deutschlands erlassen wurden, IPRax 1994, 223 ff.; *Henrich* Zur Anerkennung und Vollstreckung einer deutschen Entscheidung über den Versorgungsausgleich in Österreich, IPRax 1998, 396 f.; *Hoyer* Die Vollstreckung ausländischer Titel in Österreich, in: Österreichische Landesreferate zum VIII. Kongreß für Rechtsvergleichung in Pescara 1970, 1970; *Matscher* Zur Theorie der Anerkennung ausländischer Entscheidungen nach österreichischem Recht, FS Schima, 1969, 265 ff.; *ders.* Grundfragen der Anerkennung und Vollstreckung ausländischer Entscheidungen (aus österreichischer Sicht), ZZP 103 (1990), 294 ff.;*Pfeiler* Die Vollstreckung aufgrund ausländischer Titel, JA 1995/96, 63 ff.; *Rechberger/Frauenberger/Pfeiler* Anerekennung und Vollstreckung ausländischer Titel außerhalb des Anwendungsbreichs des Brüsseler und Luganer Übereinkommens: Österreich, in: Walter/Baumgartner (Herausg.), Anerkennung und Vollstreckung ausländischer Entscheidungen außerhalb der Übereinkommen von Brüssel und Lugano, 2000, S. 47 ff.

Oman: *Krüger* zur Vollstreckung ausländischer Entscheidungen in Oman, IPRax 1998, 127 ff.; *ders.* zur Anerkennung deutscher Urteile im Sultanat Oman, IPRax 2007, 544 ff.; *ders.* Zur Anerkennung ausländischer Urteile in den arabischen Golfstaaten, GS Konuralp, 2009, S. 631 ff. (636 ff.)

Pakistan: *Otto* Schwierigkeiten bei der Vollstreckung ausländischer Urteile und Schiedsentscheidungen in Pakistan, IPRax 1997, 436 ff.

Paraguay: *Schütze* Die Vollstreckung deutscher Urteile in Paraguay, AWD 1967, 26.

Peru: *Schütze* Die Vollstreckung deutscher Urteile in Peru, AWD 1966, 55 f.; *Söhngen* Das internationale Privatrecht von Peru, 2006, S. 110 ff.

Polen: *Badkowski* Die Anerkennung ausländischer Entscheidungen in Polen nach zivilprozessualen Vorschriften und nach internationalen Verträgen, OER 16 (1970) 1 ff.; *Gralla* Das polnische internationale Zivilverfahrensrecht, Jahrbuch für Ostrecht X.1 (1969) 167 ff.; *Hohloch* Zuständigkeit, Anerkennung und

Vollstreckung im deutsch-polnischen Rechtsverkehr, Deutsch-polnische Juristenzeitschrift 2001, 6 ff.; *Jodlowski* La reconnaissance et l'exécution en Pologne des décisions étrangères en matière civile a la lumière de la jurisprudence de la Cour Suprême, Dr. Pol. contemp. 1977, Nr. 1, 5 ff.; *Kalus* Anerkennung und Vollstreckung ausländischer Urteile und Schiedssprüche in Polen, in: Seiffert (Hrsg.) Anerkennung und Vollstreckung ausländischer Entscheidungen in Osteuropa, 1994, 63 ff.; *ders.*Anerkennung und Vollstreckung ausländischer Urteile und Schiedssprüche in Polen, WiRO 1993, 300 ff.; *Maczynski* Die Anerkennung und Vollstreckung ausländischer Entscheidungen in Polen, in: Jayme (Hrsg.) Ein internationales Zivilverfahrensrecht für Gesamteuropa, 1992, 103 ff.; *Sawczuk* Recognition and Enforcement of Foreign Judgments Outside the Scope of Application of the Brussels and Lugano Convention: Poland, in: Walter/Baumgartner (Herausg.), Anerkennung und Vollstreckung ausländischer Entscheidungen außerhalb der Übereinkommen von Brüssel und Lugano, 2000, S. 449 ff.; *Trzeciakowska* Das Lugano-Übereinkommen – Anerkennung und Vollstreckbarerklärung ausländischer Urteile in Polen, WiRO 2000, 404 ff.; *Weyde* Anerkennung und Vollstreckung deutscher Entscheidungen in Polen, 1996

Portugal: *Arnold* Anerkennung und Vollstreckung von Urteilen im Verhältnis zu Portugal, AWD 1970, 550 ff.; *Ferreira da Silva* De la reconnaissance et l'exécution du jugement étrangers au Portugal (hors du cadre de l'application des conventions de Bruxelles et de Lugano), in: Walter/Baumgartner (Herausg.), Anerkennung und Vollstreckung ausländischer Entscheidungen außerhalb der Übereinkommen von Brüssel und Lugano, 2000, S. 449 ff.; *Schütze* Zur Verbürgung der Gegenseitigkeit im Verhältnis zu Polen, AWD 1971, 583 f.

Qatar: *Krüger* Zur Vollstreckung ausländischer Entscheidungen in Qatar, RIW 1991, 1007 ff.

Rumänien: *Zilberstein* Die Zwangsvollstreckung aus ausländischen gerichtlichen und schiedsgerichtlichen Entscheidungen in Rumänien, RabelsZ 40 (1976) 56 ff.; *Zilberstein/Capatina* Die Anerkennung und Vollstreckung ausländischer Gerichtsentscheidungen und Schiedssprüche in der Sozialistischen Republik Rumänien, Zeitgenössische Fragen des internationalen Zivilverfahrensrechts, 1972, 235 ff.

Russland: *Boguslavskij* Die Anerkennung und Vollstreckung von Entscheidungen ausländischer staatlicher Gerichte und Schiedsgerichte, in: Seiffert (Hrsg.) Anerkennung und Vollstreckung ausländischer Entscheidungen in Osteuropa, 1994, 15 ff.; *ders.* Die Anerkennung und Vollstreckung ausländischer gerichtlicher Entscheidungen in der ehemaligen UdSSR, in: Jayme (Hrsg.) Ein internationales Zivilverfahrensrecht für Gesamteuropa, 1992, 115 ff.; *Breig/Schröder* Wende in der russischen Rechtsprechung zur Anerkennung und Vollstreckung ausländischer Gerichtsentscheidungen?, IPRax 2003, 359 ff.; *Gerasimchuk* Die Urteilsanerkennung im deutsch-russischen Rechtsverkehr, 2007; *Jakovlev* Die Schiedsgerichte Russlands und die Vollstreckung von Entscheidungen ausländischer Gerichte, ebd., 7 ff.; *Kurzynsky-Singer* Anerkennung ausländischer Urteile durch russische Gerichte, RabelsZ 74 (2010), 493 ff.; *Laptew/Kopylov* Zum Erfordernis der Gegenseitigkeit bei der Vollstreckung ausländischer Urteile zwischen der Russischen Föderation und der Bundesrepublik Deutschland, IPRax 2008, 143 ff.; *Pligin* Die Vollstreckung von Entscheidungen ausländischer Gerichte in der Russischen Föderation, ebd., 35 ff.; *Steinbach* Anerkennung und Vollstreckung ausländischer Urteile und Schiedssprüche in der Russischen Föderation, 2003; *Vorobeva* Reciprocity in Recognition and Enforcement of Foreign Judgments in Russia and the United States, FS Boguslavskij, 2004, S. 245 ff.

Saudi-Arabien: *Krüger* Vollstreckung ausländischer Urteile Saudi-Arabien jetzt möglich?, RIW 1990, 113 ff.; *ders.* Zur Anerkennung ausländischer Urteile in arabischen Golfstaaten, GS Konuralp, 2009, S. 631 ff. (639 ff.); *Nerz* Rechtsverfolgung in Saudi-Arabien, Diss. Münster 1987; *Schütze* Anerkennung und Vollstreckung von Zivilurteilen und Schiedssprüchen im deutsch-saudiarabischen Verhältnis, RIW 1984, 261 ff.

Schweden: *Berglund* Recognition and Enforcement in Sweden, in: Walter/Baumgartner (Herausg.), Anerkennung und Vollstreckung ausländischer Entscheidungen außerhalb der Übereinkommen von Brüssel und Lugano, 2000, S. 529 ff.; *Firsching* Schweden: Zur Anerkennung und Vollstreckbarkeit ausländischer Vollstreckungstitel, ZfRV 44 (2003), 4 ff.; *Hambro* Recognition and Enforcement of Foreign Judgments in the Nordic Countries, Journal Clunet 84 (1957), 908 ff.; *Schütze* Anerkennung und Vollstreckbarerklärung ausländischer Zivilurteile in Schweden, RIW 1983, 417 ff.

Schweiz: *Acocella* Internationale Zuständigkeit sowie Anerkennung und Vollstreckung ausländischer Entscheidungen in Zivilsachen im schweizerisch-italienischen Rechtsverkehr, 1989; *Bernet/Voser* Praktische Fragen im Zusammenhang mit der Anerkennung und Vollstreckung ausländischer Urteile nach IPRG, SZIER 2000, 437 ff.; *Braconi* La reconnaissance et l'exécution des jugements étrangers dans la jurisprudence récente du Tribunal fédéral, Revue Fribougoise de Jurisprudence, 1993, 215 ff.; *Dörig* Anerkennung und Vollstreckung US-amerikanischer Entscheidungen in der Schweiz, 1998; *Egli* Die Anerkennung und Vollstreckung deutscher, österreichischer und liechtensteinischer Gerichtsentscheidungen in Zivil- und Handelssachen in der Schweiz, RIW 1991, 977 ff.; *Grübler* Die Vollstreckung ausländischer Civilurteile in der Schweiz, 1906; *Hauser* Zur Vollstreckbarerklärung ausländischer Leistungsurteile, in: FS Keller, 1989, 589 ff.; *Kren* Anerkennbare und vollstreckbare Titel nach IPR-Gesetz und Lugano-Übereinkommen, in: FS Vogel, 1991, 419 ff.; *Leresche* L'exécution des jugements civils étrangers en Suisse et des jugements civils suisses dans quelques états étrangers, 1927; *Müller* Anerkennung und Vollstreckung ausländischer Entscheidungen im Bereich des Schuldrechts, Diss. St. Gallen 1994; *Petitpierre* La reconnaissance et l'exécution des jugements civils étrangers en Suisse, Diss. Neuenburg 1924; *Piantino* Recognition and Enforcement of Money Judgments Between the United Stes and Switzerland, 17 New York Law School Journal of International and Comparative Law 1997, 91 ff.; *ders.* Switzerland's Treatment of U.S. Money Judgments, 46 American Journal of Comparative Law 1998, 181 ff.; *Probst* Die Vollstreckung ausländischer Zivilurteile in der Schweiz nach den geltenden Staatsverträgen, Diss. Bern 1936; *Schwander* Probleme der grenzüberschreitenden Vollstreckung von Entscheidungen: Begriff der Zivil- und Handelssachen, Vollstreckung aus öffentlichen Urkunden und Nicht-Geldurteilen sowie Aspekte der Vertragsgestaltung, in: Spühler (Herausg.), Internationales Zivilprozess- und Verfahrensrecht, 2003, S. 93 ff.; *Stojan* Die Anerkennung und Vollstreckung ausländischer Zivilurteile in Handelssachen unter Berücksichtigung des IPR-Gesetzes, 1986; *Walder* Grundfragen der Anerkennung und Vollstreckung ausländischer Urteile aus schweizerischer Sicht, ZZP 103 (1990) 322 ff.; *Walther* Die Anerkennung und Vollstreckung gerichtlicher Entscheidungen außerhalb des Geltungsbereichs der Brüsseler und Luganer Übereinkommens in der Schweiz, in: Walter/Baumgartner (Herausg.), Anerkennung und Vollstreckung ausländischer Entscheidungen außerhalb der Übereinkommen von Brüssel und Lugano, 2000, S. 541 ff.

Senegal: *Schütze* Die Anerkennung und Vollstreckbarerklärung ausländischer Zivilurteile in Senegal, RIW 1985, 777 ff.

Singapur: *Martin* Reciprocal Enforcement of Judgments and Service of Process in Singapore, (1981) 1. M.L.J. xlii; *Schütze* Anerkennung und Vollstreckbarerklärung ausländischer Zivilurteile in Singapur und Hongkong, RIW 1982, 722 ff.;

Slowakei: *Kucera* Tschechische und Slowakische Föderative Republik – Internationale Zuständigkeit und die Anerkennung und Vollstreckung ausländischer Gerichtsurteile, in: Jayme (Hrsg.) Ein internationales Zivilverfahrensrecht für Gesamteuropa, 1992, 53 ff.

Spanien: *Alsina Naudi* Die Umsetzung des EuGVÜ in Spanien, Diss Tübingen, 2003; *Alvarez* La sentenza extranjera ante el cambio de circunstancias (con especial referencia a la condena de prestación de alimentos), Rev.esp.der.int. 2003, 641 ff.; *Bomhard* Die Vollstreckung deutscher Versäumnisurteile in Spanien, RIW 1986, 960 ff.; *Calvo Caravaca* a sentencia extranjera y la competencia del juez de origin, 1986; *Garau Sobrino* Los efectos de las resoluciones extranjeras en España, 1992; *Karl* Die Anerkennung von Entscheidungen in Spanien, 1993; *Ramos Mendez* Vollstreckung ausländischer Titel in Spanien, RIW 1984, 99 ff.; *de Miguel y Alonso* El reconocimiento de sentencias extranjeras en derecho procesal Español, FS Fragistas, 1966 ff., Bd. III, S. 165 ff.; *Pérez Beviá* Reconnaiissance et exécution des décisions étrangères en marge de l'application des conventions de Bruxelles et Lugano: Rapport sur le Droit Espagnol, in: Walter/Baumgartner (Herausg.), Anerkennung und Vollstreckung ausländischer Entscheidungen außerhalb der Übereinkommen von Brüssel und Lugano, 2000, S. 499 ff.; *Ramos Mendez* Vollstreckung ausländischer Titel in Spanien, RIW 1984, 99 ff.; *ders.* Ejecución en España de una sentencia inglesa dictada en rebeldía contra un demandado español, FS Geimer, 2002, S. 873 ff.; *Remiro Brotons* Ejecución de sentencias extranjeras en España, 1974; *Werth* Vollstreckung deutscher Urteile in Spanien, RIW/AWD 1975, 328 ff.

Südafrika: *Doser* Gegenseitigkeit und Anerkennung ausländischer Entscheidungen (§ 328 Abs. 1 Nr. 5 ZPO). Dargestellt am Beispiel Südafrika, Diss. Heidelberg 1998; *Leon* Roma non locuta est – The Recognition and Execution of Foreign Judgments in South Africa, CILSA 16 (1983, 325 ff.; *Schütze* Zur Verbürgung der Gegenseitigkeit im Verhältnis zu Südafrika, IPRax 2010, 428 ff.; *Silberberg* The Recognition and Enforcement of Foreign Judgments in South Africa, 1977.

Sudan: *Schütze* Die Anerkennung und Vollstreckbarerklärung ausländischer Zivilurteile im Sudan, RIW 1991, 818 ff.

Syrien: *Börner* Anerkennung und Vollstreckung ausländischer zivilrechtlicher Titel in Syrien mit Hinweis auf das Recht anderer arabischer Staaten, Diss. München 1994; *Kaiser* Anerkennung und Vollstreckung von Urteilen im deutsch-syrischen Rechtsverkehr, RIW 1985, 206 ff.

Tschechien: *Becker* Anerkennung deutscher Urteile in der tschechischen Republik, FS Hay, 2005, S. 13 ff.; *Giese/Fritzsch* Zur Vollstreckbarkeit deutscher Urteile in der Tschechischen Republik, WiRO 2002, 206 ff.; *Kalensky* Recognition and Enforcement of Foreign Decisions in the Czech Republic, in: Seiffert (Hrsg.) Anerkennung und Vollstreckung ausländischer Entscheidungen in Osteuropa, 1994, 89 ff.; *Krusche* Anerkennung und Vollstreckung deutscher Urteile in Polen, Tschechien und Ungarn, WiRO 1999, 173 ff.; *Kucera* Tschechische und Slowakische Föderative Republik – Internationale Zuständigkeit und die Anerkennung und Vollstreckung ausländischer Gerichtsurteile, in: Jayme (Hrsg.) Ein internationales Zivilverfahrensrecht für Gesamteuropa, 1992, 53 ff.; *Skrdlik* Anerkennung und Vollstreckung deutscher Entscheidungen in Tschechien, 2000; *Steiner* Recognition and Enforcement of froreign court judgments in civil matters in czechoslowakia, FS Areopag Bd. VI, 2007, S. 425 ff. (Stand 1987)

Türkei: *Kiliç* Anerkennung und Vollstreckung ausländischer Scheidungsurteile durch türkische Gerichte, IPRax 1994, 477 ff., *Krüger* Das türkische IPR-Gesetz von 1982, IPRax 1982, 252 ff.; *Krüger/Nomer-Ertan* neues internationales Privatrecht in der Türkei, IPRax 2008, 281 ff.*Nomer* Anerkennung und Vollstreckung ausländischer Entscheidungen in der Türkei, FS Kitagawa, 1992, S. 771 ff.; *Özbakan* La reconnaissance et l'exécution des jugements étrangers en Turquie, SchweizJZ 1983, 353 ff.; *Sargin* A Critical Analysis of the Requirements of Recognition and Enforcement of Foreign Judgments under Turkish Law, IPRax 2008, 354 ff.; *Tekinalp* Über die gerichtliche Zuständigkeit und die Vollstreckung ausländischer gerichtlicher Entscheidungen in Zivil- und Handelssachen in der Türkei, in: Jayme (Hrsg.) Ein internationales Zivilverfahrensrecht für Gesamteuropa, 1992, 143 ff.

Ukraine: *Pobirtschenko* Anerkennung und Vollstreckung ausländischer gerichtlicher und schiedsgerichtlicher Entscheidungen in der Ukraine, in: Seiffert (Hrsg.) Anerkennung und Vollstreckung ausländischer Entscheidungen in Osteuropa, 1994, 45 ff.

Ungarn: *Kengyel* Die Anerkennung und Vollstreckbarerklärung von gerichtlichen Entscheidungen außerhalb des Geltungsbereichs des Brüsseler und Lugano-Übereinkommens, in: Walter/Baumgartner (Herausg.), Anerkennung und Vollstreckung ausländischer Entscheidungen von Brüssel und Lugano, 2000, S. 323 ff.; *Krusche* Anerkennung und Vollstreckung deutscher Urteile in Polen, Tschechien und Ungarn, WiRO 1999, 173 ff., *Schütze* Die Anerkennung und Vollstreckbarerklärung ausländischer Zivilurteile in Ungarn, RIW 1993, 416 ff. mwN.; *Szecsenyi* Zur Anerkennung und Vollstreckung österreichischer Urteile in Ungarn, ZfRV 2000, 105 ff.

USA: *Bishop/Burnette* United States Practice Concerning the Recognition of Foreign Judgments, 16 Int'l Law 425 (1982); *Brenscheidt* Anerkennung und Vollstreckung ausländischer Geldurteile in den USA, RIW/AWD 1976, 554 ff.; *Deutsch* Die Anerkennung ausländischer Urteile in den Staaten der USA, ZZP 71 (1958), 321 ff.; *Ginsburg* Recognition and Enforcement of Foreign Judgments. A Summary View of the Situation in the United States, 4 Int'l Law 720 (1970); *Ebke/Parker* Foreign Country Money-Judgments and Arbitral Awards and the Restatement (Third) of the Foreign Relations Law of the United States: A Conventionel Approach, Int.Lawyer 1990, 21 ff.; *Harder* Vollstreckung deutscher Urteile in den USA, insbesondere in New York, AWD 1963, 36 ff.; *Hay* Fremdwährungsansprüche und -urteile nach dem US-amerikanischen Uniform Act, RIW 1995, 113 ff.; *ders.* On Comity, Reciprocity, and Public Policy in U.S. and German Judgment Recognition Practice, FS Siehr, 2000, S. 237 ff.; *Heidenberger* Vollstreckung deutscher Urteile in den Vereinigten Staaten, NJW 1958, 117 ff.; *Joiner* The Recognition of Foreign Country Money-Judgments by American Courts, AmJCompL 34 (1986), 193 ff. *Kessedjian* La reconnaissance et l'exécution des jugements en droit international privé aux Etats Unis, 1987; *Kohl/Reus* Anerkennung und Durchsetzung deutscher Zahlungstitel in Florida, RIW 2000, 773 ff.; *Koshiyama* Rechtskraftwirkungen und Urteilsanerkennung nach amerikanischem, deutschem und japanischem Recht, 1996; *Kulzer* Some Aspects on Enforceability of Foreign Judgments: A Comparative Summary, 16 BuffLRev 84 (1966); *Lehnhoff* Die Anerkennung und Vollstreckung ausländischer Urteile in den USA – Ein allgemeiner Teil, RabelsZ 5 (1931) 905 ff.; *Müller* Anerkennung und Vollstreckung schweizerischer Zivilurteile in den USA, 1994; *Mueller* Die Anerkennung von Urteilen, Beschlüssen und Anordnungen ausländischer Gerichte und von ausländischen Schiedssprüchen im Recht der Vereinigten Staaten von Amerika, RabelsZ 5 (1931), 905 ff.; *Perret* La reconnaissance et l'exécution des jugements étrangers aux Etats Unis, 1951; *Peterson* Die Anerkennung ausländischer Entscheidungen im amerikanischen Recht, 1964; *ders.* Die Anerkennung und Vollstreckung ausländischer Urteile in den Vereinigten Staaten, RabelsZ 33 (1969) 543 ff.; *Rassmann* Anerkennung und Vollstreckung ausländischer Titel in den USA, RIW 1996, 817 ff.; *Schütze* Deutsch-amerikanische Urteilsanerkennung, 1992; *Weinschenk* Die Anerkennung und Vollstreckung bundesdeutscher Urteile in den Vereinigten Staaten, 1988; *Yntema* Thew Enforcement of Foreign Judgments in Anglo-American Law, 33 MichLRev 1129 (1935).

Vereinigte Arabische Emirate: *Krüger* Grundzüge des internationalen Zivilverfahrensrechts der Vereinigten Arabischen Emirate, RIW 1993, 384 ff.; *ders.* Anerkennung ausländischer Titel in den VAE, IPRax 2005, 472; *ders.* Zur Anerkennung ausländischer Urteile in den arabischen Golfstaaten, GS Konuralp, 2009, 631 ff. (633 ff.); *Meyer-Reumann* Vollstreckbarkeit ausländischer Urteile, Schiedssprüche, Urkunden und Vergleiche in den Vereinigten Arabischen Emiraten, RIW 1994, 780 f.

Vereinigtes Königreich: *Alexandre* De l'exécution des jugements étrangers en Angleterre, Journal Clunet 5 (1878) 22 ff., 6 (1879) 134 ff., 516 ff.; *Arndt* Englische Gesetzgebung 1933 – Anerkennung und Vollstreckung ausländischer Urteile, RabelsZ 9 (1935) 442 ff.; *Borm-Reid* The Recognition and Enforcement of Foreign Judgments in England, IntCompLQ 3 (1954) 49 ff.; *Collier* Recognition and Enforcement of Foreign Judgments:England, in: Walter/Baumgartner (Herausg.), Anerkennung und Vollstreckung ausländischer Urteile außerhalb der Übereinkommen von Brüssel und Lugano, 2000, S. 131 ff.; *Dubach* Die Vollstreckung ausländischer Urteile in Großbritannien, SJZ 1933/34, 356 ff. = NiemeyersZ 51 (1935) 299 ff.; *Graupner* Some recent aspects of recognition and enforcement of Foreign Judgments in Western Europe, IntCompLQ 12 (1963) 367 ff.; *Jacob* International Private Litigation, 1988, 65 ff.; *James* Enforcing American and Other Foreign Judgments in England, Comp.L.Yb., 1991, S. 93 ff.; *Lachs* Die Vollstreckung ausländischer Urteile in England und die Grenzen der Jurisdiktion der englischen Gerichte, JW 1929, 3452 ff.; *Magnus* Fragen der Anerkennung und Vollstreckung ausländischer Urteile in England, RIW/AWD 1975, 465 ff.; *Patchett* Recognition of Commercial Judgments and Awards in the Commonwealth, 1984; *Read* Recognition and Enforcement of Foreign Judgments, 1938; *Sikora* Die Anerkennung und Vollstreckung US-amerikanischer Urteile in England, 1998; *Sonderkötter* Zur Anerkennung deutscher Urteile in Großbritannien, RIW/AWD 1975, 370 ff.; *Weiss* Deutsche Urteile in England, JW 1925, 1231 ff.

Übersicht

	Rdn.		Rdn.
I. Verhältnis der Verfahrensarten ...	1	5. Vollstreckbarerklärung in mehreren Staaten	13
1. Vollstreckungsklage und Leistungsklage	1	**II. Zuständigkeit**	15
a) Kein Wahlrecht des Urteilsgläubigers	1	1. Internationale Zuständigkeit	15
b) Verbindung von Vollstreckungs- und Leistungsklage ...	5	2. Sachliche Zuständigkeit	17
2. Vollstreckungsklage und Klage auf Feststellung der Anerkennung	7	a) Zuständigkeitsabgrenzung	18
3. Vollstreckungsklage und Vollstreckbarerklärung nach europäischem Recht	8	b) Zuständigkeit in Familiensachen	19
		c) Zuständigkeit in Arbeitssachen	22
4. Vollstreckungsklage und Vollstreckbarerklärung nach Staatsvertrag	9	d) Zuständigkeit der Kammer für Handelssachen	23
a) EuGVÜ	10	e) Besondere Zuständigkeit nach AUG	24
b) LugÜ	11	3. Örtliche Zuständigkeit	25
c) Andere Staatsverträge	12	**III. Das Verfahren im Einzelnen**	29
		1. Einleitung des Verfahrens durch Klage	29

Rdn.

a) Parteien 30
b) Gerichtsbarkeit 33
c) Partei- und Prozessfähigkeit ... 35
d) Parteienmehrheit 36
e) Klageart 37
2. Streitgegenstand 38
3. Rechtshängigkeit 39
IV. Durchführung des Verfahrens 40
1. Ordentlicher Prozess 40
2. Widerklage 42
3. Verzicht 45
4. Geltendmachung von Einwendungen gegen den Anspruch 47
5. Verbot der révision au fond 48
6. Prozesskostensicherheit 49

V. Entscheidung 50
1. Vollstreckungsurteil 50
2. Versäumnisurteil 57
3. Anerkenntnisurteil 58
4. Vergleich 59

VI. Vollstreckung von Akten auf
dem Gebiet der Freiwilligen
Gerichtsbarkeit 60

VII. Vollstreckung von insolvenzrechtlichen Entscheidungen 67
1. Wirkungen ausländischer Insolvenzverfahren 67
2. Verfahren der Vollstreckbarerklärung.................... 68
3. Staatsvertragliche Regelungen ... 71

VIII. Vollstreckung von Nichtgeld-
leistungsurteilen 72

IX. Vollstreckbarerklärung von
Unterhaltstiteln 75
Anh. I. Vollstreckbarerklärung nach
europäischem Recht 81
1. VO (EG) Nr. 44/2001 (EuGVVO) ... 81
2. VO (EG) Nr. 2201/2003 (VO
Brüssel IIa) 93
3. VO (EG) Nr. 805/2004 (EuVTVO) .. 95
Anh. II. Vollstreckbarerklärung auf
staatsvertraglicher Grundlage 98
1. EuGVÜ/LugÜ I und II 98
2. Multilaterale Staatsverträge
über Spezialmaterien 101
a) Haager Zivilprozessübereinkommen 1954 101
b) Revidierte Rheinschifffahrtsakte v. 17.10.1868 105
c) Moselschifffahrtsabkommen
v. 27.10.1956 107

d) COTIF 109
e) Übereinkommen über den
Beförderungsvertrag im internationalen Straßengüterverkehr 110
f) Haager Unterhaltsvollstreckungsübereinkommen 1958 .. 112
g) Haager Unterhaltsvollstreckungsübereinkommen 1973 .. 115
h) Übereinkommen über die zivilrechtliche Haftung gegenüber Dritten auf dem Gebiet
der Kernenergie 117
i) Internationales Übereinkommen über die zivilrechtliche
Haftung für Ölverschmut-
zungsschäden 119
3. Bilaterale Staatsverträge 121
a) Deutsch-schweizerisches An-
erkennungs- und Vollstre-
ckungsabkommen 122
b) Deutsch-italienisches Aner-
kennungs- und Vollstre-
ckungsabkommen 124
c) Deutsch-belgisches Anerken-
nungs- und Vollstreckungsabkommen 126
d) Deutsch-österreichischer An-
erkennungs- und Vollstre-
ckungsvertrag 128
e) Deutsch-britisches Anerken-
nungs- und Vollstreckungsabkommen 130
f) Deutsch-griechischer Aner-
kennungs- und Vollstre-
ckungsvertrag 133
g) Deutsch-niederländischer
Anerkennungs- und Vollstreckungsvertrag 136
h) Deutsch-tunesischer Rechts-
hilfe-, Anerkennungs- und
Vollstreckungsvertrag 140
i) Deutsch-norwegischer Aner-
kennungs- und Vollstre-
ckungsvertrag 142
j) Deutsch-israelischer Aner-
kennungs- und Vollstre-
ckungsvertrag 145
k) Deutsch-spanischer Aner-
kennungs- und Vollstre-
ckungsvertrag 147

I.   Verhältnis der Verfahrensarten

1.   Vollstreckungsklage und Leistungsklage

1 **a) Kein Wahlrecht des Urteilsgläubigers.** Der Urteilsgläubiger kann ein Interesse haben, nicht die Vollstreckbarerklärung des ausländischen Titels zu betreiben, sondern den zu Grunde liegenden Anspruch erneut im Inland geltend zu machen. Das gilt insb. dann, wenn ein neues Verfahren schneller – und gegebenenfalls auch billiger – ist, etwa bei Wechsel- und Scheckansprüchen. Der Urteilsgläubiger kann auch ein Interesse an der erneuten Geltendmachung des ursprünglichen Anspruchs im Inland haben, wenn das Vorliegen der Erfordernisse der Vollstreckbarerklärung zweifelhaft ist, insb. bei Unklarheit über die Verbürgung der Gegenseitigkeit[1]. Die Rechtsprechung[2] und ein Teil der Lehre geben dem Urteilsgläubiger deshalb ein Wahlrecht zwischen der Erhebung der Klage auf Vollstreckbarerklärung und der Geltendmachung des zugrunde liegenden Anspruchs durch erneute Leistungsklage[3], vorausgesetzt, daß – soweit das ausländische Urteil anzuerkennen ist – eine inhaltlich gleiche Entscheidung ergeht.

2 Eine vermittelnde Meinung differenziert nach dem Rechtsschutzbedürfnis im konkreten Fall[4]. Bei grundsätzlicher Unzulässigkeit der erneuten Klage aus dem ursprünglichen Rechtsverhältnis bejahen diese Autoren ausnahmsweise ein Rechtsschutzbedürfnis, wenn die Anerkennung zweifelhaft ist[5].

3 Ein unbeschränktes Wahlrecht zwischen Leistungsklage und Klage auf Vollstreckbarerklärung ist mit der heute herrschenden Rechtskraftlehre jedoch nicht zu vereinbaren[6]. Nach § 328 ZPO wird die Rechtskraft einer ausländischen Entscheidung ohne formellen Anerkennungsakt in dem Zeitpunkt auf das Inland erstreckt, in dem die Anerkennungserfordernisse gegeben sind und eine Inlandsbeziehung vorliegt[7]. Die Inlandsbeziehung ist jedenfalls immer dann gegeben, wenn eine Klage auf Vollstreckbarerklärung erhoben werden kann[8].

4 Die Rechtslage bei anerkanntem ausländischen Urteil unterscheidet sich nicht von der bei einem inländischen Urteil über denselben Streitgegenstand. Von Ausnahmefällen abgesehen (Verlust des Titels pp.) ist die erneute Leistungsklage unzulässig[9].

---

1 Vgl. dazu *Schütze* Zur Vollstreckung ausländischer Zivilurteile bei Zweifeln an der Verbürgung der Gegenseitigkeit, DB 1977, 2129 ff.; *ders.* Doppelte Rechtsverfolgung im In- und Ausland, DB 1967, 497 ff.; *Geimer/Schütze* Internationale Urteilsanerkennung, Bd. I/2, 1984, 1732.
2 Vgl. BGH NJW 1964, 1626; 1979, 2477; BGH RIW 1987, 312; OLG Düsseldorf FamRZ 1989, 98 m. Anm. *Henrich*; OLG Hamm DAVorm. 1983, 1971; FamRZ 1991, 718; OLG Karlsruhe FamRZ 1991, 600; OLG Nürnberg IPRax 1984, 162.
3 Vgl. *Baumann* Leistungs- und Abänderungsklage bei früherem Auslandsurteil, IPRax 1990, 28 ff.; Baumbach/Lauterbach/*Hartmann* § 722 Rdn. 5; *Luther* Vollstreckung von Kostentiteln aus österreichischen Eheprozessen in Deutschland, FamRZ 1975, 529 f. (unter unrichtiger Berufung auf *Schütze* DB 1967, 497); *Martiny* Handbuch, Rdn. 1614; *Siehr* Entführung iranischer Kinder nach Deutschland und ihre Rückführung in den Iran, IPRax 1989, 373 f. (Fn. 3).
4 Vgl. *Geimer* Zur Prüfung der Gerichtsbarkeit

und der internationalen Zuständigkeit bei der Anerkennung ausländischer Urteile, 1966, 37, Fn. 70; *ders.* IZPR Rdn. 3167; Stein/Jonas/*Münzberg* § 722 Rdn. 6; Zöller/*Geimer* § 722 Rdn. 96.
5 Vgl. *Thomas/Putzo* §§ 722/723 Rdn. 6.
6 Kritisch auch *Baur/Stürner/Bruns* Zwangsvollstreckungsrecht, 13. Aufl., 2006, § 57.3; .
7 Vgl. *Schütze* Der Zeitpunkt der Anerkennung ausländischer Zivilurteile, NJW 1966, 1598 ff.; jedoch auch *Eberlein* Zu welchem Zeitpunkt müssen die Voraussetzungen für die Anerkennung ausländischer Urteile in Deutschland nach § 328 Ziff. 1, 4 und 5 ZPO und der entspr. Best. in den Staatsverträgen gegeben sein?, Diss. Erlangen 1952.; im übrigen § 328, Rdn. 69 ff.
8 Vgl. *Geimer/Schütze* Internationale Urteilsanerkennung, Bd. I/2, 1733; *Schütze* DB 1977, 2129.
9 Vgl. *Habscheid* Zur materiellen Rechtskraft des Urteils gegen den siegreichen Kläger im internationalen Prozeßrecht, ZZP 75 (1962) 164 ff.; *Kallmann* Anerkennung und Vollstreckung ausländischer Zivilurteile und gerichtlicher Vergleiche,

b) Verbindung von Vollstreckungs- und Leistungsklage. Der Urteilsgläubiger kann **5** das Risiko des erfolglosen Vollstreckbarerklärungsverfahrens wegen des Fehlens von Erfordernissen der Vollstreckbarerklärung – etwa der verbürgten Gegenseitigkeit – durch eine Verbindung von Vollstreckungs- und Leistungsklage ausschließen[10]. Zulässig ist die eventuelle Klagehäufung. Der Urteilsgläubiger macht in erster Linie den Anspruch auf Vollstreckbarerklärung, hilfsweise für den Fall der Nichtvollstreckbarerklärung den Leistungsanspruch geltend[11]. Der Streitgegenstand ist in diesem Fall nicht identisch, einmal ist es der Anspruch auf Vollstreckbarerklärung (vgl. dazu Rdn. 25), zum anderen der ursprüngliche Anspruch. Beide haben aber ein wirtschaftlich gleiches Ziel, so daß die Klagehäufung in jedem Fall zulässig ist, auch wenn man sie im Übrigen beschränken will[12].

Die Erhebung der Eventualleistungsklage macht den Anspruch auflösend bedingt rechts- **6** hängig. Soweit der Anspruch deutschem Recht unterliegt, tritt in diesem Zeitpunkt die Unterbrechung der Verjährung ein[13]. Unterliegt der Anspruch ausländischem Recht, so ist die Verjährung bereits durch die ausländische Klageerhebung unterbrochen worden, und zwar unabhängig davon, ob die ausländische Entscheidung anerkennungsfähig ist oder nicht[14].

2. Vollstreckungsklage und Klage auf Feststellung der Anerkennung

Anders als die Leistungsklage aus dem ursprünglichen Anspruch ist die Klage auf Fest- **7** stellung der Anerkennungsfähigkeit der Entscheidung neben der Klage auf Vollstreckbarerklärung unbeschränkt zulässig[15]. Zu Unrecht verneint *Martiny* auch in diesem Fall das Rechtsschutzinteresse. Einmal decken sich die Erfordernisse der Vollstreckbarerklärung nicht unbedingt mit denen der Anerkennung; zum anderen ist die Vollstreckbarerklärung über die Kosten bei Feststellungs- und Gestaltungsurteilen – und bei diesen Urteilsgattungen kommt nur insoweit eine Vollstreckbarerklärung in Betracht – nicht geeignet, die Anerkennungsfähigkeit der Entscheidung im Ganzen festzustellen[16].

1946, 314, 320 (Leistungsklage nur zulässig, wenn sich die Unzulässigkeit des Vollstreckbarerklärungsverfahrens herausgestellt hat); *Linke* Zum Wert oder Unwert der Vollstreckungsklage (§§ 722, 723 ZPO), FS Schütze, 1999, S. 428 ff. *Schütze* DB 1967, 497 ff.; 1977, 2130; *Geimer/Schütze* Bd. I/1, 1733.
10 Vgl. *Geimer* IZPR Rdn. 3168; *Geimer/Schütze* Internationale Urteilsanerkennung, Bd. I/2, S. 1734; *Linke* FS Schütze, S. 427 ff. (436), *Martiny* Handbuch, Rdn. 1627; *Schütze* DB 1977, 2129 ff., 2130; Zöller/*Geimer* § 722 Rdn. 75.
11 Vgl. für ein Muster *Schütze* Internationales Zivilprozeßrecht in:Mes (Hrsg.) Beck'sches Prozeßformularbuch, 11. Aufl., 2010, I.T.5, S. 465 f.
12 So *Kion* Eventualverhältnisse im Zivilprozeß, 1971, 61 ff.; *Mehrle* Zur eventualen Klagehäufung, ZZP 85 (1970) 436 ff.

13 Vgl. *Schütze* DIZPR, Rdn. 412 ff.
14 Vgl. *Kallmann* Unterbrechung der Verjährung durch ausländische Klageerhebung und Urteilsverjährung bei ausländischen Entscheiden, SJZ 1945, 193 ff.; *Katinszky* Unterbrechung der Verjährung durch Klageerhebung vor ausländischen Gerichten, RabelsZ 9 (1935) 855 ff.; *Kudlich* Die privatrechtlichen Nebenwirkungen einer im Ausland erhobenen Klage, Diss. München 1962, 5 ff.
15 Vgl. Stein/Jonas/*Münzberg* § 722 Rdn. 7; Zöller/*Geimer* § 722 Rdn. 99; **aA** *Martiny* Handbuch des Internationalen Zivilverfahrensrechts Rdn. 1627.
16 Vgl. *Geimer/Schütze* Bd. I/1, 1108; Zöller/*Geimer* § 722 Rdn. 99.

3. Vollstreckungsklage und Vollstreckbarerklärung nach europäischem Recht

8 Das Klauselerteilungsverfahren nach der EuGVVO ist ausschließlich. Der Gläubiger hat kein Wahlrecht, ob er Leistungsklage erheben will oder das Klauselerteilungsverfahren wählt[17]. Die Grundsätze der zum EuGVÜ ergangenen Entscheidung des EuGH in Sachen des Wolf v. Cox gelten auch für die EuGVVO (vgl. Rdn. 10)

4. Vollstreckungsklage und Vollstreckbarerklärung nach Staatsvertrag

9 Bei den Staatsverträgen über die internationale Urteilsanerkennung ist zu differenzieren:

10 a) **EuGVÜ.** Die Regelung des EuGVÜ ist ausschließlich. Konkurrierend ist weder die Leistungsklage aus dem ursprünglichen Rechtsverhältnis[18], noch die Vollstreckbarerklärung nach § 722 oder anderweitigem Vertragsrecht zulässig[19]. Die Erhebung einer Eventualklage aus §§ 722 f. verbunden mit dem Antrag auf Klauselerteilung nach Art. 31 EuGVÜ ist ebenfalls unzulässig[20]. Auch kann ein Antrag auf Klauselerteilung nicht in eine Vollstreckungsklage nach §§ 722 f. umgedeutet werden[21].

11 b) **LugÜ.** Für den Geltungsbereich des LugÜ I gilt dasselbe wie für das EuGVÜ für das LugÜ II dasselbe wie für die EuGVVO.

12 c) **Andere Staatsverträge.** Es gilt das Günstigkeitsprinzip[22]. Der Urteilsgläubiger kann wählen, ob er die Vollstreckbarerklärung nach § 722 oder nach den Staatsverträgen und deren Ausführungsbestimmungen betreiben will[23]. Der Urteilsgläubiger kann aber keine „Rosinen" picken. Er kann nur entweder das Verfahren nach §§ 328, 722 f. wählen oder die Vollstreckbarerklärung bzw. Klauselerteilung nach dem entsprechenden Staatsvertrag betreiben. Eine Kombination beider Rechtsgrundlagen ist nicht möglich.

5. Vollstreckbarerklärung in mehreren Staaten

13 Der Urteilsgläubiger kann das Vollstreckbarerklärungsverfahren in mehreren Staaten gleichzeitig betreiben[24]. Dadurch entfällt das Rechtsschutzinteresse nicht. Der Gläubiger weiss regelmäßig nicht, wo eine Zwngsvollstreckungsmaßnahme zum Ziel führt. Er hat deshalb ein Interesse daran, einen vollstreckbaren Titel möglichst in allen Staaten zu haben, in denen Vollstreckungsmaßnahmen Erfolg versprechen. Eine Grenze bildet der Rechtsmissbrauch, wenn Vollstreckbarerklärungverfahren nur deshalb eingeleitet werden, um den Schuldner „auf Kosten zu treiben". Ein Rechtsschutzinteresse fehlt auch dann,

---

17 Vgl. *Geimer/Schütze* EuZVR, Art. 38 Rdn. 63; *Kropholler* Europäisches Zivilprozessrecht, 8. Aufl., 2005, Art. 38, Rdn. 1.
18 Vgl. EuGH Rs. 42/76 – De Wolf ./. Cox – NJW 1977, 495 m. Anm. *Geimer* NJW 1977, 2023 ff.; LG Münster NJW 1980, 534 m. Anm. *Geimer* NJW 1980, 1234 ff.; *Geimer/Schütze (Linke)* 606.186, 234; *Geimer/Schütze* Internationale Urteilsanerkennung Bd. I/1, 1182; *Geimer/Schütze* EuZVR7, Art. 38 Rdn. 63.
19 Vgl. *Droz* Compétence Judiciaire et Effets des Jugements dans le Marché Commun, 1972, Nr. 427; *Geimer/Schütze (Linke)* 606.234; *Geimer/Schütze* Internationale Urteilsanerkennung, Bd. I/1, 1182 f.; *Weser* Convention communautaire

sur la compétence judiciaire et l'exécution des decisions, 1975, Nr. 334.
20 Vgl. *Geimer/Schütze* EuZVRArt. 38 Rdn. 71.
21 Vgl. BGH NJW 1979, 2477; 1993, 2688 = IPRax 1993, 396 m. Anm. *Rauscher* ebd. 376 ff.
22 Vgl. BGH MDR 1987, 747; *Jellinek* Die zweiseitigen Staatsverträge über Anerkennung ausländischer Zivilurteile, 1. Heft, 1953, 160; im übrigen *Schütze* DIZPR, Rdn. 375.
23 **AA** wohl Stein/Jonas/*Münzberg* § 722 Rdn. 9, die ein Rechtsschutzbedürfnis für die Klage nach § 722 verneinen.
24 Vgl. *Geimer* Anerkennung, S. 178; *ders.* FS Georgiades, S. 489 ff. (509); *Zöller/Geimer* § 722, Rdn. 1b.

wenn die Parteien vereinbart haben, vor einem bestimmten Zeitpunkt die Vollstreckbarerklärung nicht zu betreiben[25].

Die internationale Rechtshängigkeit – wenn man diese mit der h. L. berücksichtigen will – **14** hindert Parallelverfahren in mehreren Staaten nicht, da keine Identität des Streitgegenstandes vorliegt[26]. Streitgegenstand ist die Verleihung der Vollstreckbarkeit in dem betreffenden Staat. Eine action upon the foreign judgment in Singapur beispielsweise hindert deshalb eine Vollstreckbarerklärungsverfahren nach §§ 722 f. niemals.

II. Zuständigkeit

1. Internationale Zuständigkeit

§ 722 Abs. 2 betrifft zunächst nur die örtliche Zuständigkeit, indiziert nach allgemeinen **15** Regeln aber auch die internationale. Wohnsitz des Schuldners und im Inland belegenes Vermögen begründen internationale Zuständigkeit für die Klage auf Vollstreckbarerklärung[27]. Der vom BGH geforderte Inlandsbezug für die Klage im Gerichtsstand des § 23[28] ist regelmäßig unproblematisch[29], da bei mangelndem Wohnsitz des Schuldners im Inland die Klage im Gerichtsstand des § 23 der einzige Weg ist, die Vollstreckung zu ermöglichen und so ein berechtigtes Interesse des Gläubigers an einer inländischen Entscheidung besteht[30].

Hat der Schuldner weder Wohnsitz noch (bekanntes) Vermögen im Inland, so braucht der **16** Gläubiger nicht zuzuwarten bis er einen Vermögensgegenstand ausfindig macht (den der Schuldner dann vielleicht flugs abzieht). Die internationale Zuständigkeit ist allein deshalb zu bejahen, weil die Vollstreckung (künftig) im Inland stattfinden soll[31]. Örtlich zuständig ist dann analog §§ 15 Abs. 1 S. 2, 27 Abs. 2 das Gericht am Sitz der Bundesregierung[32].

2. Sachliche Zuständigkeit

Sachlich zuständig ist das ordentliche Gericht des ersten Rechtszuges, also das Amts- oder **17** Landgericht (§§ 722 Abs. 2). Diese Zuständigkeit ist nach § 802 ausschließlich[33].

---

25 Vgl. *Zöller/Geimer* § 722 Rdn. 1b.
26 Vgl. *Geimer* FS Georgiades, S. 489 ff. (509); für das europäische Recht *Rauscher/Mankowski* Europäisches Zivilprozess- und Kollisionsrecht, Bd. 1, Bearbeitung 2010, 2010, Art. 38 Brüssel I VO, Rdn. 5 ff.
27 Vgl. *Geimer* Anerkennung, 174 f.; *Schack* IZVR. Rdn. 1035; *Zöller/Geimer* § 722 Rdn. 45.
28 Vgl. BGHZ 115, 90.
29 Vgl. LG Heilbronn RIW 1995, 55 mit Anm. *Mankowski* fordert deshalb keinen Inlandsbezug. Ebenso *Zöller/Geimer* § 722, Rdn. 46. „Abwegig wäre, einen hinreichenden Inlandsbezug für die Exequaturklage zu verlangen"; weiter MünchKomm/*Gottwald* § 722, Rdn. 25.
30 Das hält das OLG Stuttgart RIW 1990, 829 für ausreichend; vgl. dazu *Schütze* Zum Vermögensgerichtsstand des § 23, DZWir 1990, 239 ff.
31 Vgl. *Böhmer* IPRax 1991, 91; *Geimer* IZPR, Rdn. 1245; *Geimer/Schütze* Internationale Urteilsanerkennung, Bd. I/1, S. 1143 (für das EuGVÜ); *Zöller/Geimer* § 722 Rdn. 45; **aA** offenbar *Wolff* Handbuch des Internationalen Zivilverfahrensrechts, Bd. III/2, 1984, S. 380.
32 Vgl. *Zöller/Geimer* § 722 Rdn. 46.
33 Vgl. Baumbach/Lauterbach/*Hartmann* § 722 Rdn. 9; *Falkmann/Hubernagel* Die Zwangsvollstreckung in das bewegliche Vermögen, 3. Aufl., § 722 Anm. 8a; *Geimer/Schütze* Internationale Urteilsanerkennung, Bd. I/2, 1735; *Hellwig/Oertmann* System des Deutschen Zivilprozeßrechts, II. Teil, 1919, 186; *Seuffert/Walsmann* ZPO 12. Aufl., § 722 Anm. 2c; *Schütze* Die Anerkennung und Vollstreckung ausländischer Zivilurteile in der Bundesrepublik Deutschland als verfahrensrechtliches Problem, Diss. Bonn, 1960, S. 62 ff.; *ders.* Zur Zuständigkeit im Vollstreckbarerklärungsverfahren nach §§ 722 f., NJW 1983, 154 f.; Stein/Jonas/*Münzberg* § 722 Rdn. 13; *Sydow/Busch* ZPO, 22. Aufl., § 722 Anm. 3; *Thomas/Putzo/Hüßtege* § 723 Rdn. 10; *Zöller/Geimer* § 722 Rdn. 47; **aA** *Francke* Die Entscheidung ausländischer Gerichte über bürgerliche Rechtsstreitigkeiten in ihrer Wirksamkeit nach deutschem Reichsrecht, ZZP 8 (1885) 1 ff. (93 f.); *Nagel/Gottwald* IZPR, § 12, Rdn. 207.

18 **a) Zuständigkeitsabgrenzung.** Die Zuständigkeitsabgrenzung ist nach § 23 Nr. 1 GVG vorzunehmen[34]. Die Rechtsprechung will aber die Familiengerichte aufwerten. Ohne Rücksicht auf den Streitgegenstand des Vollstreckbarerklärungsverfahrens (dazu Rdn. 38) wird deshalb eine abweichende Zuständigkeitsabgrenzung vorgenommen.

19 **b) Zuständigkeit in Familiensachen.** Nachdem der BGH schon 1976 die Vollstreckbarerklärung einer ausländischen Entscheidung auf Kindesherausgabe unter Abweichung von seiner bisherigen Rechtsprechung[35] den Vormundschaftsgerichten zugeordnet hatte[36], kam der wahre Sündenfall mit der Behauptung der Zuständigkeit der Familiengerichte für die Vollstreckbarerklärung von Entscheidungen in Familiensachen[37].

20 Diese Rechtsprechung ist mit der Natur des Streitgegenstandes im Vollstreckbarerklärungsverfahren nicht zu vereinbaren. Streitgegenstand ist nicht der ursprüngliche Anspruch, vielmehr die Vollstreckbarkeit des ausländischen Titels. Über den Anspruch ist endgültig entschieden. Er kann nicht nachgeprüft werden. Hier gilt das Verbot der révision au fond. Nun ist zwar nicht zu verkennen, daß die Sachnähe des Familiengerichts Stuttgart bei der Anpassung eines ausländischen Unterhaltstitels[38] größer sein mag als die des Landgerichts Stuttgart. Aber auch die Sachnähe bei der Entscheidung über Einwendungen gegen eine ausländische seerechtliche Entscheidung ist beim Landgericht Bremen größer als beim Landgericht Stuttgart ohne daß bisher jemand auf die Idee gekommen wäre, das Landgericht Bremen deshalb in einer solchen Sache für zuständig zu halten.

21 Das OLG Köln[39] hat dagegen für die Vollstreckbarerklärung eines französischen Unterhaltstitels das Landgericht – nicht das Familiengericht – für zuständig gehalten. § 110 FamFG bestimmt die ausschließliche Zuständigkeit des Amtsgerichts – Familiengerichts – für Entscheidungen nach § 95 FamFG[40].

22 **c) Zuständigkeit in Arbeitssachen.** Die Einführung der Arbeitsgerichtsbarkeit in Deutschland hat zunächst Streit darüber entstehen lassen, ob eine arbeitsgerichtliche Zuständigkeit für die Vollstreckbarerklärung von arbeitsrechtlichen Titeln besteht[41]. Das ArbGG hat jedoch an der ausdrücklichen Zuweisung von Streitigkeiten auf die ordentlichen Gerichte nichts geändert. Die Vollstreckbarerklärung von ausländischen Entscheidungen ist nicht im Katalog des § 2 ArbGG aufgeführt. Überdies ist Streitgegenstand nicht die ursprüngliche arbeitsrechtliche Streitigkeit, sondern die Vollstreckbarkeit. Sachlich zuständig sind deshalb auch in diesen Fällen die ordentlichen Gerichte[42].

---

34 Vgl. MünchKomm/*Gottwald* § 722, Rdn. 25; *Schütze* Zur Zuständigkeit im Vollstreckbarerklärungsverfahren nach §§ 722 f., NJW 1983, 154 f.; *Thomas/Putz/Hüßtege* §§ 722/7232, Rdn. 10.
35 Vgl. BGH LM ZPO § 722 Nr. 1.
36 Vgl. BGHZ 67, 255.
37 Vgl. BGHZ 88, 113; BGH FamRZ 1985, 1018; ebenso OLG Hamburg FamRZ 1978, 907; OLG Köln FamRZ 1979, 718; OLG Bamberg FamRZ 1980, 66; OLG Hamm IPRax 1986, 234; LG Tübingen FamRZ 1979, 611; zust. Baumbach/Lauterbach/*Hartmann* § 722 Rdn. 9; MünchKomm/*Gottwald* § 722, Rdn. 12; *Thomas/Putzo/Hüßtege* §§ 722/723 Rdn. 10; Zöller/*Geimer* § 722 Rdn. 47; krit. *Wolff* Urteilsanmerkung, RIW 1986, 728 ff.; *ders.* Handbuch des Internationalen Zivilverfahrensrechts, Bd. III/2, 381; **aA** *Geimer/Schütze* Internationale

Urteilsanerkennung, Bd. I/2, 1736; *Schütze* NJW 1983, 154 f.;.
38 Vgl. dazu BGH RIW 1986, 554.
39 Vgl. OLG Köln NJW-RR 1995, 1220.
40 Vgl. auch OLG München OLGR 2009, 116.
41 So *Schnorr von Carolsfeld* Arbeitsrecht, 2. Aufl., S. 485 f.
42 Vgl. BGHZ 42, 194; *Falkmann/Hubernagel* § 722 Anm. 8a; *Geimer* IZPR, Rdn. 3131; *Geimer/Schütze* Internationale Urteilsanerkennung, Bd. I/2, 1736 f.; MünchKomm/*Gottwald* § 722 Rdn. 22; *Riezler* IZPR, S. 564; *Schütze* Die Anerkennung und Vollstreckung ausländischer Zivilurteile in der Bundesrepublik Deutschland als verfahrensrechtliches Problem, Diss. Bonn 1960, S. 62; *ders.* NJW 1983, 154 f.; Stein/Jonas/*Münzberg* § 722 Rdn. 12; unentschieden *Schack* IZVR, Rdn. 1035; Zöller/*Geimer* § 722, Rdn. 51.

d) Zuständigkeit der Kammer für Handelssachen. Die Vollstreckbarerklärung eines **23** ausländischen Titels ist nie eine Handelssache. Deshalb scheidet eine Zuständigkeit der Kammer für Handelssachen aus[43].

e) Besondere Zuständigkeit nach AUG. Für ausländische Unterhaltstitel im Bereich des **24** AUG besteht nach § 10 Abs. 3 AUG eine ausschließliche sachliche Zuständigkeit des Amtsgerichts. Eine Zuständigkeit des Familiengerichts besteht für Entscheidungen, bei denen der ursprüngliche Anspruch eine Familiensache nach dem FamFG ist.

3. Örtliche Zuständigkeit

Örtlich zuständig ist das Gericht, bei dem der Schuldner der Entscheidung seinen all- **25** gemeinen Gerichtsstand (§§ 13–19) hat. Fehlt ein solcher Gerichtsstand im Inland, so ist der Gerichtsstand des Vermögens (§ 23) gegeben. Die Restriktionen, denen die Rechtsprechung den Gerichtsstand des Vermögens unterwirft[44], gelten jedenfalls für die Vollstreckbarerklärung bei Fehlen eines allgemeinen Gerichtsstandes des Urteilsschuldners nicht. § 23 begründet immer ein forum conveniens[45].

Hat der Schuldner weder einen allgemeinen Gerichtsstand noch (bekanntes) Vermögen im **26** Inland, so besteht eine örtliche Zuständigkeit am Sitz der Bundesregierung (vgl. oben Rdn. 16).

Die örtliche Zuständigkeit ist ausschließlich (§ 802)[46]. **27**

Haben mehrere Urteilsschuldner keinen gemeinsamen Gerichtsstand im Inland, so wendet **28** die hL § 36 Nr. 3 an[47]. Demgegenüber will *Roth*[48] dem Gläubiger ein Wahlrecht für die Erhebung der Klage auf Vollstreckbarerklärung gegen alle Urteilsschuldner an einem Gerichtsstand für einen nach § 722 Abs. 2 geben. Er meint, dem Schuldnerschutz sei durch § 328 Abs. 1 Nr. 1 bereits Genüge getan. Aber bei dem Verfahren nach § 722 f. handelt es sich auch um ein Erkenntnisverfahren, so dass kein Grund einzusehen ist, von der Regel des § 36 Nr. 3 abzuweichen[49].

---

43 Vgl. *Förster/Kann* § 722 Anm. 5b; *Francke* ZZP 8 (1885) 1 ff., 94 f.; *Geimer/Schütze* Internationale Urteilsanerkennung, Bd. I/2, 1737; *Riezler* IZPR, S. 564; Stein/Jonas/*Münzberg* § 722 Rdn. 12; Sydow/Busch § 722 Anm. 3; *Thomas/Putzo/Hüßtege* §§ 722/723, Rdn. 10; Zöller/*Geimer* § 722, Rdn. 47.
44 Vgl. dazu *Schütze* Das Vermögen als Anknüpfungspunkt für die internationale Zuständigkeit, FS Ishikawa, 2001, S. 493 ff.
45 Vgl. LG Heilbronn RIW 1995, 55; *Geimer* IZPR Rdn. 3129; *Mankowski* Urteilsanmerkung, RIW 1995, 56 ff.; *Nagel/Gottwald* IZPR, § 12, Rdn. 207.
46 Vgl. Baumbach/Lauterbach/*Albers/Hartmann* § 722 Rdn. 8; *Falkmann/Hubernagel* § 722 Anm. 8a; *Geimer/Schütze* Internationale Urteilsanerkennung, Bd. I/2, 1737; MünchKomm/*Gottwald* § 722 Rdn. 18; *Riezler* IZPR 564; *Schack* IZVR, Rdn. 1035; *Schütze* Die Anerkennung und Vollstreckung ausländischer Zivilurteile in der Bundesrepublik

Deutschland als verfahrensrechtliches Problem, Diss. Bonn 1960, S. 64; *ders.* NJW 1983, 154 f.; *Schuschke* Vollstreckung und Vorläufiger Rechtsschutz, § 722 Rdn. 3; *Seuffert/Walsmann* § 722 Anm. 2c; Stein/Jonas/*Münzberg* § 722 Rdn. 13; Sydow/Busch § 722 Anm. 3; *Thomas/Putz/Hüßtegeo* §§ 722/723 Rdn. 10; Zöller/*Geimer* § 722 Rdn. 49; aA *Nagel/Gottwald* IZPO, § 12, Rdn. 207.
47 Vgl. BayObLG RIW 1988, 995; OLG München-Augsburg NJW 1975, 1086; *Geimer/Schütze* Internationale Urteilsanerkennung, Bd. I/2, 1740; MünchKomm/*Gottwald* § 722 Rdn. 18; *Schack* IZVR, Rdn. 1036 Stein/Jonas/*Münzberg* § 722 Rdn. 13; Zöller/*Geimer* § 722 Rdn. 32.
48 Vgl. *Roth* Gerichtsstand kraft Sachzusammenhangs in den Vollstreckbarerklärungsverfahren des europäischen Zivilprozeßrechts, RIW 1987, 814 ff., 817.
49 Vgl. *Schack* IZVR, Rdn. 1036.

III. Das Verfahren im Einzelnen

1. Einleitung des Verfahrens durch Klage

29 Das Vollstreckbarerklärungsverfahren wird durch Klage eingeleitet. Diese muß die Erfordernisse des § 253 erfüllen.

30 **a) Parteien.** Aktiv legitimiert ist der Urteilsgläubiger, passiv legitimiert der Urteilsschuldner. Für die Rechtsnachfolge gilt Entsprechendes wie für die Zulässigkeit von Einwendungen. Eine Rechtsnachfolge auf Kläger- oder Beklagtenseite vor Schluss der mündlichen Verhandlung im Erstprozess ist nicht zu berücksichtigen. Ihre Berücksichtigung würde eine unzulässige révision au fond bedeuten. Dagegen wird über eine Rechtsnachfolge nach diesem Zeitpunkt im Vollstreckbarerklärungsverfahren entschieden[50].

31 Tritt die Rechtsnachfolge nach Schluss der mündlichen Verhandlung im Vollstreckbarerklärungsverfahren ein, so kommen §§ 727, 730 zur Anwendung[51]. Die Rechtsnachfolge ist nach erststaatlichem Recht zu beurteilen, soweit sie vor Schluss der mündlichen Verhandlung im Vollstreckbarerklärungsverfahren eintritt. Dasselbe gilt für eine Erstreckung der Urteilswirkungen auf Dritte, die im Verfahren nach §§ 722 f. zu berücksichtigen ist[52]. Wird die Rechtsnachfolge durch ausländisches Urteil festgestellt, so ist sie nur zu beachten, wenn die ausländische Entscheidung anerkennungsfähig ist. Die Anerkennung erfolgt inzident im Vollstreckbarerklärungsverfahren.

32 Ist die Parteibezeichnung im ausländischen Titel ungenau und entspricht sie nicht der Bestimmtheit im deutschen Zwangsvollstreckungsverfahren, so ist eine Konkretisierung zulässig[53].

33 **b) Gerichtsbarkeit.** Die Gerichtsfreiheit ist im Vollstreckbarerklärungsverfahren grundsätzlich zu beachten[54]. Im Erkenntnisverfahren besteht Immunität, aber nur für Ansprüche aus acta iure imperii, nicht für solche aus acta iure gestionis[55]. Da Streitgegenstand im Vollstreckbarerklärungsverfahren nicht der ursprüngliche Anspruch, sondern die Vollstreckbarkeit ist, kann die Immunität im Verfahren nach §§ 722 f. nie praktisch werden. Die Vollstreckbarerklärung ist immer zulässig[56]. Die Immunität kommt dann erst im Zwangsvollstreckungsverfahren zum Tragen, wo eine Vollstreckung in Gegenstände, die hoheitlichen Zwecken dienen, unzulässig ist[57].

34 Hat das Erstgericht unter Überschreitung der Gerichtsbarkeit des Erststaates entschieden, so ist dies Versagungsgrund der Anerkennung (§ 328 Rdn. 16), nicht jedoch eine Frage des Vollstreckbarerklärungsverfahrens.

35 **c) Partei- und Prozeßfähigkeit.** Partei- und Prozeßfähigkeit sind im Verfahren der Vollstreckbarerklärung nach inländischem Prozeßrecht zu beurteilen[58]. Der Verlust der

---

50 Vgl. RGZ 9, 374; RG JW 1908, 686; Baumbach/Lauterbach/*Albers*/*Hartmann* § 722 Rdn. 7; *Geimer*/*Schütze* Internationale Urteilsanerkennung, Bd. I/2, 1738; MünchKomm/*Gottwald* § 722 Rdn. 32; Stein/Jonas/*Münzberg* § 722 Rdn. 14; *Zöller*/*Geimer*§ 722, Rdn. 1d.
51 Vgl. Stein/Jonas/*Münzberg* § 722 Rdn. 14; Zöller/*Geimer* § 722 Rdn. 64.
52 Vgl. MünchKomm/*Gottwald* § 722 Rdn. 32; Stein/Jonas/*Münzberg* § 722 Rdn. 14.
53 Vgl. OLG Hamburg RIW 1994, 424 (zum EuGVÜ); *Geimer* Anerkennung S, 168.
54 Vgl. *Geimer* Anerkennung S, 176; Zöller/*Geimer* § 722 Rdn. 63.

55 Vgl. *Schütze* DIZPR Rdn. 78 ff.
56 Vgl. *Geimer*/*Schütze* Internationale Urteilsanerkennung, Bd. I/2, 1738; aA Zöller/*Geimer* § 722 Rdn. 63: Gegen Beklagte, die von der deutschen Gerichtsbarkeit befreit sind (§§ 18 ff. GVG), darf kein Vollstreckungsurteil ergehen.
57 Vgl. *Schütze* DIZPR, Rdn. 81 ff.
58 Vgl. *Riezler* IZPR, 564, *Förster*/*Kann* § 722 Anm. 5 aa (für die Parteifähigkeit); zur Bestimmung der Partei- und Prozeßfähigkeit vgl. *Schütze* DIZPR, Rdn. 185 ff.

Parteifähigkeit durch Verlust der Rechtsfähigkeit durch ausländisches Urteil ist nach dessen Anerkennung[59] zu berücksichtigen[60]. Deshalb kann nach Auflösung einer offenen Handelsgesellschaft durch ausländisches Urteil aus einem Titel gegen die aufgelöste Gesellschaft weder gegen die Gesellschaft noch gegen die Gesellschafter auf Vollstreckbarerklärung geklagt werden[61].

d) Parteienmehrheit. Ist durch die ausländische Entscheidung eine Parteienmehrheit als **36** Gesamtschuldner verurteilt, so steht es dem Urteilsgläubiger frei, einzelne oder alle Gesamtschuldner nach §§ 722 f. zu verklagen[62]. Haben die Urteilsschuldner ihren Wohnsitz oder Sitz in verschiedenen Gerichtssprengeln, so kommt § 36 Nr. 3 zur Anwendung[63].

e) Klageart. Die Klage ist weder Leistungs-[64] noch Feststellungsklage[65], vielmehr Gestal- **37** tungsklage[66], durch die die Vollstreckbarkeit der ausländischen Entscheidung auf das Inland erstreckt wird.

2. Streitgegenstand

Streitgegenstand ist nicht der ursprüngliche Anspruch[67], sondern die Erstreckung der **38** Vollstreckbarkeit der ausländischen Entscheidung[68]. Denn über den ursprünglichen Anspruch ist bereits durch das erststaatliche Erkenntnis endgültig entschieden worden. Die Rechtskraft des ausländischen Titels ist bei Vorliegen der Erfordernisse des § 328 im Zeit-

---

59 Vgl. dazu *Schütze* Die Anerkennung ausländischer Gestaltungsurteile über die Auflösung von Gesellschaften mit beschränkter Haftung, GmbHRdSch 1967, 6 ff.
60 Vgl. *Geimer/Schütze* Internationale Urteilsanerkennung, Bd. I/2, 1739 f.
61 Vgl. RG JW 1908, 686; *Förster/Kann* § 722 Anm. 5 aa.
62 Vgl. *Geimer* Urteilsanmerkung, NJW 1975, S. 1086 ff. (zum EuGVÜ); *Geimer/Schütze* Internationale Urteilsanerkennung, Bd. I/2, 1740; Stein/ Jonas/*Münzberg* § 722 Rdn. 15.
63 Vgl. oben Rdn. 20.
64 So jedoch *Wieczorek* ZPO, 2. Aufl., § 722 Anm. C II c.
65 So teilw. die ältere Lehre, zB *Kohler* Der Prozeß als Rechtsverhältnis, 1888, 128 f.; *Langheineken* Der Urteilsanspruch, 1899, 172; *Rintelen* Einreden gegen ausländische Urteile, ZZP 9 (1886) 191 ff., 194 f.
66 Vgl. *Förster/Kann* § 722 Anm. 4; *Fischer* Einwendungen, die den Anspruch selbst betreffen und Widerklagen im Verfahren auf Gewährung der Vollstreckbarerklärung, ZZP 43 (1913) 87 ff.; *Geimer/Schütze* Internationale Urteilsanerkennung, Bd. I/2, 1740; MünchKomm/*Gottwald* § 722, Rdn. 2; *Pfeifer* Die prozessualen Gestaltungsklagen, Diss. Hamburg 1962, 77; *Reu* Anwendung fremden Rechts, 1938, 86; *Riezler* IZPR, S 566; *Schack* IZVR, Rdn. 1034; *Schütze* Die Anerkennung und Vollstreckung ausländischer Zivilurteile in der Bundesrepublik Deutschland als verfahrensrechtliches Problem, Diss. Bonn, 1960, S. 56 f.; *Seuffert/Walsmann* ZPO, 12. Aufl., § 722

Anm. 1a; Stein/Jonas/*Münzberg* § 722 Rdn. 3; *Thomas/Putzo/Hüßtege* §§ 722/723 Rdn. 7; *Wolff* Handbuch des Internationalen Zivilverfahrensrechts, Bd. III/2, S. 366; Zöller/*Geimer* § 722 Rdn. 3.
67 So jedoch *Hellwig* Lehrbuch des Deutschen Civilprozeßrechts, Bd. I, 1903, 129; *ders.* Anspruch und Klagrecht, 1924, 1717 ff., der aus der Präklusion der Einwendungen gegen den Urteilsanspruch durch das Vollstreckungsurteil schließt, daß über den ursprünglichen Anspruch selbst entschieden werde. In neuerer Zeit ist die Ansicht – ohne Begründung – von *Schnorr von Carolsfeld* Arbeitsrecht, 2. Aufl., 486 vertreten worden.
68 Vgl. BGH NJW 1993, 1802; Baumbach/Lauterbach/*Hartmann* § 722 Rdn. 2; *Bettermann* Rechtshängigkeit und Rechtsschutzform, 1949, 55; *Falkmann/Hubernagel* Die Zwangsvollstreckung nach dem bürgerlichen Vermögen, 3. Aufl., § 722 Anm. 8a; *Förster/Kann* § 722 Anm. 4; *Francke* Die Entscheidungen ausländischer Gerichte über bürgerliche Rechtsstreitigkeiten in ihrer Wirksamkeit nach deutschem Reichsrecht, ZZP 8 (1885) 1 ff., 102; *Geimer* Anerkennung S. 165; *Geimer/Schütze* Internationale Urteilsanerkennung, Bd. I/2, S. 1740 f.; MünchKomm/*Gottwald* § 722 Rdn. 24; *Nagel/Gottwald* IZPR, § 12, Rdn. 208; *Riezler* IZPR, S. 564 f.; *Schütze* Die Anerkennung und Vollstreckung ausländischer Zivilurteile in der Bundesrepublik Deutschland als verfahrensrechtliches Problem, Diss. Bonn 1960, S. 59 ff.; Stein/Jonas/*Münzberg* § 722 Rdn. 11; *Thomas/Putzo/Hüßtege* §§ 722/723 Rdn. 9; Zöller/*Geimer* § 722 Rdn. 6.

punkt der Herstellung einer Inlandsbeziehung (§ 328, Rdn. 95 ff.) formlos durch die Anerkennung auf das Inland erstreckt worden. Der ursprüngliche Anspruch kann damit nicht mehr Streitgegenstand sein. Sonst wären der Streitgegenstand des erststaatlichen Prozesses und des Vollstreckbarerklärungsverfahrens identisch. Diese Ansicht findet ihre Stütze auch im § 723. Die Entscheidung über den ursprünglichen Anspruch setzt seine Nachprüfung voraus, was dem Verbot der révision au fond widerspricht.

3. Rechtshängigkeit

39 Da der ursprüngliche Anspruch nicht Streitgegenstand des Vollstreckbarerklärungsverfahrens ist, macht die Klage aus §§ 722 f. den ursprünglichen Anspruch nicht rechtshängig[69]. Einer erneuten Geltendmachung des Anspruchs steht deshalb nicht die Einrede der Rechtshängigkeit[70], sondern – nach Anerkennung – die der rechtskräftig entschiedenen Sache entgegen[71].

IV. Durchführung des Verfahrens

1. Ordentlicher Prozess

40 Das Verfahren folgt den Regeln des ordentlichen Prozesses. Besondere Verfahrensarten sind ausgeschlossen. Da Streitgegenstand der Anspruch auf Erstreckung der Vollstreckbarkeit, nicht auf Leistung von Geld oder vertretbaren Sachen ist, ist das **Urkundsverfahren** unzulässig[72]. Dasselbe gilt für das **Mahnverfahren**[73].

41 Auch ist eine Vollstreckbarerklärung durch **einstweilige Verfügung** unzulässig[74]. Möglich ist jedoch die Sicherung des Urteilsanspruchs durch **Arrest**[75].

2. Widerklage

42 Bei der Zulässigkeit der Widerklage ist zu differenzieren:

Zulässig ist die Widerklage[76] auf Feststellung, daß die ausländische Entscheidung, deren Vollstreckbarerklärung begehrt wird, keine Wirkungen im Inland entfaltet. Denn die

---

69 Vgl. BGHZ 72, 29; KG JW 1926, 1591 m. Anm. *Schultz*; Baumbach/Lauterbach/*Hartmann* § 722 Rdn. 10; MünchKomm/*Gottwald* § 722 Rdn. 24; *Riezler* IZPR, S. 564; *Schütze* Anerkennung und Vollstreckung ausländischer Zivilurteile in der Bundesrepublik Deutschland als verfahrensrechtliches Problem, Diss. Bonn, 1960, S. 61; Stein/Jonas/*Münzberg* § 722 Rdn. 18; Zöller/*Geimer* § 722 Rdn. 6., 106.
70 Vgl. RG JW 1903, 178; Stein/Jonas/*Münzberg* § 722 Rdn. 18.
71 Vgl. *Geimer/Schütze* Internationale Urteilsanerkennung, Bd. I/2, 1742.
72 Vgl. Baumbach/Lauterbach/*Hartmann* § 722 Rdn. 10; *Falkmann/Hubernagel* § 722 Anm. 8c; *Förster/Kann* § 722 Anm. 5e; *Francke* Die Entscheidungen ausländischer Gerichte über bürgerliche Rechtsstreitigkeiten in ihrer Wirksamkeit nach Deutschem Reichsrecht, ZZP 8 (1885) 1 ff., 96; *Geimer/Schütze* Internationale Urteilsanerken-

nung, Bd. I/2, 1742; MünchKomm/*Gottwald* § 722 Rdn. 2; *Riezler* IZPR, S. 565; *Seuffert/Walsmann* § 722 Anm. 2a; Stein/Jonas/*Münzberg* § 722 Rdn. 19; *Sydow/Busch* § 722 Anm. 4; Zöller/*Geimer* § 722 Rdn. 71.
73 Vgl. MünchKomm/*Gottwald* § 722 Rdn. 2; Stein/Jonas/*Münzberg* § 722 Rdn. 19; .
74 Vgl. Zöller/*Geimer* § 722 Rdn. 72.
75 Vgl. *Kienle* Arreste im internationalen Rechtsverkehr, Diss. Tübingen 1991, 108 ff.; *Thümmel* Inlandsvermögen – Achillesferse des Arrestgrundes der Auslandsvollstreckung?, in: FS Rothoeft, 1994, 97 ff.; Zöller/*Geimer* § 722 Rdn. 72; (str.) vgl. auch *Spellenberg/Leible* Die Notwendigkeit vorläufigen Rechtsschutzes bei transnationalen Streitigkeiten, in: Gilles (Hrsg.) Transnationales Prozeßrecht, 1995, 293 ff., 300 ff.
76 Vgl. RG JW 1911, 51; *Geimer* IZPR Rdn. 3137; *Förster/Kann* § 722 Anm. 5g; Stein/Jonas/*Münzberg* § 722 Rdn. 21; Zöller/*Geimer* § 722 Rdn. 76.

Erstreckung der über die Vollstreckbarkeit hinausgehenden Urteilswirkungen ist nicht Gegenstand des Exequaturprozesses[77].

Unzulässig ist die Widerklage auf Feststellung der Unzulässigkeit der Vollstreckbarerklä- **43** rung. Denn diese ist bereits Gegenstand des Vollstreckbarerklärungsverfahrens[78]. Es fehlt ein Feststellungsinteresse. Erhebt der Urteilsschuldner zunächst Klage auf Feststellung der Unzulässigkeit der Vollstreckbarerklärung[79] und leitet der Urteilsgläubiger sodann das Vollstreckbarerklärungsverfahren widerklagend ein, so entfällt für die negative Feststellungsklage das Feststellungsinteresse. Es tritt Erledigung der Hauptsache ein[80].

Unzulässig ist auch die Widerklage, die das Nichtbestehen des ursprünglichen Anspruchs **44** zum Gegenstand hat. Denn dieser ist nicht Gegenstand des Vollstreckbarerklärungsverfahrens[81]. Einer solchen Widerklage stünde im Übrigen auch das Verbot der révision au fond entgegen (vgl. §723 Rdn. 24 ff.).

3. Verzicht

Ein Klageverzicht nach §306 ist zulässig[82]. Der Verzicht bezieht sich dabei regelmäßig nur **45** auf den Anspruch des Urteilsgläubigers auf die Vollstreckbarerklärung, nicht jedoch auf die weiteren Urteilswirkungen, die nach der Anerkennung auf das Inland erstreckt sind. Die Verzichtserklärung ist auslegungsfähig und auslegungsbedürftig[83].

Die Rechtskraft des Verzichtsurteils steht einer erneuten Klage nach §§722 f. entgegen[84]. **46**

4. Geltendmachung von Einwendungen gegen den Anspruch

Vgl. dazu §723 Rdn. 30 ff. **47**

5. Verbot der révision au fond

Zur Unzulässigkeit der sachlichen Nachprüfung des ausländischen Urteils im Vollstreck- **48** barerklärungsverfahren vgl. §723 Rdn. 24 ff.

---

77 Vgl. *Geimer/Schütze* Internationale Urteils-anerkennung, Bd. I/2, 1742; **aA** *Wolff* Handbuch des Internationalen Zivilverfahrensrechts, Rdn. 160, S. 386, der die Widerklage nur in Ausnahmefällen (Klage auf Teilexequatur) für zulässig hält.
78 Vgl. *Geimer* IZPR, Rdn. 3137; *Zöller/Geimer* §722, Rdn. 76; a. A. wohl *Nelle* Anspruch, Titel und Vollstreckung im internationalen Rechtsverkehr, 2000, S. 418 mit dem Argument, die Klagen nach §722 und §767 hätten unterschiedliche Streitgegenstände.
79 Zur Zulässigkeit der negativen Feststellungsklage vgl. *Geimer* Das Anerkennungsverfahren gem. Art. 26 Abs. 2 des EWG-Übereinkommens v. 27. September 1968 (I), JZ 1977, 145 ff.; Stein/Jonas/*Münzberg* §722 Rdn. 7.

80 Vgl. BGHZ 99, 340.
81 Vgl. Baumbach/Lauterbach/*Hartmann* §722 Rdn. 10; *Riezler* IZPR, S. 565.
82 Vgl. *Geimer* IZPR, Rdn. 3135; *Geimer/Schütze* Internationale Urteilsanerkennung, Bd. I/2, 1742; MünchKomm/*Gottwald* §722 Rdn. 31; *Riezler* IZPR, S. 565; Stein/Jonas/*Münzberg* §722 Rdn. 3; *Wolff* Handbuch des Internationalen Zivilverfahrensrechts, Bd. III/2, S. 384 f. (Rdn. 155); Zöller/*Geimer* §722 Rdn. 68.
83 Vgl. *Wolff* Handbuch des Internationalen Zivilverfahrensrechts, Bd. III/2, S. 385 (Rdn. 155).
84 Vgl. *Riezler* IZPR 565; *Wolff* Handbuch des Internationalen Zivilverfahrensrechts, Bd. III/2, S. 384 (Rdn. 155).

6. Prozesskostensicherheit

49 Die Verpflichtung zur Sicherheitsleistung für die Prozesskosten besteht nach § 110 auch im Vollstreckbarerklärungsverfahren[85].

V. Entscheidung

1. Vollstreckungsurteil

50 Die Entscheidung erfolgt durch Gestaltungsurteil, durch das die Vollstreckbarkeit der ausländischen Entscheidung auf das Inland erstreckt wird[86]. Das Vollstreckungsurteil ist für vorläufig vollstreckbar zu erklären[87]. §§ 708 ff. finden Anwendung.

51 Titel für die Zwangsvollstreckung ist die ausländische Entscheidung in Verbindung mit dem Vollstreckungsurteil[88].

52 Dem ausländischen Urteil fehlt die Vollstreckbarkeit, dem Vollstreckungsurteil der vollstreckbare Inhalt. Nur beide zusammen können deshalb Grundlage der Zwangsvollstreckung sein. Zweckmäßig – und in der Praxis nunmehr üblich – ist die Verbindung beider Titel durch die Aufnahme des Tenors der ausländischen Entscheidung in den Tenor des deutschen Vollstreckungsurteils etwa in der Weise, wie es § 8 AVAG vorsieht. Das sollte zweckmäßigerweise schon in der Fassung des Klageantrags berücksichtigt werden[89].

53 Eine Umrechnung des auf ausländische Währung lautenden Titels findet nicht statt[90]. Das folgt regelmäßig schon aus dem Wesen der Valutaschuld[91]. Der Schuldner ist bis zur Zwangsvollstreckung bei der unechten Valutaschuld berechtigt, in in- oder ausländischer Währung zu zahlen. Der Gläubiger dagegen hat kein Wahlrecht. Bei der echten Valutaschuld ist der Schuldner verpflichtet, in ausländischer Währung zu leisten. Hinsichtlich erforderlicher Devisengenehmigungen sind § 32 AußenwirtschaftsG i. V. m. der AußenwirtschaftsVO zu beachten. Es ist unter Umständen ein Vorbehalt im Vollstreckungsurteil erforderlich, dass Leistung oder Zwangsvollstreckung erst nach Vorliegen der Genehmigung erfolgen dürfen[92].

54 Zur Zulässigkeit der Konkretisierung des ausländischen Titels durch Titelergänzung im Vollstreckungsurteil vgl. § 723 Rdn. 7.

85 Vgl. MünchKomm/*Gottwald* § 722, Rdn. 31; *Zöller/Geimer* § 722, Rdn. 74.
86 Zur Rechtsnatur der Klage auf Vollstreckbarerklärung als Gestaltungsklage vgl. oben Rdn. 37.
87 Vgl. Baumbach/Lauterbach/*Hartmann* § 722 Rdn. 4; MünchKomm/*Gottwald* § 722 Rdn. 36; *Schütze* Die Anerkennung und Vollstreckung ausländischer Zivilurteile in der Bundesrepublik Deutschland als verfahrensrechtliches Problem, Diss. Bonn, 1960, S. 65 mwN; *Thomas/Putzo/Hüßtege* § 722/723 Rdn. 14; *Zöller/Geimer* § 722 Rdn. 92.
88 Vgl. Baumbach/Lauterbach/*Hartmann* § 722 Rdn. 3; *Geimer/Schütze* Internationale Urteilsanerkennung, Bd. I/2, 1746; *Riezler* IZPR 567; *Schütze* Die Anerkennung und Vollstreckung ausländischer Zivilurteile in der Bundesrepublik Deutschland als verfahrensrechtliches Problem, Diss. Bonn 1960, S. 142 f.; **aA** die wohl hL, die

allein in dem Vollstreckungsurteil den Titel für die Zwangsvollstreckung sieht, vgl. BGH RIW 1986, 554 m. zust. Anm. *Wolff* ebd., 728 ff.; BGH RIW 1993, 588; *Geimer* IZPR, Rdn. 3155; MünchKomm/*Gottwald* § 722 Rdn. 49; Stein/Jonas/*Münzberg* § 722 Rdn. 23; Zöller/*Geimer* § 722 Rdn. 93.
89 Vgl. für ein Muster *Schütze* Internationales Zivilprozeßrecht, in: Mes (Hrsg.) Beck'sches Prozeßformularbuch, 11. Aufl., 2010, I.T.5, S. 465 ff.
90 Vgl. Baumbach/Lauterbach/*Hartmann* § 722 Rdn. 3; *Geimer* Anerkennung, S. 178 mit rechtsvergleichenden Hinw. in Fn. 77; *ders.* IZPR, Rdn. 3161; *Geimer/Schütze* Internationale Urteilsanerkennung, Bd. I/2, 1746; MünchKomm/*Gottwald* § 722 Rdn. 38; Stein/Jonas/*Münzberg* § 722 Rdn. 23; Zöller/*Geimer* § 722 Rdn. 53.
91 Vgl. für diese Argumentation *Geimer* Anerkennung, S. 178.
92 Vgl. MünchKomm/*Gottwald* § 722 Rdn. 38.

Soll die Zahlung – zulässigerweise – im Ausland erfolgen, so bedarf es im Vollstreckbar- **55** erklärungsverfahren gegen einen Devisenausländer keiner devisenrechtlichen Genehmigung. Die Vollstreckbarerklärung kann im übrigen auch vor Erteilung der Genehmigung ausgesprochen werden[93]. Das Abkommen von Bretton Woods ist zu beachten. Die Nichtbeachtung der Vorschriften dieser Konvention können zur Abweisung der Vollstreckbarerklärungsklage führen[94], weil ein Verstoß gegen den ordre public (§ 328 Abs. 1 Nr. 4) vorliegt.

Das ausländische Urteil ist auch hinsichtlich des Zinsanspruchs für vollstreckbar zu er- **56** klären. Enthält der Tenor der ausländischen Entscheidung nur eine Verurteilung zu gesetzlichen Zinsen, so ist der Ausspruch im Tenor des Vollstreckungsurteils zu konkretisieren (vgl. dazu § 723 Rdn. 4), allerdings nur auf Antrag des Urteilsgläubigers, nicht von Amts wegen[95]. Dasselbe gilt für die Verurteilung zu gesetzlicher Mehrwertsteuer (vgl. dazu § 723 Rdn. 4) und Zahlung von Erhöhungsbeträgen indizierter Titel (vgl. dazu § 723 Rdn. 7).

2. Versäumnisurteil

Bei Säumnis der Parteien ist eine Entscheidung durch Versäumnisurteil zulässig[96]. Jedoch **57** wirkt die Geständnisfunktion nur so weit, wie die Erfordernisse der Wirkungserstreckung zur Disposition der Parteien stehen, z. B. hinsichtlich der Einwendungen, die nach Erlaß der ausländischen Entscheidung entstanden sind (Zahlung pp.)[97]. Erfordernisse im öffentlichen Interesse[98], z. B. das des § 328 Abs. 1 Nr. 4, sind der Geständnisfiktion entzogen.

3. Anerkenntnisurteil

Da die meisten Erfordernisse der Wirkungserstreckung von Amts wegen zu prüfen sind, **58** scheidet ein Anerkenntnisurteil nach § 307 aus[99]. Eine andere Betrachtungsweise ist geboten, wenn – ausnahmsweise – in concreto nicht von Amts wegen zu berücksichtigende – verzichtbare – Erfordernisse der Wirkungserstreckung in Betracht kommen[100].

4. Vergleich

Aus denselben Gründen ist ein Prozessvergleich nicht möglich[101]. Die mangelnde Ver- **59** gleichsfähigkeit bezieht sich jedoch nur auf den Streitgegenstand des Vollstreckbarerklä-

93 Vgl. *Geimer/Schütze* Internationale Urteilsanerkennung, Bd. I/2, S. 1747.
94 Vgl. auch *Ebke* Internationales Devisenrecht, 1990, 279 ff.; *Hahn* Währungsrecht, 1990, 397.
95 Vgl. OLG Hamburg RIW 1994, 242; *Geimer* Anerkennung, S. 167; *ders.* IZPR., Rdn. 3158.
96 Vgl. *Geimer* IZPR Rdn. 3134; MünchKomm/ *Gottwald* § 722 Rdn. 31; Stein/Jonas/*Münzberg* § 722 Rdn. 19a; *Wolff* Handbuch des Internationalen Zivilverfahrensrechts, Bd. III/2, S. 387 f. (Rdn. 164); Zöller/*Geimer* § 722 Rdn. 69.
97 Vgl. Zöller/*Geimer* § 722 Rdn. 69.
98 Vgl. dazu *Schütze* Die Anerkennung und Vollstreckung ausländischer Zivilurteile in der Bundesrepublik Deutschland als verfahrenrechtliches Problem, Diss. Bonn 1960, S., 27 ff.

99 Vgl. RGZ 36, 381; 75, 148; Baumbach/Lauterbach/*Hartmann* § 722 Rdn. 10; *Falkmann/Huberna-gel* § 722 Anm. 8 f.; *Förster/Kann* § 722 Anm. 5 f.; *Geimer* IZPR, Rdn. 3132a; MünchKomm/*Gottwald* § 722 Rdn. 31; *Riezler* IZPR; Stein/Jonas/*Münzberg* § 722 Rdn. 19a; *Wolff* Handbuch des Internationalen Zivilverfahrensrechts, Bd. III/2, S. 384 (Rdn. 154); Zöller/*Geimer* § 722 Rdn. 70.
100 Vgl. Zöller/*Geimer* § 722 Rdn. 66.
101 Vgl. Baumbach/Lauterbach/*Hartmann* § 722 Rdn. 10; MünchKomm/*Gottwald* § 722 Rdn. 31; Stein/Jonas/*Münzberg* § 722 Rdn. 19a; *Wolff* Handbuch des Internationalen Zivilverfahrensrechts, Bd. III/2, S. 385 f. (Rdn. 157); Zöller/*Geimer* § 722 Rdn. 67.

rungsverfahrens. Die Parteien können sich dagegen über den zugrunde liegenden Anspruch vergleichen, der Beklagte des Vollstreckbarerklärungsverfahrens sich etwa zur Zahlung der ganzen oder eines Teils der Urteilssumme verpflichten. Grundlage für die Zwangsvollstreckung ist dann der Vergleich nach § 794 Abs. 1 Nr. 1[102].

VI. Vollstreckung von Akten auf dem Gebiet der Freiwilligen Gerichtsbarkeit

60 Die Wirkungserstreckung ausländischer Akte der freiwilligen Gerichtsbarkeit[103] bestimmt sich nicht nach §§ 328, 722 f., sondern nach § 110 FamFG.

61 Die Regelung findet Anwendung auf Entscheidungen nach § 95 FamFG, die zum Gegenstand haben:

- eine Geldforderung,
- die Herausgabe einer beweglichen oder unbeweglichen Sache,
- die Vornahme einer vertretbaren oder nicht vertretbaren Handlung,
- die Erzwingung von Duldungen und Untrerlassungen oder
- die Abgabe einer Willenserklärung.

62 Voraussetzung der Vollstreckbarerklärung ist die Anerkennung der ausländischen Entscheidung, § 110 Abs. 1 FamFG (vgl. dazu § 328 Rdn. 84 f.). Darüber hinaus muss die Entscheidung nach erststaatlichem Recht in Rechtskraft erwachsen sein.

63 Während das FGG kein Vollstreckbarerklärungsverfahren nach dem Vorbild der §§ 722 f. ZPO kannte, hat das FamFG in § 110 ein besonderes Verfahren geschaffen. Sachlich zuständig für die Vollstreckbarerklärung ist das Amtsgericht. Die örtliche Zuständigkeit wird durch allgemeinen Gerichtsstand des Schuldners bestimmt; hilfsweise kommt der Gerichtsstand des § 23 ZPO zur Anwendung. Die Zuständigkeiten sind ausschließlich.

64 Entschieden wird im Beschlussverfahren. Der Beschluss ist zu begründen, § 110 Abs. 2 FamFG. Vollstreckungstitel ist der Vollstreckbarerklärungsbeschluss zusammen mit dem ursprünglichen Titel[104]. Es gilt nichts anderes als für Titel nach §§ 722 f. ZPO.

65, 66 frei

VII. Vollstreckung von insolvenzrechtlichen Entscheidungen

Literatur: *Geimer* Betrachtungen zur Europäischen Insolvenzverordnung, FS Machacek und Matscher, 2008, S. 743 ff.; *Geimer/Schütze* (Huber/Hass/Herweg/Gruber/Heiderhoff) Internationaler Rechtsverkehr, 550. 27 ff.; *Rauscher/Mäsch* Europäisches Zivilprozess- und Kollisionsrecht, Bd. 2, Bearbeitung 2010, 2010, S. 859 ff.; im übrigen Schrifttumshinweise zu § 328 Rdn. 83.

102 Vgl. MünchKomm/*Gottwald* § 722 Rdn. 31 Stein/Jonas/*Münzberg* § 722 Rdn. 19a; *Wolff* Handbuch des Internationalen Zivilverfahrensrechts, Bd. III/2, S. 385 f. (Rdn. 157); Zöller/*Geimer* § 722 Rdn. 67.
103 Vgl. dazu zum früheren Recht vor Inkrafttreten des FamFG *Geimer* Anerkennung ausländischer Entscheidungen auf dem Gebiet der freiwilligen Gerichtsbarkeit, FS Kegel II, 1988, 89 ff.; *ders.*Internationale Freiwillige Gerichtsbarkeit, FS Jayme, 2004, S. 241 ff. (252 ff.), *Krefft* Vollstreckung und Abänderung ausländischer Entscheidungen der freiwilligen Gerichtsbarkeit, 1993; *Richardi* Die Anerkennung und Vollstreckung ausländischer Akte der freiwilligen Gerichtsbarkeit unter besonderer Berücksichtigung des autonomen Rechts, 1991; *Roth* Zwangsvollstreckung aus ausländischen Entscheidungen der Freiwilligen Gerichtsbarkeit, IPRax 1988, 75 ff.
104 AA Zöller/Geimer § 110 FamFG, Rdn. 3 (nur der Vollstreckbarerklärungsbeschluss ist Vollstreckungstitel).

1. Wirkungen ausländischer Insolvenzverfahren

Seit der Entscheidung des BGH v. 11.7.1985[105] ist der bis dahin favorisierte Grundsatz von **67** der nur territorialen Wirkung des Auslandskonkurses aufgegeben worden. Der Auslandsinsolvenz werden universale Wirkungen beigemessen. Nunmehr habe EuInsVO und InsO die Materie positiv rechtlich geregelt. Vgl. für Einzelheiten § 328, Rdn. 117 ff.

2. Verfahren der Vollstreckbarerklärung

Die Vollstreckbarerklärung bedarf eines gerichtlichen Verfahrens. **68**

Art. 25 EuInsVO verweist auf das Klauselerteilúngsverfahren nach dem EuGVÜ. Nach **69** Art. 68 Abs. 2 EuGVVO werden Verweise auf das EuGVÜ aber weitergeleitet auf die Parallelvorschriften der EuGVVO. Die Vollstreckbarerklärung insolvenzrechtlicher Entscheidungen erfolgt damit nach Artt. 38 ff. EuGVVO in Verbindung mit den Regelungen über die Klauselerteilung nach dem AVAG.

Ausserhalb des Geltungsbereichs der EuInsVO erklärt § 353 InsO das Verfahren nach **70** §§ 722 f. für entsprechend anwendbar[106]. Zuständig für die Vollstreckbarerklärung ist das Insolvenzgericht, da es sich nicht um eine Vollstreckbarerklärung nach der ZPO handelt, deren Vorschriften nur analog anzuwenden sind[107].

3. Staatsvertragliche Regelungen

Staatsvertraglich ist die Erstreckung der Insolvenzwirkungen über die Grenze im deutsch- **71** österreichischen Verhältnis geregelt[108]. Der deutsch-österreiche Vertrag ist nach Art. 44 Abs. 1 EuInsVO im Rahmen des Geltungsbereichs dieser Verordnung ersetzt worden, hat jedoch eine beschränkte Bedeutung nach Art. 44 Abs. 2 EuInsVO behalten. Unberührt durch die europarechtliche Regelung sind die Abkommen zwischen der Schweiz und der Krone Württemberg und zwischen einzelnen Kantonen der Schweiz und dem Königreich Bayern und dem Königreich Sachsen geblieben[109].

VIII. Vollstreckung von Nichtgeldleistungsurteilen

Die Vollstreckbarerklärung ist – anders als z. B. in den common law-Rechtsordnungen – **72** nicht auf Urteile, die zur Geldzahlung verurteilen, begrenzt[110]. Auch Titel, die zu Hand-

---

105 Vgl. BGHZ 95, 256; dazu *Lau* Zur Änderung der Rechtsprechung des Bundesgerichtshofs über die Wirkung des Auslandskonkurses im Inland, BB 1986, 1450 ff.; *Hanisch* Die Wende im deutschen internationalen Insolvenzrecht, ZIP 1985, 1233 ff.; *Lüke* Zur neueren Rechtsprechung im deutschen internationalen Konkursrecht – gleichzeitig Besprechung von BGH, KTS 1986, 97 –, KTS 1986, 1 ff.; *Lüderitz* Urteilsanmerkung, JZ 1986, 96 ff.; *Summ* Anerkennung ausländischer Konkurse in der Bundesrepublik Deutschland, 1992, 30 ff.

106 Vgl. *Geimer* IZPR, Rdn. 3523; *Ludwig* Neuregelungen des deutschen Internationalen Insolvenzrechts, 2004, S. 131.

107 Vgl. *Schütze* DIZPR, Rdn. 468.

108 Vgl. Vertrag zwischen der Bundesrepublik Deutschland und der Republik Österreich auf dem Gebiet des Konkurs- und Vergleichs-(Ausgleichs-)rechts v. 25.5.1979, BGBl. 1985 II, 411; dazu *Arnold* Der geplante Konkurs- und Vergleichsvertrag mit Österreich, RIW/AWD 1978, 225 ff.; *ders.* Der deutsch-österreichische Konkursvertrag, 1987; *Schumacher* Die Entwicklung österreichisch-deutscher Insolvenzbeziehungen, ZZP 103 (1990) 418 ff.; *Wiesbauer* Der österreichisch-deutsche Konkursvertrag aus österreichischer Sicht, ZIP 1982, 1285 ff.

109 Vgl. dazu im einzelnen *Rauscher/Mäsch* Art. 44 EG-InsVO, Rdn. 9.

110 Vgl. *Geimer* Anerkennung, 172.

lungen oder Unterlassungen oder zur Herausgabe von Sachen verurteilen[111], können nach §§ 722 f. für vollstreckbar erklärt werden[112].

73 Verurteilt das ausländische Urteil zur Herausgabe, Handlung oder Unterlassung, so erfolgt die Vollstreckung nach vorgängiger Vollstreckbarerklärung nach §§ 883 ff.[113]. Bei ausländischem Unterlassungstitel kann der Gläubiger ein Ordnungsgeld nach § 890 Abs. 1 erwirken[114].

74 Bei Urteilen auf Abgabe einer Willenserklärung tritt nach rechtskräftiger Vollstreckbarerklärung die Fiktionswirkung des § 894 ein[115].

IX. Vollstreckbarerklärung von Unterhaltstiteln

Literatur: Vgl. § 328, Rdn. 133 ff.

75 Auch die Vollstreckbarerklärung von Unterhaltsentscheidungen bestimmt sich nach §§ 328, 722 f. Jedoch bringt – um die Gegenseitigkeitsvoraussetzungen für die Geltendmachung deutscher Unterhaltsurteile nach dem RURESA[116] in den US-amerikanischen Bundesstaaten zu schaffen[117] – das Auslandsunterhaltsgesetz[118] in § 10 AUG eine besondere Regelung für die Vollstreckbarerklärung ausländischer Unterhaltstitel:

§ 10

(1) Gerichtliche Unterhaltsentscheidungen aus Staaten, mit denen die Gegenseitigkeit gem. § 1 verbürgt ist, werden entsprechend § 722 Abs. 1 und § 723 Abs. 1 der Zivilprozeßordnung für vollstreckbar erklärt. Das Vollstreckungsurteil ist nicht zu erlassen, wenn die Anerkennung der ausländischen Entscheidung nach § 328 Abs. 1 Nr. 1 bis 4 der Zivilprozeßordnung ausgeschlossen ist.

(2) Ist die ausländische Entscheidung für vollstreckbar zu erklären, so kann das Gericht auf Antrag einer Partei in dem Vollstreckungsurteil den in der ausländischen Entscheidung festgesetzten Unterhaltsbetrag hinsichtlich der Höhe und der Dauer der zu leistenden Zahlungen abändern. Ist die ausländische Entscheidung rechtskräftig, so ist eine Abänderung nur nach Maßgabe des § 323 der Zivilprozeßordnung zulässig.

(3) Für die Klage auf Erlaß des Vollstreckungsurteils ist ausschließlich das Amtsgericht zuständig, bei dem der Schuldner seinen allgemeinen Gerichtsstand hat und, beim Fehlen eines solchen im Inland, das Gericht, in dessen Bezirk sich Vermögen des Schuldners befindet; liegt der ausländischen Entscheidung ein Anspruch zugrunde, der nach § 621 Abs. 1 Nr. 4 oder 5 der Zivilprozeßordnung eine Familiensache wäre, so entscheidet das Familiengericht.

---

111 Vgl. dazu allg. *Jacobsson/Jacobs* Trends in the enforcement of non-money judgments and orders, 1988.
112 Vgl. dazu *Gärtner* Probleme der Auslandsvollstreckung von Nichtgeldleistungsentscheidungen im Bereich der Europäischen Gemeinschaft, 1991; *Remien* Rechtsverwirklichung durch Zwangsgeld, 1992.
113 Vgl. *Geimer* Anerkennung, 172.
114 Vgl. LG München II GRURInt. 1987, 597 m. zust. Anm. *Stauder* (zum deutsch-österreichischen Anerkennungs- und Vollstreckungsvertrag); *Gärtner* Probleme der Auslandsvollstreckung von Nichtleistungsentscheidungen im Bereich der Europäischen Gemeinschaft, 1991, S. 197.

115 Vgl. *Geimer* Anerkennung, 172; *ders.* IZPR, Rdn. 3122.
116 Uniform Reciprocal Enforcement of Support Act, vgl. dazu *Fox* The Uniform Reciprocal Enforcement of Support Act, 12 Fam. L. Q. 113 (1978); *Mockenhaupt* Zur Geltendmachung deutscher Kindesunterhaltsurteile in den Vereinigten Staaten, DAVorm. 1985 Sp. 1 ff.
117 Vgl. dazu *Schütze* Deutsch-amerikanische Urteilsanerkennung, 1992, 21 f.
118 Vgl. dazu *Böhmer* Das Auslandsunterhaltsgesetz (AUG) v. 19.12.1986, IPRax 1987, 139 ff.; *Uhlig/Berard* Die Geltendmachung von Unterhaltsansprüchen im In- und Ausland nach dem Auslandsunterhaltsgesetz, NJW 1987, 1521 ff.

Der Anwendungsbereich des AUG ist beschränkt. Die Vollstreckbarerklärung eines auslän- **76** dischen Titels nach dem AUG setzt voraus,

– daß eine förmliche Gegenseitigkeitserklärung des Bundesjustizministers im Hinblick auf den Erststaat ergangen ist[119].
– Gegenstand des Urteils ein gesetzlicher Unterhaltsanspruch ist, worunter auch übergeleitete Ansprüche von Sozialversicherungsträgern und vertragliche Ansprüche fallen, die eine gesetzliche Unterhaltsforderung bestätigen oder konkretisieren[120].

Der Urteilsgläubiger hat die Wahl, ob er die Vollstreckbarerklärung nach §§ 722 f. oder § 10 **77** AUG betreiben will. § 10 AUG heischt keine ausschließliche Anwendung[121].

Auch Annexentscheidungen[122] unterfallen der allgemeinen Regelung der §§ 328, 722 f. **78** oder § 10 AUG. Für sie gilt das Anerkennungsmonopol der Landesjustizverwaltung nach §§ 107 ff. FamFG nicht[123]. Jedoch setzt die Anerkennung und Vollstreckbarerklärung eines Scheidungsfolgeurteils die Anerkennung der Scheidung voraus[124].

Trotz der grundsätzlichen Möglichkeit, Einwendungen, die nach Schluss der mündlichen **79** Verhandlung im erststaatlichen Verfahren entstanden sind, im Vollstreckbarerklärungsverfahren geltend zu machen (vgl. dazu § 723 Rdn. 30 ff.), lässt der BGH die Abänderung des ausländischen Titels nach § 323 im Vollstreckbarerklärungsverfahren nicht zu[125]. Auch eine Widerklage auf Abänderung soll unzulässig sein. Diese Rechtsprechung vermag nicht zu überzeugen. Sie widerspricht der Prozessökonomie und führt zur Vervielfältigung von Verfahren.

Probleme ergeben sich, wenn der ausländische Unterhaltstitel nicht ziffernmäßig be- **80** stimmt ist. In diesem Fall ist eine Ausfüllung und Konkretisierung durch das Exequaturgericht auf Antrag des Gläubigers erforderlich. Auf diesen Antrag hat das Gericht hinzuwirken[126]. Auch eine Unterhaltserhöhung wegen Indexierung der Unterhaltsforderung ist im Exequaturverfahren zu berücksichtigen[127].

---

119 Formelle Gegenseitigkeitserklärungen liegen für einige US-Bundesstaaten vor, um die Anwendung des RURESA auf deutsche Unterhaltsurteile zu sichern, sowie für einige kanadische Provinzen und Südafrika.
120 Vgl. *Baumann* Die Anerkennung und Vollstreckung ausländischer Entscheidungen in Unterhaltssachen, 1989, S. 109.
121 AA *Baumann* Die Anerkennung und Vollstreckung ausländischer Entscheidungen in Unterhaltssachen, 1989, S. 109, der in § 10 AUG eine lex specialis zu §§ 722 f. sieht, die der allgemeinen Regelung vorgeht, da damit für die schwer zu qualifizierenden Erscheinungsformen des angloamerikanischen Rechts in einem Teilbereich Rechtssicherheit geschaffen wurde (109 f.). Das vermag aber nicht die ausschließliche Anwendung zu begründen.
122 Vgl. zur Problematik der Annexentscheidungen *Baumann* Die Anerkennung und Vollstreckung ausländischer Entscheidungen in Unterhaltssachen, 1989, S. 53 ff.; *Geimer* IZPR, Rdn. 3018; *Hausmann* Zur Anerkennung von Annex- und Unterhaltsentscheidungen nach dem EG-Gerichtsstands- und Vollstreckungsübereinkommen, IPRax 1981, 5 ff.

123 Vgl. OLG Köln FamRZ 1979, 718; OLG Karlsruhe DAVorm. 1981, Sp. 165; OLG München DAVorm. 1982, 490. Jeweils zum früheren Rechtszustand nach Art. 7 § 1 FamRÄndG.
124 Vgl. BGHZ 64, 19; BGH FamRZ 1982, 1013; OLG Hamm NJW-RR 1989, 514; *Baumann* Die anerkennung und Vollstreckung ausländischer Entscheidungen in Unterhaltssachen, 1989, S., 57; *Geimer* IZPR, Rdn. 3018.
125 Vgl. BGH IPRax 1991, 111; dazu *Böhmer* Vollstreckbarerklärung ausländischer Unterhaltstitel, insbes. österreichischer Titel, IPRax 1991, 90 ff.
126 Vgl. BGH RIW 1993, 588 (nur zum Bestimmtheitserfordernis, nicht speziell für Unterhaltstitel) OLG Düsseldorf, FamRZ 2001, 1019; *Zöller/Geimer* § 722 Rdn. 59.
127 Vgl. BGH JZ 1987, 203; KG DAVorm 2000, 1141dazu *Stürner/Münch* Die Vollstreckung indexierter ausländischer Unterhaltstitel, JZ 1987, 178 ff.; weiter *Geimer* Anerkennung, 168; *Münch* Ausländische Tenorierungsgewohnheiten kontra inländische Bestimmtheitsanforderungen, RIW 1989, 18 ff. mwN; *Wolff* Urteilsanmerkung RIW 1986, 728 ff.; *Zöller/Geimer* § 722 Rdn. 60.

Anhang I

Vollstreckbarerklärung nach europäischem Recht

1.   VO (EG) Nr. 44/2001 (EuGVVO)

Schrifttum: vgl. § 328 Rdn. 151 ff.

81 Die Verordnung löst das EuGVÜ in ihrem Geltungsbereich ab, deren wesentliche Grundsätze sie übernimmt. Die VO gilt im Verhältnis zu allen EU Staaten. Im Verhältnis zu Dänemark gilt sie nicht unmittelbar, sondern aufgrund des Abkommens zwischen der EG und Dänemark v. 19.10.2005 (ABl. EG Nr. L 299, S. 62)[128]. Die Vollstreckbarerklärung ist in Artt. 38 ff. EuGVVO geregelt[129].

82 **a) Erfordernisse der Vollstreckbarerklärung.** Die ausländische Entscheidung muss die Erfordernisse der Anerkennung erfüllen, vgl. dazu § 328 Rdn. 152 ff. Auch hier gilt der Grundsatz, dass es keine Vollstreckbarerklärung ohne Anerkennung gibt. Darüber hinaus muss die Entscheidung im Erststaat vollstreckbar sein (Art. 38 Abs. 1 EuGVVO).

83 **b) Verfahren der Vollstreckbarerklärung.** Pläne zur Schaffung eines Euro-Titels, der in allen Mitgliedstaaten ex lege vollstreckbar oder nur mit der Klausel zu versehen sein sollte[130], müssen als gescheitert angesehen werden. Die Vollstreckbarerklärung bedarf eines gerichtlichen Verfahrens, wobei an die Stelle der Vollstreckbarerklärung die Klauselerteilung tritt. Ein großer praktischer Unterschied besteht jedoch nicht. Im Grunde handelt es sich um einen Etikettenschwindel, der vortäuschen soll es gäbe keine Notwendigkeit eines Exequaturs mehr.

84 Das Verfahren ist teilweise in der Verordnung selbst, teilweise im AVAG geregelt. Es gliedert sich in zwei Abschnitte. Der erste Teil ist einseitig. Der Richter entscheidet ohne Anhörung des Titelschuldners auf Grund des Titels und der vorgelegten Urkunden. Der Richter ist in diesem Verfahrensteil auf eine Formalprüfung beschränkt. Die Formalprüfung bedeutet jedoch nicht, dass der Exequaturrichter nicht ausländisches Recht, etwa den Inflationsausgleich nach italienischem oder die gesetzlichen Zinsen nach französischem Recht nach § 293 von Amts wegen ermitteln muss. Die Einseitigkeit des ersten Teils des Klauselerteilungsverfahrens bezieht sich nur auf die Unzulässigkeit der Anhörung des Schuldners.

85 Obwohl der Schuldner nicht angehört werden darf kann er den Exequaturrichter mit einer Schutzschrift[131] auf von Amts wegen zu berücksichtigende Hindernisse der Klauselerteilung aufmerksam machen, so das Fehlen der Gerichtsbarkeit (str.).

86 Mit dem Antrag auf Klauselerteilung[132] hat der Gläubiger folgende Urkunden vorzulegen:

– Ausfertigung der Entscheidung nach Art. 53 Abs. 1 EuGVVO;
– Bescheinigung nach Art. 54 EuGVVO[133].

---

128 Vgl. dazu *Jayme/Kohler* Europäisches Kollisionsrecht 2005: Hegemonialgesten auf dem Weg zu einer Gesamtvereinheitlichung, IPRax 2005, 481 ff.; *Nielsen* Brussels I and Denmark, IPRax 2007, 506 ff.

129 Vgl. für den Text *Wieczorek/Schütze* Bd. VI, S. 138 ff.

130 Vgl. dazu *Gottwald* Auf dem Wege zur weiteren Vereinfachung der Anerkennung und Vollstreckung von Entscheidungen in Europa, Ritsumeikan Law Review 2000, 49 ff.

131 Vgl. für die gleiche Situation im Bereich des

EuGVÜ *Schütze* Die Geltendmachung von Einwendungen gegen die Klauselerteilung nach dem EG-Zuständigkeits- und Vollstreckungsübereinkommen durch eine Schutzschrift, FS Bülow 1981, S. 211 ff.

132 Vgl. für ein Muster *Schütze* Internationales Zivilprozessrecht, in: Mes, Beck'sches Prozessformularbuch, 11. Aufl., 2010, I.T.7, S. 470 ff.

133 Der Inhalt der Bescheinigung ist in Anh. V EuGVVO vorgeschrieben. Die Bescheinigung enthält u. a. auch eine Bestätigung der Zustellung.

Ausschließlich zuständig ist in Deutschland der Vorsitzende einer Zivilkammer des Land- **87** gerichts (Art. 39 Abs. 1 EuGVVO i. V. m. Anh. II EuGVVO). Örtlich zuständig ist das Wohnsitzgericht des Urteilsschuldners, hilfsweise das Gericht des Sprengels, in dem die Zwangsvollstreckung durchgeführt werden soll (Art. 39 Abs. 2 EuGVVO). Der Antrag kann schriftlich oder zu Protokoll der Geschäftsstelle gestellt werden (§ 4 Abs. 2 AVAG). Er unterliegt deshalb nicht dem Anwaltszwang. Die Vertretung durch einen bei einem deutschen Gericht zugelassenen Rechtsanwalt macht die Bestellung eines Zustellungsbevollmächtigten (Art. 40 Abs. 2 EuGVVO) überflüssig (§ 5 AVAG).

Der Vorsitzende entscheidet durch Beschluss. In den Beschluss ist die zu vollstreckende **88** Verurteilung oder Verpflichtung aufzunehmen (§ 8 Abs. 1 AVAG). Die Form der Vollstreckungsklausel ist in § 9 AVAG vorgeschrieben.

Gegen den Beschluss ist die Beschwerde zulässig (Art. 43 Abs. 1 EuGVVO i. V. m. § 11 **89** AVAG)[134]. Das Verfahren geht in den kontradiktorischen Teil über. Zuständig zur Entscheidung über die Beschwerde ist das OLG (Anh. III EuGVVO), in Berlin das KG. Die Beschwerde ist beim Beschwerdegericht einzulegen, ihre Zulässigkeit wird jedoch nicht durch die Einlegung beim Landgericht berührt. Dieses hat die Beschwerde unverzüglich von Amts wegen an das OLG abzugeben (§ 11 Abs. 2 AVAG). Der Klauselerteilungsrichter kann der Beschwerde nicht abhelfen.

Die Beschwerde ist fristgebunden. Die Frist beträgt nach Art. 43 Abs. 5 EuGVVO einen **90** Monat nach Zustellung des Beschlusses des Vorsitzenden Richters bei Landgericht. Hat der Schuldner seinen Wohnsitz in einem anderen Staat als dem, in dem die Klausel erteilt oder verweigert worden ist, so verlängert sich die Frist auf zwei Monate seit Zustellung. Eine Verlängerung der Beschwerdefrist wegen weiter Entfernung ist nicht zulässig.

Aufgrund des Beschlusses der OLG, durch den die Zwangsvollstreckung aus dem auslän- **91** dischen Urteil erstmals zugelassen wird, erteilt der Urkundsbeamte der Geschäftsstelle die Vollstreckungsklausel (§ 13 Abs. 4 AVAG). Ändert das OLG den klauselerteilenden Beschluss ab, weil ein Erfordernis der Wirkungserstreckung fehlt, so weist es den Antrag auf Klauselerteilung zurück.

Gegen die Entscheidung des OLG findet die Rechtsbeschwerde zum BGH statt[135]. Auf die **92** Rechtsbeschwerde finden die §§ 15 ff. AVAG Anwendung. Die Rechtsbeschwerde findet nach Maßgabe des § 574 Abs. 1 Nr. 1, Abs. 2 statt (§ 15 AVAG). Auf das Verfahren finden weitgehend die Vorschriften über die Revision Anwendung.

2. VO (EG) Nr. 2201/2003 (VO Brüssel IIa)

Schrifttum: vgl. § 328, Rdn. 162 ff.

Zu den Erfordernissen der Wirkungserstreckung vgl. § 328, Rdn. 115 f. **93**

Die Vollstreckbarerklärung für nach der Verordnung anzuerkennende Entscheidungen **94** bedarf eines gerichtlichen Verfahrens. Zuständig ist das Familiengericht am Sitz des örtlich zuständigen OLG. Für den Bezirk des Kammergerichts ist das Familiengericht Pankow/ Weissensee zuständig. Die örtliche Zuständigkeit bestimmt sich in erster Linie nach dem gewöhnlichen Aufenthalt der Person, gegen die vollstreckt werden soll oder dem gewöhn-

---

134 Vgl. für ein Muster *Schütze* Internationales Zivilprozessrecht, in: Mes, Beck'sches Prozessformularbuch, 11. Aufl., 2010, I.T.10, S. 477 ff.

135 Vgl. für ein Muster *Schütze* Internationales Zivilprozessrecht, in: Mes, Beck'sches Prozessformularbuch, 11. Aufl., 2010, I.T.13, S. 481 ff.

lichen Aufenthalt des Kindes, auf das sich der Antrag bezieht, hilfsweise nach dem Ort der Vollstreckung. Das Verfahren bestimmt sich nach zweitstaatlichem – also deutschem – Recht, d. h. dem IntFamRVG. Eine révision au fond ist unzulässig. Auch kann der erststaatliche Zuständigkeit nicht nachgeprüft werden (Art. 24 VO Brüssel IIa).

3. VO (EG) Nr. 805/2004 (EuVTVO)

Schrifttum: vgl. § 328 Rdn. 166; weiter *Heringer* Der europäische Vollstreckungstitel für unbestrittene Forderungen, 2007.

95 Die EuVTVO[136] war bestimmt, für unbestrittene Forderungen einen Vollstreckungstitel zu schaffen, der ohne weitere Nachprüfung und Exequatur in allen Mitgliedsstaaten der EU gleichermaßen unmittelbar vollstreckbar ist. Dieses hohe Ziel ist durch die Verbraucherlobby leider vereitelt worden, die in dem Bestreben, weitere Privilegien für Verbraucher zu schaffen, den Zweck des Regelwerks in letzter Minute vereitelt hat. Der Geltungsbereich der EuVTVO ist nämlich beschränkt worden für Schuldner mit Verbraucherstatus auf solche mit Wohnsitz im Erststaat. Damit ist die EuVTVO zu einem Papiertiger geworden. Ihre praktische Bedeutung ist gering.

96 Ein bestätigter europäischer Vollstreckungstitel wirkt automatisch in allen Mitgliedstaaten der EU – mit Ausnahme Dänemarks – ohne dass es einer Vollstreckbarerklärung zur Wirkungserstreckung bedürfte.

97 Aus dem bestätigten europäischen Vollstreckungstitel findet die Zwangsvollstreckung im Inland statt, ohne dass es einer Vollstreckungsklausel bedürfte, § 1082. Anwendbar sind §§ 750 ff. (vgl. § 1082, Rdn. 5). Für das Verfahren gelten §§ 1083–1086.

Anhang II

Vollstreckbarerklärung auf staatsvertraglicher Grundlage

1. EuGVÜ/LugÜ I und II

Schrifttum: vgl. § 328, Rdn. 173 ff.

98 Das EuGVÜ hat seine Bedeutung weitgehend verloren. Es galt nach Inkrafttreten der EuGVVO zunächst noch im Verhältnis zu Dänemark, hat aber durch das Abkommen zwischen der EU und Dänemark v. 19.10.2005[137] auch in deutsch-dänischen Rechtsstreitigkeiten nur noch für Altfälle Bedeutung. Das LugÜ gilt im Verhältnis zu Island, Norwegen und der Schweiz. Während das LugÜ I sich eng an das EuGVÜ anlehnte, übernimmt das neue Lugano-Übereinkommen vom 30.10.2007 (LugÜ II) mit wenigen Modifikationen die Regelungen der EuGVVO.

99 **a) Erfordernis der Vollstreckbarerklärung.** Die ausländische Entscheidung muss die Erfordernisse der Anerkennung erfüllen (vgl. § 328 Rdn. 174). Auch hier gilt der Grundsatz, dass es keine Vollstreckbarerklärung ohne Anerkennung gibt. Darüber hinaus muss die Entscheidung im Erststaat vollstreckbar sein.

---

136 Vgl. für den Text *Wieczorek/Schütze* Bd. VI sub 2a dd, S. 293 ff.
137 ABl. EG Nr. L, 299 S. 62; vgl. dazu *Jayme/Kohler* Europäisches Kollisionsrecht 2005: Hege-monialgesten auf dem Weg zu einer Gesamtvereinheitlichung, IPRax 2005, 481 ff. (485 f.); *Nielsen* Brussels I and Denmark, IPRax 2007, 506 ff.

b) Verfahren der Vollstreckbarerklärung. Das Verfahren der Vollstreckbarerklärung ist **100** teilweise in den Übereinkommen selbst (Artt. 31 ff. EuGVÜ/LugÜ I und Art. 38 ff. LugÜ II), teilweise im AVAG geregelt (§ 1 Abs. 1 Nr. 1 lit. a, b, Nr. 2 lit. b, c AVAG). Es handelt sich um ein Klauselerteilungsverfahren, das Muster für das Klauselerteilungsverfahren nach der EuGVVO war. Es ist wie dieses zweistufig. und entspricht ihm nach den Zuständigkeiten und den wesentlichen verfahrensrechtlichen Grundsätzen (vgl. dazu Rdn. 83 ff.).

2. Multilaterale Staatsverträge über Spezialmaterien

a) Haager Zivilprozessübereinkommen 1954

Schrifttum: vgl. § 328 Rdn. 176 f.

Vertragsstaaten: vgl. *Wieczorek/Schütze* Bd. VI, S. 563 **101**

Das Haager Zivilprozessübereinkommen vom 1.3.1954[138] regelt in Artt. 18 f. die Wirkungserstreckung von Kostenentscheidungen gegen den Kläger, der von der Vorauszahlung, Sicherheitsleistung oder Hinterlegung befreit ist zugunsten des Beklagten oder des Fiskus. Es braucht sich nicht um klagabweisende Urteile zu handeln. Auch klagzusprechende Urteile, die eine Kostenentscheidung zu Lasten des Klägers enthalten, fallen unter den sachlichen Geltungsbereich der Regelung[139].

Die Vollstreckbarerklärung[140] bestimmt sich nach Art. 19 nach dem Recht des Zweitstaa- **102** tes[141]. In Deutschland ist ein Ausführungsgesetz erlassen worden[142]. Das Verfahren bestimmt sich nach §§ 4–8 AusfG. Sachlich zuständig ist das Amtsgericht (§ 4 Abs. 1), örtlich zuständig das Gericht des allgemeinen Gerichtsstands des Kostenschuldners, hilfsweise das Gericht des Sprengels, in dem sich Vermögen des Kostenschuldners befindet oder die Zwangsvollstreckung durchgeführt werden soll ($ Abs. 2 AusfG). Die Entscheidung erfolgt ohne mündliche Verhandlung durch Beschluss (§ 4 Abs. 1 AusfG). Der Antrag kann auf diplomatischem Wege oder vom Kostengläubiger direkt gestellt werden. Im letzteren Fall wird der Beschluss von Amts wegen dem Kostenschuldner zugestellt, andernfalls ist eine von Amts wegen zu erteilende Ausfertigung der Landesjustizverwaltung einzureichen (§ 5 AusfG).

Gegen den die Vollstreckbarerklärung aussprechenden Beschluss ist die sofortige Be- **103** schwerde nach §§ 577 Abs. 1–3, 568–575 ZPO gegeben, gegen den abweisenden Beschluss die einfache Beschwerde nach § 3 568–571, 573–575 ZPO. Beschwerdeberechtigt gegen den stattgebenden Beschluss ist der Kostenschuldner, gegen den abweisenden Beschluss der Kostengläubiger bei direktem Antrag, der Staatsanwalt bei Antragstellung auf diplomatischem Wege (§ 6).

Titel der Zwangsvollstreckung ist der ausländische Kostenfestsetzungsbeschluss zusam- **104** men mit dem Beschluss der Vollstreckbarerklärung. Es gilt dasselbe wie für das Vollstreckungsurteil nach §§ 722 f. ZPO. § 7 S. 1 AusfG ist insoweit missverständlich. § 798 ZPO ist entsprechend anzuwenden.

---

138 Vgl. für den Text *Wieczorek/Schütze* Bd. VI, S. 564 ff.
139 Vgl. *Schütze* Die Anerkennung und Vollstreckung ausländischer Zivilurteile in der Bundesrepublik Deutschland als verfahrensrechtliches Problem, Diss. Bonn 1960, Fn. 360.
140 Vgl. dazu auch *Bülow* Der Antrag auf Voll-

streckbarerklärung einer Kostenentscheidung nach Art. 18 des Haager Übereinkommens über den Zivilprozess, RPfleger 1955, 301 ff.
141 Vgl. *Geimer/Schütze* Internationaler Rechtsverkehr, 101. 19, Fn. 90.
142 Vgl. AusfG v. 18.12.1958, abgedruckt in *Wieczorek/Schütze* Bd. VI, S. 585 ff.

b)   Revidierte Rheinschifffahrtsakte v. 17.10.1868

Schrifttum: vgl. § 328 Rdn. 177 ff.

105 Vertragsstaaten: vgl. *Wieczorek/Schütze* Bd. VI, S. 1159.

Art. 40 der revidierten Rheinschifffahrtsakte[143] regelt die Wirkungserstreckung von Entscheidungen von Rheinschifffahrtsgerichten der Vertragsstaaten. Zu den Erfordernissen der Wirkungserstreckung vgl § 328, Rdn. 126.

106 Die Vollstreckbarerklärung bestimmt sich nach § 21 des Gesetzes über das gerichtliche Verfahren in Binnenschifffahrts- und Rheinschifffahrtssachen[144]. Zuständig ist das Rheinschifffahrtsobergericht in Köln. Die Vollstreckbarerklärung erfolgt durch Klauselerteilung. Diese ist kostenfrei.

c)   Moselschifffahrtsabkommen v. 27.10.1956

Schrifttum: vgl. § 328, Rdn. 180 ff.

107 Vertragsstaaten: vgl. *Wieczorek/Schütze* Bd. VI, S. 1161.

108 Art. 34 des Moselschifffahrtsabkommens[145] regelt die Wirkungserstreckung von Entscheidungen der Moselschifffahrtsgerichte der Vertragsstaaten in Anlehnung an Art. 40 rev. Rheinschifffahrtsakte, der in Bezug genommen wird. Vgl. für die Erfordernisse der Wirkungserstreckung § 328, Rdn. 127.

Die Vollstreckbarerklärung bestimmt sich nach § 21 des Gesetzes über das gerichtliche Verfahren in Binnenschifffahrts- und Rheinschifffahrtssachen Zuständig ist das Rheinschifffahrtsobergericht Köln. Die Vollstreckbarerklärung erfolgt durch Klauselerteilung. Diese ist kostenfrei.

d)   COTIF

Schrifttum: vgl. § 328, Rdn. 183 f.

109 Vertragsstaaten: vgl. *Wieczorek/Schütze* Bd. VI, S. 1163.

Art. 18 des Übereinkommens über den internationalen Eisenbahnverkehr vom 9. Mai 1980[146] verweist in § 1 für die Vollstreckbarerklärung von Urteilen, die im Geltungsbereich des Übereinkommens ergangen sind, auf das Recht des Zweitstaates. Die Konvention statuiert ausdrücklich das Verbot der révision au fond. In Deutschland finden §§ 722 f. auf das Verfahren Anwendung.

e)   Übereinkommen über den Beförderungsvertrag im internationalen Straßengüterverkehr

Schrifttum: vgl. § 328, Rdn. 185 ff.

110 Vertragsstaaten: vgl. *Wieczorek/Schütze* Bd. VI, S. 1172.

---

143 Vgl. für den Text Bd. VI, S. 1159.
144 BGBl. 1952 I 641; vgl. für den Text Bd. VI, S. 1160.
145 Vgl. für den Text *Wieczorek/Schütze* Bd. VI, S. 1161 f.

146 Abgedruckt in *Wieczorek/Schütze* Bd. VI, S. 1166 f.

Art, 31 des Übereinkommens über den Beförderungsvertrag im internationalen Straßen- **111** güterverkehr v. 19.5.1956 (CMR)[147] regelt die Wirkungserstreckung von Urteilen, die unter den sachlichen Geltungsbereich der Konvention fallen. Vgl. für die Erfordernisse der Wirkungserstreckung § 328, Rdn. 185.

Das Verfahren der Vollstreckbarerklärung bestimmt sich nach zweitstaatlichem Recht, in Deutschland also nach §§ 722 f.

f) Haager Unterhaltsvollstreckungsübereinkommen 1958

Schrifttum: vgl. § 328, Rdn. 188.

Vertragsstaaten: vgl. *Wieczorek/Schütze* Bd. VI, S. 1174.

Das Haager Übereinkommen über die Anerkennung und Vollstreckung von Entscheidun- **112** gen auf dem Gebiet der Unterhaltspflicht gegenüber Kindern vom 15.4.1958[148] sichert die Wirkungserstreckung von Entscheidungen über Unterhaltsansprüche eines ehelichen, unehelichen oder an Kindes Statt angenommenen Kindes, jedoch nur, soweit das Kind unverheiratet ist und das 21. Lebensjahr noch nicht vollendet hat. Es ergänzt das Haager Übereinkommen vom 24.1956 über das auf Unterhaltsverpflichtungen gegenüber Kindern anzuwendende Recht.

Das Verfahren der Vollstreckbarerkläung bestimmt sich nach zweitstaatlichem Recht (Art. 6 **113** Abs. 1). Es ist ein AusfG[149] ergangen. Sachlich zuständig für die Vollstreckbarerklärung ist das Amtsgericht (§ 1 Abs. 1 AusfG). Die Rechtsprechung differenziert. Bei unehelichen Kindern soll die Prozessabteilung des Amtsgerichts, bei ehelichen hingegen das Familiengericht zuständig sein[150]. Örtlich zuständig ist das Gericht des allgemeinen Gerichtsstands des Schuldners, bei Fehlen eines solchen im Inland das Gericht des Sprengels, in dem Vermögen des Schuldners belegen ist oder in dem die Zwangsvollstreckung durchgeführt werden soll (§ 1 Abs. 2 AufG).

Die Vollstreckbarerklärung erfolgt im Beschlussverfahren. Der Gegner ist vor der Entschei- **114** dung anzuhören. §§ 1063 abs. 1, 1064 Abs. 2 gelten entsprechend (§ 2 Abs. 1 AusfG). Der Beschluss unterliegt der Beschwerde nach §§ 567–577. §§ 707, 717, 1065 geltend entsprechend (§ 2 Abs. 4 AusfG). Ist eine Entscheidung für vollstreckbar erklärt, so kann der Schuldner Einwendungen gegen den Anspruch selbst im Wege der Vollstreckungsgegenklage nur geltend machen, wenn die Gründe, auf denen sie beruhen, erst nach Ablauf der Beschwerdefrist – oder bei Einlegung der Beschwerde, nach Beendigung des Verfahrens – entstanden sind (§ 4 Abs. 2 AusfG).

g) Haager Unterhaltsvollstreckungsübereinkommen 1973

Schrifttum: vgl. § 328, Rdn. 131

Vertragsstaaten: vgl. *Wieczorek/Schütze* Bd. VI, S. 1188.

---

147 Vgl. für den Text Bd. VI, S. 1172 f.
148 BGBl. 1961 II 1006, abgedruckt in *Wieczorek/Schütze* Bd. VI, S. 1174 ff.
149 AufG vom 18.7.1961, BGBl. 1961 II 1033, mehrfach geändert, zuletzt BGBl. 2001 I, 1887.

150 Vgl. für Nachweise *Wolff* Handbuch des Internationalen Zivilverfahrensrechts, Bd. III/2, 1984, S. 483 Fn. 1159.

115 Das Haager Übereinkommen über die Anerkennung und Vollstreckung von Unterhaltsentscheidungen vom 2.10.1973[151] erleichtert die Durchsetzung von Unterhaltstiteln über
die Grenze[152]. Zum sachlichen Geltungsbereich vgl. § 328 Rdn. 192.

116 Für die Vollstreckbarerklärung findet das AVG Anwendung (§ 1 Abs. 1 Nr. 1 lit. c AVAG).
Danach ist ein Klauselerteilungsverfahren vorgesehen. Sachlich zuständig ist das Landgericht, örtlich zuständig das Gericht des Sprengels, in dem der Verpflichtete seinen
Wohnsitz hat, bei Fehlen eines inländischen Wohnsitzes des Sprengels, in dem die Zwangsvollstreckung durchgeführt werden soll (§ 3 AVAG). Beide Zuständigkeiten sind ausschließlich.

h)   Übereinkommen über die Haftung gegenüber Dritten auf dem Gebiet der Kernenergie

117 Das Übereinkommen über Haftung gegenüber Dritten auf dem Gebiet der Kernernergie[153]
ist am 30.9.1975 in Kraft getreten[154] und später mehrfach geändert worden.

118 Art. 13 lit. d regelt die Vollstreckbarerklärung von Zivilurteilen, die unter der Konvention
ergangen sind, unter Verweisung auf zweitstaatliches Recht. Das Übereinkommen beschränkt sich darauf, das Verbot der révision au fond zu statuieren. In Deutschland
bestimmt sich die Vollstreckbarerklärung deshalb nach §§ 722 f.

i)   Internationales Übereinkommen über die zivilrechtliche Haftung für Ölverschmutzungsschäden

119 Das internationale Übereinkommen über die zivilrechtliche Haftung für Ölverschmutzungsschäden vom 29.11.1969[155] ist am 18.8.1975 in Kraft getreten[156] und später mehrfach geändert worden.

120 Art. X Abs. 1 des Übereinkommens enumeriert die Erfordernisse der Anerkennung und
Vollstreckbarerklärung von Entscheidungen, die unter den Geltungsbereich des Übereinkommens fallen. Abs. 2 dieser Norm verweist hinsichtlich des Verfahrens der Vollstreckbarerklärung auf das Recht des Zweitstaats. In Deutschland kommen §§ 722 f. zur Anwendung.

3.   Bilaterale Staatsverträge

Schrifttum: vgl. § 328, Rdn. 198.

121 Nachdem die Wirkungserstreckung von Zivilurteilen vor dem zweiten Weltkrieg bereits
durch zwei wichtige Abkommen im Verhältnis zur Schweiz und zu Italien geregelt worden
war, hat Deutschland nach 1945 Verträge über die gegenseitige Urteilsanerkennung und
-vollstreckung mit zahlreichen Staaten abgeschlossen. Die meisten dieser Staatsverträge
sind durch europäisches Recht, EuGVÜ und LugÜ I und II heute weitgehend obsolet
geworden und haben nur noch begrenzte Bedeutung für Altfälle und im europäischen
Verordnungsrecht und den beiden Konventionen nicht geregelte Materien.

---

151 BGBl. 1986 II 825, abgedruckt in *Wieczorek/
Schütze* Bd. VI, S. 1188 ff.
152 Vgl. eingehend den *Verwilghen* Bericht,
BTDrucks. 10/258; abgedruckt in *Wieczorek/Schüt-
ze* Bd. VI, S. 1198 ff.

153 BGBl. 1975 II 957.
154 BGBl. 1976 II 308.
155 BGBl. 1975 II, 301, 305.
156 BGBl. 1975 II 1106.

a) Deutsch-schweizerisches Anerkennungs- und Vollstreckungsabkommen

Schrifttum: vgl. § 328, Rdn. 199.

Das deutsch-schweizerische Anerkennungs- und Vollstreckungsabkommen vom 2.11.1929[157] ist am 1.3.1930 in Kraft getreten[158]. Sein Bestand ist durch den Krieg nicht berührt worden. Es ist nach Art. 55 LugÜ I und nach Art. 65 Lug II durch dieses ersetzt worden, behält aber im Rahmen von Art. 56 LugÜ I/Art. 66 LugÜ II weiterhin – beschränkte – Bedeutung. **122**

Die Vollstreckbarerklärung ist in Artt. 6–8 geregelt. In Deutschland ist eine AusfVO ergangen[159]. Danach ist das Amtsgericht am allgemeinen Gerichtsstand des Urteilsschuldners, hilfsweise das Amtsgericht des Sprengels, in dem sich Vermögen des Schuldners befindet oder in dem die Vollstreckungshandlung durchgeführt werden soll, zuständig (Art. 1 AusfVO). Die Entscheidung ergeht im Beschlussverfahren. §§ 1063 Abs. 1, 1064 Abs. 4, 794 Abs. 1, Nr. 4a sind entsprechend anzuwenden (Art. 2 Abs. 1 AusfVO). Die Geltendmachung von Einwendungen gegen den Urteilsanspruch im Vollstreckbarerklärungsverfahren ist zulässig, soweit das schweizerische Recht dies zulässt (Art. 4 AusfVO). **123**

b) Deutsch-italienisches Anerkennungs- und Vollstreckungsabkommen

Schrifttum: vgl. § 328, Rdn. 202.

Das deutsch-italienische Anerkennungs- und Vollstreckungsabkommen vom 9.3.1936[160] ist nach Suspension durch den 2. Weltkrieg mit Wirkung vom 1.10.1952 wieder in Kraft gesetzt worden[161]. Das Abkommen ist nach Art. 55 EuGVÜ zunächst durch dieses ersetzt worden, behielt aber im Rahmen des Art. 56 EuGVÜ seine – beschränkte – Bedeutung. Das Abkommen ist nach Art. 69 EuGVVO durch diese ersetzt worden, behält aber weiterhin im Rahmen von Art. 70 EuGVVO seine – beschränkte – Bedeutung. **124**

Die Vollstreckbarerklärung ist in Artt. 6 f. geregelt. In Deutschland ist eine AusfVO ergangen[162]. Danach ist das Amtsgericht am allgemeinen Gerichtsstand des Urteilsschuldners, hilfsweise das Amtsgericht des Sprengels, in dem sich Vermögen des Schuldners befindet oder die Vollstreckungshandlung durchgeführt werden soll, zuständig (Art. 1 AusfVO). Die Entscheidung ergeht im Beschlussverfahren. §§ 1063 Abs. 1, 1064 Abs. 2, 794 Abs. 1 Nr. 4a sind entsprechend anzuwenden (Art. 2 Abs. 1 AusfVO). Die Geltendmachung von Einwendungen gegen den Urteilsanspruch im Vollstreckbarerklärungsverfahren ist zulässig, soweit das italienische Recht dies zulässt (Art. 4 AusfVO). **125**

---

157 RGBl. 1930 II 1066; abgedruckt bei *Geimer/Schütze* Internationaler Rechtsverker, 660.11 ff. mit einer Kommentierung von *Müller*.
158 RGBl. 1930 II 1065.
159 Vgl. Verordnung zur Ausführung des deutsch-schweizerischen Abkommens über die gegenseitige Anerkennung und Vollstreckung von gerichtlichen Entscheidungen und Schiedssprüchen vom 2. November 1929 vom 23.8.1930 in der Fassung der Bekanntmachung vom 12.9.1950, BGBl. 1950 I 533; abgedruckt bei *Geimer/Schütze* Internationaler Rechtsverkehr, 661. 1 f.
160 RGBl. 1937 II 145; abgedruckt bei *Geimer/Schütze* Internationaler Rechtsverkehr, 630. 1 ff.

161 BGBl. 1952 II 986; vgl. dazu *Marazzi* Sulla rimessa in vigore dei trattati con la Germania prebellica, Riv.it.dir.e proc.pen. 1959, 338 ff.; *Neumayer* Über die Fortgeltung deutsch-italienischer Staatsverträge privatrechtlichen Inhalts, JZ 1952, 682 f.
162 Vgl. Ausführungsverordnung zur Ausführung des deutsch-italienischen Abkommens über die Anerkennung und Vollstreckung gerichtlicher Entscheidungen in Zivil- und Handelssachen vom 18.5.1937, BGBl. 2001 I 1887 (letzte Änderungsfassung), abgedruckt bei *Geimer/Schütze* Internationaler Rechtsverkehr, 631. 1 ff.

c)   Deutsch-belgisches Anerkennungs- und Vollstreckungsabkommen

Schrifttum: vgl. § 328, Rdn. 205.

126 Das deutsch-belgische Anerkennungs- und Vollstreckungsabkommen vom 30.6.1958[163] ist am 27.1.1961 in Kraft getreten[164]. Das Abkommen ist nach Art. 55 EuGVÜ zunächst durch dieses ersetzt worden, behielt aber im Rahmen von Art. 56 EuGVÜ seine – begrenzte – Bedeutung. Das Abkommen ist dann nach Art. 69 EuGVVO durch diese Verordnung ersetzt worden, behält aber weiterhin im Rahmen von Art. 70 EuGVVO seine – begrenzte – Bedeutung.

127 Die Vollstreckbarerklärung ist in Artt. 6 ff. geregelt. In Deutschland ist ein AusfG ergangen[165]. Danach ist sachlich das Amts- oder Landgericht zuständig, das für die Geltendmachung des Anspruchs zuständig sein würde (§ 1 Abs. 1 AusfG). Örtlich zuständig ist das Gericht des allgemeinen Gerichtsstandes des Schuldners, hilfsweise das Gericht des Sprengels, in dem sich Vermögen des Schuldners befindet oder die Zwangsvollstreckung durchgeführt werden soll (§ 1 Abs. 2 AusfG). Die Entscheidung ergeht im Beschlussverfahren. §§ 1063 Abs. 1, 1064 Abs. 2, 794 Abs. 1 Nr. 4a finden entsprechende Anwendung (§ 2 Abs. 1 AusfG). Die Geltendmachung von Einwendungen gegen den Urteilsanspruch ist zulässig, sofern die Gründe auf denen sie beruhen, erst nach Erlass der belgischen Entscheidung entstanden sind (§ 5 Abs. 1 AusfG).

d)   Deutsch-österreichischer Anerkennungs- und Vollstreckungsvertrag

Schrifttum: Vgl. § 328, Rdn. 208.

128 Der deutsch-österreichische Anerkennungs- und Vollstreckungsvertrag vom 6.6.1959[166] ist am 29.5.1960 im Kraft getreten[167]. Er ist nach Art. 55 LugÜ I und Art. 65 LugÜ II durch dieses ersetzt worden, hat jedoch seine – beschränkte – Bedeutung im Rahmen des Art. 56 LugÜ I/Art. 66 LugÜ II behalten. Durch den Beitritt Österreichs zum EuGVÜ blieb die Rechtslage nach Artt. 55, 56 EuGVÜ unverändert. Der Vertrag ist dann nach Art. 69 EuGVVO durch diese Verordnung ersetzt worden, behält aber nach Art. 70 EuGVVO weiterhin eine – begrenzte – Bedeutung.

129 Die Vollstreckbarerklärung ist in Artt. 7 ff. des Vertrages geregelt. In Deutschland ist ein AusfG ergangen[168]. Danach ist Amts- oder Landgericht sachlich zuständig, das für die Geltendmachung des Anspruchs zuständig wäre (§ 1 Abs. 1 AusfG). Örtlich zuständig ist das Gericht des allgemeinen Gerichtssandes des Schuldners, hilfsweise das Gericht des Sprengels, in dem sich Vermögen des Schuldners befindet oder in dem die Zwangsvollstreckung stattfinden soll (§ 1 Abs. 2 AusfG). Die Entscheidung ergeht im Beschlussverfahren. §§ 1063

---

163 BGBl. 1959 II 766; abgedruckt bei *Geimer/Schütze* Internationaler Rechtsverkehr, 610. 2 ff.
164 BGBl. 1960 II 2408.
165 Vgl. Gesetz zur Ausführung des Abkommens zwischen der Bundesrepublik Deutschland und dem Königreich belgien vom 30. Juni 1958 über die gegenseitige Anerkennung und Vollstreckung von gerichtlichen Entscheidungen, Schiedssprüchen und öffentlichen Urkunden in Zivil- und Handelssachen vom 26. Juni 1959, BGBl. 2001 I 1887 (Änderungsfassung), abgedruckt bei *Geimer/Schütze* Internationaler Rechtsverkehr, 612. 1 ff.

166 BGBl. 1960 II 1246; abgedruckt bei *Geimer/Schütze* Internationaler Rechtsverkehr, 650. 1 ff.
167 BGBl. 1960 II 1523.
168 Vgl. Gesetz zur Ausführung des Vertrages zwischen der Bundesrepublik Deutschland und der Republik Österreich vom 6. Juni 1959 über die gegenseitige Anerkennung und Vollstreckung von gerichtlichen Entscheidungen, Vergleichen und öffentlichen Urkunden in Zivil- und Handelssachen vom 8. März 1960, BGBl. 2001 I 1887 (Änderungsfassung), abgedruckt bei *Geimer/Schütze* Internationaler Rechtsverkehr, 651. 1 ff.

Abs. 1 und § 1064 Abs. 2 sind entsprechend anwendbar (§ 2 Abs. 1 AusfG). Bei noch nicht rechtskräftigen Entscheidungen ist die Vollstreckbarerklärung nur zur Sicherstellung zulässig. Die Geltendmachung von Einwendungen gegen den Urteilsanspruch ist zulässig, soweit die Gründe, auf denen sie beruhen, erst nach Erlass der österreichischen Entscheidung entstanden sind (§ 5 Abs. 1 AusfG).

e) Deutsch-britisches Anerkennungs- und Vollstreckungsabkommen

Schrifttum: vgl. § 328 Rdn. 211.

Das deutsch-britische Anerkennungs- und Vollstreckungsabkommen vom 14.7.1960[169] ist **130** am 15.7.1961 in Kraft getreten[170]. Das Abkommen ist nach Art. 55 EuGVÜ zunächst durch dieses ersetzt worden, behielt aber nach Art. 56 EuGVÜ seine – begrenzte – Bedeutung. Das Abkommen ist dann durch Art. 69 EuGVVO durch diese Verordnung ersetzt worden, behält aber im Rahmen von Art. 70 EuGVVO weiterhin seine – begrenzte – Bedeutung.

Die Vollstreckbarerklärung ist in Artt. V ff. des Abkommens geregelt. Die Vollstreckbar- **131** erklärung setzt voraus (Art. V Abs. 2):

- Die Entscheidung muss eine Zivil- oder Handelssache zum Gegenstand haben;
- Sie muss im Erststaat vollstreckbar sein;
- Sie muss auf die Zahlung einer bestimmten Geldsumme lauten (einschließlich der Kostenentscheidung);
- Die Entscheidung muss die Erfordernisse der Anerkennung erfüllen.

In Deutschland ist ein AusfG ergangen[171]. Für die Vollstreckbarerklärung ist sachlich das **132** Landgericht zuständig (§ 1 Abs. 1 AusfG). Örtlich zuständig ist das Gericht des gewöhnlichen Aufenthalts des Schuldners, hilfsweise das Gericht, in dessen Sprengel sich Vermögen des Schuldners befindet (§ 1 Abs. 2 AusfG). Die Entscheidung ergeht im Beschlussverfahren. §§ 1063 Abs. 1, 1064 Abs. 2 gelten entsprechend (§ 2 Abs. 1 AusfG). Die Geltendmachung von Einwendungen gegen den Urteilsanspruch ist zulässig, soweit die Gründe, auf denen sie beruhen, nach Erlass der gerichtlichen Entscheidung entstanden sind (§ 4 AusfG).

f) Deutsch-griechischer Anerkennungs- und Vollstreckungsvertrag

Schrifttum: vgl. § 328, Rdn. 214.

Der deutsch-griechische Anerkennungs- und Vollstreckungsvertrag vom 4.11.1961[172] ist **133** am 30.8.1963 in Kraft getreten[173]. Der Vertrag ist nach Art. 55 EuGVÜ zunächst durch dieses ersetzt worden, behielt aber im Rahmen von Art. 56 EuGVÜ seine – beschränkte – Bedeutung. Der Vertrag ist dann nach Art. 69 EuGVVO durch diese Verordnung ersetzt worden, behält aber im Rahmen von Art. 70 EuGVVO weiterhin seine – begrenzte – Bedeutung.

---

169 BGBl. 1961 II 301; abgedruckt bei *Geimer/Schütze* Internationaler Rechtsverkehr, 702. 1 ff.
170 BGBl. 1960 II 1025.
171 Gesetz zur Ausführung des Abkommens vom 14. Juli 1960 zwischen der Bundesrepublik Deutschland und dem Vereinigten Königreich Großbritannien und Nordirland über die gegenseitige Anerkennung und Vollstreckung von ge-

richtlichen Entscheidungen in Zivil- und Handelssachen vom 28.3.1961, BGBl. 2001 I 1887 (Änderungsfassung), abgedruckt mit Kommentierung bei *Geimer/Schütze* Internationaler Rechtsverkehr 703. 1 ff.
172 BGBl. 1963 II 110; abgedruckt bei *Geimer/Schütze* Internationaler Rechtsverkehr, 620. 1 ff.
173 BGBl. 1963 II 12.

134 Die Vollstreckbarerklärung ist in Artt. 6 ff. des Vertrages geregelt. In Deutschland ist ein AusfG ergangen[174]. Für die Vollstreckbarerklärung sachlich zuständig ist das Amts- oder Landgericht, das für die gerichtliche Geltendmachung des Anspruchs zuständig wäre (§ 1 Abs. 1 AusfG). Örtlich zuständig ist das Gericht des allgemeinen Gerichtsstands des Schuldners, hilfsweise das Gericht des Sprengels, in dem sich Vermögen des Schuldners befindet oder die Zwangsvollstreckung durchgeführt werden soll (§ 1 Abs. 2 AusfG).

135 Die Entscheidung ergeht im Beschlussverfahren. §§ 1063 Abs. 1, 1064 Abs. 2 finden entsprechende Anwendung (§ 2 Abs. 1 AusfG). Die Geltendmachung von Einwendungen gegen des Urteilsanspruch ist zulässig, soweit die Gründe, auf denen sie beruhen, erst nach Erlass der gerichtlichen Entscheidung ergangen sind (§ 4 Abs. 1 AusfG).

g)   Deutsch-niederländischer Anerkennungs- und Vollstreckungsvertrag

Literatur: vgl. § 328, Rdn. 217.

136 Der deutsch-niederländische Anerkennungs- und Vollstreckungsvertrag vom 30.8.1962[175] ist am 15.9.1965 in Kraft getreten[176]. Der Vertrag ist nach Art. 55 EuGVÜ zunächst durch dieses ersetzt worden, behielt aber im Rahmen von Art. 56 EuGVÜ seine – begrenzte – Bedeutung. Der Vertrag ist dann durch Art. 69 EuGVVO durch diese Verordnung ersetzt worden, behält aber im Rahmen von Art. 70 EuGVVO weiterhin eine – beschränkte – Bedeutung.

137 Die Vollstreckbarerklärung ist in Artt. 6 ff. geregelt. Der Vertrag sieht erstmals eine Vollstreckbarerklärung durch Klauselerteilung vor, ohne dass hierdurch eine besondere Erleichterung gegenüber dem Vollstreckbarerklärungsverfahren nach den älteren Staatsverträgen über die internationale Urteilsanerkennung und -vollstreckung. eingetreten wäre. In Deutschland ist ein AusfG ergangen[177]. Für die Klauselerteilung ausschließlich sachlich zuständig ist das Landgericht (§ 1 Abs. 1 AusfG).

138 Örtlich zuständig ist das Gericht des allgemeinen Gerichtsstandes des Schuldners, hilfsweise das Gericht des Sprengels, in dem sich Vermögen des Schuldners befindet oder die Zwangsvollstreckung durchgeführt werden soll (§ 1 Abs. 2 AusfG).

139 Das Verfahren ist zweistufig. Über den Antrag auf Klauselerteilung entscheidet der Vorsitzende einer Kammer des Lnadgerichts ohne mündliche Verhandlung ohne dass es einer Anhörung des Schuldners bedarf (§ 3 AusfG). Gegen die Anordnung des Vorsitzenden, dass die Vollstreckungsklausel zu erteilen ist, findet der Widerspruch statt (§ 9 Abs. 1 AusfG), der binnen einer Notfrist von zwei Wochen seit Zustellung des mit der Vollstreckungsklausel versehenen Titels einzulegen ist. Bei Zustellung im Ausland oder durch öffentliche Bekanntmachung wird die Frist durch den Vorsitzenden bestimmt (§ 9 Abs. 3 AusfG). Mit dem Widerspruch geht das Verfahren in den kontradiktorischen Teil über. Das Landgericht

---

174 Gesetz zur Ausführung des Vertrags vom 4. November 1961 zwischen der Bundesrepublik Deutschland und dem Königreich Griechenland über die gegenseitige Anerkennung und Vollstreckung von gerichtlichen Entscheidungen, Vergleichen und öffentlichen Urkunden in Zivil- und Handelssachen vom 5.2.1963, BGBl. 2001 I 1887 (Änderungsfassung), abgedruckt bei *Geimer/Schütze* Internationaler Rechtsverkehr, 621. 1 ff.
175 BGBl. 1965 II 26; abgedruckt bei *Geimer/Schütze* Internationaler Rechtsverkehr, 640. 1 ff.

176 BGBl. 1965 II 1155.
177 Gesetz zur Ausführung des Vertrages vom 30. August 1962 zwischen der Bundesrepublik Deutschland und dem Königreich der Niederlande über die gegenseitige Anerkennung und Vollstreckung gerichtlicher Entscheidungen und anderer Schuldtitel in Zivil- und Handelssachen vom 15.1.1965, BGBl. 2001 I 1887 (Änderungsfassung), abgedruckt bei *Geimer/Schütze* Internationaler Rechtsverkehr, 641. 1 ff.

entscheidet nach Anhörung des Schuldners durch Beschluss. Der Beschluss kann ohne mündliche Verhandlung ergehen (§ 10 Abs. 1 AusfG. Gegen den Beschluss, durch den über den Widerspruch entschieden wird, ist die Beschwerde gegeben (§ 11 AusfG).

h) Deutsch-tunesischer Rechtshilfe-, Anerkennungs- und Vollstreckungsvertrag
Schrifttum: vgl. § 328, Rdn. 220.

Der deutsch-tunesische Rechtshilfe-, Anerkennungs- und Vollstreckungsvertrag vom **140** 19.7.1966[178] ist am 13.3.1970 in Kraft getreten[179].

Die Vollstreckbarerklärung ist in Artt. 34 ff. des Vertrages geregelt. In Deutschland ist ein **141** AusfG ergangen[180]. Sachlich zuständig ist das Landgericht (Art. 37 Abs. 1 Nr. 1 des Vertrages). Örtlich zuständig ist das Wohnsitzgericht des Schuldners oder das Gericht des Sprengels, in dem die Zwangsvollstreckung durchgeführt werden soll. Unter mehreren örtlich zuständigen Gerichte hat der Gläubiger die Wahl (Art. 37 Abs. 2 des Vertrages). Die Entscheidung erfolgt im Beschlussverfahren. §§ 1063 Abs. 1, 1064 Abs. 2 sind entsprechend anzuwenden (§ 5 Abs. 1 AusfG). Die Geltendmachung von Einwendungen gegen den Urteilsanspruch ist zulässig, soweit diese auf Gründen beruhen, die nach Erlass der tunesischen Entscheidung entstanden sind (§ 7 Abs. 1 AusfG).

i) Deutsch-norwegischer Anerkennungs- und Vollstreckungsvertrag
Schrifttum: vgl. § 328, Rdn. 226.

Der deutsch-norwegische Anerkennungs- und Vollstreckungsvertrag vom 17.6.1977[181] ist **142** am 3.10.1981 in Kraft getreten[182]. Der Vertrag ist durch Art. 55 LugÜ I und später durch Art. 65 LugÜ II ersetzt worden, hat jedoch im Rahmen des Art. 56 LugÜ I/Art. 66 LugÜ II seine – beschränkte – Bedeutung behalten.

Die Vollstreckbarerklärung ist in Artt. 10 ff. geregelt. Das Verfahren bestimmt sich nach **143** dem Vertrag und dem AVAG (§ 1 Abs. 1 Nr. 1 lit. d AVAG). Der Vertrag sieht ein Klauselerteilungsverfahren vor. Die Klauselerteilung beinhaltet die Vollstreckbarerklärung. Ausschließlich sachlich zuständig ist das Landgericht (§ 3 Abs. 1 AVAG). Ausschließlich örtlich zuständig ist das Gericht des Sprengels, in dem der Verpflichtete seinen Wohnsitz hat, in Ermangelung eines inländischen Wohnsitzes das Gericht des Sprengels, in dem die Zwangsvollstreckung durchgeführt werden soll (§ 3 Abs. 2 AVAG).

Das Verfahren ist zweistufig. In der ersten Stufe entscheidet das Gericht ohne Anhörung des **144** Urteilsschuldners (§ 6 Abs. 1 AVAG). Das Gericht kann jedoch eine mündliche Erörterung anordnen, wenn der Antragsteller oder sein Bevollmächtigter damit einverstanden ist. Die zweite Stufe des Verfahrens ist kontradiktorisch. Gegen die Klauselerteilung (ohne mündliche Verhandlung und regelmäßig ohne Anhörung des Urteilsschuldners) ist die Beschwerde zum Oberlandesgericht gegeben (§ 11 AVAG). In dem Beschwerdeverfahren kann der Urteilsschuldner geltend machen, die Erfordernisse der Vollstreckbarerklärung nach

---

178 BGBl. 1966 II 890; auszugsweise hinsichtlich der für die Wirkungserstreckung wichtigen Bestimmungen Bd. VI, S. 1335 ff.
179 BGBl. 1970 II 125.
180 Vgl. Gesetz zu Ausführung des deutsch-tunesischen Vertrages vom 19. Juli 1966 über Rechtsschutz und Rechtshilfe, die Anerkennung und Vollstreckung gerichtlicher Entscheidungen

in Zivil- und Handelssachen sowie über die Handelsschiedsgerichtsbarkeit vom 29.4.1969, BGBl. 1969 I 333, mehrfach geändert, zuletzt BGBl. 2001 I 1887; abgedruckt auszugsweise bei *Geimer/ Schütze* Internationaler Rechtsverkehr, 671. 1 ff.
181 BGBl. 1981 II 341; abgedruckt bei *Geimer/ Schütze* Internationaler Rechtsverkehr, 645. 6 ff.
182 BGBl. 1981 II 901.

Artt. 10 ff. des Vertrages seien nicht gegeben und Einwendungen gegen den Urteilsanspruch selbst geltend machen, soweit die Gründe, auf denen sie beruhen, erst nach
dem Erlass der norwegischen Entscheidung entstanden sind (§ 12 Abs. 1 AVAG). Gegen
die Beschwerdeentscheidung des OLG ist die Rechtsbeschwerde zum BGH nach Maßgabe
des § 574 Abs. 1 Nr. 1, Abs. 2 gegeben (§ 15 AVAG). Für Sonderregelungen der Klauselerteilung norwegischer Entscheidungen vgl. §§ 40 ff. AVAG.

j)   Deutsch-israelischer Anerkennungs- und Vollstreckungsvertrag

Schrifttum: vgl. § 328, Rdn. 229.

145 Der deutsch-israelische Anerkennungs- und Vollstreckungsvertrag vom 20.7.1977[183] ist am
1.1.1981 in Kraft getreten[184]. Der Vertrag hat politische Dimension und beendet einen
justizpolitischen Skandal in Form eines Eingriffs der Exekutive in die richterliche Gewalt[185]. Zu dem Vertrag ist ein AusfG ergangen[186]. Dieses ist jedoch am 8.6.1988 außer
Kraft getreten und durch das AVAG ersetzt worden.

146 Die Vollstreckbarerklärung ist in Artt. 10 ff. geregelt. Das Verfahren bestimmt sich nach
dem Vertrag und dem AVAG (§ 1 Abs. 1 Nr. 1 lit. e AVAG). Für die Klauselerteilung gelten
dieselben Zuständigkeiten und verfahrensrechtlichen Grundsätze wie für die Vollstreckbarerklärung von norwegischen Entscheidungen nach dem deutsch-norwegischen Vertrag
(vgl. Rdn. 142 ff.). Für Sonderregelungen der Klauselerteilung israelischer Entscheidungen
vgl. §§ 45 ff. AVAG.

k)   Deutsch-spanischer Anerkennungs- und Vollstreckungsvertrag

Schrifttum: vgl. § 328, Rdn. 235.

147 Der deutsch spanische Anerkennungs- und Vollstreckungsvertrag vom 14.11.1983[187] ist am
18.4.1988 in Kraft getreten[188]. Der Vertrag ist nach Art. 55 EuGVÜ zunächst durch dieses
ersetzt worden, behielt aber im Rahmen von Art. 56 EuGVÜ seine – begrenzte – Bedeutung.
Der Vertrag ist dann durch Art. 69 EuGVVO durch diese Verordnung ersetzt worden, behält
aber weiterhin im Rahmen von Art. 70 EuGVVO seine – begrenzte – Bedeutung.

148 Die Vollstreckbarerklärung ist in Artt. 11 ff. geregelt[189]. Das Verfahren bestimmt sich nach
dem AVAG (§ 1 Abs. 1 Nr. 1 lit. f AVAG). Für die Klauselerteilung gelten dieselben Zuständigkeiten und verfahrensrechtlichen Grundsätze wie für die Vollstreckbarerklärung norwegischer Entscheidungen nach dem deutsch-norwegischen Vertrag (vgl. Rdn. 101 ff.).

---

183 BGBl. 1980 II 936; abgedruckt Bd. VI,
S. 1392 ff.
184 BGBl. 1980 II 1531.
185 Vgl. § 328, Rdn. 147; *Schütze* Internationales
Zivilprozessrecht und Politik, FS Georgiades,
2005, S. 577 ff.

186 BGBl. 1980 I 1301.
187 BGBl. 1987 II 35; abgedruckt bei *Geimer/
Schütze* Internationaler Rechtsverkehr, 663. 6 ff.
188 BGBl. 1988 II 207, 375.
189 Vgl. dazu eingehend *Geimer/Schütze/Karl* Internationaler Rechtsverkehr, 663. 175 ff.

§ 723

Vollstreckungsurteil

(1) Das Vollstreckungsurteil ist ohne Prüfung der Gesetzmäßigkeit der Entscheidung zu erlassen.

(2) [1]Das Vollstreckungsurteil ist erst zu erlassen, wenn das Urteil des ausländischen Gerichts nach dem für dieses Gericht geltenden Recht die Rechtskraft erlangt hat. [2]Es ist nicht zu erlassen, wenn die Anerkennung des Urteils nach § 328 ausgeschlossen ist.

Schrifttum: Vgl. Vor § 722.

Übersicht

	Rdn.
I. Erfordernisse der Vollstreckbar-	
erklärung	1
1. Entscheidungen, die der Voll-	
streckbarerklärung zugänglich	
sind	2
a) Vollstreckungsfähiger Inhalt ..	2
b) Bestimmtheit	5
2. Die Anerkennung als Voraus-	
setzung der Vollstreckbarerklä-	
rung	8
3. Das Rechtskrafterfordernis	12
4. Vollstreckbarkeit	20
II. Das Verbot der révision au fond	24
1. Grundsatz	24
2. Die Nachprüfung der Anerken-	
nungserfordernisse, insbes.	
§ 328 Abs. 1 Nr. 1	27
3. Einwendungen gegen den Ur-	

	Rdn.
teilsanspruch, insbes. das Erlö-	
schen durch Aufrechnung	30
a) Einwendungen, die vor Er-	
lass der ausländischen Ent-	
scheidung entstanden sind	31
b) Einwendungen, die zwischen	
dem Erlass des erststaatli-	
chen und dem Erlass des	
Vollstreckungsurteils entstehen	33
c) Einwendungen, die nach Er-	
lass des Vollstreckungsurteils	
entstehen	36
d) Insbesondere: Die Aufrechnung	37
4. Das Problem des § 826 BGB	42
a) Kollisionsrechtliche Zuläs-	
sigkeit	43
b) Geltendmachung von § 826	
BGB	44

I. Erfordernisse der Vollstreckbarerklärung

Die Erfordernisse der Vollstreckbarerklärung sind in §§ 722, 723 nicht im einzelnen normiert. § 723 führt lediglich die Rechtskraft der ausländischen Entscheidung als Voraussetzung der Vollstreckbarerklärung auf. **1**

1. Entscheidungen, die der Vollstreckbarerklärung zugänglich sind

a) **Vollstreckungsfähiger Inhalt.** Der Vollstreckbarerklärung sind nur solche Entscheidungen zugänglich, aus denen nach dem 8. Buch der ZPO zwangsvollstreckt werden kann. Anders als Schiedssprüche nach §§ 1060 f. können Urteile ohne vollstreckbaren Inhalt nicht **2** für vollstreckbar erklärt werden[1]. Die abweichende Ansicht von Hellwig[2], der auch für den Eintritt der Rechtsänderung bei Gestaltungsurteilen ein Vollstreckungsurteil fordert, hat sich nicht durchsetzen können.

3 Der Vollstreckbarerklärung zugänglich sind im einzelnen:

- Leistungsurteile
- Kostenfestsetzungsbeschlüsse, soweit die Entscheidung, in deren Zusammenhang sie ergehen, anerkennungsfähig ist[3], und zwar auch gegen den Kläger[4]
- im summarischen Verfahren (Mahnverfahren entsprechend dem nach §§ 688 ff. im deutschen Recht) ergangene Vollstreckungstitel[5]
- Vollstreckungsbescheiden entsprechende Staatsakte[6]
- gerichtliche Vergleiche (Prozessvergleiche)[7]
- notarielle vollstreckbare Urkunden[8]
- Exequaturentscheidungen ausländischer Gerichte für Urteile ausländischer Gerichte[9].

1 Vgl. MünchKomm/*Gottwald* § 722 Rdn. 14; *Schütze* Die Anerkennung und Vollstreckung ausländischer Zivilurteile in der Bundesrepublik Deutschland als verfahrensrechtliches Problem, Diss. Bonn 1960, 57 f.; Zöller/*Geimer* § 722 Rdn. 2.
2 Vgl. *Hellwig* Anspruch und Klagerecht, 1924, 478, der die Vollstreckungsklage lediglich als actio iudicati qualifiziert und dem ausländischen Urteil nur die Bedeutung der Feststellung des Rechtes auf Rechtsänderung gibt. In Lehrbuch des Deutschen Civilprozessrechts, Bd. I, 1903, 103 dagegen begrenzt auch *Hellwig* den sachlichen Geltungsbereich des § 722 auf die Zwangsvollstreckung.
3 Vgl. RGZ 109, 387; OLG Frankfurt/Main IPRax 1984, 32; *Geimer* Anerkennung, S. 170; *ders.* IPRax 1986, 215 ff.; *ders.* Exequaturverfahren, FS Georgiades, 2005, S. 489 ff. (499)MünchKomm/ *Gottwald* § 722, Rdn. 13, 20; *Musielak/Lackmann* § 722, Rdn. 3; Stein/Jonas/*Münzberg* § 722 Rdn. 11; Zöller/*Geimer* § 722 Rdn. 10.
4 Vgl. OLG Frankfurt/Main IPRax 1984, 32; *Geimer* FS Georgiades, S. 489 ff. (499).
5 Vgl. *Geimer* Anerkennung, S. 169; Zöller/*Geimer* § 722 Rdn. 8.
6 Vgl. OLG Düsseldorf NJW-RR 1997, 124; *von Falck* Implementierung offener ausländischer Vollstreckungstitel – Vollstreckbarerklärung ausländischer Titel und inländischer Bestimmtheitsgrundsatz, 1998, S. 43; *Geimer* FS Georgiades, S. 489 ff. (497 f.).
7 Vgl. *Geimer* Anerkennung S. 169;*ders.* FS Georgiades, S. 489 ff. (498); *Riezler* IZPR, S. 530; **aA** MünchKomm/*Gottwald* § 722 Rdn. 13;*Musielak/ Lackmann* § 722, Rdn. 3; Stein/Jonas/*Münzberg* § 722 Rdn. 11.
8 Vgl. *Geimer* Anerkennung S. 169; *ders.* Vollstreckbare Urkunden ausländischer Notare, DNotZ 1975, 461 ff.; *ders.* Internationale Durchsetzung vollstreckbarer Urkunden, in: Rechberger Die vollstreckbare Urkunde, 2002, S. 69 ff. (75); *ders.* FS Georgiades, S. 489 ff. (498); *Schütze* Internationales Notarverfahrensrecht, DNotZ

1992, 66 ff., 81; Zöller/*Geimer* § 722 Rdn. 8; **aA** LG Hamburg IPRspr. 1982 Nr. 180; *Bärmann* Die Freizügigkeit der notariellen Urkunde, IPR der notariellen Urkunde, AcP 159 (1960/61) 5 ff.; *von Falck* Implementierung ausländischer Vollstreckungstitel – Vollstreckbarerklärung offenr ausländischer Titel und inländischer Bestimmtheitsgrundsatz, 1978, S. 45;*Musielak/Lackmann* § 722, Rdn. 3*Nelle* Anspruch, Titel und Vollstreckung im internationalen Rechtsverkehr, 2000, S. 357; Stein/Jonas/*Münzberg* § 722 Rdn. 11; *Wolfsteiner* Die vollstreckbare Urkunde, 1978, 199.
9 Vgl. Baumbach/Lauterbach/*Hartmann* § 328 Rdn. 11; *Hay* Recognition of a Recognition Judgments within the European Union: „Double Exequatur" and the Public Policcy Barrier, FS Várady, 2009, S. 143 ff.; *Schütze* Die Doppelexequierung ausländischer Zivilurteile, ZZP 77 (1984) 287 ff.; *ders.* DIZPR, Rdn. 320; *ders.* Die Doppelexequierung ausländischer Zivilurteile, FS Spellenberg, 2010, S. 511 ff. **aA** die hL, so *Geimer* Anerkennung, S. 171; *ders.* Zur Prüfung der Gerichtsbarkeit und der internationalen Zuständigkeit bei der Anerkennung ausländischer Urteile, 1966, 26; *ders.* IZPR, Rdn. 2858 mwN.; *Linke/ Hau* IZPR, Rdn. 441; *Martiny* Handbuch, S. 172; MünchKomm/*Gottwald* § 722, Rdn. 3; *Musielak/ Lackmann* § 722, Rdn. 3; *Nagel/Gottwald* IZPR § 11, Rdn. 137; *Schack* IZVR, Rdn. 1029; *Spieker* genannt *Döhmann* Die Anerkennung von Rechtskraftwirkungen ausländischer Urteile – eine Untersuchung zur Fortgeltung des ne-bis-in-idem, Diss. Bonn, 2002, S. 159; Stein/Jonas/*Münzberg* § 722 Rdn. 11; Zöller/*Geimer* § 328 Rdn. 64; vgl. zum von der hL favorisierten Prinzip „L'exequatur sur l'exequatur ne vaut" *Kegel* Exequatur sur exequatur ne vaut, in: FS Müller-Freienfels, 1986, 377 ff.; weiter § 328, Rdn. 94 rechtsvergleichend *Glenn* Exequatur sur exequatur (Doppelexequatur) in Europe and Noth America, in: Basedow u. a. (Herausg.), Aufbruch nach Europa. 75 Jahre Max-Planck-Institut für Privatrecht, 2001, S. 705 ff.

Nicht der Vollstreckbarerklärung zugänglich sind dagegen: 4

- Feststellungsurteile[10];
- Gestaltungsurteile[11];
- Schiedssprüche, deren Vollstreckbarerklärung sich nach §§ 1060 f. bestimmt[12]. Das gilt auch für die Vollstreckbarerklärung ausländischer Exequaturteile für Schiedssprüche, die deren Inhalt nach der doctrine of merger in sich aufnehmen[13].
- Beweissicherungsmaßnahmen und Beweisbeschlüsse[14], was für Anordnungen in der US-amerikanischen pre-trial discovery[15] und dem französischen Verfahren der ordonnance de référé expertise[16] bedeutsam ist;
- Ladungen an Parteien, Zeugen und Sachverständige[17];
- Arreste und einstweilige Verfügungen, soweit sie nicht eine Streitsache nach erststaatlichem Recht endgültig erledigen[18].

b) Bestimmtheit. Ausländische Titel sind auslegungsfähig. Die Auslegung des Inhalts 5 und Umfangs der Leistungspflicht ist zwar nach deutschem Recht vorzunehmen[19], die Rechtsfolgen ergeben sich aber aus erststaatlichem Recht.

Die Auslegung findet ihre Grenze an dem Bestimmtheitsgrundsatz. Dieser muß eine 6 Konkretisierung des Leistungsbefehls der ausländischen Entscheidung zulassen[20]. Diese erfolgt im Vollstreckbarerklärungsverfahren durch Titelergänzung, z. B. Errechnung und Ausweis der gesetzlichen Mehrwertsteuer[21].

Konkretisierbar sind 7

- Verurteilungen zur Zahlung von gesetzlicher Mehrwertsteuer[22],

10 Vgl. MünchKomm/*Gottwald* § 722 Rdn. 20; *Wolff* Handbuch des Internationalen Zivilverfahrensrechts, Bd. III/1, 1984, 327; Zöller/*Geimer* § 722 Rdn. 5.
11 Vgl. MünchKomm/*Gottwald* § 722 Rdn. 20; Stein/Jonas/*Münzberg* § 722 Rdn. 5; Zöller/*Geimer* § 722 Rdn. 5.
12 Vgl. *Geimer* Anerkennung, S. 171; *Schack* IZVR, Rdn. 1026; *Thomas/Putzo/Hüsstege* §§ 722, 723 Rdn. 5; Zöller/*Geimer* § 722, Rdn. 12.
13 Vgl. Vgl. BGH NJW 2009, 2826; dazu *Geimer* Zurück zum Reichsgericht: Irrelevanz der merger-Theorien – Kein Wahlrecht mehr bei der Vollstreckbarerklärung ausländischer Schiedssprüche, IPRax 2010, 346 f.; *Plassmeier* Ende des „Doppelexequatur" bei ausländischen Schiedssprüchen, SchiedsVZ 2010, 82 ff.; Schütze Der Abschieds vom Doppelexequatur ausländischer Schiedssprüche, RIW 2009, 817 ff.; anders die Rechtsprechung des BGH bis 2009, vgl. BGH RIW 1984, 557 m. Anm. *Dielmann* und *Schütze* RIW 1984, 734 ff.; BGH RIW 1984, 644 m. Anm. *Mezger*; vgl. im einzelnen § 1061, Rdn. 8.
14 Vgl. *Geimer* Anerkennung, S. 171 f.; *ders.* FS Georgiades, S. 489 ff. (499); Zöller/*Geimer* § 722 Rdn. 25.
15 Das LG Kiel RIW 1983, 206 hat einen ausländischen Beschluß über eine Beweiserhebung nicht nur nicht anerkannt, vielmehr dessen Durchführung durch einstweilige Verfügung verhindert; vgl. dazu *Stiefel/Petzinger* Deutsche Parallelprozesse zur Abwehr amerikanischer Beweiserhebungsverfahren?, RIW 1983, 242 ff.

16 Vgl. dazu OLG Hamm RIW 1989, 566 m. Anm. *Bloch* (zur gleichgelagerten Problematik im Rahmen des EuGVÜ). Das Beweissicherungsverfahren nach Art. 145, 808 ff. Nouveau Code de Procédure Civile entspricht konzeptionell dem nach §§ 485 ff. ZPO.
17 Vgl. *Geimer* Anerkennung S. 172; *ders.* FS Georgiades, S. 489 ff. (499); *ders.* IZPR, Rdn. 3109.
18 Vgl. *Geimer* Anerkennung, S. 170; *ders.* FS Georgiades, S. 489 ff. (498); *Spellenberg/Leible* Die Notwendigkeit vorläufigen Rechtsschutzes bei transnationalen Streitigkeiten, in: Gilles, Transnationales Prozeßrecht, 1995, 293 ff., 328 f.
19 Vgl. *Wolff* Handbuch des Internationalen Zivilverfahrensrechts, Bd. III/1, 1984, 328.
20 Vgl. dazu eingehend *Münch* Ausländische Tenorierungsgewohnheiten kontra inländische Bestimmtheitsanforderungen, RIW 1989, 18 ff.; MünchKomm/*Gottwald* § 722, Rdn. 21; *Musielak*/*Lackmann* § 722, Rdn. 5.
21 Vgl. zu den instruktiven Fall LG Hamburg RIW/AWD 1979, 419 (Ergänzung ital. Urteils nach EuGVÜ).
22 Vgl. LG Hamburg RIW/AWD 1979, 419 (Leitsatz: *Bei Verurteilung zur Zahlung von gesetzlichen Zinsen und Mehrwertsteuer muß das Vollstreckungsgericht die Zinshöhe und den Betrag der Mehrwertsteuer selbst ermitteln, wenn hierüber Angaben im Urteil fehlen*) zum EuGVÜ ergangen; vgl. auch MünchKomm/*Gottwald* § 722 Rdn. 21; Zöller/*Geimer* § 722 Rdn. 57.

- Verurteilungen zur Zahlung gesetzlicher Zinsen[23];
- Verurteilungen zur Zahlung von Erhöhungsbeträgen, die sich aus Indices errechnen (indexierte Titel)[24].

2. Die Anerkennung als Voraussetzung der Vollstreckbarerklärung

8 Die ausländische Entscheidung muss die Erfordernisse des § 328 erfüllen. Nur anerkennungsfähige Urteile sind der Vollstreckbarerklärung fähig. Die ausdrückliche Regelung in § 723 S. 2 ist an sich überflüssig. Sie ist aus der Rechtsnatur der Wirkungserstreckung selbstverständlich. Denn die Anerkennung ist die unabdingbare Voraussetzung der Vollstreckbarerklärung[25].

9 § 723 S. 2 setzt voraus, dass die ausländische Entscheidung, bereits anerkannt ist. Die Anerkennung erfolgt automatisch, sobald die Anerkennungsvoraussetzungen vorliegen und eine Inlandsbeziehung gegeben ist[26]. Diese Inlandsbeziehung liegt in jedem Fall vor, wenn eine Zwangsvollstreckung im Inland möglich ist. Mit der Vollstreckbarerklärung wird über die Anerkennung inzident entschieden.

10 Es müssen sämtliche Erfordernisse der Anerkennung vorliegen, insbesondere auch das des § 328 Abs. 1 Nr. 5. Ein zwischen Anerkennung und Vollstreckbarerklärung erfolgter Wegfall der Gegenseitigkeitsverbürgung, etwa wegen einer Änderung der Rechtsprechung im Erststaat, schadet nicht. Denn es wäre unsinnig anzunehmen, daß eine Entscheidung im Inland zwar Rechtskraft wirkt, nicht aber für vollstreckbar erklärt werden könnte[27]. Dagegen stellt die wohl noch hL auf den Zeitpunkt des Erlasses des Vollstreckungsurteils ab[28].

---

23 Vgl. BGH RIW 1990, 497 (Leitsatz: *Enthält ein auf Zahlung der „gesetzlichen Zinsen erkennendes französisches Urteil keine Angaben zu deren Höhe, läßt sich diese aber ohne weiteres aus den ausländischen Vorschriften entnehmen, so ergeben sich Inhalt und Umfang der Leistungspflicht aus dem Titel. Dessen für die Zwangsvollstreckung im Inlande notwendige Konkretisierung obliegt dem über den Antrag auf Erteilung der Vollstreckungsklausel entscheidenden deutschen Richter*) zum EuGVÜ ergangen; ebenso schon OLG Stuttgart JZ 1987, 579; OLG Celle NJW 1988, 2183; *Münch* Ausländische Tenorierungsgewohnheiten kontra inländische Bestimmtheitsanforderungen, RIW 1989, 18 ff.; MünchKomm/*Gottwald* § 722 Rdn. 21; *Schack* IZVR, Rdn. 1032; Zöller/*Geimer* § 722 Rdn. 56; aA teilw. noch die Rspr. vor 1990, so LG Düsseldorf IPRspr. 1983, 475; OLG München IPRax 1988, 291; OLG Saarbrücken IPRax 1989, 37 m. Anm. *Roth* ebd., 14 ff. (letzterer Fall allerdings mit der Besonderheit, daß zu „aufgelaufenen Zinsen verurteilt war). Vgl. zur Näherungsmethode bei Nichtfeststellbarkeit der Rechtsordnung, die bei der Zinsergänzungsentscheidung zugrunde zu legen ist Zöller/*Geimer* § 722, Rdn. 56a gegen OLG Köln IHR 2004, 161.
24 Vgl. BGH JZ 1987, 203; ebenso schon OLG Hamburg IPRspr. 1983 Nr. 178; OLG Schleswig

IPRspr. 1985 Nr. 174; OLG Zweibrücken, IPRax 2006, 49; *von Falck S. 144 ff.*, 154 ff.; MünchKomm/*Gottwald* § 722, Rdn. 21; aA noch OLG Düsseldorf IPRspr. 1981 Nr. 183; OLG Koblenz NJW 1986, 1440; zum Meinungsstand im einzelnen vgl. *Münch* RIW 1989, 18 ff. und *Stürner/Münch* Die Vollstreckung indexierter ausländischer Unterhaltstitel, JZ 1987, 178 ff.; Zöller/*Geimer* § 722 Rdn. 59 ff.
25 Vgl. *Schütze* Die Anerkennung und Vollstreckung ausländischer Zivilurteile in der Bundesrepublik Deutschland als verfahrensrechtliches Problem, Diss. Bonn 1960, 57 mwN in Fn. 240 für die ältere Literatur.
26 Vgl. *Schütze* Zum Zeitpunkt der Anerkennung ausländischer Zivilurteile, NJW 1966, 1598 f.; diff. *Eberlein* Zu welchem Zeitpunkt müssen die Voraussetzungen für die Anerkennung ausländischer Urteile in Deutschland nach § 328 Abs. 1 Ziff. 1, 4 und 5 ZPO und der entsprechenden Bestimmungen in den Staatsverträgen gegeben sein?, 1952. Zum Meinungsstand im Einzelnen vgl. bei § 328., Rdn. 95 ff.
27 Vgl. *Geimer/Schütze* Internationale Urteilsanerkennung, Bd. I/2, 1984, 1775.
28 Vgl. RGZ 41, 424; 167, 376; *Baumbach/Lauterbach/Albers/Hartmann* § 723, Rdn. 5; *Riezler* IZPR, S. 554. Vgl. im einzelnen § 328, Rdn. 69 ff.

Aus § 723 S. 2 folgt, daß es keine auf die Vollstreckbarerklärung beschränkte Verbürgung **11** der Gegenseitigkeit gibt. Auch umgekehrt ist eine Verbürgung der Gegenseitigkeit bei Urteilen mit vollstreckbarem Inhalt nur für die Anerkennung ausgeschlossen. Die entgegenstehende Ansicht *Millekers*[29] führt zu absurden Ergebnissen[30].

3. Das Rechtskrafterfordernis

§ 723 stellt als besonderes Erfordernis der Vollstreckbarerklärung die formelle Rechts- **12** kraft[31] der ausländischen Entscheidung auf. Formelle Rechtskraft tritt nach deutschem Recht ein, wenn das Urteil nicht mehr mit einem ordentlichen Rechtsmittel angefochten werden kann. Die Rechtskraft der für vollstreckbar zu erklärenden Entscheidung bemisst sich aber nach dem klaren Wortlaut des § 723 nach erststaatlichem Recht, das die deutsche Abgrenzung von formeller und materieller Rechtskraft unter Umständen nicht oder jedenfalls so nicht kennt. Darin liegt die Crux.

Die Staatsverträge über die internationale Urteilsanerkennung versuchen teilweise, dieses **13** Problem durch die Ersetzung des Rechtskrafterfordernisses durch das der Endgültigkeit zu ersetzen, wobei die Abgrenzungsschwierigkeiten nur verlagert werden.

Abzustellen ist auf den gesetzgeberischen Zweck der Regelung. § 723 Abs. 2 S. 1 soll **14** verhindern, daß nicht bestandskräftige ausländische Urteile für vollstreckbar erklärt werden, die nach Erteilung des Exequaturs – und gegebenenfalls Zwangsvollstreckung – im Erststaat aufgehoben werden und eine nachträgliche Beseitigung der Vollstreckbarerklärung und gegebenenfalls Rückabwicklung der Vollstreckung über die Grenze erforderlich machen. Das Erfordernis der formellen Rechtskraft ist deshalb nur erfüllt, wenn das erststaatliche Recht es nicht mehr zuläßt, dass die Entscheidung im anhängigen Verfahren noch aufgehoben werden kann[32]. Auch die Frage, ob die Aufhebung auf ordentliches oder außerordentliches Rechtsmittel noch möglich ist, ist dabei nicht von Bedeutung, entspricht doch die Klassifizierung der Rechtsbehelfe im erststaatlichen Recht möglicherweise nicht der im deutschen Recht. So ist ein senegalesisches Urteil, das noch mit der Kassationsbeschwerde angefochten werden kann nicht rechtskräftig im Sinne von § 723 Abs. 2 S. 1, obwohl die Kassationsbeschwerde nach – rezipiertem französischen – senegalesischem Prozeßrecht ein außerordentlicher Rechtsbehelf ist[33].

Endgültigkeit der Entscheidung, die nach zahlreichen bilateralen Anerkennungs- und **15** Vollstreckungsverträgen ausreicht, ist nach § 723 Abs. 2 S. 1 nicht genügend. Finality tritt

---

29 Vgl. *Milleker* Teilanerkennung fremder Urteile nach Urteilswirkungen in vermögensrechtlichen Streitigkeiten, NJW 1971, 303 ff.; zust. *Sonnenberger* Anerkennung und Vollstreckung ausländischer Gerichtsentscheidungen, Schiedssprüche und sonstiger Titel, in: Maurach u. a. (Hrsg.) Zeitgenössische Fragen des internationalen Zivilverfahrensrechts, 1972, 207 ff., 220.
30 Vgl. *Geimer/Schütze* Internationale Urteilsanerkennung, Bd. I/2, 1769 f.
31 Vgl. Baumbach/Lauterbach/*Hartmann* § 723 Rdn. 2; *Martiny* Handbuch Rdn. 487; *Serick* Südafrikanischer final-Vermerk und deutsche Vollstreckungsklage, in: FS Weber, 1975, 383 ff.; Stein/Jonas/*Münzberg* § 723 Rdn. 3; *Wolff* Hand-

buch des Internationalen Zivilverfahrensrechts, Bd. III/2, 1984, 336; Zöller/*Geimer* § 723 Rdn. 2.
32 Vgl. BGH VersR 1992, 1282 (Vernichtbarkeit nach ausländischem Recht genügt nicht); *Wolff* Handbuch des internationalen Zivilverfahrensrechts aaO, 337.
33 Vgl. zur – im Rahmen des § 723 nach Inkrafttreten der EuGVÜ und der EuGVVO nicht mehr relevanten – französischen Regelung *Wolff* Handbuch des Internationalen Zivilverfahrensrechts aaO, 337.

im common law-Prozess ein, wenn eine Entscheidung in der Instanz nicht mehr abgeändert werden kann[34]. Finality in diesem Sinne reicht nicht aus[35].

16 Ist eine Entscheidung schon in der Instanz noch abänderbar, so wie eine dem deutschen Vorbehaltsurteil entsprechende Entscheidung, die im Nachverfahren noch abgeändert werden kann, so ist dieser Titel nicht der Vollstreckbarerklärung fähig[36].

17 Sofern verschiedene Teile eines Urteils getrennt rechtskräftig werden, ist darauf abzustellen, ob die rechtskräftige Ausurteilung noch abgeändert werden kann.

18 Bei Kostenfestsetzungsbeschlüssen muß der der Kostenfestsetzung zugrunde liegende Titel formell rechtskräftig sein[37].

19 Die Abänderbarkeit eines Urteils wegen veränderter Umstände – entsprechend § 323 im deutschen Recht – hindert die Annahme formeller Rechtskraft nicht. Sie steht einer Vollstreckbarerklärung nicht entgegen[38].

4. Vollstreckbarkeit

20 Die ausländische Entscheidung muss vollstreckbar sein. Die Vollstreckbarkeit bestimmt sich nach ausländischem Recht. Erforderlich ist Vollstreckbarkeit im engeren Sinne, also die Eignung zur Zwangsvollstreckung[39].

21 Vorläufige Vollstreckbarkeit genügt nicht[40]. Das ist nicht selbstverständlich, lassen doch das europäische Recht[41] und einige Staatsverträge das Exequatur für im Erststaat vorläufig vollstreckbare Titel zu, so Art. 8 des deutsch-österreichischen Anerkennungs- und Vollstreckungsvertrages und Art. 38 EuGVÜ/LugÜ I. In diesen Fällen ist der Urteilsschuldner gegen die Nachteile einer vorzeitigen Vollstreckung im Falle der Aufhebung des Titels im Erststaat aber dadurch weitgehend geschützt, daß die Zwangsvollstreckung nicht über Maßnahmen der Sicherung hinausgehen und keine endgültige Befriedigung bringen darf. Diese Möglichkeit besteht nach § 723 nicht.

22 Die Vollstreckbarkeit wird durch das im Erststaat übliche Vollstreckungszeugnis nachgewiesen, so bei Staaten des französischen Rechtskreises durch clause exécutoire. Die Rechtsordnungen, die die deutsche Zivilprozeßordnung rezipiert haben, beispielsweise Japan und Korea[42], kennen regelmäßig die vollstreckbare Ausfertigung entsprechend § 724.

23 Für Entscheidungen des einstweiligen Rechtsschutzes vgl. § 328, Rdn. 107 ff.

---

34 Vgl. dazu *Geimer/Schütze* Internationale Urteilsanerkennung, Bd. II, 1971, 363 mwN in Fn. 2.
35 Vgl. *Serick* in: FS Weber aaO, 383 ff., der auch den final Vermerk eines südafrikanischen Gerichts selbst dann nicht ausreichen lassen will, wenn in dem Vermerk bestätigt wird, daß ein appeal innerhalb der Rechtsmittelfrist nicht eingelegt worden ist.
36 Vgl. *Wolff* Handbuch des Internationalen Zivilverfahrensrechts, Bd. III/2, 1984, 337.
37 Vgl. Stein/Jonas/*Münzberg* § 723 Rdn. 3.
38 Vgl. LG Hamburg IPRspr. 1968/69 Nr. 223;

Wolff Handbuch des Internationalen Zivilverfahrensrechts, Bd. III/2, 1984, 337.
39 Vgl. *Schütze* Die Anerkennung und Vollstreckung ausländischer Zivilurteile in der Bundesrepublik Deutschland als verfahrensrechtliches Problem. Diss. Bonn 1960, 57 ff.
40 Vgl. *Geimer* Anerkennung, 173.
41 Vgl. Art. 38 EuGVVO, dazu *Geimer/Schütze* EuZVR, Art. 38, Rdn. 47.
42 Vgl. für das japanische Recht *Taniguchi* Verfahrensrecht, in: Baum/Drobnig (Hrsg.), Japanisches Handels- und Wirtschaftsrecht, 1994, 641 ff., 665.

II. Das Verbot der révision au fond

1. Grundsatz

§ 723 Abs. 1 verbietet die sachliche Nachprüfung der ausländischen Entscheidung (révision **24** au fond) auf ihre Richtigkeit. Das Verbot der révision au fond ist einer echten Wirkungserstreckung immanent. Die Möglichkeit sachlicher Nachprüfung läßt das ausländische Urteil zu einem bloßen Beweismittel in einem neuen Prozess über denselben Streitgegenstand vor inländischen Gerichten werden.

§ 723 verbietet eine sachliche Nachprüfung in dreifacher Hinsicht: **25**

– Das Zweitgericht darf die Tatsachenfeststellung durch das Erstgericht nicht nachprüfen, insbesondere nicht die Erhebung von Beweisen und die Beweiswürdigung. So muß eine Beweisverkürzung durch Beweisverbote hingenommen werden. Dabei kommt es nicht darauf an, ob man in der Verkürzung der Wahrheitsermittlung eine materiellrechtliche Frage sieht[43] oder sie dem Prozessrecht zuordnet[44].
– Das Zweitgericht darf das Verfahren, das zu dem Urteil geführt hat, nicht nachprüfen, auch wenn dieses in einer dem deutschen Recht fremden Form abgelaufen ist, etwa eine Beweisermittlung durch pre-trial-discovery stattgefunden hat[45].
– Das Zweitgericht darf die richtige Rechtsanwendung durch den Errichter nicht nachprüfen, und zwar weder in kollisionsrechtlicher noch in materiellrechtlicher Hinsicht.

Dieser Grundsatz ist nicht unerträglich. Er führt zwar dazu, dass unrichtigen ausländischen **26** Urteilen Geltung in Deutschland verschafft wird. Aber auch deutsche Entscheidungen können unrichtig sein. Für beides gilt gleichermaßen: *res iudicata pro veritate habetur.*

2. Die Nachprüfung der Anerkennungserfordernisse, insbes. § 328 Abs. 1 Nr. 1

Das Verbot der révision au fond findet seine Grenze in der Nachprüfung der Erfordernisse **27** der Anerkennung nach §§ 723 Abs. 2, 328 Abs. 1 Nr. 1–4. Im Rahmen dieser Prüfung darf und muß das Exquaturgericht Verfahren, Tatsachenermittlung und Rechtsanwendung des Erstgerichts nachprüfen.

Bei der Nachprüfung der internationalen Zuständigkeit hat das Zweitgericht dabei nicht **28** nur zu prüfen, ob nach dem Spiegelbildgrundsatz[46] unter hypothetischer Anwendung deutscher Zuständigkeitsnormen eine Zuständigkeit gegeben ist, vielmehr auch, ob diese Zuständigkeit nach erststaatlichem Recht Anerkennungszuständigkeit begründet[47].

43 So *Coester-Waltjen* Internationales Beweisrecht, 1983, 230.
44 So *Schütze* DIZPR, Rdn. 224.
45 Das gilt alles vorbehaltlich der ordre public Prüfung; vgl. dazu *Hök* Discovery-proceedings als Anerkennungshindernis, Diss. Göttingen 1993; *Schütze* Die Anerkennung und Vollstreckbarkeirung US-amerikanischer Zivilurteile, die nach einer pre-trial-discovery ergangen sind, in der Bundesrepublik Deutschland, FS Stiefel, 1987, 697 ff.; *ders.* Überlegungen zur Anerkennung und Vollstreckbarerklärung US-amerikanischer Zivilurteile in der Bundesrepublik Deutschland

– Zur Kumulierung von Ordre Public Verstößen, FS Geimer, 2002, S. 1025 ff. (1032 f.); übrigen § 328, Rdn. 67.
46 Vgl. dazu *Fricke* Anerkennungszuständigkeit zwischen Spiegelbildgrundsatz und Generalklausel, 1990; im übrigen § 328 Rdn. 30 ff.
47 Vgl. BGHZ 52, 251 (2. Südafrikaentscheidung); BGHZ 53, 332 (2. Frankreichentscheidung); BGH IPRax 1994, 204 (Brasilienentscheidung); dazu *Basedow* Variationen über die spiegelbildliche Anwendung deutschen Zuständigkeitsrechts, IPRax 1994, 183 ff.; *Geimer* Vorbehaltlose Einlassung und Verbürgung der

29 Dabei ist es eine Geschmacksfrage, ob man diese Prüfung als Teil der Prüfung der internationalen Zuständigkeit oder der Gegenseitigkeit sieht[48].

3. Einwendungen gegen den Urteilsanspruch, insbesondere dessen Erlöschen durch Aufrechnung

30 Das Verbot der révision au fond wirkt auch auf die Zulässigkeit der Geltendmachung von Einwendungen gegen den Anspruch, der Gegenstand des erststaatlichen Verfahrens war. Hier ist nach dem Zeitpunkt der Entstehung der Einwendung zu differenzieren:

31 a) **Einwendungen, die vor Erlass der ausländischen Entscheidung entstanden sind.** Einwendungen, die vor Erlass – genauer: vor dem Zeitpunkt, in dem sie zuletzt im erststaatlichen Verfahren hätten geltend gemacht werden können – entstanden sind, können im Vollstreckbarerklärungsverfahren nicht mehr geltend gemacht werden[49]. Das ergibt sich schon aus § 723 Abs. 1. Wollte man Einwendungen, die im ausländischen Verfahren noch hätten berücksichtigt werden können, zulassen, so bedeutete das eine sachliche Nachprüfung der Richtigkeit des erststaatlichen Urteils[50]. Zum anderen ergibt sich der Ausschluß dieser Einwendungen aus dem allgemeinen prozessualen Grundsatz, dass ein Urteil zu Präklusion der bis zu seinem Erlass entstandenen Einwendungen führt[51]. § 767 Abs. 2 ist lediglich eine Erscheinungsform dieses allgemeinen Prinzips.

32 Schließlich ergibt sich der Ausschluß der vor Erlass der ausländischen Entscheidung entstandenen Einwendungen auch aus direkter Anwendung des § 767 Abs. 2. Durch die Anerkennung wird die Rechtskraft der ausländischen Entscheidung erstreckt. Auch im Inland gilt deshalb das Verbot des Angriffs auf die Rechtskraft, das § 767 Abs. 2 beinhaltet[52].

33 b) **Einwendungen, die zwischen dem Erlass des erststaatlichen und dem Erlass des Vollstreckungsurteils entstehen.** Einwendungen, die nach Erlass des ausländischen Urteils, aber vor der letzten mündlichen Verhandlung im Vollstreckbarerklärungsverfahren entstehen, können – entgegen in der älteren Literatur geäußerter Bedenken[53] – geltend gemacht werden[54]. Ihre Zulassung stellt die Richtigkeit der ausländischen Entscheidung nicht in Frage, bedeutet also keine versteckte révision au fond.

Gegenseitigkeit als Regulative für die internationale Anerkennungszuständigkeit, IPRax 1994, 187 ff.; *Schütze* Forum non conveniens und Verbürgung der Gegenseitigkeit im deutsch-amerikanischen Verhältnis, FS Kropholler, 2008, S. 905 ff.; im übrigen § 328, Rdn. 78 f.
48 Vgl. dazu *Schütze* Internationale Zuständigkeit und Verbürgung der Gegenseitigkeit bei der Anerkennung ausländischer Entscheidungen, AWD 1970, 495 ff.; *ders.* FS Kropholler, 2008, S. 905 ff.
49 Vgl. BGH NJW 1993, 1271; Baumbach/Lauterbach/*Hartmann* § 723 Rdn. 1; *Fischer* Einwendungen, die den Anspruch selbst betreffen und Widerklagen im Verfahren auf Gewährung der Vollstreckbarkeit, ZZP 43 (1913) 87 ff.; *Förster/Kann* § 723 Anm. 1; *Geimer/Schütze* Internationale Urteilsanerkennung Bd. I/2, 1984, 1743; *Hellwig* Anspruch und Klagrecht, 172 f.; *Schütze* Die Anerkennung und Vollstreckung ausländischer Zivilurteile in der Bundesrepublik Deutschland als

verfahrensrechtliches Problem, Diss. Bonn 1960, S. 66 ff.; *ders.* DIZPR, Rdn. 380, Stein/Jonas/*Münzberg* § 723 Rdn. 6; Zöller/*Geimer* § 722, Rdn. 51 § 723 Rdn. 1.
50 Vgl. für diese Argumentation *Hellwig/Oertmann* System des Deutschen Zivilprozeßrechts, Teil II, 1903, 188.
51 Vgl. *Hellwig* Anspruch und Klagrecht, 172 f.; *ders.* Lehrbuch des Deutschen Civilprozessrechts, I. Bd., 1903, 128.
52 Vgl. *Geimer/Schütze* Internationale Urteilsanerkennung, Bd. I/2, 1984, 1743; *Schütze* Die Anerkennung aaO, 66 f.
53 Vgl. beispielsweise *Rintelen* Einreden gegen ausländische Urteile, ZZP 9 (1886) 191 ff., 199 ff.
54 Vgl. RGZ 13, 347; 114, 171; RGZ 165, 374; BGH NJW 1982, 1947; BGH NJW 1987, 1146; BGH NJW 1993, 1270; OLG Düsseldorf FamRZ 1981, 89; Baumbach/Lauterbach/*Hartmann* § 723 Rdn. 1; *Geimer* Anerkennung, S., 180; *Geimer/Schütze* Internationale Urteilsanerkennung,

Nun verweist zwar § 767 Einwendungen gegen den Urteilsausspruch auf den Weg besonderer Klage. Es wäre aber wider jegliche prozessökonomische Vernunft, die Vollstreckbarkeit für ein ausländisches Urteil erst zu verleihen und dann durch neues Urteil wieder zu entziehen[55]. **34**

Die Geltendmachung von Einwendungen gegen den Anspruch, die vor der letzten Tatsachenverhandlung im Vollstreckbarerklärungsverfahren nach §§ 722 f. entstehen, ist im Wege der Vollstreckungsgegenklage nicht mehr zulässig. Sie sind durch das Vollstreckungsurteil präkludiert[56]. **35**

c) Einwendungen, die nach Erlass des Vollstreckungsurteils entstehen. Einwendungen, die nach der letzten mündlichen Verhandlung im Vollstreckbarerklärungsverfahren entstehen, können nur mit der Vollstreckungsgegenklage geltend gemacht werden[57]. Prozessgericht erster Instanz ist nicht das Erstgericht, sondern das Gericht, das die Vollstreckbarerklärung ausgesprochen hat[58]. **36**

d) Insbesondere: Die Aufrechnung. Bei der Aufrechnung mag zweifelhaft sein, ob für den Zeitpunkt der Zulässigkeit der Einwendung auf die Aufrechnungslage oder die Aufrechnungserklärung abzustellen ist. **37**

Die Wirksamkeit der Aufrechnung beurteilt sich nach der lex causae. Nach deutschem Recht wirkt die Aufrechnung auf den Zeitpunkt der Aufrechnungslage zurück. Standen sich die Urteilsforderung und der mit der Aufrechnung geltend gemachte Gegenanspruch bereits vor Erlass des Ersturteils aufrechenbar gegenüber, so soll der Schuldner mit der Einwendung im Vollstreckbarerklärungsverfahren präkludiert sein. Er kann nach h. L. nur noch aufrechnen, wenn die Aufrechnungslage nach dem Zeitpunkt entstanden ist, in dem sie spätestens im ausländischen Verfahren hätte geltend gemacht werden können[59]. Diese Ansicht zwingt den Beklagten, Gegenansprüche in einem Verfahren geltend zu machen, das er nicht gewählt hat und von einem Gericht entscheiden zu lassen, das für die Entscheidung an sich nicht zuständig ist. Wenn man der hL folgte, dann müsste der Beklagte in einem Prozess vor einem US-amerikanischen Gericht einen Gegenanspruch, für den er ein deutsches Forum hätte, doch in dem amerikanischen Prozess geltend machen mit allen nachteiligen Folgen wie der Entscheidung durch eine Jury, kostenaufwendiger pre-trial-discovery pp. – all das unter der american rule of costs, die keine Kostenerstattung kennt. Man darf deshalb auch bei Anwendung deutschen Rechts nicht auf die Aufrechnungslage abstellen, vielmehr auf den Zeitpunkt der Aufrechnungserklärung[60]. **38**

Bd. I/2, 1984, 1743 ff.; MünchKomm/*Gottwald* § 722 Rdn. 34; *Riezler* IZPR, S. 569; *Schütze* Die Anerkennung und Vollstreckung ausländischer Zivilurteile in der Bundesrepublik Deutschland als verfahrenrechtliches Problem, Diss. Bonn 1960, S, 67 ff.; Stein/Jonas/*Münzberg* § 723 Rdn. 6; Zöller/*Geimer* § 723 Rdn. 1.

55 Vgl. *Falkmann/Hubernagel* § 723 Anm. 2a; *Hellwig/Oertmann* System II aaO, 188; Stein/Jonas/*Münzberg* § 723 Rdn. 6.

56 Vgl. BGHZ 61, 25; OLG Düsseldorf FamRZ 1981, 79; Baumbach/Lauterbach/*Hartmann* § 723 Rdn. 1; *Förster/Kann* § 723 Anm. 1c; *Geimer* Anerkennung 181; *Geimer/Schütze* Internationale Urteilsanerkennung, Bd. I/2, 1984, 1745; *Hellwig* Anspruch und Klagrecht aaO, 172; *Reichel* Wider-

klage gegen Vollstreckungsklage, AcP 133 (1931) 19 ff., 23; **aA** *Bettermann* Rechtshängigkeit und Rechtsschutzform, 1949, 56; MünchKomm/*Gottwald* § 722 Rdn. 34; *Sydow/Busch* § 723 Anm. 1.

57 Vgl. *Geimer* Anerkennung" 181; *ders.* IZPR, Rdn. 3170; Stein/Jonas/*Münzberg* § 723 Rdn. 7.

58 Vgl. RG Gruch 48, 829; *Geimer/Schütze* Internationale Urteilsanerkennung Bd. I/2, 1984, 1745; Stein/Jonas/*Münzberg* § 723 Rdn. 7; *Wolff* Handbuch des Internationalen Zivilverfahrensrechts, aaO, 355 f.

59 Vgl. RGZ 114, 173; OLG Bremen IPRspr. 1977, Nr. 152; *Geimer* Anerkennung, 180; *ders.* IZPR, Rdn. 3147; Zöller/*Geimer* § 722 Rdn. 81.

60 Meine entgegenstehende Meinung in *Wieczorek/Schütze* 3. Aufl., § 723, Rdn. 18 gebe ich auf.

39 Beurteilt sich die Aufrechnung nach ausländischem Recht, so ist darauf abzustellen, wann die Forderung erlischt.

40 In jedem Fall muß der Urteilsschuldner die Möglichkeit gehabt haben, im ausländischen Verfahren aufzurechnen, um die Einwendung im Vollstreckbarerklärungsverfahren auszuschließen. Ließ das ausländische Prozeßrecht eine Aufrechnung in dem Verfahren, das zu dem Titel geführt hat, nicht zu, so ist der Urteilsschuldner mit der Einwendung niemals präkludiert.

41 *Wolff* sieht die Zulässigkeit der Aufrechnung allein aus dem Gesichtswinkel der internationalen Zuständigkeit[61]. Er will die Aufrechnung durch das Vollstreckbarerklärungsgericht nur zulassen, wenn die zur Aufrechnung gestellte Forderung analog § 33 mit der Klagforderung in rechtlichem Zusammenhang steht, wenn sie unstreitig ist oder wenn die Nichtzulassung der Aufrechnung zur Rechtsverweigerung für den Beklagten führen würde.

4. Das Problem des § 826 BGB

42 Die Rechtsprechung läßt in extremen Fällen die Geltendmachung von § 826 BGB gegenüber rechtskräftigen Urteilen zu. Bei ausländischen Urteilen bedarf es dessen regelmäßig nicht, da die ordre public-Klausel des § 328 Abs. 1 Nr. 4 die Erstreckung der Rechtskraft des ausländischen Titels auf das Inland hindert. Dennoch ist in extremen Fällen die Berufung auf § 826 BGB gegenüber der Vollstreckbarerklärung eines ausländischen Titels zulässig[62].

43 a) **Kollisionsrechtliche Zulässigkeit.** Der Anspruch aus § 826 BGB ist deliktischer Natur. Der Erfolgsort bei der Geltendmachung eines in sittenwidriger Weise etwa durch Zuständigkeitserschleichung – erlangten Titels liegt dort, wo die Vollstreckung stattfinden soll, also in Deutschland. Damit ist der Weg für eine Anwendung des § 826 BGB kollisionsrechtlich frei, auch wenn der Urteilsanspruch selbst ausländischem Recht unterliegt.

44 b) **Geltendmachung von § 826 BGB.** Der Schaden liegt in der Vollstreckbarerklärung. Der Schadensersatzanspruch geht deshalb dahin, daß die Vollstreckbarerklärung unterbleibt. Der Urteilsschuldner kann und muss die sittenwidrige Erlangung des ausländischen Titels deshalb als Einwendung im Verfahren der Vollstreckbarerklärung geltend machen. Nach Ausspruch der Vollstreckbarerklärung ist der mit dem Einwand präkludiert.

---

61 Vgl. *Wolff* Handbuch des Internationalen Zivilverfahrensrechts, Bd. III/2, 1984, 358 f.
62 Vgl. *Schütze* Die Geltendmachung von § 826 BGB gegenüber ausländischen Zivilurteilen, JR 1979, 184 ff.; zur Geltendmachung von § 826 BGB gegenüber ausländischen Urteilen eingehend *Stürner* Inländischer Rechtsschutz gegen ausländische Urteile, RabelsZ 71 (2007), 597 ff.

VI. Die Anerkennung und Vollstreckbarerklärung ausländischer Schiedssprüche (§ 1061 ZPO)

§ 1061

Ausländische Schiedssprüche

(1) Die Anerkennung und Vollstreckung ausländischer Schiedssprüche richtet sich nach dem Übereinkommen vom 10. Juni 1958 über die Anerkennung und Vollstreckung ausländischer Schiedssprüche (BGBl. 1961 II S. 121). Die Vorschriften in anderen Staatsverträgen über die Anerkennung und Vollstreckung ausländischer Schiedssprüche bleiben unberührt.

(2) Ist die Vollstreckbarerklärung abzulehnen, stellt das Gericht fest, dass der Schiedsspruch im Inland nicht anzuerkennen ist.

(3) Wird der Schiedsspruch, nachdem er für vollstreckbar erklärt worden ist, im Ausland aufgehoben, so kann die Aufhebung der Vollstreckbarerklärung beantragt werden.

Schrifttum (allgemein): *Alvarez de Pfeifle* Der Ordre Public-Vorbehalt als Versagungsgrund der Anerkennung und Vollstreckbarerklärung internationaler Schiedssprüche, 2009; *Anderegg* Zum „Doppelexequatur" ausländischer Schiedssprüche, RabelsZ 53 (1989), 171 ff.; *von Bernuth* Die Doppelkontrolle von Schiedssprüchen durch staatliche Gerichte, 1995; *Borges* Das Doppelexequatur von Schiedssprüchen. Die Anerkennung ausländischer Schiedssprüche und Exequaturentscheidungen, 1997; *ders.* Die Anerkennung und Vollstreckbarerklärung von Schiedssprüchen nach neuem Recht, ZZP 110 (1998), 487 ff.; *Brücher* Vollstreckung und Sicherung ausländischer Schiedssprüche, AWD 1967, 337 ff.; *Chroziel/Westin* Die Vollstreckbarkeit ausländischer Urteile und Schiedssprüche, ZVglRWiss 87 (1988), 145 ff.; *Dolinar* Vollstreckung aus einem ausländischen, einen Schiedsspruch bestätigenden Exequatururteil. Gedanken zur Merger-Theorie, FS Schütze, 1999, S. 187 ff.; *Eberl* Anerkennung und Vollstreckbarerklärung von Schiedssprüchen, in: v. Bodungen u. a., Taktik im Schiedsverfahren, 2008, S. 189 ff.; *Endlich* Anerkennung und Vollstreckbarkeit von Schiedssprüchen und die Schiedsordnungen auf nationaler und internationaler Ebene, DB 1979, 2411 ff.; *Ernemann* Die Anerkennung und Vollstreckung ausländischer Schiedssprüche nach § 1044 ZPO, 1979; *Frische* Verfahrenswirkungen, Rechtskraft – internationale Anerkennung und Vollstreckung von Prozessvergleichen und Schiedssprüchen mit vereinbartem Wortlaut, 2005; *Gessner* Anerkennung und Vollstreckung von Schiedssprüchen in den USA und Deutschland, 2001; *Haas* Die Anerkennung und Vollstreckung ausländischer und internationaler Schiedssprüche, 1991; *Jonas* Anerkennung und Vollstreckung ausländischer Schiedssprüche, JW 1927, 1297 ff.; *Kahn* Vollstreckung ausländischer Schiedssprüche im Inland, ZZP 55 (1930), 114 ff.; *Kilgus* Zur Anerkennung und Vollstreckbarerklärung englischer Schiedssprüche in Deutschland, 1995; *Koch* Anerkennung und Vollstreckung ausländischer Urteile und Schiedssprüche in der Bundesrepublik Deutschland, in: Gilles (Herausg.), Effiziente Rechtsverfolgung, 1987, S. 161 ff.; *Kröll* Recognition and Enforcement of Awards, in: Böckstiegel/Kröll/Nascimiento, Arbitration in Germany, 2007, S. 479 ff.; *Laschet* Zur Anerkennung ausländischer Zwischenschiedssprüche, IPRax 1984, 72 ff.; *Moller* Schiedsverfahrensgesetznovelle und Vollstreckung ausländischer Schiedssprüche, NZG 1999, 143 ff.; *Münch* Das Exequatur von Schiedssprüchen: materielle Einwendungen zur prozessualen Verteidigung?, FS Ishikawa, 2001, S. 335 ff.; *Nienaber* Die Anerkennung und Vollstreckbarerklärung im Sitzstaat aufgehobener Schiedssprüche, Diss. Münster 2002; *Rensmann* Anationale Schiedssprüche. Eine Untersuchung zu der Wirkung anationaler Schiedssprüche im nationalen Recht, 1997; *Satmer* Verweigerung der Anerkennung ausländischer Schiedssprüche wegen Verfahrensmängeln, Diss. Zürich 1994; *Schlosser* Vollstreckbarerklärung nicht vollstreckungsfähiger Entscheidungen?, FS Kerameus, 2009, S. 1183 ff.; *Schütze* Die Rolle der staatlichen Gerichte in der Schiedsgerichtsbarkeit und die Anerkennung und Vollstreckbarerklärung US-amerikanischer Schiedssprüche in Deutschland, DIS-MAT XII (2005), S. 85 ff.; *ders.* Die Anerkennung und Vollstreckbarerklärung ausländischer Schiedssprüche, die ohne wirksame Schiedsvereinbarung ergangen sind, FS Bucher, 2009, S. 699 ff.; *Solomon* Die Verbindlichkeit von Schiedssprüchen in der internationalen privaten Schiedsgerichtsbarkeit, 2007; *Wackenhuth* Der Erfolg einer auf eine mängelbehaftete Schiedsvereinbarung gestützte Einrede der Unzuständigkeit des Schiedsgerichts im Vollstreckbarerklärungsverfahren eines in- und ausländischen Schiedsspruchs, soweit sich die Parteien rügelos eingelassen haben, Diss. Konstanz 1984; *Westin* Die Vollstreckbarkeit ausländischer Urteile und Schiedssprüche, ZVglRWiss 87 (1988), 145 ff.; *Westheimer* Der ausländische Schiedsspruch – Seine Wirksamkeit und Vollstreckbarkeit im Inlande, ZZP 39 (1910), 241 ff.

Schrifttum zum UN-Übereinkommen: *Bajons* Über Grenzen und Freiräume der New Yorker Schiedskonvention im Lichte der EMRK, FS Machacek und Matscher, 2008, S. 703 ff.; *van den Berg* The New York Arbitration Convention of 1958, 1981; *Bernini* The enforcement of foreign arbitral awards by national judiciaries: a trial of the New York Convention's ambit and workability, FS Sanders, 1982, S. 51 ff.; *Bertheau* Das New Yorker Übereinkommen vom 10. Juni 1958 über die Anerkennung und Vollstreckung ausländischer Schiedssprüche, 1958, *Bredin* La Convention de New York du 10 juin 1958 pour la reconnaissance et l'exécution des sentences arbitrales étrangères, Journal Clunet 87 (1960), 1002 ff.; *Bülow* Das UN-Übereinkommen über die Anerkennung und Vollstreckung ausländischer Schiedssprüche, KTS 1959, 1 ff.; *Contini* International Commercial Arbitration – The United nations Convention on the recognition and enforcement of foreign arbitral awrds, AmJournCompL 8 (1959), 1283 ff.; *Gaja* New York Convention, in: International Commercial Arbitration, 1988; *Ganske* Anerkennung und Vollstreckung ausländischer Schiedssprüche, IWB F 10 (International), Gr. 4, S. 19 ff.; *Gentinetta* Die lex fori internationaler Handelsschiedsgerichte, 1973; *Glossner* Das Übereinkommen von New York über die Anerkennung und Vollstreckung ausländischer Schiedssprüche von 1958 – ein Fazit, FS Stödter, 1979, S. 47 ff.; *Haas* Convention on the Recognition and Enforcement of Foreign Arbitral Awards, New York, June 10, 1958, in: Weigand (Herausg.), Practitioner's Handbook on International Arbitration, 2002, S. 399 ff.; *Klein* La Convention de New York pour la reconnaissance et l'exécution des sentences arbitrales étrangères, SJZ 1961, 229 ff.; *Maier* Europäisches Übereinkommen über die internationale Handelsschiedsgerichtsbarkeit und UN-Übereinkommen über die Anerkennung und Vollstreckung ausländischer Schiedssprüche, 1966; *Marmo* La Convenzione de New York sul riconoscimento delle sentenze arbitrali, Riv.dir.int. 1959, 31 ff.; *Minoli* La Convention de New York sur la reconnaissance et l'exécution des sentences arbitrales étrangères, Unidroit 1958, 156 ff.; *Pointet* La Convention de New York sur l'exécution des sentences arbitrales étrangères, 1958; *Quigley* Accession by United States to the United Nation's Convention on the Recognition and Enforcement of Foreign Arbitral Awards, Yale.L.J. 70 (1961), 1049 ff.; *Robert* La Convention de New York du 10.6.1958 pour la reconnaissance et l'exécution des sentences arbitrales étrangères, Rev.Arb. 1958, 70 ff.; *Sanders* New York Convention on the recognition and enforcement of foreign arbitral awards, Nederlands Tijdschrift voor Internationaal Recht 1959, 53 ff.; *ders.* Commentary on the New York Convention, Yearbook Commercial Arbitration I (1976), S. 207 ff.; II (1977), S. 254 ff.; IV (1979), S. 231 ff.; *Sedlaczek* Das UN-Übereinkommen vom 10.6.1958 über die Anerkennung und Vollstreckung ausländischer Schiedssprüche, ZfRV 1962, 23 ff.; *Wetzmüller* Der „internationale" Schiedsspruch im UN-Übereinkommen über die Anerkennung und Vollstreckung ausländischer Schiedssprüche vom 10.6.1958 von New York, Diss. Mainz 1966.

Sammelwerke zum ausländischen Recht und zur Rechtsvergleichung: *Geimer/Schütze* (Herausg.), Internationaler Rechtsverkehr (Loseblatt); *Gottwald* (Herausg.), Internationale Schiedsgerichtsbarkeit, 1997; *Kleinheisterkamp* International Commercial Arbitration in Latin America, 2005; *Rowley* (Herausg.), Arbitration World, 3. Aufl., 2010; *Torggler* (Herausg.), Schiedsgerichtsbarkeit, 2007.

Schrifttum zum ausländischen Recht

Äthiopien: *Arnold* Die Vollstreckung ausländischer Urteile und Schiedssprüche in Äthiopien, AWD 1968, 309 ff.

Albanien: *Wietzorek* Anerkennung und Vollstreckung von Entscheidungen in Albanien, eastlex 2009, 164 f.

Argentinien: *Boggiano* Ejecución de sentencia arbitral extranjera, Jurisprudencia Argentina 16 (1972), 51 ff.; *Caivano/Bianchi* El exequatúr de un laudo extranjero y la inhibitoria en relación con un arbitraje internacional, Jurisprudencia Argentina, 2003, 97 ff.; *Grigera Naón* Argentinien nach der Ratifizierung des New Yorker Abkommens über die Anerkennung und Vollstreckung von ausländischen Schiedssprüchen, Jahrbuch für die Praxis der Schiedsgerichtsbarkeit 2 (1988), S. 111 ff.; *ders.* Reconoscimiento y ejecución en la Argentina de sentencias y laudos extranjeras con condena al pago de una suma de dinero, in: Primer Encuentro Jurídico Argentino-Germano, 1988, S. 240 ff.

Australien: *Barrett-White/Kee* Enforcement of Arbitral Awards where the Seat of the Arbitration is Australia, Journal of International Arbitration 24 (2007), 515 ff.

Bahrain: *Dilger* Schiedsgerichtsbarkeit und Vollstreckung ausländischer Entscheidungen in den Golf-staaten, in: Vertragspraxis und Streiterledigung im Wirtschaftsverkehr mit arabischen Staaten, 1981, S. 101 ff. (110 f.)

Belgien: *Baugniet/Weser* L'exequatur des jugements, des sentences et des actes authentiques, in, Rapports belges au VIIIe Congrès internationale de droit comparé, 1970, S. 195 ff.

Bhutan: *Schütze* Die Anerkennung und Vollstreckbarerklärung ausländischer Zivilurteile und Schiedssprüche in Bhutan, JR 1981, 498 f.

Brasilien: *Rechsteiner* Die neuere brasilianische Rechtsprechung zur Anerkennung ausländischer Schiedssprüche, ZfRV 26 (1985), 100 ff.; *Samtleben* Zur Anerkennung ausländischer Schiedssprüche in Brasilien, SchiedsVZ 2009, 109 ff.

China (Volksrepublik): *Czernich* Die Vollstreckung fremder Urteile und Schiedssprüche in der VR China, RIW 1995, 650 f.; *Schütze* Die Anerkennung und Vollstreckbarerklärung ausländischer Schiedssprüche in der Volksrepublik China, IPRax 1988, 311; *ders* Die Anerkennung und Vollstreckbarerklärung von Zivilurteilen und Schiedssprüchen im deutsch-chinesischen Rechtsverkehr, RIW 1986, 269 ff.; *Tevini* Besonderheiten des chinesischen Schiedsverfahrensrechts, SchiedsVZ 2010, 25 ff.; *Xiuju Zhao* Vollstreckung von Schiedssprüchen in der VR China, RIW 2010, 198 ff.; *Zhou* Neue Entwicklungen im Recht der Schiedsgerichtsbarkeit und der Schiedskommissionen in der VR China, RIW 2008, 686 ff.

England: *Benkö* Schiedsverfahren und Vollstreckung von Schiedssprüchen in England, 1979, S. 137 ff.; *Kilgus* Anerkennung und Vollstreckung englischer Schiedssprüche in Deutschland, 1995; *Schroeder/ Oppermann* Anerkennung und Vollstreckung von Schiedssprüchen nach der lex mercatoria in Deutschland, England und Frankreich, ZVglRWiss 99 (2000), 410 ff.

Frankreich: *Hahn* Die Anerkennung und Vollstreckung von ICSID-Schiedssprüchen in Frankreich, RIW 1991, 459 ff.; *Huet* Les procédures de reconnaissance et d'exécution des jugements étrangers et des sentences arbitrales en droit international français, Journal Clunet 115 (1988), 5 ff.; *Mezger* Anerkennung und Vollstreckung von Schiedssprüchen, die im Ausland oder in internationalen Sachen ergangen sind, in: Böckstiegel (Herausg.), Schiedsgerichtsbarkeit in Frankreich, 1983, S. 45 ff.; *Schroeder/Oppermann* Anerkennung und Vollstreckung von Schiedssprüchen nach lex mercatoria in Deutschland, England und Frankreich, ZVglRWiss 99 (2000), 410 ff.; *Weinacht* Die Vollstreckung ausländischer Schiedssprüche nach ihrer Annullierung im Herkunftsstaat. Die New Yorker UN-Konvention im Wechselspiel mit nationalem Recht in Frankreich und den USA – Die Fälle Hilmarton und Chromalloy, ZVglRWiss 98 (1999), 139 ff.

Griechenland: *Fragistas* L'exécution en Grèce des sentences arbitrales étrangers, Revue de l'Arbitrage 1957, 2 ff.; *Horomides* The Enforcement of Foreign Arbitral Award in Greece, ArbInt 1987, 240 ff.; *Kaissis* Erscheinungsformen des ordre public bei der Anerkennung und Vollstreckung ausländischer Gerichtsentscheidungen und Schiedssprüche, 2003 (In griechischer Sprache); *Koussoulis* Die internationale Schiedsgerichtsbarkeit in Griechenland, in: Gottwald (Herausg.), Internationale Schiedsgerichtsbarkeit, 1997, S. 405 ff.

Indien: *Nariman* Foreign Arbitral Awrds in India – Problems, Pitfalls and Progress, JIntArb 1989, 25 ff.; *Phadnis/Otto* Anerkennung und Vollstreckung ausländischer Urteile und Schiedsentscheidungen in Indien, RIW 1993, 471 ff.

Indonesien: *Schütze* Anerkennung und Vollstreckbarerklärung ausländischer Schiedssprüche in Indonesien, RIW 1990, 936 ff.

Irak: *Bälz* Die Anerkennung und Vollstreckbarerklärung von ausländischen Schiedssprüchen im Irak, SchiedsVZ 2011, 27 ff.

Iran: *Liemen* Schiedsgerichtsbarkeit und Vollstreckung von Schiedssprüchen in Iran, RIW/AWD 1978, 780 ff.

Japan: *Einsel* Vollstreckung ausländischer Schiedssprüche und Gerichtsurteile in Japan, AWD 1963, 134 f.; *von Preuschen* Die Vollstreckung ausländischer Schiedssprüche in Japan nach Inkrafttreten des UN-Übereinkommens, AWD 1964, 112 f.

Kamerun: *Krüger* Zur Anerkennung und Vollstreckung ausländischer Titel in Kamerun, IPRax 2008, 147 f.

Kenia: *Schütze* Anerkennung und Vollstreckbarerklärung ausländischer Schiedssprüche in Kenia, IWB F 7 (Kenia), Gr. 3, S. 7 f.

Kuwait: *Dilger* Schiedsgerichtsbarkeit und Vollstreckung ausländischer Entscheidungen in den Golfstaaten, in: Vertragspraxis und Streiterledigung im Wirtschaftsverkehr mit arabischen Staaten, 1981, S. 101 ff. (105 f.)

Liberia: *Schütze* Anerkennung und Vollstreckbarerklärung ausländischer Zivilurteile und Schiedssprüche in Liberia, RIW 1987, 598 ff.

Litauen: *Vrubliauskaité* Anerkennung und Vollstreckung ausländischer Schiedssprüche in Litauen – Anmerkung zum Urteil des Obersten Gerichts Litauens vom 7.3.2006, Kieler Ostrechts-Notizen 10 (2007), Heft 1–2, S. 49 ff.

Neuseeland: *Kawharu* The Public Policy Ground for Setting Aside and Refusing Enforcement of Arbitral Awards, Journal of International Arbitration 24 (2007), 491 ff.

Niederlande: *Gotzen* Vollstreckung eines deutschen Schiedsspruchs in den Niederlanden, AWD 1974, 163 ff.

Oman: *Dilger* Schiedsgerichtsbarkeit und Vollstreckung ausländischer Entscheidungen in den Golfstaaten, S. 101 ff. (121); *Jarvin* Enforcement of an Arbitration Award in Oman, Int.Bus.L. 1985, 471 f.

Pakistan: *Otto* Schwierigkeiten bei der Vollstreckung ausländischer Urteile und Schiedsentscheidungen in Pakistan, IPRax 1997, 436 ff.

Polen: *Kalus* Anerkennung und Vollstreckung ausländischer Urteile und Schiedssprüche in Polen, WiRO 1993, 300 ff.; *Jakubowski* The Recognition and Enforcement of Foreign Arbitration Awards in Poland, Polish Yearbook of International Law VII, S. 65 ff.

Portugal: *Barrocas* Arbitration and Recognition and Enforcement of Foreign Judgments and Awards in Portugal, Jahrbuch für die Praxis der Schiedsgerichtsbarkeit 4 (1990), S. 3 ff.

Qatar: *Dilger* Schiedsgerichtsbarkeit und Vollstreckung ausländischer Entscheidungen in den Golfstaaten, S. 101 ff. (113 f.)

Rumänien: *Zilberstein* Die Zwangsvollstreckung aus ausländischen gerichtlichen und schiedsgerichtlichen Entscheidungen in Rumänien, RabelsZ 40 (1976), 56 ff.; *Zilberstein/Capatina* Die Anerkennung und Vollstreckung ausländischer Gerichtsentscheidungen und Schiedssprüche in der Republik Rumänien, in: Zeitgenössische Fragen des internationalen Verfahrensrechts, 1972, S. 235 ff.

Russland: *Boguslawskij* Die Anerkennung und Vollstreckung von Entscheidungen ausländischer staatlicher Gerichte und Schiedsgerichte in der Russischen Föderation, in: Seiffert (Herausg.), Anerkennung und Vollstreckung ausländischer Entscheidungen in Osteuropa, 1994, S. 15 ff.; *Hobér* Enforcing Foreign Arbitral Award Against Russian Entities, 1994; *Komarov* Enforcement of Foreign Arbitral Awards in Russian Federation, in: Seiffert (Herausg.), Anerkennung und Vollstreckung ausländischer Entscheidungen in Osteuropa, 1994, S. 25 ff.; *Kopylov* Zum Erfordernis der Gegenseitigkeit bei der Vollstreckung ausländischer Urteile zwischen der Russischen Föderation und der Bundesrepublik Deutschland (Fall Yukos Oil Company), IPRax 2008, 143 ff.; *Solotych* Vollstreckungsurteil für ausländischen Schiedsspruch in Russland ergangen, WIRO 1994, 225 f.; *Steinbach* Anerkennung und Vollstreckung ausländischer Urteile und Schiedssprüche in der Russischen Föderation, 2003.

Saudi-Arabien: *Ben Abderrahmane* Anerkennung und Vollstreckung internationaler Schiedssprüche in Saudi-Arabien, RIW 1996, 113 ff.; *Nerz* Vollstreckbarkeit ausländischer Schiedssprüche im Königreich Saudi-Arabien, RIW 1983, 811 f.; *Schütze* Anerkennung und Vollstreckbarerklärung von Zivilurteilen und Schiedssprüchen im deutsch-saudi-arabischen Verhältnis, RIW 1984, 261 ff.

Schweiz: *Bucher* Die neue internationale Schiedsgerichtsbarkeit in der Schweiz, 1989, S. 152 ff.; *Walter/ Bosch/Brönnimann* Internationale Schiedsgerichtsbarkeit in der Schweiz, Kommentar an Kapitel 12 des IPR-Gesetzes, 1991; *Schulthess* Der verfahrensrechtliche ordre public in der internationalen Schiedsgerichtsbarkeit in der Schweiz, 1981.

Singapur: *Sonarajah* The Enforcement of Foreign Arbitral Awards in Singapore, (1988) M.L.J. lxxxvi.

Spanien: *Arroyo Martínez* Recognition and Enforcement of Foreign Arbitral Awards in Spanish Law, IntBusL 1985, 763 ff.; *Remiro Brotons* Ejecución de sentencias arbitrales extranjeras, 1981, S. 265 ff.

Syrien: *Börner* Anerkennung und Vollstreckung ausländischer zivilrechtlicher Titel in Syrien mit Hinweisen auf das Recht anderer arabischer Staaten, 1996.

Türkei: *Alagoya* Die Vollstreckung ausländischer Schiedssprüche nach türkischem Recht, FS Schwab, 1990, S. 1 ff.; *Ayiter* Vollstreckbarkeit ausländischer Schiedssprüche in der Türkei, FS Ferid, 1978, S. 15 ff.

USA: *Arendt* Die Vollstreckung privater deutscher Schiedssprüche in Handelssachen in den Vereinigten Staaten von Nordamerika und umgekehrt, Diss. München 1959; *Ebke/Parker* Foreign Country Money-Judgments and Arbitral Awards and the Restatement (Third) of the Foreign Relations Law of the United States: A Conventional Approach, Int.Lawyer 1990, 21 ff.; *Gessner* Anerkennung und Vollstreckung von Schiedssprüchen in den USA und in Deutschland, 2001; *Kronenburg*, Vollstreckung ausländischer Schiedssprüche in den USA, 2001; *Shore* Personal Jurisdiction and Enforcement of New York Convention Awards in the United States, DIS-MAT XII (2005), S. 73 ff.; *Weinacht* Die Vollstreckung ausländischer Schiedssprüche nach ihrer Annullierung im Herkunftsstaat. Das New Yorker UN-Übereinkommen im Wechselspiel mit nationalem Recht in Frankreich und den USA, ZVglRWiss 98 (1999), 139 ff.

Übersicht

	Rdn.			Rdn.
I. Rechtsnatur der Anerkennung ...	1		V. Wirkungserstreckung nach dem UN-Übereinkommen 1958	28
1. Anerkennung als Wirkungs- erstreckung	1		1. Erfordernisse	29
a) Rechtskraft	2		a) Gerichtsbarkeit	29
b) Gestaltungs- und Feststel- lungswirkung	3		b) Schiedsspruch mit nicht nur schuldrechtlicher Wirkung	32
2. Verhältnis von Anerkennung und Vollstreckbarerklärung	4		c) Zivil- oder Handelssache als Gegenstand des Schiedsspruchs	35
II. Konkurrenz des Verfahrens nach § 1061 und anderer Ver- fahrensarten	5		d) Wirksamkeit der Schiedsver- einbarung	37
1. Verfahren nach Staatsverträgen ...	5		e) Gewährung rechtlichen Ge- hörs im Schiedsverfahren	39
2. Keine Erfüllungsklage	8		f) Einhaltung des Umfangs und der Bindungswirkung der Schiedsvereinbarung	44
3. Vollstreckbarerklärung auslän- dischen Exequaturs	9		g) Ordnungsmäßigkeit der Bil- dung des Schiedsgerichts und der Durchführung des Ver- fahrens	47
4. Feststellungsklage	11		aa) Bildung des Schieds- gerichts	48
5. Keine Berücksichtigung inter- nationaler Rechtshängigkeit	12			
III. Begriff des Schiedsspruchs	13			
IV. Nationalität des Schiedsspruchs ..	19			

Rdn.

bb) Verfahrensfehler 51
h) Verbindlichkeit des Schiedsspruchs 55
i) Schiedsfähigkeit des Streitgegenstandes 58
j) Vereinbarkeit mit dem ordre
public 59
aa) Verfahrensrechtlicher
ordre public 60
bb) Materiellrechtlicher ord-
re public 72
cc) Verfahrensmäßige Be-
handlung des ordre pu-
blic-Verstoßes 81
2. Verfahren 83
a) Anerkennung 83
b) Der Vollstreckbarerklärung
zugängliche Schiedssprüche . . . 84
c) Zuständigkeit für die Vollstreckbarerklärung 87
d) Verfahrensgrundsätze 91
aa) Rechtsschutzinteresse 91
bb) Einleitung des Verfahrens . 94
cc) Cautio iudicatum solvi 99
e) Verbot der révision au fond . . . 100
f) Geltendmachung von Ein-
wendungen 108
g) Entscheidung 111
h) Rechtsmittel 113
i) Kosten 113a
**VI. Aufhebung des Schiedsspruchs
im Ausland** 114
1. Aufhebung vor Vollstreckbar-
erklärung 119
2. Aufhebung nach Vollstreckbar-
erklärung 121
VII. Vollstreckungsgegenklage 122
1. Zulässigkeit der Vollstreckungsgegenklage 122
2. Konkurrenz der Verfahrensarten . 126
**VIII. Wirkungserstreckung nach
Staatsverträgen** 128
1. Multilaterale Übereinkommen . . . 129
a) Genfer Abkommen zur Vollstreckung ausländischer
Schiedssprüche vom 29.9.1927   129
b) UN-Übereinkommen über
die Anerkennung und Voll-

Rdn.

streckung ausländischer
Schiedssprüche vom 10.6.1958   133
c) COTIF 134
d) Londoner Auslandsschulden-
abkommen 137
e) Weltbankübereinkommen 140
f) Genfer Protokoll über
Schiedsklauseln und Euro-
päisches Übereinkommen
über die internationale Handelsschiedsgerichtsbarkeit 143
2. Bilaterale Verträge 144
a) Deutsch-schweizerisches An-
erkennungs- und Vollstre-
ckungsabkommen 144
b) Deutsch-italienisches Aner-
kennungs- und Vollstre-
ckungsabkommen 146
c) Deutsch-belgisches Anerken-
nungs- und Vollstreckungs-
abkommen 148
d) Deutsch-österreichischer An-
erkennungs- und Vollstre-
ckungsvertrag 152
e) Deutsch-niederländischer
Anerkennungs- und Vollstreckungsvertrag 154
f) Deutsch-tunesischer Rechts-
hilfe-, Anerkennungs- und
Vollstreckungsvertrag 155
g) Deutsch-griechischer Aner-
kennungs- und Vollstre-
ckungsvertrag 160
h) Deutsch-norwegischer Aner-
kennungs- und Vollstre-
ckungsvertrag 161
i) Deutsch-israelischer Aner-
kennungs- und Vollstre-
ckungsvertrag 162
j) Deutsch-spanischer Aner-
kennungs- und Vollstre-
ckungsvertrag 163
k) Deutsch-amerikanischer
Freundschafts-, Handels-
und Schifffahrtsvertrag 164
l) Deutsch-sowjetisches Han-
dels- und Schifffahrts-
abkommen 167

I. Rechtsnatur der Anerkennung

1. Anerkennung als Wirkungserstreckung

Die Wirkungen eines Schiedsspruchs sind nach der Konzeption des deutschen Rechts auf **1**
das Territorium seiner Nationalität (vgl. dazu Rdn. 19 ff.) beschränkt. Durch die Anerkennung werden diese Wirkungen auf das Inland erstreckt[1]. Anerkennung bedeutet – ebenso wie bei der internationalen Urteilsanerkennung – Wirkungserstreckung[2]. Daraus folgt, dass die Wirkungen des ausländisches Schiedsspruchs nach der Anerkennung nie weitergehender sein können als im Ursprungsstaat. Gehen die Wirkungen im Erststaat jedoch weiter als in Deutschland, so wirkt die Anerkennung als Filter. Es werden nur solche Wirkungen erstreckt, die dem deutschen Recht bekannt sind.

a) Rechtskraft

Literatur: *Bosch* Rechtskraft und Rechtshängigkeit im Schiedsverfahren, 1991; *Loritz* Probleme der Rechtskraft von Schiedssprüchen im deutschen Zivilprozessrecht, ZZP 105 (1992), 1 ff.

Der Schiedsspruch hat zwischen den Parteien die Wirkungen eines rechtskräftigen ge- **2**
richtlichen Urteils (§ 1055). Diese Wirkung wird in dem Umfang erstreckt, in dem sie das erststaatliche Recht kennt. Der ausländische Schiedsspruch bewirkt eine Klagesperre für eine erneute Geltendmachung des Anspruchs vor staatlichen oder Schiedsgerichten. Zu beachten ist jedoch, dass Schiedssprüche, die den Rechtsstreit nicht endgültig erledigen, nicht rechtskraftfähig sind[3]. Das sind Zwischenschiedssprüche über die Zulässigkeit[4], Vorbehaltsschiedssprüche (soweit diese nach erststaatlichem Recht zulässig sind)[5]. Selbst wenn derartige Schiedssprüche nach erststaatlichem Recht rechtskraftfähig wären, ist diese Wirkung nicht erstreckbar. Die Anerkennung wirkt insoweit als Filter. Rechtskraftfähig ist dagegen der Zwischenschiedsspruch über den Grund[6] und der Teilschiedsspruch.

b) Gestaltungs- und Feststellungswirkung. Gestaltungsschiedssprüche sind hinsicht- **3**
lich der Gestaltungswirkung anerkennungsfähig. Dasselbe gilt für Feststellungsschiedssprüche, deren Wirkungen nach § 1061 erstreckt werden können.

2. Verhältnis von Anerkennung und Vollstreckbarerklärung

Anerkennung und Vollstreckbarerklärung sind keine Gegensätze. Durch die Anerkennung **4**
werden alle Wirkungen des Schiedsspruchs – soweit erstreckbar – auf das Inland erstreckt mit Ausnahme der Vollstreckbarkeit. Diese bedarf eines besonderen formellen Erstreckungsaktes in Form der Vollstreckbarerklärung nach § 1061. Die Vollstreckbarerklärung setzt die – in § 1061 nicht ausdrücklich geregelte – Anerkennung voraus.

---

1 Vgl. zu der Rechtsnatur der Anerkennung im Bereich der Urteilsanerkennung § 328 Rdn. 1 ff.
2 Vgl. *Geimer* IZPR, Rdn. 3879.
3 Vgl. dazu *Sieg* Die Vollstreckbarerklärung von Schiedssprüchen, die den Streit nicht endgültig erledigen, JZ 1959, 752 ff.

4 Vgl. RGZ 52, 283; MünchKomm/*Münch* § 1055, Rdn. 5; *Schütze/Tscherning/Wais* Rdn. 526.
5 Vgl. MünchKomm/*Münch* § 1055, Rdn. 2.
6 Vgl. *Schütze* Schiedsgericht und Schiedsverfahren, Rdn. 248; MünchKomm/*Münch* § 1055, Rdn. 5 *Stein/Jonas/Schlosser* § 1040 Rdn. 15.

II.　Konkurrenz des Verfahrens nach § 1061 und anderer Verfahrensarten

1.　Verfahren nach Staatsverträgen

5　Im Verhältnis zu den Staatsverträgen über die Anerkennung und Vollstreckbarerklärung von Schiedssprüchen zu § 1061 gilt als Faustregel das Günstigkeitsprinzip. Diese schon zu § 1044 a. F. entwickelte Lehre[7] ergibt sich nunmehr unmittelbar aus § 1061 Abs. 1. Es kommt die anerkennungsfreundlichere Regelung zur Anwendung. Der Spruchgläubiger kann jedoch keine „Rosinenpickerei" betreiben und sich aus einem Staatsvertrag und § 1061 die jeweils günstigeren Bestimmungen heraussuchen und kombinieren. Es kommt entweder die staatsvertragliche Regelung oder § 1061 zur Anwendung.

6　Im Verhältnis zum UN-Übereinkommen ergibt sich die Besonderheit, dass dessen Bestimmungen zwar durch § 1061 in die ZPO übernommen worden sind, das deutsche Recht aber insgesamt anerkennungsfreundlicher sein kann. In diesem Fall kann das Gericht in toto auf die anerkennungsfreundlichere Regelung des deutschen autonomen Rechts zurückgreifen[8].

7　Das gilt u. a. die Frage, ob Original oder beglaubigte Abschrift des Schiedsspruchs einzureichen sind[9] und die Formerfordernisse der Schiedsvereinbarung, bei denen das kollisionsrechtlich zur Anwendung berufene Recht weniger strenge Anforderunge als das UN-Übereinkommen stellen kann[10].

2.　Keine Erfüllungsklage

8　Im Verhältnis zur Erfüllungsklage oder der Klage aus dem ursprünglichen Rechtsverhältnis geht § 1061 vor. Die Erfüllungsklage ist ausgeschlossen, wo die Möglichkeit der Anerkennung und Vollstreckbarerklärung des ausländischen Schiedsspruchs besteht[11]. Für diese fehlt das erforderliche Rechtsschutzinteresse.

3.　Vollstreckbarerklärung ausländischen Exequaturs

Literatur: *Borges* Das Doppelexequatur von Schiedssprüchen, 1997; *Dolinar* Vollstreckung aus einem ausländischen, einen Schiedsspruch bestätigenden Exequaturteil. Gedanken zur Merger-Theorie, FS Schütze, 1999, S. 187 ff.; *Geimer* Zurück zum Reichsgericht: Irrelevanz der merger-Theorien – Kein Wahlrecht mehr bei der Vollstreckbarerklärung ausländischer Schiedssprüche, IPRax 2010, 346 f.; *Plassmeier* Ende des „Doppelexequatur" bei ausländischen Schiedssprüchen, SchiedsVZ 2010, 82 ff.; *Schlosser* Doppelexequatur zu Schiedssprüchen und ausländischen Gerichtsentscheiden?, IPRax 1985, 141 ff.; *Schütze* Die Bedeutung eines ausländischen Urteils über die Wirksamkeit eines Schiedsspruchs für dessen Exequierung im Inland, Jahrbuch für die Praxis der Schiedsgerichtsbarkeit 3 (1989), S. 118 ff.; *ders.* Der Abschied vom Doppelexequatur ausländischer Schiedssprüche, RIW 2009, 817 ff.

7　Vgl. BGHZ 52, 184 (zum Genfer Abkommen); *Glossner/Bredow/Bühler* Das Schiedsgericht in der Praxis, 3. Aufl., 1990" Rdn. 478; *Maier* Handbuch der Schiedsgerichtsbarkeit, 1979, Rdn. 478; *Mezger* Beschränkung des Geltungsbereichs von § 1044 ZPO durch internationale Abkommen?, AWD 1971, 322 ff.; *Schlosser* Schiedsgerichtsbarkeit, Rdn. 156 ff.; *Schütze/Tscherning/Wais* Rdn. 638.

8　Vgl. BGH NJW-RR 2004, 1504; BGH NJW 2005, 3499; BGH NJW 2007, 772; *Lachmann* Rdn. 2508.

9　Vgl. BGH NJW-RR 2004, 1504.

10　Vgl. dazu BGH SchiedsVZ 2005, 306.

11　Vgl. OLG Hamburg HRR 1933, Nr. 1791; *Geimer* IZPR, Rdn. 3930; *Riezler* Internationales Zivilprozessrecht, 1949, S. 640; *Schütze* Schiedsgericht und Schiedsverfahren, Rdn. 289; *Schwab/Walter* Kap. 26, Rdn. 4; *Stein/Jonas/Schlosser* § 1044 Rdn. 75; *Zöller/Geimer* § 1061, Rdn. 60.

Ist der Schiedsspruch im Erststaat durch ein staatliches Gericht für vollstreckbar erklärt und **9** bestätigt worden und nimmt diese Entscheidung nach der doctrine of merger[12] den Inhalt des Schiedsspruchs in sich auf, so sollte der Gläubiger des Spruchs nach zwei Entscheidungen des BGH aus dem Jahre 1984 ein Wahlrecht haben, ob er die Vollstreckbarerklärung des ausländischen Bestätigungsurteils nach §§ 722 f. oder die des ausländischen Schiedsspruchs nach § 1061 oder der entsprechenden staatsvertraglichen Normen betreiben will[13]. Das OLG Frankfurt/Main[14] hat in Verfolg der BGH Rechtsprechung einer englischen Exequaturentscheidung des High Court für einen Schiedsspruch die Klauselerteilung bewilligt (bzw. die Beschwerde hiergegen zurückgewiesen).

Die Rechtsprechung war einigermaßen verblüffend. Nachdem von der h. L. der Grundsatz **10** „L'exequatur sur exequatur ne vaut" favorisiert wird (vgl. § 328 Rdn. 138), soll er im Bereich der internationalen Schiedsgerichtsbarkeit gelten. Das Problem der BGH-Rechtsprechung liegt in der Titelvermehrung. Der Gläubiger sollte aus Schiedsspruch und Exequaturschuld vollstrecken dürfen, obwohl das Exequaturschuld nach der Ansicht des BGH den Inhalt des Schiedsspruchs gerade „in sich aufgenommen" hat[15].

Der BGH hat nun unter Berücksichtigung der harschen Kritik des Schrifttums[16] eine Kehrtwendung vollzogen und hält an der bisherigen Rechtsprechung nicht mehr fest. In einem Urteil vom 2.7.2009 hat der BGH entschieden, dass ein Doppelexequatur von Schiedssprüchen auch dann unzulässig ist, wenn das Recht des Erststaates des Exequaturschuld (im entschiedenen Fall das Recht Kaliforniens) der doctrine of merger folgt[17].

4. Feststellungsklage

Das deutsche Recht kennt keine vereinfachtes Feststellungsverfahren im Hinblick auf die **11** Anerkennung oder Nichtanerkennung des ausländischen Schiedsspruchs. *Geimer*[18] favorisiert ein Beschlussverfahren auf Anerkennung oder Nichtanerkennung des ausländischen Schiedsspruchs vor dem OLG. Das würde Klarheit schaffen und den Parteien Gewissheit geben, ob der ausländische Schiedsspruch im Inland wirkt oder nicht. Wenn man dem nicht folgt, dann bleibt die Feststellungsklage nach § 256 ZPO. Diese ist jedoch nur zulässig mit dem Antrag auf Feststellung, dass der Schiedsspruch nicht anzuerkennen sei, nicht dagegen

---

12 Vgl. zur doctrine of merger im US-amerikanischen Recht *Borges* S. 275 ff.; *Borris* Die internationale Handelsschiedsgerichtsbarkeit in den USA, 1987, S. 91 f.; *Dolinar* FS Schütze, 1999, S. 187 ff. (193 ff.); zum englischen Recht *Kilgus* Zur Anerkennung und Vollstreckung englischer Schiedssprüche in Deutschland, 1995, S. 122 ff.
13 Vgl. BGH RIW 1984, 557 mit Anm. *Dielmann* und *Schütze* RIW 1984, 734 f.; BGH RIW 1984, 644 mit Anm. *Mezger;* ebenso OLG Hamburg RIW 1992, 939; a. A. noch RGZ 5, 397; RGZ 30, 368. Das LG Hamburg RabelsZ 53 (1989), 165 mit Anm. *Anderegg* ebenda mit Anm. *Schlosser* EWiR § 1044 ZPO 1/87, 1249 hat ein Rechtsschutzbedürfnis für die Vollstreckbarerklärung der Exequaturschuld verneint. Vgl. auch *Borges* S. 23 ff.; *Schlosser* IPrax 1985, 141 ff.
14 Vgl. OLG Frankfurt/Main, IHR 2006, 212; dazu *Borges* Doppelexequatur von Schiedssprüchen in der EuGVVO, IHR 2006, 206 ff.
15 In der französischen Rechtsprechung wurde

deshalb zuweilen die Ansicht vertreten, dass der Schiedsspruch mit der gerichtlichen Bestätigung seine Existenz verloren habe, vgl. Cour d'appel de Nancy, Rev.crit. 1958, 148; für weitere Nachweise *Haas* Die Anerkennung und Vollstreckung ausländischer und internationaler Schiedssprüche 1991, S. 139, Fn. 50; ebenso wohl Tendenzen in Italien, vgl. *Ghiardina* Court decisions in Italy interpreting and implementing the New York Convention, Journal of International Arbitration 7 (1990), 77 ff.
16 Vgl. *Dolinar* FS Schütze, 1999, S. 187 ff. (204); *Geimer* Internationales Zivilprozessrecht, 6. Aufl., 2009, Rdn. 3107; *Schwab/Walter* Schiedsgerichtsbarkeit, 7. Aufl., 2005, Kap. 30, Rdn. 15; *Schütze* Urteilsanmerkung, RIW 1984, 734 ff.; *Zöller/Geimer* ZPO, § 1061, Rdn. 8 f.
17 Vgl. BGH NJW 2009, 2826; vgl. dazu *Geimer* IPRax 2010, 346 f.; *Plassmeier* SchiedsVZ 2010, 82 ff.; *Schütze* RIW 2009, 817 ff.
18 Vgl. *Zöller/Geimer* § 1061, Rdn. 61.

auf Feststellung, dass der Schiedsspruch Wirkung im Inland entfaltet. Für eine solche Klage fehlte angesichts der leichteren Möglichkeit nach § 1061 das Feststellungsinteresse. Das Feststellungsinteresse wäre nur gegeben, wenn die Vollstreckbarerklärung wegen Erfüllung der Spruchforderung nicht mehr möglich ist, der Spruchgläubiger aber ein Interesse daran hat, feststellen zu lassen, dass die Leistung des Schuldners nicht grundlos erfolgt ist[19].

5.   Keine Berücksichtigung internationaler Rechtshängigkeit

12 Selbst wenn man mit der h. L. die Rechtshängigkeit eines ausländischen Verfahrens im inländischen Prozess berücksichtigen wollte (vgl. dazu § 261, Rdn. 5 ff.), so ist ein ausländisches Vollstreckbarerklärungsverfahren im Hinblick auf die Rechtshängigkeit ohne Bedeutung. Denn es fehlt an einer Identität des Streitgegenstandes. Das inländische Verfahren hat die Verleihung des Vollstreckbarkeit in Deutschland, das ausländische die in dem jeweiligen ausländischen Staat zum Gegenstand.

III.   Begriff des Schiedsspruchs

13 Der Begriff des Schiedsspruchs ist derselbe wie in §§ 1054 f. Unter § 1061 fallen sowohl Schiedssprüche von Ad-hoc-Schiedsgerichten wie von institutionellen Schiedsgerichten. Der Schiedsspruch muss von einem Schiedsgericht erlassen sein.

14 Bei ausländischen Spruchkörpern ergeben sich zuweilen Abgrenzungsprobleme, ob diese der Schiedsgerichtsbarkeit oder der staatlichen Gerichtsbarkeit zuzuordnen sind. Auf die Bezeichnung kann es nicht ankommen. So sind die Arbitragegerichte in Wirtschaftssachen, die sich teilweise in den Staaten der ehemaligen Sowjetunion finden, keine Schiedsgerichte, sondern staatliche Gerichte.

15 Abgrenzungskriterien sind[20]:

– Staatliche Gerichte leiten ihre Zuständigkeit aus dem Gesetz (geschrieben oder ungeschrieben) her, Schiedsgerichte sind aufgrund einer Vereinbarung der Parteien zuständig. Wo eine Vereinbarung über die Zuständigkeit fehlt, kann kein Schiedsgericht entscheiden[21]. § 1061 setzt eine Schiedsvereinbarung voraus.

– Das Verfahren vor dem staatlichen Gericht lässt den Parteien keine Einwirkungsmöglichkeit auf die Person des Richters. Das schließt nicht aus, dass über die Wahl der Kammer (Zivilkammer/Kammer für Handelssachen) oder des Gerichts bei konkurrierenden Zuständigkeiten eine indirekte Wahlmöglichkeit besteht. Nie aber besteht eine Wahlmöglichkeit hinsichtlich der Person des Richters. Diese ist dem Schiedsgericht wesenseigen. Das gilt auch bei institutionellen Schiedsgerichten mit Listenbindung.

16 In diesem Sinne ist beispielsweise der saudi-arabische Board of Grievances kein Schiedsgericht[22]. Ein Grenzfall ist das Iran-United States Claims Tribunal, das zwar die UNCITRAL

---

19 Vgl. *Geimer* IZPR, Rdn. 3931; *Zöller/Geimer* § 1061, Rdn. 61; a. A. *Borges* Das Doppelexequatur von Schiedssprüchen, 1997, S. 33 ff.
20 Vgl. dazu *Schütze* Anerkennung und Vollstreckbarerklärung von Zivilurteilen und Schiedssprüchen im deutsch-saudiarabischen Verhältnis, RIW 1984, 261 ff. (263); *ders.* Die anerkennung und Vollstreckbarerklärung ausländischer Schiedssprüche, die ohne wirksame

Schiedsvereinbarung ergangen sind, FS Bucher, 2009, S. 699 ff. (700 ff.).
21 *von Hoffmann* Internationale Handelsschiedsgerichtsbarkeit, 1970, S. 48 stellt darauf ab, „ob die Zuständigkeit des Entscheidungskörpers zur Streitentscheidung generell erst durch eine Unterwerfungserklärung der Parteien begründet werden kann".
22 Vgl. *Schütze* RIW 1984, 261 ff. (263).

Arbitration Rules für anwendbar erklärt hat[23], aber durch das Kammersystem und die Unmöglichkeit der Parteien der Bestimmung der Zusammensetzung der entscheidenden Kammer eher ein Sondergericht denn ein institutionelles Schiedsgericht ist[24].

Die Frage, ob ein Schiedsspruch oder ein Urteil eines staatlichen Gerichts vorliegt, ist nach zweitstaatlichem, also deutschem Recht zu beurteilen[25]. **17**

Kosten, die in Verfahren im Zusammenhang mit dem Schiedsspruch im Ausland entstanden und im Schiedsspruch nicht tituliert sind, fallen nicht unter § 1061[26]. **18**

IV. Nationalität des Schiedsspruchs

Literatur: *von Beringe* Die Nationalitätsbestimmung von Schiedssprüche, NJW 1959, 77 ff.; *Mann* Internationale Schiedsgerichte und nationale Rechtsordnung, ZHR 130 (1968), 97 ff.; *ders.* Zur Nationalität des Schiedsspruchs, FS Oppenhoff, 1985, S. 215 ff.; *Rensmann* Anationale Schiedssprüche: Eine Untersuchung zu den Wirkungen anationaler Schiedssprüche im nationalen Recht, 1997.

Die Bestimmung der Nationalität des Schiedsspruchs, d. h. seine Zuordnung zu einem bestimmten Staat, bereitet – anders als bei Entscheidungen staatlicher Gerichte – Schwierigkeiten. Verschiedene Zuordnungskriterien werden international diskutiert. **19**

Auszugehen ist davon, dass allein das zweitstaatliche Recht maßgebend ist für die Beurteilung der Frage, ob ein in- oder ausländischer Schiedsspruch vorliegt[27]. **20**

Die deutsche h. L. stellte bis zum Inkrafttreten des Schiedsverfahrensneuregelungsgesetzes auf das anwendbare Schiedsverfahrensrecht zur Bestimmung der Nationalität des Schiedsspruchs ab[28], obwohl eine starke Meinung in der Literatur schon damals eine Anknüpfung an den Sitz favorisierte[29]. Durch die Novellierung des 10. Buchs der ZPO ist diese Streitfrage obsolet geworden. **21**

Nach dem UN-Übereinkommen 1958, das durch § 1061 Abs. 1 auch gegenüber Nichtvertragsstaaten für anwendbar erklärt worden ist, sind der Sitz des Schiedsgerichts und das anwendbare Schiedsverfahrensrecht gleichwertige Anknüpfungspunkte für die Bestimmung der Nationalität des Schiedsspruchs[30]. **22**

23 Vgl. dazu aus der deutschen Literatur *Borris* Die UCITRAL-Schiedsregeln in der Praxis des Iran-United States Claims Tribunal, Jahrbuch für die Praxis der Schiedsgerichtsbarkeit 2 (1988), S. 3 ff.; *Wühler* Zur Bedeutung des Iran-United States Claims Tribunal für die Rechtsfortbildung, in Böckstiegel (Herausg.), Rechtsfortbildung durch die Internationale Schiedsgerichtsbarkeit, 1989, S. 93 ff.

24 Die ex lege bestehende Zuständigkeit gegenüber Privatparteien ist dennoch kein Hindernis für Teile von Rechtsprechung und Lehre von Schiedsgerichtsbakeit zu sprechen; vgl. Iran v. Gould, Yearbook Commercial Arbitration XIV (1990), 605; *Rensmann* Anationale Schiedssprüche, 1997, S. 147 ff. m. w. N.; *Stein/Jonas/Schlosser* Anh. § 1061, Rdn. 7.

25 Vgl. OLG Rostock, IPRax 2002, 404; OLG Düsseldorf, SchiedsVZ 2005, 214; *Zöller/Geimer* § 1061, Rdn. 4; a. A. *Haas* in Weigand, Rdn. 47, der nach erststaatlichem Recht, also dem Recht des Ursprungsstaates qualifizieren will (für das

UN-Übereinkommen 1958); *Geimer* IZPR, Rdn. 3892; *Zöller/Geimer* § 1061, Rdn. 5, der eine Doppelqualifikation nach erst- und zweitstaatlichem Recht favorisiert.

26 Vgl. *Zöller/Geimer* § 1061, Rdn. 10.

27 Vgl. *Schlosser* Schiedsgerichtsbarkeit, Rdn. 207, 209; *Zöller/Geimer* § 1061, Rdn. 3.

28 Vgl. BGHZ 21, 365 = JZ 1957, 26 mit Anm. *Habscheid*; OLG Frankfurt/Main RIW 1984, 400 mit Anm. *Dielmann*; OLG Stuttgart KTS 1983, 663 mit Anm. *Walter*; *Glossner/Bredow/Bühler* Rdn. 491 ff.; *Maier* Rdn. 553; *Schütze/Tscherning/Wais* Rdn. 616; a. A. schon vor der Reform *Mann* Schiedsrichter und Recht, FS Flume, 1978, S. 593 ff.; *der.* Internationale Schiedsgerichte und nationale Rechtsordnung, ZHR 130 (1968), S. 97 ff.; *ders.* Zur Nationalität des Schiedsspruchs, FS Oppenhoff, 1985, S. 215 ff.

29 Vgl. *von Beringe* NJW 1959, 77 ff.; *Mann* vorige FN.

30 Vgl. *Schlosser* Schiedsgerichtsbarkeit, Rdn. 64 f.

23 Nach § 1025 – eine Bestimmung, durch die das Territorialitätsprinzip Eingang in das das deutsche internationale Schiedsverfahrensrecht gefunden hat – bestimmt der Sitz des Schiedsgerichts die Nationalität des Schiedsspruchs. Das gilt auch dann, wenn der Schiedsspruch nach einem abweichenden Schiedsverfahrensrecht ergangen ist. Das anwendbare Schiedsverfahrensrecht hat zur Bestimmung der Nationalität des Schiedsspruchs nur insoweit Bedeutung, als es sich um die Bestimmung der Nationalität eines Spruchs eines Schiedsgerichts mit Sitz im Ausland handelt.

24 Bei dem Sitz ist abzustellen auf den effektiven Schiedsort[31]. Die Parteien sind zwar in der Wahl des Schiedsortes frei, können auch Sitzungen, Beratungen, Beweisaufnahmen, Ortsbesichtigungen pp. an einem anderen als dem Schiedsort durchführen. Der Sitz des Schiedsgerichts muss aber eine Beziehung zum Verfahren haben. Der Schiedsort kann nicht durch eine Fiktion des Schiedsortes eine bestimmte Nationalität erhalten. Andernfalls wäre das Prinzip des § 1025 ausgehöhlt. Die Parteien könnten über die fiktive Sitzbestimmung das Territorialitätsprinzip umgehen. Bestimmen die Parteien Kampala als Schiedsort, finden aber alle Sitzungen, Beratungen, Beweisaufnahmen pp. in Stuttgart statt, so ist der Schiedsspruch – trotz der abweichenden Schiedsortbestimmung – ein deutscher, kein ugandischer. So hat ein schwedisches Gericht[32] den von den Parteien bezeichnete Schiedsort Stockholm als fiktiv angesehen, da keine der Parteien ihren Sitz in Schweden hatte, für das Verfahren die ICC Rules Anwendung finden sollten, und der englische Einzelschiedsrichter das Schiedsverfahren in Paris und London durchführte. Die einzige Beziehung zu Schweden bestand darin, dass der Schiedsrichter in seinem Schiedsspruch Stockholm als Schiedsort angab.

25 Schiedssprüche aus anderen EU-Staaten sind ausländische Schiedssprüche. Es gibt keine „binnenmarktliche" Schiedssprüche[33].

26 Da durch § 1061 Abs. 1 die allgemeine Anwendbarkeit des UN-Übereinkommens 1958 bestimmt ist, hat die Nationalität des Schiedsspruchs nur Bedeutung für die Abgrenzung von in- und ausländischen Schiedssprüchen und in Rahmen der wenigen neben dem UN-Übereinkommen 1958 in Betracht kommenden – günstigeren – staatsvertraglichen Anerkennungsregelungen.

27 Es wir diskutiert, ob es a-nationale oder delokalisierte Schiedssprüche geben kann[34], die aufgrund einer Parteivereinbarung von jeglicher staatlicher Rechtsordnung losgelöst sind[35]. Nun mag es zwar Schiedssprüche geben, die von jeglichem nationalen materiellen Recht lösgelöst sind, etwa weil sie ex aequo et bono ergehen oder unter Zugrundelegung einer irgendwie gearteten lex mercatoria. Zur Natur des Schiedsspruchs gehört es aber, dass er in irgendeiner Verfahrensordnung wurzelt. A-nationale Schiedssprüche sind keine Schiedssprüche[36]. Sie mögen Schiedsgutachten, Vergleiche pp. sein, können aber nicht als ausländische Schiedssprüche im Rahmen des § 1061 anerkannt und für vollstreckbar erklärt werden.

---

31 Vgl. *Bajons* FS Machacek und Matscher, 2008, S. 703 ff. (711 f.); *Schütze* Schiedsgericht und Schiedsverfahren, Rdn. 162, 288.
32 Vgl. Svea Court of Appeal in Sachen Titan v. Alcatel, Yearbook Commercial Arbitration XXX (2005), S. 139 = Stockholm International Arbitration Review 2005, 259 mit Anm. *Shaughnessy* ebenda 284 ff. und *Söderlund* ebenda 275 ff.
33 Vgl. *Zöller/Geimer* § 1061, Rdn. 13.
34 Vgl. dazu *Rensmann* Anationale Schiedssprüche, 1997.

35 Vgl. *van den Berg* S. 29; *Bucher* Die neue internationale Schiedsgerichtsbarkeit in der Schweiz, 1989, S. 153.
36 Vgl. *Geimer* IZPR, Rdn. 3718; *Haas* in Weigand, Rdn. 24; *Schwab/Walter* Kap. 30, Rdn. 8; *Stein/Jonas/Schlosser* Anh. § 1061, Rdn. 8 *Zöller/Geimer* § 1061, Rdn. 11; ebenso wohl *Siehr* in: Zürcher Kommentar zum IPRG, 2. Aufl., 2004, Art. 194, Rdn. 7.

V. Wirkungserstreckung nach dem UN-Übereinkommen 1958

§ 1061 Abs. 1 S. 1 erklärt das UN-Übereinkommen 1958 für die Wirkungserstreckung aller **28** Schiedssprüche für anwendbar, unabhängig von der – ausländischen – Nationalität des Schiedsspruchs. Die Zugehörigkeit des Erststaates zur Konvention ist bedeutungslos. Die im Gesetzgebungsverfahren in Erwägung gezogene Übernahme der Artt. 35, 36 ModG ist wegen ihrer Unpraktikabilität fallen gelassen worden[37]. Deutschland ist vielmehr dem Schweizerischen Vorbild gefolgt und hat die Regelung in Art. 194 IPRG in § 1061 Abs. 1 übernommen[38].

1. Erfordernisse

a) Gerichtsbarkeit

Literatur: *Bernini/van den Berg* The enforcement of arbitral awards against a state, Contemporary problems of International Arbitration, 1986, S. 359 ff.; *Böckstiegel* Arbitration and State Enterprises, 1984; *ders.* Besondere Probleme der Schiedsgerichtsbarkeit zwischen Privaten und ausländischen Staaten oder Staatsunternehmen, NJW 1975, 1577 ff.; *Carabiber* L'immunité de juridiction et d'exécution des Etats, collectivités et établissements publics au regard de l'obligation assumée par une clause compromissoire insérée dans les contrats internationaux de droit privé, FS Domke, 1967, S. 23 ff.; *Delaume* State Contracts and Transnational Arbitration, The Arbitration Journal 3 (1987), 28 ff.; *Fox* State immunity and enforcement of arbitral awards, ArbInt 12 (1996), 89 ff.; *Langkeit* Staatenimmunität und Schiedsgerichtsbarkeit, 1989

Das UN-Übereinkommen 1958 ist nach einhelliger Meinung auch auf Schiedssprüche **29** gegen Staaten anzuwenden[39]. Die Wirkungserstreckung von ausländischen Schiedssprüchen gegen einen Staat oder eine sonstige Immune Organisation oder Person fällt damit auch unter § 1061.

Ungeschriebenes Erfordernis der Anerkennung ist die Gerichtsbarkeit über die Schieds- **30** parteien bei Erlass des Schiedsspruchs. Das Schiedsgericht ist – ebenso wie ein staatliches Gericht – an die völkerrechtlich bestimmten Immunitäten gebunden. Hier bestehen aber regelmäßig keine Probleme, da die Immunität verzichtbar ist[40] und in dem Abschluss einer Schiedsvereinbarung ein mindestens stillschweigender Verzicht auf eine etwa bestehende Immunität liegt. Denn durch den Abschluss einer Schiedsvereinbarung erklärt der ausländische Staat oder die sonst der Gerichtshoheit nicht unterworfene Partei, dass für diesen Rechtsstreit auf Immunität verzichtet werde. Alles andere wäre unredlich und als venire contra factum proprium unwirksam. Der Immunitätsverzicht umfasst auch die Vollstreckungsimmunität[41].

Langkeit geht davon aus, dass es des Umweges über den Immunitätsverzicht nicht bedürfe, **31** da sich der völkerrechtliche Anspruch auf Immunität nur gegen Staaten richte, nicht aber gegen private Schiedsgerichte[42].

---

37 Vgl. Begründung zur Novellierung, BT-Drs. 13/5274, zu § 1961.
38 Art. 194 IPRG lautet: *„Für die Anerkennung und Vollstreckung ausländischer Schiedssprüche gilt das New Yorker Übereinkommen vom 10. Juni 1958 über die Anerkennung und Vollstreckung ausländischer Schiedssprüche“.*.

39 Vgl. *Langkeit* S. 83 mit umfangreichen Nachweisen in Fn. 20.
40 Vgl. für viele *Schütze* DIZPR, Rdn. 95.
41 A. A. *Fox* ArbInt 12 (1996), 89 ff.; *Nagel/Gottwald* IZPR, § 2, Rdn. 23; .
42 Vgl. *Langkeit* S. 51 ff.

b)   Schiedsspruch mit nicht nur schuldrechtlicher Wirkung

Literatur: *Moschel* Uneigentliches Schiedsverfahren in Italien, AWD 1961, 165 ff.; *Wenger* Zum obligationenrechtlichen Schiedsverfahren im schweizerischen Recht, 1968

32   Der Schiedsspruch darf nicht nur schuldrechtliche Wirkung zwischen den Parteien haben[43]. Der BGH hat deshalb entschieden, dass der lodo di arbitrato irrituale[44] nach dem UN-Übereinkommen 1958 nicht anerkennungsfähig ist[45]. Nach italienischem Recht ist ein solcher Schiedsspruch nicht vollstreckungsfähig und entfaltet nur schuldrechtliche Wirkung zwischen den Parteien. Es bedarf der Erfüllungsklage vor einem staatlichen Gericht, um den Anspruch, der Gegenstand des lodo di arbitrato irrituale ist, durchzusetzen.

33   Das BayObLG hat sich der Rechtsprechung des BGH angeschlossen[46] und entschieden, dass ein kalifornischer Schiedsspruch nach kalifornischem Recht nur vertragliche Wirkungen zwischen den Parteien entfalte, also nicht für vollstreckbar erklärt werden könnte. Da der Schiedsspruch aber in Kalifornien bestätigt worden war, ist die Vollstreckbarerklärung ausgesprochen. Die Entscheidung ist bedenklich. Nach der damaligen BGH Rechtsprechung zur Vollstreckbarerklärung von Exequatururteilen für Schiedssprüche (vgl. dazu Rdn. 9) hätte das Bestätigungsurteil nur nach §§ 722 f. für vollstreckbar erklärt werden können. Das wäre im entschiedenen Fall nicht möglich gewesen, da ein Rechtmittel in Kalifornien gegen das Bestätigungsurteil anhängig war.

34   Eine Sondermeinung vertritt *Schlosser*[47]. Er hält den obligationenrechtlichen Schiedsspruch für anerkennungs- nicht aber vollstreckbarerklärungsfähig. Das aber führt zu dem unerwünschten Ergebnis, dass der ausländische Schiedsspruch auf der einen Seite nicht für vollstreckbar erklärt werden kann, auf der anderen Seite aber möglicherweise ein neues Verfahren im Inland hindert[48].

35   **c) Zivil- oder Handelssache als Gegenstand des Schiedsspruchs.** Der Schiedsspruch muss eine Zivil- oder Handelssache zum Gegenstand haben[49]. Aus dem Text des UN-Übereinkommens 1958 lässt sich eine derartige Beschränkung nicht entnehmen. Das führt dazu, dass eine starke Meinung in der Literatur eine Beschränkung der Anerkennungsfähigkeit ausländischer Schiedssprüche auf solche in Zivil- und Handelssachen im Anwendungsbereich des § 1061 ablehnt[50]. Nun ist schon zweifelhaft, ob nach der Entstehungsgeschichte des UN-Übereinkommens 1958 nicht eine implizite Beschränkung auf Zivil- und Handelssachen besteht, wurde die Konvention doch zur Verbesserung des internationalen Handelsverkehrs geschlossen. Entscheidend ist, dass die deutsche ZPO

---

43 Vgl. *Lachmann* Rdn. 2516; *Sanders* Commentary on the New York Convention, Yearbook Commercial Arbitration IV (1979), S. 231 ff.; *Schwab/Walter* Kap. 42, Rdn. 4; *Schütze* Schiedsgericht und Schiedsverfahren, Rdn. 291; *Walter* Das Schiedsverfahren im deutsch-italienischen Rechtsverkehr, RIW 1982, 693 ff. (698); *Zöller/Geimer* § 1061, Rdn. 4.
44 Vgl. dazu *Moschel* AWD 1961, 165 ff.
45 Vgl. BGH WM 1982, 134 = RIW 1982, 210 = IPRax 1982, 143 mit Anm. *Wenger* ebenda 135; zu der Problematik und den Ungereimtheiten der BGH Rechtsprechung vgl. *Kilgus* Zur Anerkennung und Vollstreckbarerklärung englischer Schiedssprüche in Deutschland, 1995, S. 65 ff.

46 Vgl. BayObLG RIW 2003, 385 = SchiedsVZ 2003, 142 = IHR 2003, 140.
47 Vgl. *Schlosser* Schiedsgerichtsbarkeit, Rdn. 766.
48 Ablehnend auch *Schwab/Walter* Kap. 42, Rdn. 4.
49 Zum Begriff der Handelssache vgl. *Luther* Zur Anerkennung und Vollstreckung von Urteilen und Schiedssprüchen in Handelssachen im deutsch-italienischen Rechtsverkehr, ZHR 127 (1964), 145 ff.
50 Vgl. *Stein/Jonas/Schlosser* Anh. § 1061, Rdn. 6.

auf das zivilgerichtliche Verfahren beschränkt ist. Es wäre systemfremd wenn man die Vollstreckbarerklärung öffentlichrechtlicher Schiedssprüche dem Zivilprozess zuweisen wollte.

Der Begriff der Zivil- oder Handelssache ist derselbe wie in § 328[51].

36

d) Wirksamkeit der Schiedsvereinbarung

Literatur: *Schütze* Die Anerkennung und Vollstreckbarerklärung ausländischer Schiedssprüche, die ohne wirksame Schiedsvereinbarung ergangen sind, FS Bucher, 2009, S. 699 ff.

Dem Schiedsverfahren muss eine gültige Schiedsvereinbarung zugrunde liegen (Art. V **37** Abs. 1 lit. a UN-Übereinkommen 1958)[52]. Die Wirksamkeit beurteilt sich in persönlicher Hinsicht nach dem Heimatrecht der Schiedsvertragsparteien (insbesondere die Geschäftsfähigkeit), im übrigen nach dem Schiedsverfahrensstatut. Die Formgültigkeit dagegen ergibt sich allein aus Art. II UN-Übereinkommen 1958. Das bedeutet, dass ein ausländischer Schiedsspruch auch dann nicht anerkennt und für vollstreckbar erklärt werden kann, wenn die Schiedsvereinbarung zwar nach dem Schiedsverfahrensstatut formwirksam ist, nicht jedoch die Erfordernisse des Art. II UN-Übereinkommen 1958 erfüllt[53]. Denn der Normzweck des Art. II UN-Übereinkommen 1958 geht dahin, eine tatsächliche Einigung der Parteien sicherzustellen und vor einem unüberlegten, voreiligen Abschluss einer Schiedsvereinbarung zu bewahren[54]. Dem widerspricht es, eine etwaige Formgültigkeit nach dem Schiedsverfahrensstatut (einschließlich § 1031) ausreichen zu lassen[55]. Nun ist zwar richtig, dass im Verhältnis zu anderen Anerkennungsnormen das Günstigkeitsprinzip gilt. Das 10. Buch der ZPO kennt aber neben § 1061 keine Anerkennungsregelung für ausländische Schiedssprüche, und diese Norm erklärt nur das UN-Übereinkommen 1958 für anwendbar[56]. Der früher bestehende favor recognitionis durch Rekurrierung auf § 1044 a. F. entfällt nach § 1961, der allein die Regelung des UN-Übereinkommens für anwendbar erklärt[57].

Das Erfordernis der Wirksamkeit der dem Schiedsverfahren zugrunde liegenden Schieds- **38** vereinbarung wird in der Rechtsprechung in zwei Fällen in Frage gestellt. Der BGH hat die Berufung auf die Unwirksamkeit der Schiedsvereinbarung dann nicht zugelassen, wenn der Spruchschuldner eine im Erststaat gegebene (befristete) Anfechtungsmöglichkeit nicht genutzt hat und in diesen Fällen Präklusion angenommen (vgl. dazu Rdn. 101). In einigen Fällen hat der BGH die Berufung auf die Unwirksamkeit der Schiedsvereinbarung nicht zugelassen, wenn eine Partei hierbei arglistig handelt[58], so, wenn der

---

51 Vgl. § 328 Rdn. 24 ff.
52 Vgl. zur Beurteilung der Schiedsvereinbarung in der Anerkennungsperspektive BGH IPRax 2006, 268; dazu *Geimer* Die Schiedsvereinbarung in der Anerkennungsperspektive, IPRax 2006, 233 ff.
53 Vgl. *Reithmann/Martiny/Hausmann* Rdn. 6574, 6671 ff.; *Schütze* Schiedsgericht und Schiedsverfahren, Rdn. 291; Das OLG München SchiedsVZ 2010, 50 hat einem französischen Schiedsspruch die Vollstreckbarerklärung wegen Formgültigkeit der Schiedsabrede verweigert, weil der Schiedsrichter eine einseitige Verkaufsbestätigung hat genügen lassen.
54 Vgl. dazu *Reithmann/Martiny/Hausmann* Rdn. 6671.

55 A. A. BGH IPRax 2006, 268 mit Besprechungsaufsatz *Geimer* ebenda 233 ff. (235).
56 Vgl. *Geimer* IPRax 2006, 233 ff. (235); *ders.* IZPR, Rdn. 3886; *Reithmann/Martiny/Hausmann* Rdn. 6674; *Schwab/Walter* Kap. 42, Rdn. 24.
57 Der BGH IPRax 2006, 268 will eine Anerkennungspflicht kraft genuin deutschen Anerkennungsrecht bejahen, wenn nach dem Schiedsverfahrensstatut eine wirksame Schiedsvereinbarung zustande gekommen ist. Ebenso wohl *Stein/Jonas/Schlosser* Anh. § 1061, Rdn. 54.
58 Vgl. dazu eingehend *Illmer* Der Arglisteinwand an der Schnittstelle von staatlicher Gerichtsbarkeit und Schiedsgerichtsbarkeit, 2007.

Spruchschuldner sich im Schiedsverfahren darauf berufen hat, die ordentlichen Gerichte seien zuständig[59] oder umgekehrt. Diese Rechtsprechung ist jedenfalls nach dem neuen Schiedsverfahrensrecht problematisch, weil ein Schiedsspruch ohne Schiedsvereinbarung entgegen dem klaren Wortlaut des UN-Übereinkommens 1958 für vollstreckbar erklärt würde. Weder Rechtsmissbrauch noch Präklusion vermögen eine wirksame Schiedsvereinbarung zu ersetzen[60].

39 **e) Gewährung rechtlichen Gehörs im Schiedsverfahren.** Der unterlegenen Partei muss rechtliches Gehör gewährt worden sein (Art. V Abs. 1 lit. b UN-Übereinkommen 1958), so dass sie sich angemessen verteidigen konnte. Der Begriff des rechtlichen Gehörs ist dem deutschen Recht zu entnehmen und ist derselbe wie in § 1042 Abs. 1 S. 1. Die Anforderungen an die Gewährung rechtlichen Gehörs sind im Schiedsverfahren nicht geringer als im Verfahren vor den ordentlichen Gerichten, Art. 103 GG ist auch Messlatte im Schiedsverfahren[61].

40 Der Anspruch auf rechtliches Gehör umfasst allgemein die Möglichkeit der Beteiligten, ihren Standpunkt darzulegen und vom Schiedsgericht gehört zu werden[62]. Dazu gehört zunächst, dass der Spruchschuldner von der Bestellung der Schiedsrichter und dem schiedsrichterlichen Verfahren gehörig und so rechtzeitig in Kenntnis gesetzt worden ist, dass er sich angemessen verteidigen konnte. Im übrigen gilt folgendes:

– Das Vorbringen einer Partei muss der anderen so rechtzeitig mitgeteilt werden, dass diese sich dazu äußern kann[63] und zwar unabhängig davon, ob es sich um tatsächlichen Vortrag oder Rechtsausführungen handelt[64]. Ausgenommen ist offensichtlich unbeachtliches oder nicht zu berücksichtigendes Vorbringen[65]. Der Anspruch auf rechtliches Gehör umfasst auch die Gelegenheit zur Stellungnahme zu wesentlichen verfahrensleitenden und -bestimmenden Entscheidungen des Schiedsgerichts oder einer Schiedsgerichtsorganisation[66], z. B. der Verlängerung der Entscheidungsfrist nach Art. 18 Abs. 1 a. F. ICC Rules[67] oder einer Beweisaufnahmeregelung (Anordnung von written witness statements; examination in chief, cross examination, reexamination pp.), oder Entscheidungen über die Vorlage von Urkunden.

– Die Parteien müssen an einer Beweisaufnahme mitwirken können und Gelegenheit haben, zu deren Ergebnis Stellung zu nehmen[68]. Das Mitwirkungsrecht muss in ausreichendem Maße gewährt werden. Hier ist die in der internationalen Schiedsgerichtspraxis zuweilen anzutreffende „Sanduhrpraxis" bedenklich, die beiden Parteien eine begrenzte Zeit für die Zeugenbefragung zubilligt. Es mag ja sein, dass etwa die beweisbelastete Partei mehr Zeit benötigt als die nicht beweisbelastete Partei. Es kommt auf

---

59 Vgl. BGHZ 50, 191.

60 Vgl. *Schütze* FS Bucher, 2009, S. 699 ff.

61 Vgl. BGH RIW 1985, 970; zur verfassungsrechtlichen Dimension des Grundsatzes im Schiedsverfahren vgl. *Geimer* Schiedsgericht und Verfassung, 1994.

62 Vgl. dazu BVerfGE 25, 137; den Inhalt des Anspruchs auf rechtliches Gehör umschreibt BGH RIW 1990, 493; weiter dazu *Schwab/Walter* Kap 15, Rdn. 2.

63 Vgl. *Schlosser* Schiedsgerichtsbarkeit, Rdn. 832.

64 Vgl. BGH RIW 1990, 493 mit ausführlichen Nachweisen für die Rechtsprechung des BGH; OLG Oldenburg, MDR 1965, 54.

65 Vgl. *Maier* Rdn. 258; *Schütze/Tscherning/Wais* Rdn. 326.

66 Vgl. *Schütze/Tscherning/Wais* Rdn. 645; a. A. *Glossner/Bredow/Bühler* Rdn. 282; *Schwab/Walter* Kap. 15, Rdn. 2.

67 Vgl. OLG Stuttgart RIW 1988, 480; a. A. BGH RIW 1988, 642 (Revisionsentscheidung in demselben Fall); vgl. dazu *Aden* RIW 1989, 607 ff.; *Herrmanns* IPRax 1987, 353 ff.; *Raeschke-Kessler/Bühler* ZIP 1987, 1157 ff.; *Wackenhuth* IPRax 1987, 355 f.

68 Vgl. BGHZ 3, 127.

den Einzelfall an. jedenfalls darf keine unzulässige Beschneidung des Fragerechts vorliegen[69].

- Bei Urkunden ist beiden Parteien Gelegenheit zur Einsichtnahme zu geben. Die Parteien müssen bei fremdsprachlichen Urkunden – das sind alle, die nicht in der Schiedssprache oder einer sonst vereinbarten Sprache abgefasst sind – genügend Zeit zur Beschaffung einer Übersetzung haben[70].
- Beherrscht eine Partei die Sprache des Schiedsverfahrens nicht, so muss ihr Gelegenheit gegeben werden, der Verhandlung und Beweisaufnahme mit Hilfe eines Dolmetschers zu folgen und an ihr teilzunehmen[71]. Dabei ist es unerheblich, ob der Dolmetscher durch das Schiedsgericht beauftragt wird oder das Schiedsgericht der Partei die Beauftragung eines Dolmetschers anheim stellt. Die Rechte der Partei werden nicht unzulässig beschnitten, wenn sich das Schiedsgericht die Genehmigung im Einzelfall vorbehält.
- Verlegt das Schiedsgericht trotz ausreichender Entschuldigung der Partei oder ihres Verfahrensbevollmächtigten einen Termin nicht, so kann darin eine Beschneidung des rechtlichen Gehörs liegen[72], wobei bei grösseren Sozietäten die Verweisung auf einen anderen Anwalt – soweit dieser sich in die Sache einarbeiten kann – zulässig sein mag.

Kein Verstoß gegen das Gebot der Gewährung rechtlichen Gehörs ist – anders als vor **41** staatlichen Gerichten[73] – die Nichtgewährung von Armenrecht bei Unfähigkeit, die Verfahrenskosten und die Kosten für einen Rechtsanwalt aufzubringen. Allerdings wird man fordern müssen, dass eine Möglichkeit zur Lösung von der Schiedsvereinbarung besteht, soweit nicht der Gegner die Kosten vorzustrecken bereit ist[74].

Es genügt nicht, dass jede Partei nur „ihren" Schiedsrichter instruiert oder von ihm **42** unterrrichtet wird[75]. Es besteht kein Anspruch der Partein im Rahmen des rechtlichen Gehörs, die Rechtsansicht des Schiedsgerichts vor Erlass des Schiedsspruchs zu erfahren[76]. Die Parteien dürfen jedoch nicht „überrumpelt" werden. Können sie aufgrund früherer Äußerungen davon ausgehen, dass das Schiedsgericht zu einer prozessentscheidenden Frage eine bestimmte Ansicht vertritt, so ist ihnen eine Änderung mitzuteilen und Gelegenheit zu geben, zu der veränderten Situation Stellung zu nehmen und weiter vorzutragen[77].

Die Beteiligten müssen lediglich die Möglichkeit haben, sich zu äußern, wobei präkludie- **43** rende Fristsetzungen zulässig sind. Tun sie das nicht, so ist das ihre Sache[78]. Ein Beteiligter kann jedoch nicht im voraus auf sein Recht auf rechtliches Gehör verzichten.

---

69 Vgl. dazu OLG Stuttgart, 14.10.2003, 1 Sch 16/03.
70 Vgl. BGH WM 1977, 948; *Schütze/Tscherning/Wais* Rdn. 328.
71 Vgl. *Lachmann* Rdn. 2588 f.
72 Vgl. dazu *Lachmann* Rdn. 2590 ff.
73 Vgl. dazu *Schütze* Die Verkürzung rechtlichen Gehörs durch die american rule of Costs und der Schutz der armen Partei, GS Gaspardy, 2007, S. 337 ff.; *ders.* Armenrecht, Kostenerstattung und faires Verfahren, FS Machacek und Matscher, 2008, S. 919 ff.
74 Vgl. dazu *Schütze* Schiedsgericht und Schiedsverfahren, Rdn. 145 ff.

75 Vgl. LG Bremen Yearbook Commercial Arbitration XII (1987), 486; *Schlosser* Schiedsgerichtsbarkeit, Rdn. 832.
76 Vgl. BGH WM 1983, 1207; *Lachmann* Rdn. 2222; *Schlosser* Schiedsgerichtsbarkeit, Rdn. 836; *Schwab/Walter* Kap. 15, Rdn. 3; a. A. *Zöller/Geimer* § 1042, Rdn. 12.
77 Vgl. OLG Frankfurt/Main, BB 1977, 17; *Schwab/Walter* Schiedsgerichtsbarkeit, Kap. 15, Rdn. 3.
78 Vgl. *Schlosser* Schiedsgerichtsbarkeit, Rdn. 836.

f) Einhaltung des Umfangs und der Bindungswirkung der Schiedsvereinbarung

Literatur: *Wiegand, iura novit curia v. ne ultra petita* – Die Anfechtbarkeit von Schiedsgerichtsurteilen im Lichte der jüngsten Rechtsprechung des Bundesgerichts, FS Kellerhals, 2005, S. 127 ff.

44 Das Schiedsgericht darf die Grenzen seiner Zuständigkeit nicht überschritten haben (Art. V Abs. 1 lit. c UN-Übereinkommen 1958). Eine derartige Überschreitung liegt vor, wenn

- die Schiedsvereinbarung die Streitigkeit, die im Schiedsspruch ausgeurteilt wird, nicht deckt, etwa, wenn die Schiedsvereinbarung nur vertragliche Ansprüche der Zuständigkeit des Schiedsgerichts unterstellt, dieses aber über deliktische Ansprüche entschieden hat oder
- der Spruch eine Entscheidung enthält, der die Grenze der Schiedsvereinbarung überschreitet, etwa, wenn das Schiedsgericht punitive damages entgegen einer entsprechenden Beschränkung der Schiedsvereinbarung zuspricht.

45 Nicht unter die Regelung in Buchstabe c fällt die Entscheidung über die Anträge der Parteien hinaus (ne eat arbiter ultra petita). Hier liegt zwar ein Verfahrensfehler vor, das Schiedsgericht entscheidet aber innerhalb seiner Zuständigkeit[79].

46 Dasselbe gilt für eine falsche Rechtsanwendung (nicht autorisierte Entscheidung nach Billigkeit oder unter Anwendung der lex mercatoria). Die Entscheidung ist durch die Schiedsvereinbarung gedeckt; es liegt kein Verfahrensfehler vor[80].

47 **g) Ordnungsmäßigkeit der Bildung des Schiedsgerichts und der Durchführung des Verfahrens.** Die Bildung des Schiedsgerichts und das schiedsrichterliche Verfahren müssen dem von den Parteien gewählten – hilfsweise dem erststaatlichen – Schiedsverfahrensrecht entsprechen (Art. V Abs. 1 lit. d UN-Übereinkommen 1958).

48 **aa) Bildung des Schiedsgerichts.** Anerkennungsschädlich ist die Abweichung von der Schiedsvereinbarung hinsichtlich des Schiedsgerichts. Das ist der Fall wenn anstelle eines Dreierschiedsgerichts ein Einzelschiedsrichter entscheidet[81].

49 Auch in der Person eines oder mehrerer Schiedsrichter kann ein Mangel bei der Bildung des Schiedsgerichts liegen. Schreibt die Schiedsvereinbarung gewisse Qualifikationsmerkmale für den Schiedsrichter vor (Befähigung zum Richteramt, Bestellung als Sachverständiger für das Bauwesen pp.) und erfüllt der Schiedsrichter diese Vorgaben nicht, so ist das Schiedsgericht unrichtig gebildet. Dasselbe gilt für die Befangenheit des Schiedsrichters[82]. Die Verstöße gegen die Regeln der Bildung des Schiedsgerichts sind nach der Rechtsprechung regelmäßig präkludiert, wenn im Erststaat nicht geltend gemacht und Abhilfe gesucht worden ist[83].

50 Nicht unter das Erfordernis der ordnungsgemäßen Bildung des Schiedsgerichts fällt die eine Partei benachteiligende Besetzung des Schiedsgerichts. Hier wird ein ordre public-Verstoß angenommen (vgl. Rdn. 61).

---

79 Vgl. *Lachmann* Rdn. 2608; *Musielak/Voit* § 1061, Rdn. 16.
80 Vgl. *Lachmann* Rdn. 2609; *Musielak/Voit* § 1061, Rdn. 16.
81 A. A. *Lachmann* Rdn. 2613, weil die unzulässige Bildung des Schiedsgerichts sich in diesem Fall nicht zu Ungunsten einer Partei auf Verfahren und Spruch auswirke. Vgl. zur Präklusion OLG Stuttgart, 14.10.2003, 1 Sch 16/02.
82 Vgl. *Lachmann* Rdn. 2616.
83 Vgl. im einzelnen *Lachmann* Rdn. 2613 ff.

bb) Verfahrensfehler

Literatur: *Bühler* Einige Anmerkungen zum Zeugenbeweis in internationalen Schiedsverfahren, in: Böckstiegel (Herausg.), Beweiserhebung in internationalen Schiedsverfahren, 2001, S. 94 ff.; *Sachs* Use of Documents and documentary discovery: „Fishing expeditions" versus transparency and burden of proof, SchiedsVZ 2003, 193 ff.; *Schäffler* Zulässigkeit und Zweckmäßigkeit der Anwendung angloamerikanischer Beweismethoden im deutschen und internationalen Schiedsverfahren, 2003; *Schütze* Die Ermessengrenzen des Schiedsgerichts bei der Bestimmung der Beweisregeln, SchiedsVZ 2006, 1 ff.; *ders.* Two Issues of Taking Evidence in International Arbitration Under Civil and Common Law Systems – Production of Documents and Examination of Witnesses, in: Schütze, Ausgewählte Probleme des deutschen und internationalen Schiedsverfahrensrechts, 2005, S. 71 ff.; *Wirth* Ihr Zeuge Herr Rechtsanwalt. Weshalb Civil-Law-Schiedsrichter Common Law Verfahrensrecht anwenden, SchiedsVZ 2003, 9 ff.

Das Schiedsgericht ist – soweit nicht das Gesetz oder eine institutionelle Verfahrensordnung besondere Regeln aufstellen – bei der Bestimmung des Verfahrens an den Parteiwillen gebunden. Vereinbaren die Parteien etwa, dass sich das Verfahren nach den Bestimmungen der österreichischen ZPO für das Verfahren 1. Instanz richten soll, so kann das Schiedsgericht nicht common law Beweisregeln mit examination in chief (oder der diese ersetzenden written witness statements), crossexamination und reexamination anwenden, auch wenn es dieses für sachgerechter hält – etwa weil die Schiedsrichter common lawyers sind. Fehlt eine Bestimmung der anwendbaren Verfahrensregeln – was leider die Regel ist – dann muss das Schiedsgericht den mutmaßlichen Parteiwillen berücksichtigen[84]. Dieser geht bei Parteien aus dem Bereich des civil law, Schiedsrichtern aus einer civil law Jurisdiktion und Schiedsort in einem civil law Land nicht dahin, dass die Schiedsrichter common law Beweisregeln anwenden, was sich allerdings immer mehr durchsetzt[85]. Eine derartige Anwendung unerwarteter Verfahrensregeln ist ermessensmissbräuchlich und verstößt gegen Art. V Abs. 1 lit. d UN-Übereinkommen 1958[86]. **51**

Verfahrensfehler sind weiter **52**

– die Nichtmitwirkung eines Schiedsrichters an Verfahren und Beratung[87];
– die Veröffentlichung einer von den Parteien nicht vereinbarten dissenting opinion[88], da hierdurch das Beratungsgeheimnis verletzt wird[89];

---

84 Vgl. *Schütze* SchiedsVZ 2006, 1 ff. (3 ff.).

85 Vgl. dazu *Kern* Internationale Schiedsverfahren zwischen Civil Law und Common Law, ZVglRWiss 109 (2010), 78 ff.; *Wirth* SchiedsVZ 2003, 9 ff.; zu den Unterschieden und Reibungen beider Systeme vgl. auch *Elsing/Townsend* Bridging the Common Law-Civil Law Divide in Arbitration, Arb.Int. 18 (2002), 59 ff.; *Karrer* The Civil Law and Common Law Divide: An International Arbitrator tells it like he sees it, Disp.Res.Journ. 63 (2008), 72 ff. *von der Recke* The Common Law/Civil Law Divide in Internationale Commercial Arbitration and Ist Practical Consequences for Transatlantic Practitioners, SchiedsVZ 2007, 44 ff.

86 Vgl. *Schütze* SchiedsVZ 2006, 1 ff. (5).

87 Vgl. OLG Dresden 23.4.2007, 11 Sch 18/05.

88 Vgl. *Schütze* Dissenting Opinions im Schieds-verfahren, FS Nakamura, 1996, S. 525 ff.; a. A. *Maier* Rdn. 420; *Schlosser* Schiedsgerichtsbarkeit, Rdn. 691; vgl. im übrigen *Berger* Internationale Wirtschaftsschiedsgerichtsbarkeit, 1992, S. 425 f.; *Peltzer* Die Dissenting Opinon in der Schiedsgerichtsbarkeit, 1999; *Prütting* Zur Rechtsstellung des Schiedsrichters – dargestellt am Beratungsgeheimnis, FS Schwab 1990, S. 409 ff.; *Werner* Dissenting opinions beyond fears, Journal of International Arbitration 9 (1992), No. 4, S. 23 ff.; *Westermann* Das dissenting vote im Schiedsgerichtsverfahren, FS Kerameus, 2009, S. 1571 ff.

89 Vgl. dazu *Prütting* Zur Rechtsstellung des Schiedsrichters – dargestellt am richterlichen Beratungsgeheimnis, FS Schwab, 1990, S. 409 ff.

- die Entscheidung nach Billigkeit ohne Ermächtigung durch die Parteien[90];
- die Entscheidung über nicht gestellte oder unzulässige[91] Anträge der Parteien[92].

53 Als kein Verfahrensfehler ist in der Rechtsprechung angesehen worden

- der Verstoß gegen den Beibringungsgrundsatz[93];
- das Überschreiten der Entscheidungsfrist[94], wobei es hier auf das anwendbare Schiedsverfahrensrecht ankommt, wonach u. U. (z. B. Belgien) das Mandat des Schiedsrichters nach Fristablauf automatisch endet[95];
- falsche Rechtsanwendung[96].

54 Die Entscheidung außerhalb der Grenzen der Schiedsvereinbarung ist ein besonderer Versagungsgrund der Anerkennung (vgl. Rdn. 34).

Verfahrensfehler des Schiedsrichters und Fehler in der Tatsachenfeststellung und Rechtsanwendung können eine Ablehnung eines Schiedsrichters wegen Befangenheit nur bei besonderer Häufung und Schwere begründen[97].

h) Verbindlichkeit des Schiedsspruchs

Literatur: *Sandrock* Wann wird ein ausländischer Schiedsspruch im Sinne des Art. V Abs. 1 Buchst. e der New Yorker Konvention und des § 1044 ZPO verbindlich?, FS Trinkner, 1995, S. 669 ff.

55 Der Schiedsspruch muss nach erststaatlichem Recht verbindlich geworden sein (Art. V Abs. 1 lit. e UN-Übereinkommen 1958)[98]. Das setzt voraus, dass der Schiedsspruch keiner Aufhebung oder Anänderung durch einen schiedsgerichtlichen oder staatsgerichtlichen Rechtsbehelf mehr unterliegt[99]. Lässt das erststaatliche (Schiedsverfahrens)Recht die formelle Rechtskraft erst eintreten nachdem der Schiedsspruch gerichtlich für vollstreckbar erklärt worden oder sonst wie bestätigt worden ist, so ist dieser Akt abzuwarten[100]. Das BayObLG ist so weit gegangen, dass es nach einer solchen Bestätigung die Vollstreckbar-

---

90 Vgl. OLG Stuttgart, 14.10, 2003, 1 Sch/16/02; *Lachmann* Rdn. 2634.

91 Nach der früheren ICC Regelung bedurfte die Erweiterung der in den terms of reference manifestierten Anträge der Zustimmung der ICC. Stellte eine Partei im Verlauf des Verfahrens einen neuen Antrag oder erweiterte sie einen Antrag ohne Zustimmung der ICC, dann ührte das insoweit zu einem unzulässigen Verfahren. Das OLG Karlsruhe SchiedsVZ 2006, 281 hat dieses Problem entweder nicht gesehen oder mit dem Argument der Präklusion „vom Tisch gewischt".

92 Vgl. *Lachmann* Rdn. 2636.

93 Vgl. OLG Stuttgart, 14.10.2003, 1 Sch 16/03.

94 Vgl. KG, 6.5.2002, 23/29 Sch 21/01; zustimmend *Lachmann* Rdn. 2626.

95 Das hat für die Verlängerungspraxis der ICC zur einer Prozessserie – allerdings vornehmlich im Zusammenhang mit der Gewährung rechtlichen Gehörs – geführt. Vgl. OLG Stuttgart RIW 1988, 480; BGH RIW 1988, 642 (Revisionsentscheidung im gleichen Fall). Vgl. dazu *Aden* Der Verfahrensverstoß des Schiedsgerichtsinstituts. Überlegungen zur Änderung der ICC-Schiedsgerichtsordnung zum 1.1.1988, RIW

1988, 758 ff.; *Herrmanns* zur Frage der Verletzung des rechtlichen Gehörs im schiedsrichterlichen Verfahren, IPRax 1987, 353 ff.; *Raeschke-Kessler/Bühler* Aufsicht über den Schiedsrichter durch den ICC-Schiedsgerichtshof (Paris) und rechtliches Gehör der Parteien, ZIP 1987, 1157 ff.; *Wackenhuth* Nochmals: Verletzung des rechtlichen Gehörs in schiedsrichterlichen Verfahren, IPRax 1987, 335 f.

96 BayObLG, 23.9.2004, 4 Z Sch 05/04.

97 Vgl. OLG Frankfurt/Main SchiedsVZ 2010, 52.

98 Vgl. dazu BGHZ 55, 162; *Brücher* Vollstreckung und Sicherung ausländischer Schiedssprüche, AWD 1967, 337 ff.

99 Vgl. BGH NJW 1984, 2763.

100 Vgl. dazu *Schütze* Die Bedeutung eines ausländischen Urteils über die Wirksamkeit eines Schiedsspruchs für dessen Exequierung im Inland, Jahrbuch für die Praxis der Schiedsgerichtsbarkeit 3 (1989), S. 118 ff.; *Schütze/Tscherning/Wais* Rdn. 642.

erklärung eines Schiedsspruchs mit bloß schuldrechtlicher Wirkung nach § 1061 (nicht §§ 722 f., was konsequenter gewesen wäre) zuliess[101].

Die ausländische Bestätigung oder Vollstreckbarerklärung muss nach § 328 anerkennungs- **56** fähig sein. Das kann dazu führen, dass eine Schiedsspruch, der nach erststaatlichem Recht der Bestätigung oder Vollstreckbarerklärung bedarf, nicht anerkennungsfähig ist, etwa weil die Gegenseitigkeit nicht verbürgt ist[102].

In Schweden werden Schiedssprüche wirksam, wenn sie nicht innerhalb bestimmter Frist **57** vor den schwedischen Gerichten angefochten worden sind. Jedoch erteilen die schwedischen Gerichte keine Zeugnisse über den Fristablauf[103].

i) Schiedsfähigkeit des Streitgegenstandes. Der Streitgegenstand muss nach zweit- **58** staatlichem – also deutschem – Recht schiedsfähig gewesen sein (Art. V Abs. 2 lit. a UN-Übereinkommen 1958). Die Prüfung erfolgt nach §§ 1025 ff. Die Schiedsfähigkeit muss objektiv und subjektiv gegeben sein[104].

j) Vereinbarkeit mit dem ordre public

Literatur: *Alvarez de Pfeifle* Der Ordre Public- Vorbehalt als Versagungsgrund der Anerkennung und Vollstreckbarerklärung internationaler Schiedssprüche, 2009; *Großen* La prise en compte du droit international public dans l'arbitrage commercial international, FS Kellerhals, 2004, S. 35 ff.; *Harbst* Korruption und andere ordre public-Verstöße als Einwände im Schiedsverfahren, SchiedsVZ 2007, 22 ff.; *von Heymann* Der ordre public in der privaten Schiedsgerichtsbarkeit, 1969; *Horn* Ordre public in der internationalen Schiedsgerichtsbarkeit, FS Bucher, 2009, S. 285 ff.; *Köhn* Schiedsgerichtsbarkeit und ordre public im zwischenstaatlichen Handelsverkehr, KTS 1956, 129 ff., 166 ff.; *Kaissis* Zum Begriff des ordre public bei der Aufhebung von Schiedssprüchen in Griechenland, FS Schlosser, 2005, S. 321 ff.; *ders.* Erscheinungsformen des ordre public bei der Anerkennung und Vollstreckung ausländischer Gerichtsentscheidungen und Schiedssprüche in Griechenland, 2003 (in griechischer Sprache); *Kornblum* Grenzfragen des Ordre Public in der privaten Schiedsgerichtsbarkeit, KTS 1968, 143 ff.; *ders.* „Ordre public transnational", „ordre public international" und „ ordre public interne " im Recht der privaten Schiedsgerichtsbarkeit, FS Nagel, 1987, S. 140 ff.; *Marx* Der verfahrensrechtliche ordre public bei der Anerkennung und Vollstreckung ausländischer Schiedssprüche in Deutschland, 1994; *Roth* Der Vorbehalt des Ordre Public gegenüber fremden gerichtlichen Entscheidungen, 1967; *Sandrock* Zum ordre public bei der Anerkennung und Vollstreckung ausländischer Schiedssprüche, IPRax 2001, 550 ff.; *ders.* „Scharfer" ordre public interne und „laxer" ordre public international, FS Sonnenberger, 2004, S. 615 ff.; *Schulthess* Der verfahrensrechtliche ordre public in der internationalen Schiedsgerichtsbarkeit in der Schweiz, 1981; *Walter* Willkür und Ordre public-Widrigkeit: Ein ungleiches Geschwisterpaar im schiedsgerichtlichen Anfechtungsverfahren, FS Kellerhals, 2005, S. 109 ff.

Die Wirkungserstreckung ausländischer Schiedssprüche darf nicht gegen den deutschen **59** ordre public verstoßen[105]. Der Verstoß kann verfahrensrechtlicher oder materiellrechtlicher Art sein[106].

---

101 Vgl. BayObLG, RIW 2003, 365 = SchiedsVZ 2003, 142 = IHR 2003, 140.
102 Vgl. *Schütze* Jahrbuch für die Praxis der Schiedsgerichtsbarkeit 3 (1989), S. 118 ff.
103 Vgl. dazu *Siegert* Gemeinsame Grundsätze der Schiedsgerichtsbarkeit in Kontinentaleuropa, KTS 1955, 161 ff.
104 Vgl. *Schütze* Schiedsgericht und Schiedsverfahren, Rdn. 292, 117 ff., 83.

105 Art. V Abs. 2 lit. b UN-Übereinkommen 1958.
106 Vgl. zur Unterscheidung der beiden Kategorien *Baur* Einige Bemerkungen zum verfahrensrechtlichen ordre public, FS Guldener, 1973, S. 1 ff.; *Roth* Der Vorbehalt des ordre public, S. 158 ff.

60 **aa) Verfahrensrechtlicher ordre public.** Die Mindestanforderungen an einen rechtsstaatlichen Prozess müssen im Schiedsverfahren gewahrt worden sein:

61 – *Unparteilichkeit der Schiedsrichter:* Dazu gehört insbesondere die Unparteilichkeit der Schiedsrichter[107]. Unter dem Gesichtspunkt des ordre public hat die Rechtsprechung vornehmlich die Besetzung des Schiedsgerichts betrachtet. Das OLG Köln hat die Besetzung des Schiedsgerichts nach der Schiedsordnung des Kopenhagener Beurteilungs- und Schiedsausschusses für den Getreide- und Futtermittelhandel, die den Parteien unbekannt bleibt und ihnen nicht die Möglichkeit einer Schiedsrichterablehnung gibt, für ordre-public-widrig erachtet[108]. Als nicht gegen den ordre public verstoßend hat der BGH es angesehen, dass ein englischer Schiedsspruch von einem vom Schiedskläger bestellten Alleinschiedsrichter erlassen wurde, weil der Schiedsbeklagte von seinem Ernennungsrecht (vorgesehen war ein Dreierschiedsgericht) keinen Gebrauch gemacht hat[109], obwohl der BGH die entsprechende Regelung in einem inländischen Schiedsverfahren für unwirksam erachtet hat[110]. Die Differenzierung, die der BGH aus einer Unterscheidung von „ordre public international" und „ordre public interne" herleitet, ist schwer verständlich. Entweder ist die Besetzung des Schiedsgerichts mit den Geboten unparteilicher Rechtspflege unvereinbar oder nicht. Dann spielt es keine Rolle, ob es sich um ein in- oder ausländisches Verfahren handelt. Nicht ordre-public-widrig ist nach einem Beschluss des BGH aus dem Jahre 1986[111] die Regelung in den niederländischen Spediteurbedingungen, nach denen ein Schiedsrichter durch den Vorsitzenden einer niederländischen Spediteurvereinigung, einer durch den Dekan der zuständigen Anwaltskammer und der Dritte durch diese beiden bestimmt wird. Nicht gegen den ordre public verstoßend ist die Regelung im iranischen Recht, wonach bei einem Schiedsgericht, das aufgrund einer Schiedsvereinbarung gebildet wird, an der eine iranische Partei beteiligt ist, der oder die Schiedsrichter nicht die Staatsangehörigkeit der anderen Partei haben dürfen, da diese Regelung nur die Neutralität des Schiedsgerichts – allerdings zugunsten der iranischen Partei – sicherstellen soll[112]. Die Beiziehung eines juristischen Beraters im Schiedsverfahren führt nicht ohne weiteres zu einem Verstoß gegen den ordre public, selbst wenn dieser in der mündlichen Verhandlung das Wort ergriffen, den Parteien Fragen gestellt und den Schiedsspruch abgesetzt hat[113].

62 – *Ausforschungsbeweis:* Der Ausforschungsbeweis im ausländischen Schiedsverfahren beinhaltet einen Verstoß gegen den ordre public[114]. Die Probleme, die bei ausländischen Urteilen im Hinblick auf eine extensive pre-trial-discovery auftreten, ergeben sich im Schiedsverfahren nicht, da das Beweisermittlungsverfahren auf das jurs trial zugeschnitten ist und im Schiedsverfahren nicht notwendig ist und – jedenfalls nach US-amerikanischem Bundesrecht – nicht praktiziert wird[115].

---

107 Vgl. dazu *Kornblum* Probleme der schiedsrichterlichen Unabhängigkeit, 1968; *Schlosser* Die Unparteilichkeit des Schiedsrichteramtes, ZZP 93 (1980), 121 ff.
108 Vgl. OLG Köln ZZP 91 (1978), 318 mit Anm. *Kornblum* ebenda 323 ff.
109 Vgl. BGH NJW 1986, 3027 mit abl. Anmerkung *Schütze* EWiR Art. 5 UNÜ 1/86, 835 = JZ 1987, 154 mit zust. Anm. *Walter.*
110 Vgl. BGHZ 54, 392 = JZ 1971, 231 mit Anm. *Habscheid.*

111 Vgl. dazu *Engelhardt* Aus der neueren Rechtsprechung zur Schiedsgerichtsbarkeit, JZ 1987, 227 ff. (232) mit dem Zitat in Fn. 62.
112 Vgl. *Schlosser* ZZP 93 (1980), 121 ff. (124).
113 Vgl. BGHZ 110, 104 = RIW 1990, 493.
114 Vgl. § 328 Rdn. 47; a. A. wohl BGH NJW-RR 2001, 1059; vgl. auch *Lachmann* Rdn. 2662.
115 Vgl. *Borris* Die internationale Handelsschiedsgerichtsbarkeit in den USA, 1987, Rdn. 227 ff.

– *Schlafender Schiedsrichter:* Schläft der Schiedsrichter oder ein Mitglied des Schiedsgerichts **63** über längere Zeit (nicht bloßes Einnicken nach einem guten Mittagessen) oder ist in sonstiger Weise nicht in der Lage das Verfahren ordnungsgemäß zu führen – wobei er nach der Rechtsprechung des BGH nicht verpflichtet ist, sich auf seinen Geisteszustand untersuchen zu lassen[116] – so ist der Schiedsspruch nicht in rechtsstaatlicher Weise zustande gekommen und ordre-public-widrig.

– *Versagung rechtlichen Gehörs:* Die Gewährung rechtlichen Gehörs im Schiedsverfahren ist **64** ein eigenständiges Erfordernis der Wirkungserstreckung (vgl. Rdn. 39 ff.). Die Versagung rechtlichen Gehörs wird von der Rechtsprechung aber zugleich auch als Unterfall des ordre public gesehen[117].

– *Restitutionsgrund:* Das Vorliegen eines Restitionsgrundes beinhaltet in jedem Fall einen **65** Verstoß gegen den ordre public[118].

– *Börsentermingeschäfte:* Die Schiedsvereinbarung für Ansprüche aus Börsentermingeschäf- **66** ten führte nach der früheren Rechtsprechung des BGH zu einem unzulässigen Verfahren und damit zu einem gegen den verfahrensrechtlichen ordre public verstoßenden Spruch[119], wenn das Schiedsgericht den Termin- oder Differenzeinwand voraussichtlich nicht berücksichtigen würde[120]. Dies lässt sich nach der neuen Rechtslage nicht mehr halten, da der Termin- und Differenzeinwand nicht mehr zum ordre public gerechnet wird[121].

– *Ausschluss der Kostenerstattung:* Es ist ein Gebot der prozessualen Gerechtigkeit, dass die **67** obsiegende Partei nicht auch noch mit Kosten belastet wird[122]. §§ 91 ff. sind eine Manifestierung dieses Prinzips. Die Parteien können im Schiedsverfahren etwas anderes vereinbaren. Tun sie das nicht, so verstößt der Ausschluss der Kostenerstattung gegen den ordre public. Für den staatlichen Prozess sehen BGH[123] und BVerfG[124] das anders.

– *Erschleichen des Schiedsspruchs (fraud):* Wird der Schiedsspruch mit unlauteren Mitteln **68** erstritten, etwa durch Bestechung von Zeugen, Vorlage gefälschter Urkunden, Irreleitung des Schiedsgerichts über den Aufenthaltsort der anderen Partei mit der Folge verspäteter oder unterbliebener Information und Ladung so verstößt dies gegen den verfahrensrechtlichen ordre public[125].

– *Fingierter Schiedsspruch:* Führen die Parteien – mit oder ohne Wissen des Schiedsgerichts – **69** ein fingiertes Schiedsverfahren[126], etwa um Geld zu waschen, so verstößt der Spruch gegen den ordre public.

Nicht gegen den ordre public verstößt die mangelnde Begründung des Schiedsspruchs[127]. **70** Ist jedoch gesetzlich, in der Schiedsordnung der Institution (z. B. § 34.3 DIS SchO) oder in

116 Vgl. BGHZ 98, 32 = EWiR § 1025 ZPO 1/86, 1047 (*Schütze*).
117 Vgl. *Lachmann* Rdn. 2661.
118 Vgl. BGH LM Nr. 6 zu § 1044; BGH RIW 1990, 493; BGH MDR 2001, 345; *Zöller/Geimer* § 1061, Rdn. 32.
119 Vgl. dazu *Schütze* Zur Wirksamkeit von internationalen Schiedsvereinbarungen und zur Wirkungserstreckung ausländischer Schiedssprüche über Ansprüche aus Börsentermingeschäften, Jahrbuch für die Praxis der Schiedsgerichtsbarkeit 1 (1987), S. 94 ff.
120 Vgl. BGH WM 1987, 1153; 1987, 1353.
121 Vgl. BGH IPRax 1999, 466; *Linke* IZPR, Rdn. 422; *Nagel/Gottwald* IZPR, § 11, Rdn. 173; *Schwark* Ordre public und Wandel grundlegender

Wertvorstellungen am Beispiel ausländischer Börsentermingeschäfte, FS Sandrock, 2000, S. 881 ff.
122 Vgl. *Schütze* Kostenerstattung und ordre public. Überlegungen zur deutsch-amerikanischen Urteilsanerkennung, FS Németh, 2003, S. 795 ff.
123 Vgl. BGHZ 118, 312 .
124 Vgl. BVerfG RIW 2007, 375 mit Besprechungsaufsatz *von Hein*.
125 Vgl. OLG Celle, 20.11.2003, 8 Sch 02/03; *Lachmann* Rdn. 2671 f.
126 Vgl. dazu *Höttler* Das fingierte Schiedsverfahren, 2007.
127 Vgl. *Lachmann* Rdn. 2677; *Zöller/Geimer* § 1061 Rdn. 49.

der – Schiedsvereinbarung eine Begründung vorgeschrieben, so stellt das Fehlen der Begründung einen Verfahrensmangel dar.

71   Nicht jeder Verfahrensfehler führt zu einem Verstoß gegen den verfahrensrechtlichen ordre public. So hat der BGH den Mangel der nach weissrussischem Schiedsverfahrensrecht notwendigen Zwischenentscheidung über die Zuständigkeit nicht als ordre public Verstoß gesehen[128].

72   **bb) Materiellrechtlicher ordre public.** Der Verstoß gegen den ordre public kann auch darin liegen, dass ein von der Rechtsordnung gemissbilligtes Rechtsverhältnis zur Durchsetzung gebracht werden soll. In diesem Sinne sind als ordre-public-widrig angesehen worden:

73   – *Verstoß gegen europäisches Recht:* Der Verstoß gegen die Richtlinie über die missbräuchliche Verwendung von Klauseln in Verbraucherverträgen ist als ordre-public-widrig angesehen worden[129]. Das hat offenbar ein spanisches Gericht angenommen, das die Sache dem EuGH zur Interpretation der Klauselrichtlinie vorgelegt hat. Im Rahmen von § 1061 wäre es kein ordre public Verstoß gewesen, da die Verbraucherprivilegien nicht zum deutschen ordre public gerechnet werden können (§ 328 Rdn. 67). Der BGH hat den Verstoß gegen europäisches Kartellrecht als ordre-public-widrig angesehen[130]. Der EuGH hat bestimmten Normen des Gemeinschaftsrechts (Wettbewerbsrecht, Verbraucherprivilegien, Handesvertreterrecht) ordre public-Qualität beigemessen[131].

74   – *Verletzung grundlegender Normen des Kartellrechts:* Auch der gravierende Verstoß gegen deutsches Kartellrecht verletzt den ordre public[132].

75   – *Punitive damages Verurteilungen:* Obwohl heiss diskutiert geht die Tendenz in den USA zur Tolerierung von Verurteilungen zu Strafschadensersatz[133] im Schiedsverfahren[134]. Nachdem der BGH die Vollstreckbarerklärung von punitive damages Verurteilungen in Zivilurteilen wegen Verstoßes gegen den ordre public als nicht anerkennungsfähig angesehen hat[135] müssen die dort aufgestellten Grundsätze auch für Schiedssprüche gelten[136]. Denn der Begriff des ordre public ist unteilbar. Entweder ist eine Verurteilung mit den wesentlichen Grundsätzen des deutschen Rechts vereinbar oder sie ist es nicht.

---

128   Vgl. BGH NJW 2007, 772 (anders die Vorinstanz OLG Karlsruhe); vgl. dazu *Kröll* SchiedsVZ 2007, 145 ff. (156).

129   Vgl. dazu EuGH Rs. C-168/05 – Elisa Maria Mostaza Claro v. Centro Móbil Milenium SL – NJW 2007, 135.

130   Vgl. BGH NJW 1969, 978; vgl. dazu auch *K. Schmidt* Europakartellrechtliche Wirksamkeitsrisiken für Schiedssprüche in der Handelsschiedsgerichtsbarkeit, FS Kerameus, 2009, S. 1197 ff.

131   Vgl. dazu *Horn* FS Bucher, 2009, S. 285 ff. (289 ff.).

132   Vgl. Vgl. BGHZ 46, 365 = AWD 1969, 231 (zu § 1041 Abs. 1 Nr. 2 a. F.); OLG Frankfurt/Main RIW 1989, 911 (den Verstoß im entschiedenen Fall allerdings verneinend), *Lachmann* Rdn. 2684.

133   Vgl. dazu *Donahey* Punitve damages in International Commercial Arbitration, 10 JIntArb 67 (1993), für weitere Nachweise *Schütze* Ausgewählte Probleme des deutschen und internationalen Schiedsverfahrensrechts, 2006, S. 232 f., Fn. 26.

134   Vgl. für Nachweise *Lüke* Punitive Damages in der Schiedsgerichtsbarkeit, 2003, S. 81 ff.; vgl. auch *Vorpeil* Schiedsspruch über Punitive Damages, RIW 1991, 557 ff.; *ders.* Punitive Damages und Schiedsrecht, RIW 1992, 405 ff.

135   Vgl. BGHZ 118, 312; vgl. dazu im übrigen § 328 Rdn. 67.

136   Vgl. *Gessner* Anerkennung und Vollstreckung von Schiedssprüchen in den USA und Deutschland, 2001, S. 157 f.; *Schütze* Ausgewählte Probleme des deutschen und internationalen Schiedsverfahrensrechts, 2006, S. 233; a. A. *Lüke* Punitve Damages in der Schiedsgerichtsbarkeit, 2003, der punitve damages Schiedssprüche für anerkennungsfähig hält und Ausnahmen allenfalls für die Höhe des zugesprochenen punitive damages Betrages unter dem Grundsatz der Verhältnismäßigkeit zulassen will.

Dann ist es aber unerheblich, ob eine Verurteilung durch ein staatliches Gericht oder ein Schiedsgericht erfolgt.

– *Rico-Schiedssprüche:*Es gilt dasselbe wie für punitive-damages Verurteilungen[137].   **76**
– *Zinswucher:* Die Zusprechung überhöhter Zinsen kann ordre-public-widrig sein[138]. Das **77** ist nicht der Fall bei bloßer Verurteilung zu Zinseszinsen[139].
– *Bestechungsgelder:* Die Verurteilung zur Zahlung von Bestechungsgeldern kann gegen **78** den ordre public verstoßen[140]. Dabei sind die Grenzen zur Provision fliessend. Provisionen können auch ungewöhnliche Höhe annehmen, ohne zum Bestechungsgeld zu werden. Eine ordre public Widrigkeit liegt auch dann nicht vor, wenn die Zahlung von „nützlichen Abgaben" in einem bestimmten Land üblich ist, waren derartige Zahlungen doch bis vor nicht allzu langer Zeit in Deutschland sogar steuerlich abzugsfähig.

Nicht gegen den materiellrechtlichen ordre public verstößt   **79**

– *die Nichtanwendung des kollisionsrechtlich gebotenen Rechts:* Das Exequaturgericht kann nicht nachprüfen, ob das Schiedsgericht das kollisionsrechtlich gebotene Recht angewendet hat. Eine kollisionsrechtliche Kontrolle findet nicht statt[141]. Das würde zu einer unzulässigen révision au fond führen. Das gilt auch für den Fall, dass das Schiedsgericht eine dem deutschen Recht fremde Methode zur Bestimmung des anwendbaren Rechts (z. B. voie directe)[142] angewendet hat. Grenze ist das bewusst willkürliche Übergehen der Rechtswahl der Parteien[143], etwa weil das Schiedsgericht eine andere Rechtsordnung besser kennt oder für sachgemäßer hält. Das gilt auch für den Fall, dass das Schiedsgericht die Rechtswahl der Parteien missachtet, weil nicht alle Mitglieder des Schiedsgerichts das von den Parteien gewählte Recht kennen, wohl aber ein drittes Recht. Haben die Parteien die Anwendung französischen Rechts gewählt, kennt aber bei einem Schiedsgericht aus einem französischen, einem schwedischen und einen deutschen Schiedsrichter nur der französische Schiedsrichter französisches Recht, haben aber alle drei Schiedsrichter in New York studiert, so mag es zur Vermeidung eines Ungleichgewichts[144] durchaus sinnvoll sein, New Yorker Recht anzuwenden. Die Schiedsrichter dürfen sich dennoch nicht über den Parteiwillen bewusst hinwegsetzen.
– *die unverhältnismäßige Vertragsstrafe:* Es gibt keine allgemeine gültige Grenze für die **80** Zulässigkeit von Vertragsstrafen. Auch hohe Vertragsstrafen führen deshalb nicht unbedingt zu einem ordre public Verstoß[145]. Wenn das Schiedsgericht eine Vertragsstrafe nicht reduziert, so mag eine falsche Rechtsanwendung vorliegen, die aber hinzunehmen ist.

---

137 Vgl. *Kühn* RICO-Ansprüche im internationalen Schiedsverfahren und deren Anerkennung in Deutschland, FS Glossner, 1994, S. 193 ff.
138 Vgl. OGHn 26.1.2005, 3 Ob 221/04; *Lachmann* Rdn. 2698.
139 Vgl. OLG Hamburg, 30.7.1998, 6 SchH 03/98; OLG Hamm, 2.12.2003, Sch 02/03; *Lachmann* Rdn. 2697.
140 Vgl. OLG Hamm SchiedsVZ 2006, 106; *Lachmann* Rdn. 2682 f.
141 Vgl. *Schlosser* Schiedsgerichtsbarkeit, Rdn. 727; *Zöller/Geimer* § 11061, Rdn. 43.

142 Vgl. dazu *Derains* les normes d'application immédate dans la jurisprudence arbitrale internationale, FS Goldman, 1982, S. 29 ff.; *Schütze* Die Bestimmung des anwendbaren Rechts im Schiedsverfahren und die Bestimmung seines Inhalts, FS Böckstiegel, 2001, S. 715 ff. (719 ff.).
143 Vgl. *Zöller/Geimer* § 1061, Rdn. 43.
144 Vgl. dazu *Schütze* FS Böckstiegel, S. 715 ff. (718).
145 Vgl. OLG Celle, 6.10.2005, 8 Sch 6/05.

81 cc) Verfahrensmäßige Behandlung des ordre public-Verstoßes. Bei der Beurteilung des ordre public-Verstoßes ist der deutsche Exequaturrichter nicht an die tatsächlichen Feststellungen und die rechtliche Würdigung des Schiedsgerichts gebunden[146]. Der ordre public-Verstoß ist von Amts wegen zu prüfen und zu berücksichtigen.

82 Auf einen Verstoß gegen den verfahrensrechtlichen ordre public kann sich nur die Partei berufen, die von dem Verfahrensmangel betroffen ist[147]. Ist einer Partei nicht in gehöriger Weise rechtliches Gehör gewährt werden, so kann nur sie, nicht aber die andere Partei, der das Ergebnis des Schiedsspruchs vielleicht nicht gefällt, dies geltend machen.

2. Verfahren

83 a) Anerkennung. Die Anerkennung erfolgt formlos[148]. Die Wirkungen des ausländischen Schiedsspruchs werden automatisch auf das Inland erstreckt, sobald die Anerkennungsvoraussetzungen gegeben sind und eine Inlandsbeziehung vorliegt[149].

84 b) Der Vollstreckbarerklärung zugängliche Schiedssprüche. Für die Vollstreckbarerklärung kommt es nicht darauf an, ob der Schiedsspruch einen vollstreckbaren Inhalt hat. Auch Schiedssprüche ohne vollstreckbaren Inhalt können nach § 1061 für vollstreckbar erklärt werden. Denn die Vollstreckbarerklärung dient nicht nur dazu, die Zwangsvollstreckung zu ermöglichen, sondern auch, den Spruch auch gegen Aufhebungsgründe zu sichern. Das hat der BGH zum alten Recht entschieden[150]. Der BGH hat diese Rechtsprechung im Einklang mit der h. L.[151] auch zum Recht nach der Schiedsverfahrenreform fortgeführt[152].

85 Die Vollstreckbarerklärung kommt jedoch nicht in Betracht, wenn das Schiedsgericht nur, erkannt hat, dass es nicht zuständig ist oder nicht entscheiden kann[153]. Dieser Ausschluss gilt aber nur für Entscheidungen über die eigene Zuständigkeit des Schiedsgerichts, nicht jedoch für Zuständigkeitsentscheidungen allgemein.

86 Entscheidungen über Maßnahmen des einstweiligen Rechtsschutzes sind nur endgültig, wenn kein Schadensersatzrisiko des Begünstigten mehr besteht. Nur dann sind sie der Vollstreckbarerklärung zugänglich[154].

87 c) Zuständigkeit für die Vollstreckbarerklärung. Sachlich zuständig für die Vollstreckbarerklärung ist das Oberlandesgericht (§ 1062 Abs. 1 Nr. 4). Das OLG entscheidet durch einen Zivilsenat. Das OLG Düsseldorf hat jedoch bei einem auf Nichtbeachtung zwingender Kartellvorschriften gestützten ordre public-Verstoß den Kartellsenat für zuständig erachtet[155].

---

146 Vgl. BGHZ 27, 254; BGH MDR 1964, 590.
147 Vgl. *Zöller/Geimer* § 1061, Rdn. 36.
148 Vgl. *Zöller/Geimer* § 1061, Rdn. 1.
149 Vgl. *Schütze/Tscherning/Wais* Rdn. 642.
150 Vgl. BGH BB 1960, 302; BGH JZ 1962, 287; vgl. auch BGHZ 99, 143.
151 Vgl. BayObLG BB 199, 1948; NJW-RR 2003, 502; *Lachmann* Rdn. 2402 ff.; *Stein/Jonas/Schlosser* § 1060, Rdn. 2; *Schwab/Walter* Kap. 27, Rdn. 7; a. A. KG SchiedsVZ 2005, 310; OLG Frankfurt/Main, 3.1.2002, 16 Sch 02/01, DIS-Datenbank.

152 Vgl. BGH SchiedsVZ 2006, 278 mit abl. Anm. *Wolff/Falk*.
153 Vgl. RGZ 13, 349; RGZ 108, 374; *Schütze* Schiedsgericht und Schiedsverfahren, Rdn. 276; *Schwab/Walter* Kap. 26, Rdn. 5; a. A. *Lachmann* Rdn. 208, der die Zulassung von Prozessschiedssprüchen allgemein zur Zulassung der Vollstreckbarerklärung favorisiert.
154 Vgl. *Stein/Jonas/Schlosser* Anh. § 1061, Rdn. 13.
155 Vgl. OLG Düsseldorf, IPRspr. 2002, 222; ablehnend *Zöller/Geimer* § 1062, Rdn. 1.

Örtlich zuständig ist das in der Schiedsvereinbarung bezeichnete OLG. Mangels einer **88** solchen Vereinbarung der Schiedsparteien ist das Gericht zuständig, in dessen Sprengel das Schiedsverfahren durchgeführt worden ist (§ 1062 Abs. 1). Das ist der Sitz des Schiedsgerichts. Es gelten die Grundsätze des § 1025 Abs. 1 und 2 für dessen Bestimmung auch im Rahmen des § 1062 Abs. 1 (vgl. dazu Rdn. 19).

Für ausländische Schiedssprüche liegt der Sitz des Schiedsgerichts notwendigerweise im **89** Ausland. Hier bestimmt sich die örtliche Zuständigkeit nach § 1062 Abs. 2. Zuständig ist das Gericht des Sitzes oder gewöhnlichen Aufenthalts des Antragsgegners oder alternativ das Gericht des Sprengels, in dem sich Vermögen des Antragsgegners oder der mit der Schiedsklage in Anspruch genommene Gegenstand oder von der Maßnahme betroffene Gegenstände sich befinden. Wenn keiner dieser Anknüpfungspunkte gegeben ist, ist das Kammergericht Berlin zuständig.

Eine Gerichtsstandsvereinbarung hinsichtlich der örtlichen Zuständigkeit ist zulässig, **90** auch wenn diese nicht in der Schiedsvereinbarung getroffen worden ist.

d) Verfahrensgrundsätze. aa) Rechtsschutzinteresse. Die Vollstreckbarerklärung setzt **91** ein Rechtsschutzinteresse voraus[156]. Dieses ist vom LG Köln für einen französischen Zwischenschiedsspruch über die Zuständigkeit des Schiedsgerichts verneint worden[157]. *Kröll* berichtet eine Entscheidung des KG, in der ein Rechtsschutzbedürfnis verneint wurde, weil eine Vollstreckung in naher Zukunft nicht zu erwarten sei[158]. Diese Entscheidung verdient aus zwei Gründen keine Zustimmung. Einmal beinhaltet die Vollstreckbarerklärung die Feststellung der Anerkennung. Es liegt im Interesse jeden Spruchgläubigers, dass endgültig hierüber entschieden wird und nicht bei jeder Inzidentanerkennung die Einwendungen gegen die Anerkennung erneut geprüft werden können[159]. Zum anderen aber ist regelmäßig nicht abzusehen, ob und wann Vermögen des Spruchschuldners im Inland entdeckt wird. Dann aber muss der Spruchgläubiger schnell vollstrecken können und nicht erst in diesem Zeitpunkt das möglicherweise lange Vollstreckbarerklärungsverfahren einleiten mit der Gefahr, dass nach Vollstreckbarerklärung keine vollstreckungsfähiges Vermögen des Spruchschuldners mehr in Inland vorhanden ist. Der Spruchgläubiger kann das Vollstreckbarerklärungsverfahre n auch einleiten, ohne den Schuldner zuvor zur Erfüllung aufgefordert zu haben. § 93 ZPO ist nur in Ausnahmefällen anzuwenden[160].

Die Einleitung eines Vollstreckbarerklärungsverfahrens in einem oder mehreren auslän- **92** dischen Staaten lässt das Rechtsschutzinteresse nicht entfallen[161]. Der Spruchgläubiger weiss regelmäßig nicht, wo eine Zwangsvollstreckungmaßnahme zum Ziel fürt. Er hat deshalb ein Interesse daran, einen vollstreckbaren Titel in möglichst allen Staaten zu haben, in denen Vollstreckungsmaßnahmen Erfolg versprechen. Eine Grenze bildet der Rechtsmissbrauch, wenn die Vollstreckbarerklärungsverfahren nur deshalb eingeleitet werden, um den Spruchschuldner „auf Kosten zu treiben".

---

156 Vgl. *Schütze/Tscherning/Wais* Rdn. 646.
157 Vgl. LG Köln IPRax 1984, 90; dazu *Laschet* Zur Anerkennung ausländischer Zwischenschiedssprüche, IPRax 1984, 72 ff.; *Mezger* Nochmals: Zur Anerkennung ausländischer Zwischenschiedssprüche, IPRax 1984, 194 ff.
158 Vgl. *Kröll* SchiedsVZ 2007, 145 ff. (155).

159 Vgl. für diese Argumentation *Kröll* SchiedsVZ 2007, 145 ff. (155).
160 Vgl. OLG Stuttgart, SchiedsVZ 2009, 67; OLG München SchiedsVZ 2009, 127; *Zöller/Geimer* § 1061, Rdn. 55.
161 Vgl. *Zöller/Geimer* § 1061, Rdn. 55.

93 Auch Vollstreckungsversuche im Ausland sind nicht geeignet, das Rechtsschutzinteresse entfallen zu lassen. *Geimer* weist in diesem Zusammenhang auf die „Vollstreckungsodyssee" im LIAMCO Fall[162] hin[163].

94 **bb) Einleitung des Verfahrens.** Das Verfahren für die Vollstreckbarerklärung ausländischer Schiedssprüche folgt den Regeln für die Vollstreckbarerklärung inländischer Schiedssprüche. Es gelten §§ 1063 f. Das Verfahren wird durch Antrag eingeleitet[164]. Der Inhalt des Antrags geht auf Vollstreckbarerklärung des ausländischen Schiedsspruchs.

95 Es besteht für die Antragstellung kein Anwaltszwang. Erst wenn mündliche Verhandlung angeordnet wird unterliegt das Verfahren dem Anwaltszwang[165]. Legt der Anwalt nach Anordnung der mündlichen Verhandlung das Mandat nieder, so wird der Antrag unzulässig[166].

96 Antragsberechtigt ist jeder, der Rechte aus dem Schiedsspruch herleiten kann. Antragsgegner ist der Spruchschuldner. Tritt Rechtsnachfolge vor Verfahrensschluss ein, so kann der Spruch für oder gegen den Rechtsnachfolger für vollstreckbar erklärt werden[167]. §§ 727, 731 sind entsprechend anwendbar[168]. Beweisbeschränkungen – etwa auf öffentliche Urkunden, wie nach § 727 – bestehen nicht.

97 Bei Rechtsnachfolge darf der Rechtsvorgänger den Antrag auf Vollstreckbarerklärung nicht mehr stellen – er wird auch nicht als Streithelfer zugelassen[169] – jedenfalls, wenn er aus dem Rechtsverhältnis ausgeschieden ist.

98 Bei der Abtretung erfüllungshalber ist auch der Antrag des Zedenten auf Vollstreckbarerklärung für den Abtretungsempfänger zulässig, weil auch ein eigenes Interesse besteht, selbst wenn der Rechtsnachfolger den Antrag stellen kann. Auf den Nachwei der Rechtsnachfolge kann verzichtet werden, wenn der Spruchschuldner die Rechtsnachfolge nicht bestreitet[170].

99 **cc) Cautio iudicatum solvi.** Antragsteller mit gewöhnlichem Aufenthalt außerhalb der EU und des EWR haben im Vollstreckbarerklärungsverfahren Prozesskostensicherheit nach §§ 110 ff. zu leisten[171]. Weder das Beschleunigungsbedürfnis des Verfahrens noch die faktische Angreiferstellung des Antragsgegners vermögen eine abweichende Beurteilung als beispielsweise bei Arresten und einstweiligen Verfügungen, wo auch eine Prozesskostensicherheit gefordert werden kann (vgl. § 110 Rdn. 5, 9), zu rechtfertigen. Das gilt insbesondere, nachdem durch die Novellierung 1998 des § 110 die Privilegierung zahlrei-

---

162 Das amerikanische Unternehmen LIAMCO war gezwungen, in verschiedenen Staaten (Frankreich, Schweiz, Schweden und USA) die Zwangsvollstreckung gegen Libyen zu betreiben, vgl. dazu auch *Olmstead* Private Investors Abroad, 1981, S. 216 ff.

163 Vgl. *Zöller/Geimer* § 1061, Rdn. 56.

164 Vgl. für ein Muster *Schütze* Internationales Zivilprozessrecht, in: Mes (Herausg.), Beck'sches Prozessformularbuch, 11. Aufl., 2010, I.T.17, S. 488 ff.

165 Vgl. *Baumbach/Lauterbach/Albers/Hartmann* § 1961, Rdn. 4; *Lachmann* Rdn. 2730.

166 Vgl. OLG Düsseldorf SchiedsVZ 2005, 214.

167 Vgl. BGH KTS 1970, 30; RG Warn. 1911, 419; LG Hamburg RIW/AWD 1975, 223; *Lachmann* Rdn. 2746; *Schwab/Walter,* Kap. 27, Rdn. 5;

Ventsch/Krauskopf Vollstreckung eines ausländischen Schiedsspruchs bei Rechtsnachfolge, IHR 2008, 9 ff. (12 f.); .

168 Vgl. BGH WM 1969, 671; *Stein/Jonas/Schlosser* § 1060, Rdn. 14; *Ventsch/Krauskopf* IHR 2008, 9 ff. (12).

169 Vgl. RG JW 1911, 644.

170 Vgl. BGH KTS 1970, 30; *Schwab/Walter* Kap. 27, Rdn. 5; *Stein/Jonas/Schlosser* § 1060 Rdn. 14.

171 Vgl. *Maier* Rdn. 223; *Schütze/Tscherning/Wais* Rdn. 352; a. A. BGHZ 52, 321; OLG Frankfurt/Main, RIW 1994, 686; *Danelzik* Sicherheitsleistung für die Prozesskosten, Diss. Bonn 1976, S. 33; *Lachmann* Rdn. 2752 f.; *Riezler* IZPR, S. 439; *Schwab/Walter* Kap. 27, Rdn. 10.

cher Klagearten weggefallen ist und der Gesetzgeber deutlich gemacht hat, dass die Prozesskostensicherheitsverpflichtung grundsätzlich für alle Klagearten gelten soll.

e) Verbot der révision au fond

Literatur: *Bajons* Über Grenzen und Freiräume der New Yorker Schiedskonvention im Lichte der EMRK, FS Machacek und Matscher, 2008, S. 703 ff.; *Gruber* Zur Präklusion von Anerkennungsverweigerungsgründen im Rahmen der Vollstreckbarerklärung ausländischer Schiedssprüche, SchiedsVZ 2006, 281 ff.; *Kröll* Die Präklusion von Versagungsgründen bei der Vollstreckbarerklärung ausländischer Schiedssprüche, IPRax 2007, 430 ff.

Eine sachliche Nachprüfung (révision au fond) des Schiedsspruchs ist unzulässig[172]. Das **100** Gericht ist auf die Nachprüfung der Erfordernisse der Anerkennung in § 1061 beschränkt. Jedoch kann und muss das Gericht – regelmäßig über den ordre public Vorbehalt – den Schiedsspruch auf die Vereinbarkeit mit Verfassungsrecht und der EMRK[173] überprüfen.

Nach der Rechtsprechung soll die Nachprüfung auch von Versagungsgründen der Aner- **101** kennung und Vollstreckbarerklärung – die nicht gegen das Verbot der révision au fond verstoßen würde – ausgeschlossen sein, wenn der Spruchschuldner eine Möglichkeit zur Geltendmachung in einem erststaatlichen Aufhebungsverfahren nicht genutzt hat Der BGH hat das zunächst für die Geltendmachung der Unwirksamkeit der Schiedsvereinbarung entschieden, wenn der Spruchschuldner sich auf Gründe stützt, für deren Geltendmachung nach dem anwendbaren Schiedsverfahrensrecht ein befristeter Rechtsbehelf gegeben war und diese Möglichkeit nicht genützt worden ist[174]. Diese Rechtsprechung hat zu einer höchst kontroversen Diskussion in der Literatur geführt[175]. Die ratio decidendi der Entscheidungen des BGH geht über die Geltendmachung der Unwirksamkeit der Schiedsvereinbarung hinaus[176].

Die Oberlandesgerichte Stuttgart[177], Hamm[178], und Karlsruhe[179] sowie das Kammerge- **102** richt[180] haben dann auch in Fortführung der BGH Rechtsprechung den Spruchschuldner mit der Geltendmachung von Versagungsgründen gegen die Anerkennung im Vollstreck-

---

172 Vgl. RG HRR 1928, 2053; *Schütze/Tscherning/Wais* Rdn. 636.
173 Vgl. *Bajons* FS Machacek und Matscher, 2008, S. 703 ff.
174 Vgl. BGHZ 52, 184; 55, 1962; 57, 153; BGH WM 1984, 1014; 1998, 739.
175 Zustimmend *Mezger* Vollstreckung ausländischer Schiedssprüche, AWD 1970, 258 ff.; *ders.* Beschränkung des Geltungsbereichs des § 1044 ZPO durch internationale Übereinkommen?, AWD 1971, 322 ff.; *ders.* Die Anerkennung jugoslawischer und anderer osteuropäischer Schiedssprüche in der Bundesrepublik, NJW 1962, 278 ff.; *Koch* in Gilles (Herausg.), Effiziente Rechtsverfolgung, S. 161 ff. (186); *Schlosser* Schiedsgerichtsbarkeit, Rdn. 800; ablehnend *Bülow* Der Schiedsvertrag in dem Verfahren der Vollstreckbarerklärung eines ausländischen Schiedsspruchs, NJW 1971, 1486 ff.; *ders.* Der Schiedsvertrag im Exequaturverfahren, NJW 1972, 415 ff.; *Ernemann* Die Anerkennung und Vollstreckung ausländischer Schiedssprüche nach § 1044 ZPO, 1979, S. 110 ff.;

Habscheid Aus der höchstrichterlichen Rechtsprechung zur Schiedsgerichtsbarkeit, KTS 1970, 1 ff.; 8 ff.; 1972, 209 ff. (213); *ders.* Besprechung von Fasching, Schiedsgericht und Schiedsverfahren im österreichischen und internationalen Recht, KTS 1974, 246 ff.; *Münzberg* Prorogation und Schiedsvereinbarungen im internationalen Zivilverfahren, in: Zeitgenössische Fragen des internationalen Zivilverfahrensrechts, 1972, S. 175 ff. (195 f.); *Schütze* Jahrbuch für die Praxis der Schiedsgerichtsbarkeit 3 (1989), S. 118 ff. (122); *Schwab/Walter* Kap. 30, Rdn. 19.
176 Vgl. *Schütze* Jahrbuch für die Praxis der Schiedsgerichtsbarkeit 3 (1989), S. 118 ff. (122 ff.).
177 Vgl. OLG Stuttgart, 14.10.2003, 1 Sch 16/02, DIS-Datenbank.
178 Vgl. OLG Hamm IHR 2006, 261.
179 Vgl. OLG Karlsruhe SchiedsVZ 2006, 281 mit Anm. *Gruber* (der die Entscheidung kommentiert hat, obwohl er an dem Verfahren selbst beteiligt war und dies nicht kenntlich gemacht hat).
180 Vgl. KG SchiedsVZ 2007, 108.

barerklärungsverfahren für präkludiert angesehen, wenn er die Gründe nicht in einem erststaatlichen Aufhebungs- oder Anfechtungsverfahren geltend gemacht hat[181].

103 Dagegen haben das OLG Schleswig[182] und das BayObLG[183] unter dem neuen Recht eine Präklusion von Versagungsgründen durch mangelnde Geltendmachung im Erststaat abgelehnt.

104 Eine Präklusion der Geltendmachung von Einwendungen im Vollstreckbarerklärungsverfahren tritt nicht ein[184]. Dabei braucht man nicht die formale Argumentation, dass das UN-Übereinkommen 1958 derartiges nicht vorsehe[185], zu bemühen. Für die Wirksamkeit der Schiedsvereinbarung ergibt sich der Ausschluss der Präklusion schon aus dem Recht auf den gesetzlichen Richter. Ob eine Partei sich des Rechtsschutzes durch die staatlichen Gerichte durch eine Schiedsvereinbarung begeben kann, kann nur das Gericht entscheiden, das ohne Schiedsvereinbarung zuständig wäre[186]. Das gilt jedenfalls dann, wenn der Spruchschuldner die Existenz einer wirksamen Schiedsvereinbarung von Anfang an bestritten hat[187]. Auch der ordre public Verstoß kann nur durch das deutsche Gericht nachgeprüft werden. Soll der Schuldner eines mongolischen Schiedsspruches von der Geltendmachung eines ordre public Verstoßes ausgeschlossen sein, weil er in Ulan Bator keine Aufhebungsklage erhoben hat? Ob es für die deutsche Rechtsordnung unerträglich ist, einem ausländischen Schiedsspruch Wirksamkeit im Inland zu verleihen, kann nur ein deutsches Gericht entscheiden[188].

105 Für weitere Einwendungen gegen das Vorliegen von Erfordernissen der Anerkennung und Vollstreckbarerklärung gilt dasselbe. *Bajons*[189] vertritt die Ansicht, dass eine Präklusion im Prinzip nicht mit der EMRK zu vereinbaren ist, meint aber, dass der Zweitstaat seine Kontrolle dann nicht mehr notwendigerweise ausüben müsse, wenn der Erststaat ein effektives Verfahren zur Geltendmachung von Einwendungen gegen den Schiedsspruch zur Verfügung stelle. Diese Ansicht hat einen gewissen Charme, ist aber unpraktikabel. Die Entscheidung, ob der Erststaat ein effektives Verfahren zur Verfügung stellt, ist eine höchst politische. Welcher Richter würde es wagen, ein Verfahren in einem schwarzafrikanischen Staat als nicht effektiv zu bezeichnen. Aussenpolitische und innenpolitische Konflikte mit sogenannten Menschenrechtsgruppen wären vorprogrammiert. Überdies sind die Kostenfolgen zu berücksichtigen. Es mag zwar sein, dass New York ein effizientes und rechtsstaatliches Aufhebungsverfahren zur Verfügung stellt, das den Spruchschuldner aber auch im Obsiegensfalle nach der american rule of costs mit hohen – nicht erstattbaren – Kosten belastet.

106 Das Verbot der révision au fond gilt deshalb uneingeschränkt nicht für die Nachprüfung der Erfordernisse der Anerkennung und Vollstreckbarerklärung.

107 Das Oberlandesgericht ist bei der Prüfung der Erfordernisse weder an die tatsächlichen Feststellungen noch die Bewertung durch das ausländische Schiedsgericht gebunden[190]. Grenzfälle mag es geben, wenn das Schiedsgericht einen Anspruch und dessen Wirksamkeit

---

181 Vgl. dazu *Gruber* SchiedsVZ 2006, 281 ff.; *Kröll* IPRax 2007, 430 ff.

182 Vgl. OLG Schleswig, RIW 2000, 706.

183 Vgl. BayObLG NJW-RR 2001, 431.

184 Vgl. im einzelnen *Schütze* Die Anerkennung und Vollstreckbarerklärung ausländischer Schiedssprüche, die ohne wirksame Schiedsvereinbarung ergangen sind, FS Bucher, 2009, S. 699 ff.

185 Vgl. dazu *Kröll* IPRax 2007, 430 ff. (431 f.).

186 Vgl. *Schütze/Tscherning/Wais* Rdn. 642.

187 Vgl. *Kröll* IPRax 2007, 430 ff. (436).

188 Vgl. *Kröll* IPRax 2007, 430 ff.(436); vgl. auch BGHZ 55, 162; BGH NJW 1992, 2299.

189 Vgl. *Bajons* FS Machacek und Matscher, 2008, S. 703 ff. (709 f.).

190 Vgl. BGHZ 27, 254; BGH MDR 1964, 590; OLG Rostock, IPRax 2001, 401, OLG Hamm, 26.8.2003, 29 Sch 01/03, DIS Datenbank; *Lachmann* Rdn. 2539; *Zöller/Geimer* § 1061, Rdn. 29.

bewertet. Hier hat das OLG Köln[191] in bedenklicher Weise für ein behauptetes Scheingeschäft die Ansicht vertreten, die Bewertung des Schiedsgerichts sei auch im Rahmen einer ordre public Prüfung nicht angreifbar[192].

f) Geltendmachung von Einwendungen

Literatur: *Schütze* Die Geltendmachung von Gegenforderungen im Schiedsverfahren, FS Kargados, 2004, 1009 ff.

Der Spruchschuldner kann materielle Einwendungen gegen den titulierten Anspruch nur **108** geltend machen, soweit diese nach Abschluss des Schiedsverfahrens entstanden sind[193]. Es handelt sich hierbei im wesentlichen um den Einwand der Erfüllung, der Stundung oder der Aufrechnung. Zur Frage der Zulässigkeit der Geltendmachung im Vollstreckbarerklärungsverfahren vgl. Rdn. 101 ff.

Bei der Aufrechnung[194] ist kollisionsrechtlich zu beachten: Die Zulässigkeit der Aufrech- **109** nung bestimmt sich nach der lex fori der Vollstreckbarerklärung, also deutschem Recht. Dagegen gilt für die Wirksamkeit der Aufrechnung das Recht, dem die Forderung unterliegt, gegen die aufgerechnet wird, also die im Schiedsspruch titulierte Forderung. Dabei mag zweifelhaft sein, ob auf das Recht abzustellen ist, dem der Anspruch im Schiedsverfahren unterlag oder auf das Recht, dem der Schiedsspruch unterliegt. Man muss darauf abstellen ob der Schiedsspruch novierende Wirkung hat oder nicht. Im ersteren Fall ist auf das Recht des Schiedsspruchs abzustellen, im zweiten Fall ist das auf die Forderung ursprünglich anwendbare Recht[195] maßgebend.

Zur Aufrechnung geeignet sind nach h.L. nur solche Gegenansprüche, bei denen die **110** Gründe, auf denen sie beruhen erst nach dem Zeitpunkt entstanden sind, in dem sie im Schiedsverfahren hätten geltend gemacht werden können[196] da die Aufrechnung nach deutschem Recht auf den Zeitpunkt der Aufrechnungslage zurückwirkt. Danach ist auf den Zeitpunkt abzustellen ist, in dem sich die Forderungen aufrechenbar gegenüber standen[197]. Nach richtiger Ansicht ist auf den Zeitpunkt der Erklärung der Aufrechnung abzustellen[198]. Andernfalls würde man dem Schuldner die Geltendmachung unbekannter Gegenforderungen abschneiden oder von solchen, bei denen er meinte, er könne sie im Schiedsverfahren nicht geltend machen. Überdies ist zu berücksichtigen, dass der Schuldner andernfalls gezwungen wäre, eine Forderung bei einem Schiedsgericht geltend zu machen, das er jedenfalls für diese Entscheidung nicht gewollt hat.

g) Entscheidung. Die Entscheidung ergeht durch Beschluss. Sie kann den Schiedsspruch **111** für vollstreckbar erklären oder feststellen, dass der Schiedsspruch im Inland nicht anzuerkennen ist. Auch eine Teilvollstreckbarerklärung ist – ebenso wie bei der Vollstreckbarerklärung ausländischer Urteile – zulässig.

Nicht zulässig ist die Aufhebung des ausländischen Schiedsspruchs. Das OLG kann auch **112** nicht den ausländischen Schiedsspruch abändern oder ergänzen. Das gilt insbesondere für

191 Vgl. OLG Köln, 23.4.1004, 9 Sch 01/03, DIS Datenbank.
192 Eingehend kritisch *Lachmann* Rdn. 2540.
193 Vgl. BGHZ 34, 275; 38, 259; *Maier* Rdn. 460; *Schwab/Walter* Kap. 27, Rdn. 12, 15 ff.; *Zöller/Geimer* § 1060, Rdn. 4 m. w. N.
194 Vgl. dazu *Koller* Aufrechnung und Widerklage im Schiedsverfahren, 2009, S. 221 ff.
195 Vgl. *Schütze* FS Kargados, 2004, S. 1009 ff.

196 Vgl. BGH NJW 1990, 2199; BGHZ 34, 275; 38, 259; *Glossner/Bredow/Bühler* Das Schiedsgericht in der Praxis, Rdn. 501; *Schütze* Schiedsgericht und Schiedsverfahren, Rdn. 282; *Schwab/Walter* Kap. 27, Rdn. 15; *Zöller/Geimer* § 1060, Rdn. 4.
197 So BGHZ 34, 274.
198 Vgl. zum Meinungsstand *Schwab/Walter* Kap. 27, Rdn. 16.

die Kosten des Schiedsverfahrens. Hat das ausländische Schiedsgericht einen Kostenausspruch dem Grunde nach erlassen, so kann das Exequaturgericht diesen nicht hinsichtlich der Höhe ergänzen[199]. Das gilt erst recht dann, wenn das Schiedsgericht über die Kosten überhaupt nicht entschieden hat. Der Spruchgläubiger muss in einem solchen Fall entweder – soweit dies noch möglich ist – einen Ergänzungsschiedsspruch über die Kosten herbeiführen oder Leistungsklage erheben[200].

113   **h) Rechtsmittel.** Gegen die Entscheidung des OLG findet die Rechtsbeschwerde zum BGH statt (§ 1065 Abs. 1 i. V. m. § 1062 Abs. 1 Nr. 4).

113a   **i) Kosten.** Die Kosten des Vollstreckbarerklärungsverfahrens bestimmen sich nach §§ 91 ff. ZPO. Jedoch ist § 93 ZPO nicht anwendbar, wenn der Spruchschuldner nach Antragstellung, aber vor Zustellung des Antrags den Schiedsspruch erfüllt. Der Spruchgläubiger hat einen Anspruch auf einen vollstreckbaren Titel als Druckmittel und kann nicht darauf verwiesen werden abzuwarten, ob der Spruchschuldner erfüllt[201]. Insbesondere ist § 93 ZPO nur in Ausnahmefällen anwendbar[202].

VI.   Aufhebung des Schiedsspruchs im Ausland

Literatur: *Bajons* Enforcing Annulled Arbitral Awards – A Comparative View, Croat.Arb.Yearb. 7 (2002), 55 ff.; *Chan* The Enforceability of Annulled Foreign Arbitral Awards in the United States. A Critique of Cromalloy, B.U.Int.L.J. 17 (1999), 141 ff.; *Fouchard* La portée internationale de l'annulation de la sentence arbitrale dans son pays d'origine, Rev.Arb. 1997, 329 ff.; *Freyer* United States Recognition and Enforcement of Annulled Foreign Awards. The Aftermath of the Chromalloy Case, J.Int.Arb. 17 (2000), Nr. 2, 1 ff.; *Gharavi* The International Effectiveness of the Anulment of an Arbitral Award, 2002; *Gaillard* The Enforcement of Awards Set Aside in the Country of Origin, ICSID Rev. 14 (1999), 16 ff.; *Giardina* The International Recognition and Enforcement of Arbitral Awards Nullified in the Country of Origin, FS Böckstiegel, 2001, S. 205 ff.; *Mayer* The Enforcement of Annulled Arbitral Awards: Towards a Uniform Judicial Interpretation of the 1958 New York Convention, ULR 1998, 583 ff.; *Nienaber* Die Anerkennung und Vollstreckung im Sitzstaat aufgehobener Schiedssprüche, 2002; *Reiner* Zur Vollstreckung eines Schiedsspruchs nach dem Europäischen Übereinkommen von 1961 trotz Aufhebung im Ursprungsstaat und zum Umfang der ordre public Kontrolle nach Art. 81, 82 EGV, IPRax 2000, 323 ff.; *Rivkin* The Enforcement of Awards Nullified in the Country of Origin: The American Experience, in van den Berg (Herausg.), Improving the Efficiency of Arbitration Agreements and Awards, 1999, S. 528 ff.; *Schütze* Die Bedeutung eines ausländischen Urteils über die Wirksamkeit eines Schiedsspruchs für dessen Exequierung im Inland, Jahrbuch für die Praxis der Schiedsgerichtsbarkeit 3 (1989), S. 118 ff.; *Siehr* Der aufgehobene Schiedsspruch – Zum Schicksal der im Ursprungsstaat aufgehobenen Schiedssprüche bei Vollstreckung im Ausland, ZZP 115 (2002), 143 ff.; *Solomon* Die Verbindlichkeit von Schiedssprüchen in der internationalen privaten Schiedsgerichtsbarkeit, 2007; *Webster* Evolving Principles in Enforcing Awards Subject to Annulment Proceedings, Journal of International Arbitration 23 (3) (2006), 201 ff.; *Weinacht* Die Vollstreckung ausländischer Schiedssprüche nach ihrer Annullierung im Herkunftstaat. Das New Yorker UN-Übereinkommen im Wechselspiel mit nationalem Recht in Frankreich und den USA – Die Fälle Hilmarton und Chromalloy, ZVglRWiss 98 (1999), 139 ff.

114   § 1061 Abs. 3 regelt nur die Wirkung der Aufhebung eines ausländischen Schiedsspruchs im Erststaat; nach zweitstaatlicher Vollstreckbarerklärung. Das Problem der Aufhebung vor Vollstreckbarerklärung ist Rechtsprechung und Lehre vorbehalten.

---

199 Vgl. *Stein/Jonas/Schlosser* Anh. § 1061, Rdn. 14; *Zöller/Geimer* § 1061, Rdn. 10.
200 Vgl. OLG Hamburg, RIW 1991, 154; *Zöller/Geimer* § 1061, Rdn. 10.
201 Vgl. OLG München SchiedsVZ 2008, 151;

OLG Hamm SchiedsVZ 2010, 56, *Zöller/Geimer* § 1061, Rdn. 55.
202 Vgl. OLG Stuttgart, SchiedsVZ 2009, 67; OLG München, SchiedsVZ 2009, 127.

Insbesondere drei Fälle sind international diskutiert worden: **115**

- *Radenska v. Kajo*[203]: In dieser Sache war ein Schiedsspruch des Aussenhandelsschieds- **116** gerichts bei der Wirtschaftskammer Jugoslawien in Belgrad am 7.7.1988 ergangen. Dieser wurde am 3.7.1992 durch das Oberste Gericht der Republik Slowenien in letzter Instanz aufgehoben. Zwischenzeitlich war zugunsten des Spruchgläubigers in Öster- reich die Vollstreckbarerklärung des Schiedsspruchs ausgesprochen worden. Der OGH hielt letztlich die Aufhebung des Schiedsspruchs für folgenlos.
- *Hilmarton v. Omnium de Traitement et de Valorisation*[204]: In dieser Sache hatte das verein- **117** barte Genfer Schiedsgericht die Schiedsklage abgewiesen. Der Schiedsspruch wurde von einem Schweizer Gericht aufgehoben[205]. Zwischenzeitlich hatte die Spruchgläubigerin die Anerkennung und Vollstreckbarerklärung des Schiedsspruchs betrieben und obsiegte dort, ungeachtet der zwischenzeitlich erfolgten Aufhebung des Schiedsspruchs in seinem Ursprungsstaat. Dem Anerkennungsbegehren für einen zweiten Schiedsspruch in dieser Sache und des Aufhebungsurteils gaben die französischen Gerichte schließlich statt.
- *Chromalloy Aeroservices v. Arab Republic of Egypt*[206]: Der District Court of Columbia **118** erkannte einen zwischenzeitlich durch die ägyptischen Gerichte aufgehobenen Schieds- spruch eines ägyptischen Schiedsgerichts an[207].

1. Aufhebung vor Vollstreckbarerklärung

Der Schiedsspruch verliert mit seiner Aufhebung seine Wirkung. Der im Ausland aufgeho- **119** bene Schiedsspruch kann deshalb in Deutschland nicht mehr anerkannt und für vollstreck- bar erklärt werden. Erfolgt die Aufhebung des Schiedsspruchs im Erststaat während des in Deutschland laufenden Vollstreckbarerklärungsverfahrens, so muss der Antragsteller die Hauptsache für erledigt erklären will er nicht eine Zurückweisung seines Antrags riskieren.

Erforderlich ist jedoch, dass die erststaatliche Aufhebungsentscheidung anerkennungs- **120** fähig ist[208]. Das ausländische Aufhebungsurteil kann nur bei Vorliegen der Erfordernisse des § 328 Berücksichtigung finden. Im Vollstreckbarerklärungsverfahren nach § 1061 wird über die Anerkennungsfähigkeit des ausländischen Urteils im Wege der Inzidentanerken- nung entschieden. Das Ergebnis mag auf den ersten Blick seltsam erscheinen. Denn der Gläubiger eines ausländischen Schiedsspruchs kann damit – soweit das ausländische Auf- hebungsurteil nicht anerkennungsfähig ist – die Vollstreckbarerklärung dieses Schieds- spruchs betreiben. Das ist aber nur sachgerecht. Es sich Fälle berichtet, in denen der Schiedsspruch aus unsachlichen Erwägungen – etwa weil das Ergebnis nicht in die poli- tische Ideologie des Erststaates passt – aufgehoben werden. Warum soll der Schiedsspruch, wenn das Aufhebungsurteil gegen den ordre public verstößt oder das Gerichtsverfahren an grundlegenden Mängeln krankt, die Anerkennungsfähigkeit verlieren? Problematisch mögen die Fälle sein, in denen die mangelnde Anerkennungsfähigkeit des Aufhebungs- urteils nur wegen mangelnder Verbürgung der Gegenseitigkeit (§ 328 Abs. 1 Nr. 5) besteht. Aber auch in diesen Fällen geschieht dem Spruchschuldner kein Harm. Er kann die Gründe,

---

203 Vgl. dazu *Lastenouse/Semkovic* Rev.Arb. 1998, 419 ff.; *Nienaber* Die Anerkennung und Vollstreckung im Sitzstaat aufgehobener Schieds- sprüche, 2002, S. 71 ff.; *Siehr* ZZP 115 (2002), 143 ff. (151).
204 Vgl. dazu *Karrer* FS Schütze, 1999, S. 337 ff. (343 ff.); *Solomon* S. 9 ff. (Fn. 1) m. w. N.; *Weihnacht* ZVglRWiss 98 (1999), 139 ff.
205 Vgl. BG Rev.Arb. 1993, 315.

206 Vgl. Mealey's Int.Arb.Rep. 11 (1996), Nr. 8, C-5; auch die Entscheidung des US District Court, 939 F.Supp. 907, 912 (D.D.C. 1996).
207 Vgl. 939 F.Supp. 907 (D.D.C. 1996) = ZZPInt 3 (1998), 485 ff. mit Anm. *Schlosser*; *Niena- ber* S. 82 ff.; M weitere Nachweise bei *Solomon* S. 16, Fn. 8.
208 Vgl. *Schütze* Jahrbuch für die Praxis der Schiedsgerichtsbarkeit 3 (1989), S. 118 ff. (121).

die er im ausländischen Aufhebungsverfahren geltend gemacht hat im inländischen Vollstreckbarerklärungsverfahren vorbringen. In ähnlicher Weise hat das OLG Dresden[209] entschieden, das die Entscheidung eines weissrussischen Gerichts über die Aufhebung eines Schiedsspruchs einer inhaltlichen Überprüfung unterzogen hat mit der Begründung Entscheidungen weissrussischer Gerichte „verdienten eine Überprüfung im Einzelfall" was auf eine versteckte Inzidentanerkennung hinausläuft.

2. Aufhebung nach Vollstreckbarerklärung

121 Wird der Schiedsspruch nach deutscher Vollstreckbarerklärung aufgehoben, so kann die Aufhebung der Vollstreckbarerklärung erfolgen. Erforderlich ist auch in diesem Fall, dass das ausländische Aufhebungsurteil nach § 328 anerkennungsfähig ist[210]. Zuständig für die Aufhebung der Vollstreckbarerklärung ist das OLG (§ 1062 Abs. 1 Nr. 4). Das Verfahren ist das nach §§ 1063 ff.

VII. Vollstreckungsgegenklage

Literatur: *Schütze* Die Geltendmachung von Gegenforderungen im Schiedsverfahren, FS Kargados, 2004, S. 1009 ff.

1. Zulässigkeit der Vollstreckungsgegenklage

122 Hat der Spruchschuldner zur Aufrechnung geeignete Gegenforderungen gegen die titulierte Forderung oder stehen ihm sonstige Einwendungen zu, die er im Vollstreckbarerklärungsverfahren geltend machen könnte, so stehen ihm zwei Wege zu deren Geltendmachung zur Verfügung[211]: Er kann die Einwendungen im Vollstreckbarerklärungsverfahren geltend machen oder diese mit der Vollstreckungsgegenklage verfolgen[212].

123 Das Wahlrecht ist nach der Reform 1998 zweifelhaft geworden. Das BayObLG hat die Ansicht vertreten, bestrittene Einwendungen gegen den Anspruch seien der Vollstreckungsgegenklage vorbehalten, da sonst der Verlust einer Tatsacheninstanz für die Parteien eintrete[213] und das OLG mit u. U. umfangreichen Beweisaufnahmen belastet werde, was die Zügigkeit des Vollstreckbarerklärungsverfahrens in Frage stelle[214]. Dieser Rechtsprechung sind die Oberlandesgerichte München[215], Stuttgart[216] und das Kammergericht[217] gefolgt. Diese Ansicht hat sich nicht durchsetzen können[218]. Durch die Entscheidung des BGH vom 8.11.2007[219] ist nunmehr wohl zumindest für die Rechtsprechung[220] klar, dass die Voll-

---

209 Vgl. OLG Dresden, 31.1.2007, 11 Sch 18/05.
210 Vgl. *Schütze* Jahrbuch für die Praxis der Schiedsgerichtsbarkeit 3 (1989), S. 118 ff. (121).
211 Vgl. RGZ 148, 270; OLG Düsseldorf, SchiedsVZ 2005, 214; OLG Dresden, SchiedsVZ 2005, 210; *Henn* Rdn. 502; *Lachmann* Rdn. 1792 ff.; *MünchKomm/Maier*; § 1042, Rdn. 8; *Schütze/Tscherning/Wais* Rdn. 531; *Schwab/Walter* Kap. 27, Rdn. 12 f.
212 Vgl. BGH NJW 1990, 3210; BGHZ 34, 274; BGH SchiedsVZ 2008, 40; *Musielak/Voit* § 1060, Rdn. 12.
213 Das BayObLG hat bei dieser Argumentation übersehen, dass die Oberlandesgerichte auch für die Vollstreckungsgegenklage zuständig sind.

Darauf weist schon *Wagner* Urteilsanmerkung, JZ 2000, 1171 ff. hin.
214 Vgl. BayObLG JZ 2000, 1170 mit Anm. *Wagner* = NJW-RR 2001, 1363.
215 Vgl. OLG München OLGR München 2006, 906.
216 Vgl. OLG Stuttgart, OLGReport 3/2001, 50.
217 Vgl. KG JurBüro 2006, 49.
218 I. OLG Hamm, NJW-RR 2001, 1362; OLG Düsseldorf, SchiedsVZ 2005, 214; OLG Dresden, SchiedsVZ 2005, 210.
219 Vgl. BGH SchiedsVZ 2008, 40 = WM 2008, 515.
220 Vgl. OLG Dresden, SchiedsVZ 2005, 210.

streckungsgegenklage nicht der einzige Weg für die Geltendmachung von materiellen Einwendungen gegen den titulierten Anspruch ist. Karlsruhe locuta, causa finita.

Die Vollstreckungsgegenklage kann nur auf Einwendungen gestützt werden, die im **124** Schiedsverfahren nicht vorgebracht werden konnten. Das sind zunächst solche Einwendungen, die im Schiedsverfahren noch nicht entstanden waren, z. B. die spätere Erfüllung, Stundung oder der Erlass. Das gilt aber auch für die Einwendungen, die zwar vor Erlass des Schiedsspruchs bereits bestanden, aber nach dem anwendbaren Schiedsverfahrensrecht im Schiedsverfahren nicht geltend gemacht werden konnten. Das gilt für das schwedische Recht, wo das Schiedsgericht die Behandlung der Aufrechnung ablehnen kann mit der Begründung, es sei nur für die Entscheidung über die Schiedsklageforderung bestellt und zuständig[221]. Die Einwendung ist auch nicht zur Geltendmachung im Wege der Vollstreckungsgegenklage geeignet, wenn sie in einem vorangegangenen Aufhebungsverfahren hätte geltend gemacht werden können oder über sie in einem solchen Verfahren entschieden worden und diese Entscheidung anerkennungsfähig ist[222].

Die Wirksamkeit der Aufrechnung richtet sich nach dem Schuldstatut der Forderung gegen **125** die aufgerechnet wird[223].

2. Konkurrenz der Verfahrensarten

Schwebt bereits ein Verfahren auf Vollstreckbarerklärung des Schiedsspruchs, so ist die **126** Vollstreckungsgegenklage nicht mehr zulässig. Es fehlt ein Rechtsschutzinteresse. Der Schuldner hat eine einfachere Möglichkeit, seine Einwendungen und Gegenforderungen im Exequaturverfahren geltend zu machen[224].

Ist die Vollstreckungsgegenklage erhoben und leitet der Spruchgläubiger sodann das **127** Vollstreckbarerklärungsverfahren ein, so fällt das Rechtsschutzinteresse für die Vollstreckungsgegenklage fort[225]. Der Spruchschuldner muss im Verfahren der Vollstreckungsgegenklage die Erledigung der Hauptsache erklären, will er nicht Klageabweisung riskieren. Schließt sich der Spruchgläubiger der Erledigterklärung an, so ist nach §91a zu verfahren.

VIII. Wirkungserstreckung nach Staatsverträgen

Die Wirkungserstreckung ausländischer Schiedssprüche ist weitgehend staatsvertraglich **128** geregelt.

---

221 Vgl. für diesen schwedischen Sonderweg *Schütze* FS Kargados, 2004, S. 1007 ff. (1013).
222 Vgl. *Lachmann* Rdn. 2439.
223 Vgl. OLG Düsseldorf, SchiedsVZ 2005, 214.
224 Vgl. *Henn* Rdn. 502; *Lachmann* Rdn. 1793; *Schütze* FS Kargados, 2004, S. 1009 ff.; *Schwab/Walter* Kap. 27, Rdn. 13.

225 Vgl. BGHZ 38, 259; RGZ 165, 374; *Thomas/Putzo/Reichold* § 1060, Rdn. 9; a. A. *Glossner/Bredow/Bühler* Rdn. 503, die die Vollstreckungsgegenklage auch in diesem Fall weiterhin für zulässig halten.

1. Multilaterale Übereinkommen

a) Genfer Abkommen zur Vollstreckung ausländischer Schiedssprüche vom 29.9.1927

Literatur: *Bettelheim* Die Vollstreckung ausländischer Schiedssprüche nach den Genfer Abkommen, JBl. 1931, 407 ff.; *Brachet* De l'exécution internationale des sentences arbitrales, 1928; *Bülow* Zur Revision des Genfer Abkommens über die Vollstreckung ausländischer Schiedssprüche, RiW 1956, 27 ff.; *Edler* Zur Vollstreckung ausländischer Schiedssprüche nach dem Genfer Abkommen in England, RabelsZ 5 (1931), 361 ff.; *Greminger* Die Genfer Abkommen von 1923 und 1927 über die internationale private Schiedsgerichtsbarkeit, 1957; *Habscheid* Nationale oder supranationale Schiedssprüchze? – Zur Reform des Genfer Abkommens über die Vollstreckung ausländischer Schiedssprüche vom 26.9.1927, ZZP 70 (1957), 25 ff.; *Iaccarino* La Convenzione di Ginevra del 26.9.1927 sul riconocimento delle sentenze arbitrali straniere, Dir.Int. 13 (1959), 324 ff.; *Mezger* Zur Auslegung und Bewertung der Genfer Schiedsabkommen von 1923 und 1927, RabelsZ 24 (1959), 222 ff.; *Sereni* La Convenzione di Ginevra per l'esecuzione delle sentenze arbitrali straniere, Riv.Dir.Int. 1931, 592 ff.; *Volkmar* Das Genfer Abkommen über die Vollstreckung ausländischer Schiedssprüche vom 26. September 1927, Internationales Jahrbuch für Schiedsgerichtswesen 2 (1928), S. 125 ff.; *ders.* Das Genfer Abkommen über die Vollstreckung von Schiedssprüchen vom 26. September 1927, DJZ 1928, 628 ff.; *ders.* Das Genfer Abkommen zur Vollstreckung ausländischer Schiedssprüche vom 26. September 1927 und das Gesetz zur Änderung einiger Vorschriften der Zivilprozessordnung über das schiedsrichterliche Verfahren vom 25. April 1930, JW 1930, 2745 ff.; *ders.* Das Genfer Abkommen über die Vollstreckbarkeit von ausländischen Schiedssprüchen, Die Wirtschaft und das Recht 1928, 9 ff.

129   Das Genfer Abkommen, das auf dem Genfer Protokoll über die Schiedsklauseln vom 24. September 1923 aufbaut, regelt die Anerkennung und Vollstreckung ausländischer Schiedssprüche. Es ist wenig klar und bietet mancherlei Auslegungsprobleme in der Praxis. Seine Bedeutung schwindet mit der steigenden Zahl der Vertragsstaaten des UN-Übereinkommens 1958, welches das Genfer Abkommen ersetzt und ablöst.

130   Vertragsstaaten sind Bahamas, Malta, Myanmar, Pakistan und das Vereinigte Königreich (nur für Anguilla).

131   Erfordernisse der Wirkungserstreckung sind:

- Der Schiedsspruch muss ein ausländischer sein, wobei es unerheblich ist, ob der Schiedsspruch von einem Ad-hoc- oder einem institutionellen Schiedsgericht erlassen worden ist.
- Gegenstand des Schiedsspruchs muss eine Zivil- oder Handelssache sein.
- Die dem Schiedsverfahren zugrunde liegende Schiedsvereinbarung muss gültig sein. Die Gültigkeit der Schiedsvereinbarung beurteilt sich nach dem Genfer Protokoll 1923 nach dem anwendbaren Schiedsverfahrensrecht.
- Der Gegenstand des Schiedsverfahrens muss schiedsfähig sein. Die Schiedsfähigkeit beurteilt sich nach zweitstaatlichem Recht.
- Das Schiedsgericht muss ordnungsgemäß gebildet worden sein. Dies ist nach der Schiedsvereinbarung, hilfsweise dem anwendbaren Schiedsverfahrensrecht zu beurteilen.
- Der Schiedsspruch muss verbindlich sein. Verbindlichkeit i. S. des Genfer Abkommens bedeutet Endgültigkeit. Endgültig ist der Schiedsspruch dann, wenn er nicht einem Rechtsmittel unterworfen und nachgewiesen ist, dass kein Verfahren zur Anfechtung der Gültigkeit des Schiedsspruchs anhängig ist.
- Der Schiedsspruch darf nicht gegen den ordre public des Zweitstaates verstoßen.
- Die Parteien müssen ordnungsgemäß geladen gewesen sein und die Möglichkeit zur Geltendmachung von Angriffs- und Verteidigungsmittel im Sinne eines fairen Prozesses

gehabt haben. Dieses Erfordernis ist eine Erscheinungsform des Gebots der Gewährung rechtlichen Gehörs.

– Das Schiedsgericht muss in den Grenzen seiner Zuständigkeit entschieden haben.

Die Anerkennung erfolgt formlos. Die Vollstreckbarerklärung erfolgt nach §§ 1061 ff. **132**

b) UN-Übereinkommen über die Anerkennung und Vollstreckung ausländischer **133** **Schiedssprüche vom 10.6.1958.** Durch die Übernahme des UN-Übereinkommens 1958 in den § 1061 und damit die Anwendbarkeit auch gegenüber Schiedssprüchen aus Nichtmitgliedstaaten ist dessen Bedeutung als staatsvertragliche Regelung im autonomen Recht aufgegangen.

c) COTIF. Das Übereinkommen über den internationalen Eisenbahnverkehr v. **134** 9.5.1980[226], das die internationalen Übereinkommen CIM und CIV im Rahmen seines Geltungsbereichs abgelöst hat (Art. 24), enthält in Artt. 12 ff. Bestimmungen über die internationale Schiedsgerichtsbarkeit. Art. 16 § 2 bestimmt:

„Der Schiedsspruch des Schiedsgerichts wird gegenüber Beförderungsunternehmen und Benutzern in jedem Mitgliedstaat vollstreckbar, sobald die in dem Staat, in dem die Vollstreckung erfolgen soll, vorgeschriebenen Förmlichkeiten erfüllt sind. Eine sachliche Nachprüfung des Inhalts ist nicht zulässig.“

Art. 32 § 2 COTIF in der Fassung des Änderungsprotokolls vom 3. Juni 1999[227] enthält eine identische Bestimmung.

Die Anerkennung erfolgt formlos. Die Vollstreckbarerklärung bestimmt sich nach **135** §§ 1061 ff.

Vertragsstaaten sind Albanien, Algerien, Belgien, Bosnien und Herzegowina, Bulgarien, **136** Dänemark, Finnland, Frankreich, Griechenland, Irak, Iran, Irland, Italien, Jugoslawien (ehemaliges), Kroatien, Lettland, Libanon, Liechtenstein, Litauen, Luxemburg, Marokko, Mazedonien (ehemalige jugoslawische Republik), Monaco, Niederlande, Norwegen, Österreich, Polen Portugal, Rumänien, Schweden, Schweiz, Serbien und Montenegro, Slowakei, Slowenien, Spanien, Tschechische Republik, Tschechoslowakei (ehemalige), Tunesien, Türkei, Ungarn, Vereinigtes Königreich.

d) Londoner Auslandsschuldenabkommen. Das Londoner Abkommen über deutsche **137** Auslandsschulden vom 27. Februar 1953[228] sieht zur Regelung von Streitigkeiten einen Schiedsgerichtshof vor, der von den in einigen Anlagen bestimmten besonderen Schiedsgerichten zu unterscheiden ist. Der Schiedsgerichtshof (Art. 28) ist ein Sondergericht, das nur von Regierungen, nicht von Privaten angerufen werden kann. Die Zuständigkeit umfasst die Regelung aller Streitigkeiten über die Anwendung und Auslegung des Abkommens. Die Entscheidungen des Schiedsgerichtshofes sind „für die Parteien des Verfahrens bindend“ (Art. 29, Schiedsverfahren nach Anlage I). Sie sind wegen der Natur des Schiedsgerichtshofes als Sondergericht keine Schiedssprüche i. S. von § 1061.

Die Anerkennung erfolgt formlos. Die Vollstreckbarerklärung bestimmt sich nach **138** §§ 1061 ff.

---

226 BGBl. 1985 II 130, 166; vgl. für Literatur zu dem Übereinkommen *Wieczorek/Schütze* Bd. VI, S. 1163.

227 BGBl. 2002 II 2140 (noch nicht in Kraft).
228 BGBl. 1953 II 331; für Literatur zu dem Abkommen vgl. *Wieczorek/Schütze* Bd. VI, S. 1504.

139   Vertragsstaaten sind Ägypten, Argentinien, Australien, Belgien, Chile, Dänemark, Finnland, Frankreich, Griechenland, Iran, Irland, Israel, Italien, Jugoslawien (ehemaliges), Kambodscha, Kanada, Liechtenstein, Luxemburg, Neuseeland, Niederlande, Norwegen, Österreich, Pakistan, Peru, Schweden, Schweiz, Spanien, Sri Lanka, Südafrika, Syrien, Thailand, USA, Vereinigtes Königreich.

140   **e) Weltbankübereinkommen.** Das Übereinkommen zur Beilegung von Investitionsstreitigkeiten zwischen Staaten und Angehörigen anderer Staaten (Weltbankübereinkommen) vom 18. März 1965[229] stellt ein Schiedsverfahren für die Beilegung von Investitionsstreitigkeiten zwischen Staaten und privaten Investoren zur Verfügung. Zu diesem Zweck ist ein Schiedsgerichtszentrum mit eigener Rechtspersönlichkeit am Sitz der Weltbank geschaffen worden. Artt. 53 ff. regeln die Anerkennung und Vollstreckbarerklärung von Schiedssprüchen. Die Schiedssprüche sind für die Parteien bindend. Ihre Anerkennung erfolgt formlos. Die Vollstreckbarerklärung bestimmt sich nach zweitstaatlichem Recht. In Deutschland ist ein Ausführungsgesetz ergangen[230].

141   Nach Art. 2 Abs. 2 AusfG finden für die Vollstreckbarerklärung die Vorschriften über die Vollstreckbarerklärung ausländischer Schiedssprüche entsprechende Anwendung. Es gelten somit §§ 1061 ff. Örtlich ausschließlich zuständig ist das Gericht, bei dem der Spruchschuldner seinen allgemeinen Gerichtsstand hat, und bei Fehlen eines solchen das Gericht, in dessen Sprengel sich Vermögen des Schuldners befindet oder die Zwangsvollstreckung durchgeführt werden soll (Art. 2 Abs. 3 AusfG). Alleiniger Versagungsgrund der Vollstreckbarerklärung ist die Aufhebung des Schiedsspruchs nach Artt. 51 f. des Übereinkommens durch einen Schiedsgerichts ad hoc Ausschuss. Daneben ist ungeschriebenes Erfordernis der Vollstreckbarerklärung die Vereinbarkeit mit dem deutschen ordre public. Auf diese Überprüfung kann aus verfassungsrechtlichen Gründen nicht verzichtet werden. Der deutsche Staat kann seinen Arm nicht für die Durchsetzung eines Schiedsspruchs zur Verfügung stellen, der mit den Grundprinzipien der deutschen Rechtsordnung nicht vereinbar ist.

142   Vertragsstaaten sind Afghanistan, Ägypten, Albanien, Algerien, Argentinien, Armenien, Aserbaidschan, Australien, Bahamas, Bahrain, Bangladesh, Barbados, Belarus, Belgien, Benin, Bosnien und Herzegowina, Botswana, Brunei Darussalam, Bulgarien, Burkina Faso, Burundi, Chile, China (Taiwan), China (Volksrepublik), Costa Rica, Côte d'Ivoire, Dänemark, Ecuador, El Salvador, Estland, Fiji, Finnland, Frankreich, Gabun, Gambia, Georgien, Ghana, Grenada, Griechenland, Guatemala, Guinea, Guyana, Honduras, Indonesien, Irland, Island, Israel, Italien, Jamaika, Japan, Jordanien, Jugoslawien (ehemaliges), Kamerun, Kasachstan, Kenia, Kolumbien, Komoren, Kongo, Kongo (Demokratische Republik), Korea (Republik), Kroatien, Kuwait, Lesotho, Lettland, Libanon, Liberia, Litauen, Luxemburg, Madagaskar, Malawi, Malaysia, Mali, Malta, Marokko, Mauretanien, Mauritius, Mazedonien (ehemalige jugoslawische Republik), Mikronesien (Föderierte Staaten), Mongolei, Mosambik, Nepal, Neuseeland, Nicaragua, Niederlande, Niger, Nigeria, Norwegen, Oman, Österreich, Pakistan, Panama, Papua-Neuguinea, Paraguay, Peru, Philippinen, Portugal, Ruanda, Rumänien, Salomonen, Sambia, Samoa, Saudi-Arabien, Schweden, Schweiz, Senegal, Seychellen, Sierra Leone, Simbabwe, Singapur, Slowakei, Slowenien, Somalia, Spanien, Sri Lanka, St. Kitts und Nevis, St. Lucia, St. Vincent und die Grenadinen, Sudan, Swasiland, Tansania, Timor-Leste, Togo, Tonga, Trinidad und Tobago, Tschad, Tsche-

---

229 BGBl. 1959 II 3719; für Literatur zu dem Übereinkommen vgl. *Wieczorek/Schütze* Bd. VI, S. 1478.

230 Gesetz v. 25.2.1979, BGBl. 1969 II, 369; 1997 I 3224.

chische Republik, Tunesien, Türkei, Turkmenistan, Uganda, Ukraine, Ungarn, Uruguay, USA, Usbekistan, Venezuela, Vereinigte Arabische Emirate, Vereinigtes Königreich, Zentralafrikanische Republik, Zypern.

f) Genfer Protokoll über Schiedsklauseln und Europäisches Übereinkommen über **143** **die internationale Handelsschiedsgerichtsbarkeit.** Das Genfer Protokoll über Schiedsklauseln im Handelsverkehr vom 29.9.1923[231] und das Europäische Übereinkommen über die internationale Handelsschiedsgerichtsbarkeit vom 21.4.1961[232] regeln die Wirkungserstreckung ausländischer Schiedssprüche **nicht**. Sie betreffen nur Schiedsvereinbarungen und Schiedsverfahren.

2. Bilaterale Verträge

a) Deutsch-schweizerisches Anerkennungs- und Vollstreckungsabkommen. Nach **144** Art. 9 Abs. 1 des deutsch-schweizerischen Abkommens über die gegenseitige Anerkennung und Vollstreckung von gerichtlichen Entscheidungen und Schiedssprüchen vom 2. November 1929[233] gilt für die wechselseitige Anerkennung und Vollstreckbarerklärung von Schiedssprüchen das Genfer Abkommen 1927 mit der Maßgabe, dass es ohne Rücksicht auf die in Art. 1 Abs. 1 enthaltenen Beschränkung auf alle deutschen und schweizerischen Schiedssprüche Anwendung findet. Nach dem Inkrafttreten des UN-Übereinkommens 1958 für Deutschland und die Schweiz ist nach Art. VII Abs. 2 dieser Konvention das Genfer Abkommen im Rahmen seines Geltungsbereichs durch das UN-Übereinkommen 1958 ersetzt worden. Im deutsch-schweizerischen Rechtsverkehr regelt sich die Wirkungserstreckung von Schiedssprüchen deshalb auch bilateral nach dem UN-Übereinkommen 1958 und zwar unabhängig von sachlichen Geltungsbereich dieser Konvention[234].

Die Anerkennung erfolgt formlos. Die Vollstreckbarerklärung erfolgt in dem Verfahren **145** nach §§ 1061 ff.

b) Deutsch-italienisches Anerkennungs- und Vollstreckungsabkommen. Art. 8 **146** Abs. 1 des deutsch-italienischen Abkommens über die Anerkennung und Vollstreckung gerichtlicher Entscheidungen in Zivil- und Handelssachen vom 9. März 1936[235] ist Art. 9 Abs. 1 des deutsch-schweizerischen Abkommens nachgebildet. Anstelle des Genfer Abkommens 1927 (auf das Art. 8 Abs. 1 des deutsch-italienischen Abkommens verweist) ist das UN-Übereinkommen 1958 anwendbar geworden[236].

Für das Verfahren gilt dasselbe wie für das deutsch-schweizerische Abkommen. **147**

c) Deutsch-belgisches Anerkennungs- und Vollstreckungsabkommen. Das Ab- **148** kommen zwischen der Bundesrepublik Deutschland und dem Königreich Belgien über die gegenseitige Anerkennung und Vollstreckung von gerichtlichen Entscheidun-

---

[231] RGBl 1925 II 47; für Literatur zu dem Protokoll vgl. *Wieczorek/Schütze* Bd. VI, S. 1418.
[232] BGBl. 1964 II 426; für Literatur zu dem Übereinkommen vgl. *Wieczorek/Schütze* Bd. VI, S. 1445 f.
[233] RGBl. 1930 II, 1066; für Literatur zu dem Abkommen vgl. § 328 Rdn. 144.
[234] Vgl. dazu jedoch *Mezger* Beschränkung des Geltungsbereichs von § 1044 ZPO durch internationale Übereinkommen?, AWD 1971, 322 ff. (325 Fn. 25).
[235] RGBl. 1937 II 145; BGBl. 1952 II 986; zur

Wiederanwendung des Abkommens vgl. *Marazzi* Sulla rimessa in vigore die trattati con la Germania prebellica, Riv.it.dir.e proc.pen. 1959, 338 ff.; *Neumayer* Über die Fortgeltung deutsch-italienischer Staatsverträge privatrechtlichen Inhalts, JZ 1952, 682 f.; für Literatur zu dem Abkommen vgl. § 328, Rdn. 202.
[236] Vgl. *Schlosser* Schiedsgerichtsbarkeit, Rdn. 85.

gen, Schiedssprüchen und öffentlichen Urkunden in Zivil- und Handelssachen vom 30.6.1958[237] bringt in Art. 13 eine eigenständige Regelung der wechselseitigen Anerkennung und Vollstreckbarerklärung von Schiedssprüchen[238].

149 Nach dieser Bestimmung sind alle Schiedssprüche von institutionellen oder Ad-hoc-Schiedsgerichten anerkennungsfähig, die einen Rechtsstreit endgültig erledigen. Schiedsvergleiche sind Schiedssprüchen gleichgestellt (Abs. 2). Die Ausdehnung des sachlichen Geltungsbereichs auf Schiedsvergleiche erfolgte auf Wunsch der deutschen Delegation, da das belgische Recht den Schiedsvergleich nicht kennt. Nach Einführung des Schiedsspruchs mit vereinbartem Wortlaut in das deutsche Recht ist Abs. 2 bedeutungslos geworden.

150 Erfordernisse der Wirkungserstreckung belgischer Schiedssprüche in Deutschland sind:

- Der Schiedsspruch muss eine Zivil- oder Handelssache zum Gegenstand haben. Art. 1 Abs. 1 des Abkommens ist insoweit entsprechend anzuwenden[239].
- Der Schiedsspruch muss ein belgischer sein. Die Bestimmung der Nationalität des Schiedsspruchs erfolgt nach dem Sitz des Schiedsgerichts.
- Die Wirkungserstreckung darf nicht gegen den deutschen ordre public verstoßen[240]. Die ordre public Klausel ist restriktiv auszulegen. Es gelten die Grundsätze für die Anerkennung belgischer Zivilurteile nach Art. 2 Nr. 1 des Abkommens.
- Der Schiedsspruch muss in Belgien vollstreckbar sein. Das bedeutet, dass belgische Schiedssprüche zunächst in Belgien mit dem Exequatur zu versehen sind und damit eine Doppelexequierung nach deutschem und *belgischem* Recht erforderlich ist[241]. Die Vollstreckbarkeit wird durch die Vollstreckungsklausel (formule exécutoire) nachgewiesen.
- Die Ausfertigung des Schiedsspruchs muss authentisch sein. Die Authentizität für belgische Schiedssprüche wird nach belgischem Recht beurteilt[242].

151 Die sachliche Zuständigkeit für die Vollsteckbarerklärung bestimmt sich nach dem Streitwert des zugrunde liegenden Anspruchs. Zuständig ist das Amts- oder Landgericht[243]. Für

---

237 BGBl. 1959 II 766; für Literatur zu dem Abkommen vgl. § 328, Rdn. 205.
238 Vgl. dazu *Geimer/Schütze* Internationale Urteilsanerkennung, Bd. II, 1971, S. 312 ff.; *Schlosser* Schiedsgerichtsbarkeit, Rdn. 88; zur Beschränkung der Anerkennungserfordernisse vgl. LG Düsseldorf, WM 1971, 811.
239 Vgl. *Geimer/Schütze* Internationale Urteilsanerkennung, Bd., 1971, S. 314; *Harries* Das deutschbelgische Anerkennungs- und Vollstreckungsabkommen, RabelsZ 26 (1961), 629 ff. (663).
240 Vgl. dazu *Geimer/Schütze* Internationale Urteilsanerkennung, Bd. II, 1971, S. 314; *Harries* RabelsZ 26 (1961), 629 ff. (665).
241 Vgl. dazu Bericht der Unterhändler, BTDrucks. III/919, S. 24 ff. (37), Denkschrift, ebenda, S. 37; *Geimer/Schütze* Internationale Urteilsanerkennung, Bd. II, 1971 S. 314; *Rigaux* Les dernières conventions sur l'efficacité internationale des jugements et actes publics conclues par la Belgique, JT 1961, 197 ff. (204) m. w. N.; *Schlosser* Schiedsgerichtsbarkeit, Rdn. 88; zweifelnd *Harries* RabelsZ 26 (1961), 629 ff. (664).

242 Vgl. *Geimer/Schütze* Internationale Urteilsanerkennung, Bd. II, 1971, S. 315; *Harries* RabelsZ 26 (1961), 197 ff. (664) will wegen der schwachen Bindung an das Recht des Errichtungsortes eine alternative Erfüllung der Erfordernisse nach erst- oder zweitstaatlichem Recht genügen lassen.
243 Vgl. § 3 AusfG zum deutsch-belgischen Abkommen, BGBl. 1959 I 425, später mehrfach geändert, zuletzt durch Gesetz vom 27. Juli 2001, BGBl. 2001 I 1887.

die örtliche Zuständigkeit gilt § 1 Abs. 2 AusfG. Eine Gerichtsstandsvereinbarung ist zulässig. diese kann bereits in der Schiedsvereinbarung getroffen werden. Für das Verfahren kommen nach § 3 des Abkommens § 1061 Abs. 1 und 2, §§ 1063 f. zur Anwendung. Im übrigen gelten die Bestimmungen für die Vollstreckbarerklärung von Zivilurteilen in § 2 Abs. 2–4 AusfG[244] entsprechend.

d) Deutsch-österreichischer Anerkennungs- und Vollstreckungsvertrag. Art. 12 **152** Abs. 1 des Vertrages zwischen der Bundesrepublik Deutschland und der Republik Österreich vom 6. Juni 1959 über die gegenseitige Anerkennung und Vollstreckung von gerichtlichen Entscheidungen, Vergleichen und öffentlichen Urkunden in Zivil- und Handelssachen[245] verweist auf die Übereinkommen, die zwischen beiden Staaten jeweils in Kraft sind. Es gilt damit das UN-Übereinkommen 1958[246].

Eine Besonderheit bringt Art. 15 des deutsch-österreichischen Vertrages. Danach sind die **153** österreichischen Börsenschiedsgerichte Gerichte i. S. des Vertrages in den Streitigkeiten, in denen sie ohne Rücksicht auf eine Schiedsvereinbarung zur Entscheidung zuständig sind. Beruht ihre Zuständigkeit jedoch auf einer Schiedsvereinbarung, so sind sie als Schiedsgerichte anzusehen. Diese Bestimmung trägt der Doppelnatur der österreichischen Börsenschiedsgerichte Rechnung. Sie sind staatliche Sondergerichte, soweit sie kraft Gesetzes zuständig sind, jedoch Schiedsgerichte soweit ihre Zuständigkeit auf einer Schiedsvereinbarung beruht[247].

e) Deutsch-niederländischer Anerkennungs- und Vollstreckungsvertrag. Nach **154** Art. 17 des Vertrages zwischen der Bundesrepublik Deutschland und dem Königreich der Niederlande über die gegenseitige Anerkennung und Vollstreckung gerichtlicher Entscheidungen und anderer Schuldtitel in Zivil- und Handelssachen vom 30.8.1962[248] bestimmen sich die Anerkennung und Vollstreckbarerklärung von Schiedssprüchen nach den Verträgen, die zwischen beiden Staaten in Kraft sind. Es gilt damit das UN-Übereinkommen 1958[249].

f) Deutsch-tunesischer Rechtshilfe-, Anerkennungs- und Vollstreckungsvertrag. **155** Artt. 51 ff. des Vertrages zwischen der Bundesrepublik Deutschland und der Tunesischen Republik über Rechtsschutz und Rechtshilfe, die Anerkennung und Vollstreckung gerichtlicher Entscheidungen in Zivil- und Handelssachen sowie die Handelsschiedsgerichtsbarkeit vom 19. Juni 1966[250] bringt eine eigenständige Regelung der Wirkungserstreckung von Schiedssprüchen im deutsch-tunesischen Verhältnis.

Erfordernisse der Wirkungserstreckung tunesischer Schiedssprüche in Deutschland **156** sind[251]:

---

244 Die Bestimmungen lauten:
„*(2) Dem Antrag soll die erforderliche Anzahl von Abschriften beigefügt werden.*
(3) Wird die mündliche Verhandlung angeordnet, so ist der Termin den Parteien von Amts wegen bekanntzumachen. Im Verfahren vor den Landgerichten soll die Bekanntmachung die Aufforderung gemäß § 215 der Zivilprozessordnung enthalten.
(3) Der Beschluss unterliegt der Beschwerde nach den §§ 567–577 der Zivilprozessordnung. Die §§ 707, 717, 1065 der Zivilprozessordnung gelten entsprechend.".
245 BGBl. 1960 II 1246; für Literatur zu dem Vertrag vgl. § 328 Rdn. 208.

246 Für Österreich in Kraft seit dem 31.7.1961, BGBl. 1962 II 102, 2170.
247 Vgl. *Geimer/Schütze* Internationale Urteilsanerkennung, Bd. II, 1971, S. 174.
248 BGBl. 1965 II 26; vgl. für Literatur zu dem Vertrag § 328 Rdn. 217.
249 Für die Niederlande in Kraft seit dem 23.7.1964, BGBl. 1964 II 1232.
250 BGBl. 1966 II 890; vgl. für Literatur zu dem Vertrag § 328 Rdn. 220.
251 Vgl. dazu auch die Erläuterungen in der Denkschrift BTDrucks. V/3167.

– Es muss eine wirksame Schiedvereinbarung vorliegen. Dabei ist es unerheblich, ob die Schiedvereinbarung künftige Streitigkeiten (clause compromissoire) oder gegenwärtige Streitigkeiten (compromis) betrifft[252]. Die Gültigkeit der Schiedsvereinbarung ist nach Art. 47 des deutsch-tunesischen Vertrages zu beurteilen. Danach müssen folgende Erfordernisse erfüllt sein:

– Die Schiedsvereinbarung muss nach zweitstaatlichem (also deutschem) Recht eine Handelssache[253] zum Gegenstand haben[254].

– Der Streitgegenstand muss nach zweitstaatlichem (also deutschem) Recht schiedsfähig sein[255]. Die Schiedsfähigkeit beurteilt sich nach § 1030.

– Die Schiedsvereinbarung muss ein bestimmtes Rechtsverhältnis zum Gegenstand haben. Dabei ist es unerheblich, ob dieses Rechtsverhältnis vertraglicher oder nicht vertraglicher Natur ist[256]. Im Übrigen gelten die Grundsätze von § 1029 Abs. 1. Der Begriff des Rechtsverhältnisses ist weit auszulegen. Nicht genügend ist jedoch die Bestimmung, dass „alle Streitigkeiten aus der Geschäftsverbindung" Gegenstand der Schiedsvereinbarung sein sollen.

– Die Parteien der Schiedsvereinbarung müssen ihren Sitz oder Wohnsitz, in Ermangelung dessen ihren gewöhnlichen Aufenthalt, jeweils in dem anderen Vertragsstaat haben[257].

– Die Schiedsvereinbarung bedarf der Schriftform[258]. Mängel der Schiedsvereinbarung werden durch rügelose Einlassung geheilt[259]. Sie können auch nicht mehr geltend gemacht werden, wenn sie im Aufhebungsverfahren durch ein staatliches Gericht zurückgewiesen worden sind.

– Der Streitgegenstand muss schiedsfähig gewesen sein[260].

– Die Wirkungserstreckung darf nicht gegen den zweitstaatlichen (also deutschen) ordre public verstoßen[261]. Der Vertrag führt in Art. 52 Abs. 1 Nr. 4 und 5 zwei Unterfälle des Verstoßes gegen den verfahrensrechtlichen ordre public[262] ausdrücklich auf, nämlich die Erschleichung des Schiedsspruchs durch betrügerische Machenschaften und die Verweigerung rechtlichen Gehörs. Die Beispiele sind abschließend. Es gelten die Grundsätze des autonomen deutschen Rechts und des in § 1061 angezogenen UN-Übereinkommens 1958 zum ordre public-Vorbehalt (vgl. Rdn. 59 ff.).

157 Das Verfahren folgt zweitstaatlichem Recht. Danach erfolgt die Anerkennung formlos, wenn die Erfordernisse gegeben sind und eine Inlandsbeziehung vorliegt (vgl. Rdn. 83). Auf das Verfahren der Vollstreckbarerklärung sind gem. der Verweisung in Art. 53 des Vertrages die Bestimmungen über die Vollstreckbarerklärung gerichtlicher Entscheidungen in Artt. 35 ff. des Vertrages anwendbar. Nicht anwendbar ist jedoch § 5 AusfG, da hier die Vollstreckbarerklärung von Schiedssprüchen nicht geregelt ist und – wie die Bezugnahmen in § 5 AusfG ergeben – auch ersichtlich nicht geregelt werden sollten.

158 Ausschließlich sachlich zuständig für die Vollstreckbarerklärung ist das Landgericht[263]. Die örtliche Zuständigkeit bestimmt sich nach Wahl der betreibenden Partei nach dem Wohn-

---

252 Das ergibt sich bereits aus dem Wortlaut von Art. 47 Abs. 1.

253 Vgl. zum Begriff der Handelssache *Luther* Zur Anerkennung und Vollstreckung von Urteilen und Schiedssprüchen in Handelssachen im deutsch-italienischen Rechtsverkehr, ZHR 127 (1964), 145 ff.

254 Vgl. Art. 47 Abs. 3 Nr. 1 des Vertrages.

255 Vgl. Art. 47 Abs. 3 Nr. 3 des Vertrages.

256 Vgl. Art. 47 Abs. 1 des Vertrages.

257 Vgl. Art. 47 Abs. 3 Nr. 2 des Vertrages.

258 Vgl. Art. 47 Abs. 2 des Vertrages.

259 Vgl. Art. 52 Abs. 1 Nr. 3 des Vertrages.

260 Vgl. Art. 52 Abs. 1 Nr. 2 des Vertrages.

261 Vgl. Art. 52 Abs. 1 Nr. 1 des Vertrages.

262 Vgl. dazu Denkschrift BTDrucks. V/3167, Anm. zu Art. 52.

263 Vgl. Artt. 53, 37 Abs. 1 Nr. 1 des Vertrages.

sitz des Spruchschuldners oder dem Sprengel, in dem die Zwangsvollstreckung durchgeführt werden soll[264]. In dem Verfahren der Vollstreckbarerklärung darf nur das Vorliegen der Erfordernisse der Wirkungserstreckung nach geprüft werden (Verbot der révision au fond)[265]. Für die Geltendmachung von Einwendungen im Vollstreckbarerklärungsverfahren gilt dasselbe wie nach § 1061 (vgl. Rdn. 81). Für das Verfahren gilt im übrigen § 1063.

Eine Teilvollstreckbarerklärung ist möglich[266].

159

g) Deutsch-griechischer Anerkennungs- und Vollstreckungsvertrag. Nach Art. 14 des **160** Vertrages zwischen der Bundesrepublik Deutschland und dem Königreich Griechenland über die gegenseitige Anerkennung und Vollstreckung von gerichtlichen Entscheidungen, Vergleichen und öffentlichen Urkunden in Zivil- und Handelssachen vom 4. November 1961[267] bestimmt sich die Wirkungserstreckung von Schiedssprüchen nach den Übereinkommen, die jeweils zwischen den beiden Staaten in Kraft sind. Es gilt damit das UN-Übereinkommen 1958[268].

h) Deutsch-norwegischer Anerkennungs- und Vollstreckungsvertrag. Nach Art. 19 **161** des Vertrages zwischen der Bundesrepublik Deutschland und dem Königreich Norwegen über die gegenseitige Anerkennung und Vollstreckung gerichtlicher Entscheidungen und anderer Schuldtitel in Zivil- und Handelssachen vom 17. Juni 1977[269] bestimmt sich die Wirkungserstreckung von Schiedssprüchen nach den zwischenstaatlichen Übereinkommen, die im deutsch-norwegischen Verhältnis anwendbar sind. Es gilt damit das UN-Übereinkommen 1958[270].

i) Deutsch-israelischer Anerkennungs- und Vollstreckungsvertrag. Nach Art. 25 **162** Abs. 2 des Vertrages zwischen der Bundesrepublik Deutschland und dem Staat Israel über die gegenseitige Anerkennung und Vollstreckung gerichtlicher Entscheidungen in Zivil- und Handelssachen vom 20. Juli 1977[271] bestimmt sich die Wirkungserstreckung von Schiedssprüchen nach den zwischenstaatlichen Übereinkommen, die im deutsch-israelischen Verhältnis anwendbar sind. Es gilt damit das UN-Übereinkommen 1958[272].

j) Deutsch-spanischer Anerkennungs- und Vollstreckungsvertrag. Der Vertrag zwi- **163** schen der Bundesrepublik Deutschland und Spanien über die Anerkennung und Vollstreckung von gerichtlichen Entscheidungen und Vergleichen sowie vollstreckbaren öffentlichen Urkunden in Zivil- und Handelssachen vom 14. November 1983[273] regelt die Wirkungserstreckung von Schiedssprüchen nicht. Nach Art. 3 ist die Anwendung des Vertrages auf die Schiedsgerichtsbarkeit ausdrücklich ausgeschlossen. Spanien hatte in den Vertragsverhandlungen ursprünglich auf einer Ausdehnung des sachlichen Anwendungsbereichs auf die Wirkungserstreckung von Schiedssprüchen bestanden, was von der

---

264 Vgl. Artt. 53, 27 Abs. 2 des Vertrages.
265 Vgl. Artt. 53, 39 Abs. 1, 2 des Vertrages.
266 Vgl. Artt. 53, 40 des Vertrages.
267 BGBl. 1963 II 110; vgl. für Literatur zu dem Vertrag § 328, Rdn. 214. Der Vertrag hat keinen Einfluss auf die Vollstreckbarerklärung von Schiedssprüchen gehabt. Die entgegenstehende Ansich von *Schlösser* Vollstreckbarkeit deutscher Gerichtsentscheidungen in Griechenland, NJW 1964, 485 f. entbehrt jeder Grundlage; vgl. *Schütze* Die Vollstreckung deutscher Schiedssprüche in Griechenland, AWD 1964, 253.
268 Für Griechenland in Kraft seit dem 14.10.1962, BGBl. 1963 II 40.

269 BGBl. 1981 II 341; vgl. für Literatur zu dem Vertrag § 328, Rdn. 226.
270 Für Norwegen in Kraft seit dem 12.6.1961, BGBl. 1962 II 102.
271 BGBl. 1980 II 936; vgl. für Literatur zu dem Vertrag § 328, Rdn. 229.
272 Für Israel in Kraft seit dem 7.6.1959, BGBl 1962 II 102.
273 BGBl. 1987 II 35; vgl. für Literatur zu dem Vertrag § 328, Rdn. 235.

deutschen Seite unter Hinweis auf das UN-Übereinkommen 1958 abgelehnt wurde[274]. Durch den Beitritt Spaniens zum UN-Übereinkommen 1958[275] haben sich die spanischen Wünsche sodann erledigt.

164 **k) Deutsch-amerikanischer Freundschafts-, Handels- und Schifffahrtsvertrag.** Nach Art. VI Abs. 2 des Freundschafts-, Handels- und Schifffahrtsvertrags zwischen der Bundesrepublik Deutschland und den Vereinigten Staaten von Amerika vom 29. Oktober 1954[276] sind Schiedssprüche unter erleichterten Voraussetzungen anzuerkennen und für vollstreckbar zu erklären[277]. Erfordernisse der Wirkungserstreckung sind[278]:

- Dem Schiedsspruch muss eine wirksame Schiedsvereinbarung zugrunde liegen. Besondere Formerfordernisse für die Schiedsvereinbarung stellt der Vertrag nicht auf. Art. 11 EGBGB ist anwendbar. Geschäftsrecht und Ortsrecht gelten alternativ.
- Das Schiedsgericht muss in den Grenzen der Schiedsvereinbarung entschieden haben.
- Der Schiedsspruch muss endgültig und vollstreckbar sein.
- Der Schiedsspruch darf nicht gegen den zweitstaatlichen (also deutschen) ordre public verstoßen. Der ordre public Vorbehalt ist derselbe wie in § 1061 und dem UN-Übereinkommen 1958 (vgl. Rdn. 59 ff.). Als spezifischer ordre public Verstoß bei US-amerikanischen Schiedssprüchen kommt die Verurteilung zu punitive damages in Betracht, wobei die Diskussion in den USA über die Zulässigkeit von punitive damages Verurteilungen durch Schiedsgerichts noch nicht abgeschlossen ist[279]. Wenn ein punitive damages Spruch erfolgt, so ist dieser nach den Grundsätzen, die der BGH zu punitive damages Urteilen entwickelt hat[280], nicht anerkennungsfähig. Da es regelmäßig eine pre-trial discovery im US-amerikanischen Schiedsverfahren nicht gibt[281], stellt sich das Problem der möglicherweise gegen den verfahrensmäßigen ordre public verstoßenden Verfahrensgestaltung[282] insoweit bei Schiedssprüchen nicht.

165 Der Vertrag stellt ausdrücklich klar, dass die Anerkennung und Vollstreckbarerklärung nicht aus dem Grund versagt werden können, dass der Ort der Durchführung des Schiedsverfahrens sich außerhalb des Territoriums des Zweitstaates befunden hat und ein oder mehrere Schiedsrichter nicht zweitstaatliche Staatangehörige waren. Dieser Vorbehalt ist für Deutschland ohnehin unerheblich.

166 Für das Verfahren gelten §§ 1062 ff.

---

274 Vgl. *Geimer/Schütze (Karl)* Internationaler Rechtsverkehr, 663. 91.
275 Für Spanien in Kraft seit dem 10.7.1977, BGBl. 1977 II 630.
276 BGBl. 1956 II, 488; vgl. für Literatur zu dem Vertrag *Wieczorek/Schütze* Bd. VI, S. 693.
277 Die Bestimmung lautet: „... *In einem Verfahren der Vollstreckbarerklärung, das vor den zuständigen Gerichten eines Vertragsteils anhängig gemacht wird, soll eine ordnungsgemäß auf Grund solcher Verträge ergangener und nach den Gesetzen des Orts, an dem er gefällt wurde, endgültiger und vollstreckbarer Schiedsspruch als bindend angesehen werden. Das Gericht muss ihn für vollstreckbar erklären, außer wenn die Anerkennung des Schiedsspruchs gegen die guten Sitten oder die öffentliche Ordnung verstoßen würde* ...".

278 Vgl. dazu *Schütze* Die Rolle der staatlichen Gerichte in der Schiedsgerichtsbarkeit und die Anerkennung und Vollstreckbarerklärung US-amerikanischer Schiedssprüche in Deutschland, DIS-MAT XII (2005), S. 85 ff.
279 Vgl. im einzelnen *Lüke* Punitive Damages in der Schiedsgerichtsbarkeit, 2003; für Nachweise vgl. *Schütze* DIS-MAT XII (2005) S. 85 ff., Fn. 26.
280 Vgl. BGHZ 118, 312; im übrigen § 328.
281 Vgl. *Schütze* DIS_MAT XII (2005), S. 85 ff.
282 Vgl. dazu *Schütze* Die Anerkennung und Vollstreckbarerklärung US-amerikanischer Zivilurteile, die nach einer pre-trial-discovery ergangen sind, in der Bundesrepublik Deutschland, FS Stiefel, 1987, S. 697 ff.

l) Deutsch-sowjetisches Handels- und Schifffahrtsabkommen. Art. 8 des Abkommens über allgemeine Fragen des Handels und der Seeschifffahrt zwischen der Bundesrepublik Deutschland und der Union der sozialistischen Sowjetrepubliken vom 25. April 1958[283] sah eine besondere Bestimmung über die Wirkungserstreckung von Schiedssprüchen im deutsch-sowjetischen Verhältnis vor. Das Abkommen ist zwischenzeitlich im Verhältnis zu Armenien (31.7.2003), Aserbaidschan (26.11.2003), Belarus (4.7.2003), Georgien (30.7.2003), Kasachstan (31.7.2003); Kirgistan (19.7.2003), Republik Moldau (18.10.2003), Russische Föderation (20.12.2003), Tadschikistan (4.7.2003), Turkmenistan (25.7.2003), Ukraine (23.9.2003) und Usbekistan (4.7.2003) außer Kraft getreten und hat damit nur noch beschränkte Bedeutung für „Altfälle". **167**

---

283 BGBl. 1959 II 221.

VII. Justizielle Zusammenarbeit in der Europäischen Union (11. Buch der ZPO, §§ 1067–1109 ZPO)

Vorbemerkung

Seit dem Säulenwechsel von Amsterdam und Nizza wird das europäische Zivilverfahrensrecht zunehmend durch europäische Verordnungen geregelt. Diese gelten EU-weit, nicht jedoch im Verhältnis zu Dänemark[1]. Soweit die Notwendigkeit besteht, die Anwendung europäischen Verordnungsrechts in Deutschland im Hinblick auf spezifisch deutsche prozessuale Notwendigkeiten zu regeln, erfolgt dies in dem neu angefügten 11. Buch der ZPO mit „offenem Ende". Ergänzend zur Einfügung des 11. Buchs ist die ZRHO neu bearbeitet worden[2].

1

ABSCHNITT 1

Zustellung nach der Verordnung (EG) Nr. 1393/2007

Vorbemerkung zu §§ 1067–1071

Durch das EG-Beweisaufnahmedurchführungsgesetz vom 4.11.2003[3], durch das die §§ 1067–1075 in die ZPO eingefügt wurden, sind die innerstaatlichen Anpassungen auch für die Anwendung der VO (EG) Nr. 1348/2000 (EuZVO)[4] geschaffen worden. Die VO (EG) Nr. 1348/2000 ist zwischenzeitlich aufgehoben und durch die VO (EG) Nr. 1393/2007 ersetzt worden. Dadurch sind Veränderungen im Abschnitt 1 erfolgt. Die §§ 1070 (Annahmeverweigerung auf Grund der verwendeten Sprache) und 1071 (Parteizustellung aus dem Ausland) sind fortgefallen.

2

Die EuZVO soll das Zustellungsverfahren vereinfachen und beschleunigen, war es doch insbesondere die lange Verfahrensdauer, die bei Verfahren mit internationalem Bezug zu Problemen führte[5]. Dabei orientiert sich die EuZVO in ihrer Grundkonzeption am Haager Zustellungsübereinkommen. Letztlich bleibt sie aber auf halbem Wege stehen[6]. Denn sie bevorzugt weiterhin die förmliche Zustellung im Wege der Rechtshilfe und verbessert lediglich die zwischenstaatlichen Übermittlungswege.

3

---

1 Dänemark beteiligt sich – ebenso wie das Vereinigte Königreich und Irland (Art. 69 EGV) – nicht an den Maßnahmen nach Artt. 61 ff. EGV. Letztere haben aber von ihrem Recht des „opt in" Gebrauch gemacht. Die EU-Regelung kann nur mittels eines völkerrechtlichen Vertrags zwischen der EU und Dänemark auch auf Dänemark ausgedehnt werden. Das ist für die Brüssel I VO und die EuZVO geschehen. Vgl. ABl. v. 17.11.2005 L300, S. 53; vgl. zur Problematik der Anwendung der VO (EG) Nr. 44/2001 in Dänemark *Jayme/Kohler* Europäisches Kollisionsrecht 2005: Hegemonialgesten auf dem Weg zu einer Gesamtvereinheitlichung, IPRax 2005, 481 ff. (485 f.); *Nielsen* Brüssels I and Denmark, IPRax 2007, 506 ff.

2 Vgl. dazu *Jastrow* Europäische Zustellung und Beweisaufnahme 2004 – Neuregelungen im deutschen Recht und konsularische Beweisaufnahme, IPRax 2004, 11 ff. (13).
3 BGBl. 2003 I 2166.
4 Abgedruckt in *Wieczorek/Schütze* Bd. VI, sub II. 2.a.ff.
5 Vgl. *Linke* Probleme der internationalen Zustellung, in: Gottwald (Hrsg.), Grundfragen der Gerichtsverfassung und der internationalen Zustellung, 1999, S. 95 ff.
6 Vgl. *Hess* Die Zustellung von Schriftstücken im europäischen Justizraum, NJW 2001, 15 ff. (19).

4 Die erstrebte Vereinfachung ist in der Praxis aber – leider – nur unvollkommen eingetreten. Eine Studie im Auftrag der Kommission über die Anwendung der EuZVO hat gravierende Mängel ans Tageslicht gebracht, die zu Vorschlägen zur Änderung und Verbesserung der EuZVO geführt haben[7]. Die Reform ist durch die Neufassung der §§ 1067 ff. umgesetzt worden.

5 Die prozessuale Geltendmachung von Einwendungen gegen die Zulässigkeit einer Zustellung nach der EuZVO ist im Gesetz nicht geregelt. Derartige Einwendungen können durch Antrag auf gerichtliche Entscheidung nach § 23 EGGVG und Antrag auf einstweilige Verfügung gemäß § 29 Abs. 2 EGGVG in Verbindung mit § 49 FamFG geltend gemacht werden. Ist die Zustellung einmal erfolgt, ist noch nicht alles verloren. In diesem Fall kann ein Antrag auf gerichtliche Entscheidung und einstweilige Anordnung auf Nichtübermittlung des Zustellungszeugnisses gerichtet werden[8].

6 Auf die Verfahren nach der EuZVO sind auch die Regelungen der ZRHO[9] anzuwenden. Nach § 9 ZRHO werden die Prüfungsstellen bei der verwaltungsmäßigen Prüfung und Überwachung des Schriftverkehrs auch im Rahmen der EuZVO tätig. Sie erteilen den deutschen Übermittlungs- und Empfangsstellen Auskunft. Nach Art. 27 ZRHO können die Landesjustizverwaltungen im Bereich der EuZVO jedoch von einer Beteiligung der Prüfungsstelle absehen. Die Überwachung der Erledigung ausgehender Ersuchen nach der EuZVO ist in §§ 31 ff. ZRHO geregelt, die eingehender Ersuchen in §§ 65a ff. ZRHO. Die notwendigen Formulare sind im Anhang zur ZRHO enthalten.

Schrifttum: *Bajons* Internationale Zustellung und Recht auf Verteidigung, FS Schütze, 1999, S. 49 ff.; *Baur* Erläuternder Bericht zum Europäischen Übereinkommen vom 26. Mai 1997 über die Zustellung gerichtlicher und außergerichtlicher Schriftstücke in Zivil- und Handelssachen in den Mitgliedstaaten der Europäischen Union, ABl.EG Nr. C 261 v. 27.6.1997, S. 26 ff.; *Brenn* EZV – Europäische Zustellungsverordnung, 2002; *Ekelmans* Le règlement 1348/2000 relatif à la signification et à la notification des actes judiciaires et extrajudiciaires, Journal des tribunaux 2001, 481 ff.; *Emde* Zulässigkeit von Direktzustellung ausländischer Prozessbevollmächtigter an deutsche Parteien nach Art. 14 EuZVO? NJW 2004, 1830 ff.; *Försterling* Zum Begriff „demnächst" im Sinne von § 167 ZPO bei Anwendbarkeit der EuZVO, IPRax 2005, 124; *Geimer* (G.) Neuordnung des internationalen Zustellungsrechts, 1999; *Geimer* (R) „Windhunde" und „Torpedos" unterwegs in Europa, IPRax 2005, 505 ff.; *ders.* Betrachtungen zur internationalen (aktiven und passiven) Rechtshilfe und zum grenzüberschreitenden Rechtsverkehr, FS Spellenberg, 2010, S. 407 ff.; *Gottwald* Sicherheit vor Effizienz? – Auslandszustellung in der Europäischen Union in Zivil- und Handelssachen, FS Schütze, 1999, S. 225 ff.; *Gsell* Direkte Postzustellung an Adressaten im EU-Ausland nach neuem Zustellungsrecht, EWS 2002, 115 ff.; *Heckel* Die fiktive Inlandszustellung auf dem Rückzug – Rückwirkungen des europäischen zustellungsrechts auf das nationale Recht, IPRax 2008, 218 ff.; *Heiderhoff* Die Rangordnung der Zustellungsarten, IPRax 2007, 293 ff.; *dies.* EG-ZustVO 2007, in: Rauscher, Europäisches Zivilprozess- und Kollisionsrecht, Bearbeitung 2010; *Heinze* Fiktive Inlandszustellungen und der Vorrang des europäischen Zivilverfahrensrechts, IPRax 2010, 155 ff.; *Heidrich* Amts- und Parteizustellungen im internationalen Rahmen: Status quo und Reformbedarf, EuZW 2005, 743 ff.; *Hess* Die Zustellung im europäischen Justizraum, NJW 2001, 15 ff.; *ders.* Neues deutsches und europäisches Zustellungsrecht, NJW 2002, 2417 ff.; *ders.* Noch einmal: Direktzustellung nach Art. 14 EuZVO, NJW 2004, 3301 ff.; *ders.* Über-

---

[7] Vgl. BRDrucks. 594/94 v. 20.7.2005; dazu *Rösler/Siepmann* Die geplante Reform der europäischen Zustellungsverordnung, RIW 2006, 512 ff.; *Sujecki* Verordnungsvorschlag zur Änderung der Europäischen Zustellungsverordnung – Ein Schritt in die richtige Richtung, EuZW 2006, 1.

[8] Vgl. *Schütze* DIZPR, Rdn. 214; *ders.* Klagen vor US-amerikanischen Gerichten – Probleme und Abwehrstrategien, RIW 2005, 579 ff. (582).
[9] Vgl. dazu Rauscher/*Heiderhoff* EG-ZustVO, Art. 1, Rdn. 5.

setzungserfordernisse im europäischen Zivilverfahrensrecht, IPRax 2008, 400 ff.; *ders.* Rechtspolitische Überlegungen zur Umsetzung von Art. 15 der Europäischen Zustellungsverordnung – VO (EG) Nr. 1393/2007, IPRax 2008, 477 ff.; *Jastrow* Auslandszustellungen im Zivilverfahren – Erste Praxiserfahrungen mit der EG-Zustellungsverordnung, NJW 2002, 3382 ff.; *ders.* Europäische Zustellung und Beweisaufnahme 2004 – Neuregelungen im deutschen Recht und konsularische Beweisaufnahme, IPRax 2004, 11 ff.; *Kondring* Voraussetzungen, Wirkung, Wirksamkeit und Rechtswirkung der Zustellung: Eine scheinbar babylonische Begriffsverwirrung um das auf die internationale Zustellung anwendbare Recht, IPRax 2007, 138 ff.; *Kuntze-Kaufhold/Beichel-Benedetti* Verjährungsrechtliche Auswirkungen durch das Europäische Zustellungsrecht, NJW 2003, 1998 ff.; *Lindacher* Europäisches Zustellungsrecht – Die VO (EG) Nr. 1348/2000: Vorschrift, Auslegungsbedarf, Problemausblendung –, ZZP 114 (2001), 179 ff.; *Mann* Die Verjährungsunterbrechung nach § 167 ZPO bei der Auslandszustellung, NJW 2004, 1138 ff.; *Marchal Escalona* El nuevo régimen de la notificación en el espacio judicial europeo, 2002; *Meyer* Europäisches Übereinkommen über die Zustellung gerichtlicher und außergerichtlicher Schriftstücke in den Mitgliedstaaten der Europäischen Union, IPRax 1997, 401 ff.; *Rahlf/Gottschalk* Das Europäische Zustellungsrecht, EWS 2004, 303 ff.; *Rauscher* Der Wandel von Zustellungsstandards zu Zustellungsvorschriften im Europäischen Zivilprozessrecht, FS Kropholler, 2008, S. 851 ff.; *Rösler/Siepmann* Die geplante Reform der europäischen Zustellungsverordnung, RIW 2006, 512 ff.; *Schack* Einheitliche und zwingende Regeln der internationalen Zustellung, FS Geimer, 2002, S. 931 ff.; *Schmidt* Parteizustellung im Ausland durch Einschreiben mit Rückschein – Ein gangbarer Weg?, IPRax 2004, 13 ff.; *Sharma* Zustellungen im Europäischen Binnenmarkt, Diss. Tübingen 2002; *Stadler* Neues europäisches Zustellungsrecht, IPRax 2001, 514 ff.; *dies.* Die Reform des deutschen Zustellungsrechts und ihre Auswirkungen auf die internationale Zustellung, IPRax 2002, 471 ff.; *Sujecki* Verordnungsvorschlag zur Änderung der Europäischen Zustellungsverordnung- Ein Schritt in die richtige Richtung, EuZW 2006, 1; *ders.* Europäische Zustellungsverordnung (EuZVO), in: Gebauer/Wiedmann (Herausg.), Zivilrecht unter europäischem Einfluss, 2. Aufl., 2010, S. 1657 ff.; *Tsikritas* Probleme der Zustellung durch die Post im europäischen Rechtsverkehr, ZZPInt 8 (2003), 309 ff.; *Vollkommer/Huber* Neues Europäisches Zivilverfahrensrecht in Deutschland – Das Gestz zur grenzüberschreitenenden Fordreungsdurchsetzung und Zustellung, NJW 2009, 1105 ff.; *Wijngaarden-Maack* Internationale Zustellung nach der EuZVO und internationale Zuständigkeit bei Klage auf Feststellung des Nichtbestehens eines Exklusivvertriebsvertrages, IPRax 2004, 212 ff.

§ 1067
Zustellung durch diplomatische oder konsularische Vertreter

Eine Zustellung nach Artikel 13 der Verordnung (EG) Nr. 1393/2007 des Europäischen Parlaments und des Rates vom 13. November 2007 über die Zustellung gerichtlicher und außergerichtlicher Schriftstücke in Zivil- und Handelssachen in den Mitgliedstaaten und zur Aufhebung der Verordnung (EG) Nr. 1348/2000 (ABl. EU Nr. L. 324 S. 79), die in der Bundesrepublik Deutschland bewirkt werden soll, ist nur zulässig, wenn der Adresat des zuzustellenden Schriftstücks Staatsangehöriger des Übermittlungsstaats ist.

Übersicht

	Rdn.		Rdn.
I. Anwendungsbereich	1	II. Völkergewohnheitsrechtliche	
1. Zivil- oder Handelssache	1	diplomatische oder konsulari-	
2. Zustellungsadressat	2	sche Zustellung	3

	Rdn.		Rdn.
III. Vorbehalt nach Art. 13 Abs. 2 EuZVO	5	2. Zustellung an Ausländer in Deutschland	7
IV. Staatsangehörigkeitsprinzip	6	V. Verstoß gegen § 1067	9
1. Zustellung an Deutsche im Ausland	6		

I. Anwendungsbereich

1. Zivil- oder Handelssache

1 Die Streitigkeit, die Gegenstand des zuzustellenden Schriftstücks ist, muss zivil- oder handelsrechtlicher Natur sein. Art. 1 der EuZVO limitiert die Anwendbarkeit auf die Zustellung von Schriftstücken in Zivil- und Handelssachen. Der Begriff entspricht dem in Art. 1 EuGVVO/LugÜII[1] sowie Art. 1 Abs. 1 EuGVÜ/LugÜ I. Um eine einheitliche Anwendung im europäischen Justizraum zu gewährleisten ist autonom zu qualifizieren[2]. Die Grundsätze, die der EuGH in der Sache LTU v. Eurocontrol[3] entwickelt hat, gelten auch im Rahmen der EuZVO. Auch die Geltendmachung von Ersatzansprüchen des Verletzten im Strafprozess (Adhäsionsverfahren) ist zivilrechtlicher Natur. Das entspricht Art. 5 Nr. 4 VO (EG) Nr. 44/2001 und Artt. 5 Nr. 4 EuGVÜ/LugÜ I[4]. Ausgeschlossen sind öffentlich-rechtliche Streitigkeiten, insbesondere steuer-, verwaltungs- und zollrechtliche Sachen[5].

2. Zustellungsadressat

2 Der Wortlaut des Art. 13 spricht für eine Beschränkung der Zustellungsart auf natürliche Personen. Das wäre zu eng. Die Zustellung soll allgemein im Bereich der EuZVO möglich sein, also auch auf die Zustellung an juristische Personen[6]. Die Staatsangehörigkeit juristischer Personen wird durch ihr Gründungsstatut bestimmt. Man wird innerhalb der EU nach der Rechtsprechung des EuGH insbesondere in der Sache „Überseering"[7] davon ausgehen müssen, dass nicht nur die Parteifähigkeit von Gesellschaften im internationalen Zivilprozessrecht vom Gründungsstatut bestimmt wird[8], sondern auch die Staatsangehörigkeit. Der Sitz tritt im Rahmen der Zustellung an die Stelle des Wohnsitzes natürlicher Personen.

II. Völkergewohnheitsrechtliche diplomatische oder konsularische Zustellung

3 Nach allgemeinem Völkergewohnheitsrecht ist die formlose Zustellung durch diplomatische oder konsularische Vertreter an eigene Staatsangehörige des Entsendestaats zulässig, soweit die Grenzen des Amtsbezirks nicht überschritten werden[9]. Das deutsche Recht sieht

---

1 Vgl. Rauscher/*Heiderhoff* EG-ZustellVO, 2007, Art. 1, Rdn. 1; *Schmidt* Europäisches Zivilprozessrecht, Rdn. 294.
2 Vgl. *Geimer/Schütze* EuZVR, A 3, Art. 1, Rdn. 22; Rauscher/*Heiderhoff* EG-ZustVO 2007, Vorbem, Rdn. 32 ff.; *Schlosser* EU-Zivilprozessrecht, Art. 1 EuZVO, Rdn. 2; *Sujecki* in: Gebauer/Wiedmann, Zivilrecht unter europäischem Einfluss, EuZVO, Überblick, Rdn. 19.
3 Vgl. EuGH Rs. 29/76 – LTU v. Eurocontrol – EuGHE 1976, 1541 = NJW 1977, 489 mit Anm. *Geimer* = RIW/AWD 1977, 40 mit Anm. *Linke* = Rev.crit. 1977, 772 mit Anm. *Droz*.
4 Vgl. dazu *Kohler* Adhäsionsverfahren und

Brüsseler Übereinkommen 1968, in: Will (Hrsg.), Schadensersatz im Strafverfahren, 1990, S. 74 ff.
5 Vgl. im einzelnen *Geimer/Schütze* EuZVR, A 1, Art. 1, Rdn. 2 ff.
6 Vgl. Rauscher/*Heiderhoff* EG-ZusstVO 2007, Art. 13, Rdn. 2.
7 Vgl. EuGH Rs. C-208/2000 – Überseering BV v. NCCB GmbH – EuGHE 2002 I, 9919 = NJW 2002, 3614 = RIW 2002, 2425.
8 Vgl. *Schütze* DIZPR, Rdn. 187.
9 Vgl. *Geimer/Schütze* Internationaler Rechtsverkehr, 101.5, Fn. 35; *Pfennig* Die internationale Zustellung in Zivil- und Handelssachen, 1988, S. 35; Zöller/*Geimer* § 183, Rdn. 136.

deshalb auch vor, dass deutsche Auslandsvertretungen Zustellungen in eigener Zuständigkeit vornehmen[10], soweit der Adressat deutscher Staatsangehöriger und zur Annahme der Zustellung bereit ist[11]. Über sein Recht zur Verweigerung formloser Zustellung ist er zu belehren[12].

Art. 13 Abs. 1 EuZVO geht hierüber hinaus und lässt die diplomatische oder konsularische **4** Zustellung an Personen mit Wohnsitz in einem Mitgliedstaat zu, und zwar unabhängig von der Staatsangehörigkeit. Damit folgt die Verordnung dem Postulat eines einheitlichen europäischen Rechtsraums, in dessen Grenzen Erleichterungen gegenüber der allgemeinen internationalen Zustellung gelten müssen.

III. Vorbehalt nach Art. 13 Abs. 2 EuZVO

Art. 13 Abs. 2 EuZVO stellt den Mitgliedstaaten frei, sich durch einen Vorbehalt auf die **5** diplomatische oder konsularische Zustellung in den völkergewohnheitsrechtlich gezogenen Grenzen zurückzuziehen. Deutschland hat von dieser Möglichkeit – ebenso wie Belgien, Frankreich, Italien, Litauen, Luxemburg, Malta, Polen, Rumänien, die Slowakei, Slowenien und Spanien – Gebrauch gemacht[13].

Lettland lässt die Zustellung nach Art. 13 EuZVO bei EU-Angehörigen als Adressaten zu.

IV. Staatsangehörigkeitsprinzip

1. Zustellung an Deutsche im Ausland

Nach der EuZVO sind deutsche Zustellungen nur an deutsche Staatsangehörige im Ausland **6** zulässig. Art. 13 EuZVO lässt zwar eine Zustellung auch an andere Staatsangehörige zu, wenn der Zustellungsstaat keinen Vorbehalt nach Art. 13 Abs. 2 EuZVO erklärt hat. § 31p ZRHO[14] beschränkt die Zustellung aber auf deutsche Staatsangehörige. § 13 ZRHO beschränkt derartige Zustellungen weiter auf Ausnahmefälle, die insbesondere dann vor-

---

10 Vgl. dazu auch § 31p ZRHO.
11 Vgl. *Geimer* IZPR, Rdn. 2138 mwN.
12 Vgl. zu den Erfordernissen ordnungsgemäßer Belehrung *Schütze* Formlose Zustellung im internationalen Rechtsverkehr, RIW 2000, 20 ff.
13 Vgl. § 1 ZustDG v. 9. Juli 2001, BGBl. 2001 I 1536, gleichlautend mit § 1067. Auf das ZustDG ist Bezug genommen in den Angaben der Mitgliedstaaten gemäß § 23 der Verordnung (EG) Nr. 1348/2000 des Rates über die Zustellung gerichtlicher und außergerichtlicher Schriftstücke in Zivil- und Handelssachen in den Mitgliedstaaten vom 29. Mai 2000, ABl. 2001/C 151/04.
14 *§ 31p ZRHO:*
(1) Eine Zustellung von gerichtlichen und außergerichtlichen Schriftstücken durch deutsche Auslandsvertretungen ohne Anwendung von Zwang ist möglich, wenn der Zustellungsempfänger deutscher Staatsangehöriger ist. Die Auslandsvertretung soll jedoch nur in Ausnahmefällen in Anspruch genommen werden (s. § 13).

(2) Sofern der Zustellungsempfänger nicht deutscher Staatsangehöriger ist, ist eine solche Zustellung in dem Hoheitsgebiet eines anderen Mitgliedstaates nicht zulässig, wenn der Mitgliedstaat erklärt hat, dass er eine solche Zustellung nicht zulässt. Ob ein Mitgliedstaat eine solche Erklärung abgegeben hat, ergibt sich aus dem Länderteil.

(3) Die Auslandsvertretung kann zwar nur ohne Zwang zustellen (§ 13 Abs. 1), jedoch ist auch diese Zustellung eine gültige Zustellung im Sinne der Zivilprozessordnung. Die Zustellung wird gemäß § 183 Abs. 2 Satz 1 ZPO durch das Zustellungszeugnis der ersuchten Auslandsvertretung (§ 16 des Konsulargesetzes) nachgewiesen.

(4) Auf § 1070 ZPO wird verwiesen.

(5) Über das Annahmeverweigerungsrecht ist der Empfänger durch die Übermittlungsstelle gem. Muster ZRH 6 zu belehren; dies gilt nicht, wenn das Schriftstück in einer der Amtssprachen des Empfangsmitgliedstaates übersetzt ist.

(6) Die §§ 33 und 34 gelten entsprechend.

liegen, wenn die zuständigen Stellen im Zustellungsstaat zur Rechtshilfe nicht bereit sind, Rechtshilfe nur auf vertragsloser Grundlage geleistet wird oder ein Eilfall vorliegt. Das engt die Zustellung durch deutsche Auslandsvertretungen im Geltungsbereich der EuZVO auf ein Minimum ein[15]. Es ist nur die Alternative des Eilfalls im Geltungsbereich der EuZVO denkbar.

2.   Zustellung an Ausländer in Deutschland

7 Nur eine Zustellung an Staatsangehörige des Absendestaats ist zulässig. Es genügt nicht, dass der Zustellungsadressat Angehöriger eines anderen Mitgliedsstaates ist[16].

8 Da § 1067 eine Schutzvorschrift zugunsten des Zustellungsadressaten ist, scheidet eine diplomatische oder konsularische Zustellung bei Doppel- und Mehrfachstaatern aus. Dasselbe gilt für Staatenlose. Nur die Zustellung durch ausländische Auslandsvertretungen an eigene Staatsangehörige, die keine weitere Staatsangehörigkeit besitzen, ist in Deutschland zulässig. Die Beschränkung auf Ausnahmefälle, die nach der ZRHO für die Zustellung durch deutsche Auslandsvertretungen gilt, findet keine analoge Anwendung auf Zustellungen durch ausländische diplomatische oder konsularische Vertretungen in Deutschland. Der Entsendestaat kann im Einzelnen regeln, wie er die Zustellung im Rahmen von Art. 13 EuZVO regeln will.

V.   Verstoß gegen § 1067

9 § 295 ist anwendbar.

10 Der Verstoß gegen die Vorschriften über die diplomatische und konsularische Zustellung macht die Zustellung unwirksam. Jedoch ist § 189 anwendbar[17].

§ 1068

Zustellung durch die Post

(1) **Zum Nachweis der Zustellung nach Artikel 14 der Verordnung (EG) Nr. 1393/2007 genügen der Rückschein oder der gleichwertige Beleg.**

(2) **Ein Schriftstück, dessen Zustellung eine deutsche Empfangsstelle im Rahmen von Artikel 7 Abs. 1 der Verordnung (EG) Nr. 1393/2007 zu bewirken oder zu veranlassen hat, kann ebenfalls durch Einschreiben mit Rückschein zugestellt werden.**

---

15 Vgl. *Sujecki* in: Gebauer/Wiedmann, Zivilrecht unter europäischem Einfluss, Art. 13 EuZVO, Rdn. 135.
16 Vgl.   Baumbach/Lauterbach/*Hartmann* § 1067, Rdn. 4.

17 Vgl. Baumbach/Lauterbach/*Hartmann* § 1067, Rdn. 5.

Übersicht

Rdn.   Rdn.

I. Zulässigkeit unmittelbarer
   Postzustellung 1

II. Verhältnis zu § 183 Nr. 1 4

III. Zustellung in das Ausland 5
   1. Einschreiben mit Rückschein als
      zulässige Zustellungsform 5
   2. Zustellungsberechtigter 7

3. Heilung von Zustellungsmängeln .. 8

IV. Zustellung aus dem Ausland 9
   1. Sprache 9
   2. Zustellungsform 13
   3. Zustellungsberechtigter 14
   4. Einschaltung deutscher Emp-
      fangsstelle 15

I.   Zulässigkeit unmittelbarer Postzustellung

Art. 14 EuZVO lässt die Zustellung durch die Post grundsätzlich zu. Das ist ein großer **1** Fortschritt gegenüber dem Haager Zustellungsübereinkommen[1]. Die Übermittlung durch die Post vereinfacht und beschleunigt die Zustellung. Jedoch ist Art. 14 EuZVO nur als Option ausgestaltet. Es liegt in der Regelungsbefugnis der Mitgliedstaaten zu bestimmen, ob und unter welchen Bedingungen die Zustellung gerichtlicher Schriftstücke durch die Post zugelassen wird.

Die Option nach der EuZVO besteht nur für gerichtliche Schriftstücke und an Zustellungs- **2** adressaten in einem anderen Mitgliedstaat. Gerichtliche Schriftstücke sind nach dem Glossar solche, die aus einem bereits eingeleiteten gerichtlichen Verfahren herrühren oder für die Einleitung eines solchen Verfahrens bestimmt sind. Hierzu gehören: Klageschrift, Ladung, gerichtliche Verfügung, gerichtliches Schreiben, Schriftsatz, Streitverkündungs- schrift, Mahnbescheid, Vollstreckungsbescheid, Urteil, Versäumnisurteil, Beschluss, Kos- tenfestsetzungsbeschluss. Dagegen sind außergerichtliche Schriftstücke u. a. die notarielle Urkunde und der Anwaltsvergleich. Für sie ist die unmittelbare Postzustellung nicht zulässig[2].

Die Postzustellung bringt zwar Erleichterungen bei der Zustellung über die Grenze. Sie ist **3** aber deshalb in der Praxis problematisch, weil der Rückschein zuweilen nicht oder spät übermittelt wird[3]. Es wäre besser gewesen, der modernen Entwicklung Rechnung zu tragen und die Zustellung durch Kurierdienste zuzulassen. Deren Zustellungsnachweise sind sehr viel zuverlässiger als der postalische Rückschein.

II.   Verhältnis zu § 183 Abs. 1 Nr. 1

Auch § 183 Abs. 1 Nr. 1 lässt die Zustellung im Ausland durch Einschreiben mit Rückschein **4** zu, soweit aufgrund völkerrechtlicher Vereinbarungen Schriftstücke unmittelbar durch die Post übersandt werden dürfen. Abs. 3 der Bestimmung lässt aber die Regelungen von

---

1 Vgl. *Sujecki* in: Gebauer/Wiedmann, Zivilrecht unter europäischem Einfluss, Art. 14 EuZVO, Rdn. 136.
2 AA, jedenfalls für die EuZVO *Sujecki* in: Ge- bauer/Wiedmann, Zivilrecht unter europäischem Einfluss, Art. 15 EuZVO, Rdn. 147.

3 Vgl. dazu Rauscher/*Heiderhoff* EG-ZustVO 2007, Art. 14, Rdn. 2.

Art. 14 EuZVO ausdrücklich unberührt und verweist hinsichtlich der Durchführung auf §§ 1068 Abs. 1, 1069 Abs. 1. § 183 ist deshalb subsidiär[4].

III. Zustellung in das Ausland

1. Einschreiben mit Rückschein als zulässige Zustellungsform

5 Die Zustellung ist nur in der Form des Einschreibens mit Rückschein zulässig. Unzulässig ist die Zustellung durch „Einschreiben Einwurf", durch das nur der Einwurf in den Briefkasten des Adressaten dokumentiert wird[5]. Sie ist aber immer in der in Abs. 1 vorgesehenen Form zulässig, unabhängig von den Zustellungserfordernissen im Aufenthaltsstaat des Adressaten. Das Gericht hat nicht nachzuprüfen, welche Voraussetzungen dieser Staat aufgestellt hat[6].

6 Der Rückschein genügt zum Nachweis der Zustellung. § 1068 Abs. 1 wiederholt die Beweisregel des § 183 Abs. 4 ZPO. Der Rückschein ist keine öffentliche Urkunde i. S. des § 415[7], er enthält nach Abs. 1 S. 2 lediglich eine gesetzliche Beweisregel, die den Beweis nicht ausschließt, dass die Bestätigung auf dem Rückschein falsch ist. Zum Nachweis der Zustellung ist auch jedes andere Beweismittel zulässig[8].

2. Zustellungsberechtigter

7 Streitig ist, ob die Zustellungsform des § 1068 nur staatlichen Stellen oder auch Privatpersonen, insbesondere Rechtsanwälten offen steht[9]. *Hess* bejaht das uneingeschränkt[10], *Emde* verneint die Zulässigkeit, allerdings für die Zustellung in Deutschland[11]. Es ist zu differenzieren. Auch das deutsche Recht kennt die private Zustellung von gerichtlichen Entscheidungen, z. B. des Arrestbeschlusses nach § 922 Abs. 2 oder der einstweiligen Verfügung nach §§ 936, 922 Abs. 2. Hätte Deutschland die Parteizustellung derartiger Entscheidungen aus dem Bereich der Postzustellung ausschließen wollen, dann hätte es nahe gelegen, dies ausdrücklich zu erklären. Nach Art. 14 EuZVO jedenfalls besteht kein Anlass die Parteizustellung durch die Post von Deutschland in das Ausland nicht zuzulassen, wenn der Zustellungsstaat dies zulässt.

3. Heilung von Zustellungsmängeln

8 Für die Heilung von Zustellungsmängeln findet § 189 Anwendung[12]. Der BGH[13] und ihm folgend Teile der Rechtsprechung[14] halten § 189 (§ 187 a. F.) auf die Auslandszustellung für unzulässig, da es sich bei der Zustellung um einen Hoheitsakt handele, der auf andere

---

4 Vgl. *Schmidt* Parteizustellung im Ausland durch Einschreiben mit Rückschein – Ein gangbarer Weg?, IPRax 2004, 13 ff. (14); Zöller/*Geimer* § 183, Rdn. 7.

5 Vgl. Saenger/*Saenger* § 1068, Rdn. 1.

6 **AA** Saenger/*Saenger* § 1068, Rdn. 2; ebenso wohl Thomas/Putzo/*Hüsstege* § 1068, Rdn. 1.

7 Baumbach/Lauterbach/*Hartmann* § 1068, Rdn. 7 halten die Qualität des Rückscheins als öffentliche Urkunde für zweifelhaft.

8 Vgl. Baumbach/Lauterbach/*Hartmann* § 1068, Rdn. 7; Thomas/Putzo/*Hüsstege* § 1068 Rdn. 1.

9 Vgl. dazu *Geimer* „Windhunde" und „Torpedos" unterwegs in Europa, IPRax, 2005, 505 ff.

10 Vgl. *Hess* Noch einmal: Direktzustellungen nach Art. 14 EuZVO, NJW 2004, 3301 ff.

11 Vgl. *Emde* Zulässigkeit von Direktzustellungen ausländischer Prozektbevollmächtigter an deutsche Parteien nach Art. 14 EuZVO?, NJW 2004, 1830 ff.

12 Vgl. Baumbach/Lauterbach/*Hartmann* § 1067, Rdn. 5.

13 Vgl. BGHZ 58, 77, 98, 156.

14 Vgl. z. B. OLG Hamm, RIW 1996, 156.

Weise nicht ersetzbar sei. Das ist bei Unterlassungsverfügungen, bei denen die Zustellung den Hoheitsakt der Vollziehung enthält, richtig[15], jedoch keine Besonderheit der Auslandszustellung. Die zwischenzeitlich h. L. wendet – zu Recht – § 189 auch auf Auslandszustellungen an[16].

IV. Zustellung aus dem Ausland

1. Sprache

§ 1068 beschränkt die zulässige Sprachenvielfalt auf die Sprachen des Empfangsmitglied- **9** staates, also deutsch, und des Übermittlungsmitgliedstaates, soweit der Zustellungsadressat Staatsangehöriger dieses Staates ist. Bei Staatenlosen scheidet die Postzustellung aus, soweit das zuzustellende Schriftstück nicht deutsch abgefasst oder von deutscher Übersetzung begleitet ist. Bei Mehrstaatern genügt es, wenn der Zustellungsadressat auch die Staatsangehörigkeit des Übermittlungsmitgliedstaates besitzt. Denn das Abstellen auf die Staatsangehörigkeit geht von der Vermutung aus, dass jedermann die Sprache des Staates versteht, dessen Staatsangehöriger er ist. Bei juristischen Personen ist für die Bestimmung der Staatsangehörigkeit – jedenfalls im Bereich der EU – auf das Gründungsstatut abzustellen (vgl. § 1067, Rdn. 2).

Die alternative Möglichkeit der Benutzung bestimmter fremder Sprachen nach § 1068 ist **10** auf die Fälle beschränkt, in denen der Zustellungsadressat Angehöriger des Übermittlungsmitgliedstaates ist[17]. In allen anderen Fällen ist nur die Benutzung der deutschen Sprache zulässig. Das gilt selbst in den Fällen, in denen der Zustellungsadressat eine andere Sprache besser versteht. So ist die Zustellung in einem Prozess in Irland an einen US-amerikanischen Zustellungsadressaten in Stuttgart nur unter Benutzung der deutschen Sprache zulässig.

§ 1068 schließt nicht das Recht des Zustellungsadressaten zur Annahmeverweigerung nach **11** Art. 8 EuZVO aus. Wenn der Zustellungsadressat zwar Staatsangehöriger des Übermittlungsmitgliedstaates ist, dessen Sprache aber nicht beherrscht, kann dieser die Annahme des zuzustellenden Schriftstücks verweigern. Diese Fälle werden zwar relativ selten vorkommen, sind aber insbesondere bei Erwerb der Staatsangehörigkeit durch Eheschließung möglich. Auch Sportler werden heute ja zunehmend ohne weitere Prüfung der Sprache eingebürgert, um sie in der Nationalmannschaft starten lassen zu können.

Auch bei der Postzustellung hat eine Belehrung über das Recht zur Annahmeverweigerung **12** zu erfolgen. Mit der Reform der EuZVO hat der europäische Gesetzgeber ein einheitliches Belehrungsformular eingeführt[18].

---

15 Vgl. *Schütze* Zur Zustellung nach § 176 ZPO im einstweiligen Verfügungsverfahren, BB 1978, 587; str. vgl. zum Meinungsstand, *Schack* Internationales Zivilverfahrensrecht, Rdn. 692 ff.
16 Vgl. *Geimer* Internationales Zivilprozessrecht, Rdn. 2103; *Kondring* Die Heilung von Zustellungsmängeln im internationalen Zivilrechtsverkehr, 1995, S. 184 ff.; *ders.* Die „konsularische

Zustellung durch die Post", RIW 1996, 722 ff. (724); *Schack* Internationaler Zivilverfahrensrecht, Rdn. 692 ff.; *Schütze* DIZPR, Rdn. 566.
17 Vgl. Baumbach/Lauterbach/*Hartmann* § 1068, Rdn. 9.
18 Anl. II EuZVO; vgl. dazu *Sujecki* in Gebauer/ Wiedmann, Zivilrecht unter europäischem Einfluss, Art. 8 EuZVO, Rdn. 103.

2. Zustellungsform

13 Es ist nur die Versandform des Einschreibens mit Rückschein zulässig. Die einfache Postzustellung oder die durch Einwurfeinschreiben können keine wirksame Zustellung herbeiführen. Auch die Kurierzustellung ist ausgeschlossen (vgl. Rdn. 5).

3. Zustellungsberechtigter

14 Im Anschluss an Entscheidungen des LG Trier[19] und des OLG Köln[20] wird diskutiert, ob die Parteizustellung durch die Post in Deutschland zulässig ist, wenn der ausländische Staat – wie Griechenland[21] – die Parteizustellung gerichtlicher Schriftstücke praktiziert[22]. Mit *Geimer* muss man annehmen, dass dies nur dann zulässig ist, wenn der ausländische Staat den zustellenden Rechtsanwalt als Übermittlungsstelle i. S. von Art. 2 Abs. 1 EuZVO benennt („sonstige Person"). Das hatte Griechenland in den entschiedenen Fällen versäumt.

4. Einschaltung deutscher Empfangsstelle

15 Wird eine deutsche Empfangsstelle eingeschaltet, so kann diese ihrerseits durch die Post an den Zustellungsadressaten zustellen. § 65k ZRHO verweist auf für die Zustellung geltenden inländischen Vorschriften. Damit erfolgt die Zustellung dann nach § 175. Diese Zustellungsform wahrt die Erfordernisse des § 1068. Diese Norm wiederholt lediglich die Regel des § 175.

16 Die Einschaltung deutscher Empfangsstellen bei der Postzustellung soll aber nicht der Faulheit ausländischer Übermittlungsstellen Vorschub leisten. Abs. 3 ist deshalb als Kann-Vorschrift ausgestaltet. Ist die Postzustellung nach Art. 14 Abs. 1 EuZVO für die ausländische Behörde möglich, so muss sie diesen Weg nutzen. Die Einschaltung der deutschen Empfangsstelle kommt nur in Ausnahmefällen in Betracht[23].

§ 1069

Zuständigkeiten

(1) Für Zustellungen im Ausland sind als deutsche Übermittlungsstelle im Sinne von Artikel 2 Abs. 1 der Verordnung (EG) Nr. 1393/2007)zuständig:

1. für gerichtliche Schriftstücke das die Zustellung betreibende Gericht und

2. für außergerichtliche Schriftstücke dasjenige Amtsgericht, in dessen Bezirk die Person, welche die Zustellung betreibt, ihren Wohnsitz oder gewöhnlichen Aufenthalt hat; bei notariellen Urkunden auch dasjenige Amtsgericht, in dessen Be-

19 Vgl. LG Trier, NJW-RR 2003, 287.
20 Vgl. OLG Köln, IPRax 2004, 521.
21 Beide Entscheidungen sind zu griechischen Zustellungen ergangen.
22 Vgl. dazu *Emde* Zulässigkeit von Direktzustellungen ausländischer Prozessbevollmächtigter an deutsche Parteien nach Art. 14 EuZVO,

NJW 2004, 1830 ff.; *Geimer* „Windhunde" und „Torpedos" unterwegs in Europa, IPRax 2005, 505 ff.
23 Vgl. Saenger/*Saenger* § 1068 Rdn. 4; *Schlosser* EU-Zivilprozessrecht, Art. 7 EuZVO, Rdn. 2; Thomas/Putzo/*Hüsstege* § 1068, Rdn. 3.

zirk der beurkundende Notar seinen Amtssitz hat; bei juristischen Personen tritt an die Stelle des Wohnsitzes oder des gewöhnlichen Aufenthalts der Sitz; die Landesregierungen können die Aufgaben der Übermittlungsstelle einem Amtsgericht für die Bezirke mehrerer Amtsgerichte durch Rechtsverordnung zuweisen.

(2) Für Zustellungen in der Bundesrepublik Deutschland ist als deutsche Empfangsstelle im Sinne von Artikel 2 Abs. 2 der Verordnung (EG) Nr. 1393/2007 dasjenige Amtsgericht zuständig, in dessen Bezirk das Schriftstück zugestellt werden soll. Die Landesregierungen können die Aufgaben der Empfangsstelle einem Amtsgericht für die Bezirke mehrerer Amtsgerichte durch Rechtsverordnung zuweisen.

(3) Die Landesregierungen bestimmen durch Rechtsverordnung die Stelle, die in dem jeweiligen Land als deutsche Zentralstelle im Sinne von Artikel 3 Satz 1 der Verordnung (EG) Nr. 1393/2007 zuständig ist. Die Aufgaben der Zentralstelle können in jedem Land nur einer Stelle zugewiesen werden.

(4) Die Landesregierungen können die Befugnis zum Erlass einer Rechtsverordnung nach Absatz 1 Nr. 2, Absatz 2 Satz 2 und Absatz 3 Satz 1 einer obersten Landesbehörde übertragen.

Übersicht

	Rdn.			Rdn.
I. Zuständigkeit für Zustellungen in das Ausland	1		c) Übermittlung in Ausnahmefällen	17
1. Gerichtliche Schriftstücke	2		2. Bestimmung der deutschen Zentralstellen	18
2. Außergerichtliche Schriftstücke	4			
3. Ausschließlichkeit der Zuständigkeit	8		IV. Übertragung der Ermächtigung auf oberste Landesbehörde	19
4. Konzentrationsermächtigung	9		V. Verstoß gegen Zuständigkeitsvorschriften	20
II. Zuständigkeit für Zustellungen aus dem Ausland	10		VI. Anwendung der ZRHO	21
1. Empfangsstellen	10		VII. Annahmeverweigerung	22
2. Örtliche und sachliche Zuständigkeit	11		1. Zulässige Sprachen des zuzustellenden Schriftstücks	22
3. Ausschließlichkeit der Zuständigkeit	12		2. Zurückweisungsrecht des Zustellungsadressaten	23
4. Konzentrationsermächtigung	13		3. Frist	26
III. Zentralstellen	14		4. Belehrung	31
1. Bestimmung von Zentralstellen	14		VIII. Heilung	32
a) Auskunfterteilung	15			
b) Lösung von Zustellungsschwierigkeiten	16			

I. Zuständigkeit für Zustellungen in das Ausland

Die EuZVO hat das System der zentralen Stellen des Haager Zivilprozessübereinkommens **1** durch eine dezentralisierte grenzüberschreitende Zustellung[1] ersetzt. Nach Art. 2 Abs. 1

---

[1] Vgl. *Schlosser* EU-Zivilprozessrecht, Art. 2 EuZVO, Rdn. 1.

EuZVO benennt jeder Staat Übermittlungsstellen, die für die Übermittlung gerichtlicher und außergerichtlicher Schriftstücke zuständig sind. Übermittlungsstellen können nicht nur Behörden und Amtspersonen sein, sondern auch „sonstige Personen". Das eröffnet den Weg für eine Zustellung durch Rechtsanwälte, wenn diese als Übermittlungsstellen genannt werden. Die Schwierigkeiten, die offenbar im deutsch-griechischen Rechtsverkehr aufgetreten sind, hätten auf diese Weise gelöst werden können[2].

1. Gerichtliche Schriftstücke

2 Gerichtliche Schriftstücke sind: Klageschrift, Ladung, gerichtliche Verfügung, gerichtliches Schreiben, Schriftsatz, Streitverkündungsschrift, Mahnbescheid, Vollstreckungsbescheid, Urteil, Versäumnisurteil, Beschluss und Kostenfestsetzungsbeschluss[3]. Für die Zustellung dieser Schriftstücke ist das Prozessgericht Übermittlungsstelle. Dieses ist das betreibende Gericht. Das gilt jedoch nur, soweit das Gesetz eine Amtszustellung vorsieht. Soweit nach deutschem Recht eine Parteizustellung erfolgt, z. B. bei Zustellung von Beschlüssen zur Vollziehung des Arrestes nach § 922 Abs. 2 oder der einstweiligen Verfügung handelt es sich zwar um gerichtliche Schriftstücke, es besteht aber kein „betreibendes Gericht". Der ratio des § 1069 entsprechend sind diese gerichtlichen Entscheidungen als außergerichtliche Schriftstücke zuständigkeitsrechtlich zu behandeln. Allgemein ist für die Zuständigkeit nach Abs. 1 bei Beschlüssen danach zu differenzieren, ob die Zustellung zur Inlaufsetzung der Rechtsbehelfsfristen (§ 329 Abs. 3, § 166 Abs. 2) erfolgt oder in Rahmen der Zwangsvollstreckung (§§ 794 Abs. 1 Nr. 3, 795, 750 Abs. 1).

3 Bei gerichtlichen Schriftstücken ist das „betreibende Gericht", das ist das Prozessgericht, örtlich und sachlich zuständig.

2. Außergerichtliche Schriftstücke

4 Außergerichtliche Schriftstücke sind solche, die zur Wahrung, Durchsetzung oder Vollstreckung eines Anspruchs außerhalb eines gerichtlichen Verfahrens zugestellt werden müssen, insbesondere die notarielle Urkunde und der Anwaltsvergleich sowie Entscheidungen, für die Parteizustellung vorgesehen ist (vgl. Rdn. 2).

5 Sachlich zuständig ist das Amtsgericht, örtlich zuständig das Gericht, in dessen Sprengel der Zustellungsbetreibende Wohnsitz oder gewöhnlichen Aufenthalt hat. Bei Zustellung durch einen Vertreter ist dessen Wohnsitz oder gewöhnlicher Aufenthalt bedeutungslos.

6 Bei Betreiben der Zustellung durch eine juristische Person ist für die Bestimmung der örtlichen Zuständigkeit auf deren Sitz abzustellen. § 17 ist anwendbar.

7 Bei Zustellung notarieller Urkunden ist wahlweise auch das Amtsgericht am Amtssitz des Notars örtlich zuständig. Dasselbe gilt in entsprechender Anwendung für den vollstreckbaren Anwaltsvergleich, der nach § 796c von einem Notar in Verwahrung genommen und für vollstreckbar erklärt worden ist.

---

2 Vgl. dazu *Geimer* „Windhunde" und „Torpedos" unterwegs in Europa, IPRax 2005, 505 ff. (506).

3 Zu den Abgrenzungskriterien vgl. Rauscher/ *Heiderhoff* EG-ZustVO 2007, Art. 1, Rdn. 7 ff.

3. Ausschließlichkeit der Zuständigkeit

Die örtliche und sachliche Zuständigkeit nach Abs. 1 ist ausschließlich.   **8**

4. Konzentrationsermächtigung

Die Landesregierungen oder die oberste Landesbehörde nach Delegation gem. Abs. 4   **9**
können die Zuständigkeit der Übermittlungsstellen konzentrieren.

II. Zuständigkeit für Zustellungen aus dem Ausland

1. Empfangsstellen

Die Durchführung der Zustellung an den Zustellungsadressaten obliegt nach Art. 6 EuZVO   **10**
den Empfangsstellen im Zustellungsstaat. Diese sind verpflichtet unverzüglich, spätestens
7 Tage nach Erhalt des zuzustellenden Schriftstücks eine Empfangsbestätigung unter
Verwendung des vorgesehenen Formblatts an die Übermittlungsstelle zu übersenden.
Nach Art. 7 EuZVO bewirkt oder veranlasst die Empfangsstelle so bald wie möglich die
Zustellung des Schriftstücks in der Form des Empfangsstaates oder soweit dies mit dem
Recht des Empfangsstaates vereinbar ist, in der von der Übermittlungsstelle gewünschten
Form. Einzelheiten sind in §§ 65b ff. ZRHO für die Zustellung nach der EuZVO in Deutsch-
land geregelt.

2. Örtliche und sachliche Zuständigkeit

Die Zuständigkeit der Empfangsstellen ist einheitlich für gerichtliche und außergericht-   **11**
liche Schriftstücke geregelt. Sachlich zuständig ist das Amtsgericht, örtlich zuständig das
Gericht des Sprengels, in dem die Zustellung durchgeführt werden soll.

3. Ausschließlichkeit der Zuständigkeit

Die örtliche und sachliche Zuständigkeit nach Abs. 2 ist ausschließlich.   **12**

4. Konzentrationsermächtigung

Die Landesregierungen oder die oberste Landesbehörde nach Delegation gem. Abs. 4   **13**
können die Zuständigkeiten der Empfangsstellen konzentrieren. Das ist geschehen:

Nordrhein-Westfalen[4]: Amtsgericht Duisburg (für die Amtsgerichtsbezirke Duisburg, Duisburg-Hamborn und Duisburg-Ruhrort); Amtsgericht Essen (für die Amtsgerichtsbezirke
Essen, Essen-Borbeck und Essen-Steele); Amtsgericht Gelsenkirchen (für die Amtsgerichtsbezirke Gelsenkirchen und Gelsenkirchen-Buer); Amtsgericht Herne (für die Amtsgerichtsbezirke Herne und Herne-Wanne); Amtsgericht Mönchengladbach (für die Amtsgerichtsbezirke Mönchengladbach und Mönchengladbach-Rheydt).

---

4   Vgl. Verordnung über die Zuständigkeiten im   VO Rechtshilfe – ZustVO EUZHA v. 6.1.2004),
Rechtshilfeverkehr zur Durchführung gemein-   GV NRW 2004, 24.
schaftsrechtlicher Vorschriften (Zuständigkeits-

III. Zentralstellen

1. Bestimmung von Zentralstellen

14 Nach Art. 3 EuZVO hat jeder Mitgliedstaat eine Zentralstelle zu benennen. Die Zentralstellen sind mit der Durchführung von Zustellungen mit einer Ausnahme nicht direkt befasst. Ihre Aufgabe ist dreifach:

15 a) **Auskunftserteilung.** Die Zentralstellen erteilen den Übermittlungsstellen Auskünfte. Das ist wichtig, da nicht davon ausgegangen werden kann, dass die Vielzahl der Gerichte, die angesichts der Nichtausschöpfung der Konzentrationsermächtigung als Übermittlungsstellen tätig werden, genügend Erfahrung im europäischen und internationalen Zustellungsrecht besitzen, um ihre Aufgabe schnell und sachgerecht zu erfüllen. Die Auskunfterteilung kann sich auf die Zustellungsform, die Sprache, die zuständige Empfangsstelle im Land des Zustellungsadressaten pp. beziehen. Die meisten dieser Auskünfte lassen sich aus dem Justizatlas entnehmen. Aber auch dessen Handhabung mag Schwierigkeiten für ein kleines Amtsgericht bringen. Mit dem Auskunftsrecht korrespondiert eine Auskunftspflicht der Zentralstellen. Diese besteht aber nur gegenüber den Übermittlungsstellen. Soweit Auskünfte an andere an der Zustellung beteiligte oder interessierte Personen erteilt werden, erfolgt dies auf freiwilliger Basis[5].

16 b) **Lösung von Zustellungsschwierigkeiten.** Nach Art. 3 lit. b EuZVO soll die Zentralstelle nach Lösungswegen suchen, wenn bei der Übermittlung von Schriftstücken zum Zwecke der Zustellung Schwierigkeiten auftauchen. Solche Probleme können bei der Ausfüllung von Formblättern, der verwendeten Sprache oder bei Kostenrechnungen auftreten[6]. Eine Diskussion zwischen Übermittlungsstelle und ausländischer Empfangsstelle könnte – schon aus sprachlichen Gründen – zu Verzögerungen und Missverständnissen führen. Deshalb ist die Zentralstelle, die die größere Erfahrung hat, am besten geeignet, einzugreifen.

17 c) **Übermittlung in Ausnahmefällen.** In Ausnahmefällen kann die Zentralstelle auch um Weiterleitung eines Schriftstücks ersucht werden. Gemeint ist hier nicht die Zentralstelle des Übermittlungsstaates, sondern die des Empfangsstaates[7]. Diese Möglichkeit steht nicht zur Erleichterung der Arbeit der Übermittlungsstelle offen, die sich die Mühen der Auffindung der zuständigen Empfangsstelle ersparen will. Sie ist für Ausnahmefälle geschaffen, in denen etwa die Empfangsstelle wegen Generalstreiks, politischer Unruhen oder Naturkatastrophen unerreichbar ist[8].

---

5 AA wohl Rauscher/*Heiderhoff* EG-ZustellVO 2007, Art. 3, Rdn. 2 und *Schlosser* EU-Zivilprozessrecht, Art. 3 EuZVO, Rdn. 2, die offenbar eine Verpflichtung zur Auskunfterteilung auch über die Übermittlungsstellen hinaus annehmen.
6 Vgl. *Sujecki* in: Gebauer/Wiedmann, Zivilrecht unter Europäischem Einfluss, Art. 3 EuZVO, Rdn. 52.

7 Vgl. *Sujecki* in: Gebauer/Wiedmann, Zivilrecht unter Europäischem Einfluss, Art. 3 EuZVO, Rdn. 53; Rauscher/*Heiderhoff* EG-ZustVO 2007t, Art. 3, Rdn. 5.
8 Vgl. *Sujecki* in: Gebauer/Wiedmann, Zivilrecht unter Europäischem Einfluss, Art. 3 EuZVO, Rdn. 53; Rauscher/*Heiderhoff* EG-ZustellVO 2007, Art. 3 Rdn. 7.

2. Bestimmung der deutschen Zentralstellen

Die Landesregierungen bestimmen selbst die Zentralstellen nach Art. 3 S. 1 EuZVO oder **18** ermächtigen die oberste Landesbehörde hierzu. In Deutschland sind als Zentralstellen bestimmt:

Baden-Württemberg: Amtsgericht Freiburg

Bayern: Bayerisches Staatsministerium der Justiz

Berlin: Senatsverwaltung für Justiz

Brandenburg: Ministerium der Justiz und für Europaangelegenheiten des Landes Brandenburg

Bremen: Landgericht Bremen

Hamburg: Amtsgericht Hamburg

Hessen: Präsidentin oder Präsident des Oberlandesgerichts Frankfurt/Main

Mecklenburg-Vorpommern: Justizministerium Mecklenburg-Vorpommern

Niedersachsen: Niedersächsisches Justizministerium

Nordrhein-Westfalen: Oberlandesgericht Düsseldorf

Rheinland-Pfalz: Ministerium der Justiz

Saarland: Ministerium der Justiz

Sachsen: Oberlandesgericht Dresden

Sachsen-Anhalt: Ministerium der Justiz

Schleswig-Holstein: Ministerium für Justiz, Gleichstellung und Integration

Thüringen: Thüringer Justizministerium

IV. Übertragung der Ermächtigung auf oberste Landesbehörde

Von der Befugnis zur Übertragung der Befugnis zum Erlass von Rechtsverordnungen nach **19** Abs. 1 Nr. 2, Abs. 2 S. 2 und Abs. 3 S. 1 hat Gebrauch gemacht:

Hamburg[9]: Übertragung der Ermächtigung auf die Justizbehörde

V. Verstoß gegen Zuständigkeitsvorschriften

Für Verstöße gegen die in § 1069 normierten örtlichen und sachlichen Zuständigkeiten **20** gelten die allgemeinen Regeln der Unzuständigkeit[10]. Dasselbe gilt für Rechtsmittel bei fehlerhafter Zustellung. So finden §§ 567 ff. Anwendung.

---

9 Vgl. Zweite Verordnung zur Weiterübertragung bundesgesetzlicher Verordnungsermächtigungen im Justizbereich vom 10. Februar 2004, HmbGVBl. 2004, 61.

10 Vgl.   Baumbach/Lauterbach/*Hartmann* § 1069, Rdn. 7.

VI. Anwendung der ZRHO

21 Trotz des unmittelbaren Verkehrs zwischen den Gerichten nach europäischem Zustellungsrecht bleibt die Funktion der Prüfungsstellen nach §§ 9, 27, 65b ZRHO unberührt[11]. Die Zustellung bleibt auch dann Angelegenheit der Justizverwaltung, wenn die Landesjustizverwaltung nach § 27 ZRHO von einer Beteiligung der Prüfungsstelle absieht. Es besteht also Weisungsgebundenheit gegenüber der Justizverwaltung. Art. 97 GG gilt nicht[12].

VII. Annahmeverweigerung

1. Zulässige Sprachen des zuzustellenden Schriftstücks

22 Die EuZVO stellt keine Beschränkungen hinsichtlich der Sprache auf, in der das zuzustellende Schriftstück abgefasst sein muss. Die Zustellung von Schriftstücken ist in jeder beliebigen Sprache zulässig. Schriftstücke können bei Zustellungen von Deutschland aus an einen Empfänger in einem Mitgliedstaat – mit Ausnahme Dänemarks – in deutscher oder in jeder anderen Sprache abgefasst sein. Es muss sich nicht notwendigerweise um die Sprache eines Mitgliedstaates handeln.

2. Zurückweisungsrecht des Zustellungsadressaten

23 Die Zustellung soll die Kenntnis des Zustellungsadressaten vom Inhalt des zugestellten Schriftstücks sicherstellen und damit eine effiziente Gewährung rechtlichen Gehörs gewährleisten. Der Zustellungsadressat muss also die Möglichkeit haben, den Inhalt des Schriftstücks zu verstehen. Das wird fingiert, wenn das Schriftstück in der Sprache des Empfangsmitgliedstaates abgefasst ist. Der Ire mit Wohnsitz in Lissabon muss sich damit abfinden, dass ihm eine Klage des Landgerichts Stuttgart mit portugiesischer Übersetzung zugestellt wird, auch wenn er weder die deutsche noch die portugiesische Sprache beherrscht.

24 Die Annahme der Zustellung kann verweigert werden, wenn sie nicht in der Sprache des Empfangsmitgliedstaates abgefasst oder jedenfalls von einer Übersetzung in diese Sprache begleitet ist. Bei Staaten mit mehreren Amtssprachen genügt die Abfassung oder Übersetzung in eine Amtssprache, auch wenn der Zustellungsadressat sie nicht versteht.

25 Der Zustellungsadressat kann die Annahme eines Schriftstücks nicht verweigern, wenn er die Sprache, in der das Schriftstück abgefasst ist, versteht. Problematisch mag sein, wie unzulänglich der Zustellungsadressat die Sprache beherrschen muss, um die Zustellung verweigern zu können. Ein Deutschlehrer in Stockholm mag Goethe und Schiller in deutscher Sprache lesen können . Das besagt aber noch nicht, dass er hinreichende Sprachkenntnisse für das Verständnis einer deutschen Streitverkündung hat. Die Entscheidung über die Sprachkenntnisse soll nach h. L. durch das Prozessgericht erfolgen[13]. Das ist aber praktisch unmöglich. Soll das Prozessgericht eine Sprachprüfung abhalten, oder wie soll die Feststellung der Sprachkenntnisse des Zustellungsadressaten erfolgen? Darüber hinaus

---

11 Vgl. Zöller/*Geimer* § 1069, Rdn. 1.
12 Vgl. Zöller/*Geimer* § 1069, Rdn. 1.
13 Vgl. *Geimer/Schütze* EuZVR A.3, Art. 8 EuZVO, Rdn. 8; *Meyer* Europäisches Übereinkommen über die Zustellung gerichtlicher und außergerichtlicher Schriftstücke in Zivil- und Handelssachen in den Mitgliedstaaten der Europäischen Union, IPRax 1997, S. 401 ff. (403); *Nagel/Gottwald* Internationales Zivilprozessrecht, § 7, Rdn. 51.

ist zu berücksichtigen, dass eine Beweisaufnahme über die Sprachkenntnisse das Verfahren unnötig verzögern und eine Unsicherheit über die Wirksamkeit der Zustellung hervorrufen würde. Sachgerecht ist allein, den Zustellungadressaten selbst entscheiden zu lassen, ob er sich für hinreichend sprachkundig hält[14]. Durch die großzügige Anordnung der Rückwirkung der erneuten Zustellung bei Zurückweisung geschieht der anderen Partei kein wesentlicher Nachteil, selbst wenn die Zurückweisung zu Unrecht erfolgt.

Bei juristischen Personen ist auf die Sprachkenntnisse des Organs, das die juristische Person **26** vertritt, abzustellen. Denn an dieses ist zuzustellen. Dabei kann nicht gefordert werden, dass alle Mitglieder des Organs die Sprache, in der das zuzustellende Schriftstück abgefasst ist, verstehen. Es genügt, wenn das für juristische Fragen zuständige Mitglied des Organs entsprechend sachkundig ist[15]. Bei großen Gesellschaften, die eine international tätige Rechtsabteilung haben, wird man die Sprachkenntnis des zuständigen Mitarbeiters genügen lassen können.

Die Annahmeverweigerung kann auch gegenüber der Empfangsstelle erklärt werden[16]. **27**

3. Frist

Die Frist für die Annahmeverweigerung ist in der Neufassung der EuZU (Art. 8 Abs. 1 **28** EuZU) – anders als in der VO (EG) 1348/2000 – auf 1 Woche festgesetzt. Damit konnte § 1070, der eine zweiwöchige Frist vorsah, ersatzlos gestrichen werden. Der Zustellungsadressat muss sich jetzt sputen, die Annahmeverweigerung zu erklären. Der Zustellungsadressat kann die Annahme der Übergabe auch noch nachträglich binnen der Frist verweigern. Die Frist ist eine Notfrist i. S. von § 224 Abs. 1, d. h. sie kann weder verkürzt noch verlängert werden.

Versäumt der Zustellungsadressat die Frist, so ist die Zustellung wirksam, auch wenn er die **29** Sprache des zugestellten Schriftstücks nicht versteht.

Die Fristbestimmung gilt auch analog in den Fällen, in denen Art. 6 EuZVO nicht unmittel- **30** bar anwendbar ist, insbesondere bei postalischen Direktzustellungen nach Art. 14 EuZVO[17]. Art. 14 EuZVO sieht zwar ein Annahmeverweigerungsrecht nicht vor, es ist aber nach der ratio des Art. 8 EuZVO, Rechtsklarheit nach Fristablauf zu schaffen nicht vereinbar, das Damoklesschwert der Unwirksamkeit der Zustellung wegen Unkenntnis der benutzten Sprache durch den Zustellungsadressaten ohne zeitliche Begrenzung hängen zu lassen.

4. Belehrung

Die Belehrung ist in formalisierter Form in Art. 8 Abs. 1 EuZVO vorgeschrieben. Der **31** Zustellungsadressat ist mit dem Formblatt Anh. II davon in Kenntnis zu setzen, dass er unter den Bedingungen des Art. 8 EuZVO ein Annahmeverweigerungsrecht hat. Unterbleibt die Belehrung, so liegt eine fehlerhafte Zustellung vor. Heilung ist möglich. Jedoch

14 Vgl. *Schütze* DIZPR, Rdn. 204; *ders.* Übersetzungen im europäischen und internationalen Zivilprozessrecht – Probleme der Zustellung, RIW 2006, 352 ff. (353); *ders.* Rechtsverfolgung im Ausland, 4. Aufl., 2009, Rdn. 239; *Sujecki* in: Gebauer/Wiedmann, Zivilrecht unter europäischem Einfluss, Art. 8, Rdn. 107.

15 Vgl. *Schütze* RIW 2006, 353 ff. (353).
16 Vgl. OLG Frankfurt/Main, OLGR 2009, 151; *Zöller/Geimer* § 1069, Rdn. 6.
17 Vgl. BTDrucks. 15/1062.

beginnt die Wochenfrist für die Ablehnung erst vom Zeitpunkt der ordnungsgemäßen Belehrung an zu laufen.

VIII. Heilung

32 Nach mancherlei Bocksprügen des EuGH unter der VO (EG) Nr. 1348/2000, die unter der Devise stand „Dem Mann muss geholfen werden", hat die VO (EG) Nr. 1393/2007 nunmehr Klarheit geschaffen. Art. 8 Abs. 3 EuZVO greift die Grundsätze auf, die der EuGH in der Leffler-Entscheidung aufgestellt hat[18]. Bei Zustellungsmängeln wegen fehlender, fehlerhafter oder sinnentstellender Übersetzung und der Annahmeverweigerung des Zustellungsadressaten kann die Zustellung erneut mit ordnungsgemäßer Übersetzung erfolgen. Zur Wahrung einer etwaigen Frist wird auf das Datum der ersten – fehlerhaften – Zustellungs als entscheidend abgestellt. Damit ist einem Missbrauch Tür und Tor geöffnet. Der griechische Kläger, der genau weiß, dass der irische Beklagten kein Griechisch versteht, kann zur Fristwahrung getrost die griechische Klageschrift ohne Übersetzung zustellen lassen, ohne Nachteile (etwa wegen Versäumung einer Klagefrist, Eintritt der Verjährung pp.) befürchten zu müssen, wenn er nach Ablehnung der Annahme der Klageschrift die Übersetzung fertigen und erneut zustellen lässt.

§ 1070

(weggefallen)

§ 1071

(weggefallen)

---

18 Vgl. EuGH – Rs. C-443/03 – Götz Leffler v. Berlin Chemie AG – RIW 2006, 382 = EWS 2006, 41 = NJW 2006, 491; dazu *Heidrich* Amts- und Parteizustellungen im internationalen Rahmen: Status quo und Reformbedarf, EWS 2005, 743 ff. (747); *Rauscher* Urteilsanmerkung, JZ 2006, 251 ff.; *Rösler/Siepmann* Zum Sprachproblem im Europäischen Zustellungsrecht, NJW 2006, 475 ff.; *Schütze* Übersetzungen im europäischen und internationalen Zivilprozessrecht – Probleme der Zustellung, RIW 2006, 352 ff.; *Stadler* Ordnungsgemäße Zustellung im Wege der remis au parquet und Heilung von Zustellungsfehlern nach der Europäischen Zustellungsverordnung, IPRax 2006, 116 ff.

ABSCHNITT 2

Beweisaufnahme nach Verordnung (EG) Nr. 1206/2001

Vorbemerkung zu §§ 1072–1075

Die zwischenstaatliche Beweisaufnahme im Rechtsverkehr der EU-Staaten – mit Ausnahme **1** Dänemarks – untereinander ist durch die VO (EG) Nr. 1206/2001 (EuBVO)[1] geregelt. Die EuBVO bringt Vereinfachungen durch Beschleunigung der Übermittlungsvorgänge und die Zulassung der unmittelbaren Beweisaufnahme durch das Gericht des Gerichtsstaates nach seinem Recht. Zwei Wege der Beweisaufnahme im Ausland kennt die Verordnung:

– *Die Beweisaufnahme durch das ersuchte ausländische Gericht:* Das Prozessgericht kann ein ausländisches Gericht ersuchen, eine notwendige Beweisaufnahme im Wege der Rechtshilfe durchzuführen. Hierfür steht der unmittelbare Weg zwischen den Gerichten offen (Art. 2 EuBVO).
– *Die unmittelbare Beweisaufnahme durch das ersuchende Gericht:* Art. 17 EuBVO eröffnet die Möglichkeit für eine unmittelbare Beweisaufnahme durch das ersuchende Gericht. Diese ist allerdings nur statthaft, wenn sie auf freiwilliger Grundlage und ohne Zwangsmaßnahmen erfolgen kann (Abs. 2). Soweit eine Zeugenvernehmung Gegenstand der Beweisaufnahme ist, ist der Zeuge darüber zu belehren.

Die Mitgliedstaaten bestimmen weiterhin Zentralstellen. Deren Aufgabenbereich ist **2** aber gegenüber dem Haager Beweisübereinkommen erheblich eingeschränkt (Art. 3 EuBVO).

§§ 1072–1075 sind durch das EG-Beweisaufnahmedurchführungsgesetz vom 4.11.2003[2] in **3** die ZPO eingefügt worden. Sie bringen Anpassungen für die Anwendung der EuBVO in deutschen Verfahren.

Zur Abwehr unzulässiger Beweisaufnahmen kann ein Antrag auf gerichtliche Entschei- **4** dung nach § 23 EGGVG, unter Umständen verbunden mit einem Antrag auf Erlass einer einstweiligen Anordnung nach § 29 Abs. 2 EGGVG in Verbindung mit § 49 FamFG gestellt werden[3].

Schrifttum: *Adolphsen* Die EG-Verordnung über die Zusammenarbeit auf dem Gebiet der Beweisaufnahme in Zivil- und Handelssachen, in: Marauhn (Herausg.), Bausteine eines europäischen Beweisrechts, 2007, S. 1 ff.; *Alio* Änderungen im deutschen Rechtshilferecht: Beweisaufnahme nach der Europäischen Beweisaufnahmeverordnung, NJW 2004, 2706 ff.; *Berger* Die EG-Verordnung über die Zusammenarbeit der Gerichte auf dem Gebiet der Beweisaufnahme in Zivil- und Handelssachen (EuBVO), IPRax 2001, 522 ff.; *ders.* Grenzüberschreitende Beweisaufnahme zwischen Österreich und Deutschland, FS Rechberger, 2005, S. 39 ff.; *Betetto* Introduction and Practical Cases on Council Regulation (EC) No. 1206/2001 on Cooperation between the Courts of the Member States in the

---

1 Abgedruckt in Wieczorek/Schütze, Bd. VI,   **2** BGBl. 2003 I 2166.
sub II.2.a.gg.   **3** Vgl. *Schütze* DIZPR, Rdn. 238.

Taking Evidence in Civil and Commercial Matters, EuLF 2006, 137 ff.; *Diago Diago* La Obtención de Pruebas en la Union Europea, 2003; *Freudenthal* Internationale Bewijsverkrijging: van Haagse en Europese samenwerking, Nederlands Internationaal Privaatrecht, 2002, 109 ff.; *Gazeas* Die Europäische Beweisanordnung – ein weiterer Schritt in die falsche Richtung?, ZRP 2005, 18 ff.; *Geimer* (E.) Internationale Beweisaufnahme, 1998; *Hau* Grenzüberschreitende Beweisaufnahme im Europäischen Justizraum, ERA-Forum 2005, 224 ff.; *von Hein* EG-BewVO, in: Rauscher (Herausg.), Europäisches Zivilprozess- und Kollisionsrecht, Bearbeitung 2010; *Hess* Neue Formen der Rechtshilfe im Europäischen Justizraum, GS Blomeyer, 2004, S. 617 ff.; *Hess/Müller* Die Verordnung 1206/EG zur Beweisaufnahme, ZZPInt 6 (2001), 149 ff.; *Huber* Europäische Beweisaufnahmeverordnung (EuBVO), in: Gebauer/Wiedmann (Herausg.), Zivilrecht unter europäischem Einfluss, 2. Aufl., 2010, S. 1733 ff.; *ders.* Die Europäische Beweisaufnahmeverordnung (EuBVO) – Überwindung der traditionellen Souveränitätsvorbehalte?, ZGP, 2003, 115 ff.; *Jastrow* Europäische Zustellung und Beweisaufnahme 2004 – Neuregelungen im deutschen Recht und konsularische Beweisaufnahme, IPRax 2004, 11 ff.; *Jayme* Extraterritoriale Beweisbeschaffung und Vollstreckungshilfe für inländische Verfahren durch ausländische Gerichte, FS Geimer, 2002, S. 375 ff.; *Knöfel* Kommentar zur Verordnung (EG), Nr. 1206/2001, in: Geimer/Schütze, Internationaler Rechtsverkehr, 562.1ff; (mit umfangreichen Nachweisen); *Leipold* Neue Wege im Recht der internationalen Beweiserhebung – Einige Bemerkungen zur Europäischen Beweisaufnahmeverordnung, FS Schlechtriem, 2003, S. 91 ff.; *ders.* Das neue Europäische Beweisrecht, Ritsumeikan Law Review 20 (2003), 85 ff.; *Leitzen* Die grenzüberschreitende Beweisaufnahme in Zivilsachen, Jura 2007, 201 ff.; *Markus* Neue Entwicklungen bei der internationalen Rechtshilfe in Zivil- und Handelssachen, schweiz. Zeitschrift für Wirtschaftsrecht 2002, 65 ff.; *Müller* Grenzüberschreitende Beweisaufnahme im Europäischen Justizraum, 2004; *Rechberger/McGuire* Die Europäische Beweisaufnahme-Verordnung und Österreich, öJZ 2006, 53 ff.; *Schoibl* Die Fortentwicklung der grenzüberschreitenden Rechtshilfe in Europa: Die neue Europäische Beweisaufnahmeverordnung 1206/2001, FS Batliner II, S. 75 ff.; *ders.* Grenzüberschreitende Rechtshilfe Europäischen Justizraum: Die unmittelbare Beweisaufnahme in Zivil- und Hadelssache nach der Verordnung (EG) 1206/2001 – eine Skizze, FS Machacek und Matscher, 2008, S. 883 ff.; *Schulze* Dialogische Beweisaufnahmen im internationalen Rechtsverkehr – Beweisaufnahmen im Ausland durch und im Beisein des Prozessgerichts, IPRax 2001, 527 ff.; *Stadler* Grenzüberschreitende Beweisaufnahme in der Europäischen Union – die Zukunft der Rechtshilfe in Zivilsachen, FS Geimer, 2002, S. 1281 ff.

§ 1072
Beweisaufnahme in den Mitgliedstaaten der Europäischen Union

Soll die Beweisaufnahme nach der Verordnung (EG) Nr. 1206/2001des Rates vom 28. Mai 2001 über die Zusammenarbeit zwischen den Gerichten der Mitgliedstaaten auf dem Gebiet der Beweisaufnahme in Zivil- oder Handelssachen (ABl. EG Nr. L 174 S. 1) erfolgen, so kann das Gericht

1. unmittelbar das zuständige Gericht eines anderen Mitgliedstaats um Aufnahme des Beweises ersuchen oder

2. unter den Voraussetzungen des Artikels 17 der Verordnung (EG) Nr. 1206/2001 eine unmittelbare Beweisaufnahme in einem anderen Mitgliedstaat beantragen.

Übersicht

	Rdn.		Rdn.
I. Sachlicher Geltungsbereich	1	5. Parteivernehmung	13
1. Zivil- oder Handelssache	1	**III. Beweisaufnahme im Wege der**	
2. Beweisaufnahme im Ausland für		**Rechtshilfe**	14
deutsche Verfahren	3	**IV. Unmittelbare Beweisaufnahme** ...	16
3. Verwendungszweck der Ergebnisse der Beweisaufnahme	5	**V. Kein Ausschluss extraterritorialer Beweisbeschaffung**	20
II. Beweismittel	8		
1. Augenscheinsbeweis	9	**VI. Anwendung der ZRHO**	23
2. Urkundenbeweis	10	**VII. Kosten und Sicherheitsleistung** ...	24
3. Zeugenbeweis	11		
4. Sachverständigenbeweis	12		

I. Sachlicher Geltungsbereich

1. Zivil- oder Handelssache

Die EuBVO ist ihrem sachlichen Geltungsbereich nach auf Beweisaufnahmen in Zivil- oder **1** Handelssachen beschränkt (Art. 1 Abs. 1 EuBVO). Der Begriff der Zivil- oder Handelssache entspricht dem in Art. 1 EuGVVO/LugÜ II sowie Art. 1 Abs. 1 EuGVÜ/LugÜ I[1]. Er ist autonom zu qualifizieren[2], um eine einheitliche Anwendung im europäischen Justizraum zu gewährleisten[3]. Auch die Geltendmachung von Ersatzansprüchen des Verletzten im Strafverfahren gegen den Schädiger (Adhäsionsprozess) ist zivilrechtlicher Natur. Das entspricht Art. 5 Nr. 4 VO (EG) Nr. 44/2001 und Artt. 5 Nr. 4 EuGVÜ/LugÜ I[4]. Ausgeschlossen sind insbesondere steuer-, verwaltungs- und zollrechtliche Streitigkeiten.

Art. 1 Abs. 1 EuBVO statuiert nicht die Bereichsausnahmen des Art. 1 Abs. 2 VO (EG) **2** Nr. 44/2001. Diese sind deshalb nicht tale quale für die EuBVO zu übernehmen[5]. Die Verfahren nach Art. 1 Abs. 2 lit. a und b (Nr. 1 und 2) der Regelwerke sind ausgenommen, weil eine besondere europarechtliche Regelung hierfür geschaffen werden sollte[6], die sich auf die internationale Zuständigkeit und die Wirkungserstreckung von gerichtlichen Entscheidungen bezog. Das ist inzwischen geschehen. Es besteht kein Anlass, diese Materien aus dem Geltungsbereich der EuBVO auszunehmen. Dasselbe gilt für insolvenzrechtliche

---

1 Vgl. *Knöfel* in: Geimer/Schütze, Internationaler Rechtsverkehr, 562.33; *Mayr/Czernich* Europäisches Zivilprozessrecht, Rdn. 366; Rauscher/*von Hein* EG-BewVO Art. 1, Rdn. 1 („lehnt sich an Art. 1 Brüssel I-VO, Art. 1 EG-ZustellVO und Art. 1 Abs. 1 HBÜ an"); *Schmidt* Europäisches Zivilprozessrecht, Rdn. 336.

2 Vgl. EuGH Rs. 29/76 – LTU v. Eurocontrol – EuGHE 1976, 1541 = NJW 1977, 489 mit Anm. *Geimer* = RIW/AWD 1977, 40 mit Anm. *Linke* = Rev.crit. 1977, 772 mit Anm. *Droz*.

3 Vgl. *Alio* Änderungen im deutschen Rechtshilferecht: Beweisaufnahme nach der Europäischen Beweisaufnahmeverordnung, NJW 2004, 2706 ff.; *Hess/Müller* Die Verordnung 1206/01/EG zur Beweisaufnahme im Ausland, ZZPInt 6

(2001), 149 ff.; *Huber* in: Gebauer/Wiedmann, Zivilrecht unter europäischem Einfluss, Art. 1 EuBVO, Rdn. 17; *Mayr/Czernich* Europäisches Zivilprozessrecht, Rdn. 366; Rauscher/*von Hein* EG-BewVO Art. 1, Rdn. 1; *Schlosser* EU-Zivilprozessrecht, Art. 1 EuBVO, Rdn. 1; Zöller/*Geimer* § 363, Rdn. 85.

4 Vgl. dazu *Kohler* Adhäsionsverfahren und Brüsseler Übereinkommen 1968, in: Will (Hrsg.), Schadensersatz im Strafverfahren, 1990, S. 74 ff.

5 Vgl. *Huber* in: Gebauer/Wiedmann, Zivilrecht unter europäischem Einfluss, Art. 1 EuBVO, Rdn. 18; *Rauscher/von Hein* EG-BewVO, Art. 1, Rdn. 4.

6 Vgl. *Geimer/Schütze* EuZVR, A 1, Art. 1, Rdn. 66 ff.

Verfahren. Sozialrechtliche Gegenstände sind ausgenommen, weil sie jedenfalls nach deutschem Verständnis dem öffentlichen Recht zuzuordnen sind. Bei Schiedsverfahren ist die Anwendung der EuBVO nur unter zwei Voraussetzungen möglich: das Schiedsverfahren muss eine zivil- oder handelsrechtliche Streitigkeit zum Gegenstand haben und ein Gericht muss im Rahmen seiner Hilfsfunktion tätig werden[7].

2. Beweisaufnahme im Ausland für deutsches Verfahren

3 § 1072 betrifft nur Beweisaufnahmen über die Grenze in einem deutschen gerichtlichen Verfahren. Gerichtliche Verfahren sind nur solche vor staatlichen Gerichten, nicht von privaten Gerichten, insbesondere also Verbands-, Vereins- und Schiedsgerichten[8]. Schiedsgerichten ist der Weg der Beweiserhebung über die Grenze nach der EuBVO jedoch nicht vollständig verschlossen. Sie können – ebenso wie unter der Geltung des Haager Beweisübereinkommens[9] – den Weg über § 1050 wählen[10]. Hierin liegt keine Umgehung des Art. 1 Abs. 2[11]. Will das Schiedsgericht nach den Bestimmungen der EuBVO Beweise im Ausland erheben, so erlässt es einen Beweisbeschluss und leitet diesen mit einem Rechtshilfeersuchen an das zuständige staatliche Gericht nach § 1050 weiter, das dann nach den Bestimmungen des Haager Beweisübereinkommens oder der EuBVO verfährt[12].

4 Der Begriff des Gerichts ist nicht auf Zivilgerichte beschränkt. Entscheidend ist nicht der Gerichtszweig, vielmehr die Natur der Streitsache. So können auch Strafgerichte in Adhäsionsverfahren Beweis im Ausland nach der EuBVO erheben. Auf der anderen Seite ist für Zivilgerichte die Beweiserhebung nach europäischem Recht in den Zivilsachen kraft Zuweisung ausgeschlossen. Ersuchendes Gericht kann jedes Gericht sein, bei dem ein Verfahren in einer Zivil- oder Handelssache anhängig oder zu eröffnen ist.

3. Verwendungszweck der Ergebnisse der Beweisaufnahme

5 Der sachliche Geltungsbereich der EuBVO ist enger als der nach dem Haager Beweisübereinkommen. Während letzteres alle gerichtlichen Handlungen erfasst, fallen unter die

---

7 Vgl. *Mayr/Czernich* Europäisches Zivilprozessrecht, Rdn. 367; vgl. im übrigen *Schoibl* Europäische Rechtshilfe bei der Beweisaufnahme in Zivil- und Handelssachen durch ordentliche Gerichte für Schiedsgerichte, FS Rechberger, 2005, S. 513 ff.

8 Vgl. *Fumagalli* La nuova disciplina comunitaria dell'assunzione delle prove all'estero in materia civile, Rivista di diritto internazionale privato e processuale 2002, 327 ff. (333); *Huber* in: Gebauer/Wiedmann, Privatrecht unter europäischem Einfluss, Art. 1 EuBVO, Rdn. 25; *Rauscher/von Hein* EG-BewVO, Art. 1, Rdn. 9.

9 Vgl. dazu Erläuterung zu Art. 1 des Haager Beweisübereinkommens, Deutsche Denkschrift, BTDrucks. VII Nr. 4892; *Saathoff* Möglichkeiten und Verfahren gerichtlicher Hilfe zugunsten fremdnationaler Handelsschiedsverfahren mit internationaler Beteiligung, Diss. Köln 1987; *Schütze* Schiedsgericht und Schiedsverfahren, 4. Aufl., 2007, Rdn. 189.

10 Vgl. *Alio* Änderungen im deutschen Rechts-

hilferecht: Beweisaufnahme nach der Europäischen Beweisaufnahmeverordnung, NJW 2004, 2706 ff. (2706 f.); *Berger* Die EG-Verordnung über die Zusammenarbeit der Gerichte auf dem Gebiet der Beweisaufnahme in Zivil- und Handelssachen, IPRax 2001, 522 ff. (523); *Huber* in: Gebauer/Wiedmann, Zivilrecht unter europäischem Einfluss, Art. 1 EuBVO, Rdn. 25; *Rauscher/von Hein* EG-BewVO, Art. 1 Rdn. 9; vgl. dazu aus österreichischer Sicht *Mayr/Czernich* Europäisches Zivilprozessrecht, Rdn. 367 und *Schoibl* Europäische Rechtshilfe bei der Beweisaufnahme in Zivil- und Handelssachen durch ordentliche Gerichte für Schiedsgerichte, FS Rechberger, 2005, S. 513 ff.

11 So jedoch *Fumagalli* La nuova disciplina dell'assunzione delle prove all'estero in materia civile, Rivista di diritto internazionale privato e processuale, 2002, 327 ff. (333 f.); *Schmidt* Europäisches Zivilprozessrecht, Rdn. 375.

12 Vgl. *Schütze* Schiedsgericht und Schiedsverfahren, 4. Aufl., 2007, Rdn. 189.

EuBVO nur Maßnahmen der Beweisaufnahme. Der Begriff der Beweisaufnahme ist – ebenso wie der der Zivil- oder Handelssache – autonom zu interpretieren[13]. Darunter fallen nach der treffenden Definition von *von Hein*[14] *die Maßnahmen auf Beschaffung einer Information, die der richterlichen Wahrheitsfindung bzw. Überzeugungsbildung dienen.*

Grundsätzlich gilt die Vorschrift für alle zivilprozessualen Beweisverfahren nach **6** §§ 355 ff.[15] Sie findet auch im Urkundsprozess Anwendung[16].

Es genügt auch, wenn die Verwendung in einem selbständigen Beweisverfahren nach **7** §§ 485 ff. erfolgen soll[17]. Dieses kann zwar nach § 485 Abs. 2 auch der Vermeidung eines Rechtsstreits dienen, hat im Übrigen aber den Zweck, Beweismittel in einem späteren Prozess zu sein (§ 493). Es ist damit ein vorsorgliches Beweismittel. Dabei ist zu berücksichtigen, dass die Rechtsprechung die Verwertung ausländischer Beweissicherungsmaßnahmen ablehnt[18]. Würde man die Möglichkeiten der EuBVO im Rahmen selbständiger Beweisverfahren nicht nutzen, dann ginge ein wichtiges Beweismittel im deutschen Zivilprozess verloren.

II. Beweismittel

Als Beweismittel, die durch die Beweiserhebung im Ausland nach der EuBVO erhoben **8** werden können, kommen im Grundsatz alle nach §§ 371 ff. in Betracht.

1. Augenscheinsbeweis

Gegenstand eines Ersuchens kann der Beweis durch Augenschein eines im Ausland belegenen Gegenstandes nach § 371 sein. Daneben kann der Partei die Vorlage des Augenscheinsobjektes nach § 144 aufgegeben werden[19]. **9**

2. Urkundenbeweis

Die Urkundenvorlage im Wege der Rechtshilfe nach der EuBVO hat ihre wesentliche **10** Bedeutung bei Beweisantritt durch Vorlage der Urkunde durch einen Dritten nach §§ 428 ff., 142.

---

13 Vgl. *Huber* in: Gebauer/Wiedmann, Zivilrecht unter europäischem Einfluss, Art. 1 EuBVO, Rdn. 21; Rauscher/*von Hein* EG-BewVO, Art. 1, Rdn. 14.
14 Vgl. Rauscher/*von Hein* EG-BewVO, Art. 1, Rdn. 14.
15 Vgl. Baumbach/Lauterbach/*Hartmann* § 1072, Rdn. 3.
16 Vgl. Baumbach/Lauterbach/*Hartmann* § 1072, Rdn. 3.
17 Vgl. *Berger* Die EG-Verordnung über die Zusammenarbeit der Gerichte auf dem Gebiet der Beweisaufnahme in Zivil- und Handelssachen, IPRax 2001, 522 ff. (523); *Hess/Müller* Die Verordnung 1206/01/EG zur Beweisaufnahme im Ausland, ZZPInt 6 (2001), 149 ff. (152); *Huber* in:

Gebauer/Wiedmann, Zivilrecht unter europäischem Einfluss, Art. 1 EuBVO, Rdn. 30; *Schmidt* Europäisches Zivilprozessrecht, Rdn. 372; *Stadler* Grenzüberschreitende Beweisaufnahmen in der Europäischen Union – die Zukunft der Rechtshilfe in Beweissachen, FS Geimer, 2002, S. 1281 ff. (S. 1302 f.).
18 Vgl. OLG Köln NJW 1983, 2779; OLG Hamburg IPRax 2001, 530; LG Hamburg IPRax 2001, 45; vgl. dazu auch *Ahrens* Grenzüberschreitende selbständige Beweisverfahren – eine Skizze, FS Schütze, 1999, S. 1 ff.
19 Vgl. zu der damit verbundenen Problematik *Huber* in: Gebauer/Wiedmann, Zivilrecht unter europäischem Einfluss, Art. 1 EuBVO, Rdn. 38.

3. Zeugenbeweis

11 Gegenstand des Beweisersuchens kann die Zeugenvernehmung nach §§ 373 ff. sein. Wenn der im Ausland lebende Zeuge auf Bitte des Gerichts – nach erforderlicher Belehrung – nicht in der mündlichen Verhandlung erscheint, ist die richterliche Vernehmung nur im Wege der passiven Rechtshilfe nach Art. 17 EuBVO möglich. Im Übrigen kann nach Art. 10 EuBVO verfahren werden.

4. Sachverständigenbeweis

12 Im Grundsatz dürfen von einem deutschen Gericht beauftragte Sachverständige auch im Ausland tätig werden, da sie nicht hoheitlich handeln und durch ihre Tätigkeit die Souveränität des ausländischen Staates nicht verletzt wird[20]. Das gilt zunächst für die Einholung von Informationen von dem ausländischen Hersteller einer Maschine, deren Mangelhaftigkeit Gegenstand des Gutachtens ist oder der Benutzung ausländischer Bibliotheken pp. aber auch darüber hinaus. Umfassender ist es im Rahmen des Anwendungsbereichs von Art. 17 EuBVO[21]. Art. 17 Abs. 3 EuBVO erlaubt die Durchführung der Beweisaufnahme durch einen vom ersuchenden Gericht bestellten Sachverständigen.

5. Parteivernehmung

13 Bei der Parteivernehmung ist zu differenzieren. Die Anhörung der Partei nach § 141 ist kein echtes Beweismittel[22]. Sie dient nur dem besseren Verständnis des Parteivortrags. Die Parteivernehmung nach §§ 445 ff. ist ein echtes Beweismittel. Sie ist zwar nach § 445 Abs. 1 nur subsidiär für den Fall, dass eine Partei, die den ihr obliegenden Beweis mit anderen Beweismitteln nicht vollständig geführt oder andere Beweismittel nicht vorgebracht hat. Das ändert aber nicht ihre Natur als Beweismittel. Die Parteivernehmung fällt deshalb unter den Geltungsbereich der EuBVO[23].

III. Beweisaufnahme im Wege der Rechtshilfe

14 § 1072 stellt dem Gericht zunächst den Weg des Beweisersuchens nach Artt. 4 ff. EuBVO zur Wahl. Die Beweisaufnahme erfolgt aufgrund eines Ersuchens, das auf dem Formblatt A, gegebenenfalls dem Formblatt I gestellt werden muss. Das Beweisersuchen wird im unmittelbaren Geschäftsverkehr an das ersuchte Gericht in dem Staat, in dem die Beweiserhebung erfolgen soll, weitergeleitet (Art. 2 EuBVO). Die zuständigen Gerichte sind in dem Handbuch der Kommission aufgeführt, das nach den Angaben der Mitgliedstaaten nach Art. 2 Abs. 2 EuBVO erstellt ist. Die Angaben sind nicht immer vollständig und aktuell, stimmen teilweise auch nicht mit der Praxis überein[24]. Bei Schwierigkeiten kann die Zentralstelle angerufen werden, die Auskünfte erteilt (Art. 3 Abs. 1 lit. a EuBVO), bei Schwierigkeiten nach Lösungsmöglichkeiten sucht (Art. 3 Abs. 1 lit. b EuBVO) und – in Ausnahmefällen – das Ersuchen an das zuständige Gericht weiterleitet (Art. 3 Abs. 1 lit. c EuBVO).

---

20 Vgl. *Geimer* IZPR, Rdn. 445; *Musielak* Beweiserhebung bei auslandsbelegenen Beweismitteln, FS Geimer, 2002, S. 761 ff. (772); Zöller/*Geimer* § 363, Rdn. 5e; aA *Hau* Gerichtssachverständige in Fällen mit Auslandsbezug, RIW 2003, 822 ff. (823 f.).
21 Vgl. dazu *Hau* Gerichtssachverständige in Fällen mit Auslandsbezug, RIW 2003, 822 ff.

22 Vgl. Zöller/*Greger* § 141, Rdn. 1.
23 Vgl. Rauscher/*von Hein* EG-BewVO, Art. 1, Rdn. 15.
24 Vgl. für die Probleme im Rechtsverkehr mit Spanien *Huber* in: Gebauer/Wiedmann, Zivilrecht unter europäischem Einfluss, Art. 2 EuBVO, Rdn. 52.

Das ersuchte Gericht erledigt das Ersuchen nach seiner lex fori (Art. 10 Abs. 2 EuBVO). Das **15** deutsche Gericht kann – unter Verwendung des Formblattes A – beantragen, dass das Ersuchen in einer besonderen Form nach deutschem Recht erledigt wird (Art. 10 Abs. 3 EuBVO). Es gelten Artt.10 ff. EuBVO. Für die Teilnahmerechte der Beteiligten vgl. § 1073. Das Ersuchen muss unverzüglich, spätestens innerhalb von 90 Tagen nach Eingang erledigt werden (Art. 10 Abs. 1 EuBVO).

IV. Unmittelbare Beweisaufnahme

Art. 17 EuBVO eröffnet die Möglichkeit der unmittelbaren Beweisaufnahme[25] durch das **16** ersuchende Gericht im Ausland. § 1072 weist den deutschen Richter lediglich auf diese Möglichkeit hin. Diese Möglichkeit ist vielleicht der größte Fortschritt der EuBVO gegenüber dem bisherigen Rechtszustand, stellt sie doch sicher, dass das Prozessgericht die Beweisaufnahme selbst durchführt und sich – bei der Zeugenvernehmung – einen Eindruck von der Glaubwürdigkeit des Zeugen verschaffen kann.

Im Rahmen der Anwendung von Art. 17 EuBVO ist § 363 ausgeschlossen[26]. Allerdings **17** schließt das nicht aus, dass der Partei, die nicht an der Beweisaufnahme mitwirkt – etwa eine Ortsbesichtigung nicht zulässt oder verhindert – Beweisnachteile entstehen[27].

Die Durchführung unmittelbarer Beweisaufnahme bedarf der Einschaltung der Zentral- **18** stelle bzw. der zuständigen Behörde nach Art. 3 Abs. 3 EuBVO. Der Zentralstelle obliegt die Prüfung, ob die Erfordernisse des Art. 17 Abs. 5 EuBVO gegeben sind, also

– das Ersuchen in den Anwendungsbereich der EuBVO fällt,
– das Ersuchen die nach Art. 4 EuBVO erforderlichen Angaben enthält und
– die beantragte Beweisaufnahme mit den wesentlichen Rechtsgrundsätzen der lex fori des ersuchten Gerichts vereinbar ist.

Die unmittelbare Beweisaufnahme ist nur statthaft, wo sie auf freiwilliger Grundlage und **19** ohne Zwangsmaßnahmen erfolgen kann (Art. 17 Abs. 2 EuBVO). Zeugen sind hierüber zu belehren.

V. Kein Ausschluss extraterritorialer Beweismittelbeschaffung

Die EuBVO schließt nicht aus, dass Beweismittel aus dem Ausland während des deutschen **20** Prozesses ins Inland verbracht werden und dort Gegenstand einer inländischen Beweisaufnahme werden[28].

---

[25] Vgl. dazu *Schoibl* FS Machacek und Matscher, 2008, S. 883 ff.
[26] Vgl. *Hess/Müller* Die Verordnung 1206/01/EG zur Beweisaufnahme im Ausland, ZZPInt 6 (2001), 149 ff. (162); *Schlosser* EU-Zivilprozessrecht, Art. 17 EuBVO, Rdn. 1.
[27] Vgl. *Schlosser* EU-Zivilprozessrecht, Art. 17 EuBVO, Rdn. 2; *Stadler* Grenzüberschreitende Beweisaufnahmen in der Europäischen Union – die Zukunft der Rechtshilfe in Beweissachen, FS Geimer, 2002, S. 1281 ff. (1299).
[28] Vgl. *Berger* Die EG-Verordnung über die Zu-

sammenarbeit der Gerichte auf dem Gebiet der Beweisaufnahme in Zivil- und Handelssachen, IPRax 2001, 522 ff. (526 f.); *Coester-Waltjen* Einige Überlegungen zur Beschaffung von Beweisurkunden aus dem Ausland, FS Schlosser, 2005, S. 147 ff.; *Huber* in: Gebauer/Wiedmann, Zivilrecht unter europäischem Einfluss, Art. 1 EuBVO, Rdn. 35 ff.; *Müller* Grenzüberschreitende Beweisaufnahme im Europäischen Justizraum, 2004, S. 145; Rauscher/*von Hein* EG-BewVO, Art. 1, Rdn. 18; Zöller/*Geimer* § 363, Rdn. 4.

21 Das gilt zunächst für die Beschaffung von Beweisurkunden aus dem Ausland[29]. Soweit sich eine Vorlagepflicht aus §§ 422, 423 ergibt, kann das deutsche Gericht die Vorlage einer Urkunde auch dann nach § 425 anordnen, wenn diese sich nicht in Deutschland befindet. Dasselbe gilt für die Urkundenvorlage nach § 142[30].

22 Bei Zeugen will *Coester-Waltjen* differenzieren[31]. Ist der als Zeuge benannte Dritte im Hinblick auf das Beweisthema dem Forumstaat so verbunden[32], wie es für eine Beklagtenrolle notwendig wäre, so soll er sowohl als Zeuge geladen oder sanktionsbewehrt zu einer schriftlichen Zeugenaussage aufgefordert werden können. Ist der Dritte in diesem Sinne nicht gerichtspflichtig, so soll es bei der Vernehmung im Wege der Rechtshilfe bleiben. Diese Unterscheidung ist wenig sinnvoll. Denn die Gerichtspflichtigkeit hat nur für die Parteien Bedeutung. Möglich ist nur die Aufforderung an die Partei, den Zeugen in die Sitzung zu stellen, deren Nichtbeachtung sanktionslos bleibt oder die formlose Bitte an den Zeugen ohne Androhung von Zwangsmitteln[33]. Eine formlose Aufforderung ist kein hoheitlicher Akt[34]. Jedoch wird man fordern müssen, dass der Zeuge über sein Recht, nicht vor Gericht zu erscheinen, zu belehren ist. Streitig ist, ob ein Zeuge im Ausland schriftlich nach § 377 Abs. 3 befragt werden kann[35].

VI. Anwendung der ZRHO

23 Das nationale Recht wird durch die EuBVO nicht verdrängt[36]. Die Prüfungsstelle ist einzuschalten, soweit die Landesjustizverwaltung nicht von einer Beteiligung der Prüfungsstelle absieht (§ 27 ZRHO). § 38a Abs. 1 ZRHO regelt die Teilnahme von Richtern und Gerichtssachverständigen im Rahmen der Beweisaufnahme nach der EuBVO im Ausland.

VII. Kosten und Sicherheitsleistung

24 Die Kostentragung bestimmt sich nach Art. 18 EuBVO. Danach ist das Verfahren grundsätzlich kostenfrei. Nach Art. 18 Abs. können für die Erledigung des Ersuchens die Erstattung von Gebühren und Auslagen nicht verlangt werden.

---

29 Vgl. hierzu eingehend *Coester-Waltjen* Einige Überlegungen zur Beschaffung von Beweisurkunden aus dem Ausland, FS Schlosser, 2005, S. 147 ff.; *Musielak* Beweiserhebung bei auslandsbelegenen Beweismitteln, FS Geimer, 2002, S. 761 ff.
30 Vgl. *Berger* Die EG-Verordnung über die Zusammenarbeit der Gerichte auf dem Gebiet der Beweisaufnahme in Zivil- und Handelssachen, IPRax 2001, 522 ff. (527); *Coester-Waltjen* Einige Überlegungen zur Beschaffung von Beweisurkunden aus dem Ausland, FS Schlosser, 2005, S. 147 ff. (153); *Huber* in: Gebauer/Wiedmann, Zivilrecht unter europäischem Einfluss, Art. 1 EuBVO, Rdn. 39; Rauscher/*von Hein* EG-BewVO, Art. 1 Rdn. 31; *Stadler* Grenzüberschreitende Beweisaufnahmen in der Europäischen Union – Die Zukunft der Rechtshilfe in Beweissachen, FS Geimer, 2002, S. 1281 ff. (1290).

31 Vgl. *Coester-Waltjen* Einige Überlegungen zur Beschaffung von Beweisurkunden aus dem Ausland, FS Schlosser, 2005, S. 147 ff. (159 ff.).
32 Vgl. auch *Geimer* IZPR, Rdn. 430, der auf „minimum contacts" abstellen will.
33 Vgl. *Huber* in Gebauer/Wiedmann, Zivilrecht unter europäischem Einfluss, Art. 1, Rdn. 40.
34 Vgl. *Berger* Die EG-Verordnung über die Zusammenarbeit der Gerichte auf dem Gebiet der Beweisaufnahme in Zivil- und Handelssachen, IPRax 2001, 522 ff. (527); *Geimer* IZPR, Rdn. 431; *Huber* in: Gebauer/Wiedmann, Zivilrecht unter europäischem Einfluss, Art. 1, Rdn. 40; *Musielak* Beweiserhebung bei auslandsbelegenen Beweismitteln, FS Geimer, 2002, S. 761 ff. (770).
35 Vgl. dazu *Schabenberger* Der Zeuge im Ausland im deutschen Zivilprozess, Diss. Freiburg 1996, S. 197 f.
36 Vgl. Zöller/*Geimer* § 1072, Rdn. 8.

Eine Ausnahme von der Kostenfreiheit besteht in drei Fällen: **25**

- für Aufwendungen für Sachverständige und Dolmetscher;
- für Aufwendungen, die durch Benutzung von Kommunikationstechnologien – insbesondere Videokonferenzen und Telekonferenzen – auf Verlangen des ersuchenden Gerichts entstehen (Art. 10 Abs. 4 EuBVO);
- für Aufwendungen, die durch die Erledigung der Beweisersuchens in der Form des Staates des ersuchenden Gerichts auf dessen Verlangen entstehen (Art. 10 Abs. 3 EuBVO).

Für entstehende Sachverständigenkosten kann Sicherheitsleistung nach Art. 18 Abs. 3 **26** EuBVO verlangt werden.

§ 1073
Teilnahmerechte

(1) Das ersuchende deutsche Gericht oder ein von diesem beauftragtes Mitglied darf im Geltungsbereich der Verordnung (EG) Nr. 1206/2001 bei der Erledigung des Ersuchens auf Beweisaufnahme durch das ersuchte ausländische Gericht anwesend und beteiligt sein. Parteien, deren Vertreter sowie Sachverständige können sich hierbei in dem Umfang beteiligen, in dem sie in dem betreffenden Verfahren an einer inländischen Beweisaufnahme beteiligt werden dürfen.

(2) Eine unmittelbare Beweisaufnahme im Ausland nach Artikel 17 Absatz 3 der Verordnung (EG) Nr. 1206/2001 dürfen Mitglieder des Gerichts sowie von diesem beauftragte Sachverständige durchführen.

Übersicht

	Rdn.		Rdn.
I. Teilnahmerechte des Gerichts	1	III. Unmittelbare Beweisaufnahme ...	9
II. Teilnahmerechte der Parteien und Sachverständiger	6	IV. Kosten	11

I.   Teilnahmerechte des Gerichts

Abs. 1 konkretisiert die Teilnahmerechte der Prozessbeteiligten im deutschen Zivilverfah- **1** ren bei der Beweisaufnahme durch das ersuchte ausländische Gericht. Die Regelung war notwendig, da Art. 12 Abs. 1 EuBVO das Teilnahmerecht von Beauftragten des ersuchenden Gerichts unter den Vorbehalt stellt, dass dies mit dem Recht des ersuchenden Gerichts vereinbar ist.

Teilnahmeberechtigt ist das Gericht[1], d. h. die Kammer oder der Senat, oder ein einzelnes **2** Mitglied des Gerichts (beauftragter oder ersuchter Richter[2] nach § 375). Das Gericht kann

---

1 Vgl. Baumbach/Lauterbach/*Hartmann* § 1073, Rdn. 5.

2 Vgl. Baumbach/Lauterbach/*Hartmann* § 1073, Rdn. 5; Zöller/*Geimer* § 1073, Rdn. 5.

auch einen Beauftragten ernennen, der nicht Angehöriger des Spruchkörpers ist[3], z. B. einen Sachverständigen[4]. Nicht teilnahmeberechtigt – jedenfalls als Gerichtsbeauftragte – sind andere bei Gericht Tätige, z. B. zur Ausbildung zugewiesene Referendare oder deutsche oder ausländische öffentliche Stellen (einschließlich der Konsuln)[5].

3 Der Genehmigung der Bundesregierung bedarf die Teilnahme von richterlichem Personal nicht (§ 38a Abs. 1 ZRHO). Die beabsichtigte Teilnahme und die Beteiligung sind auf Formblatt A anzuzeigen (§ 38a Abs. 1 ZRHO).

4 Für etwa notwendige dienstrechtliche Genehmigungen gilt dasselbe für eine Teilnahme an einer Beweisaufnahme im Inland an einem anderen als dem Prozessort. Es macht insoweit keinen Unterschied, ob in einem Prozess vor dem Landgericht Stuttgart Beweis in Brüssel oder in Hamburg erhoben wird. § 1073 lässt etwaige dienstrechtliche Erfordernisse nicht entfallen.

5 Die bloße Teilnahme an der Beweisaufnahme ist nützlich, aber nicht ausreichend. Art. 12 Abs. 3 EuBVO gibt dem ersuchenden Gericht die Möglichkeit, die aktive Teilnahme an der Beweisaufnahme zu beantragen. Dies hat formularmäßig auf Formblatt A zu geschehen. Der Antrag wird regelmäßig dahingehen, dass das Gericht oder der Beauftragte Fragen an den Zeugen stellen kann. Wird keine besondere Art der Beteiligung beantragt, so legt das Rechtshilfegericht die Vorgehensweise nach seiner lex fori fest[6].

II.   Teilnahmerechte der Parteien und Sachverständiger

6 Art. 11 Abs. 1 EuBVO gibt den Parteien ein Anwesenheitsrecht bei der Beweisaufnahme im Ausland. Dasselbe gilt für ihre Vertreter, insbesondere Prozessbevollmächtigte. Das Teilnahmerecht steht unter dem Vorbehalt, dass das Rechts des ersuchenden Gerichts dies zulässt. § 1073 stellt dieses Teilnahmerecht der Parteien und ihrer Vertreter im deutschen Prozess ausdrücklich klar und verweist hinsichtlich des Umfangs des Teilnahmerechts auf das deutsche Recht.

7 Das deutsche Recht gewährleistet nicht nur ein Recht der Teilnahme der Parteien und ihrer Vertreter. Nach § 397 muss der Vorsitzende dem Zeugen auch eine zulässige Frage vorlegen, auch wenn er sie nicht für sachdienlich hält[7]. Darüber hinaus kann der Vorsitzende Parteien und Prozessbevollmächtigen nach § 397 Abs. 2 auf Verlangen gestatten, an den Zeugen unmittelbar Fragen zu stellen.

8 Auch Sachverständige sind teilnahmeberechtigt. Sachverständiger ist ein solcher, der von einem deutschen Gericht nach §§ 402 ff. bestellt worden ist[8].

---

3 Vgl. Rauscher/*von Hein* EG-BewVO, Art. 12, Rdn. 4; *Schmidt* Europäisches Zivilprozessrecht, Rdn. 343; Zöller/*Geimer* § 1073, Rdn. 6.
4 Vgl. Baumbach/Lauterbach/*Hartmann* § 1073, Rdn. 7.
5 Vgl. Rauscher/*von Hein* EG-BewVO" Art. 12 Rdn. 4.
6 Vgl. *Huber* in: Gebauer/Wiedmann, Zivilrecht unter europäischem Einfluss, Art. 12 EuBVO,

Rdn. 166; *Mayr/Czernich* Europäisches Zivilprozessrecht, Rdn. 376; *Stadler* Grenzüberschreitende Beweisaufnahme in der Europäischen Union – die Zukunft der Rechtshilfe in Beweissachen, FS Geimer, 2002, S. 1281 ff. (1294).
7 Vgl. BGH NJW 1997, 802.
8 Vgl. Baumbach/Lauterbach/*Hartmann* § 1073, Rdn. 10.

III. Unmittelbare Beweisaufnahme

Abs. 2 eröffnet den Weg zur unmittelbaren Beweisaufnahme nach Art. 17 EuBVO. Hier liegt **9** der materiell wohl größte Fortschritt, den die EuBVO für die Beweisaufnahme über die Grenze gebracht hat[9]. Denn nach den bestehenden völkerrechtlichen Bestimmungen über die Beweisaufnahme im Ausland, insbesondere dem Haager Beweisübereinkommen, ist eine direkte Beweisaufnahme durch den Richter des ersuchenden Gerichts auf dem Hoheitsgebiet des ersuchten Staates nicht zulässig[10]. Wählt das Gericht den Weg der unmittelbaren Beweisaufnahme, so ist § 363 nicht mehr anwendbar[11].

Die unmittelbare Beweisaufnahme steht nicht nur Richtern, sondern auch Sachverständigen offen[12]. Auf diese Weise darf der Sachverständige – was außerhalb des Geltungsbereichs der EuBVO zweifelhaft ist (vgl. dazu § 1072, Rdn. 12) – einen Ortstermin im Ausland durchführen. § 404a ist zu beachten, vgl. Art. 17 Abs. 6 EuBVO. **10**

IV. Kosten

Die Kosten bestimmen sich nach Art. 18 EuBVO, im Übrigen nach autonomem Recht (ZPO **11** und JVEG)[13].

§ 1074

Zuständigkeiten nach der Verordnung (EG) Nr. 1206/2001

(1) Für Beweisaufnahmen in der Bundesrepublik Deutschland ist als ersuchtes Gericht im Sinne von Artikel 2 Absatz 1 der Verordnung (EG) Nr. 1206/2001 dasjenige Amtsgericht zuständig, in dessen Bezirk die Verfahrenshandlung durchgeführt werden soll.

(2) Die Landesregierungen können die Aufgaben des ersuchten Gerichts einem Amtsgericht für die Bezirke mehrerer Amtsgerichte durch Rechtsverordnung zuweisen.

(3) Die Landesregierungen bestimmen durch Rechtsverordnung die Stelle, die in dem jeweiligen Land

1. als deutsche Zentralstelle im Sinne von Artikel 3 Absatz 1 der Verordnung (EG) Nr. 1206/2001 zuständig ist,

2. als zuständige Stelle Ersuchen auf unmittelbare Beweisaufnahme im Sinne von Artikel 17 Absatz 1 der Verordnung (EG) Nr. 1206/2001 entgegennimmt.

---

9 Vgl. *Schlosser* EU-Zivilprozessrecht, Art. 17 EuBVO, Rdn. 1.
10 Vgl. *Mayr/Czernich* Europäisches Zivilprozessrecht, Rdn. 382.
11 Vgl. *Hess/Müller* Die Verordnung 1206/01/EG zur Beweisaufnahme im Ausland, ZZPInt 6

(2001), 149 ff. (162); *Schlosser* EU-Zivilprozessrecht, Art. 17 EuBVO, Rdn. 2.
12 Vgl. Thomas/Putzo/*Reichold* § 1073, Rdn. 2.
13 Vgl. Baumbach/Lauterbach/*Hartmann* § 1073, Rdn. 16.

Die Aufgaben nach den Nummern 1 und 2 können in jedem Land nur jeweils einer Stelle zugewiesen werden.

(4) Die Landesregierungen können die Befugnis zum Erlass einer Rechtsverordnung nach den Absätzen 2 und 3 Satz 1 einer obersten Landesbehörde übertragen.

Übersicht

	Rdn.		Rdn.
I. Zuständigkeit für Beweisaufnahmen im Inland	1	b) Lösung von Schwierigkeiten bei der Beweisaufnahme über die Grenze	12
1. Zuständigkeit des Amtsgerichts . .	2		
2. Konzentrationsermächtigung	3	c) Weiterleitung eines Ersuchens in Ausnahmefällen	13
II. Übermittlung des Ersuchens	4	2. Deutsche Zentralstellen	14
III. Zentralstellen	6	**IV. Übertragung von Funktionen auf oberste Landesbehörde**	15
1. Bestimmung von Zentralstellen und deren Aufgaben	7		
a) Auskunftserteilung	8		

I. Zuständigkeit für Beweisaufnahmen im Inland

1 Nachdem sich die Abwicklung von Beweisaufnahmen über die Grenze über Zentralstellen nach dem Haager Beweisübereinkommen als zu schwerfällig und zeitraubend erwiesen hat[1] ist der unmittelbare Geschäftsverkehr nach der EuBVO der entscheidende Vorteil im europäischen Beweisrecht. Dessen Zulassung in Art. 2 EuBVO konkretisiert § 1074 durch die Bestimmung der Zuständigkeit für Beweisaufnahmen im Inland im Rahmen von vor ausländischen Gerichten schwebenden Prozessen. Nach Art. 2 Abs. 1 EuBVO kann das ausländische Gericht ein Beweisersuchen unmittelbar an das deutsche Gericht (ersuchtes Gericht) übersenden.

1. Zuständigkeit des Amtsgerichts

2 Ersuchtes Gericht ist das Amtsgericht, in dessen Sprengel die Verfahrenshandlung durchgeführt werden soll. Sollen Verfahrenshandlungen an verschiedenen Orten durchgeführt werden, etwa die Einnahme des Augenscheins im Sprengel des Gerichts A, die Zeugenvernehmung im Sprengel des Gerichts B, so ist jeweils ein besonderes Ersuchen erforderlich. Die Ersuchen können gleichzeitig gestellt werden. Das ist jedoch nur sinnvoll, wenn sie parallel erledigt werden können, da andernfalls die 90 Tagesfrist des Art. 10 Abs. 1 EuBVO u. U. zu kurz ist.

Funktionell ist nicht der Rechtspfleger, sondern der Amtsrichter zuständig[2].

---

1 Vgl. *Berger* Die EG-Verordnung über die Zusammenarbeit der Gerichte auf dem Gebiet der Beweisaufnahme in Zivil- und Handelssachen (EuBVO), IPRax 2001, 522 ff.; *Huber* in: *Gebauer/Wiemann* Zivilrecht unter europäischem Einfluss,

Art. 2 EuBVO, Rdn. 47; *Schlosser* EU-Zivilprozessrecht, EuBVO, Art. 2, Rdn. 1.
2 Vgl. Baumbach/Lauterbach/*Hartmann* § 1074, Rdn. 4.

2. Konzentrationsermächtigung

Die Landesregierungen haben die Befugnis zur Konzentration der ersuchten Gerichte. **3**
Hiervon haben Gebrauch gemacht:

Nordrhein-Westfalen[3]: Amtsgericht Duisburg (für die Amtsgerichtsbezirke Duisburg, Duisburg-Hamborn und Duisburg-Ruhrort); Amtsgericht Essen (für die Amtsgerichtsbezirke Essen, Essen-Borbeck und Essen-Steele); Amtsgericht Gelsenkirchen (für die Amtsgerichtsbezirke Gelsenkirchen und Gelsenkirchen-Buer); Amtsgericht Herne (für die Amtsgerichtsbezirke Herne und Herne-Wanne); Amtsgericht Mönchengladbach (für die Amtsgerichtsbezirke Mönchengladbach und Mönchengladbach-Rheydt).

Rheinland-Pfalz[4]: Amtsgericht am Sitz des Landgerichts für den Bezirk des Landgerichts.

Hamburg: Amtsgericht Hamburg[5].

Berlin: Amtsgericht Berlin-Schöneberg[6].

II. Übermittlung des Ersuchens

Die Übermittlung des Ersuchens erfolgt im unmittelbaren Rechtsverkehr der Gerichte. Es **4**
gilt Art. 4 EuBVO für Form und Inhalt des Ersuchens. Das Ersuchen muss auf den dazu vorgesehenen Formblättern[7] gestellt werden. Die Verwendung der Formblätter ist zwingend[8/9]. Formblatt A sieht neben einer Bezeichnung von Parteien, deren Vertretern, des ersuchenden und ersuchten Gerichts und der an der Beweisaufnahme teilnehmenden Personen eine Darstellung von Art und Gegenstand des Falles, eine kurze Erläuterung des Sachverhalts und die Beschreibung der durchzuführenden Beweisaufnahme vor.

Im Übrigen gilt § 83 ZRHO für Form und Fristen der Erledigung. Ist das Gesuch nicht auf **5**
den vorgeschriebenen Formblättern gestellt oder ist es unvollständig, so muss es zurückgewiesen werden. Es gilt Art. 8 Abs. 1 EuBVO.

Das Ersuchen und die ihm beigefügten Unterlagen bedürfen gem. Art. 4 Abs. 2 EuBVO **6**
nicht der Beglaubigung oder einer sonstigen gleichwertigen Formalität.

---

3 Vgl. Verordnung über Zuständigkeiten im Rechtshilfeverkehr zur Durchführung gemeinschaftsrechtlicher Vorschriften (Zuständigkeits-VO Rechtshilfe – ZustVO EUZHA) GV NRW 2004, 24.
4 Vgl. Fünfzehnte Landesverordnung zur Änderung der Landesverordnung über die gerichtliche Zuständigkeit in Zivilsachen und Angelegenheiten der freiwilligen Gerichtsbarkeit v. 28. Juli 2005, GVBl. RhPf. 2005, 360.
5 Vgl. § 1 Nr. 9 RHi ErsAGzustV idF v. 27.2.2004, GVBl. 2004, 187.
6 Vgl. § 9 Abs. 1 zustV v. 8.5.2008, GVBl. 2008, 116.
7 Abgedruckt in *Wieczorek/Schütze* sub II.2.a.gg.
8 Vgl. dazu Erwägungsgrund 9: „Eine schnelle Übermittlung des Ersuchens um Beweisaufnahme erfordert den Einsatz aller geeigneten Mittel, wobei bestimmte Bedingungen hinsichtlich der Lesbarkeit und der Zuverlässigkeit des eingegangenen Dokuments zu beachten sind. Damit ein Höchstmaß an Klarheit und Rechtssicherheit gewährleistet ist, müssen die Ersuchen um Beweisaufnahme anhand eines Formblatts übermittelt werden, das in der Sprache des Mitgliedstaats des ersuchten Gerichts oder einer anderen von diesem Staat anerkannten Sprache auszufüllen ist. Aus diesem Grund empfiehlt es sich, auch für die Kommunikation zwischen den betreffenden Gerichten nach Möglichkeit Formblätter zu verwenden.".
9 Vgl. *Huber* in: Gebauer/Wiedmann, Zivilrecht unter europäischem Einfluss, Art. 4 EuBVO, Rdn. 85; Rauscher/*von Hein* EG-BewVO, Art. 4, Rdn. 25; *Schlosser* EU-Zivilprozessrecht, Art. 4 EuBVO, Rdn. 4.

III. Zentralstellen

1. Bestimmung von Zentralstellen und deren Aufgaben

7 Nach Art. 3 EuBVO hat jeder Mitgliedstaat eine oder – bei Bundesstaaten mit mehreren Rechtssystemen oder Staaten mit autonomen Gebietskörperschaften (Art. Art. 3 Abs. 2 EuB-VO) – mehrere Zentralstellen zu benennen. Die Zentralstellen sind mit der Durchführung von Beweisaufnahmen über die Grenze nicht direkt befasst. Ihre Aufgabe ist dreifach:

a) Auskunftserteilung

8 Die Zentralstellen sind verpflichtet, Auskunft über alle die EuBVO und ihre Anwendung betreffenden Fragen zu erteilen. Das ist eine besonders wichtige Funktion, da die Sammlung und Veröffentlichung über die Zuständigkeiten im Rahmen der Verordnung nur mangelhaft und schwer zugänglich sind.

9 Berechtigt zur Stellung eines Auskunftsverlangens sind nach dem Wortlaut der Bestimmung nur Gerichte, nicht Privatpersonen. Diese können jedoch bei Gericht anregen, ein entsprechendes Auskunftverlangen zu stellen[10]. Das Gericht ist jedoch nicht verpflichtet, einer solchen Anregung zu folgen.

10 Berechtigt zur Auskunfterteilung sind deutsche und ausländische Gerichte. Die Beschränkung auf ausländische Gerichte, die in der Literatur teilweise vertreten wird[11], lässt sich weder aus dem Wortlaut noch aus dem Sinn der Bestimmung herleiten.

11 Art. 3 Abs. 1 lit. a EuBVO soll der Faulheit von Gerichten nicht Vorschub leisten. Informationen, die anderweit aus leicht zugänglichen Quellen[12] erlangt werden können, sollen nicht Gegenstand von Informationsersuchen sein. Dasselbe gilt für Auskünfte über ausländisches Recht[13]. Die Zentralstelle kann die Erledigung derartiger Anfragen ablehnen.

b) Lösung von Schwierigkeiten bei der Beweisaufnahme über die Grenze

12 Schwierigkeiten können bei einem Ersuchen dann auftreten, wenn Missverständnisse und Kontroversen im Zusammenhang mit der Vervollständigung unvollständiger Ersuchen, der Sprache, der Form und der Kosten im unmittelbaren Verkehr zwischen den Gerichten auftreten[14]. Erst wenn der Weg über Art. 3 Abs. 1 lit. b EuBVO scheitert, ist nach §§ 36 Abs. 5 S. 3, 31 Abs. 4 ZRHO zu verfahren.

c) Weiterleitung eines Ersuchens in Ausnahmefällen

13 In Ausnahmefällen leitet die Zentralstelle nach Art. 3 Abs. 1 lit. c EuBVO ein Ersuchen auf Antrag eines ersuchenden Gerichts an das zuständige Gericht weiter. Dabei ist die Zentralstelle allein auf die Weiterleitung beschränkt. Eine eigene Prüfungskompetenz des Antrags steht ihr nicht zu[15]. § 82 Abs. 2 ZRHO konkretisiert die Ausnahmeregel dahin, dass die

---

10 Vgl. Rauscher/*von Hein* EG-BewVO" Art. 3 Rdn. 3.

11 Vgl. *Huber* in: Gebauer/Wiedmann, Zivilrecht unter europäischem Einfluss, Art. 3 EuBVO, Rdn. 56.

12 Das gilt insbesondere für die Länderberichte zur ZRHO und das Handbuch der Kommission.

13 Vgl. Rauscher/*von Hein* EG-BewVO, Art. 3, Rdn. 2.

14 Vgl. Rauscher/*von Hein* EG-BewVO" Art. 3 Rdn. 6.

15 Vgl. *Berger* Die EG-Verordnung über die Zusammenarbeit der Gerichte auf dem Gebiet der Beweisaufnahme in Zivil- und Handelssachen (EuBVO), IPRax 2001, 522 ff. (523); *Huber* in: Gebauer/Wiedmann, Zivilrecht unter europäischem Einfluss, Art. 3 EuBVO, Rdn. 57, Fn. 138.

Weiterleitung nur in begründeten Ausnahmefällen erfolgen darf. Das bedeutet, dass die Zentralstelle ein Prüfungsrecht hinsichtlich des Tatbestandmerkmals des Ausnahmefalles hat und – wenn es diesen verneint – das Ersuchen zurückweisen muss[16]. Ausnahmefälle i. S. von Art. 3 Abs. 1 lic. EuBVO werden selten sein. Sie können insbesondere dann auftreten, wenn Zweifel über die Zuständigkeit des ersuchten Gerichts bestehen etwa bei positivem oder negativem Kompetenzkonflikt oder weil sich Gerichtsbezirke geändert haben. Ein Ausnahmefall ist auch dann gegen, wenn sich das ersuchte Gericht willkürlich weigert, das Ersuchen im unmittelbaren Geschäftsverkehr entgegenzunehmen[17].

2. Deutsche Zentralstellen

Die Landesregierungen bestimmen die Zentralstellen nach Art. 3 EuBVO entweder selbst **14** oder ermächtigen eine oberste Landesbehörde hierzu. In Deutschland sind als Zentralstellen bestimmt:

Baden-Württemberg: Amtsgericht Freiburg

Bayern: Bayerisches Staatsministerium der Justiz

Berlin: Senatsverwaltung für Justiz

Brandenburg: Ministerium der Justiz und für Europaangelegenheiten des Landes Brandenburg

Bremen: Landgericht Bremen

Hamburg: Amtsgericht Hamburg

Hessen: Hessisches Ministerium der Justiz

Mecklenburg-Vorpommern: Justizministerium Mecklenburg-Vorpommern

Niedersachsen: Niedersächsisches Justizministerium

Nordrhein-Westfalen: Oberlandesgericht Düsseldorf

Rheinland-Pfalz: Ministerium der Justiz des Landes Rheinland-Pfalz

Saarland: Ministerium der Justiz

Sachsen: Präsident des Oberlandesgerichts Dresden

Sachsen-Anhalt: Ministerium der Justiz

Schleswig-Holstein: Ministerium für Justiz, Gleichstellung und Integration

Thüringen: Thüringer Justizministerium

IV. Übertragung von Funktionen auf oberste Landesbehörde

Von der Übertragungsbefugnis zum Erlass von Rechtsverordnungen nach Abs. 2 und 3 S. 1 **15** haben Gebrauch gemacht:

Hamburg[18]: Übertragung der Ermächtigung auf die Justizbehörde

---

16 Vgl. *Huber* in: Gebauer/Wiedmann, Zivilrecht unter unter europäischem Einfluss, Art. 3 EuBVO, Rdn. 57.
17 Vgl. Rauscher/*von Hein* EG-BewVO, Art. 3 Rdn. 8.

18 Vgl. Zweite Verordnung zur Weiterübertragung bundesgesetzlicher Verordnungsermächtigungen im Justizbereich vom 10. Februar 2004, HmbGVBl. 2004, 61.

§ 1075

Sprache eingehender Ersuchen

Aus dem Ausland eingehende Ersuchen auf Beweisaufnahme sowie Mitteilungen nach der Verordnung (EG) Nr. 1206/2001 müssen in deutscher Sprache abgefasst oder von einer Übersetzung in die deutsche Sprache begleitet sein.

Übersicht

	Rdn.		Rdn.
I. Sachlicher Geltungsbereich	1	III. Keine Ausnahmen bei Sprachkenntnis der Beteiligten	3
II. Ausschließlichkeit der Benutzung der Gerichtssprache	2	IV. Rechtsfolgen der Benutzung einer nicht zugelassenen Sprache	5

I.   Sachlicher Geltungsbereich

1   § 1075 konkretisiert Art. 5 EuBVO. Der sachliche Geltungsbereich beider Bestimmungen deckt sich. Beide Regelungen beziehen sich nur auf Rechtshilfeersuchen und Mitteilungen nach der EuBVO, nicht jedoch auf Beweisaufnahmehandlungen. Die Sprachenfrage für die Beweisaufnahme selbst ist nicht in Art. 5 EuBVO geregelt. Sie bestimmt sich nach dem auf die Beweisaufnahme anwendbaren Verfahrensrecht[1]. Die Beweisaufnahme in Deutschland ist deshalb zwar auch in deutscher Sprache durchzuführen[2], fällt jedoch nicht unter § 1075. Deshalb findet auf die Beweisaufnahme auch § 185 Abs. 1 S. 1 GVG Anwendung[3]. Wird die Beweisaufnahme unter Beteiligung eines der deutschen Sprache nicht Mächtigen durchgeführt, so ist ein Dolmetscher beizuziehen[4]. Beherrschen alle Beteiligten – einschließlich des Protokollführers[5] – die deutsche Sprache, so kann die Beweisaufnahme auch in fremder Sprache durchgeführt werden[6].

II.   Ausschließlichkeit der Benutzung der Gerichtssprache

2   Art. 5 EuBVO schreibt für das Beweisersuchen die Benutzung der Gerichtssprache(n) des ersuchten Mitgliedstaates vor. Das ist nach § 184 GVG deutsch. § 1075 konkretisiert Art. 5 EuBVO. Die EuBVO folgt damit nicht dem Beispiel von Art. 4 Abs. 2 Haager Beweisübereinkommen, wonach – soweit kein Vorbehalt gemacht worden ist – Rechtshilfeersuchen auch in englischer oder französischer Sprache abgefasst werden oder von einer Übersetzung in diese Sprachen begleitet sein können. Bei der wachsenden Zahl von nicht außerhalb des

---

1 Vgl. *Huber* in: Gebauer/Wiedmann, Zivilrecht unter europäischem Einfluss, Art. 5 EuBVO, Rdn. 87; Rauscher/*von Hein* EG-BewVO, Art. 10, Rdn. 3.
2 Vgl. *Huber* in: Gebauer/Wiedmann, Zivilrecht unter europäischem Einfluss, Art. 10 EuBVO, Rdn. 127; Rauscher/*von Hein* EG-BewVO, Art. 10 Rdn. 5.

3 Vgl. Rauscher/*von Hein* EG-BewVO, Art. 10, Rdn. 5.
4 Vgl. zu der Qualität des Dolmetschers *Schütze* DIZPR, Rdn. 196.
5 Vgl. *Schack* IZVR, Rdn. 646.
6 Vgl. Saenger/*Saenger* § 1075, Rdn. 1.

Sprachgebiets verständlichen Sprachen in der EU wäre eine solche Regelung sinnvoll gewesen. Prestigeerwägungen haben in der EUBVO eines solche Regelung wohl verhindert[7]. Die Abfassung des Ersuchens wird durch die Benutzung des Formblatts A (in deutscher Sprache) erleichtert.

III. Keine Ausnahmen bei Sprachkenntnis der Beteiligten

§ 185 Abs. 2 GVG macht für den Fall, dass alle Beteiligten eine fremde Sprache beherrschen **3** Ausnahmen von der Verpflichtung zur Benutzung der Gerichtssprache und der Notwendigkeit der Zuziehung eines Dolmetschers nach § 185 Abs. 1 GVG[8].

Angesichts des klaren Wortlauts des § 1075 kann die Ausnahme des § 185 Abs. 1 GVG nicht **4** für eingehende Ersuchen gelten[9]. Dasselbe gilt für Mitteilungen im Rahmen des Beweisaufnahmeverfahrens über die Grenze. Das ist sachgerecht, da sonst die administrative Durchführung erschwert würde. Wegen der weitgehend formularmäßigen Abwicklung entstehen auch keine unzumutbaren Schwierigkeiten für die ausländischen Beteiligten.

IV. Rechtsfolgen der Benutzung nicht zugelassener Sprache

Wird das Ersuchen in nicht zugelassener Sprache gestellt, also in einer anderen als der **5** deutschen Sprache, so wird es nicht bearbeitet. Die Frist des Art. 10 Abs. 1 EuBVO wird nicht in Lauf gesetzt[10]. Das ersuchte Gericht kann es aber nicht einfach nicht beachten. Es muss das Ersuchen nach Formblatt B für erledigungsunfähig erklären[11] und so dem ersuchenden Gericht die Chance geben, das Gesuch erneut in deutscher Sprache zu stellen. Das gebietet die gemeinschaftsrechtliche Kooperationspflicht[12].

7 Vgl. Rauscher/*von Hein* EG-BewVO, Art. 5, Rdn. 3.
8 Vgl. im einzelnen Wieczorek/Schütze/*Schreiber* § 185 GVG, Rdn. 7 f.
9 Vgl. Rauscher/*von Hein* EG-BewVO, Art. 5, Rdn. 1; Saenger/*Saenger* § 1075, Rdn. 1.

10 Vgl. Rauscher/*von Hein* EG-BewVO Art. 5, Rdn. 5.
11 Vgl. *Huber* in: Gebauer/Wiedmann, Zivilrecht unter europäischem Einfluss, Art. 5 EuBVO, Rdn. 93; *Schlosser* EU-Zivilprozessrecht, Art. 5 EuBVO, Rdn. 1.
12 Vgl. dazu *Hess* IPRax 2001, 389 ff. (393).

ABSCHNITT 3

Prozesskostenhilfe nach Richtlinie 2003/8/EG

Vorbemerkung zu §§ 1076–1078

1 §§ 1076–1078 regeln die Umsetzung der Prozesskostenhilferichtlinie 2003/8/EG[1]. Diese gilt nicht unmittelbar in Deutschland, bedarf vielmehr der Einführung in das deutsche Recht. Die Prozesskostenhilferichtlinie soll Mindeststandards für die Armenrechtsgewährung[2] im grenzüberschreitenden Verkehr gewährleisten, wobei dahingestellt bleiben mag, ob „grenzüberschreitende Verfahren armer Leute ... gewiss eine Randerscheinung im großen „litigation business" sind"[3]. Jedenfalls haben EU-Bürger nach Art. 47 Abs. 3 der Grundrechtscharta vom 8. Dezember 2000[4] einen Anspruch auf Armenrecht, um Ansprüche gerichtlich durchsetzen oder sich gegen Ansprüche gerichtlich verteidigen zu können.

Schrifttum: *Fischer* Grenzüberschreitende Prozesskostenhilfe nach dem EG Prozesskostenhilfegesetz, ZAP 2005, 225 ff.; *Gottwald* Prozesskostenhilfe für grenzüberschreitende Verfahren in Europa, FS Rechberger, 2005, S. 173 ff.; *Hau* Europäische Prozesskostenhilferichtlinie, in: Gebauer/Wiedmann (Herausg.), Zivilrecht unter europäischem Einfluss, 2. Aufl., 2010 S. 1971 ff.; *ders.* Prozesskostenhilfe für Ausländer und Auslandsansässige im deutschen Zivilprozess, GS Konuralp, 2009, Bd. I, S. 409 ff.; *Jastrow* Grenzüberschreitende Prozesskostenhilfe in Zivilsachen – die EG-Richtlinie 8/2003, MDR 2004, 75 ff.; *Rellermeyer* Rechtspflegergeschäfte nach dem EG-Prozesskostenhilfegesetz, RPfl. 2005, 61 ff.; *Schmidt* Europäisches Zivilprozessrecht, Rdn. 376 ff.; *Schoibl* Gemeinsame Mindestvorschriften für die europäische Prozesskostenhilfe in Zivilsachen, JBl. 2006, 142 ff.; 233 ff.

§ 1076
Anwendbare Vorschriften

Für die grenzüberschreitende Prozesskostenhilfe innerhalb der Europäischen Union nach der Richtlinie 2003/8/EG des Rates vom 27. Januar 2003 zur Verbesserung des Zugangs zum Recht bei Streitsachen mit grenzüberschreitendem Bezug durch Festlegung gemeinsamer Mindestvorschriften für die Prozesskostenhilfe in derartigen Streitsachen (ABl. EG Nr. L 26 S. 41, ABl. EU Nr. L 32 S. 15) gelten die §§ 114 bis 127a, soweit nachfolgend nichts Abweichendes bestimmt ist.

1 Abgedruckt in *Wieczorek*/Schütze, Bd. VI, sub II. 2.b.
2 Die Termini Armenrecht und Prozesskostenhilfe werden synonym benutzt. Der überkommene Begriff des Armenrechts, der sich international durchgesetzt hatte und in internationalen Übereinkommen über die Rechtshilfe benutzt wird, ist aus politischen Gründen von „Justizsoziologen" geändert worden, ohne dass sich materiell etwas geändert hätte.
3 So *Gottwald* Prozesskostenhilfe für grenzüberschreitende Verfahren in Europa, FS Rechberger, 2005, S. 173 ff. (173).
4 ABl. EG C 346/1, 20 v. 18.12.2000.

Übersicht

	Rdn.			Rdn.
I. Sachlicher Anwendungsbereich...	1		2. Legaler Aufenthalt	11
1. Grundsatz: Internationale Strei-			3. Unerheblichkeit der Staats-	
tigkeit	1		angehörigkeit	12
2. Zivil- oder Handelssache	4		III. Räumlicher Geltungsbereich	13
3. Verfahrensart	8			
II. Persönlicher Geltungsbereich	9		IV. Anspruchsberechtigung	14
1. Natürliche Person	9		V. Anwendbarkeit der §§ 114 ff.	16

I.   Sachlicher Anwendungsbereich

1.   Grundsatz: Internationale Streitigkeit

Der Anwendungsbereich der Richtlinie ist auf „Streitsachen mit grenzüberschreitendem **1** Bezug" beschränkt (Art. 1 Abs. 1 PKHRL). Art. 2 bringt eine Legaldefinition dieser Streitigkeiten. Eine internatonale Streitigkeit liegt dann vor, wenn Wohnsitz oder gewöhnlicher Aufenthalt der armen Partei in einem Mitgliedstaat der EU liegt und das Verfahren, für das Armenrecht begehrt wird, in einem anderen Mitgliedstaat der EU geführt wird. Nicht ausreichend ist, dass der Gegner des Antragstellers im Ausland Wohnsitz oder gewöhnlichen Aufenthalt hat[1].

Die Bestimmung des Wohnsitzes erfolgt nach gleichen Kriterien wie in Artt. 2, 59 VO (EG) **2** Nr. 44/2001. Der europäische Gesetzgeber hat darauf verzichtet, einen einheitlichen gemeineuropäischen Wohnsitzbegriff zu schaffen und verweist auf das Recht der Mitgliedstaaten. Ob und in welchem Mitgliedstaat der Wohnsitz der armen Partei liegt, bestimmt sich nach dem Recht des Staates des behaupteten Wohnsitzes. Soweit das Prozessrecht des Mitgliedstaates nicht auf sein Zivilrecht Bezug nimmt, sondern Regeln über einen prozessualen Wohnsitzbegriff kennt[2], sind diese maßgebend.

Ebenso wie das EuGVÜ verzichtet die VO (EG) Nr. 44/2001 auf den gewöhnlichen Aufent- **3** halt als Anknüpfung an die Zuständigkeit[3]. Diese Regelwerke können zur Auslegung deshalb nicht herangezogen werden. Auch hier muss man für die Bestimmung des Begriffes des gewöhnlichen Aufenthalts auf das Recht des behaupteten gewöhnlichen Aufenthalts abstellen. Behauptet ein Marokkaner im Rahmen des Armenrechtsverfahrens für einen Zivilprozess in Stuttgart, er habe gewöhnlichen Aufenthalt in Brüssel, so ist das belgische Recht für den Aufenthaltsbegriff maßgebend.

---

1 Vgl. *Hau* in: Gebauer/Wiedmann, Zivilrecht unter europäischem Einfluss, Rdn. 11; *Wagner* Zur Vereinheitlichung des internationalen Zivilverfahrensrechts vier Jahre nach Inkrafttreten des Amsterdamer Vertrags, NJW 2003, 2344 ff. (2346).

2 Vgl. dazu *Geimer/Schütze* EuZVR, A.1, Art. 59, Rdn. 8 ff. mit Beispielen.
3 Vgl. dazu *Geimer/Schütze* EuZVR, A.1, Art. 2, Rdn. 20.

2.   Zivil- oder Handelssache

4   Die Streitigkeit, die Gegenstand der Prozessführung ist, muss eine Zivil- oder Handelssache[4] zum Gegenstand haben. Der Begriff entspricht dem in Art. 1 VO (EG) Nr. 44/2001[5] sowie Art. 1 Abs. 1 EuGVÜ/LugÜ I. Er ist autonom zu qualifizieren[6], um eine einheitliche Anwendung im europäischen Justizraum zu gewährleisten. Auch die Geltendmachung von Ersatzansprüchen des Verletzten im Strafverfahren gegen den Schädiger (Adhäsionsverfahren) ist zivilrechtlicher Natur. Das entspricht Art. 5 Nr. 4 VO (EG) Nr. 44/2001/LugÜ II und Artt. 5 Nr. 4 EuGVÜ/LugÜ I[7]. Ausgeschlossen sind öffentlich-rechtliche Streitigkeiten, insbesondere steuer-, verwaltungs- und zollrechtliche Angelegenheiten (Art. 1 Abs. 2 Richtlinie)[8]. Die Ausklammerung öffentlich-rechtlicher Streitigkeiten mag angesichts des Entwicklungsstandes der Europäischen Gemeinschaften „antiquiert" sein[9], der europäische Gesetzgeber hat sich aber für die Beschränkung auf zivil- und handelsrechtliche Streitigkeiten entschieden. Das ist hinzunehmen.

5   Zivilrechtlicher Natur sind – unabhängig von dem Gerichtszweig, in dem Ansprüche geltend zu machen sind (materiellrechtliche Einordnung)[10] – auch familien-, arbeits- und patentrechtliche Ansprüche[11].

6   Nachdem bestimmte Zivilsachen in Art. 1 Abs. 2 VO (EG) Nr. 44/2001 und den entsprechenden Bestimmungen in EuGVÜ/LugÜ I und II aus dem Anwendungsbereich der Regelwerke ausgenommen sind, könnte man geneigt sein diese Rechtssachen auch aus dem Anwendungsbereich der Richtlinie auszunehmen. Das wäre aber zu formal. Entscheidend ist der jeweilige Grund für die Ausnahme.

7   Die Verfahren nach Art. 1 Abs. 2 lit. a und b (Nr. 1 und 2) der Regelwerke sind von der Anwendung ausgenommen, weil eine besondere europarechtliche Regelung hierfür geschaffen werden sollte[12]. Das ist inzwischen im familienrechtlichen Bereich durch VO (EG) Nr. 1347/2000 und 2201/2003 weitgehend geschehen. Für güterrechtlichen Streitgegenstände und die erbrechtlichen Materien sollen eigene Verordnungen erarbeitet werden (Brüssel III und IV). Für Insolvenzverfahren ist eine europarechtliche Regelung in der EuInsVO geschaffen worden. Es besteht deshalb kein Grund, Zivilsachen, die unter Art. 1 Abs. 2 lit. a und b VO (EG) Nr. 44/2001 oder den Ausnahmekatalog der Nr. 1 und 2 EuGVÜ/LugÜ I fallen, aus dem Geltungsbereich der Richtlinie auszunehmen[13]. Etwas

---

4   Zum Begriff der Handelssache vgl. *Geimer/Schütze* EuZVR, A.1, Art. 1 Rdn. 24 ff.; *Luther* Zur Anerkennung und Vollstreckung von Urteilen und Schiedssprüchen in Handelssachen im deutsch-italienischen Rechtsverkehr, ZHR 127 (1964), 145 ff.

5   Vgl. *Schmidt* Europäisches Zivilprozessrecht, Rdn. 77; zurückhaltend *Hau* in: Gebauer/Wiedmann, Zivilrecht unter europäischem Einfluss, Europäische Prozesskostenrichtlinie, Rdn. 10, („in Anlehnung an").

6   Vgl. EuGH Rs. 29/76 – LTU v. Eurocontrol – EuGHE 1976, 1541 = NJW 1977, 489 mit Anm. *Geimer* = RIW/AWD 1977, 40 mit Anm. *Linke* = Rev. crit. 1977, 772 mit Anm. *Droz.*

7   Vgl. dazu *Kohler* Adhäsionsverfahren und Brüsseler Übereinkommen 1968, in: Will (Herausg.), Schadensersatz im Strafverfahren, 1990, S. 74 ff.

8   Vgl. *Hau* in: Gebauer/Wiedmann, Zivilrecht unter europäischem Einfluss, Europäische Prozesskostenhilferichtlinie, Rdn. 10.; *Zöller/Geimer* § 1076, Rdn. 3.

9   Vgl. *Geimer/Schütze* EuZVR, A.1, Art. 1 Rdn. 1; *Schlosser* EU Zivilprozessrecht, 2. Aufl., 2002, Art. 1 Rdn. 3.

10   Vgl. *Geimer/Schütze* EuZVR, A.1, Art. 1, Rdn. 27 ff.

11   Vgl. *Hau* in: Gebauer/Wiedmann, Zivilrecht unter europäischem Einfluss, Europäische Prozesskostenhilferichtlinie, Rdn. 21.

12   Vgl. *Geimer/Schütze* EuZVR, A.1, Art. 1, Rdn. 66 ff.

13   Vgl. ausdrücklich für insolvenzrechtliche Ansprüche *Hau* in: Gebauer/Wiedmann, Zivilrecht unter europäischem Einfluss, Europäische Prozesskostenhilferichtlinie, Rdn. 10.

anderes gilt für die Materien der sozialen Sicherheit und der Schiedsgerichtsbarkeit. Diese fallen nicht unter den Begriff der Zivilsache in Art. 1 Abs. 2 der Richtlinie. Angelegenheiten der sozialen Sicherheit sind regelmäßig öffentlich-rechtlicher Natur – jedenfalls nach deutschem Rechtsverständnis[14] – und schon deshalb aus dem Anwendungsbereich der Richtlinie ausgenommen. Würde man Verfahren vor den Schiedsgerichten unter die Richtlinie fallen lassen, dann würde über die „Hintertür" der Weg zum Armenrecht im Schiedsverfahren eröffnet, was nach allgemeiner Ansicht nicht der Fall ist[15]. Im Übrigen ist die Richtlinie nach Art. 3 Abs. 2 lit. b auf die Geltendmachung von Ansprüchen vor staatlichen Gerichten und nach lit. a dieser Bestimmung auf die vorprozessuale Beratung vor eben diesen Gerichte beschränkt.

3. Verfahrensart

§§ 1076 ff. gelten für alle gerichtlichen Verfahren unabhängig von dem Gerichtszweig, **8** soweit eine Zuständigkeit für Zivil- und Handelssachen besteht. Die PKHRL regelt zwar auch das außerprozessuale Armenrecht, unterscheidet terminologisch aber nicht zwischen Prozesskosten- und Beratungshilfe. Unter Prozesskostenhilfe in §§ 1076 ff. ist nur diejenige i. S. von §§ 114 ff. zu verstehen. Soweit die PKHRL grenzüberschreitende Beratungshilfe vorsieht, ist die Umsetzung im Beratungshilfegesetz erfolgt.

II. Persönlicher Geltungsbereich

1. Natürliche Person

Der persönliche Anwendungsbereich ist auf natürliche Personen beschränkt (Art. 3 Abs. 1). **9** Juristische Personen fallen nicht unter die PKHRL, auch nicht Parteien kraft Amtes, die an die Stelle juristischer Personen getreten sind[16]. Auch sind Pläne, Verbraucherschutzorganisationen in den Geltungsbereich der PKHRL einzubeziehen, nicht verwirklicht worden[17].

Über die Verpflichtungen aus der Richtlinie hinaus hat der deutsche Gesetzgeber die **10** Armenrechtsgewährung für juristische Personen europäisiert. Nach § 116 Abs. 1 Nr. 2 sind juristische Personen und parteifähige Vereinigungen, die in einem Mitgliedsstaat der EU oder des EWR gegründet oder dort ansässig ist, einer inländischen juristischen Person oder parteifähigen Vereinigung gleichgestellt. Hierbei handelt es sich um eine Vorschrift, auf die §§ 1076–1078 **nicht** anwendbar ist.

2. Legaler Aufenthalt

Der Antragsteller muss sich legal in dem Mitgliedstaat aufhalten (Art. 4). Der Begriff der **11** Legalität des Aufenthaltsortes ist ausländerrechtlich zu qualifizieren. Ob der Aufenthalt legal im Sinne von Art. 4 ist, bestimmt sich nach dem Recht des tatsächlichen Aufenthalts.

---

14 Anders z. B. das belgische Recht; vgl. zu diesem Problem bei der Anwendung des deutsch-belgischen Anerkennungs- und Vollstreckungsvertrages *Geimer/Schütze* Internationale Urteilsanerkennung, Bd. II, S. 257 f.

15 Vgl. Baumbach/Lauterbach/*Hartmann* § 114, Rdn. 37; *Maier* Handbuch der Schiedsgerichtsbarkeit, 1979, Rdn. 13; Schütze/Tscherning/*Wais*

Handbuch des Schiedsverfahrens, 2. Aufl., 1990, Rdn. 592; Wieczorek/Schütze/*Schütze* § 1034, Rdn. 39.

16 Vgl. *Schmidt* Europäisches Zivilprozessrecht, Rdn. 379.

17 Vgl. *Hau* in: Gebauer/Wiedmann, Zivilrecht unter europäischem Einfluss, Europäische Prozesskostenrichtlinie, Rdn. 13.

Beantragt ein Marokkaner mit gewöhnlichem Aufenthalt in Brüssel Prozesskostenhilfe, so bestimmt sich die Legalität seines Aufenthalts in Belgien nach belgischem Recht.

3. Unerheblichkeit der Staatsangehörigkeit

12 Die Staatsangehörigkeit der armen Partei ist unerheblich. Das Diskriminierungsverbot des Art. 4 PKHRL verbietet eine unterschiedliche Behandlung von EU-Bürgern und Drittstaatsangehörigen. Ungeregelt ist die Rechtsstellung der Staatenlosen. Sie genießen nach der Ratio des Art. 4 PKHRL auch die Vergünstigung der grenzüberschreitenden Prozesskostenhilfe. Das ergibt sich für Deutschland im Übrigen auch aus dem New Yorker Abkommen über die Rechtsstellung von Staatenlosen vom 28.8.1954[18], dessen Art. 16 Abs. 2 Inländerbehandlung für die Gewährung von Armenrecht vorschreibt.

III. Räumlicher Geltungsbereich

13 Der räumliche Geltungsbereich der Richtlinie umfasst alle EU Staaten mit Ausnahme Dänemarks. Im Hinblick auf die besondere Situation Dänemarks[19] und die Vorbehalte Dänemarks ist Dänemark in Art. 1 Abs. 3 der Richtlinie aus ihrem Geltungsbereich ausgeklammert. Es ist aber zu erwarten, dass durch die Verträge der EU mit Dänemark[20] eine faktische Erstreckung stattfindet.

Im Übrigen ist der räumliche Geltungsbereich der Richtlinie mit dem der VO (EG) Nr. 44/2001 identisch. Es gilt Art. 299 EGV[21].

IV. Anspruchsberechtigung

14 Für die Anspruchsvoraussetzungen und die Anspruchsberechtigung für die Rechtsverfolgung vor deutschen Gerichten gelten die §§ 114 ff., die im Einklang mit der PKHRL stehen, teilweise über diese hinausgehen. Über die Voraussetzungen der Gewährung des Armenrechts für die Prozessführung vor ausländischen Gerichten entscheidet das zuständige Gericht oder die zuständige Behörde dieses Staates (Art. 15 Abs. 1 PKHRL). Die Bewilligungsvoraussetzungen richten sich nach der jeweiligen lex fori[22]. Diese müssen den Mindeststandards der PKHRL entsprechen.

15 Abweichend von der autonomen deutschen Regelung ist die Bewilligung von Prozesskostenhilfe im Instanzenzug. Vgl. dazu § 1078, Rdn. 8.

---

18 BGBl. 1976 II 473.

19 Vgl. dazu *Kohler* Vom EuGVÜ zur EuGVVO: Grenzen und Konsequenzen der Vergemeinschaftung, FS Geimer, 2002, S. 461 ff. (468 ff.).

20 Vgl. dazu *Jayme/Kohler* Europäisches Kollisionsrecht 2005: Hegemonialgesten auf dem Weg zu einer Gesamtvereinheitlichung, IPRax 2005, 481 ff. (485 f.).

21 Vgl. dazu *Geimer/Schütze* EuZVR, A.1, Einl., Rdn. 202 ff.; *Rauscher/Staudinger* EuZPR Einl. Brüssel I-VO, Rdn. 13 ff.

22 Vgl. *Gottwald* Prozesskostenhilfe für grenzüberschreitende Verfahren in Europa, FS Rechberger, 2005, S. 173 ff. (180).

V. Anwendbarkeit der §§ 114 ff.

Auf die Armenrechtsgewährung über die Grenze, die Gegenstand der Prozesskostenhilfe- **16** richtlinie ist, finden in Verfahren vor deutschen Gerichten die §§ 114 ff. ZPO Anwendung[23]. Die deutsche Regelung steht mit den Erfordernissen der Richtlinie im Einklang, insbesondere auch das Erfordernis der hinreichenden Erfolgsaussicht der Rechtsverfolgung in § 114 ZPO (Art. 6 PKHRL)[24].

Hinsichtlich der Prüfung der Armut findet sich in § 1078 Abs. 3 ZPO eine Anpassungsregelung zur Berücksichtigung unterschiedlicher Lebenshaltungskosten in den betroffenen Staaten (Wohnsitz-/Aufenthaltsstaat und Gerichtsstaat). Vgl. dazu dort Rdn. 6.

Die Richtlinie enthält zwar ein Diskriminierungsverbot (Art. 4), regelt aber bedauerlicher- **17** weise nicht das rechtliche Gehör im Verfahren auf Gewährung der Prozesskostenhilfe. So bleibt es bei der verfassungsrechtlich problematischen Regelung des § 117 Abs. 2 ZPO. Dem Antragsgegner wird rechtliches Gehör nicht gewährt, obwohl gerade er am besten falsche Angaben aufdecken und zu den Vermögensverhältnissen des Antragstellers vortragen könnte.

Die Regelung der §§ 114, 116 ZPO steht im Übrigen im Einklang mit dem Diskrimine- **18** rungsverbot des Art. 4 der Richtlinie. § 114 ZPO differenziert bei natürlichen Personen nicht hinsichtlich der Staatsangehörigkeit. Auch Ausländer und Staatenlose haben Anspruch auf Gewährung von Armenrecht[25]. Für juristische Personen hat § 116 Abs. 1 Nr. 2 das Postulat des Art. 4 der Richtlinie nunmehr verwirklicht. Ausländische juristische Personen oder parteifähige Vereinigungen, die im Inland oder einem Staat der EU oder des EWR gegründet und dort ansässig sind, sind inländischen juristischen Personen gleichgestellt. Das gilt nach dem klaren Wortlaut des Gesetzes auch im Hinblick Dänemark, obwohl dieser Staat aus dem Anwendungsbereich der Richtlinie nach Art. 1 Abs. 3 ausgeschlossen ist.

§ 1077
Ausgehende Ersuchen

(1) Für die Entgegennahme und Übermittlung von Anträgen natürlicher Personen auf grenzüberschreitende Prozesskostenhilfe ist das Amtsgericht zuständig, in dessen Bezirk der Antragsteller seinen Wohnsitz oder gewöhnlichen Aufenthalt hat (Übermittlungsstelle). Die Landesregierungen können die Aufgaben der Übermittlungsstelle einem Amtsgericht für die Bezirke mehrerer Amtsgerichte durch Rechtsverordnung zuweisen. Sie können die Ermächtigung durch Rechtsverordnung auf die Landesjustizverwaltungen übertragen.

(2) Das Bundesministerium der Justiz wird ermächtigt, durch Rechtsverordnung mit Zustimmung des Bundesrates die in Artikel 16 Abs. 1 der Richtlinie 2003/8/EG vorgesehenen Standardformulare für Anträge auf grenzüberschreitende Prozess-

---

23 Vgl. Thomas/Putzo/*Reichold* § 1076, Rdn. 2; Zöller/*Geimer* § 1076, Rdn. 4.
24 Vgl. *Schmidt* Europäisches Zivilprozessrecht, Rdn. 378; Zöller/*Geimer* § 1076, Rdn. 4.

25 Vgl. OLG Düsseldorf, MDR 1994, 301; LAG Hessen MDR 2001, 478; Thomas/Putzo/*Reichold* § 114, Rdn. 2; Wieczorek/Schütze/*Steiner* § 114, Rdn. 3; Zöller/*Philippi* § 114, Rdn. 5.

kostenhilfe und für deren Übermittlung einzuführen. Soweit Standardformulare für Anträge auf grenzüberschreitende Prozesskostenhilfe und für deren Übermittlung eingeführt sind, müssen sich der Antragsteller und die Übermittlungsstelle ihrer bedienen.

(3) Die Übermittlungsstelle kann die Übermittlung durch Beschluss vollständig oder teilweise ablehnen, wenn der Antrag offensichtlich unbegründet ist oder offensichtlich nicht in den Anwendungsbereich der Richtlinie 2003/8/EG fällt. Sie kann von Amts wegen Übersetzungen von dem Antrag beigefügten fremdsprachigen Anlagen fertigen, soweit dies zur Vorbereitung einer Entscheidung nach Satz 1 erforderlich ist. Gegen die ablehnende Entscheidung findet die sofortige Beschwerde nach Maßgabe des § 127 Abs. 2 Satz 2 und 3 statt.

(4) Die Übermittlungsstelle fertigt von Amts wegen Übersetzungen der Eintragungen im Standardformular für Anträge auf Prozesskostenhilfe sowie der beizufügenden Anlagen

a) in eine der Amtssprachen des Mitgliedstaats der zuständigen Empfangsstelle, die zugleich einer der Amtssprachen der Europäischen Union entspricht, oder

b) in eine andere von diesen Mitgliedstaaten zugelassene Sprache.

Die Übermittlungsstelle prüft die Vollständigkeit des Antrags und wirkt darauf hin, dass Anlagen, die nach ihrer Kenntnis zur Entscheidung über den Antrag erforderlich sind, beigefügt werden.

(5) Die Übermittlungsstelle übersendet den Antrag und die beizufügenden Anlagen ohne Legalisation oder gleichwertige Förmlichkeiten an die zuständige Empfangsstelle des Mitgliedstaats des Gerichtsstands oder des Vollstreckungsmitgliedstaats. Die Übermittlung erfolgt innerhalb von 14 Tagen nach Vorliegen der gemäß Absatz 4 zu fertigenden Übersetzungen.

(6) Hat die zuständige Stelle des anderen Mitgliedstaats das Ersuchen um Prozesskostenhilfe aufgrund der persönlichen und wirtschaftlichen Verhältnisse des Antragstellers abgelehnt oder eine Ablehnung angekündigt, so stellt die Übermittlungsstelle auf Antrag eine Bescheinigung über die Bedürftigkeit aus, wenn der Antragsteller in einem entsprechenden deutschen Verfahren nach § 115 Abs. 1 und 2 als bedürftig anzusehen wäre. Abs. 4 Satz 1 gilt für die Übersetzung der Bescheinigung entsprechend. Die Übermittlungsstelle übersendet der Empfangsstelle des anderen Mitgliedstaats die Bescheinigung der Bedürftigkeit zwecks Ergänzung des ursprünglichen Ersuchens um grenzüberschreitende Prozesskostenhilfe.

Übersicht

	Rdn.			Rdn.
I. Zuständigkeit für ausgehende Ersuchen	1		3. Entscheidung	13
			4. Rechtmittel	16
II. Standardformulare	6		a) Einlegung der Beschwerde	17
			b) Beschwer	18
III. Ablehnung des grenzüberschreitenden Armenrechtsantrags	9		c) Frist	19
1. Prüfungspflicht der Übermittlungsstelle	9		IV. Übersetzungen und Vollständigkeitsprüfungen	20
2. Verfahren	12		V. Verfahren der Übermittlung	23

	Rdn.		Rdn.
VI. Ablehnung des Ersuchens im Ausland	24	3. Übersendung der Bedürftigkeitsbescheinigung	27
1. Ablehnung	25	**VII. Kosten**	29
2. Bedürftigkeitsbescheinigung	26		

I. Zuständigkeit für ausgehende Ersuchen

Art. 14 Abs. 1 PHKRL fordert die Errichtung von Übermittlungsstellen. Das ist im internationalen Rechtsverkehr üblich. Abs. 1 überträgt die Aufgaben der Übermittlungsstelle dem Amtsgericht des Sprengels des Wohnsitzes oder gewöhnlichen Aufenthalts des Antragstellers. Das ist sachgerecht und entspricht der Regelung in § 10 Abs. 1 AusfG zum Haager Zivilprozessübereinkommen[1]. Anträge auf Gewährung grenzüberschreitender PKH innerhalb der EU (mit Ausnahme Dänemarks) und internationale Armenrechtsanträge nach dem Haager Zivilprozessübereinkommen 1954 werden zuständigkeitsrechtlich gleich behandelt. **1**

Die Aufgaben des Amtsgerichts im Rahmen des § 1077 sind nach § 20 Nr. 6 RPflG auf den Rechtspfleger übertragen[2]. Es handelt sich um echte Rechtspflegerangelegenheiten, auf die §§ 5 bis 11 RPflG uneingeschränkt Anwendung finden[3]. Der Richter ist nur in Ausnahmefällen zuständig[4]. **2**

Die Länder können die Zuständigkeiten konzentrieren und Amtsgerichte durch Rechtsverordnung bestimmen, die die Aufgaben der Übermittlungsstelle für mehrere Amtsgerichtsbezirke wahrnehmen. Das erleichtert die Bearbeitung, weil Gerichte mit Erfahrung im internationalen Rechtsverkehr und fachlicher Kompetenz bestimmt werden können. Von der Konzentrationsermächtigung hat bisher noch kein Bundesland Gebrauch gemacht. **3**

Die Landesregierungen können die Ermächtigung durch Rechtsverordnung auf die Landesjustizverwaltungen übertragen. **4**

Aufgaben der Übermittlungsstelle sind: Bearbeitung eines Antrags und Fertigung notwendiger Übersetzungen (Abs. 4); Entscheidung über die Übermittlung eines Antrags (Abs. 3); Übersendung des Antrags an die zuständige Empfangsstelle des Mitgliedstaates (Abs. 5) und Ausstellung einer Bedürftigkeitsbescheinigung (Abs. 6). **5**

II. Standardformulare

Durch Verordnung v. 21. Dezember 2004 hat Deutschland Vordrucke für die Erklärung der persönlichen und wirtschaftlichen Verhältnisse des Armenrechtsantragstellers und die Übermittlung der Anträge im grenzüberschreitenden Verkehr eingeführt[5]. **6**

---

1 G vom 18. Dezember 1958, BGBl. 1958 I 939.
2 Vgl. dazu Saenger/*Rathmann* § 1077, Rdn. 1.
3 Vgl. *Rellermeyer* Rechtspflegergeschäfte nach dem EG-Prozesskostenhilfegesetz, Rpfl 2005, 61 ff. (62).
4 Vgl. Baumbach/Lauterbach/*Hartmann* § 1077, Rdn. 4.
5 Vgl. Verordnung zur Einführung eines Vor-

drucks für die Erklärung über die persönlichen und wirtschaftlichen Verhältnisse bei Prozesskostenhilfe sowie eines Vordrucks für die Übermittlung der Anträge auf Bewilligung von Prozesskostenhilfe im grenzüberschreitenden Verkehr (EG-Prozesskostenvordrucksverordnung – EG-PKHVV), BGBl. 2004 I 3538.

7   Die Übermittlungsstellen sind verpflichtet, diese Formblätter auch zu verwenden. Nach der PKHRL ist die Benutzung der Standardformulare nicht zwingend vorgeschrieben. Die Verwendung der in alle Amtssprachen der EU übersetzten Standardformulare erleichtert den Verkehr zwischen Übermittlungs- und Empfangsstellen und den für die Armenrechtsbewilligung zuständigen Gerichten und Behörden nicht nur sprachlich, vermeidet auch Rückfragen, da die Formulare zugleich Checklisten darstellen, die alle notwendigen Angaben enthalten.

8   Der deutsche Gesetzgeber hat deshalb in Abs. 2 den zwingenden Gebrauch der Standardformulare vorgeschrieben.

III.   Ablehnung des grenzüberschreitenden Armenrechtsantrags

1.   Prüfungspflicht der Übermittlungsstelle

9   Das Amtsgericht als Übermittlungsstelle hat keine rein technische Funktion der Weiterleitung des Armenrechtsantrags. Abs. 3 statuiert ein Prüfungsrecht und eine Prüfungspflicht. Das steht in Einklang mit Art. 13 Abs. 3 PKHRL, der es dem nationalen Gesetzgeber freistellt, die Übermittlungsstelle zu ermächtigen, die Übermittlung eines Antrags abzulehnen, wenn dieser offensichtlich unbegründet ist oder nicht in den Anwendungsbereich der PKHRL fällt. Die offensichtliche Unbegründetheit in Abs. 3 ist die nach Art. 6 Abs. 1 PKHRL.

10   Die Prüfung, ob der Antrag in den Anwendungsbereich der PKHRL fällt, ist zugleich eine der Anwendbarkeit des Übereinkommens. Sie erfordert volle Aufklärung des Sachverhalts und eine abschließende Entscheidung. Das gilt etwa für die Bestimmung des Wohnsitzes des Antragstellers oder der Qualifikation der Streitsache als zivil- oder handelsrechtlich.

11   Die Prüfung dagegen, ob der Antrag unbegründet ist, geht nur dahin, ob die Unbegründetheit offensichtlich, in der Regel also der Antrag missbräuchlich[6] ist. Denn da die Behörden des Gerichtsstaats über die Gewährung des Armenrechts letztlich entscheidet, kann die Prüfung der Übermittlungsstelle nur auf evidente Fälle beschränkt sein[7].

2.   Verfahren

12   Das Amtsgericht kann die für die Evidenzprüfung der „offensichtlichen Unbegründetheit" notwendigen Unterlagen – soweit diese nicht in deutscher Sprache abgefasst oder von einer deutschen Übersetzung begleitet sind – von Amts wegen ins Deutsche übersetzen lassen. Dem Antragsteller ist rechtliches Gehör zu gewähren. Eine mündliche Verhandlung findet nicht statt, § 127 Abs. 1 S. 1.

3.   Entscheidung

13   Eine zusprechende Entscheidung ergeht nicht. Führt die Prüfung dazu, dass der Antrag unter den Anwendungsbereich der PKHRL fällt und nicht offensichtlich unbegründet ist, so übermittelt das Amtsgericht den Antrag antragsgemäß.

---

6   Vgl. Baumbach/Lauterbach/*Hartmann* § 1077, Rdn. 9.
7   Vgl. *Gottwald* Prozesskostenhilfe für grenzüberschreitende Verfahren in Europa, FS Rech-

berger, 2005, S. 173 ff. (181); *Jastrow* Grenzüberschreitende Prozesskostenhilfe in Zivilsachen – Die EG-Richtlinie 8/2003, MDR 2004, 75 ff. (76).

Die ablehnende Entscheidung erfolgt durch Beschluss, der zu begründen ist. Der Beschluss **14** ist dem Antragsteller zuzustellen, § 329 Abs. 3.

Die ablehnende Entscheidung hindert den Antragsteller nicht, einen Armenrechtsantrag **15** unmittelbar im Gerichtsstaat zu stellen. Die Entscheidung des Amtsgerichts entfaltet Bindungswirkung nur hinsichtlich der Verpflichtung zur Übermittlung des Antrags. Stellt der Antragsteller einen Antrag auf Prozesskostenhilfe unmittelbar im Gerichtsstaat, so findet nicht die PKHRL, sondern das autonome Recht der lex fori Anwendung[8].

4. Rechtsmittel

Gegen die ablehnende Entscheidung findet die sofortige Beschwerde statt. Anwendbar sind **16** §§ 127 Abs. 2 S. 2 und 3.

a) Einlegung der Beschwerde

Die sofortige Beschwerde kann wahlweise beim Amtsgericht (iudex a quo) oder beim **17** Landgericht (iudex ad quem) eingelegt werden (§ 569 Abs. 1 S. 1). Das kann durch Beschwerdeschrift geschehen, aber auch durch Einlegung zu Protokoll der Geschäftsstelle (§ 569 Abs. 2).

b) Beschwer

Erfolgt die Ablehnung der Übermittlung, weil der Antrag wegen der wirtschaftlichen oder **18** persönlichen Verhältnisse des Antragstellers offensichtlich unbegründet (Art. 5 Abs. 1 PKHRL) i. S. von Abs. 3 ist, so ist die sofortige Beschwerde immer zulässig. Erfolgt die Ablehnung jedoch, weil der Antrag nicht in den Anwendungsbereich der PKHRL fällt, etwa, weil das Verfahren, für das Prozesskostenhilfe beantragt wird, keine zivil- oder handelsrechtliche Streitigkeit zum Gegenstand hat, so muss der Wert des Beschwerdegegenstandes 600 Euro übersteigen, §§ 127 Abs. 2 S. 2, 511 Abs. 2, Nr. 1.

c) Frist

Die Frist zu Einlegung der sofortigen Beschwerde beträgt 1 Monat. Sie beginnt mit der **19** Zustellung des Beschlusses, spätestens mit Ablauf von 5 Monaten nach Verkündung, § 569 Abs. 1 S. 2. Die Frist ist eine Notfrist.

IV. Übersetzungen und Vollständigkeitsprüfung

Der Antrag soll entscheidungsreif übermittelt werden. Deshalb hat das Amtsgericht den **20** Antrag auf Vollständigkeit zu überprüfen. Die Eintragungen in das Standardformular und die Anlagen sind in eine der Amtssprachen des Empfangsmitgliedstaates, die zugleich eine der Amtssprachen der EU ist oder eine andere in dem Empfangsmitgliedstaat zugelassene Sprache zu übersetzen. Dabei ist es nicht erforderlich, dass eine einheitliche Sprache benutzt wird. Wird das Armenrecht für eine Prozessführung in Belgien beantragt, so können die Angaben im Standardformular in die französische Sprache übersetzt und Anlagen in flämischer Sprache beigefügt werden, wenn der Antragsteller diese bereits in der Sprache vorlegt. Das dient der Beschleunigung und spart Kosten. Die Übersetzungen

---

8 Vgl. Saenger/*Rathmann* § 1076, Rdn. 5.

müssen nicht von einem vereidigten Übersetzer gefertigt werden. Auch der Antragsteller kann die Übersetzungen vornehmen oder der Rechtspfleger, wenn er der Sprache mächtig ist. Denn Abs. 4 konkretisiert nur die in Art. 13 Abs. 4 PKHRL statuierte Verpflichtung, den Antragsteller bei der Beschaffung der erforderlichen Übersetzung der Anlagen zu unterstützen. Legt der Antragsteller Übersetzungen vor, so ist das Amtsgericht nicht gehalten, deren Richtigkeit zu überprüfen.

21 Einer Beglaubigung bedarf die Übersetzung nicht.

22 Die Kosten der Übersetzung trägt nach Art. 13 Abs. 6 PKHRL der deutsche Justizfiskus.

V. Verfahren der Übermittlung

23 Binnen 14 Tagen nach Prüfung der Vollständigkeit des Antrags, seiner Anlagen und Vorliegen der Übersetzungen hat das Amtsgericht den Antrag nebst Anlagen an die Empfangsstelle des Mitgliedstaates des Gerichtsstandes oder des Vollstreckungsmitgliedstaates zu übersenden. Hat die sofortige Beschwerde gegen den ablehnenden Beschluss des Amtsgerichts Erfolg, so beginnt der Fristlauf mit Zustellung der Beschwerdeentscheidung.

VI. Ablehnung des Ersuchens im Ausland

24 Art. 5 Abs. 4 PKHRL trifft eine Regelung für den Fall unterschiedlicher Höhe der Lebenshaltungskosten im Wohnsitz- oder Aufenthaltsstaat des Antragstellers und im Gerichtsstaat. Lebt der Antragsteller in einem Staat mit hohen Lebenshaltungskosten und soll der Prozess in einem Staat mit geringen Lebenshaltungskosten geführt werden, so kann es vorkommen, dass der Gerichtsstaat aufgrund der Vermögens- und Einkommensverhältnisse des Antragstellers keine Bedürftigkeit annimmt, dieser aber nach der Situation an seinem Wohnsitz oder Aufenthaltsort die Prozesskosten dennoch nicht aufbringen kann. Auch in diesem Fall muss nach Art. 5 Abs. 4 PKHRL das Armenrecht gewährt werden.

1. Ablehnung

25 Die Ablehnung des Armenrechts kann nach Übermittlung des Antrags nach Abs. 5 erfolgen. Dem steht gleich, dass die zuständige Stelle des anderen Mitgliedstaats ankündigt oder angekündigt hat, dass es einem Antrag des Antragstellers aufgrund seiner persönlichen und wirtschaftlichen Verhältnisse nicht stattgeben werde. Das kann auch generell erfolgen. Bestehen in dem Staat des Gerichtsstandes oder dem Vollstreckungsmitgliedstaat Tabellen für die Bedürftigkeit und ist der Antragsteller hiernach nicht bedürftig, so wäre es eine bloße Förmelei, die Ablehnung oder die Ankündigung der Ablehnung abzuwarten.

2. Bedürftigkeitsbescheinigung

26 Die Bedürftigkeitsbescheinigung des in Deutschland Domizilierten oder sich hier Aufenthaltenden wird unter Berücksichtigung der Erfordernisse von § 115 Abs. 1 und 2 ausgestellt. Zuständig ist das Amtsgericht. Die Übersetzung der Bedürftigkeitsbescheinigung in eine der Sprachen des Abs. 4 S. 1 wird vom Amtsgericht auf Kosten des deutschen Justizfiskus herbeigeführt. Im Übrigen gilt Abs. 4 S. 1 entsprechend.

3. Übersendung der Bedürftigkeitsentscheidung

Hat die zuständige Stelle im Ausland nach Erhalt des Armenrechtsantrags diesen abgelehnt **27** oder seine Ablehnung angekündigt, so übersendet das Amtsgericht in Ergänzung des Antrags die Bedürftigkeitsbescheinigung an die ausländische Empfangsstelle. Die Frist beträgt ebenfalls 14 Tage nach Vorliegen der Übersetzung. Abs. 5 S. 2 gilt nach seiner Ratio entsprechend.

Erfolgt die Ausstellung der Bedürftigkeitsbescheinigung vor Übersendung des Antrags **28** weil die Ablehnung wegen der ausländischen Schwellenwerte zu erwarten ist, so werden Antrag, Bedürftigkeitsbescheinigung und Anlagen mit den entsprechenden Übersetzungen zusammen übersandt. Die Frist des Abs. 5 S. 2 ist zu beachten.

VII. Kosten

In dem Verfahren vor der Übermittlungsstelle fallen für den Antragsteller keine Kosten an. **29** Nimmt er den Antrag zurück oder wird dieser nach Abs. 3 von der Übermittlungsstelle oder von der zuständigen Behörde des Gerichts- oder Vollstreckungsstaates abgelehnt, so hat er die Auslagen zu tragen, § 28 Abs. 3 GKG[9].

§ 1078

(1) **Für eingehende Ersuchen um grenzüberschreitende Prozesskostenhilfe ist das Prozessgericht oder das Vollstreckungsgericht zuständig. Die Anträge müssen in deutscher Sprache ausgefüllt und die Anlagen von einer Übersetzung in die deutsche Sprache begleitet sein. Eine Legalisation oder gleichwertige Förmlichkeiten dürfen nicht verlangt werden.**

(2) **Das Gericht entscheidet über das Ersuchen nach Maßgabe der §§ 114 bis 116. Es übersendet der übermittelnden Stelle eine Abschrift seiner Entscheidung.**

(3) **Der Antragsteller erhält auch dann grenzüberschreitende Prozesskostenhilfe, wenn er nachweist, dass er wegen unterschiedlich hoher Lebenshaltungskosten im Mitgliedstaat seines Wohnsitzes oder gewöhnlichen Aufenthalts einerseits und im Geltungsbereich dieses Gesetzes andererseits die Kosten der Prozessführung nicht, nur zum Teil oder nur in Raten aufbringen kann.**

(4) **Wurde grenzüberschreitende Prozesskostenhilfe bewilligt, so gilt für jeden Rechtszug, der vom Antragsteller oder dem Gegner eingeleitet wird, ein neuerliches Ersuchen um grenzüberschreitende Prozesskostenhilfe als gestellt. Das Gericht hat dahin zu wirken, dass der Antragsteller die Voraussetzungen für die Bewilligung der grenzüberschreitenden Prozesskostenhilfe für den jeweiligen Rechtszug darlegt.**

---

9 Vgl. Saenger/*Rathmann* § 1077, Rdn. 6.

Übersicht

	Rdn.		Rdn.
I. Zuständigkeit für eingehende Ersuchen	1	IV. Rechtsmittel	5
II. Förmlichkeiten des Antrags aus dem Ausland	3	V. Unterschiedlich hohe Lebenshaltungskosten	6
III. Entscheidung	4	VI. Weitere Rechtszüge	8

I.   Zuständigkeit für eingehende Ersuchen

1 Nach Art. 14 Abs. 1 PKHRL sind die Empfangsbehörden durch die Mitgliedstaaten zu bestimmen. Das erfolgt in Abs. 1 S. 1. Danach ist zuständig das Prozessgericht, bei dem das Verfahren geführt werden soll oder das Vollstreckungsgericht, das für die beabsichtigte Zwangsvollstreckungsmaßnahme zuständig ist. Das entspricht § 117 Abs. 1. Diese Bestimmung ist auch für die grenzüberschreitende Prozesskostenhilfe anwendbar.

2 Zuständig ist – anders als bei ausgehenden Ersuchen – nicht der Rechtspfleger, sondern der Richter, § 20 Nr. 6 RPflG[1].

Die Zuständigkeit ist ausschließlich[2].

II.   Förmlichkeiten des Antrags aus dem Ausland

3 Der Antrag muss in deutscher Sprache abgefasst, die Anlagen von einer Übersetzung in die deutsche Sprache begleitet sein, soweit sie nicht ohnehin deutschsprachig sind. Eine Übersetzung durch einen vereidigten Übersetzer oder eine Beglaubigung oder Legalisierung sind nicht erforderlich.

III.   Entscheidung

4 Das Gericht entscheidet über den Antrag unter Anwendung deutschen Rechts nach Maßgabe der §§ 114 bis 116. Erforderlich sind Bedürftigkeit und hinreichende Erfolgsaussichten für die beabsichtigte Klage oder die Durchführung der Zwangsvollstreckung. Hier sind für die grenzüberschreitende Prozesskostenhilfe keine anderen Maßstäbe anzulegen als bei Armenrechtsanträgen von im Inland domizilierten oder sich aufhaltenden Antragstellern. Lediglich bei der Bedürftigkeitsprüfung können durch unterschiedliche hohe Lebenshaltungskosten im Wohnsitz- oder Aufenthaltsstaat des Antragsteller und in Deutschland abweichende Prüfmaßstäbe angelegt werden, dazu Rdn. 6.

---

[1] Vgl. Baumbach/Lauterbach/Albers/*Hartmann* § 1078, Rdn. 3.

[2] Vgl. Baumbach/Lauterbach/Albers/*Hartmann* § 1078, Rdn. 3.

IV. Rechtsmittel

Gegen die ablehnende Entscheidung ist die sofortige Beschwerde nach § 127 Abs. 2 S. 2 **5** gegeben. Die Notfrist des § 569 Abs. 1 S. 1 beträgt einen Monat. Gegen die Bewilligung des Armenrechts findet die sofortige Beschwerde der Staatskasse unter den Voraussetzungen und in dem Verfahren nach § 127 Abs. 3 statt.

V. Unterschiedlich hohe Lebenshaltungskosten

Ist der Antragsteller nach deutschen Standards nicht bedürftig i. S. von §§ 114 f., kann er **6** wegen der höheren Lebenshaltungskosten in seinem Wohnsitz- oder Aufenthaltsstaat die Kosten der Prozessführung in Deutschland aber nicht oder nur zum Teil oder nur in Raten aufbringen, so ist ihm nach Abs. 3 Prozesskostenhilfe zu gewähren. Abs. 3 korrespondiert mit § 1077 Abs. 6 und entspricht der Vorgabe in Art. 5 Abs. 4 PKHRL.

Hat der Wohnsitz- oder Aufenthaltsstaat eine § 1077 Abs. 6 entsprechende Regelung er- **7** lassen, die für den Fall der unterschiedlich hohen Lebenshaltungskosten die Ausstellung einer Bedürftigkeitsentscheidung vorsieht, so ist diese allein für den Nachweise der Bedürftigkeit geeignet. In allen anderen Fällen kann der Nachweis in jeglicher Weise erbracht werden[3].

VI. Weitere Rechtszüge

Nach § 115 Abs. 1 S. 1 erfolgt die Bewilligung der Prozesskostenhilfe für jeden Rechtszug **8** besonders. Das gilt auch für die grenzüberschreitende Prozesskostenhilfe[4]. Da aber in einigen Mitgliedstaaten die Armenrechtsgewährung nicht nach Rechtszügen getrennt, sondern für das gesamte Verfahren erfolgt und Art. 9 Abs. 3 PKHRL bestimmt, dass Prozesskostenhilfe auch gewährt wird, wenn ein Rechtsbehelf eingelegt wird, geht der deutsche Kompromiss dahin, dass der Antrag für alle Rechtszüge als gestellt gilt. Es ist also kein neuer Antrag für den jeweiligen weiteren Rechtszug erforderlich. Allerdings muss vor Bewilligung der Prozesskostenhilfe für die höhere Instanz der Antragsteller darlegen, dass die Voraussetzungen für die Armenrechtsgewährung gegeben sind. Sind diese nicht mehr gegeben, so ist der Antrag abzulehnen[5].

---

3 Vgl. Saenger/*Rathmann* § 1077, Rdn. 2, die allerdings annehmen, dass der geforderte Nachweis der Bedürftigkeit nach deutschem Recht und damit wohl auch unter Missachtung einer Bedürftigkeitsbescheinigung des Wohnsitz- und Aufenthaltsstaats des Antragstellers erfolgen könne.

4 Vgl. Baumbach/Lauterbach/Albers/*Hartmann* § 1078, Rdn. 8; Thomas/Putzo/*Reichold* § 1078, Rdn. 3.

5 Missverständlich Saenger/*Rathmann* § 1078, Rdn. 3: „… so wird die Gewährung von PKH abzulehnen sein." Sie ist abzulehnen!

ABSCHNITT 4

Europäische Vollstreckungstitel nach der Verordnung (EG)
Nr. 805/2004

Vorbemerkung zu §§ 1079–1086

1 Durch §§ 1079–1086 wird die Ausführung der VO (EG) Nr. 805/2004 geregelt. Dieses
Regelwerk sollte ein Abschied vom Vollstreckbarerklärungsverfahren durch Klauselerteilung, wie es insbesondere die VO (EG) Nr. 44/2001 kennt, für einen wirtschaftlich bedeutsamen Bereich sein. Bei unbestrittenen Forderungen sollte jede Entscheidung von einem
Gericht im Geltungsbereich der EuGVVO ohne vorherige Klauselerteilung in allen EU-
Staaten (mit Ausnahme Dänemarks) vollstreckt werden können. Dieses hehre Ziel ist an der
Haltung der Verbraucherschützer gescheitert[1], die die Verordnung im Interesse ihrer
Klientel zu einer Mogelpackung gemacht haben. Mit der Beschränkung des Europäischen
Vollstreckungstitels gegen Verbraucher mit Wohnsitz im Erststaat ist der europäische
Vollstreckungstitel zu einem Papiertiger geworden. Da die überwältigende Zahl unbestrittener Forderungen solche mit kleinen Beträgen gegen Verbraucher sind und Verbraucher regelmäßig kein Vermögen außerhalb ihres Wohnsitzstaates haben, ist die praktische
Bedeutung der VO (EG) Nr. 805/2004 gering. Die der Verordnung vorangestellte Erwägung
Nr. 18, die von gegenseitigem Vertrauen in die ordnungsgemäße Rechtspflege der Mitgliedstaaten als Grund für die Prüfung der Voraussetzungen der Bestätigung als europäischer Vollstreckungstitel spricht, stammt wohl aus einer Zeit, bevor die Verbraucherschützer in letzter Minute doch noch die Privilegien ihrer Klientel, die auf dem Grundsatz: *Kein
Vertrauen in fremde Justiz bei Verbraucherbeteiligung*[2] basieren, durchgesetzt haben.

2 Die Regelung der §§ 1079 ff. ist nicht ausschließlich[3]. Der Gläubiger eines europäischen
Vollstreckungstitels hat ein Wahlrecht, ob er das vereinfachte Verfahren des 11. Buchs der
ZPO betreibt oder das Klauselerteilungsverfahren nach der EuGVVO. Das stellt Art. 27
EuVTVO ausdrücklich klar[4].

Schrifttum: *D'Avout* La ciculation automatique des titres exécutoires imposée par le règlement
805/2004 du 21 avril 2004, rev. crit. 2006, 1 ff.; *Bach* Grenzüberschreitende Vollstreckung in Europa,
2008; *Becker* Grundrechtsschutz bei Anerkennung und Vollstreckbarerklärung im europäischen Zivilverfahrensrecht – Bestimmung der Grenzen für die Einführung eines europäischen Vollstreckungstitels, Diss. Köln 2004; *Beltz* Le titre exécutoire européen (TEE), Recueil Dalloz, 2005, 2707 ff.; *Biavati*
Some Remarks about the European Regulation creating an Enforcement Order for uncontested Claims,

---

1 Vgl. dazu *Mankowski* Europäischer Vollstreckungstitel und prozessualer Verbraucherschutz,
FS Kerameus, 2009, S. 785 ff.
2 Vgl. zur Konterkarierung des Grundsatzes des
Vertrauens in die Justiz der Mitgliedstaaten im
Rahmen der Nachprüfung der internationalen
Zuständigkeit auch *Schütze* DIZPR, Rdn. 292; *ders.*
Internationales Zivilprozessrecht und Politik, FS
Georgiades, 2005, S. 577 ff. (580 ff.).

3 Vgl. dazu *Mayr/Czernich* Europäisches Zivilprozessrecht, 2006, Rdn. 387; Rauscher/*Pabst* EG-
VollstrTitelVO, Art. 27 Rdn. 1; *Rellermeyer* Der Europäische Vollstreckungstitel für unbestrittene
Forderungen, Rpfleger 2005, 389 ff. (390).
4 Vgl. auch Nr. 20 der der Verordnung vorangestellten Erwägungen.

FS Kerameus, 2009, S. 75 ff.; *Bittmann* Vom Exequatur zum qualifizierten Klauselerteilungsverfahren, 2008; *ders.*Die Voraussetzungen der Zwangsvollstreckung eines Europäischen Vollstreckungstitels, IPRax 2008, 445 ff.; *ders.* Verordnung über den europäischen Vollstreckungstitel (EuVTVO), in: Gebauer/Wiedmann (Herausg.), Zivilrecht unter europäischem Einfluss, 2. Aufl., 2010, S. 1497 ff.; *Boschiero* The forthcoming European enforcement order. Towards a European law-enforcement area, riv.dir.int. 2003, 394 ff.; *Burgstaller/Neumayr* Der Europäische Vollstreckungstitel für unbestrittene Forderungen, öJZ 2006, 179 ff.; *Coester-Waltjen* Einige Überlegungen zu einem künftigen europäischen Vollstreckungstitel, FS Beys, 2003, S. 183 ff.; *dies.* Der neue europäische Vollstreckungstitel, JURA 2005, 394 ff.; *dies.* Und noch einmal: Der europäische Vollstreckungstitel, FS Yessiou-Faltsi, 2007, S. 39 ff.; *Correa Delcasso* Le titre exécutoire européen et l'inversion du contentieux, RIDC 2001, 61 ff.; *Costa da Silva* O Título Executivo Europeu, 2005; *Ernst* Vollstreckungstitel für unbestrittene Forderungen, JurBüro 2005, 568 ff.; *Franzmann* Die Verordnung (EG) Nr. 805/2004 – notarielle Urkunden europaweit vollstreckbar, MittBayNot 2004, 404 ff.; *Freitag* Anerkennung und Rechtskraft europäischer Titel nach EuVTO, EuMahnVO und EuBagatellVO, FS Kropholler, 2008, 759 ff.; *Freudenthal* De Europese Executoriale Titel en de Europese betalingsbevelprocedure: afstemming van Europese rechtsmaatregelen, Nederlands Internationaal Privaatrecht, 2004, 393 ff.; *Gebauer* Der Europäische Vollstreckungstitel für unbestrittene Forderungen, NZ 2006, 103 ff.; *Geimer* Verbesserungen der Rechtsverfolgung über die Grenze in der Europäischen Union – Einige Bemerkungen zum Europäischen Vollstreckungstitel, FS Vollkommer, 2006, 385 ff.; *ders.* Das Brüssel I-System und seine Fortentwicklung im Lichte der Beschlüsse von Tampere, FS Németh, 2003, S. 229 ff.; *Gerling* Die Gleichstellung ausländischer mit inländischen Vollstreckungstiteln durch die Verordnung zur Einführung eines Europäischen Vollstreckungstitels für unbestrittene Forderungen: Im Vergleich zum bisherigen Recht und zur Rechtslage in den USA, 2006; *Halfmeier* Die Vollstreckungsgegenklage im Recht der internationalen Zuständigkeit, IPRax 2007, 381 ff.; *Heringer* Der europäische Vollstreckungstitel für unbestrittene Forderungen, 2007; *Hess* Die Integrationsfunktion des europäischen Zivilverfahrensrechts, IPRax 2001, 389 ff.; *ders.* Europäischer Vollsteckungstitel und nationale Vollstreckungsgegenklage, IPRax 2004,493 ff.; *ders.* Europäisches Zivilprozessrecht, 2010, S. 533 ff.; *Hök* Der Europäische Vollstreckungstitel für unbestrittene Forderungen, ZAP 2005, 159 ff.; *Hüßstege* Braucht die Verordnung über den europäischen Vollstreckungstitel eine ordre-public-Klausel?, FS Jayme, 2004, S. 371 ff.; *ders.* Der europäische Vollstreckungstitel, in: Gottwald (Herausg.), Perspektiven der justiziellen Zusammenarbeit in der Europäischen Union, 2004, S. 113 ff.; *Klumpp* Die Zustellungsformen der Verordnung (EG) Nr. 805/2004 zur Einführung eines Europäischen Vollstreckungstitels, 2009; *König* EuVTVO: Belehrungserfordernisse und Anwendungsbereich, IPRax 2008, 141 ff.; *Kohler* Systemwechsel im europäischen Anerkennungsrecht: Von der EuGVVO zur Abschaffung des Exequaturs, in: Baur/Mansel (Herausg.), Systemwechsel im europäischen Kollisionsrecht, 2002, S. 147 ff.; *ders.* Von der EuGVVO zum Europäischen Vollstreckungstitel – Entwicklungen und Tendenzen im Recht der Anerkennung und Vollstreckung ausländischer Entscheidungen, in: Reichelt/Rechberger (Herausg.), Europäisches Kollisionsrecht, 2004, S. 63 ff.; *Kropholler* Europäisches Zivilprozessrecht, 8. Aufl., 2005, S. 560 ff.; *Laenens* Le titre exécutoire européen en Belgique, FS Kerameus, 2009, S. 689 ff.; *Leible/Lehmann* Die Verordnung über den Europäischen Vollstreckungstitel für unbestrittene Forderungen und ihre Auswirkungen auf die notarielle Praxis, NotBZ 2004, 453 ff.; *Luckey* Der Europäische Vollstreckungstitel (EG-VO Nr. 805/2004), ZGS 2005, 389 ff.; *Mankowski* Europäischere Vollstreckungstitel und prozessualer Verbraucherschutz, FS Kerameus, 2009, S. 785 ff.; *Münch* Die vollstreckbare Notariatsurkunde im Anwendungsbereich der VO (EG) Nr. 805/2004, FS Rechberger, 2005, S. 395 ff.; *Oberhammer* Der Europäische Vollstreckungstitel: Rechtspolitische Ziele und Methoden, JBl 2006, 477 ff.; *Pfeiffer* Einheitliche unmittelbare und unbedingte Urteilsgeltung in Europa, FS Jayme, 2004, S. 675 ff.; *Rausch* Vereinfachte Unterhaltsvollstreckung in der EU mit dem neuen Europäischen Vollstreckungstitel, Familie und Recht 2005, 437 ff.; *Rauscher* Der Europäische Vollstreckungstitel für unbestrittene Forderungen, 2004; *Rauscher/Pabst* Verordnung (EG) Nr. 805/2004, in Rauscher (Herausg.), Europäisches Zivilprozessrecht, 2. Aufl., 2006, S. 1197 ff.; *Rechberger* Die Verordnung zur Einführung eines europäischen Vollstreckungstitels für unbestrittene Forderungen und die europäische Rechtsschutzkultur, FS Kerameus, 2009, S. 1141 ff.; *Rechberger/Frauenberger-Pfeiler* Der Europäische Vollstreckungstitel – Eine Annäherung, FS Fischer (P.), 2004, S. 399 ff.; *Reichel* Das EG-Vollstreckungstitel-Durchführungsgesetz und die Auswirkungen auf das arbeitsgerichtliche Verfahren, NZA 2005, 389 ff.; *Rellermeyer* Der Europäische Vollstreckungstitel für unbestrittene Forderungen, Rpfl. 2005, 389ff; *Riedel* Der Europäische Vollstreckungstitel für unbestrittene Forderungen, ProzessRB, 2005, 324 ff.; *Röthel/Sparmann* Der europäische

Vollstreckungstitel für unbstrittene Forderungen, WM 2006, 2285 ff.; *Rotmann* Der Schutz des Dritten in der europäischen Mobiliarzwangsvollstreckung – Eine rechtsvergleichende Untersuchung vor dem Hintergrund der Verordnung (EG) Nr. 805/2004 zur Einführung eines Europäischen Vollstreckungstitels für unbestrittene Forderungen, Diss. Heidelberg 2007; *Stadler* Das europäische Zivilprozessrecht – Wie viel Beschleunigung verträgt Europa?, IPRax 2004, 2 ff.; *dies.* Kritische Anmerkungen zum Europäischen Vollstreckungstitel, RIW 2004, 801 ff.; *Stein* Der Europäische Vollstreckungstitel für unbestrittene Forderungen tritt in Kraft – Aufruf zu einer nüchternen Betrachtung, IPRax 2004, 181 ff.; *ders.* Der Europäische Vollstreckungstitel für unbestrittene Forderungen – Einstieg in den Ausstieg aus dem Exequaturverfahren bei Auslandsvollstreckung, EuZW 2004, 679 ff.; *Storme* Ein einheitlicher Europäischer Vollstreckungstitel als Vorbote eines weltweiten Titels, FS Nakamura, 1996, S. 581 ff.; *Taborowski* Der Europäische Vollstreckungstitel für unbestrittene Forderungen – ein kurzer Überblick aus polnischer Sicht, IPRax 2007, 250 ff.; *Tarzia* Il titolo esecutivo Europeo per crediti non contestati, FS Schlosser, 2005, S. 985 ff.; *Tsikrikas* Die Einlegung von Rechtsbehalfen im Vollstreckungsverfahren aufgrund eines europäischen Vollstreckungstitels, ZZPInt 11 (2006), 51 ff.; *Wagner* Vom Brüsseler Übereinkommen über die Brüssel-I Verordnung zum Europäischen Vollstreckungstitel, IPRax 2002, 75 ff.; *ders.* Die neue EG-Verordnung zum Europäischen Vollstreckungstitel, IPRax 2005, 189 ff.; *ders.* Das Gesetz zur Durchführung der Verordnung (EG) Nr. 805/2004 zum Europäischen Vollstreckungstitel – unter besonderer Berücksichtigung der Vollstreckungsabwehrklage, IPRax 2005, 401 ff.; *ders.* Der Europäische Vollstreckungstitel, NJW 2005, 1157 ff.; *Yessiou-Faltsi* Die Folgen des Europäischen Vollstreckungstitels für das Vollstreckungsrecht in Europa, in: Gottwald (Hrsg.), Perspektiven der justiziellen Zusammenarbeit in Zivilsachen in der Europäischen Union, 2004, S. 213 ff.; *dies.* The European Enforcement Order After Five Years of Experience in Greece, Revue Hellénique de Droit International 61 (2008), 735 ff.; *Zilinsky* De Europese Executoriale Titel, 2004.

TITEL 1

Bestätigung inländischer Titel als Europäische Vollstreckungstitel

§ 1079
Zuständigkeit

Für die Ausstellung der Bestätigungen nach

1. Artikel 9 Abs. 1, Artikel 24 Abs. 1, Artikel 25 Abs. 1 und

2. Artikel 6 Abs. 2 und 3

der Verordnung (EG) Nr. 805/2004 des Europäischen Parlaments und des Rates vom 21. April 2004 zur Einführung eines Europäischen Vollstreckungstitels für unbestrittene Forderungen (ABl. EU Nr. L 143 S. 15) sind die Gerichte, Behörden und Notare zuständig, denen die Erteilung einer vollstreckbaren Ausfertigung des Titels obliegt.

Übersicht

	Rdn.		Rdn.
I. Sachlicher Anwendungsbereich...	1	III. Zuständigkeit..................	7
II. Notwendigkeit der Bestätigung...	4		

I.   Sachlicher Anwendungsbereich

Der sachliche Anwendungsbereich der EuVTVO erfasst Zivil- und Handelssachen (Art. 2 **1** Abs. 1). Der Begriff entspricht dem in Art. 1 EuGVVO/LugÜ II[1] sowie Art. 1 Abs. 1 EuGVÜ/ LugÜ I. Um eine einheitliche Anwendung im europäischen Justizraum zu gewährleisten, ist autonom zu qualifizieren. Die Grundsätze, die der EuGH[2] in der Sache LTU v. Eurocontrol[3] entwickelt hat, gelten auch im Rahmen der EuVTVO. Auf die Art der Gerichtsbarkeit kommt es nicht an (Art. 2 Abs. 1 EuVTVO). Auch die Geltendmachung von Ersatzansprü-

---

1 Vgl. *Bittmann* in: Gebauer/Wiedmann, Zivilrecht unter europäischem Einfluss, Art. 2 EuVTVO, Rdn. 15; *Heringer* Der europäische Vollstreckungstitel für unbestrittene Forderungen, 2007, S. 54; *Kropholler* Europäisches Zivilprozessrecht, Art. 2 EuVTVO, Rdn. 1; *Mayr/Czernich* Europäisches Zivilprozessrecht, Rdn. 391; Rauscher/ *Pabst* EG-VollstrTitelVO, Einl., Rdn. 44.
2 Vgl. zur Anwendbarkeit der EuGH Rechtspre-

chung zu EuGVVO, EuGVÜ und LugÜ *Hüsstege* Braucht die Verordnung über den europäischen Vollstreckungstitel eine ordre public-Klausel? FS Jayme, 2004, S. 371 ff. (372); Rauscher/*Pabst* EG-VollstrTitelVO, Art. 2, Rdn. 4.
3 Vgl. EuGH Rs. 29/76 – LTU v. Eurocontrol – EuGHE 1976, 1541 = NJW 1977, 489 mit Anm. *Geimer* = RIW/AWD 1977, 40 mit Anm. *Linke* = Rev. crit. 1977, 772 mit Anm. *Droz.*

chen des Verletzten im Strafprozess (Adhäsionsverfahren) sind zivilrechtlicher Natur. Das entspricht Art. 5 Nr. 4 EuGVVO/LugÜ II und Artt. 5 Nr. 4 EuGVÜ/LugÜ I[4].

2 Ausgeschlossen vom Anwendungsbereich der EuVTVO/LugÜ II sind öffentlichrechtliche Angelegenheiten, insbesondere Steuer- und Zollsachen sowie verwaltungsrechtliche Angelegenheiten. Art. 2 Abs. 1 EuVTVO nimmt ausdrücklich Ansprüche gegen den Staat aus acta iure imperii[5] aus. Das ist aus deutscher Sicht eine überflüssige Ausnahme, da für derartige Ansprüche ohnehin keine Gerichtsbarkeit der deutschen Gerichte besteht[6]. Die Ausnahme fällt jedoch bei Verzicht auf die Immunität des ausländischen Staates weg[7]. Die Ausnahme gilt nur für Ansprüche gegen ausländische Staaten, da nur sie Immunität vor deutschen Gerichten genießen, nicht für Ansprüche gegen den deutschen Staat, solange sie nur zivilrechtlicher Natur sind.

3 Zur Herstellung eines Gleichlaufs mit der EuGVVO und den entsprechenden Regelungen in EuGVÜ und LugÜ I und II herzustellen, nimmt Art. 2 Abs. 2 EuVTVO die gleichen Sachgebiete aus.

II. Notwendigkeit der Bestätigung

4 Die Bestätigung nach Art. 9 Abs. 1 und die Ersatzbestätigung nach Art. 6 Abs. 3 EuVTVO ersetzen für gerichtliche Titel die Klauselerteilung. Es handelt sich um eine modifizierte Klauselerteilung nach § 724[8]. Entsprechendes gilt für gerichtliche Vergleiche nach Art. 24 Abs. 1 und für notarielle Urkunden nach Art. 25 Abs. 1 EuVTVO. Ohne Bestätigung ist eine Vollstreckung nicht möglich. Nach Art. 20 Abs. 2 EuVTVO hat der Gläubiger den Vollstreckungsbehörden des Vollstreckungsmitgliedsstaates die Bestätigung zusammen mit einer Ausfertigung der Entscheidung und ggf. einer Transkription oder Übersetzung der Bestätigung zu übermitteln.

5 Die Bestätigung der Nichtvollstreckbarkeit oder Beschränkung der Vollstreckbarkeit nach Art. 6 Abs. 2 EuVTVO dienen zum Nachweis der Nicht(mehr)Vollstreckbarkeit.

6 Eine Bestätigung dynamisierter Unterhaltstitel nach § 1612a BGB ist nicht zulässig[9]. Diese fallen nicht unter den Anwendungsbereich der EuVTVO, da ein bezifferter Betrag fehlt[10]. Wenn jedoch eine Bezifferung nach § 245 FamFG erfolgt, ist eine Bestätigung möglich[11]. Dasselbe gilt für die Anrechnung des Kindergeldes (§ 1612b BGB), die in dynamisierter Form zulässig ist[12].

---

4 Vgl. dazu *Kohler* Adhäsionsverfahren und Brüsseler Übereinkommen 1968, in: Will (Hrsg.), Schadensersatz im Strafverfahren, 1990, S. 74 ff.
5 Darin ist keine Einschränkung des sachlichen Geltungsbereichs gegenüber der VO (EG) Nr. 44/2001 zu sehen. Auch dort sind – ohne ausdrückliche Erwähnung – Ansprüche aus acta iure imperii gegen ausländische Staaten ausgenommen, vgl. *Kropholler* Europäisches Zivilprozessrecht, Art. 2 EuVTVO, Rdn. 2.
6 Vgl. dazu im einzelnen *Schütze* DIZPR, Rdn. 78 ff.
7 Vgl. im einzelnen *Geimer* IZPR, Rdn. 629 ff.
8 Vgl. *Schütze* Internationales Zivilprozessrecht, in: Mes (Herausg.), Beck'sches Prozessformular-

buch, 11. Aufl., 2010, I.T.8. Dort auch ein Formulierungsvorschlag für den Antrag auf Bestätigung als europäischer Vollstreckungstitel.
9 Vgl. *Zöller/Geimer* § 1079, Rdn. 7.
10 Vgl. Zöller/*Geimer* § 1079, Rdn. 7.
11 Vgl. *Wagner* Das Gesetz zur Durchführung der Verordnung (EG) Nr. 805/2004 zum Europäischen Vollstreckungstitel – unter besonderer Berücksichtigung der Vollstreckungsabwehrklage, IPRax 2005, 401 ff. (409 f.).
12 Vgl. *Wagner* Das Gesetz zur Durchführung der Verordnung (EG) Nr. 805/2004 zum Europäischen Vollstreckungstitel – unter besonderer Berücksichtigung der Vollstreckungsabwehrklage, IPRax 2005, 401 ff. (409 f.).

III. Zuständigkeit

Anwendbar ist § 724. Das Gericht des ersten Rechtszuges ist zuständig für die Bestätigung, **7** wenn der Rechtsstreit bei einem höheren Gericht anhängig ist, dieses Gericht. Das entspricht Art. 6 Abs. 1 EuVTVO. Funktionell zuständig ist nach § 20 Nr. 11 RPflG der Rechtspfleger[13]. Weiterhin bleibt jedoch eine Befassung des Richters nach §§ 5 Abs. 1 Nr. 2, 6 RPflG unberührt[14].

In Kinder- und Jugendhilfesachen liegt die Zuständigkeit beim Jugendamt, dem nach § 60 **8** S. 3 SGB VIII die Beurkundung der Verpflichtungserklärung übertragen ist[15]. Im Übrigen entscheidet bei Einwendungen das für das Jugendamt zuständige Amtsgericht, § 60 S. 3 Nr. 2 SGB VIII.

Bei notariellen Urkunden liegt die Zuständigkeit für die Bestätigung bei dem Notar, der die Verpflichtung beurkundet hat, § 797 Abs. 2.

Bei vollstreckbaren Anwaltsvergleichen ist darauf abzustellen, wer den Vergleich für voll- **9** streckbar erklärt hat[16]. Ist die Vollstreckbarerklärung nach § 796b erfolgt, so ist das Prozessgericht zuständig, das für die gerichtliche Geltendmachung des zu vollstreckenden Anspruchs zuständig wäre. Ist die Vollstreckbarerklärung durch einen Notar nach § 796c erfolgt, so ist dieser für die Bestätigung zuständig.

§ 1080
Entscheidung

(1) Bestätigungen nach Artikel 9 Abs. 1, Artikel 24 Abs. 1, Artikel 25 Abs. 1 und Artikel 6 Abs. 3 der Verordnung (EG) Nr. 805/2004 sind ohne Anhörung des Schuldners auszustellen. Eine Ausfertigung der Bestätigung ist dem Schuldner zuzustellen.

(2) Wird der Antrag auf Ausstellung einer Bestätigung zurückgewiesen, so sind die Vorschriften über die Anfechtung der Entscheidung über die Erteilung einer Vollstreckungsklausel entsprechend anzuwenden.

Übersicht

	Rdn.		Rdn.
I. Verfahren	1	2. Zurückweisung des Antrags auf Bestätigung der Nichtvollstreckbarkeit	8
II. Entscheidung	4		
III. Zurückweisung des Antrags	6	IV. Kosten und Gebühren	9
1. Zurückweisung des Antrags auf Bestätigung	7		

---

13 Vgl. Saenger/*Saenger* § 1079, Rdn. 3; Zöller/*Geimer* § 1079, Rdn. 9.
14 Vgl. *Kropholler* Europäisches Zivilprozessrecht, Art. 9 EuVTVO, Rdn. 4, Fn. 2.

15 Vgl. Saenger/*Saenger* § 1079, Rdn. 4.
16 Vgl. Thomas/Putzo/*Hüsstege* § 1079, Rdn. 1.

I.   Verfahren

1 Das Verfahren wird auf Antrag eingeleitet[1]. Der Antrag ist nicht fristgebunden und kann jederzeit gestellt werden, Art. 6 Abs. 1 S. 1 EuVTVO.

2 Die Prozessvollmacht des Verfahrens, das zu dem Titel geführt hat, wirkt fort. Da es sich bei der Bestätigung um eine Art modifizierter Klauselerteilung handelt und der Antrag zu Protokoll der Geschäftsstelle gestellt werden kann, besteht im Übrigen kein Anwaltszwang, § 78 Abs. 5.

3 Eine Anhörung des Schuldners findet in dem Bestätigungsverfahren nicht statt. Das ist hinnehmbar, da der Schuldner durch einen Berichtigungs- oder Widerrufsantrag nach Art. 10 EuVTVO (vgl. dazu § 1081) rechtliches Gehör erhalten kann.

II.   Entscheidung

4 Die Bestätigung als Europäischer Vollstreckungstitel wird auf dem Formblatt Anh. I zur EuVTVO ausgestellt, Art. 9 Abs. 1 EuVTVO. Die Bestätigung erfolgt in der Sprache, in der die Entscheidung abgefasst ist, Art. 9 Abs. 2 EuVTVO.

5 Die Entscheidung ist förmlich nur an den Schuldner zuzustellen (Abs. 1 S. 2), an den Gläubiger formlos[2]. Für die Zustellung innerhalb des Geltungsbereichs der EuVTVO kommt die EuZVO zur Anwendung[3]. Im Übrigen ist § 183 zu beachten[4].

Bei Rechtsnachfolge sind §§ 727 ff. anzuwenden[5].

III.   Zurückweisung des Antrags

6 Abs. 2 ist unklar[6]. Die Fassung legt nahe, dass § 732 entsprechend anwendbar ist[7]. Diese Norm betrifft aber nur Einwendungen des Schuldners gegen die Erteilung der Vollstreckungsklausel. Man muss differenzieren:

1.   Zurückweisung des Antrags auf Bestätigung

7 Gegen die Zurückweisung des Antrags auf Bestätigung nach Art. 6 Abs. 1 EuVTVO ist die Klage auf Bestätigung analog § 731 gegeben[8]. Zuständig ist das Gericht, das für die Bestätigung zuständig ist. Dieses ist das Prozessgericht erster Instanz i. S. von § 731.

---

1 Vgl. für ein Muster, *Schütze* Internationales Zivilprozessrecht, in: Mes, Beck'sches Prozessformularbuch, 11. Aufl., 2010, I.T.8, S. 473 ff.
2 Vgl. Thomas/Putzo/*Hüsstege* § 1080, Rdn. 2.
3 Vgl. *Kropholler* Europäisches Zivilprozessrecht, Art. 9 EuVTVO, Rdn. 6.
4 Vgl. *Zöller/Geimer* § 1080, Rdn. 3.
5 Vgl. *Zöller/Geimer* § 1080, Rdn. 5.
6 Vgl. dazu *Leible/Lehmann* Die Verordnung

über den Europäischen Vollstreckungstitel für unbestrittene Forderungen und ihre Auswirkungen auf die notarielle Praxis, NotBZ 2004, 453 ff. (459).
7 Vgl. Thomas/Putzo/*Hüsstege* § 1080, Rdn. 3.
8 Thomas/Putzo/*Hüsstege* § 1080, Rdn. 3 halten dies immerhin für möglich, bleiben im Übrigen unentschieden.

2. Zurückweisung des Antrags auf Bestätigung der Nichtvollstreckbarkeit

Wird der Antrag auf Bestätigung der Nichtvollstreckbarkeit bzw. Beschränkung der Voll- **8**
streckbarkeit nach Art. 6 Abs. 2 EuVTVO zurückgewiesen, so ist § 732 analog anzuwenden.
Zuständig ist das Gericht, das die Bestätigung erteilt hat.

IV. Kosten und Gebühren

Ebenso wie für die erstmalige Erteilung der Vollstreckungsklausel fallen keine Gerichts- **9**
kosten für die Bestätigung an. Der Rechtsanwalt erhält keine besondere Gebühr, da die
Bestätigung zum Rechtszug gehört, § 19 Abs. 1 Nr. 12 RVG analog.

Für die Verfahren auf Ausstellung der Bestätigung oder Bestätigung der Nichtvollstreck- **10**
barkeit bzw. Beschränkung der Vollstreckbarkeit bei Verweigerung der Bestätigung fallen
Gerichtskosten und Anwaltskosten wie Verfahren nach §§ 731 ff. an.

§ 1081
Berichtigung und Widerruf

(1) Ein Antrag nach Artikel 10 Abs. 1 der Verordnung (EG) Nr. 805/2004 auf Berichtigung oder Widerruf einer gerichtlichen Bestätigung ist bei dem Gericht zu stellen, das die Bestätigung ausgestellt hat. Über den Antrag entscheidet das Gericht. Ein Antrag auf Berichtigung oder Widerruf einer notariellen oder behördlichen Bestätigung ist an die Stelle zu richten, die die Bestätigung ausgestellt hat. Die Notare oder Behörden leiten den Antrag unverzüglich dem Amtsgericht, in dessen Bezirk sie ihren Sitz haben, zur Entscheidung zu.

(2) Der Antrag auf Widerruf durch den Schuldner ist nur binnen einer Frist von einem Monat zulässig. Ist die Bestätigung im Ausland zuzustellen, beträgt die Frist zwei Monate. Sie ist eine Notfrist und beginnt mit der Zustellung der Bestätigung, jedoch frühestens mit der Zustellung des Titels, auf den sich die Bestätigung bezieht. In dem Antrag auf Widerruf sind die Gründe darzulegen, weshalb die Bestätigung eindeutig zu Unrecht erteilt worden ist.

(3) § 319 Abs. 2 und 3 sind auf die Berichtigung und den Widerruf entsprechend anzuwenden.

Übersicht

	Rdn.			Rdn.
I. Zulässigkeit von Berichtigung und Widerruf	1		c) Ausschließlichkeit der Zuständigkeit	10
1. Berichtigung	3		2. Frist	11
2. Widerruf	5		3. Beschlussverfahren	15
II. Verfahren	7		a. Antrag	15
1. Zuständigkeit	7		b. Entscheidung	17
a) Gerichtliche Bestätigung	7		III. Rechtsbehelfe	18
b) Notarielle oder behördliche Bestätigung	8			

I. Zulässigkeit von Berichtigung und Widerruf

1 Art. 10 Abs. 4 EuVTVO schließt einen Rechtsbehelf gegen die Bestätigung als europäischer Vollstreckungstitel aus. Die einzigen Möglichkeiten, eine Abänderung oder Beseitigung des Titels zu erreichen sind Berichtigung und Widerruf nach Art. 10 Abs. 1 EuVTVO. § 1081 regelt das deutsche Verfahren hierfür.

2 Unberührt von dem Rechtsmittelausschluss in Art. 10 Abs. 4 EuVTVO bleiben die Rechtsmittel gegen die zu bestätigende Entscheidung selbst[1]. Sie richten sich nach der jeweiligen lex fori. Art. 6 Abs. 3 EuVTVO setzt eine Anfechtbarkeit der Entscheidung voraus.

1. Berichtigung

3 Eine Berichtigung der Bestätigung nach Art. 10 Abs. 1 lit. a EuVTVO ist zulässig, wenn „die Entscheidung und die Bestätigung aufgrund eines materiellen Fehlers voneinander abweichen". Das ist zunächst der Fall bei Schreibfehlern[2]. Darüber hinaus ist aber auch jede Abweichung von Titel und Bestätigung zu berücksichtigen. Das betrifft insbesondere die Angaben in Formblatt Anhang I Nr. 2–6[3]. Leitlinie kann § 319 sein[4]. Alles was nach dieser Bestimmung zur Berichtigung führt, ist auch geeignet, eine Berichtigung nach Art. 10 EuVTVO zu begründen.

4 Der Gläubiger muss zwar nach Art. 20 EuVTVO Ausfertigungen der Entscheidung und der Bestätigung den zuständigen Vollstreckungsbehörden vorlegen, jedoch gilt das Übersetzungserfordernis nur für die Transkription oder die Bestätigung nach Art. 20 Abs. 2 lit. c EuVTVO. Diese Übersetzung werden die Vollstreckungsbehörden regelmäßig zugrunde legen. Deshalb ist Art. 10 Abs. 1 lit. a EuVTVO im Sinne des Schuldnerschutzes weit auszulegen[5].

2. Widerruf

5 Nach Art. 10 Abs. 1 lit. b EuVTVO kann die Bestätigung widerrufen werden, wenn sie „eindeutig" zu Unrecht erteilt worden ist. Das Tatbestandsmerkmal der Eindeutigkeit ist eine Leerformel. Entweder ist die Bestätigung zu Unrecht erteilt oder nicht. Es kann keinen Unterschied machen, ob dies offensichtlich ist und ob der Bestätigung eine Art Kainsmal anhaftet. Die Situation ist rechtsähnlich der nach Art. 34 Nr. 1 EuGVVO. Auch dort ist das Merkmal der Offensichtlichkeit beim ordre public Verstoß nur eine Wortspielerei ohne praktische Bedeutung[6]. *Rauscher/Pabst*[7] versuchen den redaktionellen Unsinn zu retten, indem sie der „Eindeutigkeit" den Sinn einer Beweislastregelung geben,

---

1 Vgl. *Rauscher/Pabst* EG-VollstrTitelVO, Art. 10, Rdn. 4; *Zöller/Geimer* § 1081, Rdn. 2.
2 Vgl. *Bach* Grenzüberschreitende Vollstreckung in Europa, 2008, S. 190 f.; *Bittmann* in: Gebauer/Wiedmann, Zivilrecht unter europäischem Einfluss Art. 10 EuVTVO, Rdn. 83; *Kropholler* Europäisches Zivilprozessrecht, Art. 10 EuVTVO, Rdn. 4.
3 Vgl. *Rauscher/Pabst* EG-VollstrTitelVO, Art. 10, Rdn. 13.
4 Vgl. *Kropholler* Europäisches Zivilprozess-

recht, Art. 10 EuVTVO, Rdn.; *Stein* Der Europäische Vollstreckungstitel für unbestrittene Forderungen tritt in Kraft – Aufruf zu einer nüchternen Betrachtung, IPRax 2004, 181 ff. (190).; *Zöller/Geimer* § 1081, Rdn. 3.
5 Vgl. *Rauscher/Pabst* EG-VollstrTitelVO, Art. 10, Rdn. 11 ff.
6 Vgl. *Schütze* DIZPR, Rdn. 294.
7 Vgl. *Rauscher/Pabst* EG-VollstrTitelVO, Art. 10, Rdn. 16.

wonach der Antragsteller den Verstoß gegen die in der Verordnung festgelegten Voraussetzungen zu beweisen hat. Das mag hingehen, ergibt sich aber ohnehin aus allgemeinen Beweislastregeln.

Der Widerruf kann insbesondere darauf gestützt werden, dass der Anspruch nicht dem **6** sachlichen Geltungsbereich der EuVTVO unterfällt (Art. 2), die Forderung nicht unbestritten war (Art. 3) oder keine Zuständigkeit nach Art. 6 Abs. 1 lit. b EuVTVO bestanden hat oder die Mindestvorschriften der Artt. 12 ff. EuVTVO nicht eingehalten wurden[8]. Der Widerruf kann ist Verbrauchersachen auch darauf gestützt werden, dass der Verbraucher seinen Wohnsitz nicht im Staat hat, in dem die Entscheidung ergangen ist (Art. 6 Abs. 1 lit. d EuVTVO).

II.   Verfahren

1.   Zuständigkeit

a)   Gerichtliche Bestätigung

Zuständig zur Entscheidung über Berichtigung und Widerruf ist das Gericht, das die **7** Bestätigung ausgestellt hat, vorausgesetzt, dass dies ein deutsches Gericht ist. Das deutsche Recht kann keine fremden Zuständigkeiten regeln. § 1081 bestimmt nur, welches deutsche Gericht bei deutschem europäischen Vollstreckungstitel zuständig ist und dass kein deutsches Gericht für Berichtigung oder Widerruf eines von einem ausländischen Gericht erlassenen europäischen Vollstreckungstitel Zuständigkeit besitzt. Im Übrigen ist § 1081 Abs. 1 nur eine Wiederholung des ohnehin in Art. 10 Abs. 1 manifestierten Grundsatzes der Zuständigkeit des Ursprungsgerichts.

b)   Notarielle oder behördliche Bestätigung.

Auch bei Bestätigungen öffentlicher Urkunden durch Behörden und Notare nach § 1079 **8** bleibt die Zuständigkeit für Berichtigung und Widerruf bei den staatlichen Gerichten. Zuständig ist das Amtsgericht, in dessen Sprengel die Behörde oder der Notar, die die Bestätigung ausgestellt haben, ihren Sitz haben (Abs. 1 S. 4). Der Antrag auf Berichtigung oder Widerruf ist jedoch bei dem Notar oder der Behörde einzureichen, die die Bestätigung erteilt haben. Der Notar oder die Behörde haben den Antrag unverzüglich an das Gericht weiterzuleiten. Sie haben keine Entscheidungsbefugnis, können die Berichtigung oder den Widerruf der Bestätigung – selbst wenn sie den Antrag für begründet halten – nicht aussprechen.

Der Antrag kann – entsprechend § 569 Abs. 1 – auch direkt bei dem zuständigen Amts- **9** gericht eingereicht werden. Dieses hat den Notar oder die Behörde zu informieren.

c)   Ausschließlichkeit der Zuständigkeit

Die Zuständigkeit ist ausschließlich.   **10**

---

8 Vgl. *Kropholler* Europäisches Zivilprozessrecht, Art. 10 EuVTVO, Rdn. 6.

2. Frist

11 Der Antrag auf Berichtigung ist nicht fristgebunden[9]. Der Antrag auf Widerruf kann nur binnen einer Frist von 1 Monat gestellt werden. Bei Zustellung im Ausland verlängert sich die Frist auf 2 Monate. Sie ist eine Notfrist i. S. von § 224 und kann nicht verlängert werden. Jedoch ist die Wiedereinsetzung möglich (§ 233)[10].

12 Die Frist beginnt mit der Zustellung der Bestätigung, frühestens jedoch mit der Zustellung des Titels, auf die sich die Bestätigung bezieht. Nur bei Kenntnis beider Entscheidungen können die Parteien beurteilen, ob ein Widerrufsgrund vorliegt.

13 Bei öffentlichen Urkunden, bei denen die Bestätigung von einem Notar oder einer Behörde ausgestellt worden ist, genügt zur Fristwahrung die Antragstellung bei dem bestätigenden Notar oder der bestätigenden Behörde oder dem zuständigen Amtsgericht.

14 Teilweise wird die Fristbestimmung als verordnungswidrig angesehen, da Art. 10 EuVTVO keine Frist vorsieht[11]. Art. 10 Abs. 2 EuVTVO überlässt aber das Verfahren der Berichtigung und des Widerrufs der lex fori des Ursprungsmitgliedstaates. Im Rahmen dieser Ermächtigung konnte Deutschland die Fristbestimmung einführen[12]. Die Regelung ist sinnvoll, da über die Bestandsfähigkeit der Bestätigung möglichst schnell Klarheit herrschen muss[13]. Der Regelung in § 1081 steht Art. 10 Abs. 4 EuVTVO auch nicht entgegen, da diese Norm sich nur auf Rechtsbehelfe außerhalb von Berichtigung und Widerruf bezieht[14].

3. Beschlussverfahren

15 a) **Antrag.** Das Verfahren wird durch Antrag eingeleitet. Der Antrag kann sowohl für Berichtigung als auch Widerruf auf dem Formblatt in Anhang VI gestellt werden. Die Benutzung des Formblatts ist jedoch nicht obligatorisch, der Antrag kann auch formlos gestellt werden[15]. Er muss jedoch für den Widerruf begründet werden. Der Antragsteller muss konkret darlegen, gegen welche Erfordernisse der EuVTVO die Bestätigung verstößt. Es genügt nicht der bloße Vortrag, die Bestätigung sei rechtwidrig oder verordnungswidrig erteilt worden. Wenn der Antragsteller geltend machen will, dass es sich um eine Verbrauchersache handele und er zum Zeitpunkt der Entscheidung seinen Wohnsitz nicht im Ursprungsmitgliedstaat hatte, so muss er darlegen, warum es sich um eine Verbrauchersache gehandelt habe und wo er seinen Wohnsitz gehabt hat. Die fehlende oder unzureichende Begründung macht den Antrag unzulässig[16].

16 Antragsberechtigt ist zunächst der Schuldner. Aber ein Antragsrecht besteht auch für den Gläubiger soweit er durch die Bestätigung belastet ist, etwa weil der Forderungsbetrag zu

9 Vgl. *Kropholler* Europäisches Zivilprozessrecht, Art. 10 EuVTVO, Rdn. 17; *Zöller/Geimer* § 1081, Rdn. 5.

10 Vgl. Thomas/Putzo/*Hüsstege* § 1081, Rdn. 3.

11 Vgl. *Leible/Lehmann* Die Verordnung über den Europäischen Vollstreckungstitel für unbestrittene Forderungen und ihre Auswirkungen auf die notarielle Praxis, NotBZ 2004, 453 ff. (460); Thomas/Putzo/*Hüsstege* § 1081, Rdn. 3.

12 Vgl. Rauscher/*Pabst* EG-VollstrTitelVO, Art. 10, Rdn. 19.

13 Vgl. Zöller/*Geimer* § 1081, Rdn. 5.

14 Vgl. Rauscher/*Pabst* EG-VollstrTitelVO,

Art. 10, Rdn. 19; *Wagner* Die neue EG-Verordnung zum Europäischen Vollstreckungstitel, IPRax 2005, 189 ff. (197); *ders.* Das Gesetz zur Durchführung der Verordnung (EG) Nr. 805/2004 zum Europäischen Vollstreckungstitel – unter besonderer Berücksichtigung der Vollstreckungsabwehrklage, IPRax 2005, 401 ff. (404).

15 Vgl. Rauscher/*Pabst* EG-VollstrTitelVO, Art. 10, Rdn. 21; Thomas/Putzo/*Hüsstege* § 1081, Rdn. 4; Zöller/*Geimer* § 1081, Rdn. 6.

16 Vgl. Rauscher/*Pabst* EG-VollstrTitelVO, Art. 10, Rdn. 23.

niedrig übertragen wurde[17]. Das gilt jedoch nur für die Berichtigung, nicht für den Widerruf. Für den darauf gerichteten Antrag ist nur der Schuldner antragsberechtigt[18].

b) Entscheidung. Funktional zuständig für die Entscheidung ist der Rechtspfleger (§ 20 **17** Nr. 11 RechtspflG). Die Entscheidung erfolgt durch Beschluss. Dieser ist zu begründen. Der Beschluss, der Widerruf oder Berichtigung ausspricht ist nach Abs. 3 i. V. m. § 319 Abs. 2 mit der Bestätigung zu verbinden.

III. Rechtsbehelfe

Gegen den Beschluss, der dem Berichtigungs- oder Widerrufsantrag stattgibt, findet nach **18** Abs. 3 i. V. m. § 319 Abs. 3 die sofortige Beschwerde statt.

Gegen den ablehnenden Beschluss ist die befristete Erinnerung statthaft[19], § 319 Abs. 3 **19** i. V. m. § 11 Abs. 2 RechtspflG. Der Rechtspfleger kann der Erinnerung abhelfen. Hilft er der Erinnerung nicht ab, so legt er sie zur Entscheidung dem Richter vor. Gegen dessen zurückweisenden Beschluss ist kein Rechtsmittel gegeben.

Im Übrigen ist bei Bestätigungen, die unter Verstoß gegen die Bestimmungen des Art. 6 **20** Abs. 1 EuVTVO ergangen sind, nach Ausschöpfung der Rechtsmittel die Individualbeschwerde zum EGMR gegeben[20].

---

17 Vgl. Rauscher/*Pabst* EG-VollstrTitelVO, Art. 10, Rdn. 18.
18 Vgl. *Bittmann* in: Gebauer/Wiedmann, Zivilrecht unter europäischem Einfluss, Art. 10 EuVTVO, Rdn. 82; Zöller/*Geimer* § 1081, Rdn. 2.

19 Vgl. *Kropholler* Europäisches Zivilprozessrecht, Art. 10 EuVTVO, Rdn. 18.
20 Vgl. Rauscher/*Pabst* EG-VollstrTitelVO, Art. 10 Rdn. 27 f.

TITEL 2

**Zwangsvollstreckung aus Europäischen
Vollstreckungstiteln im Inland**

§ 1082

Vollstreckungstitel

Aus einem Titel, der in einem anderen Mitgliedstaat der Europäischen Union nach der Verordnung (EG) Nr. 805/2004 als Europäischer Vollstreckungstitel bestätigt worden ist, findet die Zwangsvollstreckung im Inland statt, ohne dass es einer Vollstreckungsklausel bedarf.

Übersicht

	Rdn.		Rdn.
I. Europäischer Vollstreckungstitel als Grundlage der Zwangsvollstreckung	1	einen anderen als den im Titel bezeichneten Schuldner	4
1. Grundsatz	1	II. Anwendbarkeit der §§ 750 ff.	5
2. Entbehrlichkeit der Vollstreckungsklausel	3	III. Erinnerung	6
3. Klauselerteilung für einen anderen als den im Titel bezeichneten Gläubiger oder gegen		IV. Vollstreckungsgegenklage	7
		V. Drittwiderspruchsklage	8

I. Europäischer Vollstreckungstitel als Grundlage der Zwangsvollstreckung

1. Grundsatz

1 § 1082 hat zunächst deklaratorische Wirkung. Die Norm bestätigt zunächst nur, was ohnehin schon (europäischen) Rechts ist. Nach Art. 5 EuVTVO wirkt der europäische Vollstreckungstitel in allen Mitgliedstaaten (außer Dänemark), ohne dass eine Anerkennung, Vollstreckbarerklärung, Exequierung, Homologierung pp. notwendig wäre. Der europäische Vollstreckungstitel ist hinsichtlich der Zwangsvollstreckung wie ein inländischer Titel zu behandeln. Deshalb statuiert Art. 20 Abs. 1 S. 2 EuVTVO, dass eine als europäische Vollstreckungstitel bestätigte Entscheidung unter den gleichen Bedingungen vollstreckt wird wie eine im Vollstreckungsmitgliedstaat ergangene Entscheidung.

2 Nach Art. 20 Abs. 1 S. 1 EuVTVO gilt für das Vollstreckungsverfahren das Recht des Vollstreckungsmitgliedstaates. Dieser ist in dessen Ausgestaltung frei, darf den europäischen Vollstreckungstitel nur nicht schwereren Bedingungen unterwerfen als inländische Titel.

Die Formulierung in Art. 20 Abs. 1 S. 2 EuVTVO (gleiche Bedingungen) ist insoweit missverständlich. Europäische Vollstreckungstitel können durchaus auch unter erleichterten Bedingungen zur Vollstreckung zugelassen werden, wie das in § 1082 durch die Zulassung der Vollstreckung ohne Klausel geschieht.

Die Vollstreckbarkeit bestimmt sich nach dem Recht des Ursprungsmitgliedsstaates. Es gibt keine besondere europäische Vollstreckbarkeit[1].

2. Entbehrlichkeit der Vollstreckungsklausel

3 Die Gleichstellung des europäischen Vollstreckungstitels mit einem deutschen Titel allein beseitigt aber noch nicht das Erfordernis der Klauselerteilung nach § 725. Hier statuiert § 1082, dass es der Klauselerteilung nicht bedarf. § 1082 schließt die Erteilung der Vollstreckungsklausel nicht aus. Die Situation entspricht der in § 929, der eine Vollstreckungsklausel für entbehrlich erklärt, diese aber in den Fällen des § 727 für zulässig und notwendig erklärt.

3. Klauselerteilung für einen anderen als den im Titel bezeichneten Gläubiger oder gegen einen anderen als den im Titel bezeichneten Schuldner

4 Soll die Zwangsvollstreckung für einen anderen als den im Titel bezeichneten Gläubiger oder gegen einen anderen als den im Titel bezeichneten Schuldner stattfinden, so ist eine Klauselerteilung notwendig. § 727 ist anwendbar. § 727 gilt für alle Vollstreckungstitel[2]. Ebenso wie im Rahmen von § 929 bedarf es bei Rechtsnachfolge von Gläubiger oder Schuldner einer Titel übertragenden Vollstreckungsklausel.

II. Anwendbarkeit der §§ 750 ff.

5 Anwendbar sind §§ 750ff[3]. Damit sind alle Vollstreckungsrechtsbehelfe der ZPO auch gegenüber ausländischen europäischen Vollstreckungstiteln zulässig[4], so § 765a, 766, 767[5].

III. Erinnerung

6 Gegen die Art und Weise der Zwangsvollstreckung findet die Erinnerung nach § 766 statt[6].

1 Vgl. *Geimer* Exequaturverfahren, FS Georgiades, 2005, S. 489 ff. (494); *Zöller/Geimer* § 1082, Rdn. 5.
2 Vgl. dazu *Loritz* Die Umschreibung der Vollstreckungsklausel, ZZP 95 (1982), 310 ff.; *ders.* Rechtsnachfolge und Umschreibung der Vollstreckungsklausel in den Verfahren des einstweiligen Rechtsschutzes, ZZP 106 (1993), 1 ff.; *Thomas/Putzo/Putzo* § 727 Rdn. 1; *Wieczorek/Schütze/Paulus* § 727, Rdn. 3.
3 Vgl. Rauscher/*Pabst* Art. 20 EG-VollstrTitel-VO, Rdn. 1; *Thomas/Putzo/Hüsstege* § 1082 Rdn. 1.
4 Vgl. *Bittmann* in: Gebauer/Wiedmann, Zivilrecht unter europäischem Einfluss, Art. 20 EuVTVO, Rdn. 158.
5 Vgl. *Bittmann* in: Gebauer/Wiedmann, Zivilrecht unter europäischem Einfluss, Art. 20 EuVTVO, Rdn. 158.
6 Vgl. Rauscher/*Pabst* EG-VollstrTitelVO, Art. 20, Rdn. 35; Thomas/Putzo/*Hüsstege* § 1082, Rdn. 2; *Zöller/Geimer* § 1082, Rdn. 3.

IV. Vollstreckungsgegenklage[7]

7 Einwendungen gegen den durch den europäischen Vollstreckungstitel festgestellten Anspruch können mit der Vollstreckungsgegenklage geltend gemacht werden. Es findet § 1086 Anwendung.

V. Drittwiderspruchsklage

8 Die Drittwiderspruchsklage nach § 771 findet statt, wenn die deutschen Gerichte nach Art. 22 Nr. 5 VO (EG) Nr. 44/2001 Zuständigkeit besitzen[8], d. h. die deutschen Gerichte, wenn und soweit die Zwangsvollstreckung durchgeführt werden soll oder durchgeführt worden ist[9].

§ 1083
Übersetzung

Hat ein Gläubiger nach Artikel 20 Abs. 2 Buchstabe c der Verordnung (EG) Nr. 805/2004 eine Übersetzung vorzulegen, so ist diese in deutscher Sprache zu verfassen und von einer hierzu in einem der Mitgliedstaaten der Europäischen Union befugten Person zu beglaubigen.

Übersicht

	Rdn.		Rdn.
I. Notwendigkeit der Übersetzung ..	1	2. Beglaubigung	4
II. Erfordernisse der Übersetzung ...	3	III. Rechtsfolgen mangelhafter	
1. Verständlichkeit	3	Übersetzung..................	7

I. Notwendigkeit der Übersetzung

1 Nach Art. 20 Abs. 2 lit. c der EuVTVO ist eine Übersetzung in die Sprache des Vollstreckungsmitgliedstaates vorzulegen. Dies ist notwendig, da Fremdsprachenkenntnisse der Vollstreckungsorgane nicht vorausgesetzt werden können. Da Deutschland nur eine Amtssprache kennt, ist eine etwa erforderliche Übersetzung in die deutsche Sprache notwendig. § 1083 dient nur der Klarstellung. Es handelt sich um die nach Art. 30 Abs. 1 lit. b EuVTVO Konkretisierung, die der Kommission mitgeteilt worden ist.

---

7 Vgl. dazu insbes. *Wagner* Das Gesetz zur Durchführung der Verordnung (EG) Nr. 805/ 2004 zum Europäischen Vollstreckungstitel – unter besonderer Berücksichtigung der Vollstreckungsabwehrklage, IPRax 2005, 401 ff.; Rauscher/*Pabst* EG-VollstrTitelVO, Art. 20, Rdn. 36.

8 Vgl. *Hüsstege* Braucht die Verordnung über den europäischen Vollstreckungstitel eine ordrepublic-Klausel? FS Jayme, 2004, S. 371 ff. (384).
9 Zur Anwendbarkeit von Art. 22 Nr. 5 EuGVVO auf Drittwiderspruchsklagen vgl. *Geimer/Schütze* EuZVR, A.1, Art. 22, Rdn. 268.

Die Übersetzung ist regelmäßig nur insoweit erforderlich als es sich nicht um Teile der **2** Bestätigung handelt, die nicht durch Ankreuzen oder Aufnahme von Bezeichnungen in die Formblätter ausgefüllt werden können[1]. Das ist regelmäßig bei notwendigen ergänzenden oder erläuternden Einträgen der Fall. Allerdings müssen auch Bezeichnungen des Gerichts, inbsesondere wenn di8e ursprüngliche Bezeichnung deutsch war, übersetzt werden, so Chorzow in Königshütte, Bratislava in Pressburg pp.

II. Erfordernisse der Übersetzung

1. Verständlichkeit

Für die Qualität der Übersetzung gelten allgemeinen Grundsätze im internationalen Zivil- **3** prozessrecht[2]. Die Übersetzung muss verständlich sein. Sprachlicher Eleganz oder auch nur Richtigkeit kann nicht gefordert werden. Sinnentstellende Fehler machen die Übersetzung dagegen unbrauchbar. Die Übersetzung ist keine Übersetzung im Rechtssinne mehr.

2. Beglaubigung

Die Übersetzung ist zu beglaubigen. Die Beglaubigung ist die Bestätigung der Richtigkeit **4** der Übersetzung. Sie ist aber nicht bindend. Die Richtigkeit der Übersetzung ist eine Tatfrage. Die Beglaubigung begründet nur eine – widerlegbare – Vermutung für die Richtigkeit der Übersetzung[3].

Die Ermächtigung zur Beglaubigung kann von den zuständigen Behörden irgendeines **5** Mitgliedstaates erteilt sein[4]. Ein belgischer Übersetzer, der nach belgischem Recht zur Beglaubigung befugt ist, kann eine Übersetzung eines europäischen Vollstreckungstitels eines französischen Gerichts in die deutsche Sprache im Rahmen des § 1083 wirksam beglaubigen.

Die Frage, ob die Beglaubigung von einem ermächtigten Übersetzer stammt, ist eine **6** Tatfrage. Der Antragsteller trägt die Darlegungs- und Beweislast. § 293 ist nicht anwendbar[5].

III. Rechtsfolgen mangelhafter Übersetzung

Eine sinnentstellende Übersetzung ist eine Nichtübersetzung. Das Erfordernis des Art. 20 **7** Abs. 2 lit. c EuVTVO ist nicht erfüllt. Die für die Vollstreckung notwendigen Unterlagen sind nicht vollständig. Vollstreckungsmaßnahmen dürfen nicht erfolgen. Der Schuldner kann Erinnerung nach § 766 einlegen[6], wenn aus dem Titel dennoch vollstreckt wird.

---

1 Vgl. *Bittmann* in: Gebauer/Wiedmann, Art. 20 EuVTVO, Rdn. 164 mwN.
2 Vgl. dazu *Schütze* Probleme der Übersetzung im Zivilprozessrecht, FS Sandrock, 2000, S. 871 ff.; *ders.* Übersetzungen im europäischen und internationalen Zivilprozessrecht – Probleme der Zustellung, RIW 2006, 352 ff. (353 f.).
3 Vgl. *Schütze* Probleme der Übersetzung im Zivilprozessrecht, FS Sandrock, 2000, S. 871 ff.

(874); *ders.* Übersetzungen im europäischen und internationalen Zivilprozessrecht – Probleme der Zustellung, RIW 2006, 352 ff. (354).
4 Vgl. Baumbach/Lauterbach/*Hartmann* § 1083, Rdn. 4.
5 AA Baumbach/Lauterbach/*Hartmann* § 1083, Rdn. 4.
6 Vgl. zur Zulässigkeit *Bittmann* in: Gebauer/ Wiedmann, Art. 20 EuVTVO, Rdn. 158 f.

§ 1084

Anträge nach den Artikeln 21 und 23 der Verordnung (EG) Nr. 805/2004

(1) Für Anträge auf Verweigerung, Aussetzung oder Beschränkung der Zwangsvollstreckung nach den Artikeln 21 und 23 der Verordnung (EG) Nr. 805/2004 ist das Amtsgericht als Vollstreckungsgericht zuständig. Die Vorschriften des Buches 8 über die örtliche Zuständigkeit des Vollstreckungsgerichts sind entsprechend anzuwenden. Die Zuständigkeit nach den Sätzen 1 und 2 ist ausschließlich.

(2) Die Entscheidung über den Antrag nach Artikel 21 der Verordnung (EG) Nr. 805/2004 ergeht durch Beschluss. Auf die Einstellung der Zwangsvollstreckung und die Aufhebung der bereits getroffenen Vollstreckungsmaßnahmen sind § 769 Abs. 1 und 3 sowie § 770 entsprechend anzuwenden. Die Aufhebung einer Vollstreckungsmaßregel ist auch ohne Sicherheitsleistung zulässig.

(3) Über den Antrag auf Aussetzung oder Beschränkung der Vollstreckung nach Artikel 23 der Verordnung (EG) Nr. 805/2004 wird durch einstweilige Anordnung entschieden. Die Entscheidung ist unanfechtbar.

Übersicht

	Rdn.		Rdn.
I. Anwendungsbereich	1	ckung wegen außergewöhnlicher Umstände	13
1. Kollidierende andere Entscheidung	2		
a) Unvereinbare Urteilswirkungen	3	II. Verfahren	14
b) Zeitliche Priorität der abweichenden Entscheidung	4	1. Sachliche Zuständigkeit	14
c) Identität des Streitgegenstandes	5	2. Örtliche Zuständigkeit	15
d) Parteienidentität	6	3. Ausschließlichkeit der Zuständigkeit	16
e) Präklusion	7		
2. Rechtsbehelf gegen europäische Vollstreckungstitel, sowie Antrag auf Berichtigung oder Widerruf der Bestätigung	9	III. Entscheidung	17
		1. Auslegungsgrundsätze	17
		2. Beschlussverfahren	18
3. Sicherungsvollstreckung	10	3. Einstweilige Anordnung	19
4. Einstellung der Zwangsvollstre-		4. Endgültigkeit der Entscheidung	20

I.   Anwendungsbereich

1 § 1084 regelt vier unterschiedliche Fälle: Die Verweigerung der Vollstreckung wegen Urteilskollision, die Aussetzung oder Beschränkung der Vollstreckung bei Rechtsbehelfen des Schuldners gegen den europäischen Vollstreckungstitel, die Sicherungsvollstreckung und die Aussetzung von Vollstreckungsmaßnahmen unter außergewöhnlichen Umständen.

1. Kollidierende andere Entscheidung

Kollidierende Entscheidungen sind unerwünscht. § 328 Abs. 1 Nr. 3 statuiert deshalb als **2** Erfordernis der Anerkennung, dass keine Kollision mit einem inländischen Urteil oder einer anzuerkennenden früheren ausländischen Entscheidung vorliegen darf[1]. Das Gesetz behandelt den Vorrang bei Kollisionen von Entscheidungen zwar nicht als Unterfall des ordre public[2], immerhin ist das Erfordernis im öffentlichen Interesse aufgestellt.

a) Unvereinbare Urteilswirkungen. Die Urteilswirkungen des Europäischen Voll- **3** streckungstitels müssen mit denen einer anderen Entscheidung unvereinbar sein. Der Begriff der „Unvereinbarkeit" ist gemeinschaftsrechtlich autonom zu qualifizieren[3]. Er ist derselbe wie in Art. 34 Nr. 3 VO (EG) Nr. 44/2001 und Artt. 27 EuGVÜ/LugÜ I. Es gilt deshalb der weite Verfahrensbegriff den der EuGH[4] entwickelt hat[5]. Nicht nur gegensätzliche Entscheidungen gegen den gleichen Beklagten sind unvereinbar, auch identische bzw. teilidentische Entscheidungen sind unvereinbar, da sie zu einer Titeldoppelung führen[6]. Insbesondere sind Urteile aus Vertrag mit solchen auf Feststellung der Nichtigkeit des Vertrages unvereinbar.

Unerheblich ist, ob die Unvereinbarkeit mit einer inländischen oder einer anerkannten ausländischen Entscheidung vorliegt[7].

b) Zeitliche Priorität der abweichenden Entscheidung. Während nach Art. 34 **4** Nr. 3 EuGVVO die zweitstaatliche Entscheidung immer privilegiert ist, stellt Art. 21 Abs. 1 lit. a EuVTVO auf die zeitliche Priorität ab. Abzustellen ist auf den Eintritt der Rechtskraft. Ist das ausländische Urteil zeitlich nach der inländischen Entscheidung in Rechtskraft erwachsen, so ist die Anerkennung schon deshalb ausgeschlossen, weil die Rechtskraft der ausländischen Entscheidung nur relativ, die der inländischen dagegen absolut wirkt[8]. Soweit die Rechtskraft der ausländischen Entscheidung vor der Rechtskraft des inländischen Urteils eintritt greift Art. 21 Abs. 1 lit. a EuVTVO ein und bewirkt eine Anerkennungssperre. Es gelten die gleichen Grundsätze wie für § 328 Abs. 1 Nr. 3[9].

c) Identität des Streitgegenstandes. Der Streitgegenstand beider Entscheidungen muss **5** identisch sein. Es gelten die zur EuGVVO entwickelten Grundsätze[10]. Nach der Kernpunkt-

---

1 Vgl. dazu *Lenenbach* Die Behandlung von Unvereinbarkeiten zwischen rechtskräftigen Zivilurteilen nach deutschem und europäischem Zivilprozessrecht, 1997.
2 Vgl. *Geimer* Anerkennung ausländischer Entscheidungen in Deutschland, 1995, S. 112; *Schütze* DIZPR, 2. Aufl., 2005, Rdn. 335.
3 Vgl. *Kropholler* Europäisches Zivilprozessrecht, Art. 21 EuTVO, Rdn. 4.
4 Vgl. EuGH Rs. 144/86 – Gubisch v. Palumbo – EuGHE 1987, 4861 = NJW 1989, 665 = RIW 1988, 818 mit Anm. *Linke*; EuGH Rs. C-406/92 – The owners of the cargo lately laden on board the ship Tatry v. The owners of the ship Maciej rataj – EuGHE 1994 I, 5439 = EWS 1995, 90 mit Besprechungsaufsatz *Lenenbach* Gerichtsstand des Sachzusammenhangs nach Art. 21 EuGVÜ?, ebenda 361 ff.
5 Vgl. im einzelnen *Geimer/Schütze* EuZVR, A.1, Art. 34, Rdn. 166 ff.

6 Vgl. *Geimer/Schütze* Internationale Urteilsanerkennung, Bd. I/1, S. 996.
7 Vgl. *Rauscher/Pabst* EG-VollstrTitelVO, Art. 21, Rdn. 5; *Stein* Der Europäische Vollstreckungstitel für unbestrittene Forderungen tritt in Kraft – Aufruf zu einer nüchternen Betrachtung, IPRax 2004, 181 ff. (182).
8 Vgl. *Kallmann* Anerkennung und Vollstreckung ausländischer Zivilurteile und Vergleiche, 1946, S. 220, Fn. 17; *Riezler* IZPR, 1949, S. 521.
9 Vgl. dazu *Schütze* DIZPR, Rdn. 335.
10 Vgl. *Rauscher/Pabst* EG-VollstrTitelVO, Art. 21, Rdn. 7.

theorie des EuGH ist ein weiter Verfahrensbegriff zugrunde zu legen[11]. Es kommt also – anders als bei der deutschen Streitgegenstandslehre – nicht auf den Klagantrag an, sondern darauf ob der Kernpunkt beider Verfahren gleich ist. Das ist in der Rechtsprechung des EuGH zu bejahen für das Leistungsurteil und das negative Feststellungsurteil (wegen eben dieser Leistungsverpflichtung).

6 **d) Parteienidentität.** Art. 21 Abs. 1 lit. a verlangt Identität der Parteien. Problematisch sind die Fälle der Rechtskrafterstreckung auf Dritte[12].

7 **e) Präklusion.** Die Vollstreckung darf nur verweigert werden, wenn die Unvereinbarkeit im gerichtlichen Verfahren des Usprungsmitgliedstaates nicht geltend gemacht worden ist und nicht geltend gemacht werden konnte (Art. 21 Abs. 1 lit. c EuVTVO). Die Unvereinbarkeit muss deshalb nicht geltend gemacht worden sein, weil sie nicht geltend gemacht werden konnte. Auch zur Vollstreckungsgegenklage wird die Präklusion daran geknüpft, dass es dem Schuldner subjektiv möglich war, die Einwendung vorzubringen[13].

8 Die Präklusionswirkung tritt nicht ein, wenn der Beklagte unverschuldet von dem widersprechenden Titel keine Kenntnis hatte. Nicht geltend gemacht werden kann die Unvereinbarkeit auch dann, wenn der Ursprungsstaat einen dem europäische Vollstreckungstitel widersprechenden ausländischen Titel nicht anerkennt, der Vollstreckungsstaat dies dagegen tut. Eine solche Fallkonstellation kann etwa entstehen, wenn ein österreichisches Gericht einen europäischen Vollstreckungstitel bestätigt hat, obwohl eine widersprechende New Yorker Entscheidung vorlag, da das New Yorker Urteil mangels Verbürgung der Gegenseitigkeit (§ 79 EO) nicht beachtet wurde[14]. Im deutschen Vollstreckungsverfahren ist die Entscheidung aus New York jedoch zu berücksichtigen, da nach h. L. die Gegenseitigkeit im Verhältnis zu New York verbürgt ist[15].

2. Rechtsbehelf gegen europäischen Vollstreckungstitel, sowie Antrag auf Berichtigung oder Widerruf der Bestätigung

9 Das Verfahren nach § 1084 regelt in Abs. 3 die Fälle des Art. 23 EuVTVO:

– der Schuldner hat einen Rechtsbehelf gegen eine als europäischer Vollstreckungstitel bestätigte Entscheidung eingelegt. Dazu gehören zunächst die Fälle nach Art. 19 EuVTVO, die insbesondere Fälle unzulänglicher Ladung betreffen. Darüber hinaus fallen hierunter auch Rechtsbehelfe gegen die bestätigte Entscheidung selbst, die durch Art. 10 Abs. 4 EuVTVO nicht abgeschnitten sind. Denn diese Norm betrifft nur Rechtsbehelfe gegen die Bestätigung.

– der Schuldner hat die Berichtigung oder den Widerruf der Bestätigung nach Art. 10 EuVTVO i. V. m. § 1081 beantragt.

---

11 Vgl. EuGH Rs. 144/86 – Gubisch v. Palumbo – EuGHE 1987, 4861 = NJW 1989, 665; EuGH Rs. C-406/92 – The owners of the cargo lately laden on board the ship Tatry v. The owners of the ship Maciej rataj – EuGHE 1994 I, 5439 = EWS 1995, 90.

12 Vgl. dazu *Koch* Unvereinbare Entscheidungen i. S. d. Art. 27 Nr. 3 und 5 EuGVÜ und ihre Vermeidung, 1993, S. 50 und *Lenenbach* Die Behandlung von Unvereinbarkeiten zwischen rechtskräftigen Zivilurteilen nach deutschem und europäischem Zivilprozessrecht, 1997, S. 173.

13 Vgl. eingehend *Burghard* Die Präklusion der zweiten Vollstreckungsgegenklage, ZZP 106 (1993), 23 ff.

14 Vgl. dazu *Geimer/Schütze* EuZVR, E. 18, Rdn. 20 ff. m. w. N.

15 Vgl. BGH RIW 1984, 557; *Geimer/Schütze* EuZVR, E.1, Rdn. 287 m. w. N.

3. Sicherungsvollstreckung

Nach Art. 23 EuVTVO kann das Gericht auf Antrag des Schuldners bei Einlegung eines **10** Rechtsbehelfs gegen die bestätigte Entscheidung oder Antrag auf Berichtigung oder Widerruf

- das Vollstreckungsverfahren auf Sicherungsmaßnahmen beschränken oder
- die Vollstreckung von der Leistung einer Sicherheit abhängig machen.

Die Beschränkung auf Sicherungsmaßnahmen oder die Anordnung einer Sicherheitsleis- **11** tung erfolgt nach gerichtlichem Ermessen[16]. Entscheidend müssen die Erfolgsaussichten der Verfahren auf Beseitigung von Titel und/oder Bestätigung sein. Im Übrigen sind die Interessen von Gläubiger und Schuldner abzuwägen.

Hat der Gläubiger schon im Ausland Sicherheit in ausreichender Höhe geleistet, so kommt **12** eine nochmalige Sicherheitsleistung[17] oder die Beschränkung der Vollstreckung auf Sicherungsmaßnahmen nicht in Betracht.

4. Einstellung der Zwangsvollstreckung wegen außergewöhnlicher Umstände

Art. 23 lit. c lässt die bedingungslose Einstellung der Zwangsvollstreckung unter außerge- **13** wöhnlichen Umständen zu. Da die Sicherungsvollstreckung genügend Möglichkeiten gibt, die Parteiinteressen zu wahren, kann eine bedingungslose Aussetzung nur die Ausnahme sein, etwa wenn der bestätigte Titel gegen den ordre public des Vollstreckungsstaates verstößt[18].

II. Verfahren

1. Sachliche Zuständigkeit

Zuständig ist das Amtsgericht bzw. Landgericht (§§ 23, 71, 96 GVG), in dessen Bezirk der **14** Schuldner seinen Wohnsitz oder Sitz hat, bzw. das Amtsgericht, in dessen Bezirk die Zwangsvollstreckung stattfinden soll oder stattgefunden hat. Funktionell zuständig ist der Richter, nicht der Rechtspfleger[19].

2. Örtliche Zuständigkeit

Örtlich zuständig ist das Gericht des Sprengels, in dem der Schuldner im Inland seinen **15** allgemeinen Gerichtsstand hat, im übrigen das, in dem nach § 23 Klage erhoben werden kann, regelmäßig also, wo Vermögen belegen ist. § 828 Abs. 2 ist anwendbar[20].

---

[16] Vgl. *Kropholler* Europäisches Zivilprozessrecht, Art. 23 EuVTVO, Rdn. 6; Rauscher/*Pabst* EG-VollstrTitelVO, Art. 23, Rdn. 5.
[17] Vgl. Rauscher/*Pabst* EG-VollstrTitelVO, Art. 23, Rdn. 9.
[18] Vgl. Rauscher/*Pabst* EG-VollstrTitelVO, Art. 23, Rdn. 10.

[19] Vgl. Rauscher/*Pabst* EG-VollstrTitelVO, Art. 23, Rdn. 18; Thomas/Putzo/*Hüßtege* § 1084, Rdn. 2; Zöller/*Geimer* § 1086, Rdn. 3. AA Baumbach/Lauterbach/*Hartmann* § 1084, Rdn. 3.
[20] Vgl. Thomas/Putzo/*Hüßtege* § 1084, Rdn. 2.

3. Ausschließlichkeit der Zuständigkeit

16 Die örtliche und sachliche Zuständigkeit sind nach Abs. 1 S. 3 ausschließlich. § 802 ist anwendbar.

III. Entscheidung

1. Auslegungsgrundsätze

17 Bei der Entscheidung sind die Begriffe der EuVTVO in gleicher Weise zu interpretieren wie sie der EuGH für EuGVÜ und Brüssel I VO entwickelt hat[21]. Grundsätzlich ist die autonome Auslegung[22] anzuwenden, und zwar unter Zugrundelegung der rechtsvergleichenden Methode[23]. Damit wird auch der Gefahr vorgebeugt, dass die nationalen Vollstreckungsgerichte mit ihrer häufig sozialpolitisch begründeten Schuldnerschutzpraxis das europäische Recht unterlaufen.

Notfalls muss dem EuGH vorgelegt werden[24].

2. Beschlussverfahren

18 Die Entscheidungen nach § 1084 ergehen durch Beschluss. Abs. 2 S. 1 ordnet dies für die Entscheidung über die Verweigerung der Vollstreckung wegen kollidierender anderweitiger Entscheidung nach Art. 21 EuVTO ausdrücklich an. Aber auch die Entscheidung nach Abs. 3 über die Aussetzung und Beschränkung der Vollstreckung erfolgt durch Beschluss (§ 707 Abs. 2 S. 1). Es ist rechtliches Gehör zu gewähren.

3. Einstweilige Anordnung

19 Über die Aussetzung oder Beschränkung der Vollstreckung nach Art. 23 EuVTVO wird durch einstweilige Anordnung entschieden. § 707 gilt entsprechend[25], insbesondere Abs. 2 S. 2, der die Unanfechtbarkeit des Beschlusses anordnet. Dies ist in Abs. 3 S. 2 zur Klarstellung noch gesondert aufgeführt. Es ist rechtliches Gehör zu gewähren, sofern nicht sofort zu entscheiden ist. In diesem Fall kann das rechtliche Gehör nachgeholt werden, da die einstweilige Anordnung – ebenso wie die nach § 707 – jederzeit wieder aufgehoben werden kann.

21 Vgl. *Bittmann* in: Gebauer/Wiemann, Überblick vor EuVTVO, Rdn. 13; Rauscher/*Pabst* EG-VollstrTitelVO, Einl. Rdn. 36.
22 Vgl. dazu *Basedow* Europäisches Zivilprozessrecht, in: Handbuch des Internationalen Zivilverfahrensrechts, Bd. I, 1982, S. 113 ff.; *Geimer/Schütze* IEuZVR, A1, Einl., Rdn. 125 ff.; *Martiny* Autonome und einheitliche Auslegung in europäischen internationalen Zivilprozessrecht, RabelsZ 45 (1981), 427 ff.; *Pfeiffer* Grundlagen und Grenzen der autonomen Auslegung des EuGVÜ, Jahrbuch junger Zivilrechtswissenschaftler, 1991, S. 71 ff.; *Schlosser* Vertragsautonome Auslegung, nationales Recht, Rechtsvergleichung und das EuGVÜ, GS Bruns, 1980, S. 45 ff.; *Scholz* Das Problem der autonomen Auslegung des EuGVÜ, 1998.
23 Vgl. dazu *Geimer* Zur Auslegung des Brüsseler Zuständigkeits- und Vollstreckungsübereinkommens in Zivil- und Handelssachen vom 27. September 1968, EuR 12 (1977), 341 ff.; *Martiny* Autonome und einheitliche Auslegung im europäischen internationalen Zivilprozessrecht, RabelsZ 45 (1981), 427 ff.; *Schütze* DIZPR, Rdn. 7; *ders.* Internationales Zivilprozessrecht und Rechtsvergleichung, FS Waseda, 1988, S. 323 ff.
24 Vgl. *Bittmann* in: Gebauer/Wiedmann, Überblick vor EuVTVO, Rdn. 13.
25 Vgl. Thomas/Putzo/*Hüsstege* § 1084, Rdn. 3.

4. Endgültigkeit der Entscheidung

Gegen den Beschluss nach Abs. 2 S. 1 ist die sofortige Beschwerde gegeben[26]. Gegen den **20** Beschluss nach Abs. 3 ist kein Rechtbehelf gegeben. Die Entscheidung ist unanfechtbar. Eine Aufhebung der nach Art. 23 EuVTVO i. V. m. Abs. 1, 3 getroffenen einstweiligen Maßnahmen muss erfolgen, wenn im ausländischen Verfahren über den Rechtsbehelf entschieden worden ist[27].

§ 1085
Einstellung der Zwangsvollstreckung

Die Zwangsvollstreckung ist entsprechend den §§ 775 und 776 auch dann einzustellen oder zu beschränken, wenn die Ausfertigung einer Bestätigung über die Nichtvollstreckbarkeit oder die Beschränkung der Vollstreckbarkeit nach Artikel 6 Abs. 2 der Verordnung (EG) Nr. 805/2004 vorgelegt wird.

Übersicht

	Rdn.		Rdn.
I. Nichtvollstreckbarkeit oder Beschränkung des europäischen Vollstreckungstitels	1	III. Anwendbarkeit von § 775	4
II. Notwendigkeit der Nichtvollstreckbarkeitsbescheinigung	3	IV. Anwendbarkeit von § 776	5

I. Nichtvollstreckbarkeit oder Beschränkung des Europäischen Vollstreckungstitels

Ein europäischer Vollstreckungstitel kann nach Art. 10 Abs. 1 EuVTVO berichtigt oder **1** widerrufen werden, wenn die Entscheidung und die Bestätigung aufgrund eines materiellen Fehlers voneinander abweichen oder wenn die Erfordernisse der Verordnung für die Bestätigung als europäischer Vollstreckungstitel nicht vorliegen. Hierüber ist nach dem Recht des Ursprungsstaates – in Deutschland nach § 1081 – zu entscheiden. Hierüber wird auf Antrag eine Bescheinigung nach Art. 6 Abs. 2 EuVTVO erteilt.

Die als europäischer Vollstreckungstitel bestätigte Entscheidung kann – neben Berichtigung und Widerruf – auch aufgehoben werden. Das ist beispielsweise im Fall der erfolgreichen Vollstreckungsgegenklage der Fall. Dasselbe gilt für die erfolgreiche Individual- **2**

---

26 Vgl. Rauscher/*Pabst* EG-VolltrTitelVO, Art. 21, Rdn. 15; Zöller/*Geimer* § 1084, Rdn. 2.
27 Vgl. Rauscher/*Pabst* EG-VollstrTitelVO, Art. 23, Rdn. 19 *Wagner* Das Gesetz zur Durch-

führung der Verordnung (EG) Nr. 805/2004 zum Europäischen Vollstreckungstitel – unter besonderer Berücksichtigung der Vollstreckungsabwehrklage, IPRax 2005, 401 ff. (404).

beschwerde vom EGMR, wenn eine Bestätigung trotz Verstoßes gegen Art. 6 Abs. 1 erteilt und nicht nach Art. 10 EuVTVO korrigiert wird[1]. Auch über die Aufhebung der Entscheidung ist eine Nichtvollstreckbarkeitsbescheinigung auszustellen.

II. Notwendigkeit der Nichtvollstreckbarkeitsbescheinigung

3 Im Interesse der Einheitlichkeit der Verfahrens- und Entscheidungsformalien wird das Verfahren auch hinsichtlich der Aufhebung oder die Beschränkung des europäischen Vollstreckungstitels über Formblätter abgewickelt. Hier ist zu differenzieren: Während die Benutzung der Formblätter bei dem Antrag auf Berichtigung und Widerruf nicht zwingend[2] und eine formlose Stellung des Antrags zulässig ist, kann die Einstellung der Zwangsvollstreckung nach § 1085 nur aufgrund einer Bestätigung nach Art. 6 Abs. 2 EuVTVO unter Benutzung des Formblatts in Anh. IV gestellt werden. Vorzulegen ist eine Ausfertigung der Bestätigung.

III. Anwendbarkeit von § 775

4 Eine Einstellung oder Beschränkung der Zwangsvollstreckung nach § 775 Nr. 1 und 2 kann erfolgen, wenn die Bestätigung über die Nichtvollstreckbarkeit oder die Beschränkung der Vollstreckbarkeit nach Art. 6 Abs. 2 EuVTVO vorgelegt wird. Das schließt nicht aus, dass die Zwangsvollstreckung auch in den Fällen des § 775 Nr. 3 bis 5 eingestellt oder beschränkt wird. Die Regelung des § 1085 ist nicht abschließend[3]. Hat der Schuldner den titulierten Betrag nach Bestätigung als europäischer Vollstreckungstitel gezahlt und weist dies in einer öffentlichen Urkunde oder einer vom Gläubiger ausgestellten Privaturkunde nach, so ist die Zwangsvollstreckung nach § 775 Nr. 4 einzustellen.

IV. Anwendbarkeit von § 776

5 § 776 gilt ohne Einschränkung. Das folgt aus der Anwendbarkeit von § 775. Hinsichtlich ausländischer Entscheidungen ist die korrespondierende Rechtsfolge des § 776 anzuwenden[4]. Es ist auf die funktionale Vergleichbarkeit mit den Entscheidungen nach § 775 Nr. 1 und 2 abzustellen, um die Rechtsfolge des § 776 zu bestimmen.

§ 1086
Vollstreckungsabwehrklage

(1) Für Klagen nach § 767 ist das Gericht ausschließlich örtlich zuständig, in dessen Bezirk der Schuldner seinen Wohnsitz hat, oder, wenn er im Inland keinen Wohn-

---

1 Vgl. dazu Rauscher/*Pabst* EG-VollstrTitelVO, Art. 10, Rdn. 37 f.
2 Vgl. Rauscher/*Pabst* EG-VollstrTitelVO, Art. 10, Rdn. 21.

3 Vgl. Thomas/Putzo/*Hüsstege* § 1085, Rdn. 1/2.
4 Vgl. Thomas/Putzo/*Hüsstege* § 1085, Rdn. 1/2.

sitz hat, das Gericht, in dessen Bezirk die Zwangsvollstreckung stattfinden soll oder stattgefunden hat. Der Sitz von Gesellschaften oder juristischen Personen steht dem Wohnsitz gleich.

(2) § 767 Abs. 2 ist entsprechend auf gerichtliche Vergleiche und öffentliche Urkunden anzuwenden.

Übersicht

	Rdn.			Rdn.
I. Anwendungsbereich	1		II. Internationale Zuständigkeit	8
1. Verhältnis zu Art. 6 EuVTVO	3		III. Örtliche Zuständigkeit	9
2. Verhältnis zu Art. 10 EuVTVO	4			
3. Regelungsbereich von § 1086	5		IV. Sachliche Zuständigkeit	12
4. Gerichtliche Vergleiche und öffentliche Urkunden	7		V. Zulässige Klagegründe	13

I.   Anwendungsbereich

§ 1086 erlaubt die Geltendmachung von Einwendungen gegen den titulierten Anspruch vor **1** einem anderen als dem Prozessgericht (Ursprungsgericht). Es wird deshalb diskutiert, ob die Norm verordnungskonform ist[1]. Man wird das bejahen können, da es sich immer um Einwendungen handeln muss, über die das Ursprungsgericht nicht entscheiden konnte und dessen Entscheidung selbst nicht in Frage gestellt wird[2]. § 1086 eröffnet also keine Möglichkeit einer révision au fond.

Dem Schuldner bleibt es jedoch unbenommen, anstelle der Vollstreckungsgegenklage in **2** Deutschland die Einwendungen gegen den Anspruch im Erststaat geltend zu machen[3]. Er muss sich jedoch entscheiden. Einer gleichzeitigen Geltendmachung im Ursprungs- und Vollstreckungsstaat steht Art. 27 EuGVVO entgegen. Hat eine Gericht entschieden, so steht einer erneuten Geltendmachung vor den Gerichten des anderen Staates Art. 33 EuGVVO entgegen.

1.   Verhältnis zu Art. 6 EuVTVO

Einwendungen gegen die Bestätigung als Europäischer Vollstreckungstitel sind im Ver- **3** fahren nach Art. 6 EuVTVO geltend zu machen. Diese sind auf das Fehlen eines Erfordernisses des Art. 6 Abs. 1 lit. a–d EuVTVO beschränkt. Der Schuldner muss etwa bei einer

---

1 Bejahend Zöller/*Geimer* § 1086, Rdn. 1; *Wagner* Die neue EG-Verordnung zum Europäischen Vollstreckungstitel, IPRax 2005, 401 ff. (405 ff.); verneinend *Hess* Europäischer Vollstreckungstitel und nationale Vollstreckungsgegenklage, IPRax 2004, 493 ff.; *Leible/Lehmann* Die Verordnung über den Europäischen Vollstreckungstitel für unbestrittene Forderungen und ihre Auswirkungen auf die notarielle Praxis, NotBZ 2004, 453 ff. (461).
2 Vgl. jedoch *Halfmeier* Die Vollstreckungsgegenklage im Recht der internationalen Zustän-

digkeit IPRax 2007, 381 ff. (387); *Hess* Europäischer Vollstreckungstitel und nationale Vollstreckungsgegenklage, IPRax 2004, 493 ff.; *Hess/Bittmann* Die Verordnungen zur Einführung eines Europäischen Mahnverfahrens und eines Europäischen Verfahrens für geringfügige Forderungen – ein substantieller Integrationsschritt im Europäischen Zivilprpozessrecht, IPRax 2008, 305 ff. (310) mwN und einer Dartellung der Diskussion.
3 Vgl. Zöller/*Geimer* § 1086, Rdn. 2; a. A. *Hess/Bittmann* IPRax 2008, 305 ff. (310).

Verbraucherforderung im Bestätigungsverfahren bereits geltend machen, dass er seinen Wohnsitz nicht im Staat des Ursprungsgerichts im Zeitpunkt der Entscheidung gehabt habe.

Für die Entscheidung ist das Ursprungsgericht zuständig.

2.   Verhältnis zu Art. 10 EuVTVO

4 Da es gegen die Bestätigung kein Rechtsmittel gegeben ist (Art. 10 Abs. 4 EuVTVO) lässt Art. 10 die Geltendmachung von Einwendungen in beschränktem Umfang zu, die im Bestätigungsverfahren zu berücksichtigen gewesen wären. Bei einem Abweichen der Bestätigung von der Entscheidung aufgrund eines materiellen Fehlers ist eine Berichtigung, bei einem offensichtlichen Verstoß gegen Art. 6 Abs. 1 lit. a–d EuVTVO ein Widerruf zulässig.

Für die Entscheidung ist das Ursprungsgericht zuständig.

3.   Regelungsbereich von § 1086

5 Da die Vollstreckung aus einem europäischen Vollstreckungstitel wie die aus einem inländischen Titel erfolgt, ist für die Geltendmachung von Einwendungen, die den durch die Entscheidung festgestellten Anspruch selbst betreffen, in Deutschland die Vollstreckungsgegenklage nach § 767 gegeben.

6 Für die Entscheidung ist – abweichend von § 767 Abs. 1 – nicht das Prozessgericht erster Instanz – das wäre das Ursprungsgericht – vielmehr ein Gericht im Vollstreckungsstaat zuständig. Das ist systemwidrig, kann aber hingenommen werden, da die Entscheidung selbst nicht angegriffen und ihre Richtigkeit nicht in Frage gestellt wird.

4.   Gerichtliche Vergleiche und öffentliche Urkunden

7 Gerichtliche Vergleiche und öffentliche Urkunden fallen unter 1086, soweit sie nach Art. 24 EuVTVO als europäischer Vollstreckungstitel bestätigt worden sind. Auf sie ist hinsichtlich der Zuständigkeit § 1086 direkt, hinsichtlich der Zulässigkeit der Geltendmachung von Einwendungen § 767 Abs. 2 entsprechend anzuwenden.

II.   Internationale Zuständigkeit

8 Die internationale Zuständigkeit ergibt sich aus Art. 22 Nr. 5 EuGVVO[4]. Unter diese Norm fallen auch Klagen, die die Vollstreckbarkeit eines Titels insgesamt in Frage stellen wie die Vollstreckungsgegenklage[5].

---

[4] Vgl. Zöller/*Geimer* § 1086, Rdn. 4.
[5] Vgl. EuGH, Rs. Nr. 220/84 – AS Autoteile v. Malhé – EuGHE 1985, 2267 = NJW 1985, 2892; *Geimer/Schütze* EuZVR, A.1 Art. 22, Rdn. 268 mwN; Rauscher/*Mankowski* Europäisches Zivilprozessrecht, Art. 22 Brüssel I-VO, Rdn. 55.

III. Örtliche Zuständigkeit

Örtlich zuständig ist das Wohnsitzgericht des Schuldners. Der Wohnsitz ist nach § 13 zu **9** bestimmen. Der Sitz von juristischen Personen steht dem Wohnsitz einer natürlichen Person gleich. Das entspricht § 17 und ist in gleicher Weise anzuwenden[6]. Gesellschaften i. S. von § 1086 sind die Gesellschaften des § 17.

Bei fehlendem Wohnsitz oder Sitz im Inland ist das Gericht des Ortes zuständig, in dessen **10** Sprengel die Zwangsvollstreckungsmaßnahme durchgeführt werden soll. § 16 ist nicht anwendbar. Der Aufenthalt wirkt nicht zuständigkeitsbegründend.

Finden Zwangsvollstreckungsmaßnahmen in den Sprengeln verschiedener Gerichte statt, **11** so gilt § 35.

Die Zuständigkeit ist ausschließlich. Das entspricht § 802.

IV. Sachliche Zuständigkeit

§ 1086 weist die Zuständigkeit für die Vollstreckungsgegenklage nicht dem Prozessgericht **12** zu, das regelmäßig im Ausland liegt[7]. Der Gesetzgeber hat es versäumt, die sachliche Zuständigkeit zu regeln. Diese liegt aus der ratio der Bestimmung beim Amtsgericht als Vollstreckungsgericht[8]. In Unterhaltssachen ist das Familiengericht nach § 23b GVG zuständig[9].

Auch die sachliche Zuständigkeit ist nach § 802 ausschließlich.

V. Zulässige Klagegründe

Es können nur die nach § 767 Abs. 2 zulässigen Einwendungen geltend gemacht werden. **13** Die Einwendung muss nach dem Zeitpunkt entstanden sein, in dem ein Widerruf der Bestätigung als europäischer Vollstreckungstitel zulässig war. Für die Fristbestimmung gilt § 1081 Abs. 2.

Für Prozessvergleiche und öffentliche Urkunden gilt abweichend von § 797 Abs. 4 die **14** Präklusionswirkung des § 767 Abs. 2. Da Artt. 24, 25 EuVTVO hinsichtlich des Widerrufs auf Art. 10 EuVTVO verweisen gilt hinsichtlich der Präklusionsfrist dasselbe wie für gerichtliche Titel.

Ausgeschlossen von der Zulässigkeit der Geltendmachung gegen einen europäischen Voll- **15** streckungstitel ist der Einwand des Rechtsmissbrauchs, der auf Tatsachen gegründet wird, die im Verfahren des Widerrufs der Bestätigung als europäischer Vollstreckungstitel hätten geltend gemacht werden können. Das gilt beispielsweise für die Fälle[10], in denen sittenwidrige Ratenkreditzinsen verlangt und tituliert worden sind oder für unzulässig gehaltene Ehegattenbürgschaften. Würde man diese – im deutschen Recht umstrittenen – Einwendungen gegenüber dem europäische Vollstreckungstitel zulassen, so führte das zu einer verschleierten révision au fond. Derartige Einwendungen muss der Schuldner im Ursprungsstaat mit den dort gegebenen prozessualen Möglichkeiten verfolgen.

---

6 Vgl. Baumbach/Lauterbach/*Hartmann* § 1086, Rdn. 3.
7 **AA** ohne Begründung Baumbach/Lauterbach/*Hartmann* § 1086, Rdn. 3.
8 Vgl. Zöller/*Geimer* § 1086, Rdn. 5.
9 Vgl. Zöller/*Geimer* § 1086, Rdn. 6.
10 Vgl. dazu die Fallgruppen bei Baumbach/Lauterbach/*Hartmann* Grunds. § 704, Rdn. 44.

ABSCHNITT 5
Europäisches Mahnverfahren nach der Verordnung (EG) Nr. 1896/2006

Vorbemerkung zu §§ 1087–1096

1 Durch die §§ 1987, 1096 wird die Durchführung der VO (EG) Nr. 1096/2006 geregelt. Nachdem in den meisten Mitgliedstaaten der EU – mit Ausnahme von Dänemark, Finnland, Großbritannien, Irland und den Niederlanden – bereits seit Langem gerichtliche Mahnverfahren zu schnellen Durchsetzung von voraussichtlich nicht bestrittenen Forderungen existieren, soll die VO (EG) Nr. 1896/2006 EU-weit der raschen und kostengünstigen Durchsetzung von regelmäßig unbestrittenen Forderungen dienen. Das europäische Mahnverfahren führt zu einem eigenständigen Titel, der auf einem Formular, das die VO vorgibt, ausgefertigt wird. Die EuMahnVO sieht ein einstufiges Verfahren vor. Die EuMahnVO erlaubt elektronische Mahnverfahren, soweit das nationale Recht dies vorsieht. § 1088 trägt dem für das deutsche Recht Rechnung.

2 Nach Art. 29 EuMahnVO haben die Mitgliedstaaten der Kommission Angaben zu den zuständigen Gerichten, den Überprüfungsverfahren, den Kommunikationsmitteln und den Sprachen gemacht[1].

3 Das europäische Mahnverfahren führt nur bei unstrittenen Forderungen zum Titel. Erhebt der Schuldner nämlich Einspruch gegen den europäischen Zahlungsbefehl, so wird das Verfahren vor den zuständigen Gerichten des Ursprungsstaats nach den Regeln des ordentlichen Zivilprozesses fortgeführt (Art. 17 Abs. 1 EuMahnVO).

Schrifttum: *Graf von Bernstorff* Mahnverfahren, Forderungsdurchsetzung und Kontenpfändung in der EU, RIW 2007, 88 ff.; *ders.* Der Europäische Zahlungsbefehl, RIW 2008, 548 ff.; *Correa Delcaso* La proposition de règlement instituant une procédure européenne d'injonction de payer, Rev.int.dr.comp., 57 (2005), 143 ff.; *Diamatopoulos* Moderne Tendenzen im Recht des Mahnverfahrens unter dem Einfluss der Rechtsprechung des EuGH-Luxemburg und des Entwurfs einer gemeinsamen europäischen Zivilprozessordnung, FS Beys, 2003, S. 267 ff.; *Einhaus* Europäisches Mahnverfahren: Grenzüberschreitende Verweisung bei Unzuständigkeit?. EuZW 2005, 165 ff.; *ders.* Qual der Wahl: Europäisches oder internationales deutsches Mahnverfahren?, IPRax 2008, 323 ff.; *Fabian* Die Europäische Mahnverfahrensverordnung im Kontext der Europäisierung des Prozessrrechts, 2010; *Freitag* Rechtsschutz des Schuldners gegen den Europäischen ZB, IPRax 2007, 509 ff.; *ders.* Anerkennung und Rechtskraft europäischer Titel nach EuVTVO, EuMahnVO und EuBagatellVO, FS Kropholler, 2008, S. 759 ff.; *Freitag/Leible* Erleichterung der grenzüberschreitenden Forderungsbeitreibung in Europa: Das Europäische Mahnverfahren, BB 2008, 2750; *Fucik/Weber* Das österreichische und das Europäische Mahnverfahren, öJZ 2008, 829 ff.; *Gruber* EG-MahnVO, in: Rauscher (Herausg.), Europäisches Zivilprozess- und Kollisionsrecht, Bearbeitung 2010; *Gundlach* Europäische Prozessrechtsangleichung – dargestellt am Beispiel des Mahnverfahrens, 2005; *Hess* Strukturfragen der europäischen Prozessrechtsangleichung – dargestellt am Beispiel des Europäischen Mahn- und Inkassoverfahrens, FS Geimer, 2002, S. 339 ff.; *Hess/Bittmann* Die Verordnungen zur Einführung eines Europäischen Mahnverfahrens

---

1 Abgedruckt bei *Geimer/Schütze* Europäisches Zivilverfahrensrecht, 3. Aufl., 2010, A.7, Anh. VII, (S. 1348 ff.).

und eines Verfahrens für geringfügige Forderungen – eine substantiellen Integrationsschritt im Europäischen Zivilprozessrecht, IPRax 2008, 305 ff.; *Kloiber* Das Europäische Mahnverfahren, ZfRV 2009, 68 ff.; *Kodek* Auf dem Weg zu einem Europäischen Mahnverfahren?, FS Rechberger, 2005, S. 283 ff.; *ders.* Kommentar zur EuMahnVO, in: Geimer/Schütze, Internationaler Rechtsverkehr, 570.39 ff.; *Kormann* Das neue Europäische Mahnverfahren im Vergleich zu den Mahnverfahren in Deutschland und Österreich, 2007; *Kresse* Das europäische Mahnverfahren, EWS 2008, 508 ff.; *Mayr* Das europäische Mahnverfahren und Österreich, JBl. 2008, 503 ff.; *McGuire* Das neue Europäische Mahnverfahren (EuMVVO): Über das (Miss-)Verhältnis zwischen Effizienz und Schuldnerschutz, Zeitschrift für Gemeinschaftsprivatrecht 2007, 303 ff.; *Meyer-Berger* Mahnverfahren und Vollstreckung – Probleme und Entwicklungen aus nationaler und europäischer Sicht, 2007; *Perez-Ragone* Europäisches Mahnverfahren, 2004; *Preuss* Erlass und Überprüfung des Europäischen Zahlungsbefehls, ZZP 122 (2009), 3 ff.; *Prütting* Die aktuallen Entwicklungen des europäischen Zivilprozessrechts, insbesondere das künftige europäische Mahnverfahren, FS Yessiou-Faltsi, 2007, 497 ff.; *Rechberger* Zum Entwurf der Einführung eines europäischen Mahnverfahrens, FS Yessiou-Faltsi, 2007, S. 513 ff.; *ders.* Das Europäische Mahnverfahren aus österreichischer Sicht, in: *König/Mayr* (Herausg.), Europäisches Zivilverfahrensrecht in Österreich II, 2009, S. 25 ff.; *Rechberger/Kodek* Orders for Payment in the European Union, 2001; *Roth/Hauser* Das neue Europäische Mahnverfahren, ecolex 2007, 568 ff.; *Röthel/Sparmann* Das Europäische Mahnverfahren, WM 2007, 1101 ff.; *Schollmeyer* Europäisches Mahnverfahren, IPRax 2002, 478 ff.; *Sujecki* Das neue europäische Mahnverfahren im Vergleich zu den Mahnverfahren in Deutschland und Österreich, Diss. Passau, 2007; *ders.* Das elektronische Mahnverfahren – eine rechtsvergleichende und europarechtliche Untersuchung, 2008; *ders.* Das europäische Mahnverfahren nach dem gemeinsamen Standpunkt, EuZW 2004, 609 ff.; *ders.* Europäische Verordnung zur Einführung eines Europäischen Mahnverfahrens (EuMVVO), in: Gebauer/Wiedmann (Herausg.), Zivilrecht unter europäischem Einfluss, 2. Aufl., 2010, S. 2001 ff.; *Tschütscher/Weber* Die Verordnung zur Einführung eines Europäischen Mahnverfahrens, öJZ 2007, 303 ff.; *Vollkommer* (G.)/*Huber* Neues Europäisches Zivilverfahrensrecht in Deutschland – Das Gesetz zur Verbesserung der grenzüberschreitenden Forderungsdurchsetzung und Zustellung, NJW 2009, 1105 ff.; *Zangl* Österreichisches und Europäisches Mahnverfahren, Zbornik Pravne fakultate Univerze v. Mariboru IV/1 (2008), S. 273 ff.

TITEL 1

Allgemeine Vorschriften

§ 1087

Zuständigkeit

Für die Bearbeitung von Anträgen auf Erlass und Überprüfung sowie die Vollstreckbarerklärung eines Europäischen Zahlungsbefehls nach der Verordnung (EG) Nr. 1896/2006 des Europäischen Parlaments und des Rates vom 12. Dezember 2006 zur Einführung eines Europäischen Mahnverfahrens (ABl. EU Nr. L 399 S. 1) ist das Amtsgericht Wedding in Berlin ausschließlich zuständig.

Übersicht

	Rdn.		Rdn.
I. Geographischer Geltungsbereich .	1	III. Sachliche Zuständigkeit	10
II. Sachlicher Geltungsbereich	2	IV. Funktionale Zuständigkeit	13
1. Zivil- oder Handelssache	2	V. Örtliche Zuständigkeit	15
2. Ausgeschlossene Sachgebiete	3		
3. Grenzüberschreitende Rechtssache	6	VI. Verhältnis zu §§ 688 ff.	17
4. Bezifferte Geldforderung	8		
5. Währung	9		

I. Geographischer Geltungsbereich

1 Die Regelung betrifft nur Mahnverfahren, die in Deutschland durchgeführt werden. Voraussetzung ist, dass mindestens eine Partei ihren Wohnsitz oder gewöhnlichen Aufenthalt in einem der anderen Mitgliedstaaten – mit Ausnahme Dänemarks – hat (grenzüberschreitende Rechtssache, vgl. Rdn. 6 f.).

II. Sachlicher Geltungsbereich

1. Zivil- oder Handelssache

2 Die EuMahnVO ist in ihrem sachlichen Anwendungsbereich beschränkt auf Zivil- und Handelssachen (Art. 2 Abs. 1 EuMahnVO). Der Begriff der Zivil- oder Handelssache entspricht dem in Art. 1 EuGVVO/LugÜ II, Art. 1 EuGVÜ/LugÜ I[1]. Er ist autonom zu qualifi-

---

[1] Vgl. *Kodek* Kommentar zur EuMahnVO, Art. 2, Rdn. 1; *Mayr* Das europäische Mahnverfahren und Österreich, JBl. 2008, 503 ff. (505); *Rechberger* Das Europäische Mahnverfahren aus österreichischer Sicht, in: König/Mayr (Herausg.), Euro-päisches Zivilverfahrensrecht in Österreich II, 2009, S. 25 ff. (30); *Rauscher/Gruber* EG-MahnVO, Art. 2, Rdn. 3; *Sujecki* in: Gebauer/Wiedmann, Art. 2 EuMVVO, Rdn. 28.

zieren[2], um eine einheitliche Anwendung im europäischen Justizraum zu gewährleisten. Ausgeschlossen sind Ansprüche in Steuer- und Zollsachen, in verwaltungsrechtlichen Angelegenheiten sowie Ansprüche gegen Staaten auf Haftung aus hoheitlichem Handeln (acta iure imperii) (Art. 2 Abs. 1 S. 2 EuMahnVO). Die Ausnehmung dieser Ansprüche wäre nach deutschem Recht unnötig gewesen, weil sie entweder nicht unter den Begriff der Zivil- oder Handelssache zu subsumieren wären oder aus Immunitätsgesichtspunkten. Immerhin dient die Ausführung der Klarstellung in den 26 Mitgliedstaaten, in denen die Verordnung gilt.

2. Ausgeschlossene Sachgebiete

Ausgenommen aus dem sachlichen Geltungsbereich der EuMahnVO sind weiterhin nach **3** Art. 2 Abs. 2 EuMahnVO

Ansprüche betreffend **4**

– die ehelichen Güterstände, das Gebiet des Erbrechts einschließlich des Testamentsrechts,
– Konkurse, Verfahren im Zusammenhang mit dem Abwickeln zahlungsunfähiger Unternehmen oder anderer juristischer Personen, gerichtliche Vergleiche, Vergleiche und ähnliche Verfahren,
– die soziale Sicherheit,
  – die nicht Gegenstand einer Vereinbarung zwischen den Parteien oder eines Schuldanerkenntnisses sind, oder
  – die auf nicht auf bezifferte Schuldbeträge beziehen, die sich aus gemeinsamem Eigentum an unbeweglichen Sachen ergeben.

Die Bereichsausnahmen des Art. 2 Abs. 2 EuMahnVO[3] decken sich nicht mit denen in Art. 1 **5** Abs. 2 EuGVVO. Sie sind deshalb nicht für die Definition des Begriffs der Zivil- oder Handelssache heranzuziehen. Art. 2 Abs. 2 EuMahnVO ist insoweit lex specialis.

3. Grenzüberschreitende Rechtssache

Die EuMahnVO und damit §§ 1087 ff. gelten nicht für nationale Mahnverfahren. Für sie **6** verbleibt es bei der autonomen Regelung[4]. Für deutsche Mahnverfahren sind also weiterhin §§ 688 ff. anwendbar.

Bei der Bestimmung, welche Mahnsache grenzüberschreitend ist, ist auf den Wohnsitz oder **7** gewöhnliche Aufenthalt der Parteien abzustellen. Dieser muss in verschiedenen Mitgliedstaaten (mit Ausnahme Dänemarks) liegen. Der Sitz eine juristischen Parson ist dem Wohnsicht einer natürlichen Person gleichzustellen. Für die Wohnsitzbestimmung gelten Artt. 59 f. EuGVVO (Art. 3 Abs. 2 EuMahnVO).

---

2 Vgl. *Sujecki* in: Gebauer/Wiedmann, Überblick zur EuMVVO, Rdn. 19; zur autonnen Auslegung des Begriffs der Zivilsache vgl. EuGH Rs. 29/76 – LTU v. Eurocontrol – EiuGHE 1976, 1541 = NJW 1977, 489 mit Anm. *Geimer* = RIW/AWD 1977, 40 mit Anm. *Linke*= Rev.crit. 1977, 722 mit Anm. *Droz*.

3 Vgl. dazu Rauscher/*Gruber* EG-MahnVO, Art. 2, Rdn. 4 ff.
4 Vgl. *Rechberger* Das Europäische Mahnverfahren aus österreichischer Sicht, in: *König/Mayr* (Herausg.), Europäisches Zivilverfahrensrecht in Österreich II, 2009, S. 25 ff. (31).

4.   Bezifferte Geldforderung

8 Mit dem europäischen Mahnverfahren können nur bezifferte Geldforderungen geltend gemacht werden (Art. 4 EuMahnVO). Im Gegensatz zu manchen nationalen Rechten der Mitgliedstaaten[5] besteht keine Wertgrenze[6]. Es können Geldforderungen in unbegrenzter Höhe geltend gemacht werden. Allerdings ist Fälligkeit Voraussetzung. Ein europäisches Mahnverfahren auf künftige Leistung ist ausgeschlossen.

5.   Währung

9 Die EuMahnVO enthält keine Regelung über die Währung der Geldforderung[7]. Die Frage unterliegt dem jeweiligen autonomen Recht[8] der lex fori. Wird das europäische Mahnverfahren in Deutschland anhängig gemacht, so gilt § 688 Abs. 1 ZPO. Der Betrag muss auf Euro lauten. Das ist zulässig, da der Gläubiger einer Fremdwährungsforderung im deutschen Recht die Möglichkeit hat, diese auf andere Weise durchzusetzen[9].

III.   Sachliche Zuständigkeit

10 Sachlich zuständig ist das Amtsgericht.

11 § 1087 gilt jedoch nicht für arbeitsrechtliche Streitigkeiten. Hier ist keine Konzentration des Mahnverfahrens vorgesehen. Zuständig ist das Arbeitsgericht[10].

12 Eine sachliche Zuständigkeit des Schiedsgerichts scheidet schon deshalb aus, weil das Mahnverfahren zu den schiedsunfähigen Verfahrensarten gehört[11].

IV.   Funktionale Zuständigkeit

13 Funktional zuständig ist nach § 20 Nr. 7 RPflG der Rechtspfleger. Das entspricht der Zuständigkeit für Mahnverfahren nach §§ 688 ff. ZPO (§ 20 Nr. 1 RPflG)[12] Das ist sachgerecht, da sich die Prüfung des Antrags auf Erlass eines europäischen Zahlungsbefehls auf die Prüfung der Schlüssigkeit der Angaben in dem Antragsformular beschränkt[13]. Gegen die Zurückweisung des Antrags ist die befristete Rechtspflegererinnerung nach § 11 Abs. 2 RPflG gegeben[14].

14 Für die Zuständigkeit des Richters in den Ausnahmefälle des Art. 20 EuMahnVO vgl. § 1090.

5 Zur Wertgrenze im österreichischen Recht vgl. *Kodek* in *Fasching/Konecny* Kommentar zur ZPO, 2. Aufl., III, § 244 Rdn. 39 mwN.
6 *Vgl. Kodek* Kommentar zur EuMahnVO, Art. 4, Rdn. 6.
7 Vgl. Rauscher/*Gruber* EG-MahnVO, Art. 4, Rdn. 2.
8 Vgl. *Kodek* Kommentar zur EuMahnVO, Art. 4 Rdn. 7.
9 Vgl. dazu EuGH – Rs. 22/80 – Boussac Saint-Frères v. Gerstenmeyer – EuGHE 1980, 3427; dazu auch *Mankowski* Einstweiliger Rechtsschutz und Vorlagepflicht nach Art. 177 Abs. 3 EWG-Vertrag, JR 1983, 402 ff.

10 Vgl. *Vollkommer/Huber* Europäischres Zivilverfahrensrecht in Deutschland – Das Gesetz zur Verbesserung der grenzüberschreitenden Forderungsdurchsetzung und Zustellung, NJW 2009, 1105 ff. (1106); Zöller/*Geimer*, § 1089, Rdn. 6.
11 Vgl. *Schütze* Schiedsgericht und Schiedsverfahren, 4. Aufl., 2007, Rdn. 252; Schwab/*Walter*, Schiedsgerichtsbarkeit, 7. Aufl., 2005, Kap. 16, Rdn. 55.
12 Vgl. Rauscher/*Gruber* EG-MahnVO, Art. 6, Rdn. 28.
13 Vgl. Zöller/*Geimer* § 1087, Rdn. 3.
14 Vgl. *Vollkommer/Huber* NJW 2009, 1105 ff. (1106).

V. Örtliche Zuständigkeit

Ausschließlich örtlich zuständig ist das Amtsgericht Berlin-Wedding. Diese Konzentration **15**
entspricht dem Bestreben, eine zeitnahe und kostengünstige Bearbeitung bei einem Gericht zu ermöglichen, das auch die technischen Möglichkeiten zur maschinellen Bearbeitung von Anträgen auf Erlass des europäischen Zahlungsbefehls besitzt (vgl. § 1088).

In Arbeitssachen ist keine Konzentration der Verfahren bei einem Gericht vorgesehen. Hier **16**
verbleibt es bei der Zuständigkeitsregelung der EuGVVO. Zuständig ist das Arbeitsgericht,
das bei Erhebung einer Klage nach Artt. 2 ff. EuGVVO zuständig wäre[15].

VI. Verhältnis zu §§ 688 ff.

Der Gläubiger ist nicht gezwungen, ein europäisches Mahnverfahren einzuleiten, wenn **17**
dieses zulässig ist. Das europäische Mahnverfahren verdrängt nicht das Verfahren nach
§§ 688 ff. ZPO. Der Gläubiger hat ein Wahlrecht, welches der Verfahren er wählt[16]. An der
Zuständigkeit ändert sich jedoch nichts. Auch für das Verfahren nach §§ 688 ff. ZPO ist bei
Fehlen eines inländischen allgemeinen Gerichtsstandes des Schuldners für das Mahnverfahren das Amtsgericht Berlin-Wedding ausschließlich zuständig (§ 689 Abs. 2 S. 2
ZPO).

§ 1088
Maschinelle Bearbeitung

(1) Der Antrag auf Erlass des Europäischen Zahlungsbefehls und der Einspruch
können in einer nur maschinell lesbaren Form bei Gericht eingereicht werden,
wenn diese dem Gericht für seine maschinelle Bearbeitung geeignet erscheint.
§ 130a Abs. 3 gilt entsprechend.

(2) Der Senat des Landes Berlin bestimmt durch Rechtsverordnung, die nicht der
Zustimmung des Bundesrates bedarf, den Zeitpunkt, in dem beim Amtsgericht
Wedding die maschinelle Bearbeitung der Mahnverfahren eingeführt wird; er kann
die Ermächtigung durch Rechtsverordnung auf die Senatsverwaltung für Justiz des
Landes Berlin übertragen.

---

15 Vgl. Zöller/Geimer, § 1087, Rdn. 6.
16 Vgl. *Freitag/Leible* Erleichterung der grenzüberschreitenden Forderungsbeitreibung in Europa. Das Europäische Mahnverfahren, BB 2008, 2750 ff. (2755); *Rechberger* Das Europäische Mahnverfahren aus österreichischer Sicht, in: König/Mayr (Herausg.), Europäisches Zivilverfahrensrecht in Österreich II, 2009, S. 25 ff. (28); Rauscher/*Gruber* EG-MahnVO, Einl., Rdn. 21; *Röthel/Sparmann* Das Europäische Mahnverfahren, WM 2007, 1101 ff. (1105); *Vollkommer/Huber* NJW 2009, 1105 ff. (1107); Zöller/*Geimer* § 1087, Rdn. 7.

Übersicht

Rdn. | Rdn.
I. Einreichung des Antrags . . . . 1 | III. Zeitpunkt der Einreichung 8
II. Maschinell lesbare Form . . . . 4 |

I.   Einreichung des Antrags

1   Art. 7 Abs. 5 EuMahnVO ermächtigt die Mitgliedstaaten, anstelle der an sich vorgesehenen Einreichung des Antrags auf Erlass des europäischen Zahlungsbefehls in Papierform andere – auch elektronische – Kommunikationsmittel – soweit diese im Ursprungsmitgliedstaat zulässig und dem Ursprungsgericht zur Verfügung stehen, zuzulassen. Soweit dieser Weg gewählt wird, kann die Prüfung nach Art. 8 S. 2 EuMahnVO im Rahmen eines automatisierten Verfahrens erfolgen.

2   § 1088 sieht die Einreichung in nur maschinell lesbarer Form nicht als ausschließlich an. Das würde auch Art. 7 Abs. 5 EuMahnVO widersprechen. Die Einreichung des Antrags in Papierform ist weiterhin zulässig[1].

3   Die Möglichkeit der Antragseinreichung in nur maschinell lesbarer Form ist darauf beschränkt, dass diese dem Gericht geeignet erscheint, d. h. das Gericht auch die technischen Möglichkeiten zur Annahme und Bearbeitung des Antrags in dieser Form hat.

II.   Maschinell lesbare Form

4   Es ist keine bestimmte maschinell lesbare Form vorgeschrieben[2]. Das entspricht der Regelung in § 130a Abs. 1 und § 690 Abs. 3. Entscheidend sind die technischen Voraussetzungen bei dem Amtsgericht Berlin Wedding.

5   Das Amtsgericht Wedding hat schon seit dem 1. Oktober 1987 die maschinelle Bearbeitung von gerichtlichen Mahnverfahren eingeführt. Damit verbunden war eine Konzentration der Bearbeitung aller Berliner Mahnsachen beim Amtsgericht Wedding. Am 1. Juli 2005 wurde dann ein Zentrales Mahngericht Berlin-Brandenburg beim Amtsgericht Wedding eingerichtet. Zwischenzeitlich wurde das maschinelle Verfahren in der ganzen Bundesrepublik eingeführt. Für Mahnverfahren aus dem Ausland ist seit dem 12.12.2008 nach § 689 Abs. 2 S. 2 das Amtsgericht Wedding zuständig. Für diese Mahnverfahren kommt das maschinelle Mahnverfahren zur Anwendung.

6   Für das europäische Mahnverfahren gilt dies jedoch nicht. Vorerst können Anträge nur in Papierform auf dem Postwege eingereicht werden. Gleichwohl ist die elektronische Schnittstelle konzipiert, welche Anfang 2011 über das EGVP (elektronische Gerichts- und Verwaltungspostfach) zum Einsatz kommen soll. Nach Einführung wird es unabhängig von der maschinellen Verarbeitung möglich sein, elektronische Anträge über ein Internetportal zu stellen. Es ist nach einer Mitteilung des Amtsgerichts Wedding auch geplant, eine

---

1 Vgl. Rauscher/*Gruber* EG-MahnVO, Art. 7,   **2** Vgl. Zöller/*Geimer* § 1088, Rdn. 2.
Rdn. 23.

entsprechende Schnittstellenbeschreibung an die Mahnsoftware-Hersteller herauszugeben, um diesen eine Anpassung und Erweiterung ihrer Software zu ermöglichen.

Sobald die technischen Anbindungen für eine elektronische Antragstellung geschaffen **7** sind, ermächtigt § 1088 Abs. 2 den Senat des Landes Berlin durch Rechtsverordnung, die nicht der Zustimmung des Bundesrates bedarf, den Zeitpunkt zu bestimmen, in dem die maschinelle Bearbeitung eingeführt wird. Die Ermächtigung kann durch Rechtsverordnung auf die Landesjustizverwaltung Berlin übertragen werden. Es ist beabsichtigt, einen Hinweis hierauf auf der Internetseite des Europäischen Mahngerichts zu veröffentlichen.

III. Zeitpunkt der Einreichung

Solange Anträge nur in Papierform eingereicht werden können, kommt es für die Frist- **8** berechnung auf den Zeitpunkt des Eingangs des Antrag beim Gericht an. Durch Verweisung auf § 130a Abs. 3 ist klargestellt, dass es bei elektronischer Einreichung – sobald sie denn möglich ist – auf die Aufzeichnung in der für den Empfang bestimmten Einrichtung des Gerichts ankommt, nicht auf den Ausdruck.

§ 1089

Zustellung

(1) Ist der Europäische Zahlungsbefehl im Inland zuzustellen, gelten die Vorschriften über das Verfahren bei Zustellungen von Amts wegen entsprechend. Die §§ 185 bis 188 sind nicht anzuwenden.

(2) Ist der Europäische Zahlungsbefehl in einem anderen Mitgliedstaat der Europäischen Union zuzustellen, gelten die Vorschriften der Verordnung (EG) Nr. 1393/2007 sowie für die Durchführung § 1068 Abs. 1 und § 1069 Abs. 1 entsprechend.

Übersicht

	Rdn.			Rdn.
I. Zustellung nach nationalem Prozessrecht	1		III. Zustellung im Ausland	6
II. Zustellung im Inland	5		IV. Heilung von Zustellungsmängeln	8

I. Zustellung nach nationalem Prozessrecht

1 Der europäische Zahlungsbefehl ist nach Art. 12 Abs. 5 EuMahnVO dem Antragsgegner nach der lex fori des Mahngerichts zuzustellen. § 1089 setzt diese Norm in das deutsche Zustellungsrecht um. Es finden damit die §§ 166 ff. Anwendung. Allerdings muss dabei sichergestellt werden, dass die Artt. 13, 14 und 15 EuMahnVO als Mindeststandards berücksichtigt werden[1]. Die Zustellung an den Antragsgegner und seinen Verfahrensbevollmächtigten kann nur erfolgen

2 – *bei Nachweis des Empfangs:*

a) durch persönliche Zustellung mit datierter Empfangsbestätigung durch den Antragsgegner oder seinen Verfahrensbevollmächtigten, Artt. 13 lit. a, 15 EuMahnVO:

b) durch persönliche Zustellung mit datierter schriftlicher Erklärung des Zustellers, dass der Antragsgegner oder sein Verfahrensbevollmächtigter den Zahlungsbefehl erhalten oder die Annahme unberechtigt verweigert haben, Artt. 13 lit. b, 15 EuMahnVO;

c) durch postalische Zustellung, bei der der Antragsgegner oder sein Verfahrensbevollmächtigter die datierte Empfangsbestätigung unterzeichnet und zurückgesandt hat, Artt. 13, lit. c, 15 EuMahnVO, oder

d) durch elektronische Zustellung (z. B. Fax oder e-mail), bei der der Antragsgegner oder sein Verfahrensbevollmächtigter die datierte Empfangsbestätigung unterzeichnet und zurückgesandt hat, Artt. 13 lit. d, 15 EuMahnVO.

3 – *ohne Nachweis des Empfangs:*

a) bei persönlicher Zustellung an den Antragsgegner oder seinen Verfahrensbevollmächtigten an eine in derselben Wohnung lebende Person oder eine dort beschäftigte Person, Artt. 14, Abs. 1 lit. a, 15 EuMahnVO;

b) bei Zustellung in den Geschäftsräumen des Antragsgegners oder seines Verfahrenbevollmächtigten an einen dort beschäftigten Mitarbeiter, wenn der Antragsgegner Selbständiger oder eine juristische Person ist, Artt. 14, Abs. 1 lit. b, 15 EuMahnVO;

c) bei Hinterlegung des Zahlungsbefehls im Briefkasten des Antragsgegners oder seines Verfahrensbevollmächtigten, Artt. 14, Abs. 1 lit. c, 15 EuMahnVO;

d) bei Hinterlegung des Zahlungsbefehls beim Postamt oder den zuständigen Behörden mit entsprechender schriftlicher Benachrichtigung des Antragsgegners oder seines Verfahrensbevollmächtigten im Briefkasten, soweit in der schriftlichen Benachrichtigung das Schriftstück eindeutig als gerichtliches Schriftstück bezeichnet und darauf hingewiesen wird, dass die Zustellung durch die Benachrichtigung als erfolgt gilt und damit Fristen zu laufen beginnen;

---

1 Vgl. *Hess/Bittmann* Die Verordnungen zur Einführung eines Europäischen Mahnverfahrens und eines Verfahrens für geringfügige Forderungen – ein substantieller Integrationsschritt im Europäischen Zivilprozessrecht, IPRax 2008, 305 ff. (308); *Kodek* Kommentar zur EuMahnVO, Art. 12, Rdn. 8; Rauscher/*Gruber* EG-MahnVO, Art. 12, Rdn. 12; *Rechberger* Das Europäische Mahnverfahren aus österreichischer Sicht, in: König/Mayr (Herausg.), Europäisches Zivilverfahrensrecht on Österreich II, 2009, S. 25 ff. (40); *Sujecki* in: Gebauer/Wiedmann, Art. 12 EuMVVO, Rdn. 58.

e) bei postalischer Zustellung, wenn die Zustellung im Inland erfolgt und eine Erklärung des Zustellers gem. Art. 14 Abs. 3 EuMahnVO vorliegt, Artt. 14 Abs. 1 lit. e, 15 EuMahnVO;

f) bei elektronischer Zustellung mit automatischer Sendebestätigung, wenn der Antragsgegner oder sein Verfahrensbevollmächtigte sich mit dieser Art der Zustellung einverstanden erklärt hat, Artt. 14 Abs. 1 lit. f, 15 EuMahnVO.

Diesen Mindestanforderungen der Artt. 13–15 EuMahnVO genügen §§ 166 ff., mit Ausnahme der §§ 185–188². Soweit das deutsche Zustellungsrecht rigidere Anforderungen stellt, gelten diese. Die Zustellungsnormen der EuMahnVO weichen das deutsche Zustellungsrecht nicht auf. **4**

II. Zustellung im Inland

Für die Inlandszustellung kommen §§ 166 ff. zur Anwendung. Jedoch ist die öffentliche Zustellung nach §§ 185 ff. ausgeschlossen. § 1089 Abs. 1 trägt damit Artt. 13 f. EuMahnVO Rechnung, die diese Zustellungsart nicht vorsehen³. **5**

III. Zustellung im Ausland

Ist der europäische Zahlungsbefehl im Geltungsbereich der EuZO zuzustellen, so ist diese anzuwenden. Für die Modalitäten im deutschen Recht gelten §§ 1068 Abs. 1 und § 1069 Abs. 1. Obwohl die EuZO nicht für Dänemark gilt (Art. 1 Abs. 3 EuZO) findet die Verordnung kraft völkerrechtlichen Vertrags mit Dänemark v. 19.10.2005⁴ Anwendung im Bereich der EU. **6**

Hat die Zustellung außerhalb der EU zu erfolgen, so findet § 183 Anwendung. Wegen des eingeschränkten Geltungsbereichs in Art. 3 Abs. 1 EuMahnVO kann eine Zustellung außerhalb der EU nur in seltenen Fällen notwendig werden, in denen der Antragsgegner Wohnsitz oder gewöhnlichen Aufenthalt in der EU bei Antragstellung hat, später aber in einen Drittstaat verzieht oder die Zustellung an ihn aus anderen Gründen außerhalb der EU stattfindet. **7**

IV. Heilung von Zustellungsmängeln

Für die Heilung von Zustellungsmängeln findet § 189 Anwendung⁵. Der BGH⁶ und ihm folgend Teile der Rechtsprechung⁷ halten § 189 (§ 187 a. F.) auf die Auslandszustellung für unzulässig, da es sich bei der Zustellung um einen Hoheitsakt handele, der aus andere Weise nicht ersetzbar sei. Das ist bei Unterlassungsverfügungen, bei denen die Zustellung den Hoheitsakt der Vollziehung enthält, richtig⁸, jedoch keine Besonderheit der Auslands- **8**

2 Vgl. Zöller/*Geimer* § 1089, Rdn. 1.
3 Vgl. Rauscher/*Gruber* EG-MahnVO, Art. 12, Rdn. 13.
4 ABl. EU Nr. L 299, S. 62, abgedruck bei Geimer/Schütze, Europäisches Zivilverfahrensrecht, 3. Aufl. 2010, A. 15.
5 Vgl. Baumbach/Lauterbach/*Hartmann* § 1067, Rdn. 5.

6 Vgl. BGHZ 58, 77, 98, 156.
7 Vgl. z. B. OLG Hamm, RIW 1996, 156.
8 Vgl. *Schütze* Zur Zustellung nach § 176 ZPO im einstweiligen Verfügungsverfahren, BB 1978, 587; str. vgl. zum Meinungsstand, Gloy/Loschelder/Erdmann/*Spätgens* Handbuch des Wettbewerbsrechts, 4. Aufl., 2010, § 103, Rdn. 24 m. w. N.

zustellung. Im Mahnverfahren hat diese Argumentation keine Bedeutung, da dieses nur für die Geltendmachung von bezifferten Geldforderungen zur Verfügung steht. Die zwischenzeitlich h. L. wendet – zu Recht – § 189 auch auf Auslandszustellungen an[9].

9 Vgl. *Geimer* Internationales Zivilprozessrecht, Rdn. 2103; *Kondring* Die Heilung von Zustellungsmängeln im internationalen Zivilrechtsverkehr, 1995, S. 184 ff.; *ders.* Die „konsularische Zustellung durch die Post", RIW 1996, 722 ff. (724); *Schack* IZVR, Rdn. 692 ff.; *Schütze* DIZPR, Rdn. 566.

TITEL 2

Einspruch gegen den Europäischen Zahlungsbefehl

§ 1090
Verfahren nach Einspruch

(1) Im Fall des Artikels 17 Abs. 1 der Verordnung (EG) Nr. 1896/2006 fordert das Gericht den Antragsteller mit der Mitteilung nach Artikel 17 Abs. 3 der Verordnung (EG) Nr. 1896/2006 auf, das Gericht zu bezeichnen, das für die Durchführung des streitigen Verfahrens zuständig ist. Das Gericht setzt dem Antragsteller hierfür eine nach den Umständen angemessene Frist und weist ihn darauf hin, dass dem für die Durchführung des streitigen Verfahrens bezeichneten Gericht die Prüfung seiner Zuständigkeit vorbehalten bleibt. Die Aufforderung ist dem Antragsgegner mitzuteilen.

(2) Nach Eingang der Mitteilung des Antragstellers nach Absatz 1 Satz 1 gibt das Gericht, das den Europäischen Zahlungsbefehl erlassen hat, das Verfahren von Amts wegen an das vom Antragsteller bezeichnete Gericht ab. § 696 Abs. Satz 3 bis 5, Abs. 2, 4 und 5 sowie § 698 gelten entsprechend.

(3) Die Streitsache gilt als mit der Zustellung des Europäischen Zahlungsbefehls rechtshängig geworden, wenn sie nach Übersendung der Aufforderung nach Absatz 1 Satz 1 und unter Berücksichtigung der Frist nach Absatz 1 Satz 2 alsbald abgegeben wird.

Übersicht

	Rdn.		Rdn.
I. Überleitung in den ordentlichen Zivilprozess	1	III. Abgabe an das Streitgericht	7
II. Bezeichnung des zuständigen Gerichts	3	IV. Beginn der Rechtshängigkeit	11

I. Überleitung in den ordentlichen Zivilprozess

Art. 17 EuMahnVO regelt die Wirkungen der Einlegung des Einspruchs gegen den Zahlungsbefehl. Nach dem Einspruch hat der Antragsteller zwei Möglichkeiten: **1**

– Er erklärt, dass das Verfahren mit der Einlegung des Einspruchs erledigt sein soll. Diese Erklärung kann bereits mit dem Antrag, aber auch später erfolgen, Art. 7 Abs. 4 EuMahnVO, jedoch nur bis zum Erlass des Zahlungsbefehls, Art. 17 Abs. 4 S. 2 EuMahnVO[1].

---

1 Vgl. *Kodek* Kommentar zur EuMahnVO, Art. 7 Rdn. 25; *Tschütscher/Weber* Die Verordnung zur Einführung eines Europäischen Mahnverfahrens, öJZ 2007, 303 ff. (308).

- Gibt der Antragsteller keine Erklärung des Nichtbetreibens ab, so wird das Verfahren nach nationalem Recht gemäß den Regeln des ordentlichen Zivilprozesses weitergeführt, Art. 17 Abs. 1 EuMahnVO. Der Antragsteller muss keine weiteren Erklärungen abgeben oder Anträge stellen. Anders als nach § 696 Abs. 1 ist kein Antrag auf Durchführung des streitigen Verfahrens notwendig[2].

2 Die Überleitung in den ordentlichen Zivilprozess bestimmt sich nach der lex fori des Gerichtes, vor dem das europäische Mahnverfahren geführt wird, Art. 17 Abs. 2 EuMahnVO[3]. Im deutschen Recht finden §§ 696 f. Anwendung in der Modifizierung durch § 1090.

II. Bezeichnung des zuständigen Gerichts

3 Das Mahngericht fordert den Antragsteller zusammen mit der Mitteilung über den Einspruch nach Art. 17 Abs. 3 EuMahnVO auf, das zuständige Gericht für die Durchführung des Streitverfahrens zu bezeichnen und setzt dem Antragsteller hierfür eine angemessene Frist. Diese Frist sollte nicht mehr als 2 Wochen betragen.

4 Der Antragsteller kann das zuständige Gericht auch schon im Antrag auf Erlass des europäischen Zahlungsbefehls stellen, zweckmäßigerweise sub 11 des Formulars Anh. I unter „Zusätzliche Erklärungen und weitere Angaben). Für den deutschen Antragsteller ist das nichts Neues, muss er im Mahnverfahren nach §§ 688 ff. ohnehin im Mahnantrag nach § 690 Abs. 1 Nr. 5 das Gericht bezeichnen, das für das streitige Verfahren zuständig ist. Die Aufforderung ist dem Antragsgegner mitzuteilen, § 1090, Abs. 1 S. 3. Diese Mitteilung, für die keine Form vorgesehen ist, kann unterbleiben, wenn das zuständige Gericht bereits im Antrag auf Erlass des europäischen Zahlungsbefehls bezeichnet worden ist. Die Bezeichnung eines ausländischen Gerichts ist unzulässig. Das kann bei Verbraucherstreitigkeiten dazu führen, dass dem Antragsteller keine internationale Zuständigkeit zur Verfügung steht und ihm nichts anderes übrig bleibt, als Verfahrensbeendigung zu beantragen[4]. Das ist die Folge der Privilegierung von Verbrauchern und der Zweiklassengesellschaft im europäischen Zuständigkeitsrecht[5].

5 Nur dann, wenn der Antragsteller das zuständige Gericht bereits im Antrag auf Erlass des europäischen Zahlungsbefehls oder innerhalb der nach § 1090 Abs. 1 gesetzten Frist bezeichnet worden ist, tritt die Rückwirkung der Rechtshängigkeit durch die Fiktion in § 1090 Abs. 3 ein.

6 Die Fristsetzung ist mit der Belehrung zu verbinden, dass die Zuständigkeit vom Streitgericht geprüft und von diesem über sie entschieden wird.

---

2 Vgl. *Kodek* Kommentar zur EuMahnVO, Art. 17, Rdn. 5.
3 Vgl. dazu Rauscher/*Gruber* EG-MahnVO, Art. 17, Rdn. 4; *Sujecki* in: Gebauer/Wiedmann, Art. 17 EuMVVO, Rdn. 71.
4 Vgl. Rauscher/*Gruber* EG-MahnVO, Art. 17, Rdn. 10 f.

5 Vgl. *Schütze* Der Verbraucher im europäischen Justizraum oder: die Zweiklassengesellschaft im europäischen Zivilprozessrecht, FS Graf von Westphalen, 2010, S. 621 ff.

III. Abgabe an das Streitgericht

Das Mahngericht gibt das Verfahren von Amts wegen an das vom Antragsteller bezeichnete **7**
Gericht ab. Hat der Antragsteller das Gericht bereits im Zahlungsbefehlsantrag bezeichnet,
so erfolgt die Abgabe unverzüglich nach Einlegung des Einspruchs, andernfalls nach
Eingang der Beichnung des zuständigen Gerichts, jedoch nicht vor Eingang des weiteren
Kostenvorschusses nach § 12 Abs. 3 GKG[6], den das AG Wedding einzufordern hat.

Die Abgabe ist den Parteien mitzuteilen und ist nicht anfechtbar, § 696 Abs. 1 S. 3. Mit **8**
Eingang der Akten bei dem Streitgericht gilt der Rechtsstreit dort anhängig, § 696 Abs. 1
S. 4. Davon unabhängig tritt die Rechtshängigkeit kraft Fiktion u. U. schon mit Zustellung
des Antrags auf Erlass des europäischen Zahlungsbefehls ein, vgl. Rdn. 11.

Die vor dem Mahngericht erwachsenden Kosten werden als Kosten des Streitverfahrens vor **9**
dem ordentlichen Gericht behandelt, § 696, Abs. 1 S. 5 i. V. m. § 281 Abs. 3, S. 1.

Kraft Verweisung in § 698 gelten die Bestimmungen über die Abgabe des Verfahrens **10**
unabhängig davon, ob das Verfahren bei dem Mahngericht als Streitgericht oder einem
anderen vom Antragsteller bezeichneten Gericht durchgeführt werden soll.

IV. Beginn der Rechtshängigkeit

Der Antrag auf Erlass eines europäischen Zahlungsbefehls macht den Anspruch nicht **11**
rechtshängig. Das entspricht der Regelung im deutschen Mahnverfahren. Nach § 696 Abs. 3
und § 700 Abs. 2 wird der Eintritt der Rechtshängigkeit auf den Zeitpunkt der Zustellung
des Mahnbescheides fingiert, wenn und soweit die Streitsache alsbald nach Erhebung des
Widerspruchs abgegeben wird[7].

Abs. 3 übernimmt diese Regelung für den europäischen Zahlungsbefehl. Rechtshängigkeit **12**
wird auf den Zeitpunkt der Zustellung des europäischen Zahlungsbefehls fingiert, wenn

– der Antragsteller nicht beantragt, das Verfahren nach Einspruch zu beenden, Art. 17
  Abs. 1 EuMahnVO und
– er binnen der nach Abs. 1 Satz 2 gesetzten Frist das zuständige Gericht bezeichnet hat
  und
– das Verfahren alsbald abgegeben wird.

Der Begriff der Alsbaldigkeit ist – ebenso wie in § 696 Abs. 3 – derselbe wie in § 167[8]. Dabei **13**
kommt es nur darauf an, dass der Antragsteller den Antrag auf Abgabe an das Streitgericht
fristgerecht und ordnungsgemäß gestellt hat. Bei einer erst nach längerer Zeit erfolgten
Abgabe können in der Sphäre des Gerichts oder des Antragsgegners liegende Versäumnisse
dem Antragsteller nicht zum Nachteil gereichen[9].

Abgabe ist der Zeitpunkt des Eingangs der Akten beim Streitgericht.   **14**

Mit der Rechtshängigkeit tritt perpetuatio fori i. S. von § 261 Abs. 3 Nr. 2 ein. Ist das **15**
Streitgericht bei Eingang der Akten an sich nicht zuständig, bestand aber eine Zuständig-

---

6 Vgl. Zöller/*Geimer* § 1090, Rdn. 3.
7 Vgl. dazu Rauscher/*Gruber* EG-MahnVO,
Art. 12, Rdn. 15.
8 Vgl. für § 696 Abs. 3 BGH NJW 2008, 1672;
2009, 1213; *Roth* Urteilsanmerkung JZ 2008, 895.

9 Vgl. BGHZ 103, 28; Wieczorek/Schütze/*Olzen*
§ 696, Rdn. 22.

keit bei Zustellung des Zahlungsbefehls, dann bleibt seine Zuständigkeit dank der Fiktion des Abs. 3 erhalten, wenn die Abgabe alsbald erfolgt. Ein zwischenzeitlicher Fortfall der die Zuständigkeit begründenden Umstände ist unschädlich.

§ 1091
Einleitung des Streitverfahrens

§ 697 Abs. 1 bis 3 gilt entsprechend.

Überblick

I. Anwendbarkeit deutschen Rechts für die Einleitung des Streitverfahrens   1

II. Anspruchsbegründung   2

III. Klageerwiderung   3

IV. Termin zur mündlichen Verhandlung   4

I. Anwendbarkeit deutschen Rechts für die Einleitung des Streitverfahrens

1 Kraft der Verweisungsnorm in Art. 17 Abs. 1, 2 EuMahnVO findet auf die Einleitung des Streitverfahrens deutsches Recht zur Anwendung. § 1091 enthält eine Einschränkung insoweit, als die Anwendung von § 697 Abs. 4 und 5 ausgeschlossen ist. Nach Einleitung des Streitverfahrens kann der Antragsgegner seinen Einspruch also nicht zurücknehmen. Wenn der Antragsgegner das Verfahren kostengünstig erledigen will, dann kann er den Anspruch anerkennen, § 307[1].

II. Anspruchsbegründung

2 Nach Abgabe des Verfahrens an das Streitgericht muss der Antragsteller seinen Anspruch innerhalb einer Frist von 2 Wochen nach Aufforderung durch die Geschäftsstelle den Anspruch zu begründen, § 697 Abs. 1. Die Anspruchsbegründung muss alle Erfordernisse des § 253 Abs. 2 enthalten.

III. Klageerwiderung

3 Nach Eingang der Anspruchsbegründung ist wie bei einer Klageschrift nach § 272 zu verfahren.

---

[1] Vgl. Zöller/*Geimer* § 1091, Rdn. 2.

IV. Termin zur mündlichen Verhandlung

Solange die Anspruchsbegründung nicht vorliegt, wird Termin zur mündlichen Verhand- **4** lung nur auf Antrag des Antragsgegners anberaumt. Als solcher Antrag genügt der Antrag auf Durchführung des Streitverfahrens. Die entsprechende Bestimmung des § 696 Abs. 1 S. 1 ist in § 1090 Abs. 2 S. 2 zwar nicht in Bezug genommen, gilt aber kraft der Verweisungsnorm in Art. 17 Abs. 1 S. 2, 2 EuMahnVO. Die Bezugnahme in § 1090 Abs. 2 S. 2 sollte die Anwendung anderer Bestimmungen der ZPO nicht ausschließen, sondern nur die Abgabe des Verfahrens regeln.

Durch die verspätete Anspruchsbegründung entstehen dem Antragsteller im Übrigen keine **5** Nachteile.

TITEL 3

Überprüfung des Europäischen Zahlungsbefehls in Ausnahmefällen

§ 1092

Verfahren

(1) Die Entscheidung über einen Antrag auf Überprüfung des Europäischen Zahlungsbefehls nach Artikel 20 Abs. 1 oder 2 der Verordnung (EG) Nr. 1896/2006 ergeht durch Beschluss. Der Beschluss ist unanfechtbar.

(2) Der Antragsgegner hat die Tatsachen, die eine Aufhebung des Europäischen Zahlungsbefehls begründen, glaubhaft zu machen.

(3) Erklärt das Gericht den Europäischen Zahlungsbefehl für nichtig, so endet das Verfahren nach der Verordnung (EG) Nr. 1896/2006.

(4) Eine Wiedereinsetzung in die Frist nach Artikel 16 Abs. 2 der Verordnung (EG) Nr. 1896/2006 findet nicht statt.

Übersicht

	Rdn.			Rdn.
I. Erfordernisse der Überprüfung des europäischen Zahlungsbefehls	1		5. Offensichtlich zu Unrecht erlassener Zahlungsbefehl	8
1. Nicht rechtzeitige Zustellung	3		II. Zuständigkeit	10
2. Höhere Gewalt	4		III. Verfahren	11
3. Unverschuldete Nichteinlegung des Einspruchs	6		IV. Wiedereinsetzung in den vorigen Stand	14
4. Unverzügliches Tätigwerden	7			

I. Erfordernisse der Überprüfung des europäischen Zahlungsbefehls

1 Art. 20 EuMahnVO sieht eine Überprüfung mit dem Ziel einer Nichtigerklärung des europäischen Zahlungsbefehls vor[1]. Dieser Rechtsbehelf ist dem deutschen Recht an sich unbekannt und stellt eine Zwischenlösung zwischen Wiedereinsetzung in den vorigen

---

[1] Vgl. dazu *Kodek* Kommentar zur EuMahnVO, Art. 20, Rdn. 7 ff.; *Rechberger* Das Europäische Mahnverfahren aus österreichischer Sicht, in: König/Mayr (Herausg.), Europäisches Zivilverfah- rensrecht in Österreich II, 2009, S. 25 ff. (42 ff.); *Sujecki* in: Gebauer/Wiedmann, Art. 20 EuMVVO, Rdn. 77 ff.

Stand nach §§ 233 ff.[2] und Gehörsrüge nach § 321a dar[3]. Art. 20 EuMahnVO setzt nicht nur Mindeststandards für eine Überprüfung, sondern enthält im Sinne einer einheitlichen Regelung im Geltungsbereich der EuMahnVO vielmehr eine abschließende Regelung[4].

Die Erfordernisse für die Überprüfung entsprechen denen nach Art. 18 EuBagatellVO und   **2** Art. EuVTVO[5] Erforderlich ist in jedem Fall, dass die Einspruchsfrist nach Art. 16 Abs. 2 EuMahnVO abgelaufen ist. Hat der Antragsgegner Einspruch eingelegt oder kann er dies noch, so ist ein Überprüfungsverfahren nach Art. 20 EuMahnVO unzulässig.

1. Nicht rechtzeitige Zustellung

Ist die Zustellung des europäischen Zahlungsbefehls in einer Formen des Art. 14 EuMahn-   **3** VO ohne Nachweis des Empfangs durch den Antragsgegner so spät erfolgt, dass der Antragsgegner keine angemessenen Vorkehrungen für seine Rechtsverteidigung treffen konnte, so ist sein Anspruch auf Gewährung rechtliche Gehörs verletzt. Als angemessene Frist ist in jedem Falle die 30 Tagesfrist des Art. 16 Abs. 2 EuMahnVO anzusehen. Man wird diese Frist gewähren müssen, da der Verordnungsgeber eben eine solche Überlegungsfrist, die ja auch der Prüfung der Aussichten der Rechtsverfolgung, der Konsultierung eines Rechtsanwalts pp. dient, für die Entscheidung der Einlegung des Einspruchs für angemessen angesehen hat[6].

2. Höhere Gewalt

Höhere Gewalt oder außergewöhnliche Umstände, die zur Unmöglichkeit der rechtzeiti-   **4** gen Einlegung des Einspruchs führen, sind der zweite Überprüfungsgrund nach Art. 20 Abs. 1 lit. b EuMahnVO. Der Begriff von höherer Gewalt und außergewöhnlichen Umständen ist verordnungsautonom unter Benutzung der rechtsvergleichenden Methode zu interpretieren[7]. Während alle Rechtsordnungen der höheren Gewalt Wirkungen im Hinblick auf Rechtsverhältnisse beimessen[8], wechselt der Begriffsinhalt – ebenso wie beim ordre public – in den einzelnen Rechtsordnungen nach den jeweiligen politischen, rechtspolitischen und sozialpolitischen Anschauungen. Eine internationale Begriffsbestimmung versuchen die Einheitlichen Richtlinien und Gebräuche für Dokumentenakkreditive (ERA 600) zu geben. Art. 36 definiert zunächst neben den als Act of God im engeren Sinne zu qualifizierenden Naturereignissen (Erdbeben, Feuersbrunst pp.) einige ,Ereignisse als höherer Gewalt gleichstehend: Aufruhr, Aufstand, Krieg, Arbeitskämpfe (Streik und Aussperrung). Diese Definition wird man im Rahmen der EuMahnVO übernehmen können. Dies sind relevante Ereignisse, soweit sie nach äußerster, billigerweise zu erwartender

---

2 Vgl. Rauscher/*Gruber* EG-MahnVO, Art. 20, Rdn. 2.
3 Vgl. Baumbach/Lauterbach/*Hartmann* § 1092, Rdn. 2.
4 Vgl. *Kodek* Kommentar zur EuMahnVO, Art. 20, Rdn. 3 f. m. w. N.
5 Vgl. Rauscher/*Gruber* EG-MahnVO, Art. 20, Rdn. 2; *Rechberger* Das Europäische Mahnverfahren aus österreichischer Sicht, in: König/Mayr (Herausg.), Europäisches Zivilverfahrensrecht in Österreich II, 2009, S. 25 ff. (43).
6 AA *Kodek* Kommentar zur EuMahnVO, Art. 20, Rdn. 10, der eine kürzere Frist für aus-

reichend hält, weil der Antragegner ja zunächst durch einen begründungslosen Einspruch die Vollstreckbarkeit des europäischen Zahlungsbefehls verhindern kann. Dabei wird übersehen, dass eine Rücknache des Einspruchs nicht möglich ist, vgl. § 1091, Rdn. 1.
7 Vgl. zur Interpretation des europäischen Verordnungsrechts in der Rechtsprechung des EuGH und für weitere Nachweise *Geimer/Schütze* EuZVR, Einl. A.1, Rdn. 125 ff.; *Hess* Europäisches Zivilprozessrecht, 2010, § 4, Rdn. 42 ff.
8 Vgl. dazu im einzelnen *Fontane* Höhere Gewalt im Dokumentenakkreditivgeschäft, 2001.

Sorgfalt nicht vorausgesehen und verhindert werden konnten. So ist ein Streik der Postdienste an sich ein Fall höherer Gewalt. War aber der Streik angekündigt und hätte der Beklagte vorher das Bestehen der Forderung bestreiten können, so kann er sich hierauf nicht berufen.

5 Die außergewöhnlichen Umstände sollen den Begriff der höheren Gewalt über die klassischen Fälle des Act of God erweitern. Immer muss es sich um Umstände handeln, die bei normalem Ablauf der Geschehnisse nicht zu erwarten waren. Der Begriff ist enger als der des Zufalls im deutschen Recht. Keinesfalls dürfen Schlampigkeiten zur Anwendung der Norm führen. *Gruber* will deshalb die außergewöhnlichen Umstände nicht auf Unglücksfälle beschränken[9].

3. Unverschuldete Nichteinlegung des Einspruchs

6 Die Nichteinlegung des Einspruchs innerhalb der Einspruchsfrist muss unverschuldet gewesen sein. Das gilt für beide Alternativen (Art. 20 Abs. 1 lit. a und b EuMahnVO). Auch leichte Fahrlässigkeit genügt.

4. Unverzügliches Tätigwerden

7 Beide Alternativen des Art. 20 Abs. 1 EuMahnVO erfordern ein unverzügliches Tätigwerden des Antragsgegners. Der Begriff ist verordnungsautonom auszulegen[10]. Zur Auslegung des Begriffs kann die Legaldefinition in § 121 Abs. 1 BGB herangezogen werden. Der Antragsgegner muss also ohne schuldhaftes Zögern tätig werden. Das Erfordernis des Tätigwerdens ist schwammig. Es genügt nicht irgendein Tätigwerden, etwa die Terminsvereinbarung mit einem Rechtsanwalt. Gemeint ist die Einreichung eines Überprüfungsantrags nach Art. 20 EuMahnVO bei dem zuständigen Gericht. Hierfür muss man dem Antragsgegner eine gewisse Frist zubilligen, um seine prozessualen Möglichkeiten zu prüfen. Eine Frist von 14 Tagen ist das Äußerste, was man ihm zubilligen kann, um Unverzüglichkeit anzunehmen[11].

5. Offensichtlich zu Unrecht erlassener Zahlungsbefehl

8 Art. 20 Abs. 2 EuMahnVO eröffnet eine Überprüfungsmöglichkeit des Zahlungsbefehls auf Rechtsfehler. Diese Norm setzt voraus, dass der Zahlungsbefehl „offensichtlich" zu Unrecht erlassen worden ist. Bedauerlicherweise hat sich der europäische Verordnungsgeber auch hier der unpräzisen „Offensichtlichkeit" bedient, der sich einer Definition entzieht[12]. Die Regelung ist ebenso wie Art. 34 Abs. 1 EuGVVO dahin auszulegen, dass sie restriktiv anzuwenden ist[13] keinesfalls darf die Anwendung von Art. 20 Abs. 2 EuMahnVO dazu führen, dass dem Antragsgner eine zweite Möglichkeit zur Erhebung eines Einspruchs

9 Vgl. Rauscher/*Gruber* EG-MahnVO, Art. 20, Rdn. 24.

10 Vgl. *Kodek* Kommentar zur EuMahnVO, Art. 20, Rdn. 16, Rauscher/*Gruber* EG-MahnVO, Art. 20, Rdn. 21.

11 Vgl. *Kodek* Kommentar zur EuMahnVO, Art. 20, Rdn. 16.

12 Vgl. für Definitionsversuche *Kodek* Kommentar zur EuMahnVO, Art. 20, Rdn. 24 ff.

13 Vgl. *Rechberger* Das Europäische Mahnverfahren aus österreichischer Sicht, in: König/Mayr (Herausg.), Europäisches Zivilverfahrensrecht in Österreich II, 2009, S. 25 ff. (43) m. w. N.; Thomas/Putzo/*Hüßtege* § 1092, Rdn. 8.

eröffnet wird. Die Rechtsprechung des BGH zu Vollstreckungsbescheiden[14] ist nicht auf das europäische Mahnverfahren zu übertragen[15].

Man wird dem Antragsgegner ein Überprüfungsrecht nur dann gewähren müssen, wenn **9** der Rechtsfehler für ihn bei Zustellung des Zahlungsbefehls und innerhalb der Einspruchsfrist nicht erkennbar war. Andernfalls ist er nicht schutzwürdig. Er könnte ja Einspruch einlegen und eine Überprüfung des Zahlungsbefehls dadurch herbeiführen.

II. Zuständigkeit

Ausschließlich zuständig zur Entscheidung über den Überprüfungsantrag ist das Amts- **10** gericht Berlin-Wedding, § 1087.

III. Verfahren

Das Verfahren wird durch Antrag eingeleitet. Antragsberechtigt ist der Antragsgegner. Der **11** Antrag kann schriftlich oder zu Protokoll der Geschäftsstelle erklärt werden. Es besteht kein Anwaltszwang.

Der Antragsgegner hat die Tatsachen, die nach seinem Vorbringen eine Überprüfung des **12** Zahlungsbefehls nach Art. 20 Abs. 1 oder 2 EuMahnVO rechtfertigen, glaubhaft zu machen. Für die Glaubhaftmachung gilt § 294[16]. Die Glaubhaftmachung kommt insbesondere für die Frage des Verschuldens in Betracht. Im übrigen hat das Gericht die Voraussetzungen von Art. 20 EuMahnVO von Amts wegen zu prüfen.

Die Entscheidung ergeht durch Beschluss. Dieser ist unanfechtbar. Die Entscheidung lautet **13** bei Begründetheit des Antrags auf Nichtigkeit des Zahlungsbefehls. Das Verfahren wird nicht wie bei einem fristgerechten Einspruch in ein Streitverfahren übergeleitet[17]. Mit der Nichtigerklärung ist Klagerecht jedoch nicht verbraucht. Der Antragsteller kann den Anspruch erneut[18]. – auch im europäischen Mahnverfahren – geltend machen.

IV. Wiedereinsetzung in den vorigen Stand

Eine Wiedereinsetzung in den vorigen Stand bei Versäumung der Einspruchsfrist ist **14** unzulässig, § 1092 Abs. 4. Das Überprüfungsverfahren nach Art. 20 EuMahnVO ersetzt die Wiedereinsetzung in den vorigen Stand und tritt an ihre Stelle[19].

---

14 Vgl. BGHZ 7, 101, 380.
15 Vgl. *Freitag* Rechtsschutz des Schuldners gegen den Europäischen Zahlungsbefehl, IPRax 2007, 509 ff. (511); a. A. *Kodek* Kommentar zur EuMahnVO, Art. 20, Rdn. 25.
16 Vgl. Baumbach/Lauterbach/*Hartmann* § 1092, Rdn. 5.

17 Vgl. Baumbach/Lauterbach/*Hartmann* § 1092, Rdn. 6; Rauscher/*Gruber* EG-MahnVO, Art. 20, Rdn. 10; Thomas/Putzo/*Hüßtege* § 1092, Rdn. 14; Zöller/*Geimer* § 1092, Rdn. 3.
18 Vgl. Thomas/Putzo/*Hüßtege* § 1092, Rdn. 14.
19 Vgl. Zöller/*Geimer* § 1092, Rdn. 4.

TITEL 4

Zwangsvollstreckung aus dem Europäischen Zahlungsbefehl

§ 1093
Vollstreckungsklausel

Aus einem nach der Verordnung (EG) Nr. 1896/2006 erlassenen und für vollstreckbar erklärten Europäischen Zahlungsbefehl findet die Zwangsvollstreckung im Inland statt, ohne dass es einer Vollstreckungsklausel bedarf.

Übersicht

	Rdn.			Rdn.
I. Titel nach der EuMahnVO als Grundlage der Zwangsvollstreckung	1		nen anderen als den im Titel bezeichneten Schuldner	5
1. Grundsatz	1		II. Anwendbarkeit der §§ 750 ff.	6
2. Entbehrlichkeit der Vollstreckungsklausel	4		III. Erinnerung	7
3. Klauselerteilung für einen anderen als den im Titel bezeichneten Gläubiger oder gegen ei-			IV. Vollstreckungsgegenklage	8
			V. Drittwiderspruchsklage	9

I. Titel nach der EuMahnVO als Grundlage der Zwangsvollstreckung

1. Grundsatz

1 § 1093 hat – ebenso wie § 1082 – zunächst deklaratorische Wirkung. Die Norm bestätigt zunächst nur, was ohnehin schon (europäischen) Rechts ist. Nach Art. 19 EuMahnVO wirkt der europäische Vollstreckungstitel in allen Mitgliedstaaten (außer Dänemark), ohne dass eine Anerkennung, Vollstreckbarerklärung, Exequierung, Homologierung pp. notwendig wäre. Der Titel nach der EuMahnVO ist hinsichtlich der Zwangsvollstreckung wie ein inländischer Titel zu behandeln. Deshalb statuiert Art. 21 Abs. 1 S. 2 EuMahnVO, dass ein vollstreckbar gewordener europäischer Zahlungsbefehl unter den gleichen Bedingungen vollstreckt wird wie eine im Vollstreckungsmitgliedstaat ergangene Entscheidung.

2 Nach Art. 20 Abs. 1 S. 1 EuMahnVO gilt für das Vollstreckungsverfahren das Recht des Vollstreckungsmitgliedstaates. Dieser ist in dessen Ausgestaltung frei, darf den europäischen Vollstreckungstitel nur nicht schwereren Bedingungen unterwerfen als inländische Titel. Die Formulierung in Art. 20 Abs. 1 S. 2 EuMahnVO (gleiche Bedingungen) ist insoweit missverständlich. Vollstreckbare europäische Zahlungsbefehle können durchaus auch unter erleichterten Bedingungen zur Vollstreckung zugelassen werden, wie das in § 1093 durch die Zulassung der Vollstreckung ohne Klausel geschieht. Die EuMahnVO verlangt lediglich eine Gleichstellung mit inländischen Titeln, keine Besserstellung[1].

Die Vollstreckbarkeit bestimmt sich nach dem Recht des Ursprungsmitgliedsstaates. Es gibt **3** keine besondere europäische Vollstreckbarkeit[2].

2. Entbehrlichkeit der Vollstreckungsklausel

Die Gleichstellung des vollstreckbaren europäischen Zahlungsbefehls mit einem deutschen **4** Titel allein beseitigt aber noch nicht das Erfordernis der Klauselerteilung nach § 725. Hier statuiert § 1093, dass es der Klauselerteilung nicht bedarf. § 1093 schließt jedoch die Erteilung der Vollstreckungsklausel nicht aus. Die Situation entspricht der in § 929, der eine Vollstreckungsklausel für entbehrlich erklärt, diese aber in den Fällen des § 727 für zulässig und notwendig erklärt.

3. Klauselerteilung für einen anderen als den im Titel bezeichneten Gläubiger oder gegen einen anderen als den im Titel bezeichneten Schuldner

Soll die Zwangsvollstreckung für einen anderen als den im Titel bezeichneten Gläubiger **5** oder gegen einen anderen als den im Titel bezeichneten Schuldner stattfinden, so ist eine Klauselerteilung notwendig[3]. § 727 ist anwendbar. § 727 gilt für alle Vollstreckungstitel[4]. Ebenso wie im Rahmen von § 929 bedarf es bei Rechtsnachfolge von Gläubiger oder Schuldner einer Titel übertragenden Vollstreckungsklausel.

II. Anwendbarkeit der §§ 750 ff.

Anwendbar sind §§ 750 ff[5]. Damit sind alle Vollstreckungsrechtsbehelfe der ZPO auch **6** gegenüber ausländischen europäischen Vollstreckungstiteln zulässig[6], so § 765a, 766, 767[7].

III. Erinnerung

Gegen die Art und Weise der Zwangsvollstreckung findet die Erinnerung nach § 766 **7** statt[8].

---

1 Vgl. *Kodek* Kommentar zur EuMahnVO, Art. 21, Rdn. 4.
2 Vgl. *Geimer* Exequaturverfahren, FS Georgiades, 2005, S. 489 ff. (494).
3 Vgl. Rauscher/*Gruber* EG-MahnVO, Art. 19, Rdn. 2.
4 Vgl. dazu *Loritz* Die Umschreibung der Vollstreckungsklausel, ZZP 95 (1982), 310 ff.; *ders.* Rechtsnachfolge und Umschreibung der Vollstreckungsklausel in den Verfahren des einstweiligen Rechtsschutzes, ZZP 106 (1993), 1 ff.; Thomas/Putzo/*Hüßtege* § 727 Rdn. 1; Wieczorek/Schütze/*Paulus* § 727, Rdn. 3.

5 Vgl. Baumbach/Lauterbach/*Hartmann* § 1093, Rdn. 3.
6 Vgl. *Bittmann* in: Gebauer/Wiedmann, Zivilrecht unter europäischem Einfluss, Art. 20 EuVTVO, Rdn. 159 zur entsprechenden Regelung in der EuVTVO.
7 Vgl. *Bittmann* in: Gebauer/Wiedmann, Zivilrecht unter europäischem Einfluss, Art. 20 EuVTVO, Rdn. 159 zur entsprechenden Regelung in der EUVTVO.
8 Vgl. Thomas/Putzo/*Hüsstege* § 1093, Rdn. 5; Zöller/*Geimer* § 1093, Rdn. 4.

IV. Vollstreckungsgegenklage[9]

8 Einwendungen gegen den durch den europäischen Zahlungsbefehl festgestellten Anspruch können mit der Vollstreckungsgegenklage geltend gemacht werden. Es findet § 1086 Anwendung.

V. Drittwiderspruchsklage

9 Die Drittwiderspruchsklage nach § 771 findet statt, wenn die deutschen Gerichte nach Art. 22 Nr. 5 VO (EG) Nr. 44/2001 Zuständigkeit besitzen, d. h. die deutschen Gerichte, wenn und soweit die Zwangsvollstreckung durchgeführt werden soll oder durchgeführt worden ist[10].

§ 1094
Übersetzung

Hat der Gläubiger nach Artikel 21 Abs. 2 Buchstabe b der Verordnung (EG) Nr. 1896/2006 eine Übersetzung vorzulegen, so ist diese in deutscher Sprache zu verfassen und von einer in einem der Mitgliedstaaten der Europäischen Union hierzu befugten Person zu beglaubigen.

Übersicht

I. Notwendigkeit der Übersetzung ..	1	2. Beglaubigung	5
II. Erfordernisse der Übersetzung ...	4	III. Rechtsfolgen mangelhafter	
1. Verständlichkeit	4	Übersetzung...................	8

I. Notwendigkeit der Übersetzung

1 Im Vollstreckungsverfahren hat die Partei, die die Vollstreckung betreibt, mit dem Antrag u. a. nach Art. 21 Abs. 2 lit. b der EuMahnVO eine Ausfertigung der Bestätigung i. S. des Art. 20 Abs. 2 VO cit. und falls erforderlich eine Übersetzung in die Sprache des Vollstreckungsmitgliedstaates oder – falls es in diesem Staat mehrere Amtssprachen gibt – nach Maßgabe der Rechtsvorschriften des Vollstreckungsmitgliedstaates in die Verfahrenssprache oder in eine solche Sprache, die das Recht des Vollstreckungsmitgliedstaates zulässt, vorzulegen. Die Übersetzung ist – wenn der Vollstreckungsstaat fremdsprachliche Titel nicht vollstreckt – obligatorisch[1]. § 1094 lässt nur die deutsche Sprache zu.

---

9 Vgl. Thomas/Putzo/*Hüßtege*. § 1093, Rdn. 5 (allgemein).
10 Zur Anwendbarkeit von Art. 22 Nr. 5 EuGVVO auf Drittwiderspruchsklagen vgl. *Geimer/Schütze* EuZVR, A.1, Art. 22, Rdn. 268.

1 Vgl. *Kodek* Kommentar zur EuMahnVO, Art. 21, Rdn. 5.

Die Übersetzungsnotwendigkeit bezieht sich auf das Formblatt E (Europäischer Zahlungs- **2** befehl)[2]. Wegen der Standardisierung des europäischen Zahlungsbefehls durch ein vorgeschriebenes Formular ist für eine Übersetzung kein Raum, wenn der Zahlungsbefehl in der Sprache des Vollstreckungsstaates abgefasst ist. Ist ein anderssprachiges Formular verwendet, so muss übersetzt werden[3].

Die Notwendigkeit einer Übersetzung kann sich insbesondere in zwei Fällen ergeben: **3**

– Die „Wichtigen Hinweise für den Antragsgegner" sind zu übersetzen und
– Die in nichtdeutscher Sprache abgefasste Bezeichnung des Gerichts und des Gerichtsortes sind zu übersetzen. So ist beispielsweise Chorzów mit Königshütte, Bratislava mit Pressburg zu übersetzen.

II.   Erfordernisse der Übersetzung

1.   Verständlichkeit

Für die Qualität der Übersetzung gelten die allgemeinen Grundsätze im internationalen **4** Zivilprozessrecht[4]. Die Übersetzung muss verständlich sein. Sprachliche Eleganz oder orthographische Richtigkeit kann nicht gefordert werden. Sinnentstellende Fehler machen die Übersetzung dagegen unbrauchbar. Die Übersetzung ist dann keine Übersetzung im Rechtssinne mehr.

2.   Beglaubigung

Die Übersetzung ist zu beglaubigen. Die Beglaubigung ist die Bestätigung der Richtigkeit **5** der Übersetzung. Sie ist aber nicht bindend. Die Richtigkeit der Übersetzung ist eine Tatfrage. Die Beglaubigung begründet nur eine – widerlegbare – Vermutung für die Richtigkeit der Übersetzung[5].

Die Ermächtigung zur Beglaubigung kann von den zuständigen Behörden irgendeines **6** Mitgliedstaates erteilt sein. Ein belgischer Übersetzer, der nach belgischem Recht zur Beglaubigung befugt ist, kann eine Übersetzung aus der polnischen Sprache im Rahmen von § 1094 wirksam beglaubigen.

Die Frage, ob die Beglaubigung von einem ermächtigten Übersetzer stammt, ist eine **7** Tatfrage. Der Antragsteller trägt die Darlegungs- und Beweislast. § 293 ist nicht anwendbar.

---

2 Abgedruckt bei *Geimer/Schütze* Europäisches Zivilverfahrensrecht, 3. Aufl., 2010, S. 1388 f.
3 Vgl. Rauscher/*Gruber* EG-MahnVO, Art. 21, Fn. 1/*Röthel/Sparmann* Das Europäische Mahnverfahren, WM 2007, 1101 ff. (1103, Fn. 44).
4 Vgl. dazu *Schütze* Probleme der Übersetzung im Zivilprozessrecht, FS Sandrock, 2000, S. 871 ff.; *ders.* Übersetzungen im europäischen

und internationalen Zivilprozessrecht – Probleme der Zustellung, RIW 2006, 352 ff. (353 f.).
5 Vgl. *Schütze* Probleme der Übersetzung im Zivilprozessrecht, FS Sandrock, 2000, S. 871 ff. (872); *ders.* Übersetzungen im europäischen und internationalen Zivilprozessrecht – Probleme der Zustellung, RIW 2006, 352 ff. (354).

III.　Rechtsfolgen mangelhafter Übersetzung

8 Eine sinnentstellende Übersetzung ist eine Nichtübersetzung. Das Erfordernis des Art. 21 Abs. 2 lit. b der EuMahnVO ist nicht erfüllt. Die für Vollstreckung notwendigen Unterlagen sind nicht vollständig. Vollstreckungsmaßnahmen dürfen nicht erfolgen. Der Schuldner kann Erinnerung nach § 766 einlegen, wenn aus dem Titel dennoch vollstreckt wird.

§ 1095

Vollstreckungsschutz und Vollstreckungsabwehrklage gegen den im Inland erlassenen Europäischen Zahlungsbefehl

(1) Wird die Überprüfung eines im Inland erlassenen Europäischen Zahlungsbefehls nach Artikel 20 der Verordnung (EG) Nr. 1896/2006 beantragt, gilt § 707 entsprechend. Für die Entscheidung über den Antrag nach § 707 ist das Gericht zuständig, das über den Antrag nach Artikel 20 der Verordnung (EG) Nr. 1896/2006 entscheidet.

(2) Erinnerungen, die den Anspruch selbst betreffen, sind nur insoweit zulässig, als die Gründe, auf denen sie beruhen, nach Zustellung des Europäischen Zahlungsbefehls entstanden sind und durch den Einspruch nach Artikel 16 der Verordnung (EG) Nr. 1896/2006 nicht mehr geltend gemacht werden können.

Übersicht

	Rdn.			Rdn.
I. Einstweilige Einstellung der Zwangsvollstreckung	1		3. Verfahren	4
1. Voraussetzungen	2		4. Entscheidung	7
2. Zuständigkeit	3		II. Vollstreckungsgegenklage	9

I.　Einstweilige Einstellung der Zwangsvollstreckung

1 Nach Art. 20 EuMahnVO ist eine Überprüfung des europäischen Zahlungsbefehls mit dem Ziel der Nichtigerklärung möglich. § 1095 ergänzt § 1092, der die Modalitäten des Überprüfungsverfahrens im deutschen Recht regelt. Darüber hinaus stehen dem Antragsgegner (Schuldner) alle Rechtsbehelfe zur Verfügung, die das deutsche Recht gegen einen Vollstreckungstitel kennt[1]. Die Regelung in Artt. 22, 23 EuMahnVO ist nicht abschließend[2].

---

1 Vgl. Rauscher/*Gruber* EG-MahnVO, Art. 20, Rdn. 13 für die Geltendmachung von Einwendungen, die nach Zustellung des Zahlungsbefehls entstanden sind; Zöller/*Geimer* § 1095, Rdn. 1.
2 Vgl. *Kormann* Das neue Europäische Mahnverfahren im Vergleich zu den Mahnverfahren in

Deutschland und Österreich, 2007, S. 167 ff.; aA *Kodek* Kommentar zur EuMahnVO, Art. 22, Rdn. 8, der befürchtet, die Zielsetzungen der EuMahnVO würden durch Rückgriff auf nationales Recht unterlaufen.

§ 1095 regelt die einstweilige Einstellung oder Beschränkung der Zwangsvollstreckung während des Überprüfungsverfahrens.

1. Voraussetzungen

Eine einstweilige Einstellung der Zwangsvollstreckung setzt voraus, dass ein Antrag nach **2** § 1092 gestellt ist. Der Antrag nach § 1095 kann mit dem Antrag nach § 1092 verbunden, aber auch noch später gestellt werden.

2. Zuständigkeit

Zuständig ist das Gericht, das über den Antrag nach Art. 20 EuMahnVO entscheidet. Das ist **3** nach §§ 1092, 1087 das Amtsgericht Berlin-Wedding. Die Zuständigkeit ist ausschließlich.

3. Verfahren

Kraft Verweisung in § 1095 findet § 707 entsprechende Anwendung. Erforderlich ist ein **4** Antrag des Schuldners. Dieser kann schriftlich oder zu Protokoll der Geschäftsstelle gestellt werden. Der Antrag muss auf eine bestimmte Anordnung gerichtet sein, hilfsweise auf eine andere[3]. Die bloße Beantragung von Vollstreckungsschutz erfüllt nicht die Erfordernisse eines zulässigen Antrags.

Dem Gläubiger ist rechtliches Gehör zu gewähren (Art. 103 GG)[4]. Jedoch kann bei beson- **5** derer Eilbedürftigkeit eine befristete Anordnung ohne vorherige Anhörung des Gegners ergehen. Diese ist dann jedoch unverzüglich nachzuholen[5].

Es muss ein Rechtsschutzbedürfnis vorliegen. Dieses setzt voraus, dass die Überprüfung **6** nicht aussichtslos ist.

4. Entscheidung

Das Gericht entscheidet durch Beschluss. Die Entscheidung kann folgenden Inhalt haben: **7**

- Einstellung der Vollstreckung gegen Sicherheitsleistung des Schuldners. Die Art der Sicherheit richtet sich nach § 108.
- Einstellung der Vollstreckung ohne Sicherheitsleistung des Schuldners. Diese Möglichkeit besteht nur ausnahmsweise, wenn dem Schuldner durch die Vollstreckung ein nicht wiedergutzumachender Nachteil droht und er zur Sicherheitsleistung nicht in der Lage ist. Der Schuldner muss glaubhaft machen, dass er zur Sicherheitsleistung nicht in der Lage ist und die Vollstreckung einen nicht zu ersetzenden Nachteil bringen würde.
- Aufhebung von Vollstreckungsmaßregeln gegen Sicherheitsleistung.
- Zurückweisung des Antrags.

---

3 Vgl. Thomas/Putzo/*Hüßtege* § 707, Rdn. 6; a. A. Wieczorek/Schütze/*Hess* § 707, Rdn. 15.
4 Vgl. OLG Celle MDR 1986, 62; Thomas/Putzo/ *Hüßtege* § 707, Rdn. 9; Wieczorek/Schütze/*Hess* § 707, Rdn. 16.
5 Vgl. Wieczorek/Schütze/*Hess* § 707, Rdn. 16 m. w. N.

8 Das Gericht hat bei der Auswahl der Mittel im Rahmen der Einstellung der Zwangsvollstreckung nach pflichtgemäßem Ermessen zu handeln. Dieses ist grundsätzlich nicht überprüfbar. Deshalb ist der Beschluss über die Einstellung der Zwangsvollstreckung nicht anfechtbar. Eine Anfechtung kann nur in Ausnahmefällen erfolgen[6].

II. Vollstreckungsgegenklage

9 Einwendungen gegen den durch den europäischen Zahlungsbefehl titulierten Anspruch können im Wege der Vollstreckungsgegenklage geltend gemacht werden[7]. Während § 796 Abs. 2 für das deutsche Mahnverfahren für die Präklusion von Einwendungen darauf abstellt, ob die Gründe, auf denen sie beruhen, nach Zustellung des Vollstreckungsbescheids entstanden sind und durch den Einspruch nicht mehr geltend gemacht werden konnten, modifiziert § 1095 Abs. 2 diese Regel dahin, dass auf die Zustellung des europäischen Zahlungsbefehls abgestellt wird.

10 Erfordernis für die Geltendmachung von materiellrechtlichen Einwendungen gegen den Anspruch selbst, ist:

– Die Einwendung muss nach Zustellung des Zahlungsbefehls entstanden sein. Bei der Aufrechnung kommt es dabei auf den Zeitpunkt der Aufrechnungserklärung nicht den des Entstehens der Aufrechnungslage an[8].
– Die Einwendung darf nicht durch Einspruch nach Art. 16 EuMahnVO geltend gemacht werden können.

11 Im Übrigen gelten die Vorschriften des § 767.

§ 1096
Anträge nach den Artikeln 22, 23 der Verordnung (EG) Nr. 1896/2006; Vollstreckungsabwehrklage

(1) Für Anträge auf Verweigerung der Zwangsvollstreckung nach Artikel 22 Abs. 1 der Verordnung (EG) Nr, 1896/2006 gilt § 1084 Abs. 1 und 2 entsprechend. Für Anträge auf Aussetzung oder Beschränkung der Zwangsvollstreckung nach Artikel 23 der Verordnung (EG) Nr. 1896/2006 ist § 1084 Abs. 1 und 3 entsprechend anzuwenden.

(2) Für Anträge auf Verweigerung der Zwangsvollstreckung nach Artikel 22 Abs. 2 der Verordnung (EG) Nr. 1896/2006 gilt § 1086 Abs. 1 entsprechend. Für Klagen nach § 767 sind § 1086 Abs. 1 und § 1095 Abs. 2 entsprechend anzuwenden.

---

6 Vgl. zu den einzelnen Fallgruppen Wieczorek/Schütze/*Hess* § 707Rdn. 31.
7 Vgl. Rauscher/*Gruber* EG-MahnVO, Art. 20, Rdn. 13.

8 Vgl. im einzelnen § 723, Rdn. 30 ff.

Überblick

	Rdn.			Rdn.
I. Verweigerung der Zwangsvoll-			a) Auslegungsgrundsätze	13
streckung nach Art. 22 Abs. 1			b) Beschlussverfahren	14
EuMahnVO	1		**II. Aussetzung oder Beschränkung**	
1. Kollidierende andere Entschei-			**der Zwangsvollstreckung nach**	
dung	2		**Art. 22 Abs. 2 EuMahnVO**	15
a) Unvereinbare Urteilswirkungen	3		1. Sicherungsvollstreckung	16
b) Zeitliche Priorität der ander-			2. Einstellung der Zwangsvollstre-	
weitigen Entscheidung	5		ckung wegen außergewöhnli-	
c) Identität des Streitgegenstandes	6		cher Umstände	19
d) Parteienidentität	7		3. Verfahren	20
e) Präklusion	8		**III. Verweigerung der Zwangsvoll-**	
2. Verfahren	10		**streckung wegen Erfüllung**	21
a) Sachliche Zuständigkeit	10		1. Erfüllung der titulierten Forde-	
b) Örtliche Zuständigkeit	11		rung	21
c) Ausschließlichkeit der Zu-			2. Zuständigkeit	22
ständigkeit	12		3. Vollstreckungsgegenklage	23
3. Entscheidung	13			

I. Verweigerung der Zwangsvollstreckung nach Art. 22 Abs. 1 EuMahnVO

§ 1096 Abs. 1 S. 1 regelt den Fall der Verweigerung der Zwangsvollstreckung wegen Urteils- **1** kollision und enthält Durchführungsbestimmungen für Art. 22 EuMahnVO. Art. 22 Eu-MahnVO schließt nicht aus, dass der Antragsgegner einen Antrag nach Art. 20 Abs. 2 EuMahnVO im Staat des Mahngerichts stellt[1].

1. Kollidierende andere Entscheidung

Kollidierende Entscheidungen sind unerwünscht. § 328 Abs. 1 Nr. 3 statuiert deshalb als **2** Erfordernis der Anerkennung, dass keine Kollision mit einem inländischen Urteil oder einer anzuerkennenden früheren ausländischen Entscheidung vorliegen darf[2]. Das Gesetz behandelt den Vorrang bei Kollisionen von Entscheidungen zwar nicht als Unterfall des ordre public[3], immerhin ist das Erfordernis im öffentlichen Interesse aufgestellt. *Kodek*[4] meint im Gegensatz zu *Freitag*[5], dass die Regelung nicht primär gegen Fälle der Doppel-titulierung gerichtet sei, es vielmehr um die Vermeidung echter Widersprüche gehe.

a) Unvereinbare Urteilswirkungen. Die Urteilswirkungen des europäischen Zahlungs- **3** befehls müssen mit denen einer anderen Entscheidung unvereinbar sein. Der Begriff der „Unvereinbarkeit" ist gemeinschaftsrechtlich autonom zu qualifizieren[6]. Er ist derselbe

---

1 Vgl. Rauscher/*Gruber* EG-MahnVO, Art. 22, Rdn. 27.
2 Vgl. dazu *Lenenbach* Die Behandlung von Un-vereinbarkeiten zwischen rechtskräftigen Zivil-urteilen nach deutschem und europäischem Zivil-prozeßrecht, 1997.
3 Vgl. *Geimer* Anerkennung ausländischer Ent-scheidungen in Deutschland, 1995, S. 112; *Schütze* DIZPR, 2. Aufl., 2005, Rdn. 335.

4 Vgl. *Kodek* Kommentar zur EuMahnVO, Art. 22, Rdn. 3.
5 Vgl. *Freitag* Rechtsschutz des Schuldners ge-gen den Europäischen Zahlungsbefehl, IPRax 2007, 509 ff. (512).
6 Vgl. *Kropholler* Europäisches Zivilprozess-recht, Art. 21 EuTVO, Rdn. 4. zur ebtsprechenden Regelung in derEuVTVO.

wie in Art. 34 Nr. 3 EuGVVO/LugII und Artt.27 EuGVÜ/LugÜ I[7]. Es gilt deshalb der weite Verfahrensbegriff, den der EuGH[8] entwickelt hat[9]. Nicht nur gegensätzliche Entscheidungen gegen den gleichen Beklagten sind unvereinbar, auch identische bzw. teilidentische Entscheidungen sind unvereinbar, da sie zu einer Titeldoppelung führen[10]. Insbesondere sind Urteile aus Vertrag mit solchen auf Feststellung der Nichtigkeit des Vertrages unvereinbar.

4   Unerheblich ist, ob die Unvereinbarkeit mit einer inländischen oder einer anerkannten ausländischen Entscheidung vorliegt[11].

5   **b) Zeitliche Priorität der abweichenden Entscheidung.** Während nach Art. 34 Nr. 3 EuGVVO die zweitstaatliche Entscheidung immer privilegiert ist, stellt Art. 22 Abs. 1 lit. a EuMahnVO auf die zeitliche Priorität ab. Abzustellen ist auf den Eintritt der Rechtskraft. Ist das ausländische Urteil zeitlich nach der inländischen Entscheidung in Rechtskraft erwachsen, so ist die Anerkennung schon deshalb ausgeschlossen, weil die Rechtskraft der ausländischen Entscheidung nur relativ, die der inländischen dagegen absolut wirkt[12]. Soweit die Rechtskraft der ausländischen Entscheidung vor der Rechtskraft des europäischen Zahlungsbefehls eintritt, greift Art. 22 Abs. 1 lit. a EuMahnVO ein und bewirkt eine Anerkennungssperre. Es gelten die gleichen Grundsätze wie für § 328 Abs. 1 Nr. 3[13].

6   **c) Identität des Streitgegenstandes.** Der Streitgegenstand beider Entscheidungen muss identisch sein. Es gelten die zur EuGVVO entwickelten Grundsätze[14]. Nach der Kernpunkttheorie des EuGH ist ein weiter Verfahrensbegriff zugrunde zu legen[15]. Es kommt also – anders als bei der deutschen Streitgegenstandslehre – nicht auf den Klagantrag an, sondern darauf, ob der Kernpunkt beider Verfahren gleich ist. Das ist in der Rechtsprechung des EuGH zu bejahen für das Leistungsurteil und das negative Feststellungsurteil (wegen eben dieser Leistungsverpflichtung).

7   **d) Parteienidentität.** Art. 22 Abs. 1 lit. a EuMahnVO verlangt Identität der Parteien. Problematisch sind die Fälle der Rechtskrafterstreckung auf Dritte[16].

8   **e) Präklusion.** Die Vollstreckung darf nur verweigert werden, wenn die Unvereinbarkeit im gerichtlichen Verfahren des Ursprungsmitgliedstaates nicht geltend gemacht worden ist und nicht geltend gemacht werden konnte (Art. 22 Abs. 1 lit. c EuMahnVO). Die Un-

---

7 Vgl. Rauscher/*Gruber* EG-MahnVO, Art. 22, Rdn. 3.

8 Vgl. EuGH Rs. 144/86 – Gubisch v. Palumbo – EuGHE 1987, 4861 = NJW 1989, 665 = RIW 1988, 818 mit Anm. *Linke*; EuGH Rs. C-406/92 – The owners of the cargo lately laden on board the ship Tatry v. The owners of the ship Maciej rataj – EuGHE 1994 I, 5439 = EWS 1995, 90 mit Besprechungsaufsatz *Lenenbach* Gerichtsstand des Sachzusammenhangs nach Art. 21 EuGVÜ?, ebenda 361 ff.

9 Vgl. im einzelnen *Geimer/Schütze* EuZVR, A.1, Art. 34, Rdn. 166 ff.

10 Vgl. *Geimer/Schütze* Internationale Urteilsanerkennung, Bd. I/1, S. 996.

11 Vgl. Rauscher/*Pabst* Europäisches Zivilprozessrecht, Art. 21 EG-VollstrTitelVO, Rdn. 3; *Stein* Der Europäische Vollstreckungstitel für unbestrittene Forderungen tritt in Kraft – Aufruf zu einer nüchternen Betrachtung, IPRax 2004,

181 ff. (182). zur entsprechenden Regelung in der EuVTVO.

12 Vgl. *Kallmann* Anerkennung und Vollstreckung ausländischer Zivilurteile und Vergleiche, 1946, S. 220, Fn. 17; *Riezler* IZPR, 1949, S. 521.

13 Vgl. dazu *Schütze* DIZPR, Rdn. 335.

14 Vgl. Rauscher/*Gruber* EG-MahnVO, Art. 22, Rdn. 6.

15 Vgl. EuGH Rs. 144/86 – Gubisch v. Palumbo – EuGHE 1987, 4861 = NJW 1989, 665; EuGH Rs. C-406/92 – The owners of the cargo lately laden on board the ship Tatry v. The owners of the ship Maciej rataj – EuGHE 1994 I, 5439 = EWS 1995, 90.

16 Vgl. dazu *Koch* Unvereinbare Entscheidungen i. S. d. Art. 27 Nr. 3 und 5 EuGVÜ und ihre Vermeidung, 1993, S. 50 und *Lenenbach* Die Behandlung von Unvereinbarkeiten zwischen rechtskräftigen Zivilurteilen nach deutschem und europäischem Zivilprozessrecht, 1997, S. 173.

vereinbarkeit muss deshalb nicht geltend gemacht worden sein, weil sie nicht geltend gemacht werden konnte. Auch zur Vollstreckungsgegenklage wird die Präklusion daran geknüpft, dass es dem Schuldner subjektiv möglich war, die Einwendung vorzubringen[17].

Die Präklusionswirkung tritt nicht ein, wenn der Schuldner unverschuldet von dem wider- **9** sprechenden Titel keine Kenntnis hatte. Nicht geltend gemacht werden kann die Unvereinbarkeit auch dann, wenn der Ursprungsstaat einen dem europäischen Zahlungsbefehl widersprechenden ausländischen Titel nicht anerkennt, der Vollstreckungsstaat dies dagegen tut. Eine solche Fallkonstellation kann etwa entstehen, wenn ein österreichisches Gericht einen europäischen Zahlungsbefehl erlassen hat, obwohl eine widersprechende New Yorker Entscheidung vorlag, da das New Yorker Urteil mangels Verbürgung der Gegenseitigkeit (§ 79 EO) nicht beachtet wurde[18]. Im deutschen Vollstreckungsverfahren ist die Entscheidung aus New York jedoch zu berücksichtigen, da nach h. L. die Gegenseitigkeit im Verhältnis zu New York verbürgt ist[19].

2. Verfahren

a) Sachliche Zuständigkeit. Zuständig ist das Amtsgericht als Vollstreckungsgericht. **10** Funktionell zuständig ist der Richter, nicht der Rechtspfleger[20].

b) Örtliche Zuständigkeit. Örtlich zuständig ist das Gericht des Sprengels, in dem der **11** Schuldner im Inland seinen allgemeinen Gerichtsstand hat, im übrigen das, in dem nach § 23 Klage erhoben werden kann, regelmäßig also, wo Vermögen belegen ist. § 828 Abs. 2 ist anwendbar[21].

c) Ausschließlichkeit der Zuständigkeit. Die örtliche und sachliche Zuständigkeit sind **12** nach Abs. 1 S. 3 ausschließlich. § 802 ist anwendbar.

3. Entscheidung

a) Auslegungsgrundsätze. Bei der Entscheidung sind die Begriffe der EuMahnVO in **13** gleicher Weise zu interpretieren wie sie der EuGH für EuGVÜ und EuGVVO entwickelt hat[22]. Grundsätzlich ist die autonome Auslegung[23] anzuwenden, und zwar unter Zugrundelegung der rechtsvergleichenden Methode[24]. Damit wird auch der Gefahr vorgebeugt, dass die

17 Vgl. eingehend *Burghard* Die Präklusion der zweiten Vollstreckungsgegenklage, ZZP 106 (1993), 23 ff.
18 Vgl. dazu *Geimer/Schütze* EuZVR, E. 18, Rdn. 20 ff. m. w. N.
19 Vgl. BGH RIW 1984, 557; *Geimer/Schütze* EuZVR, E.1, Rdn. 287 m. w. N.
20 Vgl. Zöller/*Geimer* § 1096, Rdn. 1.
21 Vgl. Thomas/Putzo/*Hüsstege* §§ 1096, Rdn. 4,1084, Rdn. 2.
22 Vgl. Rauscher/*Gruber* EG-MahnVO, Art. 22, Rdn. 6, 8.
23 Vgl. dazu *Basedow* Europäisches Zivilprozessrecht, in: Handbuch des Internationalen Zivilverfahrensrechts, Bd. I, 1982, S. 113 ff.; *Geimer/Schütze* Internationale Urteilsanerkennung, Bd. I/1, S. 56 ff.; *Martiny* Autonome und einheitliche Auslegung im europäischen internationalen Zivilprozessrecht, RabelsZ 45 (1981), 427 ff.; *Pfeiffer* Grundlagen und Grenzen der autonomen Auslegung des EuGVÜ, Jahrbuch junger Zivilrechtswissenschaftler, 1991, S. 71 ff.; *Schlosser* Vertragsautonome Auslegung, nationales Recht, Rechtsvergleichung und das EuGVÜ, GS Bruns, 1980, S. 45 ff.; *Scholz* Das Problem der autonomen Auslegung des EuGVÜ, 1998.
24 Vgl. dazu *Geimer* Zur Auslegung des Brüsseler Zuständigkeits- und Vollstreckungsübereinkommens in Zivil- und Handelssachen vom 27. September 1968, EuR 12 (1977), 341 ff.; *Martiny* Autonome und einheitliche Auslegung im europäischen internationalen Zivilprozessrecht, RabelsZ 45 (1981), 427 ff.; *Schütze* DIZPR, Rdn. 7; *ders.* Internationales Zivilprozessrecht und Rechtsvergleichung, FS Waseda, 1988, S. 323 ff.

nationalen Vollstreckungsgerichte mit ihrer häufig sozialpolitisch begründeten Schuldnerschutzpraxis das europäische Recht unterlaufen.

Notfalls muss dem EuGH vorgelegt werden[25].

14 b) **Beschlussverfahren.** Die Entscheidungen nach §§ 1096 Abs. 1 S. 1, 1084 ergehen durch Beschluss. Abs. 2 S. 1 ordnet dies für die Entscheidung über die Verweigerung der Vollstreckung wegen kollidierender anderweitiger Entscheidung ausdrücklich an.

II. Aussetzung oder Beschränkung der Zwangsvollstreckung nach Art. 22 Abs. 2 EuMahnVO

15 Nach Art. 23 EuMahnVO kann der Schuldner, der einen Antrag auf Überprüfung nach Art. 20 EuMahnVO gestellt hat, Aussetzung oder Beschränkung der Vollstreckung beantragen. Bei inländischem europäischem Zahlungsbefehl ist das Verfahren in § 1095 geregelt. § 1096 Abs. 1 S. trifft eine entsprechende Regelung für im Ausland erlassene europäische Zahlungsbefehle.

1. Sicherungsvollstreckung

16 Nach Art. 23 EuMahnVO kann das Gericht auf Antrag des Schuldners bei Antrag auf Überprüfung nach Art. 20 EuMahnVOf

– das Vollstreckungsverfahren auf Sicherungsmaßnahmen beschränken oder
– die Vollstreckung von der Leistung einer Sicherheit abhängig machen.

17 Die Beschränkung auf Sicherungsmaßnahmen oder die Anordnung einer Sicherheitsleistung erfolgt nach gerichtlichem Ermessen[26]. Entscheidend müssen die Erfolgsaussichten des Verfahrens auf Überprüfung sein. Im Übrigen sind die Interessen von Gläubiger und Schuldner abzuwägen.

18 Hat der Gläubiger schon im Ausland Sicherheit in ausreichender Höhe geleistet, so kommt eine nochmalige Sicherheitsleistung[27] oder die Beschränkung der Vollstreckung auf Sicherungsmaßnahmen nicht in Betracht.

2. Einstellung der Zwangsvollstreckung wegen außergewöhnlicher Umstände

19 Art. 23 lit. c EuMahnVO lässt die bedingungslose Einstellung der Zwangsvollstreckung unter außergewöhnlichen Umständen zu. Da die Sicherungsvollstreckung genügend Möglichkeiten gibt, die Parteiinteressen zu wahren, kann eine bedingungslose Aussetzung nur die Ausnahme[28] sein, etwa wenn der Zahlungsbefehl gegen den ordre public des Vollstreckungsstaates verstößt[29].

---

25 Vgl. *Klippstein* in: Gebauer/Wiedmann 1. Aufl., Überblick vor EuVTVO, Rdn. 20 f.
26 Vgl. Rauscher/*Gruber* EG-MahnVO, Art. 223, Rdn. 2.
27 Vgl. Rauscher/*Gruber* EG-MahnVO, Art. 23, Rdn. 3.

28 Vgl. Rauscher/*Gruber* EG-MahnVO, Art. 223, Rdn. 3: „ultima ratio".
29 Vgl. Rauscher/*Pabst* Europäisches Zivilprozessrecht, Art. 23 EG-VollstrTitelVO, Rdn. 9 zur entsprechenden Regelung in der EuVTVO.

3. Verfahren

Das Verfahren ist das des § 1084. Im Gegensatz zur Verweigerung der Zwangsvollstreckung **20** nach § 1096 Abs. 1 S. 1 ist für die Aussetzung oder Beschränkung der Vollstreckung auch § 1084 Abs. 3 anwendbar. Entschieden wird also durch einstweilige Anordnung. Die Entscheidung ist unanfechtbar.

III. Verweigerung der Zwangsvollstreckung wegen Erfüllung

1. Erfüllung der titulierten Forderung

Nach Art. 22 Abs. 2 EuMahnVO ist die Erfüllung der im europäischen Zahlungsbefehl **21** titulierten Forderung Verweigerungsgrund für die Vollstreckung. Die Erfüllung muss nach dem Zeitpunkt entstanden sein, in dem die Einspruchsfrist ablief. Für eine vor diesem Zeitpunkt eintretende Erfüllung gilt der Grundsatz des Verbots der révision au fond, Art. 22 Abs. 3 EuMahnVO.

2. Zuständigkeit

Für das Verfahren nach Art. 22 Abs. 2 EuMahnVO ist das Gericht örtlich zuständig, in **22** dessen Bezirk der Schuldner seinen Wohnsitz hat, hilfsweise das Gericht des Sprengels, in dem die Zwangsvollstreckung stattfinden soll oder stattgefunden hat, § 1086 Abs. 1

3. Vollstreckungsgegenklage

Bei Vollstreckungsgegenklage wegen Erfüllung des titulierten Anspruch nach § 767 gilt für **23** die Zuständigkeit dasselbe wie für das Verfahren auf Verweigerung der Zwangsvollstreckung.

Durch die Verweisung auf § 1095 Abs. 2 wird noch einmal klargestellt, dass die Einwen- **24** dung präkludiert ist, soweit sie nach Zustellung des europäischen Zahlungsbefehls entstanden sind und durch den Einspruch nicht geltend gemacht werden können.

Europäische Verfahren für geringfügige Forderungen nach der Verordnung (EG) Nr. 861/2007

Vorbemerkung zu §§ 1097–1109

1 Durch §§ 1097–1109 wird die Ausführung der EuBagatellVO geregelt. Ziel der Verordnung ist die Einführung eines zivilrechtlichen Verfahrens für Bagatellstreitigkeiten, das in einigen Mitgliedstaaten der Gemeinschaft – z. B. Österreich[1] – schon existiert. Damit soll der Zeit- und Kostenaufwand, den der ordentliche Zivilprozess mit sich bringt, gesenkt werden. Dazu dienen die Formalisierung der Klageerhebung durch ein Klageformular und die Schriftlichkeit des Verfahrens als Regel. Erstaunlicher und erfreulicher Weise sind die Pläne des Rates, den Geltungsbereich der VO bei Verbrauchern auf den Wohnsitzstaat des Verbrauchers zu beschränken, nicht umgesetzt worden.

2 Nach der EuBagatellVO ist es möglich, einen Titel auch für bestrittene Forderungen zu erhalten, der ohne Exequatur europaweit vollstreckbar ist. Das ist ein Fortschritt und eine Fortentwicklung des mit der EuMahnVO eingeschlagenen Weges.

3 Gemäß Art. 25 des EuBagatellVO hat Deutschland Angaben zu den zuständigen Gerichten, Kommunikationsmitteln und den Rechtsmitteln gemacht[2]. Allerdings sind die Angaben

---

1 Vgl. dazu *Schneider* Das Bagatellverfahren im österreichischen Recht, 2001.

2 Art. 25 (1)(a) – Zuständige Gerichte
Für den Erlass von Urteilen im europäischen Verfahren für geringfügige Forderungen sind sämtliche Amtsgerichte nach den Regeln über ihre örtliche Zuständigkeit zuständig.

Art. 25 (1)(b) – Kommunikationsmittel
Flächendeckend stehen folgende Möglichkeiten der Kommunikation zur Verfügung: Post einschließlich privater Zustelldienste, Telefax.
Im Land Brandenburg ist daneben ein elektronischer Zugang zu allen Amtsgerichten und zu dem Brandenburgischen Oberlandesgericht möglich. Elektronische Dokumente gemäß § 130a Zivilprozessordnung (ZPO) können mittels eines elektronischen Gerichtsbriefkastens über die Internetseite www.gerichtsbriefkasten.de eingereicht werden. Die technischen Einrichtungen für eine prozessual wirksame Einreichung der Dateien finden sich unter www.erv.brandenburg.de sowie weitere Informationen auf den jeweiligen Internetseiten der Gerichte.
In Bremen ist ein elektronischer Zugang zu allen Amtsgerichten und zu dem Hanseatischen Oberlandesgericht nach Maßgabe des § 130a ZPO möglich. Die technischen Anforderungen für eine prozessual wirksame Einreichung der Dateien

können über die jeweiligen Internetseiten der Gerichte erlangt werden.
Im Land Hessen ist bei allen Amtsgerichten die Einreichung von elektronischen Dokumenten nach Maßgabe des § 130a ZPO möglich. Die technischen Anforderungen für eine prozessual wirksame Einreichung der Dateien finden sich unter www.hmdj.hessen.de.

Art. 25 (1)© – Berufungsgerichte
Gegen die im ersten Rechtszug erlassenen Urteile ist nach Maßgabe der Regelungen der Zivilprozessordnung, insbesondere § 511 folgende ZPO, das Rechtsmittel der Berufung eröffnet. Die Berufungsfrist beträgt einen Monat; sie beginnt mit der Zustellung des in vollständiger Form abgefassten Urteils. Zur Entscheidung über die Berufungen gegen Urteile im europäischen Verfahren für geringfügige Forderungen sind sämtliche Oberlandesgerichte nach den Regeln über ihre örtliche Zuständigkeit berufen.

Art. 25 (1)(d) – Zugelassene Sprachen
Es ist allein die deutsche Sprache zu benutzen. In den Heimatkreisen der sorbischen Bevölkerung haben die Soben das Recht, vor Gericht sorbisch zu sprechen.

Art. 25 (1)(e) – Zuständige Behörden
Vollstreckungsgericht ist ebenfalls das Gericht der Hauptsache.

Vorb §§ 1097–1109

vor der Reform des § 119 GVG gemacht worden. Damit ist die Angabe, dass Berufungsgerichte die Oberlandesgerichte seien, unrichtig geworden.

Schrifttum: *Brokamp* Europäische Verfahren für geringfügige Forderungen, 2008; *Engels* Europäisches
Bagatellverfahren ab 2009, AnwBl 2008, 51 f.; *Ernst* Einführung eines europäischen Zivilverfahrens für
geringfügige Forderungen, JurBüro 2009, 229 ff.; *Freitag/Leible* Erleichterung der grenzüberschreitenden Forderungsbeitreibung in Europa: Das europäische Verfahren für geringfügige Forderungen, BB
2009, 2 ff.; *Haibach* Zur Einführung des ersten europäischen Zivilprozessverfahrens: Verordnung (EG)
Nr. 861/2007, EuZW 2008, 137 ff.; *Hau* Das neue europäische Verfahren zur Beitreibung geringfügiger
Forderungen, JuS 2008, 1056 ff.; *Hess/Bittmann* Die Verordnungen zur Einführung eines Europäischen
Mahnverfahrens und eines Verfahrens für geringfügige Forderungen – ein substantieller Integrationsschritt im Europäischen Zivilprozessrecht, IPRax 2008, 305 ff. *Jahn* Das Europäische Verfahren für
geringfügige Forderungen, NJW 2007, 2890 ff.; *Jelinek* Das Europäische Bagatellverfahren aus österrei-
chischer Sicht, in: *König/Mayr* (Herausg.), Europäisches Zivilverfahrensrecht in Österreich II, 2009,
S. 47 ff.; *Kramer* European Small Claims Procedure: Striking the Balance between Simplicity and
Fairness in European Litigation, ZEuP 2008, 355 ff.; *Majer* Grenzüberschreitende Durchsetzung von
Bagatellforderungen – Die Verordnung zur Einführung eines europäischen Verfahrens für geringfügige
Forderungen, JR 2009, 270 ff.; *Mayer/Lindemann/Haibach* Small Claims Verordnung, 2009; *Nardone* Das
Europäische Verfahren für geringfügige Forderungen, RPfl. 2009, 72 ff.; *Rechberger* Die neue Generation
– Bemerkungen zu den Verordnungen Nr. 805/2004, Nr. 1896/2006 und Nr. 861/2007 des Europäi-
schen Parlaments und Rates, FS Leipold, 2009, S. 301 ff.; *Ring* Europäisches Verfahren für geringfügige
Forderungen, IWB 2009, 1065 ff.; *Salten* Das Europäische Verfahren für geringfügige Forderungen,
MDR 2009, 244 ff.; *Scheuer* Die Verordnung zur Einführung eines europäischen Verfahrens für gerin-
fügige Forderungen, ZaK 2007, 402, 226; *Schoibl* Miszellen zum Europäischen Bagatellverfahren, FS
Leipold, 2009, 335 ff.; *Schriever* Europäisierung des deutschen Zivilprozessrechts – Nach Europäischem
Mahnverfahren nun das Bagatellverfahren, AnwBl 2005, 487 ff.; *Sujecki* Vereinheitlichung des Erkenntnisverfahrens in Europa: Das Europäische Verfahren für geringfügige Forderungen, EWS 2008, 323 ff.;
ders. Europäische Verordnung zur Einführung eines Europäischen Verfahrens für geringfügige Forderungen (EuGFVO), in: Gebauer/Wiedmann (Herausg.), Zivilrecht unter europäischem Einfluss, 2. Aufl.
2010, S. 2057 ff.; *Varga* Eu-BagatellVO, in: Rauscher (Herausg.), Europäisches Zivilprozess- und Kollisionsrecht, Bearbeitung 2010; *Vollkommer/Huber* Neues Europäisches Zivilverfahrensrecht in Deutschland – Das Gesetz zur Verbesserung der grenzüberschreitenden Forderungsdurchsetzung und Zustellung, NJW 2009, 1105 ff.

TITEL 1

Erkenntnisverfahren

§ 1097

Einleitung und Durchführung des Verfahrens

(1) Die Formblätter gemäß der Verordnung (EG) Nr. 861/2007 des Europäischen Parlaments und des Rates vom 11. Juli 2007 zur Einführung eines europäischen Verfahrens für geringfügige Forderungen (ABl. EU Nr. L 199 S. 1) und andere Anträge oder Erklärungen können als Schriftsatz, als Telekopie oder nach Maßgabe des § 130a als elektronisches Dokument bei Gericht eingereicht werden.

(2) Im Falle des Artikels 4 Abs. 3 der Verordnung (EG) Nr. 861/2007 wird das Verfahren über die Klage ohne Anwendung der Vorschriften der Verordnung (EG) Nr. 861/2007 fortgeführt.

Übersicht

	Rdn.		Rdn.
I. Geographischer Anwendungs-bereich	1	IV. Verfahrenseinleitung	7
II. Sachlicher Anwendungsbereich	2	V. Andere Anträge im Verlauf des Verfahrens	11
1. Zivil- oder Handelssache	2	VI. Verfahrenskonkurrenzen und Verfahrensüberleitung	12
2. Ausgeschlossene Rechtsgebiete	3		
3. Grenzüberschreitende Rechtssache	5		
III. Zuständigkeit	6		

I.   Geographischer Anwendungsbereich

1 Die Regelung betrifft nur Bagatellverfahren, die in Deutschland durchgeführt werden. Voraussetzung ist, dass mindestens eine Partei ihren Wohnsitz oder gewöhnlichen Aufenthalt in einem anderen Mitgliedstaat der EU – mit Ausnahme Dänemarks – hat (grenzüberschreitende Rechtssache, vgl. Rdn. 5)

II.   Sachlicher Anwendungsbereich

1.   Zivil- oder Handelssache

2 Die EuBagatellVO ist in ihrem sachlichen Anwendungsbereich beschränkt auf Zivil- und Handelssachen (Art. 2 Abs. EuBagatellVO). Der Begriff der Zivil- und Handelssache entspricht dem in Art. 1 EuGVVO/LugÜ II[1], Art. 1 EuGVÜ/LugÜ I und Art. 2 EuMahnVO. Er ist autonom zu qualifizieren[2], um eine einheitliche Anwendung im europäischen Justizraum zu gewährleisten. Ausgeschlossen sind Ansprüche in Steuer- und Zollsachen, in verwaltungsrechtlichen Angelegenheiten sowie Ansprüche gegen Staaten auf Haftung aus hoheitlichem Handeln (acta iure imperii)(Art. 2 Abs. EuBagatellVO). Die Ausnehmung dieser Ansprüche wäre nach deutschem Recht unnötig gewesen, weil sie entweder nicht unter den Begriff der Zivil- und Handelssache zu fassen sind oder aus Immunitätsgesichtspunkten. Immerhin dient die Aufführung der Klarstellung in den 26 Mitgliedstaaten, in denen die Verordnung gilt.

2. Ausgeschlossene Sachgebiete

Ausgenommen aus dem sachlichen Geltungsbereich der EuBagatellVO sind weiterhin nach Art. 2 Abs. 2 EuBagatellVO Ansprüche betreffend **3**

– den Personenstand, die Rechts- und Handlungsfähigkeit sowie die gesetzliche Vertretung von natürlichen Personen;
– die ehelichen Güterstände, das Unterhaltsrecht und das Gebiet des Erbrechts einschließlich des Testamentsrechts;
– Konkurse, Verfahren im Zusammenhang mit der Abwicklung zahlungsunfähiger Unternehmen oder anderer juristischer Personen, gerichtliche Vergleiche, Vergleiche und ähnliche Verfahren;
– die soziale Sicherheit;
– die Schiedsgerichtsbarkeit;
– das Arbeitsrecht;
– die Miete oder Pacht unbeweglicher Sachen, mit Ausnahme von Klagen wegen Geldforderungen;
– die Verletzung der Privatsphäre oder der Persönlichkeitsrechte, einschließlich der Verletzung der Ehre.

Die Bereichsausnahmen des Art. 2 Abs. 2 EuBagatellVO decken sich nicht mit denen in **4** Art. 1 Abs. 2 EuGVVO. Sie sind deshalb nicht für die Definition des Begriffs der Zivil- und Handelssache heranzuziehen. Art. 2 Abs. 2 EuBagatellVO ist insoweit lex specialis. Jedoch können zur Auslegung der deckungsgleichen Bereichsausnahmen die Grundsätze zur EuGVVO herangezogen werden[3].

3. Grenzüberschreitende Rechtssache

Bei der Bestimmung, welches Verfahren grenzüberschreitend ist, ist auf den Wohnsitz oder **5** gewöhnlichen Aufenthaltsort der Parteien abzustellen. Dieser muss in verschiedenen Mit-

---

1 Vgl. *Freitag/Leible* Erleichterung der grenzüberschreitenden Forderungsbeitreibung in Europa: Das europäische Verfahren für geringfügige Forderungen BB 2009, 2 ff. (2); *Haibach* Zur Einführung des ersten europäischen Zivilprozessverfahrens: Verordnung (EG) Nr. 861/2007, EuZW, 2008, 137 ff. (139), *Jelinek* Das europäische Bagatellverfahren aus österreichischer Sicht, in: König/Mayr (Herausg.), Europäisches Zivilprozessrecht in Österreich II, 2009, S. 47 ff. (61); Rauscher/*Varga* EG-BagatellVO, Art. 2, Rdn. 2; *Su-*

jecki Vereinheitlichung des Erkenntnisverfahrens in Europa: Das Europäische Verfahren für geringfügige Forderungen, EWS 2008, 323 ff. 324); *ders.* in: Gebauer/Wiedmann, EuGFVO, Überblick, Rdn. 17.
2 Vgl. EuGH Rs. 29/76 – LTU v. Eurocontrol – EuGHE 1976, 1541 = NJW 1977, 489 mit Anm. *Geimer* = RIW/AWD 1977, 40 mit Anm. *Linke* = Rev. crit. 1977, 722 mit Anm. *Droz*.
3 Vgl. Rauscher/*Varga* EG-BagatellVO Art. 2, Rdn. 19.

gliedstaaten (mit Ausnahme Dänemarks) liegen. Der Sitz einer juristischen Person ist dem Wohnsitz natürlicher Personen gleichzustellen. Für die Wohnsitzbestimmung gelten Artt. 59 f. EuGVVO (Art. 3 Abs. 2 EuBagatellVO). Es genügt, wenn eine der Parteien ihren Wohnsitz gewöhnlichen Aufenthalt in einem anderen Mitgliedstaat als dem Gerichtsstaat hat. Hat der Beklagte seinen Wohnsitz oder gewöhnlichen Aufenthalt in einem Mitgliedstaat, der Kläger in einem Drittstaat, so bestimmt sich die Zuständigkeit nach Art. 2 Abs. 2 EuGVVO[4].

III. Zuständigkeit

6 Weder die EuBagatellVO noch die deutschen Ausführungsbestimmungen der §§ 1097 ff. enthalten Regelungen für die Zuständigkeit. Es gelten deshalb die allgemeinen Zuständigkeitsnormen. Da nur grenzüberschreitende Rechtsstreitigkeiten von Parteien aus Mitgliedstaaten der EU (mit Ausnahme Dänemarks) in den Anwendungsbereich der Verordnung fallen, muss immer eine Zuständigkeit nach europäischem Zivilverfahrensrecht, also der EuGVVO gegeben sein[5]. Wegen der Beschränkung der Streitwerthöhe auf Euro 2000,– ist in Deutschland sachlich zuständig immer das Amtsgericht.

IV. Verfahrenseinleitung

7 Das Verfahren ist bestimmt durch Formblattstrenge. Es kann nur durch ein Formblatt eingeleitet werden[6]. Das ausgefüllte und unterschriebene Formblatt kann als Schriftsatz, als Telekopie oder auf elektronischem Wege eingereicht werden. Im letzteren Fall ist § 130a anzuwenden. Die Klageerhebung auf elektronischem Wege setzt also voraus, dass

– diese Form der Aufzeichnung für die Bearbeitung durch das Gericht geeignet ist und
– mit einer qualifizierten Signatur nach dem Signaturgesetz versehen ist.

8 Bei dem Erfordernis der qualifizierten Signatur handelt es sich um eine Ordnungsvorschrift, deren Nichtbeachtung sanktionslos bleibt. Das führt zu einer Ungleichbehandlung des Klägers, der die Klage in Papierform einreicht, und des Klägers, der sich des elektronischen Weges bedient[7]. Diese Ungleichbehandlung ist vom Gesetzgeber aber gewollt.

9 Eine Klageerhebung auf anderem Wege ist nicht zulässig, insbesondere nicht durch Erklärung zu Protokoll der Geschäftsstelle und Telegramm[8].

10 Bei der Verfahrenseinleitung durch Telefax oder auf elektronischem Wege ist es nicht notwendig, das Dokument in Papierform nachzureichen. Dies kann zu Verwirrung führen und belastet die Akten[9].

4 Vgl. *Jelinek* Das Europäische Bagatellverfahren aus österreichischer Sicht, in: König/Mayr, Europäisches Zivilverfahrensrecht in Österreich II, 2009, S. 47 ff. (59); Rauscher/*Varga* EG-Bagatell-VO, Art. 3, Rdn. 6; *Sujecki* in: Gebauer/Wiedmann, Art. 4 EuGFVO, Rdn. 34.
5 Vgl. *Freitag/Leible* Erleichterung der grenzüberschreitenden Forderungsbeitreibung in Europa: Das europäische Verfahren für geringfügige Forderungen, BB 2009, 2 ff. (3); *Sujecki* Vereinheitlichung des Erkenntnisverfahrens in Europa: Das europäische Verfahren für geringfügige Forde-

rungen, EWS 2008, 323 ff. (325); *Vollkommer/Huber* Neues Europäisches Zivilverfahrensrecht in Deutschland – Das Gesetz zur Verbesserung dser grenzüberschreitenden Forderungsdurchsetzung und Zustellung, NJW 2009, 105 ff. (1108).
6 Das Formblatt ist u. a. abgedruckt bei *Geimer/Schütze* Europäisches Zivilverfahrensrecht, 3. Aufl., 2010, A.8, Anh. I (S. 1378 ff.).
7 Vgl. *Zöller/Greger* § 130a, Rdn. 4.
8 Vgl. *Zöller/Geimer* § 1097, Rdn. 2.
9 Vgl. dazu *Bodendorf* Vorab per Fax, eine zweifelhafte Methode, FS Schütze, 1999, S. 129 ff.

V. Andere Anträge im Verlauf des Verfahrens

Andere Anträge oder Erklärungen im Verlauf des Verfahrens, z. B. die Antwort gem. **11** Formblatt C der Verordnung auf eine gerichtliche Aufforderung nach Formblatt B können in gleicher Weise eingereicht werden.

VI. Verfahrenskonkurrenzen und Verfahrensüberleitung

Die EuBagatellVO beansprucht keine ausschließliche Geltung. Der Kläger hat die Wahl, ob **12** er seinen Anspruch in einem ordentlichen Zivilprozess oder in einem Verfahren nach der EuBagatellVO geltend machen will.

Macht der Kläger einen Anspruch im Verfahren nach der Verordnung geltend, der nicht in **13** deren Anwendungsbereich fällt, so hat das Gericht den Kläger darüber zu unterrichten, dass das Verfahren nicht nach der EuBagatellVO geführt werden kann (Art. 4 Abs. 3 EuBagatell-VO). Der Kläger kann dann die Klage zurücknehmen. Das Gericht hat ihm hierfür eine Frist zu setzen. Nimmt er die Klage innerhalb der Frist nicht zurück, so wird das Verfahren als ordentlicher Zivilprozess weitergeführt. Macht der Kläger einen arbeitsrechtlichen Anspruch geltend, so muss er Verweisung an das Arbeitsgericht beantragen. Entsprechendes gilt für Ansprüche, die nicht in die Zuständigkeit der Zivilgerichte fallen, z. B. sozialrechtliche Ansprüche.

§ 1098
Annahmeverweigerung auf Grund der verwendeten Sprache

Die Frist zur Erklärung der Annahmeverweigerung nach Artikel 6 Abs. 3 der Verordnung (EG) Nr. 861/2007 beträgt eine Woche. Sie ist eine Notfrist und beginnt mit der Zustellung des Schriftstücks. Der Empfänger ist über die Folgen einer Versäumung der Frist zu belehren.

Übersicht

	Rdn.		Rdn.
I. Anwendbarkeit der EuZVO	1	2. Annahmeverweigerung nach Zustellung	11
II. Zulässige Sprachen	4	IV. Notfrist	12
III. Annahmeverweigerungsrecht	6	V. Belehrung	14
1. Annahmeverweigerung bei Zustellung	10	VI. Heilung	16

I.   Anwendbarkeit der EuZVO

1   Art. 13 Abs. 1 EuBagatellVO bestimmt als Regelzustellung die durch die Post. Die VO begnügt sich nicht – wie die EuVTVO und die EuMahnVO – mit der Aufstellung von Mindeststandards, sondern stellt eigenständige Verfahrensvorgaben für die Mitgliedstaaten auf[1]. Im übrigen wird – soweit eine Zustellung durch die Post nicht möglich ist – auf die Zustellungsarten in Artt. 13 und 14 in der EuVTVO verwiesen.

2   Soweit die EuBagatellVO Zustellungen vorschreibt, erfolgen diese im Geltungsbereich der VO nach der EuZVO[2]. Deshalb gelten auch §§ 1069 ff.

3   § 1098 betrifft nur die Zustellung von Schriftstücken in einem deutschen Verfahren nach der EuBagatellVO ins Ausland.

II.   Zulässige Sprachen

4   Nach Art. 6 Abs. 1 EuBagatellVO sind alle verfahrensrelevanten Schriftstücke (Klage, Klagebeantwortung, Widerklage, weitere Schriftsätze) einschließlich der Beweisunterlagen in der oder den Sprachen des angerufenen Gerichts abzufassen[3].

5   Für die Zustellung von Schriftstücken im Rahmen des Verfahrens, z. B. des Klageformblattes nebst der Beweisunterlagen (Art. 5 Abs. 2 EuBagatellVO) sieht die Verordnung zunächst keine Übersetzung vor. Die Unterlagen werden in der Sprache (oder einer der Sprachen)des Prozessgerichts zugestellt. Das deutsche Gericht stellt das Klageformblatt an den polnischen Beklagten in Warschau also in deutscher Sprache zu ohne vorherige Prüfung, ob der Adressat die deutsche Sprache versteht.

III.   Annahmeverweigerungsrecht

6   Die Zustellung soll die Kenntnis des Zustellungsadressaten vom Inhalt des zugestellten Schriftstücks sicherstellen und damit eine effiziente Gewährung rechtlichen Gehörs gewährleisten. Der Zustellungsadressat muss also die Möglichkeit haben, den Inhalt des Schriftstücks zu verstehen. Art. 6 Abs. 3 EuBagatellVO gibt dem Zustellungsadressaten ein Ablehnungsrecht der Annahme, wenn die Kenntnisnahme aus sprachlichen Gründen nicht gesichert ist.

7   Ist das Schriftstück in der Sprache des Mitgliedstaates abgefasst, in dem die Zustellung erfolgt, so wird die Kenntnis des Zustellungsadressaten fingiert. Er hat kein Ablehnungsrecht, auch wenn er die Sprache nicht versteht. Der spanische Beklagte mit Wohnsitz in Österreich, der die deutsche Sprache nicht beherrscht, hat kein Ablehnungsrecht bei Zustellung eines deutschen Klageformulars. Das ist sachgerecht, hat er doch auch kein Ablehnungsrecht, wenn ihm eine deutsche Klage zugestellt wird.

---

1 Vgl. *Jahn* Das Europäische Verfahren für geringfügige Forderungen, NJW 2007, 2890 ff. (2893); *Jelinek* Das europäische Bagatellverfahren aus österreichischer Sicht, in: König/Mayr (Herausg.), Europäisches Zivilverfahrensrecht in Österreich II, 2009, S. 47 ff. (66 f.); Rauscher/*Varga* EG-BagatellVO, Art. 13, Rdn. 1.

2 Vgl.   MünchKomm-ZPO/*Rauscher* 3. Aufl., 2008, Anh. II zu Buch 11, Rdn. 26.
3 Vgl. dazu *Jelinek* Das Europäische Bagatellverfahren aus österreichischer Sicht, in: König/Mayr (Herausg.), Europäisches Zivilverfahrensrecht in Österreich II, 2009, S. 47 ff. (78).

Ist das Schriftstück nicht in einer der Sprachen des Empfangsmitgliedstaates abgefasst, so **8** besteht ein Ablehnungsrecht dann, wenn der Zustellungsadressat die Sprache nicht versteht. Bei Zustellung in Schweden besteht die Möglichkeit der Ablehnung also immer, wenn das Schriftstück nicht in schwedischer Sprache abgefasst ist. Problematisch mag sein, wie unzulänglich der Zustellungsadressat die Sprache beherrschen muss, um die Annahme des Schriftstücks zu verweigern. Ein Deutschlehrer in Stockholm mag Goethe und Schiller in deutscher Sprache lesen und verstehen können. Das besagt aber noch nicht, dass er mit der deutschen Terminologie eines deutschen Bagatellverfahrens vertraut ist. Über die Sprachkenntnis kann nicht das Prozessgericht entscheiden. Sachgerecht ist allein, den Zustellungsadressaten seine Sprachkenntnisse beurteilen zu lassen.

Bei juristischen Personen ist auf die Sprachkenntnisse des Organs, das die juristische Person **9** vertritt, abzustellen. Denn an dieses ist zuzustellen. Dabei kann nicht gefordert werden, dass alle Mitglieder des Organs die Sprache, in der das zuzustellende Schriftstück abgefasst ist, beherrschen. Es genügt, wenn das für juristische Fragen zuständige Mitglied des Organs entsprechend sprachkundig ist[4]. Bei großen Gesellschaften, die eine international tätige Rechtsabteilung haben, wird man die Sprachkenntnisse des zuständigen Mitarbeiters genügen lassen können.

1. Annahmeverweigerung bei Zustellung

Die Annahmeverweigerung kann bei Zustellung des Schriftstücks erklärt werden. Das ist **10** aber regelmäßig technisch nicht möglich, da die Regelzustellung nach Art. 13 Abs. 1 EuBagatellVO die durch die Post ist. Der Zustellungsadressat kennt bei Zustellung den Inhalt des Schriftstücks nicht. Er kann es nur entgegennehmen.

2. Annahmeverweigerung nach Zustellung

Der Zustellungsadressat kann die Annahmeverweigerung nach erfolgter Zustellung und **11** Kenntnisnahme des Schriftstücks erklären. Die Erklärung ist gegenüber dem Prozessgericht abzugeben. Da die Zustellung nach der EuZVO erfolgt, ist ihr Formblatt Anh. II zu dieser VO beizufügen, das den Zustellungsadressaten über sein Annahmeverweigerungsrecht und die Frist, binnen derer es auszuüben ist, belehrt. Der deutsche Gesetzgeber hat deshalb gut daran getan, die Frist in § 1098 in gleicher Weise festzulegen, die Art. 8 Abs. 1 EuZVO entspricht, so dass keine Probleme mit der Benutzung des Formblattes entstehen.

IV. Notfrist

§ 1098 setzt die Frist zur Erklärung der Verweigerung der Annahme auf 1 Woche fest. Diese **12** Frist ist eine Notfrist i. S. von § 224 Abs. 1 ZPO, d. h. sie kann weder verkürzt noch verlängert werden. Bei ihrer Versäumung ist nur die Wiedereinsetzung in den vorigen Stand nach §§ 233 ff. möglich.

---

4 Vgl. *Schütze* Übersetzungen im europäischen und internationalen Zivilprozessrecht – Probleme der Zustellung, RIW 2006, 352 ff. (353).

13 Versäumt der Zustellungsadressat die Frist, so ist die Zustellung wirksam, auch wenn er kein Deutsch versteht.

V.　Belehrung

14 Die notwendige Belehrung über die Frist erfolgt nach dem Muster 6 ZRH zur ZRHO. Sie muss enthalten die Information des Zustellungsadressaten über die Nichtverlängerbarkeit der Frist und den Verlust des Annahmeverweigerungsrechts nach Fristablauf[5]. Nicht erforderlich ist eine Belehrung über die Möglichkeit einer Wiedereinsetzung in den vorigen Stand.

15 Unterbleibt die Belehrung oder ist sie fehlerhaft, so beginnt die Notfrist nicht zu laufen. Heilung ist möglich. Die Frist zur Ablehnung beginnt dann mit dem Zeitpunkt der ordnungsgemäßen Belehrung zu laufen.

VI.　Heilung

16 Ist die Zustellung unwirksam, weil der Zustellungsadressat zulässigerweise von seinem Annahmeverweigerungsrecht Gebrauch gemacht hat, so kann eine erneute Zustellung mit Übersetzung erfolgen, wenn und sobald die andere Partei eine Übersetzung nach Art. 6 Abs. 3 EuBagatellVO vorgelegt hat. Für die Rückwirkung der Zustellungswirkungen gilt Art. 8 Abs. 3 EuZVO (vgl. dazu § 1069, Rdn. 32).

§ 1099
Widerklage

(1) Eine Widerklage, die nicht den Vorschriften der Verordnung (EG) Nr. 861/2007 entspricht, ist außer im Fall des Artikels 5 Abs. 7 Satz 1 der Verordnung (EG) Nr. 861/2007 als unzulässig abzuweisen.

(2) Im Fall des Artikels 5 Abs. 7 Satz 1 der Verordnung (EG) Nr. 861/2007 wird das Verfahren über die Klage und die Widerklage ohne Anwendung der Vorschriften der Verordnung (EG) Nr. 861/2007 fortgeführt. Das Verfahren wird in der Lage übernommen, in der es sich zur Zeit der Erhebung der Widerklage befunden hat.

Übersicht

	Rdn.			Rdn.
I. Begriff der Widerklage	1		3. Form und Frist	7
II. Zulässigkeit der Widerklage	3		III. Klagabweisung als unzulässig	8
1. Unterfallen des Widerkla-geanspruchs unter den Anwen-dungsbereich der EuBagatellVO	4		IV. Fortführung des Verfahrens bei Überschreiten der Wertgrenze	11
2. Konnexität	6			

---

5 Vgl. *Thomas/Putzo/Reichold* § 1098, Rdn. 1.

I. Begriff der Widerklage

Art. 5 Abs. 6 EuBagatellVO lässt die Erhebung einer Widerklage zu, definiert den Begriff **1** jedoch nicht. Er ist derselbe wir in Art. 6 Nr. 3 EuGVVO[1]. Die Erwägungen (Nr. 16) zur Begründung der EuBagatellVO führen hierzu aus:

„Der Begriff der „Widerklage" sollte im Sinne des Artikels 6 Absatz 3 der Verordnung (EG) Nr. 44/2001 als Widerklage verstanden werden, die auf demselben Vertrag oder Sachverhalt wie die Klage selbst gestützt wird. Die Artikel 2 und 4 sowie Artikel 5 Absätze 3, 4 und 5 sollten entsprechend für Widerklagen gelten".

Art. 6 Nr. 3 EuGVVO schafft einen besonderen Gerichtsstand (forum reconventionis) für **2** konnexe Widerklagen, d. h. solche Widerklagen, deren Streitgegenstand denselben Vertrag oder denselben Lebenssachverhalt betrifft wie die Klage. Die Voraussetzung bei dieser Voraussetzung sind enger als in Art. 28 Abs. 3 EuGVVO[2], wo für die Bestimmung des Zusammenhangs bei der Berücksichtigung internationaler Rechtshängigkeit die „Kernpunkttheorie" des EuGH[3] anwendbar ist[4]. Die deutsche Rechtsprechung ist sehr restriktiv[5]. Die Widerklage in Art. 5 Abs. 6 EuBagatellVO setzt Konnexität i. S. von Art. 6 Nr. 3 EuGVVO voraus[6]. Es sind zwar nach der EuGVVO auch inkonnexe Widerklagen zulässig, wenn sich der Kläger (und Widerbeklagte) auf die Widerklage einlässt und damit eine Zuständigkeit kraft Einlassung schafft[7]. Derartige inkonnexe Widerklagen lässt die EuBagatellVO jedoch nicht zu.

II. Zulässigkeit der Widerklage

Die Widerklage ist unter folgenden Voraussetzungen zulässig: **3**

1. Unterfallen des Widerklageanspruchs unter den Anwendungsbereich der EuBagatellVO

Die Widerklage ist nur zulässig, wenn der widerklagend geltend gemachte Anspruch nicht **4** unter eine der ausgeschlossenen Materien des Art. 2 Abs. 2 EuGVVO fällt[8]. Es ist also nicht zulässig, in einem Verfahren nach der EuBagatellVO auf Rückzahlung eines Darlehns einen arbeitsrechtlichen Anspruch im Wege der Widerklage geltend zu machen, weil arbeitsrechtliche Ansprüche nach Art. 2 Abs. 2 lit. f EuBagatellVO im europäischen Bagatellverfahren nicht geltend gemacht werden können. Die Widerklage darf darüber hinaus keine nach Art. 2 Abs. 1 S. 2 EuBagatellVO Streitigkeit betreffen.

---

1 Vgl. *Jelinek* Das Europäische Bagatellverfahren aus österreichischer Sicht, in: König/Mayr (Herausg.), Europäisches Zivilverfahrensrecht in Österreich II, 2009, S. 47 ff. (84); Rauscher/*Varga* EG-BagatellVO, Art. 5, Rdn. 13; Zöller/*Geimer* § 1099, Rdn. 1.
2 Vgl. Geimer/Schütze/*Geimer* Internationale Urteilsanerkennung, Bd. I/1, 1983, S. 522; *ders.* Europäisches Zivilverfahrensrecht, 3. Aufl., 2010, A.1, Art. 6, Rdn. 57 m. w. N. in Fn. 82.
3 Vgl. dazu *Wernecke* Die Einheitlichkeit des europäischen und des nationalen Begriffs vom Streitgegenstand, 2003.

4 Vgl. Geimer/Schütze/*Geimer* Europäisches Zivilverfahrensrecht, 3. Aufl., 2010, A 1 Art. 27, Rdn. 30 ff.; *Kropholler* Europäisches Zivilprozessrecht, 8. Aufl., 2005, Art. 27, Rdn. 6 ff.
5 Vgl. LG Mainz, IPRax 1984, 100; LG Köln, RIW 1997, 956; AG Trier, NJW 2005, 1013.
6 Vgl. Rauscher/*Varga* EG-BagatellVO, Art. 5, Rdn. 13.
7 Vgl. Geimer/Schütze/*Geimer* Europäisches Zivilverfahrensrecht, 3. Aufl., 2010, A.1, Art. 6, Rdn. 58.
8 Vgl. Rauscher/*Varga* EG-BagatellVO, Art. 5, Rdn. 14.

5 Der Streitwert des Widerklageanspruchs darf Euro 2.000,– nicht überschreiten. Dabei ist unerheblich, ob der Streitwert von Klage und Widerklage zusammen die Wertgrenze überschreitet[9]. Gegenüber einer Klage mit einem Streitwert von 1.800,– Euro ist eine Widerklage mit einem Streitwert von 1.500,– Euro also noch zulässig.

2. Konnexität

6 Klage und Widerklage müssen konnex sein. Die Erhebung inkonnexer Widerklagen ist ausgeschlossen, vgl. Rdn. 2.

3. Form und Frist

7 Die Widerklage muss in der Form des Art. 4 EuBagatellVO erhoben werden[10], d. h. unter Benutzung des Formblatts A, Art. 5, Abs. 6 i. V. m. Art. 4 Abs. 1 EuBagatellVO[11]. Die Verordnung sieht keine Frist für die Erhebung der Widerklage vor. Über Art. 19 EuBagatellVO ist § 33 anzuwenden, wo aber ebenfalls keine Frist vorgeschrieben ist. Nach allgemeiner Meinung ist die Widerklage im ersten Rechtszug – wie für die Widerklage im Rahmen des § 256 Abs. 2 statuiert – nur bis zum Schluss der mündlichen Verhandlung zulässig[12]. Diese Regelung passt wegen der grundsätzlichen Schriftlichkeit des Verfahrens nur für den Fall der Anordnung der mündlichen Verhandlung nach Art. 7 Abs. 1 lit. c EuBagatellVO. Im übrigen ist die Widerklage nur bis zum Ablauf der 30 Tagesfrist in Art. 7 Abs. 1 EuBagatellVO oder der erweiterten Frist des Art. 5 Abs. 1 lit. a zulässig.

III. Klageabweisung als unzulässig

8 Sind die Erfordernisse der Widerklage – mit Ausnahme der Wertgrenze des Streitgegenstandes – nicht erfüllt, so erfolgt eine Klageabweisung als unzulässig. Die Regelung in Abs. 1 war notwendig, da die EuBagatellVO die Frage der Klagabweisung als unzulässig oder unbegründet nicht regelt und die Bestimmung nach Art. 19 der lex fori anheimgegeben ist.

9 Abs. 1 findet sowohl in den Fällen Anwendung, in denen die Widerklage schon generell unstatthaft ist, z. B. weil ihr Streitgegenstand nicht in den Anwendungsbereich der EuBagatellVO fällt, als auch weil die Konnexität zwischen Klage und Widerklage fehlt[13].

10 Auch im Rahmen der Widerklage gilt Art. 7 Abs. 1 lit. a EuBagatellVO. Das Gericht kann den Widerkläger zur Ergänzung der die Widerklage betreffenden Angaben auffordern, und muss es nach § 139 tun, der über Art. 19 EuBagatellVO Anwendung findet[14].

9 Vgl. Rauscher/*Varga* EG-BagatellVO, Art. 5, Rdn. 15.

10 Vgl. Rauscher/*Varga* EG-BagatellVO, Art. 5, Rdn. 17.

11 Vgl. *Jelinek* Das Europäische Bagatellverfahren aus österreichischer Sicht, in: König/Mayr (Herausg.), Europäisches Zivilverfahrensrecht in Österreich II, 2009, S. 47 ff. (84).

12 Vgl. für viele BGH, NJW-RR 1992, 1085; Wieczorek/Schütze/*Hausmann* § 33, Rdn. 23.

13 Vgl. Baumbach/Lauterbach/*Hartmann* § 1099, Rdn. 3.

14 Vgl. Baumbach/Lauterbach/*Hartmann* § 1099, Rdn. 4.

IV. Fortführung des Verfahrens bei Überschreiten der Wertgrenze

Überschreitet der Streitwert der Widerklage Euro 2.000,–, so wird das Verfahren nach der **11** EuBagatellVO für Klage und Widerklage nicht fortgeführt. Es geht in den ordentlichen Zivilprozess über, Art. 5, Abs. 7, S. 1 EuBagatellVO. Das Verfahren wird in dem Stadium fortgeführt, in dem es sich als Bagatellverfahren befand, d. h. Prozesshandlungen der Parteien, Entscheidungen des Gerichts, Beweiserhebungen pp. bleiben wirksam[15].

Übersteigt der Streitwert der Widerklage Euro 5.000,–, so hat das Amtsgericht nach § 506 **12** an das Landgericht zu verweisen, das nun als erstinstanzliches Gericht entscheidet.

Der Beklagte im europäischen Bagatellprozess kann also die Fortführung des Bagatell- **13** verfahrens verhindern, wenn er eine – zulässige – Widerklage mit einem Streitwert über Euro 2.000,– erhebt. Das ist eine unbefriedigende Situation. Dem Kläger wird die von ihm gewählte Verfahrensart genommen. Diese Regelung ist nur erträglich, wenn der Streitwert der Widerklage nicht willkürlich gewählt und die Widerklage nicht offensichtlich unbegründet ist. In diesen Fällen liegt ein Rechtsmissbrauch vor.

§ 1100
Mündliche Verhandlung

(1) Das kann den Parteien sowie ihren Bevollmächtigten und Beiständen gestatten, sich während der Verhandlung an einem anderen Ort aufzuhalten und dort Verfahrenshandlungen vorzunehmen. § 128a Abs. 1 Satz 2 und Abs. 3 bleibt unberührt.

(2) Die Bestimmung eines frühen ersten Termins zur mündlichen Verhandlung (§ 275) ist ausgeschlossen

Übersicht

	Rdn.			Rdn.
I. Fernverhandlung	1		4. Anwendbarkeit von § 128a	
1. Mündliche Verhandlung	1		Abs. 1 S. 2 und Abs. 3	4
2. Technische Mittel	2		**II. Kein früher erster Termin**	7
3. Durchführung der Verhandlung	3			

I. Fernverhandlung

1. Mündliche Verhandlung

§ 1100 findet nur Anwendung, wenn – ausnahmsweise – mündliche Verhandlung ange- **1** ordnet wird[1]. Die EuBagatellVO ist beherrscht vom Grundsatz der Schriftlichkeit des

---

15 Vgl. Zöller/*Geimer* § 1099, Rdn. 2.
1 Vgl. dazu *Jelinek* Das Europäische Bagatellverfahren aus österreichischer Sicht, in: König/Mayr

(Herausg.), Europäisches Zivilverfahrensrecht in Österreich II, 2009, S. 47 ff. (71).

Verfahrens. Das Gericht kann jedoch nach Art. 5 Abs. 1 S. 2 EuBagatellVO eine mündliche Verhandlung abhalten, wenn es diese für notwendig hält oder wenn eine der Parteien einen entsprechenden Antrag stellt. Nach Art. 7 Abs. 1 lit. c. EuBagatellVO sind die Parteien in diesem Fall zu einer mündlichen Verhandlung laden, die binnen 30 Tagen nach Ladung stattfinden muss.

2. Technische Mittel

2 Art. 8 BagatellVO lässt die Durchführung der mündlichen über Videokonferenz oder unter Zuhilfenahme anderer Mittel der Kommunikationstechnologie zu. § 1100 regelt die Umsetzung in das deutsche Prozessrecht. Voraussetzung ist, dass die entsprechenden technischen Mittel sowohl bei dem Gericht als auch bei den Prozessbeteiligten (Parteien, Verfahrensbevollmächtigte) vorhanden sind. Es ist auch eine gemischte Fernverhandlung zulässig, bei der nur einer oder mehrere Prozessbeteiligte sich an einem anderen Ort aufhalten, die anderen aber an der mündlichen Verhandlung im Sitzungsraum teilnehmen.

3. Durchführung der Verhandlung

3 § 1100 regelt – ebenso wie Art. 8 EuBagatellVO – nur die Anwesenheit der Prozessbeteiligten in der mündlichen Verhandlung, nicht die Durchführung der mündlichen Verhandlung selbst. Diese bestimmt sich nach Art. 19 EuBagatellVO nach der lex fori[2]. Auf ein europäisches Bagatellverfahren vor einem deutschen Gericht ist also deutsches Zivilprozessrecht anzuwenden. Damit gelten §§ 128 ff.[3], allerdings mit den Einschränkungen, die sich aus der EuBagatellVO (Grundsatz der Schriftlichkeit des Verfahrens) und §§ 1097 ff. ergeben. Beträgt der Streitwert weniger als 600 Euro, so ist § 495a nicht anwendbar[4]. Denn die EuBagatellVO stellt Verfahrensregeln auf, die nicht dem richterlichen Ermessen anheimgegeben sind. Auch die obligatorische mündliche Verhandlung auf Antrag (§ 128a S. 2) widerspricht Art. 5 EuBagatellVO.

4. Anwendbarkeit von § 128a Abs. 1 S. 2 und Abs. 3

4 Hat das Gericht einer oder allen Parteien und ihren Prozessbevollmächtigten gestattet, sich an einem anderen Ort aufzuhalten und dort Prozesshandlungen vorzunehmen (z. B. Beweisanträge zu stellen), so ist die Verhandlung zeitgleich in Bild und Ton an den auswärtigen Aufenthaltsort der nicht anwesenden Partei(en) und Prozessbevollmächtigten und in das Sitzungszimmer zu übertragen, § 128a Abs. 1 S. 2. Alle Beteiligten müssen dem Verlauf der Verhandlung zeitgleich folgen können. Es genügt nicht, eine früher aufgenommene Videoaufnahme abzuspielen.

5 Die Übertragung wird nicht aufgezeichnet. Es ist jedoch ein Protokoll nach §§ 159 f. aufzunehmen, mit den Einschränkungen des § 161.

6 Die Entscheidungen über die Durchführung der Fernvernehmung und ihre Modalitäten sind nicht anfechtbar, § 128a Abs. 3.

---

2 Vgl. Baumbach/Lauterbach/*Hartmann* § 1100, Rdn. 2.
3 Vgl. Baumbach/Lauterbach/*Hartmann* § 1100, Rdn. 2.

4 AA Baumbach/Lauterbach/*Hartmann* § 1100, Rdn. 2.

II. Kein früher erster Termin

Die Durchführung eines frühen ersten Termins zur mündlichen Verhandlung ist unzuläs- **7** sig. Abs. 2 hat Vorrang vor § 275, der an sich nach Art. 19 EuBagatellVO anwendbar wäre. Das ist sachgerecht, sieht doch die EuBagatellVO keinen frühen ersten Termin vor. Nach Art. 7 EuBagatellVO darf eine mündliche Verhandlung nur angesetzt werden, wenn Klagebegründung und -erwiderung vorliegen. Dem würde § 275 Abs. 3 widersprechen[5]. *Hartmann*[6] hält die Regelung zwar für nicht überzeugend, aber wohl nicht für unzulässig.

§ 1101
Beweisaufnahme

(1) Das Gericht kann die Beweise in der ihm geeignet erscheinenden Art aufnehmen, soweit Artikel 9 Abs. 2 und 3 der Verordnung (EG) Nr. 861/2007 nicht anderes bestimmt.

(2) Das Gericht kann einem Zeugen, Sachverständigen oder einer Partei gestatten, sich während einer Vernehmung an einem anderen Ort aufzuhalten. § 128a Abs. 2 Satz 2, 3 und Abs. 3 bleibt unberührt.

Übersicht

	Rdn.			Rdn.
I. Zulässige Beweismittel	1		III. Fernvernehmung	7
1. Grundsatz	1		IV. Parteiöffentlichkeit	9
2. Beschränkungen	2		V. Beweisaufnahme über die Grenze	10
II. Ermessen des Gerichts	6			

I. Zulässige Beweismittel

1. Grundsatz

Auch im europäischen Bagatellverfahren sind im Grundsatz alle Beweismittel nach § 371 ff. **1** zulässig, die das anwendbare Zivilprozessrecht kennt. Das sind im deutschen Bagatellprozess: Augenscheinseinnahme, Urkundsbeweis, Zeugenbeweis, Sachverständigenbeweis und Parteivernehmung. Für das Beweisverfahren gilt ungeachtet der Regeln des Art. 9 EuBagatellVO der Grundsatz des Freibeweises[1]. Das Gericht muss nach § 286 den Inhalt des gesamten Verfahrens werten und nach freier Überzeugung entscheiden, ob eine tatsächliche Behauptung wahr oder unwahr ist. Die Behauptung ist bewiesen, wenn das Gericht von ihrer Wahrheit überzeugt ist, wobei man keinen unerfüllbaren Anforderungen stellen

---

5 Vgl. Zöller/*Geimer* § 1100, Rdn. 4.
6 Vgl. Baumbach/Lauterbach/*Hartmann* § 1100, Rdn. 3.
1 Vgl. Baumbach/Lauterbach/*Hartmann* § 1101,

Rdn. 1; Rauscher/*Varga* EG-BagatellVO, Art. 9, Rdn. 1.

darf[2]. Im europäischen Bagatellverfahren mit seinen Beweismittelbeschränkungen ist die Messlatte für die Wahrheitsermittlung dabei niedriger als im normalen Zivilprozess zu legen. Das Beweismaß nach der ZPO bleibt unberührt[3].

2. Beschränkungen

2 Die umfassende Zulassung von Beweismitteln kollidiert mit den Grundsätzen der Einfachheit, Kostengünstigkeit und Beschleunigung des Bagatellprozesses[4]. Deshalb modifiziert Art. 9 EuBagatellVO die Wahl der Beweismittel, ohne ihre grundsätzliche Zulässigkeit anzutasten. *Varga*[5] bezeichnet die Einschränkungen unter dem Gesichtspunkt der Kosteneffizienz – zu Unrecht – als „merkwürdige Neuerung", die nur schwer mit dem Gedanken des Freibeweisverfahrens zu vereinbaren seien.

3 Das Gericht ist zunächst beschränkt auf das am wenigsten aufwändige Beweismittel, wenn mehrere Beweismittel zur Verfügung stehen, Art. 9 Abs. 3 EuBagatellVO. Steht ein Zeuge für eine tatsächliche Behauptung zur Verfügung, so ist dieses Beweismittel dem Sachverständigengutachten vorzuziehen, zumal der Zeuge eine schriftliche Aussage machen kann, Art. 9 Abs. 1 S. 2 EuBagatellVO. Die Wahrheitsfindung darf darunter aber nicht leiden. Ein beschleunigtes und kostengünstiges Verfahren darf nicht zu einem oberflächlichen denaturieren.

4 Bei Einholung eines Sachverständigengutachtens ist den Kosten Rechnung zu tragen, Art. 9, Abs. 2 S. 2 EuBagatellVO. Diese Bestimmung ist aber immer im Kontext zu Art. 9 Abs. 2 S. 1 und Art. 9 Abs. 3 EuBagatellVO zu sehen. Das Gericht soll auf die Kosten schauen. Keinesfalls darf es ein notwendiges Sachverständigengutachten nicht einholen, weil die Kosten möglicherweise den Streitwert übersteigen. Ist das Sachverständigengutachten der einzige Weg, die Wahrheit zu ermitteln, dann muss er unabhängig von den Kosten gewählt werden. Das erfordert der Grundsatz der Fairness des Verfahrens. Keinesfalls darf eine Beweislastentscheidung ergehen, nur weil das Sachverständigengutachten zu teuer wäre.

5 Das Gericht kann Beweis auch durch schriftliche Einvernahme von Zeugen, Sachverständigen und Parteien einholen, Art. 9 Abs. 1 S. 2 EuBagatellVO. Der Beweis durch Parteivernehmung ist dabei auf die Fälle der §§ 445 und 447 beschränkt. Es kann nur auf Antrag einer Partei die Vernehmung des Gegners oder mit Zustimmung der anderen Partei die Vernehmung der beweisbelasteten Partei anordnen. Allerdings ist als Ausnahme auch die Parteivernehmung von Amts wegen nach § 448 zulässig. Diese Möglichkeit sollte aber nicht überstrapaziert werden. Die – zulässige – schriftliche Einvernahme setzt voraus, dass Zeuge, Sachverständiger oder Partei vom Gericht vorher über ein etwaiges Zeugnisverweigerungsrecht und die Strafbarkeit falscher Aussage oder falschen Gutachtens belehrt wird.

---

2 Vgl. BGH WM 1998, 1689.
3 Vgl. Thomas/Putzo/*Reichold* § 1101, Rdn. 1.
4 Dennoch sind die Beschränkungen der EuBagatellVO nicht abschließend. Beweisverbote der lex fori sind daneben anwendbar; vgl. *Jelinek* Das Europäische Bagatellverfahren aus österrei-

chischer Sicht, in: König/Mayr, Europäisches Zivilverfahrensrecht in Österreich II, 2009, S. 47 ff. (73).
5 Vgl. Rauscher/*Varga* EG-BagatellVO, Art. 9, Rdn. 11.

II. Ermessen des Gerichts

Das Gericht kann die Beweiserhebung (Bestimmung der Beweismittel und Umfang der **6** Beweisaufnahme) nach seinem Ermessen gestalten. Das ist für den deutschen Zivilprozess nichts Neues. Die Grundsätze des § 284 finden Anwendung. Die Regelung in Art. 9 Abs. 2 S. 1 EuBagatellVO, die vorschreibt, dass Beweis durch Sachverständige oder mündlich Aussagen nur zuzulassen sind, wenn sie erforderlich sind, ist für den deutschen Zivilprozess eine Binsenwahrheit.

III. Fernvernehmung

In Übereinstimmung mit Art. 9 Abs. 1 S. 3 EuBagatellVO kann das Gericht eine Fernver- **7** nehmung zulassen. Voraussetzung ist, dass eine Beweisaufnahme über Videokonferenz oder andere Mittel der Kommunikation technisch durchführbar ist. Regelmäßig werden Zeugen, Sachverständige oder Parteien keinen Zugang zu einer Technologie haben, die eine Fernvernehmung gestattet, selbst wenn das Gericht über entsprechende Ausrüstung verfügt. Eine weitere Einschränkung der Fernvernehmung ergibt sich aus § 357 Abs. 1, aber auch aus § 128a Abs. 3. Danach wird die Übertragung nicht aufgezeichnet. Um den Parteien ausreichend rechtliches Gehör zu gewähren, müssen also beide Parteien an der Fernvernehmung teilnehmen können. Das ist auch die Regelung des § 128a Abs. 2 S. 2 und 2, die anwendbar sind. Es ist höchst zweifelhaft, dass in einem europäischen Bagatellverfahren, bei dem es um geringfügige Forderungen geht und regelmäßig „kleine Leute" beteiligt sind, für alle Beteiligten ein Zugang zu entsprechenden Kommunikationsmöglichkeiten gegeben ist. Es bleiben wahrscheinlich die Fälle, in denen sich die Parteien im Sitzungszimmer befinden und ein Zeuge oder Sachverständiger, der über entsprechende Kommunikationstechnologie verfügt, vernommen wird.

Die Übertragung wird nicht aufgezeichnet. Entscheidungen über die Durchführung der **8** Fernvernehmung und ihre Modalitäten sind nicht anfechtbar, § 128a Abs. 3.

IV. Parteiöffentlichkeit

Auch für die Beweisaufnahme nach der EuBagatellVO gilt der Grundsatz der Parteiöffent- **9** lichkeit[6]. § 357 ist anwendbar. Den Parteien ist gestattet, der Beweisaufnahme beizuwohnen. Es gelten auch §§ 358–360.

V. Beweisaufnahme über die Grenze

Die Beweisaufnahme im Ausland erfolgt nach der EuBVO und §§ 1072 ff., soweit die **10** Beweisaufnahme im Geltungsbereich der EuBVO stattfinden muss, im übrigen nach den staatvertraglichen und autonomen Regelungen über die Beweisaufnahme im Ausland[7].

---

[6] Vgl. Baumbach/Lauterbach/*Hartmann* § 1101, Rdn. 6.

[7] Vgl. dazu *Schütze* DIZPR, Rdn. 220 ff.

§ 1102

Urteil

Urteile bedürfen keiner Verkündung. Die Verkündung eines Urteils wird durch die Zustellung ersetzt.

Übersicht

	Rdn.		Rdn.
I. Grundsatz	1	III. Rechtsmittel	5
II. Zustellung anstelle der Verkündung	2		

I. Grundsatz

1 Im Verfahren nach der EuBagatellVO ist eine mündliche Verhandlung nicht erforderlich. Das Gericht kann nach Art. 7 Abs. 1 lit. c jedoch eine mündliche Verhandlung anordnen, die dann auch über Videokonferenz oder andere Mittel der Kommunkationstechnologie stattfinden kann (Art. 8 EuBagatellVO, § 1100 Abs. 1). Ein früher erster Termin zur mündlichen Verhandlung nach § 275 ist allerdings ausgeschlossen, (§ 1100 Abs. 2).

II. Zustellung statt Verkündung

2 Die Verkündung des Urteils ist nicht vorgesehen. Sie ist aber nicht ausgeschlossen. Es steht im Belieben des Gerichts, das Urteil zu verkünden. Jedoch entfällt dadurch nicht das Zustellungserfordernis. Die Zustellung ist das Entscheidende. Sie tritt an Stelle der Verkündung, und zwar auch dann, wenn das Urteil aufgrund mündlicher Verhandlung ergangen ist[1]. Art. 7 Abs. 2 S. 2 EuBagatellVO ordnet die Zustellung für jede Art von Urteilen an.

3 Die Zustellung des Urteils ist Wirksamkeitserfordernis[2]. Ohne Zustellung beginnt die Rechtsmittelfrist nicht zu laufen. Ein Vollstreckungsverfahren kann nicht eingeleitet werden. §§ 1106 ff. setzen ein zugestelltes Urteil voraus.

4 Die Zustellung erfolgt durch die Post mit Empfangsbestätigung (Art. 13 EuBagatellVO). Ist diese Art der Zustellung nicht möglich, so ist nach Artt. 13 f. EuZVO zu verfahren. §§ 1067 ff. finden Anwendung.

III. Rechtsmittel

5 Die Zulässigkeit von Rechtsmitteln und das Rechtsmittelverfahren ist nach Artt. 17, 19 EuBagatellVO der lex fori des Prozessgerichts überlassen[3]. Für deutsche Verfahren kommen

---

1 Vgl. Zöller/*Geimer* § 1102, Rdn. 1.
2 Vgl. Baumbach/Lauterbach/*Hartmann* § 1102, Rdn. 4.
3 Vgl. *Jelinek* Das Europäische Bagatellverfahren aus österreichischer Sicht, in: König/Mayr (Herausg.), Europäisches Zivilverfahrensrecht in Österreich II, 2009, S. 47 ff. (77); *Sujecki* in: Gebauer/Wiedmann, Art. 17 EuGFVO, Rdn. 69.

deshalb §§ 511 ff. zur Anwendung. Dabei ist zu beachten, dass auch für das Rechtsmittelverfahren die modifizierte Kostenregelung des Artt. 16, 17 Abs. 2 EuBagatellVO gilt. Bei grundsätzlicher Kostentragungspflicht der unterlegenen Partei sind außergerichtliche Kosten insoweit nicht zu erstatten, als sie in keinem Verhältnis zur Klageforderung stehen.

In Erfüllung der Verpflichtung in Art. 17 Abs. 1 EuBagatellVO hat Deutschland folgende **6** Erklärung abgegeben:

Art. 25 (1)(a) – Zuständige Gerichte
Für den Erlass von Urteilen im europäischen Verfahren für geringfügige Forderungen sind sämtliche Amtsgerichte nach den Regeln über ihre örtliche Zuständigkeit zuständig.

Art. 25 (1)(b) – Kommunikationsmittel
Flächendeckend stehen folgende Möglichkeiten der Kommunikation zur Verfügung: Post einschließlich privater Zustelldienste, Telefax.

Im Land Brandenburg ist daneben ein elektronischer Zugang zu allen Amtsgerichten und zu dem Brandenburgischen Oberlandesgericht möglich. Elektronische Dokumente gemäß § 130a Zivilprozessordnung (ZPO) können mittels eines elektronischen Gerichtsbriefkastens über die Internetseite www.gerichtsbriefkasten.de eingereicht werden. Die technischen Einrichtungen für eine prozessual wirksame Einreichung der Dateien finden sich unter www.erv.brandenburg.de sowie weitere Informationen auf den jeweiligen Internetseiten der Gerichte.

In Bremen ist ein elektronischer Zugang zu allen Amtsgerichten und zu dem Hanseatischen Oberlandesgericht nach Maßgabe des § 130a ZPO möglich. Die technischen Anforderungen für eine prozessual wirksame Einreichung der Dateien können über die jeweiligen Internetseiten der Gerichte erlangt werden.

Im Land Hessen ist bei allen Amtsgerichten die Einreichung von elektronischen Dokumenten nach Maßgabe des § 130a ZPO möglich. Die technischen Anforderungen für eine prozessual wirksame Einreichung der Dateien finden sich unter www.hmdj.hessen.de.

Art. 25 (1)© – Berufungsgerichte[4]
Gegen die im ersten Rechtszug erlassenen Urteile ist nach Maßgabe der Regelungen der Zivilprozessordnung, insbesondere § 511 folgende ZPO, das Rechtsmittel der Berufung eröffnet. Die Berufungsfrist beträgt einen Monat; sie beginnt mit der Zustellung des in vollständiger Form abgefassten Urteils. Zur Entscheidung über die Berufungen gegen Urteile im europäischen Verfahren für geringfügige Forderungen sind sämtlich Oberlandesgerichte nach den Regeln über ihre örtliche Zuständigkeit berufen.

Art. 25 (1)(d) – Zugelassene Sprachen
Es ist allein die deutsche Sprache zu benutzen. In den Heimatkreisen der sorbischen Bevölkerung haben die Sorben das Recht, vor Gericht sorbisch zu sprechen.

Art. 25 (1)(e) – Zuständige Behörden
Vollstreckungsgericht ist ebenfalls das Gericht der Hauptsache.

---

4 Die Angaben sind vor der Reform des § 119 GVG gemacht worden. Damit ist die Angabe, die Oberlandesgerichte seien zuständig, nicht mehr richtig.

§ 1103

Säumnis

Äußert sich eine Partei binnen der für sie geltenden Frist nicht oder erscheint sie nicht zur mündlichen Verhandlung, kann das Gericht eine Entscheidung nach Lage der Akten erlassen. § 251a ist nicht anzuwenden.

Übersicht

	Rdn.		Rdn.
I. Säumnis	1	II. Verschulden	4
1. Nichtäußerung innerhalbs gesetzter Frist	2	III. Entscheidung nach Lage der Akten	5
2. Nichterscheinen zum Termin zur mündlichen Verhandlung	3	IV. Unanwendbarkeit von § 251a	6

I. Säumnis

1 § 1103 definiert zwei Fälle der Säumnis[1].

1. Nichtäußerung innerhalb gesetzter Frist

2 Der erste Fall der Säumnis betrifft den Fall der Durchführung des schriftlichen Verfahrens nach Art. 5 Abs. 1 S. 1 EuBagatellVO. Dem Beklagten steht nach Abs. 3 der Norm die Möglichkeit zur Klagebeantwortung binnen 30 Tagen unter Benutzung von Teil II des Formblatts C oder auf andere geeignete Weise ohne Formblattbenutzung offen. Nutzt der Beklagte diese Möglichkeit nicht, so kann das Gericht eine Entscheidung fällen, soweit es nicht nach Art. 7 Abs. 1 lit. a–c verfährt, was es bei Säumnis des Beklagten nicht tun sollte.

2. Nichterscheinen zum Termin zur mündlichen Verhandlung

3 Nach Art. 7 Abs. 1 lit. c EuBagatellVO kann das Gericht eine mündliche Verhandlung anordnen, die binnen 30 Tagen nach der Ladung stattzufinden hat. Immer muss es sich um einen Verhandlungstermin i. S. von § 137 handeln. Das Nichterscheinen in einem anderen Termin, etwa einem Beweistermin, genügt nicht[2]. Das Nichterscheinen zum Termin – unabhängig vom Grund – führt zur Säumnis.

II. Verschulden

4 Ein Verschulden ist nicht erforderlich[3]. Für die Anwendung des § 1103 genügt die bloße Säumnis. Damit erwächst den Parteien kein Nachteil. Die unverschuldete Säumnis kann über Art. 18 EuBagatellVO und § 1104 geltend gemacht werden.

---

1 Vgl. dazu *Jelinek* Das Europäische Bagatellverfahren aus österreichischer Sicht, in: König/Mayr (Herausg.), Europäisches Zivilverfahrensrecht in Österreich II, 2009, S. 47 ff. (80 f.).

2 Vgl. Baumbach/Lauterbach/*Hartmann* § 1103, Rdn. 4.

3 AA Baumbach/Lauterbach/*Hartmann* § 1103, Rdn. 5.

III. Entscheidung nach Lage der Akten

Die Säumnis einer oder beider Parteien führt zu einer Entscheidung nach Lage der Akten[4]. **5**
Entscheidungsgrundlage bei der Entscheidung nach Lage der Akten ist der zum Zeitpunkt
der Säumnis vorliegende Streitstoff, also der Inhalt der Schriftsätze sowie alle Anlagen und
Urkunden, die sich bei den Akten befinden. Die Entscheidung nach Lage der Akten ist ein
kontradiktorisches Urteil[5]. Obwohl § 251a unanwendbar ist, gelten die Grundsätze – mit
Ausnahme der Voraussetzung der früheren mündlichen Verhandlung – auch im Rahmen
des § 1103.

IV. Unanwendbarkeit von § 251a

Nach § 251a darf eine Entscheidung nach Lage der Akten nur ergehen, wenn in einem **6**
früheren Termin mündlich verhandelt worden ist. Da das schriftliche Verfahren nach der
EuBagatellVO die Regel ist und nur ausnahmsweise mündlich verhandelt wird scheidet die
Anwendbarkeit von § 251a aus, da sie die Säumnisentscheidung auf Ausnahmefälle be-
grenzen und dem Grundsätzen der Einfachheit und Beschleunigung des Verfahrens widersprechen würde.

§ 1104
Abhilfe bei unverschuldeter Säumnis des Beklagten

**(1) Liegen die Voraussetzungen des Artikels 18 Abs. 1 der Verordnung (EG)
Nr. 861/2007 vor, wird das Verfahren fortgeführt; es wird in die Lage zurückversetzt,
in der es sich vor Erlass des Urteils befand. Auf Antrag stellt das Gericht die Nichtigkeit des Urteils durch Beschluss fest.**

**(2) Der Beklagte hat die tatsächlichen Voraussetzungen des Artikels 18 Abs. 1 der
Verordnung (EG) Nr. 861/2007 glaubhaft zu machen.**

Übersicht

	Rdn.		Rdn.
I. Unverschuldete Säumnis	1	1. Zuständigkeit	8
1. Säumnisentscheidung	1	2. Schriftliches Verfahren	9
2. Mangelhafte Zustellung	2	3. Glaubhaftmachung	10
3. Höhere Gewalt	5	III. Entscheidung	11
4. Unverschuldete Nicht- oder Zu-		IV. Rechtsmittel	12
späteinlassung	7		
II. Verfahren	8		

4 Vgl. dazu Rauscher/*Varga* EG-BagatellVO,
Art. 7, Rdn. 5.

5 Vgl.   Wieczorek/Schütze/*Gerken*   § 251a,
Rdn. 10.

I. Unverschuldete Säumnis

1. Säumnisentscheidung

1 Das vereinfachte Verfahren nach der EuBagatellVO bringt es mit sich, dass die Verteidigung des Beklagten zuweilen mehr eingeschränkt ist als im ordentlichen Zivilprozess. § 1104 regelt die verfahrensmäßige Durchsetzung der Überprüfung des Urteils nach Art. 18 EuBagatellVO und sichert die Gewährung rechtlichen Gehörs des Beklagten[1], wenn gegen ihn eine Säumnisentscheidung nach Art. 7 Abs. 3 EuBagatellVO i. V. m. § 1103 ergangen ist. Immer ist eine Säumnisentscheidung Erfordernis der Anwendung des § 1104. Sonstige Fälle der Verweigerung oder unzulänglichen Gewährung rechtlichen Gehörs fallen nicht unter die Norm. Die Überprüfungsgründe des Art. 18 EuBagatellVO sind Art. 20 EuMahnVO nachgebildet[2], doch wurde der Überprüfungsgrund des Art. 20 Abs. 2 EuMahnVO nicht übernommen[3].

2. Mangelhafte Zustellung

2 Art. 18 Abs. 1 lit. a (i) EuBagatellVO betrifft den Fall, dass dem Beklagten das Klageformblatt oder die Ladung zur mündlichen Verhandlung – wenn eine solche ausnahmsweise angeordnet wird – nicht in der Form des Art. 14 EuZVO erfolgt ist. § 1068 regelt die Modalitäten der Zustellung. Zum Nachweis der Zustellung genügen der Rückschein oder ein gleichwertiger Beleg. Zum Nachweis der Zustellung genügt auch jedes andere Beweismittel, vgl. § 1068, Rdn. 6. Nach Art. 18 Abs. 1 lit. a (i) EuBagatelllVO genügt allein das Fehlen des Rückscheins oder eines anderen Nachweises, um die Zustellung fehlerhaft zu machen. Auf die effektiv erfolgte Zustellung und die Kenntnisnahme des Beklagten kommt es zunächst nicht an.

3 Jedoch ist eine Heilung nach § 189 im deutschen Prozess[4] – und nur in diesem Fall kommt § 1104 zur Anwendung – möglich. Lässt sich die Zustellung nach § 1068 nicht durch die dadurch vorgesehenen Beweismittel nachweisen, so wird die Zustellung dennoch als wirksam angesehen, wenn der Beklagte von der Klage oder Ladung Kenntnis erlangt hat. Übergibt der Zusteller dem Beklagten das ordnungsgemäß ausgefüllte Klageformblatt, vergisst er aber die Zustellungsbestätigung auszustellen oder weiterzuleiten, so ist die Zustellung wirksam. Die Zustellung soll die Gewährung rechtlichen Gehörs sicherstellen. Die Belange des Adressaten sind auch dann gewahrt, wenn nur der Zustellungsnachweis fehlt.

4 Ist die Zustellung ordnungsgemäß erfolgt, aber nicht so rechtzeitig, dass der Beklagte sich angemessen verteidigen konnte, so kann er sich nicht auf die Nichtrechtzeitigkeit berufen, wenn er diese verschuldet hat. Es handelt sich hier regelmäßig um Fälle der Zustellungsvereitelung. Das ist z. B. der Fall, wenn der Beklagte unerreichbar sein will (indem er seine Adresse verheimlicht) oder indem er – dieser Fall ist in der Praxis vorgekommen – sich als seinen Bruder ausgibt und dem Zusteller erklärt, der Beklagte sei verstorben. In diesen Fällen hat er sich die Beeinträchtigung seines rechtlichen Gehörs selbst zuzuschreiben.

---

1 Vgl. Baumbach/Lauterbach/*Hartmann* § 1104, Rdn. 2.
2 Vgl. *Jelinek* Das Europäische Bagatellverfahren aus österreichischer Sicht, in: König/Mayr (Herausg.), Europäisches Zivilverfahrensrecht in Österreich II, 2009, S. 47 ff. (77); Rauscher/*Varga* EG-BagatellVO, Art. 18, Rdn. 5.
3 Vgl. dazu *Hess/Bittmann* Die Verordnungen zur Einführung eines Europäischen Mahnverfah-

rens und eines Verfahrens für geringfügige Forderungen – ein substantieller Integrationsschritt im europäischen Zivilprozessrecht, IPRax 2008, 305 ff. (313), *Mayr* Das europäische Mahnverfahren und Österreich, JBl. 2008, 503 ff. (515 ff.
4 Zur Heilung bei der Zustellung im Ausland vgl. *Geimer* Internationales Zivilprozessrecht, 6. Aufl., 2009, Rdn. 2102 ff. mit umfangreichen Nachweisen.

3. Höhere Gewalt

Ist die Säumnis des Beklagten durch höhere Gewalt oder außergewöhnliche Umstände **5** verursacht worden, so ist ein Überprüfungsgrund nach Art. 18 Abs. 1 lit. b EuBagatellVO gegeben. Der Begriff von höherer Gewalt und außergewöhnlichen Umständen ist verordnungsautonom unter Benutzung der rechtsvergleichenden Methode zu interpretieren[5]. Während alle Rechtsordnungen der höheren Gewalt Wirkungen im Hinblick auf Rechtsverhältnisse beimessen[6], wechselt der Begriffsinhalt – ebenso wie beim ordre public – in den einzelnen Rechtsordnungen nach den jeweiligen politischen, rechtspolitischen und sozialpolitischen Anschauungen. Eine internationale Begriffsbestimmung versuchen die Einheitlichen Richtlinien und Gebräuche für Dokumentenakkreditive (ERA 600) zu geben. Art. 36 definiert zunächst neben den als Act of God im engeren Sinne zu qualifizierenden Naturereignissen (Erdbeben, Feuersbrunst pp.) einige Ereignisse als höherer Gewalt gleichstehend: Aufruhr, Aufstand, Krieg, Arbeitskämpfe (Streik und Aussperrung). Diese Definition wird man im Rahmen der EuBagatellVO übernehmen können. Dies sind Ereignisse, die nach äußerster, billigerweise zu erwartender Sorgfalt nicht vorausgesehen und verhindert werden konnten. So ist ein Streik der Postdienste an sich ein Fall höherer Gewalt. War aber der Streik angekündigt und hätte der Beklagte vorher das Bestehen der Forderung bestreiten können, so kann er sich hierauf nicht berufen.

Die außergewöhnlichen Umstände sollen den Begriff der höheren Gewalt über die klassi- **6** schen Fälle des Act of God erweitern. Immer muss es sich um Umstände handeln, die bei normalem Ablauf der Geschehnisse nicht zu erwarten waren. Der Begriff ist enger als der des Zufalls im deutschen Recht. Keinesfalls dürfen Schlampigkeiten zur Anwendung der Norm führen.

4. Unverschuldete Nicht- oder Zuspäteinlassung

Die Säumnis muss unverschuldet gewesen sein. Der Beklagte muss ohne sein Verschulden **7** gehindert gewesen sein, bei nicht rechtzeitiger Zustellung Vorbereitungen für seine Verteidigung treffen oder bei Vorliegen höherer Gewalt oder Auftreten außergewöhnlicher Umstände das Bestehen der Klagforderung zu bestreiten. Auch leichte Fahrlässigkeit ist ausreichend. Hat der Hund die Klageschrift gefressen, so ist das verschuldet. Hundehalter müssen Papiere für Hunde unzugänglich aufbewahren.

II. Verfahren

1. Zuständigkeit

Zuständig ist das Prozessgericht, das die Entscheidung erlassen hat, Art. 18 Abs. 1 EuBa- **8** gatellVO.

2. Schriftliches Verfahren

Das Gericht entscheidet im schriftlichen Verfahren. Dem Antragsgegner (Gläubiger) ist **9** rechtliches Gehör zu gewähren. Dies geschieht durch Einräumung einer Frist zur Stellung-

---

5 Vgl. zur Interpretation des europäischen Verordnungsrechts in der Rechtsprechung des EuGH und für weitere Nachweise *Geimer/Schütze* EuZVR, Einl. A.1, Rdn. 125 ff.; *Hess* Europäisches Zivilprozessrecht, 2010, § 4, Rdn. 42 ff.

6 Vgl. dazu im einzelnen *Fontane* Höhere Gewalt im Dokumentenakkreditivgeschäft, 2001.

nahme zu dem Antrag. Die Stellungnahme kann sich nur auf die Nichterfüllung der Voraussetzungen des Art. 18 Abs. 1 EuBagatellVO beziehen, denn nur diese sind Gegenstand des Überprüfungsverfahrens.

3. Glaubhaftmachung

10 Der Antragsteller hat das Vorliegen der Voraussetzungen des Art. 18 Abs. 1 EuBagatellVO glaubhaft zu machen. Für die Glaubhaftmachung gilt § 294[7]. Die Glaubhafthaftmachung kommt insbesondere für die Frage des Verschuldens in Betracht. Im übrigen hat das Gericht die Voraussetzungen von Art. 18 Abs. 1 EuBagatellVO von Amts wegen zu prüfen.

III. Entscheidung

11 Bei Vorliegen der Voraussetzungen des Art. 18 Abs. 1 EuBagatellVO ist das Urteil – trotz des missverständlichen Wortlauts von Art. 18 Abs. 2 S. 2 EuBagatellVO nicht nichtig[8]. Das Urteil ist nur – nach Überprüfung – vernichtbar[9]. Die Tatsache, dass die Rechtsfolge des Vorliegens von Überprüfungsgründen zur Fortführung des Verfahrens führt, bedeutet nicht die automatische Nichtigkeit des Urteils – ohne Entscheidung. Die Situation ist rechtstechnisch ähnlich der bei Einlegung eines Einspruchs nach § 342. Das Gericht kann folgende Entscheidungen fällen:

- Das Gericht weist den Antrag auf Überprüfung ab, weil die Voraussetzungen des Art. 18 Abs. 1 EuBagatellVO nicht gegeben sind. Das Urteil bleibt in Kraft. Die Entscheidung erfolgt durch Beschluss.
- Das Gericht hält den Antrag für begründet. Es stellt durch Beschluss fest, dass das Verfahren fortgesetzt wird. Das Verfahren wird in den Stand zurückversetzt, in dem es sich vor Erlass des Urteils befand (§ 1104 Abs. 1 S. 1).
- Das Gericht stellt auf Antrag die Nichtigkeit des Urteils fest. Die Entscheidung erfolgt durch Beschluss. Der Beschluss hat konstitutive Wirkung. Das Urteil wird von Anfang an nichtig. Einer Aufhebung des Urteils bedarf es nicht.

IV. Rechtsmittel

12 Die Entscheidung, die die Fortsetzung des Verfahrens ausspricht und gegebenenfalls die des Ausspruchs der Nichtigkeit, ist unanfechtbar. Nur das Urteil, das nach Fortführung des Verfahrens ergeht, kann mit den normalen Rechtsmitteln angefochten werden. In dem Rechtsmittelverfahren sind dann auch das Vorliegen der Überprüfungsgründe nach Art. 18 Abs. 1 EuBagatellVO und die Richtigkeit der Beschlüsse über die Fortführung des Verfahrens und die Nichtigkeit des Urteils zu prüfen.

13 Gegen die Entscheidung, die den Antrag auf Überprüfung abweist, ist die Beschwerde gegeben.

---

[7] Vgl. Baumbach/Lauterbach/*Hartmann* § 1104, Rdn. 7.
[8] AA Baumbch/Lauterbach/*Hartmann* § 1104, Rdn. 5.
[9] Vgl. *Jelinek* Das Europäische Bagatellverfahren

aus österreichischer Sicht, in: König/Mayr (Herausg.), Europäisches Zivilverfahrensrecht in Österreich II, 2009, S. 47 ff. (77): „*Gibt das Gericht dem Antrag statt, so hebt es das Urteil auf.*".

TITEL 2

Zwangsvollstreckung

§ 1105
Zwangsvollstreckung inländischer Titel

(1) Urteile sind für vorläufig vollstreckbar ohne Sicherheitsleistung zu erklären. § 712 und § 719 Abs. 1 Satz 1 in Verbindung mit § 707 sind nicht anzuwenden.

(2) Für Anträge auf Beschränkung der Zwangsvollstreckung nach Artikel 15 Abs. 2 in Verbindung mit Artikel 23 der Verordnung (EG) Nr. 861/2007 ist das Gericht der Hauptsache zuständig. Die Entscheidung ergeht im Wege einstweiliger Anordnung. Sie ist unanfechtbar. Die tatsächlichen Voraussetzungen des Artikels 23 der Verordnung (EG) Nr. 861/2007 sind glaubhaft zu machen.

Übersicht

	Rdn.			Rdn.
I. Vorläufige Vollstreckbarkeit	1		IV. Glaubhaftmachung	7
II. Beschränkung der Zwangsvollstreckung	3		V. Entscheidung	8
III. Zuständigkeit	5			

I. Vorläufigen Vollstreckbarkeit

Art. 15 Abs. 1 EuBagatellVO sieht vor, dass Urteile, die in einem Verfahren nach der **1** EuBagatellVO ergehen, ohne Sicherheitsleistung vollstreckbar sind. § 1105 setzt diese Regelung um und passt die Terminologie dem deutschen Recht (vorläufige Vollstreckbarkeit) an. Anders als nach § 708 ist in der Verordnung kein ausdrücklicher Ausspruch vorgesehen. § 1105 Abs. 1 S. 1 verpflichtet den deutschen Richter aber, der Klarheit halber, die vorläufige Vollstreckbarkeit im Tenor auszusprechen.

Die vorläufige Vollstreckbarkeit ohne Sicherheitsleistung ist unbedingt. Auch der Schuld- **2** ner kann die Vollstreckung nicht bei einem für ihn nicht zu ersetzenden Nachteil durch Sicherheitsleistung oder Hinterlegung abwenden. § 712 ist ausgeschlossen. Das bedeutet auch, dass die vorläufige Vollstreckbarkeit nicht abgewendet werden kann. Der Schuldner kann auch nicht die einstweilige Einstellung der Zwangsvollstreckung bei Einlegung eines Rechtsmittels nach § 719 Abs. 1 S. 1 i. V. m. § 707 betreiben. Er kann nur nach Art. 23 EuBagatellVO vorgehen. Vgl. dazu § 1109.

II.   Beschränkung der Zwangsvollstreckung

3 Art. 23 BagatellVO lässt eine Beschränkung der Zwangsvollstreckung bei Schweben eines Rechtsmittels oder der Möglichkeit zu dessen Einlegung in der Weise zu, dass das Vollstreckungsverfahren auf Sicherungsmaßnahmen beschränkt oder die Vollstreckung von der Leistung einer Sicherheit abhängig gemacht wird. Art. 15 Abs. 2 BagatellVO sieht vor, dass diese Möglichkeit auch besteht, wenn das Urteil in dem Vollstreckungsmitgliedstaat zu vollstrecken ist, in dem es ergangen ist. Soll ein deutsches Urteil nach der EuBagatellVO in Deutschland vollstreckt werden, so bestimmt sich die Beschränkung der Vollstreckung allein nach Art. 23 EuBagatellVO[1].

4 Auf Anträge nach Art. 23 lit. c findet § 1105 keine Anwendung. Denn Abs. 2 erfasst nach seinem klaren Wortlaut nur Anträge auf Beschränkung der Zwangsvollstreckung, nicht deren Aussetzung.

III.   Zuständigkeit

5 Die Zuständigkeit für Anträge auf Beschränkung der Zwangsvollstreckung für einen ausländischen Titel bestimmt sich nach § 1109 i. V. m. § 1084 Abs. 1. Zuständig ist das Amtsgericht als Vollstreckungsgericht, vgl. § 1084, Rdn. 15.

6 § 1105 Abs. 2, S. 1 regelt nur die Zuständigkeit für die Entscheidung auf Beschränkung der Zwangsvollstreckung für deutsche Titel. Hier ist das Gericht der Hauptsache, also das Gericht zuständig, das die Entscheidung erlassen hat. Das entspricht der Regelung in §§ 719, 707 und ist deshalb systemgerecht.

IV.   Glaubhaftmachung

7 Im Verfahren der Beschränkung der Zwangsvollstreckung sind die tatsächlichen Voraussetzungen des Art. 23 EuBagatellVO nur glaubhaft zu machen. Für die Glaubhaftmachung gilt § 294[2]. Allerdings hat diese Erleichterung der Beweisführung praktisch keine Bedeutung. Denn die drei Fälle tatsächlicher Voraussetzungen sind ohne Schwierigkeiten urkundlich zu beweisen.

V.   Entscheidung

8 Die Entscheidung ergeht durch Beschluss im Wege einstweiliger Anordnung. Da der Beschluss unanfechtbar ist, ist es ratsam, den Schuldner anzuhören. Die Anhörung kann in Eilfällen unterbleiben. Es gelten die zu § 922 entwickelten Grundsätze. Allerdings kann die Entscheidung jederzeit auf Grund neuen Vorbringens abgeändert werden[3]. Nur so ist die mangelnde Anhörung des Gläubigers mit den Grundsätzen der Gewährung rechtlichen Gehörs vereinbar.

9 Die Entscheidung ist zu begründen.

---

1 Vgl. Rauscher/*Varga* EG-BagatellVO, Art. 15, Rdn. 7.
2 Vgl. Baumbach/Lauterbach/*Hartmann* § 1105, Rdn. 4.

3 Vgl Thomas/Putzo/*Hüßtege* § 1105, Rdn. 5; Zöller/*Geimer* § 1105, Rdn. 5.

§ 1106
Bestätigung inländischer Titel

(1) Für die Ausstellung der Bestätigung nach Artikel 20 Abs. 2 der Verordnung (EG) Nr. 861/2007 ist das Gericht zuständig, dem die Erteilung einer vollstreckbaren Ausfertigung des Titels obliegt.

(2) Vor Ausfertigung der Bestätigung ist der Schuldner anzuhören. Wird der Antrag auf Ausstellung einer Bestätigung zurückgewiesen, so sind die Vorschriften über die Anfechtung der Entscheidung über die Erteilung einer Vollstreckungsklausel entsprechend anzuwenden.

Übersicht

	Rdn.		Rdn.
I. Sachlicher Anwendungsbereich...	3	III. Verfahren	4
II. Zuständigkeit.................	3	IV. Anfechtung der Entscheidung....	7

I. Sachlicher Anwendungsbereich

§ 1106 betrifft nur inländische Titel, die im Verfahren nach der EuBagatellVO ergehen. **1** Art. 20 Abs. 2 EuBagatellVO sieht vor, dass Urteile mit einer Bestätigung versehen werden können. Die Bestätigung ersetzt die Klauselerteilung[1]. Es handelt sich um eine modifizierte Klauselerteilung nach § 724[2]. Das mit der Bestätigung versehene Urteil entspricht der vollstreckbaren Ausfertigung nach § 724 Abs. 1. Sie manifestiert den Bestand und die Vollstreckbarkeit im Geltungsbereich der EuBagatellVO. Die EuBagatellVO sieht – anders als die EuVTVO – einen gerichtlichen Vergleich nicht vor. Vergleichen sich die Parteien in einem Verfahren nach der EuBagatellVO, so kann dieser nicht mit der Bestätigung versehen werden. Auf den Vergleich finden §§ 796a und b Anwendung.

Ohne Bestätigung ist eine Vollstreckung nicht möglich. Nach Art. 21 Abs. 2 EuBagatellVO **2** hat der Gläubiger den Vollstreckungsbehörden des Vollstreckungsmitgliedstaates die Bestätigung zusammen mit einer Ausfertigung des Urteils und ggf. einer Transkription oder Übersetzung der Bestätigung zu übermitteln.

II. Zuständigkeit

Anwendbar ist § 724. Das Gericht des ersten Rechtszuges ist zuständig für die Bestätigung, **3** wenn der Rechtsstreit bei einem höheren Gericht anhängig ist, von diesem Gericht. Funktionell zuständig ist nach § 20 Nr. 11 RPflG der Rechtspfleger[3]. Weiterhin bleibt jedoch eine Befassung des Richters nach §§ 5 Abs. 1 Nr. 2, 6 RPflG unberührt[4].

---

1 Vgl. Rauscher/*Varga* EG-BagatellVO, Art. 20, Rdn. 3.
2 Vgl. Zöller/*Geimer* § 1106, Rdn. 1.
3 Vgl. Baumbach/Lauterbach/*Hartmann* § 1106, Rdn. 3; Thomas/Putzo/*Hüßtege* § 1106, Rdn. 3; Zöller/*Geimer* § 1106, Rdn. 1.

4 Vgl. *Kropholler* Europäisches Zivilprozessrecht, Art. 9 EuVTVO, Rdn. 4, Fn. 2 zur entsprechenden Bestimmung in § 1079.

III. Verfahren

4 Die Bestätigung wird auf Antrag einer Partei erteilt, Art. 20 Abs. 2 EuBagatellVO. Eine Bestätigung von Amts wegen ist ausgeschlossen. Die Bestätigung kann auch für und gegen den Rechtsnachfolger erteilt werden. § 727 ist anwendbar. Desgleichen ist die Erteilung einer Bestätigung für und gegen den Nacherben und Testamentsvollstrecker gem. § 728 und gegen den Vermögens- oder Firmenübernehmer nach § 729 zulässig.

5 Dem Schuldner ist rechtliches Gehör zu gewähren, § 1106, Abs. 2 S. 1[5]. Die Anhörung ist zwingend, da keine Möglichkeit der Berichtigung oder des Widerrufs der Bestätigung vorgesehen ist[6]. Die Anhörung kann nicht nachgeholt werden[7]. Mit der Zustellung des Antrags ist dem Schuldner eine Frist zur Stellungnahme zu setzen. Diese ist im Gesetz nicht bestimmt. Angemessen sind zwei Wochen bei inländischem Schuldner, und vier Wochen bei ausländischem[8].

6 Nach Ablauf der Frist zur Stellungnahme entscheidet das Gericht ohne mündliche Verhandlung. Die Entscheidung ergeht in formalisierter Form auf Formblatt D des Anhangs IV zur EuBagatellVO. Einer förmlichen Zustellung der Bestätigung bedarf es nicht[9].

IV. Anfechtung der Entscheidung

7 Die Erteilung der Bestätigung ist unanfechtbar[10]. Der Schutz des Schuldners ist dennoch nicht verletzt. Entweder ist das Urteil rechtskräftig. Dann ist kein Anfechtungsgrund gegeben. Oder der Schuldner kann ein Rechtsmittel gegen das Urteil einlegen und dann nach Art. 23 EuBagatellVO im Verfahren nach § 1109 vorgehen.

8 Die Anfechtung der Ablehnung der Erteilung der Bestätigung ist dagegen zulässig (Abs. 2 S. 2). Es finden die Regeln über die Anfechtung der Entscheidung über die Erteilung der Vollstreckungsklausel Anwendung. In entsprechender Anwendung von § 731 ist die Klage auf Erteilung der Bestätigung gegeben[11].

---

5 *Varga* bezeichnet dies als höchst problematisch, da die EuBagatellVO ein solches Anhörungsrecht nicht vorsieht, vgl. Rauscher/*Varga* EG-BagatellVO, Art. 20, Rdn. 7.
6 Vgl. Thomas/Putzo/*Hüßtege* § 1106, Rdn. 4.
7 Vgl. Zöller/*Geimer* § 1106, Rdn. 2.
8 Vgl. Baumbach/Lauterbach/*Hartmann* § 1106, Rdn. 4.

9 Vgl. Thomas/Putzo/*Hüßtege* § 1106, Rdn. 5; Zöller/*Geimer* § 1106, Rdn. 2.
10 Vgl. Baumbach/Lauterbach/*Hartmann* § 1106, Rdn. 4; Thomas/Putzo/*Hüßtege* § 1106, Rdn. 7 .
11 Vgl. Baumbach/Lauterbach/*Hartmann* § 1106, Rdn. 4.

§ 1107
Ausländische Vollstreckungstitel

Aus einem Titel, der in einem Mitgliedstaat der Europäischen Union nach der Verordnung (EG) Nr. 861/2007 ergangen ist, findet die Zwangsvollstreckung im Inland statt, ohne dass es einer Vollstreckungsklausel bedarf.

Überblick

	Rdn.		Rdn.
I. Entscheidung nach der EuBagatellVO als Grundlage der Zwangsvollstreckung	1	nen anderen als den im Titel bezeichneten Schuldner	5
1. Grundsatz	1	II. Anwendbarkeit der §§ 750 ff.	6
2. Entbehrlichkeit der Vollstreckungsklausel	4	III. Erinnerung	7
3. Klauselerteilung für einen anderen als den im Titel bezeichneten Gläubiger oder gegen ei-		IV. Vollstreckungsgegenklage	8
		V. Drittwiderspruchsklage	9

I. Entscheidung nach der EuBagatellVO als Grundlage der Zwangsvollstreckung

1. Grundsatz

§ 1107 hat zunächst deklaratorische Wirkung. Die Norm bestätigt zunächst nur, was **1** ohnehin schon (europäischen) Rechts ist. Nach Art. 20 Abs. 1 EuBagatellVO wirkt die Entscheidung nach der EuBagatellVO in allen Mitgliedstaaten (außer Dänemark), ohne dass eine Anerkennung, Vollstreckbarerklärung, Exequierung, Homologierung pp. notwendig wäre. Das Urteil ist hinsichtlich der Zwangsvollstreckung wie ein inländischer Titel zu behandeln.

Nach Art. 21 Abs. 1 S. 1 EuBagatellVO gilt für das Vollstreckungsverfahren das Recht des **2** Vollstreckungsmitgliedstaates. Dieser ist in dessen Ausgestaltung frei, darf das Urteil nach der EuBagatellVO nur nicht schwereren Bedingungen unterwerfen als inländische Titel. Die Formulierung in Art. 21 Abs. 1 S. 2 EuBagatellVO (gleiche Bedingungen) ist insoweit missverständlich. Vollstreckungstitel nach der EuBagatellVO können durchaus auch unter erleichterten Bedingungen zur Vollstreckung zugelassen werden, wie das in § 1107 durch die Zulassung der Vollstreckung ohne Klausel geschieht.

Die Vollstreckbarkeit bestimmt sich nach dem Recht des Ursprungsmitgliedsstaates. Es gibt **3** keine besondere europäische Vollstreckbarkeit[1].

---

[1] Vgl. *Geimer* Exequaturverfahren, FS Georgiades, 2005, S. 489 ff. (494); Zöller/*Geimer* § 1082, Rdn. 5 zu der entsprechenden Bestimmung nach EuVTVO.

2. Entbehrlichkeit der Vollstreckungsklausel

4   Die Gleichstellung des europäischen Vollstreckungstitels mit einem deutschen Titel allein beseitigt aber noch nicht das Erfordernis der Klauselerteilung nach § 725. Hier statuiert § 1107, dass es der Klauselerteilung nicht bedarf. § 1107 schließt die Erteilung der Vollstreckungsklausel nicht aus. Die Situation entspricht der in § 929, der eine Vollstreckungsklausel für entbehrlich erklärt, diese aber in den Fällen des § 727 für zulässig und notwendig erklärt.

3. Klauselerteilung für einen anderen als den im Titel bezeichneten Gläubiger oder gegen einen anderen als den im Titel bezeichneten Schuldner

5   Soll die Zwangsvollstreckung für einen anderen als den im Titel bezeichneten Gläubiger oder gegen einen anderen als den im Titel bezeichneten Schuldner stattfinden, so ist eine Klauselerteilung notwendig. § 727 ist anwendbar. § 727 gilt für alle Vollstreckungstitel[2]. Ebenso wie im Rahmen von § 929 bedarf es bei Rechtsnachfolge von Gläubiger oder Schuldner einer Titel übertragenden Vollstreckungsklausel.

II. Anwendbarkeit der §§ 750 ff.

6   Anwendbar sind §§ 750 ff[3]. Damit sind alle Vollstreckungsrechtsbehelfe der ZPO auch gegenüber ausländischen europäischen Vollstreckungstiteln zulässig[4], so § 765a, 766, 767[5].

III. Erinnerung

7   Gegen die Art und Weise der Zwangsvollstreckung findet die Erinnerung nach § 766 statt[6].

IV. Vollstreckungsgegenklage[7]

8   Einwendungen gegen den durch den im Urteil nach der EuBagatellVO festgestellten Anspruch können mit der Vollstreckungsgegenklage geltend gemacht werden. Es findet § 1086 Anwendung. Vgl. § 1109, Abs. 2.

---

2   Vgl. dazu *Loritz* Die Umschreibung der Vollstreckungsklausel, ZZP 95 (1982), 310 ff.; *ders.* Rechtsnachfolge und Umschreibung der Vollstreckungsklausel in den Verfahren des einstweiligen Rechtsschutze, ZZP 106 (1993), 1 ff.; Thomas/Putzo/*Hüßtege* § 727 Rdn. 1; Wieczorek/Schütze/*Paulus* § 727, Rdn. 3.

3   Vgl. Rauscher/*Varga* EG-BagatellVO, Art. 21, Rdn. 1; Thomas/Putzo/*Hüsstege* § 1082 Rdn. 1 zu der entsprechenden Bestimmung in EuVTVO.

4   Vgl. *Klippstein* in: Gebauer/Wiedmann, Zivilrecht unter europäischem Einfluss, Art. 20 EuVTVO, Rdn. 58 zu der entsprechenden Bestimmung in der EuVTVO.

5   Vgl. *Klippstein* in: Gebauer/Wiedmann, Zivilrecht unter europäischem Einfluss, Art. 20 EuVTVO, Rdn. 58 zu der entsprechenden Bestimmung in der EuVTVO.

6   Vgl. Rauscher/*Varga* EG-BagatellVO, Art. 21, Rdn. 2; Thomas/Putzo/*Hüsstege* § 1082, Rdn. 2; Zöller/*Geimer* § 1082, Rdn. 3 zu der entsprechenden Bestimmung in der EuVTVO.

7   Vgl. dazu insbes. *Wagner* Das Gesetz zur Durchführung der Verordnung (EG) Nr. 805/2004 zum Europäischen Vollstreckungstitel – unter besonderer Berücksichtigung der Vollstreckungsabwehrklage, IPRax 2005, 401 ff.

V. Drittwiderspruchsklage

Die Drittwiderspruchsklage nach §771 findet statt, wenn die deutschen Gerichte nach **9**
Art. 22 Nr. 5 VO (EG) Nr. 44/2001 Zuständigkeit besitzen[8], d. h. die deutschen Gerichte,
wenn und soweit die Zwangsvollstreckung durchgeführt werden soll oder durchgeführt
worden ist[9].

§ 1108
Übersetzung

Hat der Gläubiger nach Artikel 21 Abs. 2 Buchstabe b der Verordnung (EG)
Nr. 861/2007 eine Übersetzung vorzulegen, so ist diese in deutscher Sprache zu
verfassen und von einer in einem der Mitgliedstaaten der Europäischen Union
hierzu befugten Person zu erstellen.

Übersicht

	Rdn.		Rdn.
I. Notwendigkeit der Übersetzung ..	1	2. Keine Beglaubigung	5
II. Erfordernisse der Überstzung	4	III. Rechtsfolgen mangelhafter	
1. Verständlichkeit	4	Übersetzung	8

I. Notwendigkeit der Übersetzung

Im Vollstreckungsverfahren hat die Partei, die die Vollstreckung betreibt mit dem Antrag **1**
u. a. nach Art. 21 Abs. 2 lit. b EuBagatellVO eine Ausfertigung der Bestätigung i. S. des
Art. 20 Abs. 2 VO cit. und falls erforderlich eine Übersetzung in die Sprache des Vollstreckungsmitgliedstaates oder – falls es in diesem Staat mehrere Amtssprachen gibt – nach
Maßgabe der Rechtsvorschriften des Vollstreckungsmitgliedstaates in die Verfahrenssprache oder in eine solche Sprache, die das Recht des Vollstreckungsmitgliedstaates zulässt,
vorzulegen. § 1108 lässt nur die deutsche Sprache zu.

Die Übersetzungsnotwendigkeit bezieht sich auf das Formblatt D (Bestätigung eines im **2**
europäischen Verfahren für geringfügige Forderungen ergangenen Urteils)[1]. Wegen der
Standardisierung der Bestätigung durch ein vorgeschriebenes Formular ist für eine Übersetzung wenig Raum. Nach *Jelinek*[2] muss wegen der mangelnden Bereitschaft der Rechts-
pflegeorgane, sich mit kyrillischer oder griechischer Schrift zu beschäftigen, eine Über-

---

8 Vgl. *Hüsstege* Braucht die Verordnung über
den europäischen Vollstreckungstitel eine ordre-
public-Klausel? FS Jayme, 2004, S. 371 ff. (384) zu
der entsprechenden Regelung in der EuVTVO.
9 Zur Anwendbarkeit von Art. 22 Nr. 5 EuGVVO
auf Drittwiderspruchsklagen vgl. *Geimer/Schütze*
EuZVR, A.1, Art. 22, Rdn. 268.

1 Abgedruckt bei *Geimer/Schütze* Europäisches
Zivilverfahrensrecht, 3. Aufl., 2010, S. 1388 f.
2 Vgl. *Jelinek* Das Europäische Bagatellverfahren
aus österreichischer Sicht, in: König/Mayr, Europäisches Zivilverfahrensrecht in Österreich II,
2009, S. 47 ff. (86).

setzung auch der Formularangaben erfolgen. Für das Formular selbst kann das nicht gelten, da die deutsche Fassung der in der anderen Sprache entspricht.

3 Die Notwendigkeit einer Übersetzung kann sich insbesondere in zwei Fällen ergeben:

- Das Formular enthält individuelle Angaben in dem Feld 3.8 „Sonstige Angaben", dessen Ausfüllung fakultativ ist oder
- Die Bezeichnung des Gerichts und des Gerichtsortes ist in nichtdeutscher Sprache abgefasst. So ist beispielsweise Chorzów mit Königshütte zu übersetzen.

II. Erfordernisse der Übersetzung

1. Verständlichkeit

4 Für die Qualität der Übersetzung gelten die allgemeinen Grundsätze im internationalen Zivilprozessrecht[3]. Die Übersetzung muss verständlich sein. Sprachliche Eleganz oder orthographische Richtigkeit kann nicht gefordert werden. Sinnentstellende Fehler machen die Übersetzung dagegen unbrauchbar. Die Übersetzung ist keine Übersetzung im Rechtssinne mehr.

2. Keine Beglaubigung

5 Die Übersetzung ist nicht zu beglaubigen. Es genügt, dass die Übersetzung von einer hierzu befugten Person stammt.

6 Die Ermächtigung zur Beglaubigung kann von den zuständigen Behörden irgendeines Mitgliedstaates erteilt sein. Ein belgischer Übersetzer, der nach belgischem Recht zur Beglaubigung befugt ist, kann eine Übersetzung aus der polnischen Sprache im Rahmen von § 1108 wirksam erstellen.

7 Die Frage, ob die Übersetzung von einem ermächtigten Übersetzer stammt, ist eine Tatfrage. Der Antragsteller trägt die Darlegungs- und Beweislast. § 293 ist nicht anwendbar.

III. Rechtsfolgen mangelhafter Übersetzung

8 Eine sinnentstellende Übersetzung ist eine Nichtübersetzung. Das Erfordernis des Art. 21 Abs. 2 lit. b EuBagatellVO ist nicht erfüllt. Die für eine Vollstreckung notwendigen Unterlagen sind nicht vollständig. Vollstreckungsmaßnahmen dürfen nicht erfolgen. Der Schuldner kann Erinnerung nach § 766 einlegen, wenn aus dem Titel dennoch vollstreckt wird.

---

3 Vgl. dazu *Schütze* Probleme der Übersetzung im Zivilprozessrecht, FS Sandrock, 2000, S. 871 ff.; *ders.* Übersetzungen im europäischen und internationalen Zivilprozessrecht – Probleme der Zustellung, RIW 2006, 352 ff. (353 f.).

§ 1109

Anträge nach den Artikeln 22 und 23 der Verordnung (EG) Nr. 861/2007; Vollstreckungsabwehrklage

(1) Auf Anträge nach Artikel 22 der Verordnung (EG) Nr. 861/2007 ist § 1084 Abs. 1 und 2 entsprechend anzuwenden. Auf Anträge nach Artikel 23 der Verordnung (EG) Nr. 861/2007 ist § 1084 Abs. 1 und 3 entsprechend anzuwenden.

(2) § 1086 gilt entsprechend.

Übersicht

	Rdn.		Rdn.
I. Ablehnung der Vollstreckung	1	III. Vollstreckungsgegenklage	8
II. Aussetzung oder Beschränkung der Vollstreckung	4	IV. Auslegungsgrundsätze	13

I.　Ablehnung der Vollstreckung

Art. 22 EuBagatellVO regelt den Fall der Urteilskollision. Die Vollstreckung ist abzulehnen, **1** wenn die ausländische Entscheidung nach der EuBagatellVO mit einem früheren deutschen, in einem anderen Mitgliedstaat oder Drittstaat ergangenen Urteil unvereinbar ist. Voraussetzung ist, dass die kollidierende Entscheidung zwischen denselben Parteien und wegen desselben Streitgegenstandes ergangen ist und – soweit es sich um ein ausländisches Urteil handelt – dieses anerkannt ist. Die Formulierung in Art. 22 VO cit. „die Voraussetzungen für die Anerkennung erfüllt sind" ist aus deutscher Sicht missverständlich, da eine ausländische Entscheidung automatisch in dem Zeitpunkt formlos anerkannt wird, in dem die Voraussetzungen der Anerkennung vorliegen und eine Inlandsbeziehung gegeben ist[1]. Hat der Urteilsschuldner die Unvereinbarkeit im erststaatlichen Prozess nicht geltend gemacht, obwohl er sie geltend machen konnte, so ist er mit dem Versagungsgrund präkludiert.

Art. 22 EuBagatellVO erweitert die Durchsetzbarkeit von Bagatellurteilen gegenüber Ent- **2** scheidungen nach § 328[2]. Denn in § 328 Abs. 1 Nr. 3 gilt der Prioritätsgrundsatz nur bei Kollision zweier ausländischer Entscheidungen. Deutsche Urteile sind, unabhängig, wann sie ergangen sind, immer ein Anerkennungshindernis.

Für die Ablehnung der Vollstreckung sind § 1084 Abs. 1 und 2 entsprechend anzuwenden. **3** Das bedeutet:

- Ausschließlich sachlich zuständig zur Entscheidung über die Ablehnung der Vollstreckung ist das Amtsgericht als Vollstreckungsgericht. Funktionell zuständig ist der Richter, nicht der Rechtspfleger[3]. Örtlich zuständig ist das Gericht des Sprengels, in

---

1　Vgl. oben § 328, Rdn. 95 ff.
2　Vgl. Rauscher/*Varga* EG-bagatellVO, Art. 22, Rdn. 2.

3　Vgl. Thomas/Putzo/*Hüßtege* § 1109, Rdn. 3.

dem der Schuldner im Inland seinen Wohnsitz hat, im übrigen das, bei dem nach § 23 Klage erhoben werden kann, also wo Vermögen belegen ist. § 828 ist anwendbar[4].

– Die Entscheidung über den Versagungsantrag ergeht durch Beschluss. Es ist rechtliches Gehör zu gewähren. Gegen die Entscheidung ist die sofortige Beschwerde gegeben (§ 567 Abs. 1 Nr. 2 ZPO)[5].

II. Aussetzung oder Beschränkung der Vollstreckung

4 Die Vollstreckung kann nach § 23 EuBagatellVO bei Einlegung eines Rechtsmittels oder der Möglichkeit hierzu nach Art. 17 VO cit. oder bei Schweben eines Verfahrens über die Überprüfung eines Urteils nach Art. 18 VO cit. auf Sicherungsmaßnahmen beschränkt oder von der Leistung einer Sicherheit abhängig gemacht werden. Darüber hinaus ist eine Aussetzung des Vollstreckungsverfahrens bei Vorliegen außergewöhnlicher Umstände auszusetzen (Art. 23 lit. c VO cit.).

5 Für das Verfahren gilt hinsichtlich der Zuständigkeit dasselbe wie bei der Ablehnung der Vollstreckung.

6 Ausschließlich sachlich zuständig zur Entscheidung über die Aussetzung oder Beschränkung der Vollstreckung ist das Amtsgericht als Vollstreckungsgericht. Funktionell zuständig ist der Richter, nicht der Rechtspfleger. Örtlich zuständig ist das Gericht des Sprengels, in dem der Schuldner im Inland seinen Wohnsitz hat, im übrigen das Gericht des Sprengels, in dem nach § 23 Klage erhoben werden kann.

7 Anders als im Fall der Ablehnung der Vollstreckung erfolgt die Entscheidung über die Aussetzung oder Beschränkung der Vollstreckung durch einstweilige Anordnung. Die Entscheidung ist unanfechtbar. Eine Aufhebung der getroffenen Maßnahmen muss erfolgen, wenn im ausländischen Verfahren über das Rechtsmittel entschieden worden ist[6].

III. Vollstreckungsgegenklage

8 Einwendungen gegen den titulierten Anspruch können vor einem anderen als dem Prozessgericht im Wege der Vollstreckungsgegenklage geltend gemacht werden. § 1086 gilt entsprechend. Zur Verordnungskonformität vgl. § 1086 Rdn. 1.

9 Da die Vollstreckung aus einem Titel nach der EuBagatellVO wie aus einem deutschen Titel erfolgt, ist in Deutschland die Vollstreckungsgegenklage nach § 767 gegeben. Für die Entscheidung ist – abweichend von § 767 Abs. 1 – nicht das Prozessgericht 1. Instanz – das wäre das ausländische Prozessgericht – sondern ein deutsches Gericht zuständig. Die örtliche Zuständigkeit bestimmt sich in erster Linie nach dem Wohnsitz des Schuldners. Hilfsweise ist das Gericht des Ortes zuständig, in dessen Sprengel die Zwangsvollstreckungsmaßnahme durchgeführt werden soll. § 16 ist nicht anwendbar. Der schlichte Aufenthalt wirkt nicht zuständigkeitsbegründend.

---

4 Vgl. Thomas/Putzo/*Hüßtege* § 1109, Rdn. 3.
5 Vgl. Zöller/*Geimer* § 1084, Rdn. 2 zur entsprechenden Bestimmung in der EuVTVO.
6 Vgl. zur entsprechenden Regelung nach Art. 23 EuVTVO Rauscher/*Pabst* Europäisches Zivilprozessrecht, Art. 23 EG-VollstrTitelVO,

Rdn. 15; *Wagner* Das Gesetz zur Durchführung der Verordnung (EG) Nr. 805/2004 zum Europäischen Vollstreckungstitel – unter besonderer Berücksichtigung der Vollstreckungsabwehrklage, IPRax 2005, 401 ff. (404).

§ 1086 regelt die sachliche Zuständigkeit nicht. Diese liegt aus der ratio der Bestimmung **10** beim Amtsgericht als Vollstreckungsgericht[7], in Unterhaltssachen ist das Familiengericht nach § 23b GVG zuständig[8].

Örtliche und sachliche Zuständigkeit sind nach § 802 ausschließlich. **11**

Für die Zulässigkeit von Klagegründen vgl. § 1086, Rdn. 10 ff. **12**

IV. Auslegungsgrundsätze

Bei der Entscheidung über Anträge nach Artt. 22 f. EuBagatellVO, § 1109 sind die Begriffe **13** der EuBagatellVO in gleicher Weise zu interpretieren wie es der EuGH zu EuGVÜ und EuGVVO entwickelt hat[9]. Grundsätzlich ist die autonome Auslegung anzuwenden[10] und zwar unter Zugrundelegung der rechtsvergleichenden Methode[11]. Damit wird der Gefahr vorgebeugt, dass die nationalen Vollstreckungsgerichte mit ihrer häufig sozialpolitisch begründeten Schuldnerschutzpraxis das europäische Recht unterlaufen. Das gilt insbesondere für die Auslegung des Begriffs der „außergewöhnlichen Umstände" in Art. 23 lit. c EuBagatellVO.

---

7 Vgl. Zöller/*Geimer* § 1086, Rdn. 5 zur entsprechenden Bestimmung in der EuVTVO.
8 Vgl. Zöller/*Geimer* § 1086, Rdn. 6. zur entsprechenden Regelung in EuVTVO.
9 Vgl. Rauscher/*Pabst* Europäisches Zivilprozessrecht, EG-VollstrTitelVO, Einl., Rdn. 34 zur entsprechenden Regelung in der EuVTVO.
10 Vgl. dazu *Basedow* Europäisches Zivilprozessrecht, in: Handbuch des Internationalen Zivilverfahrensrechts, Bd. I, 1982, S. 113 ff.; *Geimer/Schütze* Europäisches Zivilverfahrensrecht, A.1, Einl., Rdn. 125 ff.; *Martiny* Autonome und einheitliche Auslegung im europäischen internationalen Zivilprozessrecht, RabelsZ 45 (1981), 427 ff.; *Pfeiffer* Grundlagen und Grenzen der autonomen Auslegung des EuGVÜ, Jahrbuch junger Zivilrechtswissenschaftler, 1991, S. 71 ff.; *Schlosser* Vertragsautonome Auslegung, nationales Recht, Rechtsvergleichung und das EuGVÜ, GS Bruns 1980, S. 45 ff.; *Scholz* Das Problem der autonomen Auslegung des EuGVÜ, 1998.
11 Vgl. dazu *Geimer* zur Auslegung des Brüsseler Zuständigkeits- und Vollstreckungsübereinkommens in Zivil- und Handelssachen vom 27. September 1968, EuR 12 (1977), 34 ff.; *Martiny* Autonome und einheitliche Auslegung im europäischen internationalen Zivilprozessrecht, RabelsZ 45 (1981), 427 ff.; *Schütze* DIZPR, Rdn. 7; *ders.* Internationales Zivilprozessrecht und Rechtsvergleichung, FS Waseda, 1988, S. 323 ff.

VIII. Texte zum 11. Buch der ZPO

1.) Verordnung (EG) Nr. 1393/2007 des Europäischen Parlaments und des Rates über die Zustellung gerichtlicher und außergerichtlicher Schriftstücke in Zivil- oder Handelssachen in den Mitgliedstaaten („Zustellung von Schriftstücken") und zur Aufhebung der Verordnung (EG) Nr. 1348/2000 des Rates

vom 13. November 2007 (ABl. L 324/79)

– Abdruck ohne Anhänge –

DAS EUROPÄISCHE PARLAMENT UND DER RAT DER EUROPÄISCHEN UNION –

gestützt auf den Vertrag zur Gründung der Europäischen Gemeinschaft, insbesondere auf Artikel 61 Buchstabe c und Artikel 67 Absatz 5 zweiter Gedankenstrich,

auf Vorschlag der Kommission,

nach Stellungnahme des Europäischen Wirtschafts- und Sozialausschusses[1],

gemäß dem Verfahren des Artikels 251 des Vertrags[2],

in Erwägung nachstehender Gründe:

(1) Die Union hat sich zum Ziel gesetzt, einen Raum der Freiheit, der Sicherheit und des Rechts, in dem der freie Personenverkehr gewährleistet ist, zu erhalten und weiterzuentwickeln. Zum schrittweisen Aufbau dieses Raums erlässt die Gemeinschaft unter anderem im Bereich der justiziellen Zusammenarbeit in Zivilsachen die für das reibungslose Funktionieren des Binnenmarkts erforderlichen Maßnahmen.

(2) Für das reibungslose Funktionieren des Binnenmarkts muss die Übermittlung gerichtlicher und außergerichtlicher Schriftstücke in Zivil- oder Handelssachen, die in einem anderen Mitgliedstaat zugestellt werden sollen, zwischen den Mitgliedstaaten verbessert und beschleunigt werden.

(3) Der Rat hat mit Rechtsakt vom 26. Mai 1997[3] ein Übereinkommen über die Zustellung gerichtlicher und außergerichtlicher Schriftstücke in Zivil- oder Handelssachen in den Mitgliedstaaten der Europäischen Union erstellt und das Übereinkommen den Mitgliedstaaten zur Annahme gemäß ihren verfassungsrechtlichen Vorschriften empfohlen. Dieses Übereinkommen ist nicht in Kraft getreten. Die bei der Aushandlung dieses Übereinkommens erzielten Ergebnisse sind zu wahren.

(4) Am 29. Mai 2000 hat der Rat die Verordnung (EG) Nr. 1348/2000 über die Zustellung gerichtlicher und außergerichtlicher Schriftstücke in Zivil- oder Handelssachen in den Mitgliedstaaten[4] angenommen. Der wesentliche Inhalt des Übereinkommens hat in jene Verordnung Eingang gefunden.

(5) Am 1. Oktober 2004 hat die Kommission einen Bericht über die Anwendung der Verordnung (EG) Nr. 1348/2000 angenommen. Diesem Bericht zufolge hat sich die Übermittlung und Zustellung von

---

1 ABl. C 88 vom 11.4.2006, S. 7.
2 Stellungnahme des Europäischen Parlaments vom 4. Juli 2006 (ABl. C 303 E vom 13.12.2006, S. 69), Gemeinsamer Standpunkt des Rates vom 28. Juni 2007 (ABl. C 193 E vom 21.8.2007, S. 13) und Standpunkt des Europäischen Parlaments vom 24. Oktober 2007.

3 ABl. C 261 vom 27.8.1997, S. 1. Der Rat hat am Tag der Fertigstellung des Übereinkommens von dem erläuternden Bericht zu diesem Übereinkommen Kenntnis genommen. Dieser erläuternde Bericht ist auf Seite 26 des vorstehenden Amtsblatts enthalten.
4 ABl. L 160 vom 30.6.2000, S. 37.

Schriftstücken in den Mitgliedstaaten seit Anwendung der Verordnung (EG) Nr. 1348/2000 im Allgemeinen verbessert und beschleunigt, doch werden bestimmte Vorschriften nicht gänzlich zufrieden stellend angewandt.

(6) Die Wirksamkeit und Schnelligkeit der gerichtlichen Verfahren in Zivilsachen setzt voraus, dass die Übermittlung gerichtlicher und außergerichtlicher Schriftstücke unmittelbar und auf schnellstmöglichem Wege zwischen den von den Mitgliedstaaten benannten örtlichen Stellen erfolgt. Die Mitgliedstaaten dürfen erklären, dass sie nur eine Übermittlungs- oder Empfangsstelle oder eine Stelle, die beide Funktionen zugleich wahrnimmt, für einen Zeitraum von fünf Jahren benennen wollen. Diese Benennung kann jedoch alle fünf Jahre erneuert werden.

(7) Eine schnelle Übermittlung erfordert den Einsatz aller geeigneten Mittel, wobei bestimmte Anforderungen an die Lesbarkeit und die Originaltreue des empfangenen Schriftstücks zu beachten sind. Zur Sicherstellung der Übermittlung muss das zu übermittelnde Schriftstück mit einem Formblatt versehen sein, das in der Amtssprache oder einer der Amtssprachen des Ortes auszufüllen ist, an dem die Zustellung erfolgen soll, oder in einer anderen vom Empfängerstaat anerkannten Sprache.

(8) Diese Verordnung sollte nicht für die Zustellung eines Schriftstücks an den Bevollmächtigten einer Partei in dem Mitgliedstaat gelten, in dem das Verfahren anhängig ist, unabhängig davon, wo die Partei ihren Wohnsitz hat.

(9) Die Zustellung eines Schriftstücks sollte so bald wie möglich, in jedem Fall aber innerhalb eines Monats nach Eingang bei der Empfangsstelle erfolgen.

(10) Um die Wirksamkeit dieser Verordnung zu gewährleisten, sollte die Möglichkeit, die Zustellung von Schriftstücken zu verweigern, auf Ausnahmefälle beschränkt werden.

(11) Um die Übermittlung und Zustellung von Schriftstücken zwischen den Mitgliedstaaten zu erleichtern, sollten die in den Anhängen dieser Verordnung enthaltenen Formblätter verwendet werden.

(12) Die Empfangsstelle sollte den Zustellungsempfänger schriftlich unter Verwendung des Formblatts darüber belehren, dass er die Annahme des Schriftstücks bei der Zustellung oder dadurch verweigern darf, dass er das Schriftstück binnen einer Woche an die Empfangsstelle zurücksendet, wenn es nicht in einer Sprache, die er versteht, oder in der Amtssprache oder einer der Amtssprachen des Zustellungsortes abgefasst ist. Diese Regel sollte auch für später erfolgende Zustellungen gelten, wenn der Empfänger sein Verweigerungsrecht ausgeübt hat. Diese Verweigerungsregeln sollten auch für die Zustellung durch die diplomatischen oder konsularischen Vertretungen, die Zustellung durch Postdienste oder die unmittelbare Zustellung gelten. Die Zustellung eines Schriftstücks, dessen Annahme verweigert wurde, an den Zustellungsempfänger sollte durch die Zustellung einer Übersetzung des zuzustellenden Schriftstücks an den Zustellungsempfänger bewirkt werden können.

(13) Auf eine schnelle Übermittlung muss auch eine schnelle Zustellung des Schriftstücks in den Tagen nach seinem Eingang folgen. Konnte das Schriftstück nach Ablauf eines Monats nicht zugestellt werden, so setzt die Empfangsstelle die Übermittlungsstelle davon in Kenntnis. Der Ablauf dieser Frist bedeutet nicht, dass der Antrag an die Übermittlungsstelle zurückgesandt werden muss, wenn feststeht, dass die Zustellung innerhalb einer angemessenen Frist möglich ist.

(14) Die Empfangsstelle sollte auch in den Fällen weiterhin alle für die Zustellung des Schriftstücks erforderlichen Schritte unternehmen, in denen es nicht möglich war, die Zustellung des Schriftstücks innerhalb eines Monats zu bewirken, beispielsweise weil der Beklagte urlaubsbedingt nicht zuhause war oder sich aus dienstlichen Gründen nicht in seinem Büro aufhielt. Die Übermittlungsstelle sollte jedoch zur Vermeidung einer unbefristeten Pflicht der Empfangsstelle, Schritte zur Zustellung des Schriftstücks zu unternehmen, im Formblatt eine Frist festlegen können, nach deren Ablauf die Zustellung nicht mehr erforderlich ist.

(15) Aufgrund der verfahrensrechtlichen Unterschiede zwischen den Mitgliedstaaten bestimmt sich der Zustellungszeitpunkt in den einzelnen Mitgliedstaaten nach unterschiedlichen Kriterien. Unter diesen Umständen und in Anbetracht der möglicherweise daraus entstehenden Schwierigkeiten sollte diese Verordnung deshalb eine Regelung vorsehen, nach der sich der Zustellungszeitpunkt nach dem Recht

des Empfangsmitgliedstaats bestimmt. Muss jedoch nach dem Recht eines Mitgliedstaats ein Schriftstück innerhalb einer bestimmten Frist zugestellt werden, so sollte im Verhältnis zum Antragsteller als Datum der Zustellung das Datum gelten, das sich aus dem Recht dieses Mitgliedstaats ergibt. Diese Regelung des doppelten Datums besteht nur in einer begrenzten Zahl von Mitgliedstaaten. Diejenigen Mitgliedstaaten, die diese Regelung anwenden, sollten dies der Kommission mitteilen, die diese Information im Amtsblatt der Europäischen Union veröffentlichen und über das Europäische Justizielle Netz für Zivil- und Handelssachen, das durch die Entscheidung 2001/470/EG des Rates[5] eingerichtet worden ist, zugänglich machen sollte.

(16) Um den Zugang zum Recht zu erleichtern, sollten die Kosten, die dadurch entstehen, dass bei der Zustellung eine Amtsperson oder eine andere nach dem Recht des Empfangsmitgliedstaats zuständige Person mitwirkt, einer von diesem Mitgliedstaat nach den Grundsätzen der Verhältnismäßigkeit und der Nichtdiskriminierung im Voraus festgesetzten einheitlichen Festgebühr entsprechen. Das Erfordernis einer einheitlichen Festgebühr sollte nicht die Möglichkeit ausschließen, dass die Mitgliedstaaten unterschiedliche Festgebühren für unterschiedliche Arten der Zustellung festlegen, sofern sie diese Grundsätze beachten.

(17) Es sollte jedem Mitgliedstaat freistehen, Personen, die ihren Wohnsitz in einem anderen Mitgliedstaat haben, Schriftstücke unmittelbar durch Postdienste per Einschreiben mit Rückschein oder gleichwertigem Beleg zustellen zu lassen.

(18) Jeder an einem gerichtlichen Verfahren Beteiligte sollte Schriftstücke unmittelbar durch Amtspersonen, Beamte oder sonstige zuständige Personen des Empfangsmitgliedstaats zustellen lassen können, wenn eine solche unmittelbare Zustellung nach dem Recht dieses Mitgliedstaats zulässig ist.

(19) Die Kommission sollte ein Handbuch mit Informationen zur ordnungsgemäßen Anwendung dieser Verordnung erstellen, das über das Europäische Justizielle Netz für die Zusammenarbeit in Zivil- und Handelssachen zugänglich gemacht werden sollte. Die Kommission und die Mitgliedstaaten sollten ihr Möglichstes tun, um sicherzustellen, dass diese Informationen aktuell und vollständig sind, insbesondere hinsichtlich der Kontaktinformationen zu den Empfangs- und den Übermittlungsstellen.

(20) Die Berechnung der in dieser Verordnung vorgesehenen Fristen und Termine sollte nach Maßgabe der Verordnung (EWG, Euratom) Nr. 1182/71 des Rates vom 3. Juni 1971 zur Festlegung der Regeln für die Fristen, Daten und Termine[6] erfolgen.

(21) Die zur Durchführung dieser Verordnung erforderlichen Maßnahmen sollten gemäß dem Beschluss 1999/468/EG des Rates vom 28. Juni 1999 zur Festlegung der Modalitäten für die Ausübung der der Kommission übertragenen Durchführungsbefugnisse[7] erlassen werden.

(22) Der Kommission sollte insbesondere die Befugnis zur Aktualisierung oder technischen Anpassung der Formblätter in den Anhängen übertragen werden. Da es sich bei diesen Maßnahmen um Maßnahmen von allgemeiner Tragweite zur Änderung bzw. Streichung nicht wesentlicher Bestimmungen dieser Verordnung handelt, müssen sie nach Artikel 5a des Beschlusses 1999/468/EG im Regelungsverfahren mit Kontrolle erlassen werden.

(23) In den Beziehungen zwischen den Mitgliedstaaten, die Vertragsparteien der von den Mitgliedstaaten geschlossenen bilateralen oder multilateralen Übereinkünfte oder Vereinbarungen sind, insbesondere des Protokolls zum Brüsseler Übereinkommen vom 27. September 1968[8] und des Haager Übereinkommens vom 15. November 1965[9], hat diese Verordnung in ihrem Anwendungsbereich Vorrang vor den Bestimmungen der Übereinkünfte oder Vereinbarungen mit demselben Anwendungs-

---

5 ABl. L 174 vom 27.6.2001, S. 25.
6 ABl. L 124 vom 8.6.1971, S. 1.
7 ABl. L 184 vom 17.7.1999, S. 23. Geändert durch den Beschluss 2006/512/EG (ABl. L 200 vom 22.7.2006, S. 11).
8 Brüsseler Übereinkommen vom 27. September 1968 über die gerichtliche Zuständigkeit und die Vollstreckbarkeit gerichtlicher Entschei-

dungen in Zivil- und Handelssachen (ABl. L 299 vom 31.12.1972, S. 32. Konsolidierte Fassung im ABl. C 27 vom 26.1.1998, S. 1).
9 Haager Übereinkommen vom 15. November 1965 über die Zustellung gerichtlicher und außergerichtlicher Schriftstücke im Ausland in Zivil- und Handelssachen.

bereich. Es steht den Mitgliedstaaten frei, Übereinkünfte oder Vereinbarungen zur Beschleunigung oder Vereinfachung der Übermittlung von Schriftstücken beizubehalten oder zu schließen, sofern diese Übereinkünfte oder Vereinbarungen mit dieser Verordnung vereinbar sind.

(24) Die nach dieser Verordnung übermittelten Daten sollten angemessen geschützt werden. Diese Frage wird durch die Richtlinie 95/46/EG des Europäischen Parlaments und des Rates vom 24. Oktober 1995 zum Schutz natürlicher Personen bei der Verarbeitung personenbezogener Daten und zum freien Datenverkehr[10] und die Richtlinie 2002/58/EG des Europäischen Parlaments und des Rates vom 12. Juli 2002 über die Verarbeitung personenbezogener Daten und den Schutz der Privatsphäre im Bereich der Telekommunikation (Datenschutzrichtlinie für elektronische Kommunikation)[11] geregelt.

(25) Spätestens am 1. Juni 2011 und danach alle fünf Jahre sollte die Kommission die Anwendung der Verordnung prüfen und gegebenenfalls erforderliche Änderungen vorschlagen.

(26) Da die Ziele dieser Verordnung auf Ebene der Mitgliedstaaten nicht ausreichend erreicht werden können und daher wegen ihres Umfangs und ihrer Wirkungen besser auf Gemeinschaftsebene zu verwirklichen sind, kann die Gemeinschaft im Einklang mit dem in Artikel 5 des Vertrags niedergelegten Subsidiaritätsprinzip tätig werden. Entsprechend dem in demselben Artikel genannten Grundsatz der Verhältnismäßigkeit geht diese Verordnung nicht über das zur Erreichung dieser Ziele erforderliche Maß hinaus.

(27) Im Interesse einer besseren Übersicht und Verständlichkeit sollte die Verordnung (EG) Nr. 1348/2000 aufgehoben und durch die vorliegende Verordnung ersetzt werden.

(28) Gemäß Artikel 3 des dem Vertrag über die Europäische Union und dem Vertrag zur Gründung der Europäischen Gemeinschaft beigefügten Protokolls über die Position des Vereinigten Königreichs und Irlands beteiligen sich das Vereinigte Königreich und Irland an der Annahme und Anwendung dieser Verordnung.

(29) Gemäß den Artikeln 1 und 2 des dem Vertrag über die Europäische Union und dem Vertrag zur Gründung der Europäischen Gemeinschaft beigefügten Protokolls über die Position Dänemarks beteiligt sich Dänemark nicht an der Annahme dieser Verordnung, die für Dänemark nicht bindend oder anwendbar ist –

HABEN FOLGENDE VERORDNUNG ERLASSEN:

KAPITEL I. ALLGEMEINE BESTIMMUNGEN

Artikel 1. Anwendungsbereich

(1) Diese Verordnung ist in Zivil- oder Handelssachen anzuwenden, in denen ein gerichtliches oder außergerichtliches Schriftstück von einem in einen anderen Mitgliedstaat zum Zwecke der Zustellung zu übermitteln ist. Sie erfasst insbesondere nicht Steuer- und Zollsachen, verwaltungsrechtliche Angelegenheiten sowie die Haftung des Staates für Handlungen oder Unterlassungen im Rahmen der Ausübung hoheitlicher Rechte („acta iure imperii").

(2) Diese Verordnung findet keine Anwendung, wenn die Anschrift des Empfängers des Schriftstücks unbekannt ist.

(3) Im Sinne dieser Verordnung bezeichnet der Begriff „Mitgliedstaat" alle Mitgliedstaaten mit Ausnahme Dänemarks.

---

10 ABl. L 281 vom 23.11.1995, S. 31. Geändert durch die Verordnung (EG) Nr. 1882/2003 (ABl. L 284 vom 31.10.2003, S. 1).

11 ABl. L 201 vom 31.7.2002, S. 37. Geändert durch die Richtlinie 2006/24/EG (ABl. L 105 vom 13.4.2006, S. 54).

Artikel 2. Übermittlungs- und Empfangsstellen

(1) Jeder Mitgliedstaat benennt die Amtspersonen, Behörden oder sonstigen Personen, die für die Übermittlung gerichtlicher und außergerichtlicher Schriftstücke, die in einem anderen Mitgliedstaat zuzustellen sind, zuständig sind, im Folgenden „Übermittlungsstellen" genannt.

(2) Jeder Mitgliedstaat benennt die Amtspersonen, Behörden oder sonstigen Personen, die für die Entgegennahme gerichtlicher und außergerichtlicher Schriftstücke aus einem anderen Mitgliedstaat zuständig sind, im Folgenden „Empfangsstellen" genannt.

(3) Die Mitgliedstaaten können entweder eine Übermittlungsstelle und eine Empfangsstelle oder eine Stelle für beide Aufgaben benennen. Bundesstaaten, Staaten mit mehreren Rechtssystemen oder Staaten mit autonomen Gebietskörperschaften können mehrere derartige Stellen benennen. Diese Benennung ist für einen Zeitraum von fünf Jahren gültig und kann alle fünf Jahre erneuert werden.

(4) Jeder Mitgliedstaat teilt der Kommission folgende Angaben mit:

a) die Namen und Anschriften der Empfangsstellen nach den Absätzen 2 und 3,

b) den Bereich, für den diese örtlich zuständig sind,

c) die ihnen zur Verfügung stehenden Möglichkeiten für den Empfang von Schriftstücken und

d) die Sprachen, in denen das Formblatt in Anhang I ausgefüllt werden darf.

Die Mitgliedstaaten teilen der Kommission jede Änderung dieser Angaben mit.

Artikel 3. Zentralstelle

Jeder Mitgliedstaat benennt eine Zentralstelle, die

a) den Übermittlungsstellen Auskünfte erteilt;

b) nach Lösungswegen sucht, wenn bei der Übermittlung von Schriftstücken zum Zwecke der Zustellung Schwierigkeiten auftreten;

c) in Ausnahmefällen auf Ersuchen einer Übermittlungsstelle einen Zustellungsantrag an die zuständige Empfangsstelle weiterleitet.

Bundesstaaten, Staaten mit mehreren Rechtssystemen oder Staaten mit autonomen Gebietskörperschaften können mehrere Zentralstellen benennen.

KAPITEL II. GERICHTLICHE SCHRIFTSTÜCKE

Abschnitt 1. Übermittlung und Zustellung von gerichtlichen Schriftstücken

Artikel 4. Übermittlung von Schriftstücken

(1) Gerichtliche Schriftstücke sind zwischen den nach Artikel 2 benannten Stellen unmittelbar und so schnell wie möglich zu übermitteln.

(2) Die Übermittlung von Schriftstücken, Anträgen, Zeugnissen, Empfangsbestätigungen, Bescheinigungen und sonstigen Dokumenten zwischen den Übermittlungs- und Empfangsstellen kann auf jedem geeigneten Übermittlungsweg erfolgen, sofern das empfangene Dokument mit dem versandten Dokument inhaltlich genau übereinstimmt und alle darin enthaltenen Angaben mühelos lesbar sind.

(3) Dem zu übermittelnden Schriftstück ist ein Antrag beizufügen, der nach dem Formblatt in Anhang I erstellt wird. Das Formblatt ist in der Amtssprache des Empfangsmitgliedstaats oder, wenn es in diesem Mitgliedstaat mehrere Amtssprachen gibt, der Amtssprache oder einer der Amtssprachen des Ortes, an dem die Zustellung erfolgen soll, oder in einer sonstigen Sprache, die der Empfangsmitgliedstaat

zugelassen hat, auszufüllen. Jeder Mitgliedstaat gibt die Amtssprache oder die Amtssprachen der Organe der Europäischen Union an, die er außer seiner oder seinen eigenen Amtssprache(n) für die Ausfüllung des Formblatts zulässt.

(4) Die Schriftstücke sowie alle Dokumente, die übermittelt werden, bedürfen weder der Beglaubigung noch einer anderen gleichwertigen Formalität.

(5) Wünscht die Übermittlungsstelle die Rücksendung einer Abschrift des Schriftstücks zusammen mit der Bescheinigung nach Artikel 10, so übermittelt sie das betreffende Schriftstück in zweifacher Ausfertigung.

Artikel 5. Übersetzung der Schriftstücke

(1) Der Antragsteller wird von der Übermittlungsstelle, der er das Schriftstück zum Zweck der Übermittlung übergibt, davon in Kenntnis gesetzt, dass der Empfänger die Annahme des Schriftstücks verweigern darf, wenn es nicht in einer der in Artikel 8 genannten Sprachen abgefasst ist.

(2) Der Antragsteller trägt etwaige vor der Übermittlung des Schriftstücks anfallende Übersetzungskosten unbeschadet einer etwaigen späteren Kostenentscheidung des zuständigen Gerichts oder der zuständigen Behörde.

Artikel 6. Entgegennahme der Schriftstücke durch die Empfangsstelle

(1) Nach Erhalt des Schriftstücks übersendet die Empfangsstelle der Übermittlungsstelle auf schnellstmöglichem Wege und so bald wie möglich, auf jeden Fall aber innerhalb von sieben Tagen nach Erhalt des Schriftstücks, eine Empfangsbestätigung unter Verwendung des Formblatts in Anhang I.

(2) Kann der Zustellungsantrag aufgrund der übermittelten Angaben oder Dokumente nicht erledigt werden, so nimmt die Empfangsstelle auf schnellstmöglichem Wege Verbindung zu der Übermittlungsstelle auf, um die fehlenden Angaben oder Schriftstücke zu beschaffen.

(3) Fällt der Zustellungsantrag offenkundig nicht in den Anwendungsbereich dieser Verordnung oder ist die Zustellung wegen Nichtbeachtung der erforderlichen Formvorschriften nicht möglich, sind der Zustellungsantrag und die übermittelten Schriftstücke sofort nach Erhalt unter Verwendung des Formblatts in Anhang I an die Übermittlungsstelle zurückzusenden.

(4) Eine Empfangsstelle, die ein Schriftstück erhält, für dessen Zustellung sie örtlich nicht zuständig ist, leitet dieses Schriftstück zusammen mit dem Zustellungsantrag an die örtlich zuständige Empfangsstelle in demselben Mitgliedstaat weiter, sofern der Antrag den Voraussetzungen in Artikel 4 Absatz 3 entspricht; sie setzt die Übermittlungsstelle unter Verwendung des Formblatts in Anhang I davon in Kenntnis. Die örtlich zuständige Empfangsstelle teilt der Übermittlungsstelle gemäß Absatz 1 den Eingang des Schriftstücks mit.

Artikel 7. Zustellung der Schriftstücke

(1) Die Zustellung des Schriftstücks wird von der Empfangsstelle bewirkt oder veranlasst, und zwar entweder nach dem Recht des Empfangsmitgliedstaats oder in einem von der Übermittlungsstelle gewünschten besonderen Verfahren, sofern dieses Verfahren mit dem Recht des Empfangsmitgliedstaats vereinbar ist.

(2) Die Empfangsstelle unternimmt alle erforderlichen Schritte, um die Zustellung des Schriftstücks so rasch wie möglich, in jedem Fall jedoch binnen einem Monat nach Eingang auszuführen. Konnte die Zustellung nicht binnen einem Monat nach Eingang vorgenommen werden, verfährt die Empfangsstelle wie folgt:

a) Sie teilt dies der Übermittlungsstelle unverzüglich unter Verwendung der Bescheinigung mit, die in dem Formblatt in Anhang I vorgesehen und gemäß Artikel 10 Absatz 2 auszufüllen ist, und

b) Sie unternimmt weiterhin, sofern die Übermittlungsstelle nichts anderes angibt, alle für die Zustellung des Schriftstücks erforderlichen Schritte, falls die Zustellung innerhalb einer angemessenen Frist möglich scheint.

Artikel 8. Verweigerung der Annahme eines Schriftstücks

(1) Die Empfangsstelle setzt den Empfänger unter Verwendung des Formblatts in Anhang II davon in Kenntnis, dass er die Annahme des zuzustellenden Schriftstücks bei der Zustellung verweigern oder das Schriftstück der Empfangsstelle binnen einer Woche zurücksenden darf, wenn das Schriftstück nicht in einer der folgenden Sprachen abgefasst oder keine Übersetzung in einer der folgenden Sprachen beigefügt ist:

a) einer Sprache, die der Empfänger versteht,

oder

b) der Amtssprache des Empfangsmitgliedstaats oder, wenn es im Empfangsmitgliedstaat mehrere Amtssprachen gibt, der Amtssprache oder einer der Amtssprachen des Ortes, an dem die Zustellung erfolgen soll.

(2) Wird der Empfangsstelle mitgeteilt, dass der Empfänger die Annahme des Schriftstücks gemäß Absatz 1 verweigert hat, so setzt sie die Übermittlungsstelle unter Verwendung der Bescheinigung nach Artikel 10 unverzüglich davon in Kenntnis und sendet den Antrag sowie die Schriftstücke, um deren Übersetzung ersucht wird, zurück.

(3) Hat der Empfänger die Annahme des Schriftstücks gemäß Absatz 1 verweigert, kann die Zustellung dadurch bewirkt werden, dass dem Empfänger im Einklang mit dieser Verordnung das Dokument zusammen mit einer Übersetzung des Schriftstücks in eine der in Absatz 1 vorgesehenen Sprachen zugestellt wird. In diesem Fall ist das Datum der Zustellung des Schriftstücks das Datum, an dem die Zustellung des Dokuments zusammen mit der Übersetzung nach dem Recht des Empfangsmitgliedstaats bewirkt wird. Muss jedoch nach dem Recht eines Mitgliedstaats ein Schriftstück innerhalb einer bestimmten Frist zugestellt werden, so ist im Verhältnis zum Antragsteller als Datum der Zustellung der nach Artikel 9 Absatz 2 ermittelte Tag maßgeblich, an dem das erste Schriftstück zugestellt worden ist.

(4) Die Absätze 1, 2 und 3 gelten auch für die Übermittlung und Zustellung gerichtlicher Schriftstücke nach Abschnitt 2.

(5) Für die Zwecke von Absatz 1 gilt Folgendes: Erfolgt die Zustellung gemäß Artikel 13 durch diplomatische oder konsularische Vertretungen bzw. gemäß Artikel 14 durch eine Behörde oder Person, so setzen die diplomatischen oder konsularischen Vertretungen bzw. die zustellende Behörde oder Person den Empfänger davon in Kenntnis, dass er die Annahme des Schriftstücks verweigern darf und dass Schriftstücke, deren Annahme verweigert wurden, diesen Vertretungen bzw. dieser Behörde oder Person zu übermitteln sind.

Artikel 9. Datum der Zustellung

(1) Unbeschadet des Artikels 8 ist für das Datum der nach Artikel 7 erfolgten Zustellung eines Schriftstücks das Recht des Empfangsmitgliedstaats maßgeblich.

(2) Muss jedoch nach dem Recht eines Mitgliedstaats ein Schriftstück innerhalb einer bestimmten Frist zugestellt werden, so ist im Verhältnis zum Antragsteller als Datum der Zustellung der Tag maßgeblich, der sich aus dem Recht dieses Mitgliedstaats ergibt.

(3) Die Absätze 1 und 2 gelten auch für die Übermittlung und Zustellung gerichtlicher Schriftstücke nach Abschnitt 2.

Artikel 10. Bescheinigung über die Zustellung und Abschrift des zugestellten Schriftstücks

(1) Nach Erledigung der für die Zustellung des Schriftstücks vorzunehmenden Schritte wird nach dem Formblatt in Anhang I eine entsprechende Bescheinigung ausgestellt, die der Übermittlungsstelle übersandt wird. Bei Anwendung von Artikel 4 Absatz 5 wird der Bescheinigung eine Abschrift des zugestellten Schriftstücks beigefügt.

(2) Die Bescheinigung ist in der Amtssprache oder in einer der Amtssprachen des Übermittlungsmitgliedstaats oder in einer sonstigen Sprache, die der Übermittlungsmitgliedstaat zugelassen hat, auszustellen. Jeder Mitgliedstaat gibt die Amtssprache oder die Amtssprachen der Organe der Europäischen Union an, die er außer seiner oder seinen eigenen Amtssprache(n) für die Ausfüllung des Formblatts zulässt.

Artikel 11. Kosten der Zustellung

(1) Für die Zustellung gerichtlicher Schriftstücke aus einem anderen Mitgliedstaat darf keine Zahlung oder Erstattung von Gebühren und Auslagen für die Tätigkeit des Empfangsmitgliedstaats verlangt werden.

(2) Der Antragsteller hat jedoch die Auslagen zu zahlen oder zu erstatten, die dadurch entstehen,

a) dass bei der Zustellung eine Amtsperson oder eine andere nach dem Recht des Empfangsmitgliedstaats zuständige Person mitwirkt;

b) dass ein besonderes Verfahren der Zustellung gewählt wird.

Auslagen, die dadurch entstehen, dass bei der Zustellung eine Amtsperson oder eine andere nach dem Recht des Empfangsmitgliedstaats zuständige Person mitwirkt, müssen einer von diesem Mitgliedstaat nach den Grundsätzen der Verhältnismäßigkeit und der Nichtdiskriminierung im Voraus festgesetzten einheitlichen Festgebühr entsprechen. Die Mitgliedstaaten teilen der Kommission die jeweiligen Festgebühren mit.

Abschnitt 2. Andere Arten der Übermittlung und Zustellung gerichtlicher Schriftstücke

Artikel 12. Übermittlung auf konsularischem oder diplomatischem Weg

Jedem Mitgliedstaat steht es in Ausnahmefällen frei, den nach Artikel 2 oder Artikel 3 benannten Stellen eines anderen Mitgliedstaats gerichtliche Schriftstücke zum Zweck der Zustellung auf konsularischem oder diplomatischem Weg zu übermitteln.

Artikel 13. Zustellung von Schriftstücken durch die diplomatischen oder konsularischen Vertretungen

(1) Jedem Mitgliedstaat steht es frei, Personen, die ihren Wohnsitz in einem anderen Mitgliedstaat haben, gerichtliche Schriftstücke unmittelbar durch seine diplomatischen oder konsularischen Vertretungen ohne Anwendung von Zwang zustellen zu lassen.

(2) Jeder Mitgliedstaat kann nach Artikel 23 Absatz 1 mitteilen, dass er eine solche Zustellung in seinem Hoheitsgebiet nicht zulässt, außer wenn das Schriftstück einem Staatsangehörigen des Übermittlungsmitgliedstaats zuzustellen ist.

Artikel 14. Zustellung durch Postdienste

Jedem Mitgliedstaat steht es frei, Personen, die ihren Wohnsitz in einem anderen Mitgliedstaat haben, gerichtliche Schriftstücke unmittelbar durch Postdienste per Einschreiben mit Rückschein oder gleichwertigem Beleg zustellen zu lassen.

Artikel 15. Unmittelbare Zustellung

Jeder an einem gerichtlichen Verfahren Beteiligte kann gerichtliche Schriftstücke unmittelbar durch Amtspersonen, Beamte oder sonstige zuständige Personen des Empfangsmitgliedstaats zustellen lassen, wenn eine solche unmittelbare Zustellung nach dem Recht dieses Mitgliedstaats zulässig ist.

KAPITEL III. AUSSERGERICHTLICHE SCHRIFTSTÜCKE

Artikel 16. Übermittlung

Außergerichtliche Schriftstücke können zum Zweck der Zustellung in einem anderen Mitgliedstaat nach Maßgabe dieser Verordnung übermittelt werden.

KAPITEL IV. SCHLUSSBESTIMMUNGEN

Artikel 17. Durchführungsbestimmungen

Die Maßnahmen zur Änderung nicht wesentlicher Elemente dieser Verordnung wie die Aktualisierung oder technische Anpassung der Formblätter in den Anhängen I und II werden nach dem Regelungsverfahren mit Kontrolle gemäß Artikel 18 Absatz 2 erlassen.

Artikel 18. Ausschuss

(1) Die Kommission wird von einem Ausschuss unterstützt.

(2) Wird auf diesen Absatz Bezug genommen, so gelten Artikel 5a Absätze 1 bis 4 und Artikel 7 des Beschlusses 1999/468/EG unter Beachtung von dessen Artikel 8.

Artikel 19. Nichteinlassung des Beklagten

(1) War ein verfahrenseinleitendes Schriftstück oder ein gleichwertiges Schriftstück nach dieser Verordnung zum Zweck der Zustellung in einen anderen Mitgliedstaat zu übermitteln und hat sich der Beklagte nicht auf das Verfahren eingelassen, so hat das Gericht das Verfahren auszusetzen, bis festgestellt ist,

a) dass das Schriftstück in einem Verfahren zugestellt worden ist, das das Recht des Empfangsmitgliedstaats für die Zustellung der in seinem Hoheitsgebiet ausgestellten Schriftstücke an dort befindliche Personen vorschreibt, oder

b) dass das Schriftstück tatsächlich entweder dem Beklagten persönlich ausgehändigt oder nach einem anderen in dieser Verordnung vorgesehenen Verfahren in seiner Wohnung abgegeben worden ist,

und dass in jedem dieser Fälle das Schriftstück so rechtzeitig zugestellt oder ausgehändigt bzw. abgegeben worden ist, dass der Beklagte sich hätte verteidigen können.

(2) Jeder Mitgliedstaat kann nach Artikel 23 Absatz 1 mitteilen, dass seine Gerichte ungeachtet des Absatzes 1 den Rechtsstreit entscheiden können, auch wenn keine Bescheinigung über die Zustellung oder die Aushändigung bzw. Abgabe eingegangen ist, sofern folgende Voraussetzungen gegeben sind:

a) Das Schriftstück ist nach einem in dieser Verordnung vorgesehenen Verfahren übermittelt worden.

b) Seit der Absendung des Schriftstücks ist eine Frist von mindestens sechs Monaten verstrichen, die das Gericht nach den Umständen des Falles als angemessen erachtet.

c) Trotz aller zumutbaren Schritte bei den zuständigen Behörden oder Stellen des Empfangsmitgliedstaats war eine Bescheinigung nicht zu erlangen.

(3) Unbeschadet der Absätze 1 und 2 kann das Gericht in dringenden Fällen einstweilige Maßnahmen oder Sicherungsmaßnahmen anordnen.

(4) War ein verfahrenseinleitendes Schriftstück oder ein gleichwertiges Schriftstück nach dieser Verordnung zum Zweck der Zustellung in einen anderen Mitgliedstaat zu übermitteln und ist eine Entscheidung gegen einen Beklagten ergangen, der sich nicht auf das Verfahren eingelassen hat, so kann ihm das Gericht in Bezug auf Rechtsmittelfristen die Wiedereinsetzung in den vorigen Stand bewilligen, sofern

a) der Beklagte ohne sein Verschulden nicht so rechtzeitig Kenntnis von dem Schriftstück erlangt hat, dass er sich hätte verteidigen können, und nicht so rechtzeitig Kenntnis von der Entscheidung erlangt hat, dass er sie hätte anfechten können, und

b) die Verteidigung des Beklagten nicht von vornherein aussichtslos scheint.

Ein Antrag auf Wiedereinsetzung in den vorigen Stand kann nur innerhalb einer angemessenen Frist, nachdem der Beklagte von der Entscheidung Kenntnis erhalten hat, gestellt werden.

Jeder Mitgliedstaat kann nach Artikel 23 Absatz 1 erklären, dass dieser Antrag nach Ablauf einer in seiner Mitteilung anzugebenden Frist unzulässig ist; diese Frist muss jedoch mindestens ein Jahr ab Erlass der Entscheidung betragen.

(5) Absatz 4 gilt nicht für Entscheidungen, die den Personenstand betreffen.

Artikel 20. Verhältnis zu von den Mitgliedstaaten geschlossenen Übereinkünften oder Vereinbarungen

(1) Die Verordnung hat in ihrem Anwendungsbereich Vorrang vor den Bestimmungen, die in den von den Mitgliedstaaten geschlossenen bilateralen oder multilateralen Übereinkünften oder Vereinbarungen enthalten sind, insbesondere vor Artikel IV des Protokolls zum Brüsseler Übereinkommen von 1968 und vor dem Haager Übereinkommen vom 15. November 1965.

(2) Die Verordnung hindert einzelne Mitgliedstaaten nicht daran, Übereinkünfte oder Vereinbarungen zur weiteren Beschleunigung oder Vereinfachung der Übermittlung von Schriftstücken beizubehalten oder zu schließen, sofern sie mit dieser Verordnung vereinbar sind.

(3) Die Mitgliedstaaten übermitteln der Kommission:

a) eine Abschrift der zwischen den Mitgliedstaaten geschlossenen Übereinkünfte oder Vereinbarungen nach Absatz 2 sowie Entwürfe dieser von ihnen geplanten Übereinkünfte oder Vereinbarungen sowie

b) jede Kündigung oder Änderung dieser Übereinkünfte oder Vereinbarungen.

Artikel 21. Prozesskostenhilfe

Artikel 23 des Abkommens über den Zivilprozess vom 17. Juli 1905, Artikel 24 des Übereinkommens über den Zivilprozess vom 1. März 1954 und Artikel 13 des Abkommens über die Erleichterung des internationalen Zugangs zu den Gerichten vom 25. Oktober 1980 bleiben im Verhältnis zwischen den Mitgliedstaaten, die Vertragspartei dieser Übereinkünfte sind, von dieser Verordnung unberührt.

Artikel 22. Datenschutz

(1) Die Empfangsstelle darf die nach dieser Verordnung übermittelten Informationen – einschließlich personenbezogener Daten – nur zu dem Zweck verwenden, zu dem sie übermittelt wurden.

(2) Die Empfangsstelle stellt die Vertraulichkeit derartiger Informationen nach Maßgabe ihres nationalen Rechts sicher.

(3) Die Absätze 1 und 2 berühren nicht das Auskunftsrecht von Betroffenen über die Verwendung der nach dieser Verordnung übermittelten Informationen, das ihnen nach dem einschlägigen nationalen Recht zusteht.

(4) Die Richtlinien 95/46/EG und 2002/58/EG bleiben von dieser Verordnung unberührt.

Artikel 23. Mitteilung und Veröffentlichung

(1) Die Mitgliedstaaten teilen der Kommission die Angaben nach den Artikeln 2, 3, 4, 10, 11, 13, 15 und 19 mit. Die Mitgliedstaaten teilen der Kommission mit, ob nach ihrem innerstaatlichen Recht ein Dokument gemäß Artikel 8 Absatz 3 und Artikel 9 Absatz 2 innerhalb einer bestimmten Frist zugestellt werden muss.

(2) Die Kommission veröffentlicht die gemäß Absatz 1 mitgeteilten Angaben im Amtsblatt der Europäischen Union, mit Ausnahme der Anschriften und sonstigen Kontaktdaten der Stellen und der Zentralstellen und ihrer geografischen Zuständigkeitsgebiete.

(3) Die Kommission sorgt für die Erstellung und regelmäßige Aktualisierung eines Handbuchs, das die Angaben nach Absatz 1 enthält und in elektronischer Form bereitgestellt wird, insbesondere über das Europäische Justizielle Netz für Zivil- und Handelssachen.

Artikel 24. Überprüfung

Die Kommission legt dem Europäischen Parlament, dem Rat und dem Europäischen Wirtschafts- und Sozialausschuss spätestens am 1. Juni 2011 und danach alle fünf Jahre einen Bericht über die Anwendung dieser Verordnung vor, wobei sie insbesondere auf die Effizienz der nach Artikel 2 bezeichneten Stellen und die praktische Anwendung des Artikels 3 Buchstabe c und des Artikels 9 achtet. Diesem Bericht werden erforderlichenfalls Vorschläge zur Anpassung dieser Verordnung an die Entwicklung der Zustellungssysteme beigefügt.

Artikel 25. Aufhebung der Verordnung (EG) Nr. 1348/2000

(1) Die Verordnung (EG) Nr. 1348/2000 wird mit Beginn der Geltung dieser Verordnung aufgehoben.

(2) Jede Bezugnahme auf die aufgehobene Verordnung gilt als Bezugnahme auf die vorliegende Verordnung nach Maßgabe der Entsprechungstabelle in Anhang III.

Artikel 26. Inkrafttreten

Diese Verordnung tritt am zwanzigsten Tag nach ihrer Veröffentlichung im Amtsblatt der Europäischen Union[12] in Kraft.

Sie gilt ab dem 13. November 2008 mit Ausnahme des Artikels 23, der ab dem 13. August 2008 gilt.

Diese Verordnung ist in allen ihren Teilen verbindlich und gilt gemäß dem Vertrag zur Gründung der Europäischen Gemeinschaft unmittelbar in den Mitgliedstaaten.

---

12 Datum der Veröffentlichung: 10.12.2007.

2.) Verordnung (EG) Nr. 1206/2001 des Rates über die Zusammenarbeit zwischen den Gerichten der Mitgliedstaaten auf dem Gebiet der Beweisaufnahme in Zivil- oder Handelssachen

vom 28. Mai 2001 (ABl. L 174/1)

– Abdruck ohne Anhang –

DER RAT DER EUROPÄISCHEN UNION –

gestützt auf den Vertrag zur Gründung der Europäischen Gemeinschaft, insbesondere auf Artikel 61 Buchstabe c) und Artikel 67 Absatz 1,

auf Initiative der Bundesrepublik Deutschland[1],

nach Stellungnahme des Europäischen Parlaments[2],

nach Stellungnahme des Wirtschafts- und Sozialausschusses[3],

in Erwägung nachstehender Gründe:

(1) Die Union hat sich zum Ziel gesetzt, einen Raum der Freiheit, der Sicherheit und des Rechts, in dem die Freizügigkeit gewährleistet ist, zu erhalten und weiterzuentwickeln. Zum schrittweisen Aufbau dieses Raums erlässt die Gemeinschaft unter anderem im Bereich der justiziellen Zusammenarbeit in Zivilsachen die für das reibungslose Funktionieren des Binnenmarkts erforderlichen Maßnahmen.

(2) Für das reibungslose Funktionieren des Binnenmarkts sollte die Zusammenarbeit zwischen den Gerichten auf dem Gebiet der Beweisaufnahme verbessert, insbesondere vereinfacht und beschleunigt werden.

(3) Der Europäische Rat hat auf seiner Tagung vom 15. und 16. Oktober 1999 in Tampere daran erinnert, dass neue verfahrensrechtliche Vorschriften für grenzüberschreitende Fälle, insbesondere im Bereich der Beweisaufnahme, auszuarbeiten sind.

(4) Dieser Bereich fällt unter Artikel 65 des Vertrags.

(5) Da die Ziele dieser Verordnung – die Verbesserung der Zusammenarbeit zwischen den Gerichten auf dem Gebiet der Beweisaufnahme in Zivil- oder Handelssachen – auf der Ebene der Mitgliedstaaten nicht ausreichend erreicht werden können und daher besser auf Gemeinschaftsebene erreicht werden können, kann die Gemeinschaft diese Maßnahmen im Einklang mit dem in Artikel 5 des Vertrags niedergelegten Grundsatz der Subsidiarität annehmen. Entsprechend dem in demselben Artikel niedergelegten Verhältnismäßigkeitsprinzip geht diese Verordnung nicht über das für die Erreichung dieser Ziele erforderliche Maß hinaus.

(6) Bislang gibt es auf dem Gebiet der Beweisaufnahme keine alle Mitgliedstaaten bindende Übereinkunft. Das Haager Übereinkommen vom 18. März 1970 über die Beweisaufnahme im Ausland in Zivil- oder Handelssachen gilt nur zwischen elf Mitgliedstaaten der Europäischen Union.

(7) Da es für eine Entscheidung in einem bei einem Gericht eines Mitgliedstaats anhängigen zivil- oder handelsrechtlichen Verfahren oft erforderlich ist, in einem anderen Mitgliedstaat Beweis erheben zu lassen, darf sich die Tätigkeit der Gemeinschaft nicht auf den unter die Verordnung (EG) Nr. 1348/2000 des Rates vom 29. Mai 2000 über die Zustellung gerichtlicher und außergerichtlicher Schriftstücke in Zivil- oder Handelssachen in den Mitgliedstaaten[4] fallenden Bereich der Übermittlung gerichtlicher und außergerichtlicher Schriftstücke in Zivil- und Handelssachen beschränken. Daher muss die Zusammenarbeit der Gerichte der Mitgliedstaaten auf dem Gebiet der Beweisaufnahme weiter verbessert werden.

---

1 ABl. C 314 vom 3.11.2000, S. 2.
2 Stellungnahme vom 14. März 2001 (noch nicht im Amtsblatt veröffentlicht).

3 Stellungnahme vom 28. Februar 2001 (noch nicht im Amtsblatt veröffentlicht).
4 ABl. L 160 vom 30.6.2000, S. 37.

(8) Eine effiziente Abwicklung gerichtlicher Verfahren in Zivil- oder Handelssachen setzt voraus, dass die Übermittlung der Ersuchen um Beweisaufnahme und deren Erledigung direkt und auf schnellstmöglichem Wege zwischen den Gerichten der Mitgliedstaaten erfolgt.

(9) Eine schnelle Übermittlung der Ersuchen um Beweisaufnahme erfordert den Einsatz aller geeigneten Mittel, wobei bestimmte Bedingungen hinsichtlich der Lesbarkeit und der Zuverlässigkeit des eingegangenen Dokuments zu beachten sind. Damit ein Höchstmaß an Klarheit und Rechtssicherheit gewährleistet ist, müssen die Ersuchen um Beweisaufnahme anhand eines Formblatts übermittelt werden, das in der Sprache des Mitgliedstaats des ersuchten Gerichts oder in einer anderen von diesem Staat anerkannten Sprache auszufüllen ist. Aus denselben Gründen empfiehlt es sich, auch für die weitere Kommunikation zwischen den betreffenden Gerichten nach Möglichkeit Formblätter zu verwenden.

(10) Ein Ersuchen um Beweisaufnahme sollte rasch erledigt werden. Kann das Ersuchen innerhalb von 90 Tagen nach Eingang bei dem ersuchten Gericht nicht erledigt werden, so sollte dieses das ersuchende Gericht hiervon unter Angabe der Gründe, die einer zügigen Erledigung des Ersuchens entgegenstehen, in Kenntnis zu setzen.

(11) Um die Wirksamkeit dieser Verordnung zu gewährleisten, ist die Möglichkeit, die Erledigung eines Ersuchens um Beweisaufnahme abzulehnen, auf eng begrenzte Ausnahmefälle zu beschränken.

(12) Das ersuchte Gericht sollte das Ersuchen nach Maßgabe des Rechts seines Mitgliedstaats erledigen.

(13) Die Parteien und gegebenenfalls ihre Vertreter sollten der Beweisaufnahme beiwohnen können, wenn dies im Recht des Mitgliedstaats des ersuchenden Gerichts vorgesehen ist, damit sie die Verhandlungen wie im Falle einer Beweisaufnahme im Mitgliedstaat des ersuchenden Gerichts verfolgen können. Sie sollten auch das Recht haben, die Beteiligung an den Verhandlungen zu beantragen, damit sie an der Beweisaufnahme aktiv mitwirken können. Die Bedingungen jedoch, unter denen sie teilnehmen dürfen, sollten vom ersuchten Gericht nach Maßgabe des Rechts seines Mitgliedstaats festgelegt werden.

(14) Die Beauftragten des ersuchenden Gerichts sollten der Beweisaufnahme beiwohnen können, wenn dies mit dem Recht des Mitgliedstaats des ersuchenden Gerichts vereinbar ist, damit eine bessere Beweiswürdigung erfolgen kann. Sie sollten ebenfalls das Recht haben, die Beteiligung an den Verhandlungen zu beantragen – wobei die vom ersuchten Gericht nach Maßgabe des Rechts seines Mitgliedstaats festgelegten Bedingungen zu beachten sind –, damit sie an der Beweisaufnahme aktiv mitwirken können.

(15) Damit die Beweisaufnahme erleichtert wird, sollte es einem Gericht in einem Mitgliedstaat möglich sein, nach seinem Recht in einem anderen Mitgliedstaat mit dessen Zustimmung unmittelbar Beweis zu erheben, wobei die von der Zentralstelle oder der zuständigen Behörde des ersuchten Mitgliedstaats festgelegten Bedingungen zu beachten sind.

(16) Für die Erledigung des Ersuchens nach Artikel 10 sollte keine Erstattung von Gebühren und Auslagen verlangt werden dürfen. Falls jedoch das ersuchte Gericht die Erstattung verlangt, sollten die Aufwendungen für Sachverständige und Dolmetscher sowie die aus der Anwendung von Artikel 10 Absätze 3 und 4 entstehenden Auslagen von jenem Gericht getragen werden. In einem solchen Fall hat das ersuchende Gericht die erforderlichen Maßnahmen zu ergreifen, um die unverzügliche Erstattung sicherzustellen. Wird die Stellungnahme eines Sachverständigen verlangt, kann das ersuchte Gericht vor der Erledigung des Ersuchens das ersuchende Gericht um eine angemessene Kaution oder einen angemessenen Vorschuss für die Sachverständigenkosten bitten.

(17) Diese Verordnung sollte in ihrem Anwendungsbereich Vorrang vor den Bestimmungen zwischen den Mitgliedstaaten geschlossener internationaler Übereinkommen haben. Es sollte den Mitgliedstaaten freistehen, untereinander Übereinkünfte oder Vereinbarungen zur weiteren Vereinfachung der Zusammenarbeit auf dem Gebiet der Beweisaufnahme zu treffen, sofern diese Übereinkünfte oder Vereinbarungen mit dieser Verordnung vereinbar sind.

(18) Die nach dieser Verordnung übermittelten Daten müssen geschützt werden. Da die Richtlinie 95/46/EG des Europäischen Parlaments und des Rates vom 24. Oktober 1995 zum Schutz natürlicher

Personen bei der Verarbeitung personenbezogener Daten und zum freien Datenverkehr[5] und die Richtlinie 97/66/EG des Europäischen Parlaments und des Rates vom 15. Dezember 1997 über die Verarbeitung personenbezogener Daten und den Schutz der Privatsphäre im Bereich der Telekommunikation[6] Anwendung finden, sind entsprechende spezielle Bestimmungen in dieser Verordnung über Datenschutz nicht erforderlich.

(19) Die zur Durchführung dieser Verordnung erforderlichen Maßnahmen sollten gemäß dem Beschluss 99/468/EG des Rates vom 28. Juni 1999 zur Festlegung der Modalitäten für die Ausübung der der Kommission übertragenen Durchführungsbefugnisse[7] erlassen werden.

(20) Um eine einwandfreie Anwendung dieser Verordnung sicherzustellen, sollte die Kommission deren Durchführung prüfen und gegebenenfalls die notwendigen Änderungen vorschlagen.

(21) Das Vereinigte Königreich und Irland haben gemäß Artikel 3 des dem Vertrag über die Europäische Union und dem Vertrag zur Gründung der Europäischen Gemeinschaft beigefügten Protokolls über die Position des Vereinigten Königreichs und Irlands mitgeteilt, dass sie sich an der Annahme und Anwendung dieser Verordnung beteiligen möchten.

(22) Dänemark beteiligt sich gemäß den Artikeln 1 und 2 des dem Vertrag über die Europäische Union und dem Vertrag zur Gründung der Europäischen Gemeinschaft beigefügten Protokolls über die Position Dänemarks nicht an der Annahme dieser Verordnung, die daher für Dänemark nicht bindend und Dänemark gegenüber nicht anwendbar ist.

HAT FOLGENDE VERORDNUNG ERLASSEN:

KAPITEL I. ALLGEMEINE BESTIMMUNGEN

Artikel 1. Anwendungsbereich

(1) Diese Verordnung ist in Zivil- oder Handelssachen anzuwenden, wenn das Gericht eines Mitgliedstaats nach seinen innerstaatlichen Rechtsvorschriften

a) das zuständige Gericht eines anderen Mitgliedstaats um Beweisaufnahme ersucht, oder

b) darum ersucht, in einem anderen Mitgliedstaat unmittelbar Beweis erheben zu dürfen.

(2) Um Beweisaufnahme darf nicht ersucht werden, wenn die Beweise nicht zur Verwendung in einem bereits eingeleiteten oder zu eröffnenden gerichtlichen Verfahren bestimmt sind.

(3) Im Sinne dieser Verordnung bezeichnet der Ausdruck „Mitgliedstaat" die Mitgliedstaaten mit Ausnahme Dänemarks.

Artikel 2. Unmittelbarer Geschäftsverkehr zwischen den Gerichten

(1) Ersuchen nach Artikel 1 Absatz 1 Buchstabe a) (nachstehend „Ersuchen" genannt) sind von dem Gericht, bei dem das Verfahren eingeleitet wurde oder eröffnet werden soll (nachstehend „ersuchendes Gericht" genannt), unmittelbar dem zuständigen Gericht eines anderen Mitgliedstaats (nachstehend „ersuchtes Gericht" genannt) zur Durchführung der Beweisaufnahme zu übersenden.

(2) Jeder Mitgliedstaat erstellt eine Liste der für die Durchführung von Beweisaufnahmen nach dieser Verordnung zuständigen Gerichte. In dieser Liste ist auch der örtliche Zuständigkeitsbereich und gegebenenfalls die besondere fachliche Zuständigkeit dieser Gerichte anzugeben.

Artikel 3. Zentralstelle

(1) Jeder Mitgliedstaat bestimmt eine Zentralstelle, die

a) den Gerichten Auskünfte erteilt;

---

5 ABl. L 281 vom 23.11.1995, S. 31.
6 ABl. L 24 vom 30.1.1998, S. 1.

7 ABl. L 184 vom 17.7.1999, S. 23.

b) nach Lösungswegen sucht, wenn bei einem Ersuchen Schwierigkeiten auftreten;

c) in Ausnahmefällen auf Ersuchen eines ersuchenden Gerichts ein Ersuchen an das zuständige Gericht weiterleitet;

(2) Bundesstaaten, Staaten mit mehreren Rechtssystemen oder Staaten mit autonomen Gebietskörperschaften können mehrere Zentralstellen bestimmen.

(3) Jeder Mitgliedstaat benennt ferner die in Absatz 1 genannte Zentralstelle oder eine oder mehrere zuständige Behörden als verantwortliche Stellen für Entscheidungen über Ersuchen nach Artikel 17.

KAPITEL II. ÜBERMITTLUNG UND ERLEDIGUNG DER ERSUCHEN

Abschnitt 1. Übermittlung des Ersuchens

Artikel 4. Form und Inhalt des Ersuchens

(1) Das Ersuchen wird unter Verwendung des im Anhang enthaltenen Formblattes A oder gegebenenfalls des Formblattes I gestellt. Es enthält folgende Angaben:

a) das ersuchende und gegebenenfalls das ersuchte Gericht;

b) den Namen und die Anschrift der Parteien und gegebenenfalls ihrer Vertreter;

c) die Art und den Gegenstand der Rechtssache sowie eine gedrängte Darstellung des Sachverhalts;

d) die Bezeichnung der durchzuführenden Beweisaufnahme;

e) bei einem Ersuchen um Vernehmung einer Person:

– Name und Anschrift der zu vernehmenden Personen;

– die Fragen, welche an die zu vernehmenden Personen gerichtet werden sollen, oder den Sachverhalt, über den sie vernommen werden sollen;

– gegebenenfalls einen Hinweis auf ein nach dem Recht des Mitgliedstaats des ersuchenden Gerichts bestehendes Zeugnisverweigerungsrecht;

– gegebenenfalls den Antrag, die Vernehmung unter Eid oder eidesstattlicher Versicherung durchzuführen, und gegebenenfalls die dabei zu verwendende Formel;

– gegebenenfalls alle anderen Informationen, die das ersuchende Gericht für erforderlich hält;

f) bei einem Ersuchen um eine sonstige Beweisaufnahme die Urkunden oder die anderen Gegenstände, die geprüft werden sollen;

g) gegebenenfalls Anträge nach Artikel 10 Absätze 3 und 4, Artikel 11 und Artikel 12 und für die Anwendung dieser Bestimmungen erforderliche Erläuterungen.

(2) Die Ersuchen sowie alle dem Ersuchen beigefügten Unterlagen bedürfen weder der Beglaubigung noch einer anderen gleichwertigen Formalität.

(3) Schriftstücke, deren Beifügung das ersuchende Gericht für die Erledigung des Ersuchens für notwendig hält, sind mit einer Übersetzung in die Sprache zu versehen, in der das Ersuchen abgefasst wurde.

Artikel 5. Sprachen

Das Ersuchen und die aufgrund dieser Verordnung gemachten Mitteilungen sind in der Amtssprache des ersuchten Mitgliedstaats oder, wenn es in diesem Mitgliedstaat mehrere Amtssprachen gibt, in der Amtssprache oder einer der Amtssprachen des Ortes, an dem die beantragte Beweisaufnahme durchgeführt werden soll, oder in einer anderen Sprache, die der ersuchte Mitgliedstaat zugelassen hat, abzufassen. Jeder Mitgliedstaat hat die Amtssprache bzw. die Amtssprachen der Organe der Europäischen Gemeinschaft anzugeben, die er außer seiner bzw. seinen eigenen für die Ausfuellung des Formblatts zulässt.

Artikel 6. Übermittlung der Ersuchen und der sonstigen Mitteilungen

Ersuchen und Mitteilungen nach dieser Verordnung werden auf dem schnellstmöglichen Wege übermittelt, mit dem der ersuchte Mitgliedstaat sich einverstanden erklärt hat. Die Übermittlung kann auf jedem geeigneten Übermittlungsweg erfolgen, sofern das empfangene Dokument mit dem versandten Dokument inhaltlich genau übereinstimmt und alle darin enthaltenen Angaben lesbar sind.

Abschnitt 2. Entgegennahme des Ersuchens

Artikel 7. Entgegennahme des Ersuchens

(1) Das ersuchte zuständige Gericht übersendet dem ersuchenden Gericht innerhalb von sieben Tagen nach Eingang des Ersuchens eine Empfangsbestätigung unter Verwendung des Formblatts B im Anhang; entspricht das Ersuchen nicht den Bedingungen der Artikel 5 und 6, so bringt das ersuchte Gericht einen entsprechenden Vermerk in der Empfangsbestätigung an.

(2) Fällt die Erledigung eines unter Verwendung des Formblatts A im Anhang gestellten Ersuchens, das die Bedingungen nach Artikel 5 erfuellt, nicht in die Zuständigkeit des Gerichts, an das es übermittelt wurde, so leitet dieses das Ersuchen an das zuständige Gericht seines Mitgliedstaats weiter und unterrichtet das ersuchende Gericht unter Verwendung des Formblatts A im Anhang hiervon.

Artikel 8. Unvollständiges Ersuchen

(1) Kann ein Ersuchen nicht erledigt werden, weil es nicht alle erforderlichen Angaben gemäß Artikel 4 enthält, so setzt das ersuchte Gericht unverzüglich, spätestens aber innerhalb von 30 Tagen nach Eingang des Ersuchens das ersuchende Gericht unter Verwendung des Formblatts C im Anhang davon in Kenntnis und ersucht es, ihm die fehlenden Angaben, die in möglichst genauer Weise zu bezeichnen sind, zu übermitteln.

(2) Kann ein Ersuchen nicht erledigt werden, weil eine Kaution oder ein Vorschuss nach Artikel 18 Absatz 3 erforderlich ist, teilt das ersuchte Gericht dem ersuchenden Gericht dies unverzüglich, spätestens 30 Tage nach Eingang des Ersuchens unter Verwendung des Formblatts C im Anhang mit; es teilt dem ersuchenden Gericht ferner mit, wie die Kaution oder der Vorschuss geleistet werden sollten. Das ersuchte Gericht bestätigt den Eingang der Kaution oder des Vorschusses unverzüglich, spätestens innerhalb von 10 Tagen nach Erhalt der Kaution oder des Vorschusses unter Verwendung des Formblatts D.

Artikel 9. Vervollständigung des Ersuchens

(1) Hat das ersuchte Gericht gemäß Artikel 7 Absatz 1 auf der Empfangsbestätigung vermerkt, dass das Ersuchen nicht die Bedingungen der Artikel 5 und Artikel 6 erfuellt, oder hat es das ersuchende Gericht gemäß Artikel 8 davon unterrichtet, dass das Ersuchen nicht erledigt werden kann, weil es nicht alle erforderlichen Angaben nach Artikel 4 enthält, beginnt die Frist nach Artikel 10 Absatz 1 erst mit dem Eingang des ordnungsgemäß ausgefuellten Ersuchens beim ersuchten Gericht zu laufen.

(2) Sofern das ersuchte Gericht gemäß Artikel 18 Absatz 3 um eine Kaution oder einen Vorschuss gebeten hat, beginnt diese Frist erst mit der Hinterlegung der Kaution oder dem Eingang des Vorschusses.

Abschnitt 3. Beweisaufnahme durch das ersuchte Gericht

Artikel 10. Allgemeine Bestimmungen über die Erledigung des Ersuchens

(1) Das ersuchte Gericht erledigt das Ersuchen unverzüglich, spätestens aber innerhalb von 90 Tagen nach Eingang des Ersuchens.

(2) Das ersuchte Gericht erledigt das Ersuchen nach Maßgabe des Rechts seines Mitgliedstaats.

(3) Das ersuchende Gericht kann unter Verwendung des Formblatts A im Anhang beantragen, dass das Ersuchen nach einer besonderen Form erledigt wird, die das Recht seines Mitgliedstaats vorsieht. Das ersuchte Gericht entspricht einem solchen Antrag, es sei denn, dass diese Form mit dem Recht des Mitgliedstaats des ersuchten Gerichts unvereinbar oder wegen erheblicher tatsächlicher Schwierigkeiten unmöglich ist. Entspricht das ersuchte Gericht aus einem der oben genannten Gründe nicht dem Antrag, so unterrichtet es das ersuchende Gericht unter Verwendung des Formblatts E im Anhang hiervon.

(4) Das ersuchende Gericht kann das ersuchte Gericht bitten, die Beweisaufnahme unter Verwendung von Kommunikationstechnologien, insbesondere im Wege der Videokonferenz und der Telekonferenz, durchzuführen.

Das ersuchte Gericht entspricht einem solchen Antrag, es sei denn, dass dies mit dem Recht des Mitgliedstaats des ersuchten Gerichts unvereinbar oder wegen erheblicher tatsächlicher Schwierigkeiten unmöglich ist.

Entspricht das ersuchte Gericht aus einem dieser Gründe dem Antrag nicht, so unterrichtet es das ersuchende Gericht unter Verwendung des Formblatts E im Anhang hiervon.

Hat das ersuchende oder das ersuchte Gericht keinen Zugang zu den oben genannten technischen Mitteln, können diese von den Gerichten im gegenseitigen Einvernehmen zur Verfügung gestellt werden.

Artikel 11. Erledigung in Anwesenheit und unter Beteiligung der Parteien

(1) Sofern im Recht des Mitgliedstaats des ersuchenden Gerichts vorgesehen, haben die Parteien und gegebenenfalls ihre Vertreter das Recht, bei der Beweisaufnahme durch das ersuchte Gericht zugegen zu sein.

(2) Das ersuchende Gericht teilt in seinem Ersuchen unter Verwendung des Formblatts A im Anhang dem ersuchten Gericht mit, dass die Parteien und gegebenenfalls ihre Vertreter zugegen sein werden und dass gegebenenfalls ihre Beteiligung beantragt wird. Diese Mitteilung kann auch zu jedem anderen geeigneten Zeitpunkt erfolgen.

(3) Wird die Beteiligung der Parteien und gegebenenfalls ihrer Vertreter an der Durchführung der Beweisaufnahme beantragt, so legt das ersuchte Gericht nach Artikel 10 die Bedingungen für ihre Teilnahme fest.

(4) Das ersuchte Gericht teilt den Parteien und gegebenenfalls ihren Vertretern unter Verwendung des Formblatts F im Anhang Ort und Zeitpunkt der Verhandlung und gegebenenfalls die Bedingungen mit, unter denen sie teilnehmen können.

(5) Die Absätze 1 bis 4 lassen die Möglichkeit des ersuchten Gerichts unberührt, die Parteien und gegebenenfalls ihre Vertreter zu bitten, der Beweisaufnahme beizuwohnen oder sich daran zu beteiligen, wenn das Recht des Mitgliedstaats des ersuchenden Gerichts dies vorsieht.

Artikel 12. Erledigung in Anwesenheit und unter Beteiligung von Beauftragten des ersuchenden Gerichts

(1) Sofern mit dem Recht des Mitgliedstaats des ersuchenden Gerichts vereinbar, haben die Beauftragten des ersuchenden Gerichts das Recht, bei der Beweisaufnahme durch das ersuchte Gericht zugegen zu sein.

(2) Der Begriff „Beauftragte" im Sinne dieses Artikels umfasst vom ersuchenden Gericht nach Maßgabe des Rechts seines Mitgliedstaats bestimmte Gerichtsangehörige. Das ersuchende Gericht kann nach Maßgabe des Rechts seines Mitgliedstaats auch andere Personen wie etwa Sachverständige bestimmen.

(3) Das ersuchende Gericht teilt in seinem Ersuchen unter Verwendung des Formblatts A im Anhang dem ersuchten Gericht mit, dass seine Beauftragten zugegen sein werden und gegebenenfalls, dass ihre Beteiligung beantragt wird. Diese Mitteilung kann auch zu jedem anderen geeigneten Zeitpunkt erfolgen.

(4) Wird die Beteiligung der Beauftragten des ersuchenden Gerichts an der Beweisaufnahme beantragt, legt das ersuchte Gericht nach Artikel 10 die Bedingungen für ihre Teilnahme fest.

(5) Das ersuchte Gericht teilt dem ersuchenden Gericht unter Verwendung des Formblatts F im Anhang Ort und Zeitpunkt der Verhandlung und gegebenenfalls die Bedingungen mit, unter denen die Beauftragten daran teilnehmen können.

Artikel 13. Zwangsmaßnahmen

Soweit erforderlich, wendet das ersuchte Gericht bei der Erledigung des Ersuchens geeignete Zwangsmaßnahmen in den Fällen und in dem Umfang an, wie sie das Recht des Mitgliedstaats des ersuchten Gerichts für die Erledigung eines zum gleichen Zweck gestellten Ersuchens inländischer Behörden oder einer beteiligten Partei vorsieht.

Artikel 14. Ablehnung der Erledigung

(1) Ein Ersuchen um Vernehmung einer Person wird nicht erledigt, wenn sich die betreffende Person auf ein Recht zur Aussageverweigerung oder auf ein Aussageverbot beruft,

a) das nach dem Recht des Mitgliedstaats des ersuchten Gerichts vorgesehen ist oder

b) das nach dem Recht des Mitgliedstaats des ersuchenden Gerichts vorgesehen und im Ersuchen bezeichnet oder erforderlichenfalls auf Verlangen des ersuchten Gerichts von dem ersuchenden Gericht bestätigt worden ist.

(2) Die Erledigung eines Ersuchens kann über die in Absatz 1 genannten Gründe hinaus nur insoweit abgelehnt werden, als

a) das Ersuchen nicht in den Anwendungsbereich dieser Verordnung nach Artikel 1 fällt oder

b) die Erledigung des Ersuchens nach dem Recht des Mitgliedstaats des ersuchten Gerichts nicht in den Bereich der Gerichtsgewalt fällt oder

c) das ersuchende Gericht der Aufforderung des ersuchten Gerichts auf Ergänzung des Ersuchens gemäß Artikel 8 nicht innerhalb von 30 Tagen, nachdem das ersuchte Gericht das ersuchende Gericht um Ergänzung des Ersuchens gebeten hat, nachkommt oder

d) eine Kaution oder ein Vorschuss, die gemäß Artikel 18 Absatz 3 verlangt wurden, nicht innerhalb von 60 Tagen nach dem entsprechenden Verlangen des ersuchenden Gerichts hinterlegt bzw. einbezahlt werden.

(3) Die Erledigung darf durch das ersuchte Gericht nicht allein aus dem Grund abgelehnt werden, dass nach dem Recht seines Mitgliedstaats ein Gericht dieses Mitgliedstaats eine ausschließliche Zuständigkeit für die Sache in Anspruch nimmt oder das Recht jenes Mitgliedstaats ein Verfahren nicht kennt, das dem entspricht, für welches das Ersuchen gestellt wird.

(4) Wird die Erledigung des Ersuchens aus einem der in Absatz 2 genannten Gründe abgelehnt, so setzt das ersuchte Gericht unter Verwendung des Formblatts H im Anhang das ersuchende Gericht innerhalb von 60 Tagen nach Eingang des Ersuchens bei dem ersuchten Gericht davon in Kenntnis.

Artikel 15. Mitteilung über Verzögerungen

Ist das ersuchte Gericht nicht in der Lage, das Ersuchen innerhalb von 90 Tagen nach Eingang zu erledigen, setzt es das ersuchende Gericht unter Verwendung des Formblatts G im Anhang hiervon in Kenntnis. Dabei sind die Gründe für die Verzögerung anzugeben sowie der Zeitraum, der nach Einschätzung des ersuchten Gerichts für die Erledigung des Ersuchens voraussichtlich benötigt wird.

Artikel 16. Verfahren nach Erledigung des Ersuchens

Das ersuchte Gericht übermittelt dem ersuchenden Gericht unverzüglich die Schriftstücke, aus denen sich die Erledigung des Ersuchens ergibt, und sendet gegebenenfalls die Schriftstücke, die ihm von dem ersuchenden Gericht zugegangen sind, zurück. Den Schriftstücken ist eine Erledigungsbestätigung unter Verwendung des Formblatts H im Anhang beizufügen.

Abschnitt 4. Unmittelbare Beweisaufnahme durch das ersuchende Gericht

Artikel 17

(1) Beauftragt ein Gericht eine unmittelbare Beweisaufnahme in einem anderen Mitgliedstaat, so übermittelt es der nach Artikel 3 Absatz 3 bestimmten Zentralstelle oder zuständigen Behörde in diesem Staat unter Verwendung des Formblatts I im Anhang ein entsprechendes Ersuchen.

(2) Die unmittelbare Beweisaufnahme ist nur statthaft, wenn sie auf freiwilliger Grundlage und ohne Zwangsmaßnahmen erfolgen kann.

Macht die unmittelbare Beweisaufnahme die Vernehmung einer Person erforderlich, so teilt das ersuchende Gericht dieser Person mit, dass die Vernehmung auf freiwilliger Grundlage erfolgt.

(3) Die Beweisaufnahme wird von einem nach Maßgabe des Rechts des Mitgliedstaats des ersuchenden Gerichts bestimmten Gerichtsangehörigen oder von einer anderen Person wie etwa einem Sachverständigen durchgeführt.

(4) Die genannte Zentralstelle oder die zuständige Behörde des ersuchten Mitgliedstaats teilt dem ersuchenden Gericht unter Verwendung des Formblatts J im Anhang innerhalb von 30 Tagen nach Eingang des Ersuchens mit, ob dem Ersuchen stattgegeben werden kann und, soweit erforderlich, unter welchen Bedingungen nach Maßgabe des Rechts ihres Mitgliedstaats die betreffende Handlung vorzunehmen ist.

Die Zentralstelle oder die zuständige Behörde kann insbesondere ein Gericht ihres Mitgliedstaats bestimmen, das an der Beweisaufnahme teilnimmt, um sicherzustellen, dass dieser Artikel ordnungsgemäß angewandt wird und die festgelegten Bedingungen eingehalten werden.

Die Zentralstelle oder die zuständige Behörde fördert den Einsatz von Kommunikationstechnologie, wie Video- und Telekonferenzen.

(5) Die Zentralstelle oder die zuständige Stelle kann die unmittelbare Beweisaufnahme nur insoweit ablehnen, als

a) das Ersuchen nicht in den Anwendungsbereich dieser Verordnung nach Artikel 1 fällt,

b) das Ersuchen nicht alle nach Artikel 4 erforderlichen Angaben enthält oder

c) die beantragte unmittelbare Beweisaufnahme wesentlichen Rechtsgrundsätzen ihres Mitgliedstaats zuwiderläuft.

(6) Unbeschadet der nach Absatz 4 festgelegten Bedingungen erledigt das ersuchende Gericht das Ersuchen nach Maßgabe des Rechts seines Mitgliedstaats.

Abschnitt 5. Kosten

Artikel 18

(1) Für die Erledigung des Ersuchens nach Artikel 10 darf die Erstattung von Gebühren oder Auslagen nicht verlangt werden.

(2) Falls jedoch das ersuchte Gericht dies verlangt, stellt das ersuchende Gericht unverzüglich die Erstattung folgender Beträge sicher:

– der Aufwendungen für Sachverständige und Dolmetscher und

– der Auslagen, die durch die Anwendung von Artikel 10 Absätze 3 und 4 entstanden sind.

Die Pflicht der Parteien, diese Aufwendungen und Auslagen zu tragen, unterliegt dem Recht des Mitgliedstaats des ersuchenden Gerichts.

(3) Wird die Stellungnahme eines Sachverständigen verlangt, kann das ersuchte Gericht vor der Erledigung des Ersuchens das ersuchende Gericht um eine angemessene Kaution oder einen angemessenen Vorschuss für die Sachverständigenkosten bitten. In allen übrigen Fällen darf die Erledigung eines Ersuchens nicht von einer Kaution oder einem Vorschuss abhängig gemacht werden.

Die Kaution oder der Vorschuss wird von den Parteien hinterlegt bzw. einbezahlt, falls dies im Recht des Mitgliedstaats des ersuchenden Gerichts vorgesehen ist.

KAPITEL III. SCHLUSSBESTIMMUNGEN

Artikel 19. Durchführungsbestimmungen

(1) Die Kommission sorgt für die Erstellung und regelmäßige Aktualisierung eines Handbuchs, das auch in elektronischer Form bereit gestellt wird und die von den Mitgliedstaaten nach Artikel 22 mitgeteilten Angaben sowie die in Kraft befindlichen Übereinkünfte oder Vereinbarungen nach Artikel 21 enthält.

(2) Die Aktualisierung oder technische Anpassung der im Anhang wiedergegebenen Formblätter erfolgt nach dem Beratungsverfahren gemäß Artikel 20 Absatz 2.

Artikel 20. Ausschuss

(1) Die Kommission wird von einem Ausschuss unterstützt.

(2) Wird auf diesen Absatz Bezug genommen, so gelten die Artikel 3 und 7 des Beschlusses 1999/468/EG.

(3) Der Ausschuss gibt sich eine Geschäftsordnung.

Artikel 21. Verhältnis zu bestehenden oder künftigen Übereinkünften oder Vereinbarungen zwischen Mitgliedstaaten

(1) In den Beziehungen zwischen den Mitgliedstaaten, die Vertragsparteien einschlägiger, von den Mitgliedstaaten geschlossener bilateraler oder multilateraler Übereinkünfte oder Vereinbarungen sind, insbesondere des Haager Übereinkommens vom 1. März 1954 über den Zivilprozess und des Haager Übereinkommens vom 18. März 1970 über die Beweisaufnahme im Ausland in Zivil- oder Handelssachen, hat diese Verordnung in ihrem Anwendungsbereich Vorrang vor den Bestimmungen, die in den genannten Übereinkünften oder Vereinbarungen enthalten sind.

(2) Diese Verordnung hindert die Mitgliedstaaten nicht daran, dass zwei oder mehr von ihnen untereinander Übereinkünfte oder Vereinbarungen zur weiteren Vereinfachung der Beweisaufnahme schließen oder beibehalten, sofern sie mit dieser Verordnung vereinbar sind.

(3) Die Mitgliedstaaten übermitteln der Kommission

a) zum 1. Juli 2003 eine Abschrift der zwischen den Mitgliedstaaten beibehaltenen angeführten Übereinkünfte oder Vereinbarungen nach Absatz 2,

b) eine Abschrift der zwischen den Mitgliedstaaten geschlossenen Übereinkünfte oder Vereinbarungen nach Absatz 2 und den Entwurf von ihnen geplanter Übereinkünfte oder Vereinbarungen sowie

c) jede Kündigung oder Änderung dieser Übereinkünfte oder Vereinbarungen.

Artikel 22. Mitteilungen

Jeder Mitgliedstaat teilt der Kommission bis zum 1. Juli 2003 Folgendes mit:

1. die Liste nach Artikel 2 Absatz 2 sowie eine Angabe des örtlichen und gegebenenfalls fachlichen Zuständigkeitsbereichs der Gerichte;

2. den Namen und die Anschrift der Zentralstellen und zuständigen Behörden nach Artikel 3 unter Angabe ihres örtlichen Zuständigkeitsbereichs;

3. die technischen Mittel, über die die in der Liste nach Artikel 2 Absatz 2 aufgeführten Gerichte für die Entgegennahme von Ersuchen verfügen;

4. die Sprachen, die für die Ersuchen nach Artikel 5 zugelassen sind.

Die Mitgliedstaaten teilen der Kommission alle späteren Änderungen dieser Angaben mit.

Artikel 23. Überprüfung

Bis zum 1. Januar 2007 und danach alle fünf Jahre legt die Kommission dem Europäischen Parlament, dem Rat und dem Wirtschafts- und Sozialausschuss einen Bericht über die Anwendung dieser Verordnung vor, wobei sie insbesondere auf die praktische Anwendung des Artikels 3 Absatz 1 Buchstabe c) und Absatz 3 und der Artikel 17 und 18 achtet.

Artikel 24. Inkrafttreten

(1) Diese Verordnung tritt am 1. Juli 2001 in Kraft.

(2) Diese Verordnung gilt ab dem 1. Januar 2004, mit Ausnahme der Artikel 19, 21 und 22, die ab dem 1. Juli 2001 gelten.

Diese Verordnung ist in allen ihren Teilen verbindlich und gilt gemäß dem Vertrag zur Gründung der Europäischen Gemeinschaft unmittelbar in den Mitgliedstaaten.

3.) Richtlinie 2003/8/EG des Rates zur Verbesserung des Zugangs zum Recht bei Streitsachen mit grenzüberschreitendem Bezug durch Festlegung gemeinsamer Mindestvorschriften für die Prozesskostenhilfe in derartigen Streitsachen

vom 27. Januar 2003 (ABl. L 26/41, ber. ABl. 2003 L 32/15)

DER RAT DER EUROPÄISCHEN UNION –

gestützt auf den Vertrag zur Gründung der Europäischen Gemeinschaft, insbesondere auf Artikel 61 Buchstabe c und Artikel 67,

auf Vorschlag der Kommission[1],

nach Stellungnahme des Europäischen Parlaments[2],

nach Stellungnahme des Wirtschafts- und Sozialausschusses[3],

in Erwägung nachstehender Gründe:

(1) Die Europäische Union hat sich zum Ziel gesetzt, einen Raum der Freiheit, der Sicherheit und des Rechts, in dem der freie Personenverkehr gewährleistet ist, zu erhalten und weiterzuentwickeln. Zum schrittweisen Aufbau dieses Raums erlässt die Gemeinschaft unter anderem im Bereich der justiziellen Zusammenarbeit in Zivilsachen mit grenzüberschreitendem Bezug die für das reibungslose Funktionieren des Binnenmarkts erforderlichen Maßnahmen.

(2) Gemäß Artikel 65 Buchstabe c des Vertrags schließen diese Maßnahmen die Beseitigung der Hindernisse für eine reibungslose Abwicklung von Zivilverfahren ein, erforderlichenfalls durch Förderung der Vereinbarkeit der in den Mitgliedstaaten geltenden zivilrechtlichen Verfahrensvorschriften.

(3) Der Europäische Rat hat auf seiner Tagung in Tampere vom 15. und 16. Oktober 1999 den Rat ersucht, Mindeststandards zur Gewährleistung eines angemessenen Niveaus der Prozesskostenhilfe bei grenzüberschreitenden Rechtssachen in allen Ländern der Union zu verabschieden.

(4) Alle Mitgliedstaaten sind Vertragsparteien der Europäischen Konvention zum Schutze der Menschenrechte und Grundfreiheiten vom 4. November 1950. Die vorliegende Richtlinie kommt unter Einhaltung dieser Konvention zur Anwendung, insbesondere unter Wahrung des Grundsatzes der Gleichheit beider Streitparteien.

(5) Diese Richtlinie zielt darauf ab, die Anwendung der Prozesskostenhilfe in Streitsachen mit grenzüberschreitendem Bezug für Personen zu fördern, die nicht über ausreichende Mittel verfügen, soweit diese Hilfe erforderlich ist, um den Zugang zu den Gerichten wirksam zu gewährleisten. Das allgemein anerkannte Recht auf Zugang zu den Gerichten wird auch in Artikel 47 der Charta der Grundrechte der Europäischen Union bestätigt.

(6) Unzureichende Mittel einer Partei, die als Klägerin oder Beklagte an einer Streitsache beteiligt ist, dürfen den effektiven Zugang zum Recht ebenso wenig behindern wie Schwierigkeiten aufgrund des grenzüberschreitenden Bezugs einer Streitsache.

(7) Da die Ziele der beabsichtigten Maßnahme auf Ebene der Mitgliedstaaten nicht ausreichend erreicht werden können und daher besser auf Gemeinschaftsebene zu erreichen sind, kann die Gemeinschaft im Einklang mit dem in Artikel 5 des Vertrags niedergelegten Subsidiaritätsprinzip tätig werden. Entsprechend dem in dem selben Artikel genannten Verhältnismäßigkeitsprinzip geht diese Richtlinie nicht über das für die Erreichung dieser Ziele erforderliche Maß hinaus.

(8) Diese Richtlinie soll vor allem eine angemessene Prozesskostenhilfe in Streitsachen mit grenzüberschreitendem Bezug gewährleisten, indem gemeinsame Mindestvorschriften für die Prozesskostenhilfe

---

1 ABl. C 103 E vom 30.4.2002, S. 368.   **3** ABl. C 221 vom 17.9.2002, S. 64.
2 Stellungnahme vom 25. September 2002 (noch nicht im Amtsblatt veröffentlicht).

in solchen Streitsachen festgelegt werden. Eine Richtlinie des Rates ist hierfür das geeignetste Rechtsinstrument.

(9) Diese Richtlinie findet in zivil- und handelsrechtlichen Streitsachen mit grenzüberschreitendem Bezug Anwendung.

(10) Jede Person, die an einer unter diese Richtlinie fallenden zivil- oder handelsrechtlichen Streitsache beteiligt ist, muss in der Lage sein, ihre Rechte geltend zu machen, auch wenn sie aufgrund ihrer persönlichen finanziellen Situation die Prozesskosten nicht tragen kann. Die Prozesskostenhilfe gilt als angemessen, wenn sie dem Empfänger einen effektiven Zugang zum Recht unter den in dieser Richtlinie vorgesehenen Voraussetzungen ermöglicht.

(11) Die Prozesskostenhilfe sollte die vorprozessuale Rechtsberatung zur außergerichtlichen Streitbeilegung, den Rechtsbeistand bei Anrufung eines Gerichts und die rechtliche Vertretung vor Gericht sowie eine Unterstützung oder Befreiung von den Prozesskosten umfassen.

(12) Es bleibt dem Recht des Mitgliedstaats des Gerichtstands oder des Vollstreckungsmitgliedstaats überlassen, ob die Prozesskosten auch die dem Empfänger der Prozesskostenhilfe auferlegten Kosten der Gegenpartei einschließen können.

(13) Unabhängig von ihrem Wohnsitz oder ihrem gewöhnlichen Aufenthalt im Hoheitsgebiet eines Mitgliedstaats müssen alle Unionsbürger Prozesskostenhilfe bei Streitsachen mit grenzüberschreitendem Bezug in Anspruch nehmen können, wenn sie die in dieser Richtlinie genannten Voraussetzungen erfuellen. Gleiches gilt für die Angehörigen von Drittstaaten, die ihren rechtmäßigen gewöhnlichen Aufenthalt in einem Mitgliedstaat haben.

(14) Es sollte den Mitgliedstaaten überlassen bleiben, Schwellenwerte festzulegen, bei deren Überschreiten von einer Person unter den in dieser Richtlinie festgelegten Bedingungen anzunehmen ist, dass sie die Kosten des Verfahrens tragen kann. Derartige Schwellenwerte sind anhand verschiedener objektiver Faktoren wie Einkommen, Vermögen oder familiäre Situation festzulegen.

(15) Das Ziel dieser Richtlinie könnte jedoch nicht erreicht werden, wenn die Personen, die Prozesskostenhilfe beantragen, nicht die Möglichkeit erhielten, nachzuweisen, dass sie nicht für die Prozesskosten aufkommen können, obwohl ihr Vermögen den vom Mitgliedstaat des Gerichtsstands festgelegten Schwellenwert überschreitet. Bei der Bewertung, ob Prozesskostenhilfe auf dieser Grundlage zu gewähren ist, können die Behörden im Mitgliedstaat des Gerichtsstands Informationen darüber berücksichtigen, dass der Antragsteller in dem Mitgliedstaat, in dem er seinen Wohnsitz oder seinen gewöhnlichen Aufenthalt hat, die finanziellen Kriterien für die Gewährung der Hilfe erfuellt.

(16) Die Möglichkeit, im konkreten Fall auf andere Regelungen zurückzugreifen, die einen effektiven Zugang zum Recht gewährleisten, stellt keine Form der Prozesskostenhilfe dar. Sie kann jedoch die Annahme rechtfertigen, dass die betreffende Person trotz ungünstiger finanzieller Verhältnisse die Prozesskosten tragen kann.

(17) Die Mitgliedstaaten sollten die Möglichkeit haben, Anträge auf Prozesskostenhilfe für offensichtlich unbegründete Verfahren, oder aus Gründen, die mit dem Wesen, insbesondere den Erfolgsaussichten der Sache zusammenhängen, abzulehnen, sofern Rechtsberatung vor Prozessbeginn angeboten wird und der Zugang zum Recht gewährleistet ist. Bei ihrer Entscheidung über das Wesen und insbesondere die Erfolgsaussichten eines Antrags können die Mitgliedstaaten Anträge auf Prozesskostenhilfe ablehnen, wenn der Antragsteller eine Rufschädigung geltend macht, jedoch keinen materiellen oder finanziellen Schaden erlitten hat, oder wenn der Antrag einen Rechtsanspruch betrifft, der in unmittelbarem Zusammenhang mit dem Geschäft oder der selbstständigen Erwerbstätigkeit des Antragstellers entstanden ist.

(18) Die Komplexität und die Unterschiede der Gerichtssysteme der Mitgliedstaaten sowie die durch den grenzüberschreitenden Charakter von Streitsachen bedingten Kosten dürfen den Zugang zum Recht nicht behindern. Die Prozesskostenhilfe sollte daher die unmittelbar mit dem grenzüberschreitenden Charakter einer Streitsache verbundenen Kosten decken.

(19) Bei der Prüfung der Frage, ob die persönliche Anwesenheit vor Gericht erforderlich ist, sollten die Gerichte eines Mitgliedstaats in vollem Umfang die Möglichkeiten berücksichtigen, die sich aus der Verordnung (EG) Nr. 1206/2001 des Rates vom 28. Mai 2001 über die Zusammenarbeit zwischen den Gerichten der Mitgliedstaaten auf dem Gebiet der Beweisaufnahme in Zivil- oder Handelssachen[4] ergeben.

(20) Wird Prozesskostenhilfe gewährt, so muss sie sich auf das gesamte Verfahren erstrecken, einschließlich der Kosten für die Vollstreckung eines Urteils; dem Empfänger sollte die Prozesskostenhilfe weiter gewährt werden, wenn ein Rechtsbehelf entweder gegen ihn oder von ihm eingelegt wird, sofern die Voraussetzungen im Hinblick auf die finanziellen Verhältnisse und den Inhalt der Streitsache weiterhin erfuellt sind.

(21) Die Prozesskostenhilfe ist gleichermaßen für herkömmliche Gerichtsverfahren und außergerichtliche Verfahren wie die Schlichtung zu gewähren, wenn ihre Anwendung gesetzlich vorgeschrieben ist oder vom Gericht angeordnet wird.

(22) Die Prozesskostenhilfe sollte unter den in dieser Richtlinie festgelegten Voraussetzungen auch für die Vollstreckung öffentlicher Urkunden in einem anderen Mitgliedstaat gewährt werden.

(23) Da die Prozesskostenhilfe vom Mitgliedstaat des Gerichtsstands oder vom Vollstreckungsmitgliedstaat gewährt wird, mit Ausnahme der vorprozessualen Rechtsberatung, wenn die Person, die Prozesskostenhilfe beantragt, ihren Wohnsitz oder gewöhnlichen Aufenthalt nicht im Mitgliedstaat des Gerichtsstands hat, muss dieser Mitgliedstaat sein eigenes Recht unter Wahrung der in dieser Richtlinie festgeschriebenen Grundsätze anwenden.

(24) Die Prozesskostenhilfe sollte von der zuständigen Behörde des Mitgliedstaats des Gerichtsstands bzw. des Vollstreckungsmitgliedstaats gewährt oder verweigert werden. Dies gilt sowohl für die Verhandlung der Sache als auch für die Entscheidung über die Zuständigkeit.

(25) Die justizielle Zusammenarbeit in Zivilsachen sollte zwischen den Mitgliedstaaten so geregelt werden, dass die Information der Öffentlichkeit und der Fachkreise gefördert und die Übermittlung der Anträge auf Prozesskostenhilfe von einem Mitgliedstaat in einen anderen erleichtert und beschleunigt wird.

(26) Die in dieser Richtlinie vorgesehenen Verfahren der Notifizierung und Übermittlung orientieren sich unmittelbar an denen des am 27. Januar 1977 in Straßburg unterzeichneten Europäischen Übereinkommens über die Übermittlung von Anträgen auf Bewilligung der Prozesskostenhilfe, im Folgenden „Übereinkommen von 1977" genannt. Für die Übermittlung der Anträge auf Prozesskostenhilfe wird eine Frist gesetzt, die im Übereinkommen von 1977 nicht vorgesehen ist. Die Festsetzung einer relativ kurzen Frist trägt zu einer geordneten Rechtspflege bei.

(27) Die nach dieser Verordnung übermittelten Daten sollten geschützt werden. Da die Richtlinie 95/46/EG des Europäischen Parlaments und des Rates vom 24. Oktober 1995 zum Schutz natürlicher Personen bei der Verarbeitung personenbezogener Daten und zum freien Datenverkehr[5] und die Richtlinie 97/66/EG des Europäischen Parlaments und des Rates vom 15. Dezember 1997 über die Verarbeitung personenbezogener Daten und den Schutz der Privatsphäre im Bereich der Telekommunikation[6] Anwendung finden, sind spezielle Bestimmungen zum Datenschutz in der vorliegenden Richtlinie nicht erforderlich.

(28) Die Einführung eines Standardformulars für Anträge auf Prozesskostenhilfe und für die Übermittlung der Anträge auf Prozesskostenhilfe bei Streitsachen mit grenzüberschreitendem Bezug wird die Verfahren vereinfachen und beschleunigen.

(29) Darüber hinaus sollten diese Antragsformulare sowie nationale Antragsformulare auf europäischer Ebene über das Informationssystem des gemäß der Entscheidung 2001/470/EG[7] eingerichteten Europäischen Justiziellen Netzes zur Verfügung gestellt werden.

---

4 ABl. L 174 vom 27.6.2001, S. 1.
5 ABl. L 281 vom 23.11.1995, S. 31.
6 ABl. L 24 vom 30.1.1998, S. 1.
7 ABl. L 174 vom 27.6.2001, S. 25.

(30) Die zur Durchführung dieser Richtlinie erforderlichen Maßnahmen sollten gemäß dem Beschluss 1999/468/EG des Rates vom 28. Juni 1999 zur Festlegung der Modalitäten für die Ausübung der der Kommission übertragenen Durchführungsbefugnisse[8] erlassen werden.

(31) Die Festlegung von Mindestnormen für Streitsachen mit grenzüberschreitendem Bezug hindert die Mitgliedstaaten nicht daran, günstigere Bestimmungen für Personen, die Prozesskostenhilfe beantragen und erhalten, vorzusehen.

(32) Das Übereinkommen von 1977 und das 2001 in Moskau unterzeichnete Zusatzprotokoll zum Europäischen Übereinkommen über die Übermittlung von Anträgen auf Bewilligung der Prozesskostenhilfe bleiben auf die Beziehungen zwischen den Mitgliedstaaten und Drittstaaten, die Vertragsparteien des Übereinkommens von 1977 oder des Protokolls sind, anwendbar. In den Beziehungen zwischen den Mitgliedstaaten hingegen hat diese Richtlinie Vorrang vor den Bestimmungen des Übereinkommens von 1977 und des Protokolls.

(33) Das Vereinigte Königreich und Irland haben gemäß Artikel 3 des Protokolls über die Position des Vereinigten Königreichs und Irlands im Anhang zum Vertrag über die Europäische Union und im Anhang zum Vertrag zur Gründung der Europäischen Gemeinschaft mitgeteilt, dass sie sich an der Annahme und Anwendung dieser Richtlinie beteiligen möchten.

(34) Nach den Artikeln 1 und 2 des Protokolls über die Position Dänemarks, das dem Vertrag über die Europäische Union und dem Vertrag zur Gründung der Europäischen Gemeinschaft beigefügt ist, beteiligt sich Dänemark nicht an der Annahme dieser Richtlinie, die für Dänemark demnach nicht bindend oder anwendbar ist.

HAT FOLGENDE RICHTLINIE ERLASSEN:

KAPITEL I. ANWENDUNGSBEREICH UND BEGRIFFSBESTIMMUNGEN

Artikel 1. Ziele und Anwendungsbereich

(1) Ziel dieser Richtlinie ist die Verbesserung des Zugangs zum Recht bei Streitsachen mit grenzüberschreitendem Bezug durch Festlegung gemeinsamer Mindestvorschriften für die Prozesskostenhilfe in derartigen Streitsachen.

(2) Diese Richtlinie gilt für Streitsachen mit grenzüberschreitendem Bezug in Zivil- und Handelssachen, ohne dass es auf die Art der Gerichtsbarkeit ankommt. Sie erfasst insbesondere keine Steuer- und Zollsachen und keine verwaltungsrechtlichen Angelegenheiten.

(3) Im Sinne dieser Richtlinie bezeichnet der Ausdruck „Mitgliedstaat" alle Mitgliedstaaten mit Ausnahme Dänemarks.

Artikel 2. Grenzüberschreitende Streitsachen

(1) Eine grenzüberschreitende Streitigkeit im Sinne dieser Richtlinie liegt vor, wenn die im Rahmen dieser Richtlinie Prozesskostenhilfe beantragende Partei ihren Wohnsitz oder gewöhnlichen Aufenthalt in einem anderen Mitgliedstaat als dem Mitgliedstaat des Gerichtsstands oder dem Vollstreckungsmitgliedstaat hat.

(2) Der Wohnsitzmitgliedstaat einer Prozesspartei wird gemäß Artikel 59 der Verordnung (EG) Nr. 44/2001 des Rates vom 22. Dezember 2000 über die gerichtliche Zuständigkeit und die Anerkennung und Vollstreckung von Entscheidungen in Zivil- und Handelssachen[9] bestimmt.

(3) Der maßgebliche Augenblick zur Feststellung, ob eine Streitsache mit grenzüberschreitendem Bezug vorliegt, ist der Zeitpunkt, zu dem der Antrag gemäß dieser Richtlinie eingereicht wird.

---

8 ABl. L 184 vom 17.7.1999, S. 23.
9 ABl. L 12 vom 16.1.2001, S. 1. Geändert durch

die Verordnung (EG) Nr. 1496/2002 der Kommission (ABl. L 225 vom 22.8.2002, S. 13).

KAPITEL II. ANSPRUCH AUF PROZESSKOSTENHILFE

Artikel 3. Anspruch auf Prozesskostenhilfe

(1) An einer Streitsache im Sinne dieser Richtlinie beteiligte natürliche Personen haben Anspruch auf eine angemessene Prozesskostenhilfe, damit ihr effektiver Zugang zum Recht nach Maßgabe dieser Richtlinie gewährleistet ist.

(2) Die Prozesskostenhilfe gilt als angemessen, wenn sie Folgendes sicherstellt:

a) eine vorprozessuale Rechtsberatung im Hinblick auf eine außergerichtlichen Streitbeilegung;

b) den Rechtsbeistand und die rechtliche Vertretung vor Gericht sowie eine Befreiung von den Gerichtskosten oder eine Unterstützung bei den Gerichtskosten des Empfängers, einschließlich der in Artikel 7 genannten Kosten und der Kosten für Personen, die vom Gericht mit der Wahrnehmung von Aufgaben während des Prozesses beauftragt werden.

In Mitgliedstaaten, in denen die unterliegende Partei die Kosten der Gegenpartei übernehmen muss, umfasst die Prozesskostenhilfe im Falle einer Prozessniederlage des Empfängers auch die Kosten der Gegenpartei, sofern sie diese Kosten umfasst hätte, wenn der Empfänger seinen Wohnsitz oder gewöhnlichen Aufenthalt im Mitgliedstaat des Gerichtsstands gehabt hätte.

(3) Die Mitgliedstaaten sind nicht verpflichtet, einen Rechtsbeistand oder eine rechtliche Vertretung vor Gericht bei Verfahren vorzusehen, die speziell darauf ausgerichtet sind, den Prozessparteien zu ermöglichen, sich selbst zu vertreten; dies gilt nicht, wenn das Gericht oder eine andere zuständige Behörde etwas anderes zur Gewährleistung der Gleichheit der Parteien oder in Anbetracht der Komplexität der Sache beschließt.

(4) Die Mitgliedstaaten können verlangen, dass sich die Empfänger der Prozesskostenhilfe angemessen an den Prozesskosten beteiligen, wobei die Voraussetzungen nach Artikel 5 zu berücksichtigen sind.

(5) Die Mitgliedstaaten können vorsehen, dass die zuständige Behörde die Prozesskostenhilfe von den Empfängern ganz oder teilweise zurückverlangen kann, wenn sich ihre finanziellen Verhältnisse wesentlich verbessert haben, oder wenn die Entscheidung zur Gewährung der Prozesskostenhilfe aufgrund falscher Angaben des Empfängers getroffen wurde.

Artikel 4. Diskriminierungsverbot

Die Mitgliedstaaten gewähren Unionsbürgern und Drittstaatsangehörigen, die sich rechtmäßig in einem Mitgliedstaat aufhalten, die Prozesskostenhilfe ohne jede Diskriminierung.

KAPITEL III. VORAUSSETZUNGEN UND UMFANG DER PROZESSKOSTENHILFE

Artikel 5. Voraussetzungen für die finanziellen Verhältnisse

(1) Die Mitgliedstaaten gewähren den in Artikel 3 Absatz 1 genannten Personen, die aufgrund ihrer persönlichen wirtschaftlichen Lage teilweise oder vollständig außerstande sind, die Prozesskosten nach Artikel 3 Absatz 2 zu tragen, Prozesskostenhilfe zur Gewährleistung ihres effektiven Zugangs zum Recht.

(2) Die wirtschaftliche Lage einer Person wird von der zuständigen Behörde des Mitgliedstaats des Gerichtsstands unter Berücksichtigung verschiedener objektiver Faktoren wie des Einkommens, des Vermögens oder der familiären Situation einschließlich einer Beurteilung der wirtschaftlichen Ressourcen von Personen, die vom Antragsteller finanziell abhängig sind, bewertet.

(3) Die Mitgliedstaaten können Schwellenwerte festsetzen, bei deren Überschreiten davon ausgegangen wird, dass der Antragsteller die Prozesskosten nach Artikel 3 Absatz 2 teilweise oder vollständig tragen kann. Diese Schwellenwerte werden nach den in Absatz 2 des vorliegenden Artikels genannten Kriterien festgelegt.

(4) Die gemäß Absatz 3 des vorliegenden Artikels festgelegten Schwellenwerte dürfen nicht verhindern, dass Antragstellern, die die Schwellenwerte überschreiten, Prozesskostenhilfe gewährt wird, wenn sie den Nachweis erbringen, dass sie wegen der unterschiedlich hohen Lebenshaltungskosten im Mitgliedstaat ihres Wohnsitzes oder gewöhnlichen Aufenthalts und im Mitgliedstaat des Gerichtsstands die Prozesskosten nach Artikel 3 Absatz 2 nicht tragen können.

(5) Prozesskostenhilfe muss nicht gewährt werden, wenn die Antragsteller im konkreten Fall effektiven Zugang zu anderen Regelungen haben, die die Prozesskosten gemäß Artikel 3 Absatz 2 decken.

Artikel 6. Voraussetzungen für den Inhalt der Streitsache

(1) Die Mitgliedstaaten können vorsehen, dass Anträge auf Prozesskostenhilfe für offensichtlich unbegründete Verfahren von den zuständigen Behörden abgelehnt werden können.

(2) Wird vorprozessuale Rechtsberatung angeboten, so kann die Gewährung weiterer Prozesskostenhilfe aus Gründen, die mit dem Wesen, insbesondere den Erfolgsaussichten der Sache zusammenhängen, abgelehnt oder eingestellt werden, sofern der Zugang zum Recht gewährleistet ist.

(3) Bei der Entscheidung über das Wesen, insbesondere die Erfolgsaussichten, eines Antrags berücksichtigen die Mitgliedstaaten unbeschadet des Artikels 5 die Bedeutung der betreffenden Rechtssache für den Antragsteller, wobei sie jedoch auch der Art der Rechtssache Rechnung tragen können, wenn der Antragsteller eine Rufschädigung geltend macht, jedoch keinen materiellen oder finanziellen Schaden erlitten hat, oder wenn der Antrag einen Rechtsanspruch betrifft, der in unmittelbarem Zusammenhang mit dem Geschäft oder der selbstständigen Erwerbstätigkeit des Antragstellers entstanden ist.

Artikel 7. Durch den grenzüberschreitenden Charakter der Streitsache bedingte Kosten

Die im Mitgliedstaat des Gerichtsstands gewährte Prozesskostenhilfe umfasst folgende unmittelbar mit dem grenzüberschreitenden Charakter der Streitsache verbundenen Kosten:

a) Dolmetschleistungen;

b) Übersetzung der vom Gericht oder von der zuständigen Behörde verlangten und vom Empfänger vorgelegten Schriftstücke, die für die Entscheidung des Rechtsstreits erforderlich sind; und

c) Reisekosten, die vom Antragsteller zu tragen sind, wenn das Gesetz oder das Gericht dieses Mitgliedstaats die Anwesenheit der mit der Darlegung des Falls des Antragstellers befassten Personen bei Gericht verlangen und das Gericht entscheidet, dass die betreffenden Personen nicht auf andere Weise zur Zufriedenheit des Gerichts gehört werden können.

Artikel 8. Vom Mitgliedstaat des Wohnsitzes oder des gewöhnlichen Aufenthalts zu übernehmende Kosten

Der Mitgliedstaat, in dem die Person, die Prozesskostenhilfe beantragt hat, ihren Wohnsitz oder gewöhnlichen Aufenthalt hat, gewährt die erforderliche Prozesskostenhilfe gemäß Artikel 3 Absatz 2 zur Deckung:

a) der Kosten für die Unterstützung durch einen örtlichen Rechtsanwalt oder eine andere gesetzlich zur Rechtsberatung ermächtigte Person in diesem Mitgliedstaat, bis der Antrag auf Prozesskostenhilfe gemäß dieser Richtlinie im Mitgliedstaat des Gerichtsstands eingegangen ist;

b) der Kosten für die Übersetzung des Antrags und der erforderlichen Anlagen, wenn der Antrag auf Prozesskostenhilfe bei den Behörden dieses Mitgliedstaats eingereicht wird.

Artikel 9. Weitergewährung der Prozesskostenhilfe

(1) Die Prozesskostenhilfe wird den Empfängern in vollem Umfang oder teilweise weitergewährt, um die Kosten für die Vollstreckung eines Urteils im Mitgliedstaat des Gerichtsstands zu decken.

(2) Ein Empfänger, dem im Mitgliedstaat des Gerichtsstands Prozesskostenhilfe gewährt wurde, erhält Prozesskostenhilfe gemäß dem Recht des Mitgliedstaats, in dem die Anerkennung oder Vollstreckung beantragt wird.

(3) Vorbehaltlich der Artikel 5 und 6 wird Prozesskostenhilfe weiter gewährt, wenn ein Rechtsbehelf gegen den oder vom Empfänger eingelegt wird.

(4) Die Mitgliedstaaten können in jeder Phase des Verfahrens auf der Grundlage der Artikel 3 Absätze 3 und 5, Artikel 5 und Artikel 6 eine neuerliche Prüfung des Antrags auf Prozesskostenhilfe vorsehen; dies gilt auch für Verfahren nach den Absätzen 1 bis 3 des vorliegenden Artikels.

Artikel 10. Außergerichtliche Verfahren

Die Prozesskostenhilfe ist unter den in dieser Richtlinie festgelegten Voraussetzungen auf außergerichtliche Verfahren auszudehnen, wenn die Parteien gesetzlich verpflichtet sind, diese anzuwenden, oder den Streitparteien vom Gericht aufgetragen wird, diese in Anspruch zu nehmen.

Artikel 11. Öffentliche Urkunden

Für die Vollstreckung öffentlicher Urkunden in einem anderen Mitgliedstaat wird unter den in dieser Richtlinie festgelegten Voraussetzungen Prozesskostenhilfe gewährt.

KAPITEL IV. VERFAHREN

Artikel 12. Für die Gewährung der Prozesskostenhilfe zuständige Behörde

Unbeschadet des Artikels 8 wird die Prozesskostenhilfe von der zuständigen Behörde des Mitgliedstaats des Gerichtsstands gewährt oder verweigert.

Artikel 13. Einreichung und Übermittlung der Anträge auf Prozesskostenhilfe

(1) Anträge auf Prozesskostenhilfe können eingereicht werden: entweder

a) bei der zuständigen Behörde des Mitgliedstaats, in dem der Antragsteller seinen Wohnsitz oder seinen gewöhnlichen Aufenthalt hat (Übermittlungsbehörde), oder

b) bei der zuständigen Behörde des Mitgliedstaats des Gerichtsstands oder des Vollstreckungsmitgliedstaats (Empfangsbehörde).

(2) Anträge auf Prozesskostenhilfe sind auszufuellen und die beigefügten Anlagen zu übersetzen

a) in der bzw. die Amtssprache oder einer bzw. eine der Amtssprachen des Mitgliedstaats der zuständigen Empfangsbehörde, die zugleich einer der Amtssprachen der Europäischen Gemeinschaft entspricht; oder

b) in einer anderen bzw. eine andere Sprache, mit deren Verwendung sich dieser Mitgliedstaat gemäß Artikel 14 Absatz 3 einverstanden erklärt hat.

(3) Die zuständigen Übermittlungsbehörden können entscheiden, die Übermittlung eines Antrags abzulehnen, wenn dieser offensichtlich

a) unbegründet ist oder

b) nicht in den Anwendungsbereich dieser Richtlinie fällt.

Artikel 15 Absätze 2 und 3 findet auf solche Entscheidungen Anwendung.

(4) Die zuständige Übermittlungsbehörde unterstützt den Antragsteller, indem sie dafür Sorge trägt, dass dem Antrag alle Anlagen beigefügt werden, die ihres Wissens zur Entscheidung über den Antrag erforderlich sind. Ferner unterstützt sie den Antragsteller gemäß Artikel 8 Buchstabe b bei der Beschaffung der erforderlichen Übersetzung der Anlagen.

Die zuständige Übermittlungsbehörde leitet der zuständigen Empfangsbehörde in dem anderen Mitgliedstaat den Antrag innerhalb von 15 Tagen nach Erhalt des in einer der Amtssprachen gemäß Absatz 2 ordnungsgemäß ausgefuellten Antrags und der beigefügten, erforderlichenfalls in eine dieser Amtssprachen übersetzten Anlagen zu.

(5) Die nach Maßgabe dieser Richtlinie übermittelten Schriftstücke sind von der Legalisation und gleichwertigen Formalitäten befreit.

(6) Für die nach Absatz 4 erbrachten Leistungen dürfen die Mitgliedstaaten kein Entgelt verlangen. Die Mitgliedstaaten, in denen die Person, die Prozesskostenhilfe beantragt hat, ihren Wohnsitz oder gewöhnlichen Aufenthalt hat, können festlegen, dass der Antragsteller die von der zuständigen Übermittlungsbehörde übernommenen Übersetzungskosten zurückzahlen muss, wenn der Antrag auf Prozesskostenhilfe von der zuständigen Behörde abgelehnt wird.

Artikel 14. Zuständige Behörden und Sprachen

(1) Die Mitgliedstaaten bezeichnen die für die Übermittlung des Antrags („Übermittlungsbehörden") bzw. den Empfang des Antrags („Empfangsbehörden") zuständige Behörde oder Behörden.

(2) Jeder Mitgliedstaat übermittelt der Kommission folgende Angaben:

– Name und Anschrift der zuständigen Empfangsbehörden oder Übermittlungsbehörden nach Absatz 1;

– räumlicher Zuständigkeitsbereich dieser Behörden;

– verfügbare Kommunikationsmittel dieser Behörden zum Empfang der Anträge; und

– Sprachen, in denen der Antrag ausgefuellt werden kann.

(3) Die Mitgliedstaaten teilen der Kommission mit, welche Amtssprache(n) der Europäischen Gemeinschaft außer ihrer bzw. ihren eigenen Amtssprache(n) beim Ausfuellen der gemäß dieser Richtlinie eingehenden Anträge auf Prozesskostenhilfe für die zuständige Empfangsbehörde akzeptabel ist bzw. sind.

(4) Die Mitgliedstaaten übermitteln der Kommission die Angaben gemäß den Absätzen 2 und 3 vor dem 30. November 2004. Jede Änderung dieser Angaben wird der Kommission spätestens zwei Monate, bevor die Änderung in dem betreffenden Mitgliedstaat wirksam wird, mitgeteilt.

(5) Die Angaben gemäß den Absätzen 2 und 3 werden im Amtsblatt der Europäischen Gemeinschaften veröffentlicht.

Artikel 15. Bearbeitung der Anträge

(1) Die für die Entscheidung über die Anträge auf Prozesskostenhilfe zuständigen einzelstaatlichen Behörden tragen dafür Sorge, dass der Antragsteller in vollem Umfang über die Bearbeitung des Antrags unterrichtet wird.

(2) Die vollständige oder teilweise Ablehnung der Anträge ist zu begründen.

(3) Die Mitgliedstaaten sehen einen Rechtsbehelf gegen Entscheidungen vor, mit denen Anträge auf Prozesskostenhilfe abgelehnt werden. Die Mitgliedstaaten können Fälle ausnehmen, bei denen ein Antrag auf Prozesskostenhilfe entweder von einem Berufungsgericht oder von einem Gericht abgelehnt wird, gegen dessen Entscheidung in der Hauptsache nach nationalem Recht kein Rechtsbehelf möglich ist.

(4) Ist ein Rechtsbehelf gegen eine Entscheidung über die Ablehnung oder Einstellung der Prozesskostenhilfe aufgrund von Artikel 6 verwaltungsrechtlicher Art, so unterliegt er in allen Fällen der gerichtlichen Überprüfung.

Artikel 16. Standardformular

(1) Zur Erleichterung der Übermittlung der Anträge wird nach dem in Artikel 17 Absatz 2 genannten Verfahren ein Standardformular für Anträge auf Prozesskostenhilfe und für die Übermittlung dieser Anträge erstellt.

(2) Das Standardformular für die Übermittlung von Anträgen auf Prozesskostenhilfe wird spätestens am 30. Mai 2003 erstellt.

Das Standardformular für Anträge auf Prozesskostenhilfe wird spätestens am 30. November 2004 erstellt.

KAPITEL V. SCHLUSSBESTIMMUNGEN

Artikel 17. Ausschuss

(1) Die Kommission wird von einem Ausschuss unterstützt.

(2) Wird auf diesen Absatz Bezug genommen, so gelten die Artikel 3 und 7 des Beschlusses 1999/468/EG.

(3) Der Ausschuss gibt sich eine Geschäftsordnung.

Artikel 18. Information

Die zuständigen einzelstaatlichen Behörden arbeiten zusammen, um die Information der Öffentlichkeit und der Fachkreise über die verschiedenen Systeme der Prozesskostenhilfe insbesondere über das gemäß der Entscheidung 2001/470/EG eingerichtete Europäische Justizielle Netz zu gewährleisten.

Artikel 19. Günstigere Bestimmungen

Diese Richtlinie hindert die Mitgliedstaaten nicht daran, günstigere Bestimmungen für Antragsteller und Empfänger von Prozesskostenhilfe vorzusehen.

Artikel 20. Verhältnis zu anderen Übereinkünften

Diese Richtlinie hat zwischen den Mitgliedstaaten in ihrem Anwendungsbereich Vorrang vor den Bestimmungen, die in den von den Mitgliedstaaten geschlossenen bilateralen und multilateralen Übereinkünften enthalten sind, einschließlich

a) des am 27. Januar 1977 in Straßburg unterzeichneten Europäischen Übereinkommens über die Übermittlung von Anträgen auf Bewilligung der Prozesskostenhilfe geändert durch das 2001 in Moskau unterzeichnete Zusatzprotokoll zum Europäischen Übereinkommen über die Übermittlung von Anträgen auf Bewilligung der Prozesskostenhilfe;

b) des Haager Abkommens von 25. Oktober 1980 über die Erleichterung des internationalen Zugangs zu den Gerichten.

Artikel 21. Umsetzung in innerstaatliches Recht

(1) Die Mitgliedstaaten setzen die Rechts- und Verwaltungsvorschriften in Kraft, die erforderlich sind, um dieser Richtlinie spätestens am 30. November 2004 nachzukommen; dies gilt jedoch nicht für Artikel 3 Absatz 2 Buchstabe a, dessen Umsetzung in nationales Recht spätestens am 30. Mai 2006 erfolgt. Sie setzen die Kommission unverzüglich davon in Kenntnis.

Wenn die Mitgliedstaaten diese Vorschriften erlassen, nehmen sie in den Vorschriften selbst oder durch einen Hinweis bei der amtlichen Veröffentlichung auf diese Richtlinie Bezug. Die Mitgliedstaaten regeln die Einzelheiten der Bezugnahme.

(2) Die Mitgliedstaaten teilen der Kommission den Wortlaut der wichtigsten innerstaatlichen Rechtsvorschriften mit, die sie auf dem unter diese Richtlinie fallenden Gebiet erlassen.

Artikel 22. Inkrafttreten

Diese Richtlinie tritt am Tag ihrer Veröffentlichung im Amtsblatt der Europäischen Gemeinschaften[10] in Kraft.

10 Datum der Veröffentlichung: 31.1.2003.

Artikel 23. Adressaten

Diese Richtlinie ist gemäß dem Vertrag zur Gründung der Europäischen Gemeinschaft an die Mitgliedstaaten gerichtet.

4.) Verordnung (EG) Nr. 805/2004 des Europäischen Parlaments und des Rates zur Einführung eines europäischen Vollstreckungstitels für unbestrittene Forderungen

vom 21. April 2004 (ABl. L 143/15, ber. ABl. 2005 L 97/64, ABl. 2008 L 50/71)

– Abdruck ohne Anhänge –

DAS EUROPÄISCHE PARLAMENT UND DER RAT DER EUROPÄISCHEN UNION –

gestützt auf den Vertrag zur Gründung der Europäischen Gemeinschaft, insbesondere auf Artikel 61 Buchstabe c) und Artikel 67 Absatz 5 zweiter Gedankenstrich,

auf Vorschlag der Kommission[1],

nach Stellungnahme des Europäischen Wirtschafts- und Sozialausschusses[2],

gemäß dem Verfahren des Artikels 251 des Vertrags[3],

in Erwägung nachstehender Gründe:

(1) Die Gemeinschaft hat sich zum Ziel gesetzt, einen Raum der Freiheit, der Sicherheit und des Rechts, in dem der freie Personenverkehr gewährleistet ist, zu erhalten und weiterzuentwickeln. Dazu erlässt die Gemeinschaft unter anderem im Bereich der justiziellen Zusammenarbeit in Zivilsachen die für das reibungslose Funktionieren des Binnenmarkts erforderlichen Maßnahmen.

(2) Am 3. Dezember 1998 nahm der Rat den Aktionsplan des Rates und der Kommission zur bestmöglichen Umsetzung der Bestimmungen des Amsterdamer Vertrags über den Aufbau eines Raums der Freiheit, der Sicherheit und des Rechts[4] an (Wiener Aktionsplan).

(3) Auf seiner Tagung vom 15. und 16. Oktober 1999 in Tampere bekräftigte der Europäische Rat den Grundsatz der gegenseitigen Anerkennung gerichtlicher Entscheidungen als Eckpfeiler für die Schaffung eines echten europäischen Rechtsraums.

(4) Am 30. November 2000 verabschiedete der Rat ein Programm über Maßnahmen zur Umsetzung des Grundsatzes der gegenseitigen Anerkennung gerichtlicher Entscheidungen in Zivil- und Handelssachen[5]. Dieses Programm sieht in seiner ersten Phase die Abschaffung des Vollstreckbarerklärungsverfahrens, d. h. die Einführung eines Europäischen Vollstreckungstitels für unbestrittene Forderungen vor.

(5) Der Begriff „unbestrittene Forderung" sollte alle Situationen erfassen, in denen der Schuldner Art oder Höhe einer Geldforderung nachweislich nicht bestritten hat und der Gläubiger gegen den Schuldner entweder eine gerichtliche Entscheidung oder einen vollstreckbaren Titel, der die ausdrückliche Zustimmung des Schuldners erfordert, wie einen gerichtlichen Vergleich oder eine öffentliche Urkunde, erwirkt hat.

(6) Ein fehlender Widerspruch seitens des Schuldners im Sinne von Artikel 3 Absatz 1 Buchstabe b) liegt auch dann vor, wenn dieser nicht zur Gerichtsverhandlung erscheint oder einer Aufforderung des Gerichts, schriftlich mitzuteilen, ob er sich zu verteidigen beabsichtigt, nicht nachkommt.

(7) Diese Verordnung sollte auch für Entscheidungen, gerichtliche Vergleiche und öffentliche Urkunden über unbestrittene Forderungen und solche Entscheidungen gelten, die nach Anfechtung von als Europäischer Vollstreckungstitel bestätigten Entscheidungen, gerichtlichen Vergleichen und öffentlichen Urkunden ergangen sind.

---

1 ABl. C 203 E vom 27.8.2002, S. 86.
2 ABl. C 85 vom 8.4.2003, S. 1.
3 Stellungnahme des Europäischen Parlaments vom 8. April 2003 (ABl. C 64 E vom 12.3.2004, S. 79). Gemeinsamer Standpunkt des Rates vom 6. Februar 2004 (noch nicht im Amtsblatt ver-

öffentlicht) und Standpunkt des Europäischen Parlaments vom 30. März 2004 (noch nicht im Amtsblatt veröffentlicht).
4 ABl. C 19 vom 23.1.1999, S. 1.
5 ABl. C 12 vom 15.1.2001, S. 1.

(8) Der Europäische Rat hat in seinen Schlussfolgerungen von Tampere die Auffassung vertreten, dass der Zugang zur Vollstreckung einer Entscheidung in einem anderen Mitgliedstaat als dem, in dem die Entscheidung ergangen ist, durch den Verzicht auf die dort als Voraussetzung einer Vollstreckung erforderlichen Zwischenmaßnahmen beschleunigt und vereinfacht werden sollte. Eine Entscheidung, die vom Gericht des Ursprungsmitgliedstaats als Europäischer Vollstreckungstitel bestätigt worden ist, sollte im Hinblick auf die Vollstreckung so behandelt werden, als wäre sie im Vollstreckungsmitgliedstaat ergangen. So erfolgt beispielsweise im Vereinigten Königreich die Registrierung einer bestätigten ausländischen Entscheidung nach den gleichen Vorschriften wie die Registrierung einer Entscheidung aus einem anderen Teil des Vereinigten Königreichs und darf nicht mit einer inhaltlichen Überprüfung der ausländischen Entscheidung verbunden sein. Die Umstände der Vollstreckung dieser Entscheidung sollten sich weiterhin nach innerstaatlichem Recht richten.

(9) Dieses Verfahren sollte gegenüber dem Vollstreckbarerklärungsverfahren der Verordnung (EG) Nr. 44/2001 des Rates vom 22. Dezember 2000 über die gerichtliche Zuständigkeit und die Anerkennung und Vollstreckung von Entscheidungen in Zivil- und Handelssachen[6] einen erheblichen Vorteil bieten, der darin besteht, dass auf die Zustimmung des Gerichts eines zweiten Mitgliedstaats mit den daraus entstehenden Verzögerungen und Kosten verzichtet werden kann.

(10) Auf die Nachprüfung einer gerichtlichen Entscheidung, die in einem anderen Mitgliedstaat über eine unbestrittene Forderung in einem Verfahren ergangen ist, auf das sich der Schuldner nicht eingelassen hat, kann nur dann verzichtet werden, wenn eine hinreichende Gewähr besteht, dass die Verteidigungsrechte beachtet worden sind.

(11) Diese Verordnung soll der Förderung der Grundrechte dienen und berücksichtigt die Grundsätze, die insbesondere mit der Charta der Grundrechte der Europäischen Union anerkannt wurden. Sie zielt insbesondere darauf ab, die uneingeschränkte Wahrung des Rechts auf ein faires Verfahren, wie es in Artikel 47 der Charta verankert ist, zu gewährleisten.

(12) Für das gerichtliche Verfahren sollten Mindestvorschriften festgelegt werden, um sicherzustellen, dass der Schuldner so rechtzeitig und in einer Weise über das gegen ihn eingeleitete Verfahren, die Notwendigkeit seiner aktiven Teilnahme am Verfahren, wenn er die Forderung bestreiten will, und über die Folgen seiner Nichtteilnahme unterrichtet wird, dass er Vorkehrungen für seine Verteidigung treffen kann.

(13) Wegen der Unterschiede im Zivilprozessrecht der Mitgliedstaaten, insbesondere bei den Zustellungsvorschriften, müssen die Mindestvorschriften präzise und detailliert definiert sein. So kann insbesondere eine Zustellungsform, die auf einer juristischen Fiktion beruht, im Hinblick auf die Einhaltung der Mindestvorschriften nicht als ausreichend für die Bestätigung einer Entscheidung als Europäischer Vollstreckungstitel angesehen werden.

(14) Alle in den Artikeln 13 und 14 aufgeführten Zustellungsformen sind entweder durch eine absolute Gewissheit (Artikel 13) oder ein hohes Maß an Wahrscheinlichkeit (Artikel 14) dafür gekennzeichnet, dass das zugestellte Schriftstück dem Empfänger zugegangen ist. In der zweiten Kategorie sollte eine Entscheidung nur dann als Europäischer Vollstreckungstitel bestätigt werden, wenn der Ursprungsmitgliedstaat über einen geeigneten Mechanismus verfügt, der es dem Schuldner unter bestimmten Voraussetzungen ermöglicht, eine vollständige Überprüfung der Entscheidung gemäß Artikel 19 zu verlangen, und zwar dann, wenn das Schriftstück dem Empfänger trotz Einhaltung des Artikels 14 ausnahmsweise nicht zugegangen ist.

(15) Die persönliche Zustellung an bestimmte andere Personen als den Schuldner selbst gemäß Artikel 14 Absatz 1 Buchstaben a) und b) sollte die Anforderungen der genannten Vorschriften nur dann erfuellen, wenn diese Personen das betreffende Schriftstück auch tatsächlich erhalten haben.

(16) Artikel 15 sollte auf Situationen Anwendung finden, in denen der Schuldner sich nicht selbst vor Gericht vertreten kann, etwa weil er eine juristische Person ist, und in denen er durch eine gesetzlich bestimmte Person vertreten wird, sowie auf Situationen, in denen der Schuldner eine andere Person,

---

6 ABl. L 12 vom 16.1.2001, S. 1. Zuletzt geändert durch die Verordnung (EG) Nr. 1496/2002 der Kommission (ABl. L 225 vom 22.8.2002, S. 13).

insbesondere einen Rechtsanwalt, ermächtigt hat, ihn in dem betreffenden gerichtlichen Verfahren zu vertreten.

(17) Die für die Nachprüfung der Einhaltung der prozessualen Mindestvorschriften zuständigen Gerichte sollten gegebenenfalls eine einheitliche Bestätigung als Europäischer Vollstreckungstitel ausstellen, aus der die Nachprüfung und deren Ergebnis hervorgeht.

(18) Gegenseitiges Vertrauen in die ordnungsgemäße Rechtspflege in den Mitgliedstaaten rechtfertigt es, dass das Gericht nur eines Mitgliedstaats beurteilt, ob alle Voraussetzungen für die Bestätigung der Entscheidung als Europäischer Vollstreckungstitel vorliegen, so dass die Vollstreckung der Entscheidung in allen anderen Mitgliedstaaten möglich ist, ohne dass im Vollstreckungsmitgliedstaat zusätzlich von einem Gericht nachgeprüft werden muss, ob die prozessualen Mindestvorschriften eingehalten worden sind.

(19) Diese Verordnung begründet keine Verpflichtung für die Mitgliedstaaten, ihr innerstaatliches Recht an die prozessualen Mindestvorschriften in dieser Verordnung anzupassen. Entscheidungen werden in anderen Mitgliedstaaten jedoch nur dann effizienter und schneller vollstreckt, wenn diese Mindestvorschriften beachtet werden, so dass hier ein entsprechender Anreiz für die Mitgliedstaaten besteht, ihr Recht dieser Verordnung anzupassen.

(20) Dem Gläubiger sollte es frei stehen, eine Bestätigung als Europäischer Vollstreckungstitel für unbestrittene Forderungen zu beantragen oder sich für das Anerkennungs- und Vollstreckungsverfahren nach der Verordnung (EG) Nr. 44/2001 oder für andere Gemeinschaftsrechtsakte zu entscheiden.

(21) Ist ein Schriftstück zum Zwecke der Zustellung von einem Mitgliedstaat in einen anderen Mitgliedstaat zu versenden, so sollte diese Verordnung, insbesondere die darin enthaltenen Zustellungsvorschriften, zusammen mit der Verordnung (EG) Nr. 1348/2000 des Rates vom 29. Mai 2000 über die Zustellung gerichtlicher und außergerichtlicher Schriftstücke in Zivil- oder Handelssachen in den Mitgliedstaaten[7], und insbesondere mit deren Artikel 14 in Verbindung mit den Erklärungen der Mitgliedstaaten nach deren Artikel 23, gelten.

(22) Da die Ziele der beabsichtigten Maßnahmen auf Ebene der Mitgliedstaaten nicht ausreichend erreicht werden können und daher wegen ihres Umfangs und ihrer Wirkungen besser auf Gemeinschaftsebene zu erreichen sind, kann die Gemeinschaft im Einklang mit dem in Artikel 5 des Vertrags niedergelegten Subsidiaritätsprinzip tätig werden. Entsprechend dem in demselben Artikel genannten Verhältnismäßigkeitsprinzip geht diese Verordnung nicht über das zur Erreichung dieser Ziele erforderliche Maß hinaus.

(23) Die zur Durchführung dieser Verordnung erforderlichen Maßnahmen sollten gemäß dem Beschluss 1999/468/EG des Rates vom 28. Juni 1999 zur Festlegung der Modalitäten für die Ausübung der der Kommission übertragenen Durchführungsbefugnisse[8] erlassen werden.

(24) Gemäß Artikel 3 des dem Vertrag über die Europäische Union und dem Vertrag zur Gründung der Europäischen Gemeinschaft beigefügten Protokolls über die Position des Vereinigten Königreichs und Irlands haben diese Mitgliedstaaten mitgeteilt, dass sie sich an der Annahme und Anwendung dieser Verordnung beteiligen möchten.

(25) Dänemark beteiligt sich gemäß den Artikeln 1 und 2 des dem Vertrag über die Europäische Union und dem Vertrag zur Gründung der Europäischen Gemeinschaft beigefügten Protokolls über die Position Dänemarks nicht an der Annahme dieser Verordnung, die für Dänemark somit nicht bindend oder anwendbar ist.

(26) Gemäß Artikel 67 Absatz 5 zweiter Gedankenstrich des Vertrags ist für die in dieser Verordnung geregelten Maßnahmen ab dem 1. Februar 2003 das Mitentscheidungsverfahren anzuwenden.

HABEN FOLGENDE VERORDNUNG ERLASSEN:

---

7 ABl. L 160 vom 30.6.2000, S. 37.   **8** ABl. L 184 vom 17.7.1999, S. 23.

KAPITEL I. GEGENSTAND, ANWENDUNGSBEREICH UND BEGRIFFSBESTIMMUNGEN

Artikel 1. Gegenstand

Mit dieser Verordnung wird ein Europäischer Vollstreckungstitel für unbestrittene Forderungen eingeführt, um durch die Festlegung von Mindestvorschriften den freien Verkehr von Entscheidungen, gerichtlichen Vergleichen und öffentlichen Urkunden in allen Mitgliedstaaten zu ermöglichen, ohne dass im Vollstreckungsmitgliedstaat ein Zwischenverfahren vor der Anerkennung und Vollstreckung angestrengt werden muss.

Artikel 2. Anwendungsbereich

(1) Diese Verordnung ist in Zivil- und Handelssachen anzuwenden, ohne dass es auf die Art der Gerichtsbarkeit ankommt. Sie erfasst insbesondere nicht Steuer- und Zollsachen, verwaltungsrechtliche Angelegenheiten sowie die Haftung des Staates für Handlungen oder Unterlassungen im Rahmen der Ausübung hoheitlicher Rechte („acta jure imperii").

(2) Diese Verordnung ist nicht anzuwenden auf

a) den Personenstand, die Rechts- und Handlungsfähigkeit sowie die gesetzliche Vertretung von natürlichen Personen, die ehelichen Güterstände, das Gebiet des Erbrechts einschließlich des Testamentsrechts;

b) Konkurse, Vergleiche und ähnliche Verfahren;

c) die soziale Sicherheit;

d) die Schiedsgerichtsbarkeit.

(3) In dieser Verordnung bedeutet der Begriff „Mitgliedstaaten" die Mitgliedstaaten mit Ausnahme Dänemarks.

Artikel 3. Vollstreckungstitel, die als Europäischer Vollstreckungstitel bestätigt werden

(1) Diese Verordnung gilt für Entscheidungen, gerichtliche Vergleiche und öffentliche Urkunden über unbestrittene Forderungen.

Eine Forderung gilt als „unbestritten", wenn

a) der Schuldner ihr im gerichtlichen Verfahren ausdrücklich durch Anerkenntnis oder durch einen von einem Gericht gebilligten oder vor einem Gericht im Laufe eines Verfahrens geschlossenen Vergleich zugestimmt hat oder

b) der Schuldner ihr im gerichtlichen Verfahren zu keiner Zeit nach den maßgeblichen Verfahrensvorschriften des Rechts des Ursprungsmitgliedstaats widersprochen hat oder

c) der Schuldner zu einer Gerichtsverhandlung über die Forderung nicht erschienen oder dabei nicht vertreten worden ist, nachdem er zuvor im gerichtlichen Verfahren der Forderung widersprochen hatte, sofern ein solches Verhalten nach dem Recht des Ursprungsmitgliedstaats als stillschweigendes Zugeständnis der Forderung oder des vom Gläubiger behaupteten Sachverhalts anzusehen ist oder

d) der Schuldner die Forderung ausdrücklich in einer öffentlichen Urkunde anerkannt hat.

(2) Diese Verordnung gilt auch für Entscheidungen, die nach Anfechtung von als Europäischer Vollstreckungstitel bestätigten Entscheidungen, gerichtlichen Vergleichen oder öffentlichen Urkunden ergangen sind.

Artikel 4. Begriffsbestimmungen

Im Sinne dieser Verordnung gelten folgende Begriffsbestimmungen:

1. „Entscheidung": jede von einem Gericht eines Mitgliedstaats erlassene Entscheidung ohne Rücksicht auf ihre Bezeichnung wie Urteil, Beschluss, Zahlungsbefehl oder Vollstreckungsbescheid, einschließlich des Kostenfestsetzungsbeschlusses eines Gerichtsbediensteten.

2. „Forderung": eine Forderung auf Zahlung einer bestimmten Geldsumme, die fällig ist oder deren Fälligkeitsdatum in der Entscheidung, dem gerichtlichen Vergleich oder der öffentlichen Urkunde angegeben ist.

3. „Öffentliche Urkunde":

a) ein Schriftstück, das als öffentliche Urkunde aufgenommen oder registriert worden ist, wobei die Beurkundung

i) sich auf die Unterschrift und den Inhalt der Urkunde bezieht und

ii) von einer Behörde oder einer anderen von dem Ursprungsmitgliedstaat hierzu ermächtigten Stelle vorgenommen worden ist;

oder

b) eine vor einer Verwaltungsbehörde geschlossene oder von ihr beurkundete Unterhaltsvereinbarung oder -verpflichtung.

4. „Ursprungsmitgliedstaat": der Mitgliedstaat, in dem eine Entscheidung ergangen ist, ein gerichtlicher Vergleich gebilligt oder geschlossen oder eine öffentliche Urkunde ausgestellt wurde und in dem diese als Europäischer Vollstreckungstitel zu bestätigen sind.

5. „Vollstreckungsmitgliedstaat": der Mitgliedstaat, in dem die Vollstreckung der/des als Europäischer Vollstreckungstitel bestätigten Entscheidung, gerichtlichen Vergleichs oder öffentlichen Urkunde betrieben wird.

6. „Ursprungsgericht": das Gericht, das mit dem Verfahren zum Zeitpunkt der Erfuellung der Voraussetzungen nach Artikel 3 Absatz 1 Buchstaben a), b), und c) befasst war.

7. Bei den summarischen Mahnverfahren in Schweden (betalningsföreläggande) umfasst der Begriff „Gericht" auch die schwedische kronofogdemyndighet (Amt für Beitreibung).

KAPITEL II. DER EUROPÄISCHE VOLLSTRECKUNGSTITEL

Artikel 5. Abschaffung des Vollstreckbarerklärungsverfahrens

Eine Entscheidung, die im Ursprungsmitgliedstaat als Europäischer Vollstreckungstitel bestätigt worden ist, wird in den anderen Mitgliedstaaten anerkannt und vollstreckt, ohne dass es einer Vollstreckbarerklärung bedarf und ohne dass die Anerkennung angefochten werden kann.

Artikel 6. Voraussetzungen für die Bestätigung als Europäischer Vollstreckungstitel

(1) Eine in einem Mitgliedstaat über eine unbestrittene Forderung ergangene Entscheidung wird auf jederzeitigen Antrag an das Ursprungsgericht als Europäischer Vollstreckungstitel bestätigt, wenn

a) die Entscheidung im Ursprungsmitgliedstaat vollstreckbar ist, und

b) die Entscheidung nicht im Widerspruch zu den Zuständigkeitsregeln in Kapitel II Abschnitte 3 und 6 der Verordnung (EG) Nr. 44/2001 steht, und

c) das gerichtliche Verfahren im Ursprungsmitgliedstaat im Fall einer unbestrittenen Forderung im Sinne von Artikel 3 Absatz 1 Buchstabe b) oder c) den Voraussetzungen des Kapitels III entsprochen hat, und

d) die Entscheidung in dem Mitgliedstaat ergangen ist, in dem der Schuldner seinen Wohnsitz im Sinne von Artikel 59 der Verordnung (EG) Nr. 44/2001 hat, sofern

– die Forderung unbestritten im Sinne von Artikel 3 Absatz 1 Buchstabe b) oder c) ist,

– sie einen Vertrag betrifft, den eine Person, der Verbraucher, zu einem Zweck geschlossen hat, der nicht der beruflichen oder gewerblichen Tätigkeit dieser Person zugerechnet werden kann und

– der Schuldner der Verbraucher ist.

(2) Ist eine als Europäischer Vollstreckungstitel bestätigte Entscheidung nicht mehr vollstreckbar oder wurde ihre Vollstreckbarkeit ausgesetzt oder eingeschränkt, so wird auf jederzeitigen Antrag an das Ursprungsgericht unter Verwendung des Formblatts in Anhang IV eine Bestätigung der Nichtvollstreckbarkeit bzw. der Beschränkung der Vollstreckbarkeit ausgestellt.

(3) Ist nach Anfechtung einer Entscheidung, die als Europäischer Vollstreckungstitel gemäß Absatz 1 bestätigt worden ist, eine Entscheidung ergangen, so wird auf jederzeitigen Antrag unter Verwendung des Formblatts in Anhang V eine Ersatzbestätigung ausgestellt, wenn diese Entscheidung im Ursprungsmitgliedstaat vollstreckbar ist; Artikel 12 Absatz 2 bleibt davon unberührt.

Artikel 7. Kosten in Verbindung mit dem gerichtlichen Verfahren

Umfasst eine Entscheidung eine vollstreckbare Entscheidung über die Höhe der mit dem gerichtlichen Verfahren verbundenen Kosten, einschließlich Zinsen, wird sie auch hinsichtlich dieser Kosten als Europäischer Vollstreckungstitel bestätigt, es sei denn, der Schuldner hat im gerichtlichen Verfahren nach den Rechtsvorschriften des Ursprungsmitgliedstaats der Verpflichtung zum Kostenersatz ausdrücklich widersprochen.

Artikel 8. Teilbarkeit der Bestätigung als Europäischer Vollstreckungstitel

Wenn die Entscheidung die Voraussetzungen dieser Verordnung nur in Teilen erfuellt, so wird die Bestätigung als Europäischer Vollstreckungstitel nur für diese Teile ausgestellt.

Artikel 9. Ausstellung der Bestätigung als Europäischer Vollstreckungstitel

(1) Die Bestätigung als Europäischer Vollstreckungstitel wird unter Verwendung des Formblatts in Anhang I ausgestellt.

(2) Die Bestätigung als Europäischer Vollstreckungstitel wird in der Sprache ausgestellt, in der die Entscheidung abgefasst ist.

Artikel 10. Berichtigung oder Widerruf der Bestätigung als Europäischer Vollstreckungstitel

(1) Die Bestätigung als Europäischer Vollstreckungstitel wird auf Antrag an das Ursprungsgericht

a) berichtigt, wenn die Entscheidung und die Bestätigung aufgrund eines materiellen Fehlers voneinander abweichen;

b) widerrufen, wenn sie hinsichtlich der in dieser Verordnung festgelegten Voraussetzungen eindeutig zu Unrecht erteilt wurde.

(2) Für die Berichtigung oder den Widerruf der Bestätigung als Europäischer Vollstreckungstitel ist das Recht des Ursprungsmitgliedstaats maßgebend.

(3) Die Berichtigung oder der Widerruf der Bestätigung als Europäischer Vollstreckungstitel können unter Verwendung des Formblatts in Anhang VI beantragt werden.

(4) Gegen die Ausstellung einer Bestätigung als Europäischer Vollstreckungstitel ist kein Rechtsbehelf möglich.

Artikel 11. Wirkung der Bestätigung als Europäischer Vollstreckungstitel

Die Bestätigung als Europäischer Vollstreckungstitel entfaltet Wirkung nur im Rahmen der Vollstreckbarkeit der Entscheidung.

KAPITEL III. MINDESTVORSCHRIFTEN FÜR VERFAHREN ÜBER UNBESTRITTENE FORDE-RUNGEN

Artikel 12. Anwendungsbereich der Mindestvorschriften

(1) Eine Entscheidung über eine unbestrittene Forderung im Sinne von Artikel 3 Absatz 1 Buchstabe b) oder c) kann nur dann als Europäischer Vollstreckungstitel bestätigt werden, wenn das gerichtliche Verfahren im Ursprungsmitgliedstaat den verfahrensrechtlichen Erfordernissen nach diesem Kapitel genügt hat.

(2) Dieselben Erfordernisse gelten auch für die Ausstellung der Bestätigung als Europäischer Vollstreckungstitel oder einer Ersatzbestätigung im Sinne des Artikels 6 Absatz 3 für eine Entscheidung, die nach Anfechtung einer Entscheidung ergangen ist, wenn zum Zeitpunkt dieser Entscheidung die Bedingungen nach Artikel 3 Absatz 1 Buchstabe b) oder c) erfuellt sind.

Artikel 13. Zustellung mit Nachweis des Empfangs durch den Schuldner

(1) Das verfahrenseinleitende Schriftstück oder ein gleichwertiges Schriftstück kann dem Schuldner wie folgt zugestellt worden sein:

a) durch persönliche Zustellung, bei der der Schuldner eine Empfangsbestätigung unter Angabe des Empfangsdatums unterzeichnet, oder

b) durch persönliche Zustellung, bei der die zuständige Person, die die Zustellung vorgenommen hat, ein Dokument unterzeichnet, in dem angegeben ist, dass der Schuldner das Schriftstück erhalten hat oder dessen Annahme unberechtigt verweigert hat und an welchem Datum die Zustellung erfolgt ist, oder

c) durch postalische Zustellung, bei der der Schuldner die Empfangsbestätigung unter Angabe des Empfangsdatums unterzeichnet und zurückschickt, oder

d) durch elektronische Zustellung wie beispielsweise per Fax oder E-Mail, bei der der Schuldner eine Empfangsbestätigung unter Angabe des Empfangsdatums unterzeichnet und zurückschickt.

(2) Eine Ladung zu einer Gerichtsverhandlung kann dem Schuldner gemäß Absatz 1 zugestellt oder mündlich in einer vorausgehenden Verhandlung über dieselbe Forderung bekannt gemacht worden sein, wobei dies im Protokoll dieser Verhandlung festgehalten sein muss.

Artikel 14. Zustellung ohne Nachweis des Empfangs durch den Schuldner

(1) Das verfahrenseinleitende Schriftstück oder ein gleichwertiges Schriftstück sowie eine Ladung zu einer Gerichtsverhandlung kann dem Schuldner auch in einer der folgenden Formen zugestellt worden sein:

a) persönliche Zustellung unter der Privatanschrift des Schuldners an eine in derselben Wohnung wie der Schuldner lebende Person oder an eine dort beschäftigte Person;

b) wenn der Schuldner Selbstständiger oder eine juristische Person ist, persönliche Zustellung in den Geschäftsräumen des Schuldners an eine Person, die vom Schuldner beschäftigt wird;

c) Hinterlegung des Schriftstücks im Briefkasten des Schuldners;

d) Hinterlegung des Schriftstücks beim Postamt oder bei den zuständigen Behörden mit entsprechender schriftlicher Benachrichtigung im Briefkasten des Schuldners, sofern in der schriftlichen Benachrichtigung das Schriftstück eindeutig als gerichtliches Schriftstück bezeichnet oder darauf hingewiesen wird, dass die Zustellung durch die Benachrichtigung als erfolgt gilt und damit Fristen zu laufen beginnen;

e) postalisch ohne Nachweis gemäß Absatz 3, wenn der Schuldner seine Anschrift im Ursprungsmitgliedstaat hat;

f) elektronisch, mit automatisch erstellter Sendebestätigung, sofern sich der Schuldner vorab ausdrücklich mit dieser Art der Zustellung einverstanden erklärt hat.

(2) Für die Zwecke dieser Verordnung ist eine Zustellung gemäß Absatz 1 nicht zulässig, wenn die Anschrift des Schuldners nicht mit Sicherheit ermittelt werden kann.

(3) Die Zustellung nach Absatz 1 Buchstaben a) bis d) wird bescheinigt durch

a) ein von der zuständigen Person, die die Zustellung vorgenommen hat, unterzeichnetes Schriftstück mit den folgenden Angaben:

i) die gewählte Form der Zustellung und

ii) das Datum der Zustellung sowie,

iii) falls das Schriftstück einer anderen Person als dem Schuldner zugestellt wurde, der Name dieser Person und die Angabe ihres Verhältnisses zum Schuldner,

oder

b) eine Empfangsbestätigung der Person, der das Schriftstück zugestellt wurde, für die Zwecke von Absatz 1 Buchstaben a) und b).

Artikel 15. Zustellung an die Vertreter des Schuldners

Die Zustellung gemäß Artikel 13 oder Artikel 14 kann auch an den Vertreter des Schuldners bewirkt worden sein.

Artikel 16. Ordnungsgemäße Unterrichtung des Schuldners über die Forderung

Um sicherzustellen, dass der Schuldner ordnungsgemäß über die Forderung unterrichtet worden ist, muss das verfahrenseinleitende Schriftstück oder das gleichwertige Schriftstück folgende Angaben enthalten haben:

a) den Namen und die Anschrift der Parteien;

b) die Höhe der Forderung;

c) wenn Zinsen gefordert werden, den Zinssatz und den Zeitraum, für den Zinsen gefordert werden, es sei denn, die Rechtsvorschriften des Ursprungsmitgliedstaats sehen vor, dass gesetzliche Zinsen automatisch der Hauptforderung hinzugefügt werden;

d) die Bezeichnung des Forderungsgrundes.

Artikel 17. Ordnungsgemäße Unterrichtung des Schuldners über die Verfahrensschritte zum Bestreiten der Forderung

In dem verfahrenseinleitenden Schriftstück, einem gleichwertigen Schriftstück oder einer Ladung zu einer Gerichtsverhandlung oder in einer zusammen mit diesem Schriftstück oder dieser Ladung zugestellten Belehrung muss deutlich auf Folgendes hingewiesen worden sein:

a) auf die verfahrensrechtlichen Erfordernisse für das Bestreiten der Forderung; dazu gehören insbesondere die Frist, innerhalb deren die Forderung schriftlich bestritten werden kann bzw. gegebenenfalls der Termin der Gerichtsverhandlung, die Bezeichnung und die Anschrift der Stelle, an die die Antwort zu richten bzw. vor der gegebenenfalls zu erscheinen ist, sowie die Information darüber, ob die Vertretung durch einen Rechtsanwalt vorgeschrieben ist;

b) auf die Konsequenzen des Nichtbestreitens oder des Nichterscheinens, insbesondere die etwaige Möglichkeit einer Entscheidung oder ihrer Vollstreckung gegen den Schuldner und der Verpflichtung zum Kostenersatz.

481

Artikel 18. Heilung der Nichteinhaltung von Mindestvorschriften

(1) Genügte das Verfahren im Ursprungsmitgliedstaat nicht den in den Artikeln 13 bis 17 festgelegten verfahrensrechtlichen Erfordernissen, so sind eine Heilung der Verfahrensmängel und eine Bestätigung der Entscheidung als Europäischer Vollstreckungstitel möglich, wenn

a) die Entscheidung dem Schuldner unter Einhaltung der verfahrensrechtlichen Erfordernisse nach Artikel 13 oder Artikel 14 zugestellt worden ist, und

b) der Schuldner die Möglichkeit hatte, einen eine uneingeschränkte Überprüfung umfassenden Rechtsbehelf gegen die Entscheidung einzulegen, und er in oder zusammen mit der Entscheidung ordnungsgemäß über die verfahrensrechtlichen Erfordernisse für die Einlegung eines solchen Rechtsbehelfs, einschließlich der Bezeichnung und der Anschrift der Stelle, bei der der Rechtsbehelf einzulegen ist, und gegebenenfalls der Frist unterrichtet wurde, und

c) der Schuldner es versäumt hat, einen Rechtsbehelf gegen die Entscheidung gemäß den einschlägigen verfahrensrechtlichen Erfordernissen einzulegen.

(2) Genügte das Verfahren im Ursprungsmitgliedstaat nicht den verfahrensrechtlichen Erfordernissen nach Artikel 13 oder Artikel 14, so ist eine Heilung dieser Verfahrensmängel möglich, wenn durch das Verhalten des Schuldners im gerichtlichen Verfahren nachgewiesen ist, dass er das zuzustellende Schriftstück so rechtzeitig persönlich bekommen hat, dass er Vorkehrungen für seine Verteidigung treffen konnte.

Artikel 19. Mindestvorschriften für eine Überprüfung in Ausnahmefällen

(1) Ergänzend zu den Artikeln 13 bis 18 kann eine Entscheidung nur dann als Europäischer Vollstreckungstitel bestätigt werden, wenn der Schuldner nach dem Recht des Ursprungsmitgliedstaats berechtigt ist, eine Überprüfung der Entscheidung zu beantragen, falls

a) i) das verfahrenseinleitende oder ein gleichwertiges Schriftstück oder gegebenenfalls die Ladung zu einer Gerichtsverhandlung in einer der in Artikel 14 genannten Formen zugestellt wurden, und

ii) die Zustellung ohne Verschulden des Schuldners nicht so rechtzeitig erfolgt ist, dass er Vorkehrungen für seine Verteidigung hätte treffen können,

oder

b) der Schuldner aufgrund höherer Gewalt oder aufgrund außergewöhnlicher Umstände ohne eigenes Verschulden der Forderung nicht widersprechen konnte,

wobei in beiden Fällen jeweils vorausgesetzt wird, dass er unverzüglich tätig wird.

(2) Dieser Artikel berührt nicht die Möglichkeit der Mitgliedstaaten, eine Überprüfung der Entscheidung unter großzügigeren Bedingungen als nach Absatz 1 zu ermöglichen.

KAPITEL IV. VOLLSTRECKUNG

Artikel 20. Vollstreckungsverfahren

(1) Unbeschadet der Bestimmungen dieses Kapitels gilt für das Vollstreckungsverfahren das Recht des Vollstreckungsmitgliedstaats.

Eine als Europäischer Vollstreckungstitel bestätigte Entscheidung wird unter den gleichen Bedingungen vollstreckt wie eine im Vollstreckungsmitgliedstaat ergangene Entscheidung.

(2) Der Gläubiger ist verpflichtet, den zuständigen Vollstreckungsbehörden des Vollstreckungsmitgliedstaats Folgendes zu übermitteln:

a) eine Ausfertigung der Entscheidung, die die für ihre Beweiskraft erforderlichen Voraussetzungen erfuellt, und

b) eine Ausfertigung der Bestätigung als Europäischer Vollstreckungstitel, die die für ihre Beweiskraft erforderlichen Voraussetzungen erfuellt, und

c) gegebenenfalls eine Transkription der Bestätigung als Europäischer Vollstreckungstitel oder eine Übersetzung dieser Bestätigung in die Amtssprache des Vollstreckungsmitgliedstaats oder – falls es in diesem Mitgliedstaat mehrere Amtssprachen gibt – nach Maßgabe der Rechtsvorschriften dieses Mitgliedstaats in die Verfahrenssprache oder eine der Verfahrenssprachen des Ortes, an dem die Vollstreckung betrieben wird, oder in eine sonstige Sprache, die der Vollstreckungsmitgliedstaat zulässt. Jeder Mitgliedstaat kann angeben, welche Amtssprache oder Amtssprachen der Organe der Europäischen Gemeinschaft er neben seiner oder seinen eigenen für die Ausstellung der Bestätigung zulässt. Die Übersetzung ist von einer hierzu in einem der Mitgliedstaaten befugten Person zu beglaubigen.

(3) Der Partei, die in einem Mitgliedstaat eine Entscheidung vollstrecken will, die in einem anderen Mitgliedstaat als Europäischer Vollstreckungstitel bestätigt wurde, darf wegen ihrer Eigenschaft als Ausländer oder wegen Fehlens eines inländischen Wohnsitzes oder Aufenthaltsorts eine Sicherheitsleistung oder Hinterlegung, unter welcher Bezeichnung es auch sei, nicht auferlegt werden.

Artikel 21. Verweigerung der Vollstreckung

(1) Auf Antrag des Schuldners wird die Vollstreckung vom zuständigen Gericht im Vollstreckungsmitgliedstaat verweigert, wenn die als Europäischer Vollstreckungstitel bestätigte Entscheidung mit einer früheren Entscheidung unvereinbar ist, die in einem Mitgliedstaat oder einem Drittland ergangen ist, sofern

a) die frühere Entscheidung zwischen denselben Parteien wegen desselben Streitgegenstands ergangen ist und

b) die frühere Entscheidung im Vollstreckungsmitgliedstaat ergangen ist oder die notwendigen Voraussetzungen für ihre Anerkennung im Vollstreckungsmitgliedstaat erfüllt und

c) die Unvereinbarkeit im gerichtlichen Verfahren des Ursprungsmitgliedstaats nicht geltend gemacht worden ist und nicht geltend gemacht werden konnte.

(2) Weder die Entscheidung noch ihre Bestätigung als Europäischer Vollstreckungstitel dürfen im Vollstreckungsmitgliedstaat in der Sache selbst nachgeprüft werden.

Artikel 22. Vereinbarungen mit Drittländern

Diese Verordnung lässt Vereinbarungen unberührt, durch die sich die Mitgliedstaaten vor Inkrafttreten der Verordnung (EG) Nr. 44/2001 im Einklang mit Artikel 59 des Brüsseler Übereinkommens über die gerichtliche Zuständigkeit und die Vollstreckung gerichtlicher Entscheidungen in Zivil- und Handelssachen verpflichtet haben, Entscheidungen insbesondere der Gerichte eines anderen Vertragsstaats des genannten Übereinkommens gegen Beklagte, die ihren Wohnsitz oder gewöhnlichen Aufenthalt im Hoheitsgebiet eines Drittlands haben, nicht anzuerkennen, wenn die Entscheidungen in den Fällen des Artikels 4 des genannten Übereinkommens nur in einem der in Artikel 3 Absatz 2 des genannten Übereinkommens angeführten Gerichtsstände ergehen können.

Artikel 23. Aussetzung oder Beschränkung der Vollstreckung

Hat der Schuldner

– einen Rechtsbehelf gegen eine als Europäischer Vollstreckungstitel bestätigte Entscheidung eingelegt, wozu auch ein Antrag auf Überprüfung im Sinne des Artikels 19 gehört, oder

– die Berichtigung oder den Widerruf einer Bestätigung als Europäischer Vollstreckungstitel gemäß Artikel 10 beantragt,

so kann das zuständige Gericht oder die befugte Stelle im Vollstreckungsmitgliedstaat auf Antrag des Schuldners

a) das Vollstreckungsverfahren auf Sicherungsmaßnahmen beschränken oder

b) die Vollstreckung von der Leistung einer von dem Gericht oder der befugten Stelle zu bestimmenden Sicherheit abhängig machen oder

c) unter außergewöhnlichen Umständen das Vollstreckungsverfahren aussetzen.

KAPITEL V. GERICHTLICHE VERGLEICHE UND ÖFFENTLICHE URKUNDEN

Artikel 24. Gerichtliche Vergleiche

(1) Ein Vergleich über eine Forderung im Sinne von Artikel 4 Nummer 2, der von einem Gericht gebilligt oder vor einem Gericht im Laufe eines Verfahrens geschlossen wurde, und der in dem Mitgliedstaat, in dem er gebilligt oder geschlossen wurde, vollstreckbar ist, wird auf Antrag an das Gericht, das ihn gebilligt hat oder vor dem er geschlossen wurde, unter Verwendung des Formblatts in Anhang II als Europäischer Vollstreckungstitel bestätigt.

(2) Ein Vergleich, der im Ursprungsmitgliedstaat als Europäischer Vollstreckungstitel bestätigt worden ist, wird in den anderen Mitgliedstaaten vollstreckt, ohne dass es einer Vollstreckbarerklärung bedarf und ohne dass seine Vollstreckbarkeit angefochten werden kann.

(3) Die Bestimmungen von Kapitel II (mit Ausnahme von Artikel 5, Artikel 6 Absatz 1 und Artikel 9 Absatz 1) sowie von Kapitel IV (mit Ausnahme von Artikel 21 Absatz 1 und Artikel 22) finden entsprechende Anwendung.

Artikel 25. Öffentliche Urkunden

(1) Eine öffentliche Urkunde über eine Forderung im Sinne von Artikel 4 Absatz 2, die in einem Mitgliedstaat vollstreckbar ist, wird auf Antrag an die vom Ursprungsmitgliedstaat bestimmte Stelle unter Verwendung des Formblatts in Anhang III als Europäischer Vollstreckungstitel bestätigt.

(2) Eine öffentliche Urkunde, die im Ursprungsmitgliedstaat als Europäischer Vollstreckungstitel bestätigt worden ist, wird in den anderen Mitgliedstaaten vollstreckt, ohne dass es einer Vollstreckbarerklärung bedarf und ohne dass ihre Vollstreckbarkeit angefochten werden kann.

(3) Die Bestimmungen von Kapitel II (mit Ausnahme von Artikel 5, Artikel 6 Absatz 1 und Artikel 9 Absatz 1) sowie von Kapitel IV (mit Ausnahme von Artikel 21 Absatz 1 und Artikel 22) finden entsprechende Anwendung.

KAPITEL VI. ÜBERGANGSBESTIMMUNG

Artikel 26. Übergangsbestimmung

Diese Verordnung gilt nur für nach ihrem Inkrafttreten ergangene Entscheidungen, gerichtlich gebilligte oder geschlossene Vergleiche und aufgenommene oder registrierte öffentliche Urkunden.

KAPITEL VII. VERHÄLTNIS ZU ANDEREN RECHTSAKTEN DER GEMEINSCHAFT

Artikel 27. Verhältnis zur Verordnung (EG) Nr. 44/2001

Diese Verordnung berührt nicht die Möglichkeit, die Anerkennung und Vollstreckung einer Entscheidung über eine unbestrittene Forderung, eines gerichtlichen Vergleichs oder einer öffentlichen Urkunde gemäß der Verordnung (EG) Nr. 44/2001 zu betreiben.

Artikel 28. Verhältnis zur Verordnung (EG) Nr. 1348/2000

Diese Verordnung lässt die Anwendung der Verordnung (EG) Nr. 1348/2000 unberührt.

KAPITEL VIII. ALLGEMEINE UND SCHLUSSBESTIMMUNGEN

Artikel 29. Informationen über Vollstreckungsverfahren und -behörden

Die Mitgliedstaaten arbeiten zusammen, um der Öffentlichkeit und den Fachkreisen folgende Informationen zur Verfügung zu stellen:

a) Informationen über die Vollstreckungsverfahren und -methoden in den Mitgliedstaaten und

b) Informationen über die zuständigen Vollstreckungsbehörden in den Mitgliedstaaten,

insbesondere über das mit der Entscheidung 2001/470/EG des Rates[9] eingerichtete Europäische Justizielle Netz für Zivil- und Handelssachen.

Artikel 30. Angaben zu den Rechtsbehelfen, Sprachen und Stellen

(1) Die Mitgliedstaaten teilen der Kommission Folgendes mit:

a) das in Artikel 10 Absatz 2 genannte Berichtigungs- und Widerrufsverfahren sowie das in Artikel 19 Absatz 1 genannte Überprüfungsverfahren;

b) die gemäß Artikel 20 Absatz 2 Buchstabe c) zugelassenen Sprachen;

c) die Listen der in Artikel 25 genannten Stellen;

sowie alle nachfolgenden Änderungen.

(2) Die Kommission macht die nach Absatz 1 mitgeteilten Informationen durch Veröffentlichung im Amtsblatt der Europäischen Union und durch andere geeignete Mittel öffentlich zugänglich.

Artikel 31. Änderungen der Anhänge

Änderungen der Formblätter in den Anhängen werden gemäß dem in Artikel 32 Absatz 2 genannten Beratungsverfahren beschlossen.

Artikel 32. Ausschuss

(1) Die Kommission wird von dem in Artikel 75 der Verordnung (EG) Nr. 44/2001 vorgesehenen Ausschuss unterstützt.

(2) Wird auf diesen Absatz Bezug genommen, so gelten die Artikel 3 und 7 des Beschlusses 1999/468/EG unter Beachtung von dessen Artikel 8.

(3) Der Ausschuss gibt sich eine Geschäftsordnung.

Artikel 33. Inkrafttreten

Diese Verordnung tritt am 21. Januar 2005 in Kraft.

Sie gilt ab dem 21. Oktober 2005 mit Ausnahme der Artikel 30, 31 und 32, die ab dem 21. Januar 2005 gelten.

Diese Verordnung ist in allen ihren Teilen verbindlich und gilt gemäß dem Vertrag zur Gründung der Europäischen Gemeinschaft unmittelbar in den Mitgliedstaaten.

---

9 ABl. L 174 vom 27.6.2001, S. 25.

5.) Verordnung (EG) Nr. 1896/2006 des Europäischen Parlaments und des Rates zur Einführung eines Europäischen Mahnverfahrens

vom 12. Dezember 2006 (ABl. L 399/1, ber. ABl. 2008 L 46/52, ABl. 2008 L 333/17)

– Abdruck ohne Anhänge –

DAS EUROPÄISCHE PARLAMENT UND DER RAT DER EUROPÄISCHEN UNION –

gestützt auf den Vertrag zur Gründung der Europäischen Gemeinschaft, insbesondere auf Artikel 61 Buchstabe c,

auf Vorschlag der Kommission,

nach Stellungnahme des Europäischen Wirtschafts- und Sozialausschusses[1],

gemäß dem Verfahren des Artikels 251 des Vertrages[2],

in Erwägung nachstehender Gründe:

(1) Die Gemeinschaft hat sich zum Ziel gesetzt, einen Raum der Freiheit, der Sicherheit und des Rechts, in dem der freie Personenverkehr gewährleistet ist, zu erhalten und weiterzuentwickeln. Zur schrittweisen Schaffung eines solchen Raums erlässt die Gemeinschaft unter anderem im Bereich der justiziellen Zusammenarbeit in Zivilsachen mit grenzüberschreitendem Bezug die für das reibungslose Funktionieren des Binnenmarkts erforderlichen Maßnahmen.

(2) Gemäß Artikel 65 Buchstabe c des Vertrags schließen diese Maßnahmen die Beseitigung der Hindernisse für eine reibungslose Abwicklung von Zivilverfahren ein, erforderlichenfalls durch Förderung der Vereinbarkeit der in den Mitgliedstaaten geltenden zivilrechtlichen Verfahrensvorschriften.

(3) Auf seiner Tagung am 15. und 16. Oktober 1999 in Tampere forderte der Europäische Rat den Rat und die Kommission auf, neue Vorschriften zu jenen Aspekten auszuarbeiten, die unabdingbar für eine reibungslose justizielle Zusammenarbeit und einen verbesserten Zugang zum Recht sind, und nannte in diesem Zusammenhang ausdrücklich auch das Mahnverfahren.

(4) Am 30. November 2000 verabschiedete der Rat ein gemeinsames Programm der Kommission und des Rates über Maßnahmen zur Umsetzung des Grundsatzes der gegenseitigen Anerkennung gerichtlicher Entscheidungen in Zivil- und Handelssachen[3]. Darin wird die Schaffung eines besonderen, gemeinschaftsweit einheitlichen oder harmonisierten Verfahrens zur Erwirkung einer gerichtlichen Entscheidung in speziellen Bereichen, darunter die Beitreibung unbestrittener Forderungen, in Erwägung gezogen. Dies wurde durch das vom Europäischen Rat am 5. November 2004 angenommene Haager Programm, in dem eine zügige Durchführung der Arbeiten am Europäischen Zahlungsbefehl gefordert wird, weiter vorangebracht.

(5) Am 20. Dezember 2002 nahm die Kommission ein Grünbuch über ein Europäisches Mahnverfahren und über Maßnahmen zur einfacheren und schnelleren Beilegung von Streitigkeiten mit geringem Streitwert an. Mit dem Grünbuch wurde eine Anhörung zu den möglichen Zielen und Merkmalen eines einheitlichen oder harmonisierten Europäischen Mahnverfahrens zur Beitreibung unbestrittener Forderungen eingeleitet.

(6) Für die Wirtschaftsbeteiligten der Europäischen Union ist die rasche und effiziente Beitreibung ausstehender Forderungen, die nicht Gegenstand eines Rechtsstreits sind, von größter Bedeutung, da Zahlungsverzug eine der Hauptursachen für Zahlungsunfähigkeit ist, die vor allem die Existenz von

---

1 ABl. C 221 vom 8.9.2005, S. 77.
2 Stellungnahme des Europäischen Parlaments vom 13. Dezember 2005 (noch nicht im Amtsblatt veröffentlicht), Gemeinsamer Standpunkt des Rates vom 30. Juni 2006 (noch nicht im Amtsblatt veröffentlicht), Standpunkt des Europäischen Parlaments vom 25. Oktober 2006. Beschluss des Rates vom 11. Dezember 2006.
3 ABl. C 12 vom 15.1.2001, S. 1.

kleinen und mittleren Unternehmen bedroht und für den Verlust zahlreicher Arbeitsplätze verantwortlich ist.

(7) Alle Mitgliedstaaten versuchen, dem Problem der Beitreibung unzähliger unbestrittener Forderungen beizukommen, die meisten Mitgliedstaaten im Wege eines vereinfachten Mahnverfahrens, doch gibt es bei der inhaltlichen Ausgestaltung der einzelstaatlichen Vorschriften und der Effizienz der Verfahren erhebliche Unterschiede. Überdies sind die derzeitigen Verfahren in grenzüberschreitenden Rechtssachen häufig entweder unzulässig oder praktisch undurchführbar.

(8) Der daraus resultierende erschwerte Zugang zu einer effizienten Rechtsprechung bei grenzüberschreitenden Rechtssachen und die Verfälschung des Wettbewerbs im Binnenmarkt aufgrund des unterschiedlichen Funktionierens der verfahrensrechtlichen Instrumente, die den Gläubigern in den einzelnen Mitgliedstaaten zur Verfügung stehen, machen eine Gemeinschaftsregelung erforderlich, die für Gläubiger und Schuldner in der gesamten Europäischen Union gleiche Bedingungen gewährleistet.

(9) Diese Verordnung hat Folgendes zum Ziel: die Vereinfachung und Beschleunigung grenzüberschreitender Verfahren im Zusammenhang mit unbestrittenen Geldforderungen und die Verringerung der Verfahrenskosten durch Einführung eines Europäischen Mahnverfahrens sowie die Ermöglichung des freien Verkehrs Europäischer Zahlungsbefehle in den Mitgliedstaaten durch Festlegung von Mindestvorschriften, bei deren Einhaltung die Zwischenverfahren im Vollstreckungsmitgliedstaat, die bisher für die Anerkennung und Vollstreckung erforderlich waren, entfallen.

(10) Das durch diese Verordnung geschaffene Verfahren sollte eine zusätzliche und fakultative Alternative für den Antragsteller darstellen, dem es nach wie vor freisteht, sich für die im nationalen Recht vorgesehenen Verfahren zu entscheiden. Durch diese Verordnung sollen mithin die nach nationalem Recht vorgesehenen Mechanismen zur Beitreibung unbestrittener Forderungen weder ersetzt noch harmonisiert werden.

(11) Der Schriftverkehr zwischen dem Gericht und den Parteien sollte soweit wie möglich mit Hilfe von Formblättern abgewickelt werden, um die Abwicklung der Verfahren zu erleichtern und eine automatisierte Verarbeitung der Daten zu ermöglichen.

(12) Bei der Entscheidung darüber, welche Gerichte dafür zuständig sind, einen Europäischen Zahlungsbefehl zu erlassen, sollten die Mitgliedstaaten dem Erfordernis, den Zugang der Bürger zur Justiz zu gewährleisten, gebührend Rechnung tragen.

(13) Der Antragsteller sollte verpflichtet sein, in dem Antrag auf Erlass eines Europäischen Zahlungsbefehls Angaben zu machen, aus denen die geltend gemachte Forderung und ihre Begründung klar zu entnehmen sind, damit der Antragsgegner anhand fundierter Informationen entscheiden kann, ob er Einspruch einlegen oder die Forderung nicht bestreiten will.

(14) Dabei muss der Antragsteller auch eine Bezeichnung der Beweise, der zum Nachweis der Forderung herangezogen wird, beifügen. Zu diesem Zweck sollte in dem Antragsformular eine möglichst erschöpfende Liste der Arten von Beweisen enthalten sein, die üblicherweise zur Geltendmachung von Geldforderungen angeboten werden.

(15) Die Einreichung eines Antrags auf Erlass eines Europäischen Zahlungsbefehls sollte mit der Entrichtung der gegebenenfalls fälligen Gerichtsgebühren verbunden sein.

(16) Das Gericht sollte den Antrag, einschließlich der Frage der gerichtlichen Zuständigkeit und der Bezeichnung der Beweise, auf der Grundlage der im Antragsformular enthaltenen Angaben prüfen. Dies ermöglicht es dem Gericht, schlüssig zu prüfen, ob die Forderung begründet ist, und unter anderem offensichtlich unbegründete Forderungen oder unzulässige Anträge auszuschließen. Die Prüfung muss nicht von einem Richter durchgeführt werden.

(17) Gegen die Zurückweisung des Antrags kann kein Rechtsmittel eingelegt werden. Dies schließt allerdings eine mögliche Überprüfung der zurückweisenden Entscheidung in derselben Instanz im Einklang mit dem nationalen Recht nicht aus.

(18) Der Europäische Zahlungsbefehl sollte den Antragsgegner darüber aufklären, dass er entweder den zuerkannten Betrag an den Antragsteller zu zahlen hat oder, wenn er die Forderung bestreiten

will, innerhalb von 30 Tagen eine Einspruchsschrift versenden muss. Neben der vollen Aufklärung über die vom Antragsteller geltend gemachte Forderung sollte der Antragsgegner auf die rechtliche Bedeutung des Europäischen Zahlungsbefehls und die Folgen eines Verzichts auf Einspruch hingewiesen werden.

(19) Wegen der Unterschiede im Zivilprozessrecht der Mitgliedstaaten, insbesondere bei den Zustellungsvorschriften, ist es notwendig, die im Rahmen des Europäischen Mahnverfahrens anzuwendenden Mindestvorschriften präzise und detailliert zu definieren. So sollte insbesondere eine Zustellungsform, die auf einer juristischen Fiktion beruht, im Hinblick auf die Einhaltung der Mindestvorschriften nicht als ausreichend für die Zustellung eines Europäischen Zahlungsbefehls angesehen werden.

(20) Alle in den Artikeln 13 und 14 aufgeführten Zustellungsformen gewähren entweder eine absolute Gewissheit (Artikel 13) oder ein hohes Maß an Wahrscheinlichkeit (Artikel 14) dafür, dass das zugestellte Schriftstück dem Empfänger zugegangen ist.

(21) Die persönliche Zustellung an bestimmte andere Personen als den Antragsgegner selbst gemäß Artikel 14 Absatz 1 Buchstaben a und b sollte die Anforderungen der genannten Vorschriften nur dann erfüllen, wenn diese Personen den Europäischen Zahlungsbefehl auch tatsächlich erhalten haben.

(22) Artikel 15 sollte auf Situationen Anwendung finden, in denen der Antragsgegner sich nicht selbst vor Gericht vertreten kann, etwa weil er eine juristische Person ist, und in denen er durch einen gesetzlichen Vertreter vertreten wird, sowie auf Situationen, in denen der Antragsgegner eine andere Person, insbesondere einen Rechtsanwalt, ermächtigt hat, ihn in dem betreffenden gerichtlichen Verfahren zu vertreten.

(23) Der Antragsgegner kann seinen Einspruch unter Verwendung des in dieser Verordnung enthaltenen Formblatts einreichen. Die Gerichte sollten allerdings auch einen in anderer Form eingereichten schriftlichen Einspruch berücksichtigen, sofern dieser klar erklärt ist.

(24) Ein fristgerecht eingereichter Einspruch sollte das Europäische Mahnverfahren beenden und zur automatischen Überleitung der Sache in einen ordentlichen Zivilprozess führen, es sei denn, der Antragsteller hat ausdrücklich erklärt, dass das Verfahren in diesem Fall beendet sein soll. Für die Zwecke dieser Verordnung sollte der Begriff „ordentlicher Zivilprozess" nicht notwendigerweise im Sinne des nationalen Rechts ausgelegt werden.

(25) Nach Ablauf der Frist für die Einreichung des Einspruchs sollte der Antragsgegner in bestimmten Ausnahmefällen berechtigt sein, eine Überprüfung des Europäischen Zahlungsbefehls zu beantragen. Die Überprüfung in Ausnahmefällen sollte nicht bedeuten, dass der Antragsgegner eine zweite Möglichkeit hat, Einspruch gegen die Forderung einzulegen. Während des Überprüfungsverfahrens sollte die Frage, ob die Forderung begründet ist, nur im Rahmen der sich aus den vom Antragsgegner angeführten außergewöhnlichen Umständen ergebenden Begründungen geprüft werden. Zu den anderen außergewöhnlichen Umständen könnte auch der Fall zählen, dass der Europäische Zahlungsbefehl auf falschen Angaben im Antragsformular beruht.

(26) Gerichtsgebühren nach Artikel 25 sollten beispielsweise keine Anwaltshonorare oder Zustellungskosten einer außergerichtlichen Stelle enthalten.

(27) Ein Europäischer Zahlungsbefehl, der in einem Mitgliedstaat ausgestellt wurde und der vollstreckbar geworden ist, sollte für die Zwecke der Vollstreckung so behandelt werden, als ob er in dem Mitgliedstaat ausgestellt worden wäre, in dem die Vollstreckung betrieben wird. Gegenseitiges Vertrauen in die ordnungsgemäße Rechtspflege in den Mitgliedstaaten rechtfertigt es, dass das Gericht nur eines Mitgliedstaats beurteilt, ob alle Voraussetzungen für den Erlass eines Europäischen Zahlungsbefehls vorliegen und der Zahlungsbefehl in allen anderen Mitgliedstaaten vollstreckbar ist, ohne dass im Vollstreckungsmitgliedstaat zusätzlich von einem Gericht geprüft werden muss, ob die prozessualen Mindestvorschriften eingehalten worden sind. Unbeschadet der in dieser Verordnung enthaltenen Vorschriften, insbesondere der in Artikel 22 Absätze 1 und 2 und in Artikel 23 enthaltenen Mindestvorschriften, sollte das Verfahren der Vollstreckung des Europäischen Zahlungsbefehls nach wie vor im nationalen Recht geregelt bleiben.

(28) Die Berechnung der Fristen sollte nach Maßgabe der Verordnung (EWG, Euratom) Nr. 1182/71 des Rates vom 3. Juni 1971 zur Festlegung der Regeln für die Fristen, Daten und Termine[4] erfolgen. Der Antragsgegner sollte darüber unterrichtet sowie darauf hingewiesen werden, dass dabei die gesetzlichen Feiertage in dem Mitgliedstaat des Gerichts, das den Europäischen Zahlungsbefehl erlässt, berücksichtigt werden.

(29) Da die Ziele dieser Verordnung, nämlich die Schaffung eines einheitlichen, zeitsparenden und effizienten Instruments zur Beitreibung unbestrittener Geldforderungen in der Europäischen Union, auf Ebene der Mitgliedstaaten nicht ausreichend verwirklicht werden können und wegen ihres Umfangs und ihrer Wirkung daher besser auf Gemeinschaftsebene zu verwirklichen sind, kann die Gemeinschaft im Einklang mit dem in Artikel 5 des Vertrags niedergelegten Subsidiaritätsprinzip tätig werden. Entsprechend dem in demselben Artikel genannten Grundsatz der Verhältnismäßigkeit geht diese Verordnung nicht über das für die Erreichung dieser Ziele erforderliche Maß hinaus.

(30) Die zur Durchführung dieser Verordnung erforderlichen Maßnahmen sind nach Maßgabe des Beschlusses 1999/468/EG des Rates vom 28. Juni 1999 zur Festlegung der Modalitäten für die Ausübung der der Kommission übertragenen Durchführungsbefugnisse[5] zu erlassen.

(31) Das Vereinigte Königreich und Irland haben gemäß Artikel 3 des dem Vertrag über die Europäische Union und dem Vertrag zur Gründung der Europäischen Gemeinschaft beigefügten Protokolls über die Position des Vereinigten Königreichs und Irlands mitgeteilt, dass sie sich an der Annahme und Anwendung der vorliegenden Verordnung beteiligen möchten.

(32) Gemäß den Artikeln 1 und 2 des dem Vertrag über die Europäische Union und dem Vertrag zur Gründung der Europäischen Gemeinschaft beigefügten Protokolls über die Position Dänemarks beteiligt sich Dänemark nicht an der Annahme dieses Beschlusses, der für Dänemark nicht bindend und nicht auf Dänemark anwendbar ist –

HABEN FOLGENDE VERORDNUNG ERLASSEN:

Artikel 1. Gegenstand

(1) Diese Verordnung hat Folgendes zum Ziel:

a) Vereinfachung und Beschleunigung der grenzüberschreitenden Verfahren im Zusammenhang mit unbestrittenen Geldforderungen und Verringerung der Verfahrenskosten durch Einführung eines Europäischen Mahnverfahrens,

und

b) Ermöglichung des freien Verkehrs Europäischer Zahlungsbefehle in den Mitgliedstaaten durch Festlegung von Mindestvorschriften, bei deren Einhaltung die Zwischenverfahren im Vollstreckungsmitgliedstaat, die bisher für die Anerkennung und Vollstreckung erforderlich waren, entfallen.

(2) Diese Verordnung stellt es dem Antragsteller frei, eine Forderung im Sinne von Artikel 4 im Wege eines anderen Verfahrens nach dem Recht eines Mitgliedstaats oder nach Gemeinschaftsrecht durchzusetzen.

Artikel 2. Anwendungsbereich

(1) Diese Verordnung ist in grenzüberschreitenden Rechtssachen in Zivil- und Handelssachen anzuwenden, ohne dass es auf die Art der Gerichtsbarkeit.ankommt. Sie erfasst insbesondere nicht Steuer- und Zollsachen, verwaltungsrechtliche Angelegenheiten sowie die Haftung des Staates für Handlungen oder Unterlassungen im Rahmen der Ausübung hoheitlicher Rechte („acta jure imperii").

(2) Diese Verordnung ist nicht anzuwenden auf

a) die ehelichen Güterstände, das Gebiet des Erbrechts einschließlich des Testamentsrechts,

---

4　ABl. L 124 vom 8.6.1971, S. 1.
5　ABl. L 184 vom 17.7.1999, S. 23. Geändert

durch den Beschluss 2006/512/EG (ABl. L 200 vom 22.7.2006, S. 11).

b) Konkurse, Verfahren im Zusammenhang mit dem Abwickeln zahlungsunfähiger Unternehmen oder anderer juristischer Personen, gerichtliche Vergleiche, Vergleiche und ähnliche Verfahren,

c) die soziale Sicherheit,

d) Ansprüche aus außervertraglichen Schuldverhältnissen, soweit

i) diese nicht Gegenstand einer Vereinbarung zwischen den Parteien oder eines Schuldanerkenntnisses sind,

oder

ii) diese sich nicht auf bezifferte Schuldbeträge beziehen, die sich aus gemeinsamem Eigentum an unbeweglichen Sachen ergeben.

(3) In dieser Verordnung bedeutet der Begriff „Mitgliedstaat" die Mitgliedstaaten mit Ausnahme Dänemarks.

Artikel 3. Grenzüberschreitende Rechtssachen

(1) Eine grenzüberschreitende Rechtssache im Sinne dieser Verordnung liegt vor, wenn mindestens eine der Parteien ihren Wohnsitz oder gewöhnlichen Aufenthalt in einem anderen Mitgliedstaat als dem des befassten Gerichts hat.

(2) Der Wohnsitz wird nach den Artikeln 59 und 60 der Verordnung (EG) Nr. 44/2001 des Rates vom 22. Dezember 2000 über die gerichtliche Zuständigkeit und die Anerkennung und Vollstreckung von Entscheidungen in Zivil- und Handelssachen[6] bestimmt.

(3) Der maßgebliche Augenblick zur Feststellung, ob eine grenzüberschreitende Rechtssache vorliegt, ist der Zeitpunkt, zu dem der Antrag auf Erlass eines Europäischen Zahlungsbefehls nach dieser Verordnung eingereicht wird.

Artikel 4. Europäisches Mahnverfahren

Das Europäische Mahnverfahren gilt für die Beitreibung bezifferter Geldforderungen, die zum Zeitpunkt der Einreichung des Antrags auf Erlass eines Europäischen Zahlungsbefehls fällig sind.

Artikel 5. Begriffsbestimmungen

Im Sinne dieser Verordnung bezeichnet der Ausdruck

1. „Ursprungsmitgliedstaat" den Mitgliedstaat, in dem ein Europäischer Zahlungsbefehl erlassen wird,

2. „Vollstreckungsmitgliedstaat" den Mitgliedstaat, in dem die Vollstreckung eines Europäischen Zahlungsbefehls betrieben wird,

3. „Gericht" alle Behörden der Mitgliedstaaten, die für einen Europäischen Zahlungsbefehl oder jede andere damit zusammenhängende Angelegenheit zuständig sind,

4. „Ursprungsgericht" das Gericht, das einen Europäischen Zahlungsbefehl erlässt.

Artikel 6. Zuständigkeit

(1) Für die Zwecke der Anwendung dieser Verordnung wird die Zuständigkeit nach den hierfür geltenden Vorschriften des Gemeinschaftsrechts bestimmt, insbesondere der Verordnung (EG) Nr. 44/2001.

(2) Betrifft die Forderung jedoch einen Vertrag, den eine Person, der Verbraucher, zu einem Zweck geschlossen hat, der nicht der beruflichen oder gewerblichen Tätigkeit dieser Person zugerechnet

---

6 ABl. L 12 vom 16.1.2001, S. 1. Zuletzt geändert durch die Verordnung (EG) Nr. 2245/2004

der Kommission (ABl. L 381 vom 28.12.2004, S. 10).

werden kann, und ist der Verbraucher Antragsgegner, so sind nur die Gerichte des Mitgliedstaats zuständig, in welchem der Antragsgegner seinen Wohnsitz im Sinne des Artikels 59 der Verordnung (EG) Nr. 44/2001 hat.

Artikel 7. Antrag auf Erlass eines Europäischen Zahlungsbefehls

(1) Der Antrag auf Erlass eines Europäischen Zahlungsbefehls ist unter Verwendung des Formblatts A gemäß Anhang I zu stellen.

(2) Der Antrag muss Folgendes beinhalten:

a) die Namen und Anschriften der Verfahrensbeteiligten und gegebenenfalls ihrer Vertreter sowie des Gerichts, bei dem der Antrag eingereicht wird;

b) die Höhe der Forderung einschließlich der Hauptforderung und gegebenenfalls der Zinsen, Vertragsstrafen und Kosten;

c) bei Geltendmachung von Zinsen der Zinssatz und der Zeitraum, für den Zinsen verlangt werden, es sei denn, gesetzliche Zinsen werden nach dem Recht des Ursprungsmitgliedstaats automatisch zur Hauptforderung hinzugerechnet;

d) den Streitgegenstand einschließlich einer Beschreibung des Sachverhalts, der der Hauptforderung und gegebenenfalls der Zinsforderung zugrunde liegt;

e) eine Bezeichnung der Beweise, die zur Begründung der Forderung herangezogen werden;

f) die Gründe für die Zuständigkeit,

und

g) den grenzüberschreitenden Charakter der Rechtssache im Sinne von Artikel 3.

(3) In dem Antrag hat der Antragsteller zu erklären, dass er die Angaben nach bestem Wissen und Gewissen gemacht hat, und anerkannt, dass jede vorsätzliche falsche Auskunft angemessene Sanktionen nach dem Recht des Ursprungsmitgliedstaats nach sich ziehen kann.

(4) Der Antragsteller kann in einer Anlage zu dem Antrag dem Gericht gegenüber erklären, dass er die Überleitung in ein ordentliches Verfahren im Sinne des Artikels 17 für den Fall ablehnt, dass der Antragsgegner Einspruch einlegt. Dies hindert den Antragsteller nicht daran, das Gericht zu einem späteren Zeitpunkt, in jedem Fall aber vor Erlass des Zahlungsbefehls, hierüber zu informieren.

(5) Die Einreichung des Antrags erfolgt in Papierform oder durch andere – auch elektronische – Kommunikationsmittel, die im Ursprungsmitgliedstaat zulässig sind und dem Ursprungsgericht zur Verfügung stehen.

(6) Der Antrag ist vom Antragsteller oder gegebenenfalls von seinem Vertreter zu unterzeichnen. Wird der Antrag gemäß Absatz 5 auf elektronischem Weg eingereicht, so ist er nach Artikel 2 Nummer 2 der Richtlinie 1999/93/EG des Europäischen Parlaments und des Rates vom 13. Dezember 1999 über gemeinschaftliche Rahmenbedingungen für elektronische Signaturen[7] zu unterzeichnen. Diese Signatur wird im Ursprungsmitgliedstaat anerkannt, ohne dass weitere Bedingungen festgelegt werden können.

Eine solche elektronische Signatur ist jedoch nicht erforderlich, wenn und insoweit es bei den Gerichten des Ursprungsmitgliedstaats ein alternatives elektronisches Kommunikationssystem gibt, das einer bestimmten Gruppe von vorab registrierten und authentifizierten Nutzern zur Verfügung steht und die sichere Identifizierung dieser Nutzer ermöglicht. Die Mitgliedstaaten unterrichten die Kommission über derartige Kommunikationssysteme.

---

[7] ABl. L 13 vom 19.1.2000, S. 12.

Artikel 8. Prüfung des Antrags

Das mit einem Antrag auf Erlass eines Europäischen Zahlungsbefehls befasste Gericht prüft so bald wie möglich anhand des Antragsformulars, ob die in den Artikeln 2, 3, 4, 6 und 7 genannten Voraussetzungen erfüllt sind und ob die Forderung begründet erscheint. Diese Prüfung kann im Rahmen eines automatisierten Verfahrens erfolgen.

Artikel 9. Vervollständigung und Berichtigung des Antrags

(1) Das Gericht räumt dem Antragsteller die Möglichkeit ein, den Antrag zu vervollständigen oder zu berichtigen, wenn die in Artikel 7 genannten Voraussetzungen nicht erfüllt sind und die Forderung nicht offensichtlich unbegründet oder der Antrag unzulässig ist. Das Gericht verwendet dazu das Formblatt B gemäß Anhang II.

(2) Fordert das Gericht den Antragsteller auf, den Antrag zu vervollständigen oder zu berichtigen, so legt es dafür eine Frist fest, die ihm den Umständen nach angemessen erscheint. Das Gericht kann diese Frist nach eigenem Ermessen verlängern.

Artikel 10. Änderung des Antrags

(1) Sind die in Artikel 8 genannten Voraussetzungen nur für einen Teil der Forderung erfüllt, so unterrichtet das Gericht den Antragsteller hiervon unter Verwendung des Formblatts C gemäß Anhang III. Der Antragsteller wird aufgefordert, den Europäischen Zahlungsbefehl über den von dem Gericht angegebenen Betrag anzunehmen oder abzulehnen; er wird zugleich über die Folgen seiner Entscheidung belehrt. Die Antwort des Antragstellers erfolgt durch Rücksendung des von dem Gericht übermittelten Formblatts C innerhalb der von dem Gericht gemäß Artikel 9 Absatz 2 festgelegten Frist.

(2) Nimmt der Antragsteller den Vorschlag des Gerichts an, so erlässt das Gericht gemäß Artikel 12 einen Europäischen Zahlungsbefehl für den Teil der Forderung, dem der Antragesteller zugestimmt hat. Die Folgen hinsichtlich des verbleibenden Teils der ursprünglichen Forderung unterliegen nationalem Recht.

(3) Antwortet der Antragsteller nicht innerhalb der von dem Gericht festgelegten Frist oder lehnt er den Vorschlag des Gerichts ab, so weist das Gericht den Antrag auf Erlass eines Europäischen Zahlungsbefehls insgesamt zurück.

Artikel 11. Zurückweisung des Antrags

(1) Das Gericht weist den Antrag zurück,

a) wenn die in den Artikeln 2, 3, 4, 6 und 7 genannten Voraussetzungen nicht erfüllt sind,

oder

b) wenn die Forderung offensichtlich unbegründet ist,

oder

c) wenn der Antragsteller nicht innerhalb der von dem Gericht gemäß Artikel 9 Absatz 2 gesetzten Frist seine Antwort übermittelt,

oder

d) wenn der Antragsteller gemäß Artikel 10 nicht innerhalb der von dem Gericht gesetzten Frist antwortet oder den Vorschlag des Gerichts ablehnt.

Der Antragsteller wird anhand des Formblatts D gemäß Anhang IV von den Gründen der Zurückweisung in Kenntnis gesetzt.

(2) Gegen die Zurückweisung des Antrags kann kein Rechtsmittel eingelegt werden.

(3) Die Zurückweisung des Antrags hindert den Antragsteller nicht, die Forderung mittels eines neuen Antrags auf Erlass eines Europäischen Zahlungsbefehls oder eines anderen Verfahrens nach dem Recht eines Mitgliedstaats geltend zu machen.

Artikel 12. Erlass eines Europäischen Zahlungsbefehls

(1) Sind die in Artikel 8 genannten Voraussetzungen erfüllt, so erlässt das Gericht so bald wie möglich und in der Regel binnen 30 Tagen nach Einreichung eines entsprechenden Antrags einen Europäischen Zahlungsbefehl unter Verwendung des Formblatts E gemäß Anhang V.

Bei der Berechnung der 30-tägigen Frist wird die Zeit, die der Antragsteller zur Vervollständigung, Berichtigung oder Änderung des Antrags benötigt, nicht berücksichtigt.

(2) Der Europäische Zahlungsbefehl wird zusammen mit einer Abschrift des Antragsformulars ausgestellt. Er enthält nicht die vom Antragsteller in den Anlagen 1 und 2 des Formblatts A gemachten Angaben.

(3) In dem Europäischen Zahlungsbefehl wird der Antragsgegner davon in Kenntnis gesetzt, dass er

a) entweder den im Zahlungsbefehl aufgeführten Betrag an den Antragsteller zahlen kann,

oder

b) gegen den Europäischen Zahlungsbefehl bei dem Ursprungsgericht Einspruch einlegen kann, indem er innerhalb von 30 Tagen ab dem Zeitpunkt der Zustellung des Zahlungsbefehls an ihn seinen Einspruch versendet.

(4) In dem Europäischen Zahlungsbefehl wird der Antragsgegner davon unterrichtet, dass

a) der Zahlungsbefehl ausschließlich auf der Grundlage der Angaben des Antragstellers erlassen und vom Gericht nicht nachgeprüft wurde,

b) der Zahlungsbefehl vollstreckbar wird, wenn nicht bei dem Gericht nach Artikel 16 Einspruch eingelegt wird,

c) im Falle eines Einspruchs das Verfahren von den zuständigen Gerichten des Ursprungsmitgliedstaats gemäß den Regeln eines ordentlichen Zivilprozesses weitergeführt wird, es sei denn, der Antragsteller hat ausdrücklich beantragt, das Verfahren in diesem Fall zu beenden.

(5) Das Gericht stellt sicher, dass der Zahlungsbefehl dem Antragsgegner gemäß den nationalen Rechtsvorschriften in einer Weise zugestellt wird, die den Mindestvorschriften der Artikel 13, 14 und 15 genügen muss.

Artikel 13. Zustellung mit Nachweis des Empfangs durch den Antragsgegner

Der Europäische Zahlungsbefehl kann nach dem Recht des Staats, in dem die Zustellung erfolgen soll, dem Antragsgegner in einer der folgenden Formen zugestellt werden:

a) durch persönliche Zustellung, bei der der Antragsgegner eine Empfangsbestätigung unter Angabe des Empfangsdatums unterzeichnet,

b) durch persönliche Zustellung, bei der die zuständige Person, die die Zustellung vorgenommen hat, ein Dokument unterzeichnet, in dem angegeben ist, dass der Antragsgegner das Schriftstück erhalten hat oder dessen Annahme unberechtigt verweigert hat und an welchem Datum die Zustellung erfolgt ist,

c) durch postalische Zustellung, bei der der Antragsgegner die Empfangsbestätigung unter Angabe des Empfangsdatums unterzeichnet und zurückschickt,

d) durch elektronische Zustellung wie beispielsweise per Fax oder E-Mail, bei der der Antragsgegner eine Empfangsbestätigung unter Angabe des Empfangsdatums unterzeichnet und zurückschickt.

Artikel 14. Zustellung ohne Nachweis des Empfangs durch den Antragsgegner

(1) Der Europäische Zahlungsbefehl kann nach dem Recht des Staats, in dem die Zustellung erfolgen soll, dem Antragsgegner auch in einer der folgenden Formen zugestellt werden:

a) persönliche Zustellung unter der Privatanschrift des Antragsgegners an eine in derselben Wohnung wie der Antragsgegner lebende Person oder an eine dort beschäftigte Person;

b) wenn der Antragsgegner Selbstständiger oder eine juristische Person ist, persönliche Zustellung in den Geschäftsräumen des Antragsgegners an eine Person, die vom Antragsgegner beschäftigt wird;

c) Hinterlegung des Zahlungsbefehls im Briefkasten des Antragsgegners;

d) Hinterlegung des Zahlungsbefehls beim Postamt oder bei den zuständigen Behörden mit entsprechender schriftlicher Benachrichtigung im Briefkasten des Antragsgegners, sofern in der schriftlichen Benachrichtigung das Schriftstück eindeutig als gerichtliches Schriftstück bezeichnet oder darauf hingewiesen wird, dass die Zustellung durch die Benachrichtigung als erfolgt gilt und damit Fristen zu laufen beginnen;

e) postalisch ohne Nachweis gemäß Absatz 3, wenn der Antragsgegner seine Anschrift im Ursprungsmitgliedstaat hat;

f) elektronisch, mit automatisch erstellter Sendebestätigung, sofern sich der Antragsgegner vorab ausdrücklich mit dieser Art der Zustellung einverstanden erklärt hat.

(2) Für die Zwecke dieser Verordnung ist eine Zustellung nach Absatz 1 nicht zulässig, wenn die Anschrift des Antragsgegners nicht mit Sicherheit ermittelt werden kann.

(3) Die Zustellung nach Absatz 1 Buchstaben a, b, c und d wird bescheinigt durch

a) ein von der zuständigen Person, die die Zustellung vorgenommen hat, unterzeichnetes Schriftstück mit den folgenden Angaben:

i) die gewählte Form der Zustellung,

und

ii) das Datum der Zustellung sowie,

und

iii) falls der Zahlungsbefehl einer anderen Person als dem Antragsgegner zugestellt wurde, der Name dieser Person und die Angabe ihres Verhältnisses zum Antragsgegner,

oder

b) eine Empfangsbestätigung der Person, der der Zahlungsbefehl zugestellt wurde, für die Zwecke von Absatz 1 Buchstaben a und b.

Artikel 15. Zustellung an einen Vertreter

Die Zustellung nach den Artikeln 13 oder 14 kann auch an den Vertreter des Antragsgegners bewirkt werden.

Artikel 16. Einspruch gegen den Europäischen Zahlungsbefehl

(1) Der Antragsgegner kann beim Ursprungsgericht Einspruch gegen den Europäischen Zahlungsbefehl unter Verwendung des Formblatts F gemäß Anhang VI einlegen, das dem Antragsgegner zusammen mit dem Europäischen Zahlungsbefehl zugestellt wird.

(2) Der Einspruch muss innerhalb von 30 Tagen ab dem Tag der Zustellung des Zahlungsbefehls an den Antragsgegner versandt werden.

(3) Der Antragsgegner gibt in dem Einspruch an, dass er die Forderung bestreitet, ohne dass er dafür eine Begründung liefern muss.

(4) Der Einspruch ist in Papierform oder durch andere – auch elektronische – Kommunikationsmittel, die im Ursprungsmitgliedstaat zulässig sind und dem Ursprungsgericht zur Verfügung stehen, einzulegen.

(5) Der Einspruch ist vom Antragsgegner oder gegebenenfalls von seinem Vertreter zu unterzeichnen. Wird der Einspruch gemäß Absatz 4 auf elektronischem Weg eingelegt, so ist er nach Artikel 2 Nummer 2 der Richtlinie 1999/93/EG zu unterzeichnen. Diese Signatur wird im Ursprungsmitgliedstaat anerkannt, ohne dass weitere Bedingungen festgelegt werden können.

Eine solche elektronische Signatur ist jedoch nicht erforderlich, wenn und insoweit es bei den Gerichten des Ursprungsmitgliedstaats ein alternatives elektronisches Kommunikationssystem gibt, das einer bestimmten Gruppe von vorab registrierten und authentifizierten Nutzern zur Verfügung steht und die sichere Identifizierung dieser Nutzer ermöglicht. Die Mitgliedstaaten unterrichten die Kommission über derartige Kommunikationssysteme.

Artikel 17. Wirkungen der Einlegung eines Einspruchs

(1) Wird innerhalb der in Artikel 16 Absatz 2 genannten Frist Einspruch eingelegt, so wird das Verfahren vor den zuständigen Gerichten des Ursprungsmitgliedstaats gemäß den Regeln eines ordentlichen Zivilprozesses weitergeführt, es sei denn, der Antragsteller hat ausdrücklich beantragt, das Verfahren in einem solchen Fall zu beenden.

Hat der Antragsteller seine Forderung im Wege des Europäischen Mahnverfahrens geltend gemacht, so wird seine Stellung in nachfolgenden ordentlichen Zivilprozessen durch keine Maßnahme nach nationalem Recht präjudiziert.

(2) Die Überleitung in ein ordentliches Zivilverfahren im Sinne des Absatzes 1 erfolgt nach dem Recht des Ursprungsmitgliedstaats.

(3) Dem Antragsteller wird mitgeteilt, ob der Antragsgegner Einspruch eingelegt hat und ob das Verfahren als ordentlicher Zivilprozess weitergeführt wird.

Artikel 18. Vollstreckbarkeit

(1) Wurde innerhalb der Frist des Artikels 16 Absatz 2 unter Berücksichtigung eines angemessenen Zeitraums für die Übermittlung kein Einspruch beim Ursprungsgericht eingelegt, so erklärt das Gericht den Europäischen Zahlungsbefehl unter Verwendung des Formblatts G gemäß Anhang VII unverzüglich für vollstreckbar. Das Ursprungsgericht überprüft das Zustellungsdatum des Europäischen Zahlungsbefehls.

(2) Unbeschadet des Absatzes 1 richten sich die Voraussetzungen der Zwangsvollstreckung für die Vollstreckbarkeit nach den Rechtsvorschriften des Ursprungsmitgliedstaats.

(3) Das Gericht übersendet dem Antragsteller den vollstreckbaren Europäischen Zahlungsbefehl.

Artikel 19. Abschaffung des Exequaturverfahrens

Der im Ursprungsmitgliedstaat vollstreckbar gewordene Europäische Zahlungsbefehl wird in den anderen Mitgliedstaaten anerkannt und vollstreckt, ohne dass es einer Vollstreckbarerklärung bedarf und ohne dass seine Anerkennung angefochten werden kann.

Artikel 20. Überprüfung in Ausnahmefällen

(1) Nach Ablauf der in Artikel 16 Absatz 2 genannten Frist ist der Antragsgegner berechtigt, bei dem zuständigen Gericht des Ursprungsmitgliedstaats eine Überprüfung des Europäischen Zahlungsbefehls zu beantragen, falls

a) i) der Zahlungsbefehl in einer der in Artikel 14 genannten Formen zugestellt wurde,

und

ii) die Zustellung ohne Verschulden des Antragsgegners nicht so rechtzeitig erfolgt ist, dass er Vorkehrungen für seine Verteidigung hätte treffen können,

oder

b) der Antragsgegner aufgrund höherer Gewalt oder aufgrund außergewöhnlicher Umstände ohne eigenes Verschulden keinen Einspruch gegen die Forderung einlegen konnte,

wobei in beiden Fällen vorausgesetzt wird, dass er unverzüglich tätig wird.

(2) Ferner ist der Antragsgegner nach Ablauf der in Artikel 16 Absatz 2 genannten Frist berechtigt, bei dem zuständigen Gericht des Ursprungsmitgliedstaats eine Überprüfung des Europäischen Zahlungsbefehls zu beantragen, falls der Europäische Zahlungsbefehl gemessen an den in dieser Verordnung festgelegten Voraussetzungen oder aufgrund von anderen außergewöhnlichen Umständen offensichtlich zu Unrecht erlassen worden ist.

(3) Weist das Gericht den Antrag des Antragsgegners mit der Begründung zurück, dass keine der Voraussetzungen für die Überprüfung nach den Absätzen 1 und 2 gegeben ist, bleibt der Europäische Zahlungsbefehl in Kraft.

Entscheidet das Gericht, dass die Überprüfung aus einem der in den Absätzen 1 und 2 genannten Gründe gerechtfertigt ist, wird der Europäische Zahlungsbefehl für nichtig erklärt.

Artikel 21. Vollstreckung

(1) Unbeschadet der Bestimmungen dieser Verordnung gilt für das Vollstreckungsverfahren das Recht des Vollstreckungsmitgliedstaats.

Ein vollstreckbar gewordener Europäischer Zahlungsbefehl wird unter den gleichen Bedingungen vollstreckt wie eine im Vollstreckungsmitgliedstaat vollstreckbar gewordene Entscheidung.

(2) Zur Vollstreckung in einem anderen Mitgliedstaat legt der Antragsteller den zuständigen Vollstreckungsbehörden dieses Mitgliedstaats folgende Dokumente vor:

a) eine Ausfertigung des von dem Ursprungsgericht für vollstreckbar erklärten Europäischen Zahlungsbefehls, die die für seine Beweiskraft erforderlichen Voraussetzungen erfüllt,

und

b) gegebenenfalls eine Übersetzung des Europäischen Zahlungsbefehls in die Amtssprache des Vollstreckungsmitgliedstaats oder – falls es in diesem Mitgliedstaat mehrere Amtssprachen gibt – nach Maßgabe der Rechtsvorschriften dieses Mitgliedstaats in die Verfahrenssprache oder eine der Verfahrenssprachen des Ortes, an dem die Vollstreckung betrieben wird, oder in eine sonstige Sprache, die der Vollstreckungsmitgliedstaat zulässt. Jeder Mitgliedstaat kann angeben, welche Amtssprache oder Amtssprachen der Organe der Europäischen Union er neben seiner oder seinen eigenen für den Europäischen Zahlungsbefehl zulässt. Die Übersetzung ist von einer hierzu in einem der Mitgliedstaaten befugten Person zu beglaubigen.

(3) Einem Antragsteller, der in einem Mitgliedstaat die Vollstreckung eines in einem anderen Mitgliedstaat erlassenen Europäischen Zahlungsbefehls beantragt, darf wegen seiner Eigenschaft als Ausländer oder wegen Fehlens eines inländischen Wohnsitzes oder Aufenthaltsorts im Vollstreckungsmitgliedstaat eine Sicherheitsleistung oder Hinterlegung, unter welcher Bezeichnung es auch sei, nicht auferlegt werden.

Artikel 22. Verweigerung der Vollstreckung

(1) Auf Antrag des Antragsgegners wird die Vollstreckung vom zuständigen Gericht im Vollstreckungsmitgliedstaat verweigert, wenn der Europäische Zahlungsbefehl mit einer früheren Entscheidung oder einem früheren Zahlungsbefehl unvereinbar ist, die bzw. der in einem Mitgliedstaat oder einem Drittland ergangen ist, sofern

a) die frühere Entscheidung oder der frühere Zahlungsbefehl zwischen denselben Parteien wegen desselben Streitgegenstands ergangen ist,

und

b) die frühere Entscheidung oder der frühere Zahlungsbefehl die notwendigen Voraussetzungen für die Anerkennung im Vollstreckungsmitgliedstaat erfüllt, und

c) die Unvereinbarkeit im gerichtlichen Verfahren des Ursprungsmitgliedstaats nicht geltend gemacht werden konnte.

(2) Auf Antrag wird die Vollstreckung ebenfalls verweigert, sofern und insoweit der Antragsgegner den Betrag, der dem Antragsteller in einem Europäischen Zahlungsbefehl zuerkannt worden ist, an diesen entrichtet hat.

(3) Ein Europäischer Zahlungsbefehl darf im Vollstreckungsmitgliedstaat in der Sache selbst nicht nachgeprüft werden.

Artikel 23. Aussetzung oder Beschränkung der Vollstreckung

Hat der Antragsgegner eine Überprüfung nach Artikel 20 beantragt, so kann das zuständige Gericht im Vollstreckungsmitgliedstaat auf Antrag des Antragsgegners

a) das Vollstreckungsverfahren auf Sicherungsmaßnahmen beschränken,

oder

b) die Vollstreckung von der Leistung einer von dem Gericht zu bestimmenden Sicherheit abhängig machen,

oder

c) unter außergewöhnlichen Umständen das Vollstreckungsverfahren aussetzen.

Artikel 24. Rechtliche Vertretung

Die Vertretung durch einen Rechtsanwalt oder sonstigen Rechtsbeistand ist nicht zwingend

a) für den Antragsteller im Hinblick auf die Beantragung eines Europäischen Zahlungsbefehls,

b) für den Antragsgegner bei Einlegung des Einspruchs gegen einen Europäischen Zahlungsbefehl.

Artikel 25. Gerichtsgebühren

(1) Die Gerichtsgebühren eines Europäischen Mahnverfahrens und eines ordentlichen Zivilprozesses, der sich an die Einlegung eines Einspruchs gegen den Europäischen Zahlungsbefehl in einem Mitgliedstaat anschließt, dürfen insgesamt nicht höher sein als die Gerichtsgebühren eines ordentlichen Zivilprozesses ohne vorausgehendes Europäisches Mahnverfahren in diesem Mitgliedstaat.

(2) Für die Zwecke dieser Verordnung umfassen die Gerichtsgebühren die dem Gericht zu entrichtenden Gebühren und Abgaben, deren Höhe nach dem nationalen Recht festgelegt wird.

Artikel 26. Verhältnis zum nationalen Prozessrecht

Sämtliche verfahrensrechtlichen Fragen, die in dieser Verordnung nicht ausdrücklich geregelt sind, richten sich nach den nationalen Rechtsvorschriften.

Artikel 27. Verhältnis zur Verordnung (EG) Nr. 1348/2000

Diese Verordnung berührt nicht die Anwendung der Verordnung (EG) Nr. 1348/2000 des Rates vom 29. Mai 2000 über die Zustellung gerichtlicher und außergerichtlicher Schriftstücke in Zivil- und Handelssachen in den Mitgliedstaaten[8].

Artikel 28. Informationen zu den Zustellungskosten und zur Vollstreckung

Die Mitgliedstaaten arbeiten zusammen, um der Öffentlichkeit und den Fachkreisen folgende Informationen zur Verfügung zu stellen:

---

8 ABl. L 160 vom 30.6.2000, S. 37.

a) Informationen zu den Zustellungskosten,

und

b) Information darüber, welche Behörden im Zusammenhang mit der Vollstreckung für die Anwendung der Artikel 21, 22 und 23 zuständig sind,

insbesondere über das mit der Entscheidung 2001/470/EG des Rates[9] eingerichtete Europäische Justizielle Netz für Zivil- und Handelssachen.

Artikel 29. Angaben zu den zuständigen Gerichten, den Überprüfungsverfahren, den Kommunikationsmitteln und den Sprachen

(1) Die Mitgliedstaaten teilen der Kommission bis zum 12. Juni 2008 Folgendes mit:

a) die Gerichte, die dafür zuständig sind, einen Europäischen Zahlungsbefehl zu erlassen;

b) Informationen über das Überprüfungsverfahren und die für die Anwendung des Artikels 20 zuständigen Gerichte;

c) die Kommunikationsmittel, die im Hinblick auf das Europäische Mahnverfahren zulässig sind und den Gerichten zur Verfügung stehen;

d) die nach Artikel 21 Absatz 2 Buchstabe b zulässigen Sprachen.

Die Mitgliedstaaten unterrichten die Kommission über alle späteren Änderungen dieser Angaben.

(2) Die Kommission macht die nach Absatz 1 mitgeteilten Angaben durch Veröffentlichung im Amtsblatt der Europäischen Union und durch andere geeignete Mittel öffentlich zugänglich.

Artikel 30. Änderung der Anhänge

Die Formblätter in den Anhängen werden nach dem in Artikel 31 Absatz 2 vorgesehenen Verfahren aktualisiert oder in technischer Hinsicht angepasst; solche Änderungen müssen den Vorschriften dieser Verordnung vollständig entsprechen.

Artikel 31. Ausschuss

(1) Die Kommission wird von dem nach Artikel 75 der Verordnung (EG) Nr. 44/2001 eingesetzten Ausschuss unterstützt.

(2) Wird auf diesen Absatz Bezug genommen, so gelten Artikel 5a Absätze 1 bis 4 und Artikel 7 des Beschlusses 1999/468/EG, unter Beachtung von dessen Artikel 8.

(3) Der Ausschuss gibt sich eine Geschäftsordnung.

Artikel 32. Überprüfung

Die Kommission legt dem Europäischen Parlament, dem Rat und dem Europäischen Wirtschafts- und Sozialausschuss bis zum 12. Dezember 2013 einen detaillierten Bericht über die Überprüfung des Funktionierens des Europäischen Mahnverfahrens vor. Dieser Bericht enthält eine Bewertung des Funktionierens des Verfahrens und eine erweiterte Folgenabschätzung für jeden Mitgliedstaat.

Zu diesem Zweck und damit gewährleistet ist, dass die vorbildliche Praxis in der Europäischen Union gebührend berücksichtigt wird und die Grundsätze der besseren Rechtsetzung zum Tragen kommen, stellen die Mitgliedstaaten der Kommission Angaben zum grenzüberschreitenden Funktionieren des Europäischen Zahlungsbefehls zur Verfügung. Diese Angaben beziehen sich auf die Gerichtsgebühren, die Schnelligkeit des Verfahrens, die Effizienz, die Benutzerfreundlichkeit und die internen Mahnverfahren der Mitgliedstaaten.

---

9 ABl. L 174 vom 27.6.2001, S. 25.

Dem Bericht der Kommission werden gegebenenfalls Vorschläge zur Anpassung der Verordnung beigefügt.

Artikel 33. Inkrafttreten

Diese Verordnung tritt am Tag nach ihrer Veröffentlichung im Amtsblatt der Europäischen Union[10] in Kraft.

Sie gilt ab dem 12. Dezember 2008 mit Ausnahme der Artikel 28, 29, 30 und 31, die ab dem 12. Juni 2008 gelten.

Diese Verordnung ist in allen ihren Teilen verbindlich und gilt gemäß dem Vertrag zur Gründung der Europäischen Gemeinschaft unmittelbar in den Mitgliedstaaten.

---

10 Datum der Veröffentlichung: 30.12.2006.

6.) Verordnung (EG) Nr. 861/2007 des Europäischen Parlaments und des Rates zur Einführung eines europäischen Verfahrens für geringfügige Forderungen

vom 11. Juli 2007 (ABl. L 199/1)

– Abdruck ohne Anhänge –

DAS EUROPÄISCHE PARLAMENT UND DER RAT DER EUROPÄISCHEN UNION –

gestützt auf den Vertrag zur Gründung der Europäischen Gemeinschaft, insbesondere auf Artikel 61 Buchstabe c und Artikel 67,

auf Vorschlag der Kommission,

nach Stellungnahme des Europäischen Wirtschafts- und Sozialausschusses[1],

gemäß dem Verfahren des Artikels 251 des Vertrags[2],

in Erwägung nachstehender Gründe:

(1) Die Gemeinschaft hat sich zum Ziel gesetzt, einen Raum der Freiheit, der Sicherheit und des Rechts, in dem der freie Personenverkehr gewährleistet ist, zu erhalten und weiterzuentwickeln. Zur schrittweisen Schaffung eines solchen Raums erlässt die Gemeinschaft unter anderem im Bereich der justiziellen Zusammenarbeit in Zivilsachen mit grenzüberschreitendem Bezug die für das reibungslose Funktionieren des Binnenmarkts erforderlichen Maßnahmen.

(2) Gemäß Artikel 65 Buchstabe c des Vertrags schließen diese Maßnahmen die Beseitigung der Hindernisse für eine reibungslose Abwicklung von Zivilverfahren ein, erforderlichenfalls durch Förderung der Vereinbarkeit der in den Mitgliedstaaten geltenden zivilrechtlichen Verfahrensvorschriften.

(3) Bisher hat die Gemeinschaft in diesem Bereich unter anderem bereits folgende Maßnahmen erlassen: Verordnung (EG) Nr. 1348/2000 des Rates vom 29. Mai 2000 über die Zustellung gerichtlicher und außergerichtlicher Schriftstücke in Zivil- oder Handelssachen in den Mitgliedstaaten[3], Verordnung (EG) Nr. 44/2001 des Rates vom 22. Dezember 2000 über die gerichtliche Zuständigkeit und die Anerkennung und Vollstreckung von Entscheidungen in Zivil- und Handelssachen[4], Entscheidung 2001/470/EG des Rates vom 28. Mai 2001 über die Einrichtung eines Europäischen Justiziellen Netzes für Zivil- und Handelssachen[5], Verordnung (EG) Nr. 805/2004 des Europäischen Parlaments und des Rates vom 21. April 2004 zur Einführung eines europäischen Vollstreckungstitels für unbestrittene Forderungen[6] und Verordnung (EG) Nr. 1896/2006 des Europäischen Parlaments und des Rates vom 12. Dezember 2006 zur Einführung eines Europäischen Mahnverfahrens[7].

(4) Der Europäische Rat forderte auf seiner Tagung vom 15. und 16. Oktober 1999 in Tampere den Rat und die Kommission auf, gemeinsame Verfahrensregeln für vereinfachte und beschleunigte grenzüberschreitende Gerichtsverfahren bei verbraucher- und handelsrechtlichen Ansprüchen mit geringem Streitwert zu verabschieden.

(5) Am 30. November 2000 verabschiedete der Rat ein gemeinsames Programm der Kommission und des Rates über Maßnahmen zur Umsetzung des Grundsatzes der gegenseitigen Anerkennung gerichtlicher Entscheidungen in Zivil- und Handelssachen[8]. In dem Programm wird auf die Vereinfachung

---

1 ABl. C 88 vom 11.4.2006, S. 61.
2 Stellungnahme des Europäischen Parlaments vom 14. Dezember 2006 (noch nicht im Amtsblatt veröffentlicht) und Beschluss des Rates vom 13. Juni 2007.
3 ABl. L 160 vom 30.6.2000, S. 37.
4 ABl. L 12 vom 16.1.2001, S. 1. Geändert durch die Verordnung (EG) Nr. 1791/2006 (ABl. L 363 vom 20.12.2006, S. 1).

5 ABl. L 174 vom 27.6.2001, S. 25.
6 ABl. L 143 vom 30.4.2004, S. 15. Geändert durch die Verordnung (EG) Nr. 1869/2005 der Kommission (ABl. L 300 vom 17.11.2005, S. 6).
7 ABl. L 399 vom 30.12.2006, S. 1.
8 ABl. C 12 vom 15.1.2001, S. 1.

und Beschleunigung der Beilegung grenzüberschreitender Streitigkeiten Bezug genommen. Dies wurde durch das vom Europäischen Rat am 5. November 2004 angenommene Haager Programm[9], in dem eine aktive Durchführung der Arbeiten zu geringfügigen Forderungen gefordert wird, weiter vorangebracht.

(6) Am 20. Dezember 2002 nahm die Kommission ein Grünbuch über ein Europäisches Mahnverfahren und über Maßnahmen zur einfacheren und schnelleren Beilegung von Streitigkeiten mit geringem Streitwert an. Mit dem Grünbuch wurde eine Konsultation über Maßnahmen zur Vereinfachung und Beschleunigung von Streitigkeiten mit geringem Streitwert eingeleitet.

(7) Viele Mitgliedstaaten haben vereinfachte zivilrechtliche Verfahren für Bagatellsachen eingeführt, da der Zeit-/Kostenaufwand und die Schwierigkeiten, die mit der Rechtsverfolgung verbunden sind, nicht unbedingt proportional zum Wert der Forderung abnehmen. Die Hindernisse für ein schnelles Urteil mit geringen Kosten verschärfen sich in grenzüberschreitenden Fällen. Es ist daher erforderlich, ein europäisches Verfahren für geringfügige Forderungen einzuführen. Ziel eines solchen europäischen Verfahrens sollte der erleichterte Zugang zur Justiz sein. Die Verzerrung des Wettbewerbs im Binnenmarkt aufgrund des unterschiedlichen Funktionierens der verfahrensrechtlichen Instrumente, die den Gläubigern in den einzelnen Mitgliedstaaten zur Verfügung stehen, machen eine Gemeinschaftsregelung erforderlich, die für Gläubiger und Schuldner in der gesamten Europäischen Union gleiche Bedingungen gewährleistet. Bei der Festsetzung der Kosten für die Behandlung von Klagen im Rahmen des europäischen Verfahrens für geringfügige Forderungen sollten die Grundsätze der Einfachheit, der Schnelligkeit und der Verhältnismäßigkeit berücksichtigt werden müssen. Zweckdienlicherweise sollten die Einzelheiten zu den zu erhebenden Gebühren veröffentlicht werden und die Modalitäten zur Festsetzung dieser Gebühren transparent sein.

(8) Mit dem europäischen Verfahren für geringfügige Forderungen sollten Streitigkeiten mit geringem Streitwert in grenzüberschreitenden Fällen vereinfacht und beschleunigt und die Kosten verringert werden, indem ein fakultatives Instrument zusätzlich zu den Möglichkeiten geboten wird, die nach dem Recht der Mitgliedstaaten bestehen und unberührt bleiben. Mit dieser Verordnung sollte es außerdem einfacher werden, die Anerkennung und Vollstreckung eines Urteils zu erwirken, das im europäischen Verfahren für geringfügige Forderungen in einem anderen Mitgliedstaat ergangen ist.

(9) Diese Verordnung soll der Förderung der Grundrechte dienen und berücksichtigt insbesondere die Grundsätze, die mit der Charta der Grundrechte der Europäischen Union anerkannt wurden. Das Gericht sollte das Recht auf ein faires Verfahren sowie den Grundsatz des kontradiktorischen Verfahrens wahren, insbesondere wenn es über das Erfordernis einer mündlichen Verhandlung und über die Erhebung von Beweisen und den Umfang der Beweisaufnahme entscheidet.

(10) Zur Vereinfachung der Berechnung des Streitwertes sollten dabei Zinsen, Ausgaben und Auslagen unberücksichtigt bleiben. Dies sollte weder die Befugnis des Gerichts, diese in seinem Urteil zuzusprechen, noch die nationalen Zinsberechnungsvorschriften berühren.

(11) Zur Erleichterung der Einleitung des europäischen Verfahrens für geringfügige Forderungen sollte der Kläger ein Klageformblatt ausfüllen und beim zuständigen Gericht einreichen. Das Klageformblatt sollte nur bei einem zuständigen Gericht eingereicht werden.

(12) Dem Klageformblatt sollten gegebenenfalls zweckdienliche Beweisunterlagen beigefügt werden. Dies steht der Einreichung weiterer Beweisstücke durch den Kläger während des Verfahrens jedoch nicht entgegen. Der gleiche Grundsatz sollte für die Antwort des Beklagten gelten.

(13) Die Begriffe „offensichtlich unbegründet" im Zusammenhang mit der Zurückweisung einer Forderung und „unzulässig" im Zusammenhang mit der Abweisung einer Klage sollten nach Maßgabe des nationalen Rechts bestimmt werden.

(14) Das europäische Verfahren für geringfügige Forderungen sollte schriftlich durchgeführt werden, sofern nicht das Gericht eine mündliche Verhandlung für erforderlich hält oder eine der Parteien einen

---

9 ABl. C 53 vom 3.3.2005, S. 1.

entsprechenden Antrag stellt. Das Gericht kann einen solchen Antrag ablehnen. Diese Ablehnung kann nicht separat angefochten werden.

(15) Die Parteien sollten nicht verpflichtet sein, sich durch einen Rechtsanwalt oder sonstigen Rechtsbeistand vertreten zu lassen.

(16) Der Begriff der „Widerklage" sollte im Sinne des Artikels 6 Absatz 3 der Verordnung (EG) Nr. 44/2001 als Widerklage verstanden werden, die auf denselben Vertrag oder Sachverhalt wie die Klage selbst gestützt wird. Die Artikel 2 und 4 sowie Artikel 5 Absätze 3, 4 und 5 sollten entsprechend für Widerklagen gelten.

(17) Macht der Beklagte während des Verfahrens ein Recht auf Aufrechnung geltend, so sollte diese Forderung nicht als Widerklage im Sinne dieser Verordnung gelten. Daher sollte der Beklagte nicht verpflichtet sein, das in Anhang I vorgegebene Klageformblatt A für die Inanspruchnahme eines solchen Rechts zu verwenden.

(18) Der Empfangsmitgliedstaat für die Zwecke der Anwendung des Artikels 6 sollte der Mitgliedstaat sein, in dem die Zustellung oder in den die Versendung eines Schriftstücks erfolgt. Damit die Kosten verringert und die Fristen verkürzt werden, sollten Unterlagen den Parteien vorzugsweise durch Postdienste mit Empfangsbestätigung zugestellt werden, aus der das Datum des Empfangs hervorgeht.

(19) Eine Partei kann die Annahme eines Schriftstücks zum Zeitpunkt der Zustellung oder durch Rücksendung innerhalb einer Woche verweigern, wenn dieses nicht in einer Sprache abgefasst ist, die die Partei versteht oder die Amtssprache des Empfangsmitgliedstaates ist, (wenn es in diesem Mitgliedstaat mehrere Amtssprachen gibt, der Amtssprache oder einer der Amtssprachen des Ortes, an dem die Zustellung erfolgen soll oder an den das Schriftstück gesandt werden soll) und ihm auch keine Übersetzung in diese Sprache beiliegt.

(20) Bei der mündlichen Verhandlung und der Beweisaufnahme sollten die Mitgliedstaaten vorbehaltlich der nationalen Rechtsvorschriften des Mitgliedstaats, in dem das Gericht seinen Sitz hat, den Einsatz moderner Kommunikationsmittel fördern. Das Gericht sollte sich für die einfachste und kostengünstigste Art und Weise der Beweisaufnahme entscheiden.

(21) Die praktische Hilfestellung, die die Parteien beim Ausfüllen der Formblätter erhalten sollen, sollte Informationen zur technischen Verfügbarkeit und zum Ausfüllen der Formblätter umfassen.

(22) Informationen zu Verfahrensfragen können auch vom Gerichtspersonal nach Maßgabe des einzelstaatlichen Rechts erteilt werden.

(23) Angesichts des Ziels dieser Verordnung, Streitigkeiten mit geringem Streitwert in grenzüberschreitenden Rechtssachen zu vereinfachen und zu beschleunigen, sollte das Gericht auch in den Fällen, in denen diese Verordnung keine Frist für einen bestimmten Verfahrensabschnitt vorsieht, so schnell wie möglich tätig werden.

(24) Die Berechnung der in dieser Verordnung vorgesehenen Fristen sollte nach Maßgabe der Verordnung (EWG, Euratom) Nr. 1182/71 des Rates vom 3. Juni 1971 zur Festlegung der Regeln für die Fristen, Daten und Termine[10] erfolgen.

(25) Zur schnelleren Durchsetzung geringfügiger Forderungen sollte das Urteil ohne Rücksicht auf seine Anfechtbarkeit und ohne Sicherheitsleistung vollstreckbar sein, sofern in dieser Verordnung nichts anderes bestimmt ist.

(26) Immer wenn in dieser Verordnung auf Rechtsmittel Bezug genommen wird, sollten alle nach dem einzelstaatlichen Recht möglichen Rechtsmittel umfasst sein.

(27) Dem Gericht muss eine Person angehören, die nach nationalem Recht dazu ermächtigt ist, als Richter tätig zu sein.

---

10 ABl. L 124 vom 8.6.1971, S. 1.

(28) Wenn das Gericht eine Frist setzt, sollte es die betroffene Partei über die Folgen der Nichtbeachtung dieser Frist informieren.

(29) Die unterlegene Partei sollte die Kosten des Verfahrens tragen. Die Kosten des Verfahrens sollten nach einzelstaatlichem Recht festgesetzt werden. Angesichts der Ziele der Einfachheit und der Kosteneffizienz sollte das Gericht anordnen, dass eine unterlegene Partei lediglich die Kosten des Verfahrens tragen muss, einschließlich beispielsweise sämtlicher Kosten, die aufgrund der Tatsache anfallen, dass sich die Gegenpartei durch einen Rechtsanwalt oder sonstigen Rechtsbeistand hat vertreten lassen, oder sämtlicher Kosten für die Zustellung oder Übersetzung von Dokumenten, die im Verhältnis zum Streitwert stehen oder die notwendig waren.

(30) Um die Anerkennung und Vollstreckung zu erleichtern, sollte ein im europäischen Verfahren für geringfügige Forderungen ergangenes Urteil in einem anderen Mitgliedstaat anerkannt werden und vollstreckbar sein, ohne dass es einer Vollstreckbarerklärung bedarf und ohne dass die Anerkennung angefochten werden kann.

(31) Es sollte Mindeststandards für die Überprüfung eines Urteils in den Fällen geben, in denen der Beklagte nicht imstande war, die Forderung zu bestreiten.

(32) Im Hinblick auf die Ziele der Einfachheit und Kosteneffizienz sollte die Partei, die ein Urteil vollstrecken lassen will, in dem Vollstreckungsmitgliedstaat – außer bei den Stellen, die gemäß dem einzelstaatlichen Recht dieses Mitgliedstaats für das Vollstreckungsverfahren zuständig sind – keine Postanschrift nachweisen und auch keinen bevollmächtigten Vertreter haben müssen.

(33) Kapitel III dieser Verordnung sollte auch auf die Kostenfestsetzungsbeschlüsse durch Gerichtsbedienstete aufgrund eines im Verfahren nach dieser Verordnung ergangenen Urteils Anwendung finden.

(34) Die zur Durchführung dieser Verordnung erforderlichen Maßnahmen sollten gemäß dem Beschluss 1999/468/EG des Rates vom 28. Juni 1999 zur Festlegung der Modalitäten für die Ausübung der der Kommission übertragenen Durchführungsbefugnisse[11] erlassen werden.

(35) Insbesondere sollte die Kommission die Befugnis erhalten, die zur Durchführung dieser Verordnung erforderlichen Maßnahmen im Zusammenhang mit Aktualisierungen oder technischen Änderungen der in den Anhängen vorgegebenen Formblätter zu erlassen. Da es sich hierbei um Maßnahmen von allgemeiner Tragweite handelt, die eine Änderung bzw. Streichung von nicht wesentlichen Bestimmungen und eine Hinzufügung neuer nicht wesentlicher Bestimmungen der vorliegenden Verordnung bewirken, sind diese Maßnahmen gemäß dem Regelungsverfahren mit Kontrolle des Artikels 5a des Beschlusses 1999/468/EG zu erlassen.

(36) Da die Ziele dieser Verordnung, nämlich die Schaffung eines Verfahrens zur Vereinfachung und Beschleunigung von Streitigkeiten mit geringem Streitwert in grenzüberschreitenden Rechtssachen und die Reduzierung der Kosten, auf Ebene der Mitgliedstaaten nicht ausreichend verwirklicht werden können und daher wegen ihres Umfangs und ihrer Wirkung besser auf Gemeinschaftsebene zu verwirklichen sind, kann die Gemeinschaft im Einklang mit dem in Artikel 5 des Vertrags niedergelegten Subsidiaritätsprinzip tätig werden. Entsprechend dem in demselben Artikel genannten Grundsatz der Verhältnismäßigkeit geht diese Verordnung nicht über das zur Erreichung dieser Ziele erforderliche Maß hinaus.

(37) Das Vereinigte Königreich und Irland haben gemäß Artikel 3 des dem Vertrag über die Europäische Union und dem Vertrag zur Gründung der Europäischen Gemeinschaft beigefügten Protokolls über die Position des Vereinigten Königreichs und Irlands mitgeteilt, dass sie sich an der Annahme und Anwendung dieser Verordnung beteiligen möchten.

(38) Gemäß den Artikeln 1 und 2 des dem Vertrag über die Europäische Union und dem Vertrag zur Gründung der Europäischen Gemeinschaft beigefügten Protokolls über die Position Dänemarks betei-

---

11 ABl. L 184 vom 17.7.1999, S. 23. Geändert durch den Beschluss 2006/512/EG (ABl. L 200 vom 22.7.2006, S. 11).

ligt sich Dänemark nicht an der Annahme dieser Verordnung, die für Dänemark nicht bindend und nicht auf Dänemark anwendbar ist –

HABEN FOLGENDE VERORDNUNG ERLASSEN:

KAPITEL I. GEGENSTAND UND ANWENDUNGSBEREICH

Artikel 1. Gegenstand

Mit dieser Verordnung wird ein europäisches Verfahren für geringfügige Forderungen eingeführt, damit Streitigkeiten in grenzüberschreitenden Rechtssachen mit geringem Streitwert einfacher und schneller beigelegt und die Kosten hierfür reduziert werden können. Das europäische Verfahren für geringfügige Forderungen steht den Rechtssuchenden als eine Alternative zu den in den Mitgliedstaaten bestehenden innerstaatlichen Verfahren zur Verfügung.

Mit dieser Verordnung wird außerdem die Notwendigkeit von Zwischenverfahren zur Anerkennung und Vollstreckung der in anderen Mitgliedstaaten im Verfahren für geringfügige Forderungen ergangenen Urteile beseitigt.

Artikel 2. Anwendungsbereich

(1) Diese Verordnung gilt für grenzüberschreitende Rechtssachen in Zivil- und Handelssachen, ohne dass es auf die Art der Gerichtsbarkeit ankommt, wenn der Streitwert der Klage ohne Zinsen, Kosten und Auslagen zum Zeitpunkt des Eingangs beim zuständigen Gericht 2000 EUR nicht überschreitet. Sie erfasst insbesondere nicht Steuer- und Zollsachen, verwaltungsrechtliche Angelegenheiten sowie die Haftung des Staates für Handlungen oder Unterlassungen im Rahmen der Ausübung hoheitlicher Rechte („acta iure imperii").

(2) Diese Verordnung ist nicht anzuwenden auf:

a) den Personenstand, die Rechts- und Handlungsfähigkeit sowie die gesetzliche Vertretung von natürlichen Personen,

b) die ehelichen Güterstände, das Unterhaltsrecht und das Gebiet des Erbrechts einschließlich des Testamentsrechts,

c) Konkurse, Verfahren im Zusammenhang mit der Abwicklung zahlungsunfähiger Unternehmen oder anderer juristischer Personen, gerichtliche Vergleiche, Vergleiche und ähnliche Verfahren,

d) die soziale Sicherheit,

e) die Schiedsgerichtsbarkeit,

f) das Arbeitsrecht,

g) die Miete oder Pacht unbeweglicher Sachen, mit Ausnahme von Klagen wegen Geldforderungen, oder

h) die Verletzung der Privatsphäre oder der Persönlichkeitsrechte, einschließlich der Verletzung der Ehre.

(3) In dieser Verordnung bedeutet der Begriff „Mitgliedstaat" die Mitgliedstaaten mit Ausnahme Dänemarks.

Artikel 3. Grenzüberschreitende Rechtssachen

(1) Eine grenzüberschreitende Rechtssache im Sinne dieser Verordnung liegt vor, wenn mindestens eine der Parteien ihren Wohnsitz oder gewöhnlichen Aufenthalt in einem anderen Mitgliedstaat als dem des angerufenen Gerichts hat.

(2) Der Wohnsitz bestimmt sich nach den Artikeln 59 und 60 der Verordnung (EG) Nr. 44/2001.

(3) Maßgeblicher Augenblick zur Feststellung, ob eine grenzüberschreitende Rechtssache vorliegt, ist der Zeitpunkt, zu dem das Klageformblatt beim zuständigen Gericht eingeht.

KAPITEL II. DAS EUROPÄISCHE VERFAHREN FÜR GERINGFÜGIGE FORDERUNGEN

Artikel 4. Einleitung des Verfahrens

(1) Der Kläger leitet das europäische Verfahren für geringfügige Forderungen ein, indem er das in Anhang I vorgegebene Klageformblatt A ausgefüllt direkt beim zuständigen Gericht einreicht oder diesem auf dem Postweg übersendet oder auf anderem Wege übermittelt, der in dem Mitgliedstaat, in dem das Verfahren eingeleitet wird, zulässig ist, beispielsweise per Fax oder e-Mail. Das Klageformblatt muss eine Beschreibung der Beweise zur Begründung der Forderung enthalten; gegebenenfalls können ihm als Beweismittel geeignete Unterlagen beigefügt werden.

(2) Die Mitgliedstaaten teilen der Kommission mit, welche Übermittlungsarten sie zulassen. Diese Mitteilung wird von der Kommission bekannt gemacht.

(3) Fällt die erhobene Klage nicht in den Anwendungsbereich dieser Verordnung, so unterrichtet das Gericht den Kläger darüber. Nimmt der Kläger die Klage daraufhin nicht zurück, so verfährt das Gericht mit ihr nach Maßgabe des Verfahrensrechts des Mitgliedstaats, in dem das Verfahren durchgeführt wird.

(4) Sind die Angaben des Klägers nach Ansicht des Gerichts unzureichend oder nicht klar genug, oder ist das Klageformblatt nicht ordnungsgemäß ausgefüllt und ist die Klage nicht offensichtlich unbegründet oder nicht offensichtlich unzulässig, so gibt das Gericht dem Kläger Gelegenheit, das Klageformblatt zu vervollständigen oder zu berichtigen oder ergänzende Angaben zu machen oder Unterlagen vorzulegen oder die Klage zurückzunehmen, und setzt hierfür eine Frist fest. Das Gericht verwendet dafür das in Anhang II vorgegebene Formblatt B.

Ist die Klage offensichtlich unbegründet oder offensichtlich unzulässig oder versäumt es der Kläger, das Klageformblatt fristgerecht zu vervollständigen oder zu berichtigen, so wird die Klage zurück- bzw. abgewiesen.

(5) Die Mitgliedstaaten sorgen dafür, dass das Klageformblatt bei allen Gerichten, in denen das europäische Verfahren für geringfügige Forderungen eingeleitet werden kann, erhältlich ist.

Artikel 5. Durchführung des Verfahrens

(1) Das europäische Verfahren für geringfügige Forderungen wird schriftlich durchgeführt. Das Gericht hält eine mündliche Verhandlung ab, wenn es diese für erforderlich hält oder wenn eine der Parteien einen entsprechenden Antrag stellt. Das Gericht kann einen solchen Antrag ablehnen, wenn es der Auffassung ist, dass in Anbetracht der Umstände des Falles ein faires Verfahren offensichtlich auch ohne mündliche Verhandlung sichergestellt werden kann. Die Ablehnung ist schriftlich zu begründen. Gegen die Abweisung des Antrags ist kein gesondertes Rechtsmittel zulässig.

(2) Nach Eingang des ordnungsgemäß ausgefüllten Klageformblatts füllt das Gericht Teil I des in Anhang III vorgegebenen Standardantwortformblatts C aus.

Es stellt dem Beklagten gemäß Artikel 13 eine Kopie des Klageformblatts und gegebenenfalls der Beweisunterlagen zusammen mit dem entsprechend ausgefüllte n Antwortformblatt zu. Diese Unterlagen sind innerhalb von 14 Tagen nach Eingang des ordnungsgemäß ausgefüllten Klageformblatts abzusenden.

(3) Der Beklagte hat innerhalb von 30 Tagen nach Zustellung des Klageformblattsund des Antwortformblatts zu antworten, indem er Teil II des Formblatts C ausfüllt und es gegebenenfalls mit als Beweismittel geeigneten Unterlagen an das Gericht zurücksendet oder indem er auf andere geeignete Weise ohne Verwendung des Antwortformblatts antwortet.

(4) Innerhalb von 14 Tagen nach Eingang der Antwort des Beklagten ist eine Kopie der Antwort gegebenenfalls zusammen mit etwaigen als Beweismittel geeigneten Unterlagen an den Kläger abzusenden.

(5) Macht der Beklagte in seiner Antwort geltend, dass der Wert einer nicht lediglich auf eine Geldzahlung gerichteten Klage die in Artikel 2 Absatz 1 festgesetzten Wertgrenze übersteigt, so entscheidet das Gericht innerhalb von 30 Tagen nach Absendung der Antwort an den Kläger, ob die Forderung in den Anwendungsbereich dieser Verordnung fällt. Gegen diese Entscheidung ist ein gesondertes Rechtsmittel nicht zulässig.

(6) Etwaige Widerklagen, die mittels Formblatt A zu erheben sind, sowie etwaige Beweisunterlagen werden dem Kläger gemäß Artikel 13 zugestellt. Die Unterlagen sind innerhalb von 14 Tagen nach deren Eingang bei Gericht abzusenden.

Der Kläger hat auf eine etwaige Widerklage innerhalb von 30 Tagen nach Zustellung zu antworten.

(7) Überschreitet die Widerklage die in Artikel 2 Absatz 1 festgesetzte Wertgrenze, so werden die Klage und die Widerklage nicht nach dem europäischen Verfahren für geringfügige Forderungen, sondern nach Maßgabe des Verfahrensrechts des Mitgliedstaats, in dem das Verfahren durchgeführt wird, behandelt.

Artikel 2 und Artikel 4 sowie die Absätze 3, 4 und 5 des vorliegenden Artikels gelten entsprechend für Widerklagen.

Artikel 6. Sprachen

(1) Das Klageformblatt, die Antwort, etwaige Widerklagen, die etwaige Antwort auf eine Widerklage und eine etwaige Beschreibung etwaiger Beweisunterlagen sind in der Sprache oder einer der Sprachen des Gerichts vorzulegen.

(2) Werden dem Gericht weitere Unterlagen nicht in der Verfahrenssprache vorgelegt, so kann das Gericht eine Übersetzung der betreffenden Unterlagen nur dann anfordern, wenn die Übersetzung für den Erlass des Urteils erforderlich erscheint.

(3) Hat eine Partei die Annahme eines Schriftstücks abgelehnt, weil es nicht in

a) der Amtssprache des Empfangsmitgliedstaats oder – wenn es in diesem Mitgliedstaat mehrere Amtssprachen gibt – der Amtssprache oder einer der Amtssprachen des Ortes, an dem die Zustellung erfolgen soll oder an den das Schriftstück gesandt werden soll, oder

b) einer Sprache, die der Empfänger versteht,

abgefasst ist, so setzt das Gericht die andere Partei davon in Kenntnis, damit diese eine Übersetzung des Schriftstücks vorlegt.

Artikel 7. Abschluss des Verfahrens

(1) Innerhalb von 30 Tagen, nachdem die Antworten des Beklagten oder des Klägers unter Einhaltung der Frist des Artikels 5 Absatz 3 oder Absatz 6 eingegangen sind, erlässt das Gericht ein Urteil oder verfährt wie folgt:

a) Es fordert die Parteien innerhalb einer bestimmten Frist, die 30 Tage nicht überschreiten darf, zu weiteren die Klage betreffenden Angaben auf,

b) es führt eine Beweisaufnahme nach Artikel 9 durch,

c) es lädt die Parteien zu einer mündlichen Verhandlung vor, die innerhalb von 30 Tagen nach der Vorladung stattzufinden hat.

(2) Das Gericht erlässt sein Urteil entweder innerhalb von 30 Tagen nach einer etwaigen mündlichen Verhandlung oder nach Vorliegen sämtlicher Entscheidungsgrundlagen. Das Urteil wird den Parteien gemäß Artikel 13 zugestellt.

(3) Ist bei dem Gericht innerhalb der in Artikel 5 Absatz 3 oder Absatz 6 gesetzten Frist keine Antwort der betreffenden Partei eingegangen, so erlässt das Gericht zu der Klage oder der Widerklage ein Urteil.

Artikel 8. Mündliche Verhandlung

Das Gericht kann eine mündliche Verhandlung über Video-Konferenz oder unter Zuhilfenahme anderer Mittel der Kommunikationstechnologie abhalten, wenn die entsprechenden technischen Mittel verfügbar sind.

Artikel 9. Beweisaufnahme

(1) Das Gericht bestimmt die Beweismittel und den Umfang der Beweisaufnahme, die im Rahmen der für die Zulässigkeit von Beweisen geltenden Bestimmungen für sein Urteil erforderlich sind. Es kann die Beweisaufnahme mittels schriftlicher Aussagen von Zeugen oder Sachverständigen oder schriftlicher Parteivernehmung zulassen. Des Weiteren kann es die Beweisaufnahme über Video-Konferenz oder mit anderen Mitteln der Kommunikationstechnologie zulassen, wenn die entsprechenden technischen Mittel verfügbar sind.

(2) Das Gericht kann Sachverständigenbeweise oder mündliche Aussagen nur dann zulassen, wenn dies für sein Urteil erforderlich ist. Dabei trägt es den Kosten Rechnung.

(3) Das Gericht wählt das einfachste und am wenigsten aufwändige Beweismittel.

Artikel 10. Vertretung der Parteien

Die Vertretung durch einen Rechtsanwalt oder einen sonstigen Rechtsbeistand ist nicht verpflichtend.

Artikel 11. Hilfestellung für die Parteien

Die Mitgliedstaaten gewährleisten, dass die Parteien beim Ausfüllen der Formblätter praktische Hilfestellung erhalten können.

Artikel 12. Aufgaben des Gerichts

(1) Das Gericht verpflichtet die Parteien nicht zu einer rechtlichen Würdigung der Klage.

(2) Das Gericht unterrichtet die Parteien erforderlichenfalls über Verfahrensfragen.

(3) Soweit angemessen, bemüht sich das Gericht um eine gütliche Einigung der Parteien.

Artikel 13. Zustellung von Unterlagen

(1) Unterlagen werden durch Postdienste mit Empfangsbestätigung zugestellt, aus der das Datum des Empfangs hervorgeht.

(2) Ist eine Zustellung gemäß Absatz 1 nicht möglich, so kann die Zustellung auf eine der Arten bewirkt werden, die in den Artikeln 13 und 14 der Verordnung (EG) Nr. 805/2004 festgelegt sind.

Artikel 14. Fristen

(1) Setzt das Gericht eine Frist fest, so ist die betroffene Partei über die Folgen der Nichteinhaltung dieser Frist zu informieren.

(2) Das Gericht kann die Fristen nach Artikel 4 Absatz 4, Artikel 5 Absätze 3 und 6 und Artikel 7 Absatz 1 ausnahmsweise verlängern, wenn dies notwendig ist, um die Rechte der Parteien zu wahren.

(3) Kann das Gericht die Fristen nach Artikel 5 Absätze 2 bis 6 sowie Artikel 7 ausnahmsweise nicht einhalten, veranlasst es so bald wie möglich die nach diesen Vorschriften erforderlichen Verfahrensschritte.

Artikel 15. Vollstreckbarkeit des Urteils

(1) Das Urteil ist ungeachtet eines möglichen Rechtsmittels vollstreckbar. Es darf keine Sicherheitsleistung verlangt werden.

(2) Artikel 23 ist auch anzuwenden, wenn das Urteil in dem Mitgliedstaat zu vollstrecken ist, in dem es ergangen ist.

Artikel 16. Kosten

Die unterlegene Partei trägt die Kosten des Verfahrens. Das Gericht spricht der obsiegenden Partei jedoch keine Erstattung für Kosten zu, soweit sie nicht notwendig waren oder in keinem Verhältnis zu der Klage stehen.

Artikel 17. Rechtsmittel

(1) Die Mitgliedstaaten teilen der Kommission mit, ob ihr Verfahrensrecht ein Rechtsmittel gegen ein im europäischen Verfahren für geringfügige Forderungen ergangenes Urteil zulässt und innerhalb welcher Frist das Rechtsmittel einzulegen ist. Diese Mitteilung wird von der Kommission bekannt gemacht.

(2) Artikel 16 gilt auch für das Rechtsmittelverfahren.

Artikel 18. Mindeststandards für die Überprüfung des Urteils

(1) Der Beklagte ist berechtigt, beim zuständigen Gericht des Mitgliedstaats, in dem das Urteil im europäischen Verfahren für geringfügige Forderungen ergangen ist, eine Überprüfung des Urteils zu beantragen, sofern

a) i) ihm das Klageformblatt oder die Ladung zur Verhandlung ohne persönliche Empfangsbestätigung gemäß Artikel 14 der Verordnung (EG) Nr. 805/2004 zugestellt wurde und

ii) die Zustellung ohne sein Verschulden nicht so rechtzeitig erfolgt ist, dass er Vorkehrungen für seine Verteidigung hätte treffen können,

oder

b) der Beklagte aufgrund höherer Gewalt oder aufgrund außergewöhnlicher Umstände ohne eigenes Verschulden daran gehindert war, das Bestehen der Forderung zu bestreiten,

wobei in beiden Fällen vorausgesetzt wird, dass er unverzüglich tätig wird.

(2) Lehnt das Gericht die Überprüfung mit der Begründung ab, dass keiner der in Absatz 1 genannten Gründe zutrifft, so bleibt das Urteil in Kraft.

Entscheidet das Gericht, dass die Überprüfung aus einem der in Absatz 1 genannten Gründe gerechtfertigt ist, so ist das im europäischen Verfahren für geringfügige Forderungen ergangene Urteil nichtig.

Artikel 19. Anwendbares Verfahrensrecht

Sofern diese Verordnung nichts anderes bestimmt, gilt für das europäische Verfahren für geringfügige Forderungen das Verfahrensrecht des Mitgliedstaats, in dem das Verfahren durchgeführt wird.

KAPITEL III. ANERKENNUNG UND VOLLSTRECKUNG IN EINEM ANDEREN MITGLIEDSTAAT

Artikel 20. Anerkennung und Vollstreckung

(1) Ein im europäischen Verfahren für geringfügige Forderungen ergangenes Urteil wird in einem anderen Mitgliedstaat anerkannt und vollstreckt, ohne dass es einer Vollstreckbarerklärung bedarf und ohne dass die Anerkennung angefochten werden kann.

(2) Auf Antrag einer Partei fertigt das Gericht eine Bestätigung unter Verwendung des in Anhang IV vorgegebenen Formblatts D zu einem im europäischen Verfahren für geringfügige Forderungen ergangenen Urteil ohne zusätzliche Kosten aus.

Artikel 21. Vollstreckungsverfahren

(1) Unbeschadet der Bestimmungen dieses Kapitels gilt für das Vollstreckungsverfahren das Recht des Vollstreckungsmitgliedstaats.

Jedes im europäischen Verfahren für geringfügige Forderungen ergangene Urteil wird unter den gleichen Bedingungen vollstreckt wie ein im Vollstreckungsmitgliedstaat ergangenes Urteil.

(2) Die Partei, die die Vollstreckung beantragt, muss Folgendes vorlegen:

a) eine Ausfertigung des Urteils, die die Voraussetzungen für den Nachweis seiner Echtheit erfüllt; und

b) eine Ausfertigung der Bestätigung im Sinne des Artikels 20 Absatz 2 sowie, falls erforderlich, eine Übersetzung davon in die Amtssprache des Vollstreckungsmitgliedstaats oder – falls es in diesem Mitgliedstaat mehrere Amtssprachen gibt – nach Maßgabe der Rechtsvorschriften dieses Mitgliedstaats in die Verfahrenssprache oder eine der Verfahrenssprachen des Ortes, an dem die Vollstreckung betrieben wird, oder in eine sonstige Sprache, die der Vollstreckungsmitgliedstaat zulässt. Jeder Mitgliedstaat kann angeben, welche Amtssprache oder Amtssprachen der Organe der Europäischen Union er neben seiner oder seinen eigenen für das europäische Verfahren für geringfügige Forderungen zulässt. Der Inhalt des Formblatts D ist von einer Person zu übersetzen, die zur Anfertigung von Übersetzungen in einem der Mitgliedstaaten befugt ist.

(3) Für die Vollstreckung eines Urteils, das in dem europäischen Verfahren für geringfügige Forderungen in einem anderen Mitgliedstaat erlassen worden ist, darf von der Partei, die die Vollstreckung beantragt, nicht verlangt werden, dass sie im Vollstreckungsstaat über

a) einen bevollmächtigten Vertreter oder

b) eine Postanschrift

außer bei den Vollstreckungsagenten verfügt.

(4) Von einer Partei, die in einem Mitgliedstaat die Vollstreckung eines im europäischen Verfahren für geringfügige Forderungen in einem anderen Mitgliedstaat ergangenen Urteils beantragt, darf weder wegen ihrer Eigenschaft als Ausländer noch wegen Fehlens eines inländischen Wohnsitzes oder Aufenthaltsorts im Vollstreckungsmitgliedstaat eine Sicherheitsleistung oder Hinterlegung, unter welcher Bezeichnung auch immer, verlangt werden.

Artikel 22. Ablehnung der Vollstreckung

(1) Auf Antrag der Person, gegen die die Vollstreckung gerichtet ist, wird die Vollstreckung vom zuständigen Gericht im Vollstreckungsmitgliedstaat abgelehnt, wenn das im europäischen Verfahren für geringfügige Forderungen ergangene Urteil mit einem früheren in einem Mitgliedstaat oder einem Drittland ergangenen Urteil unvereinbar ist, sofern

a) das frühere Urteil zwischen denselben Parteien wegen desselben Streitgegenstandes ergangen ist,

b) das frühere Urteil im Vollstreckungsmitgliedstaat ergangen ist oder die Voraussetzungen für die Anerkennung im Vollstreckungsmitgliedstaat erfüllt und

c) die Unvereinbarkeit im gerichtlichen Verfahren des Mitgliedstaats, in dem das Urteil im europäischen Verfahren für geringfügige Forderungen ergangen ist, nicht geltend gemacht wurde und nicht geltend gemacht werden konnte.

(2) Keinesfalls darf ein im europäischen Verfahren für geringfügige Forderungen ergangenes Urteil im Vollstreckungsmitgliedstaat in der Sache selbst nachgeprüft werden.

Artikel 23. Aussetzung oder Beschränkung der Vollstreckung

Hat eine Partei ein im europäischen Verfahren für geringfügige Forderungen ergangenes Urteil angefochten oder ist eine solche Anfechtung noch möglich oder hat eine Partei eine Überprüfung nach

Artikel 18 beantragt, so kann das zuständige Gericht oder die zuständige Behörde im Vollstreckungsmitgliedstaat auf Antrag der Partei, gegen die sich die Vollstreckung richtet,

a) das Vollstreckungsverfahren auf Sicherungsmaßnahmen beschränken

b) die Vollstreckung von der Leistung einer von dem Gericht zu bestimmenden Sicherheit abhängig
machen oder

c) unter außergewöhnlichen Umständen das Vollstreckungsverfahren aussetzen.

KAPITEL IV. SCHLUSSBESTIMMUNGEN

Artikel 24. Information

Die Mitgliedstaaten arbeiten insbesondere im Rahmen des gemäß der Entscheidung 2001/470/EG
eingerichteten Europäischen Justiziellen Netzes für Zivil- und Handelssachen zusammen, um die
Öffentlichkeit und die Fachwelt über das europäische Verfahren für geringfügige Forderungen, einschließlich der Kosten, zu informieren.

Artikel 25. Angaben zu den zuständigen Gerichten, den Kommunikationsmitteln und den Rechtsmitteln

(1) Die Mitgliedstaaten teilen der Kommission bis zum 1. Januar 2008 mit,

a) welche Gerichte dafür zuständig sind, ein Urteil im europäischen Verfahren für geringfügige
Forderungen zu erlassen;

b) welche Kommunikationsmittel für die Zwecke des europäischen Verfahrens für geringfügige Forderungen zulässig sind und den Gerichten nach Artikel 4 Absatz 1 zur Verfügung stehen;

c) ob nach ihrem Verfahrensrecht Rechtsmittel im Sinne des Artikels 17 eingelegt werden können, und
bei welchem Gericht sie eingelegt werden können;

d) welche Sprachen nach Artikel 21 Absatz 2 Buchstabe b zugelassen sind; und

e) welche Behörden für die Vollstreckung zuständig sind und welche Behörden für die Zwecke der
Anwendung des Artikels 23 zuständig sind.

Die Mitgliedstaaten unterrichten die Kommission über alle späteren Änderungen dieser Angaben.

(2) Die Kommission macht die nach Absatz 1 mitgeteilten Angaben durch Veröffentlichung im Amtsblatt der Europäischen Union und durch alle anderen geeigneten Mittel öffentlich zugänglich.

Artikel 26. Durchführungsmaßnahmen

Die Maßnahmen zur Änderung nicht wesentlicher Bestimmungen dieser Verordnung, einschließlich
durch Hinzufügung neuer nicht wesentlicher Bestimmungen, die eine Aktualisierung oder eine technische Änderung der Formblätter in den Anhängen bewirken, werden nach dem in Artikel 27 Absatz 2
genannten Regelungsverfahren mit Kontrolle erlassen.

Artikel 27. Ausschuss

(1) Die Kommission wird von einem Ausschuss unterstützt.

(2) Wird auf diesen Absatz Bezug genommen, so gelten Artikel 5a Absätze 1 bis 4 und Artikel 7 des
Beschlusses 1999/468/EG unter Beachtung von dessen Artikel 8.

Artikel 28. Überprüfung

Die Kommission legt dem Europäischen Parlament, dem Rat und dem Europäischen Wirtschafts- und
Sozialausschuss bis zum 1. Januar 2014 einen detaillierten Bericht über die Überprüfung des Funktionierens des europäischen Verfahrens für geringfügige Forderungen, einschließlich der Wertgrenze

einer Klage gemäß Artikel 2 Absatz 1, vor. Dieser Bericht enthält eine Bewertung des Funktionierens des Verfahrens und eine erweiterte Folgenabschätzung für jeden Mitgliedstaat.

Zu diesem Zweck, und damit gewährleistet ist, dass die vorbildliche Praxis in der Europäischen Union gebührend berücksichtigt wird und die Grundsätze der besseren Rechtsetzung zum Tragen kommen, stellen die Mitgliedstaaten der Kommission Angaben zum grenzüberschreitenden Funktionieren des europäischen Verfahrens für geringfügige Forderungen zur Verfügung. Diese Angaben beziehen sich auf die Gerichtsgebühren, die Schnelligkeit des Verfahrens, die Effizienz, die Benutzerfreundlichkeit und die internen Verfahren für geringfügige Forderungen der Mitgliedstaaten.

Dem Bericht der Kommission werden gegebenenfalls Vorschläge zur Anpassung der Verordnung beigefügt.

Artikel 29. Inkrafttreten

Diese Verordnung tritt am Tag nach ihrer Veröffentlichung im Amtsblatt der Europäischen Union[12] in Kraft.

Sie gilt ab dem 1. Januar 2009, mit Ausnahme des Artikels 25, der ab dem 1. Januar 2008 gilt.

Diese Verordnung ist in allen ihren Teilen verbindlich und gilt gemäß dem Vertrag zur Gründung der Europäischen Gemeinschaft unmittelbar in den Mitgliedstaaten.

---

12   Datum der Veröffentlichung: 31.12.2007.

Stichwortverzeichnis

(Die Verweisung erfolgt auf §§ und Randnummern)

Abu Dhabi
- Gegenseitigkeit **328**, 149
actio iudicati **328,**86
Adhäsionsprozess **1067**, 1; **1072**, 4; **1076**, 4
Adhäsionsurteil **328**, 26, **328**, 67; **328**, 218
Ägypten
- Gegenseitigkeit **328**, 149
- Prozesskostensicherheit **110**, 65
Äthiopien
- Gegenseitigkeit **328**, 149
Afghanistan
- Gegenseitigkeit **328**, 149
Ajman
- Gegenseitigkeit **328**, 149
Albanien
- Gegenseitigkeit **328,**149
- Literatur zum IZPR **Einl**, 29
Algerien
- Gegenseitigkeit **328**, 149
- Prozesskostensicherheit **110**, 65
american rule of costs **328**, 67, **328**, 70, **328**, 70, **328**, 149
Andorra
- Gegenseitigkeit **328**, 149
- Literatur zum IZPR **Einl**, 29
Anerkennung ausländischer Schiedssprüche **328**, 137; **1061**, 1 ff.
- Doppelexequatur **1061**, 9
- Erfordernisse der Anerkennung **1061**, 28 ff.
- – ausländischer Schiedsspruch **1061**, 19 ff.
- – Schiedsspruch **1061**, 13 ff.
- Erfüllungsklage **1061**, 8
- Feststellungsklage **1061**, 11
- – Feststellungswirkung **1061**, 3
- Gestaltungswirkung **1061**, 3
- Konkurrenz der Verfahrensarten **1061**, 5 ff.
- Rechtskraft **1061**, 2
- Rechtsnatur **1061**, 1
- Verfahren **1061**, 83 ff.
- Verhältnis zur Vollstreckbarerklärung **1061**, 4
Anerkennung ausländischer Zivilurteile **328**, 1 ff.
- Abänderungsurteile **328**, 140
- anerkennungsfähige Urteilswirkungen **328**, 4 ff.
- – Gestaltungswirkung **328**, 6
- – Interventionswirkung **328**, 8
- – Rechtskraft **328**, 5
- – Streitverkündungswirkung **328**, 8
- – Tatbestandswirkung **328**, 10
- Anfechtung, Widerruf und Rücknahme **328**, 100
- Anwaltsvergleich **328**, 146
- besondere Materien **328**, 127 ff.
- Ehesachen **328**, 101 ff.; **328**, 129; **328**, 162 ff.
- einstweiliger Rechtsschutz **328**, 107 ff.
- elterliche Verantwortung **328**, 164
- Erfordernisse der Anerkennung **328**, 14 ff.; **328**, 169 ff.; **328**, 174
- – ausländisches Urteil **328**, 21; **328**, 93
- – Gerichtsbarkeit des Erststaates **328**, 16; **328**, 93; **328**, 224; **328**, 233
- – internationale Zuständigkeit **328**, 30 ff.; **328**, 83; **328**, 152; **328**, 224; **328**, 233
- – Rechtskraft **328**, 28 f.; **328**, 93; **328**, 224; **328**, 233
- – Sachentscheidung **328**, 14
- – Urteil eines staatlichen Gerichts **328**, 18 ff.
- – kein Übergehen inländischer Rechtshängigkeit **328**, 53 ff. **328**, 233
- – keine Urteilskollision **328**, 51 f.; **328**, 93; **328**, 158 f.; **328**, 163; **328**, 174; **328**, 224; **328**, 233
- – Verbürgung der Gegenseitigkeit **328**, 68 ff.
- – Vereinbarkeit mit dem ordre public **328**, 56 ff.; **328**, 93; **328**, 157; **328**, 163; **328**, 174; **328**, 224; **328**, 233
- – Zivil- oder Handelssache als Streitgegenstand **328**, 24 ff.; **328**, 93; **328**, 152; **328**, 174
- EuGVÜ **Einl**, 15; **328**, 173
- EuGVVO **Einl**, 14 f.; **328**, 151 ff.
- europäisches Recht **Einl**, 14; **328**, 150 ff.
- EuVTVO **328**, 166 ff.; **1079–1086**, 1 ff.
- EuZVO **1067–1086**, 1 ff.
- Exequatururteil **328**, 138
- Formlosigkeit **328**, 85
- freiwillige Gerichtsbarkeit **328**, 111 ff.
- Garantieurteile **328**, 139
- gerichtliche Vergleiche **328**, 142
- insolvenzrechtliche Entscheidungen **328**, 117 ff.
- judgrnent by consent **328**, 147 f.
- Kindschafts- und Lebenspartnerschaftssachen **328**, 132
- Nachprüfung und Beweiserhebung **328**, 90 ff.

– nichtige Urteile **328**, 15
– notarielle Urkunden **328**, 143
– Privatscheidungen **328**, 130
– Rechtsnatur **328**, 1 ff.
– seerechtliche Entscheidungen **328**, 124 ff.
– Unterhaltsentscheidungen **328**, 133 ff.
– Verfahren **328**, 84 ff.; **328**, 160 f.; **328**, 165; **328**, 168; **328**, 175
– – actio iudicati **328**, 86
– – erneute Leistungsklage **328**, 89
– – Feststellungsklage **328**, 88; **328**, 161
– VO Brüssel I s. EuGVVO
– VO Brüssel II a **328**, 162 ff.
– Verhältnis zur Vollstreckbarerklärung **328**, 12 f.
– Vereinbarung **328**, 87
– Zeitpunkt **328**, 95 ff.
– Zwangsvollstreckungsakte **328**, 136
Anhängigkeit **261**, 20
Antigua und Barbuda
– Gegenseitigkeit **328**, 149
Anwaltsvergleich **328**, 146
Arbeitsgerichtsprozess
– Prozesskostensicherheit **110**, 3
Argentinien
– Gegenseitigkeit **328**, 149
Prozesskostensicherheit **110**, 65
Armenien
– Prozesskostensicherheit **110**, 65
Armenrecht s. Prozesskostenhilfe
Arrest
– Prozesskostensicherheit **110**, 5
Aufenthalt, gewöhnlicher **110**, 35f
– mehrfacher **110**, 40
Aufgebotsverfahren
– Prozesskostensicherheit **110**, 6
Ausforschungsverbot **328**, 67; **1061**, 62
ausländisches Recht
– Anwendung und Auslegung **293**, 38 ff.
– Beweis **293**, 35 ff.
– im einstweiligen Rechtsschutz **293**, 14
– Erkenntnisquellen **293**, 33 f.
– „entlegenes Recht" **293**, 9
– Ermittlung von Amts wegen **293**, 17
– Ersatzrecht **293**, 48 ff.
– – allgemeine Rechtsgrundsätze **293**, 54
– – Einheitsrecht **293**, 56
– – Hilfsanknüpfung **293**, 49
– – lex fori **293**, 50
– – bei ordre public Widrigkeit des auslän-
dischen Rechts **293**, 58 f.
– – verwandtes Recht **293**, 51 ff.
– europäisches Recht **293**, 6
– Feststellung des Inhalts **293**, 18 ff.
– – Mitwirkung der Parteien **293**, 19 ff.
– – Rechtsauskünfte **293**, 23 ff.; **328**, 77

– – Sachverständigengutachten **293**, 30 ff.
– Grenzen der Überprüfung **293**, 43 ff.
– Grundregel des § 293 **293**, 3
– Kollisionsnormen **293**, 5
– lex mercatoria **293**, 10
– bei materiellrechtlicher Verweisung **293**, 13
– Nachweis **293**, 1 ff.
– Nichtfeststellbarkeit **293**, 46 ff.
– ordre public **293**, 40
– Recht oder Tatsache? **293**, 2
– Revisibilität **293**, 41 f.
– rezipiertes Recht **293**, 8
– Schiedsverfahren **293**, 60
– Steuerrecht **293**, 9
– Urkundsverfahren **293**, 16
– Versäumnisverfahren **293**, 15
– Völkerrecht **293**, 12
AUG **722**, 75 ff.
Auslieferungsrecht **Einl**, 7
Australien
– Gegenseitigkeit **328**, 149
– Prozesskostensicherheit **110**, 65
Asylrecht **Einl**, 7

Bahamas
– Gegenseitigkeit **328**, 149
Bangladesh
– Gegenseitigkeit **328**, 149
Barbados
– Gegenseitigkeit **328**, 149
– Prozesskostensicherheit **110**, 65
Belarus
– Gegenseitigkeit **328**, 149
– Literatur zum IZPR **Einl**, 29
Prozesskostensicherheit **110**, 65
Belgien
– Anerkennung **328**, 149
– Literatur zum IZPR **Einl**, 29
– Prozesskostensicherheit **110**, 39, **110**, 65
Bermuda
– Gegenseitigkeit **328**, 149
Beweisaufnahme **172**–**1075**, 1 ff.
– Beweismittel **1072**, 8 ff.
– – Augenscheinsbeweis **1072**, 9
– – extraterritoriale Beschaffung **1072**, 20 ff.
– – Parteivernehmung **1072**, 13
– – Sachverständigenbeweis **1072**, 12
– – Urkundenbeweis **1072**, 10
– – Zeugenbeweis **1072**, 11
– Prozesskostensicherheit **110**, 7
– Rechtshilfe **1072**, 14 f.
– Sprache **1075**, 1 ff.
– Teilnahmerechte **1073**, 1 ff.
– – Gericht **1073**, 1 ff.
– – Parteien und Sachverständige **1073**, 6 ff.
– unmittelbare **1072**, 16 ff.; **1073**, 9 f.

- Zentralstelle **1072**, 14; **1074**, 7 ff.
- Zuständigkeiten **1074**, 1 ff.

Bhutan
- Gegenseitigkeit **328**, 149

Börsentermingeschäfte **328**, 67; **1061**, 66

Bolivien
- Gegenseitigkeit **328**, 149

Bosnien-Herzegowina
- Gegenseitigkeit **328**, 149
- Prozesskostensicherheit **110**, 65

Brasilien
- Gegenseitigkeit **328**, 149
- internationale Rechtshängigkeit **261**, 1
- Prozesskostensicherheit **110**, 65

British Virgin Islands
- Gegenseitigkeit **328**, 149

Brunei
- Gegenseitigkeit **328**, 149

Bulgarien
- Anerkennung **328**, 149
- Prozesskostensicherheit **110**, 39, **110**, 65

Burkina-Faso
- Gegenseitigkeit **328**, 149
- Prozesskostensicherheit **110**, 65

caurio iudicaturn solvi s. Prozesskostensicherheit

Cayman Islands
- Gegenseitigkeit **328**, 149

Chile
- Gegenseitigkeit **328**, 149
- Prozesskostensicherheit **110**, 65

China (VR)
- Gegenseitigkeit **328**, 149
- Literatur zum IZPR **Einl**, 29
- Prozesskostensicherheit **110**, 65

China (Taiwan)
- Gegenseitigkeit **328**, 149
- Prozesskostensicherheit **110**, 65

class action **328**, 67

contempt of court **328**, 67

Costa Rica
- Gegenseitigkeit **328**, 149

COTIF
- Anerkennung ausländischer Zivilurteile **328**, 183 f.
- Vollstreckbarerklärung ausländischer Zivilurteile **722**, 109
- Wirkungserstreckung ausländischer Schiedssprüche **1061**, 134 ff.

Dänemark
- Anerkennung **328**, 149
- Literatur zum IZPR **Einl**, 29
- Prozesskostensicherheit **110**, 39, **110**, 65

deutsch-amerikanischer Freundschafts-, Handels- und Schifffahrtsvertrag
- Wirkungserstreckung ausländischer Schiedssprüche **1061**, 164

deutsch-belgisches Abkommen
- Anerkennung ausländischer Zivilurteile **328**, 205 ff.
- Vollstreckbarerklärung ausländischer Zivilurteile **722**, 126 f.
- Wirkungserstreckung ausländischer Schiedssprüche **1061**, 148 ff.

deutsch-britisches Abkommen
- Anerkennung ausländischer Zivilurteile **328**, 211 ff.
- Vollstreckbarerklärung ausländischer Zivilurteile **722**, 130 ff.

deutsch-griechischer Vertrag
- Anerkennung ausländischer Zivilurteile **328**, 214 ff.
- Vollstreckbarerklärung ausländischer Zivilurteile **722**, 13 ff.

Wirkungserstreckung ausländischer Schiedssprüche **1061**, 160

deutsch-israelischer Vertrag
- Anerkennung ausländischer Zivilurteile **328**, 229 ff.
- Vollstreckbarerklärung ausländischer Zivilurteile **722**, 145 f.
- Wirkungserstreckung ausländischer Schiedssprüche **1061**, 162

deutsch-italienisches Abkommen
- Anerkennung ausländischer Zivilurteile **328**, 202 ff.
- Vollstreckbarerklärung ausländischer Zivilurteile **722**, 124 f.
- Wirkungserstreckung ausländischer Schiedssprüche **1061**, 146 f.

deutsch-niederländischer Vertrag
- Anerkennung ausländischer Zivilurteile **328**, 217 ff.
- Vollstreckbarerklärung ausländischer Zivilurteile **722**, 136 ff.
- Wirkungserstreckung ausländischer Schiedssprüche **1061**, 154

deutsch-norwegischer Vertrag
- Anerkennung ausländischer Zivilurteile **328**, 226 ff.
- Vollstreckbarerklärung ausländischer Zivilurteile **722**, 142 ff.
- Wirkungserstreckung ausländischer Schiedssprüche **1061**, 161

deutsch-österreichischer Vertrag
- Anerkennung ausländischer Zivilurteile **328**, 208 ff.
- Vollstreckbarerklärung ausländischer Zivilurteile **722**, 128 f.
- Wirkungserstreckung ausländischer Schiedssprüche **1061**, 52 f.

deutsch-schweizerisches Abkommen
- Anerkennung ausländischer Zivilurteile **328**, 199
- Vollstreckbarerklärung ausländischer Zivilurteile **722**, 122 f.
- Wirkungserstreckung ausländischer Schiedssprüche **1061**, 144 f.
deutsch-sowjetisches Handels- und Schifffahrtsabkommen
Wirkungserstreckung ausländischer Schiedssprüche **1061**, 167
deutsch-spanischer Vertrag
- Anerkennung ausländischer Zivilurteile **328**, 225 ff.
- Vollstreckbarerklärung ausländischer Zivilurteile **722**, 147 f.
- Wirkungserstreckung ausländischer Schiedssprüche **1061**, 163
deutsch-tunesischer Vertrag
- Anerkennung ausländischer Zivilurteile **328**, 220 ff.
- Vollstreckbarerklärung ausländischer Zivilurteile **722**, 140 f.
- Wirkungserstreckung ausländischer Schiedssprüche **1061**, 155 ff.
doctrine of merger **328**, 137, **723**, 4, **1061**, 9 ff.
Dubai
- Gegenseitigkeit **328**, 149

Ecuador
- Gegenseitigkeit **328**, 149
- Prozesskostensicherheit **110**, 65
Ehesachen
- Verfahren der Anerkennung **328**, 101 ff.
Ehescheidungsverfahren
- Prozesskostensicherheit **110**, 8
eingetragene Rechte, Klagen aus
- Prozesskostensicherheit **110**, 10
einstweilige Verfügung
- Anerkennung **328**, 107 ff.
- Prozesskostensicherheit **110**, 9
England
- Literatur zum IZPR **Einl**, 29
Ersatzrecht **293**, 48 ff.
Estland
- Anerkennung **328**, 149
- Prozesskostensicherheit **110**, 39, **110**, 65
EuGVVO
- Anerkennung **328**, 151 ff.
- Vollstreckbarerklärung, **722**, 81 ff.
EuBagatellVO **1097–1109**, 1 ff.
EuBVO **1072–1075**, 1 ff.
EuGVTO
- Anerkennung **328**, 166 ff.; **1079–1086**, 1 ff.
EuGVÜ
- Anerkennung **328**, 173

EuMahnVO **1087–1096**, 1 ff.
Europäischer Vollstreckungstitel **1079–1086**, 1 ff.
- Aufhebung **1085**, 2
- Berichtigung und Widerruf **1081**, 1 ff., **1085**, 1
- Bestätigung **1079**, 4 ff.
- Drittwiderspruchsklage **1082**, 8
- Entscheidung **1080**, 4 ff.
- Gerichtsbarkeit **1079**, 2
- Kollidierende Entscheidungen **1084**, 2 ff.
- Nichtvollstreckbarkeit **1085**, 1 f.
- Nichtvollstreckbarkeitsbescheinigung **1085**, 3
- Rechtsbehelf **1084**, 9
- Sicherungsvollstreckung **1084**, 10 ff.
- Übersetzung **1083**, 1 ff.
- Vollstreckungsgegenklage **1082**, 7, **1086**, 1 ff.
- Zuständigkeit **1079**, 1 ff., 7
- Zwangsvollstreckung **1082**, 1 ff.
- – Einstellung **1084**, 13, **1085**, 1 ff.
Europäisches Übereinkommen über die internationale Handelsschiedsgerichtsbarkeit **1061**, 143
EuZVO **1067–1069**, 1 ff.
EWR, Mitgliedstaaten **110**, 39
Exequatururteil **328**, 138, **1061**, 9 f.

Feststellung ausländischen Rechts s. Nachweis ausländischen Rechts
Fiji
- Gegenseitigkeit **328**, 149
Finnland
- Anerkennung **328**,149
- Prozesskostensicherheit **110**, 39, **110**, 65
Forum non conveniens **328**, 39 f.
Frankreich
- Anerkennung **328**, 149
- Gegenseitigkeit **328**, 70
- Prozesskostensicherheit **110**, 39, **110**, 65
freiwillige Gerichtsbarkeit
- Prozesskostensicherheit **110**, 11
Fremdwährungsklagen **111**, 7
Frist
- für Geltendmachung der Einrede des § 110 **111**, 11 f.
- für Leistung der Prozesskostensicherheit **113**, 2 f.
Fujairah
- Gegenseitigkeit **328**, 149

Gegenseitigkeit **Einl**, 6, **328**, 68 ff.; **328**, 93
- Grundlagen der Feststellung **328**, 74 ff.
- Länderübersicht **328**, 149
- Nachprüfung durch BGH **328**, 83
- Nichtfeststellbarkeit ausländischer Rechtspraxis **328**, 73
- partielle Verbürgung **328**, 80 ff.

– Schutzzweck **328**, 68
– tatsächliche Verbürgung **328**, 72
– Umfang **328**,80 ff.
– Vergleich erst- und zweitstaatlicher Regelung **328**, 69
– Verhältnis zur internationalen Zuständigkeit **328**, 78 f.
Genfer Abkommen zur Vollstreckung ausländischer Schiedssprüche
– Anerkennung **1061**, 129 ff.
– Erfordernisse der Wirkungserstreckung **1061**, 131
– Vollstreckbarerklärung **1061**, 132
Genfer Protokoll über Schiedsklauseln **1061**, 143
Georgien
– Gegenseitigkeit **328**, 149
– Prozesskostensicherheit **110**, 65
Gerichtsstand
– Erfüllungsort **328**, 33
– Prorogation **328**, 34, **328**, 38
– rügelose Einlassung **328**, 35
– Sachzusammenhang **261**, 35
– Vermögen **328**, 32
Gewohnheitsrecht **293**, 61 ff.
– Begriff **293**, 61 f.
– Nichtermittelbarkeit **293**, 63
Ghana
– Gegenseitigkeit **328**, 149
Gibraltar
– Anerkennung **328**, 149
Griechenland
– Anerkennung **328**, 149
– Literatur zum IZPR **Einl**, 29
– Prozesskostensicherheit **110**, 39; **110**, 65
Guatemala
– Prozesskostensicherheit **110**, 65
Guayana
– Gegenseitigkeit **328**, 149

Haager Unterhaltsvollstreckungsübereinkommen 1958
– Anerkennung **328**, 188 ff.
– Vollstreckbarerklärung **722**, 112 ff.
Haager Unterhaltsvollstreckungsübereinkommen 1973
– Anerkennung **328**, 183 f.
– Vollstreckbarerklärung **722**, 192 ff.
Haager Zivilprozessübereinkornmen
– Anerkennung **328**, 176
– Vollstreckbarerklärung **722**, 101 ff.
Haiti
– Prozesskostensicherheit **110**, 65
Hongkong
– Gegenseitigkeit **328**, 149

Immunität, s. Gerichtsbarkeit

Indien
– Gegenseitigkeit **328**, 149
Indonesien
– Gegenseitigkeit **328**, 149
Insolvenzrechtshängigkeit, internationale **261**, 27 f.
internationale Zuständigkeit **328**, 30 ff.
internationales Zivilprozessrecht
– Begriff **Einl**, 1 ff.
– Grundsätze **Einl**, 1 ff.
– Rechtsquellen **Einl**, 11 ff.
– Verhältnis zum IPR **Einl**, 4 ff.
– Verhältnis zum internationalen Strafprozessrecht **Einl**. 7 f.
– Verhältnis zur Rechtsvergleichung **Einl**, 9 f.
Irak
– Gegenseitigkeit **328**, 149
– Literatur zum IZPR **Einl**, 29
Iran
– Gegenseitigkeit **328**, 149
Irland
– Anerkennung **328**,149
– Prozesskostensicherheit **110**, 39; **110**, 65
Island
– Anerkennung **328**,149
– Prozesskostensicherheit **110**, 39, **110**, 65
Ilse of Man
– Gegenseitigkeit **328**, 149
Israel
– Gegenseitigkeit **328**, 149
– Prozesskostensicherheit **110**, 56; **110**, 65
Italien
– Anerkennung **328**, 149
– Literatur zum IZPR **Einl**, 29
– Prozesskostensicherheit **110**, 39; **110**, 65

Jamaica
– Gegenseitigkeit **328**, 149
Japan
– Gegenseitigkeit **328**, 149
– internationale Rechtshängigkeit **261**, 1
– Literatur zum IZPR **Einl**, 29
– Prozesskostensicherheit **110**, 65
Jemen
– Gegenseitigkeit **328**, 149
– Literatur zum IZPR **Einl**, 29
Jersey
– Gegenseitigkeit **328**, 149
Jordanien
– Gegenseitigkeit **328**, 149
– Literatur zum IZPR **Einl**, 29
judgment by consent **328**, 147 f.
Jugoslawien (ehemaliges)
– Gegenseitigkeit **328**, 149
– Literatur zum IZPR **Einl**, 29
– Prozesskostensicherheit **110**, 65

justizielle Zusammenarbeit in der EU **1067 ff.**,
1 ff.

Kalifornien
– Gegenseitigkeit **328,** 149
Kamerun
– Gegenseitigkeit **328,** 149
Kanada
– Gegenseitigkeit **328,** 149
Kap Verde
– Gegenseitigkeit **328,** 149
– Prozesskostensicherheit **110,** 65
Kartellverstöße **328,** 67; **1061,** 74
Kasachstan
– Gegenseitigkeit **328,** 149
– Prozesskostensicherheit **110,** 65
Kenia
– Gegenseitigkeit **328,** 149
Kernenergie, Haftungsübereinkommen
– Anerkennung **328,** 195
– Vollstreckbarerklärung **722,** 117 f.
Kernpunkttheorie **261,** 9; **261,** 18; **261,** 21; **1084,**
5
Kirgisistan
– Gegenseitigkeit **328,** 149
– Prozesskostensicherheit **110,** 65
Kolumbien
– Gegenseitigkeit **328,** 149
– Prozesskostensicherheit **110,** 65
Konnexität, internationale **261,** 29 ff.
– Erfordernisse der Berücksichtigung **261,** 31 f.
– Verfahren der Berücksichtigung **261,** 33 f.
Korea
– Gegenseitigkeit **328,** 149
– Literatur zum IZPR **Einl,** 29
Kroatien
– Gegenseitigkeit **328,** 149
– Prozesskostensicherheit **110,** 65
Kuwait
– Gegenseitigkeit **328,** 149
– Literatur zum IZPR **Einl,** 29

Ladung, ordnungsgemäße und rechtzeitige **328,**
42 ff.
Leistungsklage
– Verbindung mit Vollstreckungsklage **722,** 5 f.
– Verhältnis zur Vollstreckungsklage **722,** 1 ff.
Lettland
– Anerkennung **328,** 149
– Prozesskostensicherheit **110,**39; **110,** 65
lex fort
– als Ersatzrecht **293,** 50
– im Schiedsverfahren **293,** 60
lex mercatoria **293,** 10 f.
Libanon
– Gegenseitigkeit **328,** 149

– Prozesskostensicherheit **110,** 65
Liberia
– Prozesskostensicherheit 33
Libyen
– Gegenseitigkeit **328,** 149
Liechtenstein
– Gegenseitigkeit **328,** 149
– Literatur zum IZPR **Einl,** 29
– Prozesskostensicherheit **110,** 39; **110,** 65
Litauen
– Anerkennung **328,** 149
– Prozesskostensicherheit **110,** 39; **110,** 65
Literatur zum IZPR **Einl.,** 27 ff.
– ausländisches IZPR **Einl,** 29
– deutsches IZPR **Einl,** 27
– europäisches ZPR **Einl,** 28
Litispendenz s. Rechtshängigkeit
loi competente **328,** 70
Londoner Auslandsschuldenabkommen
– Wirkungserstreckung ausländischer Schieds-
sprüche **1061,** 137 ff.
LugÜ II
– Anerkennung **328,** 173 ff.
Luxemburg
– Anerkennung **328,** 149
– Literatur zum IZPR **Einl,** 29
– Prozesskostensicherheit **110,** 39; **110,** 65

Mahnverfahren
– europäisches **108 ff.,** 1 ff.
– Prozesskostensicherheit **110,** 13
Malaysia
– Gegenseitigkeit **328,** 149
Malediven
– Gegenseitigkeit **328,** 149
Malta
– Anerkennung **328,** 149
– Prozesskostensicherheit **110,** 39; **110,** 65
Marokko
– Gegenseitigkeit **328,** 149
– Prozesskostensicherheit **110,** 65
Mauretanien
– Gegenseitigkeit **328,** 149
– Literatur zum IZPR **Einl,** 29
Mauritius
– Gegenseitigkeit **328,** 149
Mazedonien
– Gegenseitigkeit, **328,** 149
– Prozesskostensicherheit **110,** 65
Mehrrechtsstaat **328,** 37
Mexiko
– Gegenseitigkeit **328,** 149
– Literatur zum IZPR **Einl,** 2 9
– Prozesskostensicherheit **110,** 65
Moldau
– Gegenseitigkeit **328,** 149

– Prozesskostensicherheit **110**, 65
Monaco
– Prozesskostensicherheit **110**, 65
Mongolei
– Gegenseitigkeit **328**, 149
– Literatur zum IZPR **Einl**, 2 9
Montenegro
– Gegenseitigkeit **328**, 149
– Prozesskostensicherheit **110**, 65
Moselschifffahrtsabkommen
– Anerkennung **328**, 180 ff.
– Vollstreckbarerklärung **722**, 107 f.
Myanmar (Burma)
– Gegenseitigkeit **328**, 149

Neuseeland
– Gegenseitigkeit **328**, 149
– Prozesskostensicherheit **10**, 65
Nicaragua
– Gegenseitigkeit **328**, 149
Niederlande
– Anerkennung **328**, 149
– Prozesskostensicherheit **110**, 39; **110**, 65
Niederländische Antillen
– Gegenseitigkeit **328**, 149
Niger
– Prozesskostensicherheit **110**, 65
Nigeria
– Gegenseitigkeit **328**, 149
Norwegen
– Anerkennung **328**, 149
– Prozesskostensicherheit **110**, 39; **110**, 65
Nostrifizierungstheorie **328**, 3

öffentliche Aufforderung, Klagen aufgrund
– Prozesskostensicherheit **110**, 12; **110**, 60
Ölverschmutzungsschäden, Haftungsübereinkommen
– Anerkennung **328**, 196 f.
– Vollstreckbarerklärung **722**, 119 f.
Österreich
– Anerkennung **328**, 149
– Literatur zum IZPR **Einl**, 29
– Prozesskostensicherheit **110**, 39; **110**, 65
Oman
– Gegenseitigkeit **328**, 149
ordre public **293**, 40; **293**, 58 f.; **328**, 56 ff.; **328**, 93; **328**, 157; **328**, 163
– Gruppen **328**, 56 ff.
– international **328**, 61
– interne **328**, 61
– Kumulierung **328**, 63
– materiellrechtlicher **328**, 59 ff.
– prozessualer **328**, 95 ff.
– Rüge **328**, 64 ff.
– transnational **328**, 61

packing **328**, 67
Pakistan
– Gegenseitigkeit **328**, 149
– Prozesskostensicherheit **110**, 65
Panama
– Gegenseitigkeit **328**, 149
Papua Neuguinea
– Gegenseitigkeit **328**, 149
Paraguay
– Gegenseitigkeit **328**, 149
Patentnichtigkeitsverfahren
– Prozesskostensicherheit **110**, 3
Peru
– Gegenseitigkeit **328**, 149
Philippinen
– Gegenseitigkeit **328**, 149
– Prozesskostensicherheit **119**, 65
Polen
– Anerkennung **328**, 149
– Literatur zum IZPR **Einl**, 29
– Prozesskostensicherheit **110**, 39; **110**, 65
Portugal
– Anerkennung **328**,149
– Prozesskostensicherheit **110**, 39; **110**, 65
pre-trial-discovery **328**, 67
Privatscheidung **328**, 130
Prozessbetrug **328**, 67
Prozesskostenhilfe **1076 ff.**, 1 ff.
– Ablehnung **1077**, 9 ff.
– internationale Streitigkeit **1076**, 1
– Lebenshaltungskosten **1078**, 6 f.
– Übersetzung **1077**, 20 ff.
– Verfahren der Übermittlung **1077**, 23
– Zivil- oder Handelssache **1076**, 4 ff.
Prozesskostensicherheit **110**, 1 ff.; **328**, 70; **1061**, 99
– Befreiungen **110**, 42 ff.
– – besondere Verfahrensarten **110**, 58 ff.
– – Prozesskostenhilfe **110**, 63
– – Staatsverträge **110**, 65
– – staatsvertraglich gesicherte Durchsetzung deutscher Kostentitel **110**, 55 ff.
– – unbestrittene Ansprüche **111**, 9
– – Verzicht **110**, 62
– besondere Verfahrensarten **110**, 4 ff.
– Gesetzeszweck **110**, 1 f.
– Höhe **112**, 1 ff.
– Klägermehrheit **110**, 25
– Korrespondenzanwalt **112**, 4
– nachträgliche **111**, 1 ff.
– nachträgliche Erhöhung **112**, 12 f.
– Partei kraft Amtes **110**, 27
– Parteistellung **110**, 24 ff.
– persönliche Voraussetzungen der Parteien **110**, 34 ff.
– Streithelfer **110**, 26; **112**, 11

– Treuhänder **110**, 28 ff.
– Verzicht auf Einrede **111**, 3
punitive damages **328**, 27; **328**, 67; **1061**, 75; **1061**, 164

Qatar
– Gegenseitigkeit **328**, 149

rechtliches Gehör **328**, 67
Rechtshängigkeit, internationale **261**, 1 ff., **328**, 53 ff.; **722**, 14
– analoge Anwendung von §§ 261 und 328 **261**, 4 ff.
– Eintritt der Rechtshängigkeit **261**, 8
– europäisches Recht **261**, 14 ff.
– Identität des Streitgegenstandes **261**, 9 f.
– keine Regelung in der ZPO **261**, 2
– Regelung des § 738a HGB **261**, 1
– in der Schiedsgerichtsbarkeit **1061**, 12
– staatsvertragliche Regelungen **261**, 24 ff.
– überlange ausländische Prozessdauer **261**, 12 f.; **261**, 22
– Voraussetzungen der Berücksichtigung **261**, 3 ff.
– Wirkungen **261**, 11
Rechtsquellen zum IZPR **Einl**, 11 ff.
– autonomes Recht **Einl**, 16
– Europarecht **Einl**, 14
– Rechtsprechung (Richterrecht) **Einl**, 23 ff.
– Staatsverträge **Einl**, 17 ff.
– Völkerrecht **Einl**, 11 ff.
Rechtsquellen zur internationalen Schiedsgerichtsbarkeit **Einl**, 21 f.
remise au parquet **328**, 43; **328**, 49
révision au fond **328**, 58; **328**, 67; **328**, 70; **328**, 90 f.; **722**, 109; **722**, 118; **723**, 24 ff.; **1061**, 100 ff.
– Grenzen, **723**, 27 ff.
rev. Rheinschifffahrtsakte
– Anerkennung **328**, 177 ff.
– Vollstreckbarerklärung **722**, 105 f.
RICO Schiedssprüche **1061**, 76
RICO Urteile **328**, 67
Rumänien
– Anerkennung **328**, 149
– Prozesskostensicherheit **110**, 39; **110**, 65
RURESA **722**, 75 ff.
Russische Föderation
– Gegenseitigkeit **328**, 149
– Literatur zum IZPR **Einl**, 29
– Prozesskostensicherheit **110**, 65

Saudi-Arabien
– Gegenseitigkeit **328**, 149
Literatur zum IZPR **Einl**, 29
Scheckprozess
– Prozesskostensicherheit **110**, 14

Schiedsspruch
– anationaler **1061**, 27
– Aufhebung, im Ausland **1061**, 114 ff.
– ausländischer **1061**, 19 ff.
– Begriff **1061**, 13 ff.
– delokalisierter **1061**, 27
Schiedsverfahren
– Anwendung ausländischen Rechts **1061**, 60
– Prozesskostensicherheit **110**, 3; **110**, 15
Schweden
– Anerkennung **328**, 149
– Literatur zum IZPR **Einl**, 29
– Prozesskostensicherheit **110**, 39; **110**, 65
Schweiz
– Anerkennung **328**, 149
– Literatur zum IZPR **Einl**, 29
– Prozesskostensicherheit **110**, 65
Serbien
– Gegenseitigkeit **328**, 149
– Prozesskostensicherheit **110**, 65
Seychellen
– Prozesskostensicherheit **110**, 65
Sharjah
– Gegenseitigkeit **328**, 149
Sierra Leone
– Gegenseitigkeit **328**, 149
Singapur
– Gegenseitigkeit **328**, 149
Slowakei
– Anerkennung **328**, 149
– Prozesskostensicherheit **110**, 39, **110**, 65
Slowenien
– Anerkennung **328**, 149
– Literatur zum IZPR **Einl**, 29
– Prozesskostensicherheit **110**, 39; **110**, 65
Somalia
– Gegenseitigkeit **328**, 149
Sowjetunion (ehemalige)
– Prozesskostensicherheit **110**, 65
Spanien
– Anerkennung **328**, 149
– Literatur zum IZPR **Einl**, 29
– Prozesskostensicherheit **110**, 39; **110**, 65
Spiegelbildgrundsatz **328**, 30 ff.; **328**, 79; **328**, 149
– Durchbrechung **328**, 36
Sri Lanka
– Gegenseitigkeit **328**, 149
– Prozesskostensicherheit **110**, 65
Statuten **293**, 64 f.
Stillstand der Rechtspflege **328**, 70
Straßengüterverkehr, Übereinkommen über den Beförderungsvertrag
– Anerkennung **328**, 185 ff.
– Vollstreckbarerklärung **722**, 110 f.
Südafrika
– Gegenseitigkeit **328**, 149

Sudan
– Gegenseitigkeit **328**, 149
Surinam
– Prozesskostensicherheit **110**, 65
Syrien
– Gegenseitigkeit **328**, 149

Tabellen zum IZPR **Einl**, 31
Taiwan
– Gegenseitigkeit **328**, 149
– Prozesskostensicherheit **110**, 65
Tansania
– Gegenseitigkeit **328**, 149
– Thailand
– Gegenseitigkeit **328**, 149
Timor-Leste (Osttimor)
– Gegenseitigkeit **328**, 149
treble damages **328**, 27; **328**, 67
Tschechien
– Anerkennung **328**, 149
– Prozesskostensicherheit **110**, 39; **110**, 65
Tschechoslowakei (ehemalige)
– Prozesskostensicherheit **110**, 65
Türkei
– Gegenseitigkeit **328**, 149
– Literatur zum IZPR **Einl**, 29
– Prozesskostensicherheit **110**, 65
Tunesien
– Anerkennung **328**, 149
Turkmenistan
– Gegenseitigkeit, **328**, 149

Uganda
– Gegenseitigkeit **328**, 149
Ukraine
– Gegenseitigkeit **328**149
– Prozesskostensicherheit **110**, 65
Umm al-Quwain
– Gegenseitigkeit **328**, 149
Ungarn
– Anerkennung **328**, 149
– Literatur zum IZPR **Einl**, 29
– Prozesskostensicherheit **110**, 39; **110**, 65
Unterhaltsprozess
– Prozesskostensicherheit **110**, 16
UN-Übereinkommen 1958
– Wirkungserstreckung **1061**, 133
Urkundenprozess
– Prozesskostensicherheit **110**, 17
Urteilskollision **328**, 51 f.
Uruguay
– Prozesskostensicherheit **110**, 65
USA
– Gegenseitigkeit **28**, 149
– internationale Rechtshängigkeit **261**, 1
– Literatur zum IZPR **Einl**, 29

Usbekistan
– Gegenseitigkeit, **328**, 149
– Prozesskostensicherheit **110**, 65

Vanatu
– Gegenseitigkeit **328**, 149
Vatikan
– Prozesskostensicherheit **110**, 65
Venezuela
– Gegenseitigkeit **328**, 149
– Literatur zum IZPR **Einl**, 29
Verbraucherprivilegien **328**, 67
Vereinigte Arabische Emirate
– Gegenseitigkeit **328**, 149
– Literatur zum IZPR **Einl**, 29
Vereinigtes Königreich
– Anerkennung **328**, 149
– Prozesskostensicherheit **110**, 39; **110**, 65
Vietnam
– Gegenseitigkeit **328**; 149
VO Brüssel Ila
– Anerkennung **328**, 162 ff.
Vollstreckbarerklärung ausländischer Schieds-
sprüche **1061**, 1 ff.
– Einwendungen **1061**, 108 ff.
– Erfordernisse **1061**, 29 ff.
– – Beachtung von Bindungswirkung und Um-
fang der Schiedsvereinbarung **1061**, 44 ff.
– – Gerichtsbarkeit **1061**, 29 ff.
– – nicht nur schuldrechtliche Wirkung **1061**,
32 ff.
– – Ordnungsmäßigkeit der Bildung des
Schiedsgerichts **1061**, 47 ff.
– – Ordnungsmäßigkeit des Verfahrens **1061**,
51 ff.
– – ordre public **1061**, 59 ff.
– – rechtliches Gehör **1061**, 39 ff.
– – Schiedsfähigkeit des Streitgegenstandes
1061, 58
– – Verbindlichkeit des Schiedsspruchs **1061**,
55 ff.
– – Wirksamkeit der Schiedsvereinbarung **1061**,
37 f.
– – Zivil- oder Handelssache **1061**, 35 f.
– Entscheidung **1061**, 111 f.
– Präklusion **1061**, 101 ff.
– Prozesskostensicherheit **110**, 19; **722**, 49; **1061**,
99
– Rechtsmittel **1061**, 113
– Verbot der révision au fond **1061**, 100 ff.
– Verfahren **1061**, 83 ff.
– Verfahrensgrundsätze **1061**, 91 ff.
– Zuständigkeit **1061**, 87 ff.
Vollstreckbarerklärung ausländischer Zivilurteile
722, 1 ff.
– Aufrechnung **723**, 30 ff.

– Einleitung des Verfahrens durch Klage **722**, 29 ff.
– Einwendungen **723**, 30 ff.
– Einwendung des § 826 **723**, 42 ff.
– Erfordernisse der Vollstreckbarerklärung **723**, 1 ff.
– – Anerkennung **723**, 8 ff.
– – Bestimmtheit **723**, 5 ff.
– – Rechtskraft **723**, 12 ff.
– – Vollstreckbarkeit **723**, 20 ff.
– – vollstreckungsfähiger Inhalt 2 ff.
– EuGVÜ **722**, 98
– EuGVVO **722**, 81 ff.
– EuVTVO **722**, 95 ff.
– freiwillige Gerichtsbarkeit **722**, 60 ff.
– in mehreren Staaten **722**, 13 f.
– insolvenzrechtliche Entscheidungen **722**, 67 ff.
– LugÜ I und II **722**, 98 ff.
– Mahnverfahren **722**, 40
– Nichtgeldleistungsurteile **722**, 72 ff.
– Prozesskostensicherheit **110**, 21
– Unterhaltstitel **722**, 75 ff.
– Urkundsverfahren **722**, 40
– Verhältnis der Verfahrensarten **722**, 1 ff.
– VO Brüssel I s. EuGVVO
– VO Brüssel IIa **722**, 93 f.
– Vollstreckungsgegenklage **723**, 36
– Widerklage **722**, 42 ff.
– Zuständigkeit **722**, 15 ff.
– – internationale **722**, 15 f.
– – örtliche **722**, 25 ff.
– – sachliche **722**, 17 ff.
Vollstreckbarerklärung inländischer Schiedssprüche
– Prozesskostensicherheit **110**, 20
Vollstreckungsklage
– Anerkenntnis **722**, 58
– Aktivlegitimation **722**, 30
– Einleitung **722**, 29 ff.
– Einwendungen gegen den Anspruch **722**, 47; **723**, 30 ff.
– Gerichtsbarkeit **722**, 33 f.
– Klageart **722**, 37
– Partei- und Prozessfähigkeit **722**, 35
– Parteienmehrheit **722**, 36
– Rechtshängigkeit **722**, 39
– Streitgegenstand **722**, 38

– Titelergänzung **722**, 86; **723**, 7
– Urteil **722**, 50 ff.
– Verbindung mit Leistungsklage **722**, 5 f.
– Verbot der révision au fond **722**, 48; **723**, 24 f.
– Vergleich **722**, 59
– Verhältnis zur Leistungsklage **722**, 1 ff.
– Verhältnis zur Feststellungsklage auf Anerkennung **722**, 7
– Verhältnis zur Vollstreckbarerklärung nach europäischem Recht **722**, 8
– Verhältnis zur Vollstreckbarerklärung nach Staatsvertrag **722**, 9 ff.
– Versäumnisurteil **722**, 57
– Verzicht **722**, 45
Vollstreckungsurteil **723**, 1 ff.

Wechselprozess
– Prozesskostensicherheit **110**, 22
Weltbankübereinkornmen
– Wirkungserstreckung ausländischer Schiedssprüche **1061**, 140 ff.
Widerklage
– Prozesskostensicherheit **110**, 18; **110**, 24; **110**, 59
Wiedergutmachungsverfahren
– Prozesskostensicherheit **110**, 23

Zentralafrikanische Republik
– Gegenseitigkeit **328**, 149
– Prozesskostensicherheit **110**, 65
Zivilprozesssachen kraft Zuweisung **328**, 27; **328**, 203
Zustellung §§ 1067–1069, 1 ff.
– Annahmeverweigerung **1069**, 23 ff.
– durch diplomatische oder konsularische Vertreter **1067**, 1 ff.
– durch die Post **1068**, 1 ff.
– juristische Personen **1069**, 26
– Sprache **1069**, 22 ff.
– Zentralstellen **1069**, 14 ff.
– Zuständigkeiten **1069**, 1 ff.
– Zustellungsmängel, Heilung **1069**, 32
– Rückwirkung **1069**, 32
Zypern
– Anerkennung **328**, 149
– Prozesskostensicherheit **110**, 39; **110**, 65